2016年11月18日，中共中央总书记、国家主席习近平和厄瓜多尔总统科雷亚共同出席了中国电建集团承建的辛克雷水电站的竣工发电仪式

2016年9月8日，在中共中央政治局常委、国务院总理李克强和老挝总理通伦的见证下，中国电建集团和国家开发银行、老挝电力公司共同签署《南欧江第二期贷款协议》

2016年5月23日，中共中央政治局常委、国务院副总理张高丽视察南昌市赣东大堤岸线整治工程

2016年5月24日，国务委员王勇到中国电建集团约旦项目考察调研

2016年7月3日，水利部副部长矫勇一行现场检查皂市工程

溪洛渡水电站荣获“菲迪克2016年工程项目杰出奖”

龙开口水电站工程荣获2016～2017年国家优质工程金质奖

南水北调中线一期工程荣获“菲迪克2016年工程项目优秀奖”

马来西亚沐若水电站工程荣获中国建筑工程鲁班奖（境外工程）

老挝南俄5水利水电工程荣获2016年中国建筑工程鲁班奖（境外工程）

马里费鲁水利水电工程荣获2016年中国建筑工程鲁班奖（境外工程）

2016年1月17日，西藏多布水电站最后一台机组（1号）顺利完成72小时试运行，至此，该电站4台机组全部具备投入商业运行条件

2016年3月22日，雅砻江桐子林水电站最后一台机组投产运行

2016年5月27日，观音岩水电站最后一台机组投产运行

2016年8月11日，黄金坪水电站最后一台机组顺利通过72小时试运行，6台机组全部投产运行

2016年12月30日，猴子岩水电站首台机组顺利完成72小时试运行，投产发电

2016年8月30日，清远抽水蓄能电站4号机组正式投入运行，至此，清远抽水蓄能电站全面投产发电

2016年，糯扎渡水电站首次实现满负荷运行

2016年3月22日，枕头坝一级水电站鱼道工程顺利通过完工验收。该鱼道工程是大渡河流域建设的首条鱼道，也是枕头坝一级水电站最大的环保专项工程

2016年7月，皂市水利枢纽工程顺利通过竣工验收

长河坝水电站蓄水后上下游全貌

2016年9月18日，目前世界上规模最大的升船机 ——三峡升船机正式进入试通航阶段

2016年12月1日，富春江船闸扩建改造工程实施有条件试通航运行

2016年11月15日，景洪水电站水力式升船机投入试通航运行

景洪水电站升船机主机房

2016年，仙居抽水蓄能电站实现“一年四投”，全部机组正式投产运行。图为仙居抽水蓄能电站上下水库全景

2016年，洪屏抽水蓄能电站实现“一年四投”，一期工程全部机组正式投产运行。图为洪屏抽水蓄能电站下水库

洪屏抽水蓄能电站地下厂房

仙居抽水蓄能电站上水库

仙居抽水蓄能电站厂房全貌

清远抽水蓄能电站厂房全景

深圳抽水蓄能电站主机定子吊装

深圳抽水蓄能电站上水库全景

琼中抽水蓄能电站下水库大坝

梅州抽水蓄能电站上下水库连接公路II标工程面貌

阳江抽水蓄能电站交通洞洞口形象

## 全国 2016 年装机容量和年发电量

| | 总量 | 水电 | 火电 | 核电 | 风电 | 太阳能发电 |
|---|---|---|---|---|---|---|
| 装机容量（万 kW） | 165051 | 33207 | 106094 | 3364 | 14747 | 7631 |
| 年发电量（亿 kW · h） | 60228 | 11748 | 43273 | 2132 | 2409 | 665 |

注 1. 资料来源于中国电力企业联合会。
2. 总量数中还包括其他能源发电的装机容量、发电量。
3. 风电、太阳能发电为并网的装机容量、发电量。
4. 未含台湾、香港、澳门数据。

## 2016 年装机容量结构图

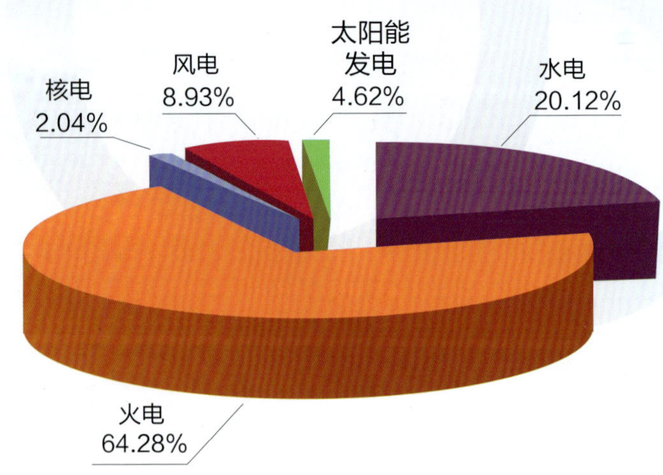


## 2016 年年发电量结构图

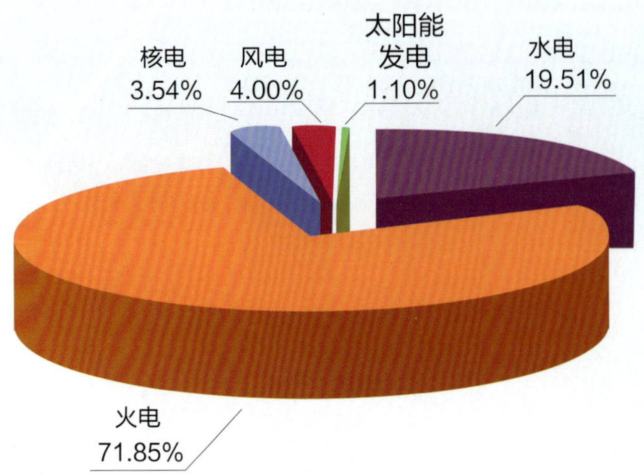

# 全国历年水电装机容量增长情况表

万 kW

| 年份 | 中国大陆 | 中国台湾 | 全国合计 | 新增装机容量 | 年份 | 中国大陆 | 中国台湾 | 全国合计 | 新增装机容量 |
|---|---|---|---|---|---|---|---|---|---|
| 1949 | 36.0 | 18.0 | 54 | | 1983 | 2416.5 | 143.1 | 2560 | 125.0 |
| 1950 | 36.2 | 22.1 | 58 | 4.3 | 1984 | 2560.0 | 148.0 | 2708 | 148.4 |
| 1951 | 37.8 | (24.0) | (62) | (3.5) | 1985 | 2641.5 | 248.9 | 2890 | 182.4 |
| 1952 | 38.5 | (27.0) | (66) | (3.7) | 1986 | 2754.2 | 256.4 | 3011 | 120.2 |
| 1953 | 53.0 | (30.0) | (83) | (17.5) | 1987 | 3019.3 | 255.8 | 3275 | 264.5 |
| 1954 | 60.6 | 33.0 | 94 | 10.6 | 1988 | 3269.8 | 255.8 | 3526 | 250.5 |
| 1955 | 69.5 | (34.0) | (104) | (9.9) | 1989 | 3458.3 | 256.2 | 3715 | 188.9 |
| 1956 | 91.4 | (36.0) | (127) | (23.9) | 1990 | 3604.6 | 256.2 | 3861 | 146.3 |
| 1957 | 101.9 | (38.0) | (140) | (12.5) | 1991 | 3788.3 | 256.2 | 4045 | 183.7 |
| 1958 | 121.6 | (40.0) | (162) | (21.7) | 1992 | 4068.1 | 257.7 | 4326 | 281.3 |
| 1959 | 162.0 | (42.0) | (204) | (42.4) | 1993 | 4489.3 | 257.7 | 4747 | 421.2 |
| 1960 | 194.1 | 44.8 | 239 | 34.9 | 1994 | 4906.1 | 364.8 | 5271 | 523.9 |
| 1961 | 233.3 | (47.0) | (280) | (41.4) | 1995 | 5218.4 | 418.3 | 5637 | 365.8 |
| 1962 | 237.9 | 53.8 | 292 | 11.4 | 1996 | 5557.8 | 428.8 | 5987 | 349.9 |
| 1963 | 243.0 | (56.0) | (299) | (7.3) | 1997 | 5972.6 | 428.8 | 6401 | 414.8 |
| 1964 | 268.3 | (59.0) | (327) | (28.3) | 1998 | 6506.5 | 442.2 | 6949 | 547.3 |
| 1965 | 302.0 | 62.8 | 365 | 37.5 | 1999 | 7297.1 | 442.2 | 7739 | 790.6 |
| 1966 | 363.8 | (65.0) | (429) | (64.0) | 2000 | 7935.2 | 442.2 | 8377 | 638.1 |
| 1967 | 383.9 | (67.0) | (451) | (22.1) | 2001 | 8300.6 | 442.2 | 8743 | 365.4 |
| 1968 | 438.8 | (70.0) | (509) | (57.9) | 2002 | 8607.4 | 451.1 | 9059 | 315.7 |
| 1969 | 505.3 | 72.2 | 578 | 68.7 | 2003 | 9489.6 | 451.1 | 9941 | 882.2 |
| 1970 | 623.5 | 90.1 | 714 | 136.1 | 2004 | 10524.2 | 451.0 | 10975 | 1034.5 |
| 1971 | 780.4 | (96.0) | (876) | (162.8) | 2005 | 11738.8 | 451.0 | 12190 | 1214.6 |
| 1972 | 870.0 | 113.1 | 983 | 106.7 | 2006 | 13029.2 | 451.2 | 13480.4 | 1290.4 |
| 1973 | 1029.9 | 113.2 | 1143 | 159.9 | 2007 | 14823.2 | 452.0 | 15275.2 | 1794.6 |
| 1974 | 1181.7 | 136.5 | 1318 | 175.2 | 2008 | 17260.4 | 454.0 | 17714.4 | 2439.2 |
| 1975 | 1342.8 | 136.5 | 1479 | 161.1 | 2009 | 19629.0 | (454.0) | 20083.0 | 2368.6 |
| 1976 | 1465.5 | 136.5 | 1602 | 122.7 | 2010 | 21605.7 | (454.0) | 22059.7 | 1976.7 |
| 1977 | 1576.5 | 136.5 | 1713 | 111.0 | 2011 | 23298 | 464 | 23762 | 1702 |
| 1978 | 1727.7 | 139.2 | 1867 | 153.9 | 2012 | 24947 | (464) | 25411 | 1649 |
| 1979 | 1911.0 | 139.2 | 2050 | 183.3 | 2013 | 28044 | (464) | 28508 | 3097 |
| 1980 | 2031.8 | 138.6 | 2170 | 120.2 | 2014 | 30486 | (464) | 30950 | 2442 |
| 1981 | 2193.3 | 138.7 | 2332 | 161.6 | 2015 | 31954 | (464) | 32418 | 1468 |
| 1982 | 2295.9 | 138.7 | 2435 | 102.6 | 2016 | 33207 | (464) | 33671 | 1253 |

资料来源：2015 年及以前的资料来源于《中国水力发电年鉴》第二十卷；2016 年中国大陆资料来源于中国电力企业联合会；2016 年台湾地区数据沿用上年数据。

注：（　）内数据表示缺当年资料，用上、下数插补得出或沿用上年数据。

# 全国历年水电年发电量增长情况表

亿 kW · h

| 年份 | 中国大陆 | 中国台湾 | 全国合计 | 年增率(%) | 年份 | 中国大陆 | 中国台湾 | 全国合计 | 年增率(%) |
|---|---|---|---|---|---|---|---|---|---|
| 1949 | 12.0 | 6.0 | 18 | | 1983 | 863.6 | 49.9 | 913 | 15.4 |
| 1950 | 13.2 | 9.7 | 23 | 27.2 | 1984 | 867.8 | 44.3 | 912 | −0.2 |
| 1951 | 14.9 | (10.0) | (25) | (8.7) | 1985 | 923.7 | 69.3 | 993 | 8.9 |
| 1952 | 18.3 | (12.0) | (30) | (21.7) | 1986 | 944.8 | 74.2 | 1019 | 2.6 |
| 1953 | 25.5 | (14.0) | (40) | (30.4) | 1987 | 1002.3 | 71.2 | 1073 | 5.3 |
| 1954 | 32.0 | 15.6 | 48 | 20.5 | 1988 | 1091.8 | 61.5 | 1153 | 7.4 |
| 1955 | 34.0 | (16.6) | (51) | (6.3) | 1989 | 1184.5 | 66.8 | 1251 | 8.5 |
| 1956 | 47.1 | (17.0) | (64) | (26.7) | 1990 | 1263.5 | 81.9 | 1345 | 7.5 |
| 1957 | 48.2 | (18.0) | (66) | (3.3) | 1991 | 1248.4 | 55.1 | 1303 | −3.1 |
| 1958 | 41.1 | (19.0) | (60) | ( −9.2) | 1992 | 1314.7 | 83.5 | 1398 | 7.3 |
| 1959 | 43.6 | (20.0) | (64) | (5.8) | 1993 | 1516.0 | 67.2 | 1583 | 13.2 |
| 1960 | 74.1 | 20.6 | 95 | 48.9 | 1994 | 1667.9 | 88.9 | 1757 | 11.0 |
| 1961 | 74.1 | (21.1) | (95) | (0.5) | 1995 | 1867.7 | 88.8 | 1956 | 11.4 |
| 1962 | 90.4 | 21.6 | 112 | 17.6 | 1996 | 1869.2 | 90.4 | 1960 | 0.2 |
| 1963 | 86.9 | (23.0) | (110) | ( −1.9) | 1997 | 1945.6 | 95.7 | 2041 | 4.2 |
| 1964 | 106.0 | (24.0) | (130) | (18.3) | 1998 | 2043.0 | 106.1 | 2149 | 5.3 |
| 1965 | 104.1 | 24.4 | 129 | −1.2 | 1999 | 2129.3 | 89.4 | 2219 | 3.2 |
| 1966 | 126.2 | (25.0) | (151) | (17.7) | 2000 | 2431.3 | 78.5 | 2510 | 13.0 |
| 1967 | 131.4 | (27.0) | (158) | (4.8) | 2001 | 2611.1 | 82.3 | 2693 | 7.3 |
| 1968 | 115.0 | (28.0) | (143) | ( −9.7) | 2002 | 2745.7 | 57.9 | 2804 | 4.1 |
| 1969 | 160.1 | 30.5 | 191 | 33.3 | 2003 | 2813.3 | 64.3 | 2878 | 2.6 |
| 1970 | 204.6 | 26.4 | 231 | 21.2 | 2004 | 3309.9 | 59.7 | 3370 | 17.1 |
| 1971 | 250.6 | (30.0) | (281) | (21.5) | 2005 | 3964.0 | 59.7 | 4024 | 19.4 |
| 1972 | 288.2 | 34.2 | 322 | 14.9 | 2006 | 4147.7 | 80.0 | 4227.7 | 5.1 |
| 1973 | 389.0 | 34.0 | 423 | 31.2 | 2007 | 4714.0 | 87.0 | 4801.0 | 13.6 |
| 1974 | 414.4 | 47.1 | 461 | 9.1 | 2008 | 5655.5 | 77.4 | 5732.9 | 19.4 |
| 1975 | 476.3 | 52.6 | 529 | 14.6 | 2009 | 5716.8 | (77.4) | 5794.2 | 1.1 |
| 1976 | 456.4 | 42.8 | 499 | −5.6 | 2010 | 6867.4 | (77.4) | 6944.8 | 19.9 |
| 1977 | 476.5 | 40.2 | 517 | 3.5 | 2011 | 6681 | (79) | 6760 | −2.7 |
| 1978 | 446.3 | 49.7 | 496 | −4.0 | 2012 | 8556 | (79) | 8635 | 27.7 |
| 1979 | 501.2 | 45.7 | 547 | 10.3 | 2013 | 8921 | (79) | 9000 | 4.2 |
| 1980 | 582.1 | 29.3 | 611 | 11.8 | 2014 | 10601 | (79) | 10680 | 18.7 |
| 1981 | 655.5 | 47.9 | 703 | 15.1 | 2015 | 11127 | (79) | 11206 | 4.9 |
| 1982 | 744.0 | 47.8 | 792 | 12.6 | 2016 | 11748 | (79) | 11827 | 5.5 |

资料来源：2015 年及以前的资料来源于《中国水力发电年鉴》第二十卷；2016 年中国大陆资料来源于中国电力企业联合会；2016 年台湾地区数据沿用上年数据。

注：（ ）内数据表示缺当年资料，用上、下数据插补得出或沿用上年数据。

2016

# 中国水力发电年鉴

李锐

第二十一卷

中国水力发电工程学会 主办
中国水力发电年鉴编辑部 编纂

中国电力出版社

二〇一七年·北京

**图书在版编目（CIP）数据**

中国水力发电年鉴．第二十一卷/中国水力发电工程学会编．—北京：中国电力出版社，2017.12

ISBN 978-7-5198-1588-2

Ⅰ．①中…　Ⅱ．①中…　Ⅲ．①水利电力工业-中国-年鉴　Ⅳ．①F426.61-54

中国版本图书馆 CIP 数据核字（2017）第 309981 号

出版发行：中国电力出版社
地　　址：北京市东城区北京站西街 19 号（邮政编码 100005）
网　　址：http://www.cepp.sgcc.com.cn
责任编辑：安小丹（010-63412367）　孙建英　姜　萍
责任校对：马　宁　郝军燕　太兴华
装帧设计：张俊霞　张　娟
责任印制：蔺义舟

印　　刷：北京天宇星印刷厂
版　　次：2017 年 12 月第一版
印　　次：2017 年 12 月北京第一次印刷
开　　本：787 毫米×1092 毫米　16 开本
印　　张：41.5
字　　数：1356 千字　10 彩页
定　　价：**350.00** 元

# 《中国水力发电年鉴》第二十一卷

## 编纂委员会

# 《中国水力发电年鉴》第二十一卷
# 编辑出版工作人员


**主　　　编**　吴义航

**副　主　编**　黄景湖　陈东平

**技术编辑**　程运生　张志良　殷利利　宁传新

**编　　　务**　李　明　雷定演　胡丹蓉　孙　卓

**终　　　审**　张运东

**复　　　审**　杨伟国

**责任编辑**　姜　萍　安小丹　孙建英

**美术设计**　张俊霞

**版式设计**　张　娟

**责任校对**　马　宁　郝军燕　太兴华

**出版印刷**　蔺义舟

# 编 辑 说 明

（一）《中国水力发电年鉴》属专业性行业年鉴，主要面向全国水电行业从事规划、勘测、设计、施工、科研、咨询、建设管理、设备制造、生产运行、院校教育的工程技术人员、师生和各级有关领导与专家。

（二）本卷年鉴的资料时段为2016年，按序排列为第二十一卷。框架结构由篇目、栏目、条目三个层次组成，共编列17个篇目、51个栏目、487个条目。每个篇目均以隔页列出，栏目、条目名称分别用通栏、双栏并铺以不同的网底印出，以示醒目。

（三）本卷年鉴的编辑工作，紧密围绕中华民族伟大复兴的中国梦，按照国家“积极发展水电，大力发展新能源”的方针，力求全面、真实地反映2015年度我国水电行业各方面所取得的成就和技术进步，努力做到“大事不漏、小事不上”，更好地服务于水电行业。

（四）本年鉴实行文责自负，各条目的内容、数据、插图等均由撰稿人核对无误并由单位有关部门审定、核实。

（五）本卷年鉴编辑实行主编负责制。主编负责总体框架结构设计、征询意见、组稿与初审等工作；各篇目的责任编辑负责稿件的征集、修改、编排、整理。

“特载”“水能及新能源开发”“技术标准与图书”“水电建设管理”“统计资料”“大事记”篇目的责任编辑为程运生；“大中型水电工程”“机电及金属结构”“科学研究与技术创新”“国际合作与技术交流”“水电站生产运行”“环境保护与水库移民”“农村水电及电气化”“机构与学术团体”篇目的责任编辑为黄景湖；“工程勘测”“水工设计”“土建施工”篇目的责任编辑为张志良。

（六）《中国水力发电年鉴》始终坚持政治的严肃性，资料的准确性，内容的全面性、科学性、实用性和连续性，对历史负责，对后人负责。编辑过程中力求资料翔实、语言规范、文字精练。但由于水平所限，不妥、疏漏甚至错误之处在所难免，敬请广大读者批评指正。

联系地址：北京市海淀区车公庄西路22号A座中国水力发电工程学会《中国水力发电年鉴》编辑部，邮编：100048。

《中国水力发电年鉴》主编

吴义航

2017.11

# 篇　　目

# 目　　录

## 2 水能及新能源开发



## 3 大中型水电工程

## 4 工程勘测



## 5 水工设计

## 6 土建施工

## 7 机电及金属结构

## 8 科学研究与技术创新

## 9 国际合作与技术交流

## 10 技术标准与图书

## 11 水电建设管理



## 12 水电站生产运行

## 13 环境保护与水库移民

## 14 农村水电及电气化



## 15 机构与学术团体



## 16 统计资料

17
大 事 记

# CONTENTS

## Chapter 1 Specials

## Chapter 2 Hydropower and New Energy Development



## Chapter 3 Large and Medium-sized Hydropower Project

## Chapter 4 Project Investigation

## Chapter 5 Hydraulic Structure Design



## Chapter 6 Civil Engineering Construction

## Chapter 7 Electrical-Mechanical and Metal Structure

## Chapter 8 Scientific Research and Technological Innovation

## Chapter 9 International Cooperation and Technology Exchange



## Chapter 10 Technical Norms and Books

## Chapter 11 Management of Hydropower Construction

## Chapter 12 Production and Operation of Hydropower Stations

## Chapter 14 Rural Hydropower and Rural Electrification



## Chapter 15 Agencies and Academic Groups

## Chapter 16 Statistical Data



## Chapter 17 Chronicle of Events

# 彩色插页目录

中國水力發電年鉴

1

DEL PRESIDENTE DE LA
REPÚBLICA POPULAR CHINA
7 - 18 d
oviembre

# 特　　载

# 重　要　文　件

## 国务院关于取消一批职业资格许可和认定事项的决定

国发〔2016〕5号

各省、自治区、直辖市人民政府，国务院各部委、各直属机构：

经研究论证，国务院决定取消61项职业资格许可和认定事项，现予公布。同时，建议取消1项依据有关法律设立的职业资格许可和认定事项，国务院将依照法定程序提请全国人民代表大会常务委员会修订相关法律规定。

各地区、各部门要切实转变管理理念和管理方式，加强对职业资格实施的评估检查，建立事中事后监管机制，营造更好激励人才发展的环境，推动大众创业、万众创新。人力资源社会保障部要会同有关部门抓紧制定公布国家职业资格目录清单并实行动态调整，在目录之外不得开展职业资格许可和认定工作，逐步建立科学合理的国家职业资格体系，让广大劳动者更好施展创业创新才能。

附件：国务院决定取消的职业资格许可和认定事项目录（共计61项）

国务院

2016年1月20日

### 国务院决定取消的职业资格许可和认定事项目录（摘要）

（共计61项）

一、取消的专业技术人员职业资格许可和认定事项（共计43项，其中准入类5项，水平评价类38项）（摘要）

| 序号 | 项目名称 | 实施部门（单位） | 资格类别 | 设定依据 | 处理决定 | 备注 |
|---|---|---|---|---|---|---|
| 1～8 | （略） | | | | | |
| 9 | 中国工程建设职业经理人 | 国家发展改革委 | 水平评价类 | 《中国施工企业管理协会章程》 | 取消 | |
| 10～13 | （略） | | | | | |
| 14 | 勘察设计行业工程总承包项目经理 | 住房城乡建设部 | 水平评价类 | 《关于在全国工程勘察设计行业开展工程项目经理资格考评工作的通知》（中设协字〔2007〕第12号） | 取消 | |
| 15 | 全国建设工程造价员资格 | 住房城乡建设部 | 水平评价类 | 《关于统一换发概预算人员资格证书事宜的通知》（建办标函〔2005〕558号）<br>《全国建设工程造价员管理办法》（中价协〔2011〕21号） | 取消 | |
| 16 | （略） | | | | | |
| 17 | 水文、水资源调查评价上岗资格 | 水利部 | 水平评价类 | 《中华人民共和国水文条例》（国务院令第496号）<br>《水文水资源调查评价资质和建设项目水资源论证资质管理办法（试行）》（水利部令第17号） | 取消 | |

续表

| 序号 | 项目名称 | 实施部门（单位） | 资格类别 | 设定依据 | 处理决定 | 备注 |
|---|---|---|---|---|---|---|
| 18～34 | （略） | | | | | |
| 35 | 电力行业监理工程师、总监理工程师 | 中国电力建设企业协会 | 水平评价类 | 《全国电力行业监理工程师和总监理工程师管理办法》（中电建协〔2005〕25 号） | 取消 | 原实施单位为国务院国资委管理的行业协会 |
| 36 | 电力施工建设企业项目经理岗位资格 | 中国电力建设企业协会 | 水平评价类 | 《电力工程项目经理职业岗位资格管理办法》 | 取消 | |
| 37 | 电力建设工程调试职业资格 | 中国电力建设企业协会 | 水平评价类 | 《电力工程调试能力资格管理办法（2013 版）》（中电建协调〔2013〕7 号） | 取消 | |
| 38～43 | （略） | | | | | |

二、取消的技能人员职业资格许可和认定事项（共计 18 项，均为水平评价类）（略）

## 国务院关于第二批取消 152 项中央指定地方实施行政审批事项的决定

国发〔2016〕9 号

各省、自治区、直辖市人民政府，国务院各部委、各直属机构：

经研究论证，国务院决定第二批取消 152 项中央指定地方实施的行政审批事项。

各地区、各部门要抓紧做好取消事项的后续衔接工作，切实加强事中事后监管，特别是涉及安全生产和维护公共安全的，要进一步细化措施，明确责任主体和工作方法，做好跟踪督导工作。

以部门规章、规范性文件等形式设定的面向公民、法人和社会组织的审批事项已清理完毕。今后行政许可只能依据行政许可法的规定设定，不得把已取消的中央指定事项作为行政许可的设定依据。尚未制定法律、行政法规的，地方性法规可以设定行政许可；尚未制定法律、行政法规和地方性法规的，因行政管理的需要，确需立即实施行政许可的，省、自治区、直辖市人民政府规章可以设定临时性的行政许可。

附件：国务院决定第二批取消中央指定地方实施的行政审批事项目录（共计 152 项）

国务院

2016 年 2 月 3 日

附件：

### 国务院决定第二批取消中央指定地方实施的行政审批事项目录（摘要）

（共计 152 项）

| 序号 | 项目名称 | 审批部门 | 设定依据 |
|---|---|---|---|
| 1～4 | （略） | | |
| 5 | 设备监理单位甲级、乙级资格证书核发 | 省级质量技术监督部门 | 《国务院对确需保留的行政审批项目设定行政许可的决定》（国务院令第 412 号）<br>《国务院关于第六批取消和调整行政审批项目的决定》（国发〔2012〕52 号）<br>《国务院关于取消和调整一批行政审批项目等事项的决定》（国发〔2015〕11 号） |
| 6 | 建立社会公正计量行（站）审批 | 省级质量技术监督部门 | 《国务院对确需保留的行政审批项目设定行政许可的决定》（国务院令第 412 号） |
| 7～18 | （略） | | |

续表

| 序号 | 项目名称 | 审批部门 | 设定依据 |
|---|---|---|---|
| 19 | 环境保护（污染治理）设施运营单位乙级、临时资质认定 | 省级环境保护行政主管部门 | 《国务院对确需保留的行政审批项目设定行政许可的决定》（国务院令第412号）<br>《国务院关于第六批取消和调整行政审批项目的决定》（国发〔2012〕52号） |
| 20～22 | （略） | | |
| 23 | 江河故道、旧堤、原有工程设施等填堵、占用、拆毁审批 | 省、市、县级水行政主管部门 | 《中华人民共和国河道管理条例》（国务院令第3号，2011年1月8日予以修改） |
| 24 | 建设项目水资源论证机构乙级资质认定 | 省级水行政主管部门 | 《国务院对确需保留的行政审批项目设定行政许可的决定》（国务院令第412号）<br>《水文水资源调查评价资质和建设项目水资源论证资质管理办法（试行）》（水利部令2003年第17号） |
| 25 | 乙级水文、水资源调查评价机构资质认定 | 省级水行政主管部门 | 《中华人民共和国水文条例》（国务院令第496号，2013年7月18日予以修改）<br>《水文水资源调查评价资质和建设项目水资源论证资质管理办法（试行）》（水利部令2003年第17号） |
| 26～33 | （略） | | |
| 34 | 大中型水利工程移民安置规划大纲审批 | 省级人民政府移民管理机构 | 《大中型水利水电工程建设征地补偿和移民安置条例》（国务院令第471号） |
| 35～46 | （略） | | |
| 47 | 统计人员从业资格认定 | 省级统计行政主管部门 | 《国务院对确需保留的行政审批项目设定行政许可的决定》（国务院令第412号）<br>《统计从业资格认定办法》（国家统计局令第10号） |
| 48～64 | （略） | | |
| 65 | 测绘计量检定人员资格认定 | 省级测绘地理信息行政主管部门 | 《中华人民共和国计量法》<br>《中华人民共和国计量法实施细则》（1987年1月19日国务院批准，1987年2月1日国家计量局发布）<br>《国务院关于第六批取消和调整行政审批项目的决定》（国发〔2012〕52号） |
| 66～69 | （略） | | |
| 70 | 对上报国家发展改革委的企业、事业单位、社会团体等投资建设固定资产投资项目初审 | 省级发展改革部门 | 《政府核准投资项目管理办法》（国家发展改革委令2014年第11号） |
| 71 | 对上报国家发展改革委的工程咨询单位资格认定初审 | 省级发展改革部门 | 《工程咨询单位资格认定办法》（国家发展改革委令2005年第29号） |
| 72 | 对上报国家发展改革委的中央投资项目招标代理机构资格认定初审 | 省级发展改革部门 | 《中央投资项目招标代理资格管理办法》（国家发展改革委令2012年第13号） |
| 73 | 对上报国家发展改革委的外商投资项目核准初审 | 省级发展改革部门 | 《外商投资项目核准和备案管理办法》（国家发展改革委令2014年第12号） |

续表

| 序号 | 项目名称 | 审批部门 | 设定依据 |
| --- | --- | --- | --- |
| 74 | 对上报国家发展改革委的境外投资项目核准初审 | 省级发展改革部门 | 《境外投资项目核准和备案管理办法》（国家发展改革委令 2014 年第 9 号） |
| 75 | 对上报国家发展改革委的境外投资项目备案初审 | 省级发展改革部门 | 《境外投资项目核准和备案管理办法》（国家发展改革委令 2014 年第 9 号） |
| 76 | 对上报国家发展改革委的招标师职业资格认定初审 | 省级发展改革部门 | 《招标师注册执业管理办法》（发改法规〔2014〕1431 号） |
| 77～110 | （略） | | |
| 111 | 安全评价机构甲级资质审批初审 | 省级安全生产监督管理部门 | 《安全评价机构管理规定》（安全监管总局令 2009 年第 22 号，2015 年 5 月 29 日予以修改） |
| 112 | 安全生产检测检验机构甲级资质初审 | 省级安全生产监督管理部门 | 《安全生产检测检验机构管理规定》（安全监管总局令 2007 年第 12 号，2015 年 5 月 29 日予以修改） |
| 113～130 | （略） | | |
| 131 | 建设项目水资源论证机构甲级资质初审 | 省级水行政主管部门 | 《水文水资源调查评价资质和建设项目水资源论证资质管理办法（试行）》（水利部令 2003 年第 17 号） |
| 132、133 | （略） | | |
| 134 | 对住房城乡建设部负责的一级注册结构工程师和其他专业勘察设计工程师注册的初审 | 省级住房城乡建设部门 | 《勘察设计注册工程师管理规定》（建设部令 2004 年第 137 号） |
| 135 | 对住房城乡建设部负责的一级注册建造师执业资格审批的初审 | 省级住房城乡建设部门 | 《注册建造师管理规定》（建设部令 2006 年第 153 号） |
| 136 | 对住房城乡建设部负责的造价工程师执业资格审批的初审 | 省级住房城乡建设部门 | 《注册造价工程师管理办法》（建设部令 2006 年第 150 号） |
| 137 | 对住房城乡建设部负责的监理工程师执业资格审批的初审 | 省级住房城乡建设部门 | 《注册监理工程师管理办法》（建设部令 2006 年第 147 号） |
| 138 | 对住房城乡建设部负责的房地产估价师执业资格审批的初审 | 省级住房城乡建设部门 | 《注册房地产估价师管理办法》（建设部令 2006 年第 151 号） |
| 139 | 对住房城乡建设部负责的工程造价咨询单位甲级资质审批的初审 | 省级住房城乡建设部门 | 《工程造价咨询企业管理办法》（建设部令 2006 年第 149 号） |
| 140 | 对住房城乡建设部负责的甲级工程建设项目招标代理机构资格审批的初审 | 省级住房城乡建设部门 | 《工程建设项目招标代理机构资格认定办法》（建设部令 2006 年第 154 号） |
| 141 | 对住房城乡建设部负责的建筑业企业承包特级、一级，部分专业承包一级资质审批的初审 | 省级住房城乡建设部门 | 《建筑业企业资质管理规定》（住房城乡建设部令 2015 年第 22 号） |

续表

| 序号 | 项目名称 | 审批部门 | 设定依据 |
|---|---|---|---|
| 142、143 | （略） | | |
| 144 | 对住房城乡建设部负责的甲级工程监理企业资质许可的初审 | 省级住房城乡建设部门 | 《工程监理企业资质管理规定》（建设部令2007年第158号） |
| 145 | 对住房城乡建设部负责的甲级、部分乙级建设工程勘察设计企业资质核准的初审 | 省级住房城乡建设部门 | 《建设工程勘察设计资质管理规定》（建设部令2007年第160号） |
| 146～152 | （略） | | |

## 国务院印发《清理规范投资项目报建审批事项实施方案》

国务院于2016年5月19日以国发〔2016〕29号文印发《清理规范投资项目报建审批事项实施方案》。该方案全文如下。

### 清理规范投资项目报建审批事项实施方案

清理规范投资项目报建审批事项，既是推进简政放权、放管结合、优化服务改革的重要内容，也是打通投资项目开工前“最后一公里”、降低制度性交易成本、激发社会投资活力的重要举措。按照国务院关于进一步简化、整合投资项目报建手续的工作部署，制定本方案。

#### 一、清理规范的范围和原则

（一）范围

投资项目报建审批事项，是投资项目申请报告核准或者可行性研究报告批复之后、开工建设之前，由相关部门和单位依据法律法规向项目单位做出的行政审批事项。此次纳入清理规范的投资项目报建审批事项共计65项。

（二）原则

一是凡没有法律法规依据、未列入国务院决定保留的行政审批事项目录的，一律取消审批。

二是虽有法律法规依据，但已没有必要保留的，要通过修法取消审批。

三是审批机关能够通过征求相关部门意见或者能够通过后续监管解决的事项，一律取消审批。

四是对确需保留的审批事项，加大优化整合力度。由同一部门实施的管理内容相近或者属于同一办理阶段的多个审批事项，应整合为一个审批事项。属于同一层级地方政府办理的事项，应通过统一平台优化流程、提高效率。

#### 二、清理规范的内容

65项报建审批事项中，保留34项，整合24项为8项；改为部门间征求意见的2项，涉及安全的强制性评估5项，不列入行政审批事项。清理规范后报建审批事项减少为42项。

（一）保留34项

住房城乡建设部门5项：建设用地（含临时用地）规划许可证核发、乡村建设规划许可证核发、建筑工程施工许可证核发、超限高层建筑工程抗震设防审批、风景名胜区内建设活动审批。

交通运输部门5项：水运工程设计文件审查、公路建设项目设计审批、公路建设项目施工许可、航道通航条件影响评价审核、港口岸线使用审批。

国土资源部门4项：农用地转用审批、土地征收审批、供地方案审批、建设项目压覆重要矿床审批。

水利部门3项：农业灌排影响意见书、生产建设项目水土保持方案审批、水利基建项目初步设计文件审批。

海洋部门3项：海域使用权证书核发、无居民海岛开发利用审核、海洋工程建设项目环境影响报告书核准（非重特大项目）。

环境保护部门2项：非重特大项目环评审批、核设施建造许可证核发。

气象部门2项：新建、扩建、改建建设工程避免危害气象探测环境审批，防雷装置设计审核。

能源部门2项：煤矿项目核准后开工前地方煤炭行业管理部门实施的初步设计审批、核电厂工程消防初步设计审批。

发展改革部门1项：节能审查意见。

公安部门1项：建设工程消防设计审核。

安全部门1项：涉及国家安全事项的建设项目审批。

国防科技工业部门1项：军用核设施［含铀尾矿（渣）库选址、建造］安全许可。

民航部门1项：民航专业工程及含有中央投资的民航建设项目初步设计审批。

宗教部门1项：宗教活动场所内改建或者新建建筑物审批。

移民管理机构1项：移民安置规划及审核意见。

人民防空部门1项：应建防空地下室的民用建筑项目报建审批。

（二）整合24项为8项

住房城乡建设部门11项整合为4项：一是将“建设工程（含临时建设）规划许可证核发”“历史文化街区、名镇、名村核心保护范围内拆除历史建筑以外的建筑物、构筑物或者其他设施审批”“历史建筑实施原址保护审批”“历史建筑外部修缮装饰、添加设施以及改变历史建筑的结构或者使用性质审批”4项，合并为“建设工程规划类许可证核发”1项；二是将“临时占用城市绿地审批”“砍伐城市树木、迁移古树名木审批”2项，合并为“工程建设涉及城市绿地、树木审批”1项；三是将“占用、挖掘城市道路审批”“依附于城市道路建设各种管线、杆线等设施审批”“城市桥梁上架设各类市政管线审批”3项，合并为“市政设施建设类审批”1项；四是将“因工程建设确需改装、拆除或者迁移城市公共供水设施审批”“拆除、移动城镇排水与污水处理设施方案审核”2项，合并为“因工程建设需要拆除、改动、迁移供水、排水与污水处理设施审核”1项。

水利部门6项整合为2项：一是将“非防洪建设项目洪水影响评价报告审批”“水工程建设规划同意书审核”“河道管理范围内建设项目工程建设方案审批”“国家基本水文测站上下游建设影响水文监测工程的审批”4项，合并为“洪水影响评价审批”1项；二是将“建设项目水资源论证报告书审批”“取水许可”2项，合并为“取水许可”1项。

文物部门4项整合为1项：将“文物保护单位的保护范围内进行其他建设工程或者爆破、钻探、挖掘等作业的许可”“文物保护单位的建设控制地带内进行建设工程的许可”“进行大型基本建设工程前在工程范围内有可能埋藏文物的地方进行考古调查、勘探的许可”“配合建设工程进行考古发掘的许可”4项，合并为“建设工程文物保护和考古许可”1项。

林业部门3项整合为1项：将“勘察、开采矿藏和各项建设工程占用或者征收、征用林地审核”“在林业部门管理的自然保护区建立机构和修筑设施审批”“在沙化土地封禁保护区范围内进行修建铁路、公路等建设活动审批”3项，合并为“建设项目使用林地及在林业部门管理的自然保护区、沙化土地封禁保护区建设审批（核）”1项。

（三）改为部门间征求意见的2项

军队有关部门2项：贯彻国防要求、军事设施保护意见。

（四）涉及安全的强制性评估5项

安全监管部门2项：职业病危害预评价、建设项目安全预评价。

国土资源部门1项：地质灾害危险性评估。

气象部门1项：重大规划、重点工程项目气候可行性论证。

地震部门1项：地震安全性评价。

三、工作要求

（一）各有关部门和单位要抓紧按程序做好修改法律法规、部门规章和规范性文件，以及调整公布本部门、本单位报建审批事项清单工作。在简政放权的同时，要坚持放管结合、优化服务，建立透明、规范、高效的协同监管机制，规范投资建设行为和市场秩序。要加强对本系统清理规范工作的指导和监督，对保留的报建审批事项，要按照“一个窗口对外”的要求，合理确定管理层级，除安全生产、环境保护等涉及人民群众生命健康安全的事项外，均要精简申报材料，缩短办理时限，便利企业办事。要继续加强调查研究，充分听取市场主体意见，加大改革力度，进一步减少报建审批事项。此外，对涉及安全的强制性评估，应通过细化标准、严格监管等，确保安全措施落实到位。

（二）各地区要将由同一层级地方政府实施的报建审批事项，纳入政务服务大厅或在线平台，实行“一口受理、并行办理、限时办结、统一答复”。严格遵循政务公开原则，强化宣传和舆论引导，做好政策解读工作。同时，要结合本地实际，进一步加大报建审批事项整合力度，优化办理流程，提高办事效率。

附件：投资项目报建审批事项清理规范意见汇总表（略）

## 国务院关于发布政府核准的投资项目目录（2016年本）的通知

国务院于2016年12月12日以国发〔2016〕72号文下发关于发布政府核准的投资项目目录（2016

年本）的通知，全文如下。

为贯彻落实《中共中央　国务院关于深化投融资体制改革的意见》，进一步加大简政放权、放管结合、优化服务改革力度，使市场在资源配置中起决定性作用，更好发挥政府作用，切实转变政府投资管理职能，加强和改进宏观调控，确立企业投资主体地位，激发市场主体扩大合理有效投资和创新创业的活力，现发布《政府核准的投资项目目录（2016 年本）》，并就有关事项通知如下：

一、企业投资建设本目录内的固定资产投资项目，须按照规定报送有关项目核准机关核准。企业投资建设本目录外的项目，实行备案管理。事业单位、社会团体等投资建设的项目，按照本目录执行。

原油、天然气（含煤层气）开发项目由具有开采权的企业自行决定，并报国务院行业管理部门备案。具有开采权的相关企业应依据相关法律法规，坚持统筹规划，合理开发利用资源，避免资源无序开采。

二、法律、行政法规和国家制定的发展规划、产业政策、总量控制目标、技术政策、准入标准、用地政策、环保政策、用海用岛政策、信贷政策等是企业开展项目前期工作的重要依据，是项目核准机关和国土资源、环境保护、城乡规划、海洋管理、行业管理等部门以及金融机构对项目进行审查的依据。

发展改革部门要会同有关部门抓紧编制完善相关领域专项规划，为各地区做好项目核准工作提供依据。

环境保护部门应根据项目对环境的影响程度实行分级分类管理，对环境影响大、环境风险高的项目严格环评审批，并强化事中事后监管。

三、要充分发挥发展规划、产业政策和准入标准对投资活动的规范引导作用。把发展规划作为引导投资方向，稳定投资运行，规范项目准入，优化项目布局，合理配置资金、土地、能源、人力等资源的重要手段。完善产业结构调整指导目录、外商投资产业指导目录等，为企业投资活动提供依据和指导。构建更加科学、更加完善、更具可操作性的行业准入标准体系，强化节地节能节水、环境、技术、安全等市场准入标准。完善行业宏观调控政策措施和部门间协调机制，形成工作合力，促进相关行业有序发展。

四、对于钢铁、电解铝、水泥、平板玻璃、船舶等产能严重过剩行业的项目，要严格执行《国务院关于化解产能严重过剩矛盾的指导意见》（国发〔2013〕41 号），各地方、各部门不得以其他任何名义、任何方式备案新增产能项目，各相关部门和机构不得办理土地（海域、无居民海岛）供应、能评、环评审批和新增授信支持等相关业务，并合力推进化解产能严重过剩矛盾各项工作。

对于煤矿项目，要严格执行《国务院关于煤炭行业化解过剩产能实现脱困发展的意见》（国发〔2016〕7 号）要求，从 2016 年起 3 年内原则上停止审批新建煤矿项目、新增产能的技术改造项目和产能核增项目；确需新建煤矿的，一律实行减量置换。

严格控制新增传统燃油汽车产能，原则上不再核准新建传统燃油汽车生产企业。积极引导新能源汽车健康有序发展，新建新能源汽车生产企业须具有动力系统等关键技术和整车研发能力，符合《新建纯电动乘用车企业管理规定》等相关要求。

五、项目核准机关要改进完善管理办法，切实提高行政效能，认真履行核准职责，严格按照规定权限、程序和时限等要求进行审查。有关部门要密切配合，按照职责分工，相应改进管理办法，依法加强对投资活动的管理。

六、按照谁审批谁监管、谁主管谁监管的原则，落实监管责任，注重发挥地方政府就近就便监管作用，行业管理部门和环境保护、质量监督、安全监管等部门专业优势，以及投资主管部门综合监管职能，实现协同监管。投资项目核准、备案权限下放后，监管责任要同步下移。地方各级政府及其有关部门要积极探索创新监管方式方法，强化事中事后监管，切实承担起监管职责。

七、按照规定由国务院核准的项目，由国家发展改革委审核后报国务院核准。核报国务院及国务院投资主管部门核准的项目，事前须征求国务院行业管理部门的意见。

八、由地方政府核准的项目，各省级政府可以根据本地实际情况，按照下放层级与承接能力相匹配的原则，具体划分地方各级政府管理权限，制定本行政区域内统一的政府核准投资项目目录。基层政府承接能力要作为政府管理权限划分的重要因素，不宜简单地“一放到底”。对于涉及本地区重大规划布局、重要资源开发配置的项目，应充分发挥省级部门在政策把握、技术力量等方面的优势，由省级政府核准，原则上不下放到地市级政府、一律不得下放到县级及以下政府。

九、对取消核准改为备案管理的项目，项目备案机关要加强发展规划、产业政策和准入标准把关，行业管理部门与城乡规划、土地管理、环境保护、安全监管等部门要按职责分工加强对项目的指导和约束。

十、法律、行政法规和国家有专门规定的，按照有关规定执行。商务主管部门按国家有关规定对外商投资企业的设立和变更、国内企业在境外投资开办企业（金融企业除外）进行审核或备案管理。

十一、本目录自发布之日起执行，《政府核准的投资项目目录（2014 年本）》即行废止。

## 政府核准的投资项目目录
## （2016年本）
## （摘要）

一、农业水利

农业：涉及开荒的项目由省级政府核准。

水利工程：涉及跨界河流、跨省（区、市）水资源配置调整的重大水利项目由国务院投资主管部门核准，其中库容10亿$m^3$及以上或者涉及移民1万人及以上的水库项目由国务院核准。其余项目由地方政府核准。

二、能源

水电站：在跨界河流、跨省（区、市）河流上建设的单站总装机容量50万kW及以上项目由国务院投资主管部门核准，其中单站总装机容量300万kW及以上或者涉及移民1万人及以上的项目由国务院核准。其余项目由地方政府核准。

抽水蓄能电站：由省级政府按照国家制定的相关规划核准。

火电站（含自备电站）：由省级政府核准，其中燃煤燃气火电项目应在国家依据总量控制制定的建设规划内核准。

热电站（含自备电站）：由地方政府核准，其中抽凝式燃煤热电项目由省级政府在国家依据总量控制制定的建设规划内核准。

风电站：由地方政府在国家依据总量控制制定的建设规划及年度开发指导规模内核准。

核电站：由国务院核准。

电网工程：涉及跨境、跨省（区、市）输电的±500kV及以上直流项目，涉及跨境、跨省（区、市）输电的500kV、750kV、1000kV交流项目，由国务院投资主管部门核准，其中±800kV及以上直流项目和1000kV交流项目报国务院备案；不涉及跨境、跨省（区、市）输电的±500kV及以上直流项目和500kV、750kV、1000kV交流项目由省级政府按照国家制定的相关规划核准，其余项目由地方政府按照国家制定的相关规划核准。

煤矿：国家规划矿区内新增年生产能力120万t及以上煤炭开发项目由国务院行业管理部门核准，其中新增年生产能力500万t及以上的项目由国务院投资主管部门核准并报国务院备案；国家规划矿区内的其余煤炭开发项目和一般煤炭开发项目由省级政府核准。国家规定禁止建设或列入淘汰退出范围的项目，不得核准。

煤制燃料：年产超过20亿$m^3$的煤制天然气项目、年产超过100万t的煤制油项目，由国务院投资主管部门核准。

液化石油气接收、存储设施（不含油气田、炼油厂的配套项目）：由地方政府核准。

进口液化天然气接收、储运设施：新建（含异地扩建）项目由国务院行业管理部门核准，其中新建接收储运能力300万t及以上的项目由国务院投资主管部门核准并报国务院备案。其余项目由省级政府核准。

输油管网（不含油田集输管网）：跨境、跨省（区、市）干线管网项目由国务院投资主管部门核准，其中跨境项目报国务院备案。其余项目由地方政府核准。

输气管网（不含油气田集输管网）：跨境、跨省（区、市）干线管网项目由国务院投资主管部门核准，其中跨境项目报国务院备案。其余项目由地方政府核准。

炼油：新建炼油及扩建一次炼油项目由省级政府按照国家批准的相关规划核准。未列入国家批准的相关规划的新建炼油及扩建一次炼油项目，禁止建设。

变性燃料乙醇：由省级政府核准。

三、交通运输（略）

四、信息产业（略）

五、原材料（略）

六、机械制造（略）

七、轻工（略）

八、高新技术（略）

九、城建（略）

十、社会事业（略）

十一、外商投资（略）

十二、境外投资

涉及敏感国家和地区、敏感行业的项目，由国务院投资主管部门核准。

前款规定之外的中央管理企业投资项目和地方企业投资3亿美元及以上项目报国务院投资主管部门备案。

## 国务院办公厅印发《贫困地区水电矿产资源开发资产收益扶贫改革试点方案》

国务院办公厅于2016年9月30日以国办发

〔2016〕73号文印发《贫困地区水电矿产资源开发资产收益扶贫改革试点方案》。全文如下。

## 贫困地区水电矿产资源开发资产收益扶贫改革试点方案

《中华人民共和国国民经济和社会发展第十三个五年规划纲要》和《中共中央 国务院关于打赢脱贫攻坚战的决定》提出，对在贫困地区开发水电、矿产资源占用集体土地的，试行给原住居民集体股权方式进行补偿，探索对贫困人口实行资产收益扶持制度。为推动资源开发成果更多惠及贫困人口，促进共享发展，逐步建立贫困地区水电、矿产等资源开发资产收益扶贫制度，制定本方案。

### 一、总体要求

（一）指导思想。全面贯彻党的十八大和十八届三中、四中、五中全会精神，深入贯彻习近平总书记系列重要讲话精神，认真落实党中央、国务院决策部署，紧紧围绕“五位一体”总体布局和“四个全面”战略布局，牢固树立创新、协调、绿色、开放、共享的新发展理念，坚持精准扶贫、精准脱贫基本方略，以保障农村集体经济组织合法权益为中心，以增加贫困人口资产性收益为目标，以改革试点为突破口，以严格保护生态环境为前提，发挥资源优势，创新贫困地区水电、矿产资源开发占用农村集体土地补偿方式，探索建立集体股权参与项目分红的资产收益扶贫长效机制，走出一条资源开发与脱贫攻坚有机结合的新路子，实现贫困人口共享资源开发成果。

（二）基本原则。

政府引导，群众自愿。将入股分红作为征地补偿的新方式，坚持政府组织引导、统筹推动和监督检查，建立公平、公正、公开的项目收益分配制度，推动实现共享发展。充分尊重贫困地区农村集体经济组织及其成员意愿，保障其知情权、选择权和参与权。

精准扶持，利益共享。把水电、矿产资源开发与脱贫攻坚紧密结合，瞄准建档立卡贫困户，让贫困人口更多分享资源开发收益。统筹兼顾企业、农村集体经济组织及其成员等各方利益，充分调动利益相关方参与改革的积极性和主动性。

封闭运行，控制风险。试点项目严格按照国家审核通过的省级试点方案组织实施、封闭运行，享受试点政策，未经批准不得扩大试点区域和范围。预估预判各类风险，建立风险防范和控制机制，做到风险可控。

探索创新，有序推进。鼓励试点地方和项目单位结合实际，在股权设置、资产管理、收益分配、精准扶持、退出机制等方面进行探索创新。按照生态优先、绿色发展的要求，稳妥选择试点项目，密切跟踪试点进展，及时总结试点经验。

（三）试点目标。在贫困地区选择一批水电、矿产资源开发项目，用3年左右时间组织开展改革试点，探索建立农村集体经济组织成员特别是建档立卡贫困户精准受益的资产收益扶贫长效机制，形成可复制、可推广的操作模式和制度。

### 二、试点范围、期限与项目选择

（一）试点范围。在集中连片特困地区县和国家扶贫开发工作重点县（以下统称贫困县）开展试点，优先选择革命老区和民族地区贫困县。

（二）试点期限。2016年底启动，2019年底结束。

（三）项目选择。以精准扶贫、精准脱贫为导向，在全国范围内选择不超过20个占用农村集体土地的水电或矿产资源开发项目开展试点。试点项目不限企业所有制性质，但应符合相关规划和产业政策及环境保护要求，并满足以下条件：

1. 水电开发应选择建设周期较短、经济性较好、征地面积和移民人数适量的项目；矿产资源开发应选择以露天开采方式为主、预期盈利能力较强的项目。

2. 2017年内完成审批核准程序并开工建设。

3. 征地范围不跨省（区、市）。

4. 征地及影响范围内的原住居民，应包括一定比例建档立卡贫困户。

5. 出具项目影响区域内原住居民同意参与试点、农村集体经济组织承诺优先分配给建档立卡贫困户集体股权收益等证明材料。

### 三、试点内容

重点围绕界定入股资产范围、明确股权受益主体、合理设置股权、完善收益分配制度、加强股权管理和风险防控等方面开展试点。

（一）准确界定入股资产范围。依法依规准确界定水电、矿产资源开发项目征收、征用的农村集体土地范围。按照“归属清晰、权责明确、群众自愿”的原则，合理确定以土地补偿费量化入股的农村集体土地数量、类型和范围，并将核定的土地补偿费作为资产入股试点项目，形成集体股权。入股资产应限于农村集体经济组织所有的耕地、林地、草地、未利用地等非建设用地的土地补偿费。

（二）明确入股主体和受益主体。农村集体经济组织为股权持有者，其成员为集体股权受益主体，建档立卡贫困户为优先受益对象。探索建立以组、村、乡镇不同层级农村集体经济组织为入股单位的集体股权制度。

（三）规范集体股权设置办法。农村集体经济组织选择以全额或者部分集体土地补偿费入股试点项目，并以农村集体经济组织为单位设置集体股权。股权设置方法、程序等具体事项由试点项目所在地省级人民政府研究确定。股权设置结果须经项目所在地县级人民政府、项目投资建设单位、被占地农村集体经济组织共同确定。鼓励有条件的地方通过设立项目公司等方式，探索对集体股权实行专业化管理。

（四）保障集体股权收益。试点项目所在省份根据试点项目情况，探索建立集体股权收益保障制度，集体股权保障收益水平由项目投资建设单位和被占地农村集体经济组织根据项目实际情况共同协商确定。项目运行期结束、项目法人解散或破产清算时，应保障集体股权持有者享有对按照公司法和企业破产法有关规定清偿后剩余财产的优先分配权。试点期间，集体股权原则上不得用于质押、担保，对依法转让的集体股权，项目投资建设单位享有优先回购权。集体股权持有者不参与项目经营管理和决策，但应享有知情权、监督权等股东基本权利。

（五）健全收益分配制度。农村集体经济组织要制定经成员认可并符合相关财务制度的收益分配方案，明确分配范围、顺序和比例，纳入村务公开范畴，接受成员监督。收益分配方案应明确建档立卡贫困户享有优先分配权益，并保证其收益不得以任何方式被截留、挪用、扣减。建档立卡贫困户额外享有的集体股权收益分配权益，在其稳定脱贫后应有序退出，由农村集体经济组织重新分配。已脱贫农户享有与本集体经济组织其他成员平等的收益分配权。

（六）保障农村集体经济组织成员权益。依法保障农村集体经济组织成员特别是建档立卡贫困户参与集体股权管理、分享集体股权收益的权利。科学确认农村集体经济组织成员身份，建立健全农村集体经济组织成员登记备案、收益权证书管理等制度。集体股权收益分配制度的制定、调整、废止等，须经本集体经济组织成员会议或成员代表会议讨论通过后方可生效。探索建立农村集体经济组织成员对集体股权收益权的转让、继承、质押、担保等机制。加强集体股权民主监督管理，防止被少数人控制，发生侵蚀、侵吞原住居民利益的行为。

（七）建立风险防控机制。按照政府领导、分级负责、县为基础、项目法人参与的管理体制，强化政府在试点工作中的组织协调、监督管理、风险防控等作用，建立农村集体经济组织及其成员的利益申诉机制，密切关注建档立卡贫困户权益，妥善解决利益纠纷，确保试点工作顺利开展。有关地方和部门要依法加强对项目运营情况的监督，发现项目投资建设单位弄虚作假、隐瞒收益的，要责令其限期整改并依法严肃追究有关人员责任。切实做好试点项目对生态环境影响的跟踪评估与风险防控工作，避免破坏生态环境。

## 四、保障措施

（一）加大政策支持力度。在安排水电、矿产资源开发领域项目中央补助等资金时，对符合条件的试点项目予以优先支持。农村小水电扶贫工程中央预算内投资优先支持试点项目，中央投资收益专项用于扶持建档立卡贫困户和贫困村相关公共设施建设。试点过程中，利用财政投入形成的相关资产，应折股量化到农村集体经济组织，并在收益分配时对建档立卡贫困户予以倾斜支持，帮助其进一步分享资源开发收益。

（二）加强项目运行保障。依法依规简化试点项目前期工作程序，加快项目核准进度。对水电开发试点项目，优先保障其所发电量全额上网。对矿产资源开发试点项目，降低试点区域矿业企业用地成本，适当延长矿区和尾矿库等依法占用临时用地的使用期限。

（三）做好试点组织实施。省级人民政府是试点工作的责任主体，要建立试点工作机制，组织申报试点项目，制定试点实施方案，统筹协调推进试点工作。县级人民政府是试点工作的实施主体，要明确工作职责，做好试点政策宣讲和工作督导，推动加强试点项目所在地基层党组织建设，确保试点工作稳妥有序推进。由国家发展改革委牵头，会同国土资源部、水利部、农业部、国务院国资委、国家林业局、国家能源局、国务院扶贫办等部门建立改革试点工作协调机制，审核省级试点实施方案，指导和支持各地开展试点工作。改革试点中遇到的重大问题，要及时向国务院报告。

（四）强化跟踪评估指导。国家发展改革委要建立试点项目定期调度机制，会同有关部门加强对试点工作的检查、评估和指导，及时总结推广试点经验。省级人民政府要加强对试点项目的动态跟踪和工作督导，组织试点项目投资建设单位定期上报进展情况，协调解决试点工作中出现的困难和问题，研究制定配套政策措施，确保完成改革试点目标任务。2020 年 1 月底前，各试点项目所在地省级人民政府要向国家发展改革委报送改革试点工作情况报告。国家发展改革委会同有关部门在总结各地试点经验基础上，形成全国改革试点工作总结报告和政策建议，上报国务院。

# 国务院办公厅关于建立国有企业违规经营投资责任追究制度的意见

国务院办公厅于2016年8月2日以国办发〔2016〕63号文下发关于建立国有企业违规经营投资责任追究制度的意见，全文如下。

根据《中共中央　国务院关于深化国有企业改革的指导意见》《国务院办公厅关于加强和改进企业国有资产监督防止国有资产流失的意见》（国办发〔2015〕79号）等要求，为落实国有资本保值增值责任，完善国有资产监管，防止国有资产流失，经国务院同意，现就建立国有企业违规经营投资责任追究制度提出以下意见。

## 一、总体要求

（一）指导思想。全面贯彻党的十八大和十八届三中、四中、五中全会精神，按照“五位一体”总体布局和“四个全面”战略布局，牢固树立和贯彻落实创新、协调、绿色、开放、共享的发展理念，深入贯彻习近平总书记系列重要讲话精神，认真落实党中央、国务院决策部署，坚持社会主义市场经济改革方向，按照完善现代企业制度的要求，以提高国有企业运行质量和经济效益为目标，以强化对权力集中、资金密集、资源富集、资产聚集部门和岗位的监督为重点，严格问责、完善机制，构建权责清晰、约束有效的经营投资责任体系，全面推进依法治企，健全协调运转、有效制衡的法人治理结构，提高国有资本效率、增强国有企业活力、防止国有资产流失，实现国有资本保值增值。

（二）基本原则。

1. 依法合规、违规必究。以国家法律法规为准绳，严格执行企业内部管理规定，对违反规定、未履行或未正确履行职责造成国有资产损失以及其他严重不良后果的国有企业经营管理有关人员，严格界定违规经营投资责任，严肃追究问责，实行重大决策终身责任追究制度。

2. 分级组织、分类处理。履行出资人职责的机构和国有企业按照国有资产分级管理要求和干部管理权限，分别组织开展责任追究工作。对违纪违法行为，严格依纪依法处理。

3. 客观公正、责罚适当。在充分调查核实和责任认定的基础上，既考虑量的标准也考虑质的不同，实事求是地确定资产损失程度和责任追究范围，恰当公正地处理相关责任人。

4. 惩教结合、纠建并举。在严肃追究违规经营投资责任的同时，加强案例总结和警示教育，不断完善规章制度，及时堵塞经营管理漏洞，建立问责长效机制，提高国有企业经营管理水平。

（三）主要目标。在2017年底前，国有企业违规经营投资责任追究制度和责任倒查机制基本形成，责任追究的范围、标准、程序和方式清晰规范，责任追究工作实现有章可循。在2020年底前，全面建立覆盖各级履行出资人职责的机构及国有企业的责任追究工作体系，形成职责明确、流程清晰、规范有序的责任追究工作机制，对相关责任人及时追究问责，国有企业经营投资责任意识和责任约束显著增强。

## 二、责任追究范围

国有企业经营管理有关人员违反国家法律法规和企业内部管理规定，未履行或未正确履行职责致使发生下列情形造成国有资产损失以及其他严重不良后果的，应当追究责任：

（一）集团管控方面。所属子企业发生重大违纪违法问题，造成重大资产损失，影响其持续经营能力或造成严重不良后果；未履行或未正确履行职责致使集团发生较大资产损失，对生产经营、财务状况产生重大影响；对集团重大风险隐患、内控缺陷等问题失察，或虽发现但没有及时报告、处理，造成重大风险等。

（二）购销管理方面。未按照规定订立、履行合同，未履行或未正确履行职责致使合同标的价格明显不公允；交易行为虚假或违规开展“空转”贸易；利用关联交易输送利益；未按照规定进行招标或未执行招标结果；违反规定提供赊销信用、资质、担保（含抵押、质押等）或预付款项，利用业务预付或物资交易等方式变相融资或投资；违规开展商品期货、期权等衍生业务；未按规定对应收款项及时追索或采取有效保全措施等。

（三）工程承包建设方面。未按规定对合同标的进行调查论证，未经授权或超越授权投标，中标价格严重低于成本，造成企业资产损失；违反规定擅自签订或变更合同，合同约定未经严格审查，存在重大疏漏；工程物资未按规定招标；违反规定转包、分包；工程组织管理混乱，致使工程质量不达标，工程成本严重超支；违反合同约定超计价、超进度付款等。

（四）转让产权、上市公司股权和资产方面。未按规定履行决策和审批程序或超越授权范围转让；财务审计和资产评估违反相关规定；组织提供和披露虚假信息，操纵中介机构出具虚假财务审计、资产评估鉴证结果；未按相关规定执行回避制度，造成资产损失；违反相关规定和公开公平交易原则，低价转让企业产权、上市公司股权和资产等。

（五）固定资产投资方面。未按规定进行可行性研究或风险分析；项目概算未经严格审查，严重偏离实际；未按规定履行决策和审批程序擅自投资，造成资产损失；购建项目未按规定招标，干预或操纵招标；外部环境发生重大变化，未按规定及时调整投资方案并采取止损措施；擅自变更工程设计、建设内容；项目管理混乱，致使建设严重拖期、成本明显高于同类项目等。

（六）投资并购方面。投资并购未按规定开展尽职调查，或尽职调查未进行风险分析等，存在重大疏漏；财务审计、资产评估或估值违反相关规定，或投资并购过程中授意、指使中介机构或有关单位出具虚假报告；未按规定履行决策和审批程序，决策未充分考虑重大风险因素，未制定风险防范预案；违规以各种形式为其他合资合作方提供垫资，或通过高溢价并购等手段向关联方输送利益；投资合同、协议及标的企业公司章程中国有权益保护条款缺失，对标的企业管理失控；投资参股后未行使股东权利，发生重大变化未及时采取止损措施；违反合同约定提前支付并购价款等。

（七）改组改制方面。未按规定履行决策和审批程序；未按规定组织开展清产核资、财务审计和资产评估；故意转移、隐匿国有资产或向中介机构提供虚假信息，操纵中介机构出具虚假清产核资、财务审计与资产评估鉴证结果；将国有资产以明显不公允低价折股、出售或无偿分给其他单位或个人；在发展混合所有制经济、实施员工持股计划等改组改制过程中变相套取、私分国有股权；未按规定收取国有资产转让价款；改制后的公司章程中国有权益保护条款缺失等。

（八）资金管理方面。违反决策和审批程序或超越权限批准资金支出；设立“小金库”；违规集资、发行股票（债券）、捐赠、担保、委托理财、拆借资金或开立信用证、办理银行票据；虚列支出套取资金；违规以个人名义留存资金、收支结算、开立银行账户；违规超发、滥发职工薪酬福利；因财务内控缺失，发生侵占、盗取、欺诈等。

（九）风险管理方面。内控及风险管理制度缺失，内控流程存在重大缺陷或内部控制执行不力；对经营投资重大风险未能及时分析、识别、评估、预警和应对；对企业规章制度、经济合同和重要决策的法律审核不到位；过度负债危及企业持续经营，恶意逃废金融债务；瞒报、漏报重大风险及风险损失事件，指使编制虚假财务报告，企业账实严重不符等。

（十）其他违反规定，应当追究责任的情形。

## 三、资产损失认定

对国有企业经营投资发生的资产损失，应当在调查核实的基础上，依据有关规定认定损失金额及影响。

（一）资产损失包括直接损失和间接损失。直接损失是与相关人员行为有直接因果关系的损失金额及影响。间接损失是由相关人员行为引发或导致的，除直接损失外、能够确认计量的其他损失金额及影响。

（二）资产损失分为一般资产损失、较大资产损失和重大资产损失。涉及违纪违法和犯罪行为查处的损失标准，遵照相关党内法规和国家法律法规的规定执行；涉及其他责任追究处理的，由履行出资人职责的机构和国有企业根据实际情况制定资产损失程度划分标准。

（三）资产损失的金额及影响，可根据司法、行政机关出具的书面文件，具有相应资质的会计师事务所、资产评估机构、律师事务所等中介机构出具的专项审计、评估或鉴证报告，以及企业内部证明材料等进行综合研判认定。相关经营投资虽尚未形成事实损失，经中介机构评估在可预见未来将发生的损失，可以认定为或有资产损失。

## 四、经营投资责任认定

国有企业经营管理有关人员任职期间违反规定，未履行或未正确履行职责造成国有资产损失以及其他严重不良后果的，应当追究其相应责任；已调任其他岗位或退休的，应当纳入责任追究范围，实行重大决策终身责任追究制度。经营投资责任根据工作职责划分为直接责任、主管责任和领导责任。

（一）直接责任是指相关人员在其工作职责范围内，违反规定，未履行或未正确履行职责，对造成的资产损失或其他不良后果起决定性直接作用时应当承担的责任。

企业负责人存在以下情形的，应当承担直接责任：本人或与他人共同违反国家法律法规和企业内部管理规定；授意、指使、强令、纵容、包庇下属人员违反国家法律法规和企业内部管理规定；未经民主决策、相关会议讨论或文件传签、报审等规定程序，直接决定、批准、组织实施重大经济事项，并造成重大资产损失或其他严重不良后果；主持相关会议讨论或以文件传签等其他方式研究时，在多数人不同意的情况下，直接决定、批准、组织实施重大经济事项，造成重大资产损失或其他严重不良后果；将按有关法律法规制度应作为第一责任人（总负责）的事项、签订的有关目标责任事项或应当履行的其他重要职责，授权（委托）其他领导干部决策且决策不当或决策失误造成重大资产损失或其他严重不良后果；其他失职、渎职和应当承担直接责任的行为。

（二）主管责任是指相关人员在其直接主管（分管）工作职责范围内，违反规定，未履行或未正确履行职责，对造成的资产损失或不良后果应当承担的责任。

（三）领导责任是指主要负责人在其工作职责范围内，违反规定，未履行或未正确履行职责，对造成的资产损失或不良后果应当承担的责任。

## 五、责任追究处理

（一）根据资产损失程度、问题性质等，对相关责任人采取组织处理、扣减薪酬、禁入限制、纪律处分、移送司法机关等方式处理。

1. 组织处理。包括批评教育、责令书面检查、通报批评、诫勉、停职、调离工作岗位、降职、改任非领导职务、责令辞职、免职等。

2. 扣减薪酬。扣减和追索绩效年薪或任期激励收入，终止或收回中长期激励收益，取消参加中长期激励资格等。

3. 禁入限制。五年内直至终身不得担任国有企业董事、监事、高级管理人员。

4. 纪律处分。由相应的纪检监察机关依法依规查处。

5. 移送司法机关处理。依据国家有关法律规定，移送司法机关依法查处。

以上处理方式可以单独使用，也可以合并使用。

（二）国有企业发生资产损失，经过查证核实和责任认定后，除依据有关规定移送司法机关处理外，应当按以下方式处理：

1. 发生较大资产损失的，对直接责任人和主管责任人给予通报批评、诫勉、停职、调离工作岗位、降职等处理，同时按照以下标准扣减薪酬：扣减和追索责任认定年度50%～100%的绩效年薪、扣减和追索责任认定年度（含）前三年50%～100%的任期激励收入并延期支付绩效年薪，终止尚未行使的中长期激励权益、上缴责任认定年度及前一年度的全部中长期激励收益、五年内不得参加企业新的中长期激励。

对领导责任人给予通报批评、诫勉、停职、调离工作岗位等处理，同时按照以下标准扣减薪酬：扣减和追索责任认定年度30%～70%的绩效年薪、扣减和追索责任认定年度（含）前三年30%～70%的任期激励收入并延期支付绩效年薪，终止尚未行使的中长期激励权益、三年内不得参加企业新的中长期激励。

2. 发生重大资产损失的，对直接责任人和主管责任人给予降职、改任非领导职务、责令辞职、免职和禁入限制等处理，同时按照以下标准扣减薪酬：扣减和追索责任认定年度100%的绩效年薪、扣减和追索责任认定年度（含）前三年100%的任期激励收入并延期支付绩效年薪，终止尚未行使的中长期激励权益、上缴责任认定年度（含）前三年的全部中长期激励收益、不得参加企业新的中长期激励。

对领导责任人给予调离工作岗位、降职、改任非领导职务、责令辞职、免职和禁入限制等处理，同时按照以下标准扣减薪酬：扣减和追索责任认定年度70%～100%的绩效年薪、扣减和追索责任认定年度（含）前三年70%～100%的任期激励收入并延期支付绩效年薪，终止尚未行使的中长期激励权益、上缴责任认定年度（含）前三年的全部中长期激励收益、五年内不得参加企业新的中长期激励。

3. 责任人在责任认定年度已不在本企业领取绩效年薪的，按离职前一年度全部绩效年薪及前三年任期激励收入总和计算，参照上述标准追索扣回其薪酬。

4. 对同一事件、同一责任人的薪酬扣减和追索，按照党纪政纪处分、责任追究等扣减薪酬处理的最高标准执行，但不合并使用。

（三）对资产损失频繁发生、金额巨大、后果严重、影响恶劣的，未及时采取措施或措施不力导致资产损失扩大的，以及瞒报、谎报资产损失的，应当从重处理。对及时采取措施减少、挽回损失并消除不良影响的，可以适当从轻处理。

（四）国有企业违规经营投资责任追究处理的具体标准，由各级履行出资人职责的机构根据资产损失程度、应当承担责任等情况，依照本意见制定。

## 六、责任追究工作的组织实施

（一）开展国有企业违规经营投资责任追究工作，应当遵循以下程序：

1. 受理。资产损失一经发现，应当立即按管辖规定及相关程序报告。受理部门应当对掌握的资产损失线索进行初步核实，属于责任追究范围的，应当及时启动责任追究工作。

2. 调查。受理部门应当按照职责权限及时组织开展调查，核查资产损失及相关业务情况、核实损失金额和损失情形、查清损失原因、认定相应责任、提出整改措施等，必要时可经批准组成联合调查组进行核查，并出具资产损失情况调查报告。

3. 处理。根据调查事实，依照管辖规定移送有关部门，按照管理权限和相关程序对相关责任人追究责任。相关责任人对处理决定有异议的，有权提出申诉，但申诉期间不停止原处理决定的执行。责任追究调查情况及处理结果在一定范围内公开。

4. 整改。发生资产损失的国有企业应当认真总结吸取教训，落实整改措施，堵塞管理漏洞，建立健全防范损失的长效机制。

（二）责任追究工作原则上按照干部管理权限组织开展，一般资产损失由本企业依据相关规定自行开展责任追究工作，上级企业或履行出资人职责的机构认为有必要的，可直接组织开展；达到较大或重大资产损失标准的，应当由上级企业或履行出资人职责的机构开展责任追究工作；多次发生重大资产损失或造成其他严重不良影响、资产损失金额特别巨大且危及企业生存发展的，应当由履行出资人职责的机构开展责任追究工作。

（三）对违反规定，未履行或未正确履行职责造成国有资产损失的董事，除依法承担赔偿责任外，应当依照公司法、公司章程及本意见规定对其进行处理。对重大资产损失负有直接责任的董事，应及时调整或解聘。

（四）经营投资责任调查期间，对相关责任人未支付或兑现的绩效年薪、任期激励收入、中长期激励收益等均应暂停支付或兑现；对有可能影响调查工作顺利开展的相关责任人，可视情采取停职、调离工作岗位、免职等措施。

（五）对发生安全生产、环境污染责任事故和重大不稳定事件的，按照国家有关规定另行处理。

七、工作要求

（一）各级履行出资人职责的机构要明确所出资企业负责人在经营投资活动中须履行的职责，引导其树立责任意识和风险意识，依法经营，廉洁从业，坚持职业操守，履职尽责，规范经营投资决策，维护国有资产安全。国有企业要依据公司法规定完善公司章程，建立健全重大决策评估、决策事项履职记录、决策过错认定等配套制度，细化各类经营投资责任清单，明确岗位职责和履职程序，不断提高经营投资责任管理的规范化、科学化水平。履行出资人职责的机构和国有企业应在有关外聘董事、职业经理人聘任合同中，明确违规经营投资责任追究的原则要求。

（二）各级履行出资人职责的机构和国有企业要按照本意见要求，建立健全违规经营投资责任追究制度，细化经营投资责任追究的原则、范围、依据、启动机制、程序、方式、标准和职责，保障违规经营投资责任追究工作有章可循、规范有序。国有企业违规经营投资责任追究制度应当报履行出资人职责的机构备案。

（三）国有企业要充分发挥党组织、审计、财务、法律、人力资源、巡视、纪检监察等部门的监督作用，形成联合实施、协同联动、规范有序的责任追究工作机制，重要情况和问题及时向履行出资人职责的机构报告。履行出资人职责的机构要加强与外派监事会、巡视组、审计机关、纪检监察机关、司法机关的协同配合，共同做好国有企业违规经营投资责任追究工作。对国有企业违规经营投资等重大违法违纪违规问题应当发现而未发现或敷衍不追、隐匿不报、查处不力的，严格追究企业和履行出资人职责的机构有关人员的失职渎职责任。

（四）各级履行出资人职责的机构和国有企业要做好国有企业违规经营投资责任追究相关制度的宣传解释工作，凝聚社会共识，为深入开展责任追究工作营造良好氛围；要结合对具体案例的调查处理，在适当范围进行总结和通报，探索向社会公开调查处理情况，接受社会监督，充分发挥警示教育作用。

本意见适用于国有及国有控股企业违规经营投资责任追究工作。金融、文化等国有企业违规经营投资责任追究工作，中央另有规定的依其规定执行。

## 国务院办公厅关于调整国务院三峡工程建设委员会组成人员的通知

国务院办公厅于2016年8月29日以国办发〔2016〕67号文下发关于调整国务院三峡工程建设委员会组成人员的通知，全文如下。

根据人员变动情况和工作需要，国务院决定对国务院三峡工程建设委员会组成人员作如下调整：

一、环境保护部副部长赵英民、住房城乡建设部副部长倪虹、水利部副部长刘宁、人民银行副行长潘功胜、林业局副局长刘东生、中科院副院长张亚平、银监会副主席曹宇、能源局副局长李仰哲、文物局局长刘玉珠、湖北省副省长任振鹤、重庆市副市长刘强、国家电网公司董事长舒印彪、水利部长江水利委员会主任魏山忠任国务院三峡工程建设委员会委员。

二、免去王国生的国务院三峡工程建设委员会副主任职务，免去翟青、陈大卫、矫勇、刘士余、张建龙、施尔畏、周慕冰、刘琦、励小捷、梁惠玲、张鸣、刘振亚、刘雅鸣的国务院三峡工程建设委员会委员职务。

## 国家发展改革委、财政部 水利部、国务院扶贫办 关于切实做好水库移民脱贫攻坚工作的指导意见

国家发展改革委、财政部、水利部、国务院扶贫办于2016年4月5日以发改农经〔2016〕770号文下

发关于切实做好水库移民脱贫攻坚工作的指导意见。意见全文如下。

大中型水库移民后期扶持政策实施以来，取得了显著成效，移民村基础设施和公共服务不断完善，移民收入水平逐年提高，库区和移民安置区社会总体稳定。但由于历史和现实等多方面原因，目前全国仍有数以百万计国家贫困标准以下的水库移民贫困人口(以下简称贫困移民)。水库移民为国家水利水电工程建设做出了重大贡献和牺牲，很多贫困移民是因为生活环境改变和土地资源减少而导致的次生贫困，成为一些地区扶贫开发难啃的硬骨头和全面建成小康社会的突出短板。为贯彻落实中央扶贫开发工作会议精神，帮助贫困移民早日摆脱贫困，让他们共享国家改革发展成果，现就做好水库移民脱贫攻坚工作提出如下意见：

## 一、总体要求

（一）指导思想。

全面贯彻落实党的十八大和十八届三中、四中、五中全会以及中央扶贫开发工作会议精神，深入贯彻习近平总书记系列重要讲话精神，牢固树立创新、协调、绿色、开放、共享的发展理念，遵循精准扶贫、精准脱贫基本方略，坚持水库移民后期扶持与扶贫开发工作紧密结合，调动政府部门、移民群众和社会力量多方面积极性，通过创新体制机制，整合多方资源，着力开展水库移民避险解困，着力推进移民村产业发展，着力加强移民实用技能培训，着力开展移民美丽家园建设，加快改善移民生产生活条件，促进贫困移民增收致富，用政策组合拳打赢水库移民脱贫攻坚战，让贫困移民得到优先扶持，实现早日脱贫，确保到2020年与全国人民一道实现全面小康。

（二）基本原则。

——坚持精准扶持。对纳入建档立卡的贫困移民村、贫困移民户、贫困移民人口实施重点扶持，解决好扶持谁的问题。

——坚持分类施策。找准扶持对象致贫的症结，对症下药，因地制宜明确工作着力点和帮扶措施，解决好怎么扶的问题。

——坚持协同配合。强化部门间沟通协调，实施政策叠加，调动政府、移民、社会多个积极性，形成扶持合力，解决好谁来扶的问题。

——坚持绿色发展。保护好库区和移民安置区的绿水青山，走生产发展、生活富裕、生态良好之路，实现移民脱贫与环境保护双赢。

## 二、夯实工作基础，制定脱贫方案

（三）精准识别贫困移民。各级扶贫部门要扎实做好包括贫困移民在内的贫困人口精准识别工作，将贫困移民全部纳入建档立卡范围，做到应进则进，应扶尽扶。对已稳定脱贫的帮扶对象要及时销号，对新增贫困移民也要及时纳入建档立卡范围，做到有进有出、动态管理。移民管理机构要将贫困移民建档立卡有关信息同步录入全国水库移民管理信息系统。

（四）编制水库移民脱贫攻坚工作方案。对纳入扶贫开发建档立卡系统的贫困移民，要深入分析致贫原因，找准症结所在，结合贫困移民的意愿和需求，明确脱贫攻坚工作的总体思路。在此基础上，各级移民管理机构要会同发展改革、财政、扶贫等部门，编制当地水库移民脱贫攻坚工作方案，明确今后一个时期水库移民脱贫攻坚工作的总体目标、年度任务、具体措施和资金筹措等内容，并做好与当地扶贫开发规划、新型城镇化规划、新农村建设规划及相关行业发展规划的衔接。脱贫攻坚工作方案要纳入各地正在编制的大中型水库移民后期扶持“十三五”规划，作为“十三五”期间水库移民后期扶持的工作重点统筹推进。

## 三、区分不同情况，明确扶持措施

（五）继续开展水库移民避险解困工作。总结已开展的两批水库移民避险解困试点工作经验，找到适合当地的贫困移民避险解困方式并积极进行推广。对居住在生存条件恶劣、生态环境脆弱、山洪地质灾害频发等“一方水土养不活一方人”地区的贫困移民，继续推进避险解困工作。按照移民自愿、相对集中的原则，结合当地城镇化进程、新农村建设和工业园区布局等，选择基础设施和公共服务较为完善的城镇、中心村进行安置，同时采取产业扶持、技能培训等综合措施，实现贫困移民有业可就、稳定脱贫的目标。

（六）大力扶持移民村产业发展。推进贫困移民村一二三产业融合发展，加快形成产业发展新格局，拓宽贫困移民增收渠道。挖掘贫困移民村资源和产业优势，重点扶持发展能让贫困移民直接受益的种植、养殖等特色产业，努力实现“一村一品”“一村一业”，建成一批特色产业基地。鼓励贫困移民以合作社等多种形式发展农产品加工业，鼓励电子商务进入移民村，支持贫困移民村发展产地直销，延长农业产业链条，增加农业附加值。依托库区独特景观资源，结合水利风景区建设，加快发展库区观光、休闲、度假等特色旅游，建成一批以移民农家乐为主的生态旅游村。引导龙头企业、社会资本参与移民村产业开发，并通过股份合作、订单农业等形式，建立起与贫困移民户、合作社之间的紧密利益联结机制，让贫困移民真正分享产业链延伸、产业功能拓展的效益。对水库移民扶持基金投向产业发展项目所形成的经营性资产，产权归移民村集体所有，也可折股量化给移民户，赋予贫困移民按股分红的权利。

（七）加强对贫困移民的实用技能培训。结合贫困移民发展产业和外出就业需要，进一步做好培训工作，确保2018年前所有贫困移民劳动力至少能掌握1项实用技能。根据当地产业发展方向，结合基层农技推广体系建设，加强对贫困移民的农业生产技能培训，推动贫困移民向新型职业农民转变。加强电子商务实用技术和乡村旅游服务技能的培训，为贫困移民村培养更多农村电商和旅游服务管理人才。坚持市场导向，探索建立培训与就业衔接机制，开展灵活多样的订单培训和定向培训，提高培训的针对性和有效性，增强贫困移民在城镇稳定就业能力。探索政府购买培训服务新机制，鼓励有条件的地区试行培训券和持证报销等有利于贫困移民灵活选择培训项目、方式和地点的办法。对培训合格的贫困移民，组织做好劳务输出服务工作，通过定向选派、劳务合作等方式，支持贫困移民外出转移就业。

（八）积极开展移民美丽家园建设。各级移民管理机构要主动会同扶贫部门加强与行业部门的沟通衔接，争取将贫困移民村的农村公路、农田水利、饮水安全、山洪地质灾害防治、农村水电、农村沼气、农网改造、危房改造、互联网建设等项目纳入相关行业建设规划，并在安排年度计划中给予优先支持，进一步完善库区和移民安置区基础设施条件，夯实贫困移民加快发展的基础。加快改善贫困移民村人居环境，采取整村推进的方式，实施库区和移民安置区环境连片整治，加大贫困移民村生活垃圾处理、污水治理、改厕、路面硬化亮化和村庄绿化美化力度，保护库区特有的历史文化和自然景观，保留乡村特色，建设宜居、宜业、宜游的美丽移民村，改善贫困移民生产生活条件。

（九）将特殊贫困移民纳入其他扶贫政策统筹解决。各级移民管理机构会同扶贫部门积极加强与教育、卫生、社保、民政等部门的协商对接，对通过避险解困、产业扶持、就业培训、转移就业、改善生产生活条件仍无法实现脱贫的建档立卡特殊贫困移民，要按规定纳入教育扶贫、医疗救助和低保政策兜底范围。对贫困移民户的适龄子女，要保证他们能接受到公平有质量的教育，除享受国家统一的教育资助政策外，各地还可以从水库移民扶持基金中设立贫困移民子女教育资助金，改善贫困移民子女就读期间的生活条件。对参加新型农村合作医疗享受财政补贴后个人缴费仍有困难的特殊贫困移民，可通过水库移民扶持基金予以适当补助，确保他们能够享受基本医疗卫生服务。对完全和部分丧失劳动能力的贫困移民，要按规定优先纳入农村最低生活保障，做到应保尽保。

## 四、完善投入机制，落实各方责任

（十）完善中央和地方水库移民扶持基金分配制度。全国水库移民后期扶持政策部际联席会议（以下简称部际联席会议）有关成员单位在下一步修订中央水库移民扶持基金使用管理办法时，将把贫困移民数量作为资金切块分配的重要因素之一。各地也要相应完善地方水库移民扶持基金使用管理办法，加大对水库移民脱贫攻坚工作的资金支持力度，重点投向与贫困移民脱贫关系密切的避险解困、产业发展、技能培训、教育卫生等方面。库区和移民安置区基础设施项目所需投资，主要通过协调行业部门予以安排解决。有条件的地方，可探索水库移民扶持基金对贫困移民户发展产业的直接补助、贷款贴息、担保服务、小额贷款保证保险保费补助等扶持政策。

（十一）落实地方有关部门责任。地方各有关部门要根据本意见精神并结合自身职能，抓紧完善和细化相关扶持政策，明确分工，密切配合，通力协作，出实招、办实事、求实效，确保各项任务落到实处。发展改革部门要加强对水库移民脱贫攻坚工作方案和水库移民后期扶持“十三五”规划编制工作的指导，协调各行业部门将贫困移民村的基础设施项目优先纳入行业建设规划。财政部门要抓紧开展切块到地方的中央水库移民扶持基金、地方水库移民扶持基金使用管理办法的修订工作，为水库移民脱贫攻坚工作提供有力的资金支持。移民管理机构要发挥在水库移民工作中牵头作用，主动加强与其他部门的协商，争取多方面资源用于水库移民脱贫攻坚工作。扶贫部门要将贫困移民全部纳入扶贫开发规划并予以积极扶持。鼓励工商企业、社会组织、个人等社会力量通过投资、捐赠、吸纳就业、结对帮扶等形式参与水库移民脱贫攻坚工作。

（十二）强化监督检查。部际联席会议将采取督导、稽察、内部审计和经常性检查等多种形式，加强对各地水库移民脱贫攻坚工作的监督检查，并把监督检查结果和实际工作成效作为中央水库移民扶持基金分配的参考因素之一。对各地好的做法、经验和成效，将通过部际联席会议简报等形式予以通报表扬；对发现的工作不力、进度慢等问题，也将采取一定方式予以通报。各省级移民管理机构要强化对本行政区内水库移民脱贫攻坚工作的督促检查，将脱贫攻坚成效增列为水库移民后期扶持政策监测评估工作的重要内容之一，并做好年度总结汇总工作，相关成果及时报送部际联席会议办公室。

# 国家发展改革委、国家能源局关于做好风电、光伏发电全额保障性收购管理工作的通知

国家发展改革委、国家能源局于 2016 年 5 月 27 日以发改能源〔2016〕1150 号文，下发关于做好风电、光伏发电全额保障性收购管理工作的通知，全文如下。

为做好可再生能源发电全额保障性收购工作，保障风电、光伏发电的持续健康发展，现将有关事项通知如下：

一、根据《可再生能源发电全额保障性收购管理办法》（发改能源〔2016〕625 号），综合考虑电力系统消纳能力，按照各类标杆电价覆盖区域，参考准许成本加合理收益，现核定了部分存在弃风、弃光问题地区规划内的风电、光伏发电最低保障收购年利用小时数（详见附表）。最低保障收购年利用小时数将根据新能源并网运行、成本变化等情况适时调整。

二、各有关省（区、市）能源主管部门和经济运行主管部门要严格落实规划内的风电、光伏发电保障性收购电量，认真落实《国家能源局关于做好“三北”地区可再生能源消纳工作的通知》以及优先发电、优先购电相关制度的有关要求，按照附表核定最低保障收购年利用小时数并安排发电计划，确保最低保障收购年利用小时数以内的电量以最高优先等级优先发电。已安排 2016 年度发电计划的省（区、市）须按照附表核定最低保障收购年利用小时数对发电计划及时进行调整。

各省（区、市）主管部门和电网调度机构应严格落实《关于有序放开发用电计划的实施意见》中关于优先发电顺序的要求，严禁对保障范围内的电量采取由可再生能源发电项目向煤电等其他电源支付费用的方式来获取发电权，妥善处理好可再生能源保障性收购、调峰机组优先发电和辅助服务市场之间的关系，并与电力交易方案做好衔接。

三、保障性收购电量应由电网企业按标杆上网电价和最低保障收购年利用小时数全额结算，超出最低保障收购年利用小时数的部分应通过市场交易方式消纳，由风电、光伏发电企业与售电企业或电力用户通过市场化的方式进行交易，并按新能源标杆上网电价与当地煤电标杆上网电价（含脱硫、脱硝、除尘）的差额享受可再生能源补贴。

地方政府能源主管部门或经济运行主管部门应积极组织风电、光伏发电企业与售电企业或电力用户开展对接，确保最低保障收购年利用小时数以外的电量能够以市场化的方式全额消纳。

四、保障性收购电量为最低保障目标，鼓励各相关省（区、市）提出并落实更高的保障目标。目前实际运行小时数低于最低保障收购年利用小时数的省（区、市）应根据实际情况，制定具体工作方案，采取有效措施尽快确保在运行的风电、光伏电站达到最低保障收购年利用小时数要求。具体工作方案应向全社会公布并抄送国家发展改革委和国家能源局。

除资源条件影响外，未达到最低保障收购年利用小时数要求的省（区、市），不得再新开工建设风电、光伏电站项目（含已纳入规划或完成核准的项目）。

未制定保障性收购要求的地区应根据资源条件按标杆上网电价全额收购风电、光伏发电项目发电量。未经国家发展改革委、国家能源局同意，不得随意设定最低保障收购年利用小时数。

五、各省（区、市）有关部门在制定发电计划和电量交易方案时，要充分预留风电和光伏发电保障性收购电量空间，不允许在月度保障性收购电量未完成的情况下结算市场交易部分电量，已经制定的市场交易机制需落实保障月度保障性电量的要求。

电网企业（电力交易机构）应将各风电、光伏发电项目的全年保障性收购电量根据历史和功率预测情况分解到各月，并优先结算当月的可再生能源保障性收购电量，月度保障性收购电量结算完成后再结算市场交易部分电量，年终统一清算。

六、风电、光伏发电企业要协助各省级电网企业或地方电网企业及电力交易机构按国家有关规定对限发电量按月进行统计。对于保障性收购电量范围内的限发电量要予以补偿，电网企业协助电力交易机构根据《可再生能源发电全额保障性收购管理办法》（发改能源〔2016〕625 号）的要求，按照风电、光伏发电项目所在地的标杆上网电价和限发电量明确补偿金额，同时要确定补偿分摊的机组，相关报表和报告按月报送国家能源局派出机构和省级经济运行主管部门备案并公示。电网企业应保留限电时段相关运行数据，以备监管机构检查。

各电网企业于 2016 年 6 月 30 日前与按照可再生能源开发利用规划建设、依法取得行政许可或者报送备案、符合并网技术标准的风电、光伏发电企业签订 2016 年度优先发电合同，并于每年年底前签订下一年度的优先发电合同。

七、国务院能源主管部门派出机构会同省级能源主管部门和经济运行主管部门要加强对可再生能源发电全额保障性收购执行情况的监管和考核工作，定期对电网企业与风电、光伏发电项目企业签订优先发电合同和执行可再生能源发电全额保障性收购情况进行专项监管，对违反《可再生能源发电全额保障性收购

管理办法》（发改能源〔2016〕625 号）和本通知要求的要按规定采取监管措施，相关情况及时报国家发展改革委和国家能源局。

落实可再生能源发电全额保障性收购制度是电力体制改革工作的一项重要任务，也是解决弃风、弃光限电问题和促进可再生能源持续健康发展的重要措施。各部门要按照上述要求认真做好可再生能源发电全额保障性收购工作，确保弃风、弃光问题得到有效缓解。

附件：1. 风电重点地区最低保障收购年利用小时数核定表（略）

2. 光伏发电重点地区最低保障收购年利用小时数核定表（略）

## 国家发展改革委、国家能源局印发《可再生能源调峰机组优先发电试行办法》

国家发展改革委、国家能源局于 2016 年 7 月 14 日以发改运行〔2016〕1558 号文印发《可再生能源调峰机组优先发电试行办法》。该办法全文如下。

### 可再生能源调峰机组优先发电试行办法

#### 第一章 总 则

**第一条** 为贯彻《中共中央 国务院关于进一步深化电力体制改革的若干意见》（中发〔2015〕9 号）文件精神，落实《国家发展改革委、国家能源局关于印发电力体制改革配套文件的通知》（发改经体〔2015〕2752 号）的要求，提高电力系统调峰能力，有效缓解弃水、弃风、弃光，促进可再生能源消纳，制定试行办法。

**第二条** 为促进可再生能源消纳，在全国范围内通过企业自愿、电网和发电企业双方约定的方式确定部分机组为可再生能源调峰。在履行正常调峰义务基础上，可再生能源调峰机组优先调度，按照“谁调峰、谁受益”原则，建立调峰机组激励机制。

**第三条** 可再生能源调峰应坚持本地为主，鼓励跨省区实施，坚持因地制宜，坚持市场化方向。

#### 第二章 完善调峰激励

**第四条** 结合可再生能源建设规模、消纳情况、电源结构和负荷特性，各省（区、市）安排一定规模煤电机组为可再生能源调峰，具体数量由各省（区、市）政府有关部门会同电力企业根据实际情况确定并调整。

**第五条** 为平抑可再生能源发电波动，调峰机组应优先增加或压减出力，调峰能力应至少满足《发电厂并网运行管理规定》有关要求。单机容量 30 万 kW 及以下的常规煤电机组，出力至少能降到额定容量 50%以下；30 万 kW 以上的机组，出力至少能降到额定容量 60%以下。出力低于 60%的部分视为为可再生能源调峰的压减出力部分。一般地区可实行轮流 7～10 天的停机调峰；调峰困难地区或困难时段，视情况延长停机调峰的时间。

**第六条** 逐步改变热电机组年度发电计划安排原则，坚持“以热定电”，鼓励热电机组在采暖期参与调峰。安排为可再生能源调峰机组的热电机组，在国家出台相关统一技术标准之前，热电比高于 50%的，调峰能力应达到 50%，热电比低于 50%的，调峰能力应达到 60%。

**第七条** 根据建立优先发电制度的要求，对于可再生能源调峰机组，按照高于上年本地火电平均利用小时一定水平安排发电计划，具体数额由各省（区、市）政府有关部门会同有关单位确定，增加的利用小时数与承诺的调峰次数和调峰深度挂钩。

**第八条** 可再生能源调峰机组因调峰无法完成的优先发电计划，应遵照节能低碳电力调度的原则，通过替代发电交易给其他机组。替代发电优先在同一发电集团内部进行，鼓励可再生能源发电参与替代。替代双方依据平等协商原则，确定替代电量、交易时段、补偿价格、网损、结算方式等。替代发电按月组织，次月交易执行。已建立电力市场交易平台的，应通过市场机制开展发电权交易，通过市场机制确定电量、价格等。确定为可再生能源调峰机组的，不得参与电力直接交易。

**第九条** 鼓励自备电厂纯凝汽发电机组参与调峰。参与电网调峰时，如果增加受电量，增加部分可视同替代电量获得一定补偿；调峰能力达到 50%及以上的，在承担相应社会责任并成为合格发电市场主体后，可参加电力直接交易出售富余电量。

#### 第三章 鼓励跨省区补偿

**第十条** 积极推进跨省区辅助服务市场化。加强国家调度、区域调度、省级调度间沟通协调，充分利用地区间高峰时间差，开展旋转备用、事故备用共享，减少可再生能源富集地区开机容量，提升可再生能源消纳水平。

**第十一条** 根据可再生能源波动性特点，建立跨省区灵活日前和日内交易机制，实现调峰资源与可再生能源发电的动态匹配。

**第十二条** 跨省区送受可再生能源电量的，应以国家指令性计划和政府间框架协议为基础，送受省份协商确定送受电计划。协商不一致的，按照政府确定的计划（协议）执行。鼓励市场化探索，协商确定的计划以外的电量，通过市场竞争机制确定价格，送电地区的降价空间应按一定比例用于受电省份可再生能源调峰机组补偿。跨省区送受可再生能源的电价按照《国家发展改革委关于完善跨省跨区电能交易价格形成机制有关问题的通知》（发改价格〔2015〕962号）执行。

## 第四章 增加调峰能力

**第十三条** 鼓励发电企业对煤电机组稳燃、汽轮机、汽路以及制粉等进行技术改造，在保证运行稳定和满足环保要求的前提下，争取提升机组调峰能力10%～20%；对热电机组安装在线监测系统，加快储热、热电解耦等技术改造，争取提升热电机组调峰能力10%～20%。

**第十四条** 鼓励建设背压机组供热，系统调峰困难地区，严格限制现役纯凝机组供热改造，确需供热改造满足采暖需求的，需同步安装蓄热装置，确保系统调峰安全。

**第十五条** 对发电企业技术改造，制定鼓励政策，支持企业发行债券融资或实施贷款贴息。

**第十六条** 可再生能源发电在规划时应明确电力消纳市场，同步制定配套电网送出规划，完善政府协调保障机制，确保电源与电网工程同步投产。

**第十七条** 考虑电网系统调峰需求，合理布局规划、有序开发建设一批抽水蓄能、燃气等调峰机组，发展储能装置。

**第十八条** 提高发电机组的调峰能力技术标准，在设计、制造和设备选型环节，考虑电网调峰要求。

## 第五章 强化信用监管

**第十九条** 充分发挥信用监管的作用，将调峰情况纳入发电企业信用评价指标体系，作为一项信用记录，录入电力行业信息平台，使调峰信息状况透明，可追溯、可核查。

**第二十条** 电力调度机构定期将调峰情况提供政府有关部门和第三方征信机构，第三方征信机构根据政府有关要求，建立完善调峰信息公示制度，推动信息披露规范化、制度化、程序化，在指定网站发布信息，接受市场主体的监督和政府部门的监管。

**第二十一条** 建立针对发电企业调峰情况的守信激励和失信惩戒机制，对于按照约定实施调峰的发电企业按照有关规定给予优惠政策，对于失信违反约定的发电企业要予以警告，严重失信的要纳入不良信息记录，并按有关规定进行惩戒。

## 第六章 加强组织管理

**第二十二条** 各省（区、市）政府有关部门会同电网企业根据实际情况，公布具体调峰机组名单，定期更新调峰机组的调峰能力，制定可再生能源调峰机组的运行管理办法，落实可再生能源调峰机组激励政策，加强调峰机组优先发电政策执行情况考核。已经开展调峰辅助服务补偿的地区，要在满足《并网发电厂辅助服务管理暂行规定》有关要求基础上，加强政策间的有效衔接，确保相互促进、形成合力。

**第二十三条** 发电企业按照自愿原则参与可再生能源调峰，具备调峰能力的发电企业与电网企业签订优先发电协议或合同，服从调度统一安排，满足电网调峰要求。

**第二十四条** 电网企业应创造条件安排可再生能源调峰机组试验，加强对可再生能源调峰机组的运行考核，落实优先发电协议或合同，保障优先发电量予以落实。可再生能源调峰机组发电量进度可不受“三公”调度考核的限制。

**第二十五条** 可再生能源调峰优先发电应结合可再生能源就近消纳试点共同开展，试点地区及时总结经验，为下一步推广打好基础。

## 第七章 附 则

**第二十六条** 本办法自印发之日起施行。

# 国家发展改革委、国家能源局关于进一步规范电力项目开工建设秩序的通知

国家发展改革委、国家能源局于2016年8月5日以发改能源〔2016〕1698号文印发关于进一步规范电力项目开工建设秩序的通知，全文如下。

为贯彻落实国务院近期印发的《清理规范投资项目报建审批事项实施方案》（国发〔2016〕29号，以下简称《实施方案》），进一步清理、规范已核准电力项目（本通知指火电、电网项目，下同）的报建审批工作，推进简政放权，切实维护电力项目建设秩序，现将有关事项通知如下：

一、清理规范报建审批事项。《实施方案》对国务院有关部门设立的投资项目报建审批事项进行了清理规范。为贯彻执行，现请各相关单位支持电力项目的报建审批事项清理规范工作，凡是不符合《实施方案》相关要求的，一律不再作为开工前置条件。

二、明确电力项目开工标志。考虑工程建设实

际，火电项目开工标志明确为：主厂房基础垫层浇筑第一方混凝土；电网项目中变电工程和线路工程的开工标志分别明确为：主体工程基础开挖和线路基础开挖。各省（区、市）发展改革委（能源局）和国家能源局派出机构在开展相关工作时，要以此作为判断标准。

三、切实维护电力建设秩序。对确需开展的报建审批事项和强制性评估工作，电力项目单位要逐一落实，严格按程序办理。未取齐开工必要的支持性文件前，严禁开工建设；已开工建设的，要立即停止建设。

四、协调指导煤电开工建设。发展改革、国土、环保、水利等部门在为煤电项目（含燃煤自备电站）办理报建审批事项时，要结合《关于促进我国煤电有序发展的通知》（发改能源〔2016〕565 号，以下简称 565 号文）相关要求，以及国家定期发布的煤电规划建设风险预警等，制定有针对性的政策或采取相应措施。国家发展改革委、国家能源局将会同相关部门建立协调联动机制，切实促进煤电有序发展。

五、规范煤电有序开工建设。地方政府和发电企业要高度重视国家定期发布的煤电规划建设风险预警提示，对预警结果为红色的省（区、市），慎重决策开工建设煤电项目；认真落实 565 号文有关内容，对于明确要求缓建的已核准未开工煤电项目，2017 年底前暂缓开工建设。

六、加强开工建设专项检查。各省（区、市）发展改革委（能源局）、国家能源局派出机构要会同有关部门，加大对电力项目特别是火电项目未达开工条件建设等违规问题的监督检查力度。一经发现，省级发展改革委（能源局）要责令其立即停止建设，相关部门要依法依规予以严肃处理。

对未取齐开工必要支持性文件的在建火电项目，除执行上述措施外，凡属于 565 号文明确要求缓建省份的，2017 年底前暂缓建设；对其他火电项目，在取齐必要支持性文件后，需经相应省级发展改革委（能源局）核实，方可恢复建设。

七、严肃处理违规建设行为。对于存在违规开工建设且拒不停工、不接受相关部门处理等违规行为的电力项目，相应省（区、市）发展改革委（能源局）可视情况对项目单位及其所属集团公司实行限批新建电力项目、开展自用及外送煤电项目优选工作时不予考虑等措施；国家能源局将通报全国；银行及金融机构要依据法律、法规和国家有关规定停止对其发放贷款。

对于违规建设的火电项目，国家能源局及其派出机构将不予办理业务许可证，电网企业不予并网。

本通知自印发之日起执行。

## 国家发展改革委、国家能源局发布《电力发展“十三五”规划》

2016 年 11 月 7 日，国家发展改革委、国家能源局召开新闻发布会，对外正式发布《电力发展“十三五”规划（2016～2020 年）》（发布稿）。该规划全文如下。

### 电力发展“十三五”规划

（2016～2020 年）

#### 前 言

“十三五”时期是我国全面建成小康社会的决胜期、全面深化改革的攻坚期。电力是关系国计民生的基础产业，电力供应和安全事关国家安全战略，事关经济社会发展全局，面临重要的发展机遇和挑战。面对新形势，党中央、国务院明确提出了“推动消费、供给、技术、体制革命，全方位加强国际合作”能源发展战略思想，以及“节约、清洁、安全”的能源发展方针，为电力工业持续健康发展提供了根本遵循。

为深入贯彻落实党的十八大和十八届三中、四中、五中、六中全会精神，根据《中华人民共和国国民经济和社会发展第十三个五年规划纲要》《能源发展“十三五”规划》制订本规划。

本规划内容涵盖水电、核电、煤电、气电、风电、太阳能发电等各类电源和输配电网，重点阐述“十三五”时期我国电力发展的指导思想和基本原则，明确主要目标和重点任务，是“十三五”电力发展的行动纲领和编制相关专项规划的指导文件、布局重大电力项目的依据，规划期为 2016～2020 年。规划实施过程中，适时进行滚动调整。

#### 一、发展基础

##### （一）取得的成绩

电力工业发展规模迈上新台阶。“十二五”期间，我国电力建设步伐不断加快，多项指标居世界首位。截至 2015 年底，全社会用电量达到 5.69 万亿 kW·h，全国发电装机达 15.3 亿 kW，其中水电 3.2 亿 kW（含抽水蓄能 0.23 亿 kW），风电 1.31 亿 kW，太阳能发电 0.42 亿 kW，核电 0.27 亿 kW，火电 9.93 亿 kW（含煤电 9 亿 kW，气电 0.66 亿 kW），生物质能发电 0.13 亿 kW；“西电东送”规模达 1.4 亿 kW；220kV 及以上线路合计 60.9 万 km，变电容量 33.7 亿 kVA。

截至 2015 年底，我国人均装机约 1.11kW，人均用电量约 4142kW·h，均超世界平均水平；电力在终端能源消费中占比达 25.8%。

华北、华中、华东、东北、西北、南方六个区域各级电网网架不断完善，配电网供电能力、供电质量和装备水平显著提升，智能化建设取得突破，农村用电条件得到明显改善，全面解决了无电人口用电问题。

结构调整取得新成就。“十二五”时期，我国非化石电源发展明显加快。全国水电规模稳步增加，新增投产超过 1 亿 kW，占全国发电装机比重达到 20.9%；风电规模高速增长，占比由 2010 年的 3.1%提高至 8.6%，跃升为我国第三大电源；光伏发电实现了跨越式发展，累计新增约 4200 万 kW；核电在运装机规模居世界第四，在建 3054 万 kW，居世界第一。

火电机组结构持续优化，超临界、超超临界机组比例明显提高，单机 30 万 kW 及以上机组比重上升到 78.6%；单机 60 万 kW 及以上机组比重明显提升，达到 41%。

非化石能源装机占比从 2010 年的 27%提高到 2015 年的 35%；非化石能源在一次能源消费中的比重从 2010 年的 9.4%提高到 2015 年的 12%，超额完成“十二五”规划目标。

节能减排达到新水平。持续推进燃煤机组淘汰落后产能和节能改造升级，累计关停小火电机组超过 2800 万 kW，实施节能改造约 4 亿 kW，实施超低排放改造约 1.6 亿 kW。全国火电机组平均供电煤耗降至 315g 标准煤/(kW·h)［其中煤电平均供电煤耗约 318g 标准煤/(kW·h)］，达到世界先进水平，煤电机组二氧化碳排放强度下降到约 890g/(kW·h)；供电煤耗五年累计降低 18g 标准煤/(kW·h)，年节约标准煤 7000 万 t 以上，减排二氧化碳约 2 亿 t。

实施严格的燃煤机组大气污染物排放标准，完善脱硫脱硝、除尘、超低排放等环保电价政策，推动现役机组全面实现脱硫，脱硝比例达到 92%。2015 年电力行业二氧化硫、氮氧化物等主要大气污染物排放总量较 2010 年分别减少 425 万 t、501 万 t，二氧化硫、氮氧化物减排量超额完成了“十二五”规划目标。

装备技术创新取得新突破。燃煤发电技术不断创新，达到世界领先水平。百万千瓦级超超临界机组、超低排放燃煤发电技术广泛应用；60 万千瓦级、百万千瓦级超超临界二次再热机组和世界首台 60 万千瓦级超临界 CFB 机组投入商业运行；25 万 kW IGCC、10 万 t 二氧化碳捕集装置示范项目建成，世界首台百万千瓦级间接空冷机组开工建设。

水电工程建设技术和装备制造水平显著提高。攻克了世界领先的 300m 级特高拱坝、深埋长引水隧洞群等技术，相继建成了世界最高混凝土双曲拱坝（锦屏一级水电站），深埋式长隧洞（锦屏二级水电站）及世界第三、亚洲第一高的土芯墙堆石坝（糯扎渡水电站）。

风电、太阳能等新能源发电技术与国际先进水平的差距显著缩小。我国已经形成了大容量风电机组整机设计体系和较完整的风电装备制造技术体系；规模化光伏开发利用技术取得重要进展，晶体硅太阳能电池产业技术具备较强的国际竞争力，批量化单晶硅电池效率达到 19.5%，多晶硅电池效率达到 18.5%。

核电技术步入世界先进行列。完成三代 AP1000 技术引进消化吸收，形成自主品牌的 CAP1400 和华龙一号三代压水堆技术，开工建设具有第四代特征的高温气冷堆示范工程，建成实验快堆并成功并网发电。

电网技术装备和安全运行水平处于世界前列。国际领先的特高压输电技术开始应用，±1100kV 直流输电工程开工建设。大电网调度运行能力不断提升，供电安全可靠水平有效提高。新能源发电并网、电网灾害预防与治理等关键技术及成套装备取得突破，多端柔性直流输电示范工程建成投运。

电力国际合作拓展新局面。对外核电、火电、水电、新能源发电及输变电合作不断加强，投资形式日趋多样。带动了我国标准、技术、装备、金融走出去。与 8 个周边国家和地区开展电力贸易，投资巴西、葡萄牙等国电网。

体制改革开启新篇章。《中共中央国务院关于进一步深化电力体制改革的若干意见》（中发〔2015〕9 号）及相关配套文件相继出台，试点工作逐步开展，价格机制逐步完善，输配电价改革试点加快推进，市场主体逐步培育，电力市场建设取得新进展。

简政放权深入推进。取消和下放电力审批事项 17 项，全面清理规范性文件，建立合法性审查制度，颁布或修改一大批电力法律、法规、产业政策和行业标准。组建中国电建、中国能建两家特大型能源建设集团，主辅分离取得阶段性进展。基本取消了县级供电企业“代管体制”，基本实现城乡用电同网同价。

专栏 1 “十二五”电力工业发展情况

| 类别 | 指标 | 2010 年 | 2015 年 | 年均增速 |
|---|---|---|---|---|
| 用电量 | 全社会用电量（亿 kW·h） | 41999 | 56933 | 6.27% |
| | 人均用电量（kW·h） | 3132 | 4142 | 5.75% |

续表

| 类别 | 指标 | 2010年 | 2015年 | 年均增速 |
| --- | --- | --- | --- | --- |
| 电源规模 | 总装机规模（亿kW） | 9.7 | 15.3 | 9.54% |
| | 人均装机（kW/人） | 0.7 | 1.11 | 9.66% |
| | 水电（亿kW） | 2.16 | 3.2 | 8.15% |
| | 核电（亿kW） | 0.11 | 0.27 | 19.67% |
| | 风电（亿kW） | 0.3 | 1.31 | 34.29% |
| | 光伏（亿kW） | 0.003 | 0.42 | 168.67% |
| | 火电（亿kW） | 7.1 | 9.93 | 6.94% |
| | 生物质能发电（亿kW） | — | 0.13 | — |
| 电网规模 | 220kV及以上线路（万km） | 44.6 | 60.9 | 6.4% |
| | 变电容量（亿kVA） | 19.90 | 33.7 | 11.11% |
| 电力流 | 西电东送规模（亿kW） | 1 | 1.4 | 6.96% |
| 能耗 | 火电机组平均供电煤耗[g标准煤/(kW·h)] | 333 | 315 | [−18] |
| | 线路损失率 | 6.53% | 6.64% | [0.11%] |
| 主要大气污染物排放量 | 二氧化硫（万t） | 956 | 528.1 | |
| | 氮氧化物（万t） | 1055 | 551.9 | |

注 1. [ ] 为五年累计值。
2. 2015年二氧化硫、氮氧化物减排量以环境统计年鉴公布数据为准。

（二）机遇与挑战

电力工业发展取得成绩的同时，也暴露出很多问题。“十二五”期间，电力供应由总体平衡、局部偏紧的状态逐步转向相对宽松、局部过剩。非化石电源快速发展的同时，部分地区弃风、弃光、弃水问题突出，“三北”地区风电消纳困难，云南、四川两省弃水严重。局部地区电网调峰能力严重不足，尤其北方冬季采暖期调峰困难，进一步加剧了非化石能源消纳矛盾。电力设备利用效率不高，火电利用小时数持续下降，输电系统利用率偏低，综合线损率有待进一步降低。区域电网结构有待优化，输电网稳定运行压力大，安全风险增加。城镇配电网供电可靠性有待提高，农村电网供电能力不足。电力市场在配置资源中发挥决定性作用的体制机制尚未建立，电力结构优化及转型升级的调控政策亟待进一步加强。

“十三五”是我国全面建成小康社会的决胜期，深化改革的攻坚期，也是电力工业加快转型发展的重要机遇期。在世界能源格局深刻调整、我国电力供需总体宽松、环境资源约束不断加强的新时期，电力工业发展面临一系列新形势、新挑战。

供应宽松常态化。“十三五”期间，随着经济发展进入新常态，增长速度换挡，结构调整加快，发展动力转换，节能意识增强，全社会用电增速明显放缓。“十二五”期间开工建设的发电设备逐步投入运行，局部地区电力供过于求，设备利用小时数偏低，电力系统整体利用效率下降。我国电力供应将进入持续宽松的新阶段。

电源结构清洁化。大气污染防治力度加强，气候变化形势日益严峻，生态与环保刚性约束进一步趋紧。我国已向国际社会承诺2020年非化石能源消费比重达到15%左右，加快清洁能源的开发利用和化石能源的清洁化利用已经成为必然趋势。加快能源结构调整的步伐，向清洁低碳、安全高效转型升级迫在眉睫。

电力系统智能化。推进电力工业供给侧改革，客观上要求改善供应方式，提高供给效率，增强系统运行灵活性和智能化水平。风电、光伏发电大规模并网消纳，核电安全运行对电力系统灵活性和调节能力提出了新的要求。为全面增强电源与用户双向互动，提升电网互济能力，实现集中和分布式供应并举，传统能源和新能源发电协同，增强调峰能力建设，提升负荷侧响应水平，建设高效智能电力系统成为必然选择。

电力发展国际化。随着一带一路建设的逐步推进，全方位、多领域的电力对外开放格局更加明晰，电力产业国际化将成为一种趋势。电力企业国际化面临积累国际竞争经验，提高产品和服务多样化水平，电力行业标准与国际标准衔接，履行企业环境责任，完善金融保险配套服务等诸多挑战。电力国际化进程对我国与周边国家的电力互联互通和电力装备制造水平提出了新要求。

体制机制市场化。新一轮电力体制改革将改变电网企业的功能定位和盈利模式，促进电网投资、建设和运营向着更加理性化的方向发展。市场主体逐渐成熟，发电和售电侧引入市场竞争，形成主体多元、竞争有序的交易格局。新兴业态和商业模式创新不断涌现，市场在资源配置中的决定性作用开始发挥，市场化正在成为引领电力工业发展的新方向。

## 二、指导思想、原则和目标

（一）指导思想

深入贯彻党的十八大和十八届三中、四中、五中、六中全会精神，落实“四个革命、一个合作”发展战略，牢固树立和贯彻落实创新、协调、绿色、开放、共享发展理念，按照《中华人民共和国国民经济和社会发展第十三个五年规划纲要》《能源发展“十三五”规划》相关部署，加强统筹协调，加强科技创新，加强国际合作；着力调整电力结构，着力优化电源布局，着力升级配电网，着力增强系统调节能力，着力提高电力系统效率，着力推进体制改革和机制创新；加快调整优化，转型升级，构建清洁低碳、安全高效的现代电力工业体系，惠及广大电力用户，为全面建成小康社会提供坚实支撑和保障。

（二）基本原则

统筹兼顾，协调发展。统筹各类电源建设，逐步提高非化石能源消费比重。降低全社会综合用电成本。统筹电源基地开发、外送通道建设和消纳市场，促进网源荷储一体协同发展。

清洁低碳，绿色发展。坚持生态环境保护优先，坚持发展非煤能源发电与煤电清洁高效有序利用并举，坚持节能减排。提高电能占终端能源消费比重，提高发电用煤占煤炭消费总量比重，提高天然气利用比例。

优化布局，安全发展。坚持经济合理，调整电源布局，优化电网结构。坚守安全底线，科学推进远距离、大容量电力外送，构建规模合理、分层分区、安全可靠的电力系统，提高电力抗灾和应急保障能力。

智能高效，创新发展。加强发输配用交互响应能力建设，构建“互联网+”智能电网。加强系统集成优化，改进调度运行方式，提高电力系统效率。大力推进科技装备创新，探索管理运营新模式，促进转型升级。

深化改革，开放发展。坚持市场化改革方向，健全市场体系，培育市场主体，推进电价改革，提高运营效率，构建有效竞争、公平公正公开的电力市场。坚持开放包容、政府推动、市场主导，充分利用国内国外两个市场、两种资源，实现互利共赢。

保障民生，共享发展。围绕城镇化、农业现代化和美丽乡村建设，以解决电网薄弱问题为重点，提高城乡供电质量，提升人均用电和电力普遍服务水平。在革命老区、民族地区、边疆地区、集中连片贫困地区实施电力精准扶贫。

（三）发展目标

1. 供应能力

为保障全面建成小康社会的电力电量需求，预期2020年全社会用电量6.8万亿～7.2万亿kW·h，年均增长3.6%～4.8%，全国发电装机容量20亿kW，年均增长5.5%。人均装机突破1.4kW，人均用电量5000kW·h左右，接近中等发达国家水平。城乡电气化水平明显提高，电能占终端能源消费比重达到27%。

考虑到为了避免出现电力短缺影响经济社会发展的情况和电力发展适度超前的原则，在预期2020年全社会用电需求的基础上，按照2000亿kW·h预留电力储备，以满足经济社会可能出现加速发展的需要。

2. 电源结构

按照非化石能源消费比重达到15%的要求，到2020年，非化石能源发电装机达到7.7亿kW左右，比2015年增加2.5亿kW左右，占比约39%，提高4个百分点，发电量占比提高到31%；气电装机增加5000万kW，达到1.1亿kW以上，占比超过5%；煤电装机力争控制在11亿kW以内，占比降至约55%。

3. 电网发展

合理布局能源富集地区外送，建设特高压输电和常规输电技术的“西电东送”输电通道，新增规模1.3亿kW，达到2.7亿kW左右；电网主网架进一步优化，省间联络线进一步加强，形成规模合理的同步电网。严格控制电网建设成本。全国新增500kV及以上交流线路9.2万km，变电容量9.2亿kVA。

基本建成城乡统筹、安全可靠、经济高效、技术先进、环境友好、与小康社会相适应的现代配电网。中心城市（区）智能化建设和应用水平大幅提高，供电可靠率达到99.99%，综合电压合格率达到99.97%；城镇地区供电能力及供电安全水平显著提升，供电可靠率达到99.9%，综合电压合格率达到98.79%；乡村地区全面解决电网薄弱问题，基本消除“低电压”，供电可靠率达到99.72%，综合电压合格率达到97%，户均配变容量不低于2kVA。为电采暖、港口岸电、充电基础设施等电能替代提供有力支撑。

4. 综合调节能力

抽水蓄能电站装机新增约1700万kW，达到4000万kW左右，单循环调峰气电新增规模500万kW。热电联产机组和常规煤电灵活性改造规模分别达到1.33亿kW和8600万kW左右。落实全额保障性收购制度，将弃风、弃光率控制在合理水平。

5. 节能减排

力争淘汰火电落后产能2000万kW以上。新建燃煤发电机组平均供电煤耗低于300g标准煤/(kW·h)，现役燃煤发电机组经改造平均供电煤耗低于310g标准煤/(kW·h)。火电机组二氧化硫和氮氧化物年排放总量均力争下降50%以上。30万kW级以上具备条件的燃煤机组全部实现超低排放，煤电机组二氧化碳排放强度下降到865g/(kW·h)左右。火电厂废水排放达标率实现100%。电网综合线损率控制在6.5%以内。

6. 民生用电保障

2020年，电能替代新增用电量约4500亿kW·h。力争实现北方大中型以上城市热电联产集中供热率达到60%以上，逐步淘汰管网覆盖范围内的燃煤供热小锅炉。完成全国小城镇和中心村农网改造升级、贫困村通动力电，实现平原地区机井用电全覆盖，东部地区基本实现城乡供电服务均等化，中西部地区城乡供电服务差距大幅缩小，贫困及偏远少数民族地区农村电网基本满足生产生活需要。

专栏2 “十三五”电力工业发展主要目标

| 类别 | 指标 | 2015年 | 2020年 | 年均增速 | 属性 |
|---|---|---|---|---|---|
| 电力总量 | 总装机（亿kW） | 15.3 | 20 | 5.5% | 预期性 |
| | 西电东送（亿kW） | 1.4 | 2.7 | 14.04% | 预期性 |
| | 全社会用电量（万亿kW·h） | 5.69 | 6.8～7.2 | 3.6%～4.8% | 预期性 |
| | 电能占终端能源消费比重 | 25.8% | 27% | [1.2%] | 预期性 |
| | 人均装机（kW/人） | 1.11 | 1.4 | 4.75% | 预期性 |
| | 人均用电量（kW·h/人） | 4142 | 4860～5140 | 3.2%～4.4% | 预期性 |
| 电力结构 | 非化石能源消费比重 | 12% | 15% | [3%] | 约束性 |
| | 非化石能源发电装机比重 | 35% | 39% | [4%] | 预期性 |
| | 常规水电（亿kW） | 2.97 | 3.4 | 2.8% | 预期性 |
| | 抽蓄装机（万kW） | 2303 | 4000 | 11.7% | 预期性 |
| | 核电（亿kW） | 0.27 | 0.58 | 16.5% | 预期性 |
| | 风电（亿kW） | 1.31 | 2.1 | 9.9% | 预期性 |
| | 太阳能发电（亿kW） | 0.42 | 1.1 | 21.2% | 预期性 |
| | 化石能源发电装机比重 | 65% | 61% | [−4%] | 预期性 |
| | 煤电装机比重 | 59% | 55% | [−4%] | 预期性 |
| | 煤电（亿kW） | 9 | <11 | 4.1% | 预期性 |
| | 气电（亿kW） | 0.66 | 1.1 | 10.8% | 预期性 |
| 节能减排 | 新建煤电机组平均供电煤耗[g标准煤/(kW·h)] | — | 300 | — | 约束性 |
| | 现役煤电机组平均供电煤耗[g标准煤/(kW·h)] | 318 | <310 | [−8] | 约束性 |
| | 线路损失率 | 6.64% | <6.50% | | 预期性 |
| 民生保障 | 充电设施建设 | 满足500万辆电动车充电 | | | 预期性 |
| | 电能替代用电量（亿kW·h） | — | 4500 | | 预期性 |

**注** 1. [ ] 为五年累计值。

2. 2015年煤电平均供电煤耗根据中电联公布的火电平均供电煤耗估算。

## 三、重点任务

### （一）积极发展水电，统筹开发与外送

坚持生态优先和移民妥善安置前提下，积极开发水电。以重要流域龙头水电站建设为重点，科学开发西南水电资源。坚持干流开发优先、支流保护优先的原则，积极有序推进大型水电基地建设，严格控制中小流域、中小水电开发。坚持开发与市场消纳相结合，统筹水电的开发与外送，完善市场化消纳机制，基本解决四川、云南水电消纳问题。强化政策措施，新建项目应提前落实市场空间，防止新弃水现象发生。

继续做好金沙江下游、大渡河、雅砻江等水电基地建设；积极推进金沙江上游等水电基地开发，推动藏东南“西电东送”接续能源基地建设；继续推进雅砻江两河口、大渡河双江口等龙头水电站建设，加快

金沙江中游龙头水电站研究论证，积极推动龙盘水电站建设；基本建成长江上游、黄河上游、乌江、南盘江红水河、雅砻江、大渡河六大水电基地。

重点依托西南水电基地开发，建成金沙江中游送电广西、滇西北至广东、四川水电外送、乌东德水电站送电两广输电通道，开工建设白鹤滩水电站外送工程，积极开展金沙江上游等消纳方案研究。

“十三五”期间，全国常规水电新增投产约 4000 万 kW，开工 6000 万 kW 以上，其中小水电规模 500 万 kW 左右。到 2020 年，常规水电装机达到 3.4 亿 kW。

（二）大力发展新能源，优化调整开发布局

按照集中开发与分散开发并举、就近消纳为主的原则优化风电布局，统筹开发与市场消纳，有序开发风光电。加快中东部及南方等消纳能力较强地区的风电开发力度，积极稳妥推进海上风电开发。按照分散开发、就近消纳为主的原则布局光伏电站，全面推进分布式光伏和“光伏+”综合利用工程，积极支持光热发电。

调整“三北”风电消纳困难及弃水严重地区的风电建设节奏，提高风电就近消纳能力，解决弃风限电问题。加大消纳能力较强或负荷中心区风电开发力度，力争中东部及南方区域风电占全国新增规模的一半。在江苏、广东、福建等地因地制宜推进海上风电项目建设。

全面推进分布式光伏发电建设，重点发展屋顶分布式光伏发电系统，实施光伏建筑一体化工程。在中东部地区结合采煤沉陷区治理以及农业、林业、渔业综合利用等适度建设光伏电站项目。推进光热发电试点示范工程。

“十三五”期间，风电新增投产 0.79 亿 kW 以上，太阳能发电新增投产 0.68 亿 kW 以上。2020 年，全国风电装机达到 2.1 亿 kW 以上，其中海上风电 500 万 kW 左右；太阳能发电装机达到 1.1 亿 kW 以上，其中分布式光伏 6000 万 kW 以上、光热发电 500 万 kW。

依托电力外送通道，有序推进“三北”地区可再生能源跨省区消纳 4000 万 kW，存量优先。

（三）鼓励多元化能源利用，因地制宜试点示范

在满足环保要求的条件下，合理建设城市生活垃圾焚烧发电和垃圾填埋气发电项目。积极清洁利用生物质能源，推动沼气发电、生物质发电和分布式生物质气化发电。到 2020 年，生物质发电装机 1500 万 kW 左右。

开展燃煤与生物质耦合发电、燃煤与光热耦合发电示范与应用。在东北等粮食主产区布局一批燃煤与农林废弃残余物耦合发电示范项目，在京津冀、长三角、珠三角布局一批燃煤与污泥耦合发电示范项目，在华北、西北布局一批燃煤与光热耦合发电示范项目。

推进“万 kW 级”高温地热发电项目建设。因地制宜发展中小型分布式中低温地热发电项目。开展深层高温干热岩发电系统关键技术研究和项目示范。

开展海洋能等综合技术集成应用示范。在有条件的沿海地区建设海洋能与风电、太阳能等可再生能源互补的海岛微电网示范项目。积极开展示范性潮汐电站建设。

开展风光储输多元化技术综合应用示范。结合风电、光伏等新能源开发，融合储能、微电网应用，推动可再生能源电力与储能、智能输电、多元化应用新技术示范，推动多能互补、协同优化的新能源电力综合开发。“十三五”期间，继续推动张家口等可再生能源示范区相关建设。

（四）安全发展核电，推进沿海核电建设

坚持安全发展核电的原则，加大自主核电示范工程建设力度，着力打造核心竞争力，加快推进沿海核电项目建设。建成三门、海阳 AP1000 自主化依托项目，建设福建福清、广西防城港“华龙一号”示范工程。开工建设 CAP1400 示范工程等一批新的沿海核电工程。深入开展内陆核电研究论证和前期准备工作。认真做好核电厂址资源保护工作。“十三五”期间，全国核电投产约 3000 万 kW、开工 3000 万 kW 以上，2020 年装机达到 5800 万 kW。

（五）有序发展天然气发电，大力推进分布式气电建设

充分发挥现有天然气电站调峰能力，推进天然气调峰电站建设，在有条件的华北、华东、南方、西北等地区建设一批天然气调峰电站，新增规模达到 500 万 kW 以上。适度建设高参数燃气蒸汽循环热电联产项目，支持利用煤层气、煤制气、高炉煤气等发电。推广应用分布式气电，重点发展热电冷多联供。“十三五”期间，全国气电新增投产 5000 万 kW，2020 年达到 1.1 亿 kW 以上，其中热电冷多联供 1500 万 kW。

（六）加快煤电转型升级，促进清洁有序发展

积极主动适应能源结构调整和电力市场发展，加快煤电结构优化和转型升级，鼓励煤电联营，促进煤电高效、清洁、可持续发展。

严格控制煤电规划建设。坚持市场引导与政府调控并举的原则，通过建立风险预警机制和实施“取消一批、缓核一批、缓建一批”，同时充分发挥电力系统联网效益，采取跨省区电力互济、电量短时互补等措施，多措并举减少新增煤电规模。“十三五”期间，取消和推迟煤电建设项目 1.5 亿 kW 以上。到 2020

年，全国煤电装机规模力争控制在11亿kW以内。

合理控制煤电基地建设。配合远距离输电通道规划建设，根据受端供需状况合理安排煤电基地开发规模和建设时序，减小受端省份接受外来电力的压力。

因地制宜规划建设热电联产和低热值煤发电项目。在充分利用已有热源且最大限度地发挥其供热能力的基础上，按照“以热定电”的原则规划建设热电联产项目。优先发展背压式热电联产机组，电力富裕地区严控抽凝式热电机组。适当发展低热值煤综合利用发电项目。建设一定规模以煤矸石为主的综合利用发电项目。

积极促进煤电转型升级。加快新技术研发和推广应用，提高煤电发电效率及节能环保水平。全面实施燃煤电厂超低排放和节能改造“提速扩围”工程，加大能耗高、污染重煤电机组改造和淘汰力度。“十三五”期间，全国实施煤电超低排放改造约4.2亿kW，实施节能改造约3.4亿kW，力争淘汰落后煤电机组约2000万kW。到2020年，全国现役煤电机组平均供电煤耗降至310g标准煤/(kW·h)；具备条件的30万kW级以上机组全部实现超低排放。

（七）加强调峰能力建设，提升系统灵活性

高度重视电力系统调节能力建设，从负荷侧、电源侧、电网侧多措并举，充分挖掘现有系统调峰能力，加大调峰电源规划建设力度，着力增强系统灵活性、适应性，破解新能源消纳难题。

加快抽水蓄能电站建设。统筹规划、合理布局，在有条件的地区，抓紧建设一批抽水蓄能电站。加强抽水蓄能电站调度运行管理，切实发挥抽水蓄能电站提供备用、增强系统灵活性的作用。“十三五”期间，抽水蓄能电站开工6000万kW左右，新增投产1700万kW左右，2020年装机达到4000万kW左右。

全面推动煤电机组灵活性改造。实施煤电机组调峰能力提升工程，充分借鉴国际火电灵活性相关经验，加快推动北方地区热电机组储热改造和纯凝机组灵活性改造试点示范及推广应用。“十三五”期间，“三北”地区热电机组灵活性改造约1.33亿kW，纯凝机组改造约8200万kW；其他地区纯凝机组改造约450万kW。改造完成后，增加调峰能力4600万kW，其中“三北”地区增加4500万kW。

优化电力调度运行。在确保电力系统安全稳定的前提下，以节能环保低碳为目标，制定科学可行的电力系统调度原则和具体措施，确定各类机组的发电优先序位、用户侧的有序用电序位以及机组的调峰、轮停序位，根据中长期、日前交易电量及负荷预测确定合理开机组合。推行节能低碳电力调度，加强对新能源发电的功率预测和考核，充分发挥电网联络线调剂作用，努力消纳可再生能源，减少能源、资源消耗和污染物排放。

大力提高电力需求侧响应能力。建立健全基于价格激励的负荷侧响应措施，进一步优化推广发电侧和用户侧峰谷电价机制，探索实行可中断负荷电价。完善推广电力需求侧管理，整合系统运行、市场交易和用户用电数据，提高负荷侧大数据分析能力，增强负荷侧响应能力。引导用户错峰用电，减小系统峰谷差。积极推进大容量和分布式储能技术的示范应用与推广。

（八）筹划外送通道，增强资源配置能力

“十三五”期间电力外送统筹送受端需求、受端电源结构及调峰能力，合理确定受电比重和受电结构。跨区送电具有可持续性，满足送端地区长远需要，应参与受端电力市场竞争。输煤输电并举，避免潮流交叉迂回，促进可再生能源消纳，确保电网安全。

在实施水电配套外送输电通道的基础上，重点实施大气污染防治行动12条输电通道及酒泉至湖南、准东至安徽、金中至广西输电通道。建成东北（扎鲁特）送电华北（山东）特高压直流输电通道，解决东北电力冗余问题。适时推进陕北（神府、延安）电力外送通道建设。结合受端市场情况，积极推进新疆、呼盟、蒙西（包头、阿拉善、乌兰察布）、陇（东）彬（长）、青海等地区电力外送通道论证。

“十三五”期间，新增“西电东送”输电能力1.3亿kW，2020年达到2.7亿kW。

（九）优化电网结构，提高系统安全水平

坚持分层分区、结构清晰、安全可控、经济高效原则，按照《电力系统安全稳定导则》的要求，充分论证全国同步电网格局，进一步调整完善区域电网主网架，提升各电压等级电网的协调性，探索大电网之间的柔性互联，加强区域内省间电网互济能力，提高电网运行效率，确保电力系统安全稳定运行和电力可靠供应。

东北地区：“十三五”期间，西电东送、北电南送的格局随着外送通道建设改变。重点加快扎鲁特至山东青州特高压直流输电工程建设，2018年形成1000万kW电力外送能力；适时启动赤峰（元宝山）至冀北输电通道建设；加强东北主网至高岭背靠背500kV电网，确保300万kW的输电能力；加强蒙东与辽宁、吉林省间断面建设。2020年东北地区初步形成1700万kW外送能力，力争实现电力供需基本平衡。

依托扎鲁特外送通道及其配套工程，进一步优化三省一区内部电网结构，主要是蒙东电网围绕扎鲁特换流站建设，逐步形成覆盖呼伦贝尔、兴安、通辽和赤峰500kV网架；黑龙江电网重点加强省内东西部网络联系，建设向扎鲁特电力汇集输电工程；吉林电网重点完善中部网架，配套建设水电站、抽水蓄能电站送出工程；辽宁电网结合负荷增长需要加强内部网架。

华北地区："十三五"期间，西电东送格局基本不变，京津冀鲁接受外来电力超过 8000 万 kW。依托在建大气污染防治行动计划交流特高压输电工程，规划建设蒙西至晋中，胜利至锡盟，潍坊经临沂、枣庄至石家庄交流特高压输电工程，初步形成两横两纵的 1000kV 交流特高压网架。建设张北至北京柔性直流工程，增加张北地区风光电外送能力。研究实施蒙西电网与华北主网异步联网及北京西至石家庄交流特高压联络线工程。

结合交流特高压输变电及其配套工程，进一步优化华北地区各省（区、市）电网结构。主要是按照京津冀协同发展战略部署，京津冀地区加强 500kV 电网建设和配电网升级改造，实现首都接受外来电能力 2200 万 kW 以上，满足"电能替代"工程用电需求，确保首都供电安全；山东电网结合特高压交流和直流落点，优化 500kV 网架，提高受电能力；山西电网重点满足规划内电源接入和送出，优化与京津冀电网互联结构；蒙西电网结合外送和本地负荷发展，加强锡盟与蒙西之间的联络，形成完整、坚强的蒙西电网。

西北地区："十三五"期间，重点加大电力外送和可再生能源消纳能力。加快准东、宁东、酒泉和陕北特高压直流外送通道建设；根据市场需求，积极推进新疆第三回、陇彬、青海外送通道研究论证。

继续完善 750kV 主网架，增加电力互济能力。主要是陕西电网建设陕北至关中第二通道，形成陕北"目"字形网架，提高陕北向关中送电能力，为陕北特高压直流外送创造条件；甘肃电网启动河西地区主网加强方案，提高向兰白地区输电能力；青海电网结合新能源建设，适当补强原有网架；宁夏电网形成 750kV 双环网，优化调整 330/220kV 电网，满足上海庙直流接入；新疆电网进一步向南疆延伸，形成 750kV 多环网结构，适时启动南疆与格尔木联网工程。

华东地区："十三五"期间，长三角地区新增外来电力 3800 万 kW。建成淮南经南京至上海 1000kV 特高压交流输电工程，初步形成受端交流特高压网架；建设苏州特高压站至新余、江苏东洲至崇明 500kV 输变电工程，实现上海与苏州电网互联；研究实施适用技术，保证多回大容量直流安全稳定受入；开工建设闽粤联网工程。

结合交直流特高压输变电及其配套工程，进一步优化华东地区各省（市）电网结构。主要是上海电网结合外来电及城市发展，利用已有走廊及站址，做好电网改扩建，同时有效控制短路电流；江苏电网、浙江电网、安徽电网着重完善 500 kV 网架，提高负荷密集地区电网安全稳定运行水平并合理控制短路电流；福建电网加强山区 500kV 网架，同时论证推进福建北部向南部新增输电通道。

华中地区："十三五"期间，实现电力外送到电力受入转变，湖南、湖北、江西新增接受外电达到 1600 万 kW。实施渝鄂直流背靠背工程，实现与川渝藏电网异步联网，提高四川水电外送能力及系统安全稳定水平；推进省间电网加强工程，满足外来电增加需要；针对华北、华中联网安全运行薄弱环节，研究采取必要的安全措施；积极研究论证三峡电力留存及外送方案优化调整。

湖北电网围绕陕北（神府、延安）直流、渝鄂背靠背工程，做好相关配套工程论证及建设，进一步优化 500kV 网架，控制关键节点短路电流水平；河南电网做好 500kV 网架优化，适时加强豫南电网；湖南电网研究论证酒湖直流电力消纳，做好配套工程建设，论证黔东电厂改接贵州可行性；江西电网重点优化并加强赣东、赣南电网。

"十三五"期间，川渝藏形成相对独立的同步电网，建成川渝第三条 500kV 输电通道，提高川渝间电网互济能力。四川电网结合第四回特高压直流外送工程加强水电汇集通道建设，同时完善西部水电基地至负荷中心 500kV 输电通道。结合金沙江上游开发，积极推进金上水电外送工程论证和前期工作。研究论证川西电网目标网架，确保涉藏水电开发和消纳。重庆电网进一步加强受端电网建设，满足外来电力增加需要。西藏电网结合电气化铁路规划建设，重点建设藏中电网与昌都联网、拉萨至灵芝铁路供电工程，同时在立足优先保障自身电力供应的前提下，综合技术、经济、国防等多方面因素，推进建设阿里电网与藏区主网互联工程，实现主网覆盖西藏各地区。

南方地区："十三五"期间，稳步推进"西电东送"，形成"八交十一直"输电通道，送电规模达到 4850 万 kW；进一步加强和优化主网结构，实现云南电网与主网异步联网，建成海南联网Ⅱ回工程，适时启动广东电网直流背靠背工程，形成以送、受端电网为主体，规模适中、结构清晰、定位明确的 2～3 个同步电网，提高电网安全稳定水平；提高向香港、澳门地区供电能力。

广东电网重点解决多直流连锁故障及短路电流超标问题，推动电网实现东西分区运行；广西电网重点结合云电送桂逐步实现由通道型电网向受端电网转变；云南电网重点加强滇西北、滇西南、滇东北送电通道建设，同时结合乌东德水电站接入进一步优化滇中电网结构，增强云南电网运行的灵活性；贵州电网重点加强黔西南、黔西送电通道建设，优化贵阳负荷中心电网结构并进一步增强黔东电网与主网的联络；海南电网重点结合昌江核电及联网Ⅱ回的建设，进一步优化现有220kV电网结构，提高电网抗灾能力。

（十）升级改造配电网，推进智能电网建设

满足用电需求，提高供电质量，着力解决配电网薄弱问题，促进智能互联，提高新能源消纳能力，推动装备提升与科技创新，加快构建现代配电网。有序放开增量配电网业务，鼓励社会资本有序投资、运营增量配电网，促进配电网建设平稳健康发展。

加强城镇配电网建设。强化配电网统一规划，健全标准体系。全面推行模块化设计、规范化选型、标准化建设。中心城市（区）围绕发展定位和高可靠用电需求，高起点、高标准建设配电网，供电质量达到国际先进水平，北京、上海、广州、深圳等超大型城市建成世界一流配电网；城镇地区结合国家新型城镇化进程及发展需要，适度超前建设配电网，满足快速增长的用电需求，全面支撑“京津冀”“长江中游”“中原”“成渝”等城市群以及“丝绸之路经济带”等重点区域发展需要。积极服务新能源、分布式电源、电动汽车充电基础设施等多元化负荷接入需求。做好与城乡发展、土地利用的有效衔接，将管廊专项规划确定入廊的电力管线建设规模、时序纳入配电网规划。

实施新一轮农网改造升级工程。加快新型小乡镇、中心村电网和农业生产供电设施改造升级。结合“农光互补”“光伏扶贫”等分布式能源发展模式，建设可再生能源就地消纳的农村配网示范工程。开展西藏、新疆和四川、云南、甘肃、青海四省藏区农村电网建设攻坚。加快西部及贫困地区农村电网改造升级，特别是国家扶贫开发工作重点县、集中连片特困地区以及革命老区的农村电网改造升级，实现贫困地区通动力电。推进东中部地区城乡供电服务均等化进程，逐步提高农村电网信息化、自动化、智能化水平，进一步优化电力供给结构。

推进“互联网＋”智能电网建设。全面提升电力系统的智能化水平，提高电网接纳和优化配置多种能源的能力，满足多元用户供需互动。实现能源生产和消费的综合调配，充分发挥智能电网在现代能源体系中的作用。

提升电源侧智能化水平，加强传统能源和新能源发电的厂站级智能化建设，促进多种能源优化互补。全面建设智能变电站，推广应用在线监测、状态诊断、智能巡检系统，建立电网对山火、冰灾、台风等各类自然灾害的安全预警体系。推进配电自动化建设，根据供电区域类型差异化配置，整体覆盖率达90%，实现配电网可观可控。提升输配电网络的柔性控制能力，示范应用配电侧储能系统及柔性直流输电工程。

构建“互联网＋”电力运营模式，推广双向互动智能计量技术应用。加快电能服务管理平台建设，实现用电信息采集系统全覆盖。全面推广智能调度控制系统，应用大数据、云计算、物联网、移动互联网技术，提升信息平台承载能力和业务应用水平。调动电力企业、装备制造企业、用户等市场主体的积极性，开展智能电网支撑智慧城市创新示范区，合力推动智能电网发展。

（十一）实施电能替代，优化能源消费结构

立足能源清洁化发展和大气污染防治，以电能替代散烧煤、燃油为抓手，不断提高电能占终端能源消费比重、可再生能源占电力消费比重及电煤占煤炭消费比重。综合考虑地区潜力空间、节能环保效益、财政支持能力、电力体制改革和电力市场交易等因素，因地制宜，分步实施，逐步扩大电能替代范围，着力形成节能环保、便捷高效、技术可行、广泛应用的新型电力消费市场。重点在居民采暖、生产制造、交通运输、电力供应与消费四个领域，推广或试点电采暖、地能热泵、工业电锅炉（窑炉）、农业电排灌、船舶岸电、机场桥载设备、电蓄能调峰等。开展差别化试点探索，积极创新，实施一批试点示范项目。

2020年，实现能源终端消费环节电能替代散烧煤、燃油消费总量约1.3亿t标准煤，提高电能占终端能源消费比重。

（十二）加快充电设施建设，促进电动汽车发展

按照“因地制宜、快慢互济、经济合理”的原则，以用户居住地停车位、单位停车场、公交及出租车场站等配建的专用充电设施为主体，以公共建筑物停车场、社会公共停车场、临时停车位等配建的公共充电设施为辅助，以独立占地的城市快充站、换电站和高速公路服务区配建的城际快充站为补充，推动电动汽车充电基础设施体系加快建设。加大停车场与充电基础设施一体化建设支持力度。探索电动汽车充放电与电力系统互动，改善系统调峰能力。

到2020年，新增集中式充换电站超过1.2万座，分散式充电桩超过480万个，基本建成适度超前、车桩相随、智能高效的充电基础设施体系，满足全国超过500万辆电动汽车的充电需求。

（十三）推进集中供热，逐步替代燃煤小锅炉

围绕大气污染防治和提高能源利用效率，健康有序发展以集中供热为前提的热电联产，不断提高我国北方城市集中供热普及率，解决我国北方地区冬季供暖期大气污染严重、区域热电供需矛盾突出、热源结

构不合理等问题，保障城市居民和工业园区用热需求。

综合考虑地区电力、热力需求和当地气候、资源、环境条件，统筹协调城市或工业园区的总体规划、供热规划、环境治理规划和电力规划等，按照“统一规划、以热定电、立足存量、结构优化、提高能效、环保优先”的基本原则，在优先利用已有热源且最大限度地发挥其供热能力的基础上，通过配套支持政策重点鼓励发展能效高、污染少的背压式热电联产机组。同时，发展热电联产集中供热与环境保护协调联动，与关停小锅炉和减少用煤量挂钩，提高热电联产供热范围内小锅炉的环保排放标准，加快小锅炉关停。在风能、太阳能、生物质能等可再生能源资源富集区，因地制宜发展风电供暖、太阳能光热电联供、生物质热电联产等新能源供热应用。

到2020年，实现北方大中型以上城市热电联产集中供热率达到60%以上，形成规划科学、布局合理、利用高效、供热安全的热电联产产业健康发展格局。

（十四）积极发展分布式发电，鼓励能源就近高效利用

加快分布式电源建设。放开用户侧分布式电源建设，推广“自发自用、余量上网、电网调节”的运营模式，鼓励企业、机构、社区和家庭根据自身条件，投资建设屋顶式太阳能、风能等各类分布式电源。鼓励在有条件的产业聚集区、工业园区、商业中心、机场、交通枢纽及数据存储中心和医院等推广建设分布式能源项目，因地制宜发展中小型分布式中低温地热发电、沼气发电和生物质气化发电等项目。支持工业企业加快建设余热、余压、余气、瓦斯发电项目。

（十五）开展电力精准扶贫，切实保障民生用电

围绕新型工业化、城镇化、农业现代化和美丽乡村建设，以满足用电需求、提高供电质量、促进智能化为目标，着力解决乡村及偏远地区供电薄弱问题，加大电力精准扶贫力度，加快建设现代配电服务体系，推进村庄公共照明设施建设，支持经济发展，服务社会民生。

加强老少边穷地区电力供应保障。全面解决农村电网户均供电容量低、安全隐患多、“卡脖子”、“低电压”等问题，加大国家级贫困县、集中连片特殊困难地区以及偏远少数民族地区、革命老区配电网建设与改造力度。

加大电力扶贫力度。坚持因地制宜、整体推进、政府主导、社会支持的原则，充分结合当地资源特点，鼓励电力企业履行社会责任，在贫困地区建设电力项目。支持贫困地区水电开发，适当发展绿色小水电，贫困地区的电力项目优先纳入电力规划。鼓励水电项目留存部分电力电量保障当地用电需要。建立长期可靠的项目运营管理机制和扶贫收益分配管理制度。确保电力扶贫项目与贫困人口精准对应，切实实现“精准扶贫、有效扶贫”。

（十六）加大攻关力度，强化自主创新

应用推广一批相对成熟、有市场需求的新技术，尽快实现产业化。试验示范一批有一定积累，但尚未实现规模化生产的适用技术，进一步验证技术路线和经济性。集中攻关一批前景广阔但核心技术受限的关键技术。鼓励企业增加研发投入，积极参与自主创新。

清洁高效发电技术。全面掌握拥有自主知识产权的超超临界机组设计、制造技术；以高温材料为重点，加快攻关700℃超超临界发电技术；研究开展中间参数等级示范，实现发电效率突破50%。推进自主产权的60万kW级超超临界CFB发电技术示范。加快整体煤气化联合循环（IGCC）自主化设计制造攻关，在深入评估论证基础上推进大容量IGCC国产化示范应用，推进煤基梯级利用发电技术应用。加快燃煤与生物质耦合发电关键技术研发与应用。实践世界最先进的燃煤发电除尘、脱硫、脱硝和节能、节水、节地等技术；研究碳捕捉与封存（CCS）和资源化利用技术，适时开展应用示范。发展智能发电技术，开展发电过程智能化检测、控制技术研究与智能仪表控制系统装备研发，攻关高效燃煤发电机组、大型风力发电机组、重型燃气机组、核电机组等领域先进运行控制技术与示范应用。

先进电网技术与储能技术。开展大容量机电储能、熔盐蓄热储能、高效化学电池储能等多种储能示范应用，大幅降低单位千瓦建设成本，力争接近抽水蓄能电站水平，加快推广应用。继续推进特高压输电、大容量断路器、直流断路器、大容量柔性输电等先进电网技术的研发与应用。推进微电网关键技术研究及示范建设。推进高温超导等前沿技术领域的研究。开展电网防灾减灾技术研究。

电力行业网络与信息安全。建立健全信息技术产品选型安全审查机制，加强供应链安全管理。推进核心芯片、操作系统、数据库、应用软件等基础软硬件产品的安全可控能力建设。强化密码技术在电力行业网络安全工作中的支撑作用。加强联动协作与信息共享，持续提升电力行业网络安全综合检测预警及感知能力。

“互联网+”智慧能源。将发电、输配电、负荷、储能融入智能电网体系中，加快研发和应用智能电网、各类能源互联网关键技术装备，实现智能化能源生产消费基础设施、多能协同综合能源网络建设、能源与信息通信基础设施深度融合，建立绿色能源灵活

交易机制，形成新型城镇多种能源综合协同、绿色低碳、智慧互动的供能模式。

电力领域其他重点自主创新。积极发展新型煤基发电技术，突破常规煤电效率瓶颈，推进燃料电池发电技术研发应用，研发固体氧化物、熔融碳酸盐燃料电池堆和发电系统集成技术。突破热端部件设计制造技术，掌握高性能复合材料大规模制备技术，建成微型、小型和中型燃气轮机整机试验平台、重型燃气轮机整机发电试验电站。探索机电型电热冷三联供示范系统运用。提高大型先进压水堆核电技术自主化程度，推动高温气冷堆技术优化升级，开展小型智能堆、商用快堆、熔盐堆等先进核能技术研发。加强百万千瓦级水轮发电机组、大容量高水头抽水蓄能机组等重大技术攻关。加快高效太阳能发电技术、大容量风电技术等可再生能源发电技术研发和应用。

（十七）落实一带一路倡议，加强电力国际合作

坚持开放包容、分类施策、合作共赢原则，充分利用国际国内两个市场、两种资源，积极推进电力装备、技术、标准和工程服务国际合作，根据需要推动跨境电网互联互通，鼓励电力企业参与境外电力项目建设经营。探讨构建全球能源互联网，推动以清洁和绿色方式满足全球电力需求。

积极开展对外业务。拓展电力装备出口，积极推进高效清洁火电、水电、核电、输变电等大型成套设备出口。积极推动对外电力服务，开展电力升级改造合作，带动电力设计、标准等技术服务国际合作。在控制财务风险的基础上，稳妥推进对外电力投资。

（十八）深化电力体制改革，完善电力市场体系

组建相对独立和规范运行的电力交易机构，建立公平有序的电力市场规则，初步形成功能完善的电力市场。深入推进简政放权。

有序推进电力体制改革。核定输配电价。2017年底前，完成分电压等级核定电网企业准许总收入和输配电价，逐步减少电价交叉补贴。加快建立规则明晰、水平合理、监管有力、科学透明的独立输配电价体系。建立健全电力市场体系。建立标准统一的电力市场交易技术支持系统，积极培育合格市场主体，完善交易机制，丰富交易品种。2016年启动东北地区辅助服务市场试点，成熟后全面推广。2018年底前，启动现货交易试点；2020年全面启动现货市场，研究风险对冲机制。组建相对独立和规范运行的电力交易机构。建立完善的治理结构、完备的市场规则和健全的制度体系；充分发挥各类市场主体和第三方机构在促进交易机构规范运行中的作用。积极推进交易机构股份制改造和相对独立规范运行，2016年底前完成电力交易机构组建工作。有序放开发用电计划。建立优先购电和优先发电制度，落实优先购电和优先发电的保障措施；切实保障电力电量平衡。逐年减少发电计划，2020年前基本取消优先发电权以外的非调节性发电计划。全面推进配售电侧改革。支持售电主体创新商业模式和服务内容，2018年底前完成售电侧市场竞争主体培育工作，基本形成充分竞争的售电侧市场主体；鼓励社会资本开展增量配电业务；明确增量配电网放开的具体办法；建立市场主体准入退出机制；完善市场主体信用体系；在试点基础上全面推开配售电改革。

深入推进简政放权。总结电力项目核准权限下放后的承接情况、存在问题和实施效果，结合电力体制改革精神，进一步探索创新市场化的电力项目开发和投资管理机制。加强简政放权后续监管，组织开展电力项目简政放权专项监管，重点对核准权限下放后的项目优选、项目核准、项目依法依规建设以及并网运行等工作进行监管，督促国家产业政策和技术标准落实，维护电力项目规划建设秩序。

## 四、规划实施

（一）加强组织领导

在发展改革委的统筹指导下，国家能源局作为全国电力规划的责任部门，建立健全以国家能源局组织协调、相关职能部门积极配合、各省级政府和重点电力企业细化落实的电力规划实施工作机制，加强对电力重大战略问题的研究和审议，推动规划实施。省级能源主管部门是省级电力规划的责任部门，各省级能源主管部门要切实履行职责，组织协调实施。

（二）细化任务落实

各省（区、市）要将本规划确定的约束性指标、主要任务和重大工程列入本地区能源发展规划和电力发展专项规划，分解落实目标任务，明确进度安排协调和目标考核机制，精心组织实施。各重点电力企业要充分发挥市场主体作用，积极有序推进规划项目前期论证，保障规划顺利实施。

（三）做好评估调整

规划实施年度中每年对规划执行情况进行回顾、梳理、评估，结合实施情况对规划项目进行微调。坚持规划中期评估制度，严格评估程序，委托第三方机构开展评估工作，对规划滚动实施提出建议，及时总结经验、分析问题、制订对策。规划确需调整的，由国家能源局按程序修订后公布。

（四）加强督促检查

国家能源局及其派出监管机构要完善电力规划实施情况监管组织体系，创新监管措施和手段，有效开展监管工作。各派出机构要会同省级能源主管部门，密切跟踪工作进展，掌握目标任务完成情况，

定期组织开展监督检查和考核评价，编制并发布规划实施情况监管报告，提出滚动调整建议。建立重大情况报告制度，探索建立规划审计制度，及时发现并纠正实施中存在的问题。国家能源局派出机构与地方能源管理部门要进一步加强沟通协调，实现信息共享。

（五）健全法律法规和标准体系

修订颁布《电力法》，完善《电网调度管理条例》《电力供应与使用条例》《电力设施保护条例》等及其配套管理办法，出台《核电管理条例》，建立规范政府行为和市场行为的电力法制体系。

加强行业管理，强化电力规划管理办法的贯彻实施，研究制定电网无歧视公平接入、跨区送受电、微电网、热电联产、燃气发电、煤电联营、电网备用容量管理、节能低碳调度、高效智能电力系统建设、技术监督等政策。按照市场化改革要求，继续出台电力体制改革配套文件及指导意见。抓紧修订一批电力行业国家标准、定额和规程。落实国家大面积停电事件应急预案，提高电力系统抗灾和应急响应恢复能力。

探索建立电力领域法律法规和标准及时更新机制，充分发挥法制对电力改革和发展的引导、推动、规范和保障作用。

（六）建立协调机制

建立规划统筹协调机制，衔接国家规划与地方规划，协商重大电力项目布局、规模和时序，协调电网与电源项目。建立规划年度对接制度，开展地方电力规划咨询评估，依法开展规划环境影响评价。探索改进电源项目前期管理。加大财政资金支持，建设电力项目信息管理系统，提高项目储备、规划、核准、建设、运营、退役全过程信息化管理能力。加强信息公开，增强信息透明度。

完善运行调控机制，开展风电、光伏投资监测预警，建立弃风（光）率预警考核机制。2017 年起，全面开展适应大规模清洁能源发电开发利用的电力节能低碳调度。建立跨省（区）送电中长期协议制度。整合各渠道电力信息数据，加强电力预测分析和预警，规范电力信息报告和发布制度。依托国家电力规划中心等中介机构，加快监测体系建设，为政府决策提供信息支持。建立健全电力行业信用支撑体系，实行黑名单制度。

（七）健全产业政策

研究制订覆盖规划建设、投资运营、信贷金融、装备制造的电力全产业链预警机制。研究燃煤与光热、生物质耦合，风光抽水蓄能耦合等可再生能源利用方式补助方法。结合电力体制改革进程，有序放开上网电价和公益性以外的用电价格。在放开上网电价之前，研究完善燃煤、天然气、水力、核电等上网电价机制，增强弹性，更好反映市场供求关系。完善输配电成本监审和核算制度。探索风（光）电专用电力外送通道运营模式。

支持抽水蓄能电站投资主体多元化。建立龙头电站梯级水库补偿机制，促进水电流域梯级电站联合优化运行。完善新能源发电电价补贴机制，探索市场化交易模式，推动技术进步和成本下降。支持煤电机组灵活性改造。鼓励实施电能替代。建立调峰、调频、调压等辅助服务市场，完善电力调峰成本补偿和价格机制。建立可再生能源全额保障性收购的电力运行监测评估制度。研究促进可再生能源就近消纳和储能发展的价格政策。

采取多种方式，继续安排资金支持城镇配电网、农村电网建设改造和电动汽车充电设施建设。鼓励社会资本参与跨省区输电工程、配电网工程、分布式电源并网工程、储能装置和电动汽车充电基础设施投资和建设。鼓励电力企业参与碳排放权交易。完善电力行业落后产能退出政策。

搭建电力产业新业态融资平台。鼓励风险投资、产业基金以多种形式参与电力产业创新。积极引导社会资本投资。鼓励通过发行专项债券、股权交易、众筹、PPP 等方式，加快示范项目建设。加强电力市场化改革领域人才培养。

## 国家发展改革委关于加强流域水电管理有关问题的通知

国家发展改革委于 2016 年 2 月 5 日以发改能源〔2016〕280 号文下发关于加强流域水电管理有关问题的通知。全文如下。

随着我国大型水电基地建设不断推进，主要河流梯级开发格局已初步形成，但流域水电运行监测和管理薄弱的问题日益显现，流域开发的全过程管理机制尚不完善、流域开发利益协调机制不够健全、流域开发影响综合监测体系尚未建立，影响了流域水电管理和综合效益的发挥。为适应生态文明建设的新要求，促进水电协调、绿色、共享发展，必须加强和创新流域水电管理，探索流域水电综合管理新机制，强化流域水电开发运行协调，建立全流域全过程综合监测体系，促进流域水电持续健康发展。现就有关问题通知如下：

### 一、加强流域水电全过程管理，推进水电可持续发展

（一）严格河流开发规划管理。河流水电规划是

水电开发建设运行的重要依据，必须严格遵循有关法律法规及行业管理要求，不断加强和完善河流水电规划工作。水电规划要坚持统筹兼顾和科学合理的原则，注重生态环境保护的前提下，把水电开发与流域水资源综合利用和库区经济社会发展有机结合，实现流域水能资源的合理开发、高效利用和可持续发展。各级投资、能源主管部门须严格按照河流开发规划开展项目审核审批。没有水电规划的河流不得开展流域水电建设工作。对部分规划编制时间较早、开发规划不适应现阶段要求的河流河段，要按照现行法律法规、产业政策、技术标准和协调发展的要求，适时组织规划修编工作。

（二）加强水电建设过程管理。根据我国水电建设新形势和新要求，工程设计阶段，应统筹考虑工程开发任务、建设条件、移民安置和环境保护等要求，协调上下游、左右岸、不同区域移民安置、环境保护和工程安全标准，提出科学合理的工程建设方案和移民安置规划；工程建设阶段，按照工程建设时序和建设方案，有序开展工程建设工作，高度重视工程建设质量，认真做好移民安置工作；工程运行阶段，认真执行流域运行管理要求，不断优化运行方案，完善工程运行和应急管理，充分发挥流域梯级的经济效益和社会效益。

（三）建立事中事后监管体系。建立健全流域水电管理制度，定期开展检查和评估工作。对于规划项目，重点对流域水电开发方案、开发时序、经济社会效益和环境影响等进行跟踪评价；对于建设项目，重点对工程施工、工程安全、移民安置、环境保护、社会发展等措施的落实进行监督管理。根据不同流域的特点和上下游梯级的关系，创新管理机制和体制，运用流域综合监测数据，提高管理的科学性和有效性。

## 二、建立流域水电协调机制，统筹解决流域性问题

（一）完善流域水电开发协调机制。探索建立政府引导、各利益相关方共同参与的协调机制，统筹解决流域水电建设和运行过程中涉及的综合利用、环境保护、移民安置和库区经济发展等问题。发电企业和流域公司应加强对已建工程的管理和可持续利用，适应社会发展、环境保护新要求新常态，强化社会责任和环境保护意识，开展各利益相关方合作参与管理的试点研究，逐步建立水电开发多方参与、利益共享、责任共担的流域水电开发管理模式，兼顾工程经济效益与社会效益之间的关系。

（二）健全流域梯级联合调度机制。发电企业和流域公司应逐步完善梯级联合调度机制，强化流域综合监测，总结流域水情、泥沙、环境变化和水能资源利用状况，加强流域环境管理和梯级联合调度。高度重视水电站在改善能源结构、促进节能减排等方面的突出作用，发挥龙头水电站对下游电站的调蓄作用，研究流域梯级整体利益最大化调度原则和方案，逐步建立合作共赢的流域调度运行及效益补偿机制，充分发挥梯级水电站集群综合效益。结合流域电价机制改革，逐步推动建立流域统一电价模式和运营管理机制。

## 三、建立流域综合监测体系，提升流域水电管理能力

（一）加强流域水电综合监测管理。为适应流域统筹管理的需要，发挥水电工程综合效益，促进流域经济、社会、环境协调发展，应加强流域综合监测，以系统、科学的数据为支撑，不断提升管理能力。依托有关单位组建流域综合监测和环境保护中心，建立流域综合监测信息管理平台。流域综合监测和环境保护中心负责信息平台日常运行和维护工作，组织开展各流域综合监测规划和实施工作，完善统一的监测标准，统筹监测站网布局，承担流域综合监测业务统筹和技术指导工作。

（二）建立完善流域水电综合监测体系。各发电企业和流域公司应建立适应流域开发和运行管理需要的综合监测系统，实时采集流域水电建设和运行关键数据，长期、有效跟踪监测流域梯级水电站水能资源利用、工程安全、环境影响、灾害风险、移民安置和库区经济社会发展等状况。及时将数据报送流域综合监测中心和环境保护中心，按照有关要求做好信息安全工作。

## 四、构建数据共享平台，提供权威信息服务

（一）切实落实流域监测保护任务。流域综合监测和环境保护中心要加强有关组织机构和能力建设工作，完善工作制度和程序，逐步建立流域综合监测分中心。掌握流域环境和社会动态变化状况，提出优化环境保护、移民安置等各项措施，协调上下游、左右岸、干支流运用，推动综合运行调度，提高流域梯级综合效益。

（二）构建流域水电信息共享平台。依托中心数据库系统，构建流域水电开发信息共享平台，实现流域信息互联互通、资源共享，提高信息资源的利用效率。定期向行业管理部门、相关企业提供流域梯级建设及运行管理情况分析报告，对重大异常情况报告相关主管部门，及时、准确、全面地向社会发布有关信息。

# 国家发展改革委关于做好2016年电力运行调节工作的通知

国家发展改革委于2016年2月26日以发改运行〔2016〕413号文下发关于做好2016年电力运行调节工作的通知，全文如下。

2016年是实施“十三五”规划的开局之年，是全面落实电力体制改革的关键一年。各地经济运行主管部门、电力企业要认真贯彻落实十八届五中全会、中央经济工作会议精神和全国发展改革工作会议要求，坚持改革引领、坚持问题导向，进一步做好新形势下电力运行调节工作，力争在推进落实电力体制改革上有新作为。现就有关事项通知如下：

## 一、加强监测分析，准确把握电力供需形势

（一）各地经济运行主管部门要认真做好电力供需形势监测工作。要充分认识经济运行新常态的内涵，准确把握电力需求走势，运用大数据手段提高监测精度，提升监测水平，加强对重点行业、产业集聚地区用电的分析，及时发现苗头性、倾向性、潜在性问题；积极和气象、水利等部门联系，及早把握天气、自然灾害对电力供需的影响；强化对水电来水、火电存煤、天然气供应等情况的监测，加强对风电、光伏发电出力的预测。积极做好月度监测分析和电力电量平衡预测，请各地经济运行主管部门会同有关部门和单位，认真分析2016年发电、用电和送受电情况，做好电力供需平衡预测，填写附表并形成分析报告；请有关电力企业总结2015年建设、生产及运营情况，对2016年电力生产情况进行分析预测，提出应对措施建议，并做出分析预测报告。

（二）行业协会、电力企业应主动配合做好电力供需形势的预测和分析工作。电力行业协会要加强电力供需形势预测和统计分析报告。电网企业要做好月度电力电量平衡预测，及时提出有关建议。发电企业要加强生产运营情况监测分析。

（三）发挥机制平台作用。各有关单位要充分发挥煤电油气运保障工作部际协调机制、电力厂网协调例会机制、电力交易信息披露机制等平台的积极作用，沟通情况、反映问题和研究政策，共同做好电力运行调节工作。

## 二、落实优先发电、优先购电制度

各地经济运行主管部门要结合本地实际，组织落实优先发电制度，商能源建设主管部门优先预留规划内可再生能源的年度发电空间，鼓励可再生能源参与电力市场，合理确定纳入优先发电的机组类型及优先顺序。明确并提高京津冀、长三角、珠三角等区域接受外来电中清洁能源的比例，促进大气污染防治奋斗目标实现。电力企业要加强配合，提高可再生能源发电机组出力预测水平，减缓电力电量平衡压力。

各地经济运行主管部门要会同电力企业，严格落实优先购电制度。通过提高负荷监测分析和控制能力、建立市场化的电力应急响应机制、实施有序用电等方式，优先保障一产、三产中的重要公用事业、公益性服务行业以及居民生活用电；根据本地区用电实际，合理确定优先购电电量规模及优先顺序。统筹考虑优先购电电量与发电量计划的关系，有序放开发用电计划时，保留的计划电量规模应不低于优先购电电量规模。

## 三、坚持市场化方向，积极推进直接交易

各地经济运行主管部门要会同政府有关部门和能源局派出机构，坚持市场化方向，以电力直接交易为抓手，扩大交易规模、规范交易方式，还原电力商品属性，促进经济稳增长。各地直接交易电量占全社会用电量的比例应在2015年基础上进一步提高。参与直接交易的发电机组，可根据对应用户最大负荷利用小时数、本地工业用户平均利用小时数或一定上限等方式折算扣除发电容量；积极探索交易方式，鼓励各地尝试双边协商和集中撮合相结合进行交易，为建立完善电力市场积累经验，并研究建立市场化的电力平衡机制。中发9号文件印发后新核准的煤电机组，电量原则上以市场交易为主。

## 四、制定平衡方案，推进节能低碳电力调度

各地经济运行主管部门要根据本地实际，科学制定电力电量平衡方案。推进节能低碳电力调度，有效减少弃水弃风弃光，助推绿色生产。综合考虑燃料供应、设备健康水平、机组参数、脱硫、脱硝、供暖等因素，推动低污染、高效燃煤发电机组的年利用小时数明显高于高污染、低效燃煤发电机组。鼓励燃煤机组超低排放改造，落实发电量原则上奖励200小时的政策。积极推动替代发电，发电计划确定后，组织发电企业通过自主协商、集中撮合等方式实施替代，促进节能减排。

## 五、积极研究，推动开展试点工作

各地经济运行主管部门要按照《国家发展改革委　国家能源局关于认真做好电力体制改革试点工作

的通知》（发改电〔2015〕800号）要求和省级政府确定的工作分工，抓紧研究电力体制改革试点方案，积极尝试适合本地发展需要的市场模式和实施路径，扎实推进电力体制改革落地实施。

一是认真做好可再生能源就近消纳试点相关工作。有关省份要按照《国家发展改革委办公厅关于开展可再生能源就近消纳试点的通知》（发改办运行〔2015〕2554号）要求和试点方案内容，积极推进试点。其他可再生能源消纳矛盾突出地区，也可参照文件精神研究本地可再生能源就近消纳试点方案。

二是抓紧开展交易机构组建试点工作。充分发挥电网企业、发电企业、售电企业、电力用户、第三方机构等各方面的积极性，抓紧组建市场管理委员会，研究明确交易机构组织形式，拟订组建方案。

六、强化电力需求侧管理

（一）认真组织电网企业实施电力需求侧管理目标责任考核。各地经济运行主管部门要继续做好电网企业考核工作。电网企业要及早制定工作方案，落实有关措施，加强能力建设，组织实施有关项目，确保完成年度电力电量节约指标，具体项目要按照程序开展工作。遇到问题及时和我委沟通。

（二）总结城市综合试点工作。试点城市所在省份经济运行主管部门要认真梳理本地试点工作，总结工作经验，接受正式考核验收。有关电力企业要配合做好试点总结和考核验收工作。

（三）创新机制，推广需求响应。各地经济运行主管部门要会同有关单位，借鉴试点实践和国际经验，继续组织实施需求响应，以更加市场化的方式保障电力供需平衡。要配合有关部门研究完善尖峰电价或季节电价，为实施需求响应建立长效机制奠定基础。研究通过电能替代等方式科学增加用电，促进清洁能源消纳。

（四）加强电力需求侧管理平台建设及应用。各地经济运行主管部门要在前期工作基础上，进一步加大电力需求侧管理平台的投入力度，完善平台功能，挖掘数据潜力，提高监测分析水平，并结合电力体制改革推进。

七、做好行政执法和相关法规修订工作

各地经济运行主管部门要按照职责分工，增强服务意识，做好有关电力行政执法工作；探索行之有效的管理模式，减少外力破坏事故发生；加大对盗窃破坏电力设施、危害电网安全、盗窃电能等违法行为的打击力度。积极推进地方性电力法规体系建设，为电力运行调节工作创造良好的环境；配合我委开展有关法规、规章的修订工作。

附件：（略）

## 国家发展改革委关于调整水电建设管理主要河流划分的通知

国家发展改革委于2016年7月18日以发改能源〔2016〕1346号文下发关于调整水电建设管理主要河流划分的通知，全文如下。

为了贯彻国务院关于深化投资体制改革和行政管理体制改革精神，落实转变职能、简政放权、创新管理要求，进一步完善和改进水电建设管理，经研究，现将调整后的水电建设主要河流划分通知如下：

一、主要河流包括水能资源富集、可开发装机容量超过1000万kW的河流、河段（称为水电基地）和重要跨界河流。

（一）水电基地主要包括以下河流的干流河段（不含跨界河流）。

长江水系：长江干流、金沙江、雅砻江、大渡河、乌江。

黄河水系：黄河干流。

珠江水系：南盘江红水河。

（二）重要跨界河流指重要的跨国界河流和边界河流的干流河段，包括东北地区的额尔古纳河、黑龙江、乌苏里江、鸭绿江、图们江、绥芬河，西南地区的红河、澜沧江、怒江、依洛瓦底江、雅鲁藏布江，以及西北地区的伊犁河、额尔齐斯河和阿克苏河。

二、请各地方政府和有关单位按照《政府核准的投资项目目录（2014年本）》（国发〔2014〕53号）、《河流水电规划报告及规划环境影响报告书审查暂行办法》（发改能源〔2011〕2242号）和《国家发展改革委水电前期工作管理暂行办法（2014年修订）》（发改投资〔2014〕2377号）等要求，认真做好水电建设管理各项工作，加强水电开发生态环境保护工作，统筹各流域干流与支流、主要河流与非主要河流的开发，确保水能资源的合理开发和有效利用，保障水电持续健康有序发展。

三、本文件自印发之日起实施。《国家发展改革委关于水电建设管理主要河流划分有关事项的通知》（发改能源〔2004〕1716号）废止。

## 国家发展改革委关于全面推进输配电价改革试点有关事项的通知

国家发展改革委于2016年9月19日以发改价格〔2016〕2018号文下发关于全面推进输配电价改革试

点有关事项的通知。全文如下。

为贯彻落实《中共中央国务院关于进一步深化电力体制改革的若干意见》（中发〔2015〕9号）和《中共中央国务院关于推进价格机制改革的若干意见》（中发〔2015〕28号），全面推进输配电价改革试点，加快建立独立的输配电价体系，经商国家能源局，现就有关事项通知如下：

一、全面推进输配电价改革试点。在目前已开展18个省级电网输配电价改革试点基础上，进一步提速输配电价改革试点工作，2016年9月在蒙东、辽宁、吉林、黑龙江、上海、江苏、浙江、福建、山东、河南、海南、甘肃、青海、新疆等14个省级电网启动输配电价改革试点。2017年在西藏电网，华东、华中、东北、西北等区域电网开展输配电价改革试点。

二、加强输配电价重大问题研究。结合各地电力体制改革试点进展情况，加快建立独立输配电价体系，重点就电网投资、电量增长与输配电价关系，分电压等级、分用户类别归集核算输配电成本，妥善处理政策性交叉补贴，保障电力普遍服务，建立健全电网企业监管长效机制，建立电网企业投资后评估制度等重大问题开展研究，为建立科学合理的输配电价管理办法，引导电网科学、有序发展打下坚实基础。各省级价格主管部门要根据《国家发展改革委办公厅关于电网企业配合做好输配电价改革工作的通知》（发改办价格〔2015〕1849号）要求，详细整理、认真审核电网企业上报的资料，建立和完善输配电成本、价格数据库，并及时报国家发展改革委（价格司）。

三、有序推进电价市场化改革。结合电力体制改革进程特别是电力交易市场建设、有序放开发用电计划的进程，逐步扩大市场形成上网电价、销售电价的范围，研究建立电力市场价格行为规则和监管办法，探索建立市场电价监测预警办法，促进电力行业健康发展。

四、电网公司做好配合工作。国家电网公司和南方电网公司要指导各区域、省级电网配合做好输配电价改革试点相关工作，客观、真实提供电网成本、投资、电量等信息及证明材料。已经开展输配电价改革试点地区的省级电网企业，要以2015年实际经营情况为基础，2016年10月底前，向当地省级价格主管部门申报各类用户间电价交叉补贴的数额，省级价格主管部门初步审核后，2016年11月底前报国家发展改革委（价格司）。

五、确保工作进度。各省（区、市）价格主管部门要高度重视、周密部署，确保按期保证质量完成工作。2016年4月进行试点的12个省级电网，相关省级价格主管部门在成本监审工作结束后，认真测算当地电网输配电价总水平和分电压等级输配电价标准，2016年10月底前报国家发展改革委（价格司）。华北电网输配电价测算工作由国家发展改革委会同国家能源局直接组织实施，国家能源局华北监管局和相关省级价格、能源主管部门做好配合工作。本次开展输配电价改革试点的14个省级价格主管部门要参照已开展输配电价改革试点省份的经验，结合当地实际，积极探索，勇于创新，拟订适合当地电网特点的输配电价改革试点方案，2016年11月底前报送国家发展改革委（价格司）。同时，根据成本监审结果，科学、合理测定当地省级电网输配电价总水平和分电压等级输配电价标准，原则上2017年3月底前报国家发展改革委（价格司）。

## 国家发展改革委印发《可再生能源发展“十三五”规划》

国家发展改革委于2016年12月10日以发改能源〔2016〕2619号文印发《可再生能源发展“十三五”规划》。该规划全文如下。

### 可再生能源发展“十三五”规划

前言

可再生能源是能源供应体系的重要组成部分。目前，全球可再生能源开发利用规模不断扩大，应用成本快速下降，发展可再生能源已成为许多国家推进能源转型的核心内容和应对气候变化的重要途径，也是我国推进能源生产和消费革命、推动能源转型的重要措施。

“十二五”期间，我国可再生能源发展迅速，为我国能源结构调整做出了重要贡献。“十三五”时期是我国全面建成小康社会的决胜阶段，也是全面深化改革的攻坚期，更是落实习近平总书记提出的“四个革命、一个合作”能源发展战略的关键时期。为实现2020年和2030年非化石能源分别占一次能源消费比重15%和20%的目标，加快建立清洁低碳的现代能源体系，促进可再生能源产业持续健康发展，按照《可再生能源法》要求，根据《中华人民共和国国民经济和社会发展第十三个五年规划纲要》和《能源发展“十三五”规划》，制定《可再生能源发展“十三五”规划》（以下简称《规划》）。

《规划》包括了水能、风能、太阳能、生物质能、地热能和海洋能，明确了2016年至2020年我国可再生能源发展的指导思想、基本原则、发展目标、主要任务、优化资源配置、创新发展方式、完善产业体系及保障措施，是“十三五”时期我国可再生能源发展的重要指南。

## 一、发展基础和形势

### （一）国际形势

随着国际社会对保障能源安全、保护生态环境、应对气候变化等问题日益重视，加快开发利用可再生能源已成为世界各国的普遍共识和一致行动，国际可再生能源发展呈现出以下几个趋势：

一是可再生能源已成为全球能源转型及实现应对气候变化目标的重大战略举措。全球能源转型的基本趋势是实现化石能源体系向低碳能源体系的转变，最终进入以可再生能源为主的可持续能源时代。为此，许多国家提出了以发展可再生能源为核心内容的能源转型战略，联合国政府间气候变化专家委员会（IPCC）、国际能源署（IEA）和国际可再生能源署（IRENA）等机构的报告均指出，可再生能源是实现应对气候变化目标的重要措施。90%以上的联合国气候变化《巴黎协定》签约国都设定了可再生能源发展目标。欧盟以及美国、日本、英国等发达国家都把发展可再生能源作为温室气体减排的重要措施。

二是可再生能源已在一些国家发挥重要替代作用。近年来，欧美等国每年60%以上的新增发电装机来自可再生能源。2015年，全球可再生能源发电新增装机容量首次超过常规能源发电装机容量，表明全球电力系统建设正在发生结构性转变。特别是德国等国家可再生能源已逐步成为主流能源，并成为这些国家能源转型、低碳发展的重要组成部分。美国可再生能源占全部发电量的比重也逐年提高，印度、巴西、南非以及沙特等国家也都在大力建设可再生能源发电项目。

三是可再生能源的经济性已得到显著提升。随着可再生能源技术的进步及应用规模的扩大，可再生能源发电的成本显著降低。风电设备和光伏组件价格近五年分别下降了约20%和60%。南美、非洲和中东一些国家的风电、光伏项目招标电价与传统化石能源发电相比已具备竞争力，美国风电长期购电协议价格已与化石能源发电达到同等水平，德国新增的新能源电力已经基本实现与传统能源平价，可再生能源发电的补贴强度持续下降，经济竞争能力明显增强。

四是可再生能源已成为全球具有战略性的新兴产业。许多国家都将可再生能源作为新一代能源技术的战略制高点和经济发展的重要新领域，投入大量资金支持可再生能源技术研发和产业发展。可再生能源产业的国际竞争加剧，围绕相关技术和产品的国际贸易摩擦不断增多。可再生能源已成为国际竞争的重要新领域，是许多国家新一代制造技术的代表性产业。

### （二）国内形势

#### 1. 发展基础

“十二五”期间，我国可再生能源产业开始全面规模化发展，进入了大范围增量替代和区域性存量替代的发展阶段。

一是可再生能源在推动能源结构调整方面的作用不断增强。2015年，我国商品化可再生能源利用量为4.36亿t标准煤，占一次能源消费总量的10.1%；如将太阳能热利用等非商品化可再生能源考虑在内，全部可再生能源年利用量达到5.0亿t标准煤；计入核电的贡献，全部非化石能源利用量占到一次能源消费总量12%，比2010年提高2.6个百分点。到2015年底，全国水电装机为3.2亿kW，风电、光伏并网装机分别为1.29亿kW、4318万kW，太阳能热利用面积超过4.0亿$m^2$，应用规模都位居全球首位。全部可再生能源发电量1.38万亿kW·h，约占全社会用电量的25%，其中非水可再生能源发电量占5%。生物质能继续向多元化发展，各类生物质能年利用量约3500万t标准煤。

二是可再生能源技术装备水平显著提升。随着开发利用规模逐步扩大，我国已逐步从可再生能源利用大国向可再生能源技术产业强国迈进。我国已具备成熟的大型水电设计、施工和管理运行能力，自主制造投运了单机容量80万kW的混流式水轮发电机组，掌握了500m级水头、35万kW级抽水蓄能机组成套设备制造技术。风电制造业集中度显著提高，整机制造企业由“十二五”初期的80多家逐步减少至20多家。风电技术水平明显提升，关键零部件基本国产化，5～6MW大型风电设备已经试运行，特别是低风速风电技术取得突破性进展，并广泛应用于中东部和南方地区。光伏电池技术创新能力大幅提升，创造了晶硅等新型电池技术转换效率的世界纪录。建立了具有国际竞争力的光伏发电全产业链，突破了多晶硅生产技术封锁，多晶硅产量已占全球总产量的40%左右，光伏组件产量达到全球总产量的70%左右。技术进步及生产规模扩大使“十二五”时期光伏组件价格下降了60%以上，显著提高了光伏发电的经济性。各类生物质能、地热能、海洋能和可再生能源配套储能技术也有了长足进步。

三是可再生能源发展支持政策体系逐步完善。“十二五”期间，我国陆续出台了光伏发电、垃圾焚烧发电、海上风电电价政策，并根据技术进步和成本下降情况适时调整了陆上风电和光伏发电上网电价，明确了分布式光伏发电补贴政策，公布了太阳能热发电示范电站电价，完善了可再生能源发电并网管理体系。根据《可再生能源法》要求，结合行业发展需要三次调整了可再生能源电价附加征收标准，扩大了支持可再生能源发展的资金规模，完善了资金征收和发放管理流程。建立完善了可再生能源标准体系，产品检测和认证能力不断增强，可再生能源设备质量稳步提高，有效促进了各类可再生能源发展。

专栏1 “十二五”期末可再生能源主要发展指标

| 内 容 | 2010年 | “十二五”预期目标 | 2015年 | 年均增长（%） |
|---|---|---|---|---|
| 一、发电 | | | | |
| 1. 水电（万 kW） | 21606 | 29000 | 31954 | 8.1 |
| 2. 并网风电（万 kW） | 3100 | 10000 | 12900 | 33.0 |
| 3. 光伏发电（万 kW） | 80 | 2100 | 4318 | 122.0 |
| 4. 各类生物质发电（万 kW） | 550 | 1300 | 1030 | 13.4 |
| 二、供气 | | | | |
| 沼气（亿 $m^3$） | 140 | 220 | 190 | 6.3 |
| 三、供热 | | | | |
| 1. 太阳能热水器（万 $m^2$） | 16800 | 40000 | 44000 | 21.2 |
| 2. 地热等（万 t 标准煤/年） | 460 | 1500 | 460 | 0.0 |
| 四、燃料 | | | | |
| 1. 生物成型燃料（万 t） | 0 | 1000 | 800 | |
| 2. 燃料乙醇（万 t） | 180 | 400 | 210 | 3.1 |
| 3. 生物柴油（万 t） | 50 | 100 | 80 | 9.9 |
| 总利用量（万 t 标准煤/年） | 28600 | 47800 | 51248 | 12.4 |

2. 面临的形势与挑战

随着可再生能源技术进步和产业化步伐的加快，我国可再生能源已具备规模化开发应用的产业基础，展现出良好的发展前景，但也面临着体制机制方面的明显制约，主要表现在：

一是现有的电力运行机制不适应可再生能源规模化发展需要。以传统能源为主的电力系统尚不能完全满足风电、光伏发电等波动性可再生能源的并网运行要求。电力市场机制与价格机制不够完善，电力系统的灵活性未能充分发挥，可再生能源与其他电源协调发展的技术管理体系尚未建立，可再生能源发电大规模并网仍存在技术障碍，可再生能源电力的全额保障性收购政策难以有效落实，弃水、弃风、弃光现象严重。

二是可再生能源对政策的依赖度较高。目前，风电、太阳能发电、生物质能发电等的发电成本相对于传统化石能源仍偏高，度电补贴强度较高，补贴资金缺口较大，仍需要通过促进技术进步和建立良好的市场竞争机制进一步降低发电成本。可再生能源整体对政策扶持的依赖度较高，受政策调整的影响较大，可再生能源产业的可持续发展受到限制。此外，全国碳排放市场尚未建立，目前的能源价格和税收制度尚不能反映各类能源的生态环境成本，没有为可再生能源发展建立公平的市场竞争环境。

三是可再生能源未能得到有效利用。虽然可再生能源装机特别是新能源发电装机逐年快速增长，但是各市场主体在可再生能源利用方面的责任和义务不明确，利用效率不高，“重建设、轻利用”的情况较为突出，供给与需求不平衡、不协调，致使可再生能源可持续发展的潜力未能充分挖掘，可再生能源占一次能源消费的比重与先进国家相比仍较低。

## 二、指导思想和基本原则

### （一）指导思想

全面贯彻党的十八大和十八届三中、四中、五中、六中全会精神，坚持创新、协调、绿色、开放、共享的发展理念，遵循能源发展“四个革命、一个合作”的战略方向，坚持清洁低碳、安全高效的发展方针，顺应全球能源转型大趋势，完善促进可再生能源产业发展的政策体系，统筹各类可再生能源协调发展，切实缓解弃水弃风弃光问题，加快推动可再生能源分布式应用，大幅增加可再生能源在能源生产和消费中的比重，加速对化石能源的替代，在规模化发展中加速技术进步和产业升级，促进可再生能源布局优化和提质增效，加快推动我国能源体系向清洁低碳模式转变。

### （二）基本原则

（1）坚持目标管控，促进结构优化。把扩大可再生能源的利用规模、提高可再生能源在能源消费中的比重作为各地区能源发展的重要约束性指标，形成优先开发利用可再生能源的能源发展共识，积极推动各类可再生能源多元发展。

（2）坚持市场主导，完善政策机制。充分发挥市场配置资源的决定性作用，鼓励以竞争性方式配置资源，加快成本降低，实施强制性的市场份额及可再生能源电力绿色证书制度，逐步减少新能源发电的补贴强度，落实可再生能源发电全额保障性收购制度，提升可再生能源电力消纳水平。

（3）坚持创新引领，推动转型升级。把加快技术进步和提高产业创新能力作为引导可再生能源发展的主要方向，通过严格可再生能源产品市场准入标准，促进先进技术进入市场，完善和升级产业链，逐步建立良性竞争市场，淘汰落后产能，不断提高可再生能源的经济性和市场竞争力。

（4）坚持扩大交流，促进国际合作。积极参与国际政策对话和技术交流，充分利用国际、国内市场和资源，吸引全球技术、资金、开发经验等优势资源，鼓励企业由单纯设备出口或投资项目转向国际化综合服务，积极参与全球能源治理和产业资源整合。

## 三、发展目标

为实现2020、2030年非化石能源占一次能源消费比重分别达到15%、20%的能源发展战略目标，进一步促进可再生能源开发利用，加快对化石能源的替代进程，改善可再生能源经济性，提出主要指标如下：

（1）可再生能源总量指标。到2020年，全部可再生能源年利用量7.3亿t标准煤。其中，商品化可再生能源利用量5.8亿t标准煤。

（2）可再生能源发电指标。到2020年，全部可再生能源发电装机6.8亿kW，发电量1.9万亿kW·h，占全部发电量的27%。

（3）可再生能源供热和燃料利用指标。到2020年，各类可再生能源供热和民用燃料总计约替代化石能源1.5亿t标准煤。

（4）可再生能源经济性指标。到2020年，风电项目电价可与当地燃煤发电同平台竞争，光伏项目电价可与电网销售电价相当。

（5）可再生能源并网运行和消纳指标。结合电力市场化改革，到2020年，基本解决水电弃水问题，限电地区的风电、太阳能发电年度利用小时数全面达到全额保障性收购的要求。

（6）可再生能源指标考核约束机制指标。建立各省（自治区、直辖市）一次能源消费总量中可再生能源比重及全社会用电量中消纳可再生能源电力比重的指标管理体系。到2020年，各发电企业的非水电可再生能源发电量与燃煤发电量的比重应显著提高。

专栏2 2020年可再生能源开发利用主要指标

| 内容 | 利用规模 | | 年产能量 | | 折标准煤 |
|---|---|---|---|---|---|
| | 数量 | 单位 | 数量 | 单位 | 万t/年 |
| 一、发电 | 67500 | 万kW | 19045 | 亿kW·h | 56188 |
| 1. 水电（不含抽水蓄能） | 34000 | 万kW | 12500 | 亿kW·h | 36875 |
| 2. 并网风电 | 21000 | 万kW | 4200 | 亿kW·h | 12390 |
| 3. 光伏发电 | 10500 | 万kW | 1245 | 亿kW·h | 3673 |
| 4. 太阳能热发电 | 500 | 万kW | 200 | 亿kW·h | 590 |
| 5. 生物质发电 | 1500 | 万kW | 900 | 亿kW·h | 2660 |
| 二、生物天然气 | | | 80 | 亿$m^3$ | 960 |
| 三、供热 | | | | | 15100 |
| 1. 太阳能热水器 | 80000 | 万$m^2$ | | | 9600 |
| 2. 地热能热利用 | 160000 | 万$m^2$ | | | 4000 |
| 3. 生物质能供热（万t） | | | | | 1500 |
| 四、生物液体燃料 | | | | | 680 |
| 1. 生物燃料乙醇 | 400 | 万t | | | 380 |
| 2. 生物柴油 | 200 | 万t | | | 300 |
| 可再生能源合计 | | | | | 72928 |
| 商品化可再生能源合计 | | | | | 57828 |

**注** 商品化可再生能源包含发电、生物天然气和燃料三类。

## 四、主要任务

“十三五”时期，要通过不断完善可再生能源扶持政策，创新可再生能源发展方式和优化发展布局，加快促进可再生能源技术进步和成本降低，进一步扩大可再生能源应用规模，提高可再生能源在能源消费中的比重，推动我国能源结构优化升级。

### （一）积极稳妥发展水电

积极推进水电发展理念创新，坚持开发与保护、建设与管理并重，不断完善水能资源评价，加快推进水电规划研究论证，统筹水电开发进度与电力市场发展，以西南地区主要河流为重点，积极有序推进大型水电基地建设，合理优化控制中小流域开发，确保水电有序建设、有效消纳。统筹规划，合理布局，加快抽水蓄能电站建设。

（1）积极推进大型水电基地建设。在做好环境保护、移民安置工作和统筹电力市场的基础上，继续做好金沙江中下游、雅砻江、大渡河等水电基地建设工作；适应能源转型发展需要，优化开发黄河上游水电基地。到 2020 年，基本建成长江上游、黄河上游、乌江、南盘江红水河、雅砻江、大渡河六大水电基地，总规模超过 1 亿 kW。积极推进金沙江上游等水电基地开发，着力打造藏东南“西电东送”接续基地。“十三五”期间，新增投产常规水电 4000 万 kW，新开工常规水电 6000 万 kW。

加快推进雅砻江两河口、大渡河双江口等调节性能好的控制性水库建设，加快金沙江中游龙头水库研究论证，积极推进龙盘水电站建设，提高流域水电质量和开发效益。统筹协调水电开发和电网建设，加快推动配套送出工程建设，完善水电市场消纳协调机制，促进水能资源跨区优化配置，着力解决水电弃水问题。

专栏 3 “十三五”常规水电重点项目

| 序号 | 河流 | 重点开工项目 | 加快推进项目 |
| --- | --- | --- | --- |
| 1 | 金沙江 | 白鹤滩、叶巴滩、拉哇、巴塘、金沙 | 昌波、波罗、岗托、旭龙、奔子栏、龙盘、银江等 |
| 2 | 雅砻江 | 牙根一级、孟底沟、卡拉 | 牙根二级、楞古等 |
| 3 | 大渡河 | 金川、巴底、硬梁包、枕头坝二级、沙坪一级 | 安宁、丹巴等 |
| 4 | 黄河 | 玛尔挡、羊曲 | 茨哈峡、宁木特等 |
| 5 | 其他 | 林芝、白马 | 阿青、忠玉、康工、扎拉等 |

（2）转变观念优化控制中小流域开发。落实生态文明建设要求，统筹全流域、干支流开发与保护工作，按照流域内干流开发优先、支流保护优先的原则，严格控制中小流域、中小水电开发，保留流域必要生境，维护流域生态健康。水能资源丰富、开发潜力大的西部地区重点开发资源集中、环境影响较小的大型河流、重点河段和重大水电基地，严格控制中小水电开发；开发程度较高的东、中部地区原则上不再开发中小水电。弃水严重的四川、云南两省，除水电扶贫工程外，“十三五”暂停小水电和无调节性能的中型水电开发。加强总结中小流域梯级水电站建设管理经验，开展水电开发后评价工作，推行中小流域生态修复。

支持边远缺电离网地区因地制宜、合理适度开发小水电，重点扶持西藏自治区，四川、云南、青海、甘肃四省藏区和少数民族贫困地区小水电扶贫开发工作。“十三五”期间，全国规划新开工小水电 500 万 kW 左右。

（3）加快抽水蓄能发展。坚持“统筹规划、合理布局”的原则，根据各地区核电和新能源开发、区域间电力输送情况及电网安全稳定运行要求，加快抽水蓄能电站建设。抓紧落实规划站点建设条件，加快开工建设一批距离负荷中心近、促进新能源消纳、受端电源支撑的抽水蓄能电站。“十三五”期间新开工抽水蓄能电站约 6000 万 kW，抽水蓄能电站装机容量达到 4000 万 kW。做好抽水蓄能规划滚动调整工作，统筹考虑区域电力系统调峰填谷需要、安全稳定运行要求和站址建设条件，开展部分地区抽水蓄能选点规划启动、调整工作，充分论证系统需求，优选确定规划站点。根据发展需要，适时启动新一轮的全国抽水蓄能规划工作。加强关键技术研究，推动建设海水抽水蓄能电站示范项目。积极推进抽水蓄能电站建设主体多元化，鼓励社会资本投资，加快建立以招标方式确定业主的市场机制。进一步完善抽水蓄能电站运营管理体制和电价形成机制，加快建立抽水蓄能电站辅助服务市场。研究探索抽水蓄能与核能、风能、太阳能等新能源一体化建设运营管理的新模式、新机制。

专栏 4 “十三五”抽水蓄能电站重点开工项目

| 所在区域 | 省份 | 项目名称 | 总装机容量（万 kW） |
| --- | --- | --- | --- |
| 东北电网 | 辽宁 | 清原、庄河、兴城 | 380 |
|  | 黑龙江 | 尚志、五常 | 220 |
|  | 吉林 | 蛟河、桦甸 | 240 |
|  | 内蒙古（东部） | 芝瑞 | 120 |

续表

| 所在区域 | 省份 | 项目名称 | 总装机容量（万 kW） |
|---|---|---|---|
| 华东电网 | 江苏 | 句容、连云港 | 255 |
| | 浙江 | 宁海、缙云、磐安、衢江 | 540 |
| | 福建 | 厦门、周宁、永泰、云霄 | 560 |
| | 安徽 | 桐城、宁国 | 240 |
| 华北电网 | 河北 | 抚宁、易县、尚义 | 360 |
| | 山东 | 莱芜、潍坊、泰安二期 | 380 |
| | 山西 | 垣曲、浑源 | 240 |
| | 内蒙古（西部） | 美岱、乌海 | 240 |
| 华中电网 | 河南 | 大鱼沟、花园沟、宝泉二期、五岳 | 480 |
| | 江西 | 洪屏二期、奉新 | 240 |
| | 湖北 | 大幕山、上进山 | 240 |
| | 湖南 | 安化、平江 | 260 |
| | 重庆 | 栗子湾 | 120 |
| 西北电网 | 新疆 | 阜康、哈密天山 | 240 |
| | 陕西 | 镇安 | 140 |
| | 宁夏 | 牛首山 | 80 |
| | 甘肃 | 昌马 | 120 |
| 南方电网 | 广东 | 新会 | 120 |
| | 海南 | 三亚 | 60 |
| 总计 | | | 5875 |

（4）积极完善水电运行管理机制。研究流域梯级电站水库综合管理体制，建立电站运行协调机制。开展流域综合监测工作，建立流域综合监测平台，构建全流域全过程的实时监测、巡视检查、信息共享、监督管理体系。研究流域梯级联合调度体制机制，统筹考虑综合利用需求，优化水电站运行调度。制定梯级水电站联合优化调度运行规程和技术标准，推动主要流域全面实现梯级联合调度。探索各大流域按照现代企业制度组建统一规范的流域公司，逐步推动建立流域统一电价模式和运营管理机制，充分发挥流域梯级水电开发的整体效益。深化抽水蓄能电站作用、效益形成机制及与新能源电站联合优化运行方案和补偿机制研究，实行区域电网内统一优化调度，建立运行考核机制，确保抽水蓄能电站充分发挥功能效用。

（5）推动水电开发扶贫工作。贯彻落实中央关于发展生产脱贫一批的精神，积极发挥当地资源优势，充分尊重地方和移民意愿，科学谋划，加快推进贫困地区水电重大项目建设，更好地将资源优势转变为经济优势和扶贫优势。进一步完善水电开发移民政策，理顺移民工作体制机制，加强移民社会管理，提升移民安置质量。探索贫困地区水电开发资产收益扶贫制度，建立完善水电开发群众共享利益机制和资源开发收益分配政策，将从发电中提取的资金优先用于本水库移民和库区后续发展，增加贫困地区年度发电指标，提高贫困地区水电工程留成电量比例。研究完善水电开发财政税收政策，探索资产收益扶贫，让当地和群众从能源资源开发中更多地受益。

（二）全面协调推进风电开发

按照“统筹规划、集散并举、陆海齐进、有效利用”的原则，严格开发建设与市场消纳相统筹，着力推进风电的就地开发和高效利用，积极支持中东部分散风能资源的开发，在消纳市场、送出条件有保障的前提下，有序推进大型风电基地建设，积极稳妥开展海上风电开发建设，完善产业服务体系。到 2020 年底，全国风电并网装机确保达到 2.1 亿 kW 以上。

（1）加快开发中东部和南方地区风电。加强中东部和南方地区风能资源勘查，提高低风速风电机组技术和微观选址水平，做好环境保护、水土保持和植被恢复等工作，全面推进中东部和南方地区风能资源的开发利用。结合电网布局和农村电网改造升级，完善分散式风电的技术标准和并网服务体系，考虑资源、土地、交通运输以及施工安装等建设条件，按照“因地制宜、就近接入”的原则，推动分散式风电建设。到 2020 年，中东部和南方地区陆上风电装机规模达到 7000 万 kW，江苏省、河南省、湖北省、湖南省、四川省、贵州省等地区风电装机规模均达到 500 万 kW 以上。

（2）有序建设“三北”大型风电基地。在充分挖掘本地风电消纳能力的基础上，借助“三北”地区已开工建设和明确规划的特高压跨省区输电通道，按照“多能互补、协调运行”的原则，统筹风、光、水、火等各类电源，在落实消纳市场的前提下，最大限度地输送可再生能源，扩大风能资源的配置范围，促进风电消纳。在解决现有弃风问题的基础上，结合电力供需变化趋势，逐步扩大“三北”地区风电开发规模，推动“三北”地区风电规模化开发和高效利用。到 2020 年，“三北”地区风电装机规模确保 1.35 亿 kW 以上，其中本地消纳新增规模约 3500 万 kW。另外，利用跨省跨区通道消纳风电容量 4000 万 kW（含存量项目）。

（3）积极稳妥推进海上风电开发。开展海上风能资源勘测和评价，完善沿海各省（区、市）海上风电发展规划。加快推进已开工海上风电项目建设进度，积极推动后续海上风电项目开工建设，鼓励沿海各省（区、市）和主要开发企业建设海上风电示范项目，带动海上风电产业化进程。完善海上风电开发建设管理政策，加强部门间的协调，规范和精简项目核准手续，完善海上风电价格政策。健全海上风电配套产业服务体系，加强海上风电技术标准、规程规范、设备检测认证、信息监测工作，形成覆盖全产业链的设备制造和开发建设能力。到 2020 年，海上风电开工建设 1000 万 kW，确保建成 500 万 kW。

（4）切实提高风电消纳能力。加强电网规划和建设，有针对性地对重要送出断面、风电汇集站、枢纽变电站进行补强和增容扩建，完善主网架结构，减少因局部电网送出能力或变电容量不足导致的弃风限电问题。充分挖掘电力系统调峰潜力，提升常规煤电机组和供热机组运行灵活性，鼓励通过技术改造提升煤电机组调峰能力，化解冬季供暖期风电与热电的运行矛盾。结合电力体制改革，取消或缩减煤电发电计划，推进燃气机组、燃煤自备电厂参与调峰。优化风电调度运行管理，建立辅助服务市场，加强需求侧管理和用户响应体系建设，提高风电功率预测精度并加大考核力度，在发电计划中留足风电电量空间，合理安排常规电源开机规模和发电计划，将风电纳入电力平衡和开机组合，鼓励风电等可再生能源机组通过参与市场辅助服务和实时电价竞争等方式，逐步提高系统消纳风电的能力。

（三）推动太阳能多元化利用

按照“技术进步、成本降低、扩大市场、完善体系”的原则，促进光伏发电规模化应用及成本降低，推动太阳能热发电产业化发展，继续推进太阳能热利用在城乡应用。到 2020 年底，全国太阳能发电并网装机确保实现 1.1 亿 kW 以上。

（1）全面推进分布式光伏和“光伏＋”综合利用工程。继续支持在已建成且具备条件的工业园区、经济开发区等用电集中区域规模化推广屋顶光伏发电系统；积极鼓励在电力负荷大、工商业基础好的中东部城市和工业区周边，按照就近利用的原则建设光伏电站项目；结合土地综合利用，依托农业种植、渔业养殖、林业栽培等，因地制宜创新各类“光伏＋”综合利用商业模式，促进光伏与其他产业有机融合；创新光伏的分布利用模式，在中东部等有条件的地区，开展“人人 1kW 光伏”示范工程，建设光伏小镇和光伏新村。

（2）有序推进大型光伏电站建设。在资源条件好、具备接入电网条件、消纳能力强的中西部地区，在有效解决已有弃光问题的前提下，有序推进光伏电站建设。积极支持在中东部地区，结合环境治理和土地再利用要求，实施光伏“领跑者”计划，促进先进光伏技术和产品应用，加快市场优胜劣汰和光伏上网电价快速下降。在水电资源丰富的地区，利用水电调节能力开展水光互补或联合外送示范。

（3）因地制宜推进太阳能热发电示范工程建设。按照总体规划、分步实施的思路，积极推进太阳能热发电产业进程。太阳能热发电先期发展以示范为主，通过首批太阳能热发电示范工程建设，促进技术进步和规模化发展，带动设备国产化，逐步培育形成产业集成能力。按照先示范后推广的发展原则，及时总结示范项目建设经验，扩大热发电项目市场规模，推动西部资源条件好、具备消纳条件、生态条件允许地区的太阳能热发电基地建设，充分发挥太阳能热发电的调峰作用，实现与风电、光伏的互补运行。尝试煤电耦合太阳能热发电示范的运行机制。提高太阳能热发电设备技术水平和系统设计能力，提升系统集成能力和产业配套能力，形成我国自主化的太阳能热发电技术和产业体系。到 2020 年，力争建成太阳能热发电项目 500 万 kW。

（4）大力推广太阳能热利用的多元化发展。持续扩大太阳能热利用在城乡的普及应用，积极推进太阳能供暖、制冷技术发展，实现太阳能热水、采暖、制冷系统的规模化利用，促进太阳能与其他能源的互补应用。继续在城镇民用建筑以及广大农村地区普及太阳能热水系统，到 2020 年，太阳能热水系统累计安装面积达到 4.5 亿 $m^2$。加快太阳能供暖、制冷系统在建筑领域的应用，扩大太阳能热利用技术在工农业生产领域的应用规模。到 2020 年，太阳能热利用集热面积达到 8 亿 $m^2$。

（5）积极推进光伏扶贫工程。充分利用太阳能资源分布广的特点，重点在前期开展试点的、光照条件好的建档立卡贫困村，以资产收益扶贫和整村推进的方式，建设户用光伏发电系统或村级大型光伏电站，保障 280 万建档立卡无劳动能力贫困户（包括残疾人）每年每户增加收入 3000 元以上；其他光照条件好的贫困地区可按照精准扶贫的要求，因地制宜推进光伏扶贫工程。

（四）加快发展生物质能

按照因地制宜、统筹兼顾、综合利用、提高效率的思路，建立健全资源收集、加工转化、就近利用的分布式生产消费体系，加快生物天然气、生物质能供热等非电利用的产业化发展步伐，提高生物质能利用效率和效益。

（1）加快生物天然气示范和产业化发展。选择有机废弃物资源丰富的种植养殖大县，以县为单位建立产业体系，开展生物天然气示范县建设，推进生物天然气技术进步和工程建设现代化。建立原料收集保障和沼液沼渣有机肥利用体系，建立生物天然气输配体系，形成并入常规天然气管网、车辆加气、发电、锅炉燃料等多元化消费模式。到2020年，生物天然气年产量达到80亿$m^3$，建设160个生物天然气示范县。

(2) 积极发展生物质能供热。结合用热需求对已投运生物质纯发电项目进行供热改造，提高生物质能利用效率，积极推进生物质热电联产为县城及工业园区供热，形成20个以上以生物质热电联产为主的县城供热区域。加快发展技术成熟的生物质成型燃料供热，推动20蒸t/h（14MW）以上大型先进低排放生物质成型燃料锅炉供热的应用，污染物排放达到天然气锅炉排放水平，在长三角、珠三角、京津冀鲁等地区工业供热和民用采暖领域推广应用，为工业生产和学校、医院、宾馆、写字楼等公共设施和商业设施提供清洁可再生能源，形成一批生物质清洁供热占优势比重的供热区域。到2020年，生物质成型燃料利用量达到3000万t。

(3) 稳步发展生物质发电。在做好选址和落实环保措施的前提下，结合新型城镇化建设进程，重点在具备资源条件的地级市及部分县城，稳步发展城镇生活垃圾焚烧发电，到2020年，城镇生活垃圾焚烧发电装机达到750万kW。根据生物质资源条件，有序发展农林生物质直燃发电和沼气发电，到2020年，农林生物质直燃发电装机达到700万kW，沼气发电达到50万kW。到2020年，生物质发电总装机达到1500万kW，年发电量超过900亿kW·h。

(4) 推进生物液体燃料产业化发展。稳步扩大燃料乙醇生产和消费。立足国内自有技术力量，积极引进、消化、吸收国外先进经验，大力发展纤维乙醇。结合陈次和重金属污染粮消纳，控制总量发展粮食燃料乙醇。根据资源条件，适度发展木薯、甜高粱等燃料乙醇项目。对生物柴油项目进行升级改造，提升产品质量，满足交通燃料品质需要。加快木质生物质、微藻等非粮原料多联产生物液体燃料技术创新。推进生物质转化合成高品位燃油和生物航空燃料产业化示范应用。到2020年，生物液体燃料年利用量达到600万t以上。

(5) 完善促进生物质能发展的政策体系。加强废弃物综合利用，保护生态环境。制定生物天然气、液体燃料优先利用的政策，建立无歧视无障碍并入管网机制，研究建立强制配额机制。完善支持生物质能发展的价格、财税等优惠政策，研究出台生物天然气产品补贴政策，加快生物天然气产业化发展步伐。

### （五）加快地热能开发利用

坚持"清洁、高效、可持续"的原则，按照"技术先进、环境友好、经济可行"的总体要求，加快地热能开发利用，加强全过程管理，创新开发利用模式，全面促进地热能资源的合理有效利用。

(1) 积极推广地热能热利用。加强地热能开发利用规划与城市总体规划的衔接，将地热供暖纳入城镇基础设施建设，在用地、用电、财税、价格等方面给予地热能开发利用政策扶持。在实施区域集中供暖且地热资源丰富的京津冀鲁豫及毗邻区，在严格控制地下水资源过度开采的前提下，大力推动中深层地热供暖重大项目建设。加大浅层地热能开发利用的推广力度，积极推动技术进步，进一步规范管理，重点在经济发达、夏季制冷需求高的长江经济带地区，特别是苏南地区城市群、重庆、上海、武汉等地区，整体推进浅层地热能重大项目。

(2) 有序推进地热发电。综合考虑地质条件、资源潜力及应用方式，在青藏铁路沿线、西藏、四川西部等高温地热资源分布地区，新建若干万千瓦级高温地热发电项目，对西藏羊八井地热电站进行技术升级改造。在东部沿海及油田等中低温地热资源富集地区，因地制宜发展中小型分布式中低温地热发电项目。支持在青藏高原及邻区、京津唐等东部经济发达地区开展深层高温干热岩发电系统关键技术研究和项目示范。

(3) 加大地热资源潜力勘察和评价。到2020年，基本查清全国地热能资源情况和分布特点，重点在华北地区、长江中下游地区主要城市群及中心城镇开展浅层地热能资源勘探评价，在松辽盆地、河淮盆地、江汉盆地、环鄂尔多斯盆地等未来具有开发前景且勘察程度不高的典型传导型地热区开展中深层地热资源勘察工作，在青藏高原及邻区、东南沿海、河北等典型高温地热系统开展深层地热资源勘察。建立国家地热能资源数据和信息服务体系，完善地热能基础信息数据库，对地热能勘察和开发利用进行系统监测。

### （六）推进海洋能发电技术示范应用

结合我国海洋能资源分布及地方区位优势，妥善协调海岸和海岛资源开发利用方案，因地制宜开展海洋能开发利用，使我国海洋能技术和产业迈向国际领先水平。

完善海洋能开发利用公共支撑服务平台建设，初步建成山东、浙江、广东、海南等四大重点区域的海洋能示范基地。加强海洋能综合利用技术研发，重点支持百千瓦级波浪能、兆瓦级潮流能示范工程建设，开展小型化、模块化海洋能的能源供给系统研发，争取突破高效转换、高效储能、高可靠设计等瓶颈，形成若干个具备推广应用价值的海洋能综合利用装备产品。开展海岛（礁）海洋能独立电力系统示范工程建设；在浙江、福建等地区启动万千瓦级潮汐能电站建设，为规模化开发海洋能资源奠定基础。

（七）推动储能技术示范应用

配合国家能源战略行动计划，推动储能技术在可再生能源领域的示范应用，实现储能产业在市场规模、应用领域和核心技术等方面的突破。

（1）开展可再生能源领域储能示范应用。结合可再生能源发电、分布式能源、新能源微电网等项目开发和建设，开展综合性储能技术应用示范，通过各种类型储能技术与风电、太阳能等间歇性可再生能源的系统集成和互补利用，提高可再生能源系统的稳定性和电网友好性。重点探索适合可再生能源发展的储能技术类型和开发模式，探索开展储能设施建设的管理体制、激励政策和商业模式。

（2）提升可再生能源领域储能技术的技术经济性。通过示范工程建设培育稳定的可再生能源领域储能市场，重点提升储能系统的安全性、稳定性、可靠性和适用性，逐步完善储能技术标准、检测认证和入网规范，通过下游应用带动上游产品技术创新和成本下降，推动实现储能技术在可再生能源领域的商业化应用。

（八）加强可再生能源产业国际合作

结合经济全球化及国际能源转型趋势，充分发挥我国可再生能源产业比较优势，紧密结合“一带一路”倡议，推进可再生能源产业链全面国际化发展，提升我国可再生能源产业国际竞争水平，积极参与并推动全球能源转型。

（1）加强对话，搭建国际合作交流服务平台。继续加强与重要国际组织及国家间的政策对话和技术合作，充分掌握国际可再生能源发展趋势。整合已有的多边和双边合作机制，建立可再生能源产业国际合作服务和能力建设平台，提供政策对接、规划引领、技术交流、融资互动、风险预警、品牌建设、经验分享等全方位信息和对接服务，有效支撑我国可再生能源产业的国际化发展。

（2）合理布局，参与全球可再生能源市场。紧密结合“一带一路”沿线国家发展规划和建设需求，巩固和深耕传统市场，培养和开拓新兴市场，适时启动一批标志性合作项目，带动可再生能源领域的咨询、设计、承包、装备、运营等企业共同走出去，形成我国企业优势互补、协同国际化发展的良好局面。

（3）提升水平，参与国际标准体系建设。支持企业和相关机构积极参与国际标准的制修订工作，在领先领域主导制修订一批国际标准，提升我国可再生能源产业的技术水平。加大与主要可再生能源市场开展技术标准的交流合作与互认力度，积极运用国际多边互认机制，深度参与国际电工委员会可再生能源认证互认体系（IECRE）合格评定标准、规则的制定、实施和评估，提升我国在国际认证、认可、检测等领域的话语权。

（4）发挥优势，推动全球能源转型发展。充分发挥我国各类援外合作机制的支持条件，共享我国在可再生能源应用领域的政策规划和技术开发经验，为参与全球能源转型的国家，特别是经济技术相对落后的发展中国家，提供能力建设、政策规划等帮助和支持。

## 五、优化资源配置

充分利用规划、在建和已建输电通道，在科学论证送端电网调峰能力、受端电网可再生能源消纳能力的基础上，尽量提高输送电量中可再生能源电量比例。结合大气污染防治，促进京津冀周边地区可再生能源协同发展，有序推动可再生能源跨省消纳。发挥水电、光热等可再生能源调节能力，促进水电、风电、光伏、光热等可再生能源多能互补和联合外送。

（一）有序推进大型可再生能源基地建设

借助已建的特高压外送输电通道，加快新疆哈密、宁夏宁东等地区配套的可再生能源项目建设，确保 2020 年前可再生能源项目全部并网发电。结合在建输电通道的建设进度，有序推进甘肃酒泉、内蒙古、山西、新疆准东等可再生能源项目建设，有效扩大消纳范围，最大限度地提高外送可再生能源电量比重。

**专栏 5　利用规划、在建和已建输电通道外送可再生能源**

——已建输电通道：哈密—郑州±800kV 直流、宁夏—山东±660kV 直流、高岭背靠背等。

——规划和在建输电通道：锡盟—山东 1000kV 交流、锡盟—江苏±800kV 直流、蒙西—天津南 1000kV 交流、上海庙—山东±800kV 直流、晋北—江苏±800kV 直流、宁东—浙江±800kV 直流、酒泉—湖南±800kV 直流、扎鲁特—山东±800kV 直流等

（二）加强京津冀及周边地区可再生能源协同发展

贯彻落实《大气污染防治行动计划》有关要求，结合“绿色奥运”“京津冀一体化”发展战略等，积极推进河北张家口、承德等地区可再生能源基地建设，研究论证并适时推动内蒙古乌兰察布、赤峰等地区可再生能源基地规划建设，加强配套输电通道的规划建设，提高京津冀地区电网协同消纳新能源能力，推广普及可再生能源清洁供暖，实现清洁能源电能替代，显著提高可再生能源在京津冀地区能源消费中的比重。

专栏 6 京津冀及周边地区可再生能源协同发展

——张家口可再生能源示范区：深入贯彻“低碳奥运”理念，落实张家口可再生能源示范区规划，推进张家口风电、太阳能、地热能等可再生能源建设和应用，着力推进体制机制创新、商业模式创新、技术创新，构建多元化和智能化的能源系统。

——承德风电基地三期项目：适时推进承德风电基地三期项目建设，在京津冀地区统筹消纳。

——乌兰察布风电基地：根据市场需求规划建设，积极推进华北电网区域内消纳方案论证。

——赤峰风电基地：根据市场需求规划建设，积极推进华北电网区域内消纳方案论证

（三）开展水风光互补基地示范

利用水风光发电出力的互补特性，在不增加弃水的前提下，在西南和西北等水能资源丰富的地区，借助水电站外送通道和灵活调节能力，建设配套的风电和光伏发电项目，协同推进水风光互补示范项目建设。重点推进四川省凉山州风水互补基地、雅砻江水风光互补基地、金沙江水风光互补基地、贵州省乌江和北盘江流域风水联合运行、青海海南州水风光互补基地等可再生能源基地建设。

专栏 7 水风光互补示范基地

——四川省凉山州风电基地：在四川省内消纳利用。

——雅砻江水风光互补基地：通过锦屏—江苏等特高压直流实现水风光联合外送和跨区消纳。

——金沙江水风光互补基地：通过溪洛渡—浙江特高压直流、向家坝—上海特高压直流、溪洛渡—广东直流等实现水风光联合外送和跨区消纳。

——贵州省乌江和北盘江风水互补基地：在贵州省内消纳利用。

——青海海南州水风光互补基地：结合受端电力市场情况，推进水电、风电、光伏、光热联合外送方案论证

（四）论证风光热综合新能源基地规划

在风能、太阳能资源富集地区，统筹考虑送端地区风电、光伏、光热、抽水蓄能等各类资源互补调节能力，研究规划新增外送输电通道，统筹送端资源和受端市场，充分发挥受端调节作用，实现高品质新能源资源在更大范围内的优化配置。研究探索内蒙古阿拉善盟、青海海西州、甘肃金昌武威等地区以可再生能源电量为主的外送方案。

专栏 8 风光热综合新能源基地

——内蒙古阿拉善盟：推进风电、光伏、光热、抽水蓄能联合运行机制、方式等研究，结合受端电力市场情况，适时探索启动联合外送方案论证。

——青海海西州：推进风电、光伏、光热、抽水蓄能联合运行机制、方式等研究，结合受端电力市场情况，适时探索启动联合外送方案论证

## 六、创新发展方式

结合电力市场建设和电力体制改革，选择适宜地区开展各类可再生能源示范，探索可再生能源集成技术应用、规模化发展路径及商业运营模式，为加快推动可再生能源利用、替代化石能源消费打下坚实基础。

（一）可再生能源供热示范工程

按照“优先利用、经济高效、多能互补、综合集成”的原则，开展规模化应用的可再生能源供热示范工程。在城镇规划建设过程中，做好区域能源规划与城市发展规划的衔接，树立优先发展可再生能源的理念，将可再生能源供热作为区域能源规划的重要内容。推进建筑领域、工业领域可再生能源供热，启动生物质替代城镇燃料工程，加快供热领域各类可再生能源对化石能源的替代。统筹规划建设和改造热力供应的基础设施，加强配套电网建设与改造，优化设计供热管网，建立可再生能源与传统能源协同互补、梯级利用的综合热能供应体系。到 2020 年，各类可再生能源供热和民用燃料总计可替代化石能源约 1.5 亿 t 标准煤。

专栏 9 可再生能源供热示范工程

——太阳能供热。在继续推广太阳能建筑一体化基础上，加快各类中高温太阳能热利用技术在工业领域应用，满足热水、取暖、蒸汽、制冷等各种品质用热/用冷需要。在适宜地区推广跨季太阳能蓄热工程供热。

——生物质能供热。因地制宜推进农林废弃物、城市垃圾等生物质能综合开发，鼓励城镇小型燃煤供热锅炉改造为以生物质成型颗粒为燃料，扩大生物质热电联产比重，提高生物质利用效率，替代城镇化石燃料消费。

——地热能供热。鼓励地热能资源丰富地区，建立以地热能为主的供热利用体系，满足各种供热需求。

——清洁电力供热。在风能资源富集、供热需求量大、电力供应相对过剩的北方地区，以替代燃煤小锅炉为目标，推广规模化的清洁电力供热工程，在满足这些地区刚性供热需要的同时，扩大清洁电力就地消纳比重，减少煤炭消费

（二）区域能源转型示范工程

在继续做好绿色能源示范县、新能源示范城市等工作基础上，支持资源条件好、管理有基础、发展潜力大、示范作用显著的地区，以推进新能源应用、显著提高新能源消费比重为目标，以省级、市级、县级或园区级为单位，开展区域能源转型综合应用示范工程建设，促进新能源技术集成、应用方式和体制机制等多层面的创新，探索建立以可再生能源为主的能源技术应用和综合管理新体系。在“三北”地区开展就

近消纳试点，发展与可再生能源配套的高载能工业，探索风电制氢、工业直供电等新型可再生能源开发利用模式。争取到2020年，在一些地区工业、建筑、交通等领域增量或存量的能源消费中，率先实现高比例可再生能源应用。

专栏10　区域能源转型示范工程

——能源转型示范省（区）。支持可再生能源资源富集的西北、西南等省（区），规划能源转型战略目标，探索可再生能源就地消纳与省间互济、风光水电等互补协调运行机制，建设能源转型示范省（区）。到2020年，示范省（区）内可再生能源在能源消费中的占比超过30%。支持中东部可再生能源资源一般或相对贫乏但能源消费集中的省份，充分发挥网际输电能力、区域调峰能力，探索实施需求侧管理等综合优化调度运行模式，增加可再生能源消纳比重，争取在“十三五”期间，通过市场化机制消纳区外可再生能源，示范省可再生能源在能源消费中的比重超过30%，新增可再生能源在全部新增能源消费中的占比超过50%。

——能源转型示范城市。在继续深入开展新能源示范城市创建工作的基础上，引导积极的城市创建能源转型示范城市。示范城市以分布式能源和可再生能源供热为重点领域，完善相关政策措施，建立健全信息统计和监测体系等管理制度，力争城市增量能源消费大部分由新能源提供，加快新能源对存量化石能源消费的替代，提高新能源在城市用能中的消费比重，推动城市能源结构转型。示范城市能源消费中的可再生能源比重占城市用能消费的50%以上。

——农村能源转型示范县（区）。支持在农业及人口大省开展农村能源转型示范县（区）建设。加快城乡电力服务均等化进程，实现稳定可靠的供电服务全覆盖。推进各类生物质集中供气、沼气集中供气、成型燃料供热项目在农村和城镇应用。利用荒山荒坡、农业大棚或设施农业等建设“光伏+”项目，因地制宜推动光伏和风力发电在提水灌溉等农业生产中的应用。支持示范县（区）建设新型农村可再生能源开发利用合作模式，加快实现农村能源清洁化、优质化、产业化、现代化。

——高比例可再生能源应用示范区。在可再生能源资源富集、体制机制创新等先行先试区域，支持因地制宜创建更高可再生能源比例的清洁能源应用示范区，满足用电、供热、制冷、用气等各类用能需要，实现不同新能源技术之间以及新能源与常规能源生产消费体系的融合。示范区可再生能源在能源消费中的占比超过80%

（三）新能源微电网应用示范工程

为探索建立容纳高比例波动性可再生能源电力的发输（配）储用一体化的局域电力系统，探索电力能源服务的新型商业运营模式和新业态，推动更加具有活力的电力市场化创新发展，最终形成较为完善的新能源微电网技术体系和管理体制，按照“因地制宜、多能互补、技术先进、创新机制”的原则，推进以可再生能源为主、分布式电源多元互补的新能源微电网应用示范工程建设。

专栏11　新能源微电网应用示范工程

——联网型微电网。鼓励在需求较大和资源条件好的地区，建设可再生能源为主、天然气等互补的联网型微电网，实现区域内冷热电负荷的动态平衡及与大电网的灵活互动。

——独立型微电网。在偏远、海岛或电网薄弱地区建立风、光、水为主，储能、天然气、柴油备用的独立型微电网

## 七、完善产业体系

逐步完善可再生能源产业体系建设，坚持将科技创新驱动作为促进可再生能源产业持续健康发展的基本动力，不断提高可再生能源利用效率，提升可再生能源使用品质，降低可再生能源项目建设和运行成本，增强可再生能源的技术经济综合竞争力。

### （一）加强可再生能源资源勘查工作

根据能源结构调整需要，对重要地区的可再生能源资源量进行调查评价，适时启动河流水能资源开发后评价工作。全面完成西藏水能资源调查，组织发布四川水力资源复查成果。加大中东部和南方复杂地形区域的低风速风能资源、海域风能资源评价。加大中东部地区分布式光伏、西部和北部地区光热等资源勘查。加强地热能、生物质能、海洋能等新型可再生能源资源勘查工作。及时公布各类可再生能源资源勘查结果，引导和优化项目投资布局。

### （二）加快推动可再生能源技术创新

推动可再生能源产业自主创新能力建设，促进技术进步，提高设备效率、性能与可靠性，提升国际竞争力。建设可再生能源综合技术研发平台，建立先进技术公共研发实验室，推动全产业链的原材料、产品制备技术、生产工艺及生产装备国产化水平提升，加快掌握关键技术的研发和设备制造能力。充分发挥企业的研发创新主体作用，加大资金投入，推动产业技术升级，加快推动风电、太阳能发电等可再生能源发电成本的快速下降。

### （三）建立可再生能源质量监督管理体系

开展可再生能源电站主体工程及相关设备质量综合评价，定期公开可再生能源电站开发建设和运行安全质量情况。加强可再生能源电站运行数据采集和监控，建立透明公开的覆盖设计、生产、运行全过程的质量监督管理和安全故障预警机制。建立可再生能源行业事故通报机制，及时发布重大事故通报和共性事

故的反事故措施。建立政府监管和行业自律相结合的优胜劣汰市场机制，构建公平、公正、开放的招投标市场环境和可再生能源开发建设不良行为负面清单制度。

（四）提高可再生能源运行管理的技术水平

积极推动可再生能源项目的自动化管理水平和技术改造，提高发电能力和对电网的适应性。逐步完善施工、检修、运维等环节的专业化服务，加强后服务市场建设，建立较为完善的产业服务和技术支持体系。大力推动风电、光伏等新能源并网消纳技术研究，重点推动电储能、柔性直流输电等高新技术的示范应用，推动能源结构调整，加强调峰能力建设，挖掘调峰潜力，提高电力系统灵活性。完善电网结构，优化调度运行，加强新能源外送通道的规划建设，提高外送通道利用率，逐步建立可再生能源大规模融入电力系统的新型电力运行机制，实现可再生能源与现有能源系统的深度融合。

（五）完善可再生能源标准检测认证体系

加强可再生能源标准体系的协调发展，形成覆盖资源勘测、工程规划、项目设计、装备制造、检测认证、施工建设、接入电网、运行维护等各环节的可再生能源标准体系。鼓励有关科研院校和企业积极参与可再生能源相关标准的编制修订工作，推进标准体系与国际接轨。支持检测机构能力建设，加强设备检测和认证平台建设，合理布局可再生能源发电装备产品检测试验中心。提升认证机构业务水平，加快推动可再生能源产业信用体系建设，规范可再生能源发电装备市场秩序。推进认证结果国际互认，为我国可再生能源装备企业参与全球市场提供支持。

（六）提升可再生能源信息化管理水平

建设产业公共服务平台，全面实行可再生能源行业信息化管理，建立和完善全国可再生能源发电项目信息管理平台，全面、系统、及时、准确监测和发布可再生能源发电项目建设和运行信息，为可再生能源行业管理和政策决策提供支撑。充分运用大数据、“互联网+”等先进理念、技术和资源，建设项目全生命周期信息化管理体系，建设可再生能源发电实证系统、测试系统和数据中心，为产业提供全方位的数据和信息监测服务。

## 八、保障措施

为落实可再生能源发展的主要任务，实现可再生能源发展目标，采取以下保障措施：

（一）建立可再生能源开发利用目标导向的管理体系

落实《可再生能源法》的要求，按照可再生能源发展规划目标，确定规划期内各地区一次能源消费总量中可再生能源消费比重指标，以及全社会电力消费量中可再生能源电力消费比重指标。抓紧研究有利于可再生能源大规模并网的电力运行机制及技术支撑方案，建立以可再生能源利用指标为导向的能源发展指标考核体系，完善国家及省级间协调机制，按年度分解落实，并对各省（区、市）、电网公司和发电企业可再生能源开发利用情况进行监测，及时向全社会发布并进行考核，以此作为衡量能源转型的基本标准以及推动能源生产和消费革命的重要措施。各级地方政府要按照国家规划要求，制定本地区可再生能源发展规划，并将主要目标和任务纳入地方国民经济和社会发展规划。

（二）贯彻落实可再生能源发电全额保障性收购制度

根据电力体制改革的总体部署，落实可再生能源全额保障性收购制度，按照《可再生能源发电全额保障性收购管理办法》要求，严格执行国家明确的风电、光伏发电的年度保障小时数。加大改革创新力度，推进适应可再生能源特点的电力市场体制机制改革示范，逐步建立新型电力运行机制和电价形成机制，积极探索多部制电价机制。建立煤电调频调峰补偿机制，建立辅助服务市场，激励市场各方提供辅助服务，建立灵活的电力市场机制，实现与常规能源系统的深度融合。

（三）建立可再生能源绿色证书交易机制

根据非化石能源消费比重目标和可再生能源开发利用目标的要求，建立全国统一的可再生能源绿色证书交易机制，进一步完善新能源电力的补贴机制。通过设定燃煤发电机组及售电企业的非水电可再生能源配额指标，要求市场主体通过购买绿色证书完成可再生能源配额义务，通过绿色证书市场化交易补偿新能源发电的环境效益和社会效益，逐步将现行差价补贴模式转变为定额补贴与绿色证书收入相结合的新型机制，同时与碳交易市场相对接，降低可再生能源电力的财政资金补贴强度，为最终取消财政资金补贴创造条件。

（四）加强可再生能源监管工作

贯彻落实国务院关于转变职能、简政放权的有关要求，确保权力与责任同步下放、调控与监管同步加强。强化规划、年度计划、部门规章规范性文件和国家标准的指导作用，充分发挥行业监管部门的监管和行业协会的自律作用，打造法规健全、监管闭合、运转高效的管理体制。完善行业信息监测体系，健全产业风险预警防控体系和应急预案机制，完善考核惩罚机制。开展水电流域梯级联合调度运行和综合监测工作，进一步完善新能源项目信息管理，建立覆盖全产业链的信息管理体系，实行重大质量问题和事故报告制度。定期开展可再生能源消纳、补贴资金征收和发放、项目建设进度和工程质量、项目并网接入等专项监管工作。

## 九、投资估算和环境社会影响分析

### （一）投资情况

到2020年，水电新增装机约6000万kW，新增投资约5000亿元，新增风电装机约8000万kW，新增投资约7000亿元，新增各类太阳能发电装机投资约1万亿元。加上生物质发电投资、太阳能热水器、沼气、地热能利用等，“十三五”期间可再生能源新增投资约2.5万亿元。

### （二）环境社会影响分析

可再生能源开发利用可替代大量化石能源消耗、减少温室气体和污染物排放、显著增加新的就业岗位，对环境和社会发展起到重要且积极作用。

水电、风电、太阳能发电、太阳能热利用在能源生产过程中不排放污染物和温室气体，而且可显著减少各类化石能源消耗，同时降低煤炭开采的生态破坏和燃煤发电的水资源消耗。农林生物质从生长到最终利用的全生命周期内不增加二氧化碳排放，生物质发电排放的二氧化硫、氮氧化物和烟尘等污染物也远少于燃煤发电。

2020年，全国可再生能源年利用量折合7.3亿t标准煤，其中商品化可再生能源利用量5.8亿t标准煤。届时可再生能源年利用量相当于减少二氧化碳排放量约14亿t，减少二氧化硫排放量约1000万t，减少氮氧化物排放约430万t，减少烟尘排放约580万t，年节约用水约38亿$m^3$，环境效益显著。

可再生能源产业涉及领域广，可有力带动相关产业发展，可大幅增加新增就业岗位，也是实现脱贫攻坚的重要措施，对宏观经济发展产生积极影响，更是实现经济发展方式转变的重要推动力。2020年，全国可再生能源部门就业人数超过1300万，其中“十三五”时期新增就业人数超过300万。

# 国家发展改革委办公厅、水利部办公厅印发《农村小水电扶贫工程试点实施方案》

国家发展改革委办公厅、水利部办公厅于2016年5月17日以发改办农经〔2016〕1250号文，下发关于申报农村小水电扶贫工程试点项目投资计划的通知，印发《农村小水电扶贫工程试点实施方案》。实施方案全文如下。

## 农村小水电扶贫工程试点实施方案

### 一、实施背景

我国农村水能资源十分丰富，技术可开发量达1.28亿kW，居世界首位。近年来，农村水电快速发展，截至2015年底，全国已建成农村水电装机超过7500万kW，水能资源开发率接近60%，装机和发电量均占全国水电的四分之一。农村水电是贫困山区的重要能源和民生工程，据统计，全国832个贫困县中有700个拥有农村水能资源，农村水能资源占全国总量的56%，截至“十二五”末，开发率仅为46%，开发潜力较大。

《中共中央国务院关于打赢脱贫攻坚战的决定》指出，要科学合理有序开发贫困地区水电资源，财政专项扶贫资金和其他涉农资金投入水电等项目形成的资产，具备条件的可折股量化给贫困村和贫困户。按照中央有关要求，2016年，国家发展改革委、水利部拟重点选取部分水能资源丰富的国家级贫困县，探索“国家引导、市场运作、贫困户持续受益”的扶贫模式，建立贫困户直接受益机制，并视试点推进情况决定下一步支持方式。

### 二、总体要求

#### （一）指导思想

全面贯彻党的十八大和十八届三中、四中、五中全会，中央扶贫工作会议精神，深入贯彻习近平总书记系列重要讲话精神，按照全面建成小康社会的总体要求，紧紧围绕精准扶贫精准脱贫、确保到2020年贫困人口如期脱贫的总目标，发挥农村水电的资源与区位优势，以促进农村贫困人口脱贫增收为目标，采取“国家引导、市场运作、贫困户持续受益”的扶贫模式，建立贫困户直接受益机制，助力贫困地区农民脱贫致富。

#### （二）基本原则

一是坚持服务“三农”，改善民生。把实施农村小水电扶贫工程，作为增加山区贫困农民收入的重要途径，作为贫困地区新农村建设的重要内容。

二是坚持国家扶持，政策引导。采取中央资金扶持、市场化运作、社会参与的方式，多渠道、多层次筹集资金，创造良好政策环境，依托企业实现市场化高效运营。

三是坚持突出重点，因地制宜。以增加建档立卡贫困户收入为重点，探索国家补助投资农村小水电建设形成的资产或收益量化给贫困村和贫困户，建立贫困户增收长效机制。

四是坚持保护生态，永续发展。科学有序开发利用农村水能资源，在提高水能资源利用效益的同时，保护河流生态，维护河流健康基本需要。

## 三、工作安排

（一）试点期间的项目选择

1. 选取水能资源开发条件好，符合流域综合规划和河流水能资源开发利用规划，前期工作完备，技术经济指标优良，资本金财务内部收益率不低于6%的新建或在建项目。

2. 对于已享受过其他国家补助资金（包括未足额安排）的农村小水电项目，不予支持。

3. 项目尽快建成让贫困户受益，投产发电时间最迟不晚于2017年上半年。电站设计运行时间不少于20年。

4. 地方政府对农村小水电扶贫工作重视，项目业主积极性高，自筹资金有保障。

（二）中央投资补助比例

农村小水电扶贫工程是以帮扶贫困村和建档立卡贫困农民脱贫为目标的公益性工程。综合考虑我国各级公共财政投资能力和扶贫电站筹资等因素，项目资金筹措主要包括国家投资和企业自筹（含银行贷款）两部分。项目建设资金由项目法人负责落实，中央安排预算内补助投资每千瓦4000元。鼓励扶贫工作任务重的省积极落实省级财政投资，扶持农村小水电扶贫工程建设。

## 四、管理要求

（一）投资计划管理

农村小水电扶贫工程要严格按国家有关规定，做好项目前期工作，完成项目核准。在项目业主自愿申报的基础上，县级发展改革和水行政主管部门根据项目前期工作和在建项目进展情况提出年度投资建议计划，按照管理权限逐级申报，省级发展改革和水行政主管部门对各地上报的建议计划进行审核并在一定范围内公示后，按照三年滚动投资计划要求做好投资计划申请工作，研究提出年度建设规模，联合上报国家发展改革委和水利部。

国家发展改革委和水利部组织对各地上报的项目年度投资建议计划提出意见，联合切块下达年度投资计划。省级发展改革和水行政主管部门应在收到国家发展改革委、水利部联合下达投资计划后的20个工作日内，将年度投资计划分解落实到具体项目并报水利部和国家发展改革委备案。

（二）工程建设管理

农村小水电扶贫工程建设要实行项目法人责任制、招标投标制、合同管理制和建设监理制等制度。严格执行国家有关技术标准，开展安全生产标准化建设并达标，落实环境保护和水土保持“三同时”制度。项目法人要建立健全工作机制，确保工程质量、进度和安全，保证扶贫电站按实施方案长期稳定发挥效益。农村小水电扶贫工程应按照国家有关规定及时组织竣工验收。

（三）实施进展调度

按照自下而上、逐级上报、各负其责的原则，在线监管小水电扶贫工程实施情况。项目法人要通过重大建设项目库和已有的项目管理数据库，按月填报年度投资计划下达、项目开工、资金到位、投资完成、形象进度、竣工验收等信息，逐级上报至省级发展改革和水行政主管部门。省级发展改革和水行政主管部门审核后，于每月10日前提交国家发展改革委和水利部。

（四）资产和收益管理

中央投资和省级财政投资形成的资产属国有资产，县级人民政府要明确国有投资出资人代表，建立健全国有投资出资人制度。扶贫电站投产发电后，项目法人每年将中央投资收益（年收益高于6%的据实缴存，低于6%的由项目法人补足6%）存入县级人民政府指定账户，专项用于扶持建档立卡贫困户和贫困村基础设施等公益事业建设，近期重点用于扶持贫困户脱贫解困。县级人民政府可以根据当地扶贫工作完成情况适时调整受益范围、对象和方式，报省级发展改革和水行政主管部门备案。

## 五、保障措施

（一）加强省级统筹

省级发展改革和水行政主管部门全面负责本地区农村小水电扶贫工程试点的推进实施、项目安排和监督检查等工作。水利部和国家发展改革委将对各地实施情况进行不定期检查、稽察。

（二）明确职责分工

县级人民政府对农村小水电扶贫工程负总责，要高度重视农村小水电扶贫工程建设，建立健全工作机制，切实完善项目建设管理、带动农民持续受益。各级水行政主管部门要强化对农村小水电扶贫电站建设的监督管理，落实行业管理责任。项目法人是农村小水电扶贫电站的责任主体，负责电站建设和运行管理，定期上交中央投资收益。

（三）强化社会监督

农村小水电扶贫工程要组建由县人民政府有关部门、贫困乡（镇）和村、贫困户代表参加的小水电扶贫协会，对项目的建设、运营以及收益分配的全过程进行监督。项目法人要将扶贫电站的收益分配情况，在受益范围内的贫困村张榜公布，接受群众监督。

（四）落实扶持政策

各级水行政主管部门要加强与发改、财政、电力、价格、金融等部门的协调沟通，强化指导，主动服务。按照国家电力体制改革和国家发展改革委《可再生能源发电全额保障性收购管理办法》（发改能源〔2016〕625号）等有关规定，推动落实农村小水电扶贫电站全额上网、执行本省标杆电价等优惠政策；在中央预算内投资的基础上，探索利用专项建设基金等方式，支持农村小水电扶贫工程建设，协调推进项目实施。

## 国家发展改革委办公厅印发《新一轮农村电网改造升级项目管理办法》

国家发展改革委办公厅于2016年3月15日以发改办能源〔2016〕671号文印发《新一轮农村电网改造升级项目管理办法》。该办法全文如下。

### 新一轮农村电网改造升级项目管理办法

#### 第一章　总　　则

**第一条**　为加强新一轮农村电网改造升级项目管理，规范建设秩序，提高中央预算内资金使用效益，促进农村电力持续健康发展，根据《国务院关于投资体制改革的决定》（国发〔2004〕20号），《国务院办公厅转发国家发展改革委关于“十三五”期间实施新一轮农村电网改造升级工程意见的通知》（国办发〔2016〕9号）等，制定本办法。

**第二条**　本办法所称农村电网是指县级行政区域内，为农村生产生活提供电力服务的110kV及以下电网设施（含用户电表）。

本办法所称农村电网改造升级是指变电站、线路（原则上不含入地电缆）等农村电网设施的新建，以及对已运行农网设施局部或整体就地或异地建设、增容、更换设备等。

**第三条**　本办法适用于享受中央预算内投资支持（国家资本金）、国家专项建设基金以及国家农网改造贷款投资偿还政策的农网改造升级项目。

**第四条**　农网改造升级项目管理按照“统一管理、分级负责、政府组织、企业实施、强化监管、提高效益”的原则，在各级政府组织领导管理监督下，符合条件的电力市场主体作为项目法人负责项目实施。

**第五条**　农网改造升级项目建设资金按照“企业为主、政府支持”的原则多渠道筹集。安排中央预算内投资支持中西部地区农网改造升级工程，并通过项目法人自有资金、地方财政投入或专项建设基金等多种方式筹措项目资本金。东部地区农网改造升级工程主要通过项目法人自有资金或专项建设基金解决项目资本金。银行贷款由项目法人统贷统还，贷款偿还按现行政策执行。

**第六条**　农网改造升级项目实施要严格执行基本建设程序，实行项目法人责任制、资本金制、招投标制、工程监理制和合同管理制。

**第七条**　农网改造升级实施重点是农村中低压配电网，兼顾农村电网各电压等级协调发展。

农网改造升级项目35kV及以上以单个项目、35kV以下以县为单位统计项目个数。

#### 第二章　规划编制

**第八条**　农网改造升级按照“统一规划、分步实施、统筹协调、突出重点”的原则，统筹城乡发展及当地电价承受能力，以满足全面建成小康社会、新型城镇化建设、新农村建设、农业现代化等对电力的需求为目标，制定农网改造升级规划（规划期5年）。农网改造升级项目在规划的指导下分年度实施。

**第九条**　农网改造升级规划分为县级规划和省级规划。各级发展改革部门负责组织编制本地区农网改造升级规划，省级发展改革委负责组织编制本省（区、市）农网改造升级规划，在省级发展改革委指导下，地市级和县级发展改革部门组织编制县级规划，必要时可编制地市级规划。

**第十条**　农网改造升级县级规划是编制省级规划的基础和前提，应提出本县域5年农网改造升级工程实施的目标、任务、建设重点等，落实到具体项目和投资需求。主要包括以下内容：

（一）本县域农网（包括县城）现状、供电服务现状、县级供电企业经营现状，存在问题；

（二）本县域农村电力市场需求预测，包括县城及各个乡镇；

（三）本县域农网改造升级的目标和主要任务，特别是小城镇、中心村农网改造升级和机井通电等；

（四）本县域上级电网建设需求；

（五）本县域农网改造升级项目布局和建设时序，项目应落实到具体建设地点；

（六）投资规模、资金来源及电价承受能力测算；

（七）实施效果及保障措施等。

**第十一条**　农网改造升级县级规划应做好与本县级经济社会发展总体规划、新型城镇化建设规划、土地利用规划、移民搬迁规划、农业发展规划等相关规划的衔接，重点将35kV及以上项目纳入相关规划，加快落实各项建设条件。

省级发展改革委应指导地市级和县级发展改革部门编制好县级规划，并组织开展论证审查，将县级规划内容纳入省级规划。

**第十二条** 农网改造升级省级规划在汇总各县级规划基础上编制形成，应包括以下内容：

（一）本省（区、市）农网现状（包括历次改造的投资、已形成的工作量等）及存在问题；

（二）农村电力市场需求预测；

（三）农网改造升级的目标和主要任务；

（四）农网改造升级项目布局和建设时序，35kV及以上项目应落实到具体建设地点；

（五）投资规模、资金来源及电价承受能力测算；

（六）实施效果及保障措施等。

规划中应单独提出贫困地区农网改造升级、小城镇（中心村）农网改造升级以及机井通电的目标、任务和措施等。

农网改造升级各县级规划应作为附件，成为省级规划的一部分。

**第十三条** 省级发展改革委组织编制完成本省（区、市）农网改造升级规划后，应报国家发展改革委备案，作为申报中央投资计划和项目安排的依据。

没有完整县级规划的省级规划，国家发展改革委不予受理，不安排中央投资计划和项目。

**第十四条** 项目法人要根据本省（区、市）农网改造升级规划编制要求，在组织制定供区内各县级供区规划的基础上编制本企业规划，报省级发展改革委审查。县级供区规划同时报省级发展改革委。

**第十五条** 规划实施过程中，根据实际情况变化，省级发展改革委应及时组织调整修订省级规划，同时调整修订县级规划，并在修订后两个月内将调整修订情况报国家发展改革委。

**第十六条** 国家发展改革委指导省级规划的编制，提出指导思想、发展思路、布局原则等，在统筹衔接平衡各省（区、市）规划的基础上，组织编制全国农网改造升级规划，并及时调整修订。

## 第三章 项目储备与三年滚动投资计划

**第十七条** 省级发展改革委在农网改造升级规划的基础上，建立三年滚动项目储备库，按照储备项目投资需求编制三年滚动投资计划。

**第十八条** 纳入储备库的项目应满足本省（区、市）农网改造升级规划要求，以三年为期限滚动编制项目储备库。

项目储备是年度中央投资计划项目的依据和来源，未纳入储备库的项目，不得纳入年度中央投资计划。

各省级发展改革委应于每年3月底前完成三年项目储备库编制及滚动修订工作。

**第十九条** 纳入三年储备库的农网改造升级项目，基本条件为：

（一）35kV及以上项目。应明确每一个项目的项目名称、建设地址、建设内容及规模、总投资、其中拟申请中央资金等；

（二）35kV以下项目。以县为单位作为单个项目，明确项目名称、建设内容及规模、总投资、其中拟申请中央资金等。

纳入三年储备库的项目总投资，应不少于5年规划总投资的60%。

**第二十条** 各省级发展改革委在三年项目储备库的基础上，汇总三年内每一年本省（区、市）总体建设内容与规模、投资来源及投资额等，编制三年滚动投资计划。

三年滚动投资计划是编制年度投资计划的基础和来源，随着三年项目储备库进行滚动修订，修订周期为每年4月至次年3月。

**第二十一条** 国家发展改革委在各省（区、市）农网改造升级项目储备库的基础上，编制全国三年项目储备库；在各省（区、市）滚动投资计划的基础上，编制全国三年滚动投资计划，并及时进行滚动修订。

## 第四章 年度投资计划申报与下达

**第二十二条** 各省级发展改革委年初根据本省（区、市）农网改造升级规划和三年项目储备库，从储备库中提取项目，形成年度计划项目库。组织项目法人对年度计划项目库中的项目开展可行性研究。

35kV及以上以单个项目、35kV以下以县为单位编制可行性研究报告，由省级发展改革委审批并出具批准文件。

**第二十三条** 开展可行性研究应遵循国家法律法规和行业相关规程规范，对项目建设条件进行调查和必要勘测，在可靠翔实资料的基础上，对项目建设的技术、经济、环境、节能、施工及运行管理等进行分析论证和方案比较，提出可行性研究报告。

**第二十四条** 各省级发展改革委年初应制定本年度项目可研报告审批工作方案，将可研审批纳入日常工作范围，于每年10月底前完成年度计划项目库可行性研究报告批复。根据项目可研批复情况，省级发展改革委于每年11月底前向国家发展改革委上报年度中央资金规模建议，随附项目可研报告批复文件。

**第二十五条** 国家发展改革委受理各地年度中央资金规模建议后，根据年度农网改造升级工作重点和各地年度项目可研批复，结合上一年度中央预算内投资计划执行情况及效果、稽察及监督检查结果，统筹平衡后下达各省（区、市）及中央企业年度中央预算内投资规模。

**第二十六条** 省级发展改革委按照本省（区、市）三年滚动投资计划，根据年度中央预算内投资规模，在已批复可研报告项目范围内确定申请中央投资计划的项目，编制上报年度投资计划申请报告。投资计划应包括以下内容：

（一）上年度投资计划执行情况，包括有无国家发展改革委要求的整改事项及情况；

（二）本年度计划是否符合规划、项目储备库和三年滚动投资计划；

（三）本年度计划实施必要性及实施目标，包括改造面、供电能力和可靠性等；

（四）本年度计划总投资（包括中央预算内投资、项目法人自有投资、银行贷款等），并分电压等级列明所需投资；

（五）本年度计划建设规模，分电压等级列明；

（六）项目明细表，明确项目个数、涉及的县级行政区个数，以及每个项目的投资、主要建设内容等，35kV及以上项目应明确到建设地址，35kV以下项目应明确到县域内；

（七）本年度计划完成时间和进度安排。

投资计划申请报告应附银行贷款承诺函、项目可研报告批准文件列表等。

中央企业按照本企业总体中央预算内投资规模，编制上报本企业年度投资计划。

**第二十七条** 完成可研批复、申请中央投资计划的项目应与项目储备库中对应的项目相一致；当年未纳入中央预算内投资计划的项目，可申请当年国家专项建设基金，或于下一年度继续申请中央预算内投资。

**第二十八条** 国家发展改革委主要从以下几个方面对各省（区、市）上报的年度投资计划进行审查：

（一）符合中央投资的使用方向和安排原则；

（二）符合规划、三年项目储备和三年滚动投资计划；

（三）提交的相关文件齐备、有效；

（四）项目的主要建设条件落实；

（五）上一年度投资计划执行情况，包括整改落实情况；

（六）其他条件。

**第二十九条** 国家发展改革委审查同意后，下达农网改造升级年度投资计划，明确各省（区、市）及各项目法人的建设规模、投资规模、完成时间和项目等。

**第三十条** 投资计划下达后，省级发展改革委应及时分解下达给项目法人。分解计划应明确建设规模、投资和具体项目等，与投资计划一致。

**第三十一条** 国家发展改革委采取抽查、组织相互检查等方式，加强对中央投资计划项目可研审查批复的监督检查，对存在包括虚增投资等问题的地方，提出整改意见，相关省级发展改革委应制定整改方案，落实整改。

## 第五章 项目实施及管理

**第三十二条** 项目法人应根据计划编制项目实施方案，报省级发展改革委备案。

**第三十三条** 投资计划分解下达后，项目法人应及时组织开展初步设计。35kV及以上以单个项目、35kV以下以县为单位编制初步设计报告，报省级发展改革委备案。

国家发展改革委采取抽查、组织相互检查等方式，对中央投资计划项目初步设计工作进行监督检查。对存在问题的，相关省级发展改革委应及时组织整改。

**第三十四条** 农网改造升级资金要专项存储、专款专用、专项核算、封闭运行，严禁挤占、挪用、截留和滞留资金。资金使用和管理应符合国家有关规定。

**第三十五条** 农网改造升级项目要执行招投标法及相关规定。项目单位应制定并落实相应的施工质量保证措施和监督措施，确保工程质量。农网改造升级项目要执行工程监理制，10kV及以下单项工程监理单位的确定可采取打捆招标的方式选择。

**第三十六条** 表箱和电能表改造投资纳入投资计划，表后线及设施由农户提供合格产品或出资改造。项目法人以及其他任何单位和组织不得违反规定向农户收费，严禁强制农户出资。

**第三十七条** 项目法人应建立省、市、县三级农网改造升级项目档案，从项目设计到竣工验收等各环节的文件、资料等都应按照有关规定收集、整理、归档、保管等。

**第三十八条** 农网改造升级投资计划和项目实施应按计划完成。实施过程中进展缓慢，以及出现影响工程实施重大情况的，项目法人应及时向省级发展改革委报告情况，说明原因，提出改进措施。

**第三十九条** 省级发展改革委应按照投资计划组织项目法人做好项目实施。项目确需调整变更的，不得变更投资计划下达的本省（区、市）投资规模，不得减少建设规模。

项目法人向省级发展改革委提出项目调整变更申请，提供调整变更的理由和依据、项目可研报告等。省级发展改革委负责组织审查，批复项目可研报告，出具同意调整变更的文件，并报国家发展改革委备案。

**第四十条** 农网改造升级工程项目完工后，省级发展改革委应及时组织对本省级区域内农网改造升级项目进行总体竣工验收，验收报告应报国家发展改革委备案。项目法人负责单项工程的验收，验收报告报省级发展改革委备案。

**第四十一条** 农网改造升级项目竣工后，国家发展改革委适时进行检查总结，并组织进行后评价，重点评估农网改造升级投资的必要性、有效性及其效果。

**第四十二条** 项目法人应做好农网改造升级后的运行管理工作，降低运行维护费用，提高运行管理水平，为农村经济社会发展提供优质可靠的供电服务。

## 第六章 监督检查和法律责任

**第四十三条** 国家发展改革委应加强农网改造升级项目管理和投资管理，加强对农网改造计划执行和项目实施的监管，加强对农网改造升级资金和还贷资金使用管理情况的监督，确保发挥效益。

**第四十四条** 省级发展改革委负责组织开展对本地区农网改造升级项目稽察或监督检查，国家发展改革委不定期进行稽察或监督检查，国家能源局派出机构按照有关规定开展监管，财政、审计、监察等部门依据职能分工进行监督检查。各级发展改革委应督促项目法人执行好投资计划，做好项目实施。

**第四十五条** 项目法人应积极配合中央和地方有关部门做好农网改造升级项目的稽察、检查和审计。加强对农网改造升级项目的信息公开，接受社会监督。

**第四十六条** 农网改造升级项目实施定期报告制度。项目法人应定期向省级发展改革委报告计划执行和项目实施情况，省级发展改革委及时上报国家发展改革委。对项目实施中出现的重大问题，应当及时进行专题报告。

投资计划执行完毕后，省级发展改革委应及时对计划执行和项目实施情况进行总结，包括完成目标、实际工作量，以及农网改造升级投资的必要性、有效性及其效果等，形成详细的报告上报国家发展改革委。

项目法人应对其提供的数据和材料的真实性负责任。省级发展改革委应对项目法人提供的数据和材料进行必要的审查、检查和核查，对其真实性承担相应责任。

**第四十七条** 省级发展改革委或项目法人有下列行为之一的，国家发展改革委可根据情节轻重做出责令限期整改，通报批评，暂停项目建设，核减、收回或停止中央投资，并可视情节轻重提请或移交有关机关依法追究有关责任单位和责任人的行政或法律责任：

（一）提供虚假资料和情况，骗取中央投资的；

（二）违反程序未按要求完成项目前期工作的，项目可研编制和审查、项目初步设计存在较大问题的；

（三）挪用、截留或滞留中央投资的，以及农网改造升级资金未专项存储、专款专用、专项核算、封闭运行的；

（四）违规调整变更投资计划和项目，以及调整变更比较大的；

（五）无正当理由未及时建设实施或竣工完成的，以及工程质量不合格等；

（六）其他违反国家法律法规和本办法规定的行为。

**第四十八条** 项目法人对工程建设疏于管理，或不执行相关法律法规规定的，设计、施工、监理单位和咨询机构等未依法依规履行职责的，按照国家有关法律法规追究有关单位和责任人的行政或法律责任。

## 第七章 附 则

**第四十九条** 省级发展改革委可根据本办法制定本省（区、市）农网改造升级项目管理办法，并报国家发展改革委备案。

**第五十条** 本办法由国家发展改革委负责解释。

**第五十一条** 本办法自发布之日起施行。原《农村电网改造升级项目管理办法》（发改办能源〔2010〕2520号）废止。

# 国家能源局印发《省级能源发展规划管理办法》

国家能源局于2016年2月17日以国能规划〔2016〕46号印发《省级能源发展规划管理办法》。该管理办法全文如下。

## 省级能源发展规划管理办法

## 第一章 总 则

**第一条** 为规范省级能源规划工作，加强国家和省级能源规划衔接，发挥省级能源规划落实国家能源战略规划、引导本地区能源发展的统筹协调作用，依据《国务院关于取消非行政许可审批事项的决定》（国发〔2015〕27号）、《国务院关于发布政府核准的投资项目目录（2014年本）的通知》（国发〔2014〕

53号）等有关规定，制定本办法。

**第二条** 本办法适用于省级能源发展规划编制、报批、发布和实施等工作。省级能源发展规划由省级能源主管部门负责编制、上报和组织实施，由国家能源局负责审批。

**第三条** 本办法所称省级能源发展规划，是指对一省（区、市）各类能源的发展思路、发展目标、建设布局、重点任务、重大项目、政策措施等进行统筹安排的综合性、总体性能源规划。省级能源发展规划与国民经济和社会发展规划配套编制实施，规划期原则上为五年。

省级能源主管部门可以根据实际需要组织编制省级能源专项规划。省级能源专项规划是指对一省（区、市）煤炭、电力、油气、可再生能源、能源科技等能源发展特定领域进行具体安排的规划，其主要内容应当与省级能源发展规划衔接一致并纳入省级能源发展规划。

**第四条** 省级能源发展规划的编制和实施等工作应当遵循依法行政、责权对等、分级负责的原则。省级能源发展规划应当符合国家能源规划的总体要求和基本方向，主要指标应当衔接一致，并与本省（区、市）国民经济和社会发展规划及相关规划衔接。

**第五条** 经批准的省级能源发展规划，是指导本省（区、市）能源领域发展、核准（审批）能源项目、安排政府投资和财政支出预算、制定相关政策措施、实施能源行业管理和监管的重要依据。

## 第二章 规 划 编 制

**第六条** 编制省级能源发展规划应当做好基础调研、专题研究、市场分析预测等前期工作，科学测算发展目标，并对需要纳入规划的能源项目进行充分论证。

**第七条** 省级能源发展规划一般包括以下内容：

（一）发展基础和面临形势。重点分析能源发展现状、主要问题、面临的机遇和挑战等。

（二）指导思想、基本原则和发展目标。其中，发展目标包括定量指标和定性目标，应当与国家能源规划衔接一致。约束性发展目标应当符合国家有关规定。

（三）重点任务。明确能源发展布局、政策导向、科技创新和体制创新等重大行动举措，以及规划期内的能源项目等内容。

能源项目一般应当按照规划期内建成投产、开工建设、开展前期工作等三个类别，在规划正文中专门列出。需经优选明确的能源项目，可以列出备选项目清单。核电、大型水电等建设周期较长的项目，可以增设接续储备项目类别。国家级创新示范、试点试验类能源项目（工程）可以单独列出。

属于国务院及有关部门、省级政府核准权限的能源项目，均应当纳入省级能源发展规划。

各类能源项目应当符合国家能源规划确定的总量规模和有关法规、政策、标准等规定。

（四）保障措施。主要包括保障规划任务顺利实施的政策措施和体制机制等内容。

（五）环境影响评价以及法律、行政法规规定的其他内容。

**第八条** 省级能源主管部门应当采取多种形式广泛听取社会各方面意见，提高规划编制的透明度和公众参与度。

## 第三章 规 划 审 批

**第九条** 省级能源发展规划审批程序包括衔接、预审和批复三个环节。

**第十条** 省级能源主管部门应当按照国家能源局有关要求上报衔接材料。

国家能源局结合国家能源规划编制工作，组织开展省级能源发展规划衔接平衡等工作，并出具衔接意见。

**第十一条** 省级能源主管部门提出的能源项目，经衔接达成一致后，属于国务院及有关部门核准权限的，纳入相应的国家能源专项规划，其中重大项目纳入国家能源总体规划。属于省级政府核准权限的，纳入省级能源发展规划。

未列入省级能源发展规划的能源项目，省级政府及有关部门原则上不得核准。

**第十二条** 省级能源主管部门应当按照衔接意见编制省级能源发展规划初稿，并按照国家能源局有关要求上报预审材料。有关省级能源专项规划可以作为省级能源发展规划初稿的附件一并上报。

国家能源局组织审核省级能源发展规划初稿，并出具预审意见。预审意见是修改完善省级能源发展规划的重要依据。

**第十三条** 省级能源主管部门应当按照国家能源局预审意见修改完善省级能源发展规划，经本省（区、市）人民政府同意后，按照国家能源局有关要求上报规划送审稿及相关材料。

国家能源局委托有相关资质的机构或专家对省级能源发展规划开展第三方论证，并按程序进行审批。

省级人民政府或省级能源主管部门应当按照省级能源发展规划审批省级能源专项规划。省级能源专项规划与省级能源发展规划不一致时，以国家能源局批准的省级能源发展规划为准。

## 第四章 规 划 实 施

**第十四条** 省级能源发展规划应当在批准后由省

级人民政府或省级能源主管部门向社会公布，法律、行政法规另有规定以及涉及国家秘密的内容除外。

未经国家能源局批准的省级能源发展规划不得发布实施。

**第十五条** 省级能源主管部门应当及时组织推进省级能源发展规划实施，建立健全实施机制，分解落实目标任务，明确实施主体和责任，保障规划顺利实施。

**第十六条** 省级能源发展规划实施中期，省级能源主管部门应当对规划实施情况开展评估，必要时可以每年或适时开展评估工作。

省级能源发展规划经评估需修订的，应当按程序报国家能源局审批。

**第十七条** 省级能源发展规划在实施过程中，经论证且经省级政府同意后，可以在已批复规划确定的总量规模和布局范围内，调整属于省级政府核准权限的能源项目，并将论证和调整说明材料报国家能源局备案。

省级能源发展规划拟调整属于国务院及有关部门核准权限的能源项目时，省级能源主管部门应当组织论证并将论证报告及申请调整文件报国家能源局审批。

国家能源总体规划或专项规划调整能源项目时，省级能源发展规划应当同步调整。

**第十八条** 国家能源局及派出机构应当加强对省级能源发展规划实施情况的监督与监管，每年编制并发布省级能源发展规划实施监管报告，推动规划有效实施。

## 第五章 附 则

**第十九条** 新疆生产建设兵团能源发展规划，以及涉及全国布局、总量控制和跨省输送的区域性能源综合发展规划的编制及审批参考本办法执行。

**第二十条** 本办法由国家能源局负责解释。

**第二十一条** 本办法自公布之日起实施。

# 国家能源局关于做好2016年度风电消纳工作有关要求的通知

国家能源局于2016年3月11日以国能新能〔2016〕74号文下发关于做好2016年度风电消纳工作有关要求的通知，全文如下。

2015年，受多种因素的影响，华北、东北和西北地区（以下简称“三北”地区）风电弃风限电问题进一步加剧，弃风电量达到339亿kW·h，全国风电平均年利用小时数下降到1728h，比2014年下降165h。弃风限电问题已成为影响我国风电持续健康发展的主要矛盾，必须引起高度重视，并采取有效措施加以解决。为促进风电产业持续健康发展，做好风电开发利用工作，现就做好2016年风电并网和消纳工作的有关要求通知如下：

一、充分认识做好风电并网消纳工作的重要性和紧迫性。做好风电并网消纳工作是我国风电产业持续健康发展的重要保障，也是我国建设清洁低碳、安全高效的现代能源体系和实现2020年非化石能源发展目标的重要措施。2016年是“十三五”能源相关规划发布和实施的关键一年，从电力供需形势和电力运行现状看，2016年“三北”地区风电消纳的形势依然非常严峻，若不采取有效措施，弃风率可能在2015年的基础上进一步攀升。弃风问题突出的省（区、市）能源主管部门和派出机构要高度重视风电消纳工作，把工作重心从风电的开发建设转移到风电的高效利用上来，结合电力体制改革工作，大胆推动体制改革和机制创新，多措并举拓展风电消纳途径，为“十三五”期间风电后续发展奠定良好基础。各派出机构要认真贯彻落实《国家能源局关于做好“三北”地区可再生能源消纳工作的通知》（国能监管〔2016〕39号），做好风电并网消纳的专项监管工作，推动建立可再生能源消纳的跨省跨区电力交易机制和辅助服务共享机制。电网企业要切实承担可再生能源发电全额保障性收购的实施责任，进一步优化电网调度运行方式，深入挖掘系统调峰潜力，充分发挥大电网联网效益和跨省调峰相互支援能力，确保2016年度风电弃风限电趋势得到根本扭转。

二、严格控制弃风严重地区各类电源建设节奏。在电力供应严重过剩且弃风严重的地区，各省级能源主管部门应研究暂停或暂缓包括新能源在内的各类电源核准建设的措施，避免弃风情况进一步恶化。2015年弃风较严重或弃风率增长较快的地区，包括内蒙古、吉林、黑龙江、甘肃、宁夏、新疆等省（区）2016年度暂不安排新增常规风电项目建设规模。鼓励弃风率较低和消纳市场落实的地区加快发展风电。宁夏、浙江等国家级清洁能源示范省（区）要着力提高风电管理水平，确保清洁能源电量占比逐步提高，减少弃风现象发生。以外送为主的风电基地项目应与外送通道的建设时序相衔接，实现电源与外送通道同步规划、同步建设、同步投产，并同步落实新能源消纳市场。各派出机构要加强对违规建设的电源项目的监管和核查，未纳入规划的电源项目不得并网投产。2016年，国家能源局将以甘肃作为解决弃风限电问题的试点省，会同有关部门和甘肃省发展改革委、经信委制定系统的工作方案并督促落实，力争基本解决甘肃省弃风限电问题。

三、认真落实可再生能源发电全额保障性收购制度。深入贯彻落实中发〔2015〕9号文件精神和电力体制改革配套文件要求，把解决可再生能源保障性收购、新能源和可再生能源发电无歧视无障碍上网问题作为当前电力体制改革工作的重要目标，落实可再生能源发电全额保障性收购，实施可再生能源优先发电制度，优先在发电计划中预留风电等新能源发电空间。限电比较严重的省（区）发展改革委要在国家能源局的指导下，会同相关部门制定并发布本省区域内的风电保障性利用小时数，督促电网调度机构优先纳入发电计划并强制执行，各限电省（区）制定的保障性利用小时数不得低于上一年度国家能源局公布的本省（区）平均利用小时数。各派出机构制定市场交易规则，应优先保障可再生能源全额上网。鼓励风电通过市场交易扩大消纳范围和消纳空间，发挥风电边际成本低的优势，通过市场竞争方式实现优先发电。市场交易须遵循公平自愿的原则，不得强制要求风电向其他发电项目支付费用的方式上网。2016年，国家能源局将以蒙西电网区域作为落实可再生能源发电全额保障性收购制度的试点地区，内蒙古能源局、华北能源监管局及相关部门和内蒙古电力公司要加强试点工作的组织实施，制定实施细则和对保障范围内弃风限电的补偿办法。

四、深入挖掘系统消纳风电的潜力。各省（区、市）能源主管部门和各派出机构要会同相关技术机构和电网企业结合实际运行情况，研究核减煤电机组的最小技术出力，逐步放开限电严重地区的发电计划，加快推动煤电机组进行灵活性改造提升调峰能力，加快抽水蓄能等调峰电源建设，通过电力市场推行峰谷电价，落实辅助服务补偿机制，提高各类电源调峰积极性。黑龙江、吉林、辽宁要加快推动热电机组增加蓄热设施技术改造，着力化解冬季供暖期风电与热电联产机组的运行矛盾。甘肃、新疆要加强自备电厂调峰服务管理，督促自备电厂按相关规定参与调峰，鼓励风电替代燃煤自备电厂发电。电网企业应与风电企业要共同做好风电功率预测预报，提高风电功率预测精度，推动风电参与电力电量平衡，将风电统筹纳入电网运行方式，严格执行风电优先的调度次序。电网企业要进一步优化省间联络线运行方式，特别是西北和东北区域电网运行方式，充分利用现有电网空闲的输电能力，促进省（区）内富余时段风电跨省跨区交易。2016年度，国家能源局将在东北地区开展供热机组优化改造、区域辅助服务市场试点、电储能参与调峰工作，进一步增强系统在冬季负荷低谷时段的灵活性，争取在试点区域的风电运行情况有较大改善。

五、积极开拓风电供暖等风电消纳方式。风电供暖对提高北方风能资源丰富地区消纳风电能力，促进城镇能源利用清洁化，减少化石能源消费，改善北方地区冬季大气环境质量意义重大。内蒙古、辽宁、吉林、黑龙江、河北、新疆、山西等省（区）要继续按照《国家能源局综合司关于开展风电清洁供暖工作的通知》（国能综新能〔2015〕306号）要求做好风电清洁供暖方案的制定和实施，进一步创新体制机制，因地制宜研究风电供暖的扶持政策，结合新城镇建设和新城区开发规划，积极推广应用风电清洁供暖技术，优先解决存量风电项目的消纳需求；鼓励在具备条件的地区，在总结现有示范项目经验基础上，开展一批新的风电制氢、风电高载能供电示范项目建设。河北、吉林省要加快推进风电制氢的示范工作。2016年度，在原有的试点地区的基础上，国家能源局将进一步扩大风电清洁供暖的范围，将内蒙古自治区作为风电清洁供暖的示范省（区），内蒙古自治区能源局要会同有关部门编制本区范围内的风电清洁供暖规划并组织实施。

## 国家能源局印发《2016年能源工作指导意见》

国家能源局于2016年3月22日以国能规划〔2016〕89号文印发《2016年能源工作指导意见》。该指导意见全文如下。

### 2016年能源工作指导意见

2016年是“十三五”规划的第一年，认识、适应和引领能源发展新常态，做好全年能源工作，进一步加快能源结构调整、推进发展动力转换，实现“十三五”能源发展起好步开好局，具有十分重要的意义。

一、指导思想和主要目标

深入贯彻党的十八大、十八届三中、四中、五中全会和习近平总书记系列重要讲话精神，落实中央经济工作会议总体部署，遵循“四个革命、一个合作”战略思想，坚持“创新、协调、绿色、开放、共享”发展理念，以提高发展质量和效益为中心，以推进供给侧结构性改革为主线，着力调整存量做优增量，着力培育能源生产消费新模式新业态，着力提高能源普遍服务水平，努力构建清洁低碳、安全高效的现代能源体系，促进经济社会发展行稳致远。

（一）能源消费。2016年，能源消费总量43.4亿t标准煤左右，非化石能源消费比重提高到13%左右，天然气消费比重提高到6.3%左右，煤炭消费比重下降到63%以下。

（二）能源供应。2016年，能源生产总量36亿t标准煤左右，煤炭产量36.5亿t左右，原油产量2亿t左右，天然气产量1440亿$m^3$左右。

（三）能源效率。2016年，单位国内生产总值能耗同比下降3.4%以上，燃煤电厂每千瓦时供电煤耗314g标准煤，同比减少1g。

## 二、推进科技和体制创新，培育创新发展新动力

### （四）推进能源科技创新

推广应用先进适用技术装备。实施能源装备制造创新2025行动计划，研究建立先进技术装备创新推广协作机制。示范应用超超临界机组二次再热、大容量超超临界循环流化床锅炉、柔性直流输电、煤矿智能化开采、大型管道电驱压缩机组、深海和非常规油气勘探开发等先进技术装备。

推进重点关键技术攻关。围绕能源安全供应保障、清洁能源发展和化石能源清洁高效利用三大重点领域，集中攻关核电关键设备、燃气轮机、智能电网、大容量储能、燃料电池、天然气长输管线燃驱压缩机组等装备及关键材料的自主研发应用。加快全钒液流储能电池、海上浮式核动力平台、光热发电、智慧矿山、煤层气、生物质能等领域技术定型。

加强革命性技术研究论证。聚焦战略性前沿技术，进一步加大研究论证力度，推进能源互联网、先进核能、煤炭分质梯级利用、能源新材料等领域的技术革命。

强化科技创新基础。加强能源行业标准化工作，推进三代压水堆先进核电技术标准体系建设，加快页岩气、煤层气、电动汽车充电基础设施、油品质量、分布式能源、智能电网等行业标准制修订。研究组建太阳能发电等标准化技术委员会。培育具有国际影响力的能源技术研发中心、重点实验室等创新平台。

### （五）加快能源体制创新

落实电力体制改革措施。推进输配电价改革，加强成本监审，有序扩大试点范围。推进南方、京津冀等区域电力市场和贵州、云南、山西等省电力市场建设综合改革试点。按照相对独立原则，组建京津冀、南方、贵州、云南、山西等电力交易机构。推进跨省跨区电能交易市场化改革，制订实施市场基本规则和监管办法。推进放开发用电计划，优先保障民生购电和清洁能源发电。推进放开售电业务和增量配电投资业务，在广东、重庆等地开展售电侧专项改革试点。加强和规范燃煤自备电厂监督管理。

深化石油天然气体制改革。推动出台《关于深化石油天然气体制改革的若干意见》，拟订配套措施，研究开展油气改革综合试点。有序放开石油勘查、开采、进口、加工准入。推动油气管道网运分开，促进油气管网设施公平开放。推动完善油气价格机制，促进天然气价格市场化。

深化审批制度改革。研究编制国家能源局权力、责任清单，完善权力监督、制约和协调机制。按照国务院统一部署，继续取消、下放审批事项，规范审批行为。改进服务方式，逐步推行网上审批。研究建立行政审批听证和项目决策后评估制度，完善责任追究机制。

加强能源法制建设。加快《电力法》修订和《能源法》《核电管理条例》《国家石油储备条例》立法。研究推进《石油天然气法》《能源监管条例》《海洋石油天然气管道保护条例》立法和《煤炭法》修订。完善电力监管法规、标准。

深化能源市场监管。针对重点地区、典型问题，着力加强重点专项监管和问题监管，促进能源市场健康持续发展。加强简政放权事中事后监管，促进审批事项有机下放承接。加强市场秩序监管，着力规范电力市场准入秩序、电力调度交易与市场秩序。加强电网、油气管网公平开放和成本监管，促进信息公开和公平接入。加强煤电规划建设和成品油质量升级监管，推进工作有序开展。抓好供电监管，提升人民群众用电满意度。加强能源领域行政执法，发挥12398能源监管热线作用，保障各类市场主体合法权益。加强能源行业信用体系建设。加强能源监管信息化建设。

加强电力安全监管。强化安全发展观念，落实以企业为主体的电力安全生产责任制。完善电力安全生产法规体系，创新安全生产监管执法机制。加强源头监管和治理，坚持完善重大隐患挂牌督办、电力事故（事件）警示通报和约谈访谈制度。做好电网、发电、工程施工、网络与信息安全、可靠性等专业安全监管。建立安全生产不良记录和“黑名单”机制。加强电力应急管理，推进电力企业应急能力建设。做好国家重要活动和重点时期保电工作。

## 三、提高能源系统效率，构建协调发展新格局

### （六）切实加强战略规划引领

发布实施能源发展“十三五”规划。编制完成能源发展“十三五”规划，以及能源科技创新、电力、核电、煤炭、石油、天然气、可再生能源等专项规划。做好国家级与省级能源总体规划衔接，争取2016年6月底前，两级规划全部按程序报批发布实施。

研究编制区域中长期发展规划。落实国家区域发展战略，编制实施《京津冀能源协同发展专项规划》和《丝绸之路经济带能源发展规划》。促进区域能源协调发展，研究长江经济带能源发展思路和重点区域能源中长期发展规划。

研究能源长远发展战略。建立重大战略问题研究协商机制，组织开展战略性重大专题研究。研究分析能源发展战略需求，推进能源生产消费革命重大示范工程。

（七）加快调整产业结构

化解煤炭行业过剩产能。严格控制新增产能，从2016年起，3年内原则上停止审批新建煤矿项目、新增产能的技术改造项目和产能核增项目，确需新建煤矿的，一律实行减量置换。加快淘汰落后产能，继续淘汰9万t/年及以下煤矿，支持有条件的地区淘汰30万t/年以下煤矿，逐步淘汰其他落后煤矿，全年力争关闭落后煤矿1000处以上，合计产能6000万t。严格煤矿基本建设程序，严禁未批先建。严控现有产能产量，严禁超能力生产。鼓励煤电化、煤电铝一体化发展，支持企业兼并重组。完善煤矿关闭退出机制，研究设立相关专项基金。

控制煤电产能规模。合理引导投资建设预期，研究建立煤电建设风险预警机制，定期发布分省煤电规划建设风险预警提示。严控煤电新增规模，在大气污染防治重点地区和电力装机明显冗余地区，原则上不再安排新增煤电规划建设规模，取消、缓核和缓建一批已纳入规划或核准（在建）煤电项目。加大淘汰落后机组力度。严厉查处违规建设行为。

加快炼油产业转型升级。以成品油质量升级为抓手，实施新一轮炼油技术升级改造，形成一批先进产能，淘汰一批落后产能。鼓励多元化发展，积极开展产品深加工和柔性加工，鼓励有条件的企业从主要生产成品油调整为侧重生产化工产品。推进炼油产能走出去，打造具有国际竞争能力的炼油企业集团。

提高油气自主保障能力。推进国家油气重大工程，实施大型油气田及煤层气开发重大专项，研究老油田稳产、老油区稳定以及致密气、海洋油气勘探开发扶持政策。支持非常规油气产能建设和储气设施建设。加快煤层气产业化基地和煤矿瓦斯规模化抽采利用矿区建设。完善国家石油储备体系，加快石油储备基地建设，完善动用轮换机制，提高国家石油储备保障能力。

（八）合理优化空间布局

实施区域差别化能源开发政策。在水资源可支撑和生态环境能承载的前提下，加大西部地区能源开发力度，稳步增强跨区调出能力。合理控制中部地区能源开发强度和节奏，保持持续发展动力。压减东部地区重点区域煤炭消费总量，重点发展核电、沿海风电、太阳能和海上油气开发利用。

优化跨区能源输送通道建设。加快跨省区输电工程特别是水电、风电外送通道建设，提高清洁能源利用比重。加快跨省区油气长输管道建设，促进主干管道互联互通。加快重点地区和气化率较低地区油气管道建设。推进页岩气、煤层气等非常规天然气配套外输管道建设。加强电力输送通道与煤炭输送通道的统筹协调。

促进能源与高耗能产业协调发展。落实《国务院关于中西部地区承接产业转移的指导意见》，支持西部地区实施高耗能产业布局优化工程，提高能源就地消纳比例。支持东中部地区加快高耗能产业转移，实施清洁能源提速工程，降低对远距离能源输送的依赖。

（九）加强系统集成优化

着力提升电网调峰能力。鼓励发展天然气调峰电站，适度加快规划内抽水蓄能电站建设。推进西南地区流域龙头水电站建设，提升燃煤电厂调峰能力。稳步推进热电联产机组参与调峰，鼓励发展背压式热电联产。出台节能低碳发电调度办法，优先调度可再生能源发电，合理调整燃煤机组调峰秩序。研究出台政策措施，推动储能技术突破，促进规模化参与调峰应用。完善跨省跨区电力辅助服务补偿机制，进一步挖掘调峰潜力。

积极发展分布式能源。放开用户侧分布式电源建设，鼓励多元主体投资建设分布式能源。研究制订接入电网技术标准规范，推动分布式能源接入各电压等级配电网和终端用能系统。创新分布式能源运营模式，鼓励发展融合储能技术和信息技术的先进微电网。完善各类资源综合利用机组财政支持政策。

积极发展智能电网。研究建立适应基本国情的智能电网技术路线、发展模式和实现路径。示范应用微电网、储能及柔性直流输电工程。加强需求侧管理，推广应用供需互动用电系统。探索智能电网运营商业新模式，建立清洁、安全、便捷、有序的互动用电平台，适应分布式能源、电动汽车等多元化接入需求。

促进可再生能源就地消纳利用。建设配套调峰电站，提高电网接入消纳能力。开展风电供暖、制氢等示范工程建设。探索风电、光伏就地消纳利用商业新模式。统筹解决弃风、弃光、弃水等行业发展突出问题。探索试点可再生能源开发利用目标管理机制。

## 四、加快清洁化低碳化进程，建设绿色发展新生态

（十）大力发展非化石能源

积极发展水电。加快推进西南水电基地重大项目建设，推动白鹤滩、叶巴滩、卡拉等重点水电项目核

准开工，积极推进怒江水电开发。做好雅鲁藏布江下游水电开发前期研究论证与规划。

稳步发展风电。推动"三北"地区风电健康发展，鼓励东中部和南部地区风电加快发展。推进准东、锡盟、晋北、张家口三期新能源发电基地规划建设，提高新能源发电外送电量比重。研究解决制约海上风电发展的技术瓶颈和体制障碍，促进海上风电健康持续发展。

安全发展核电。继续推进 AP1000 依托项目建设，抓紧开工大型先进压水堆 CAP1400 示范工程，适时启动后续沿海 AP1000 新项目建设。加快推进小堆示范工程。协调各方力量，确保高温气冷堆、华龙一号等示范工程顺利建设。保护和论证一批条件优越的核电厂址，稳妥推进新项目前期工作。加强核电安全质量管理，确保在运在建机组安全可控。

大力发展太阳能。扩大光伏发电"领跑者"基地建设规模。继续推进太阳能热发电示范项目建设，探索太阳能热发电新技术和新模式。统筹做好太阳能发电项目与配套电网建设衔接。

积极开发利用生物质能、地热能等新能源。加快生物天然气开发利用，推进 50 个生物天然气示范县建设。推动建立燃料乙醇扶持政策动态调整机制，扩大燃料乙醇生产消费。推动地热能规模化开发利用。在京津冀等北方城镇地区推广中深层地热能集中供暖。在长江中下游地区推广地源热泵供暖制冷应用。推进西藏高温地热发电项目建设和中低温地热发电试验。

推动区域能源转型示范。在浙江、四川、宁夏、青海和内蒙古等地区，建设清洁能源战略转型示范省(区)。推进新能源示范城市、绿色能源示范县和新能源示范园区建设，探索建立一批基本依靠清洁能源供能的示范区。推进可再生能源与新城镇、新农村建设融合发展。

（十一）积极推进天然气高效利用

研究修订《天然气利用政策》。完善交通领域天然气利用技术标准，加强加注站规划建设，积极发展以天然气为燃料的交通工具。鼓励发展天然气调峰发电和冷电热三联供。扩大天然气利用替代，在京津冀、长三角、珠三角等区域，因地制宜替代散烧煤炭，有序发展天然气工业锅炉（窑炉）。推进液化天然气冷能资源综合利用，适度发展天然气工业供热。促进天然气发电与新能源发电融合发展。

（十二）继续实施专项升级改造

实施煤电超低排放和节能改造。"十三五"期间，全国计划实施超低排放改造约 4.2 亿 kW，节能改造约 3.4 亿 kW，预计总投资约 1500 亿元。2016 年，启动一批超低排放改造示范项目和节能改造示范项目。修订煤电机组能效标准和最低限值标准。开展煤电节能改造示范项目评估，推广应用先进成熟技术。

加快成品油质量升级改造。2016 年，东部 11 省（市）全面供应国五标准车用汽、柴油。扎实做好 2017 年全国全面供应国五标准车用汽、柴油准备工作。推进普通柴油升级项目。编制出台车用汽、柴油国六标准。

（十三）鼓励发展新型消费业态

全面推进电动汽车充电设施建设。按照"桩站先行、适度超前"原则，用好财政支持政策，积极完善相关配套措施，保障工程建设顺利进行。加强与建筑、市政等公共设施的统筹衔接，研究编制充电设施工程技术标准规范。鼓励大众创业、万众创新，积极发展充电设施分享经济。2016 年，计划建设充电站 2000 多座、分散式公共充电桩 10 万个，私人专用充电桩 86 万个，各类充电设施总投资 300 亿元。

启动实施"互联网＋"智慧能源行动。促进能源和信息深度融合，探索推广新技术、新模式和新业态，推动建设智慧城市和智慧小镇，助力提升城乡居民生活品质。推动建设智能化生产消费基础设施。加强多能协同综合能源网络建设。推动能源与通信基础设施深度融合。营造开放共享的能源互联网生态体系。发展储能和电动汽车应用新模式。发展智慧用能新模式。培育绿色能源灵活交易市场模式。发展能源大数据服务应用。推动能源互联网关键技术攻关。建设国际领先的能源互联网标准体系。

推广实施电能替代。在居民采暖、工农业生产、交通运输等领域，因地制宜发展电采暖、电锅炉（窑炉）、电蓄能调峰等项目，有序替代散烧煤炭和燃油。研究建立电能替代示范区。到 2020 年，计划替代散烧煤炭和燃油消费折合标准煤约 1.3 亿 t。

（十四）切实加强煤炭清洁绿色开发利用

限制开发高硫、高灰、高砷、高氟煤炭资源。推广充填开采、保水开采、煤与瓦斯共采等绿色开采技术。加强煤矿粉尘综合治理。完善矿区生态环境补偿机制。提高原煤洗选加工比重。在钢铁、建筑等领域推广高效清洁燃煤锅炉（窑炉）技术。适度发展煤制燃料和低阶煤分级分质加工转化利用。加强煤矸石、矿井水、煤矿瓦斯等资源综合利用。

（十五）持续抓好大气污染防治相关能源保障工作

深入落实国务院大气污染防治行动计划，尽快建成 12 条跨区输电通道，保障重点地区清洁能源供应。积极参与京津冀及周边地区、长三角等区域大气污染防治协作机制。继续加大京津冀地区散煤清洁化治理工作力度，确保完成年度考核任务。鼓励其他民用劣质燃煤地区结合本地实际，借鉴实施京津冀散煤清洁化治理模式，切实降低散煤燃烧污染。

## 五、加强能源国际合作，拓展开放发展新空间

（十六）加快推动重大能源装备“走出去”

深入实施“一带一路”能源合作和中巴经济走廊能源合作，进一步完善能源装备出口服务机制，依托工程建设推动能源装备出口。积极推进核电“走出去”，扩大火电机组、水电机组等常规大型成套设备出口，拓展风电、光伏发电等新能源装备出口，鼓励炼化装备、运营、设计企业“抱团出海”。稳妥投资海外输配电项目。鼓励以企业为主体，发展电力装备服务出口。

（十七）积极拓展海外油气合作

巩固重点国家和资源地区油气产能合作，积极参与国际油气基础设施建设，促进与“一带一路”沿线国家油气管网互联互通。推进中俄东线天然气管道建设，确保按计划建成。务实推动中俄西线天然气合作项目。稳妥推进天然气进口。加强与资源国炼化合作，多元保障石油资源进口。

（十八）积极参与国际能源治理

加快建设上海国际能源交易中心。加强东北亚、上海合作组织能源合作，推动建立区域能源市场。推动核电等中国能源标准国际化。办好 G20 峰会能源系列会议，确保取得预期成果和实效。加强与国际能源署、国际可再生能源署、国际能源宪章等国际能源组织合作，提高中国参与国际能源治理的话语权和影响力。

## 六、实施能源民生工程，增进共享发展新福祉

（十九）全方位支持贫困地区能源资源开发利用

围绕全面建成小康社会总目标，贯彻落实中央扶贫开发工作会议精神，坚持精准扶贫、精准脱贫，采取非常规举措，着力加快贫困地区能源开发建设，着力提高当地能源普遍服务水平，促进贫困地区经济发展和民生改善，为打赢脱贫攻坚战、确保贫困地区与全国同步建成小康社会提供坚强的能源保障。

（二十）着力加强贫困地区能源开发建设

落实《国家能源局关于加快贫困地区能源开发建设推进脱贫攻坚的实施意见》，加大贫困地区能源项目支持和资金投入力度，新建能源开发项目和输送通道，优先向革命老区、民族地区、边疆地区和连片特困地区布局。扎实推进农村贫困地区农网改造升级、农村动力电全覆盖、光伏扶贫三大能源扶贫工程。统筹出台扶贫开发优惠产业政策，调整完善水电利益共享等能源资源开发收益分配政策，研究建立特殊地区电力普遍服务补偿机制，让更多的贫困地区和贫困群众从能源资源开发中受益。

（二十一）启动实施新一轮农村电网改造升级

组织编制三年滚动实施计划，建立项目储备库，预计总投资约 3000 亿元。尽快启动第一批升级改造项目，预计投资约 420 亿元，其中中央预算内投资 85 亿元。两年内实现农村稳定可靠供电服务。组织编制小城镇、中心村农网改造升级和机井通电实施方案（2016～2017 年），预计投资约 1500 亿元，到 2017 年中心村全部完成农网改造，平原地区机井通电全覆盖。

（二十二）全面实施城镇配电网建设改造

计划用五年左右时间，全面加快城镇配电网建设改造，促进经济发展和民生改善。到 2020 年，中心城市（区）智能化建设和应用水平大幅提高，供电可靠率达到 99.99%，用户年均停电时间不超过 1h，供电质量达到国际先进水平；城镇地区供电能力及供电安全水平显著提升，供电可靠率接近 99.9%，用户年均停电时间不超过 10h，保障地区经济社会快速发展。

# 国家能源局印发《电力规划管理办法》

国家能源局于 2016 年 5 月 17 日以国能电力〔2016〕139 号文印发《电力规划管理办法》。该管理办法全文如下。

## 电力规划管理办法

### 第一章 总 则

**第一条** 为加强电力规划管理，促进电力工业健康发展，依据《中华人民共和国电力法》等相关法律法规和《中共中央 国务院关于进一步深化电力体制改革的若干意见》要求，制定本办法。

**第二条** 电力规划是指导电力工业发展的纲领性文件，是能源规划的重要组成部分，应纳入国民经济和社会发展规划。本办法所称电力规划指 5 年期规划，与国民经济和社会发展规划同步，定期编制并公开发布。研究和编制电力规划应展望 10 年至 15 年电力发展趋势。

**第三条** 电力规划主要包括全国电力规划（含区域电力规划，下同）和省级电力规划。全国电力规划由国家能源局负责编制，经国家发展和改革委员会审定后，由国家能源局公开发布（保密内容除外）。省级电力规划由省级能源主管部门负责编制，报国家能

源局衔接并达成一致后，由省级人民政府批准并公开发布（保密内容除外）。全国电力规划指导省级电力规划，省级电力规划服从全国电力和能源规划及省级能源发展规划，全国电力规划和省级电力规划应做到上下衔接，协调统一。

**第四条** 电力规划工作可分为研究与准备、编制与衔接、审定与发布、实施与调整、评估与监督等环节。

**第五条** 电力规划应遵循国家法律、法规，贯彻落实国家能源发展战略和相关产业政策，满足电力行业相关规程、规范和标准的要求，同步开展环境影响评价，注重提升覆盖面、权威性和科学性，增强透明度和公众参与度。

**第六条** 电力规划应在能源发展总体规划框架下，统筹衔接水电、煤电、气电、核电、新能源发电以及输配电网等规划；支持非化石能源优先利用和分布式能源发展，努力实现电力系统安全可靠、经济合理、清洁环保、灵活高效；鼓励创新，促进电力产业升级，积极推动能源生产、消费、供给与科技革命，促进能源与经济社会创新、协调、绿色、开放、共享发展。

## 第二章 组织与职责

**第七条** 国家能源局是全国电力规划的责任部门，省级能源主管部门是省级电力规划的责任部门，按照“政府主导、机构研究、咨询论证、多方参与、科学决策”的原则，分别组织编制全国和省级电力规划。规划编制主要参与者包括：政府部门、研究机构、电力企业、电力行业相关单位和电力规划、环境保护专家等。

**第八条** 电力规划研究机构是电力规划研究工作的主要承担单位，受国家能源局、省级能源主管部门委托，开展电力规划专题研究和综合研究。

**第九条** 电力企业是电力规划的主要实施主体和安全责任主体，应负责提供规划基础数据，积极承担电力规划的研究课题，提出规划建议，支持和配合规划工作，并按审定的全国、省级电力规划编制企业规划。

**第十条** 电力企业联合会等行业协会、学会、科研机构和高校等相关单位，应积极参与配合电力规划工作，向能源主管部门提出研究建议。

**第十一条** 建立完善电力规划专家库，聘请专家参与规划研究和论证，提供技术咨询。

## 第三章 研究与准备

**第十二条** 电力规划编制应从全面、深入、专业的研究入手，并以电力规划研究成果为基础。电力规划研究包括电力规划建议、电力规划专题研究和电力规划综合研究三类。

（一）电力规划建议是电力企业立足自身主营业务研究提出的规划建议，以及电力行业协会、学会、科研机构和高校等自主或受托提出的规划建议，是电力规划的关键支撑和基础。

（二）电力规划专题研究是针对影响电力规划的重大问题开展的研究，主要涉及电力需求、结构与布局、系统安全、经济评价、环境评价、科技进步、体制改革等。

（三）电力规划综合研究是在规划建议、规划专题研究的基础上，通过综合比选与平衡衔接，提出全面系统的电力规划研究成果。综合研究是编制电力规划的核心技术支撑。

**第十三条** 国家能源局和省级能源主管部门应按照能源规划工作总体安排，提前2年开展电力规划编制，及时启动专题和综合研究工作。

**第十四条** 电力规划专题研究和电力规划综合研究，由能源主管部门通过招标或协商等方式，委托电力规划研究机构或有资质的研究机构承担，也可由有关单位及专家根据工作需要，自行选题组织专题研究。研究过程中，能源主管部门应通过专题调研和座谈会议等方式，重点对电力需求、规模与布局、系统安全、电力流向等内容听取地方政府、电力企业和电力用户的意见和建议。

**第十五条** 重要的规划专题研究完成后，应由能源主管部门组织咨询机构和专家评审，并提出评审意见。规划环境影响评价研究和水资源供应研究应征询环境和水资源主管部门意见。

**第十六条** 电力规划综合研究报告完成后，由国家能源局或省级能源主管部门组织咨询机构和专家评审，并提出评审意见，作为编制全国和省级电力规划的依据。

**第十七条** 及时修订完善电力规划研究相关技术标准和报告内容深度规定，不断提高研究水平和报告质量。

## 第四章 编制与衔接

**第十八条** 电力规划编制要以电力规划综合研究成果为依据，充分吸收电力规划建议，全面落实国家和地方经济社会发展目标要求，深入分析电力工业现状、面临的形势以及政策、资源和生态环境等约束性因素，提出电力发展的指导思想、基本原则、发展目标、重点任务及保障措施。

**第十九条** 全国电力规划应重点提出五年规划期内大型水电（含抽水蓄能）、核电规模及项目建设安排（含投产与开工），风电、光伏（光热）等新能源发电建设规模，煤电基地开发规模，跨省跨区电网项目建设安排（含投产与开工），省内500kV及以上电网项目建设安排（含投产与开工），以及省内自用煤电、气电规模。

**第二十条** 省级电力规划应重点明确所属地区的大中型水电（含抽水蓄能）、煤电、气电、核电等项目建设安排（含投产与开工），进一步明确新能源发电的建设规模和布局，提出110kV（66kV）及以上电网项目建设安排（含投产和开工）和35kV及以下电网建设规模。

**第二十一条** 电力规划应在建设规模、投产时序、系统接入和消纳市场等方面统筹衔接水电、煤电、气电、核电、新能源发电等各类电源专项规划，形成协调统一的电力规划。

**第二十二条** 电力规划编制中，应通过联席会议、调研走访、专题讨论等机制和方式，加强电力规划与土地利用、城乡建设、环境保护、水资源利用等相关规划的协调，加强电力规划与交通运输、设备制造、供气供热、城市管网等上下游行业规划的协调，加强规划环境影响评价成果与规划草案完善的互动反馈。

**第二十三条** 电力规划应与能源发展总体规划衔接一致，按照省级电力规划服从全国电力规划和省级能源发展规划的原则，通过“两上两下”，对全国电力规划和省级电力规划进行衔接，对送电省电力规划和受电省电力规划进行衔接，保证上下级规划和相关省级规划之间有效衔接、协调统一。

“一上”，规划编制工作启动后，各省级能源主管部门研究提出省级电力规划初稿，提交国家能源局。

“一下”，国家能源局组织对省级规划初稿进行汇总平衡后，初步明确全国规划主要目标、总体框架和各省级规划的边界条件，并书面反馈各省级能源主管部门。

“二上”，各省级能源主管部门根据反馈意见编制省级电力规划（含规划环境影响评价），报送国家能源局。

“二下”，国家能源局对各省级电力规划综合衔接平衡，并书面反馈意见，省级能源主管部门按照反馈意见修改完善省级电力规划。

**第二十四条** 建立健全电力规划指标体系，加强电力规划指标的量化管理，提高规划的指导性和可操作性。

**第二十五条** 电力规划草案形成后，应广泛征求政府部门、电力企业、其他相关单位和专家意见。电力规划上报审定前，宜委托有资质的中介机构进行咨询并提出咨询意见。研究探索电力规划听证制度。

## 第五章 审 定 与 发 布

**第二十六条** 全国电力规划一般于五年规划第一年的五月底前由国家能源局报经国家发展改革委审定，由国家能源局公开发布。

**第二十七条** 省级电力规划一般于五年规划第一年的六月底前由省级能源主管部门编制完成报国家能源局衔接并达成一致后，按程序公开发布。

## 第六章 实 施 与 调 整

**第二十八条** 电力规划审定发布后，各级能源主管部门及电力企业应全面落实规划明确的各项任务。

**第二十九条** 已经纳入电力规划或符合规划布局的项目，业主单位可依据审定的规划向国土、城建、环保、水利等部门申请支持性文件；需要核准的，由相应主管部门按程序核准。核电项目相关规定另行制定。

**第三十条** 未纳入电力规划的重大项目、不符合规划布局的电力项目不予核准。特殊情况下，应先调整规划后再行核准。省级能源主管部门年度核准的新能源发电规模不应超过年度开发方案确定的当年开工规模。需要超过时，应及时调整规划并报告主管部门审定。未经核准的电力项目，不得进入电力市场交易，不得纳入电网准许成本并核定输配电价，不得享受电价补贴、税收减免等扶持政策。

**第三十一条** 电力企业应按照审定发布的电力规划，制定企业发展规划，积极开展规划项目前期工作，有序推进项目建设，保障规划顺利落实。

**第三十二条** 各级政府及能源主管部门应重视和支持电力规划的实施，注重电力规划与土地利用规划和城乡建设规划实施的协调，保障电力建设项目厂址、站址和输电走廊用地。

**第三十三条** 已经纳入电力规划但未按期实施的电源、电网建设项目，项目业主应及时向能源主管部门说明情况。无正当理由不按期实施、并造成严重后果的，能源主管部门应对业主通报批评；属于发电等竞争性领域的，能源主管部门可对无正当理由不按期实施的项目通过招标或协商等方式交由其他投资主体实施。

**第三十四条** 规划实施过程中，可根据实际情况对电力规划进行适当滚动和调整。电力规划发布2至3年后，国家能源局和省级能源主管部门可根据经济发展情况和规划实施情况对五年规划进行滚动。如遇重大变化，或应电力企业申请，也可由规划编制部门按程序组织对规划具体项目进行调整。

**第三十五条** 开展电力规划滚动的，应在电力规划执行第2年组织开展专题研究工作，第3年编制滚动规划，并对滚动规划进行评审、审定和发布。

**第三十六条** 开展电力规划调整的，应委托规划研究机构开展专题研究，经专门机构评估论证后，按程序将新增电力项目纳入规划，或将相关项目调出规划。

**第三十七条** 全国电力规划滚动调整由国家能源局组织，按程序公开发布（保密内容除外）；省级电力规划滚动调整由省级能源主管部门负责，经与全国规划衔接调整后，按程序公开发布（保密内容除外）。

**第三十八条** 继续深化行政审批制度改革，逐步推行政府规划指导、企业自主决策的电力项目建设新机制。积极探索电源项目前期工作市场化和业主招标制。

## 第七章 评估与监督

**第三十九条** 国家能源局及派出机构和省级能源主管部门应加强对电力规划实施情况的评估和监督。

**第四十条** 建立电力规划定期评估机制。规划实施 2 年后，国家能源局应委托中介机构开展全国电力规划中期评估咨询，省级能源主管部门应委托中介机构开展省级电力规划中期评估咨询，分别形成《电力规划实施中期评估报告》；5 年规划结束后，形成《电力规划实施评估报告》。国家能源局派出机构应相应编制并发布《中期电力规划实施情况监管报告》和《五年期电力规划实施情况监管报告》，作为规划编制和滚动调整的重要参考。

**第四十一条** 电力规划实施情况评估工作应对电力规划成功的经验进行总结，对暴露的问题进行分析，并提出相关建议。

**第四十二条** 在规划实施过程中，能源主管部门可定期进行监督检查，发现问题及时纠正。探索建立规划审计制度。

## 第八章 保障措施

**第四十三条** 各级能源主管部门应加强对电力规划编制、实施、评估的组织领导，将规划管理工作作为推动电力发展的重要手段。做到五年规划指导年度计划。

**第四十四条** 健全和完善国家和省级电力规划研究机构和技术支撑体系。国家电力规划研究中心等电力规划研究机构应充分发挥研究力量的支撑作用，与相关协会、学会、科研机构、高校和企业密切协作，构建强有力的规划研究支撑体系。重视电力规划人才储备和培养，加强电力规划模型、软件、平台等技术手段的研发，增强规划编制的技术支撑能力。各省应建立电力规划支撑体系。

**第四十五条** 建立健全电力规划标准体系，修订完善电力规划技术标准，推动电力规划工作标准化。

**第四十六条** 加快电力规划信息平台建设，推进电力规划信息共享，为规划研究和编制提供全面、准确、开放的数据支撑。地方政府相关部门、行业协会、电力企业应为信息平台建设提供必要的基础数据和信息。

**第四十七条** 规划研究、规划编制和信息平台建设及维护经费纳入国家和各级地方政府财政预算。合理确定规划编制经费水平，保障规划编制工作经费需要。

## 第九章 附 则

**第四十八条** 本办法由国家能源局负责解释。

**第四十九条** 全国和省级电力规划工作应当遵循本办法，地级市及以下能源主管部门参照执行。

**第五十条** 本办法自公布之日起实施。

# 国家能源局印发《水电站大坝运行安全信息报送办法》

国家能源局于 2016 年 9 月 26 日以国能安全〔2016〕261 号文印发《水电站大坝运行安全信息报送办法》。该办法全文如下。

## 水电站大坝运行安全信息报送办法

### 第一章 总 则

**第一条** 为了加强水电站大坝（以下简称大坝）非现场安全监督管理，规范大坝运行安全信息报送行为，根据《水电站大坝运行安全监督管理规定》（国家发展改革委令第 23 号），制定本办法。

**第二条** 大坝运行安全信息的报送应当及时、准确、完整。信息的报送、管理和使用应当遵守国家有关保密要求。

**第三条** 本办法适用于在国家能源局安全注册登记和备案大坝的运行安全信息报送、使用及监督管理工作。

**第四条** 电力企业是大坝运行安全信息报送的责任主体，应当明确大坝运行安全信息报送责任部门和责任人，建立健全大坝运行安全信息报送制度，开展大坝运行安全信息化建设，按照要求报送大坝运行安全信息。

对于新投入运行的大坝，电力企业应当自申报大坝登记备案或申请大坝安全注册登记之日起开始报送信息。

**第五条** 国家能源局负责全国大坝运行安全信息报送的综合监督管理。派出机构负责督促辖区内电力企业开展大坝运行安全信息报送和信息化建设工作。

大坝中心负责建设运维全国大坝运行安全监督管理信息系统，监督指导电力企业大坝运行安全信息报送和信息化建设工作，分析处理电力企业报送的大坝运行安全信息，研判大坝运行安全状况。

## 第二章　报送内容及要求

**第六条**　大坝运行安全信息分为日常信息、年度报告、专题报告三类。

**第七条**　日常信息包括大坝安全监测信息、大坝汛情和灾情、大坝异常情况和大坝运行事故情况。

（一）大坝安全监测信息

对于坝高70m以上的大坝、库容1亿$m^3$以上的大坝、工程安全特别重要的大坝和病险坝，电力企业应当将采集的大坝安全监测信息于48h内自动报送至大坝中心。其他大坝的安全监测信息，电力企业应当于次月15日前报送至大坝中心。

大坝安全监测信息报送项目和基本监测频次表见附件。

（二）大坝汛情

进入汛期，电力企业应当按照水行政主管部门规定的起报标准和报汛段次，向大坝中心报送大坝汛情。大坝汛情一般包括库面降雨量（或坝址附近降雨量）、库水位、入库流量、出库流量、弃水流量、泄洪情况等。

汛情可能对大坝运行安全造成威胁的，电力企业应当及时向上级主管单位、有关派出机构、地方政府有关部门报告。

（三）大坝灾情

震级在5级及以上且震源距坝址100km以内的地震，以及对大坝有影响的泥石流、山体崩塌、滑坡等灾情发生后，电力企业应当于1h内向上级主管单位、有关派出机构和大坝中心、地方政府有关部门报告灾情快讯，于12h内报告灾情详细情况。

（四）大坝异常情况

大坝出现异常情况，电力企业应当于24h内向上级主管单位、有关派出机构和大坝中心报告。

（五）大坝运行事故

大坝发生运行事故，电力企业应当于1h内向上级主管单位、有关派出机构和大坝中心、地方政府有关部门报告。

派出机构和大坝中心、全国电力安全生产委员会企业成员单位接到对大坝运行安全影响较大的汛情、灾情、大坝运行事故报告后，应当于1h内向国家能源局报告。

**第八条**　年度报告分为大坝安全年度详查报告、大坝安全注册登记自查报告和大坝安全工作年度报表。

电力企业应当于次年2月15日前将年度报告报送至大坝中心。

**第九条**　专题报告包括大坝除险加固专题报告和大坝安全监测系统更新改造专题报告。大坝除险加固专题报告包括：大坝除险加固设计报告、审查报告、施工报告、竣工验收报告。大坝安全监测系统更新改造专题报告包括：大坝安全监测系统更新改造设计报告、审查报告、安装调试及试运行报告、竣工验收报告。

大坝除险加固竣工验收后，或者大坝安全监测系统更新改造竣工验收后，电力企业应当于1个月内将相应专题报告报送至大坝中心。

## 第三章　信息分析和使用

**第十条**　大坝中心应当及时分析处理电力企业报送的大坝日常信息。发现异常情况，大坝中心应当于24h内向电力企业及相关单位提出处理建议，并通报有关派出机构。

**第十一条**　大坝中心应当及时研判电力企业报送的大坝汛情、灾情、异常情况和运行事故信息，为大坝运行安全应急管理提供相应的技术支持。

**第十二条**　大坝中心在开展大坝安全定期检查时，应当充分利用电力企业报送的大坝运行安全信息及日常监控成果，为大坝运行状况和工作性态评价提供重要依据。

**第十三条**　大坝中心应当根据电力企业报送的年度报告和开展的大坝安全监督管理工作，向国家能源局提交全国大坝安全工作年报。

## 第四章　监督管理

**第十四条**　大坝中心应当每季度通报电力企业大坝运行安全信息报送和信息化建设情况。

**第十五条**　大坝中心应当会同派出机构对电力企业大坝运行安全信息报送工作和信息化建设情况进行监督检查。

**第十六条**　对于未按照本办法开展大坝运行安全信息报送工作或者提供虚假信息、隐瞒重要事实的电力企业，由有关派出机构按照《水电站大坝运行安全监督管理规定》第三十七条和第三十八条进行处理。

## 第五章　附　　则

**第十七条**　本办法下列用语的含义：

（一）大坝异常情况，是指大坝运行过程中出现偏离于正常变化趋势的现象，如：坝体发生裂缝或者原有裂缝出现发展；建筑物出现冻融、冻胀、溶蚀或者过流部分出现严重空蚀、磨损、冲刷；坝体表面错动；坝体或者边坡变形突变；基础或者坝体扬压力、渗漏量突变，渗漏水质发生变化；重要部位应力、应变等监测项目测值发生突变；监测系统重要项目不能正常监测等。

（二）大坝运行事故，是指大坝运行过程中发生的、并导致严重后果的情况，如：大坝溃决、结构物严重断裂、倒塌；洪水漫顶、淹没；泄洪建筑物严重破坏；坝坡大体积塌滑；近坝库岸及边坡大体积滑塌等。

**第十八条** 大坝安全监测信息分为一般项目和重要项目两类。

一般项目是监测技术规范规定的大坝运行过程中应当具备的基本监测项目。

重要项目是针对大坝重要部位和薄弱环节，根据大坝实际运行特性和工作性态而确定的监测项目。对于重要项目，应当实施自动化监测，并保证相关设施全天候连续正常工作，使大坝上级管理单位和大坝中心能够随时远程采集到数据；不能采用自动化监测的，应当按照监测频次要求及时将人工测值录入数据库，使大坝上级管理单位和大坝中心能够及时远程获取到数据。

**第十九条** 大坝中心应当根据本办法制定电力企业大坝运行安全信息报送和信息化建设技术要求等相关配套文件。

**第二十条** 本办法自发布之日起施行。原国家电力监管委员会《水电站大坝运行安全信息报送办法》（电监安全〔2006〕38号）同时废止。

附件：大坝安全监测信息报送项目和监测频次表（略）

## 国家能源局印发《风电发展“十三五”规划》

国家能源局于2016年11月16日以国能新能〔2016〕314号文印发《风电发展“十三五”规划》。该规划全文如下。

### 风电发展“十三五”规划

前言

风电技术比较成熟，成本不断下降，是目前应用规模最大的新能源发电方式。发展风电已成为许多国家推进能源转型的核心内容和应对气候变化的重要途径，也是我国深入推进能源生产和消费革命、促进大气污染防治的重要手段。

“十三五”时期是我国推进“四个革命，一个合作”能源发展战略的重要时期。为实现2020年和2030年非化石能源分别占一次能源消费比重15%和20%的目标，推动能源结构转型升级，促进风电产业持续健康发展，按照《可再生能源法》要求，根据《能源发展“十三五”规划》和《可再生能源发展“十三五”规划》，制定本规划。

本规划明确了2016年至2020年我国风电发展的指导思想、基本原则、发展目标、建设布局、重点任务、创新发展方式及保障措施，是“十三五”时期我国风电发展的重要指南。

一、发展基础和形势

（一）国际形势

随着世界各国对能源安全、生态环境、气候变化等问题日益重视，加快发展风电已成为国际社会推动能源转型发展、应对全球气候变化的普遍共识和一致行动。主要表现在：

风电已在全球范围内实现规模化应用。风电作为应用最广泛和发展最快的新能源发电技术，已在全球范围内实现大规模开发应用。到2015年底，全球风电累计装机容量达4.32亿kW，遍布100多个国家和地区。“十二五”时期，全球风电装机新增2.38亿kW，年均增长17%，是装机容量增幅最大的新能源发电技术。

风电已成为部分国家新增电力供应的重要组成部分。2000年以来风电占欧洲新增装机的30%，2007年以来风电占美国新增装机的33%。2015年，风电在丹麦、西班牙和德国用电量中的占比分别达到42%、19%和13%。随着全球发展可再生能源的共识不断增强，风电在未来能源电力系统中将发挥更加重要作用。美国提出到2030年20%的用电量由风电供应，丹麦、德国等国把开发风电作为实现2050年高比例可再生能源发展目标的核心措施。

风电开发利用的经济性显著提升。随着全球范围内风电开发利用技术不断进步及应用规模持续扩大，风电开发利用成本在过去五年下降了约30%。巴西、南非、埃及等国家的风电招标电价已低于当地传统化石能源上网电价，美国风电长期协议价格已下降到化石能源电价同等水平，风电开始逐步显现出较强的经济性。

（二）国内形势

1. 发展基础

“十二五”期间，全国风电装机规模快速增长，开发布局不断优化，技术水平显著提升，政策体系逐步完善，风电已经从补充能源进入到替代能源的发展阶段，突出表现为：

风电成为我国新增电力装机的重要组成部分。“十二五”期间，我国风电新增装机容量连续五年领跑全球，累计新增9800万kW，占同期全国新增装机总量的18%，在电源结构中的比重逐年提高。中东部和南方地区的风电开发建设取得积极成效。到2015年底，全国风电并网装机达到1.29亿kW，年发电量1863亿kW·h，占全国总发电量的3.3%，比2010年提高2.1个百分点。风电已成为我国继煤电、水电之后的第三大电源。

产业技术水平显著提升。风电全产业链基本实现国产化，产业集中度不断提高，多家企业跻身全球前10名。风电设备的技术水平和可靠性不断提高，基本达到世界先进水平，在满足国内市场的同时出口到28个国家和地区。风电机组高海拔、低温、冰冻等特殊环境的适应性和并网友好性显著提升，低风速风电开发的技术经济性明显增强，全国风电技术可开发资源量大幅增加。

行业管理和政策体系逐步完善。"十二五"期间，我国基本建立了较为完善的促进风电产业发展的行业管理和政策体系，出台了风电项目开发、建设、并网、运行管理及信息监管等各关键环节的管理规定和技术要求，简化了风电开发建设管理流程，完善了风电技术标准体系，开展了风电设备整机及关键零部件型式认证，建立了风电产业信息监测和评价体系，基本形成了规范、公平、完善的风电行业政策环境，保障了风电产业的持续健康发展。

2. 面临的形势与挑战

为实现2020年和2030年非化石能源占一次能源消费比重15%和20%的目标，促进能源转型，我国必须加快推动风电等可再生能源产业发展。但随着应用规模的不断扩大，风电发展也面临不少新的挑战，突出表现为：

现有电力运行管理机制不适应大规模风电并网的需要。我国大量煤电机组发电计划和开机方式的核定不科学，辅助服务激励政策不到位，省间联络线计划制定和考核机制不合理，跨省区补偿调节能力不能充分发挥，需求侧响应能力受到刚性电价政策的制约，多种因素导致系统消纳风电等新能源的能力未有效挖掘，局部地区风电消纳受限问题突出。

经济性仍是制约风电发展的重要因素。与传统的化石能源电力相比，风电的发电成本仍比较高，补贴需求和政策依赖性较强，行业发展受政策变动影响较大。同时，反映化石能源环境成本的价格和税收机制尚未建立，风电等清洁能源的环境效益无法得到体现。

支持风电发展的政策和市场环境尚需进一步完善。风电开发地方保护问题较为突出，部分地区对风电"重建设、轻利用"，对优先发展可再生能源的政策落实不到位。设备质量管理体系尚不完善，产业优胜劣汰机制尚未建立，产业集中度有待进一步提高，低水平设备仍占较大市场份额。

## 二、指导思想和基本原则

### （一）指导思想

全面贯彻党的十八大和十八届三中、四中、五中、六中全会精神，落实创新、协调、绿色、开放、共享的发展理念，遵循习近平总书记能源发展战略思想，坚持清洁低碳、安全高效的发展方针，顺应全球能源转型大趋势，不断完善促进风电产业发展的政策措施，尽快建立适应风电规模化发展和高效利用的体制机制，加强对风电全额保障性收购的监管，积极推动技术进步，不断提高风电的经济性，持续增加风电在能源消费中的比重，实现风电从补充能源向替代能源的转变。

### （二）基本原则

坚持消纳优先，加强就地利用。把风电在能源消费中的比重作为指导各地区能源发展的重要约束性指标，把风电消纳利用水平作为风电开发建设管理的基本依据。坚持集中开发与分散利用并举的原则，优化风电建设布局，大力推动风电就地和就近利用。

坚持推进改革，完善体制机制。把促进风电等新能源发展作为电力市场化改革的重要内容，建立公平竞争的电力市场和节能低碳的调度机制。完善和创新市场交易机制，支持通过直接交易和科学调度实现风电多发满发。完善政府公益性、调节性服务功能，确保风电依照规划实现全额保障性收购。

坚持创新发展，推动技术进步。把加强产业创新能力作为引导风电规模化发展的主要方向，鼓励企业提升自主研发能力，完善和升级产业链，推动关键技术创新，促进度电成本快速下降，提高风电产品的市场竞争力。完善风电产业管理和运维体系，提高全过程专业化服务能力。

坚持市场导向，促进优胜劣汰。充分发挥市场配置资源的决定性作用，鼓励以竞争性方式配置资源。严格风电产品市场准入标准，完善工程质量监督管理体系，加强产品检测认证与技术检测监督，推广先进技术，淘汰落后产能，建立公开、公平、公正的市场环境。

坚持开放合作，开拓国际市场。加强风电产业多种形式的国际合作，推动形成具有全球竞争力的风电产业集群。大力支持和鼓励我国风电设备制造和开发企业开拓国际风电市场，促进我国风电产业在全球能源治理体系中发挥重要作用。

## 三、发展目标和建设布局

### （一）发展目标

总量目标：到2020年底，风电累计并网装机容量确保达到2.1亿kW以上，其中海上风电并网装机容量达到500万kW以上；风电年发电量确保达到

4200 亿 kW·h，约占全国总发电量的 6%。

消纳利用目标：到 2020 年，有效解决弃风问题，“三北”地区全面达到最低保障性收购利用小时数的要求。

产业发展目标：风电设备制造水平和研发能力不断提高，3～5 家设备制造企业全面达到国际先进水平，市场份额明显提升。

（二）建设布局

根据我国风电开发建设的资源特点和并网运行现状，“十三五”时期风电主要布局原则如下：

1. 加快开发中东部和南方地区陆上风能资源

按照“就近接入、本地消纳”的原则，发挥风能资源分布广泛和应用灵活的特点，在做好环境保护、水土保持和植被恢复工作的基础上，加快中东部和南方地区陆上风能资源规模化开发。结合电网布局和农村电网改造升级，考虑资源、土地、交通运输以及施工安装等建设条件，因地制宜推动接入低压配电网的分散式风电开发建设，推动风电与其他分布式能源融合发展。

到 2020 年，中东部和南方地区陆上风电新增并网装机容量 4200 万 kW 以上，累计并网装机容量达到 7000 万 kW 以上。为确保完成非化石能源比重目标，相关省（区、市）制定本地区风电发展规划不应低于规划确定的发展目标（见专栏 1）。在确保消纳的基础上，鼓励各省（区、市）进一步扩大风电发展规模，鼓励风电占比较低、运行情况良好的地区积极接受外来风电。

专栏 1 2020 年中东部和南方地区陆上风电发展目标

| 序号 | 地区 | 风电累计并网容量（万 kW） |
|---|---|---|
| 华东 | 上海市 | 50 |
| | 江苏省 | 650 |
| | 浙江省 | 300 |
| | 安徽省 | 350 |
| | 福建省 | 300 |
| | 华东合计 | 1650 |
| 华中 | 江西省 | 300 |
| | 河南省 | 600 |
| | 湖北省 | 500 |
| | 湖南省 | 600 |
| | 重庆市 | 50 |
| | 四川省 | 500 |
| | 西藏自治区 | 20 |
| | 华中合计 | 2570 |

续表

| 序号 | 地区 | 风电累计并网容量（万 kW） |
|---|---|---|
| 南方 | 贵州省 | 600 |
| | 云南省 | 1200 |
| | 广东省 | 600 |
| | 广西壮族自治区 | 350 |
| | 海南省 | 30 |
| | 南方合计 | 2780 |
| 中东部和南方地区合计陆上风电容量 | | 7000 |

2. 有序推进“三北”地区风电就地消纳利用

弃风问题严重的省（区），“十三五”期间重点解决存量风电项目的消纳问题。风电占比较低、运行情况良好的省（区、市），有序新增风电开发和就地消纳规模。

到 2020 年，“三北”地区在基本解决弃风问题的基础上，通过促进就地消纳和利用现有通道外送，新增风电并网装机容量 3500 万 kW 左右，累计并网容量达到 1.35 亿 kW 左右。相关省（区、市）在风电利用小时数未达到最低保障性收购小时数之前，并网规模不宜突破规划确定的发展目标（见专栏 2）。

专栏 2 2020 年“三北”地区陆上风电发展目标

| 序号 | 地区 | 风电累计并网容量（万 kW） |
|---|---|---|
| 华北 | 北京市 | 50 |
| | 天津市 | 100 |
| | 河北省 | 1800 |
| | 山西省 | 900 |
| | 山东省 | 1200 |
| | 蒙西地区 | 1700 |
| | 华北合计 | 5750 |
| 东北 | 辽宁省 | 800 |
| | 吉林省 | 500 |
| | 黑龙江省 | 600 |
| | 蒙东地区 | 1000 |
| | 东北合计 | 2900 |
| 西北 | 陕西省 | 550 |
| | 甘肃省 | 1400 |
| | 青海省 | 200 |
| | 宁夏回族自治区 | 900 |
| | 新疆维吾尔自治区（含兵团） | 1800 |
| | 西北合计 | 4850 |
| “三北”地区合计 | | 13500 |

3. 利用跨省跨区输电通道优化资源配置

借助“三北”地区已开工建设和已规划的跨省跨区输电通道，统筹优化风、光、火等各类电源配置方案，有效扩大“三北”地区风电开发规模和消纳市场。

“十三五”期间，有序推进“三北”地区风电跨省区消纳4000万kW（含存量项目）。利用通道送出的风电项目在开工建设之前，需落实消纳市场并明确线路的调度运行方案（见专栏3）。

专栏3 “十三五”期间“三北”地区跨省跨区外送风电基地规划（含存量项目）

| 地区 | 风电基地 | 依托的外送输电通道 | 开发范围 |
|---|---|---|---|
| 内蒙古 | 锡盟北部风电基地 | 锡盟—泰州特高压直流输电工程 | 锡盟地区 |
| | 锡盟南部风电基地 | 锡盟—山东特高压交流输电工程 | 锡盟地区 |
| | 鄂尔多斯东部周边风电基地 | 蒙西—天津南特高压交流输电工程 | 蒙西地区 |
| | 鄂尔多斯西部周边风电基地 | 上海庙—山东特高压直流输电工程 | 蒙西地区 |
| | 通辽风电基地 | 扎鲁特—山东特高压直流输电工程 | 东北地区 |
| 山西 | 晋北风电基地 | 山西—江苏特高压直流输电工程 | 大同、忻州、朔州 |
| 甘肃 | 酒泉风电基地二期 | 酒泉—湖南特高压直流输电工程 | 酒泉 |
| 宁夏 | 宁夏风电基地 | 宁东—浙江特高压直流输电工程 | 宁夏 |
| 新疆 | 准东风电基地 | 准东—皖南特高压直流输电工程 | 准东 |

4. 积极稳妥推进海上风电建设

重点推动江苏、浙江、福建、广东等省的海上风电建设，到2020年四省海上风电开工建设规模均达到百万千瓦以上。积极推动天津、河北、上海、海南等省（市）的海上风电建设。探索性推进辽宁、山东、广西等省（区）的海上风电项目。到2020年，全国海上风电开工建设规模达到1000万kW，力争累计并网容量达到500万kW以上（见专栏4）。

专栏4 2020年全国海上风电开发布局

| 序号 | 地区 | 累计并网容量（万kW） | 开工规模（万kW） |
|---|---|---|---|
| 1 | 天津市 | 10 | 20 |
| 2 | 辽宁省 | — | 10 |
| 3 | 河北省 | — | 50 |
| 4 | 江苏省 | 300 | 450 |
| 5 | 浙江省 | 30 | 100 |
| 6 | 上海市 | 30 | 40 |
| 7 | 福建省 | 90 | 200 |
| 8 | 广东省 | 30 | 100 |
| 9 | 海南省 | 10 | 35 |
| 合计 | | 500 | 1005 |

## 四、重点任务

### （一）有效解决风电消纳问题

通过加强电网建设、提高调峰能力、优化调度运行等措施，充分挖掘系统消纳风电能力，促进区域内部统筹消纳以及跨省跨区消纳，切实有效解决风电消纳问题。

合理规划电网结构，补强电网薄弱环节。电网企业要根据《电力发展“十三五”规划》，重点加强风电项目集中地区的配套电网规划和建设，有针对性地对重要送出断面、风电汇集站、枢纽变电站进行补强和增容扩建，逐步完善和加强配电网和主网架结构，有效减少因局部电网送出能力、变电容量不足导致的大面积弃风限电现象。加快推动配套外送风电的重点跨省跨区特高压输电通道建设，确保按期投产。

充分挖掘系统调峰潜力，提高系统运行灵活性。加快提升常规煤电机组和供热机组运行灵活性，通过技术改造、加强管理和辅助服务政策激励，增大煤电机组调峰深度，尽快明确自备电厂的调峰义务和实施办法，推进燃煤自备电厂参与调峰，重视并推进燃气机组调峰，着力化解冬季供暖期风电与热电联产机组的运行矛盾。加强需求侧管理和响应体系建设，开展和推广可中断负荷试点，不断提升系统就近就地消纳风电的能力。

优化调度运行管理，充分发挥系统接纳风电潜力。修订完善电力调度技术规范，提高风电功率预测精度，推动风电参与电力电量平衡。合理安排常规电源开机规模和发电计划，逐步缩减煤电发电计划，为风电预留充足的电量空间。在保证系统安全的情况下，将风电充分纳入网调、省调的年度运行计划。加强区域内统筹协调，优化省间联络线计划和考核方式，充分利用省间调峰资源，推进区域内风电资源优化配置。充分利用跨省跨区输电通道，通过市场化方式最大限度提高风电外送电量，促进风电跨省跨区消纳（见专栏5）。

| 专栏5 “十三五”期间促进风电消纳的重点措施 | |
|---|---|
| 华北 | （1）京津冀蒙统筹规划、协调运行，加强内蒙古与京津冀联网，实现河北风电、内蒙古风电在区域内统筹消纳。<br>（2）结合大气污染防治，积极推动电能替代。<br>（3）大力推进需求侧响应和管理，提高智能化调度水平。<br>（4）实现特高压外送通道配套风电和煤电协调运行，保障外送风电高效消纳 |
| 东北 | （1）进行供热机组深度调峰技术改造，提高供热机组调峰能力。<br>（2）积极推进电能替代，增加用电负荷。<br>（3）补强吉林、辽宁电网局部薄弱环节，解决风电送出受限问题 |
| 西北 | （1）推进自备电厂参与系统调峰等辅助服务。<br>（2）充分发挥西北五省（区）之间水火风光互补互济效益，优化联络线运行和考核方式。<br>（3）加强甘肃酒泉等地区电网建设，提高风电输送能力。<br>（4）实现特高压外送通道配套风电和煤电协调运行，保障外送风电高效消纳 |

（二）提升中东部和南方地区风电开发利用水平

重视中东部和南方地区风电发展，将中东部和南方地区作为我国“十三五”期间风电持续规模化开发的重要增量市场。

做好风电发展规划。将风电作为推动中东部和南方地区能源转型和节能减排的重要力量，以及带动当地经济社会发展的重要措施。根据各省（区、市）资源条件、能耗水平和可再生能源发展引导目标，按照“本地开发、就近消纳”的原则编制风电发展规划。落实规划内项目的电网接入、市场消纳、土地使用等建设条件，做好年度开发建设规模的分解工作，确保风电快速有序开发建设。

完善风电开发政策环境。创新风电发展体制机制，因地制宜出台支持政策措施。简化风电项目核准支持性文件，制定风电与林地、土地协调发展的支持性政策，提高风电开发利用效率。建立健全风电项目投资准入政策，保障风电开发建设秩序。鼓励企业自主创新，加快推动技术进步和成本降低，在设备选型、安装台数方面给予企业充分的自主权。

提高风电开发技术水平。加强风能资源勘测和评价，提高微观选址技术水平，针对不同的资源条件，研究采用不同机型、塔筒高度以及控制策略的设计方案，加强设备选型研究，探索同一风电场因地制宜安装不同类型机组的混排方案。在可研设计阶段推广应用主机厂商带方案招投标。推动低风速风电技术进步，因地制宜推进常规风电、低风速风电开发建设。

（三）推动技术自主创新和产业体系建设

不断提高自主创新能力，加强产业服务体系建设，推动产业技术进步，提升风电发展质量，全面建成具有世界先进水平的风电技术研发和设备制造体系。

促进产业技术自主创新。加强大数据、3D打印等智能制造技术的应用，全面提升风电机组性能和智能化水平。突破10MW级大容量风电机组及关键部件的设计制造技术。掌握风电机组的降载优化、智能诊断、故障自恢复技术，掌握基于物联网、云计算和大数据分析的风电场智能化运维技术，掌握风电场多机组、风电场群的协同控制技术。突破近海风电场设计和建设成套关键技术，掌握海上风电机组基础一体化设计技术并开展应用示范。鼓励企业利用新技术，降低运行管理成本，提高存量资产运行效率，增强市场竞争力。

加强公共技术平台建设。建设全国风资源公共服务平台，提供高分辨率的风资源数据。建设近海海上试验风电场，为新型机组开发及优化提供型式试验场地和野外试验条件。建设10MW级风电机组传动链地面测试平台，为新型机组开发及性能优化提供检测认证和技术研发的保障，切实提高公共技术平台服务水平。

推进产业服务体系建设。优化咨询服务业，鼓励通过市场竞争提高咨询服务质量。积极发展运行维护、技术改造、电力电量交易等专业化服务，做好市场管理与规则建设。创新运营模式与管理手段，充分共享行业服务资源。建立全国风电技术培训及人才培养基地，为风电从业人员提供技能培训和资质能力鉴定，与企业、高校、研究机构联合开展人才培养，健全产业服务体系。

（四）完善风电行业管理体系

深入落实简政放权的总体要求，继续完善风电行业管理体系，建立保障风电产业持续健康发展的政策体系和管理机制。

加强政府管理和协调。加快建立能源、国土、林业、环保、海洋等政府部门间的协调运行机制，明确政府部门管理职责和审批环节手续流程，为风电项目健康有序开发提供良好的市场环境。完善分散式风电项目管理办法，出台退役风机置换管理办法。

完善海上风电产业政策。开展海上风能资源勘测和评价，完善沿海各省（区、市）海上风电发展规划。加快海上风电项目建设进度，鼓励沿海各省（区、市）和主要开发企业建设海上风电示范项目。规范精简项目核准手续，完善海上风电价格政策。加强标准和规程制定、设备检测认证、信息监测工作，形成覆盖全产业链的成熟的设备制造和建设施工技术标准体系。

全面实现行业信息化管理。结合国家简政放权要求，完善对风电建设期和运行期的事中事后监管，加强对风电工程、设备质量和运行情况的监管。应用大数据、“互联网＋”等信息技术，建立健全风电全生命周期信息监测体系，全面实现风电行业信息化管理。

（五）建立优胜劣汰的市场竞争机制

发挥市场在资源配置中的决定性作用，加快推动政府职能转变，建立公平有序、优胜劣汰的市场竞争环境，促进行业健康发展。

加强政府监管。规范地方政府行为，纠正“资源换产业”等不正当行政干预。规范风电项目投资开发秩序，杜绝企业违规买卖核准文件、擅自变更投资主体等行为，建立企业不良行为记录制度、负面清单等管理制度，形成市场淘汰机制。构建公平、公正、公开的招标采购市场环境，杜绝有失公允的关联交易，及时纠正违反公平原则、扰乱市场秩序的行为。

强化质量监督。建立覆盖设计、生产、运行全过程的质量监督管理机制。充分发挥行业协会的作用，完善风电机组运行质量监测评价体系，定期开展风电机组运行情况综合评价。落实风电场重大事故上报、分析评价及共性故障预警制度，定期发布风电机组运行质量负面清单。充分发挥市场调节作用，有效进行资源整合，鼓励风电设备制造企业兼并重组，提高市场集中度。

完善标准检测认证体系。进一步完善风电标准体系，制定和修订风电机组、风电场、辅助运维设备的测试与评价标准，完善风电机组关键零部件、施工装备、工程技术和风电场运行、维护、安全等标准。加强检测认证能力建设，开展风电机组项目认证，推动检测认证结果与信用建设体系的衔接。

（六）加强国际合作

紧密结合“一带一路”倡议及国际多边、双边合作机制，把握全球风电产业发展大势和国际市场深度合作的窗口期，有序推进我国风电产业国际化发展。

稳步开拓国际风电市场。充分发挥我国风电设备和开发企业的竞争优势，深入对接国际需求，稳步开拓北非、中亚、东欧、南美等新兴市场，巩固和深耕北美、澳洲、欧洲等传统市场，鼓励采取贸易、投资、园区建设、技术合作等多种方式，推动风电产业领域的咨询、设计、总承包、装备、运营等企业整体走出去。提升融资、信保等服务保障，形成多家具有国际竞争力和市场开拓能力的风电设备骨干企业。

加强国际品牌建设。坚持市场导向和商业运作原则，加强质量信用，建立健全风电产品出口规范体系，包括质量监测和安全生产体系、海外投资项目的投资规范管理体系等。严格控制出口风电设备的质量，促进开发企业和设备制造企业加强国际品牌建设，塑造我国风电设备质量优异、服务到位的良好市场形象。

积极参与国际标准体系建设。鼓励国内风电设计、建设、运维和检测认证机构积极参与国际标准制定和修订工作。鼓励与境外企业和相关机构开展技术交流合作，增强技术标准的交流合作与互认，推动我国风电认证的国际采信。积极运用国际多边互认机制，深度参与可再生能源认证互认体系合格评定标准、规则的制定、实施和评估，提升我国在国际认证、认可、检测等领域的话语权。

积极促进国际技术合作。在已建立的政府双边合作关系基础上，进一步深化技术合作，建立新型政府间、民间的双边、多边合作伙伴关系。鼓励开展国家级风电公共实验室国际合作，在大型公共风电数据库建设等方面建立互信与共享。鼓励国内企业设立海外研发分支机构，联合国外机构开展基础科学研究，支持成立企业间风电技术专项国际合作项目。做好国际风电技术合作间的知识产权工作。

（七）发挥金融对风电产业的支持作用

积极促进风电产业与金融体系的融合，提升行业风险防控水平，鼓励企业降低发展成本。

完善保险服务体系，提升风电行业风险防控水平。建立健全风电保险基础数据库与行业信息共享平台，制定风电设备、风电场风险评级标准规范，定期发布行业风险评估报告，推动风电设备和风电场投保费率差异化。建立覆盖风电设备及项目全过程的保险产品体系。创新保险服务模式，鼓励风电设备制造企业联合投保。鼓励保险公司以共保体、设立优先赔付基金的方式开展保险服务，探索成立面向风电设备质量的专业性相互保险组织。推进保险公司积极采信第三方专业机构的评价结果，在全行业推广用保函替代质量保证金。

创新融资模式，降低融资成本。鼓励企业通过多元化的金融手段，积极利用低成本资金降低融资成本。将风电项目纳入国家基础设施建设鼓励目录。鼓励金融机构发行绿色债券，鼓励政策性银行以较低利率等方式加大对风电产业的支持，鼓励商业银行推进项目融资模式。鼓励风电企业利用公开发行上市、绿色债券、资产证券化、融资租赁、供应链金融等金融工具，探索基于互联网和大数据的新兴融资模式。

积极参与碳交易市场，增加风电项目经济收益。充分认识碳交易市场对风电等清洁能源行业的积极作用，重视碳资产管理工作，按照规定积极进行项目注册和碳减排量交易。完善绿色证书交易平台建设，推动实施绿色电力证书交易，并做好与全国碳交易市场的衔接协调。

## 五、创新发展方式

（一）开展省内风电高比例消纳示范

在蒙西等一批地区，开展规划建设、调度运行、政策机制等方面创新实践，推动以风电为主的新能源消纳示范省（区）建设。制定明确的风电等新能源的利用目标，开展风电高比例消纳示范，着力提高新能源在示范省（区）内能源消费中的比重。推动实施电能替代，加强城市配电网与农村电网建设与改造，提高风电等清洁能源的消纳能力，在示范省（区）内推动建立以清洁能源为主的现代能源体系。

（二）促进区域风电协同消纳

在京津冀周边区域，结合大气污染防治工作以及可再生能源电力消费比重目标，开展区域风电协同消纳机制创新。研究适应大规模风电受入的区域电网加强方案。研究建立灵活的风电跨省跨区交易结算机制和辅助服务共享机制。统筹送受端调峰资源为外送风电调峰，推动张家口、承德、乌兰察布、赤峰、锡盟、包头等地区的风电有序开发和统筹消纳，提高区域内风电消纳水平与比重。

（三）推动风电与水电等可再生能源互补利用

在四川、云南、贵州等地区，发挥风电与水电的季节性、时段性互补特性，开展风电与水电等可再生能源综合互补利用示范，探索风水互补消纳方式，实现风水互补协调运行。借助水电外送通道，重点推进凉山州、雅砻江、金沙江、澜沧江、乌江、北盘江等地区与流域的风（光）水联合运行基地规划建设，优化风电与水电打捆外送方式。结合电力市场化改革，完善丰枯电价、峰谷电价及分时电价机制，鼓励风电与水电共同参与外送电市场化竞价。

（四）拓展风电就地利用方式

在北方地区大力推广风电清洁供暖，统筹电蓄热供暖设施及热力管网的规划建设，优先解决存量风电消纳需求。因地制宜推广风电与地热及低温热源结合的绿色综合供暖系统。开展风电制氢、风电淡化海水等新型就地消纳示范。结合输配电价改革和售电侧改革，积极探索适合分布式风电的市场资源组织形式、盈利模式与经营管理模式。推动风电的分布式发展和应用，探索微电网形式的风电资源利用方式，推进风光储互补的新能源微电网建设。

## 六、保障措施

（一）完善年度开发方案管理机制

结合简政放权有关要求，鼓励以市场化方式配置风能资源。对风电发展较好、不存在限电问题的地区放开陆上风电年度建设规模指标，对完成海上风电规划的地区放开海上风电年度建设规模指标。结合规划落实、运行消纳等情况，滚动调整风电发展规划。

（二）落实全额保障性收购制度

结合电力体制改革，督促各地按照《可再生能源法》和《可再生能源发电全额保障性收购管理办法》的要求，严格落实可再生能源全额保障性收购制度，确保规划内的风电项目优先发电。在保障电力系统安全稳定运行以外的情况下，若因化石能源发电挤占消纳空间和线路输电容量而导致风电限电，由相应的化石能源发电企业进行补偿。

（三）加强运行消纳情况监管

加强对风电调度运行和消纳情况的监管，完善信息监测体系，定期发布风电运行消纳数据。由国家能源局及派出机构定期开展弃风限电问题专项监管，及时发布监管报告，督促有关部门和企业限期整改。建立风电产业发展预警机制，对弃风限电问题突出、无法完成最低保障性收购小时数的地区，实施一票否决制度，不再新增风电并网规模。

（四）创新价格及补贴机制

结合电力市场化改革，逐步改变目前基于分区域标杆电价的风电定价模式，鼓励风电参与市场竞争，建立市场竞价基础上固定补贴的价格机制，促进风电技术进步和成本下降。适时启动实施可再生能源发电配额考核和绿色电力证书交易制度，逐步建立市场化的补贴机制。

## 七、规划实施效果

（一）投资估算

“十三五”期间，风电新增装机容量 8000 万 kW 以上，其中海上风电新增容量 400 万 kW 以上。按照陆上风电投资 7800 元/kW、海上风电投资 16000 元/kW 测算，“十三五”期间风电建设总投资将达到 7000 亿元以上。

（二）环境社会效益

1. 2020 年，全国风电年发电量将达到 4200 亿 kW·h，约占全国总发电量的 6%，为实现非化石能源占一次能源消费比重达到 15%的目标提供重要支撑。

2. 按 2020 年风电发电量测算，相当于每年节约 1.5 亿 t 标准煤，减少排放二氧化碳 3.8 亿 t，二氧化硫 130 万 t，氮氧化物 110 万 t，对减轻大气污染和控制温室气体排放起到重要作用。

3. “十三五”期间，风电带动相关产业发展的能力显著增强，就业规模不断增加，新增就业人数 30 万人左右。到 2020 年，风电产业从业人数达到 80 万人左右。

## 国家能源局公布《水电发展“十三五”规划》

国家能源局于 2016 年 11 月 29 日正式对外公布《水电发展“十三五”规划》。该规划全文如下。

# 水电发展“十三五”规划
## (2016～2020 年)

## 前 言

水电是技术成熟、运行灵活的清洁低碳可再生能源，具有防洪、供水、航运、灌溉等综合利用功能，经济、社会、生态效益显著。根据最新统计，我国水能资源可开发装机容量约 6.6 亿 kW，年发电量约 3 万亿 kW·h，按利用 100 年计算，相当于 1000 亿 t 标准煤，在常规能源资源剩余可开采总量中仅次于煤炭。经过多年发展，我国水电装机容量和年发电量已突破 3 亿 kW 和 1 万亿 kW·h，分别占全国的 20.9%和 19.4%，水电工程技术居世界先进水平，形成了规划、设计、施工、装备制造、运行维护等全产业链整合能力。我国水能资源总量、投产装机容量和年发电量均居世界首位，与 80 多个国家建立了水电规划、建设和投资的长期合作关系，是推动世界水电发展的主要力量。

目前，全球常规水电装机容量约 10 亿 kW，年发电量约 4 万亿 kW·h，开发程度为 26%（按发电量计算），欧洲、北美洲水电开发程度分别达 54%和 39%，南美洲、亚洲和非洲水电开发程度分别为 26%、20%和 9%。发达国家水能资源开发程度总体较高，如瑞士达到 92%、法国 88%、意大利 86%、德国 74%、日本 73%、美国 67%。发展中国家水电开发程度普遍较低。我国水电开发程度为 37%（按发电量计算），与发达国家相比仍有较大差距，还有较广阔的发展前景。今后全球水电开发将集中于亚洲、非洲、南美洲等资源开发程度不高、能源需求增长快的发展中国家，预测 2050 年全球水电装机容量将达 20.5 亿 kW（2050GW）。

随着电网安全稳定经济运行要求不断提高和新能源在电力市场的份额快速上升，抽水蓄能电站开发建设的必要性和重要性日益凸显。目前，全球抽水蓄能电站总装机容量约 1.4 亿 kW，日本、美国和欧洲诸国的抽水蓄能电站装机容量占全球的 80%以上。我国抽水蓄能电站装机容量 2303 万 kW，占全国电力总装机容量的 1.5%。“十三五”将加快抽水蓄能电站建设，以适应新能源大规模开发需要，保障电力系统安全运行。

根据《国民经济和社会发展第十三个五年规划纲要》《能源发展“十三五”规划》和《可再生能源发展“十三五”规划》，制订了《水电发展“十三五”规划》（以下简称《规划》）。《规划》以加快建设清洁低碳、安全高效现代能源体系，进一步转变水电发展思路为主线，提出“十三五”水电发展的指导思想、基本原则、发展目标、重点任务和规划保障，是“十三五”时期我国水电发展的重要指南。

## 一、规划基础

### （一）发展现状

“十二五”时期，我国着力构建安全、稳定、经济、清洁现代能源产业体系，把在做好生态保护和移民安置的前提下积极发展水电，作为重要的能源发展方针，高度重视开发建设与生态保护、移民安置、经济社会等的统筹协调工作，新增投产 1 亿 kW，约占水电总装机容量的三分之一，为实现我国 2015 年非化石能源发展目标发挥了有力支撑作用，为促进国民经济和社会可持续发展提供了重要能源保障。

——装机规模不断跃升。“十二五”期间，新增水电投产装机容量 10348 万 kW，年均增长 8.1%，其中大中型水电 8076 万 kW，小水电 1660 万 kW，抽水蓄能 612 万 kW。到 2015 年底，全国水电总装机容量达到 31954 万 kW，其中大中型水电 22151 万 kW，小水电 7500 万 kW，抽水蓄能 2303 万 kW，水电装机占全国发电总装机容量的 20.9%。2015 年全国水电发电量约 1.1 万亿 kW·h，占全国发电量的 19.4%，在非化石能源中的比重达 73.7%（见专栏 1）。

“十二五”时期，开工建设了金沙江乌东德、梨园、苏洼龙，大渡河双江口、猴子岩，雅砻江两河口、杨房沟等一批大型和特大型常规水电站，总开工规模达到 5000 万 kW。同时，开工建设了黑龙江荒沟、河北丰宁、山东文登、安徽绩溪、海南琼中、广东深圳等抽水蓄能电站，总开工规模 2090 万 kW，创历史新高（见专栏 2 和专栏 3）。

专栏 1 “十二五”水电发展主要指标及完成情况

| 项 目 | 2010 年装机（万 kW） | 2015 年预期（万 kW） | 2015 实际（万 kW） | 年均增长率（%） |
|---|---|---|---|---|
| 一、常规水电站 | 19915 | 26000 | 29651 | 8.3 |
| 1. 大中型水电站 | 14075 | 19200 | 22151 | 9.5 |

续表

| 项　目 | 2010年装机（万kW） | 2015年预期（万kW） | 2015实际（万kW） | 年均增长率（%） |
| --- | --- | --- | --- | --- |
| 2. 小型水电站 | 5840 | 6800 | 7500 | 5.1 |
| 二、抽水蓄能电站 | 1691 | 3000 | 2303 | 6.4 |
| 合计 | 21606 | 29000 | 31954 | 8.1 |

专栏2 “十二五”开工的主要水电站

|  |  |
| --- | --- |
| 常规水电站 | 金沙江：梨园、阿海、鲁地拉、龙开口、观音岩、乌东德、苏洼龙 |
| | 雅砻江：两河口、杨房沟 |
| | 大渡河：双江口、黄金坪、猴子岩、安谷、枕头坝一级、沙坪二级 |
| | 黄河：刘家峡扩机、黄丰 |
| | 其他河流：马马崖一级、丰满重建、小漩、立洲、卡基娃、多布 |
| 抽水蓄能电站 | 华北电网：丰宁（一期、二期）、文登、沂蒙 |
| | 华东电网：绩溪、金寨、长龙山 |
| | 华中电网：天池、蟠龙 |
| | 东北电网：敦化、荒沟 |
| | 南方电网：琼中、深圳、梅州一期、阳江一期 |

专栏3 “十二五”投产的主要水电站

|  |  |
| --- | --- |
| 常规水电站 | 长江：三峡地下电站 |
| | 金沙江：阿海、金安桥、鲁地拉、龙开口、溪洛渡、向家坝 |
| | 大渡河；泸定、大岗山、深溪沟、枕头坝一级、安谷 |
| | 雅砻江：锦屏一级、锦屏二级、官地 |
| | 乌江：沙沱、银盘 |
| | 黄河：黄丰 |
| | 红水河：岩滩扩建 |
| | 沅水：白市、托口 |
| | 其他流域：马马崖一级、旁多、亭子口、果多、江边 |
| 抽水蓄能电站 | 华北电网：呼和浩特 |
| | 华东电网：仙游 |
| | 华中电网：黑糜峰、宝泉 |
| | 东北电网：蒲石河 |
| | 南方电网：惠州 |

——技术能力实现跨越。“十二五”期间，坚持技术创新与工程建设相结合，加强重大装备自主化，着力提高信息化水平，工程建设技术和装备制造水平显著提高。攻克了世界领先的复杂地质条件下300m级特高拱坝、超高心墙堆石坝采用掺砾石土料和软岩堆石料筑坝、35m跨度地下厂房洞室群、深埋长引水隧洞群、砂石料长距离皮带输送系统等技术难题。自主制造了单机容量80万kW混流式水轮发电机组，500m级水头、单机容量35万kW抽水蓄能机组成套设备，世界上最大的单体升船机、最大跨度重型缆机等。建成了世界最高混凝土双曲拱坝锦屏一级水电站，深埋式长隧洞锦屏二级水电站，装机规模世界第三的溪洛渡水电站，复杂地质条件的大岗山水电站。

——行业管理逐步强化。“十二五”期间，坚持开发与管理、建设与运行并重，逐步完善水电开发政策法规与技术标准，强化水电行业管理，制定了抽水蓄能产业政策，出台了鼓励社会资本投资水电站的指导意见，以及流域管理、质量监督、工程验收和抽水蓄能选点规划、运行管理相关规定。水电移民政策不断完善，明确了“先移民后建设”要求，加强了移民档案和统计管理，建立了流域水电移民工作协调机制。生态保护工作不断加强，全面落实水电环境影响评价制度，完善了水电建设与验收的环保技术标准，完成了金沙江上游、黄河上游等河流水电规划及规划环评，协调了水电开发与环境保护关系，分层取水、过鱼设施、栖息地保护、生态调度等环境友好型措施逐步推广应用。

（二）面临形势

——生态环保压力不断加大。随着经济社会的发展和人们环保意识的提高，特别是生态文明建设，对水电开发提出了更高要求；随着水电开发的不断推进和开发规模的扩大，剩余水电开发条件相对较差，敏感因素相对较多，面临的生态环境保护压力加大。

——移民安置难度持续提高。我国待开发水电主要集中在西南地区大江大河上游，经济社会发展相对滞后，移民安置难度加大。同时，有关方面希望水电开发能够扶贫帮困，促进地方经济发展，由此将脱贫致富的期望越来越多地寄托在水电开发上，进一步加大了移民安置的难度。

——水电开发经济性逐渐下降。大江大河上游河段水电工程地处偏远地区，制约因素多，交通条件差，输电距离远，工程建设和输电成本高，加之移民安置和生态环境保护的投入不断加大，水电开发的经济性变差，市场竞争力显著下降。此外，对水电综合利用的要求越来越高，投资补助和分摊机制尚未建立，加重了水电建设的经济负担和建设成本。

——抽水蓄能规模亟待增加。总量偏小，目前仅占全国电力总装机的 1.5%，而能源结构的转型升级要求抽水蓄能占比快速大幅提高；支持抽水蓄能发展的政策不到位，投资主体单一，电站运行管理体制机制尚未理顺，部分已建抽水蓄能电站的作用和效益未能充分有效发挥，需要统筹发挥抽水蓄能电站作用。

## 二、规划原则

### （一）指导思想

全面贯彻党的十八大和十八届三中、四中、五中全会精神，落实创新、协调、绿色、开放、共享的发展理念，遵循习近平总书记能源发展战略思想，把发展水电作为能源供给侧结构性改革、确保能源安全、促进贫困地区发展和生态文明建设的重要战略举措，加快构建清洁低碳、安全高效的现代能源体系，在保护好生态环境、妥善安置移民的前提下，积极稳妥发展水电，科学有序开发大型水电，严格控制中小水电，加快建设抽水蓄能电站。

### （二）基本原则

坚持绿色发展，建设生态文明。高度重视生态环境保护，坚持生态优先，科学开发水能资源，建设环境友好型工程，重视生态修复，保障水电可持续发展。

坚持协调发展，确保健康有序。统筹流域水电开发，积极推进水电基地建设，加快调节性能好的控制性水库建设；优化电源建设结构，加快抽水蓄能发展；统筹水电开发、电网建设和电力市场，增强发展协调性。

坚持创新发展，增强发展动力。加快推进体制机制创新，完善水电开发和建设管理体制，提升流域综合管理水平；不断推进技术创新，提高水电建设和装备制造的国际竞争力。

坚持共享发展，促进脱贫致富。坚持水电开发经济效益与社会效益并重，把水电发展和促进移民脱贫、增加群众资产性收益相结合，把水电发展和促进当地经济发展相结合，让地方和移民共享水电发展成果。

坚持开放发展，加强国际合作。以“一带一路”建设为统领，推动水电装备、技术、标准和工程服务对外合作。

### （三）发展目标

全国新开工常规水电和抽水蓄能电站各 6000 万 kW 左右，新增投产水电 6000 万 kW，2020 年水电总装机容量达到 3.8 亿 kW，其中常规水电 3.4 亿 kW，抽水蓄能 4000 万 kW，年发电量 1.25 万亿 kW·h，折合标准煤约 3.75 亿 t，在非化石能源消费中的比重保持在 50%以上（见专栏 4）。“西电东送”能力不断扩大，2020 年水电送电规模达到 1 亿 kW。预计 2025 年全国水电装机容量达到 4.7 亿 kW，其中常规水电 3.8 亿 kW，抽水蓄能约 9000 万 kW；年发电量 1.4 万亿 kW·h。

专栏 4 “十三五”水电发展目标

| 项目 | 新增投产规模（万 kW） | 2020 年目标规模 | |
|---|---|---|---|
| | | 装机容量（万 kW） | 年发电量（亿 kW·h） |
| 一、常规水电站 | 4349 | 34000 | 12500 |
| 1. 大中型水电 | 3849 | 26000 | 10000 |
| 2. 小水电 | 500 | 8000 | 2500 |
| 二、抽水蓄能电站 | 1697 | 4000 | |
| 合计 | 6046 | 38000 | 12500 |

## 三、规划布局

### （一）常规水电站

根据我国水能资源具有的明显区域分布特点和开发现状，统筹规划、合理布局西部和东中部水电开发。

西南地区以川、滇、藏为重心，以重大项目为重点，结合受端市场和外送通道建设，积极推进大型水电基地开发。继续做好金沙江中下游、雅砻江、大渡河等水电基地建设工作；积极推进金沙江上游等水电基地建设，建设藏东南“西电东送”接续基地。西北地区适应能源转型发展需要，优化开发黄河上游水电基地。发挥水电的调节作用，实现水电与其他能源的多能互补。加强流域梯级水电站群联合调度运行管理。到 2020 年，西部常规水电装机规模达到 24000 万 kW，占全国的比例为 70.6%，开发程度达到 44.5%。

东中部地区优化开发剩余水能资源，根据能源转型发展需要，优先挖潜改造现有水电工程，充分发挥水电调节作用，总结流域梯级水电站建设管理经验，开展水电开发后评价工作，推行中小流域生态修复。到 2020 年，常规水电装机规模达到 10000 万 kW，占全国的比例为 29.4%，开发程度达到 82.7%（见专栏 5）。

专栏5 “十三五”常规水电站发展布局

| 地区 | 开发规模（万kW） | 占全国的比例（%） | 开发程度（%） |
|---|---|---|---|
| 西部地区 | 24000 | 70.6 | 44.5 |
| 中部地区 | 6300 | 18.5 | 90.4 |
| 东部地区 | 3700 | 10.9 | 72.1 |
| 合计 | 34000 | 100 | 51.5 |

（二）抽水蓄能电站

统筹优化能源、电力布局和电力系统保安、节能、经济运行水平，以电力系统需求为导向，优化抽水蓄能电站区域布局，加快开发建设。

——华北地区。服务新能源大规模发展和核电不断增长需要，抽水蓄能电站重点布局在河北、山东，河北抽水蓄能电站建设兼顾京津冀一体化的电力系统需要。规划2020年装机规模847万kW，“十三五”期间开工规模约1200万kW。2025年，抽水蓄能电站装机规模约2300万kW。

——华东地区。服务核电和新能源大规模发展，以及接受区外电力需要，统筹华东电网抽水蓄能站点布局，抽水蓄能电站重点布局在浙江、福建和安徽。规划2020年装机规模1276万kW，“十三五”期间开工规模约1600万kW。2025年，抽水蓄能电站装机规模约2400万kW。

——华中地区。根据区域内电力系统特点和运行需要，按照区域电网调度需求，合理布局建设抽水蓄能电站，抽水蓄能电站重点布局在城市群和负荷中心附近。规划2020年装机规模679万kW，“十三五”期间开工规模约1300万kW。2025年，抽水蓄能电站装机规模约1600万kW。

——东北地区。服务新能源和核电大规模发展需要，统筹东北电网抽水蓄能站点布局，加快抽水蓄能电站建设。规划2020年装机规模350万kW，“十三五”期间开工规模约1000万kW。2025年，抽水蓄能电站装机规模约900万kW。

——西北地区。服务新能源大规模发展和电力外送需要，重点围绕风电、太阳能等新能源基地及负荷中心合理布局，加快启动抽水蓄能电站建设。“十三五”期间开工规模约600万kW。2025年，抽水蓄能电站装机规模约400万kW。

——南方地区。服务核电大规模发展和接受区外电力需要，抽水蓄能电站重点布局在广东。规划2020年装机规模788万kW，“十三五”期间开工规模约300万kW。2025年，抽水蓄能电站装机规模约1400万kW（见专栏6）。

专栏6 “十三五”抽水蓄能电站发展布局

| 电网区域 | 2020年装机规模（万kW） | 占全国的比例（%） | “十三五”开工规模（万kW） | 占全国的比例（%） |
|---|---|---|---|---|
| 华北 | 847 | 21.4 | 1200 | 20 |
| 华东 | 1276 | 32.3 | 1600 | 26.7 |
| 华中 | 679 | 17.2 | 1300 | 21.7 |
| 东北 | 350 | 8.9 | 1000 | 16.6 |
| 西北 | — | — | 600 | 10 |
| 南方 | 788 | 20 | 300 | 5 |
| 西藏 | 9 | 0.2 | | |
| 合计 | 3949 | 100.0 | 6000 | 100.0 |

## 四、重点任务

（一）水电前期工作

——开展水能资源调查。全面完成西藏水能资源调查，组织发布四川水力资源复查成果。根据能源结构调整的需要，发挥水电运行灵活特点和调节作用，对东中部和西北地区开展优化、挖潜开发的水能资源量进行调查和评价。适时启动河流水能资源开发后评价工作。

——加快河流水电规划。加快推进水电规划研究论证工作，全面完成雅砻江上游等重点河流（河段）水电规划工作。统筹考虑综合利用、生态保护、移民安置、区域发展需要，完成金沙江虎跳峡、长江宜宾至重庆、黄河黑山峡等重点争议河段开发方案综合研究论证工作。

——滚动调整抽水蓄能规划。统筹考虑区域电力系统调峰填谷需要、安全稳定运行要求和站址建设条件，对尚未开展选点规划的地区适时启动规划工作；对部分已有选点规划，经论证有增补、调整站点必要的地区进行滚动调整，充分论证系统需求，分析研究抽水蓄能电站的合理建设规模和布局，优选确定规划站点。根据发展需要，适时启动新一轮的全国抽水蓄能规划工作。

专栏7 “十三五”水电前期工作重点

| 前期工作内容 | 工作重点 |
|---|---|
| 水能资源调查 | 西藏水能资源全面调查，四川水力资源复查成果发布，东中部和西北地区优化、挖潜开发水能资源量调查和评价 |
| 河流水电规划 | 西南地区雅砻江上游等规划论证 |

续表

| 前期工作内容 | 工作重点 |
| --- | --- |
| 抽水蓄能规划 | 广西、贵州等地区抽水蓄能电站选点规划，新疆、山东等地区抽水蓄能电站选点规划调整 |
| 重点河段研究论证 | 金沙江虎跳峡河段、长江宜宾至重庆河段、黄河黑山峡河段 |
| 重大项目勘测设计 | 金沙江叶巴滩、拉哇、岗托、旭龙、奔子栏、龙盘、白鹤滩，黄河茨哈峡等常规水电站。河北抚宁、浙江宁海、辽宁清原等抽水蓄能电站 |

——推进重大项目勘测设计。抓紧推进一批战略性工程、控制性水库、骨干项目的前期工作，重点做好金沙江白鹤滩、龙盘、岗托，黄河茨哈峡等常规水电站，河北抚宁、浙江宁海、辽宁清原等抽水蓄能电站的勘测设计、方案研究等工作，优化工程设计，坚持节约集约用地，合理控制工程造价，提出科学合理的工程建设方案。加快推进项目建设各项准备工作（见专栏 7）。

（二）大型基地建设

——基本建成六大水电基地。继续推进雅砻江两河口、大渡河双江口等水电站建设，增加“西电东送”规模，开工建设雅砻江卡拉、大渡河金川、黄河玛尔挡等水电站。加强跨省界河水电开发利益协调，继续推进乌东德水电站建设，开工建设金沙江白鹤滩等水电站。加快金沙江中游龙头水库研究论证，积极推动龙盘水电站建设。基本建成长江上游、黄河上游、乌江、南盘江红水河、雅砻江、大渡河六大水电基地，总规模超过 1 亿 kW（见专栏 8）。

——着力打造藏东南“西电东送”接续能源基地。开工建设金沙江上游叶巴滩、巴塘、拉哇等项目，加快推进金沙江上游旭龙、奔子栏水电站前期工作，力争尽早开工建设，努力打造金沙江上游等“西电东送”接续能源基地（见专栏 9）。

——配套建设水电基地外送通道。做好电网与电源发展合理衔接，完善水电市场消纳协调机制，按照全国电力统一优化配置原则，落实西南水电消纳市场，着力解决水电弃水问题。加强西南水电基地外送通道规划论证，加快配套送出工程建设，建成投产金中至广西、滇西北至广东、四川水电外送、乌东德送电广东、广西等输电通道，开工建设白鹤滩水电站外送输电通道，积极推进金沙江上游等水电基地外送输电通道论证和建设。

专栏 8 “十三五”大型水电基地规划建设情况

| 序号 | 基地名称 | 规划总规模（万 kW） | 2015 年建成规模（万 kW） | “十三五”可能开工规模（万 kW） | “十三五”新增投产规模（万 kW） | 2020 年建成目标规模（万 kW） |
| --- | --- | --- | --- | --- | --- | --- |
| 1 | 长江上游 | 3128 | 2521.5 | 203 | 0 | 2521.5 |
| 2 | 黄河上游 | 2656 | 1528.8 | 614.2 | 384.2 | 1913 |
| 3 | 乌江 | 1153 | 1110 | 52.5 | 0 | 1110 |
| 4 | 南盘江红水河 | 1508 | 1207.9 | 0 | 60 | 1267.9 |
| 5 | 雅砻江 | 2883 | 1455.6 | 734.5 | 15 | 1470.6 |
| 6 | 大渡河 | 2524 | 1229.7 | 493.86 | 512.73 | 1742.4 |
| 7 | 金沙江 | 8315 | 3162 | 2381.25 | 580 | 3742 |
|  | 合计 | 22177 | 12215.5 | 4479.31 | 1531.93 | 13767.4 |

专栏 9 “十三五”常规水电重点项目

| 序号 | 河流 | 重点开工项目 | 加快推进项目 |
| --- | --- | --- | --- |
| 1 | 金沙江 | 白鹤滩、叶巴滩、拉哇、巴塘、金沙 | 昌波、波罗、岗托、旭龙、奔子栏、龙盘、银江等 |
| 2 | 雅砻江 | 牙根一级、孟底沟、卡拉 | 牙根二级、楞古等 |
| 3 | 大渡河 | 金川、巴底、硬梁包、枕头坝二级、沙坪一级 | 安宁、丹巴等 |
| 4 | 黄 河 | 玛尔挡、羊曲 | 茨哈峡、宁木特等 |
| 5 | 其他 | 林芝、白马 | 阿青、忠玉、康工、扎拉等 |

（三）中小流域开发

——控制中小水电开发。落实生态文明建设要求，统筹全流域、干支流开发与保护工作，按照流域内干流开发优先、支流保护优先的原则，严格控制中小流域、中小水电开发，保留流域必要生境，维护流域生态健康。水能资源丰富、开发潜力大的西部地区重点开发资源集中、环境影响较小的大型河流、重点河段和重大水电基地，严格控制中小水电开发；开发程度较高的东、中部地区原则上不再开发中小水电。弃水严重的四川、云南两省，除水电扶贫工程外，“十三五”暂停小水电和无调节性能的中型水电开发。

——支持离网缺电贫困地区小水电开发。支持边远缺电离网地区，因地制宜、合理适度开发小水电，按照“小流域、大生态”的理念，合理布局规划梯级，科学确定开发规模和方式，维持河流基本生态功能。重点扶持西藏自治区，四川、云南、青海、甘肃四省藏区和少数民族贫困地区小水电扶贫开发工作，继续实施绿色能源示范县建设，解决当地居民用电问题。“十三五”期间全国新开工小水电 500 万 kW 左右。

（四）抽水蓄能建设

坚持“统筹规划、合理布局”的原则，根据各地区核电和新能源开发、区域间电力输送情况及电网安全稳定运行要求，加快抽水蓄能电站建设（见专栏 10）。

——加快推进规划站点建设。抓紧落实规划站点建设条件，积极推进开工建设。加快开工建设一批距离负荷中心近、促进新能源消纳、受电端电源支撑的抽水蓄能电站。加强项目建设管理，严格执行基本建设程序，保证工程质量和施工安全，确保工程按期投产。

——研究试点海水抽水蓄能。加强关键技术研究，推动建设海水抽水蓄能电站示范项目，填补我国该项工程空白，掌握规划、设计、施工、运行、材料、环保、装备制造等整套技术，提升海岛多能互补、综合集成能源利用模式。

专栏 10 “十三五”抽水蓄能电站重点开工项目

| 所在区域 | 省份 | 项目名称 | 总装机容量（万 kW） |
|---|---|---|---|
| 东北电网 | 辽宁 | 清原、庄河、兴城 | 380 |
| | 黑龙江 | 尚志、五常 | 220 |
| | 吉林 | 蛟河、桦甸 | 240 |
| | 内蒙古(东部) | 芝瑞 | 120 |
| 华东电网 | 江苏 | 句容、连云港 | 255 |
| | 浙江 | 宁海、缙云、磐安、衢江 | 540 |
| | 福建 | 厦门、周宁、永泰、云霄 | 560 |
| | 安徽 | 桐城、宁国 | 240 |

续表

| 所在区域 | 省份 | 项目名称 | 总装机容量（万 kW） |
|---|---|---|---|
| 华北电网 | 河北 | 抚宁、易县、尚义 | 360 |
| | 山东 | 莱芜、潍坊、泰安二期 | 380 |
| | 山西 | 垣曲、浑源 | 240 |
| | 内蒙古（西部） | 美岱、乌海 | 240 |
| 华中电网 | 河南 | 大鱼沟、花园沟、宝泉二期、五岳 | 480 |
| | 江西 | 洪屏二期、奉新 | 240 |
| | 湖北 | 大幕山、上进山 | 240 |
| | 湖南 | 安化、平江 | 260 |
| | 重庆 | 栗子湾 | 120 |
| 西北电网 | 新疆 | 阜康、哈密天山 | 240 |
| | 陕西 | 镇安 | 140 |
| | 宁夏 | 牛首山 | 80 |
| | 甘肃 | 昌马 | 120 |
| 南方电网 | 广东 | 新会 | 120 |
| | 海南 | 三亚 | 60 |
| 总计 | | | 5875 |

（五）生态环境保护

——加大大型水电环保力度。统筹水电开发与环境保护，加强水电开发前期研究和环境论证，扎实推进重点河流（河段）水电规划环评工作，严格落实规划环评要求，做到生态优先，合理布局。强化水电项目环境影响评价工作，科学论证项目的环境合理性；研究制定科学有效的环境保护措施，重点落实生态流量保障、水温影响减缓、水生生态保护，以及陆生生态保护等措施，切实保护流域生态。加强流域环境影响及保护措施效果跟踪监测，科学评估项目实施的环境影响和各项环境保护措施的实施效果；积极开展水电规划、水电项目环境影响跟踪评价、后评价工作，总结经验，推动生态友好型水电建设。

——优化小水电改造思路。转变以扩机增容为主的小水电改造传统思路，根据流域生态和工程安全需要，因地制宜实施以安全、环保为目标的小水电技术改造工作，提高电站安全水平，提升机组运行效率，增加下泄生态流量，加强运行监测监管。为切实改善电站上下游生态环境，今后，实施各类扩机增容、增效扩容等小水电改造，按照现行有效的环保标准进行环境论证和项目环评，增加环保措施，加大生态流量。

——实施流域生态修复。试点开展长江中上游、金沙江等流域水电开发生态保护与修复。开展中小流域水电开发后评价，全面总结开发经验教训，统筹考虑干支流水电开发及其生态环境状况，对环境保护、水土流失问题相对突出的流域，实施流域生态修复工作，抓紧启动岷江、凉山州黑水河等河流生态修复试点工作。坚持科学论证、统筹规划，对环境影响较大、具有改造条件的电站，实施生态改造，增加环境保护设施，促进流域生态恢复；对于建设方案不合理、环境破坏严重的电站采取措施逐步淘汰。建立中小水电破坏生态环境惩罚退出机制，落实生态保障责任。

（六）流域综合管理

——开展流域水电综合监测。做好流域综合监测规划，推动开展乌江、大渡河、雅砻江、金沙江下游、黄河等流域水文泥沙、生态环境、地震活动、工程安全、水库移民、工程效益等综合监测。建立流域综合监测平台，构建全流域全过程的实时监测、巡视检查、信息共享、监督管理体系。

——实现梯级联合优化调度。统筹考虑综合利用需求，优化水电站运行调度，提高水能资源利用效率。研究流域梯级联合调度体制机制，统筹发电、防洪、供水、航运、灌溉、生态、安全等要求，制定梯级水电站联合优化调度运行规程和技术标准，推动长江、金沙江、乌江、大渡河、雅砻江、黄河、南盘江红水河等流域全面实现梯级联合调度，充分发挥流域梯级水电开发的整体效益。

（七）水电科技、装备和生态技术研发

——不断加强工程安全风险防控技术研究。巩固大型水电工程安全建设与风险管控技术、复杂地质条件工程勘测与评价技术、高坝工程防震抗震技术、梯级水电站群地震监测技术以及深厚覆盖层坝基、大型地下洞室群、高坝泄洪消能、高陡边坡及滑坡体、鱼类过坝设施等领域的关键技术。开展水电工程失事成因、机理、模式及其预警和应急预案研究，提出影响评价标准。总结锦屏一级、溪洛渡、拉西瓦、大岗山等特高坝工程设计、建设、运行和管理经验，研究高坝工程建设及运行安全风险控制技术。研发水电工程安全风险管理集成成套技术。完善工程安全风险评估体系，研究已建工程除险加固的工程和非工程措施以及综合治理技术，实现水电工程全生命周期安全风险在控、可控。

——持续提高工程建设技术水平。以重大工程为依托，重点开展高寒高海拔高地震烈度复杂地质条件下筑坝技术、高坝工程防震抗震技术、高寒高海拔地区特大型水电工程施工技术、超高坝建筑材料等技术攻关，提升水电勘测设计施工技术水平，服务工程建设。依托茨哈峡水电站研究创新 250m 级面板堆石坝筑坝技术，依托双江口、两河口水电站研究创新 300m 级心墙堆石坝筑坝技术，依托乌东德和白鹤滩水电站研究提升强震多发区 300m 级拱坝及大型地下洞室群关键技术。进一步加强水电行业标准化体系建设，突出强制性和关键性技术标准制修订，加强水电领域技术标准信息化。发挥标准在行业管理中的基础性作用，按水电工程全生命周期理念建立健全水电行业技术标准体系，实现“水电标准化＋”效应。

——进一步增强机电设备制造能力。全面实现高性能大容量水电机组和高水头大容量抽水蓄能机组成套设备设计和制造的自主化。依托白鹤滩水电站实现百万千瓦级大型水轮发电机组技术突破；依托阳江抽水蓄能电站实现 40 万 kW 级、700m 级超高水头超大容量抽水蓄能机组设计制造自主化；依托丰宁抽水蓄能电站研发变速抽水蓄能机组；研制 50 万 kW 级、1000m 以上超高水头大型冲击式水轮发电机组；研究浸没式蒸发冷却、机组柔性启动、水轮机非定常流运行等技术；依托示范项目建设研制海水抽水蓄能机组。

——逐步形成生态保护与修复技术体系。依托双江口、白鹤滩等典型工程，系统开展水电工程分层取水、过鱼、栖息地建设、珍稀特有鱼类人工繁殖驯养、生态调度、高寒地区植被恢复与水土保持等关键技术攻关及其运行效果跟踪调查研究，不断提高水电环境保护技术可行性、有效性和经济性，为建设环境友好型水电工程提供技术支持；探索和完善流域水电开发生态环境监测监控技术、水库消落带和下游河流生态重建与修复技术。

——建设“互联网＋”智能水电站。重点发展与信息技术的融合，推动水电工程设计、建造和管理数字化、网络化、智能化，充分利用物联网、云计算和大数据等技术，研发和建立数字流域和数字水电，促进智能水电站、智能电网、智能能源网友好互动。围绕能源互联网开展技术创新，探索“互联网＋”智能水电站和智能流域，开展建设试点。加强行业信息化管理，推动信息管理平台建设，系统监测项目建设和运行信息，建立项目全过程信息化管理体系，为流域管理和行业监管提供支撑（见专栏 11）。

专栏 11 “十三五”科技创新重点

| 类别 | 重点内容 | 依托重点工程 |
|---|---|---|
| 工程安全风险防控技术研究 | 高坝工程建设及运行安全风险控制技术和风险评估体系、水电工程安全风险管理集成成套技术、已建工程除险加固综合治理技术等 | 锦屏一级、溪洛渡、拉西瓦等水电站 |

续表

| 类别 | 重点内容 | 依托重点工程 |
|---|---|---|
| 工程建设水平 | 高寒高海拔高地震烈度复杂地质条件下筑坝技术、高坝工程防震抗震技术、高寒高海拔地区特大型水电工程施工技术、超高坝建筑材料等技术 | 茨哈峡、双江口、两河口、乌东德、白鹤滩等水电站 |
| 水轮发电机组制造自主化 | 百万千瓦级大型水力发电机组 | 白鹤滩水电站 |
| | 变速抽水蓄能机组 | 丰宁抽水蓄能电站 |
| | 40万kW级、700m级超高水头超大容量抽水蓄能机组设计制造自主化 | 阳江抽水蓄能电站 |
| | 50万kW级、1000m以上超高水头大型冲击式水轮发电机组 | 玉松水电站 |
| 生态保护与修复技术 | 分层取水、过鱼、栖息地建设、珍稀特有鱼类人工繁殖驯养、生态调度、高寒地区植被恢复与水土保持等关键技术攻关及其运行效果跟踪调查研究；流域水电开发生态环境监测监控、水库消落带和下游河流生态重建与修复技术 | 锦屏一级、溪洛渡、双江口、白鹤滩、向家坝等水电站 |
| "互联网+"智能水电站 | 数字流域和数字水电、"互联网+"智能水电站和智能流域试点、信息化管理平台建设等 | 乌江、南盘江红水河、雅砻江、大渡河、金沙江等 |
| 水电站大坝运行安全监督管理系统建设 | 开发坝高100m以上、库容1亿$m^3$以上的大坝安全在线监控和远程技术监督功能，提高重点大坝非现场安全监督管理能力 | 锦屏一级 |

（八）体制机制改革

——完善水电管理体制机制。建立与国家相关法规政策、改革路线相衔接、相匹配的水电行业管理体制机制。根据国务院简政放权要求和电力体制改革精神，推进水电建设市场化，鼓励抽水蓄能电站投资主体多元化，落实项目法人的市场主体地位，完善项目法人责任制的水电建设管理体制。转变政府职能，强化行业服务和政府监管。进一步理顺抽水蓄能电站运行管理体制和电价形成机制。总结金沙江水电开发协调工作经验，研究建立西藏水电开发协调机制，促进藏东南水电基地开发。研究流域梯级电站水库综合管理体制，提出已建跨界水电站水库综合管理体制方案。完善大坝运行安全、工程施工安全及工程质量监管体系，强化建设期、过渡期、运行期全过程安全监管，加强大坝安全注册登记和定期检查工作，健全应急管理工作机制，提升水电站安全水平。

——健全水电发展政策体系。适应水电开发新形势，研究出台水力发电对《可再生能源法》的适用性政策，完善水电发展政策体系。开展龙头水库综合效益共享政策、建立西藏水电发展基金、水电发展促进地方经济社会发展、水电扶贫、界河水电开发利益协调政策措施等方面研究工作，完善相关政策措施。研究促进水电消纳的技术、政策和管理措施。结合电力市场建设，加快推进水电电价市场化改革，逐步完善电价形成机制，基本建立水电消纳市场化机制，促进水电持续健康发展。

——建立电站运行协调机制。统筹流域综合监测和梯级联合优化调度运行，在大渡河、金沙江等流域逐步建立流域开发运行管理协调机制。探索各大流域按照现代企业制度组建统一规范的流域公司，逐步推动建立流域统一电价模式和运营管理机制。完善水电环境保护管理，建立重点流域生态监测系统和信息平台，探索鼓励水电开发的清洁发展机制。加强对已建抽水蓄能电站运行情况和利用状况的分析总结，学习和借鉴国外运行经验，结合电力系统实际，深化抽水蓄能电站作用、效益形成机制研究，以及与新能源电站联合优化运行方案和补偿机制，实行区域电网内统一优化调度，建立运行考核机制，确保抽水蓄能电站充分发挥功能效用。

（九）水电开发扶贫

——优先安排贫困地区水电项目建设。贯彻落实中央关于发展生产脱贫一批的精神，积极发挥当地资源优势，充分尊重地方和移民意愿，科学谋划、加快推进贫困地区水电重大项目建设，加大贫困地区水电项目开发扶持力度，同等条件下优先布局和核准建设贫困地区水电项目，更好地将资源优势转变为经济优势和扶贫优势。

——调整完善资源开发收益分配政策。在加大贫困地区水电开发力度的同时，研究建立针对贫困地区能源资源开发收益分配政策，将从发电中提取的资金优先用于本水库移民和库区后续发展，增加贫困地区年度发电指标，提高贫困地区水电工程留成电量比例，落实和完善水电开发财政税收政策，让当地和群众从能源资源开发中更多地受益。

——探索建立水电开发利益共享机制。探索资产收益扶贫，在不改变用途的情况下，财政专项扶贫资金和其他涉农资金投入水电项目形成的资产，具备条件的可折股量化给贫困村和贫困户，尤其是丧失劳动能力的贫困户。对在贫困地区开发水电占用集体土地的，试行给原住居民集体股权方式进行补偿，探索对贫困人口实行资产收益扶持制度，建立水电开发群众共享利益机制，让贫困人口分享资源开发收益。

（十）水电国际合作

——继续深化与周边国家的合作。依托孟中印缅经济走廊和中巴经济走廊，发挥合作规划的引领作用，深化与孟印缅巴尼等重点国家的合作，积极参与缅甸、巴基斯坦等国家河流规划及其梯级的前期工作，推动项目开工建设。跨界河流合作开发稳步推进，充分利用中国和东南亚区域合作、澜沧江—湄公河合作机制、大湄公河次区域经济合作机制，为我国水电产能"走出去"和加强区域水电互联互通创造条件，促进地区协同发展。

——切实提升水电"走出去"质量。加快我国水电技术、标准、装备"走出去"。加强与亚洲、非洲、南美洲等国家的合作和培训交流，重点开展"一带一路"沿线国家战略合作。完善政策引导、政府推动、行业自律、有序发展机制，提升企业编队出海能力。发挥政府间合作规划引领作用，通过投资驱动、规划设计、咨询评估、工程建设、运行管理等多种方式参与境外水电开发。加强"走出去"工程项目的安全质量、环境保护、社会责任等引导和管理，加强水电行业技术标准与国际国外标准对接，优势互补、互利共赢的合作机制不断完善，技术服务、投资开发、装备制造等合作领域不断扩大、合作形式不断创新，持续提升我国水电的竞争力和国际影响力。

## 五、规划保障

——细化任务落实。强化规划对"十三五"期间常规水电站和抽水蓄能电站发展的指导和约束作用，严格基本建设管理程序，防止盲目开发和无序建设，确保布局合理、健康有序。各省（区、市）、各大型企业要根据本规划合理制定本地区、本系统的水电开发规划，做好与全国主体功能区规划、城乡规划、土地利用总体规划、生态功能区划、水资源综合规划、生态环境保护规划等相关规划的衔接，细化落实本规划提出的目标、任务，确保本规划按期完成。

——落实企业责任。水电项目法人是电站建设的责任主体，要按照企业自主决策、自担风险的要求，根据规划加强前期工作管理，保证前期工作质量和进度，有序推进项目开工建设，加强工程建设质量管理，确保生产运营安全。积极开展宣传工作，加强水电开发舆论引导。

——加强政府监管。落实简政放权、放管结合、优化服务的要求，强化规划指导、政策引导、政府服务和行业监管。适应水电发展新形势，不断完善水电开发政策措施；加强中央与地方、部门与部门、政府与企业的协调，形成促进水电开发推动合力；做好水电发展行业服务与管理工作，强化事中事后监管。

——强化督促检查。加强对水电前期工作、移民安置、项目建设、环境保护等跟踪分析，及时掌握规划执行情况；强化目标考核，根据需要适时开展实地检查，督促各项任务和措施落到实处；根据规划实施情况，及时开展中期评估，适时对规划目标和重点任务进行动态调整。

## 六、规划效果

（一）投资估算

初步测算"十三五"期间水电建设投资需求约5000亿元，其中大中型常规水电约3500亿元，小水电约500亿元，抽水蓄能电站约1000亿元。按20%的资本金比例测算"十三五"期间资本金需求为1000亿元，融资4000亿元。西部的四川省、云南省、西藏自治区是常规水电建设的重点区域，水电建设投资分别达到1800亿元、1000亿元、300亿元；山东、浙江、安徽、福建、河北等省建设投资规模均超100亿元。预计常规水电单位千瓦投资在1.3万元以上，抽水蓄能单位千瓦投资7000元左右。

（二）综合效益

水电工程除提供大量清洁能源外，还可以通过水库调节作用，合理配置水资源，变水患为水利，减轻洪涝水旱灾害损失及其生态危害。水电具有发电、防洪、供水、航运、灌溉、保护环境、促进移民脱贫致富和地方经济社会发展等综合效益。

"十三五"期间，水电将累计提供5.6万亿kW·h的清洁电量，满足我国经济社会发展的用电需要，相应节约16.8亿t标准煤，减少排放二氧化碳35亿t，二氧化硫1250万t，氮氧化物1300万t，对减轻大气污染和控制温室气体排放将起到重要的作用，具有巨大的生态效益。

"十三五"期间，河流防洪能力进一步提高，水资源调配能力进一步增强，水电综合效益发挥进一步显现，对下游河段及河口区域的水环境改善，城市和乡村供水条件改善，河流湿地生态功能维护都有积极作用。初步统计"十三五"新投产水电可新增调节库容约153亿$m^3$，防洪库容约74亿$m^3$，灌溉面积约231万亩，改善航道774余公里。

"十三五"期间，抽水蓄能电站新增投产1697万kW，均位于东北、华北、华东、华中和华南等经济中心及新能源大规模发展和核电不断增长区域。抽水蓄能电站作为保障电力系统安全稳定运行的特殊电源及最环保、能量转换效率最高、具经济性大规模开发的储能设施，可提高供电稳定运行水平，优化人民生活质量；并可通过增加风电、太阳能、核电等的利用率及改善火电、核电的运行条件，节约化石能源消耗，减少温室气体排放和污染物，保护生态环境。

“十三五”期间，水电建设将带动水泥、钢材的消费。水电建设和运行期间还将为地方经济社会发展增加大量的税费收入，初步测算，“十三五”期间新投产水电运行期年均税费可达300亿元。此外，电站建设对改善当地基础设施建设、拉动就业、促进城镇化发展都具有积极作用。

## 国家能源局印发《能源行业信用体系建设实施意见(2016～2020年)》

国家能源局于2016年12月8日以国能资质〔2016〕350号文印发《能源行业信用体系建设实施意见（2016～2020年）》。全文如下。

### 能源行业信用体系建设实施意见（2016～2020年）

能源是国民经济的重要基础，能源行业是国家的重要经济命脉，也是社会信用体系建设的重要领域。根据《社会信用体系建设规划纲要（2014～2020年）》等有关要求，结合能源行业实际，现提出如下实施意见：

一、总体目标

围绕能源领域“四个革命、一个合作”的战略布局，按照“政府主导、行业共建，统筹推进、分步实施，结合实际、强化应用，公正透明、准确规范”的原则，实施能源行业信用体系建设。

到2020年，信用制度和标准体系基本健全，全国统一的能源行业信用信息共享交换平台和“信用能源”网站建设完成并良好运行，市场主体信用记录覆盖率达到95%以上，信用评价工作有序开展，信用信息和信用产品得到广泛应用，以信用为核心的市场监管机制全面发挥作用，社会力量积极参与形成合力，信用专业人才队伍基本形成，全行业诚信意识和信用水平普遍增强。能源行业重点领域信用建设取得显著成效，行业发展信用环境明显改善，建成满足能源行业发展要求的信用体系，以信用建设促进行业整体发展。

二、重点领域

能源行业信用体系建设以安全生产领域、工程建设领域、节能环保领域、交易领域、统计领域、企业管理领域为重点领域，涉及的市场主体包括从事电力、煤炭、石油、天然气、新能源和可再生能源等能源的生产、供应、建设等相关活动的法人和其他组织，以及其法定代表人、生产运行负责人、技术负责人、安全负责人和财务负责人等相关执（从）业人员等。

（一）安全生产领域

建立健全能源行业安全生产诚信体系，加强能源企业安全生产诚信制度建设。对于发生生产安全责任事故、安全生产隐患不及时整改或整改不到位、发生事故隐瞒不报或谎报迟报等安全生产失信行为，加大曝光和惩戒力度。健全能源行业安全生产准入和退出信用审核机制，促进企业落实安全生产主体责任。

（二）工程建设领域

围绕能源行业工程项目各关键环节，建立能源行业工程建设领域市场主体信用档案，将市场主体信用信息和信用评价结果等作为投标人资格审查、评标、定标和合同签订的重要依据。把出租、借用许可证承接工程或违法分包、转包承揽工程，拖欠工程款和农民工工资等列入失信责任追究范围。

（三）节能环保领域

加强能源行业节能环保信用信息的采集和整理，积极参与节能环保工作业务协同和信息共享。将能源企业的节能环保情况作为信用评价的重要指标，对能源企业违法排放污染物、浪费能源等失信行为加大曝光和惩戒力度。

（四）交易领域

指导能源企业规范市场交易行为，要求企业在合同履行、公平交易、价格管理等方面加强诚信自律。加大对商业欺诈、商业诋毁、商业贿赂、价格欺诈、价格垄断等市场交易失信行为的惩戒力度，对典型案件、重大案件予以曝光，增加企业失信成本，促进诚信交易和公平竞争。

（五）统计领域

围绕能源行业统计数据报送、数据质量、信息公开等重点环节，将市场主体报送信息的真实性、准确性等作为信用评价的重要内容。对报送和公开信息隐瞒真实情况等统计失信行为进行通报和曝光，将统计信用记录与政府补贴、招投标等直接挂钩，切实强化对统计失信行为的惩戒和制约。

（六）企业管理领域

开展能源企业诚信承诺活动，加大诚信企业示范宣传和典型失信案件曝光力度，引导企业增强社会责任感，在企业经营管理各环节强化信用自律。鼓励和指导能源企业加强企业信用管理，防范信用风险，提升企业综合竞争力。强化企业在发债、借款、担保等债权债务信用交易及生产经营活动中诚信履约。

## 三、重点任务

### （一）加强法律法规和制度建设

1. 推动完善相关法律法规

根据国家信用立法的安排部署，在能源法律法规立改时体现信用体系建设要求，依法依规开展能源行业信用体系建设工作。

2. 建立健全信用制度

加强行业信用制度建设，研究制定《能源行业市场主体信用信息归集和使用管理办法》《能源行业市场主体信用评价管理办法》等制度，建立健全能源行业信用制度体系，夯实能源行业信用体系建设的制度基础。

### （二）建立信用信息归集和共享交换体系

1. 加强信用信息标准化建设

建立以统一社会信用代码为基础、全国统一规范的能源行业信用信息标准。统一信用信息目录与相关技术规范，编制并发布能源行业信用信息目录、能源行业市场主体信用信息数据库表结构及标识符等行业标准。

2. 加强市场主体信用记录建设

以市场主体的基本情况、良好记录、不良记录等信用记录指标为重点，建立健全能源行业市场主体信用档案，逐步实现信用记录全覆盖。

3. 建设信用信息数据库

建设能源行业法人和其他组织、自然人信用信息数据库。按照能源行业信用信息目录，归集与整合各部门、各单位的信用信息资源，实现信用信息的电子化存储和管理。

4. 建设信用信息共享交换平台

建设全国统一的能源行业信用信息共享交换平台，建立畅通的信息数据传输与交换系统，实现各地区、各领域信用信息系统的互联互通和信用信息的共享交换。建立和拓展平台的各项功能，包括信用信息归集、整理、交换、共享等基础功能和统计分析、监测预警等管理功能。做好与国家统一信用信息共享交换平台对接的准备工作。

### （三）推进信用信息公开与使用

1. 建设“信用能源”网站

建设全国统一的能源信用门户网站，强化网站内容建设与功能拓展，客观公正披露能源行业市场主体的守信与失信信息，提供能源行业信用信息查询服务，发布“红黑名单”和信用评价结果，打造能源行业网上信用服务窗口，实现与“信用中国”等网站的无缝衔接。

2. 推进市场主体信用信息公示

建立健全行政许可和行政处罚“双公示”制度，编制能源行业行政许可和行政处罚事项目录，制定信息公示规范，畅通公示渠道。在“信用能源”网站设立市场主体信用信息公示专栏，在保护涉及公共安全、商业秘密和个人隐私等信息的前提下，及时公示市场主体的信用信息，并对法人和其他组织、自然人申请公开的信用信息依法予以公开。

3. 加强信用信息使用

推动有关部门和单位在行政审批、资质审核、招标投标、政府采购、财政性资金使用等领域应用能源行业市场主体信用信息和信用产品，将其作为重要参考依据。

推进信用信息的社会化应用。鼓励社会征信机构加强对能源行业公共信用信息和非公共信用信息的整合，形成多样化的信用服务产品。引导市场主体在商务合作、经济往来等活动中使用信用信息和产品。推动金融机构在信贷审批、风险防范、证券发行、信用担保等方面使用信用信息和产品。

4. 保护信用信息主体权益

充分发挥行政监管、行业自律和社会监督在能源行业信用信息主体权益保护中的作用，切实保护信用信息主体权益。建立健全信用信息主体权益保护机制和信用信息侵权责任追究机制，制定信用信息异议处理、投诉办理等制度及操作细则。

5. 保障信用信息安全

建立完善能源行业信用信息保护和安全监控体系，加强信用信息系统安全管理，开展安全认证和安全风险评估，实行信用信息安全等级保护，加大安全监督检查力度，建立和完善信用信息安全应急处理机制，加强信用信息安全基础设施建设。

### （四）完善信用评价体系

1. 建立健全信用评价制度

出台《能源行业市场主体信用评价管理办法》等系列制度，对评价对象、评价标准、评价方法、评价程序、动态管理等内容做出明确规定，保障信用评价工作有序开展。

2. 指导开展信用评价工作

指导开展能源行业市场主体信用评价工作，对信用评价全过程实施监督管理。严把评价质量关，做到标准公开、程序公开、结果公开，确保信用评价结果的真实可靠性和客观公正性。

3. 规范信用评价机构管理

培育和引进合格的、具有行业经验的信用评价机构，加强对评价机构的管理，严格评价程序，要求其依法依规开展评价活动。对于评价机构弄虚作假、侵犯商业秘密等违法违规行为，依法严肃查处。

4. 积极应用信用评价结果

将能源行业市场主体的信用评价结果记入其信用

档案，并适时适当在“信用能源”等网站公布。推动有关部门和单位在招标投标、政府采购、行政审批、市场准入、资质管理、日常监管、评优评奖、金融信贷等工作中，积极应用信用评价结果。

（五）加强以信用为核心的市场监管

1. 建立健全信用承诺制度

全面建立能源行业市场主体信用承诺制度，要求市场主体以规范格式向社会做出公开承诺，将信用承诺纳入信用档案，作为事中事后监管的参考，并接受社会监督，实现政府监管和社会监督有机结合。

2. 加强信用分类监管

建立能源行业市场主体信用分类监管制度，监管部门根据市场主体信用状况实施分级分类监管。依据相关政策法规，科学设立分类标准，明确评定内容、评定程序、评定标准等，对能源行业市场主体进行信用分类等级评定。依据市场主体的信用分类等级，确定相应的监管频次和监管措施，实现有效监管。

3. 加强守信联合激励

多渠道树立能源行业诚信典型，联合其他部门对诚信市场主体实施守信激励。对诚信市场主体实行“绿色通道”、优先办理、简化程序等激励政策，在政府采购、专项资金补贴等方面给予优先支持，将诚信市场主体优良信用信息及时在“信用能源”、各行业组织网站等媒体进行公示。

联合社会机构对能源行业诚信市场主体给予优惠和便利，使守信者在市场中获得更多机会和实惠。引导征信机构加强对市场主体正面信息的采集，引导金融机构在利率、费率等方面对诚信市场主体给予优惠，推动行业组织表彰诚信会员。

4. 加强失信联合惩戒

依法依规对能源行业失信行为做出处理和评价，将严重失信主体列为重点监管对象，联合其他部门对严重失信主体采取惩戒措施，依法依规实施行政性约束和惩戒，对严重失信企业和有关个人实施市场和行业禁入措施。

加强对失信行为的市场性、行业性、社会性约束和惩戒。通过失信行为的记录和披露，使严重失信主体在市场交易和金融服务等活动中受到制约。引导行业组织将严重失信行为记入会员信用档案，视情节轻重实行不同程度的惩戒。鼓励社会公众举报能源行业市场主体的严重失信行为，对举报人信息严格保密。

5. 建立健全信用红黑名单制度

建立与完善能源行业诚信典型“红名单”制度和严重失信主体“黑名单”制度，依法依规规范红黑名单产生和发布行为，建立健全退出机制。在保证独立、公正、客观前提下，鼓励有关行业组织、金融机构、征信机构、评级机构等将产生的能源行业“红名单”和“黑名单”信息提供给政府部门参考使用。

（六）调动社会力量参与行业信用体系建设

1. 充分发挥行业组织的作用

组织指导行业组织积极参与能源行业信用体系建设，在信用信息归集、信用评价、标准制订、联合奖惩等方面发挥作用。发挥行业组织的协调和监督作用，推动行业组织指导和督促会员单位积极参与信用建设。明确行业组织在能源行业诚信自律中的职责和任务，鼓励行业组织开展能源行业诚信宣传、教育和交流活动等。

2. 引导企业加强信用建设

引导能源企业树立诚信经营理念，在生产经营、安全管理、财务管理和劳动用工管理等各环节强化企业诚信自律。督促能源企业加强信用管理制度建设，设计科学的信用管理流程，建立内部职工诚信考核与评价机制，构建完善的事前预防、事中管控和事后追责的信用风险管控机制。

3. 培育和发展信用服务业

制定促进信用服务业发展的政策措施，培育专注于能源行业、全国领先、具有较强社会公信力的品牌信用服务机构。支持信用服务产品研发和应用，鼓励发展信用征集、信用评价、信用咨询等多种业务，提升能源行业信用服务水平。规范信用服务市场秩序，加强对信用服务机构和从业人员的监督管理，加大对贩卖个人隐私和商业秘密以及非法、超范围经营信用服务业务行为的查处力度，保障信用服务业健康发展。

（七）强化诚信教育与诚信文化建设

1. 普及诚信教育和培训

组织开展能源行业信用体系建设培训，在能源行业各级各类教育和培训中进一步充实诚信教育和信用管理内容，提升从业人员的信用意识。编制能源信用宣传材料，向从业人员和社会公众普及信用知识和政策制度等。

2. 加强诚信文化建设

大力倡导诚信道德规范，弘扬积极向善、诚实守信的传统文化和现代市场经济的契约精神，形成崇尚诚信、践行诚信的行业风尚。深入开展能源行业诚信主题活动，有计划、有重点地组织开展信用宣传等活动，突出诚信主题，营造诚信和谐的行业氛围。

3. 加强信用专业人才队伍建设

推动开展在职教育、职业培训、岗位培训等多层次的信用教育和培训，培养能源行业信用管理专业化队伍，鼓励信用管理人员学习与交流。加强信用专家队伍建设，建立能源行业信用工作专家库，邀请国内外专家学者和信用管理工作者研讨交流，开展相关课题研究，推进能源行业信用理论与实务研究和成果转化应用。

四、实施进度

（一）2016～2018年重点工作

1. 建立健全能源行业信用制度和标准体系，制定信用信息归集使用、信用评价、信用联合奖惩相关办法，编制信用信息目录和数据库表结构及标识符等。

2. 建立健全能源行业各领域市场主体的信用记录，建设能源行业法人和其他组织信用信息数据库，完成信用信息共享交换平台和“信用能源”网站建设。

3. 通过“信用能源”网站实现信用信息、“红黑名单”、信用评价结果等的公示和查询。要求有关部门和单位在行政管理和公共服务中使用信用信息，向市场主体宣传普及信用信息的查询和使用。落实信用信息主体权益保护和信用信息安全保障。

4. 建立健全信用评价相关制度和细则，培育和引进信用评价机构，指导开展电力、煤炭、石油天然气等重点领域市场主体信用评价工作，将信用评价结果记入信用档案并予以公布。

5. 要求市场主体向社会做出信用承诺，依据信用分类等级对市场主体实施信用分类监管，对诚信主体采取联合激励措施，对失信主体采取联合惩戒措施，定期发布信用红黑名单。

6. 指导行业组织在能源行业信用体系建设工作中发挥作用。引导企业加强诚信文化建设，要求电力、煤炭、石油天然气等重点领域企业建立信用管理制度。

7. 开展信用教育和培训，组织诚信宣传活动，建立信用专业人才队伍。

（二）2019～2020年重点工作

1. 巩固提升前一阶段的各项工作成果，在更大范围、更宽领域、更深层次上推进能源行业信用体系建设。根据最新形势和要求，及时调整工作进度。

2. 建设能源行业自然人信用信息数据库。

3. 依法依规向社会机构提供公共信用信息，加强信用信息和信用产品的社会化应用。

4. 指导开展能源行业各领域市场主体信用评价工作，推动有关部门和单位积极应用信用评价结果。

5. 要求能源行业各领域企业建立信用管理制度。

五、保障措施

（一）加强组织领导

建立健全能源行业信用体系建设组织工作机制。成立能源行业信用体系建设领导小组，统一领导和统筹协调能源行业信用体系建设各项工作，加强指导、督促和检查。领导小组由能源局领导及相关专业司、资质管理中心、相关行业组织、相关企业的负责人组成。领导小组下设办公室作为日常办事机构，办公室设在资质管理中心，主要承担综合协调、政策研究、制度标准建设等工作，牵头开展数据库、平台、网站等建设，指导推动信用信息归集使用、信用评价、信用监管、诚信宣传教育等工作的开展。定期召开领导小组及办公室会议，通报工作进展情况，协调解决能源行业信用体系建设中的重大问题。

（二）强化责任落实

明确能源行业信用体系建设各项任务的具体分工、责任单位和进度要求等，各级、各部门、各单位要把能源行业信用体系建设作为日常工作的重要内容，加快实施推进。各派出能源监管机构加强对本地区能源行业信用体系建设的组织领导，细化职责分工，严格落实执行。各行业组织加强会员自律，配合政府做好评价建设等工作。定期收集工作进展信息，建立健全工作考核评估机制，进行督查考核，及时发现问题并提出改进措施，对工作取得明显成效的进行表彰，对工作推进不力的通报批评、督促整改。

（三）加大人才、资金支持

加大对能源行业信用体系建设的人才和资金支持，将能源行业信用信息共享交换平台、“信用能源”网站等基础设施建设和维护的资金需求纳入政府投资计划，做到有岗、有责、有人、有手段。鼓励社会资金参与能源行业信用体系建设，形成多元化的投融资体系，确保能源行业信用体系建设顺利开展。

## 国家能源局印发《能源技术创新“十三五”规划》

国家能源局于2016年12月30日以国能科技〔2016〕397号文印发《能源技术创新“十三五”规划》。该规划摘要如下。

### 能源技术创新“十三五”规划（摘要）

前言

《能源技术创新“十三五”规划》（以下简称《规划》）按照《国民经济和社会发展第十三个五年规划纲要》《能源发展“十三五”规划》要求，旨在发挥科技创新的引领作用，增强能源自主保障能力，提升能源利用效率，优化能源结构，推进能源技术革命。《规划》分析了能源科技发展趋势，以深入推进能源技术革命为宗旨，明确了2016年至2020年能源新技术研究及应用的发展目标。按照当前世界能源前沿技术的发展方向以及我国能源发展需求，聚焦于清洁高效化石能源、新能源电力系统、安全先进核能、战略性能源技术以及能源基础材料五个重点研究任务，推动能源生产利用方式变革，为建设清洁低碳、安全高效的现代能源体系提供技术支撑。

本《规划》是《能源技术革命创新行动计划（2016～2030年）》在“十三五”期间的阶段性目标，是未来五年推进能源技术革命的重要指南，按照应用推广一批、示范试验一批、集中攻关一批的要求，针对能源技术创新中亟需突破的前沿技术规划了重点任务。

## 一、能源科技发展形势

随着新一轮工业革命兴起，应对气候变化日益成为全球共识，能源技术正在成为引领能源产业变革、实现创新驱动发展的原动力。尊重能源科技创新规律，把握世界能源技术发展趋势，重视能源科技创新体系的建立和完善，提高能源技术创新能力和装备制造水平，通过能源技术革命促进能源生产和消费模式的转变已成为我国能源产业历史性选择。

### （一）世界能源科技发展现状与趋势

当前，以新兴能源技术为代表的新一轮科技革命和产业变革正在兴起，正在并将持续改变世界能源格局。非常规油气和深水油气、化石能源清洁高效利用、可再生能源、智能电网、安全先进核能等一大批新兴能源技术正在改变传统能源格局。

传统能源的清洁高效开发、转化、利用成为主要发展趋势。在勘探开发领域，页岩油气和致密油气等非常规油气资源成为油气产量的新增长点，复合开采成为整个石油开采的主要方向，深水油气勘探开发向海底化、智能化方向发展。在加工利用领域，劣质原油提质技术、清洁燃油生产技术、煤基多联产技术、煤气化技术、煤制化学品正成为能源科技主攻方向。火力发电技术正朝着清洁、高效、节能、节水的方向发展，主要国家均在开展700℃超超临界燃煤发电技术研发，整体煤气化联合循环技术、碳捕集与封存技术、富氧燃烧技术正在快速发展。

可再生能源发电与现代电网的融合是世界能源可持续转型的核心。太阳能光伏发电技术继续沿着高效率、低成本方向持续进步，太阳能热发电技术开始规模化示范；风力发电继续向大型化、智能化和高可靠性方向发展，远海和高空风能开发开始提上日程；可再生能源综合利用技术朝着多能互补、冷热电联产综合利用方向发展。现代电网向着智能化、混合化的方向发展，呈现大电网和微型电网并行发展的格局，融合分布式可再生能源的微电网技术、直流电网模式及交直流混合电网模式成为未来电网形态的重要趋势，大容量柔性直流输电技术、直流电网技术和超导直流输电技术等均得到快速发展，先进电力电子装置在可再生能源发电和智能电网建设方面发挥关键性作用，多种储能技术已进入应用阶段但还需提升经济性。

核能利用的关键是安全。不断完善的第三代核电技术逐渐成为新建核电机组的主流，第四代核电技术、模块化小型堆技术、先进核燃料及其循环技术正在快速兴起，对在役核电机组进行延寿也是核电发展的重要环节。

能源基础材料是能源技术发展的基石。燃煤发电机组和燃气轮机对高温材料、大型构件用金属材料提出了更高要求，安全先进核电的发展需要更可靠的核级材料，对可再生能源高效利用的需求促使新型高分子材料、新型电池材料不断涌现，能源转换和传输形式的发展带动了新型储能材料、高效催化剂材料、先进电力电子器件的创新。

在战略层面，主要能源大国均制定政策措施加强技术创新，积极部署发展清洁能源技术，着力通过提升能源产业结构开辟新的经济增长点。欧盟通过制定《2050能源科技路线图》提出太阳能、风能、智能电网、生物能源、碳捕集与封存、核聚变以及能源效率等为主攻方向的发展思路，突出可再生能源在能源供应中的主体地位。日本先后出台《面向2030年能源环境创新战略》和《能源基本计划》，提出能源保障、环境、经济效益和安全并举的方针，继续支持发展核能，推进节能和可再生能源，发展储能技术，规划绿色能源革命的发展路径。美国发布了《全面能源战略》，并陆续出台提高能效、发展太阳能、四代和小型模块化核能等清洁电力新计划。

纵观全球能源技术发展动态和主要能源大国推动能源科技创新的举措，可以得到以下结论和启示：一是能源科技创新进入高度活跃期，新兴能源技术正以前所未有的速度加快对传统能源技术的替代，对世界能源格局和经济发展将产生重大而深远的影响。二是绿色低碳是能源科技创新的主要方向，重点集中在传统化石能源清洁高效利用、新能源大规模开发利用、核能安全利用、能源互联网和大规模储能技术、先进能源装备及关键材料等领域。三是世界主要国家均把能源技术视为新一轮科技革命和产业革命的突破口，制定各种政策措施抢占发展制高点，增强国家竞争力并保持领先地位。

### （二）我国能源科技发展现状与趋势

“十二五”期间，我国能源技术自主创新能力和装备国产化水平显著提升，部分领域达到国际先进水平，但还需紧跟能源产业转型升级步伐，集中力量突破重大关键技术瓶颈，为全面构建我国安全、绿色、低碳、经济和可持续的现代能源产业体系提供技术支撑。

非常规和难开采油气勘探开发应用总体上达到国际先进水平，基本形成适合我国陆相储层的有效致密气勘探开发技术，初步掌握浅层海相页岩气成套开发技术和致密油开发关键技术，高煤阶煤层气勘探开发技术基本成熟，3000m深水半潜式钻井船等装备实现自主化，建立了浅层超稠油油藏经济高效开发技术体系。煤炭绿色开采和高效利用快速发展，年产千万吨级综采成套设备、年产2000万t级大型露天矿成套设备实现国产化，智能工作面技术达到国际先进水平。煤制清洁燃料和化学品技术、低阶煤分级分质利用得到快速发展，煤炭气化、液化、热解等已实现产业化。具有完全自主知识产权的千万吨级炼油技术，劣质油加工技术取得突破。生物质能源替代化石能源初见成效。超超临界机组实现自主开发，大型循环流化床发电、大型IGCC、大型褐煤锅炉已具备自主开发能力，$CO_2$利用技术研发和$CO_2$封存示范工程顺利推进。燃气轮机设计体系基本建立，初温和效率进一步提升，天然气分布式发电开始投入应用。

可再生能源发电技术已显著缩小了与国际先进水平的差距，光伏、风电等产业化技术和关键设备与世界发展同步。晶体硅太阳电池产业化技术取得重大突破，形成晶体硅太阳电池产业化技术体系；太阳能热发电技术取得了长足进步。建立了大功率风电机组整机设计制造技术体系，3～6MW的海上风电机组实现示范应用，大型风电场运行管理等关键技术开始实际应用。

电网的总体装备和运维水平处于国际前列。电网技术与信息技术的融合不断深化，特高压输电技术处于引领地位，掌握了1000kV特高压交流和±800kV特高压直流输电关键技术。已建成多个柔性直流输电工程，智能变电站全面推广，电动汽车、分布式电源的灵活接入取得重要进展，电力电子器件、储能技术、超导输电获得长足进步。

核电技术与世界先进水平保持同步。三代核电技术研发和应用走在世界前列，四代核电技术、模块化小型堆、海洋核动力平台、先进核燃料与循环技术取得突破，可控核聚变技术得到持续发展。

“十二五”期间我国能源技术创新为打造新型能源产业奠定了坚实基础，但与新时期推动能源生产和消费方式革命的战略目标还有较大差距，突出表现为：创新模式有待升级，引进消化吸收的技术成果较多，与国情相适应的原创性成果不足；创新体系有待完善，创新投入的低收益问题仍较为突出；部分关键核心技术装备仍受制于人，重大能源工程依赖进口设备的现象仍较为普遍，技术“空心化”和技术“对外依存度”偏高的现象尚未完全解决。

“十三五”时期是我国大力推动能源产业转型升级，实现“四个革命、一个合作”的关键时期，通过不断创新发展思路，不断健全能源科技创新体系，不断夯实能源科技创新基础，集中力量突破重大关键技术瓶颈，以科技为先导，引领能源生产和消费方式的重大变革，按照应用推广一批、试验示范一批、集中攻关一批的发展路径推动能源技术革命，重点发展清洁高效化石能源技术、新能源电力系统技术、安全先进核能技术、战略性能源技术、能源基础材料技术等，是未来五年我国能源科技创新的重大使命。

## 二、指导思想、基本原则和发展目标

### （一）指导思想

全面贯彻党的十八大和十八届三中、四中、五中、六中全会精神，深入贯彻习近平总书记系列重要讲话精神，践行我国能源安全发展的“四个革命、一个合作”战略思想，推动能源技术革命，带动产业升级。围绕《国民经济和社会发展第十三个五年规划纲要》《能源生产和消费革命战略（2016～2030）》和《能源发展“十三五”规划》关于构建建设清洁低碳、安全高效的现代能源体系的要求，应用推广一批相对成熟、有需求、有市场、成本低的技术，确保“十三五”提高能源效率、调整能源结构目标的实现；示范试验一批有一定技术积累，但工艺路线、经济性和市场可接受性有待验证的技术，探索技术定型、大批量生产的路径，为“十三五”及今后的能源转型提供技术支撑；集中攻关一批前景广阔、但核心技术仍需突破、亟待集中力量攻关的技术，为2030年前实现能源技术革命奠定坚实基础。

### （二）基本原则

坚持自主创新。必须把自主创新摆在能源科技创新的核心位置，强化原始创新、集成创新和引进消化吸收再创新，以自主产权的关键技术重大突破，引领能源产业加快发展。

坚持市场导向。建立市场导向的技术创新机制，以企业为创新主体，以需求为创新指引，发挥市场在科研资源配置中的基础性作用，提高科技成果转化整体效能。

坚持重点突破。以国家能源安全和重大能源战略为导向，充分发挥国家示范工程、科技重大专项的引领和带动作用，以重点领域科技创新支撑新兴产业发展。

坚持统筹协调。健全政产学研用协同创新机制，建立研发、应用、产业化紧密结合的创新链条，推动重大技术研发、重大装备研制、重大示范工程和技术创新平台“四位一体”协调发展机制，利用国际国内科技资源实现开放式发展。

（三）发展目标

围绕由能源大国向能源强国转变的总体目标，瞄准国际能源技术发展的趋势，立足我国能源技术发展现状及科技创新能力的实际情况，从2016年到2020年集中力量突破重大关键技术、关键材料和关键装备，实现能源自主创新能力大幅提升、能源产业国际竞争力明显提升，能源技术创新体系初步形成。

在清洁高效化石能源技术领域，促进煤炭绿色高效开发，实现致密气、煤层气和稠重油资源的高效开发，推动页岩油气、致密油和海洋深水油气资源的有效开发。掌握低阶煤转化提质、煤制油、煤制气、油品升级等关键技术。进一步提高燃煤发电效率，提高燃煤机组弹性运行和灵活调节能力，攻克多污染物一体化脱除技术，整体能效水平达到国际先进水平。

在新能源电力系统技术领域，重点攻克高比例可再生能源分布式并网和大规模外送技术、大规模供需互动、多能源互补综合利用、分布式供能、智能配电网与微电网等技术，在机械储能、电化学储能、储热等储能技术上实现突破，提升电网关键装备和系统的技术水平；掌握太阳能、风能、水能等可再生能源为主的能源系统关键技术，开展海洋能、地热能利用试验示范工程建设，实现可再生能源大规模、低成本、高效率开发利用，支撑2020年非化石能源占比15%的战略目标。

在安全先进核能技术领域，建成自主产权的先进三代压水堆示范工程，掌握大型先进压水堆、高温气冷堆、快堆、模块化小型堆关键技术，钍基熔盐堆研究取得突破，深入研发先进核燃料技术、乏燃料及放射性废物先进后处理技术，建立适合我国大型压水堆核电厂延寿论证的技术体系。

在战略性能源技术领域，掌握微型、小型燃气轮机设计、试验和制造技术，实现中型和重型燃气轮机的设计、试验和制造自主化；突破高能量密度特种清洁油品关键技术，建设煤制油、生物航空燃油等示范工程；超导输电、储能装置达到国际先进水平；实现氢能、燃料电池成套技术产业化；可控核聚变、天然气水合物（可燃冰）利用技术得到进一步发展，总体达到国际先进水平。

在能源基础材料技术领域，研制出高温金属材料及核级材料，进一步提高光伏组件用高分子材料、储能用电极材料等技术参数，大幅降低成本，实现新型节能材料走向市场应用；掌握多种高效低成本催化材料生产技术。

在能源生产、输送、消费等各环节开展先进节能技术的研究，通过技术升级和系统集成优化实现能源利用效率明显提升、单位能耗明显下降。

## 三、重点任务

围绕“十三五”期间我国能源产业发展重大需求，着眼推动能源技术革命，聚焦形成五个重大能源科技专题，每个技术领域按照应用推广一批、示范试验一批、集中攻关一批进行任务分类。本章节中，集中攻关类以G代表（共70项），示范试验类以S代表（共48项），应用推广类以T代表（共31项），重点任务共计149项。

（一）清洁高效化石能源技术（略）

（二）新能源电力系统技术

在可再生能源利用领域，研究8～10MW陆/海上风电机组关键技术，建立大型风电场群智能控制系统和运行管理体系；突破高效太阳能电池的产业化关键技术，发展新型太阳能电池技术，持续提高光伏发电系统的能量转换效率、经济性和智能化水平；完善大型太阳能热发电站高效集热和系统集成技术，实现可全天运行的100MW级电站商业化运行；开展复杂条件下水电开发相关技术研究；开展海洋能、地热能利用关键技术及装置研发和示范工程建设。

在高比例可再生能源并网及传输领域，重点突破大型可再生能源基地和大量分布式可再生能源并网、特高压直流与柔性输电核心技术与装备等关键技术；进一步提升电网和互联网信息的相互融合，源网荷协同水平；在现代信息通信技术的运用、新型电力设备制造及传统电力设备的智能升级等方面持续取得进展。

立足于电力系统调峰和电能质量管理需要，推动压缩空气储能、液流电池、钠硫电池、锂电池和飞轮储能等多种储能技术发展，在大容量储能等技术上实现突破。推进能源互联网建设，加强智能配电与用电网络建设，促进分布式能源和多能互补式发电项目在微网中的利用，开展能源互联系统运营交易技术研究。

本规划在可再生能源利用、高比例可再生能源并网与传输、储能与能源互联网等领域部署13个集中攻关项目、15个示范试验项目、10个应用推广项目。

1. 可再生能源高效利用

1）集中攻关类。

G27）新型高效低成本光伏发电关键技术。

研究目标：研制出新型高效低成本光伏电池，突破大型光伏电站设计集成和运行维护关键技术，掌握GW级光伏电站集群控制技术。

研究内容：主要开展包括碲化镉、铜铟镓硒薄膜、硅薄膜等太阳能电池产业化技术研发、大面积柔性硅基薄膜电池组件的规模化生产工艺研发，以及Ⅲ-Ⅴ族化合物电池、铁电-半导体耦合电池及铁电-半导体耦合/晶体硅叠层电池、钙钛矿电池、染料敏化电池、量子点电池、新型叠层电池、硒化锑电池、铜锌锡硫电池等新型电池的研究和探索，着力提高效率和降低成本；研究多类型分布式光伏系统设计集成技术及示范，开展大型光伏电站及光伏发电站集群的设计、控制、运维及并网技术研究。

起止时间：2016～2020年。

G28）复杂条件大型水电工程关键技术研究。

研究目标：掌握高地震烈度区、超深覆盖层等复杂建设条件下超大型地下空间工程技术、地质灾害防治技术。

研究内容：针对高地震烈度区、超深覆盖层等复杂建设条件下水电工程，重点研究超大型地下洞室群工程技术，深埋长大输水隧洞工程技术，高压水道衬砌结构和高压灌浆工程技术，高强度、大体积混凝土温控和防裂技术，高地震烈度区、超深覆盖层坝基处理工程技术，超高坝筑坝技术研究，高边坡爆破开挖与支护技术，地质预报与防护技术、高外水压力地下突涌水治理技术、超高地应力条件下施工技术等。

起止时间：2016～2020年。

G29）流域梯级水电站综合管控关键技术研究。

研究目标：掌握流域梯级水电站安全运行、生态环境监测关键技术。

研究内容：研究流域梯级水电站安全与应急、防恐防暴关键技术，基于水文预报情况的流域梯级电站群多目标联合优化调度关键技术，梯级水电站深度开发、改造、退役技术。研究基于陆气耦合模式的流域梯级水库群分布式水文预报系统关键技术，梯级水库群防洪减灾预警预报系统关键技术。构建流域环境监测体系和数据库平台，动态监控并掌握流域水电开发生态环境演变规律。

起止时间：2016～2020年。

G30）水电工程环境保护与水土保持关键技术研究。

研究目标：掌握水电环保关键技术、生态重建与修复技术。

研究内容：研究流域生态环境监测和生态调度技术，水温、水生生境修复、过鱼、库区消落带治理、珍稀特有鱼类人工驯养繁殖、河流和水库生态重建与修复等水电工程环境保护关键技术，以及高寒地区施工过程水土保持、施工结束场地清理与还原等水土保持关键技术。

起止时间：2016～2020年。

2）示范试验类。

S19）8～10MW等级及以上的超大型海上风电机组示范工程。

研究目标：研制出具有自主知识产权的8～10MW等级及以上的海上风电机组及关键部件，并进行工程示范。

研究内容：研发8～10MW等级及以上海上风电机组的整机优化设计与制造技术、超大型海上风电机组关键部件设计制造技术，以及超大型海上风电机组基础、塔筒设计及运输、吊装和电网接入等关键技术；开发超大型海上风电机组先进测试技术与测试平台。

起止时间：2016～2025年。

S20）大型太阳能热发电关键技术研究与示范。

研究目标：突破100MW级太阳能热电联供电站关键技术，掌握中高温固体储热技术，实现太阳热发电站的全天候运行。

研究内容：研究大型太阳能热发电及热电联供电站设计技术与关键部件设计制造技术，研究太阳能热电联供高效梯级利用技术，研究大容量熔融盐储热及储热混凝土和储热陶瓷、多模块固体储热系统集成与优化运行技术。

起止时间：2016～2025年。

S21）生物质集中高效热电联产及多能互补技术示范。

研究目标：开展10MW规模的分布式生物质热解一气化燃气轮机发电技术的示范试验，并突破生物质与太阳能、风能等可再生能源多联供综合利用关键技术，建成10000$m^3$/天级的大型生物质制气工程和多能互补综合利用示范工程。

研究内容：研究分布式燃料高效热电联产技术，主要包括热解炉与气化炉间的最佳配套技术、热电联产系统的清洁和环保技术。研究生物质能与多种能源互补利用技术，重点开展生物燃气高效制备研制及其与太阳能综合利用的关键技术。

起止时间：2016～2025年。

S22）大型抽水蓄能电站关键技术示范与推广。

研究目标：掌握大型抽水蓄能机组设备制造与系统集成技术，并开展示范工程建设。

研究内容：重点研究高水头、大容量抽水蓄能机组设备自主化，高水头大PD值埋藏式钢管和钢岔管设计，大型可变速抽水蓄能机组关键技术，大型抽水蓄能机组配套设备与系统集成技术，海水抽水蓄能电站关键技术，抽水蓄能电站与新能源、核电等多能互补联合运行技术。

起止时间：2016～2020年。

S23）海洋能利用关键技术及示范工程。

研究目标：研制波浪能、潮汐能、潮流能、温差能利用装置，建设波浪能、潮汐能、潮流能发电示范工程。

研究内容：研究波浪能利用关键部件设计制造技术、海上生存能力技术，研究高转换率波浪能发电技术，研发波浪能发电装置，开展百千瓦级波浪能发电示范工程建设。推进潮汐电站方案设计及优化、万千瓦级低水头大流量水轮发电机组设计与制造、潮汐能环境影响评价及预测、电站运行控制等关键技术研究，开展万千瓦级潮汐能发电试验示范工程建设。研发适合潮流资源特点的高效率叶轮，突破发电机组水下密封、低流速启动、模块设计与制造等关键技术，研发兆瓦级潮流能发电装置，开展兆瓦级潮流能发电示范工程建设。研究温（盐）差能发电热力循环技术，研制温（盐）差能实际海况试验样机。

起止时间：2016～2020 年。

S24）干热岩开发利用技术示范工程。

研究目标：掌握干热岩开发关键技术，建成 100kW 级干热岩发电示范。

研究内容：研究靶区定位和探测的技术设备、大体积压裂技术设备及配套施工工艺；突破人工裂隙发育延伸控制技术及施工工艺、裂隙网络优化技术、宽负荷耦合发电技术、干热岩中高温发电工艺，开发高效热电转换发电设备，建设小型干热岩发电试验装置。

起止时间：2016～2020 年。

3）应用推广类。

T13）碳纤维复合材料风电叶片及其抗冰技术应用研究。

研究目标：开发碳纤维复合材料风电叶片新产品，建立百套量级的碳纤维复合材料风电叶片和抗冰风电叶片生产线。

研究内容：开展大尺寸、大厚度碳纤维复合材料主承力件成型技术工程应用研究、碳纤维复合材料风电叶片热载荷与力学载荷综合作用研究、碳纤维复合材料风电叶片结构优化设计、碳纤维复合材料抗冰风电叶片系统优化设计，建立碳纤维复合材料风电叶片制造标准化平台。

起止时间：2016～2020 年。

T14）5～6MW 等级大型海上智能风电机组应用推广。

研究目标：降低海上风电场的度电成本，实现大型海上风电机组安装规范化和机组运维智能化。

研究内容：实现关键部件的国产化设计、制造与测试应用技术，完善高可靠性低度电成本海上风电机组整体优化设计技术，应用推广大型海上风电机组的基础工程设计和建造技术，以及大型海上风电场的智能化监控运行维护技术。

起止时间：2016～2020 年。

T15）高效、低成本晶体硅电池产业化关键技术研发及应用。

研究目标：实现 HIT、IBC 等电池国产化，晶体硅电池效率≥23%，建成 HIT 电池和 IBC 电池的 25MW 示范生产线。

研究内容：开展低成本晶体硅电池国产化技术攻关，包括关键材料、工艺、装备以及配套辅材的国产化；进行 HIT 太阳能电池产业示范线关键技术研究和示范，进行 IBC 电池产业示范线研究，并实现规范化、产业化；掌握产业化高透太阳能电池用玻璃制备技术。

起止时间：2016～2020 年。

2. 高比例可再生能源并网与传输

1）集中攻关类。

G31）直流电网关键技术装备。

研究目标：突破高压直流 DC/DC 变换器、换流器、断路器的设计及制造成套关键技术，并建立直流电网标准；±320kV 及以上直流断路器、±200kV 高压直流 DC/DC 变换器等到达实用化水平。

研究内容：研究±200kV 级别 DC/DC 变换器的主电路拓扑结构，研制其试验样机；研究直流断路器的关键技术参数、直流断路器与多端直流系统的协调控制策略、±320kV 及以上直流断路器的技术可行性与实现方法、高性能低成本的高压大电流直流断路器的主电路拓扑结构，研制其试验样机；开展直流电网标准体系研究。

起止时间：2016～2020 年。

G32）±500kV 直流输电电缆研制。

研究目标：开发出超净级高生产率 XLPE 绝缘材料，研制±500kV 直流输电电缆样缆。

研究内容：研究±500kV 直流电缆用绝缘料及屏蔽料的配方及生产工艺国产化；开展直流电缆线路运行中的各种过电压形式分析和新型高压直流电缆结构优化；研发新型直流电缆制造工艺，搭建直流电缆电、热联合老化试验平台；研究直流电缆用绝缘材料在不同应力条件下的老化性能。

起止时间：2017～2020 年。

G33）新型特高压交流输电技术。

研究目标：突破适用于特高压远距离输电的直挂式大容量 SVC 装置关键技术，以及环保型特高压交流 GIL 的设计和制造关键技术，产品技术指标和性能达到国际先进水平。

研究内容：开展高压大容量 SVC 的主电路结构及参数设计研究，开展特高压系统同时加装高补偿度串补、可控高抗、SVC 条件下的系统运行特性与过电压及电磁暂态研究；研究特高压系统多 FACTS 设备的系统多目标协调控制策略；开展环保型绝缘介质在特高压电压下基础特性和应用技术研究，以及环保型特高压交流 GIL 样机设计和研制、安装工程设计与关键技术、测试评估与运维关键技术研究等。

起止时间：2016～2020 年。

G34）基于云技术的电网调度控制系统研究。

研究目标：构建基于云技术的电网调度控制系统支撑平台，提升调度核心业务的智能化水平；攻克大电网多时空尺度一体化协调优化关键技术，实现风光水火联合优化调度，提升大规模清洁能源跨区消纳能力。

研究内容：研发基于云技术的调控系统体系架构和平台支撑关键技术、统一的调度数据共享与信息交流平台关键技术、多级调度多专业之间一体化协同维护的关键技术、基于大数据的广义电力可靠性分析和控制决策技术、电力系统智能充裕度分析技术；适应特高压电网发展与清洁能源大规模接入的无功电压控制模式与策略，研究特高压交直流混联大电网联合控制模型；开展电网调度运行综合评估方法研究。

起止时间：2016～2020 年。

G35）智能电网信息采集及通信技术。

研究目标：掌握先进智能状态监测传感器技术，建立电网信息物理融合系统（CPS）体系架构，形成广域分布环境下电网协同计算及属地化多级计算体系。

研究内容：掌握先进智能状态监测传感器技术，突破传感/通信一体化技术及智能传感器群数据融合技术；发展光纤、无线、空间等通信网络的互联和融合方案；研究电网信息物理交互模型，建立电网 CPS 体系架构；研究基于嵌入式系统的分布式计算与信息智能处理技术。

起止时间：2016～2025 年。

G36）智能电网信息安全自主化关键技术研究。

研究目标：开展下一代电网信息通信安全技术体系研究，实现工控系统与移动应用安全、信息安全监控预警、信息安全与业务融合等技术突破，研制自主化的电网信息安全自主可信可控设备。

研究内容：研究面向电网生产运行的信息安全防御体系；研究适用于智能电网环境下的信息安全风险评估、可信计算、数据安全、攻防对抗及其技术；研究面向工控系统、移动互联等业务的信息安全综合防御和监测预警技术；研究信息安全自主可控防御体系、安全软硬件基础平台支撑技术及安全芯片，研究安全隔离、接入及数据交互实用关键技术；研发电网信息安全自主可信可控设备。

起止时间：2016～2020 年。

2）示范试验类。

S25）风电场群智能控制、调度及能效评估。

研究目标：突破风电场群智能化运行维护技术、发电功率优化调度运行技术；实现风电场群电能多效利用，建设百万千瓦及以上规模风电场群高效运行示范工程。

研究内容：研究百万千瓦级风电场群智能化运行维护系统、风电场群优化调度技术；风电场群智能控制及电能质量控制关键技术；利用储能等方式实现风电场群功率波动平抑的关键技术；包含风电场群运行数据、气象数据的大数据平台关键技术；基于资源相关性和电网调度模式的风电场群划分技术。

起止时间：2016～2020 年。

S26）柔性直流输电关键技术研发与示范。

研究目标：掌握±500kV 大容量柔性直流输电系统的设计与成套关键技术，解决基于柔性直流输电的大规模海上风电并网及运行控制关键技术。

研究内容：研究适用于架空线的±500kV/1000～3000MW 超大容量柔性直流输电换流器主电路拓扑设计及换流阀优化设计与制造技术、试验方法、运行控制及现场调试技术；研究基于柔性直流输电的大规模海上风电接入及运行控制技术；开展柔性直流输电在电网互联和海上风电接入方面的应用示范。

起止时间：2016～2020 年。

S27）高压大容量交流电网故障电流限制关键技术。

研究目标：突破串联谐振型限流器、分裂电抗器和低漏磁电抗器的关键技术，掌握限流设备的等效试验技术，实现应用示范。

研究内容：研究交流电网的短路故障检测和预测方法；研究故障电流限制器的电路拓扑设计、关键部件设计与制造技术；研究高压大容量、低损耗及低漏磁的空心电抗器和分裂电抗器的电磁与结构设计方法；研究限流器的控制和保护方法以及限流器与断路器的匹配运行等。

起止时间：2016～2020 年。

S28）电网安全稳定自适应保护系统研发与示范。

研究目标：掌握大规模可再生能源接入电网条件下，交直流、多直流协调控制保护技术和电网振荡抑制技术，研制自适应协调控制保护系统并示范应用。

研究内容：研究特高压交直流输电、可再生能源并网对电网控制保护的新需求，以及传统控制保护架构、控制保护方式及策略的适应性；研究多种智能控制手段与传统控制方法相结合的协调控制方案、多区域稳控系统的自适应协调控制技术；研究大型柔性可控元件的交流电网的暂态特性及控制保护策略；研究广域保护原理，构建广域控制保护系统的网络架构。

起止时间：2016～2022 年。

3）应用推广类。

T16）大规模新能源特高压直流外送及调度运行示范及推广。

研究目标：解决大规模新能源远距离输送的安全稳定关键问题，提高新能源输送比例，实现大规模新能源的跨区消纳。

研究内容：依托哈密—郑州、宁东—浙江、酒泉—湖南等特高压直流工程，重点解决大规模新能源基地连锁故障问题、次同步振荡问题，提升故障风险评估与预警技术、紧急控制技术、无功优化和协调控制技术、新能源发电消纳能力评估技术等。

起止时间：2016～2020年。

T17）大容量特高压直流输电示范及推广。

研究目标：掌握±1100kV/12000MW特高压直流输电的设计与工程建设关键技术，建设示范工程并推广应用。

研究内容：开展±1100kV及以上直流输电方案、安全稳定性及交直流协调控制、控制保护技术，过电压与绝缘配合的研究，积累运行经验；实现直流套管等±1100kV直流输电关键设备的国产化和设计、运行技术标准化。

起止时间：2016～2020年。

T18）智能电网多级调度控制系统推广应用。

研究目标：研发适应电气特性紧密耦合特征的智能电网多级调度控制系统并实现推广应用，提升现代电网运行风险的在线防控能力和自动化系统的集约化水平。

研究内容：研究保障电网安全稳定运行的多级调度协同防御系统的总体架构；深化研究省地一体化、地县一体化及调配一体化关键技术；研究全网稳态潮流统一生成、在线安全稳定量化分析、广域控制协调决策等实用化技术；研制满足工程化需求的智能电网多级调度控制系统，开展应用功能的工程验证；制定多级调度协同分析与控制的技术标准，实现系统的推广应用。

起止时间：2016～2020年。

T19）交直流大电网实时仿真技术推广应用。

研究目标：建立电网大数据实时仿真分析平台，实现基于实时仿真的大电网安全稳定控制系统，并得到推广应用。

研究内容：研发大容量柔性直流输电/直流电网建模及实时仿真技术；建立风电、光伏、核电机组的仿真模型，发展适用于大规模交直流电网的机电—电磁暂态混合仿真计算分析平台，建立适用于大电网的多时间尺度并行实时仿真平台；构建电力系统仿真大数据平台；发展基于实时仿真技术进行安全稳定控制系统试验验证技术。

起止时间：2016～2025年。

3. 储能与能源互联网（略）

（三）安全先进核电技术（略）

（四）战略性能源技术（略）

（五）能源基础材料技术（略）

四、保障措施

加强政策引导，支持开展能源技术创新工作，促进能源自主技术的推广应用；开展试验示范，以技术创新推动能源产业升级；打造创新平台，掌握能源科技核心技术；增进合作，创建开放式的国际化创新协作体系。从政策法规、社会环境、人才培养和合作交流等方面不断完善机制，推动能源技术按“三个一批”要求分层滚动发展，保障本《规划》的实施。

（一）加强政策引导，推广应用先进成熟技术（略）

（二）依托示范工程，促进先进技术产业化（略）

（三）打造创新平台，培育前沿技术开发能力（略）

（四）加强国际交流，提升技术装备国际竞争力（略）

附表：《能源技术创新“十三五”规划》重点任务总表（略）

## 国家能源局综合司关于深入开展电力企业应急能力建设评估工作的通知

国家能源局综合司于2016年9月2日以国能综安全〔2016〕542号文下发关于深入开展电力企业应急能力建设评估工作的通知，全文如下。

为深入贯彻落实《中华人民共和国安全生产法》《中华人民共和国突发事件应对法》以及有关法律法规和规章制度，促进电力行业应急管理制度化、规范化和标准化建设，提高电力行业突发事件应对能力，现就电力企业（以下简称企业）开展应急能力建设评估工作提出如下要求：

一、工作目标

深入贯彻落实国家关于应急管理工作的法律法规和决策部署，从电力行业实际出发，坚持预防与应急并重、常态与非常态结合，以加强应急基础为重点，以强化应急准备为关键，以提高突发事件处置能力为核心，健全完善电力行业应急管理持续改进提高的工作机制。

2017年全面开展企业应急能力建设评估工作，2017年底前完成地市级以上电网企业、总装机规模600MW以上发电企业，以及参与中型及以上电力建设项目的电力企业应急能力建设评估；力争2018年底前完成全部电网企业、发电企业和电力建设企业的应急能力建设评估，为形成统一指挥、结构合理、反应灵敏、运转高效、保障有力，能够高效应对各类突发事件的电力应急体系奠定基础。

二、工作原则

电力行业应急能力建设评估工作遵循以下原则：

（一）监管部门指导。国家能源局制定应急能力建设评估标准规范，明确工作目标和要求，指导督促企业评估应急能力建设，协调解决突出问题。国家能源局派出机构负责监督指导辖区内企业应急能力建设评估，将企业评估情况列入年度安全生产监管内容。

（二）企业自主管理。企业按照本通知要求，自主开展应急能力建设评估。根据实际细化建设目标，制定评估计划；自主划分评估等级，完善评估制度，明确奖惩措施；自主组建评估专家队伍或委托咨询机构，开展专业培训，扎实推进本企业此项工作。

（三）分级分类评估。企业依照有关规范要求，按电网、发电、电力建设等不同专业和下属企业类别，针对性地开展应急能力建设评估，以打分量化形式，确定评估等级，强化分类指导。

（四）持续改进提高。企业要边评边改，以评促建，强化闭环管理，补齐短板，滚动推进应急能力建设评估，及时总结经验，完善制度措施，持续改进和全面提高企业应急管理能力。

三、工作要求

（一）落实企业应急能力建设评估的主体责任。企业要深刻认识应急能力建设评估的重要意义，切实加强组织领导，明确责任部门和人员，依据《电网企业应急能力建设评估规范（试行）》《发电企业应急能力建设评估规范（试行）》《电力建设企业应急能力建设评估规范（试行）》和有关标准规范，以预防准备、监测预警、处置救援、恢复重建等重要环节为主加强应急能力建设，全面提高本单位突发事件的应对水平；要强化自主管理，将应急能力建设评估作为企业管理的重要内容，建立健全工作机制，制定评估工作实施方案和年度计划，明确建设措施和保障条件，积极开展建设评估；要根据企业情况，组织评估专家队伍，明确工作程序，客观、公正、独立地开展评估。企业工作方案和年度工作计划以及评估情况要定期报告相关监管机构。

（二）做好应急能力建设评估的监督管理。国家能源局派出机构要加强应急管理工作的监督，指导企业有计划、有步骤、积极稳妥地推进应急能力建设评估。要结合安全生产风险预控体系建设、诚信体系建设、专项监管等工作，将企业应急能力建设评估作为督查内容，督促企业加强薄弱环节建设；适时抽查企业应急能力建设评估工作，对未按计划开展评估工作或对评估发现问题整改不力的企业，要限期责令整改。

（三）建立应急能力建设评估长效机制。企业要建立完善相关制度，加强组织保障，明确目标考核要求，持续推进应急能力建设。要加大评估发现问题的整改力度，将应急能力建设评估与企业事故隐患排查治理有机结合，不断优化应急准备。坚持分类指导，对评估得分较低的企业，要重点抓改进、促提升；评估得分较高的企业，要重点抓建设、促巩固，确保企业应急能力全面提升。各派出机构要根据企业应急能力评估情况，适时选择典型企业和工程建设项目，搭建经验交流平台，促进企业进一步提升评估水平。

（四）强化应急能力建设评估的宣传和培训。各单位要做好电力应急能力建设评估的宣传教育，营造浓厚氛围，培育典型、示范引导，不断提高应急能力建设评估的积极性、主动性和创造性。要积极组织专业培训，制定培训计划和培训大纲，依托现有资源，以评估专家、应急管理人员为重点，运用多种方法开展应急培训，不断提高人员专业素质和管理水平。

各单位工作中的问题及有关情况要及时向国家能源局电力安全监管司反映。

## 国家能源局、国家海洋局印发《海上风电开发建设管理办法》

国家能源局、国家海洋局于 2016 年 12 月 29 日以国能新能〔2016〕394 号文印发《海上风电开发建设管理办法》。该管理办法全文如下。

### 海上风电开发建设管理办法

#### 第一章 总 则

**第一条** 为规范海上风电项目开发建设管理，促进海上风电有序开发、规范建设和持续发展，根据《行政许可法》《可再生能源法》《海域使用管理法》《海洋环境保护法》和《海岛保护法》，特制定本办法。

**第二条** 本办法所称海上风电项目是指沿海多年平均大潮高潮线以下海域的风电项目，包括在相应开发海域内无居民海岛上的风电项目。

**第三条** 海上风电开发建设管理包括海上风电发展规划、项目核准、海域海岛使用、环境保护、施工及运行等环节的行政组织管理和技术质量管理。

**第四条** 国家能源局负责全国海上风电开发建设管理。各省（自治区、直辖市）能源主管部门在国家能源局指导下，负责本地区海上风电开发建设管理。可再生能源技术支撑单位做好海上风电技术服务。

**第五条** 海洋行政主管部门负责海上风电开发建

设海域海岛使用和环境保护的管理和监督。

## 第二章 发展规划

**第六条** 海上风电发展规划包括全国海上风电发展规划、各省（自治区、直辖市）以及市县级海上风电发展规划。全国海上风电发展规划和各省（自治区、直辖市）海上风电发展规划应当与可再生能源发展规划、海洋主体功能区规划、海洋功能区划、海岛保护规划、海洋经济发展规划相协调。各省（自治区、直辖市）海上风电发展规划应符合全国海上风电发展规划。

**第七条** 海上风电场应当按照生态文明建设要求，统筹考虑开发强度和资源环境承载能力，原则上应在离岸距离不少于10km、滩涂宽度超过10km时海域水深不得少于10m的海域布局。在各种海洋自然保护区、海洋特别保护区、自然历史遗迹保护区、重要渔业水域、河口、海湾、滨海湿地、鸟类迁徙通道、栖息地等重要、敏感和脆弱生态区域，以及划定的生态红线区内不得规划布局海上风电场。

**第八条** 国家能源局统一组织全国海上风电发展规划编制和管理；会同国家海洋局审定各省（自治区、直辖市）海上风电发展规划；适时组织有关技术单位对各省（自治区、直辖市）海上风电发展规划进行评估。

**第九条** 各省（自治区、直辖市）能源主管部门组织有关单位，按照标准要求编制本省（自治区、直辖市）管理海域内的海上风电发展规划，并落实电网接入方案和市场消纳方案。

**第十条** 各省（自治区、直辖市）海洋行政主管部门，根据全国和各省（自治区、直辖市）海洋主体功能区规划、海洋功能区划、海岛保护规划、海洋经济发展规划，对本地区海上风电发展规划提出用海用岛初审和环境影响评价初步意见。

**第十一条** 鼓励海上风能资源丰富、潜在开发规模较大的沿海县市编制本辖区海上风电规划，重点研究海域使用、海缆路由及配套电网工程规划等工作，上报当地省级能源主管部门审定。

**第十二条** 各省（自治区、直辖市）能源主管部门可根据国家可再生能源发展相关政策及海上风电行业发展状况，开展海上风电发展规划滚动调整工作，具体程序按照规划编制要求进行。

## 第三章 项目核准

**第十三条** 省级及以下能源主管部门按照有关法律法规，依据经国家能源局审定的海上风电发展规划，核准具备建设条件的海上风电项目。核准文件应及时对全社会公开并抄送国家能源局和同级海洋行政主管部门。

未纳入海上风电发展规划的海上风电项目，开发企业不得开展海上风电项目建设。

鼓励海上风电项目采取连片规模化方式开发建设。

**第十四条** 国家能源局组织有关技术单位按年度对全国海上风电核准建设情况进行评估总结，根据产业发展的实际情况完善支持海上风电发展的政策措施和规划调整的建议。

**第十五条** 鼓励海上风电项目采取招标方式选择开发投资企业，各省（自治区、直辖市）能源主管部门组织开展招投标工作，上网电价、工程方案、技术能力等作为重要考量指标。

**第十六条** 项目投资企业应按要求落实工程建设方案和建设条件，办理项目核准所需的支持性文件。

**第十七条** 省级及以下能源主管部门应严格按照有关法律法规明确海上风电项目核准所需支持性文件，不得随意增加支持性文件。

**第十八条** 项目开工前，应落实有关利益协调解决方案或协议，完成通航安全、接入系统等相关专题的论证工作，并依法取得相应主管部门的批复文件。

海底电缆按照《铺设海底电缆管道管理规定》及实施办法的规定，办理路由调查勘测及铺设施工许可手续。

## 第四章 海域海岛使用

**第十九条** 海上风电项目建设用海应遵循节约和集约利用海域和海岸线资源的原则，合理布局，统一规划海上送出工程输电电缆通道和登陆点，严格限制无居民海岛风电项目建设。

**第二十条** 海上风电项目建设用海面积和范围按照风电设施实际占用海域面积和安全区占用海域面积界定。海上风电机组用海面积为所有风电机组塔架占用海域面积之和，单个风电机组塔架用海面积一般按塔架中心点至基础外缘线点再向外扩50m为半径的圆形区域计算；海底电缆用海面积按电缆外缘向两侧各外扩10m宽为界计算；其他永久设施用海面积按《海籍调查规范》的规定计算。各种用海面积不重复计算。

**第二十一条** 项目单位向省级及以下能源主管部门申请核准前，应向海洋行政主管部门提出用海预审申请，按规定程序和要求审查后，由海洋行政主管部门出具项目用海预审意见。

**第二十二条** 海上风电项目核准后，项目单位应按照程序及时向海洋行政主管部门提出海域使用申请，依法取得海域使用权后方可开工建设。

**第二十三条** 使用无居民海岛建设海上风电的项

目单位应当按照《海岛保护法》等法律法规办理无居民海岛使用申请审批手续，并取得无居民海岛使用权后，方可开工建设。

## 第五章 环 境 保 护

**第二十四条** 项目单位在提出海域使用权申请前，应当按照《海洋环境保护法》《防治海洋工程建设项目污染损害海洋环境管理条例》、地方海洋环境保护相关法规及相关技术标准要求，委托有相应资质的机构编制海上风电项目环境影响报告书，报海洋行政主管部门审查批准。

**第二十五条** 海上风电项目核准后，项目单位应按环境影响报告书及批准意见的要求，加强环境保护设计，落实环境保护措施；项目核准后建设条件发生变化，应在开工前按《海洋工程环境影响评价管理规定》办理。

**第二十六条** 海上风电项目建成后，按规定程序申请环境保护设施竣工验收，验收合格后，该项目方可正式投入运营。

## 第六章 施 工 及 运 行

**第二十七条** 海上风电项目经核准后，项目单位应制定施工方案，办理相关施工手续，施工企业应具备海洋工程施工资质。项目单位和施工企业应制定应急预案。

项目开工以第一台风电机组基础施工为标志。

**第二十八条** 项目单位负责海上风电项目的竣工验收工作，项目所在省（自治区、直辖市）能源主管部门负责海上风电项目竣工验收的协调和监督工作。

**第二十九条** 项目单位应建立自动化风电机组监控系统，按规定向电网调度机构和国家可再生能源信息管理中心传送风电场的相关数据。

**第三十条** 项目单位应建立安全生产制度，发生重大事故和设备故障应及时向电网调度机构、当地能源主管部门和能源监管派出机构报告，当地能源主管部门和能源监管派出机构按照有关规定向国家能源局报告。

**第三十一条** 项目单位应长期监测项目所在区域的风资源、海洋环境等数据，监测结果应定期向省级能源主管部门、海洋行政主管部门和国家可再生能源信息管理中心报告。

**第三十二条** 新建项目投产一年后，项目建设单位应视实际情况，及时委托有资质的咨询单位，对项目建设和运行情况进行后评估，并向省级能源主管部门报备。

**第三十三条** 海上风电设计方案、建设施工、验收及运行等必须严格遵守国家、地方、行业相关标准、规程规范，国家能源局组织相关机构进行工程质量监督检查工作，形成海上风电项目质量监督检查评价工作报告，并向全社会予以发布。

## 第七章 其 他

**第三十四条** 海上风电基地或大型海上风电项目，可由当地省级能源主管部门组织有关单位统一协调办理电网接入系统、建设用海预审、环境影响评价等相关手续。

**第三十五条** 各省（自治区、直辖市）能源主管部门可根据本办法，制定本地区海上风电开发建设管理办法实施细则。

## 第八章 附 则

**第三十六条** 本办法由国家能源局和国家海洋局负责解释。

**第三十七条** 本办法由国家能源局和国家海洋局联合发布，自发布之日起施行，原发布的《海上风电开发建设管理暂行办法》（国能新能〔2010〕29 号）和《海上风电开发建设管理暂行办法实施细则》（国能新能〔2011〕210 号）自动失效。

# 财政部、水利部印发《中央财政水利发展资金使用管理办法》

财政部、水利部于 2016 年 12 月 2 日以财农〔2016〕181 号文印发《中央财政水利发展资金使用管理办法》。该管理办法全文如下。

## 中央财政水利发展资金使用管理办法

**第一条** 为加强中央财政水利发展资金管理，提高资金使用的规范性、安全性和有效性，促进水利改革发展，依据《预算法》和《中央对地方专项转移支付管理办法》（财预〔2015〕230 号）等有关法律法规和制度规定，制定本办法。

**第二条** 本办法所称中央财政水利发展资金（以下简称水利发展资金），是指中央财政预算安排用于支持有关水利建设和改革的专项资金。水利发展资金的分配、使用、管理和监督适用本办法。

水利发展资金使用管理遵循科学规范、公开透明；统筹兼顾、突出重点；绩效管理、强化监督的原则。

纳入中央部门预算的水利发展资金按照部门预算管理有关规定执行。

**第三条** 水利发展资金由财政部会同水利部负责管理。

财政部负责编制资金预算，审核资金分配方案并下达预算，组织开展预算绩效管理工作，指导地方加强资金管理等相关工作。

水利部负责组织水利发展资金支持的相关规划或实施方案的编制和审核，研究提出资金分配和工作清单建议方案，协同做好预算绩效管理工作，指导地方做好项目和资金管理等相关工作。

地方财政部门主要负责水利发展资金的预算分解下达、资金审核拨付、资金使用监督检查以及预算绩效管理总体工作等。

地方水利部门主要负责水利发展资金相关规划或实施方案编制、项目审查筛选、项目组织实施和监督等，研究提出资金和工作清单分解安排建议方案，做好预算绩效管理具体工作。

**第四条** 水利发展资金支出范围包括：

（一）农田水利建设，主要用于农田及牧区饲草料地灌排工程设施建设（含"五小水利"、农村河塘清淤整治等）及配套机耕道、农业灌排电力设施、灌溉计量设施建设。

（二）地下水超采区综合治理，主要用于地下水超采区水利工程建设及体制机制创新等。

（三）中小河流治理及重点县综合整治，主要用于中小河流防洪治理及中小河流重点县的水系综合整治。

（四）小型水库建设及除险加固，主要用于新建小型水库及小型病险水库除险加固。

（五）水土保持工程建设，主要用于水土流失综合治理。

（六）淤地坝治理，主要用于病险淤地坝除险加固。

（七）河湖水系连通项目，主要用于江河湖库水系连通工程建设等。

（八）水资源节约与保护，主要用于国家水资源监控能力建设等水资源节约与保护。

（九）山洪灾害防治，主要用于山洪灾害非工程措施建设、重点山洪沟防洪治理等。

（十）水利工程设施维修养护，主要用于补助农田水利设施和县级及以下公益性水利工程维修养护、农业水价综合改革相关支出等。

水利发展资金不得用于征地移民、城市景观、财政补助单位人员经费和运转经费、交通工具和办公设备购置、楼堂馆所建设等支出。

县级可按照从严从紧的原则，在水利发展资金中列支勘测设计、工程监理、工程招标、工程验收等费用，费用上限比例由省级财政部门会同水利部门确定，省、市两级不得在水利发展资金中提取上述费用。

水利发展资金原则上不得用于中央基建投资已安排资金的水利项目。

**第五条** 水利发展资金实行中期财政规划管理。财政部会同水利部根据党中央、国务院决策部署，水利中长期发展目标，国家宏观调控总体要求和跨年度预算平衡需要，编制水利发展资金三年滚动规划和年度预算。

**第六条** 水利部汇总编制完成的以水利发展资金为主要资金渠道的相关规划或实施方案应商财政部同意后印发实施。地方水利部门在编制本地区水利发展资金相关规划和实施方案时，应充分征求地方同级财政部门意见。

**第七条** 中央对各省（自治区、直辖市、计划单列市，以下统称省）分配水利发展资金时，主要采取因素法。对党中央、国务院明确的重点建设项目以及水利建设任务较少的直辖市、计划单列市，可采取定额补助。因素法的分配因素及权重如下：

（一）目标任务（权重 50%），以财政部、水利部根据党中央、国务院决策部署，确定的水利发展目标任务为依据，通过相关规划或实施方案明确的分省任务量（或投资额）测算。

（二）政策倾斜（权重 20%），以全国贫困县、革命老区县（含中央苏区县）、民族县、边境县个数为依据。

（三）绩效因素（权重 30%），以国务院最严格水资源管理制度考核结果，财政部、水利部组织开展的相关绩效评价结果，监督检查结果和预算执行进度等为依据。

省级对市级或县级分配水利发展资金的具体办法，由省级财政、水利部门自行确定。

**第八条** 财政部应当在每年 10 月 31 日前将下一年度水利发展资金预计数和工作清单初步安排情况提前下达省级财政部门，并抄送水利部、省级水利部门和财政部驻各地财政监察专员办事处（以下简称专员办）。财政部应当在全国人民代表大会审查批准中央预算后 90 日内印发下达水利发展资金预算文件，将水利发展资金正式预算、工作清单下达省级财政部门，批复区域绩效目标作为绩效评价依据，同时抄送水利部、省级水利部门和当地专员办。

工作清单主要包括水利发展资金支持的年度重点工作、支出方向、具体任务指标等，对党中央、国务院明确的重点任务或试点项目，可明确资金额度。

省级财政部门会同省级水利部门依据相关规划或实施方案等分解下达预算，在优先保证完成党中央、国务院确定的重点任务、试点项目和工作清单确定任务的基础上，可根据本地区情况统筹安排各支出方向的资金额度；根据财政部、水利部要求，在规定时间内，将汇总形成的全省绩效目标、分支出方向资金安排情况报财政部、水利部，并抄送当地专员办。

专员办督促地方财政、水利部门分解下达预算，审核区域绩效目标，并在收到省级财政、水利部门抄送的区域绩效目标的 20 日内，将区域绩效目标审核意见报财政部。

**第九条**　地方各级水利部门应当会同同级财政部门采取竞争立项、建立健全项目库等方式，及时将资金落实到具体项目。同时，督促项目单位提前做好项目前期工作，加快项目实施和预算执行进度。

**第十条**　水利发展资金鼓励采取先建后补、以奖代补、民办公助等方式，加大对农户、村组集体、农民专业合作组织等新型农业经营主体实施项目的支持力度；鼓励采用政府和社会资本合作（PPP）模式开展项目建设，创新项目投资运营机制；遵循“先建机制、后建工程”原则，坚持建管并重，支持农业水价综合改革和水利工程建管体制机制改革创新。具体办法由地方自行制定。

**第十一条**　各级财政部门应当会同同级水利部门按照财政部涉农资金统筹整合使用有关规定，加强水利发展资金统筹整合。分配给贫困县的水利发展资金，按照《国务院办公厅关于支持贫困县开展统筹整合使用财政涉农资金试点的意见》（国办发〔2016〕22 号）有关规定执行。

**第十二条**　水利发展资金的支付按照国库集中支付制度有关规定执行。属于政府采购管理范围的，按照政府采购有关法律法规规定执行。结转结余的资金，按照《预算法》和其他有关结转结余资金管理的相关规定处理。属于政府和社会资本合作项目的，按照国家有关规定执行。

**第十三条**　各级财政部门应当会同同级水利部门加强水利发展资金预算绩效管理，建立健全全过程预算绩效管理机制，提高财政资金使用效益。水利发展资金绩效管理办法另行制定。

**第十四条**　财政部应当将水利发展资金分配结果在预算下达文件印发后 20 日内向社会公开。

**第十五条**　各级财政部门和水利部门都应加强水利发展资金的监督检查。专员办按照工作职责和财政部要求，开展水利发展资金预算监管工作。分配、管理、使用水利发展资金的部门、单位及个人，应当依法接受审计、纪检监察等部门监督，对发现的问题，应及时制定整改措施并落实。

**第十六条**　水利发展资金申报、使用管理中存在弄虚作假或挤占、挪用、滞留资金等财政违法行为的，对相关单位及个人，按照《预算法》和《财政违法行为处罚处分条例》进行处罚，情节严重的追究法律责任。

各级财政、水利等有关部门及其工作人员在水利发展资金分配、项目安排中，存在违反规定分配或使用资金，以及其他滥用职权、玩忽职守、徇私舞弊等违法违纪行为的，按照《预算法》《公务员法》《行政监察法》《财政违法行为处罚处分条例》等国家有关规定追究相应责任；涉嫌犯罪的，移送司法机关处理。

**第十七条**　省级财政部门应当会同省级水利部门，根据本办法并结合本地区实际，制定水利发展资金使用管理实施细则，重点明确省级及以下的部门职责、支出范围、资金分配、支付管理、绩效管理、资金整合、机制创新、监督检查、责任追究等，抄送财政部、水利部及当地专员办。

**第十八条**　本办法自 2017 年 1 月 1 日起施行。《江河湖库水系综合整治资金使用管理暂行办法》（财农〔2016〕11 号）、《农田水利设施建设和水土保持补助资金使用管理办法》（财农〔2015〕226 号）、《中央财政山洪灾害防治经费使用管理办法》（财农〔2014〕1 号）、《小Ⅱ型病险水库除险加固项目中央专项资金管理办法》（财建〔2013〕574 号）、《重点小型病险水库除险加固项目和资金管理办法》（财建〔2010〕436 号）、《重点小型病险水库除险加固项目财政专项补助资金管理暂行办法》（财建〔2007〕619 号）同时废止。

## 国家防汛抗旱总指挥部办公室、国家能源局关于做好水库水电站安全度汛工作的通知

国家防汛抗旱总指挥部办公室、国家能源局于 2016 年 3 月 30 日以办综〔2016〕15 号文，下发关于做好水库水电站安全度汛工作的通知，全文如下。

目前，我国已自南向北陆续进入汛期，近日南方部分地区已发生多次强降雨过程，一些中小河流发生超警戒水位洪水。据预测，受超强厄尔尼诺事件持续影响，今年汛期发生极端天气事件的概率明显增大。当前还有在建和正在进行除险加固的病险水库、水电站需要跨汛期施工，大量新建和刚刚完成除险加固的水库、水电站处于蓄水初期，未经历过大洪水考验，部分地区水库高水位运行，水库、水电站安全度汛形势十分严峻。为进一步贯彻落实国家防总第一次全体会议精神，切实做好水库、水电站安全度汛工作，确保大型和重点中型水库不垮坝，一般中型和小型水库遇设计标准内洪水不垮坝，确保水库上、下游地区人民生命安全，充分发挥水库防洪减灾效益，现就有关要求通知如下：

### 一、提高认识，严格落实各项责任

要高度重视水库、水电站安全度汛工作，按照管

理权限及时公布辖区内水库、水电站的防汛行政责任人名单，接受社会监督。要细化行政、技术和管护责任人职责，将责任落实到工程建设、运行管理、度汛准备、防洪调度和应急处置等各个方面。要加大监督检查和问责力度，对因责任不落实、工作不到位等造成严重后果的，要依法追究责任。

二、全面检查，切实做好度汛准备

要逐库逐站对水库、水电站进行全面排查，发现问题及时整改，彻底消除安全隐患和管理漏洞。要及时修订水库汛期调度运用计划，落实专群结合的应急队伍，备足各类防汛抢险物料，特别要加强与人民解放军和武警部队的联系，强化信息共享和联合演练，提高应急保障能力。要抓紧修复水毁震损旱损水库、水电站工程，全面恢复防汛抗旱能力。

三、规范管理，提升安全运行保障

要不断健全完善水库、水电站管理体制机制，强化水库管理单位和电站业主责任意识。汛期每座水库、水电站都要配备专职管护人员，并加强岗位培训，做好安全巡查、监测报汛和应急值守等工作。要制定完善各项操作规程和安全管理制度，定期检修维护泄洪设施、启闭机械和备用电源等关键设施设备，确保安全运行。跨汛期施工的在建和病险水库、水电站要强化施工现场管理，全面排查工地和宿营区安全隐患，落实应急措施，确保施工人员安全。

四、加强值守，强化监测预报预警

要严格执行领导带班和工作人员值班的 24 小时值班制度，强降雨期间病险及高水位运行的水库、水电站要增加值守力量，加密巡查频次，一旦发生险情要及时上报并迅速处置。要加强与地方各级政府、防汛抗旱指挥部以及气象、水文等部门的联系协作，及时掌握雨情和水情动态。要完善预警通信系统和发布机制，及时通过各种有效手段向受威胁地区提前发出暴雨、山洪以及工程泄洪运用等重要预警信息，为有效防御争取宝贵时间。

五、科学调度，充分发挥工程效益

要加强洪水监测预报，综合考虑上下游、左右岸，兼顾防洪保安和蓄水兴利，坚持兴利服从防洪、区域服从流域、电调服从水调的原则，科学合理制订调度方案。要实施精细化调度，充分发挥水库、水电站拦洪错峰作用，在确保工程安全的前提下，尽可能减轻下游防洪压力。各类水库、水电站要严格执行批准的调度运用计划，服从有管辖权的防汛抗旱指挥部的统一指挥调度，严禁擅自超汛限水位运行。各级防汛抗旱指挥部要加强监督，严肃防汛纪律，确保水库、水电站运行安全。

六、完善预案，及时处置突发事件

要完善细化应急抢险和人员转移等预案，提高针对性和可操作性，加强宣传和培训演练。险情发生后，相关责任人要及时赶赴现场，组织制定抢险方案，迅速开展抢护，必要时要请求当地驻军和武警部队等救援力量支援。要根据汛情和水库险情发展趋势，果断决策，迅速组织群众转移，要做好避险群众的安置和管理工作，防止在险情尚未完全解除的情况下擅自返回，切实避免意外伤亡事件的发生。

# 领 导 讲 话

## 推动能源革命实现绿色低碳发展

全国政协人口资源环境委员会委员、
国家能源局原副局长 史玉波

［编者按：本文来源于中国电力新闻网，系史玉波 2016 年 11 月 25 日在“能源革命与绿色低碳发展高层论坛”上的总结讲话，标题中国电力新闻网所加，内容略有删节］

当前，能源革命已经深入人心，绿色低碳发展已成为共识。推动能源革命和绿色低碳发展，既是符合国际能源发展大势之举，同时也是解决当前我国能源领域诸多问题，助力经济社会发展的迫切要求。通过“能源革命与绿色低碳发展高层论坛”，必将对推动能源革命和绿色低碳发展产生重要的指导作用。就如何推动能源革命与绿色低碳发展，简要谈八方面意见，供参考。

一、推动能源革命要贯彻五大发展理念

“创新、协调、绿色、开放、共享”的五大发展理念，不仅是事关经济社会全局发展的重要指导思想，同时也是未来能源发展方略的总纲。能源行业如何来贯彻五大发展理念，总结了五句话，大家可以讨论：创新是能源发展的原生动力，是推动能源变革的主要力量；协调是能源发展的基本要求，是处理发展矛盾的重要依据；绿色是能源发展的主要目标，是未来能源格局的基本特征；开放是能源发展的重要手段，是实现能源安全的坚实保障；共享是能源发展的根本目的，是发展惠及全民的应有之义。

二、实现绿色低碳发展要推动能源转型变革

近年来，我国能源快速发展，供给保障能力不断增强，发展质量逐步提高，创新能力迈上新台阶，新产业、新业态和新模式不断涌现，能源发展站到了转型变革的新起点。这体现在六个方面：供给保障不断增强；能源结构持续优化；节能减排效率显著；体制改革稳步推进；科技创新再上台阶；国际合作不断深化。

虽然我国能源发展已经取得了很大成绩，但是在当前我国经济转型升级的背景下，面临复杂多变的国际形势和能源发展态势，我国能源发展仍存在诸多问题，能源转型变革仍然面临巨大挑战。主要体现在五个方面：传统能源产能过剩问题比较突出；能源清洁替代任务艰巨；可再生能源发展面临瓶颈；能源整体效率偏低；适应和引领能源转型的体制机制有待完善。

实现能源绿色低碳发展，必须要充分认识面临的主要问题和挑战，清醒看到和把握能源转型变革的趋势。包含五个趋势：一是能源消费增速回落，预计能源消费增速将降在3%以下；二是能源结构更替进一步加快，非化石能源的比例将显著提高；三是能源发展的动力转换提速；四是能源系统形态深刻变化，集中开发、远距离输送的传统能源生产输送模式将有所改变，智能电网、风电和太阳能发电的发展将推动能源系统形态向分布式系统转变；五是能源国际合作深度拓展。

三、要着力推动能源供给侧改革

加快能源供给侧改革，对于优化能源结构，化解过剩产能，推动能源转型变革有着重要意义。具体包含五点：一是化解煤炭过剩产能，推动煤炭行业兼并重组，提升整体实力；二是化解煤电过剩产能，控制新开工煤电项目规模，提高运行效率；三是研究解决弃水弃风弃光问题，增强可再生能源发电消纳能力；四是提高能源整体利用效率，优化电网结构；五是推进电力和油气领域市场化改革，释放改革红利。

四、要着力推动转变能源消费方式

推动转变能源消费方式，要坚持节约优先的方针，抑制不合理能源消费，构建节约、清洁、低碳的用能新模式。一是控制能源消费总量和强度；二是降低化石能源直接燃烧比重；三是加快推动电能替代；四是提升油品质量；五是创新生产生活用能模式，推进工业和建筑领域节能。特别提出，当前要加快推动电能替代，今天的专家演讲也特别讲到一点。

五、要构建新型能源系统形态

新型能源系统形态应当以清洁、低碳、高效为主要目标，体现多能互补、智能互动、柔性协调的系统特点。具体有五点：一是以能源互联网为主要方向，构建新型能源系统形态；二是推动分布式能源发展，实施一体化集成供能工程；三是推动储能产业发展，增强能源供应系统的调节能力；四是对现有电力设施进行深度挖潜，提高电力调节能力；五是提升需求侧响应机制，引导用户参与能源供应平衡调节。

六、实现绿色低碳发展的驱动力来自科技创新

科技创新是实现能源大国向能源强国转变的主要动力，也是实现能源转型变革，实现绿色低碳发展的主要手段。主要从四点着手：一是加强顶层设计，实行能源科技创新战略行动计划；二是推进重点技术和装备研发，增强核心竞争力；三是推动科技创新成果试验示范和商业化应用；四是优化科技创新体制机制，培养创新团队和人才。

七、实现绿色低碳发展的保障来自体制机制创新

体制机制创新的目的是为能源转型变革，实现绿色低碳发展营造良好的制度环境，关键是要坚持市场化改革的方向，让市场在资源配置中起决定性作用，推动改革破除障碍。体制改革主要体现在三个方面：一是推动体制改革创新，释放比较竞争优势带来的红利；二是完善现代能源市场机制，建立市场决定的能源价格体系；三是研究建立推动能源转型变革的政府支撑和监管法规政策体系。

八、加强国际合作，参与引领国际能源变革

统筹兼顾国际国内两个市场、两种资源，全面加强国际能源合作，既服务于我国能源保障与发展，同时引领全球能源变革。包括：多方借力，提高能源资

源安全保障水平；拓宽合作渠道，加大装备制造和科技研发合作；创新合作模式，加强能源商业国际合作；积极参加全球能源治理，引领国际能源变革；推动能源基础设施互联互通。

推动能源革命，实现绿色低碳发展是长期而艰巨的过程，必须以科技创新为主要驱动力，以体制机制创新为保障，加快能源生产和消费方式转变，拓宽能源国际交流合作，构建清洁低碳、安全高效的现代能源体系，为我国全面建成小康社会和实现中华民族伟大复兴提供坚实的能源保障。

## 若无三峡大坝调蓄98洪灾或重演

中国气象局局长 郑国光

[编者按：本文是中国气象局局长郑国光接受凤凰卫视专访时的谈话内容节选]

记者：2016年天气确实非常的异常，入夏之后，各种极端的天气都出现了。

郑国光：遇上了历史上最强的厄尔尼诺事件，我们叫超强，这在过去60多年里面只有三次。一次是1982～1983年，一次是1997～1998年。衡量一个厄尔尼诺的强度，它主要取决于三个要素。第一个要素就是这个地方的海温高于0.5℃的持续时间有多长；第二个就是它高于平均海温的温度越高，它的强度越强；第三个，整个高于0.5℃累积的海温高出的程度越大，厄尔尼诺越强。这次的厄尔尼诺持续时间是21个月，1998年是持续了14个月。

记者：那今年其实入夏以来，大雨、大水、龙卷风这些急剧的天气变化现象，我们在年初有预测到吗?

郑国光：对整个今年的总体气候状况我们年初是做出了一个预测。比如说今年降水量偏多，涝重于旱，长江流域包括东北可能会出现严重的汛情，并且预测了今年台风偏少，台风的平均强度可能偏强。从目前情况来看这种大的气候年景，气候的趋势，预测是基本把握了，也是基本正确的。但是具体到某一个地方，某一次灾害，这预测难度就加大了。

社会上经常在炒作，说因为三峡大坝导致了某某地方出现严重洪涝，某某地方又出现了严重干旱，都和三峡工程挂起钩来。说实话三峡工程和其他国际上大的水利工程相比，它对气候的影响，对局地气候的影响非常有限。三峡大坝对20km范围以内的气候有一些影响，比如说冬季温度可能偏高一些，但是降水量没有发生明显的变化。因为一个地方水量的增多，它不是因为局地水循环造成的，我们叫水的内循环。其实对长江流域的强降雨，大部分水汽是从海上输送过来的，我们说季风带来了很多水，输送很多的水汽，然后转化到长江流域下来。

[记者了解到，2016年入汛以来，持续的强降雨已经导致了中国长江中下游地区爆发严重洪水。多座城市呈现了严重的内涝，进入了“看海”模式。武汉，历史上被称为“百湖之城”，连续多日的降雨，也突破了武汉自有气象记录以来周持续降水量的最大值。全城150多处被淹，交通瘫痪，部分地区的电力和通信中断，道路、建筑被淹的图片和视频在网络上频频出现。在2016年7月5日到6日，李克强总理连续到安徽阜阳、湖南岳阳和湖北武汉考察长江、淮河流域的防汛抗洪和抢险救灾的工作，而郑国光也是随行人员之一。]

记者：当时您看到的情况是怎么样，您跟总理做了什么样的交流?

郑国光：那一天我们到了武汉，确实武汉14个小时下了380多毫米的雨，而且也创造了武汉单日降雨量的纪录，被我们也赶上了。如果没有三峡这个调蓄洪水功能的话，今年武汉的汛情可不是像这样。

记者：今年三峡起了什么作用?

郑国光：比如说我们当时在的时候，上游整个入库的流量是5万 $m^3/s$。

记者：就上游其实水量也不少。

郑国光：但是它下削后的流量不足3万 $m^3/s$，它调了。没有三峡，水都会排下来，那武汉，整个长江中下游的水位可不是这样的，那可能就会重演1998年的那种情形。所以我们从气象、气候科学的角度来看，今年三峡在防汛当中真是发挥了巨大的作用。

(摘自《中国三峡工程报》)

# 专 家 论 坛

## 三峡工程是长江防洪体系的骨干工程但非全部

中国工程院院士 陆佑楣

[编者按：本文是中国工程院院士陆佑楣接受中国青年报·中青在线记者采访的报道。陆佑楣曾任国务院三峡工程建设委员会副主任委员、中国长江三峡工程开发总公司总经理。三峡工程从无到有，从专家论证到工程建设，从水库蓄水到发电通航，他都曾是亲历者和指挥者。]

### 一、三峡工程达到了设计标准，但不是“万能工程”

“有了三峡工程，为什么下游这次洪水还会有这么大的灾难，因素是很多的。”面对记者的提问，陆佑楣院士开宗明义进行了解释，“今年长时间暴雨主要集中在江苏、江西、安徽、湖北，主要是在三峡工程的下游，而长江上游的流量并不大。一号洪峰只有5万$m^3/s$，‘十年一遇’概率的洪水是6.66万$m^3/s$，也就是说，今年一号洪峰的强度远未达到‘十年一遇’的流量。长江防总统筹安排三峡水库进行调度蓄洪，以3.1万$m^3/s$的流量下泄，对下游削峰1.9万$m^3/s$，有效地减缓了下游防洪压力，但是帮助有限。”

至于三峡工程初步设计的几个主要功能目标——防洪、发电、通航，陆佑楣都非常肯定地表示：“如今可以说是全部达到了。”

这位三峡工程的论证组织者和建设指挥者说：“三峡工程从设想到决策，是我们中国人70多年不断探索的结果。几代中国人对三峡大坝的建设进行了不懈的探索，并在探索中不断认识了长江这条河流。”

陆佑楣把三峡工程1919年至1992年的论证决策阶段以新中国成立为分水岭，划分为两个时段。“1919年至1948年，三峡工程的设想主要以发电和航运为主要目标。从1949年新中国成立初期到1992年之间，三峡工程又进行了充分的勘测论证，不过这个时段一开始，建设三峡工程的首要目的就明确为防洪。”

20世纪50年代，新中国成立之初正遇上了历史上的多水期，曾经有过几次大洪水，造成了严重的洪涝灾害，长江两岸损失惨重。

“‘治国先治水’，当时领导人将治水放在十分重要的位置。而要做好长江全流域的整治是一项巨大的系统工程，首要的是控制长江干流的洪水，减缓长江中下游的洪水灾害。”陆佑楣说，三峡工程的防洪功能就是保护江汉平原。

荆江大堤水利工程始建于1954年，位于武汉上游、枝城下游，是保护荆江以北、江汉以南的重要防线，也是长江防洪重点确保工程。

三峡水库总库容393亿$m^3$，防洪库容221.5亿$m^3$，建成后可将荆江河段的防洪标准由约“十年一遇”提高到“百年一遇”，保护江汉平原1500万人口和150万$hm^2$耕地免受洪水威胁。

关于发电功能，陆佑楣介绍，发电不是建设三峡工程的必要条件，却是充分条件。目前，三峡电站总安装32台单机容量70万kW的水轮机组，总装机容量达到2250万kW（含两台5万kW电源电站），多年平均发电量882亿kW·h，具有足够的经济效益，以偿还工程投资。

关于通航能力，陆佑楣也向中国青年报·中青在线记者介绍，在三峡工程论证阶段，重庆到宜昌河段的通航能力极低，年货运量1000多万t，不仅通航的船只吨位有限制，而且还不能夜航。三峡水库建成之后，江面开阔，水深加大，航道不再曲折，万吨级船队可直达重庆，三峡航道实现24小时昼夜通航。现在三峡船闸的通航能力已达到1亿t，是建坝前的5.6倍。

至于为何公众会提出“为什么有了三峡，下游还是受灾严重”的疑问，陆佑楣解释说：“当时上三峡工程，媒体大力宣传，肯定是好事，但也给人一种误解，以为有了三峡工程就能解决长江流域所有洪水问题。但实际上，任何工程的功能效益都是有一定范围的。不可能哪儿发洪水都说是三峡工程没解决问题，进而贬低三峡工程的防洪功能，这是不科学的。应该说，除了三峡工程，没有其他办法能解决长江干流的防洪问题。没有三峡工程，一旦长江干流汛期流量超过一定洪水标准，长江中下游将面临巨大的防洪压力，后果不堪设想。”

“三峡工程是长江防洪体系中的关键性骨干工程，但不是全部。对长江流域来讲，在各个河段、支流水系都应该做好防洪治理工程。”他再一次强调，干一项工程，还需要科普，而洪水来临之时，也正是科普的好时机。

## 二、三峡工程发挥作用的关键在于调度

虽然对于三峡工程的三大功能已完全达到设计目标持充分肯定态度，但陆佑楣认为三峡工程的防洪库容可以进一步挖掘和加以优化利用。

“怎么样才能有效利用三峡水库防洪库容，有效减少下游灾害？这就要在调度上下功夫。”陆佑楣说，三峡工程虽然建成，但如何利用和调度是一个逐步摸索的过程，其中最根本的问题是要准确了解大自然降雨和产流的过程规律。

此前，中国青年报·中青在线记者从中央气象台了解到，我国暴雨公众预报准确率达到60%以上，晴雨预报准确率可达87.3%。

然而，业内评判的专业预报准确率要考虑空报、漏报等参数，要求定时、定点、定量。目前，我国专业暴雨预报准确率为20%左右。以平原地形为主、预报难度稍低的美国，专业暴雨预报准确率在25%左右。

在预报时间方面，我国气象部门对于强降水过程的预测大概可以提前1周左右。但提前时间越长，准确率越低。时间范围在3天之内的预测可以达到比较准确的水平。

“三峡工程发挥作用的关键也就在于通过降雨量来安排调控量。这个过程需要非常大量的数据作支撑，需要通过先进的技术对数据进行整合分析。现阶段，我国仍处于需要增加更多基站数据、加强气象预报，才能做出相对有利调度方案的阶段。”他对长江中上游梯级调度提出设想，如果在中下游大雨来临之前，上游的向家坝、溪洛渡水库多向三峡水库放水，这样，三峡也就能提前多向下游放水，缓解下游河道压力，并能保证三峡防洪库容。

陆佑楣同时也提出，这并不仅仅是单纯水量调度的问题。由于长江沿线各省有自己防洪、生态、发电的利益诉求，调度造成的水害和干旱会出现在不同省份，因此调度过程牵扯多方利益，需要协商决策。

## 三、全流域基础设施标准有待提高

每年一到雨季，特别是洪涝灾害出现时，三峡工程总是成为关注的焦点，陆佑楣认为，这在某种程度上是因为媒体的一些报道误导了公众。“‘万年一遇’‘千年一遇’，是保证三峡大坝安全运行的设计标准，并不是防洪功能。三峡工程的防洪功能是将荆江河段的防洪能力从‘十年一遇’提高到‘百年一遇’，并通过拦峰、错峰、调峰对下游防洪形成支撑。当遇到‘千年一遇’洪水时，三峡工程配合荆江分洪区，可避免荆江地区造成毁灭性灾害。以上这些概念要进行科普。”

不过，陆佑楣强调，减少长江中下游的灾害，不仅仅是把水调度好的问题，“下游的灾害，很多时候是因为基础设施差得太远。一些堤坝工程和下游的房屋建设未达标准，被水一泡就抵挡不住了。”

据他的回忆，在三峡工程论证过程中，对上下游都进行了通盘考虑，例如如何保护荆江大堤内的土地，如何在淹地和扩大水库库容之间寻找平衡。“长江三峡工程水库淹没了6.38万$hm^2$的峡谷土地，其中耕地2.38万$hm^2$，搬迁居民120余万人，而得到的是下游肥沃的150万$hm^2$的平原耕地和1500万人口的长江中游地区的安全。”

在考虑如何保证长江下游人民生命财产安全方面，陆佑楣清晰地记得当时的一些方案，比如有人提出：将所有的房子都建成多层楼房，发大水就上楼去躲灾；也有人提出，每家每户配一条船，等等。

“极端性天气是挡不住的，但是应该有对策。”陆佑楣说，我们应该正视基础设施建设的不足，全面地看问题。三峡工程建成后，还没有发生“百年一遇”级的大洪水，三峡工程的防洪能力有待大洪水的检验。

## 四、三峡工程是一个生态工程

“三峡工程对生态造成了破坏”，三峡工程建成之后，这种反对的声音一直存在，最直接的体现是长江内鱼类种类减少。

陆佑楣对此并不回避：“我们应该用动态的眼光来认识生态。并非一切和最初的环境一样才叫作保护生态，随着物种的进步和变化，生态也应该有动态的变化。”

“全球人口在不断增加，背后其实就是生态在发生变化。”经过多年的实践和思索，陆佑楣对环境与生态有深刻的理解，“三峡工程说透了，是一个生态工程，目的在于改变不利于人类可持续发展的状态，改善人类生存环境，减少灾害。”

他认为，生态是一个动态的概念，生态平衡也是一个相对的概念，并不是保护好最初的所有物种就叫好的生态。人是大自然中的一分子，尽管有不同意见，但目前国际上公认的生态保护也是以有利于人类的可持续发展为标准。

三峡工程扩大了水域面积，形成了1084$km^2$的水面，水库平均水深70m，最深处比建坝前增加了113m，阻隔了原有河道，改变了流态。这些都改变了鱼类和其他水生物原有的环境，使其生存的状态发生了变化。

对于鱼类减少的问题，陆佑楣认同中国科学院水生生物研究所学术委员会主任、研究员、博士生导师曹文宣院士的观点，“这一问题与人口的增长密切相关。长江人口逐水而居，增加了捕捞量，还有航运的

增加等因素共同改变了鱼类的生存环境，肯定有的鱼类要减少甚至消亡。”

他提到，为了避免某些鱼类的减少或消亡，三峡工程所在地宜昌设立了“中华鲟”人工繁殖研究所，经过人工孵化再投放回长江，经过20余年的研究，成功地孵育成鱼苗，已累计投放中华鲟鱼苗几百万尾，保护或维持了中华鲟的生存。

“人就是一系列的选择，这些选择给人类带来意义。”陆佑楣在采访中，引用了一位哲学家的话。他说，三峡工程的整个建设过程也是在不停地做选择。在论证过程中，有人提出能不能有其他办法解决洪水灾害问题。其中一种提法是加高荆江大堤，但由于工程量极大，且花费太高，几乎是建设三峡工程花费的几倍，所以最终被否决。

## 三峡工程对长江中下游防洪成效显著

中国工程院院士　郑守仁

[编者按：本文是中国工程院院士郑守仁接受《瞭望》新闻周刊记者黄艳专访的谈话]

### 一、长江中下游遭遇1999年以来最大区域性洪水

《瞭望》：(2016年）入汛之初，综合分析认为发生流域性大洪水的可能性很大。从目前来看，你认为是流域性大洪水吗?

郑守仁：长江流域的洪水主要由暴雨形成，一般来讲，流域各河流的洪峰是互相错开的，而且中下游干流可顺序承泄中下游支流和上游干支流的洪水，不致造成大的洪灾。但如果气象异常，上游洪水提前或中下游洪水延后，长江上游洪水与中下游洪水遭遇，就会形成流域大洪水或特大洪水，如1931年、1954年、1998年长江流域洪水就属于这种情况。还有一些年份，长江上游干支流洪水相互遭遇或中下游支流发生强度特别大的集中暴雨也会形成区域性大洪水，1935年、1981年、1991年、1996年洪水即为此类。

从目前的水文分析来看，三峡水库上游最大入库流量是5万$m^3/s$，这不算大。今年主要是中下游来水较大，干流超警戒，支流和内湖受暴雨影响发生了超保证甚至超历史洪水。目前，初步判断是长江中下游1999年以来最大的区域性洪水。

《瞭望》：今年（2016年）洪水有哪些特点?

郑守仁：6月30日以来，长江流域遭受两次强降雨侵袭，汛情比较复杂，有几个特点。一是降雨强度大。7月上中旬流域降雨量与30年均值比较偏多近4成，长江中下游偏多8成多。局地降雨强度大，超过历史实测记录。

二是洪水量级大。7月上中旬中下游干流来水偏多2~3成，洞庭湖入长江控制站城陵矶站偏多5~6成。长江干流洪水量级与1996年洪水相当。部分支流和湖泊洪涝情况比1998年严重，属于区域性大洪水。

三是超警河流多。6月30日以来，长江中下游干流监利以下江段和洞庭湖、鄱阳湖全线超警，先后有145条河流发生超警戒水位以上洪水，举水、水阳江等支流和洪湖、梁子湖、巢湖等湖泊25站点出现超保证水位甚至超历史最高水位洪水。

四是干流水位高。7月6日至9日，长江中下游干流监利至南京河段出现入汛以来最高水位，洪峰过境时水位超警0.51~1.85m。莲花塘站接近保证水位，汉口站列历史最高水位第五位。城陵矶江段、九江江段持续超警时间26~29天。

### 二、三峡拦蓄上游洪量75亿$m^3$，50万亩耕地避免被淹

《瞭望》：有舆论认为，今年（2016年）的洪水在三峡的防洪能力之外。在你看来，三峡工程对今年防洪有没有作用?有哪些具体作用?

郑守仁：今年7月初，长江1、2号洪峰时隔一天分别在长江上游和长江中下游形成，城陵矶水位直逼保证水位。这个时候很紧要了，长江防总调度三峡水库及上游水库群拦蓄洪水，充分利用三峡水库对城陵矶河段的防洪补偿库容，控制城陵矶水位最高涨至34.29m，实现了城陵矶河段不超保证水位34.4m的控制目标。

7月7日10时30分到7月16日14时，三峡水库在高于汛限水位情况下，仍将出库流量由30000$m^3/s$逐步压减到20000$m^3/s$左右，大大减轻了下游洞庭湖城陵矶地区等地的防洪压力。

6月30日以来，长江上中游城陵矶以上水库群累计拦洪约187亿$m^3$，其中三峡水库共拦蓄洪水75亿$m^3$。若这些洪水不拦蓄，长江中游城陵矶莲花塘站水位7月5日将突破保证水位，洪峰水位将接近35m，超保证水位时间将达7天左右，按照调度规程，需要动用城陵矶附近钱粮湖、大通湖两个蓄滞洪区分蓄洪水，蓄滞洪区内50多万亩耕地将被淹，38万多人需要转移安置。

三峡工程是越到关键时刻，越能体现其不可替代的作用。受益于三峡减少出库流量影响，有效减轻了长江中下游防洪压力，减少了长江中下游高水位持续时间，为长江抗洪防汛工作赢得主动。

《瞭望》：中小洪水面前，三峡能发挥作用吗?

郑守仁：今年的情况正好印证了这一点。三峡之所以要拦蓄中小洪水，是因为尽管长江干流堤防经过加高加固达到规划标准，但仍有不少重要支流和湖泊堤防尚未加固，大多数中小河流防洪能力仍偏低，降低湖区和干流水位，减轻防洪压力，还可以减轻对支流排涝影响。

2010 年 6 月，经国家防总批复的《三峡—葛洲坝水利枢纽 2010 年汛期调度运行方案》中明确提出，在保障防洪安全的前提下，可相机进行中小洪水调洪运用，之后每年批复都是如此。

但我们也必须清醒地认识到，三峡水库拦蓄中小洪水并不是无条件的，必须是在不影响水库的自身安全（包括枢纽和库区防洪安全）、荆江河段防洪安全和在长江防洪中发挥作用的前提下，并充分利用现代水文气象预报技术，方可对三峡水库进行调度。

为了规避防洪风险，启用三峡工程拦蓄中小洪水，必须遵循三大原则：一是需要三峡水库拦蓄中小洪水以减灾解困；二是根据实时雨水情和预测预报，三峡水库尚不需要实施对荆江或城陵矶地区进行防洪补偿调度；三是不降低三峡工程对荆江地区的既定防洪作用和保证枢纽安全。满足了这些条件，三峡工程才可以启用拦蓄功能。

## 三、三峡是长江防洪体系关键工程，但非“万能工程”

《瞭望》：三峡水库的防洪库容到底有多大？

郑守仁：说到三峡水库的防洪库容，通常会提到 221.5 亿 $m^3$ 这个数字，这是三峡水库汛限水位 145m 到正常高蓄水位 175m 之间的水库容积。

通常情况下，我们认为水库水面看作平面，平面以下计算出的库容称为静库容。然而，发生洪水时水库水面不是水平的，水库末端回水水面会上翘，实际水面线与水平面之间的水体称为楔形体，容蓄了一定的水量。就像用脸盆倒水时，总是出水口的水比盆里的水要低一点，水库也像一个大水盆，水流通过三峡大坝下泄时，在库尾水位会翘起一个“尾巴”也就是楔形库容，这个“尾巴”加上“尾巴”以下的水，就叫作动库容了。

其实，动库容并不是新鲜概念，三峡工程早在初步设计时就已考虑了动库容的影响。中国工程院在 2010 年《三峡工程阶段性评估报告》中明确指出，虽然采用动库容调洪拦蓄的洪量小于采用静库容调洪的洪量，但荆江河段的最大泄量和水库坝前水位没有超过采用静库容调洪的结果，是安全的。

《瞭望》：三峡在整个长江防洪体系中是什么角色呢？

郑守仁：三峡处于长江上游来水进入中下游平原河道的“咽喉”，紧邻长江防洪形势最为严峻的荆江河段，地理位置优越，三峡工程对长江上游洪水的控制作用是上游干支流水库不能替代的。三峡工程可以控制荆江河段 95% 的洪水来量，三峡水库的控制和调节作用最直接、最有效，就好比是控制进入荆江洪水大小的“总开关”。

《瞭望》：在一般年份中，三峡在防洪体系里局限性在哪呢？

郑守仁：如何认识三峡，需要一个科学精神和客观认识作为基础。社会上有很多对三峡的误解和质疑是因为缺乏科学的了解。三峡在长江防洪体系里确实是关键一环，作用很大，但不同的气象、水文、洪水情况，效果是不一样的。不能认为有了三峡，长江就不会再遭洪水，给三峡贴“万能”标签；也不能出现洪水灾情，就全面否定三峡的作用。这两种认识都是片面的、不科学的、不客观的。

由于长江河道安全泄量与长江峰高量大洪水的矛盾十分突出，同时中下游仍有 80 万 $km^2$ 的集水面积，其中有大别山区、湘西—鄂西山地以及江西九岭至安徽黄山一带等主要暴雨区，有洞庭湖和鄱阳湖水系、清江、汉江等主要支流入汇，洪水量大，组成复杂。

三峡工程虽有防洪库容 221.5 亿 $m^3$，但相对于长江中下游巨大的超额洪量，防洪库容仍然不足，如 1954 年大洪水，中下游干流还有约 400 亿 $m^3$ 的超额洪量需要妥善安排。

另外，三峡工程建成以后，将会引起中下游河道冲淤变化，长江干流的蓄泄关系、江湖关系及长江中下游河势都将发生新的变化，这些都还需认真进行研究。长江防洪问题的复杂性决定了长江防洪治理的艰巨性与长期性。

## 四、提升防洪效益重在“十指弹琴”联合调度

《瞭望》：三峡防洪效益的空间如何继续提升？

郑守仁：水库防洪的效益重在科学调度，三峡更是如此。目前长江上游已有包括三峡在内的 21 座水库群实现了联合调度，水库总库容约 1000 亿 $m^3$、调节库容 460 亿 $m^3$、防洪库容 360 亿 $m^3$。

水库与水库之间，因为水系、水文等客观联系而相互影响与关联，因此长江委从 2003 年开始，在水库群联合调度技术方面做了大量研究。

什么是联合调度呢？比如要抬 400 斤的重物，一个人搬不动，两个人来抬有点勉强，那么三个人抬有点进展，四个人抬就抬走了。首先就是“众人拾柴火焰高”的意思。其次，联合调度不是洪水来了就一哄而上乱调度，是讲究科学和规律的，就像人弹钢琴，十个手指跟着旋律在弹，听的人看不见但是弹的人知

道是有章法的，有规律的。水库群调度也是如此，洪水规律、水文情况、水库本身等因素背后有看不见的规律,搞水库联合调度的人需要摸清这些规律来十指弹琴。

早在2009年，长江委就完成了《以三峡水库为核心的长江干支流控制性水库群综合调度研究》。根据国家相关部门批复，从2012年开始，针对长江上游控制性水库（水电站）逐步投入、运行条件不断变化的特点，每年组织编制年度长江上游水库群联合调度方案，并不断丰富与完善，为水库群联合调度提供了有效的依据。

2012年的时候是包括三峡在内的10库联调，2013年是17库联调，2014年到2016年就发展到21座水库联合调度，明年会继续增加，联合调度的研究工作还将继续开展，基础研究仍要加强，这是以三峡为核心的水库群提升整体防洪效益的关键。

《瞭望》：联合调度有什么讲究？三峡的调度重点是什么？

郑守仁：一般而言，中下游水库主要是管本流域的削峰错峰，然后配合三峡水库进行拦蓄洪量；上游水库对本流域防洪也是削峰错峰为主，配合三峡为长江中下游防洪时，以拦蓄洪量为主，然后是削峰错峰，但如果三峡库区的征地线或移民线可能受到威胁时，就要削峰错峰为主，减小三峡的入库洪峰流量，降低三峡库区水面线。三峡是水库群联合调度中的核心，相当于“总控制人”，其他水库群则是配合三峡进行调度。

水库调度，流量和水位是相互配合的，比如三峡水位到了155m以上，入库流量过5.5万$m^3/s$时就要加大下泄，或者上游其他水库帮忙，控制三峡入库流量小于6.5万$m^3/s$。但是2012年三峡迎来建库最大入库流量7.12万$m^3/s$，又没有加大下泄，因为水位没有到155m，库区防洪是安全的，所以两者是个动态的关系。

三峡的调度方案是不断完善的，但需经主管部门批复。比如，在三峡工程设计之初，主要的防洪目标是为了保护荆江地区，并没有对城陵矶进行补偿调度的任务，对城陵矶的防洪补偿调度，是2009年国务院批准水利部印发的《三峡工程优化调度方案》赋予三峡工程的一项新使命。

如果按对荆江地区防洪调度方式，遇1998年洪水，三峡水库只拦蓄洪量30多亿立方米。遇1954年洪水，三峡水库也只需要拦蓄不到95亿$m^3$，就可以将通过荆江河段的洪水水位控制在安全值以下，但是城陵矶附近地区及其以下的长江中下游地区仍然有400多亿立方米的超额洪量需要分蓄到蓄滞洪区，才可保证洪水安全通过河道宣泄入海，其中城陵矶附近地区超额洪量378亿$m^3$。在三峡水库尚有大部分防洪库容未运用时，下游城陵矶附近地区大量分洪，显然是不合理的。因此，三峡水库有能力也有必要承担中下游更多的防洪任务。

城陵矶地区是长江中游防洪压力最大的地方，为此，结合近期堤防建设情况和新的江湖关系变化，综合考虑水库泥沙淤积、库区淹没影响制约条件等因素，开展了更加深入的研究，提出了三峡水库兼顾对城陵矶防洪补偿调度方式。即在确保荆江地区防洪安全的前提下，将三峡水库155m水位以下的56.5亿$m^3$防洪库容用于兼顾对城陵矶地区防洪补偿；三峡水库兼顾对城陵矶进行防洪补偿调度，可较好地应对不同来水情况，减少城陵矶附近地区的分蓄洪量和分洪几率，遇1954年洪水可减少60多亿$m^3$，进一步提高三峡工程的防洪效益，通过上游水库群的联合调度，分洪量还会进一步减少。

## 建设生态文明须走出“生态愚昧”的误区

国务院发展研究中心研究员 王亦楠

“建设生态文明、保护生态环境”已成为全社会的共识，但在具体的社会实践当中，到底什么是“有利于”生态文明的，什么是“有悖于”的，认识却并不统一，甚至在某些领域存在着相当大的分歧。如果对一些原则性、关键性问题不予以科学剖析并及时澄清，可能会导致一些事关国计民生和长治久安的重大工程因为认识不统一而被搁浅，甚至被彻底否定，不仅贻误了我国全面建设小康和经济转型升级的宝贵机遇，也最终会导致始料未及的生态环境被破坏。

需要强调的是，“生态文明”的对立面不只是“生态野蛮”——不计环境后果、只顾眼前利益的掠夺性开发，还有“生态愚昧”——将人和自然完全对立、认为“保护生态环境”就是“人类啥也别做”。建设生态文明，我们既要制止“生态野蛮”的开发行为，更要防止走入“生态愚昧”的认识误区。而在如何认识、评价水电水利工程建设上，“生态愚昧”问题在国内尤为突出。近十多年来，一些无视历史事实和科学事实的“水电妖魔化舆论”在社会上甚嚣尘上，水电工程也几乎成了“破坏生态环境”的代名词，特别是2016年初习总书记做出“当前和今后相当长一个时期，要把修复长江生态环境摆在压倒性位置，共抓大保护，不搞大开发”的重要指示之后，《长江一甲子都干了啥》《长江干支流被水电站切成上万段“香肠”》等文章再次对水电建设口诛笔伐，甚至上升到“马克思主义哲学高度”揭示水库大坝的

“破坏生态之罪”。

那么，以三峡、南水北调为代表的水电水利工程到底是“破坏”还是“保护”了长江母亲河、我国生态文明建设需不需要大力发展水电水利，如果对这些关键问题不给予科学回答，就难以真正贯彻习总书记“共抓长江大保护、不搞大开发”的方针要求。

## 一、“保护生态环境”不等于“人类啥也不要动、完全听命于自然”

“保护生态环境”必然涉及一个最基本、最核心的话题，即“如何认识人和自然的关系”。最近，关于“马克思主义人与自然关系”的一段话非常流行，也是很多反水电观点（比如“保持河流原貌”“给子孙留一条生态江”等）的思想根源，即恩格斯《自然辩证法》所阐述的“自然的报复”——“我们不要过分陶醉于我们人类对自然界的胜利。对于每一次这样的胜利，自然界都对我们进行着报复。每一次胜利，在第一线都确实取得了我们预期的效果，但是在第二线和第三线却有了完全不同的、出乎意料的影响，它常常把第一个结果重新消除”。反水电人士以恩格斯这段话为依据强调“马克思不是反生态的思想家”。

2016 年 5 月 17 日，习总书记在哲学社会科学座谈会上强调“坚持以马克思主义为指导，首先要解决真懂真信的问题，核心是解决好为什么人的问题，最终要落实到怎么用上来”。在生态文明建设领域，“是否真懂真信马克思主义”尤为重要。因为，如果仅以“自然的报复”来诠释“马克思主义生态观”并指导我国生态文明建设的话，就很容易走入“生态愚昧”认识误区——“要保护生态环境，就要保护江河湖泊的原貌，人类最好啥也不做”，因为“暂时的胜利”总会得到“自然的报复”且“最终得不偿失”。

然而，“自然的报复”并非全面、准确、完整的“马克思主义生态观”。马克思主义不仅强调了“人类与其他生物一样都是自然系统的一部分，人类不能凌驾于自然之上，人类必须尊重自然规律”，同时更强调了“人类与自然界其他生物不同，能够认识和正确运用自然规律，能够有目的、有计划地利用自然和改造自然”。理解和运用“马克思主义生态观”，不能断章取义。

以马克思主义指导建设生态文明，不能背离“以人为本”“以人民为中心”的发展思想，尤其是在我国水电发展问题上。“生态系统”本身是一个多层次、多物种的复杂系统（《辞海》定义是“生物群落及其地理环境相互作用的自然系统”），且不同层次之间、不同种群之间的需求往往存在矛盾和冲突。比如，让人无法忍受的恶臭垃圾场，却是老鼠苍蝇之类种群的理想生存环境，那么“保护生态”到底是该“以人为本”，还是“以老鼠苍蝇为本”呢？以谁为本，就决定了恶臭垃圾场该不该处理。这个例子所揭示的问题，在人类的一切活动中都存在，拦河筑坝、修路盖楼、挖地种粮、采煤采油等，都必然要改变自然界的原貌，而衡量这种改变对生态环境是利还是弊，关键在“以谁为本”。如果泛泛而谈“保护生态”，就会陷入“到底该保护谁”的矛盾混乱中。

正因如此，2014 年我国新修订的《环境保护法》的第一条不再提“保护生态”，而是改为“生态文明”，因为文明是人类进化的标志。中央十八届五中全会更是提出了“以人民为中心”的发展思想，并且是“创新、协调、绿色、开放、共享”五大发展理念必须始终坚持的基本原则。习总书记特别强调“治国有常，利民为本。党的一切工作必须以最广大人民根本利益为最高标准……坚持以人民为中心的发展思想，就要把增进人民福祉、促进人的全面发展作为发展的出发点和落脚点”，“以人民为中心的发展思想，不能只停留在口头上、止步于思想环节，而要体现在经济社会发展各个环节”。

尽管中央方针很明确，但不可思议的是，兴利除害、保护人民群众免受洪旱灾害威胁、为经济社会可持续发展提供水资源保障的水电工程，却在所有能源活动中“脱颖而出”，一直背负着“破坏生态”“为金山银山牺牲绿水青山”的恶名。甚至就在眼下南方多省份汛情告急、数千万百姓正身陷洪灾威胁之时，《长江干支流被水电站切成上万段“香肠”》还在无视水库大坝拦蓄洪水的重要作用，指责“水电开发把长江搞成了肠梗阻，影响了某些鱼的产卵”，建议“应摆脱坝锁江河困局，让长江干支流重新欢快奔腾”。难道是认为当前已泛滥成灾的大洪水还不够“欢快奔腾”吗?!

人与水的关系是人与自然关系的重要缩影。今年抗洪抢险的严峻形势再次提醒我们：防洪减灾任重道远，建设生态文明的首要任务是保护人民群众生命财产的安全，不能以“生态”名义在关注“鱼、树、草”的时候忘记了“以人为本”。

## 二、发达国家的良好生态环境正是得益于水电水利的充分发展

（1）水库大坝的最重要作用不是发电，而是解决人类可持续发展的最大难题——天然水资源的时空分布不均。早在 1977 年，联合国就向全世界发出严重警告：水资源短缺不久将成为一个比石油危机更可怕的社会危机，因为水资源没有任何物质可以替代。目前世界 20% 的人生活在缺水地区，预计到 2025 年水资源严重短缺的国家将增加至 48 个，涉及全球 30 亿人口。

水是生命之源，人类不能靠天吃饭，必须有工程措施来满足需求。目前除了修建水库大坝，人类还没

有其他手段解决天然水资源的时空分布不均矛盾。即使不利用水库进行发电，也必须建设足够的蓄水水库（把丰水期造成灾害的洪水储存起来，变成枯水期的宝贵资源），而水力发电只是水库建设的副产品，因为大型水库在蓄积水资源的同时也积蓄了大量的势能，在放水过程中若不把这些能量用来发电，就会对水库设施和下游边坡造成巨大伤害。因此，任何大型的水资源调控水库就一定是大型水电站，水电开发和水资源调控密不可分，单从发展清洁能源的角度来认识水电并不全面。世界上几乎所有的大型水电站都是同时解决水资源问题和能源问题，很多情况下前者比后者更重要。

（2）发达国家的实践证明：水电和水资源开发程度越高，经济越发达，生态环境也越好。水资源是事关国计民生的基础性自然资源和战略性经济资源，水库蓄水能力和水电开发程度代表人类对河流水资源时空分布不均矛盾的控制能力，不仅不存在什么“国际警戒线”，反而是开发程度越高越好，因为这种“开发”是“储备”水资源，而不是“消耗和使用”。

2007年联合国一项调查结果显示：除极个别特例外（以色列和赞比亚），一个国家和地区的经济发展水平和社会文明程度几乎都与该国的水库蓄水能力、水电开发程度成正比。具体表现为：发达国家的人均库容和水电开发程度普遍都比较高，而欠发达国家和地区的人均库容和水电开发程度普遍都比较低。目前，世界人均库容为580m$^3$，发达国家平均高达3184m$^3$，而发展中国家平均仅为500多立方米；世界水电开发程度平均为35%，发达国家平均在70%以上（日本、法国、英国、瑞士、意大利、挪威等水电开发程度高达90%以上，美国达80%以上），而非洲地区水电开发程度还不足8%，我国和印度分别为39%和20%。目前世界上有65个国家的水电占其全部电力比重50%以上，其中24个国家占90%以上。

随着气候变暖问题加剧，水资源时空分布将更易出现异常变化。自2004年起，联合国、世界银行等国际权威机构就不断呼吁“投资蓄水设施就是投资绿色经济”“发达国家已拥有很多基础设施及大坝，在保障水安全及应对气候变化的蓄水设施建设方面已有良好的基础；而发展中国家限于资金、技术、人力资源等因素，水库大坝基础设施还远远不足以提供所需的能源及水资源，以支撑其经济发展，因此建设新坝仍是当务之急”。

欧美发达国家的生态文明，正是体现在其超强的水库蓄水能力上。多瑙河、莱茵河、哥伦比亚河、密西西比河等欧美著名大江大河，都进行了梯级水电的充分开发，江河生态环境不仅未因被截断成“一节节香肠”而破坏，反而是世界公认的风景胜地。在瑞士，不论河流大小和落差高低都千方百计地加以利用，通过沿山修建的长隧道和管道，将高山溪流分散的水能资源，集中到一个水库后充分利用。在美国，大江大河的水电早在二战后就基本开发完毕，目前对小河流发电特别重视。

（3）欧美国家从来没有进入“拆坝时代”，反而在不断巩固、加强大坝的建设。建坝历史已有100多年、拥有约8.7万座大坝、2500个水电工程（其中543座以发电为主）的美国是最好例证：2002～2012年间共拆掉了400多座小型水坝，在水坝总量中占比不足0.5%，在水电装机总量中仅占1.5%；90%以上被拆的水坝都是高度不到6m、建在小支流或溪沟上的年代已久、已丧失功能的废弃坝（比如早年为纺织、矿业供水的坝，因产业转移或停工而废弃），而大江大河上的大坝没有一座被拆除！此外，美国在拆老旧废弃小坝的同时，还在建设新的大坝。近10年来美国兴建了50多座超过15m高的大坝（最高为加州193m的Seven Oaks大坝），数量远高于同期被拆掉的大坝。所以美国水库的蓄水能力和发电能力，不仅从未降低过，还略有增加。美国大坝协会主席Michael Rogers指出，“只有修建水库大坝，经济才能向前发展，水库大坝在防洪、供水、灌溉、航运、发电、旅游生态方面都发挥着重要作用，美国人民每天都在享受大坝的‘红利’”。

尤其值得一提的是，世界上最壮丽的尼亚加拉大瀑布也是水电站密集分布的所在地，美丽风景和清洁水电一直和谐共存。当水电站在2007年达到原定50年的服役期后，又获得了新的运行许可证，有效期仍为50年。当我国媒体在热炒“为子孙留一条生态江”的时候，以尼亚加拉为代表的水电站却在延期使用和升级改造。如果水电真的“破坏生态”，美国完全可以在其服役到期后彻底拆除，可为什么不呢？

## 三、加快水电建设、提高蓄水能力是我国建设生态文明的当务之急

（1）水资源短缺、洪旱灾害频发是我国可持续发展的最严重制约，建设蓄水水库才是根本解决之道。水资源是生态环境的控制性要素，建设生态文明须首先正确认识我国的国情和水情。人均水资源短缺、天然水资源时空分布不均的问题在我国尤其严重：

1）我国目前人均水资源占有量只有2200m$^3$，仅为世界平均水平的1/4、美国的1/5。我国已被联合国列为13个贫水国之一，目前正常年份缺水量达500多亿立方米，2/3城市不同程度缺水，每年因缺水造成粮食减产的损失约500亿元，直接影响工业产值2000多亿元。麦肯锡咨询公司预计，2030年中国人口达到16亿时，人均水资源量仅为1700m$^3$，处于

国际公认的“贫水警戒线”以下。

2）我国水资源空间分布不均，且与人口、耕地和生产力布局极不匹配。长江流域以北的国土面积占全国64%、人口占46%、耕地占60%、GDP占44%，而水资源仅占19%；其中，黄河、淮河、海河流域是水资源最紧缺地区，耕地、人口和GDP均占全国的1/3左右，而水资源却仅占7%。

3）我国年内降水量分配极不均匀，水资源量中大约2/3是洪水径流量。受季风影响，我国大部分地区汛期4个月的降水量占全年总量的70%（其中海河、黄河部分地区超过了80%、西北部分地区可达90%），极容易形成春旱夏涝、江河的汛期洪水和非汛期枯水，正如当前安徽、湖北、江西等地持续暴雨造成的洪灾。

保障水资源安全是我国建设生态文明的当务之急。尽管我国实施了最严格的水资源管理制度、大力开展“节水型社会”建设，但要从根本上改变我国水资源严重短缺、洪旱灾害频发的问题，最关键的措施就是尽快兴建一批蓄水调控工程，增加各流域汛期的蓄洪能力，从而增加可利用水资源的总量。

美国和我国的国土面积、耕地面积及天然水资源总量都差不多，但是“蓄存天落水”的能力却远远高于我国。美国人均库容高达4245$m^3$，是我国人均库容的6倍！密苏里河、科罗拉多河梯级电站开发形成的有效库容分别高达河流年径流量的1倍、2倍以上(大大高于我国的长江、金沙江)。正因有了充足的水库库容和调蓄能力，美国能吸纳更大的洪水、抵御更严重的干旱。美国胡佛水坝基本不泄洪，密西西比河可建29级闸坝，自如地利用水资源，而我国长江三峡每年都要泄洪多次，在洪水期还要疲于奔命地把洪水排到海里。

所以，加快我国水电建设、提高蓄水能力绝不仅仅是清洁电力发展的需要，更是我国防洪减灾和保障水资源安全的迫切需要。

（2）科学的水电开发本身就是“绿水青山”和“金山银山”兼得的生态工程，对我国江河保护贡献卓著。抛开水电替代煤电（减少大气污染排放）、水电替代薪柴（减少森林乱砍滥伐）等环境效益不说，单就某些“环保人士”特别强调的“维护河流生命和健康”而言，科学的水电开发本身就是成效显著的生态保护工程。这里仅以黄河、珠江为例说明。人们应该认真思考，假如没有这些水电工程实施生态调度，这些河流的生命还有没有、生态会是什么样：

1）自1999年小浪底工程建成后，黄河再没出现过断流。20世纪80～90年代经济快速发展、过度消耗水资源，导致黄河频频断流，到1997年已严重到全年断流226天、长达600多公里，引发了河床不断抬升、河道严重萎缩等一系列生态问题。小浪底工程通过上游水库联合调度，保证河流基本生态流量，有效恢复了中下游河道及河口湿地的生态；同时针对黄河河槽的泥沙淤积问题，通过水库调水调沙，有效提高了黄河下游河道的行洪能力，大大减轻了洪灾和凌汛灾害。

2）珠江压咸补淡，成功抵御咸潮对珠三角地区的入侵。珠江流域特别是河口三角洲地区用水量持续增长，河口径流量逐年减少，导致咸潮上溯日益频繁和严重。2005年珠江流域启动第一次大规模长距离压咸补淡应急调水，从珠江上游8座水库增调水量8.43亿$m^3$，利用河道储蓄淡水4500万$m^3$，使珠三角及澳门特区近两个月的饮用水得到保障，河网地区2.3亿$m^3$的水体得以置换，大大改善了水环境。

类似上述以生态保护为目标，实施科学合理调度、修复河流生态、维护河流健康的水电案例不胜枚举。相比之下，由于缺少调蓄水库，雅鲁藏布江中上游的两岸已出现了严重的荒漠化，并呈继续扩大之势；怒江水电开发在搁置了十几年之后，沿岸植被破坏非常严重，生态环境不仅没有变好，反而在恶化。

## 四、结语

（1）我国水电水利宣传亟须正本清源。近十多年来，在联合国等国际机构一再呼吁“水电开发对世界可持续发展有不可替代作用”的时候，国内却不断掀起“妖魔化水电”的舆论高潮，各种以偏概全、黑白颠倒的欺骗性宣传在社会上大行其道，致使我国公众包括很多高级知识分子、政府官员对水电大坝的认识至今还停留在一个比较低的层次上，也严重干扰了国家决策。如果不及时正本清源，继续放任“妖魔化水电”舆论泛滥，我国生态文明建设和可持续发展将受到严重影响。

（2）依靠“改革＋创新”保护生态环境。如何共抓长江大保护、不搞大开发，习总书记特别强调“要用改革和创新来保护长江生态”，而不是“人类啥也别做，让长江在洪水期肆意奔流、在枯水期任其干涸”来保护长江生态。

依靠“改革＋创新”保护生态环境，发达国家给我们提供了很多宝贵经验。欧洲国家对莱茵河的综合治理，已让莱茵河生态环境和生物多样性恢复到了二战前的水平，但在治理过程中并未拆掉任何一座水电大坝，而是利用现代科技手段，把水电大坝对生态系统的负面影响控制在可接受的范围内。瑞典百年工业化发展的初期也是以牺牲自然环境为代价的，后来意识到环境的重要性，环保逐步发展起来。但今天举世公认的良好生态环境不是靠“人们什么都别做，保持江河原生态”获得的，而是依靠科技创新（其水力发电、生物燃料等替代能源开发一直国际领先），正如前总理环保顾问斯蒂芬所言，“以科技来解决问题是我们百年来的传统”。

科技进步是推动社会发展的第一生产力，也是保护“绿水青山”的根本举措。建设生态文明，我国水电水利工程的大力发展不容耽搁，对于工程本身存在的技术或管理问题，都需要，且能够依靠“改革＋创新”来破解，而不是“为了绿色、不许发展”。

（本文刊发于《中国经济周刊》2016年第27期，原标题：“建设生态文明”须走出“生态愚昧”的误区）

## 水电是节能减排的金钥匙

清华大学教授、互动百科科学顾问　赵南元

### 一、减排任重道远

巴黎气候大会规定了减排目标是气候变暖不超过2℃，中国作为世界第一的二氧化碳排放大国首当其冲。有人说如果全球气候变暖达到2℃，则由于两级冰盖融化海平面上升，将导致上海街道淹水，变成威尼斯。人类活动造成地球暖化已经是科学界的主流意见，虽然仍有少数人发出质疑，毕竟天气预报远不如月蚀预报那样令人信服，但是减排的重要性并不会因此受到影响。因为减排还有另一个理由，那就是化石能源不可再生，存量再多也是有限的，终归有一天会用完。我国资源最丰富的煤炭，据说可采储量10000亿t，按照每年开采50亿t计算，还可以开采200年。对于人生而言，200年太漫长，但是在历史的长河中，200年只是短短的一瞬。节省化石能源，让未来的人还有化工原料可用，是造福千秋万代的大好事。

### 二、为什么会弃风弃电

只要不想倒退到原始社会，减排的唯一途径就是发展可再生能源。现在备受瞩目的可再生能源是风电和光伏，近年来国家下大力气发展，给出了强有力的财力和政策的支持，甚至发生了“产能过剩”，出口被人反倾销的现象。产能上去了，应用方面却不顺利，发出的电力被白白扔掉一部分：

2012年，中国风电装机容量增加了13GW，发电量增长首次超过煤电。与此同时，中国风电的“弃风”量也在这一年打破历史纪录，全国“弃风”电量达208亿kW·h，“弃风”率约17%。

近日，中国风能协会副理事长施鹏飞在接受记者采访时表示，电网的接入、传输和消纳仍是我国风电发展的主要瓶颈。电网的接入、传输在技术上并不困难，我国电力的远距离传输技术居世界领先地位，只要在建设风电场时注意规划输电线路即可。真正的困难在于消纳。

要理解消纳的困难首先要知道风电和光伏发电的特点。众所周知，风电是有风才能发电，风停了就没电了；光伏是有太阳才能发电，阴天或夜间就没电了。而且人类还没有呼风唤雨拨云见日的本领，只能听任这些电想来就来想走就走。要用时没有，不用时来了只好扔掉，直接用这样的天然供电当然是不靠谱的。借用阮次山描述优质石油时所用“甜油”这个词汇，我们可以称这种劣质电为“苦电”。

要想消纳这些“苦电”，就要依靠电网的调峰能力。一般电网都具有一定的调峰能力，以适应负荷随时间的变化，但是一般的发电厂调整发电量都会造成一定的损失，所以调峰不是没有成本的，这就是峰谷电价的来历，在总体负荷较小，电力富余时（例如夜间）降低电价，可以鼓励人们在此时多用电，减少调峰的损失，即使电价低些还是划得来的。在负荷波动不大时，调峰损失还可以忍受，但是如果负荷波动太大，损失是发电厂是难以承受的，这也就是风电被弃电的根本原因。

前些日子看央视2频道周日深夜的一个节目，就谈到了可再生能源的调峰问题，一群业界精英人士向一位德国专家讨教克敌良策，德国专家的诀窍就是做好预测，据他说德国现在预测天气的准确度达到90%以上。凡事预则立不预则废，提前准备好，风停了又没太阳时开启常规的发电厂，不至于手忙脚乱。其实诸葛亮借不来东风，只是预测何时刮东风确实有两把刷子。

请德国专家来有他的道理，毕竟德国在运用风电和光伏方面在世界上遥遥领先，可再生能源发电量占比30%以上，而且曾经创造了可再生能源峰值功率占比接近80%的纪录。但是中国毕竟不是德国，资源禀赋差别甚大，如果真的按德国人的方法干，那可就亏大了。德国目前的核电较多，而中国主要是燃煤火电，核电和煤电都用蒸汽轮机，蒸汽轮机的启动需要时间预热，所以在需要预测方面并无不同。但是火电的调峰成本远高于核电，沿用德国的热电调峰方法得不偿失。实际上调峰成本最低的是水电，而且不需要预测，德国为什么不用呢？道理很简单，德国水能资源太少，发电占比估计在1%左右，根本背不动50%以上的风电和光伏，核电是次优之选。而中国的水能资源得天独厚，居世界第一位，调峰重任非水电莫属。起动汽轮机需要预热24h以上，起动水轮机只需要水闸门开启的时间，预测也就意义不大了。当然，将来如果中国核电发展多了，用核电调峰也是一个次优的选项，但是现在中国核电肯定是不够用的。

## 三、各种能源发电的比较

为了更深入讨论这个问题，作为预备知识，先比较一下各种发电方式的优缺点。

火电：初始建设成本最低，运行成本最高，调峰成本最高。

核电：初始建设成本较高，运行成本较低，调峰成本较低。

水电：初始建设成本最高，运行成本最低，调峰成本最低。

综合发电成本每千瓦时：水电 0.3～0.4 元，火电 0.4～0.5 元，风电 0.6 元，光伏 1.0 元。核电成本应该比火电略低，但是由于保障安全的费用逐步升高，综合成本也可能高于火电。

## 四、水电的三种运行方式

单纯发电：普通水电站一般采用这种方式运行，装机容量视平均来水量而定。以三峡为例，装机容量 32×70＋10＝2250 万 kW，如果满负荷运行，一年 8760h 发电 1971 亿 kW·h，实际年发电量在 1000 亿 kW·h左右，这是受实际水量限制的。这种水电站往往肩负其他功能，例如防洪、抗旱、航运、供水、上下游水位控制等，这就使得这类水电站有时会牺牲电网调峰功能，满足其他功能的需要，调峰只能在其他功能限制下进行，不可太任性，调峰能力不强。

发电调峰：如果要求水电站有较大的调峰能力，需要减少其他功能的需求，增加数倍的装机容量。上述三峡的装机容量是平均值的 2 倍，这种电站可以加到 3～5 倍，这样其输出功率可以在 0～3 倍或 0～5 倍平均功率的范围自由调整，满足电网调峰需求。

发电蓄能：如果需要水电站具备更大的调峰能力，能储存电网的多余电力，可以让水电站兼有抽水蓄能电站的功能。最理想的做法是建设一连串的梯级电站，各水库首尾相连（否则无法把下一级水库的水抽到上一级水库中去），进一步加大装机容量，而且水轮机都采用可以兼做水泵运行的机种。这种梯级电站比起一般的抽水蓄能电站，由于库容大得多，功率也大得多。其蓄能的能力也是一般抽水蓄能电站所望尘莫及的。

## 五、横断山区梯级蓄能水电站设想

为了大幅度增加电网调峰能力，消纳风电和光伏这些苦电，需要超大功率和超大容量的“甜电”——梯级蓄能水电站。我国最适合建设这种水电站的地点就在横断山区，这里是我国水能资源最丰富的地区，同时人口稀少，产业不发达，移民成本低，目前开发程度还很低，缺点是远离用电地区，这个缺点可以靠特高压远程输电技术解决。

横断山区的特点是南北走向的山脉夹着几条江河：怒江、澜沧江、金沙江、雅砻江、大渡河、安宁河等，水量和落差都很大，地形非常适合于建造首尾相连的水库，构成成批的发电蓄能电站。原有的首尾不相连接的水库，也可以在其间增建一个或数个水库使其相连。这样的水电站集群建成之后，将极大增强我国的电网调峰能力，足以消纳现存乃至未来的风电和光伏这些苦电。

## 六、一箭四雕

横断山区梯级蓄能水电站的建设，综合效益非常之大。

首先，实现减排。2014 年我国发电量 5.54 万亿 kW·h，其中水电只有约 1 万亿 kW·h，仅占不到 20%，如果横断山区水电集群建成，则可以使我国水电发电量翻倍，接近 2 万亿 kW·h。而且由于电网调峰能力的增强，风电消纳问题得以解决，可以与水电同步发展，我国蕴藏的风电资源每年 2.3 万亿 kW·h 如果最终全部开发出来，加上新增水电就是 3.3 万亿 kW·h，每年可以减少煤炭消耗 10 亿多吨，少排放近 40 亿 t 二氧化碳。如果再加上光伏，5.54 万亿 kW·h 几乎可以不再需要烧煤发电，减排效果十分可观。虽然今后几十年发电量还会不断增加，至少 2030 年达到峰值之后逐步减少碳排放是不困难的。减排不仅有长远的控制气候变暖的效果，更有克服雾霾的近期效果，不能不说是拖延不得的事。

其次是保增长。目前正值经济增长下行压力增大，保增长成为重要任务。水电的最大缺点就是初始投资巨大，目前的经济形势下这个最大缺点反而成了最大的优点。投资对拉动增长有立竿见影的效果，而对于投资的最大担心就是回报是否可靠。目前楼市销售不畅，库存较多，交通外部效益大，但回本不易，唯有投资水电是稳赚不亏的。以溪洛渡水电站为例，工程总投资：792 亿元，年发电量 571.2 亿 kW·h，以每千瓦时 0.2 元计算，年产值 114 亿元，十年还本付息毫无悬念。其后的发电成本就微乎其微了，例如新安江水电站建成 50 年，平均下来的发电成本是 0.44 分/（kW·h）。难怪有人说，一座水电站就相当于一台巨大的印钞机。因此，加快水电站的建设速度，近期可以增加投资保增长，远期经济效益更是造福万代。一座水电站投资近千亿元，横断山区数十座水电站总投资数万亿，其投资力度足以保持我国 GDP 稳定增长，加大水电建设速度，保七保八都是有可能的。

第三是消化过剩产能。房地产市场的低迷，导致水泥和钢材这些产业产能过剩，价格下跌，经营陷入困境。水电站建设是水泥和钢材需求的大户，一旦开始大规模兴建水电站，产能过剩问题将迎刃而解，而且趁此原材料价格低迷时期实施建设，还可以大大节约成本，提高投资效益。有效生产力不会遭到破坏，又节约了建设成本，对双方都是好处。现今我国的城市化进程才走到一半，人均钢产量只有日本的一半，人均钢铁积蓄量也才达到发达国家的一半，正值“先帝创业未半”的当口，此时挥刀对着来之不易的产能大杀大砍，决非明智之举。

第四是有利于扶贫攻坚。十八大提出了全民进入小康，使得最后七千万人口脱贫的艰巨任务，而横断山区又是少数民族众多的贫困地区。兴建水电站一方面可以通过移民改变贫困面貌，留在当地的人也可以用上电力炊事取暖，不仅不必再继续砍柴破坏植被，还可以参与库区植树造林恢复生态，从而获得收入实现脱贫，水库养殖也能致富，这些都大有助于扶贫攻坚。

## 七、破解魔咒

建设水电站这个利国利民的大好事，过去十几年间却在重重阻力之下踯躅前行，究其原因，还是思想陷入了误区，很多人的认识被卖拐的忽悠瘸了。这个忽悠人的魔咒就是所谓的“水电破坏生态”。

“水电破坏生态”和“转基因不安全”是两个最大的魔咒，与“手机基站辐射影响健康”这样的小魔咒相比，其影响力要大得多，社会危害和造成的损失也要严重得多。这两个魔咒都是靠海量的谣言造势获得了社会影响力。这些谣言都很容易驳倒，但是逐一驳斥起来其篇幅足以构成一本厚书，非本文可以容纳的。扬汤止沸不如釜底抽薪，如果能抓住关键，一句话就可以说清楚。对于“转基因不安全”，我们知道“一切转基因育种所得到的品种，都可以用突变选择这样的常规育种方法获得，所以区别转基因和非转基因毫无意义。”（参见拙文《转基因与图灵机》http：//blog.ifeng.com/article/33906835.html）对于“水电破坏生态”也只需一句话：“你听说过湖泊破坏生态的说法吗？水库只是人造的湖泊而已，不可能破坏生态。”

建造水库把河流变成了湖泊，二者的生态肯定不同，生态发生了改变，如果是变坏了，才可以说是“破坏”，如果是变好了，那就是“改善”。湖泊和河流的生态作用不同，二者缺乏可比性，如果一定要比，可以找一个单个参数来比，例如生态容量。显然湖泊的生态容量大于河流，水库的渔获量远远大于原来的河流。从这个角度看，水库的生态优于河流，修建水电站是改善而非破坏生态，例如新安江水电站大坝后面的千岛湖就是个生态环境优良的旅游胜地。北京的观鸟圣地也都在水库周边，今冬，在北京消失了70多年的小鸟——栗斑腹鹀多次在密云水库被发现。这种鸟目前在全球仅存不到1000只，是世界上最珍稀的鸟类之一。

在一些伪环保分子看来，人工改变所造成的新生态一定不如原有的自然生态，在激流中生存的鱼类要比静水中的鱼类价值高，就像《动物庄园》中所说的：“所有的动物一律平等，但是有些动物比其他动物更加平等。”这种看法的分歧实际上反映了东西方世界观的分歧。在西方人看来，世界和人都是上帝造的，仁慈的上帝造了人也为他们准备了伊甸园这样优越的生活环境，人类自作主张偷食禁果才被逐出幸福的家园，上帝也规定了人该吃什么不该吃什么，并且预先准备好了这些物种。中国人的世界观与此相反，老子曰“天地不仁，以万物为刍狗”，盘古开天辟地女娲造人之后没有任何关照和指示，要靠燧人氏有巢氏神农氏自行创造生存的环境。如果人造的真的不如天然，人类又何苦辛勤地改造自然呢？生命起源之后，原始的藻类把地球上原有的还原性大气改变成了氧化性的大气，才有了后来人类诞生的可能。人类从狩猎采集发展到放牧农耕，创造了大量栽培作物和饲养动物的新品种，彻底改变了地球的生态环境，才有能力在多次的灭绝危机中得以幸存。

关于生态学的种种错误思潮，感谢刘夙博士推荐了两篇文章（刘夙：当万物重新有灵 http：//blog.sciencenet.cn/blog-695599-563960.html 和隐侠：从萌芽到分裂：生态学思想简史 http：//wenku.baidu.com/view/624ca553ad02de80d4d8400c.html）文章对于与生态学有关的种种价值观错乱，及其哲学基础和来龙去脉分析得十分透彻，可以使我们了解错误的生态观念之起源和变迁史，知道它们错在什么地方，知道“让河流自由流淌”的口号是基于万物有灵论和西方生态主义的产物。只有打破这些“人文生态学”的错误价值观泛滥所产生的魔咒，利国利民的水电事业才能顺利发展。

## 八、光伏发电

我国风电资源蕴藏量有限，和水电相加不到每年5万亿kW·h，以目前的发电量看，占比已经相当高了，现有的大部分火电厂可以处于备份状态。从长远的规划看，2050年我国的年发电量要超过10万亿kW·h，可再生能源占比只有40%左右，如果需要进一步减排，加大可再生能源比重，风电水电达到了资源极限，只能借助光伏的力量。

我国阳光资源主要在西部，特别是青藏高原最佳。西藏面积 120 万 $km^2$，拿出 1/10 的面积用于光伏发电，即可满足每年 5 万亿 kW·h，完全取代煤电的需求。而且西藏靠近横断山区，距离蓄能地区较近，这些都是优势。遗憾的是，光伏的年发电小时数比风电低很多，对蓄能的要求更加严苛，即使是横断山区梯级电站群，要背起如此之大的光伏发电量也是很困难的。对此只能走一步看一步，逐步建设光伏电站，到背不动为止，至少每年 1 万亿 kW·h 还是有希望的。也寄希望于核电发展，作为调峰的助力。

总之，只要充分开发水电，就能打破减排的困局，而实现的关键则在于破解“水电破坏生态”的魔咒，识破万物有灵论等人文生态学的弊害，使水电得以顺利发展。现在少烧掉一吨煤炭，就给子孙后代留下一吨，现在不利用的水能，每天都是“逝者如斯夫”，一去不复返。

（本文来源于 2016-07-12 中国产业人网）

# 央 企 工 作

## 中国长江三峡集团公司 2016 年工作情况

2016 年，中国长江三峡集团公司（以下简称中国三峡集团）成功实现“十三五”开门红，主要经济指标再创新高，新增装机 948 万 kW，累计可控装机达 6903 万 kW。可控、在建、权益总装机规模达 1.18 亿 kW。完成发电量 2626 亿 kW·h，同比增长 30.7%。

（一）攻坚克难，国内重点工程项目建设谱写新篇章

2016 年，在有关方面的大力支持和指导帮助下，全面完成白鹤滩水电站核准前各项准备工作。经过 20 多年的科研、设计、施工和安装调试，世界最大的升船机工程三峡升船机工程顺利由建设转入试运行阶段，拓展三峡工程的航运效益，促进中国高端装备制造业发展。

乌东德、白鹤滩两座水电站基坑开挖基本完成，具备大坝混凝土浇筑条件；地下厂房、泄洪洞工程满足进度要求；上下游围堰填筑至设计高程，实现安全度汛；“三通一平”工程通过国家环保验收；机组设计制造工作进展顺利，电力生产筹备工作全面启动；按期完成围堰区移民避让搬迁工作；乌东德水电站移民搬迁安置准备工作全面启动。溪洛渡、向家坝水电站收尾有序。溪洛渡水电站荣获菲迪克 2016 年工程项目杰出奖。向家坝水电站通过枢纽工程竣工安全鉴定，升船机全面转入设备安装调试阶段。浙江长龙山抽水蓄能电站顺利转入主体工程施工阶段，机组招标工作完成。湖北东湖燃机和新疆楚星热电联产项目建成投产。

（二）精益运行，流域梯级枢纽运行管理创造新纪录

2016 年汛期，面对长江中下游地区特大洪涝灾害，积极实施流域梯级枢纽联合调度，累计拦蓄洪水 112 亿 $m^3$。三峡工程成功应对 5 万 $m^3/s$ 的洪峰，发挥巨大的防洪减灾效益。克服汛末来水偏枯的不利形势，圆满完成流域梯级水库蓄水任务；三峡水库连续 7 年实现 175m 试验性蓄水目标，枯水期为下游补水 217.6 亿 $m^3$。防洪及供水效益显著发挥。

长江干流四座梯级电站持续安全稳定运行，年发电量首次突破 2000 亿 kW·h，同比增发 152 亿 kW·h。其中，溪洛渡、向家坝、葛洲坝水电站年发电量均刷新历史纪录。清江流域梯级电站成功应对百年一遇的特大洪水，年发电量 96.5 亿 kW·h，同比增长 41.3%，电力生产再创佳绩。航运及生态效益稳定发挥。三峡船闸安全高效运行，过闸货运量 1.2 亿 t，再次刷新历史纪录。向家坝水电站翻坝转运货物量 366 万 t，创历史新高。

（三）积极推动，新能源业务实现新发展

中国三峡集团首个海上风电项目江苏响水海上风电项目全部建成投产，填补国内多项技术空白。成功收购德国梅尔海上风电项目 80%的股权，成为中国第一家控股海外已投运海上风电项目的企业。全力推进福建海上风电开发，开工建设福建三峡海上风电产业园和福清兴化湾样机试验风场。积极推动中国海上风电集中连片规模开发，在福建、广东、山东、辽宁等地获取资源 923 万 kW。海上风电引领者战略取得重大突破。

三峡新能源项目核准（备案）超过 270 万 kW，发电量首次突破 100 亿 kW·h，创历史新高。业务布局不断优化，逐步向中东南部非限电地区和特高压送出通道周边地区转移。中标光伏领跑者项目 30 万

kW，获得甘肃金塔10万kW光热项目开发权。内蒙古四子王幸福风电一期全面建成投产。新增209万kW新能源项目纳入国家第六批可再生能源补贴目录。新能源业务发展质量和效益稳步提升。

（四）转型升级，国际化经营迈上新台阶

充分发挥中国三峡集团资金、技术、品牌优势，积极实施“编队出海”，探索出多种国际化经营模式和内部专业化协同机制。加强国际交流与合作，在国家领导人见证下签署多项合作协议，成为“一带一路”建设的排头兵和主力军。截至2016年底，集团海外可控、在建、权益总装机1548万kW。国际业务全年发电、实现营业收入、利润分别占集团的10%、15%、12%，成为集团稳增长的重要一极。

成功收购杜克能源巴西公司227.4万kW水电资产和几内亚凯乐塔水电站51%的股权，国际化经营持续向价值链高端跃升。巴西朱比亚和伊利亚水电站资产交割、管理整合、融资优化和电能消纳取得实效，机组等效可用系数高于考核目标值。尼泊尔上马蒂和巴西CC水电站建成投产。巴基斯坦卡洛特水电站“三通一平”项目基本完成，导流洞、主厂房等主体工程进展顺利。巴基斯坦风电二期项目开工建设。签署秘鲁圣加旺Ⅲ水电站、老挝南公1水电站、缅甸羌达风电等项目特许经营权协议。加强葡萄牙电力公司股权管理，持续获得良好投资收益。

全年新签合同额18.2亿美元，同比增长192.8%，创历史新高。积极推动优质承包项目向投资项目转换，转型升级迈出新步伐。加强在建项目管理，几内亚苏阿皮蒂水电站一期围堰戗堤提前合拢，马来西亚沐若电站全面完工并正式启用，苏丹上阿特巴拉水利枢纽项目具备整体移交验收条件，厄瓜多尔可尼尔防洪工程投入使用，乌干达伊辛巴水电站项目临建获评“中国海外工程示范营地”。全力做好中国驻南苏丹维和部队遇袭战士在乌干达治疗期间后勤保障工作，得到解放军陆军司令部高度评价。

（五）把握机遇，资本投资和配售电业务取得新突破

圆满完成溪洛渡、向家坝水电站资产证券化工作，实现水电开发与资本市场的有机对接。战略重组湖北能源实现互利共赢。创新债券融资方式，成功发行15亿美元债券、60亿元绿色公司债券和零利息可交换债券，创同类产品多项纪录。国际评级机构标普将中国三峡集团信用评级调升至$A^{+}$。

（六）深化改革，企业管理水平实现新提升

建设管理公司实现正常运转，完成基地发展公司组建，成立流域枢纽运行管理局，制定机电工程局改革方案，基本形成业务板块化、板块专业化的格局。稳步推进三项制度改革，制定干部职级体系和收入分配制度改革方案。深化考核制度改革，建立体现不同板块经营性质的分类考核体系，设置体现业绩贡献和工作难度的考核系数，考核的激励和导向作用更好发挥。

完善法人治理结构，建立董事会专题汇报、重大事项预沟通等机制，自觉接受监事会监督指导。加强战略管理，发布实施“十三五”发展规划和三年滚动规划。突出规范和效率，建立覆盖投资项目前期、决策、实施和后评价的全过程投资管理体系。开展全面风险评估，落实重大风险管控措施，完成总部内控手册编制和内控评价缺陷整改，初步建立以风险为导向、以制度为基础、以流程为核心的内控体系。加强审计监督和风险评价，基本实现分级管理原则下的经济责任审计全覆盖和重大投资建设项目跟踪审计，配合开展三峡升船机专项稽察和监事会国际业务专项检查，促进企业管理水平提升。全面推进依法治企，以总法律顾问制度为核心的法治工作体系初步建立。

（七）精益求精，质量安全和科技工作取得新成绩

积极推进安全总监制度建设，不断完善安全生产制度体系，深入开展安全生产大检查和隐患排查治理，有序推进安全生产标准化，集团管理范围内没有发生较大及以上生产安全责任事故。电力生产可靠度指标处于国内行业领先水平。“三标一体”管理体系进一步完善，积极配合政府质量监督检查，全年没有发生质量事故。大力推进QC小组活动，多项成果获得表彰。

科技创新体系不断完善，完成年度科技制度修编。加大重大技术成果审核把关力度，为工程建设提供技术支撑。成功组织一系列高层次、多学科学术研讨会。承担国家“十三五”重大科技专项22项，12项成果获国家、省部级及行业表彰，新增专利200余项。积极开展“双创”工作，表彰职工技术创新成果64项，激发职工创新活力。完善技术标准体系，完成国家、行业标准编写12项，发布三峡标准40项。加强信息化建设，指挥中心改造基本完成，OA系统改造取得阶段性成果，建筑市场管理系统、移民管理系统等不断深化应用。

（八）严字当头，党的建设取得新成效

党的建设不断加强。认真学习贯彻党的十八届六中全会和全国国有企业党的建设工作会议精神，修订中国三峡集团章程和《党组工作规则》，健全向中央报告工作制度，实现加强党的领导与完善公司治理结构的有机融合。精心组织“两学一做”学习教育，高质量完成中央规定动作，组织开展一系列特色活动，取得显著成效。成立中国三峡集团党校，积极开展党员教育培训，增强全体党员的“四个意识”。加强基

层党建工作，召开党建工作会议，建立党建工作例会制度，深入开展“四项清理排查”，夯实党建工作基础。

党风廉政建设向纵深推进。坚持尊崇党章、严守党规，严肃党内政治生活，强化党内监督，层层压实“两个责任”，推进全面从严治党向基层延伸。突出政治巡视，实现二级单位巡视全覆盖，巡视的利剑作用进一步彰显。组织开展“四风”问题整治情况“回头看”和“三项整改”“回头看”，推动中央八项规定精神落地生根。加强对选人用人、招标采购、合同管理及境外业务、新能源业务等重点领域的监督，切实防范廉洁风险。坚持信访必核、有案必查，准确运用“四种形态”执纪问责，保持高压态势，党风廉政建设取得新成效。

履行社会责任力度不断加大。分别出资 20 亿元和 16 亿元帮扶云南和四川两省少数民族脱贫攻坚，得到国务院领导同志的充分肯定。会同有关中央企业发起设立中央企业贫困地区产业投资基金，首批投入 6 亿元。注册成立三峡公益基金会，积极做好移民后续帮扶、定点扶贫、对口支援、援疆援藏及公益慈善工作，全年对外捐赠 1.7 亿元。

企业品牌形象持续提升。着力构建战略性媒体关系和公共传播格局，积极开展全方位、多层次、立体化的宣传报道，树立担当尽责的企业形象。经国家权威机构评价，三峡集团品牌价值 2040.68 亿元。《三峡工程史料选编》样书基本形成。

（中国三峡建设年鉴社　乔仁贵）

## 中国电力建设集团有限公司 2016 年改革发展情况

2016 年，中国电力建设集团有限公司（以下简称中国电建）全年实现营业收入 3244.23 亿元，同比增长 13.10%；利润总额 121.48 亿元，同比增长 5.09%；新签合同 5120 亿元，同比增长 15.1%；实现经济增加值 30.5 亿元；年末合同存量 9668.5 亿元，同比增长 18%；资产总额 6024.31 亿元，资产负债率 81.74%；全员劳动生产率达到 172.8 万元/(人·年)，同比增长 13.75%，实现了“十三五”良好开局。2016 年中国电建位居《财富》世界 500 强企业第 200 位、中国企业 500 强第 43 位、中国跨国公司 100 大企业第 22 位；位居 2016 年 ENR 最大 250 家全球承包商排名第 6 位；位居 2016 年度 ENR 全球工程设计公司 150 强第 2 位。截至 2016 年底，中国电建共获得中国建设工程鲁班奖 82 项、国家优质工程金质奖 36 项、国家优质工程奖 127 项、中国土木工程詹天佑奖 20 项、全国优秀工程勘察设计行业奖 140 项。

### （一）国内市场营销稳中向好，订单效益双双增长

一是高端营销能力持续强化。全年与广东、深圳、大连、昆明等多个重点省市和三一集团等大型企业、机构建立战略合作关系，组织参加西博会、渝洽会等有重大影响力的展会及多省市与央企的对接会、座谈会，有力推动了高端营销。在贵州、云南等片区开展区域营销资源整合，取得良好成效。二是能源电力业务优势持续巩固。水利水电设计施工板块积极参与国家重大水利水电项目竞标，重点跟踪的白鹤滩、双江口等工程全部中标；在新疆阜康、贵州马岭等项目开创了“设计院牵头＋EPC 总承包”，创新抽水蓄能和水利项目商业模式。电力勘测设计板块探索形成“规划引领＋项目打造”、投资拉动、科技创新引领等多种新型商业模式，以省级电力（能源）规划中心为依托，中标多个电网项目。电力工程板块积极推动市场资源向电厂检修、建设代管等产业链两端延伸，从低电压电网建设向超高压、特高压电网施工发展，从变电站土建、安装向变电站总承包发展，积极参与核电、风电、光伏 EPC 业务市场。三是基础设施市场营销成效显著。着力加强地铁、公路、铁路、综合管廊等重点行业市场营销，成功中标杭州大江东、云南红河州建水（个旧）至元阳高速公路、石林至泸西高速公路（红河段）PPP 项目、郑州快速路、河北太行山高速公路等一批具有重大影响力的公路项目，中标长春、银川等地下管廊国家试点项目，中标成都地铁 18 号线、晋中至太原城际铁路城市城际轨道交通项目。四是水环境治理等新兴业务取得较大突破。紧抓国家治理黑臭水体、建设“美丽中国”的市场机遇，强化“规划先行、综合统筹、专业突出”的水环境系统治理营销理念，积极构建完善水环境治理业务营销管控体系，通过先进的规划、治理理念和具有相对优势的业绩、经验及良好履约，向深圳、北京、云南等省市政府开展专项推介。继深圳茅洲河（宝安区）水环境治理 EPC 项目后，又获得了北京通州和郑州贾鲁河等水环境治理工程项目，中国电建在水资源与环境业务领域的优势逐步显现。积极研究开拓海绵城市、海水抽水蓄能电站、海岛经济取得初步成果。

### （二）国际业务集团化稳步推进，竞争力有效增强

一是国际业务资源整合有效推进。完成了海外业务重组整合，设立了六大海外区域总部，围绕国际业务集团化制定了多项管理制度。坚持战略规划、品牌管理、市场布局和营销、履约监管、风险防范“五统

一”原则，聚指成拳、组建航母、编队出海。优化配置国际业务管理团队和业务人员，基本形成了一支懂技术、会商务、语言好、熟悉国际规则的高端国际化商务人才队伍和技能熟练、工种齐全、能征善战的海外技术技能人才队伍。强化与国内外知名工程企业、金融机构、设计商、设备供应商、物流商、咨询机构合作，与项目所在国政府机构、业主、投资商等建立良好合作关系。二是重点国别市场和重大项目取得重大进展。紧跟国家政治经济外交布局，深耕“一带一路”重点国别市场。成功中标中老铁路Ⅳ、Ⅴ标段，雅万高铁获得承建第一区段授标函，成功签署东南亚最大港口项目马六甲海峡皇京港MOU。签署了非洲区域装机最大的尼日利亚希罗罗30万kW水光互补电站项目，海外第一个抽水蓄能项目以色列克卡夫·哈亚邓电站装机34万kW，海外合同额最大的津巴布韦昆兹韦—穆薜米大坝哈拉雷供水项目。在孟加拉推动投资、承包项目金额超过百亿美元，在装备制造、可再生能源、火电、水利和水务工程五大领域签订了多个项目协议。三是国际影响力持续彰显。目前在113个国家和地区开展实质性业务，在89个国家执行1207项合同，在建合同总金额达6873亿元人民币。构建了以亚洲、非洲国家为主，辐射美洲、大洋洲和东欧等高端市场的多元化格局，形成了遍布全球的市场营销网络。2016年，在ENR国际工程设计公司上榜中资企业中排名第一；在ENR国际工程承包商上榜中资企业中排名第二，保持全球最大的电力工程承包商地位。采用中国规范、技术标准设计建造的厄瓜多尔辛克雷水电站竣工移交，经受住了7.8级大地震考验，在南美树立起了“中国标准”；在马里境内承建的最大工程费鲁电站按期收官；承建的巴基斯坦卡西姆港应急燃煤电站等“中巴经济走廊”和亚洲铁路互联互通一揽子重大项目稳步推进。

（三）结构调整扎实推进，产业布局更趋合理

一是投资拉动总承包业务贡献进一步提高。根据市场形势和项目投资方式变化，不断创新营销方式和商业模式，加大PPP项目营销力度，通过小比例投资撬动EPC总承包，全年投资拉动施工总承包业务达到804亿元。已建BT项目回购款及资产（股权）处置管理卓有成效，全年BT项目回购款超额收回。二是电力投资业务稳健开展。坚持“控制规模、优化结构、突出收益”原则，加强电力投资项目全生命周期管理。到2016年末，控股在建电站总装机容量约为270万kW，控股运营电站总装机容量达到1212.27万kW，其中清洁能源占比87%。三是房地产业务健康发展。明确了以“住宅开发为重点，稳健发展商业地产，积极探索培育滨水地产概念投资品落地”的发展定位。合理控制投资节奏，科学调整区域布局，重点布局一线城市，慎重布局二线城市；成功进入深圳房地产市场，实现一线城市全方位布局。大力推动子企业自有土地内部合作协同开发，盘活内部资源；积极用好国家政策，推动棚户区改造等专项工作。房地产板块全年累计签约销售合同233.13亿元，同比增长13.46%；实现营业收入163.45亿元，同比增长30.65%；实现利润12.19亿元，同比增长17.44%。四是产融结合大力推行。积极发挥财务公司平台作用，加大资金归集力度，盘活内部存量资金，有效提高资金使用效率，年末资金集中度和集中额大幅增加，分别达75.23%和700.96亿元。着力构建符合公司发展战略及市场竞争需要的PPP等投融资类项目的经营管理模式，积极探索引入社会资本，通过金融工具实现合理参股、有序退出，反哺、带动传统主营业务增长。充分发挥资本市场再融资功能，拓宽项目融资渠道，降低债务风险，有序推进股份公司非公开发行工作。基金公司顺利挂牌，标志着集团产融结合迈出了新的一步。

（四）体制机制进一步理顺，改革创新红利逐步显现

一是有效强化战略引领。发布了中国电建“十三五”发展规划，开展了全方位、多层次、到基层的宣贯教育，各项业务发展规划、职能发展规划及子企业的发展规划正在加快制订，中国电建“十三五”发展规划体系逐步健全。二是全面深化改革持续推进。积极贯彻落实国务院国资委“瘦身健体、提质增效”工作要求，年内完成了7组16家子企业的重组整合及压减56户法人机构的目标任务。优化完善集中与授权适度的现代企业集团管控体系，大力简政放权，落实放管结合，加快制订总部管控事项正面清单。突出战略和目标导向，大幅精简了业绩考核和管理评价指标。落实差异化发展思路，改组或新设成立了核电工程公司、建筑规划研究院等专业化子企业。

（五）精益管理全面加强，企业运行质量不断改善

一是基础管理有效增强。扎实开展“两金”压降，全面推进“营改增”，强化税务管理与税收筹划，加强总对总银企合作，财务资金管理不断取得成效。加强投资与建设项目招标与采购管理，启动“一库一平台”建设，推动中国电建工程招标与采购纳入国家交易平台体系。创新设备物资集中采购，全年完成设备物资集中采购总额728.96亿元，集采率达到76.5%。集团级业务基本实现了全面信息化。二是上市公司规范运作不断强化。持续加强市值管理，股份公司全年市盈率稳居同业建筑央企前列，有效提振了资本市场对公司未来发展的预期和信心；维护良好投

资者关系，资本市场影响力大幅提升。持续提高信息披露的有效性和针对性，股份公司连续四年获评沪市上市公司信息披露A类企业。三是人才队伍建设不断推进。围绕职工队伍总量控制、结构调整和素质提升积极深化“三项制度”改革，严格用工计划管控，规范劳务派遣管理，健全工资总额调控机制，改进薪酬社保管理和人才评价，实现了职工队伍总量保持负增长、总体素质持续提升、队伍结构不断优化。四是企业法治、内控和监督工作不断完善。“法治电建”建设不断深化，工作体系进一步健全。重点加强对企业重大风险的评估、识别与管控，加强对重大生产经营事项的法律审核把关，有效防范了重大风险事件的发生，重大法律纠纷案件得到妥善处置。不断强化监督检查，围绕重大项目和经营管理薄弱环节开展效能监察和专项治理；强化经济责任审计、重大项目审计、海外审计和审计问题整改，初步建立起了监察审计工作长效机制。

（六）安全和质量管理常抓不懈，技术水平稳步提高

一是严抓安全和质量工作不放松。以推动安全生产主体责任落实为核心，不断完善责任体系，开展隐患排查治理，健全应急预案和救援体系，夯实安全生产基础工作，推动“本质安全”落地。年内对130个项目开展安全督查，对安全风险突出的项目进行挂牌督办。积极开展全方位质量监管，在建项目履约进一步加强，8个项目获国家优质工程金质奖，5个项目获鲁班奖，13个项目获国家优质工程奖。二是科技创新工作持续进步。着力实施创新型企业建设工程、研发平台建设工程、重大技术攻关工程、成果推广应用工程和体制机制创新工程，科技创新体系不断完善。子企业积极开展技术创新，加快创新成果转化应用，驱动产业转型升级，装备板块企业在空气动力学领域打开局面，承接汽车工程风动风机和地铁隧洞通风机项目。2016年，公司获省级创新型企业授牌13家，省级高新技术企业57家；14项科技成果达国际领先水平，24项科技成果达国际先进水平。

（七）“两学一做”扎实开展，核心作用有效发挥

2016年，中国电建党委及各级党组织“两学一做”学习教育扎实开展。各级党组织负责人讲党课3936次，覆盖基层党员182879人次，打牢学的基础，扎实做的关键，立起“四讲四有”标准，强化了党性意识，增强了理想信念，提振了干事创业的精气神。“四个意识”进一步增强。深入学习贯彻党的十八大及历次全会精神、习近平总书记系列重要讲话精神，特别是核心意识和看齐意识，在思想上、政治上、行动上始终与以习近平同志为核心的党中央保持高度一致。政治核心作用有效发挥。坚持“把方向、管大局、保落实”，积极参与“三重一大”决策，扎实开展主题实践活动，依法合规推动党建工作与生产经营管理工作深度融合，党的政治核心作用、战斗堡垒作用和党员的先锋模范作用有效发挥。干部队伍建设明显加强。认真落实“凡提四必”“五个不准”和“三不上会”原则，规范选人用人工作，创新选人用人方式。全年对总部部门和子企业共78家单位领导班子进行了调整，聘（任）用和调整领导干部260人次，推动打造“政治强、业务精、懂专业、善治理、作风硬”的领导干部队伍。党风建设和反腐败工作进一步加强。持之以恒落实中央八项规定精神，压实“两个责任”，严明政治纪律、政治规矩；全年对32家子企业开展了内部巡视，完成20家子企业巡视整改工作，对5家子企业巡视整改“回头看”，对4家子企业开展了延伸巡视。党建科学化水平进一步提升。制定了《关于新形势下加强和改进基层党的组织建设的意见》，为基层党组织明确了努力方向。重视海外党组织建设，卡西姆项目联合党工委的成功做法得到中组部、国务院国资委党委的肯定和推广。加强基层党组织负责人和党务工作者培训，增强“不忘初心、继续前进”的思想共识和行动自觉。新闻宣传和群团工作成效显著。大力宣贯公司核心价值理念，强化特色企业文化。围绕“一带一路”等热点加强新闻宣传，创造良好外部环境。加强党对群团工作的领导，支持群团组织为提质增效、创新发展工作建功立业，在深化改革、维护稳定中发挥积极作用。认真落实扶贫帮困工作，加强维稳信访，妥善解决职工群众反映强烈的突出问题，确保企业稳定发展。

（中国电力建设集团有限公司）

## 中国葛洲坝集团股份有限公司 2016年工作情况

中国葛洲坝集团股份有限公司（以下简称葛洲坝集团公司）是世界500强企业——中国能源建设集团有限公司的核心成员企业，现有员工4万余人。通过结构调整、转型升级、改革创新和科技进步，已经成为一家集投资、建筑、环保、房地产、水泥、民爆、装备制造和金融等业务为一体、具有国际竞争力的跨国经营集团。截至2016年底，葛洲坝集团公司总资产达到1512.29亿元，较2015年的1276.30亿元增长了18.49%，年营业收入1002.54亿元，同比增长21.85%。2016年度《财富》杂志发布的“中国企业500强”排行榜中名列第70位；在美国《工程新闻记录》（ENR）发布的2016年度全球“250家国际承包商”和“250家全球承包商”排行榜中名列第45

位和31位。

（一）基础管理

1. 依法治企　坚持以责任制为抓手，构建齐抓共管格局；以干部选拔任用管理为抓手，打造坚强干部队伍；以企业监察为抓手，促进企业管理、效益双提升；以作风建设为抓手，巩固风清气正发展环境；以纪律审查为抓手，保持惩治腐败高压态势，将党风廉政建设融入到具体工作中。为促进公司可持续发展，不断完善公司治理结构，促进公司高效规范运作，颁布了239项内部控制制度。

2. 内部审计　发布了《关于建立审计整改评价机制有关事项的通知》《建筑施工企业审计操作指南》，进一步完善了审计整改工作，提高了审计成果运用水平。完成年度经营业绩审计150项；经济责任审计60项，各类专项审计45项。

3. 集中采购　全年通过集采平台公开发布采购信息4298条，累计完成采购项目5679项，上线采购金额283.94亿元，综合上线率为97.8%，同比增加3个百分点，有效提高了采购效率和效益。

4. 民主管理　2016年通过组织召开职代会，交办处理了61条职工代表提案，督促了职代会承诺为职工办实事的落实，组织各单位开展了职工代表培训工作。

（二）业务布局

投资瞄准水务、交通、环保、分布式能源等领域开展投资并购业务，以投资并购调整产业结构、促进业务转型升级。

1. 建筑业务　大力发展PPP等高端业务，积极深度融入“一带一路”战略。2016年，葛洲坝集团公司国际签约和营业收入在中国“走出去”企业中分别排名第5位和第9位，业务范围扩展到在全球140多个国家和地区。

2. 环保业务　加大投资并购的步伐，加强高端平台的建设。实施的云南滇池治理项目，是全球处理量最大的湖泊治理机械化脱水工程，治理效果得到环保部、云南省充分肯定；通过水泥窑协同处置生活垃圾，成为低碳循环经济可复制的样板；依托上述工程，启动多个环保产业园和高端装备制造产业园项目。葛洲坝集团公司环保发展规模实现爆发式增长，2016年，非建筑业务营业收入占比为39.2%，其中环保业务占非建筑业务的35.3%。

3. 房地产业务　不断优化业务布局，积极介入旅游地产、养老地产等富有朝气的产业。加大海外国别和区域市场研究，加快“走出去”步伐。继续坚持品质、品位、高端、特色的差异化发展道路，实现“品质前三甲、行业50强”的发展目标迈进。

4. 水泥业务　积极推进兼并重组，提高目标区域产能集中度；积极通过技术创新、装备改造、管理提升和产融结合，加快“走出去”步伐。继续扩大核心区域市场，在保持核心区域市场优势地位的同时协同向环保领域延伸，成为水泥行业的环保领跑者。

5. 装备制造业务　将装备公司打造成为高端装备制造业务的投资平台、控股平台、研发平台和服务平台，加强传统水工机械加工等产业科技创新、技术攻关和工艺革新，掌握一批核心关键技术和自主知识产权，着力推进能力建设和业务升级。

6. 民爆业务　聚焦一体化发展，技术、产品与服务全面提升，继续坚持“技术进步、适度并购、走出国门”，积极调整发展思路，涉足军民融合等新业务领域，寻求新的增长点，持续保持行业领先地位。

7. 金融业务　充分利用国家的金融政策，大力开展金融创新；健全和加强金融体系建设，增强大规模低成本的融资能力，确保在投资并购和PPP业务的竞争能力和资金需求。

（三）员工成长

以实施“4+1”人才引领计划为重点，分类别、分层次培养引进国际业务、PPP业务、新兴高端业务和后备人才。2016年，共签约大专以上学历应届毕业生2426人，同比增长16%，招聘的硕士研究生数量均为公司近3年之最，一本院校毕业生占比为57%，为历年最高水平。建立了管理人员、专业技术人员和技能人才三条专业通道。实行全员绩效考核，员工进出、薪酬、职务与工作效益挂钩，实现了员工能进能出、薪酬能增能减、职务能升能降的良性管理状态。实行公司总部与所属子企业分层分类的培训体系，2016年共举办公司层面各类培训项目61期，培训5400人次，新员工入职培训2600余人次。严格执行《公司职工工时和休息休假管理办法》，保障职工带薪休假权益，2016年人均带薪休假天数为7.5天。

（四）职业健康和安全

出台相关制度明确各级工会组织在职业病防治工作监督检查中的责任，提高职工防治职业病工作的思想意识和防控能力，降低职业病发病率，切实维护职工的生命权、健康权和安全权。推广国际劳工组织中小企业职业安全卫生防护“工具包”应用工作法，预防减少职工伤害。同时积极组织员工参加湖北省总工会举办的职业健康安全监督员培训。

建立和落实安全生产四个责任体系。要求各单位建立“各级以主要领导为责任人的全面安全生产责任体系、以分管生产的领导为主要责任人的安全生产实施体系、以总工程师为主要责任人的安全技术保障体系、以分管安全的领导为主要责任人的安全生产监督体系”，明确职责，落实各项工作。

2016年为满足生产安全工作需要，共投入安全费用119600万元，有效地遏制了各类安全事故发生。

（五）环境保护

制定了《污水排放管理规定》《大气污染物排放管理规定》《固体废物处理规定》《水土保持管理规定》《噪声控制规定》等环境保护制度。2016年建立分级、分层次的环保教育培训机制，保证在岗员工环境保护教育培训率达到100%。2016年环保投资总额达20.48亿元。淘汰高消耗、高污染、低效率的落后生产工艺，实行大宗物资和大型设备集中采购、集中管理；建立并完善资源能源消耗统计制度，采取设备单机核算、物资消耗定额管理，并积极探索“日核算、周分析”等有利于提高物资设备利用率的精细化管理方式，不断降低单位产值能源资源消耗量。2016年度，葛洲坝集团公司环境保护和节能减排工作稳步推进，各项指标均在控制范围内。二氧化硫排放量7741.624t，同比下降1.11%；化学需氧量排放量7179.11t，同比下降0.61%；氮氧化物排放量17478.241t，同比下降1.13%；氨氮排放量1077.585t，同比下降0.54%。

（六）PPP模式推进

PPP模式的全面推广，给公司履行社会责任增加了新的载体，也给公司结构调整和转型升级带来了新的历史机遇。2016年，葛洲坝集团公司参与的PPP项目主要有：

（1）海口市南渡江引水工程PPP项目。该工程是国家172个节水供水重大水利工程项目之一。项目总投资36.2亿元，采用“BOT＋施工总承包＋政府可行性缺口补贴”模式实施。

（2）海口市水环境综合治理PPP项目。该PPP项目是海口市“十三五”规划项目，对海口市鸭尾溪、东坡湖等10个水体水环境进行综合治理。2016年启动建设，项目静态总投资8.2亿元。

（3）唐山市丰南区基础设施建设及棚户区改造。项目包括临港经济开发区基础设施、滨海新城一期工程、疏港铁路、棚户区改造四大板块，总投资额约139亿元。

（七）科技创新

葛洲坝集团公司研发人员1580人，占公司职工总人数4.5%。2016年公司获得国家、省、行业科技奖83项；全年专利申报429项，获专利授权551项，其中发明专利96项。截至2016年底，集团公司拥有国家授权专利2879项，其中拥有发明授权专利313项，外观设计1项；获得省部级及行业工法58项；获得软件著作权登记证书22项。公司主编（参编）的5项行业标准颁布实施。“HAS海泥固化剂产品、10MW空气储能装置、利用高硅石灰石生产优质熟料技术及钢渣作为水泥熟料晶相调节材料技术”等一大批科研成果的实施，取得了巨大的社会经济效益。

（八）工程质量

加强质量制度建设，不断促进质量提升。葛洲坝集团公司与子公司签订了年度质量工作责任书和约束性指标责任书；先后对石首项目部等25个国内重点项目进行了检查；加强了质量风险管控，2016年共识别质量风险363项。

2016年在建项目共计完成单元工程验收168417个。其中优良单元工程53694个，优良率93.83%；机电工程完成单元工程评定1976个，优良单元工程1963个，优良率99.34%。全年未发生重大质量事故。

严格执行顾客回访制度和满意度调查制度，定期对固定客户回访。2016年开展顾客满意度调查项目480个，绝大多数项目受到业主或监理单位好评，各项指标总体均在受控状态。2016年在建工程项目1032个，执行合同总金额约5264亿，全年总计收到178个项目的285份表彰，比2015年增加8%。

（九）公益事业

2016年，积极推进员工社区建设和开展精准扶贫与灾后支援。支援五峰县县城地质灾害治理及避险搬迁重建350万元；长阳县对口扶贫60万元，向北京市青少年艾滋病基金会捐赠100万元；支援黄冈市黄州区灾后重建5万元。

（十）国际业务

加快海外布局，目前已在90个国家设立99个海外分支机构，市场覆盖142个国家和地区。2016年新签约62个国际项目，累计合同金额705.62亿元。参与成立海外设施基础设施开发投资有限公司。2016年，国际业务营业收入、利润贡献率分别达到17.38%、21.88%。

积极推进波黑图兹拉燃煤电站、安哥拉卡古路卡巴萨水电站（非洲最大水电）、马里巴马科大桥、巴基斯坦NJ水电站等重大国际项目建设。

为加快海外机构人员属地化、国际化，葛洲坝集团公司大力推行海外分支机构“1＋2＋3”共管共建模式（2代表外籍管理人员），加快外籍管理人员的引进步伐。目前公司国际在建工程项目从业人员24433人。其中，外籍劳务达到17200多人。

葛洲坝集团公司在海外的项目部积极开展公益活动，为当地贫困儿童捐送学习娱乐用品、组织员工无偿捐血，建立爱心供水站向周围居民供水。2016年4月，厄瓜多尔发生里氏7.8级强烈地震，公司及时提供各种援助，并向厄瓜多尔政府捐赠20万美元（折合人民币130.65万元）用于灾后重建。

（中国葛洲坝集团股份有限公司）

# 以五大发展理念引领电力能源企业转型发展

中国大唐集团公司董事长、党组书记 陈进行

党的十八届五中全会强调，实现“十三五”时期发展目标，必须牢固树立并切实贯彻创新、协调、绿色、开放、共享的发展理念。深入学习贯彻五大发展理念，认识新常态、适应新常态、引领新常态，是我国电力能源企业实现更高水平转型发展的应有之义。

## 一、新常态下电力能源产业面临的新挑战

“十三五”时期，我国经济发展将从高速增长转为中高速增长，经济结构面临深入调整，以往的要素驱动、投资驱动将转向创新驱动。这种广泛而深刻的变化，对我国电力能源产业发展带来新挑战。

电力需求放缓及需求结构变化的挑战。经济新常态带来用电量增速的放缓，电力需求结构发生深度调整，2015 年全社会用电量只增长了 0.5%，其中第二产业用电量同比下降了 1.4%，但是第三产业用电量同比增长了 7.5%，城乡居民生活用电同比增长了 5%。如何适应电力需求总量增速变缓及需求结构变化，是电力能源产业今后必须面对的一大挑战。

电力生产结构适应绿色发展的挑战。我国向国际社会做出了碳减排承诺，加上国内资源环境约束，实现污染物总量及强度双目标控制的需求更为迫切。由于我国富煤少油贫气的资源禀赋，以燃煤为主的电力生产格局短时间内难以发生根本性改变，要建立低碳、绿色、环保的电力生产结构还有很长的路要走。如何使发电产业适应绿色发展的要求，越来越成为电力能源产业面临的挑战。

科技创新适应能源革命要求的挑战。实现能源生产与消费革命，关键在于电力能源技术革命。目前在能源转换、利用效率方面尚未取得重大突破。电力供应侧，我国火电能效利用率最高仅为 44%左右，新能源产业中关键零部件及核心技术对外依存度较高，自主创新能力不足，与电力能源产业转型升级的要求不适应。电力消费侧，节能意识不强，消费终端工艺技术和装备落后，单位能耗产出水平还有很大提升空间。如何适应能源革命要求，加快科技创新步伐，是今后电力能源产业必须突破的重要瓶颈。

## 二、电力能源产业可持续健康发展的主攻方向

作为世界上最大的电力能源生产国和消费国，在经济增速换挡、资源环境约束趋紧的新常态下，要把五大发展理念贯穿于电力能源产业发展全局和全过程，明确电力能源产业重点发展方向，着力推动电力能源产业可持续健康发展势在必行、刻不容缓。

加快资源节约环境友好型电力需求侧建设。我国单位能耗产出水平低的重要根源，在于能源价格形成机制不合理、经济增长方式粗放。要扭转这种局面，必须积极倡导绿色发展，构建完善的资源节约、环境保护法制体系，提高各类产业标准、行业标准和产品标准，理顺电力能源产品价格关系，依靠技术进步和经济调节双轮驱动，实现资源高效利用。

加速绿色低碳环保型电力供应侧建设。电力供应侧建设，重点在于推进电力生产方式和结构变革。一方面，力争核电、页岩油气、深海油气等领域实现重大突破，为我国电力供应侧创造丰富的清洁能源储备。另一方面，逐步改变我国煤炭分散燃烧的现状，大幅度提高煤炭的电力化比重，加快大容量高效低排放机组建设，全面推进煤炭的洁净化集中利用。同时，加快清洁能源的开发利用，提高电力生产结构中清洁能源比重。

加速实现电力能源产业技术革命。要实现电力能源产业技术革命，关键在于立足国情，把握创新重点方向，充分吸收利用世界最新科技成果、管理经验、商业模式，深化国际能源领域双边与多边合作，加大自有知识产权的重点关键技术攻关，发展新能源科技，加速推动新一轮电力能源技术创新，逐步摆脱对化石能源的依赖，依托智能电网、互联网等技术进步实现洁净化石能源和清洁能源的优化配置，全面推进消费终端技术升级，从根本上改变电力能源生产、消费方式和结构，实现电力能源消费与供应革命。

深化电力体制改革释放发展潜力。我国电力能源产业未来最大的发展潜力，在于全面推进电力市场化改革。通过深化改革，还原电力能源的商品属性，有效发挥价格导向的作用，促进电力能源企业实现从计划生产向市场竞争的重大转变。深化改革虽然会给电力企业带来竞争压力，但也会倒逼电力能源企业转方式、调结构，依靠技术进步、管理提升等手段赢得市场。因此，电力体制改革不仅要加快，更应加力；不仅要注重增量，更要全面激活存量，依靠改革释放增长潜力。

## 三、中国大唐集团公司转型发展的探索

党的十八大以来，为了破除发展瓶颈，中国大唐集团公司在转型的道路上进行了积极的探索，实践证明中国大唐集团秉持创新发展和绿色发展理念，以战略创新为引领，以科技创新为驱动，以结构优化为手段，以绿色发展为目标的道路，是切实可行而且卓有

成效的。

以战略创新引领企业正确发展方向。为了适应国企改革和电力体制改革新形势、新任务、新要求，中国大唐集团公司制定了符合自身特点的发展战略，提出了打造价值大唐、绿色大唐、法治大唐、创新大唐、责任大唐“五个大唐”的发展目标，围绕战略对各项工作进行全面调整，确立了“价值思维、效益导向”的企业核心理念。通过管理创新，建立了系统完备、科学规范、有效管用的制度体系，形成依法治企、诚信经营、清廉务实的治理生态。持续推进技术创新，积极促进企业实现绿色发展。

以科技创新提高综合效益。中国大唐集团公司高度重视科技创新，组建了由两院院士及国内顶级专家组成的专家委员会，不断完善创新体系，广泛搭建创新平台，科技创新成果显著。2015 年新增科技成果 364 项，4 项获得省部级奖励，获奖成果位居五大发电集团首位；年度新增专利 1033 件，累计专利达 2824 件，新增数和总量继续保持五大发电集团第一位；主持和参加制定国标、行标 51 项，国际标准 7 项，均居五大发电集团首位。自主研发的国内首套尿素催化水解制氨装置、高效脱硫脱硝技术等重大技术创新，带来了显著的经济和社会效益。其中阻塞滤波器保护装置的国产化，打破了进口产品的技术垄断，填补了国内空白，节约了至少 10 亿元投资，产生了巨大的经济效益和生态效益。

以结构优化提升企业竞争能力。中国大唐集团公司把结构优化作为转变发展方式的突破口，持之以恒地进行“四大结构”调整。在电源结构方面，重点加大清洁、高效、环保机组投资建设。区域结构方面，新建项目主要分布在高负荷地区以及煤炭资源富集地区。股权结构方面，不断提高国有资本的活力、控制力、影响力，通过股权优化国有资本放大作用得到增强。产业结构方面，以“电为主体，煤为基础，六大板块协同发展”为方针，金融、物流及科技环保等非电产业创收盈利能力稳步提升，对集团发展支撑作用显著增强。

（本文来源于 2016-06《求是》）

## 中国三峡建设管理有限公司改革发展情况

中国三峡建设管理有限公司（以下简称中国三峡建设）是全球最大的水电开发企业和中国最大的清洁能源集团——中国长江三峡集团公司（以下简称中国三峡集团）的二级子企业，是一家为全球客户提供大中型水电工程、抽水蓄能电站、水利工程和公共基础设施等项目全产业链服务的工程投资、建设、管理和咨询公司。中国三峡建设为国有独资企业，注册资本金 20 亿元，注册地为北京市海淀区。

中国三峡建设由中国三峡集团最核心的水电开发建设业务发展而来，其历史可以追溯到中国三峡集团前身中国长江三峡工程开发总公司（以下简称中国三峡总公司）。

1993 年 9 月 27 日，为建设三峡工程，开发治理长江，经国务院批准，中国三峡总公司正式成立，全面负责三峡工程建设管理。秉承“为我中华、志建三峡”的担当精神，三峡建设者率先建立了以项目法人负责制为核心的招标投标制、建设监理制、合同管理制、投资融资制等“五位一体”的管理体制，负责工程规划、设计组织管理、质量管理、进度管理、安全管理、环境管理、工程验收、试运行等，对工程建设质量、安全、进度、投资实施了全方位、全过程控制。

2003 年 2 月，启动金沙江下游河段溪洛渡、向家坝、乌东德、白鹤滩等四座梯级电站开发。一期工程溪洛渡、向家坝水电站分别于 2003 年和 2004 年开始前期工程建设，两座电站全部机组已于 2014 年建成投产发电；二期工程乌东德、白鹤滩水电站首批机组分别计划于 2020、2021 年投产发电。

2008 年以来，通过 EPC 总承包模式先后承建马来西亚沐若水电站和巴基斯坦卡洛特水电站。沐若水电站于 2015 年投产发电，并荣获第三届碾压混凝土坝国际里程碑工程奖。卡洛特水电站是“一带一路”首个大型水电投资建设项目，也是“中巴经济走廊”首个水电投资项目，已于 2016 年 1 月开工建设。经过多年项目建设管理实践，中国三峡集团工程建设板块积累了丰富的项目投资、建设、管理经验，形成了一支年龄结构合理、专业配置齐全、建设管理经验丰富的专业人才队伍。

2015 年 7 月，中国三峡集团紧跟国有企业改革步伐，为进一步强化核心竞争能力，传承发展以三峡工程为代表的大型水电建设管理经验，实施企业“国际化”战略，系统整合水电开发建设板块的专业技术力量，正式组建成立中国三峡建设，作为中国三峡集团大型水电工程开发建设的实施主体，全面承接中国三峡集团国内、国际水电工程开发建设业务。

截至 2015 年底，中国三峡建设已建成水电装机容量 4370.4 万 kW，在建水电装机容量 2692 万 kW。其中，三峡、溪洛渡、向家坝、马来西亚沐若水电站装机规模分别为 2250、1386、640、94.4 万 kW，均已投产发电；在建的乌东德、白鹤滩、巴基斯坦卡洛特水电站设计装机规模分别为 1020、1600、72 万 kW，投产发电后全球装机排名前十位的水电站中，就有 5 座由中国三峡建设开发建设。

此外，中国三峡建设还广泛参与抽水蓄能电站、风电、光伏电站、公共基础设施等工程项目开发建设，业务范围涉及水利、电力、新能源、交通、市政、设备制造和安装、输变电工程等，工程咨询和监理业务遍布国内外。开发建设了呼和浩特抽水蓄能电站，在建浙江长龙山抽水蓄能电站，承担了北京十三陵抽水蓄能电站监理和北京奥运会国家游泳中心（水立方）、北京市海淀区公租房、金沙江移民专项公路和桥梁工程等项目的建设管理任务，其中参与建成抽水蓄能电站 200 万 kW，在建抽水蓄能电站 210 万 kW。

中国三峡建设在多年业务发展中已经具备了项目投资开发整合能力、大型水电工程建设管理能力、水电技术与科技创新能力和水电标准引领能力。获得国际行业协会科技成果奖 3 项，国家级科技成果奖 12 项，省部级科技成果奖 60 项，主编或参编国家、行业标准 18 项。

中国三峡建设是“中国三峡”品牌的主要传承者，将以科学发展观为指导，积极倡导和推行“建好一座电站、带动一方经济、改善一片环境、造福一批移民”的水电开发理念，在工程建设管理过程中坚持“工程质量零事故、安全生产零事故”的“双零”管理目标，坚持开发和保护并重的方针，高度重视生态环境保护，全面贯彻创新、协调、绿色、开放、共享五大发展理念，努力实现社会效益、生态效益和经济效益的协调统一，按照专业化、市场化、现代化和国际化的要求，全力打造成为世界一流的项目投资、建设、管理和咨询公司，为“中国三峡集团创建国际一流清洁能源集团，让世界共享中国水电建设先进成果，贡献更多清洁能源，建设美好家园”再续新篇章。

（中国三峡建设管理有限公司）

2

# 水能及新能源开发

# 水 能 开 发

## 四川省第四次水力资源复查

四川省河流众多，水量丰沛，水力资源在全省能源资源中占有绝对的优势，可开发的水电装机容量与发电量均居我国各省区最前列。新中国成立以来，四川省先后开展了三次水力资源调查工作，第三次水力资源复查于2003年完成。据2001～2003年四川省水力资源复查成果，四川省水能资源理论蕴藏量1.26万亿kW·h；技术可开发量1.2亿kW，年发电量0.61万亿kW·h，经济可开发量1.03亿kW，年发电量0.52万亿kW·h。随着四川省水电勘测设计工作的不断深入和开发建设的持续推进，四川省水力资源情况已发生了较大变化。目前四川省正在加快创建国家清洁能源示范省，为更好地掌握四川省水力资源和水电开发建设状况，保障四川省水电健康有序开发和高效管理，发挥水电的经济效益、社会效益和环境效益，兴利避害，造福社会，为政府及能源主管部门制定地方经济、能源发展规划以及运行管理等提供依据。根据四川省发展改革委、四川省水利厅、四川省能源局联合下发的《关于做好我省水能资源复查有关工作的通知》（川发改能源〔2014〕229号），四川省开展第四次全省水力资源的复查工作。

（一）组织机构与分工

成立由四川省发展改革委、能源局和省水利厅负责的四川省水能资源复查及中小河流水能资源开发规划工作领导小组。领导小组下设领导小组办公室，具体负责制定四川省水力资源复查工作大纲与实施细则；组织有关单位开展四川省水力资源复查工作；对各协作单位的复查工作进行业务指导并协调有关技术问题；组织水力资源复查成果的咨询；汇总编制四川省水力资源复查成果等。

复查工作由中国电建集团成都勘测设计研究院有限公司作为技术负责单位组织实施（主要负责金沙江、雅砻江、大渡河、岷江、嘉陵江、川江及其他等水系），四川省水利水电勘测设计研究院作为参与单位（主要负责青衣江、沱江、涪江、渠江等水系）。

（二）复查范围及内容

1. 复查范围　包括四川省境内及省界上河流的水力资源。

2. 复查对象　为流域面积50km²及以上河流（包括流域涉及四川省且流域面积大于等于50km²的河流），以理论蕴藏量1万kW及以上河流为复查重点。电站统计起点为单站装机容量0.01万kW及以上电源点，以单站装机容量1万kW及以上电站为复查重点。

3. 复查内容　包括理论蕴藏量、技术可开发量、经济可开发量、已正开发量（年发电量和装机容量）、装机容量1万kW以上电站的主要技术经济指标。电站主要技术经济指标统计截止时间为2015年12月31日。

2016年2月完成复查指标的收集、录入及分析整理；2016年5月提出复查中间成果及报告初稿，并将成果下发各市（州）征求意见；2016年6月，根据各市（州）修改意见进行成果完善，形成复查报告及成果的送审稿，由国家能源局主持召开四川省水力资源复查成果审查会议，形成四川省水力资源复查成果审查意见。根据审查意见，进行补充和完善，确定四川省水力资源量，于2016年9月完成《四川省水力资源复查》《四川省水力资源复查理论蕴藏量》报告。

（三）主要成果

流域涉及四川省且流域面积大于等于50km²河流共计2820条，水力资源理论蕴藏量为1.29万亿kW·h；技术可开发量1.48亿kW，年发电量0.68万亿kW·h；经济可开发量1.45亿kW，年发电量0.66万亿kW·h；已正开发量0.93亿kW，年发电量0.43万亿kW·h。

全省水力资源利用率33.7%，技术可开发量开发程度64.1%（均采用年电量比值）。

（中国电建集团成都勘测设计研究院有限公司
冯　宇　陈寿海　李　亮）

## 西藏自治区第三次水力资源复查

西藏是我国水能资源最富集的省区，区内河流众多，水量丰沛，其水能资源理论蕴藏量和技术可开发量均居全国首位。据2001～2003年西藏自治区水力资源复查成果，西藏自治区水能资源理论蕴藏量

1.76万亿kW·h；技术可开发量1.1亿kW，年发电量0.58万亿kW·h，经济可开发量0.08亿kW，年发电量0.04万亿kW·h。近10年来，随着经济社会的发展和水电开发技术及装备能力的发展，以及西藏自治区水电勘察规划工作的不断深入，原水能资源复查成果（2003年）已发生了较大变化。

2014年，西藏自治区发展改革委、能源局委托水电水利规划设计总院，由中国电建集团成都勘测设计研究院有限公司牵头开展第三次全区水能资源复查工作。2015年6月，编制完成《西藏自治区水能资源复查报告（2015年）》；2015年7月，水电水利规划设计总院会同西藏自治区发展改革委、能源局在北京主持召开西藏自治区水能资源复查报告审查会议；2015年10月，根据审查会提出的意见完成报告。

（一）组织机构与分工

成立由西藏自治区发展改革委、能源局和水电水利规划设计总院负责的西藏自治区水能资源复查工作领导小组。领导小组下设领导小组办公室，具体负责制定西藏自治区水力资源复查工作大纲与实施细则；组织有关单位开展西藏自治区水力资源复查工作；对各协作单位的复查工作进行业务指导并协调有关技术问题；组织水力资源复查成果的咨询；汇总编制西藏自治区水力资源复查成果等。

复查工作由西藏自治区发展改革委、能源局及水电水利规划设计总院总体负责组织和协调，水电水利规划设计总院对复查工作过程及成果提供技术咨询，中国电建集团成都勘测设计研究院有限公司作为复查工作牵头单位具体组织实施，按经审定的工作大纲和有关技术标准开展工作。

（二）复查范围及内容

1. 复查范围　包括西藏自治区境内及省界上河流的水能资源。

2. 复查对象　为具有理论蕴藏量1万kW以上河流。电站统计起点为单站装机容量500kW以上电源点。

3. 复查内容　包括理论蕴藏量、技术可开发量、经济可开发量、已建或在建水电站的资源量（年发电量和装机容量）、装机容量1万kW以上水电站的主要技术经济指标。电站主要技术经济指标统计截止时间为2014年12月底。

2015年5月完成复查指标的收集、录入及分析整理；2015年7月提出复查中间成果及报告初稿；2015年11月完成复查报告及成果的送审稿，由国家能源局主持召开西藏自治区水力资源复查成果审查会议，形成西藏自治区水力资源复查成果审查意见。根据审查意见，进行补充和完善，确定西藏自治区水力资源量，于2016年1月完成《西藏自治区水力资源复查》报告，于2016年3月完成《西藏自治区水力资源复查修改说明》。

（三）主要成果

西藏自治区水能资源理论蕴藏量1万kW以上河流共375条，水能资源理论蕴藏量1.88万亿kW·h；技术可开发量1.74亿kW，年发电量0.87万亿kW·h。

（中国电建集团成都勘测设计研究院有限公司
冯　宇　陈寿海　李　亮）

## 西藏昌都地区昂曲流域水电规划进展情况

2013年5月，西藏自治区发展改革委正式发函委托中国电建集团贵阳勘测设计研究院有限公司（以下简称贵阳院）开展西藏昌都地区昂曲流域水电规划和规划环评工作。

2015年1月，贵阳院提交了《西藏自治区昌都市昂曲水电规划报告》（咨询稿）和《西藏自治区昌都市昂曲水电规划环境影响报告书》（咨询稿）；2015年2月3～4日，受西藏自治区发展改革委委托，中国电建集团成都勘测设计研究院有限公司在成都主持会议对昂曲流域水电规划和规划环评报告书咨询稿进行了咨询。

2015年10月24日，西藏自治区环境保护厅在成都组织召开了《西藏自治区昌都市昂曲流域水电规划环境影响报告书》审查会，并于2015年12月21日以藏环审〔2015〕147号文发布了审查意见。

2016年6月17～18日，受西藏自治区发展改革委委托，水电水利规划设计总院在成都组织召开了昂曲尚吉至宗通卡河段开发方案深入研究论证讨论会议。根据会议精神，贵阳院在水电规划报告中补充了尚吉至宗通卡河段的一级开发方案，并相应修改完善了水电规划报告。截至2016年底，昂曲水电规划报告已基本完成。

（中国电建集团贵阳勘测设计研究院有限公司
徐　敏　龚兰强）

## 扎曲干流西藏段水电规划进展情况

为促进青海省玉树地区社会经济发展，同时为了提高扎曲西藏段和澜沧江西藏段如美以上梯级水电站的电能质量，根据水电水利规划设计总院工作安排，中国电建集团贵阳勘测设计研究院有限公司（以下简称贵阳院）从2011年9月开始开展扎曲上游青海省境内干流河段调节水库的选点工作，于2012年9月完成《扎曲青海省境内调节水库选点报告》。

在上述前期工作的基础上，2013年度贵阳院编制了青海省扎曲干流水电规划及规划环评勘测设计工作大纲初稿。2014年5月，由分管院领导带队，各专业副总工和专业负责人等组成的综合踏勘队，对青海省扎曲干流河段进行了综合踏勘。2014年8月，根据综合踏勘和资料收集情况，完善了流域水电规划勘测设计大纲、工程地质勘察大纲和规划环评工作方案，并根据大纲下达了地形图、纵横断面和控制测量的任务书。2014年11月，完成了河道纵横断面测量、梯级坝址区地形图测量等外业工作，12月提出了测量成果。2014年8月，启动了规划河段1/1万地形图成图所需高分辨率卫片采购外委工作，受工程区自然气候条件限制，2015年9月完成卫片采集，2015年底完成了外业像控和内业成图工作。2016年，完成了大纲拟定的规划梯级坝址的勘探外业工作，并开始规划方案的内业设计工作。

（中国电建集团贵阳勘测设计研究院有限公司 徐 敏 龚兰强）

## 西藏扎曲冬中水电站开发方案情况

根据前期水电规划成果，西藏境内扎曲和澜沧江开发方案格局基本形成，只有如美一个年调节水库，且位于下游河段，如美以上梯级缺乏调节水库。

为了提高如美以上规划梯级的枯期出力，增加梯级效益，中国电建集团贵阳勘测设计研究院有限公司（以下简称贵阳院）曾于2010年初踏勘比选，在扎曲青海省境内囊谦县觉拉乡初步选择了尼良水库作调节水库。随着流域经济社会的发展，扎曲青海省境内河段的调节水库的淹没影响越来越大，主要是涉及三江源国家级自然保护区和重要的宗教设施，且河谷中人口聚集，安置难度大，扎曲青海省境内的调节水库很难成立。

冬中梯级坝址下游的昌都县嘎玛乡政府所在河段河谷比较开阔，其下游月果河段河谷狭窄，果多水库的回水在月果河段下游，本河段具有形成调节水库的地形地质条件。若将冬中水电站坝址下移到月果河段，则可增加冬中水库的调节能力。因此，对冬中水电站开发方案进行研究，比较冬中水电站不同坝址、不同调节库容的技术经济可行性，以期尽量提高扎曲西藏段和澜沧江西藏段如美以上梯级的枯期出力以增加梯级效益。

2014年9月，贵阳院正式开始冬中河段开发方案研究工作，于2016年底提出了研究报告。本次冬中水电站开发方案研究，根据地区经济社会发展和电力系统对调节水库的需要，拟定了2个坝址4个方案，2个坝址分别为冬中坝址和月果坝址，4个方案为冬中坝址3503m方案，月果坝址3503、3525、3550m三个方案。

经技术经济综合比选，本阶段推荐在环境影响方面具备实施可能性，且经济指标相对较好的方案二为冬中水电站的开发方案，即月果坝址正常蓄水位3503m方案。

推荐方案坝址位于昌都县嘎玛乡政府下游约11km处，坝址区左岸沿河有公路，坝址距昌都公路里程约93.5km。坝址枯季河水位约3435m，多年平均年径流量94.3亿$m^3$。初拟水库正常蓄水位3503m，调节库容4.912亿$m^3$，电站装机容量15万kW，多年平均发电量7.48亿kW·h，保证出力4.48万kW。枢纽初拟由碾压混凝土重力坝＋坝身泄洪系统＋右岸引水系统＋岸边式厂房组成。

（中国电建集团贵阳勘测设计研究院有限公司 徐 敏 龚兰强）

## 金沙江上游昌波水电站开发方案情况

昌波水电站是金沙江上游干流梯级规划中的第11个梯级电站，上与苏洼龙水电站衔接，下接旭龙水电站。规划初拟水库正常蓄水位2385m，初拟电站装机容量106万kW。昌波电站所在河段地质条件复杂，分布有巨型堆积体和区域性活动断裂，河床覆盖层深厚，高坝开发难度大。规划阶段通过对坝式开发和混合式开发方案的初步比较，初拟采用混合式开发。《金沙江上游水电规划报告》审查意见中提出，在规划实施中要对昌波水电站继续深入论证，研究昌波泄放生态流量等问题，提出切实可行的生态环境影响减缓措施，为水电站建设创造条件。

根据河段规划审查意见有关要求，并针对规划阶段初拟工程方案引水系统规模大、经济指标相对较差等方面的问题，受华电金沙江上游水电开发有限公司委托，中国电建集团贵阳勘测设计研究院有限公司开展了昌波水电站开发方案研究工作，并于2016年8月编制完成了《金沙江上游昌波水电站开发方案研究报告》。2016年8月16～17日，中国水利水电建设工程咨询有限公司在北京主持召开了金沙江上游昌波水电站开发方案研究报告咨询会议，与会专家对昌波开发方案提出了咨询意见和下一步工作建议，为下一步工作推动奠定了基础。

（中国电建集团贵阳勘测设计研究院有限公司
徐　敏　龚兰强）

## 中国电建集团华东勘测设计研究院有限公司参与的海洋能开发项目进展情况

中国电建集团华东勘测设计研究院有限公司（以下简称华东院）积极从事海洋能开发，主要参与的海洋能开发项目进展情况如下。

（一）潮汐能

1. 江厦潮汐试验电站1号机组增效扩容改造　江厦潮汐试验电站位于浙江省温岭市西南的乐清湾江厦港内，是我国利用潮汐能发电的国家级试验项目。电站从1972年开始建设，1980年第一台机组（1号机组）发电，至1985年共安装5台双向灯泡贯流式水轮发电机组。6号机组于2007年投运。电站总装机容量为0.39万kW，年发电量700万kW·h。

江厦潮汐电站现安装有6台双向发电的灯泡贯流式水轮发电机组，除2007年投运的6号机以外，其余1～5号机组均为我国20世纪80年代初生产制造的灯泡贯流式机组的试验产品，由于受当时设计、制造、工艺、材料、技术经验等各方面的限制，5台机组的效率、运行稳定性、结构、设备防腐防污能力等方面都存在缺陷。其中1号机组于1980年5月投入运行迄今已30余年，存在的问题已影响机组的安全运行，需进行技术改造。

在2012年海洋能专项资金的支持下，龙源电力集团股份有限公司联合江厦潮汐试验电站、华东勘测设计研究院、清华大学、东芝水电设备（杭州）有限公司等对江厦潮汐试验电站1号机组进行了增效扩容改造。2016年7月，项目通过了国家海洋局科技司组织的验收。

项目研制的国内首创的0.07万kW三叶片双向潮汐发电机组，满足双向发电、双向泄水、双向抽水运行工况。经第三方中水北方勘测设计研究有限责任公司现场测试，水轮机正向发电时最高效率达88.7%，反向发电时最高效率达83.2%，相比原机组最高效率提高10%以上。2015年6月28日并网，预计到2017年1月底，改造后的1号机组累计发电将达5610h，发电量达245万kW·h。

通过本项目研发，为我国未来潮汐能的大规模商业化应用储备成熟的水轮机型谱，为潮汐机组运行储备经验。

2. 厦门马銮湾潮汐电站　在2011年海洋能专项资金支持下，福建大唐国际新能源有限公司联合华东院完成了厦门马銮湾潮汐电站的站址勘查、选划及工程预可行性研究。规划电站采用单库单向发电运行方式，设计装机容量2.4万kW（布置5×0.48kW灯泡贯流式机组），总投资10.3亿元，出厂电价为2.185元/（kW·h）。2016年7月，该项目预可行性研究通过国家海洋局科技司组织的验收。

3. 温州瓯飞潮汐电站　在2013年海洋能专项资金支持下，华东院牵头开展了温州瓯飞潮汐电站预可行性研究。规划电站采用单库单向发电运行方式，设计装机容量45.1万kW，采用41台单机容量1.1万kW灯泡贯流式机组，总投资565.47元，出厂电价为1.503元/(kW·h)。2016年7月，该项目预可行性研究通过国家海洋局科技司组织的验收，为温州瓯飞潮汐电站下一步的可行性研究及项目实施奠定了基础。

（二）潮流能

浙江舟山潮流能示范工程项目为2013年国家海洋可再生能源专项资金项目，由三峡集团公司牵头，联合华东院、国家海洋技术中心、上海勘测设计研究院、水资源高效利用与工程安全国家工程研究中心和长江新能源开发有限公司等单位共同实施。项目已完成了浙江舟山具有试验测试功能的潮流能示范工程的工程勘察和工程总体设计。经综合比选，本项目场区最终选定于舟山市普陀区普陀山岛与葫芦岛之间水域。根据要求，项目场址分为测试区和示范区，分别布置3个测试泊位和6个示范泊位，在示范区先安装3台单机容量为350kW的潮流能发电设备，总装机容量为1050kW。各泊位分别通过海底电缆连接至海上10kV升压平台后，统一将电力输送至位于葫芦岛码头附近的岸基集控中心（含10kV开闭所）。2016年7月，该项目总体设计通过了国家海洋局科技司组织的验收，为下一步示范工程的建设打下了良好的基础。

（中国电建集团华东勘测设计研究院有限公司
陈国海）

# 新 能 源 开 发

## 江苏省海上风电规划及建设情况

2009年初，国家发展改革委和国家能源局组织召开了“海上风电开发及沿海大型风电基地规划工作会议”，正式启动江苏沿海千万千瓦级风电基地的规划工作。中国电建集团华东勘测设计研究院负责规划报告的编制工作，经过三年多的编制及修改，《江苏省海上风电场工程规划报告》于2012年12月获得国家能源局的批复。

江苏省近海风能资源丰富，风能资源总储量为3469万kW，主要分布在沿海滩涂和近海海域。沿海滩涂70m高度年平均风速在6.8m/s左右，潮间带和近海海域80m高度平均风速在7.3～7.5m/s左右，据估算，近海部分海域80m高度平均风速超过7.5m/s。风能资源开发价值较好。江苏省海上风电场规划海域总面积为3681km²，规划装机容量为1255万kW。从北至南规划3个百万千瓦基地，分别为连云港及盐城北部百万基地总容量257万kW；盐城南部百万基地总容量540万kW；南通百万基地总容量458万kW。

2016年全球新增海上风电222万kW，同比增长18.2%，其中德国、荷兰、中国位列新增装机前三甲，新增装机容量分别为81万kW、69万kW和59万kW。截至2016年底，中国装机容量163万kW，位居全世界第三。中国已建项目主要分布在江苏省、上海市和福建省，其中江苏省占到全国的79%左右，位居全国第一。2016年江苏省建成的海上风电项目简介如下：

1. 中广核如东15万kW海上风电场示范项目　该项目位于江苏省如东县近海海域，离岸距离约25km，平均潮位时最大水深约16m，共安装38台单机容量0.4万kW风电机组，总装机容量15.2万kW。该项目2016年1月27日，首批风电机组正式并网发电，2016年8月，所有机组完成安装。它是亚洲第一个真正意义上的海上风电场，并网发电意义重大，弥补了亚洲海上风电无高压海上升压站的空白。该项目海上升压站平面主尺寸27.8m×27.9m，总重1280t，采用一根直径6.3m的单桩作为基础。

2. 国家电投滨海北区H1号10万kW海上风电工程　该工程位于江苏省盐城市滨海县滨海北部中山河口至滨海港之间的近海海域，滨海港水域港界西北侧，风电场中心离岸距离7.5km，海底地形变化平缓，水深多在为7～13m之间，工程总装机规模为10万kW，布置25台单机容量0.4万kW的风力发电机组。该工程风机基础全部采用中国电建集团华东勘测设计研究院研发并拥有发明专利的无过渡段超大直径单桩基础，沉桩深度和垂直度全部合格。该工程从2015年10月初开工到2016年6月6日所有风电机组顺利并网发电，仅用了8个月时间，创造了多项全国第一，单桩基础的快速施工效率得到充分体现。

3. 三峡新能源响水20万kW海上风电项目　该项目位于江苏省响水县灌东盐场、三圩盐场外侧海域，风电场离岸距离约10km，场区水深8～12m。项目总装机容量20.2万kW，共安装37台单机容量为0.4万kW风电机组和18台单机容量为0.3万kW风电机组。该项目220kV海缆为目前国内电压等级最高、长度最大、含有光纤最大的三芯光电复合海缆，是国内海缆生产技术的又一大进步；项目共采用4种基础形式：高桩高承台基础、高桩低承台基础、无过渡段单桩基础、复合筒型基础，其中复合筒型基础型式是国内首次应用；项目0.4万kW风机整体吊装，是西门子此类机型全球首次实现整体吊装。这一施工创新有效减少了海上作业时间，对加快完成所有风机吊装工作奠定了坚实基础。2016年9月3日响水海上风电主体工程风机吊装全部完成，10月17日所有机组成功并网发电。

（中国电建集团华东勘测设计研究院有限公司　王尼娜）

## 天津南港海上风电场一期工程进展情况

（一）工程概况

天津南港海上风电场一期工程位于天津市滨海新区南部，大港区东南部，南港工业区境内，风电场中心坐标为东经117°39′48″、北纬38°40′32″，海拔高程为0～4m，场区东依渤海，距离天津市64km，施工交通条件便利。项目开发建设符合国家能源发展战略和产业政策，可以改善电网能源结构，减少化石能源消耗，减少温室气体排放，改善京津冀鲁地区的大气环境质量，促进天津市经济和社会可持续发展。

该项目业主为中电建（天津）新能源开发有限公司，项目采用EPC总承包方式，总承包方为中国电建集团北京勘测设计研究院有限公司和天津港航工程有限公司联合体。中国电建集团北京勘测设计研究院有限公司负责设计和采购，天津港航工程有限公司负责施工和安装。

该项目本期装机容量为9万kW，安装18台单机容量为5000kW的风电机组，场内新建1座110kV升压站。其风电机组排列于工业区南、东大堤外围海域，呈反“L”形的线形布置。工程的主要建（构）筑物为110kV升压站、风电机组塔架地基基础、箱式变电站基础。根据《风电场工程等级划分及设计安全标准》（试行）（FD002－2007），风电场工程等别为Ⅱ等大（2）型，110kV升压站建筑物级别为2级，建筑物结构安全等级为二级。风电机组轮毂高度为95m，叶轮直径为132m，风电机组塔架地基基础设计级别为1级，结构安全等级为一级。

项目所在的大港区属于大陆性季风气候，并具有海洋性气候特点：冬季寒冷、少雪；春季干旱多风；夏季气温高、湿度大、降水集中；秋季秋高气爽、风和日丽。全年平均气温13.0℃，高温极值40.9℃，低温极值－18.3℃。年平均降水量566.0mm，降水随季节变化显著，冬、春季少，夏季集中。全年大风日数较多，8级以上大风日数57天。冬季多雾、夏季8～9月容易发生风暴潮灾害。主要气象灾害有：大风、大雾、暴雨、风暴潮、扬沙暴等。

本区潮汐类型为不规则半日潮型，其（HO1＋HK1）/HM2＝0.53；工程极端高水位为5.88m，设计高水位为4.3m；工程区波浪以周期较小的风生浪为主，波向和风向分布具有较好的一致性，常浪向ENE和E，频率分别为9.68％和9.53％，强浪向ENE，该向H4％＞1.5m的波高频率为1.35％，H4％≥7.0s的频率仅为0.33％，各方向H4％≥1.6m的波高频率为5.06％，H4％≥2.0m的波高频率为2.24％。

场地内土层分布较稳定，可供选择的持力层较多，不存在难以治理的重大不良工程地质问题，适宜于本工程建设。

根据风电机组制造水平及成熟程度、风电场风况特征（适合安装的风电机组IEC等级），并考虑本风电场的风能资源、地形、地质、交通运输和施工安装条件，以及电网对风电场低电压穿越、有功无功控制、电能质量等并网性能的要求，从技术参数、基本性能、发电量、成本等方面进行全面的技术经济比较，最终确定选择歌美飒5000kW风电机组机型。

工程建设一座110kV升压变电站，安装1台主变压器，单台容量为90MVA，电压为110kV/35kV的有载调压变压器，出线一回接入腾飞路220kV站的110kV侧。风电机组底部设有箱式变压器，出口电压为35kV，所发出电能通过35kV电缆集电线路，引入110kV风电场升压变电站的35kV母线上，再经主变压器升压至110kV，通过110kV架空导线接入电网，最终在京津冀鲁电网消纳。

本工程陆上施工道路主要利用现有道路，分别为现有南港工业区内道路、南防波堤及附属施工路基等。升压站附近工业区内道路已建成，可直接利用。南防波堤沿线风机基础布置长度约为11.4km，其中1～9号风机后方对应的防波堤目前处于未建或待改建状态，现有其附属施工路基；10～18号风机后方为已建南防波堤。

1～18号风机采用陆上安装方式，各机位设置一处安装平台，并与场内道路连接。平台尺寸50m×50m，填筑需外购土。1～11号风机采用陆上运输方式，为满足风机设备运输车辆通过要求，需对1～11号风机后方已建防波堤及附属施工路基进行加固处理；12～18号风机采用海上运输方式，在天津南港租用码头和港内场地，作为本工程物资运输的中转站，海陆转换基地码头，于通用泊位装驳船，通过南港工业区航道出口门，水路运输至各风机机位点附近，驳船在风机机位点的南防波堤坡脚附近驻位，由500t或以上等级满足吃水和吊距要求的起重船将大型履带吊和风机各部件转运至风机机位附近的吊装平台上。

### （二）工程建设管理

工程范围包括：①风机基础及运维检修通道的设计与施工，包括金属结构的制作及安装；②集电线路的设计、采购与施工；③塔筒及其附属设备的制作、采购及安装；④风机及附属设备安装、调试和所有的交接试验；⑤防波堤施工期和运营期的防护工程；⑥为上述工程施工所需要的所有临时设施（包括但不限于滩涂施工物料运输通道及吊装平台、水电气、仓储、生产及生活设施等）的设计、施工维护及拆除，上述临时设施用地（海）的租用、协调及补偿；⑦发包人提供的材料和设备的卸车、接收、保管及接收后的场内转运；⑧所有外部关系的协调工作，以及办理施工、通航等许可文件，缴纳有关部门各项规费等。

本项目为国内首次使用歌美飒5000kW大型风机，且风机要求采用分体吊装，最大吊装高度为116m，安装难度大、吊装精度要求高、安全风险大，在确保安全的前提下保质保量完成风机吊装，是本工程的重点和难点。

本项目现场条件复杂，有3台风机位于陆地、4

台风机位于水中、11 台风机位于防波堤外侧，施工时需要海里临时筑岛、拆防波堤及利用防波堤作为施工通道，需加强与南港管委会、海洋局、海事局等管理部门的协调，争取良好的外部施工环境，确保施工的顺利进行，是本工程施工管理的重点。

（三）工程进展情况

2012 年 10 月，中国电建集团北京勘测设计研究院有限公司编制完成环境风险评估报告；

2013 年 8 月，中国电建集团北京勘测设计研究院有限公司编制完成预可行性研究报告；

2016 年 5 月，中国电建集团北京勘测设计研究院有限公司编制完成可行性研究报告；

2016 年 11 月，中国电建集团北京勘测设计研究院有限公司与中电建（天津）新能源开发有限公司签订中国水电天津南港海上风电场一期风电场 EPC 总承包工程合同。

（中国电建集团北京勘测设计研究院有限公司 张 畅）

## 三峡新能源响水 20 万 kW 海上风电并网发电

2016 年 9 月 3 日 16 时 28 分，经过 27 小时连续作业，三峡集团江苏响水近海风电场 1 号机位，最后一片叶片与轮毂在 87m 高空顺利完成对接。至此，目前国内在建最大海上风电场主体工程风机吊装全部完成。10 月 17 日，该风电场全部机组成功并网发电。

响水近海风电项目位于江苏省响水县灌东盐场、三圩盐场外侧海域，风电场离岸距离约 10km，沿海岸线方向长约 13.4km，涉海面积 34.7km$^2$，场区水深 8～12m。项目总装机容量 20.2 万 kW，动态总投资 32.8 亿元，共安装 37 台单机容量为 0.4 万 kW 的风电机组（上海风能）和 18 台单机容量为 0.3 万 kW 的风电机组（金风科技），风电场配套建设一座 220kV 海上升压站、8 回 35kV 场内集电线路、1 回 220kV 送出海缆和一座陆上集控中心，所有电能通过海上升压站汇集升压后通过 220kV 海底电缆并入江苏电网。

该项目 2013 年 6 月 25 日获得国家发改委正式核准，同期开始建设准备工作，2014 年 10 月试桩工程开工，2015 年 4 月 25 日海上主体工程全面开始施工，2016 年 2 月实现首批机组并网发电，为目前国内一次建成单体容量最大的海上风电项目，为我国风电进军深蓝海域起到积极示范作用。

该项目开工以来，充分发挥各参建单位的积极性、主动性，先后克服海上突发性恶劣天气、风机设备供货等困难，高标准、高质量完成各项节点目标，比原定工期提前两个月完成风机吊装任务，为实现年内全部并网发电奠定了坚实基础。项目建设全面强化质量、安全、进度、造价等管控措施，探索积累了海上风电开发建设经验。响水近海风电项目，作为三峡集团首个海上风电项目经由滩涂向潮间带、近海依次挺进，创造了多项国内第一。

（1）项目 220kV 海上升压站为亚洲首座 220kV 电压等级的海上升压站，填补了国内无高压海上升压站的空白，为我国大规模开发海上风电积累了宝贵经验。

（2）项目 220kV 海缆为目前国内电压等级最高、长度最大、含有光纤最大的三芯光电复合海缆，是国内海缆生产技术的又一大进步。

（3）项目共采用 4 种基础形式：高桩高承台基础、高桩低承台基础、无过渡段单桩基础、复合筒型基础，为国内目前基础形式涵盖最广的海上风电场。

（4）项目 0.4 万 kW 风机整体吊装，是西门子此类机型全球首次实现整体吊装。这一施工创新有效减少了海上作业时间，对加快完成所有风机吊装工作奠定了坚实基础。

（摘自中国长江三峡集团公司网）

## 三峡新能源四子王幸福风电场一期项目全部并网发电

2016 年 11 月 25 日 10 时 36 分，随着 F103 机组叶片的缓缓转动，四子王幸福风电场一期 40 万 kW 风电项目实现全部机组并网发电。

四子王幸福风电场位于内蒙古自治区乌兰察布市四子王旗东北方向，距离旗县所在地乌兰花镇约 90km，按照与当地政府框架协议，工程总规划装机容量 214 万 kW，第一期建设工程，按照 40 万 kW 一次性开发设计，共安装单机容量 0.3 万 kW 的风机 4 台和单机容量 0.15 万 kW 的风机 259 台，配套建设 500kV 输电线路 63.12km，220kV 输电线路 7.78km；35kV 集电线路 232.64km。由 24 回 35kV 集电线路接入升压站，经两台容量为 20 万 kW 的主变压器升压后，再由单回 220kV 线路送至内蒙古 500kV 察右中变电站。工程于 2013 年 6 月 23 日开工建设，2014 年 8 月 1 日首台风机吊装，2016 年 10 月 23 日风机全部吊装完成，2016 年 11 月 25 日实现风机全部并网发电。自 2014 年 12 月 28 日首台风机并网发电以来，至 2016 年 11 月 30 日，完成发电量 10.26 亿 kW·h。

作为三峡集团开拓内蒙古区域新能源建设的重要布局，四子王幸福风电场一次性单体建设 40 万 kW

风电项目，在全国范围内罕有先例，被业内称为“风电三峡”。特别是本期工程中：500kV 输电线路是蒙西电网首个由网外公司独立完成的 500kV 线路工程，且当年施工当年建设完成；外送线路横跨 2 个旗县，途经 4 个乡镇，建设周期 120 天，创造了内蒙古地区 500kV 线路建设的最快速度。作为陆上风场建设的试验田，4 台 0.3 万 kW 风机是三峡新能源首次在陆地建设使用，为未来陆上风电场建设使用大型机组积累更多数据和运维经验。

（摘自《中国三峡工程报》）

## 中国电力建设集团有限公司重点新能源投资开发项目2016年进展情况

1. 新疆哈密雅满苏光伏电站　新疆哈密雅满苏电站位于新疆哈密市东南部山口 140km 的荒漠戈壁地带。该项目由中国电力建设集团有限公司（以下简称中国电建集团）甘肃能源公司控股建设，装机容量 5 万 kW，总投资约 4 亿元，年利用小时数 1506.3h，正常运行多年平均上网电量 7676.31 万 kW·h。项目所在的哈密东南部山口光伏产业园区规划容量为 50 万 kW，以“风光火打捆”的方式通过哈密—郑州±800kV 特高压直流线路外送至华中电网。该项目上网电价为 0.9 元/（kW·h），确保了投资收益，经济效益和社会效益较好。该项目 2015 年 4 月 10 日开工，2015 年底一次性通过质量监督、技术监督和涉网设备三大验收。2016 年 6 月 8 日成功并网发电。

2. 河北水泉风电项目　河北水泉风电项目位于河北万全县北新屯乡北部、万全县及张北县交界处的坝头地区，是中国电建集团在河北大型风电项目之一，于 2014 年 12 月 19 日通过河北省发展改革委核准，2015 年 4 月 25 日破土动工，2016 年 7 月 23 日全部实现并网发电。该项目装机容量为 3.9 万 kW，包括 0.3 万 kW 风电机组 13 台和 110kV 升压变电站 1 座，设计每年平均发电量为 1 亿 kW·h。

3. 四川贡唐岗 5 万 kW 光伏发电项目　四川贡唐岗光伏发电项目位于四川甘孜藏族自治州炉霍县下罗科马乡，平均海拔 4200m。该项目装机容量为 5 万 kW，于 2015 年 9 月 8 日取得四川省发展改革委企业投资备案通知，2015 年 10 月 2 日开工建设，2016 年 5 月 24 日全部并网发电，设计每年平均发电量为 7697.5 万 kW·h。

4. 辽宁西山 4.95 万 kW 光伏发电项目　辽宁西山光伏发电项目位于北票市台吉营乡西山村，该项目装机容量为 4.95 万 kW，于 2014 年 12 月 31 日获得辽宁省发展改革委核准，2015 年 7 月 15 日开工建设，2016 年 6 月 25 日实现并网发电，设计每年平均发电量为 1 亿 kW·h。

（中国电力建设集团有限公司）

## 我国首批 20 个光热发电示范项目简况

2016 年 9 月 14 日，国家能源局正式发布了《国家能源局关于建设太阳能热发电示范项目的通知》，共 20 个项目入选中国首批光热发电示范项目名单，总装机容量约 135 万 kW，包括 9 个塔式电站、7 个槽式电站和 4 个菲涅尔电站。根据国家发展改革委光热电价政策，2018 年 12 月 31 日前全部投运的光热示范项目可享受 1.15 元/(kW·h) 的光热发电标杆电价。

（一）入选示范项目简介

1. 塔式项目 9 个

（1）青海中控太阳能发电有限公司德令哈熔盐塔式 5 万 kW 光热发电项目，业主单位：青海中控太阳能发电有限公司。

（2）北京首航艾启威节能技术股份有限公司敦煌熔盐塔式 10 万 kW 光热发电示范项目，业主单位：北京首航艾启威节能技术股份有限公司。

（3）中国电建集团西北勘测设计研究院有限公司共和熔盐塔式 5 万 kW 光热发电项目，业主单位：中国电建集团西北勘测设计研究院有限公司。

（4）中国电力工程顾问集团西北电力设计院有限公司哈密熔盐塔式 5 万 kW 光热发电项目，业主单位：中国电力工程顾问集团西北电力设计院有限公司。

（5）国电投黄河上游水电开发有限责任公司德令哈水工质塔式 13.5 万 kW 光热发电项目，业主单位：国电投黄河上游水电开发有限责任公司。

（6）中国三峡新能源有限公司金塔熔盐塔式 10 万 kW 光热发电项目，业主单位：中国三峡新能源有限公司。

（7）玉门鑫能光热第一电力有限公司熔盐塔式 5 万 kW 光热发电项目，业主单位：玉门鑫能光热第一电力有限公司。

（8）北京国华电力有限责任公司玉门熔盐塔式 10 万 kW 光热发电项目，业主单位：北京国华电力有限责任公司。

（9）达华工程管理（集团）有限公司尚义水工质塔式 5 万 kW 光热发电项目，业主单位：达华工程管理（集团）有限公司、中国科学院电工研究所。

2. 槽式项目 7 个

(1) 常州龙腾玉门东镇导热油槽式 5 万 kW 光热发电项目，业主单位：常州龙腾光热科技股份有限公司。

(2) 深圳市金钒新能源科技有限公司阿克塞 5 万 kW 熔盐槽式光热发电项目，业主单位：深圳市金钒能源科技有限公司。

(3) 中海阳能源集团股份有限公司玉门东镇导热油槽式 5 万 kW 光热发电项目，业主单位：中海阳能源集团股份有限公司。

(4) 内蒙古中核龙腾新能源有限公司乌拉特中旗导热油槽式 10 万 kW 光热发电项目，业主单位：内蒙古中核龙腾新能源有限公司。

(5) 中广核太阳能德令哈有限公司导热油槽式 5 万 kW 光热发电项目，业主单位：中广核太阳能德令哈有限公司。

(6) 中节能甘肃武威太阳能发电有限公司古浪导热油槽式 10 万 kW 光热发电项目，业主单位：中节能甘肃武威太阳能发电有限公司。

(7) 中阳张家口察北能源有限公司熔盐槽式 6.4 万 kW 光热发电项目，业主单位：中阳张家口察北能源有限公司。

3. 菲涅尔项目 4 个

(1) 兰州大成科技股份有限公司敦煌熔盐线性菲涅尔式 5 万 kW 光热发电示范项目，业主单位：兰州大成科技股份有限公司。

(2) 中信张北新能源开发有限公司水工质类菲涅尔式 5 万 kW 光热发电项目，业主单位：中信张北新能源开发有限公司。

(3) 华强兆阳能源有限公司张家口水工质类菲涅尔式 5 万 kW 太阳能热发电项目，业主单位：张北华强兆阳能源有限公司。

(4) 北方联合电力有限责任公司乌拉特旗导热油菲涅尔式 5 万 kW 光热发电项目，业主单位：华能北方联合电力有限责任公司。

(二) 水电企业参与项目简介

(1) 中国电建集团西北勘测设计研究院有限公司共和熔盐塔式 5 万 kW 光热发电项目，位于青海省海南藏族自治州共和县，DNI（直接辐射）约 1900kW·h/($m^2$·y)，熔盐塔式，6h 熔融盐储热，集热塔高 171m，定日镜尺寸 20$m^2$，采光面积 51.6 万 $m^2$，25795 台定日镜，自主设计为主，国产设备为主，国外咨询机构为辅，独立完成系统设计集成。

(2) 国电投黄河上游水电开发有限责任公司德令哈水工质塔式 13.5 万 kW 光热发电项目，位于青海省德令哈市，DNI 约 1900kW·h/（$m^2$·y），水工质塔式，3.7h 熔融盐储热，本轮示范项目中装机容量最大的示范电站，由 BrightSource 与上海电气组建的合资公司上海电气亮源光热工程有限公司 EPC 总包。其采用 DSG 技术路线，直接产出过热蒸汽，同时利用过热蒸汽与熔盐换热来存储热能。

(3) 中国三峡新能源有限公司金塔熔盐塔式 10 万 kW 光热发电项目，位于甘肃省酒泉市金塔县白水泉光电产业区，DNI 约 1900kW·h/（$m^2$·y），熔盐塔式，8h 熔融盐储热。该项目占地 6$km^2$，利用众多的平面反射镜阵列，将太阳辐射反射到置于高塔顶部的太阳吸热器上，加热工质，产生过热蒸汽，通过热动力装置带动发电机发电。项目建成后，每年上网电量约 3.2 亿 kW·h，等效满负荷小时在 3232h 以上，每年可节约标准煤 10.54 万 t，减少烟尘排放量约 1426.3t，减少二氧化碳排放量约 31.76 万 t。

(4) 北方联合电力有限责任公司乌拉特旗导热油菲涅尔式 5 万 kW 光热发电项目，位于内蒙古乌拉特旗，DNI 约 2025kW·h/（$m^2$·y），采用导热油菲涅尔式，6h 熔融盐储热，菲涅尔电站目前的商业化项目均采用水工质无储热方案，该项目采用导热油作传热工质，这在全球的商业化菲涅尔项目中尚无案例。北方联合电力有限责任公司由中国华能集团公司、中信泰富有限公司、内蒙古电力投资有限责任公司、中国神华能源股份有限公司等 4 家公司组成，注册资本金 100 亿元人民币。

（摘自太阳能光伏网）

## 世界上海拔最高的西藏双湖县用上了“光伏电”

2016 年 7 月 18 日，由中国电力建设集团有限公司所属西北勘测设计研究院总承包的西藏双湖可再生能源局域网的光伏电站 1000kW 一期工程 3 号子阵部分组件建成发电，并成功实现并网，结束了依靠柴油发电机发电和酥油灯点亮的历史。

双湖县位于西藏那曲地区西北部，地处羌塘国家级自然保护区腹地，平均海拔 5000m，是 2012 年成立的我国最年轻的行政县，也是世界上海拔最高的县级行政区。

为解决西藏偏远地区的用电问题，国家发展改革委、国家能源局、西藏自治区发展改革委、西藏自治区能源局积极推进双湖可再生能源局域网工程，项目总承包方提出“光伏发电＋储能”局域网的供电理念，发展当地可再生能源，将资源优势转化为经济优势。该项目既是实现双湖县人均用电达到小康目标的民生工程，更是希望借此打造一个解决全国偏远地区用电难题的示范工程。

2016年5月1日，双湖县可再生能源局域网工程正式开工建设。局域网的主体工程包括装机容量为1.3万kW的光伏电站、7000kW/2.3万kW·h储能系统和双湖县城配电网系统，配套建设一座10kV开关站，系统最高电压等级为10kV。为了最大程度地保护生态环境，光伏电站依山而建，坐落在在县城西南方的缓坡上，占地400余亩。

建设者们克服高海拔、劣气候、含氧量特低（血氧含量只有内地40%）的恶劣条件和严重的高原反应，高标准、严要求坚持工程建设。为了保证现场施工人员的生命安全，总包方花费200多万元特意购置了医用高压氧舱。建设者感慨地说“双湖之美，美在它的原始和质朴；双湖之难，难于它的海拔和缺氧”。

建设者克服工期紧、任务重的情况，面对人员和施工机械设备出功率不到内地的50%的施工条件，发扬特别能战斗、特别能奉献的精神，为了不耽误工期，每天坚持13～14h的工作时间。

以往高原项目的电气设备及海拔修正度大都在海拔2000～3000m之间，双湖项目海拔达到5000m高度。面对高海拔对设备的要求，总包方迎难而上，积极开展技术创新，对双湖项目设备高海拔修正参数和标准进行反复研究和论证，所有设备都能满足海拔5000m高度绝缘性能的指标和要求。

此外，双湖当地平均一年的无霜期只有短短80d，施工周期非常有限。在保证质量的前提下，为缩短土建工程周期，双湖项目在设备选型、设备安装、工程施工方面做了大量工作，光伏区内的箱式变压器、逆变器采用集装箱方案，10kV开关站采用预制仓方案，设备和材料的选用不仅要便于施工，更需要适应高海拔、低温环境的使用寿命。

由于双湖可再生能源局域网属于离网工程，无法与周围大电网形成相互支撑和调节，因此，该项目采用了含两种近10万块锂电池、高达2.4万kW·h的储能设备，也让双湖项目成为国内同类项目中储能规模最大的工程。为了让锂电池的统一性和输出功率达到一致，工程配置了锂电池多级控制系统、控制设备以及监测设备，保证储能设备的稳定运行。

双湖项目建成投运后，将从根本上改变双湖居民的用电状况，无论是电网规模还是储能形式都在同类型项目中具有示范意义。

（摘自中国电力建设集团有限公司网
西北勘测设计研究院　赵　洋　李卫华）

## 江西高速公路光伏发电工程首座电站并网发电

2016年9月28日，由中国电力建设集团有限公司所属江西省火电建设公司承建的江西高速公路全覆盖、国内规模最大的分布式光伏发电项目一期工程江西南昌军山湖南北双向高速公路收费服务区电站成功实现并网发电。工程于2016年8月16日开工建设，历时44天建成。

该高速公路光伏发电项目分两期建设，是充分利用江西省高速集团所管辖的226个收费管理所（含养护中心）、130个服务区、边坡、隧道、枢纽及互通立交打造的一个大型光伏发电系统工程，项目规划容量为10万kW。

一期工程是利用江西省高速集团所管辖高速公路南抚、九景、吉赣、上鹰、萍宜新五大片区沿线的84个收费管理所站（含养护中心）、48对服务区建设3.5万kW光伏发电项目，工程总投资约2.9亿元。江西南昌军山湖南北双向高速公路收费服务区光伏电站是一期工程的首座电站。

该项目后期计划造成国内绿色能源与快速充电桩、智能微电网、物联网互联互通的示范工程和智慧高速与生态环保、能源互联网无缝对接的领先工程，并开启“互联网+”、生态环保、绿色理念、未来生活方式的新模式、新典范。

工程承建单位根据南抚片区军山湖服务区光伏工程项目集屋面、地面、车棚等光伏于一体的特点，在车棚防水技术、光伏组件自清洗技术、微电网配套设计、光伏发电工程与充电桩一体化设计及光伏电站群监控等5个技术领域开展了科技攻关：①根据南方多雨的特点，对屋面光伏琉璃瓦挂钩安装进行了防水处理；②对有些屋面存在隔热保温层施工困难，改角钢焊接固定，既牢固平整，又美观得体；③调整地面光伏支架安装高度，避免雨水泥土溅污伏板和杂草过长遮挡伏板，减少后期维护清理成本；④改进车棚导水槽设计，流线型的外观导水效果，彻底杜绝雨天漏水现象。

一期工程已于2016年底全面建成发电，项目建成后，25年累计发电量约为94557万kW·h，将节约标准煤用量约38.85万t，减少二氧化硫排放约2.9万t，减少氮氧化物排放约1.46万t，减少粉尘产生约26.4万t，减少一氧化碳排放约32.3万t，减少二氧化碳排放约64.5万t。

（摘自中国电力建设集团有限公司网
江西火电公司　李劲柏）

3

# 大中型水电工程

# 常 规 水 电 工 程

## 乌东德水电站工程 2016 年建设情况

2016 年，乌东德水电站主体工程由开挖全面向混凝土浇筑转序，工程建设进入高峰年。参建各方紧紧围绕围堰安全度汛、大坝具备混凝土浇筑条件这个总体目标，共同努力，各项工作成果丰硕，整体进度满足计划要求。

（一）完成投资及工程量情况

2016 年，综合计划累计完成投资 39.80 亿元（不含征地移民、贷款利息与所有分摊费的固定资产部分），占年初计划 41.70 亿元的 95.44%，其中枢纽工程 33.78 亿元，其他费用 6.02 亿元。

2016 年，完成主要工程量：土石方开挖 1096.77 万 $m^3$、混凝土浇筑 110.96 万 $m^3$、钢筋 4.12 万 t、锚杆 25.27 万根、固结灌浆 7.02 万 m、帷幕灌浆 3.03 万 m。

（二）主要工程进展情况

（1）大坝于 2016 年 12 月 18 日完成建基面开挖，12 月 26 日开始大坝坝基无盖重固结灌浆；大坝混凝土浇筑准备工作全部到位，砂石、混凝土一条龙生产、运输线全部形成并投入运行，12 月 26 日启动大坝混凝土试验仓浇筑。

（2）地下厂房开挖全部完成，顺利向混凝土、金属结构及机电埋件安装转序，本年度已完成 6 台肘管混凝土施工，混凝土浇筑质量优良。

（3）泄洪洞高质量完成闸室段、有压段、无压段洞挖，并向混凝土浇筑转序，混凝土浇筑质量优良。

（4）高围堰、深防渗墙汛前完成，成功安全度汛，且基坑渗水少（抽水量为 $2000m^3/d$），防渗墙、帷幕灌浆设计合理、施工质量过硬。

（5）高位边坡治理、金坪子滑坡防治、K25 岩溶斜井处理有序推进，施工过程中结合现场实际情况，积极采取动态设计方法确保工程建设安全。

（6）左岸对外交通会河公路全线通车；右岸对外交通半新公路 8 月隧道全部贯通，年底除打基沟大桥外，其余具备通车条件。

（三）环保项目实施情况

2016 年，“三通一平”等工程完成了竣工环境保护现场检查与验收，鱼类增殖站完成站内循环水养殖车间生物滤材安装并开展增殖放流活动，施工区所有古树均已实施移栽保护，硫磺矿渣填埋场完成环境保护验收调查、运行正常，施工区生活污水处理厂与砂石骨料加工、混凝土拌和废水处理设施运行效果满足要求，全年未发生环保责任事件、未受到行政或刑事处罚。

（四）科研项目开展情况

2016 年，乌东德工程建设部组织实施的科研项目共 25 项，其中在研科研项目 8 项，正在开展立项及合同签订阶段的 14 项，员工科研项目 3 项，主要项目进展情况如下：

（1）大坝智能建造项目：于 2016 年 9 月成立了乌东德、白鹤滩建设部联合工作组，开展乌东德、白鹤滩特高拱坝智能建造招标文件编制；10 月中旬完成集团公司阶段性审查，之后由中国三峡建设管理有限公司统一组织开展立项工作。

（2）智能灌浆项目：于 2016 年 10 月中旬召开智能灌浆系统试验总结及后续工作专题会，研究部署了下一步的工作安排。

（3）“乌东德水电站低热水泥混凝土应用”项目：2016 年 10 月下旬，《金沙江乌东德水电站低热水泥混凝土应用专题研究报告》通过水电水利规划设计总院审查，明确大坝的全部大体积混凝土采用低热水泥混凝土，泄洪洞及地下厂房等部位优先采用低热水泥混凝土。

（4）“乌东德水电站复杂地质条件高水头导流隧洞群封堵新方法研究”项目：2016 年 11 月上旬，中国长江三峡集团公司组织审查，已批准立项。

（五）质量安全管理情况

（1）QC 活动取得佳绩。“岩石上的雕刻 QC 小组”荣获“2016 年全国优秀质量管理小组”奖、“2016 年度全国工程建设优秀质量管理小组”奖；“降低大坝拱肩槽开挖不平整度”QC 成果，荣获“2016 年度全国电力行业 QC 成果特等奖”“2016 年度电力建设 QC 成果一等奖”。

（2）组织开展的乌东德水电站工程安全标准化达标创建工作顺利通过了外部专家评审，达到了国家能源局“电力工程建设项目安全生产标准化”一级水平。

（3）组织推广应用三峡安全隐患排查微信系统，实现了“隐患随手拍，整改随时查”的监管模式，充分发挥了其在隐患排查和治理工作中的便捷高效、实时监控、跟踪闭环的特点，营造了良好的安全管理氛围。

(4) 组织质量安全专项治理活动，迈向制度化、规范化和标准化。国家能源局质量专家组评价：乌东德已呈现高标准建好工程的质量、安全氛围。

（中国三峡建设管理有限公司 周双超
长江勘测规划设计研究院 翁永红 周 华）

# 白鹤滩水电站工程 2016 年建设情况

（一）工程概况

白鹤滩水电站为金沙江下游 4 个水电梯级——乌东德、白鹤滩、溪洛渡、向家坝中的第二个梯级，位于四川省宁南县和云南省巧家县境内；上游距巧家县城约 45km，距乌东德坝址约 182km；下游距离溪洛渡水电站约 195km，距离宜宾市河道里程约 380km。坝址控制流域面积 43.03 万 $km^2$，占金沙江流域面积的 91%；多年平均流量 $4170m^3/s$，多年平均径流量 1315 亿 $m^3$；千年一遇设计洪水流量 $38800m^3/s$、万年一遇校核洪水流量 $46100m^3/s$。电站装机容量 16000MW，多年平均发电量 624.43 亿 kW·h。水库正常蓄水位 825m，相应库容为 190.06 亿 $m^3$，总库容 206.27 亿 $m^3$；防洪限制水位 785m，防洪库容 75 亿 $m^3$；死水位 765m，调节库容 104.36 亿 $m^3$，为年调节水库。

（二）枢纽布置

1. 挡水建筑物　拦河大坝为椭圆线型混凝土双曲拱坝，最大坝高 289m，坝顶弧长 709m，坝顶宽度 14m，弧高比 2.453，厚高比 0.218。坝体浇筑混凝土 818 万 $m^3$，开挖土石方为 845 万 $m^3$。

2. 泄洪消能建筑物　泄水建筑物由坝身 6 个表孔和 7 个深孔、左岸 3 条无压泄洪直洞组成，最大总泄量为 $42348m^3/s$，坝身和岸边泄量比例约 7∶3。坝身 6 个表孔为开敞式溢洪道，堰顶高程 810.0m，孔口尺寸 14.0m×15.0m（宽×高，下同），采用大差动跌流坎和舌形坎的自由跌流；7 个深孔为有压泄水孔，出口工作闸门底槛高 724m，孔口尺寸为 5.5m×8.0m，采用挑流消能；坝下设水垫塘（长 400m）、二道坝，水垫塘采用反拱底板复式梯形断面；3 条无压泄洪直洞均布置在左岸，为无压直洞、洞内"龙落尾"型式，洞身长度为 2100～2300m，控制闸门孔口尺寸为 15m×9.5m，出口采用挑流消能。

3. 引水发电建筑物　地下厂房采用首部开发方案，左右岸各布置 8 台 1000MW 水轮发电机组，额定流量 $547.8m^3/s$，额定水头 202m。左右岸引水发电系统均由进水口、压力管道、主副厂房、主变压器洞、尾水管检修闸门室、尾水调压室、尾水隧洞、尾水出口及地面出线场组成。

(1) 进水口采用分层取水岸塔式，8 个进水塔直线布置，前缘总长 265.6m，高 105m。

(2) 压力管道采用单机单洞竖井式，上平段采用钢筋混凝土衬砌，内径 11m；其后压力管道采用钢板衬砌，内径 8.6～10.2m。

(3) 主副厂房、主变压器洞、尾水管检修闸门室、尾水调压室从上游向下游依次平行布置。主副厂房长 438m、高 86.7m、开挖跨度 31～34m；主变压器洞长 368m、宽 21m、高 39.5m，与主副厂房岩壁净距为 60.65m，其间有母线洞连接；尾水管检修闸门室，长 374.5m，跨度 12.1～15.0m；尾水调压室采用圆筒形、阻抗式，左右岸各 4 个，开挖直径42～48m，直墙高度 77～92m。

(4) 尾水隧洞采用 2 台机合 1 洞的布置形式，左右岸各布置 4 条尾水隧洞，其中左岸 3 条、右岸 2 条尾水隧洞结合导流洞布置。

(5) 尾水出口采用地下竖井式，门室开挖跨度 15.0m、长 250m、高 22.53m。

(6) 两岸 500kV 开关站均采用地下 GIS 布置型式，布置于主变压器洞内，地面仅设出线场。

（三）施工组织设计

工程量：主体工程（不包括导流工程、场内交通、施工支洞及其他辅助工程）土石方开挖量约 8000 万 $m^3$，混凝土约 1700 万 $m^3$，钢筋约 60 万 t。

施工导流：导流建筑物包括 5 条导流隧洞、6 个坝身导流底孔和上、下游围堰。导流标准采用 50 年一遇洪水设计，$Q=28700m^3/s$。

砂石混凝土系统：设置 3 个主要砂石料加工系统、4 个混凝土生产系统，选择旱谷地料场灰岩作为大坝混凝土骨料料源，选择工程玄武岩开挖料作为其他建筑物混凝土骨料料源。

场内交通：左岸分高、中、低设置 4 条干线公路、16 条主要支线公路，总长约 42.7km，1/3 为隧洞。右岸设置 3 条干线公路、12 条主要支线公路，总长约 33.9km，2/3 为隧洞。

施工设置 4 个主要渣场、1 个永久营地、3 个施工营地、1 个中心变电站、4 个分区变电站和 2 个施工供水系统。

工程建设安排首批机组发电工期 10 年，工程建设总工期 12 年。

（四）工程进展情况

2016 年 3 月 2～3 日，环境保护部对白鹤滩水电站"三通一平"等工程进行了竣工环境保护验收；11 月 17～18 日，水电水利规划设计总院在北京主持召开白鹤滩水电站可行性研究报告审查收口会议，同意该报告；11月24日，中国长江三峡集团公司向国家发展改革委报送了金沙江白鹤滩水电站项目核准的请示；12月2～4日，受国家发展改革委的委托，中国国际工程咨询公司在北京组织召开了金沙江白鹤滩水电站项目申请报告评估会议，项目申请报告通过专家评估；白鹤滩水电站项目进入国家项目核准最后批复阶段。

截至2016年底，白鹤滩水电站前期工程完成情况如下：

1. 交通工程　葫白公路总长27.4km，共有隧道10座、桥梁13座，已经全线通车；葫芦口大桥为全长746m、主跨656m的钢桁加劲梁悬索桥，全部施工已完成；旱谷地料场进场道路为大坝骨料运输专用通道，全长12.8km，于2016年11月中旬全线通车。场内交通工程已经全部建成通车。

2. 公共工程　施工区实际布置8个渣场、6个砂石加工及混凝土生产系统、6个水厂、1座110kV中心变电站和4座35kV变电站、5个营地；场外还布置有旱谷地大坝砂石骨料加工系统。除高、低线混凝土生产系统外，施工附属企业、营地等已全部投入使用。

3. 导截流工程　导流洞工程于2014年4月通过安全鉴定和过流验收，同年11月过流。上、下游围堰于2016年6月23日完成并安全度汛。

4. 大坝工程　大坝基础开挖于2014年8月开始，计划2017年3月完成，并具备大坝主体混凝土开浇条件。

5. 地下厂房工程

（1）左、右岸进水塔混凝土于2016年5月开始浇筑，分别计划于2019年6月、2019年8月完成。

（2）左、右地下厂房工程于2014年6月开挖，分别计划于2017年12月、2018年2月完成开挖支护。

（3）左、右岸主变压器室开挖全部完成。

（4）左、右岸尾水管检修闸门井以上开挖已完成。

（5）左岸1～4号尾水调压室和右岸5、8号尾水调压室正在进行井身段开挖，右岸6、7号尾水调压室正在进行穹顶开挖。

6. 泄洪洞工程　进水塔浇筑至高程779m，计划2017年底浇筑完成；泄洪洞洞身上平段开挖支护完成，2016年12月开始混凝土浇筑；龙落尾段开挖支护完成75%。

（中国三峡建设管理有限公司）

## 溪洛渡水电站工程2016年建设情况

2016年，溪洛渡水电站工程主要围绕“尾工建设稳步推进、枢纽运行平稳有序、变更处理基本完成、竣工验收全面启动”总体目标开展工作，累计完成投资74176.60万元，其中建安工程完成17925.57万元，金属结构及机电设备费完成投资4495.39万元，建设征地移民安置费完成投资46902万元，其他费用完成投资4853.59万元。

（一）尾工完成情况

（1）大坝工程：混凝土施工、装修、临建设施拆除、工作面清理、移交等全部完工。主要完成610拌和系统拆除及工作面清理、21号坝段电梯前室装修及电梯井部位移交、坝顶门机及深孔50t检修桥机尾工处理及设备移交。

（2）水垫塘永久加固工程：2016年2月下旬正式开工，在完成混凝土切割、浇筑，锚索和灌浆施工，边坡、二道坝及塘内施工临建设施清理撤退，6月27日具备充水条件，6月28日充水结束，工程全部完成。

2016年水垫塘总渗流量较2015年同比减少545L/min，结构混凝土未发现新增渗漏点，个别排水孔排水量变大，渗压变化平缓，水垫塘运行正常。

（3）雾化区边坡及下游河道治理工程：右岸合同内工作已于2016年8月完工；左岸高程412m以下部位混凝土施工于汛前完工；受度汛影响，截至2016年底，左岸412m高程以上边坡完成5个单元支护施工（共9个单元）。

（4）2号交通洞安全度汛补充设施工程：2号排水洞已于2016年6月底贯通；排水洞进口天然边坡治理完成；排水洞出口明渠临江侧边坡混凝土浇筑和水下部分贴坡混凝土施工已经完成，剩余靠山侧贴坡开挖及混凝土施工仍在进行；2号交通洞进口闸室已完成并移交运行单位。

（二）工程质量与安全情况

2016年，溪洛渡水电站工程完成单元工程质量评定354个，其中合格单元工程354个，合格率100%，优良单元工程332个，优良率94.02%。

在安全管理方面，加强重点危险源安全监控，深化“打非治违”以及危险化学品和易燃易爆物品专项整治活动。扎实抓好防洪度汛各项工作，成功应对洪峰（9月23日洪峰流量达14000$m^3/s$）和暴雨，第三次顺利实现正常蓄水位600m蓄水目标。针对对外交通和场内因暴雨导致的多次塌方、泥石流等突发地质灾害，积极有效开展应急处置，对外交通专用公路等抢通保通及时，未造成人员伤亡和较大财产损失。从工程或合同项目开工许可、安全生产责任、工期管控、施工方案和安全技术措施、大型施工设备、预防坍塌事故措施、特殊部位及特种作业、重大危险源、应急预案、冬季施工措施、安全教育培训、工程建设与电厂运行界面、水上作业、其他等 14 个方面进行全面检查，共排查隐患 81 项，落实治理资金 7.2 万余元，督促责任单位及时进行了整改闭合。

（三）生态环境保护工作情况

2016 年度，溪洛渡水电站工程共完成环境保护投资 1031.82 万元，其中水土保持措施投资 740 万元，生活污水处理运行费用 89.98 万元，施工区生活垃圾处理费用 40.41 万元，水土保持监测和陆生生态监测投资 19.4 万元，缴纳排污费 99.53 万元等。

工程蓄水后，库区干流水质状况良好，未发现异常。2016 年，电站干流断面水质良好，施工活动没有给金沙江干流水质带来明显波动和影响。

2016 年，施工区生活污水处理率 100%，处理达标率 100%，5 日生物需氧量（$BOD_5$）和化学耗氧量（COD）指标全部达标；生产废水处理率 100%，利用率 90%以上，达标率 95%以上，悬浮物（SS）平均去除率达到了 99%以上，pH 指标全部达标。环境空气监测显示，施工区和对外交通环境空气质量均满足《环境空气监测质量标准》（GB 3095—1996）二级标准。施工生活营区环境噪声监测结果基本满足《城市区域环境噪声标准》（GB 3096—1993）Ⅱ类标准的要求。

2016 年，水土保持动态监测结果表明，施工区和对外交通区扰动土地整治率达 97.60%，水土流失总治理度达 94.41%，土壤流失控制比达 0.87，拦渣率达 96.30%以上，林草植被恢复率达 96.12%，林草覆盖率达 21.18%。6 项指标全部符合溪洛渡水电站蓄水阶段水土保持防治目标。

溪洛渡水电站坚持降低能源消耗强度、减少主要污染物排放总量、合理控制能源消费总量相结合，大幅度提高能源利用效率，显著减少污染物排放。2016 年，溪洛渡工程万元产值综合能耗较 2015 年下降了 14.1%。

（中国三峡建设管理有限公司）

## 向家坝水电站工程 2016 年建设情况

（一）工程建设进展情况

2016 年，向家坝水电站工程按照年度计划稳步推进：大坝一线的收尾工作有序，左岸主体及导流工程、二期Ⅲ标段、右岸地下电站已按计划完成合同验收；升船机一线总体可控，完成屋顶网架施工、螺母柱安装，进行船厢运行试验等，基本完成三期围堰开挖；右岸坝后电站因环评等手续办理问题已暂停施工；北干渠于 7 月 4 日实现全线贯通，并完成主洞衬砌 1476m；南总干渠完成主洞衬砌 3595m；翻坝转运横江大桥完成主桥的拱肋及拱上腹孔墩施工；上半年完成向家坝永久消防站和水富气象站的施工；永久供电系统及左岸水厂改造已启动；内卫武警营地完成方案审查。

2016 年向家坝工程共完成投资 35532.62 万元（含灌区工程 13769.13 万元，不含机电、移民投资），其中，建筑安装工程完成投资 11821.99 万元。

2016 年右岸坝后电站共完成投资 2231.05 万元，其中建筑安装工程完成投资 1317.56 万元。

2016 年，实际完成混凝土浇筑方量约 2.3 万 $m^3$。

全年厂坝工程、升船机工程、灌区工程、右岸坝后电站工程等重点项目共评定单元工程 854 个，一次合格单元 854 个，一次合格率 100%；优良单元数 817 个，优良率 95.7%，工程质量总体优良。

（二）科研工作情况

（1）水富县城局部区域门窗振动专题研究：根据研究成果，已开展房屋振动改造工程招标工作，对泄洪振动影响的房屋门窗进行改造施工。

（2）向家坝水电站安全监测资料反馈分析：通过对电站运行期的安全监测和资料反馈，分析水电站运行期间的安全稳定状况，通过安全监测和资料反馈分析提前发现不利于电站运行的工况并及时解决，确保电站运行安全稳定。

（3）向家坝水电站坝基渗控监测智能化控制系统研究：将坝基渗控监测进行智能化深入研究开发，通过软件系统与坝基安装的监测硬件联合运行，利用三维统一模型实现将坝基渗控情况远程反馈至管理端的功能。已完成系统软件编写，尚未开展现场调试，需要设计院进一步明确系统自动调控标准。

（4）向家坝水电站坝基地质三维建模与灌浆分析系统研究及系统维护与服务研究：正在进一步补充完善加深帷幕灌浆资料，其余项目已经完成研究。

（三）生态环境保护工作情况

2016 年，向家坝水电站工程环境保护和水土保持措施投资 1897.42 万元，其中环境监测投资 167 万元，环保设施运行投资 1199 万元，环境管理投资 105 万元。缴纳 2016 年排污费 80.72 万元，鱼类增殖站运行管理费及放流费用 335.7 万元。

截至 2016 年 12 月底，施工区已绿化面积

107.56hm²，网格梁植草护坡面积 26.06hm²，挂网喷播植草护坡面积 10.34hm²。

金沙江溪洛渡向家坝水电站珍稀特有鱼类增殖放流站位于向家坝工程施工区右岸 360m 高程平台，总占地面积约 2.67hm²。2016 年增殖放流站分别开展了春季、秋季放流，共放流珍稀特有鱼类 17.5 万尾。截至 2016 年底，累计向金沙江投放珍稀特有鱼苗 124 万尾。

2016 年，宜宾和昭通两市环境监察支队，宜宾、水富和绥江三县环境监察大队按季组成联合执法监察组，对向家坝工程环境保护“三同时”执行情况开展环保执法监察工作。监察组对向家坝环境保护工作给予了高度评价。田坝混凝土生产废水处理厂及莲花池生活污水处理厂运行情况良好，全年各项指标均符合标准，生活污水经处理后达标排放。

2016 年分别于汛前、汛中、汛后对向家坝工程施工区开展了 3 次水土保持监测。监测结果表明，水土流失防治基本达到了《水保方案》的要求。已建成的以格网护坡为主的工程措施和以坡面植草为主的植物措施等各项水土保持工程措施布局合理，质量总体良好。

（中国三峡建设管理有限公司）

## 三峡升船机正式开始试通航

2016 年 9 月 18 日，三峡升船机正式开始试通航。

三峡升船机是三峡工程的永久通航设施之一，由上游引航道、上闸首、船厢室段、下闸首和下游引航道等部分组成，其驱动机构采用齿轮齿条爬升型式，安全机构采用长螺母柱—旋转短螺杆型式。该升船机是目前世界上规模最大的单线一级全平衡垂直升船机，最大提升高度 113m，船厢总重 15500t，船厢有效尺寸 120m×18m×3.5m（长×宽×水深），过船规模 3000t 级，上游通航水位变幅 30m，下游通航水位变幅 11.8m。

三峡升船机于 2007 年 10 月恢复施工，2015 年 12 月完成船厢全行程调试实现首次过船；2016 年 1 月开始系统联调，3 月完成 2 次实船在自动运行方式下往返运行，5 月 13 日通过国务院长江三峡工程整体竣工验收委员会枢纽工程验收组组织的试通航前验收。2016 年 7 月 15～22 日，完成第一阶段实船试航；9 月 13 日，通过消防专项验收；9 月 18 日，三峡升船机正式开始试通航。试通航分为 4 个阶段，第一阶段从 2016 年 9 月 18 日至三峡水库 2016 年试验性蓄水结束，升船机运行时间为每天 8 时至 17 时；第二阶段从 11 月 18 日 175m 水位期开始至三峡水库水位消落至 145m 水位期结束，实行 24 小时试运行。

三峡升船机作为三峡工程的重要组成部分，于 1958 年在国内升船机资料几乎空白的情况下启动设计论证工作。通过不断积累升船机设计实践，赴欧洲国家考察吸收升船机先进建设经验，开展国家“七五”“八五”科技攻关，完成了三峡升船机的设计成果，为国家决策建设三峡工程提供了科学依据。三峡工程开工后，1995 年 4 月决定缓建三峡升船机。2003 年 9 月，在中国长江三峡工程开发总公司的精心组织下，长江勘测规划设计研究院和德国联营体（JV）联合开展三峡升船机设计。长江设计院负责升船机总体设计，包括上下游引航道、所有建筑物及相应的金属结构、机械设备和机电设备等的设计，并承担对德方设计成果的复核和审查工作。

三峡升船机关键技术包括总体布置、土建设计、金属结构和机电设计、施工设计。土建方面，上闸首设计首次提出了整体坞式“预应力闸室”新型结构，解决了在复杂的地质条件和受力条件下的相关结构技术及基础深层抗滑稳定等技术难题；塔柱设计在国内外还没有升船机设计规范情况下，解决了高 148.5m、长 119m、宽 57.8m 的墙和筒体结合的整体结构的设计标准与荷载取值、抗震设计、局部结构设计和施工精度控制等关键技术，并通过风洞试验、温度模型监测试验、螺母柱局部模型试验、大型振动台抗振试验、施工全过程仿真研究等多项试验模型验证。金属结构和机电设计方面，有多项专有技术和设计成果得到应用，如：适应大水位变幅的上闸首闸门设计，适应水位变率大的充气活动止水专利技术，适应各向变形、变位的船厢驱动机构和安全机构方案，船厢设备对高烈度地震条件的适应方案，大载荷螺母柱连接结构设计技术方案，升船机电力拖动与控制技术等。施工方面，提出了塔柱结构混凝土施工方案与施工程序、温控措施、施工期变形分析及施工精度控制、船厢安装方案等。

（长江勘测规划设计研究院　朱　虹）

## 两河口水电站 2016 年工程建设进展情况

2016 年，两河口水电站工程建设以 11 月 1 日开始心墙填筑为标志顺利实现了大坝工程由开挖向全断面填筑的转换，引水发电系统和泄水建筑物系统工程开挖进入高峰期，左岸边坡开挖工程安全有序推进，工程安全、质量、进度、投资、环保水保受控，安全生产标准化建设通过国家评审机构一级达标现场评审。

截至2016年底，主厂房开挖至安装间高程，岩壁梁混凝土开始浇筑；泄水建筑物主要洞室上层开挖基本结束；除泄洪系统进口边坡（高度600m边坡已累计完成500m）外，其余高边坡施工基本结束。主要工程情况如下：

1. 大坝工程 2016年5月围堰工程完工。6月1日大坝堆石区开始填筑；9月15日完成2610m高程以下岸坡盖板浇筑；10月5日完成2600m高程以下固结灌浆及三角区帷幕灌浆；10月20日大坝心墙开始试填筑；11月1日大坝心墙开始正式填筑；12月底，上游堆石区最高填筑至2648m高程，下游堆石区最高填筑至2630m高程，心墙区填筑至2592m高程。

两河口大坝2016年累计填筑砾石土心墙7.4万$m^3$（压实方），堆石Ⅰ区料27万$m^3$、堆石Ⅱ区料90.7万$m^3$，反滤Ⅰ区料1万$m^3$、反滤Ⅱ区料0.9万$m^3$。

2. 引水发电系统工程 主副厂房开挖至2609m高程，拱脚新增加强支护施工完成，岩壁梁混凝土开始浇筑；主变压器室开挖支护全部完成；尾水调压室开挖至中隔墙以下的2620m高程；进水口1、4号塔体底板浇筑完成，其余浇筑至2763m高程。

3. 泄水建筑物系统工程 洞式溢洪道Ⅰ层开挖支护223m，剩余180m；5号导流洞完成Ⅰ层开挖支护；3号导流洞完成Ⅰ层开挖支护1150m，剩余60m；深孔泄洪洞完成Ⅰ层开挖支护1419m，剩余80m；放空洞完成Ⅰ层开挖支护1154m，剩余190m。

（雅砻江流域水电开发有限公司 李明川）

## 杨房沟水电站2016年工程建设进展情况

2016年，杨房沟水电站采用设计施工总承包（EPC）管理新模式积极推进工程开工建设，于11月11日成功实现了大江截流；全年工程未发生安全事故、质量事故、环境污染和生态破坏事故，全面实现安全、质量、环保水保控制目标和工作目标。截至2016年底，主要工程进展如下：

1. 导流洞工程 2016年10月19日，导流洞顺利通过过流验收；10月22日，导流洞成功破堰过流。

2. 围堰工程 2016年1月1日开工，11月11日实现大江截流。截至2016年12月31日，上游围堰填筑至1996m高程防渗平台（堰顶高程2027m），下游围堰填筑至1988m高程防渗平台（堰顶高程1997m）；上游围堰防渗墙钻孔完成51%，累计浇筑完成总量的15%；下游围堰防渗墙钻孔完成36%，累计浇筑完成总量的5%。

3. 大坝泄洪工程 坝址区危岩体处理基本完成，开关站、进水口及尾水出口上部危岩体处理完成80%。左岸坝肩边坡开挖至2235m高程（下挖高度约97m），右岸坝肩边坡开挖至2245m高程（下挖高度约61m）。

4. 引水发电系统 主副厂房、主变压器室、尾水调压室等第Ⅰ层开挖支护全部完成，第Ⅱ层中部拉槽按计划推进。进厂交通洞、厂房进风洞、尾水闸门室连接洞、尾水调压室连接洞、尾水调压室通风洞、主变压器室进风洞、尾水1号施工支洞、厂房出线上平洞、引水下平洞施工支洞等开挖支护全部完成。1～4号压力管道下平段上半洞开挖支护完成60.4m。

5. 其他 左右岸交通工程、中心炸药库工程、缆索吊工程等实体工程基本完工。业主宿舍、监理宿舍、办公楼装修基本完成，具备入住条件。承包商营地主体建筑和外墙装修已完成，绿化、室内装修进入收尾消缺，质量展厅已投运，商务楼、医务楼等满足按期交付条件。

（雅砻江流域水电开发有限公司 刘健华 唐奇志）

## 桐子林水电站2016年工程建设情况

2016年，总装机容量60万kW的桐子林水电站全面建成投产发电，雅砻江下游河段梯级水电开发任务圆满收官。2016年桐子林水电站主要工程建设情况如下：

（一）工程进展

1. 土建施工 2016年3月主体工程合同内项目全部完工，9月底坝顶栏杆施工完成，年底工程消缺基本完成。

2. 金属结构及机电安装 2016年3月24日，4号机组投产发电，并于3月25日移交电厂运行管理；9月25日，桐子林水电站4台机组全部以四川省网内最高综合得分率通过机组并网安全性评价。截至2016年底，所有金属结构设备均已完成调试试验并移交电厂，运行稳定可靠。

3. 其他工程 截至2016年底，主体及边坡安全监测工程共计完成永久监测仪器设备448套，仪器完好率94.64%。企业消防站建筑与装修工程完成综合楼二层主体混凝土浇筑及墙体填砌；完成消防训练塔六层主体混凝土浇筑及屋顶混凝土浇筑。拌和楼罐体拆除及场地回填全部完成，头道沟渣场场平基本完成。厂坝区装修工程合同内项目已全部完成，合同外新增项目厂房和泄洪闸工程帷幕廊道整治消缺已完成，并移交电厂。

（二）建设管理

1. 安全管理　始终坚持“宁停工、不冒险”“不安全、不生产”的安全管理理念，安全生产标准化建设成果持续保持，工区内未发生任何生产安全事故，安全生产形势持续稳定可控。

2. 质量管理　单元工程质量等级评定合格率100.0%，优良率91.9%。其中，土建工程单元优良率91.7%，金属结构安装工程单元优良率98.4%，机电设备安装工程单元优良率95.1%。未发现工程隐患，无质量事故发生。

3. 环保水保　工作有序开展，责任落实到位，体系有效运行，未发生环境污染和水土流失事故，环保水保形象进一步提升。

4. 工程验收情况　截至2016年12月底，桐子林水电站工程所有已完工程项目全部通过合同工程完工验收。2016年7月1日，通过工程取水验收；11月9日，通过工程竣工阶段消防验收；11月23日，通过枢纽工程竣工安全鉴定；12月11日，通过工程竣工质量监督。

（雅砻江流域水电开发有限公司　程晓攀　唐奇志）

## 雅砻江中游水电项目2016年前期工作进展情况

雅砻江中游河段从两河口至卡拉，长268km，分7级开发，自上而下依次为两河口水电站、牙根一级水电站、牙根二级水电站、楞古水电站、孟底沟水电站、杨房沟水电站、卡拉水电站，总装机容量11845MW。其中，两河口水电站和杨房沟水电站已分别于2014年和2015年核准开工；其他梯级电站前期工作正按计划稳步推进，2016年情况如下。

1. 牙根一级水电站　该电站为雅砻江中游第二个梯级电站，位于四川省甘孜州雅江县境内；初拟正常蓄水位2605m，相应库容0.42亿$m^3$；初选装机容量270MW，与两河口水电站联合运行时多年平均年发电量11.90亿kW·h。枢纽建筑物主要由混凝土闸坝、泄水建筑物、发电厂房组成。2012年预可行性研究报告通过审查，2013年正常蓄水位选择专题通过审查，2014年施工总布置规划专题通过审查，2016年主要开展可行性研究阶段枢纽技术深化论证工作。

2. 牙根二级水电站　该电站是雅砻江中游第三个梯级电站，位于四川省甘孜州雅江县境内。该电站初拟正常蓄水位2560m，相应库容2.543亿$m^3$；初选装机容量1080MW，与两河口水电站联合运行时多年平均年发电量43.1亿kW·h。枢纽建筑物主要由碾压混凝土重力坝、泄水建筑物、引水发电厂房组成。2010年预可行性研究报告通过审查；2011年正常蓄水位选择专题和施工总布置规划专题通过审查。2016年，工程主要开展可行性研究阶段枢纽技术深化论证工作。

3. 楞古水电站　该电站是雅砻江中游第四个梯级电站，位于四川省甘孜州康定市、雅江县交界处。楞古水电站初拟正常蓄水位2477m，相应库容1.826亿$m^3$，初选装机容量2575MW，与两河口水电站联合运行时多年平均年发电量117.78亿kW·h。该电站采用混合式开发，工程枢纽由拦河大坝、长引水系统、地下厂房系统等建筑物组成。2012年预可行性研究报告通过审查；2015年正常蓄水位选择专题通过审查，施工总布置规划专题通过审查（待批）。2016年，工程主要开展可行性研究阶段枢纽技术深化论证工作。

4. 孟底沟水电站　该电站是雅砻江中游第五个梯级电站，位于四川省甘孜州九龙县与凉山州木里县交界处。孟底沟水电站正常蓄水位2254m，相应库容8.53亿$m^3$，装机容量2400MW，与两河口水电站联合运行时多年平均年发电量99.43亿kW·h。该电站采用坝式开发方式，工程枢纽由挡水建筑物、泄水建筑物、引水发电系统组成。大坝为混凝土双曲拱坝，最大坝高200m。2012年预可行性研究报告通过审查；2013年正常蓄水位选择和装机容量选择专题通过审查；2014年施工总布置规划专题通过审查；2015年水土保持方案报告书及水资源论证报告通过审查。2016年，完成移民实物指标调查确认，基本完成建设征地及移民安置规划大纲编制，并开展项目可行性研究设计深化优化工作。

5. 卡拉水电站　该电站位于四川省凉山彝族自治州木里县境内，是雅砻江中游水电规划“一库七级”开发的第七个梯级水电站。电站总装机容量1020MW，多年平均年发电量45.345亿kW·h。枢纽主要由碾压混凝土重力坝、坝身泄洪建筑物及右岸地下引水发电系统组成。2011年完成可行性研究阶段坝址坝线及枢纽布置格局比选专题、施工总布置规划专题研究；2012年获四川省人民政府下达“封库令”；同年5月完成防震抗震研究设计专题报告审查；2015年11月可行性研究报告通过审查。2016年2月，取得可行性研究报告审查批复意见；全年重点开展电站优化设计工作，并取得初步成果。

（雅砻江流域水电开发有限公司　张朝康）

## 孟底沟水电站建设情况

（一）工程概况

孟底沟水电站是雅砻江中游七级开发方案中的第五个梯级，上游与楞古梯级衔接，下游与杨房沟梯级衔接；枢纽区位于四川省甘孜藏族自治州九龙县与凉山彝族自治州木里藏族自治县交界的雅砻江干流上，水库区涉及甘孜州的九龙县、康定市、雅江县和凉山州的木里县；开发任务主要为发电，并促进地方经济社会发展。

坝址集水面积79564km$^2$，多年平均流量882m$^3$/s，多年平均径流量278.15亿m$^3$。采用坝式开发，坝型为混凝土双曲拱坝，最大坝高198m。水库长约56.6km，正常蓄水位2254.00m，死水位2248.00m，正常蓄水位以下库容8.535亿m$^3$，调节库容0.860亿m$^3$，具有日调节性能。电站装机容量240万kW，安装4台混流式水轮发电机组，单机容量60万kW；单独运行枯水年枯期平均出力31.02万kW，多年平均年发电量94.22亿kW·h；与两河口水电站联合运行枯水年枯期平均出力89.50万kW，多年平均年发电量101.48亿kW·h。

可行性研究阶段推荐枢纽布置方案为“混凝土拱坝＋坝身5个表孔和4个深孔（全坝身泄洪）＋下游水垫塘二道坝＋左岸引水发电系统＋右岸2条导流洞”。

混凝土双曲拱坝坝底高程2061.00m，坝顶高程2259.00m，最大坝高198.00m，坝顶厚10m，坝底厚42m，坝顶中心线弧长483.415m，混凝土方量约180万m$^3$。建基面中下部高程主要利用Ⅱ类岩体，中上部主要利用Ⅱ类和Ⅲ类岩体。

坝身5个表孔和4个深孔，分别布设于拱坝溢流中心线附近的6个坝段。表孔尺寸为11.00m×12.50m（宽×高，下同），堰顶高程2241.50m；深孔尺寸（出口）为5.50m×6.50m，出口底坎高程分别为2168.10m和2167.59m。坝下游水垫塘顺河方向长度约250.00m，断面为复式梯形断面，底板混凝土厚4.0m，水平底宽60.00m。二道坝为重力坝型式，建基面高程2054.00m，最大坝高45m，中心线桩号为坝0＋270.00m。

引水发电建筑物布置在左岸，采用首部式地下厂房。岸塔式进水口布置在孟底沟沟口左岸岸坡上，进水口段的边坡开挖与左岸坝肩边坡和缆机固定端开挖边坡结合。压力管道采用单机单管供水，4条管道经下平段正向90°进厂。地下厂房位于孟底沟沟口雅砻江左岸下游约400m的山体内，在左岸孟底沟与$F_4$、$F_5$断层之间，洞室围岩以Ⅱ类为主，部分为$Ⅲ_1$、$Ⅲ_2$类，少量Ⅳ、Ⅴ类，成洞条件较好。厂区枢纽建筑物包括主副厂房、主变压器室、尾水调压室、开关站及附属洞室等建筑物；三大洞室平行布置，最小水平埋深为140m，最小垂直埋深约200m，主副厂房与主变压器洞间距46.8m，主变压器洞与尾水调室压间距45m。尾水调压室采用简单长廊式，尾水系统采用“二机一室一洞”的布置格局，对应4台机组，共设置两个尾水调压室和两条尾水隧洞。

预可行性研究阶段工程静态总投资为216亿元，单位千瓦投资9821.33元，单位电能投资2.21元，不含增值税的基础出厂电价0.401元/（kW·h）。根据2016年可行性研究设计优化成果，不含卡杨公路投资分摊，工程静态总投资217.02亿元，工程总投资294.6亿元，单位千瓦静态投资9043元，联合运行单位电能静态投资2.14元/（kW·h），按常规方法测算的基本方案电价为0.321元/（kW·h）；包含卡杨公路投资分摊，工程静态总投资237.42亿元，工程总投资323.6亿元。

工程筹建期占直线工期18个月，准备期26个月，主体工程施工期82个月，完建期9个月。首台机组发电工期108个月（按场内筹建开始计算，首台机组发电工期126个月，即10.5年），总工期117个月。

建设征地涉及四川省凉山州木里县、甘孜州雅江县、康定市、九龙县，共4县（市）5乡12村；涉及人口170人、房屋面积3.5万m$^2$、土地2.6万亩、文物古迹9处，无压覆矿产。基准年涉及搬迁安置人口170人，至规划水平年为191人，均规划自主分散建房。孟底沟水电站地处高山峡谷地带，涉及的人口、房屋等指标较少，安置任务难度较小。

孟底沟水电站是无环境限制性因素、环境影响相对较小的梯级。在采取相应的环境保护措施后，工程建设对水环境、大气环境、声环境、生态环境等各种不利影响将得到有效减免，水库淹没损失能得到有效补偿，移民可获得妥善安置。

（二）2016年工程设计进展情况

2016年，孟底沟项目已全面完成可行性研究阶段勘探试验工作，可行性研究优化大部分勘探试验已完成。

建设征地移民安置规划大纲于2016年8月完成了凉山州、县两级征求意见工作，11月完成了雅江县、九龙县征求意见工作，12月完成了康定市和甘孜州征求意见工作。2016年12月16日，《建设征地移民安置社会稳定风险分析报告（康定市）》完成了市级初审。

2016年3月，完成《四川省雅砻江孟底沟水电站可行性研究报告》（咨询稿）枢纽部分7个篇章报告，4月18日通过雅砻江流域水电开发有限公司内部评审。

2016年7月，完成《孟底沟水电站可研枢纽建筑物设计优化成果报告》（院评审稿）；8月，完成《孟底沟水电站可研机电及金属结构设计优化成果报告》(院评审稿)。

2016年10月，完成《工程防震抗震设计专题报告》(送审稿)、《拱坝抗震设计专题报告》(内审稿)；11月，完成《拱坝泄洪消能专题研究报告》（内审稿)、《拱坝基础处理专题研究报告》(内审稿)、《拱坝混凝土温度控制设计专题报告》(内审稿)。

2016年11月，完成《四川省雅砻江孟底沟水电站可行性研究报告》(内审稿) 15个篇章报告及附图册。

（中国电建集团成都勘测设计研究院有限公司 薛云飞）

## 双江口水电站工程2016年建设进展情况

双江口水电站是大渡河干流规划的第五级电站，位于阿坝州马尔康县、金川县境内，是大渡河干流上游控制性龙头水库电站，具有年调节能力。电站采用坝式开发，水库正常蓄水位2500.00m，总库容为28.97亿$m^3$，调节库容19.17亿$m^3$。电站设计装机容量200万kW，枯水年枯期平均出力47.4万kW，多年平均年发电量约77.07亿kW·h。核准概算总投资366.14亿元。双江口水库调蓄可增加下游大渡河17个梯级电站枯水年枯期平均出力175.8万kW、枯期电量约66亿kW·h。

该电站为一等大（1）型工程，枢纽工程由拦河大坝、泄洪建筑物、引水发电系统等组成。拦河土质心墙堆石坝，坝顶高程2510.00m，最大坝高312m，为世界第一高坝。泄水建筑物包括洞式溢洪道、直坡泄洪洞、利用施工中后期导流洞改建的竖井泄洪洞和放空洞。发电厂房采用地下式，厂内安装4台单机容量为50万kW的立轴混流式水轮发电机组，采用“单机单管供水”及“两机一室一洞”的布置格局。

双江口水电站“三通一平”等筹建工程于2005年9月正式启动。2007年12月，1号导流洞、场内低线公路、建设营地等工程准备期项目全面开工建设。2010年11月，1号导流洞具备过流条件，准备工程项目基本完建。2015年4月9日，双江口水电站项目获得国家发展改革委核准，并于12月8日顺利完成河道截流。

2016年枢纽工程建设情况如下：

（1）围堰防渗墙及过流围堰：上下游围堰防渗墙于2016年7月12日全部施工完成，其中，上游围堰防渗墙共32个槽段，成墙面积共计8353.12$m^2$；下游围堰防渗墙共23个槽段，成墙面积共计6301.38$m^2$。围堰帷幕灌浆于2016年8月31日全部施工完成，累计完成9133.38m。主河床段过流围堰于2016年5月21日施工完成，具备过流条件。

（2）大坝工程：上游围堰防渗心墙混凝土拆除完成；围堰填筑碾压试验场地平整完成；上游围堰2272.00m高程平台心墙盖帽混凝土浇筑72m；下游弃渣压重区2254.00m高程以下填筑完成；左岸坝肩2340.00m高程灌浆平洞开挖22m；左、右坝肩边坡启动开挖。

（3）引水发电系统：完成左岸坝肩至开关站道路建设；完成1号砂石加工系统临建设施建设，启动系统金属结构制安；尾水调压室交通洞完成洞口支护；进厂交通洞启动洞脸边坡开挖施工。

（4）泄洪系统：洞式溢洪道进口导洞已完成洞脸开挖支护施工。

（国电大渡河流域水电开发有限公司）

## 猴子岩水电站首台机组投产发电

2016年12月30日，猴子岩水电站首台机组（4号）顺利完成72小时试运行，正式投产发电。

猴子岩水电站位于四川省甘孜藏族自治州康定县境内，是大渡河干流水电规划调整“三库22级”的第九个梯级电站。电站采用堤坝式开发，水库正常蓄水位1842.00m，相应库容6.62亿$m^3$，总库容7.06亿$m^3$，死水位1802.00m，调节库容3.87亿$m^3$，具有季调节性能。电站安装4台425MW的混流式水轮发电机组，总装机容量1700MW，单独运行多年平均年发电量70.15亿kW·h，上游建成双江口水库后多年平均年发电量73.64亿kW·h。

猴子岩水电站工程为一等大（1）型工程。枢纽建筑物由拦河坝、两岸泄洪及放空建筑物、右岸地下引水发电系统等组成。拦河坝为混凝土面板堆石坝，最大坝高223.5m；右岸布置1条溢洪洞和1条泄洪放空洞，左岸布置1条深孔泄洪洞和1条非常泄洪洞。

猴子岩水电站2007年启动场内道路等前期筹建项目施工；2011年4月5日导流洞过流，11月3日项目通过国家发展改革委核准，主体工程开工建设。截至2016年底，枢纽工程建设情况如下：

（1）大坝工程：大坝填筑完成，三期面板混凝土于2016年12月15日浇筑完成。

（2）引水发电工程：2016年3月，电站尾水出口具备挡水条件；7月，电站进水口具备挡水条件；10月25日，开关站GIS设备安装完成并带电运行；10月31日，4号机组安装完成；2016至年底，3号机组完成机组总装。

（3）泄洪工程：深孔泄洪洞、泄洪放空洞2016年10月12日完成单位工程验收，具备过水条件；溢洪洞混凝土浇筑完成，混凝土缺陷处理完成90%；非常泄洪洞除改建工程外全部完成。

2016年11月15日，1号导流洞顺利下闸，水库开始蓄水；12月13日，库水位蓄至死水位1802m，首台机组（4号）开始有水调试；12月30日21时58分，4号机组顺利完成72小时试运行。

（国电大渡河流域水电开发有限公司）

## 长河坝水电站工程2016年建设进展情况

长河坝水电站是大渡河干流水电规划“三库22级”的第十级，水库总库容10.75亿$m^3$，安装4台单机容量650MW的混流式机组，以2回500kV输电线路接入四川电网。

2016年，长河坝水电站工程完成投资25.89亿元，至年底累计完成投资204.67亿元。

（一）2016年工程完成情况及年底形象面貌

1. 大坝工程　2016年填筑心墙料53.68万$m^3$、反滤料45.80万$m^3$、过渡料49.33万$m^3$、块石料244.87万$m^3$，9月11日大坝填筑全部完成；大坝帷幕、搭接帷幕完成45548.13m，渗控工程全部完成。

2. 泄洪放空系统及中期导流洞工程　3条泄洪洞进口、出口边坡开挖及支护完成，进口塔体混凝土都浇筑到1697m设计高程，各洞室开挖全部完成、边顶拱混凝土衬砌及底板混凝土施工全部完成。放空洞进口塔体浇筑至设计高程1697m，边顶拱混凝土衬砌及底板混凝土施工全部完成；中期导流洞进口边坡开挖完成，混凝土浇筑至设计高程1600m，边顶拱混凝土衬砌及底板混凝土施工全部完成，11月28日中期导流洞下闸，12月4日完成临时堵头混凝土浇筑。

3. 引水发电系统土建工程

（1）进水塔混凝土、塔顶配电房、取水泵房、加压泵等施工完成，砖砌体施工完成。进水口拦漂建筑物开挖支护及混凝土施工全部完成。

（2）本年度主要完成1～4压力管道分别剩余的100.8、102.3、105.00、114.6m衬砌混凝土施工，完成回填、固结灌浆及阻水帷幕施工和下平段剩余12节钢管安装，1～4号压力管道土建和压力钢管安装全部完成。

（3）主厂房及安装间混凝土施工、排架柱施工、顶棚施工全部完成，副厂房施工全部完成。

（4）主变压器室土建施工完成，母线洞土建施工基本完成，1、2号出线竖井、平洞混凝土施工和钢爬梯安装全部完成，开关站地面副厂房、GIS楼土建施工全部完成。

（5）尾水调压室、尾水扩散段、连接洞、尾水支管及岔管、尾水洞、尾水闸门室的土建施工完成；尾水出口边坡，开挖支护全部完成；2号尾水出口围堰于2016年11月26日开始拆除，12月25日拆除完成开始过流；1号尾水出口围堰于2016年12月17日开始拆除。

（6）雾化区边坡开挖支护全部完成，锚索施工完成65%，贴坡混凝土完成90%，防淘墙混凝土施工全部完成。

4. 机电安装工程　1号机组水轮机吊装完成，下机架安装就位，转子叠片安装完成；2号机组开始机组总装，水导轴承安装完成，上机架安装就位；3号机组总装完成，管路安装完成；4号机组于2016年12月31日试运行并网成功。

（二）2016年工程验收情况

（1）2016年9月，长河坝水电站工程顺利通过工程蓄水验收。验收委员会同意于2016年10月中、下旬择机进行初期导流洞下闸封堵，第一阶段蓄水至1580m水位，并分4个阶段逐步蓄水至1690m。2016年10月26日，工程下闸蓄水。

（2）2016年11月，长河坝水电站工程顺利通过第二阶段蓄水验收。验收专家组同意中期导流洞下闸，中期导流洞临时堵头施工完成前库水位不得超过1606m，临时堵头施工完成后逐步抬升水位至1650m。2016年12月31日，库水位蓄至极限死水位1650m。

（3）2016年12月21日，长河坝水电站首台机组（4号）顺利通过启动验收；之后开始试运行，于12月31日并网成功，开始负荷试验及72小时连续试运行。

（大唐国际发电股份有限公司　余圣刚
中国电建集团成都勘测设计研究院有限公司
谭可奇　何顺宾）

## 黄金坪水电站全部机组投产发电

2016年8月11日，黄金坪水电站右岸小厂房5

号机组完成72小时试运行，正式投产发电。至此，该电站6台机组全部正式发电，全面投产。

黄金坪水电站是大渡河干流水电规划“三库22级”的第11级，总装机容量850MW，以1回500kV输电线路接入四川电网。该电站采用水库大坝和“一站两厂”的混合式开发，其中左岸大厂装机容量为4×200MW，在坝址下游约3km，从水库左岸引水发电，主要任务是发电；右岸小厂装机容量为2×25MW，位于坝址附近，从水库右岸引水发电，主要任务是承担电站脱水段（坝址—左岸大厂电站尾水段间）环保供水。

黄金坪水电站于2004年开始前期筹备工作；2011年2月，项目获国家发展改革委核准，同年12月实现大江截流。该工程建设经历了汶川大地震、芦山地震、康定地震的考验。

2015年黄金坪水电站工程实现“一年四投”，左岸主厂房4、3、2、1号4台单机容量为200MW的混流式大机组相继完成安装、调试，4、3号机组于9月投产发电，2、1号机组于12月正式投产。

2016年，黄金坪水电站库水位于1月首次蓄至正常蓄水位1476m；全年左、右岸引水发电系统分别完成混凝土浇筑11万、1.08万$m^3$；右岸引水发电系统在完成进水口闸门及启闭机、尾水调压室闸门以及2台单机容量为25MW的混流式小机组的安装、调试后，右岸小厂房6号机组于6月投产，5号机组于8月投产。

黄金坪电站工程于2016年完成投资5.168亿元，自开工至2016年12月累计完成投资106.3252亿元。

（大唐国际发电股份有限公司　余圣刚
中国电建集团成都勘测设计研究院有限公司
伍小玉　何顺宾）

## 国电大渡河流域水电开发有限公司2016年前期项目筹建情况

（一）金川水电站

金川水电站坝址位于四川省阿坝州金川县境内，水库正常蓄水位2253m，总库容4.88亿$m^3$，选定装机容量86万kW。

2016年，《金川水电站可行性研究阶段优化设计概算》在成都通过了中国水利水电建设工程咨询有限公司的咨询。咨询意见认为，金川水电站经济指标相对较优，属于同期电站中经济指标较好的项目，宜抓住当前良好的投资机遇，尽早开工建设。按照四川省移民局批复的“先移民、后建设”实施方案，截至2016年12月，金川水电站已签订移民搬迁安置协议共376户计1356人，占移民总人数2526人的53.7%。

（二）安宁、巴底水电站

原巴底水电站分为安宁、巴底两个梯级开发，坝址位于大渡河上游四川省阿坝州境内，规划总装机容量110万kW，两个电站均已完成预可行性研究设计。

2016年，巴底水电站完成了《投资效益专题研究报告》《厂房形式比选专题报告》《机组台数选择专题报告》等几项专题设计优化报告，并编制完成了《2016年巴底水电站设计优化深入研究报告》，经济指标得到进一步优化；安宁水电站对预可行性研究、可行性研究阶段成果进行了全面梳理，打破常规，重新开展了梯级开发方案分析、坝址方案及枢纽布置方案对比和厂房型式比选复核，编制完成了《两级闸坝开发方案比选专题报告》《安宁水电站2016年设计优化工作大纲》。

（三）丹巴水电站

丹巴水电站坝址位于大渡河上游四川省甘孜州境内，规划装机容量119.66万kW。

2016年，完成了可行性研究阶段施工总布置规划调整和设计优化初步成果报告。

（四）枕头坝二级水电站

枕头坝二级水电站坝址位于四川省乐山市金口河区的大渡河下游河段，电站装机容量32.6万kW，多年平均发电量为15.4亿kW·h。

2016年，完成了预可行性研究优化专题报告、投资效益专题报告、投资效益专题报告（营改增）、可行性研究“三专题”报告编制等工作，启动了河道疏浚物模试验。

（五）沙坪一级水电站

沙坪一级水电站坝址位于四川省乐山市金口河区和峨边彝族自治县境内的大渡河下游河段，电站装机容量34万kW，多年平均发电量为15.94亿kW·h。

2016年，完成了预可行性研究优化专题报告、投资效益专题报告、投资效益专题报告（营改增）、可行性研究“三专题”报告编制等工作。

（六）老鹰岩水电站

老鹰岩水电站坝址位于大渡河中游四川省雅安市石棉县境内，分两级开发，规划总装机容量65.5万kW。

2016年，完成了老鹰岩开发方式研究阶段优化工作，取得了集团公司关于老鹰岩开展预可行性研究工作的批复，并全面启动老鹰岩预可行性研究工作。

（七）帕隆藏布流域

帕隆藏布位于西藏自治区东南部，是雅鲁藏布江左岸一级支流。根据初步规划成果，帕隆藏布规划

"一库九级"，从上而下依次为安目、甲忠、松宗、连得、比通、通麦、通灯、新玉、帕隆9个电站，规划电站总装机容量1142万kW，总利用落差2159m。

2016年，完成了《帕隆藏布流域规划及规划环评报告》(咨询稿)，组织有关专家对规划环评报告进行了咨询，完成了帕隆藏布流域水电规划开发时序初步研究报告。

(国电大渡河流域水电开发有限公司)

## 乌弄龙与里底水电工程建设情况

由华能澜沧江水电股份有限公司乌弄龙·里底水电工程建设管理局负责筹建及建设管理的乌弄龙水电站、里底水电站，工程建设情况如下。

(一) 工程简介

1. 乌弄龙水电站　该电站是澜沧江上游河段一库七级开发规划的第二级电站。枢纽由碾压混凝土重力坝、坝身泄洪建筑物、右岸地下引水发电厂房系统等组成。碾压混凝土重力坝最大坝高137.5m，坝顶轴线长度240.22m；水库正常蓄水位1906m，总库容2.84亿$m^3$；电站总装机容量99万kW（4×24.75万kW)，多年平均发电量44.51亿kW·h（古水电站投产后)。

2. 里底水电站　该电站是澜沧江上游河段一库七级开发方案中的第三级电站。枢纽建筑物由溢洪道、泄洪底孔、排沙孔、河床式电站厂房和副坝组成。最大坝高75m，坝顶高程1820.50m，坝顶长度346.4m；水库正常蓄水位1818.0m，总库容0.75亿$m^3$；电站总装机容量42万kW（3×14万kW)，多年平均年发电量19.52亿kW·h（古水电站投产后)。

(二) 建设进展情况

1. 乌弄龙水电站　该电站于2010年4月取得前期工作"路条"，2014年9月获得国家发改委核准。2010年7月开始前期项目建设，2014年11月实现大江截流，2016年11月启动大坝混凝土浇筑。2016年底，大坝混凝土浇筑至1865m高程，主厂房4台机混凝土浇筑至发电机层，4台机组座环、蜗壳、机坑里衬安装完成。计划2018年首台机投产发电。

2. 里底水电站　该电站于2008年12月取得前期工作"路条"，2013年2月获得国家发展改革委核准。2009年8月开始前期项目建设，2014年11月实现大江截流，2015年9月启动大坝混凝土浇筑。2016年底，大坝混凝土浇筑全线到顶，主厂房1号机组混凝土浇筑至发电机层，导流明渠三期截流完成，3台机组转轮室、座环、蜗壳钢衬安装完成。计划2018年首台机组投产发电。

(三) 安全与质量情况

自工程开工以来未发生安全生产责任事故。

截至2016年底，单元工程质量合格率100%，土建工程优良率85%以上，金属结构和机电安装工程优良率95%以上，未发生质量事故及重大质量缺陷。

(华能澜沧江水电股份有限公司乌弄龙·里底水电工程建设管理局)

## 托巴水电站建设情况

(一) 项目概况

托巴水电站是澜沧江干流上游河段（云南省境内）规划的第四个梯级，其上游为里底梯级，下游与黄登梯级相衔接。电站位于云南省迪庆州维西县境内，距维西县城约56km，距香格里拉市约269km，距昆明市约694km。坝址控制流域面积8.87万$km^2$。工程区域属高山峡谷地貌区，大部分地区地形切割强烈；区内地层岩性复杂，不同时期岩浆岩与不同年代的沉积岩、变质岩相互穿插、交融展布。

该电站属一等大（1）型工程，以发电为主，兼有发展库区航运效益；水库正常蓄水位1735m，相应库容为12.15亿$m^3$，水库调节库容为2.58亿$m^3$，可达到季调节性能；电站装机容量1400MW，多年平均发电量62.3亿kW·h，装机年利用小时4450h。

如美、古水水库投入前，托巴水库具备一定的补偿调节能力，每年枯水期对下游梯级进行补偿，以提高水电站群保证出力；如美、古水水库投入后，托巴库水位一般尽量维持在高水位运行，枯水年的枯水期为了兼顾电力系统的电力要求，水库可以消落至死水位。托巴水电站建成后，与黄登水电站同步运行时，至少下泄155$m^3$/s的流量，该流量主要通过机组承担基荷发电泄放。

电站枢纽主要建筑物由挡水建筑物、泄洪建筑物、右岸地下输水发电系统等组成。挡水建筑物采用碾压混凝土重力坝，最大坝高158.0m。泄洪建筑物包括4个溢洪表孔、1个泄洪中孔和1个生态泄水孔，下游设置短护坦及护岸。输水发电系统布置在右岸山体内，采用尾部式布置，由进水口、引水隧洞、主厂房、主变压器洞、尾水隧洞、尾水出口等组成，其中进水口结合右岸非溢流坝段布置，地下厂房安装4台单机容量为350MW的混流式水轮发电机组。

工程建设征地总面积3273$hm^2$，涉及迪庆州维西县5个乡镇28个村委会155个村民小组，涉及人口

2221户8421人，影响各类房屋面积76.35万$m^2$。规划搬迁安置人口9297人，移民搬迁安置涉及2个集镇和8个农村集中安置点；生产安置人口9842人（与搬迁安置人口部分重叠），采用“逐年补偿”为主，配置适当土地为辅的方式进行生产安置。托巴水电站建设征地移民安置补偿总费用约60亿元。

电站主要工程量：土石方明挖641.29万$m^3$、石方洞挖132.48万$m^3$、混凝土320.28万$m^3$、喷混凝土6.36万$m^3$、钢筋钢材6.44万t、灌浆25.56万m。

工程静态投资1862124万元，工程总投资2320436万元，单位千瓦总投资16575元。

（二）前期工作情况

2010年8月，国家发展改革委同意托巴水电站开展前期工作（路条）；2011年6月4日，云南省人民政府发布了《关于禁止在澜沧江托巴水电站工程占地和淹没区新增建设项目和迁入人口的通告》（封库令）；2013年12月，国土资源部通过了托巴水电站的用地预审，2016年7月，国土资源部同意延长托巴水电站建设用地预审有效期限（用地预审）；2015年5月，水利部以水保函〔2015〕189号文同意了托巴水电站的水土保持方案；2015年12月，环境保护部以环审〔2015〕255号文同意了托巴水电站的环境影响报告；2015年7月，云南省人民政府以云政复〔2015〕36号文批复同意了《云南省澜沧江托巴水电站可行性研究报告建设征地移民安置规划大纲》；2016年12月14日，云南省移民开发局以云移函〔2016〕47号文批复同意了《云南省澜沧江托巴水电站可行性研究阶段建设征地移民安置规划报告》；2016年8月，《云南省澜沧江托巴水电站可行性研究报告》在昆明通过审查。

2010年11月，华能澜沧江水电有限公司正式成立了托巴水电工程筹建处；2011年3月，托巴水电工程筹建处在迪庆州维西县临时营地正式揭牌；2015年12月，筹建处由临时营地搬迁至业主永久营地。

截至2016年，工程累计完成投资387028.34万元，占总投资2320436万元的16.68%。其中：建筑工程189991.22万元；其他费用197037.12万元（其中征地移民费用67392.21万元，独立费用100597.86万元，贷款利息29047.05万元）。

托巴水电站筹建期主要项目包括托巴大桥，上游临时索道桥，施工供电系统，炸药库场地平整、边坡支护、主体房建及配套设施工程，渣场排水及防护工程，左右岸场内道路工程，板栗园天然砂石加工系统的土建及钢结构制安工程等项目。

截至2016年底，沿江公路碧玉河至白济汛段，上游索道桥，托巴大桥，110kV施工变电站及施工线路，施工油库，业主营地，板栗园砂石骨料加工系统，场内10kV施工输电线路（一期）工程已完工。中路沟渣场排水隧洞（长1220m，4.4m×5.4m城门洞型）开挖支护完成；洞身边顶拱衬砌混凝土完成470m，完成38%。托巴沟渣场排水隧洞（长582m，3m×4m城门洞型），洞身衬砌混凝土全部完成。场内15号高线公路，全线长2201m，路基基本成型。

（华能澜沧江水电股份有限公司）

## 黄登水电站工程2016年建设情况

黄登水电站是澜沧江上游河段一库七级开发规划的第五级电站。枢纽由碾压混凝土重力坝、坝身泄洪建筑物、左岸地下引水发电厂房系统等组成。碾压混凝土重力坝最大坝高203m，坝顶长度464m。水库正常蓄水位1619m，总库容16.7亿$m^3$。电站装机容量190万kW（4×47.5万kW），多年平均发电量85.7亿kW·h。

工程于2008年10月开始前期项目建设，2014年5月获得国家发展改革委核准；计划2017年11月下闸蓄水，2018年首台机组投产发电，2019年工程完建。

截至2016年底，黄登水电站累计完成混凝土浇筑332.8万$m^3$；大坝浇筑完成134m，占最大坝高203m的66%；厂房混凝土施工全面推进，水机埋件安装启动。

2016年黄登水电站获得国家专利4项，管理创新奖1项，工法2项，QC成果奖3项。

（华能澜沧江水电股份有限公司）

## 大华桥水电站工程2016年建设进展情况

大华桥水电站位于云南省怒江州兰坪县兔峨乡境内的澜沧江干流上，是澜沧江上游河段一库七级开发方案的第六级电站，上、下游梯级分别为黄登和苗尾水电站；坝址控制流域面积9.26万$km^2$，多年平均流量925$m^3/s$；距昆明市公路里程约588km，距大理市257km，距兰坪县城77km。

该电站工程以水力发电为主要任务，采用堤坝式开发，为二等大（2）型工程；水库总库容2.93亿$m^3$，正常蓄水位1477m、相应库容2.62亿$m^3$；电站额定水头为62.5m，安装4台单机容量为230MW的混流式水轮发电机组，总装机容量920MW，多年平均年发电量为44.409亿kW·h，年发电利用小时数为4501h。

电站枢纽主要建筑物由挡水建筑物、泄洪消能建筑物和引水发电建筑物等组成。挡水建筑物为碾压混凝土重力坝，坝顶高程1481m，最大坝高106m，坝顶全长231.5m；从右至左共分为12个坝段，1～3号坝段为右岸非溢流坝段，4～8号坝段为表孔坝段，9号坝段为底孔坝段，10～12号坝段为左岸非溢流坝段。泄洪消能建筑物由坝身5个溢流表孔、1个泄洪排沙底孔组成；表孔消能采用宽尾墩台阶溢流面＋戽式消力池消能工，泄洪底孔消能采用异型鼻坎挑流消能工。引水发电建筑物由岸塔式进水口，压力管道、地下厂房、尾水调压室、尾水隧洞以及尾水出口组成，引水系统采用一管一机布置，尾水系统采用两机一洞布置。

地下厂房、主变压器室、尾水调压室平行布置，地下厂房开挖尺寸为196.0m×27.8m×68.5m（长×宽×高，下同），主变压器洞开挖尺寸为130.40m×17.5m×19.5m，尾水调压室开挖尺寸为160.0mm×22mm×58.4m。

电站施工导流采用断流围堰一次拦断河流，枯水期围堰挡水、导流隧洞泄流，汛期基坑和导流隧洞联合泄流，基坑内枯水期施工的导流方式。

大华桥水电站于2007年底开始可行性研究设计工作，研究报告于2013年12月中旬通过了水电水利规划设计总院审查，2014年5月取得审查批复；项目于2014年12月获得核准批复。工程于2014年11月初截流成功，进入主体工程施工期；大坝于2015年4月11日完成基坑开挖，4月27日垫层混凝土开始浇筑，5月28日开始碾压混凝土浇筑；地下厂房于2015年9月30日开始浇筑混凝土；计划2018年首台机组投产发电。

截至2016年底，大华桥水电站累计完成混凝土浇筑80万$m^3$；1号和12号坝段已浇筑到顶，2～3、10～11号坝段浇筑至高程1451m，4～8号表孔坝段浇筑至高程1438m，9号坝段浇筑至高程1442m，坝体累计完成浇筑方量60万$m^3$，累计完成约70%。引水发电系统，开挖支护工作全部完成；电站进水口、出水口混凝土浇筑完成，正在进行金属结构安装工作；1号机组发电机层浇筑完成，2号机浇筑至母线层，4号机组浇筑至水轮机层，3号机组浇筑至蜗壳层；压力钢管安装完成，输水系统正在进行全面的混凝土浇筑施工。

2016年，大华桥水电站获得国家专利4项，其中发明专利1项、新型专利3项，工法1项，QC成果奖4项。

（中国电建集团北京勘测设计研究院有限公司　黄海锋
华能澜沧江水电股份有限公司）

## 苗尾水电站工程2016年建设情况

苗尾水电站位于云南省大理州云龙县苗尾乡境内，是澜沧江上游河段一库七级开发方案中的最下游一级电站，上接大华桥水电站，下邻功果桥水电站。电站以发电为主，兼有灌溉、旅游、库区航运等综合功能；总装机容量为1400MW（4×350MW），多年平均发电量65.56亿kW·h，保证出力424.2MW。枢纽建筑物主要由砾质土心墙堆石坝、溢洪道、冲沙兼放空洞、输水系统及发电厂房等组成。砾质土心墙堆石坝坝顶高程1414.8m，最大坝高131.3m，坝顶长576.7m。水库正常蓄水位1408m，总库容6.6亿$m^3$。工程静态总投资138.1亿元，动态总投资177.9亿元。

该电站由华能澜沧江水电股份有限公司建设，由华能澜沧江水电股份有限公司苗尾·功果桥水电工程建设管理局负责工程建设现场管理工作。工程于2009年4月筹建，2009年11月导流隧洞工程开工，2012年11月河床截流，2013年8月开始厂房基础混凝土浇筑，2013年10月开始砾质土心墙堆石坝填筑。

2016年，苗尾水电站工程完成了大坝填筑，溢洪道、厂房混凝土浇筑，大坝剩余帷幕灌浆，引水进水口、溢洪道、冲沙兼放空洞闸门安装调试，近坝库岸边坡支护等项目，先后通过了蓄水安全鉴定、蓄水阶段质量巡视、蓄水阶段移民专项验收、蓄水阶段环保验收、蓄水阶段验收。分别于2016年10月18日、11月24日错时完成了2号导流洞、1号导流洞下闸，实现了水库一期蓄水目标。

（华能澜沧江水电股份有限公司）

## 景洪水力式升船机投入试通航

2016年11月15日，中华人民共和国西双版纳海事局发布航行通告，宣布景洪水力式升船机投入试通航运行。

（一）工程概况

景洪水电站位于云南省西双版纳傣族自治州首府景洪市北郊，是澜沧江中下游河段水电开发规划两库八级中的第六级，开发任务以发电为主，兼顾航运等其他综合利用要求。枢纽工程由拦河坝、泄洪冲沙建筑物、引水建筑物、坝后厂房及升压变电设备、通航建筑物等组成。水库正常蓄水位602m，总库容11.39亿$m^3$。通航建筑物按500t级船舶通航过坝设计，由上游停泊区、上游引航道、升船机主体段、下游引航道、下游停泊区组成。升船机为水力式升船机，采用湿运过坝、一级垂直提升方案，最大提升高度66.86m。升船机主体段布置在右岸6、7号坝段之间，包括上闸首、塔楼段、下闸首及相关设施。水力式升船机根据其设备特性分为水力输水系统、机械系统、电气系统、通航指挥系统等。

2016年12月，景洪升船机工程各项主要合同已执行完毕，累计完成投资6.28亿元。

（二）2016年工程进展情况

景洪水力式升船机于2015年10月全部设备安装完成。2016年主要工作开展情况如下：

2016年1月11～15日，水电工程质量监督总站专家组对升船机安装调试工程开展了质量监督检查，主要结论为："已完成安装调试工程施工，安装质量处于总体受控状态。"

2016年3月21～25日，中国水利水电建设工程咨询有限公司对升船机工程开展第一次专项安全鉴定工作。

2016年3月28日～4月20日，完成了事故工况试验及运行方式优化，进一步优化完善升船机运行流程，考察各种事故工况影响并提出有效的应对措施，明确升船机安全通航条件，为制订升船机运行操作规程提供依据。

2016年5月23日，升船机工程通过建设单位组织的单位工程验收。

2016年7月5～15日，中国水利水电建设工程咨询有限公司对升船机工程开展第二次专项安全鉴定工作。期间，于7月12日顺利完成了全程自动控制连续3次往返实船通航试验。安全鉴定主要结论为："景洪升船机工程具备安全运行条件，可投入试通航。"

2016年7月25～30日，水电工程质量监督总站专家组对升船机工程开展了试通航专项质量监督检查，并顺利完成连续过船试验，质量监督主要结论为："景洪水电站升船机工程具备试通航验收条件。"

2016年8月11～12日，完成了2700$m^3$/s、1300$m^3$/s、800$m^3$/s 3种典型流量工况的设计船型船舶试通航实船试验。

2016年8月31日，通过云南省航务管理局组织的试通航验收。

2016年11月8日，中共中央政治局常委、国务院副总理张高丽在云南调研时考察了景洪水电站水力式升船机，在现场听取了汇报并观看了升船机运行演示。

2016年11月10日，云南省航务管理局批复试通航运行方案。

2016年11月15日，中华人民共和国西双版纳海事局发布航行通告。

2016年11月23～26日，通过了水电水利规划设计总院组织的升船机工程专项验收现场检查。

（三）结语

截至2016年12月31日，顺利通过各类船舶52船次，安全监测数据表明：监测仪器运行正常，数据采集稳定，升船机水工建筑物整体稳定性良好，处于安全运行状态。

澜沧江—湄公河是连接中国、老挝、缅甸、泰国、柬埔寨、越南六国的国际河流，是我国西南方向最重要的出海水运主通道。景洪升船机投入运行，不仅进一步落实了中老缅泰四国签署的《澜沧江—湄公河商船通航协定》，为境内外船舶提供了便捷快速的通道，而且有助于云南进一步积极参与"一带一路"建设，构建面向西南开放的重要桥头堡，意义重大。

（华能景洪水电工程建设管理局　胡晓林　刘金山）

## 苏洼龙水电站工程建设进展情况

苏洼龙水电站位于四川省甘孜州巴塘县和西藏自治区昌都市芒康县交界的金沙江干流上，是金沙江上游河段13个规划梯级电站的第十级，上游是巴塘水电站，下游是昌波水电站。

该电站开发任务以发电为主，采用坝式开发方案；水库正常蓄水位2475m，总库容6.74亿$m^3$；电站总装机容量为1200MW，多年平均发电量为54.26亿kW·h（联合）。

本工程采用沥青混凝土心墙堆石坝左岸地面厂房方案。拦河坝坝顶高程2480m，最大坝高112m，基础坐落于深厚河床覆盖层上。泄水建筑物布置在右岸，由5孔溢洪道和1条泄洪放空洞组成。引水发电系统布置在左岸，采用地面厂房，4台机组，单机容量300MW，单管单机布置。

苏洼龙水电站工程为一等大（1）型工程，枢纽主要建筑物为1级建筑物。拦河坝和泄洪建筑物按千年洪水设计，洪峰流量为9610$m^3$/s；按PMF洪水校核，洪峰流量为12500$m^3$/s。坝址基本地震烈度为Ⅷ度，拦河坝地震设防烈度Ⅸ度。

工程筹建期24个月，准备工期22个月，主体工程施工工期40个月，完建期10个月，施工总工期72个月，第一台机组发电工期62个月。

2015年6月，电站可行性研究报告通过水电水利规划设计总院审查；2015年11月5日，项目通过国家发展改革委核准，成为金沙江流域上游河段第一个开工建设的大型水电工程。

截至2016年12月底，临建工程（场内供电、油库、炸药库、下游索桥等）已完成；左、右岸过坝交通洞全部建成，场内主干道（1号公路、2号公路）建成通车；1、4号渣场沟水治理工程已完成；砂石料加工系统建成并投入运行；溢洪道Ⅰ区、Ⅱ区完成了2560～2680m高程段边坡开挖与支护；导流洞上导洞已贯通，泄洪洞开挖支护完成697m。根据工程建设进度安排，计划2017年11月大江截流。

（中国电建集团北京勘测设计研究院有限公司 陈晴）

## 去学水电站工程2016年建设进展情况

去学水电站位于定曲河（金沙江一级支流）最大支流硕曲河干流上，工程区处于四川省甘孜藏族自治州得荣县境内，而水库库区大部分（约15km长）位于云南省迪庆藏族自治州香格里拉县境内。工程所在地距四川省甘孜州得荣县城公路里程约50km，距云南省迪庆州香格里拉县公路里程约126km。

该电站采用混合式开发，工程枢纽建筑物由沥青混凝土心墙堆石坝、右岸洞式溢洪道、右岸泄洪洞、左岸输水系统、左岸地下厂房等部分组成。沥青混凝土心墙堆石坝坝顶高程为2334.20m，坝顶长219.85m，坝顶宽15m；最大坝高165.2m，心墙最大高度132m。输水系统总长度6516.11m。地下厂房开挖尺寸为84.02m×20.4m×46.5m（长×宽×高）。

2014年1月31日，电站首部枢纽截流成功，进入主体工程施工期。

2016年，去学水电站工程主要完成节点：5月底，拦河坝填筑至2250m，满足度汛要求；7月，地下厂房土建基本完成；9月，输水系统全部土建基本完成；11月，1号机组基本安装完毕。

截至2016年12月底，首部沥青混凝土心墙堆石坝坝体填筑至2325.00m高程，填筑高度125m，累计完成填筑约392.25万$m^3$，累计完成98.3%；帷幕灌浆累计完成6.87万m，全部完成；洞式溢洪道、泄洪洞开挖完成，混凝土工程全部完成，正在进行金属结构安装。输水系统全长6516.11m，土建及金属结构工程全部完成；地下厂房土建工程基本完建，正在进行装修施工；1号机组上下机架、定转子等构件均已安装就位，整机基本安装完毕；2号机组基坑预埋件安装完成，定子机座组装完成。

去学水电站计划2017年2月开始下闸蓄水，2017年6月机组发电。

（中国电建集团北京勘测设计研究院有限公司 杨健 刘海宇 张悦）

## 中国电建投资开发的中型水电站2016年建设情况

（一）春厂坝水电站

该电站位于四川省阿坝州境内，为沃日河梯级开发中的第四级，采用引水式开发，由中电建水电开发集团有限公司控股子公司四川小金川水电开发有限公司负责开发运营管理。电站装机3台，单机容量1.8万kW，总装机容量5.4万kW，设计年平均发电量2.37亿kW·h；拦河坝为混凝土闸坝，最大坝高21.5m，引水隧洞长13.059km。工程总投资7.81亿元，项目于2010年12月30日获得核准，主体工程于2012年9月动工。

2016年，春厂坝水电站3、1、2号机组分别于8月6日、8月7日和12月28日完成72小时试运行正式并网发电，工程全部完工。全年完成投资19081万元，累计完成投资71115万元。

（二）杨家湾水电站

杨家湾水电站位于四川省阿坝州境内，为小金川支流抚边河水电梯级规划中的第四级；采用引水式开发，引水隧洞长11.366km；水库正常蓄水位2574m，具有日调节性能。该电站装机3台，单机容量2万kW，总装机容量6万kW，设计年平均发电量2.59亿kW·h。工程设计概算静态投资7.55亿元、动态投资8.38亿元。2011年12月15日，项目获得四川省发展改革委核准批复。前期场内交通工程于2012年6月开工建设，主体工程于2015年4月开工建设。

2016年，杨家湾水电站工程完成投资1.17亿元，累计完成投资3.1亿元。至2016年年底，闸首工程，完成了二枯截流、防渗墙混凝土浇筑及闸门液压启闭设备安装；引水隧洞工程，完成隧洞开挖支护10000m；地下厂房工程，完成主厂房第一层开挖及固结灌浆。

（中电建水电开发集团有限公司 刘元秀）

## 果多水电站全部机组投产

2016年12月8日，果多水电站1号机组通过72小时试运行，正式投产发电。至此，该电站4台机组已全部投产发电。

果多水电站位于西藏自治区昌都县境内，为扎曲水电规划“两库五级”中第二个梯级电站；坝址距昌都县公路里程59km，距玉龙铜矿直线距离约75km。电站开发任务以发电为主，供应昌都地区用电，其中亚洲第二大的玉龙铜矿二期是主要电力负荷。

本工程坝址以上控制流域面积33470km²，坝址多年平均流量303m³/s，多年平均径流量95.7亿m³。水库正常蓄水位为3418m，相应库容7959万m³，调节库容1746万m³，具有周调节性能。电站装机容量4×40MW，保证出力33.54MW，年发电量8.319亿kW·h。

果多水电站为三等中型工程，枢纽由碾压混凝土重力坝＋坝身泄洪冲沙系统＋左岸坝身引水系统＋坝后地面厂房等永久建筑物组成。大坝顶高程为3421.00m，最大坝高83.00m，坝顶全长235.50m。按照2012年第二季度的价格水平测算，工程静态投资为33.24亿元，工程总投资为38.33亿元。

该电站为《“十二五”支持西藏经济社会发展建设项目规划方案》的重点项目，是西藏境内目前在建的第二大水电站（昌都最大的水电站），也是西藏境内第一座完全市场化运作的工程，第一座碾压混凝土重力坝工程。果多水电站的建设有利于提高昌都地区居民用电水平，推进西藏跨越式发展和长治久安。

果多水电工程于2012年12月30日成功实现大江截流，2013年7月24日首仓混凝土开始浇筑，2014年11月23日大坝碾压混凝土浇筑完成，2015年12月31日首台机组（4号机）投产发电。2016年，果多水电站主体工程完工，3、2、1号机组分别于4月4日、12月4日、12月8日投产发电，实现了一年三投和全部机组投产发电目标。

果多水电站自筹建以来实行“建管合一”的管理模式，有效地减少了生产人员的数量，降低企业成本投入；同时通过建设期对设备安装的跟踪学习和质量控制，使专业技术人员业务技能得以提高、对设备性能更加熟悉，有利于设备长期安全、可靠的运行。

2016年，果多水电站积极开展科技创新活动，获得了两项发明专利：便携式变态混凝土智能高压注浆系统及注浆方法（ZL201410473695.5）、一种碾压混凝土工作性快捷测试方法（ZL201410596365.5）；又获得了中国电力建设企业协会2016年度电力建设工法1项：《碾压混凝土仓面施工工法》（DJGF-SD-04-2016）。

（华能果多水电有限公司）

## 觉巴水电站建设情况

觉巴水电站由华能澜沧江水电股份有限公司如美水电工程筹建处负责工程建设和生产管理，是中国华能集团公司认真贯彻落实中央第五次西藏工作座谈会精神，积极响应国家能源局关于“十二五”电力援藏工作任务，对口支援西藏芒康县无电地区供电电源项目。电站投产发电后可新增和改善用电人口约5万人，解决芒康县电力供应不足的难题，有力促进芒康县经济社会跨越式发展。该电站装设3台机组，总容量3万kW，其中1万kW为解决芒康县无电地区电源，2万kW为如美水电站施工电源，年均发电量1.47亿kW·h；工程投资9.25亿元。

觉巴水电站位于澜沧江右岸一级支流登曲中下游河段，距离芒康县城公路里程约60km；枢纽布置包括混凝土闸坝、沉沙池、有压引水隧洞、调压井、压力管道、地面厂房。电站采用高水头冲击式机组，转速高达750r/min。引水隧洞平均海拔3200m，开挖断面为3m×3.5m，全长4120m；压力钢管道边坡高差超过600m。

觉巴水电站在2015年12月27日首台机组正式投产发电基础上，2016年4月22日，电站第二台（3号）机组顺利通过72小时试运行并投入商业运行；12月15日，电站最后一台（2号）机组顺利通过72小时试运行，正式投入商业运行。至此，该电站3台机组全部投产发电。

电站建设过程中，筹建处狠抓工序衔接、加强施工资源管理，实现引水隧洞单工作面开挖及一次支护最高进尺达到168m/月、底板混凝土衬砌达669m/月、边顶拱混凝土衬砌305m/月，创下高海拔、小断面、长隧洞单工作面月进尺新高；创新使用铂砾耐建筑模板，一次性达到混凝土质量“免装修”水平，受到水电工程质量监督总站专家组和各级领导的一致好评；大力推行安全生产标准化，确保施工管理的安全有序，实现安全“零”事故；坚持工程建设与环境保护并重，优化施工总布置方案，开展高海拔地区边坡植被恢复治理课题研究，减少占地约500亩，累计播撒披碱草和黑麦草草籽7150kg、椿树树种50kg，种植树苗约1万棵，布设覆盖面积约30万m²喷灌管路系统，环保水保成效明显。

2016年4月，觉巴水电站团委第二团支部荣获“西藏自治区五四红旗团支部”称号，电站团委荣获西藏昌都市“2015年度全市共青团工作优秀奖”；2016年6月，电站党委获芒康县委“先进基层党组织”表彰；2016年1月，筹建处荣获“2015年度芒康县民族团结进步模范集体”称号。

（华能澜沧江水电股份有限公司）

## 湖南渫水皂市水利枢纽工程通过竣工验收

2016年7月7～9日，水利部会同湖南省人民政府共同主持了湖南渫水皂市水利枢纽工程竣工验收会议，皂市水利枢纽工程顺利通过竣工验收。

湖南渫水皂市水利枢纽工程是“98长江大水”之后国务院批准的长江流域近期防洪建设重点工程之一，属于国家“十五”重点水利工程；位于洞庭湖水系澧水流域的Ⅰ级支流渫水上，坝址距下游湖南省石门县城19km；以防洪为主，兼顾发电、灌溉、航运等综合利用。坝址控制流域面积3000km$^2$，占渫水总流域面积的93.7%。水库正常蓄水位140m，总库容14.4亿m$^3$，防洪库容7.83亿m$^3$。电站装机2×60MW，多年平均发电量3.26亿kW·h。工程设计灌溉农田5.4万亩，通航建筑物规模50t级（初期预留）。

皂市水利枢纽工程始于20世纪50年代，1959年工程曾一度动工兴建，1961年停建。2000年8月，经国务院批准，原国家发展计划委员会批复项目建议书，2002年11月批复可行性研究报告；2003年11月，国家发展改革委核定工程初步设计概算，12月，水利部批复工程初步设计。

2001年11月，该水利枢纽导流隧洞工程开工；2004年9月，工程通过了截流前验收，9月底截流，10月主体工程开工；2007年10月，通过了蓄水验收，水库下闸蓄水；2008年4～5月，通过了消防专项验收和机组启动验收，1、2号机组先后并网发电；2009年12月工程完工。

2010年8月，工程通过了档案专项验收和水土保持设施竣工验收；2011年1月，通过了环境保护竣工验收；2012年12月～2015年7月，进行了竣工验收工程质量抽样检测；2012年8月～2015年10月，完成了竣工验收技术鉴定；2015年11月，工程移民安置通过了竣工验收。2016年7月3～7日，工程通过了竣工技术预验收。

澧水是长江中游洪涝灾害最为严重的一条支流，地处长江流域最大的暴雨区，洪水汇集迅速，峰高势猛，历史上洪涝灾害频繁发生，1935年曾发生特大洪水，造成沿河死亡3.3万人的惨剧。新中国成立后，党和政府几度启动澧水流域防洪工程建设，终因工程投资大而几度下马。1992年10月，水利部和湖南省政府签署合作协议，联合组建了湖南澧水流域水利水电开发有限责任公司，负责澧水流域控制性水利枢纽工程建设和经营管理。皂市水利枢纽工程是湖南澧水流域水利水电开发有限责任公司继江垭水利枢纽工程之后兴建的澧水流域第二座防洪骨干工程。该工程建成后，与江垭水库和规划建设的宜冲桥水库等工程联合调度，近期可将澧水下游尾闾地区防洪标准由4～7年一遇提高到20年一遇，远期提高到50年一遇，并可减轻西洞庭湖区防洪的压力，具有十分显著的防洪效益。

皂市水利枢纽工程自2004年开工建设以来，在湖南澧水流域水利水电开发有限责任公司的精心组织和参建各方的共同努力下，工程质量、安全、进度、投资控制良好，4万多移民安置顺利，2台机组提前并网发电，工程提前完工。截至2016年5月底，工程经受了8个汛期的考验，共拦蓄洪峰33次，拦蓄洪量52.2亿m$^3$，保护了澧水下游人民群众生命财产安全；累计发电21亿kW·h，缓解了湖南供电紧张的情况，对改善电网运行条件、提高电能质量起到了一定作用；同时，也发挥了较好的抗旱减灾作用，为流域经济社会发展提供了有力的支撑和保障。

（湖南澧水流域水利水电开发有限责任公司
长江勘测规划设计研究院　夏叶青）

## 滇中引水工程可行性研究报告通过中国国际工程咨询公司评估

受国家发展改革委委托，中国国际工程咨询公司于2016年9月在昆明组织召开会议，对由长江勘测规划设计研究院技术牵头、中国电建集团昆明勘测设计研究院有限公司和云南省水利水电勘测设计研究院共同编制的《滇中引水工程可行性研究报告》进行了咨询评估。云南省人民政府、省相关部门、工程区及受水区相关州、市政府以及设计单位的领导、专家和代表参会。会前，中国国际工程咨询公司10位专家到水源地金沙江干流石鼓及输水工程重要建筑物香炉山隧洞等进行了查勘，现场听取了汇报。

会议听取了设计单位汇报，并分地质、规划、工程、工程管理和投资估算、移民环评水保等5个小组，分别进行了讨论；对工程建设规模、是否利用滇池与洱海输水、重点段输水线路、深埋长隧洞施工等重大技术问题进行了重点评估。会后中国国际工程咨询公司提出了评估意见，同意滇中引水工程建设规模及建设方案。

滇中引水工程是我国西南地区最大的水资源配置工程，也是我国172项重大水利工程中的标志性工程，年调水规模34亿m$^3$，供水范围覆盖云南中部昆明、丽江、大理、楚雄、玉溪及红河等6个市、州的35个县（市、区），受水区面积3.69万km$^2$。工程从金沙江干流石鼓河段提水，泵站扬程 223m，设计流量 135m³/s；输水线路自石鼓由北向南到大理，再转而由西向东穿楚雄到昆明，沿昆明东北部外围向南东到玉溪、红河，终点位于蒙自；输水线路总长 661km。

（长江勘测规划设计研究院　瞿霜菊）

# 抽 水 蓄 能 工 程

## 仙居抽水蓄能电站“一年四投”全部机组投产

仙居抽水蓄能电站 1～4 号机组于 2016 年 5～12 月相继通过 15 天考核试运行，这座国内单机容量最大的抽水蓄能电站实现“一年四投”，4 台机组全部正式投产。

该电站位于浙江省仙居县境内，安装 4 台单机容量为 375MW 的混流可逆式抽水蓄能机组，设计年发电量 25.125 亿 kW·h，年平均抽水耗电量 32.63 亿 kW·h，综合效率 77%。

上水库利用天然盆地新建主坝、副坝形成。由于控制流域面积仅为 1.21km²，校核洪水位仅比正常蓄水位抬高 1.8m，因此不设溢洪道。主坝为混凝土面板堆石坝，坝顶高程 679.20m，最大坝高 88.20m，坝顶长度 263.66m，坝顶宽度 7m；副坝坝型、坝顶高程、坝顶宽度与主坝相同，最大坝高 59.7m，坝顶长度 222m。上水库地形地质条件较好，不需要采用全库盆防渗处理，仅需对局部库岸进行帷幕灌浆。考虑大坝填筑用料需要和增加有效库容，对上水库西北、东南、西南库岸进行一定规模的开挖。

下水库利用 2003 年已建下岸水库，总库容 1.35 亿 m³；大坝为常态混凝土拱坝，最大坝高 64m。泄洪建筑物采用表孔溢流道，集中布置在坝顶河床段，设有 5 孔泄洪闸，弧形闸门控制，采用挑流消能。为解决本工程投入运行后发电流量和台汛期洪水叠加问题，在下岸水库右岸增设一条泄放洞。泄放洞全长 791m，直径 7.4m，最大下泄流量 736.7m³/s。

输水系统采用两洞四机布置，总长度约为 2216.1m，其中引水系统长 1215.5m，尾水系统长 1000.6m。上库进/出水口采用侧向岸坡竖井式。两条引水隧洞轴线间距 32.5～52.3m。上平洞采用钢筋混凝土衬砌，衬后直径 7m；上斜井、中平洞、下斜井及下平洞均采用钢板衬砌，钢衬内径 6.2m，在下平洞渐变为 5.0m；引水钢岔管采用对称 Y 型，主管直径 5.0m，分岔角 75°；引水高压支管钢衬内径 3.5m。尾水支管内径 5.2m，其中钢衬段长 99.5m，混凝土衬砌段长 117.3m；尾水岔管采用钢筋混凝土衬砌，Y 形分岔角 50°；尾水调压室采用阻抗＋上室式，大井直径 10.0m，阻抗孔直径 4.8m，总高约 114.2m；尾水隧洞长 783.8m，衬砌厚度 0.5m，衬后直径 7.4m。

地下厂房位于输水系统中部。主厂房洞、主变压器洞、尾闸洞三大洞室自上游至下游平行布置。主厂房洞开挖尺寸为 176m×25m×55m（长×宽×高），主变压器洞与主厂房间距 38.3m、开挖尺寸 169.7m×19.5m×22.3m（长×宽×高）。500kV 开关站位于下水库进/出水口上游侧约 200m 的冲沟右侧，地面高程 230.0m，场地尺寸 37.0m×152.0m（宽×长），布置地面 GIS 楼、继保楼、柴油机房。500kV 高压电缆经电缆出线洞至开关站 GIS 楼，场内设二回 500kV 架空出线。中控楼设于电站生产管理区内，布置计算机监控系统主机、远动、通信、控制设备等。

电站以 500kV 一级电压等级接入华东电网系统，以二回 500kV 出线接入永康变。

水泵水轮机额定水头 447m，额定出力 382.76MW/最大入力 384.74MW，额定转速 375r/min，加权平均效率 90.81%（水轮机工况）/93.48%（水泵工况）。发电电动机机为半伞式、空冷，额定容量 416.7MVA（发电工况）/413MW（电动工况），额定功率因数 0.9（发电工况）/0.975（电动工况），额定转速 375r/min。

500kV 主变压器采用三相油浸式、双绕组、水冷、带无载调压分接开关的电力变压器，额定容量 480MVA。500kV 开关设备采用额定电流 5000A，额定开断电流 63kA 的气体绝缘封闭式组合电器设备（GIS）。500kV 电缆采用截面为 1000mm² 的单芯干式（XLPE）绝缘电缆，额定电压 290/500kV（$U_0/U$），额定持续电流 1270A。

电站计算机监控系统按“无人值班”（少人值守）的原则设计，受华东网调调度控制；系统采用基于 UNIX 操作系统跨平台的全分布开放系统结构、NC2000 监控系统软件。电站控制级采用高度冗余设计，为双主计算机互为热备用方案；单元控制级设有

10个现地控制单元及有关远程I/O设备；局域网络采用100Mb/s交换式冗余以太网络和TCP/IP网络协议。

浙江仙居抽水蓄能电站的规划工作始于2000年初。2004年1月，仙居抽水蓄能电站选点规划报告通过审查；2004年3月，预可行性研究报告通过审查；2006年12月，可行性研究报告通过审查；2010年3月，项目获得国家发展改革委正式批准；2010年12月，工程正式开工建设。

该电站于2015年6月完成了上、下库的蓄水验收工作，2015年11月实现了500kV倒送电；1～4号机组分别于2016年5月31日、9月11日、10月31日、12月18日正式投入商业运行，实现了2016年"一年四投"的目标。仙居抽水蓄能电站4台国内完全自主化的最大单机容量抽水蓄能机组的成功投运，标志着我国已完整掌握400MW级大型抽水蓄能机组核心技术，抽水蓄能机组国产化事业迈上新台阶。

（中国电建集团华东勘测设计研究院有限公司 李成军）

## 洪屏抽水蓄能电站完成"一年四投"

2016年7～12月，洪屏抽水蓄能电站1～4号机组相继通过15天考核试运行，实现"一年四投"，一期工程4台机组全部正式投产。

该电站位于江西省靖安县境内，紧靠江西省用电中心，距南昌、九江、武汉直线距离分别为65、100、190km。电站为周调节纯抽水蓄能电站，最终装机规模为2400MW，可行性研究设计推荐分两期开发。一期装机容量1200MW，安装4台单机容量300MW的可逆式抽水蓄能机组；以500kV一级电压等级接入电网系统，出线一回接入江西500kV梦山变，并预留2个出线间隔。电站设计年平均发电量17.43亿kW·h，年发电利用小时数1453h；年平均抽水电量22.93亿kW·h，年抽水利用小时数1911h。

江西洪屏抽水蓄能电站于2010年6月正式开工建设，2015年8月和9月完成了上下库的蓄水验收。2016年7月21日，电站首台机组正式投入商业运行，后续3台机组分别于同年8月21日、10月15日以及12月8日成功投入商业运行。至此，洪屏电站一期4台机组全部正式投运，成为国内首个实现"一年四投"的抽水蓄能电站项目。

洪屏抽水蓄能电站是江西省内第一座抽水蓄能电站，主要服务于江西省及华中电网，在电网中承担调峰、填谷、调频、调相和事故备用等任务。洪屏电站一期工程的全面投产运行，为江西省及华中电网的安全稳定运行提供了有力保障。

（中国电建集团华东勘测设计研究院有限公司 沙滨）

## 中国南方电网调峰调频发电公司2016年电源建设情况

2016年，中国南方电网有限责任公司调峰调频发电公司（以下简称调峰调频公司）电源建设主要情况如下。

（一）惠州抽水蓄能电站

电站已全部投入运行，整体进度完成100%，2016年主要开展竣工总验收工作，即主要开展移民安置专项验收和工程竣工决算验收等两项工作。

（二）清远抽水蓄能电站

电站已于2016年8月30日全面投产，工程进入相关验收及收尾工作，9月27日完成建设征地移民安置竣工验收。

（三）深圳抽水蓄能电站

截至2016年底，工程总体完成51.12%，主要完成情况：

（1）上水库工程：上水库主坝、各副坝坝体结构施工完成，配电房施工完成，坝顶路面、电缆沟、观测房正在浇筑施工；水库蓄水水位504m。

（2）水道系统工程：上、中、下平洞开挖完成；上平洞衬砌完成97%，固结灌浆完成68%；上游调压井衬砌完成，灌浆完成50%；上、下斜井衬砌、灌浆完成；中平洞衬砌完成90%，下平洞衬砌基本完成。引水支管安装完成85%。尾水支管安装完成90%，回填混凝土完成70%。尾水隧洞衬砌完成88%，固结灌浆完成60%；下库进出水口结构混凝土浇筑完成。

（3）厂房系统工程：地下厂房开挖支护完毕，安装间混凝土施工完毕，完成2号机风罩混凝土施工，完成3号机机墩−2.20～−0.50高程混凝土施工，完成4号机蜗壳外包混凝土施工。

（4）机电设备制造及安装：1号机定子下线、球阀预装、顶盖吊装完成；2号机底环安装、锥管安装、球阀基础安装完成。完成15.75kV高压厂用变压器、SFC高压盘柜、副厂房干式变压器等就位工作。完成3号机尾水闸门槽底槛安装。

2016年，安全生产风险管理体系达到"三钻一星"等级；全面推行质量控制作业标准（WHS），WHS合格率达96.85%。

（四）海南琼中抽水蓄能电站

截至 2016 年底，电站工程总体完成 59.75%，主要完成情况：

（1）上水库工程：上水库主坝填筑完成；副坝 1 混凝土防渗墙施工完成，帷幕灌浆完成 85%（130/155 孔）；副坝 2 坝体填筑至 561.5m 高程；上水库进/出水口混凝土浇筑完成约 97%（完成 2.8 万 $m^3$，共 2.9 万 $m^3$），已完成闸门吊装。

（2）下水库工程：下库坝坝体填筑完成，坝顶结构填筑至 256.4m，坝顶防浪墙浇筑完成；下库溢洪道开挖完成，混凝土浇筑完成，已开展蓄水验收相关工作。

（3）引水系统及地下厂房工程：主变压器洞混凝土浇筑完成；引水系统开挖支护完成，上斜井、下斜井直线段衬砌完成。

（4）尾水系统工程：尾水主洞、支洞及岔洞开挖支护完成，主洞底板清理完成，衬砌完成约 65%；出口渐变段混凝土衬砌浇筑完成；尾水调压室开挖完成，滑模安装完成；下库进/出水口开挖完成，混凝土浇筑完成约 99%（完成 1.48 万 $m^3$，共 1.5 万 $m^3$）。

（5）机电安装工程：厂房 1 号机组混凝土浇筑至发电机层高程 200.35m，2 号机组浇筑至发电机层高程 194.15m，3 号机组浇筑至蜗壳层高程 187.3m，副厂房混凝土浇筑至高程 215.55m；下水库完成溢洪道弧门及锥阀的安装。

2016 年，安全生产风险管理体系达到“三钻一星”；全面推行质量控制作业标准（WHS），WHS 合格率达 92.01% 。

（五）梅州抽水蓄能电站

2016 年，电站交通洞工程进尺 554m（为总长的 37%），通风洞工程进尺 265m（为总长的 22%），工程总体进度完成 11%。

该电站工程移民生产安置采用投资项目和自谋职业两种安置方式，投资项目的具体方案为投资五华自来水公司；规划建设集中安置点 2 处，分别为三坑、断掌凹。

梅州抽水蓄能电站基准年（2012 年）建设征地涉及生产安置人口 2179 人，搬迁安置人口 2553 人。推算至规划水平年（2017 年）生产安置人口 2278 人，其中采取投资方案的 2175 人，自谋职业的 103 人；搬迁安置人口 2663 人，其中集中安置 2560 人，分散安置 103 人。

目前已完成该项目的工程使用林地和建设用地报批工作，集中安置点的建设和征地移民相关工作正有序开展。

（六）阳江抽水蓄能电站

2016 年，电站交通洞工程进尺 1360m（为总长的 71%），业主临时营地工程完工并投入使用，工程总体进度完成 11%。

阳江抽水蓄能电站工程移民生产安置采用投资项目和自谋职业两种安置方式，投资项目的具体方案为投资阳春自来水公司；规划建设集中安置点 1 处，为八甲镇镇南堡。

阳江抽水蓄能电站基准年（2013 年）建设征地涉及生产安置人口 1020 人，搬迁安置人口 947 人。推算至规划水平年（2017 年）生产安置人口 1051 人，其中采取投资方案的 1051 人；搬迁安置人口 975 人，其中集中安置 975 人。

目前该项目的工程使用林地报批材料已报送国家林业局，待批复；建设用地的土地利用总体规划材料已报广东省国土厅。集中安置点的建设和征地移民相关工作正有序开展。

（中国南方电网有限责任公司调峰调频发电公司
黄 纯 周 全）

## 丰宁抽水蓄能电站工程 2016 年建设进展情况

丰宁抽水蓄能电站一期工程于 2013 年 5 月 29 日正式开工建设，二期工程于 2015 年 7 月通过河北省发展改革委核准，9 月 23 日开工。截至 2016 年 12 月，一、二期工程主厂房顶拱已开挖完成；上水库大坝已填筑约 70m，下水库拦沙坝已完成基础处理，拦河坝正在进行基础开挖；一期引水系统中平段以上扩挖已完成近 2/3。

2016 年完成的设计工作如下：

（1）一期工程各专业共完成图纸 180 套，共 785 张，图册 15 套，技术要求及报告 11 份。

（2）二期工程各专业共完成图纸 45 套，共 92 张，图册 4 套，技术要求及报告 2 份。

（3）编制完成了《机电设备安装及厂房混凝土工程标（FNP/EM1，与一期合并）》《二期工程引水系统土建及金属结构安装工程施工标（FNP2/C2）》《地下厂房系统及尾水系统土建及金属结构安装工程施工（FNP2/C3）》《二期工程 600MPa 级钢板采购（FNP2/WZ1）》《二期工程 800MPa 级高强钢板采购（FNP2/WZ2）》《二期工程第三方土建试验室建设及检测标》等标段的招标设计、标书文件。

（4）完成二期工程《招标设计报告》《土石方平衡设计专题报告》《渣场利用专题报告》《表层土在水土保持上的利用设计专题报告》《环保设计标准与方案设计专题报告》《水土保持设计标准与方案设计专题报告》《渣场设计专题报告》《生态环境规划设计专

题报告》《厂用电和施工供电设计专题报告》《排水设计专题报告》等9项专题报告，完成《丰宁抽水蓄能电站二期工程变速机组应用研究专题报告》《丰宁抽水蓄能电站一、二期工程同期建设方案和工期变更专题报告》，并通过水电水利规划设计总院的审查；完成《地下系统地质条件分析专题报告》《地下系统支护设计研究专题报告》，并通过丰宁公司组织的专家审查；完成一期工程主机标“二联会”的技术交流等工作等。

（中国电建集团北京勘测设计研究院有限公司　何　敏）

## 敦化抽水蓄能电站工程2016年建设进展情况

2016年，敦化抽水蓄能电站筹建期工程基本结束，主体标中以上、下水库大坝开挖填筑，地下厂房开挖，水道系统开挖支护为主；机电安装标已进场，开展前期工作。

项目各阶段设计工作的进度、质量、费用、安全、信息化等目标均处于受控状态，主要情况如下：

（1）标书方面：2016年供图协议中共涉及“业主营地绿化工程施工”“500kV电缆及其附属设备购置”“500kV主变压器及其附属设备购置”“550kV GIS及其附属设备购置”“水泵水轮发电机组大件设备运输招标文件”“五系统一中心招标文件”“消防设计报告”7项工作，均已按计划提供。

（2）图纸方面：2016年敦化项目各专业基本能够按照供图协议提供施工详图阶段设计文件。

（3）设代方面：设代处全年长期保持在6～8个设代人员，专业覆盖地质、水工、路桥、施工、建筑等，其他专业人员采用临时到工地解决问题的方式；设代处每月召开安全和生产例会，及时解决现场的技术问题，为业主提供设代服务，满足了工程建设的需要。

（中国电建集团北京勘测设计研究院有限公司　王兆辉）

## 文登抽水蓄能电站工程2016年建设进展情况

文登抽水蓄能电站于2015年12月15日开工建设，2016年主要进行筹建期工程场内道路标、洞室标、施工供电、施工供水、业主营地场平、业主营地房屋建筑、砂石骨料加工系统等工程施工。下水库混凝土拌和系统、第三方土建实验室、物探实验室、环保监测和水保监测各施工单位入场，并开展各项开工准备工作。

工程建设进展情况如下：

（1）场内道路标：2015年12月15日动工。2016年，1、2、3号公路分段进行了路基开挖、边坡支护、涵洞砌筑和隧道开挖等多项工作；1～3号渣场分别进行了挡水坝、挡渣坝、排洪渠开挖浇筑等工作。

（2）洞室标：2015年12月15日动工。通风洞及交通洞，洞脸边坡于2016年3月15日首次爆破施工；截至2016年底，两洞洞口场平常态混凝土已完成，边坡完成锚喷处理，通风洞开挖至桩号K0＋281m，交通洞开挖至桩号K0＋153m，初期支护已完成。泄洪放空洞完成了部分明渠段和洞脸上部的爆破开挖工作，并进行了部分锚喷支护处理。

（3）施工供电：2015年12月15日动工。2016年，施工供电标共完成了文登线6根塔基和葛家线8根塔基的开挖浇筑工作，年底解除合同后退场。

（4）施工供水：2016年4月15日动工，截至2016年底，完成了下水库204m高位水池、一级泵站和二级泵站混凝土浇筑工作；完成了从取水口至二级泵站管线铺设、三级泵站开挖工作。

（5）业主营地场平标：2016年3月16日动工，进行平台1爆破施工和平台8的开挖工作，截至2016年底，场平标大部分工作业已结束。

（6）业主营地房屋建筑：2016年5月1日动工，截至2016年底，办公综合楼，设代监理楼，公寓二，公寓三，施工管理及生活用房一、二已封顶；公寓一和食堂完成了第一层。

（7）砂石骨料加工系统：2016年9月5日动工，截至2016年底，完成了场平、边坡开挖和部分混凝土基础浇筑工作。

（中国电建集团北京勘测设计研究院有限公司　杜贤军）

## 沂蒙抽水蓄能电站工程2016年进展情况

沂蒙抽水蓄能电站位于山东省临沂市费县，站址距济南市170km；电站额定水头375m，安装4台单机容量为300MW的单级混流可逆式水泵水轮机—发电电动机机组，装机总容量1200MW，设计年发电量20.08亿kW·h，年抽水用电量26.77亿kW·h，电站综合效率系数0.75。

该电站枢纽建筑物主要由上水库、下水库、水道系统、地下厂房系统以及地面开关站等建筑物组成。上水库大坝为沥青混凝土面板堆石坝，最大坝高为117.4m，正常蓄水位606.0m，死水位571.0m，调节库容799万$m^3$。下水库大坝为钢筋混凝土面板堆石坝，最大坝高为78.6m，正常蓄水位为220m，死水位为190m，调节库容869万$m^3$。

2014年9月5日，国家能源局印发了《国家能源局关于山东沂蒙抽水蓄能电站项目核准的批复》(国能新能〔2014〕413号)，同意建设山东沂蒙抽水蓄能电站。工程总投资为73.7亿元；建设总工期78个月，其中准备期12个月，主体工程施工期54个月，工程完建期12个月。

2015年6月12日，召开电站开工动员大会；7月19日，筹建期工程包括场内道路工程、永久补水及施工供水工程、施工供电工程、业主营地工程、进厂交通洞及通风兼安全洞工程正式开工；12月1日，下水库工程开工建设。2016年11月5日，上水库标、输水发电土建及金属结构安装标两个主体标正式开工。

截至2016年底，已开工建设10个标段，工程建设形象进度如下：

(1) 场内道路工程(YM/Q1)：1号道路(生产生活区主要道路)路基开挖填筑基本完成；鲁峪沟隧洞施工完成，2号道路(上下库连接公路)完成路基开挖基本完成。

(2) 引水系统准备工程(YM/Q2)：排风上平洞洞挖完成，底板混凝土施工完成；4号路路基开挖完成，引水上支洞洞挖进尺455m。

(3) 永久补水及施工供水工程(YM/Q3)：一至三级泵站土建及安装施工全部完成，设备正在进行调试；三至四级管线钢管焊接1100m；四级泵站泵房、水池基础浇筑完成；五级泵站泵房砌砖施工完成；高位水池平台开挖累计完成2500$m^3$，占总工程量的16.7%。

(4) 施工供电工程(YM/Q4)：施工供电系统完工投运。

(5) 业主营地工程(YM/Q5)：业主营地工程施工完成，通过预验收。

(6) 施工期污水处理标(YM/Q6)：污水处理设备已安装完成，目前正进行设备接线和调试。

(7) 进厂交通洞和通风兼安全洞工程(YM/Q8)：通风兼安全洞洞身开挖完成；进厂交通洞洞身开挖至K1+678，累计完成总长1716m的97.8%。

(8) 上水库工程(YM/C1)：大坝坝基土方开挖累计完成3.3万$m^3$，占总工程量的26.7%；库盆土石方开挖完成累计完成49.8万$m^3$，占总工程量的5.9%；引水闸门井平台开挖完成；右侧排水廊道开挖进尺至K0+027，累计完成总长210m的12.9%。

(9) 输水发电系统工程(YM/C2)：厂房第一层中导洞洞身开挖累计完成60m，占总工程量的31.9%；下水库进/出水口工程石方开挖累计完成3.1万$m^3$，占总工程量的10%。

(10) 下水库工程(YM/C4)：右岸库区及巡视便道开挖完成2万$m^3$，累计完成总量196.96万$m^3$的12.4%；大坝趾板浇筑完成158m(长度)，累计完成总量504m的31.3%；大坝填筑工艺性试验完成；下水库泄洪导流洞贯通；混凝土生产系统、砂石骨料加工系统施工完成。

(中国电建集团北京勘测设计研究院有限公司 杨子强)

## 镇安抽水蓄能电站工程正式开工建设

2016年8月5日，镇安抽水蓄能电站工程正式开工建设。

该电站位于陕西省商洛市镇安县月河镇东阳村，距镇安县城公路里程74km，距西安市公路里程134km，地处西北电网负荷中心附近区域。电站装机容量1400MW(4×350MW)，设计年发电量23.41亿kW·h，年抽水电量31.21亿kW·h。综合效率约为75%。电站建成后主要服务于陕西电网，在电网中承担调峰、填谷、调频、调相及事故备用等任务。

(一) 枢纽布置

上水库位于月河右岸支沟——金盆沟，利用沟谷地形筑坝形成水库。坝址两岸地势较陡，库区三面环山，山体较雄厚，库盆整体封闭条件较好。库区基岩主要为结晶灰岩和花岗闪长岩，岩体较完整，岩质坚硬，断裂构造发育一般，未发现大的构造破碎带，岩溶不发育，库岸基本稳定。坝址区覆盖层较薄，岸坡裸露，以弱风化大理岩为主，岩石中等坚硬，未发现大的构造破碎带，岩溶不发育。上水库挡水建筑物采用混凝土面板堆石坝，最大坝高(坝轴线处)125.9m。水库正常蓄水位1392.0m，对应库容896万$m^3$，其中调节库容850万$m^3$。库盆防渗采用土工膜(库底)+混凝土防渗面板(库岸)的组合全库盆防渗方案。

下库坝区位于月河干流上，库区两岸为雄厚的花岗岩山体，地形封闭条件较好。库区岩体透水性微弱，两岸地下水位较高，库区不存在永久渗漏问题。库区两岸基岩多裸露，岩体较完整，断裂构造不发育，库岸稳定性较好。坝址两岸边坡高陡，地形对称完整，岩石裸露，岩性为黑云母花岗岩，岩质坚硬，未发现大的断层和软弱结构面，工程地质条件较好，挡水建筑物采用混凝土面板堆石坝，最大坝高 95m，正常蓄水位以下库容 1220 万 $m^3$，调节库容 956 万 $m^3$。拦沙坝采用堆石混凝土坝，最大堰高 34.5m，溢流段长度 70.00m。泄水建筑物有右岸溢洪道和 1、2 号泄洪排沙洞。

输水及厂房系统位于月河右岸山体中，沿线山体雄厚，围岩主要为微风化～新鲜、坚硬的花岗闪长岩。上平洞及上斜井局部为微风化结晶灰岩和蚀变带。沿线无大的断层通过，地应力中等，围岩基本稳定～稳定，局部可能存在轻微岩爆，不存在危害性涌水问题。地下厂房上覆岩体厚度大，岩体较完整～完整，围岩稳定性较好；地应力较低，局部洞段可能存在轻微岩爆。无大的构造发育，地下水活动总体较弱，初判不会形成大的涌水。输水发电洞围岩类别以Ⅱ～Ⅲ类为主，上、下库进/出口段为Ⅳ类。输水道采用一洞二机布置型式，输水系统总长度 1760.8～1774.1m，水平距离约为 1555.7m。电站最大水头 477.5m，最小水头 411m，加权平均水头 440m，额定水头 440.0m，距高比 3.54。

镇安抽水蓄能电站通过 2 回 330kV 线路接入西安南变电站。

本电站上、下水库均建在天然河沟上，上水库径流量较小，蒸发和渗漏损失需要从下库补充。下水库位于月河上，天然来水量较大，95%年份径流量 2190 万 $m^3$，水源条件可满足本电站运行要求。

工程水库淹没区和枢纽建设区共涉及各种土地 4879.81 亩（主要为林园地），搬迁安置人口 153 人，等级公路 4.35km，汽车便道 4.0km；下水库涉及淹没一座小水电站（装机容量 3200kW）。

工程建设不涉及自然保护区、风景名胜区和水源保护地等敏感保护区域。工程影响区内无重要工程设施和矿产资源分布，也不存在特别敏感的环境保护目标。

工程筹建期 18 个月，施工总工期 72 个月，第一台机组投运工期 63 个月。电站静态投资 68.11 亿元，单位千瓦静态投资 4865 元/kW。

（二）勘测设计过程

（1）2010 年 12 月，水电水利规划设计总院会同陕西省发展改革委、能源局审查通过了《陕西省抽水蓄能电站选点规划报告（2010 年版）》，同意镇安站点作为陕西省电网 2020 年抽水蓄能电站的推荐站点。2011 年 9 月 17 日，国家能源局以国能新能〔2011〕304 号文批复了陕西省抽水蓄能选点规划。

（2）2011 年 12 月，水电水利规划设计总院会同陕西省发展改革委、能源局审查通过了陕西省镇安抽水蓄能电站预可行性研究报告。2012 年 4 月 8 日，国家发展改革委办公厅对陕西省发展改革委上报的《关于申请开展陕西镇安抽水蓄能电站工程前期工作的请示》（陕发改新能源〔2011〕2427 号）和国家电网公司《关于开展陕西镇安抽水蓄能电站项目前期工作的请示》（国家电网发展〔2011〕4 号）复函，同意陕西镇安抽水蓄能电站开展前期工作。

（3）2013 年 12 月，水电水利规划设计总院会同陕西省发展改革委、能源局审查通过了陕西镇安抽水蓄能电站可行性研究报告。

（4）2016 年 3 月 25 日，陕西镇安抽水蓄能电站项目获得陕西省发展改革委核准批复（陕发改新能源〔2016〕338 号）。

（5）2016 年 8 月 5 日，陕西镇安抽水蓄能电站正式开工建设。

（中国电建集团西北勘测设计研究院有限公司）

## 阜康抽水蓄能电站工程开工建设

2016 年 12 月 8 日，阜康抽水蓄能电站工程开工建设。该电站为日调节抽水蓄能电站，位于新疆昌吉州阜康市境内，距阜康市约 70km，距乌鲁木齐市约 130km，是新疆地区开建的第一座抽水蓄能电站。电站装机容量 1200MW，安装 4 台单机容量 300MW 的可逆式抽水蓄能机组，单机额定流量为 71.6$m^3/s$，额定水头 484m。阜康抽水蓄能电站距新疆负荷中心近，承担新疆乌昌电网调峰、填谷、调频、调相、紧急事故备用等任务。

本工程枢纽总体布置由上水库、下水库、输水系统和地下发电厂房系统及地面开关站等部分组成，地下发电厂房采用尾部开发方案，引水及尾水系统均采用两洞四机布置。

阜康抽水蓄能电站工程为一等大（1）型工程，枢纽建筑物主要有：上水库主坝混凝土面板堆石坝、上水库库尾副坝（西岔沟副坝和西支沟副坝）工程、上水库库盆工程，下水库混凝土面板堆石坝、库尾拦沙坝（土工膜斜墙坝）、下水库泄洪排沙洞（兼导流洞）、下水库放空洞、补（充）水工程，上、下水库电站进/出水口、输水隧洞、地下发电厂房和地面开关站工程，上、下水库沟谷泥石流拦挡设施等建筑物。

上水库调节库容 662 万 $m^3$，混凝土面板堆石坝最大坝高 133m，土石方开挖总量 854 万 $m^3$，填筑总量 571 万 $m^3$。下水库调节库容 665 万 $m^3$，挡水坝为坐落在覆盖层上的混凝土面板堆石坝，最大坝高

69m，开挖总量544万$m^3$，填筑总量200万$m^3$。

输水、发电系统由上、下水库进/出水口、引水上平洞、调压井、压力管道（钢岔管）、引水支管、地下发电厂房、尾水洞等建筑物组成。输水系统采用一洞二机布置型式，采用斜井和水平洞结合型式，水平距离约为1815m。电站最大水头524m，最小水头449m，输水系统水平距离约1870.00m，电站距高比3.8。

本工程筹建期24个月，施工总工期76个月，第一台机组投运工期67个月。

阜康抽水蓄能电站工程静态总投资663423万元，单位千瓦静态投资5529元；工程总投资836827万元，单位千瓦投资6974元。

本工程建设采用EPC总承包模式，是国网系统内第一座实行EPC总承包的抽水蓄能电站，也是国内水电行业第一个实行以设计牵头的EPC总承包建设模式。

（中国电建集团西北勘测设计研究院有限公司）

## 清原抽水蓄能电站工程开工建设

2016年12月8日，辽宁清原抽水蓄能电站工程开工建设。

（一）项目概况

清原抽水蓄能电站位于辽宁省抚顺市清原满族自治县北三家乡境内，下水库坝址经北三家乡至清原县城公路里程为30km，经北三家乡至抚顺市公路里程为117km，经抚顺市至沈阳市公路里程为176km。该电站可行性研究阶段推荐装机容量1800MW，连续满发小时数6h（含1h备用），供电范围为辽宁电网，在系统中承担调峰、填谷、调频、调相、紧急事故备用和黑启动等任务。枢纽工程主要由上水库、下水库、输水系统、地下厂房系统和地面开关站等建筑物组成。

上水库位于摩离红沟沟首，坝址位于两条支沟交汇处下游150m处，控制流域面积1.99$km^2$。库区出露的地层为太古界混合岩、元古界侵入岩和第四系堆积物，未见较大的断裂构造发育，断层发育较少。大坝为混凝土面板堆石坝，坝顶宽10m，坝轴线长490m，最大坝高89.2m。水库正常蓄水位725m，死水位695m，正常蓄水位以下库容1433万$m^3$，其中调节库容1214万$m^3$。

输水系统布置于小石英沟和大石英沟之间的山体内，围岩岩性为花岗岩，除上、下库进/出水口外，洞室围岩主要为微新岩体，饱和抗压强度较高，类别主要以Ⅲ类为主，少部分Ⅱ类。输水系统总长3899m，引水、尾水系统均采用一洞两机的布置形式，共有3套独立的输水系统。高压管道由高压主管、岔管和支管组成，采用钢板衬砌，高压主管采用设一条中平段的双斜井立面布置方式。引水、尾水调压室均采用带上室的阻抗式结构形式。

地下厂房布置在输水系统中部，洞室围岩为微新花岗岩，岩体内未见较大断裂构造发育，类别主要以Ⅲ类为主，部分为Ⅱ类。地下厂房由主机间、副厂房和安装场组成，呈"一"字形布置，开挖尺寸为222.5m×26m×55.3m（长×宽×高，下同），主机间内安装6台300MW竖轴单级混流可逆式抽水蓄能机组。主变压器洞平行布置在地下厂房下游侧，与地下厂房净距离为40m，开挖尺寸为234m×21m×22m。地面开关站布置于下水库进/出水口与通风兼安全洞洞口之间、Y2号公路旁的开挖平台上，尺寸为110m×60m，布置有GIS开关楼、出线场等建筑物。

下水库位于浑河右岸支流树基沟河内，坝址在树基沟村上游、河曲转弯段下游350m处，拦沟筑坝形成下水库。库区出露的地层为元古界侵入岩和第四系堆积物，库区内无较大规模的堆积体，泥石流、崩塌、滑坡等不良地质现象不发育。大坝为混凝土面板堆石坝，坝顶宽10m，坝轴线长372m，最大坝高48.2m。坝址以上控制流域面积65.3$km^2$，正常蓄水位319m，死水位298m，正常蓄水位以下库容1564万$m^3$，其中调节库容1443万$m^3$，死库容121万$m^3$。泄洪建筑物采用岸边溢洪道和泄洪放空洞联合泄洪方式，溢洪道布置在右岸坝端，泄洪放空洞布置在大坝右岸山体内，同时兼顾施工期导流。

该工程筹建期24个月，施工总工期84个月。其中准备期10个月，主体工程施工期56个月，完建期18个月，首台机组发电工期66个月。

工程静态总投资856370万元，总投资1082485万元。

（二）建设必要性

该电站地形地质及水源等自然条件优越，地理位置优越，水库淹没单一，社会关系简单；与东北地区其他抽水蓄能电站站址相比，单位千瓦投资较低，经济技术指标较优越，是东北地区和辽宁省较优越的抽水蓄能站址；没有制约电站建设的重大工程技术问题，具有较好的财务竞争和盈利能力，具备经济抗风险能力。电站建成投入辽宁电网运行后，可有效解决电网调峰能力严重不足的问题，并承担系统紧急事故备用的任务，优化电网的电源结构，改善电网供电质量，提高电网运行的经济性、安全性和稳定性。

在辽宁蒲石河抽水蓄能电站1200MW投入运行

的基础上，辽宁电网 2025 年还需新建 3500～4000MW 抽水蓄能电站才能使电力系统达到安全、稳定、经济运行。辽宁省具备丰富的抽水蓄能资源，在该地区建设抽水蓄能电站是非常必要的。因此，建设清原抽水蓄能电站十分必要。

（三）项目核准情况

该项目预可行性研究报告于 2014 年 3 月通过水电水利规划设计总院会同辽宁省发展改革委的审查（水电规规〔2014〕22 号），可行性研究报告于 2016 年 8 月通过水电水利规划设计总院的审查（水电规水工〔2016〕80 号）。

受辽宁省发展改革委的委托，中国国际工程咨询公司于 2016 年 10 月在辽宁省抚顺市对辽宁清原抽水蓄能电站项目申请报告进行了评估。辽宁省发展改革委于 2016 年 10 月以辽发改能源〔2016〕1290 号文对辽宁清原抽水蓄能电站项目核准进行了批复，同意建设辽宁清原抽水蓄能电站。

该项目由国网新源控股有限公司和辽宁省电力公司共同出资建设，由中国电建集团北京勘测设计研究院有限公司负责勘测设计工作。

（中国电建集团北京勘测设计研究院有限公司 张建富）

## 句容抽水蓄能电站开工建设

2016 年 12 月 8 日，句容抽水蓄能电站开工建设。该电站位于江苏省句容市境内，距南京市 65km；安装 6 台单机容量为 225MW 的可逆式抽水蓄能机组，总装机容量 1350MW；设计年平均发电量 18.09 亿 kW·h，年平均抽水电量 24.12 亿 kW·h，综合效率 75%。

该电站为一等大（1）型工程，主要情况如下。

（一）枢纽布置

上水库位于仑山主峰西南侧大哨沟的沟源坳地，坝址控制流域面积 0.69km$^2$；正常蓄水位 267.00m，对应库容 1702.7 万 m$^3$，其中调节库容 1560 万 m$^3$。上水库不设溢洪设施，主、副坝均采用沥青混凝土面板堆石坝，主坝坝顶高程 272.40m，最大坝高 182.30m，坝顶长度 810.00m，坝顶宽度 10.0m；副坝最大坝高 34.50m，坝顶长度 210.00m，坝顶宽度 8.5m。

下水库（坝）位于仑山水库库尾，坝址以上集水面积 7.75km$^2$；正常蓄水位 81.00m，对应库容 1693.12 万 m$^3$，其中调节库容 1588 万 m$^3$。下水库设溢洪道、放水管，大坝为沥青混凝土面板堆石坝，坝顶高程 87.00m。

上、下库进/出水口之间输水管道总长度为 1375.6m，其中引水系统长 1063.9m，尾水系统长 311.7m。引水隧洞采用三洞六机、一级竖井布置，从上水库进出水口闸门井后渐变段末端开始钢板衬衬；在引水隧洞末端设置阻抗式调压室，大井直径 18.0m，阻抗孔直径 4.5m；竖井长 209.3m，直径 7.8m；下平洞设 3 个“Y”形钢岔管，分岔角 70°，主管直径 6.8m，支管直径 4.8m（与球阀连接段直径 3.3m）。尾水隧洞采用单洞单机布置，洞径 6.8m，尾水管出口至下水库进出水口闸门塔上游侧渐变段起点采用钢板衬砌。

地下厂房采用尾部开发方式。主副厂房洞、主变压器洞两大洞室平行布置，净距为 40m。主副厂房洞开挖尺寸 246.5m×25.5m×57.55m（长×宽×高，下同），主变压器洞开挖尺寸 242.35m×18m×22.15m。地面开关站布置在下库进出水口平台方山坡，地面高程 86.50m，场地尺寸为 195.0m×38.0m（长×宽），设有 GIS 室、继保楼、500kV 出线场等。

（二）机电设计

电站水头范围为 152.05～201.98m，水泵工况扬程为 161.25～205.45m，额定水头 175m；水泵水轮机额定转速为 250r/min，转轮高压侧直径 5.20m，水轮机额定出力 229.6MW，安装高程 10.0m。进水阀选用卧式双密封球阀，采用油压操作。调速器选用 PID 调节规律的可编程微机调速器，主配压阀直径约为 150mm，额定操作油压 6.3MPa。发电电动机额定容量，发电机工况为 225MW/250MVA、电动机工况不小于 245MW，额定电压为 15.75kV。

电站以 500kV 电压接入电网系统，出线两回接入 500kV 上党变电站。发电电动机与主变压器的组合方式采用二机联合单元接线。电站 500kV 侧为三进二出，采用双母线接线方式。

本电站设两套 SFC 变频起动装置，共用一条起动母线（设置分段隔离开关），可互为备用。SFC 额定容量 14.5MW，输入/输出电压 15.75kV。

6 台主变压器为三相、油浸、铜线、双绕组、带无载调压分接开关的电力变压器，额定容量 280MVA，额定电压 520±2×2.5%/15.75kV。采用 2 回 500kV XLPE 电缆作为地下与地面 GIS 连接回路，额定电压（$U_0/U$）300/500kV，每回电缆输送容量 560MVA。

本电站按“无人值班（少人值守）”方式设计，采用计算机为基础的全厂集中控制方式。电站计算机监控系统采用开放的分层分布式结构，分电站控制级和单元控制级，通过冗余光纤环网连接。

（三）建设情况

江苏句容抽水蓄能电站于 2003 年 3 月开始进行

规划选点的地勘工作，同年10月，开始预可行性研究阶段的勘察设计工作。2009年9月，受国网新源控股有限公司和江苏省句容市人民政府的委托，中国电建集团华东勘测设计研究院有限公司重新开展该电站预可行性研究；2010年4月，预可行性研究报告通过审查。2010年8月开始可行性研究工作，到2011年4月结束，勘察设计工作暂停。2012年12月，可行性研究工作重新启动；2014年10月，可行性研究报告通过审查。2016年5月27日，项目获得江苏省发展改革会核准；12月8日，工程开工建设。

电站工程筹建期和准备期12个月（含两路工程），从地下厂房开挖至第一台机组发电工期为64个月，完建期15个月，主体工程总工期79个月。

句容抽水蓄能电站由国网新源控股有限公司、江苏省电力公司共同投资建设，项目法人为江苏句容抽水蓄能有限公司。工程主要参建单位包括：勘测设计单位为中国电建集团华东勘测设计研究院有限公司；监理单位为中国水利水电建设工程咨询北京有限公司；进厂交通洞、通风兼安全洞及进场公路工程施工标承包商为中国水利水电第六工程局有限公司，施工供电系统工程标承包商为重庆正东建筑安装工程有限公司，营地房建标施工标承包商为江苏新红塔建设有限公司。至2016年底，主体土建及金属结构安装工程施工工程标尚未招标。

（中国电建集团华东勘测设计研究院有限公司 郑应霞）

## 厦门抽水蓄能电站工程开工建设

2016年12月8日，厦门抽水蓄能电站工程开工建设。该电站位于福建省厦门市同安区汀溪镇境内，距福州市、泉州市和厦门市的公路里程分别为276、86km和50km。电站为日调节纯抽水蓄能电站，安装4台单机容量为350MW的可逆式抽水蓄能机组，总装机容量1400MW，设计年平均发电量23.45亿kW·h，年平均抽水电量31.27亿kW·h，综合效率75%。

（一）枢纽布置

上水库主坝为混凝土面板堆石坝，最大坝高62.30m，坝顶长度635.0m；南副坝和西南副坝均为均质土坝，其中南副坝最大坝高11.8m、坝顶长度95.0m，西南副坝最大坝高9.8m、坝顶长度140.0m。上水库集水面积1.63km²，水库正常蓄水位867m，对应库容为848万m³，其中调节库容743万m³。

下水库大坝采用混凝土面板堆石坝，最大坝高95.50m，坝顶长度346.10m。坝址控制流域面积11.78km²，水库正常蓄水位306m，对应库容为902万m³，其中调节库容703万m³。下水库设有岸边侧堰式自溢流溢洪道和泄洪放空洞，溢流堰宽度60m，无闸门控制。

上、下水库进/出水口之间输水管道总长度为2764.2m（沿1号机输水系统长度，下同），其中引水系统长1245.3m，尾水系统长1518.9m。引水隧洞采用一洞两机布置，从上斜井起点开始至高压支管均采用钢板衬砌，上平洞、上斜井直径为6.6m，中平洞直径为6.0m，下斜井、下平洞直径为5.2m，下平洞在钢岔管前直径渐缩为4.2m，钢支管直径为2.9m，与球阀连接段直径为2.5m。尾水隧洞也采用一洞两机布置，尾水支管洞径为4.6m，尾水管出口至尾水闸门洞中心线下游25.0m洞段采用钢板衬砌；设置2个钢筋混凝土衬砌岔管，衬砌厚0.7m；尾水调压井设置在尾水岔管下游30.0m处，采用阻抗式；尾水隧洞长1322.3m，洞径6.8m。

地下厂房采用中部开发方式，三大洞室从上游往下游依次平行布置，主副厂房洞与主变压器洞的净间距为40.0m，主变压器洞与尾水闸门洞的净间距为30.0m。主副厂房洞开挖尺寸177m×25m×57m（长×宽×高，下同），主变压器洞开挖尺寸169m×19.5m×22.5m。地面开关站布置在下库库尾平缓坡地上，开关站场地高程325.00m，场地尺寸为155m×40m（长×宽），布置有GIS室、继保楼以及地面出线场。

（二）机电设计

电站以500kV电压接入电网系统，出线2回接入厦门500kV变电站。本电站发电电动机与主变压器的组合方式采用联合单元接线。电站500kV侧接线方式为四角形接线。

混流式水泵水轮机，水轮机工况工作水头为521.1～591.9m，水泵工况扬程为541.3～600.1m，额定水头545m，额定转速为428.6r/min，转轮高压侧直径4.7m，水轮机额定出力357.1MW，安装高程195.0m；发电电动机额定容量，发电机工况为350MW/388.9MVA、电动机工况不小于381MW。

主变压器为三相双绕组、无载调压变压器，额定容量420MVA，额定电压525±2×2.5%/15.75kV。采用2回500kV XLPE电缆作为地下与地面GIS连接回路，额定电压（$U_0/U$）：290/500kV，每回电缆输送容量840MVA。GIS装置额定电压550kV，额定电流4000A。

本电站按“无人值班（少人值守）”方式设计，采用计算机为基础的全厂集中控制方式。计算机监控系统采用开放的分层分布式结构，分电站控制级和单元控制级，通过冗余光纤环网连接。

（三）主要建设情况

2009年8月，福建省在历次抽水蓄能电站普查成果和前述选点规划工作的基础上，根据抽水蓄能电站布局要求和资源特点，择优选取了周宁、福州、永泰、厦门、长泰、漳平抽水蓄能电站作为规划站点开展新一轮选点规划工作，规划水平年为2020年。2010年10月，福建厦门抽水蓄能电站预可行性研究报告通过审查；2011年5月，国家发展改革委批准开展前期工作。2013年11月，该电站可行性研究报告通过审查；2016年7月，项目获得福建省发展改革委核准，2016年12月8日，工程开工建设。

厦门抽水蓄能电站工程筹建期和准备期24个月（含两路工程），从地下厂房开挖至第一台机组发电工期为55个月，完建期12个月，主体工程总工期67个月。筹建期工程主要包括移民征地、进场公路、通风兼安全洞、进厂交通洞、施工供电系统、业主营地等。

厦门抽水蓄能电站已经进入前期标施工阶段。全部4台机组计划将于2024年5月底全部正式投运。

（中国电建集团华东勘测设计研究院有限公司 余雪松）

## 周宁抽水蓄能电站工程正式开工建设

2016年12月27日，周宁抽水蓄能电站工程正式开工建设。

周宁抽水蓄能电站位于福建省宁德市周宁县七步镇境内，与宁德市、福州市的直线距离分别为50、110km；为日调节纯抽水蓄能电站，安装4台单机容量为300MW的可逆式抽水蓄能机组，年发电量12亿kW·h，年抽水电量16亿kW·h，承担福建电网的调峰、填谷、调频、调相及备用等任务。电站枢纽主要由上水库、下水库、输水系统、地下厂房及开关站等建筑物组成，工程概算总投资66.93亿元。

该电站由华电福新周宁抽水蓄能有限公司投资建设，可行性研究报告于2016年3月10日通过水电水利规划设计总院审查，项目于2016年5月5日获得福建省发展改革委核准；前期工程标（交通隧洞工程）于2015年12月23日动工，主体工程输水系统及地下厂房系统工程于2016年12月27日正式开工建设。工程计划于2021年6月首台机组投产发电，2022年全部投产发电。

2016年，主要施工项目有进厂交通洞、通风兼安全洞、至下库中转料场隧洞及连接线公路、坑尾沟排水洞等。其中，交通隧洞工程土建完成工程量为：土方明挖1.55万$m^3$，石方开挖25.56万$m^3$（其中石方明挖6.8万$m^3$、洞室开挖18.76万$m^3$），喷射混凝土0.62万$m^3$，砂浆锚杆7.05万m，混凝土浇筑0.3万$m^3$，挂网钢筋72.55万t，钢结构70.79万t。

截至2016年12月底，累计完成投资35141万元，主要项目工程形象进度如下：

1. 前期隧洞工程（C1标）

（1）通风兼安全洞：完成主洞洞身全部开挖及支护（洞长1160m）；完成上层排水廊道洞身开挖27.5m；完成主变压器排风洞洞身开挖58.0m。

（2）进厂交通洞：完成主洞洞身全部开挖及支护（洞长1278.7m）；完成3号施工支洞洞身开挖94.0m。

（3）下水库中转料场交通隧洞及其接线公路：累计完成洞身洞挖696.5m；完成连接线公路完成路基及挡墙与干砌石护坡施工。

（4）坑尾沟排水洞：完成洞身全部开挖（洞长370m）。

（5）弃渣场：完成和兴弃渣场和中平洞弃渣场临时钢筋石笼及盲沟施工，开展永久挡渣墙、截水沟施工。

2. 设代监理工程（C6标）完成主体框架施工和二层至三层填充墙砌筑。

2016年度，主体工程项目评定448个单元工程，合格率100%，其中优良单元406个，优良率90.4%。全年安全生产总体平稳，未发生各类安全生产事故；截至2016年12月31日，已实现连续安全生产无事故374天。

（华电福新周宁抽水蓄能有限公司 曾继坤 吴金龙）

## 梅州抽水蓄能电站工程建设情况

（一）工程概况

梅州抽水蓄能电站工程位于广东省梅州市五华县南部的龙村镇黄狮村境内，距广州市、汕头市、梅州市直线距离分别为210、120、115km，处于广东东翼沿海产业带中部；建成后，服务于广东电网，在电网中承担调峰、填谷、紧急事故备用任务，兼有调频、调相和黑启动任务。

该电站规划装机容量2400MW，分两期建设，一期装机容量1200MW，二期工程根据电力市场的发展情况适时建设；发电库容为周调节，8 台机组满装机发电时间 14h。

电站为一等大（1）型工程，枢纽建筑物主要包括上水库、下水库、输水系统和发电系统四部分。电站上、下水库按最终规模（即装机容量 2400MW）一次建成，输水系统和发电系统按照装机容量 1200MW 建设。上水库洪水泄洪流入下水库，上、下水库落差约 400m。

上水库库盆开阔，集雨面积为 4.35km$^2$，多年平均径流量为 479 万 m$^3$；正常蓄水位 815.50m，死水位 782.00m，正常蓄水位时库容为 4102 万 m$^3$，死库容 308 万 m$^3$；主要建筑物包括 1 座主坝、1 座副坝、竖井式溢洪道以及进/出水口等。主坝为钢筋混凝土面板堆石坝，最大坝高 60.0m，坝顶长 500m；副坝为均质土坝，最大坝高 11.0m，坝顶长 53.0m；溢洪道在主坝右侧。

下水库库盆开阔，集雨面积为 32.02km$^2$，多年平均径流量为 3185 万 m$^3$；正常蓄水位 413.50m，死水位 383.00m，正常蓄水位时库容为 4382 万 m$^3$，死库容 561 万 m$^3$；主要建筑物包括 1 座主坝、1 座副坝、进/出水口等。主坝为碾压混凝土重力坝，最大坝高 82.00m，坝顶长约 305m，坝身布置泄洪建筑物；副坝为黏土心墙堆渣坝，最大坝高 35m（计算至心墙底部），坝顶长 172m；副坝右侧分水岭总长度约 360m，较单薄，采用混凝土防渗墙下接帷幕灌浆的形式进行防渗。

上、下水库进/出水口水平距离约 1780m，距高比为 4.48。输水系统包括上下水库进出水口、引水主洞、高压钢筋混凝土岔管、高压支管、尾水支管、尾闸室、尾水岔管、尾水调压室和尾水隧洞。输水系统管道轴线平均长度 2270m。供水方式采用一洞四机布置和正进正出地下主厂房，引水主洞采用两级竖井。

发电系统包括地下厂房洞室群建筑物和地面建筑物。地下厂房洞室群布置于上下水库之间的山体内，厂房在输水系统属于中偏首部布置方式。地下厂房洞群建筑物包括主副厂房、主变压器洞、母线洞、2 级电缆竖井和电缆平洞、交通洞、通风系统和地下洞群防渗排水系统等。地面建筑物包括 GIS 开关站、出线平台、继电保护楼和中控楼。GIS 开关站及出线平台布设于地下厂房山体顶部，地面高程 713.00m，中控楼布置在建设管理中心综合楼内。

地下主厂房主机间安装 4 台单机容量为 300MW 的可逆式水轮水泵发电电动机组，主变压器洞内安装 4 台容量为 360MVA 的主变压器，高压电缆从主变压器洞至 GIS 开关站，采用先竖井后平洞、再竖井的送出方式。电站本期以 500kV 一级电压接入系统，出线 2 回，至拟建的五华 500kV 开关站。

电站发电工况额定水头 400.00m、额定流量 86.68m$^3$/s。

本电站工程可行性研究审定施工总工期 69 个月，首台机发电工期 57 个月，工程静态投资 57.26 亿元（不含送出工程投资），工程总投资 70.52 亿元。

（二）工程建设过程

梅州抽水蓄能电站项目建设单位为南方电网调峰调频发电有限责任公司，设计单位为中国电建集团中南勘测设计研究院有限公司，监理单位为浙江华东工程咨询有限公司。

2015 年 3 月，本项目可行性研究报告通过了审查；7 月，广东省发展改革委对本项目核准批复；10 月，筹建期项目场内道路工程（下库公路标、上下水库连接公路Ⅰ标和Ⅱ标）及辅助洞室工程（通风洞、交通洞和自流排水洞合称的三洞标）开工。

电站主体土建工程计划 2017 年底开工。

（三）2016 年工程建设情况

该工程自筹建期开工至 2016 年底，累计完成投资 74603 万元。下库公路标累计完成投资 3592 万元，占合同 55%；上下库连接公路标累计完成投资 3685 万元，占合同 44%；三洞标累计完成投资 3268 万元，占合同 32%。

截至 2016 年底，工程项目主要施工形象进度如下：

下库公路标，公路长 3.27km，包含黄狮 1、2 号两座桥梁及杨梅隆业主营地和屋场坪 2 处场地平整，上坪、营子肚和交通洞口 3 处弃渣场。2016 年年内完成 2 处场地平整和黄狮 1 号桥施工，上坪弃渣场填筑完成。黄狮二桥 1 号桥台及中间桥柱的桩基施工完成，公路路基除标尾约 400m 外其他段基本拉通，年内完成混凝土路面总施工量的 11%。

上下水库连接公路标全线长 7.19km，施工分 2 个标段。路基除Ⅰ标标尾近 800m 外基本拉通。

三洞标交通洞长度 1510m，通风洞长度 1216m，自流排水洞长度 3594m，服务自流排水洞的 7 号施工支洞长度 600.5m。交通洞累计完成开挖 537m，占总长度 35.6%；自流排水洞累计完成开挖 1408m，占总长度 39.2%；通风洞累计完成 261m，占总长度 21.5%。7 号施工支洞开挖支护完成。

2016 年 10 月至 11 月底，业主营地房建（即建设管理中心）标、生活供水标和土建质量监测标施工单位进场，开始工作。

（中国电建集团中南勘测设计研究院有限公司
张孝松　周　英）

# 琼中抽水蓄能电站工程 2016年建设情况

2016年是琼中抽水蓄能电站混凝土浇筑施工高峰，及土建施工高峰向机电安装转序之年。在广大建设者共同努力下，工程建设超额完成了年度生产目标。全年共评定单元工程累计5021个，合格率100%，其中优良单元数4732个，优良率94.2%；进场材料累计检测2962批，合格率100%；中间产品/工程实体检测试验累计7170组/次，其中混凝土/砂浆试块强度、坝体填筑等检测项目均达到设计要求；未发生质量事故和重大质量缺陷，工程质量总体优良。

（一）投资完成情况

2016年计划投资70000万元，实际完成72941万元，完成率为104.2%。

工程总投资为39.95亿元，截至2016年12月底，累计完成投资23.89亿元，完成总投资的59.8%。

（二）主要工程形象进度

1. 上水库工程　总体完成约77.7%。上水库主坝于2016年12月26日完成填筑，填筑沥青混凝土4071m³，坝体填筑49万m³、基座混凝土浇筑16777m³，钢筋制作安装213t，固结灌浆2295m、帷幕灌浆3971m。副坝1于2016年12月15日完成防渗墙施工，共7633m²；帷幕灌浆完成80%，约2100m。副坝2于2016年11月2日完成防渗墙施工，共6059m²；12月1日完成帷幕灌浆施工，共4638.5m；心墙垫座混凝土浇筑于2016年12月5日完成施工，混凝土浇筑1789m³，钢筋制安134t；坝体2016年11月21日开始填筑。上水库进/出水口闸门于2016年6月29日下闸挡水。

2. 下水库工程　总体完成约80.2%。大坝趾板、面板混凝土2016年6月23日施工完成，浇筑混凝土9945.8m³，帷幕灌浆6542.1m，固结灌浆2840m；2016年12月12日溢洪道施工完成，浇筑混凝土59000m³，溢洪道固结灌浆1467m，帷幕灌浆2370.12m。

3. 地下厂房工程　总体完成约74.3%。地下厂房结构混凝土，1号机浇筑至200.35m高程（发电机层），2号机浇筑至193.2m高程（母线层），3号机浇筑至184.2m高程（蜗壳层），副厂房浇筑完成。

引水道上斜井、下斜井、下平洞、引水岔洞及引水支洞混凝土衬砌完成，中平洞混凝土衬砌完成约55%；上、下斜井固结灌浆完成；主变压器洞A单元底板混凝土浇筑完成，C单元结构混凝土浇筑至高程207.35m，B、D、E、F单元结构混凝土浇筑完成至高程214.35m。地面开关站结构混凝土浇筑完成。

4. 尾水系统工程　总体完成约63.4%。1、2、3号尾水支洞混凝土衬砌施工全部完成，尾水岔洞衬砌混凝土浇筑完成约90%，尾水主洞混凝土衬砌完成约71%；固结灌浆尚未开展。下水库进/出水口混凝土浇筑完成约99%。尾水调压室开挖支护全部完成。

5. 设备采购工程　召开了主机设备采购第三次设计联络会，主变压器、GIS和高压电缆设备采购设计联络会，1号机组启动试运行调试大纲审查会议。完成了通风空调设备采购及安装工程、厂区消防工程、220kV设备安装工程、永久营地配电设备、220kV二次设备采购等合同签订。

6. 机电安装工程　1、2、3号机座环蜗壳整体吊装及水压试验均已完成；1号机机坑里衬及接力器基础安装完成，定子下线工作已完成50%，转子磁极已到货，转轮焊接完成，所有转轮叶片加工完成；下水库进/出水口闸门已于4月下闸，上水库进/出水口闸门已于6月下闸；主厂房和尾水闸门室桥机已正常投运，仓库和GIS室桥机开始调试。

7. 其他辅助工程　砂石料场正常供应，累计生产砂石料约101万t，自流排水洞施工全部完成。

8. 永久营地工程　总体完成86%。仓库、车间、配电房已完工，办公楼和综合楼进行室内装饰装修，供水系统已完成水池及水处理建筑施工。

（中国电建集团中南勘测设计研究院有限公司　田政海）

# 工 程 勘 测

# 工程地质勘察与评价

## 两河口水电站坝区岩体的浅表生改造及对工程的影响

岩体结构的浅表生改造是指挽近期来的地貌演化过程，岩体受卸荷引起地应力的时效变形破裂形迹，称之为岩体的浅表生结构或浅表生构造。这一改造既与岩体自身性质有关，又与岩体所处地应力场等地质环境有关，也取决于引起地质环境发生改变的各种因素，如新构造活动的性质和强度、河谷地貌演化史及河谷地貌形态等。浅表生结构很大程度上控制着岩体的稳定状况，对评价工程岩体的稳定性，坝型选取，水电工程布局设计，防渗处理等均有影响。

（一）浅表生改造特征

1. 庆大河口背斜　坝区主体构造由一个枢纽向SE陡倾伏的倒转背斜（3级褶皱）以及发育在该背斜NW翼（局部倒转）的纵向逆断层构成。该背斜轴部位位于庆大河与雅砻江的交汇口，称之为“庆大河口背斜”。而与之密切相关的纵断层紧邻背斜的北东侧，则称之为“庆大河口断层”（$f_1$）。它们是坝区构造的核心组成部分，坝区的基本构造轮廓和特征、岩性层的展布规律基本上是受庆大河背斜和庆大河口断层的控制。

2. 断层　坝区断裂构造主要以北西西向即区域主构造线方向（$f_1$～$f_6$、$f_8$～$f_{14}$、$f_{17}$～$f_{21}$、$f_{25}$～$f_{29}$）为主，次为北东东向$f_7$、$f_{16}$、$f_{30}$及近南北向的$f_{15}$、$f_{22}$、$f_{23}$及北北东向的$f_{24}$等。断层多沿岩体中较薄弱的层面发育，断层以顺层挤压为主，断层产状与地层产状基本一致；断层破碎带宽度不大，以几厘米至50cm为主，不同露头断层带的宽度变化大，时宽时窄；断层充填物以片状岩为主，碳化、糜棱化强烈。

3. 裂隙　对坝区调查的5386条裂隙统计分析表明：缓倾角裂隙902条、中倾角裂隙2179条、陡倾角2305条。中陡倾角裂隙占总数80％以上，缓倾角裂隙仅占17％左右。依发育程度从大到小，优势方向有下列5组（占统计总数的70％）：①N55～90°W/SW∠55～85°（层面），②N0～30°E/SE（NW）∠40～60°；③N40～60°E/NW（SE）∠10～45°；④N0～30°E/SE（NW）∠70～85°；⑤N40～75°E/SE（NW）∠65～85°。坝区裂隙主要特征是：裂隙组数规律性强；在不同岩性段中裂隙发育程度有一定差异。

4. 物理地质现象

（1）岩体风化。风化岩体自上而下划分为：全强风化、弱风化、微风化和新鲜五种。弱风化又分为弱风化上带（简称弱上）和弱风化下带（简称弱下）。风化特征如下：①坝址区岩石（砂、板岩）自身抗风化能力较强，风化作用沿断层、错动带和裂隙等弱面展开，总体上由表及里风化程度趋弱；②总体上全强风化不发育，仅在下游$T_{3lh}^{2(5)}$层绢云母板岩或粉砂质板岩中局部可见；③风化程度极不均匀，河床基岩风化明显弱于两岸，岸坡不同地带岩体的风化深度变化较大；④坝址区风化与卸荷往往有一定的对应关系。

（2）岩体卸荷。坝址区岩体卸荷主要沿已有构造结构面进行，部分追踪已有结构面或形成新的顺坡向卸荷裂隙。

（3）坝址区地应力特征。坝址区河谷深切，谷坡陡峻临河坡高500～1000m。勘探平洞深部及河床钻孔可见与高地应力相关的片帮、不规则盏壮饼芯现象。通过现场试验得出，河床主应力区方向与区域最大主应力方向基本一致，坝区两岸测点范围内主应力方向与区域最大主应力方向差异较大。

（二）对工程的影响

浅表生结构因发育于地壳浅表部，自然边坡表层岩体受各种结构面节切割，在外动力地质作用下，使岩体结构发生破坏，形成一系列不稳定岩体，对工程及工程的修建是一个巨大的安全隐患，施工时采取必要的措施和合理的工程布局。

1. 坝址区危险源　两河口水电站枢纽区为高山峡谷地貌，河谷深切，谷坡陡峻，天然地应力较高，河谷强烈下切导致谷坡向临空方向产生较强卸荷，经长期侵蚀、谷坡现状基本稳定，但在构造、物理地质作用下，边坡表浅部存在局部危石及危岩体等，施工及运行期间安全隐患较大。

2. 庆大河变形体　受岩体结构控制，庆大河左岸进水口边坡浅表部普遍存在沿岩层面及板理面产生倾倒—弯曲拉裂变形，边坡上部坡顶一带顺坡层状结构部位存在滑移拉裂型及滑移弯曲型变形。在变形体以里边坡深部也存在一定的沿缓倾角结构面的滑移拉裂及滑移压致拉裂变形。根据前期对此变形体的勘察成果，选择最优进水口边坡开挖坡比和高度、优代进水口建筑物基础的处理措施。

3. 左岸卸荷拉裂岩体　左岸1号卸荷拉裂岩体位于左岸中便道PD11-PD05平洞一带，由3个NE向拉张裂隙带与顺层挤压带组合形成的楔形卸荷拉裂岩体组成。2号卸荷拉裂岩体位于左岸低便道PD13-PD09平洞一带，由PD13-PD09连通洞$X_1$、$X_2$、$X_3$等NE向拉张裂隙带与$f_{10}$断层构成潜在楔形卸荷拉裂岩体，其中$X_1$、$X_2$、$X_3$等NE向拉张裂隙带为潜在底滑面，$f_{10}$断层为侧滑面。1、2号卸荷拉裂体目前处于稳定状态，随着开挖的进行，会产生应力的自适应调整，达到一个新的状态，这就要求要开挖施工过程中，需对其进行相应的处理，采取合适的开挖方式和支护处理措施。

（中国电建成都勘测设计研究院有限公司
聂衍钊　刘阜羊　覃云飞）

# 工程地质问题处理

## 长河坝水电站泄洪系统高陡环境边坡分析及综合治理

环境边坡（environmental slope）是自然边坡的一部分（见图1），它在受到地震或施工爆破震动等的影响时，可能发生边坡失稳、滑坡、崩塌、滚石等地质灾害。长河坝水电站泄洪放空系统进出口环境边坡最高约260m、坡度在85°以上，处理范围大。边坡由发育危岩体、不利裂隙结构面及拉裂体组成，岩石裸露、破碎，地形、地质条件复杂。

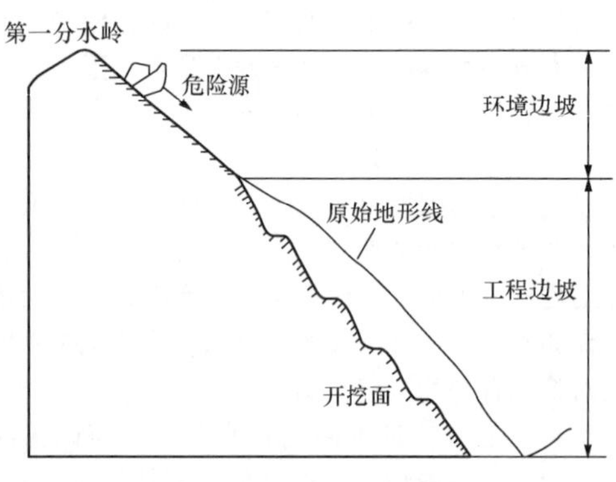


图1　环境边坡示意图

### （一）泄洪放空系统环境边坡分析及评价

1. 环境边坡破坏的类型　环境边坡受外界不利因素影响，可能发生深层失稳破坏或浅表层破坏。前者一般是在坡面2m以下深处、沿滑移面产生剪切破坏，其危害较大，表现为滑坡、崩塌、坍塌等；后者仅发生在坡面表层或坡面下不足2m范围内的岩土变形和破坏，其规模有限，表现为坡面滚石、剥落等。

2. 环境边坡分析及评价　通过研究边坡的稳定性来确定危险滑动面和边坡安全系数等灾害发生的风险程度，从而对其进行评价、为边坡治理提供依据。

运用数值模拟和极限平衡法对长河坝水电站泄洪放空系统环境边坡进行分析得知：

（1）在未治理状态下暂时处于稳定状态，但当其下部边坡开挖并考虑地震和其他扰动作用时，安全系数将大大降低，甚至小于1，潜在较大的滑坡和崩塌风险。

（2）边坡安全系数随地震应力和其他作用力的增大而减小，其中水平作用力对边坡稳定性的影响高于竖直作用力影响。

（3）位于滑面内的地层力学参数对边坡安全系数影响较大，若潜在危险滑动面穿过断层，则断层的岩体力学参数也会对边坡的安全系数产生一定的影响。

（4）泄洪放空系统环境边坡滚石问题较为突出、安全风险较大。

（5）治理后边坡稳定安全系数增大、表层滚石风险降低，能满足较大作用力影响。

### （二）综合治理技术

泄洪放空系统环境边坡采取表层处理及防护、浅层加固和深层锚固的综合治理方式。

1. 环境边坡治理原则　治理方案主要综合考虑以下方面：

（1）安全、工期和成本。根据运行期永久建筑物的重要性等，按环境边坡与工程区的毗邻关系，以“点、线、面”的不同治理模式确定环境边坡治理的具体项目和部位。

点控制：先治理环境边坡边缘、较高部位等距离工程区和施工区较远的部位。点控制仅治理特定危险点，治理措施包括危石清撬、就地锚固、主动网防护，以防止危险源起动为主，在较短时间内完成施工，以保证其下部施工和永久建筑物的运行安全。

线控制：在环境边坡中部采取线性控制治理方案。该区域除对危险点单独实施治理外，主要以被动网、挡墙防护等形式形成隔离带，防止其上部以点控制范围可能的遗漏造成对施工和永久建筑物的危害。

面控制：工程区附近的环境边坡，主要以深层锚固和浅层加固为主，治理范围较大，对线性防护至工程边坡之间的范围基本形成封闭边坡。

(2) 自上而下、立体交叉、动态治理。施工按自上而下顺序、立体交叉进行，在确保证安全下多工作面同时开展。实施中，根据情况对治理方案进行动态调整和优化。

(3) 分类汇总、区别对待。根据现场情况对各类治理方式分类汇总、区别对待。

2. 表层处理及防护　对环境表层大量危石及滚石，采取表层处理及防护治理措施：①自上而下人工清撬坡面的危石及松散堆积体；②在环境边坡上部及边坡治理范围内，根据地形设截排水沟拦截、引排坡面地表水；③对大面积危石群或不能清理的危石和冲沟范围，设多级主被动防护网及混凝土、钢支撑防护挡墙等覆盖和包裹危石，拦截滚石。

3. 浅层加固　对边坡存在浅层破坏风险，采取锚杆、挂网喷护及排水孔等浅层加固措施。浅层危岩体及破碎部位用锚喷支护，裸露岩石采用喷混凝土封闭以防进一步风化。采用排水孔排出边坡岩体内的地下水，以减少对岩石的冲蚀破坏。

4. 深层锚固　对边坡可能造成滑坡、崩塌等危害，采取预应力锚索、深孔锚筋束及固结灌浆等措施。根据结构面及断裂带深度分别采用长45、50、55、60m，预应力为2000、2500kN的拉压复合型预应力锚索。深度较浅、范围较小的结构面、断层，采用3$\phi$32长12m、3$\phi$28长12m深孔锚筋束进行锚固。边坡裂隙较多区域，采用固结灌浆填充岩体裂缝。

5. 施工通道及材料运输　泄洪放空系统环境边坡高陡，地处山脊、悬崖，施工道路极难布置。为此，采用索道、滑道提升系统解决了施工材料和设备的运输问题。

（中国水利水电第七工程局有限公司　张　曾）

## 黄登水电站坝基地质缺陷处理

黄登水电站大坝部分坝段坝基局部存在地质缺陷(断层、节理等)。为满足坝基建基面对岩体的要求，需对这些地质缺陷进行处理。

1. 坝基地质条件概况　大坝坝基范围变质火山角砾岩分布面积约占77.8%，变质火山细砾岩分布面积约占13.4%，变质凝灰岩分布面积约占8.8%。坝基开挖揭露：无Ⅰ、Ⅱ级结构面及规模较大的顺江断层分布；Ⅲ级结构面有断层$F_{10}$、$F_{13}$、$F_{b1}$、$F_{b2}$、$F_{b3}$、$F_{b5}$及挤压带$G_{b2}$、$G_{b4}$、$G_{b6}$、$G_{b8}$等10条，破碎带宽度一般为0.1～1.0m；Ⅳ级结构面有小断层$f_{b1}$～$f_{b26}$等26条、挤压面有$gm_{b1}$～$gm_{b80}$等80条，破碎带宽度为0.05m～0.2m；主要发育节理3组：①N0°～20°E，NW∠70°～90°(顺层节理)，②N60°～90°W，NE∠70°～90°(横向节理)，③近EW，N∠30°～45°(两岸顺坡中缓倾角节理)。经统计，坝基范围微风化～新鲜岩体约占85%，弱风化岩体约占15%。总体上高坝坝段岩体基本为微卸荷至未卸荷，两岸低坝坝段岩体多为弱卸荷。坝基岩体水文地质条件较简单，主要为基岩裂隙潜水；两岸地下水位埋深变化较大，地下水位变幅较小；弱风化岩体渗透性以中等透水至弱透水为主，微风化至新鲜岩体渗透性以弱透水至微透水为主。

2. 地质缺陷处理　坝基存在的地质缺陷主要是指断层破碎带、凝灰岩夹层、局部蚀变、松弛岩体、缓倾角节理等。针对不同地质缺陷情况分别进行如下处理设计。

(1) A类：为$F_{10}$断层影响区等易风化岩体，主要分布在1号坝段。处理方法：清除风化岩体，表面喷C20混凝土保护。

(2) B类：为坝基范围内宽度小于50cm的Ⅲ级结构面、部分泥填充Ⅳ级结构面，分布在各个坝段。处理方法：混凝土浇筑前结构面影响范围内加强人工清撬，视需要表面铺钢筋($\phi$25@200mm×200mm)，并对深卸荷张开的结构面进行专门的灌浆处理。其余Ⅳ级结构面不作专门处理，在混凝土浇筑前加强清基和验收。

(3) C类：为局部零散分布于2、7、8号坝段的Ⅳ类岩体，它们不便于整体挖除。处理方法：清基时加强清撬，后期加强固结灌浆。

(4) D类：为节理裂隙发育、破碎的岩体。分布6～7号坝段高程1485～1506m的6、7号节理，以及10～11号坝段上游集水井两侧节理发育的岩体。处理方法：挖除节理发育范围内破碎岩体。

(5) E类：为坝基范围内宽度大于50cm的Ⅲ级结构面，分布于3号坝段和16、17号坝段。其中3号坝段的$F_{b3}$宽30～80cm，由片状岩、方解石脉组成；16、17号坝段的$G_{b2}$宽10～100cm，由石英碎块、片状岩组成。处理方法：加强清撬，人工掏槽，表面铺钢筋$\phi$25@200mm×200mm。

经上述地质陷处理后，黄登大坝基岩满足建基面利用原则的标准，满足建坝要求。

（中国电建集团昆明勘测设计研究院有限公司
张　恒　张万奎　黄德凡　程　伟）

# 辽西北供水工程输水隧洞不良地质洞段涌水塌方处理

辽西北供水工程输水隧洞长21166.22m，断面为马蹄形，成洞洞径7.28m，钻爆法施工。桩号8＋731～12＋425段3694m长洞段为连续断层破碎带，分布有数条富水断层及溶蚀富水地层。2012年12月，桩号8＋776处爆破后掌子面发突涌水、塌方，涌水流入2号支洞，5h累计5000m³，稳定涌水流量约200m³/h。截至2013年1月，累计排水13.6万m³。决定采用"管棚＋钢拱架＋止浆墙＋水泥灌浆"处理方案。2013年3月管棚施工后，在钢拱架接长部位开挖时再次坍塌，清理塌方体约2000m³。随后停止实施该方案，开始导管排水并修筑混凝土止浆墙。在止浆墙混凝土等强后进行接触灌浆。经一年多摸索，采用多种阻水技术，最终在2014年5月成功地解决了涌水塌方问题。

（一）混凝土止浆墙

止浆墙设在稳定洞段（见图1），墙厚4m，墙体（C30自密实混凝土）充满隧洞断面。

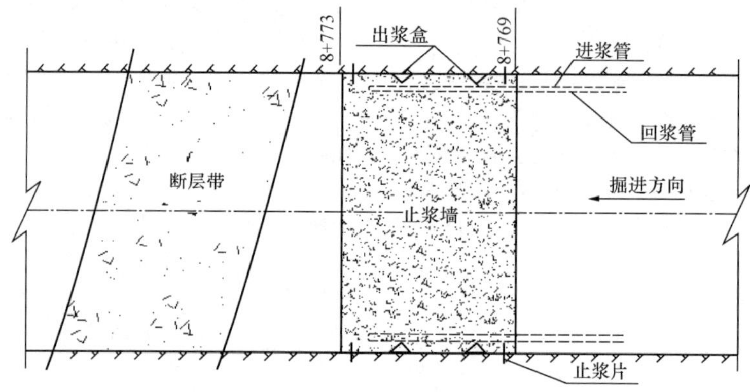


图1　止浆墙示意图

止浆墙施工前在洞壁预埋接触灌浆管，在距止浆墙两端50cm处设环向止浆片各一道，出浆盒沿洞壁布设，间排距2m。止浆墙混凝土达到设计强度70%后进行接触灌浆。

（二）水泥灌浆

接触灌浆完成后，对塌方段分阶段进行水泥灌浆。第一阶段16个灌浆孔，用水泥500t，并封闭止浆墙外侧排水通道。第二阶段灌浆26孔，水泥200t（含100t快固超细水泥）。因排水通道被封闭，灌浆孔钻至塌方与回填混凝土结合处时，无法再钻进且伴有出水出沙（每孔涌砂2～3m³）。因此需不断重复扫空和灌浆，致使水泥灌浆时间较长。

第二阶段灌浆结束后，检查孔均有大量水砂涌出，说明水泥灌浆没有达到预期效果。

（三）化学灌浆

1. 灌浆方案　在阻水墙（即原止浆墙）钻孔并深入透水层（见图2），灌注油溶性聚氨酯，使其渗入岩体裂隙，膨胀固化后堵塞涌水并固结破碎围岩。遇水后在数十秒至数分钟内固化，发泡时可膨胀20倍以上，可在动水环境逆水灌浆作业。

油溶性聚氨酯为外观棕色透明的液体，比重（1.5±0.05）g/cm³，黏度250～350mPa·s，遇水发泡起止时间8～30s，遇水发泡大于20倍，浆液对砂

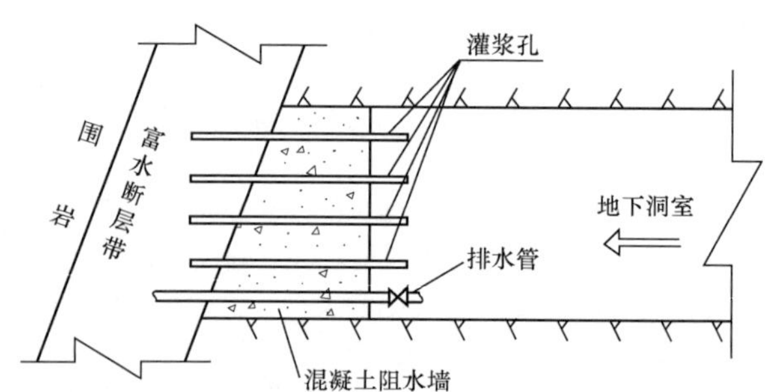


图2　隧洞阻水化学灌浆示意图

浆的黏结强度大于3MPa（一天龄期），固结体抗压强度：4h龄期为17～20MPa，24h龄期25～30MPa。

2. 施工技术要点　化学灌浆流程：钻孔→埋设孔口管→钻孔至涌水处→安装灌浆管→测涌水压力→连接灌浆泵→配浆→灌浆→结束。主要施工技术要点如下。

（1）钻孔：在混凝土止水墙上布孔，孔排距2m，钻孔方向平行于洞轴线。

（2）埋设孔口管：孔口管为$\phi$110mm钢管，长3m，在钻孔未达富水区前埋设，锚固部分长度不小于2.5m。孔口管埋设用快硬性水泥砂浆，压力灌浆时孔口管不会松动。

（3）安装灌浆管：灌浆管由射浆管、法兰盘、压力表、阀门等组成。射浆管为 $\phi$30mm 钢管，其端头距孔底不大于 50cm。法兰连接后紧固不漏浆。

（4）涌水压力：从孔口管上的压力表读取涌水压力，为后续确定灌浆压力提供依据。

（5）配浆：在灌浆前双组分油溶性聚氨酯按比例在吸浆桶中混合。B 组分引发剂按 A 组分的 5%～10%添加，具体比例根据情况由试验决定。

（6）灌浆：采用孔口封闭纯压式灌注，灌浆压力大于涌水压力 0.5MPa。灌注时采用大流量，直至灌浆压力陡增，管路固化堵塞即结束。第一阶段化灌后，在分析灌浆数据基础上布设检查孔。检查孔穿透止水墙后注意观察化灌固结物情况，记录再次涌水时的孔深及涌水量。第二阶段是对再次涌水的检查孔进行化学灌浆，有针对性地布孔，重点扩大顶拱区域的灌浆深度和范围。

3. 实施效果　涌水塌方段两阶段共完成 13 个孔，灌注聚氨酯 34.78t。第一阶段化灌后，从后序钻孔灌浆过程分析，已有一定效果。第二阶段化灌后，右侧岩壁上 2 个排水管彻底断流。止浆墙周边布设间距 1m、向洞外侧偏斜的检查孔，孔深大于 20m 并穿过结合面进围岩。经检查，所有检查孔基本呈干孔状态。随后塌方段恢复施工，开挖顺利。

（中国水利水电第三工程局有限公司
屈高见　王　刚　王洪涛　张荣娟）

## 去学水电站防渗帷幕区域岩溶处理

去学水电站坝区地表共发现 17 条断层，溶蚀裂隙发育，长 50～150m，宽度 0.1～0.5m。右岸岩溶分布较多，需进行处理。

### （一）岩溶渗漏特征

坝址区右岸渗漏分为 A、B、C 3 个区。A 区岩溶不发育，岩体一般较完整，为基岩裂隙渗漏发育区。B 区分布在坝横 0＋156～0＋297、高程 2150～2316m，为直立壶形区域，区内卸荷带发育，岩体破碎，岩石蚀变强烈，岩溶以溶蚀裂隙与溶蚀孔隙为主，为溶蚀裂隙型渗漏发育区。C 区即 SK1 发育区，分布在坝横 0＋227～0＋284、高程 2238～2248m，为近水平的条形区域，区内溶洞发育，溶洞被黏土完全充填，为岩溶管道型渗漏发育区。

### （二）岩溶治理措施及实施

1. 岩溶区溶孔灌浆　坝区溶蚀孔洞发育（独立小溶孔和串珠状溶孔），处理方法为：

（1）独立小溶孔起灌采用 2∶1 稀浆，当起压时有回浆情况下，用 2∶1 浆液一次灌注至设计压力，迅速充填岩溶区域溶孔。

（2）灌浆注入率突然增大而压力变化不大时，采用原浆液持续灌注。如未出现串、冒、漏浆，则直至达到设计压力，灌至规定的结束标准；若出现串、冒、漏浆，采取限流、限量措施，直至达到规定的结束标准。

（3）灌浆注入率增加较大而灌浆压力逐渐减小时，逐级变浓灌注；当变浓一级浆液灌注后，若压力逐渐上升，则不再变浓浆液，持续灌注至设计压力，达到规定的结束标准。

（4）浆液变浓至 0.5∶1 水灰比后，注入率仍较大且无回浆时，采取限流、限量措施。若采取上述措施灌注后出现回浆时，持续灌注至升压；若灌注后仍无压、无回浆时，则灌注至水泥干耗 10t 后待凝，复灌时查明原因，采取特殊措施后灌注至规定的结束标准。

2. 溶蚀裂隙灌浆　各类溶蚀情况的处理方法如下：

（1）无充填型溶蚀裂隙地层中钻孔时表现为轻微掉钻或不返水，灌浆时必须对与该溶蚀裂隙连通的小溶洞或溶蚀管道进行填充或封堵。灌浆前用钻孔数字成像仪探测掉钻部位的岩溶情况及其连通性，采取有针对性的灌浆方法、灌浆浆液及配比。

当溶蚀裂隙灌浆很快出现回浆升压时，应继续使用当前灌注的浆液水灰比持续灌注，直至达到设计压力，灌至规定的结束标准。

当溶蚀裂隙灌浆注入率较大、注入水泥达 10t 后，注入率无明显变化，灌浆压力也未提升时，采取限流、限量措施继续灌注至水泥 15t 后待凝，待凝 24h 后扫孔复灌。复灌时起灌水灰比与待凝前水灰比相同，若复灌水泥达 15t 仍未返浆、升压，则继续待凝、复灌；若复灌时注入率减小、孔内回浆、压力提升，则持续灌注，不限量，直至灌浆压力升至设计压力，灌注至规定的结束标准，结束该段灌浆，待凝 24h 后灌注下一段。

若注入量较大，观察下一层灌浆平洞或坝肩边坡是否漏浆或冒浆，若漏冒浆，立即封堵漏、冒浆点，同时灌浆孔采取低压、浓浆、限流、限量措施，直至达到规定的结束标准。

（2）溶蚀夹层或缓倾角溶蚀破碎带中钻孔时，当钻孔中出现卡钻、掉块但孔内返水时，采用 2∶1 水泥浆液开灌，达变浆要求时，按规定逐级变浆灌注。若注入率逐渐变小、压力逐步上升，则一次灌至设计压力，达到规定结束标准；若注入率较大，灌至水泥达 5t 仍无明显变化时，则采取低压浓浆、限流限量措施，待凝 24h、扫孔后复灌，直至达到规定的结束标准。当钻孔中出现卡钻、掉块但孔内无返水时，按无充填型溶蚀裂隙灌浆处理。

(3) 充填型溶蚀裂隙中钻孔时孔内返水呈黄泥色，采取挤压密实和置换灌浆。灌浆中如其他孔段串出黄泥或黄泥水，在串出浓浆后封闭被串孔灌至升压。若其他边墙、边沟、底板串出黄泥或黄泥水，待该部位串出浓浆后采用嵌缝封堵、低压浓浆、限流限量等措施。

(4) 溶洞及岩溶管道灌浆。帷幕线附近的溶洞（岩溶管道）多为黄泥充填、半充填和流沙（砂砾石）充填型溶洞（岩溶管道）。钻孔中出现失水、掉钻、涌水，且灌浆中复灌未达结束标准时，立即探测溶洞走向、范围、高程、充填情况，再采取适宜的处理方法。

(5) 充填、半充填型溶洞（岩溶管道）灌浆。

溶洞（岩溶管道）较大，充填砂子、砂砾石，高压灌浆难以处理时，则采用高喷灌浆。主要参数为：孔距 0.5m，1∶1 水泥浆液，压力 4～5MPa，转速 32r/min，提升速度 10～20cm/min。

溶洞（岩溶管道）充填砂性土、黏性土时，采用高压灌浆。注入量很大，水泥干料 10t 以上尚不起压时，待凝 3 天扫孔复灌。如注入率仍很大、灌浆压力仍低，采取限流灌注。当干料达 5t 以上仍不见效时，即用间歇灌浆，再次限量 5t，如此反复至达到正常结束标准。

充填型溶洞（岩溶管道）钻进难以成孔时，采用跟管钻进，在充填物段置入花管，然后在花管内自上而下分段灌浆，灌浆段长 1～2m，初始水灰比不大于 1。

溶洞（岩溶管道）充填物泥质含量高、可灌性差，可选用丙烯酸盐等化灌材料灌注。

(6) 无充填型溶洞（岩溶管道）灌浆，一般采用以细石混凝土、高流态混凝土、级配料配合砂浆灌注回填结合补强灌浆处理。大型空洞型溶洞（岩溶管道）优先用灌注高流态混凝土处理。根据具体条件，采取人工孔口下料或混凝土泵下料，下料孔径不小于 110mm。

若是较大岩溶无地下水或地下水流速不高时，采用填筑骨料压浆处理。骨料为粒径小于 40mm 的碎石，下料孔径不小于 110mm。填筑前将 $\phi 25$ 注浆花管下入溶洞底，骨料填满后，从花管内注入水泥浆或水泥砂浆。注入一定量后上提一段花管。若溶洞（岩溶管道）较大，为防止浆液扩散过多，在浆液中间断掺加适量速凝剂，但初凝时间控制在 10～30min。

若溶洞规模大、地下水流速高时，在大口径灌浆孔内回填砂石料或混合料，或进行模袋灌浆并降低地下水的流速，再按上述方法灌注。必要时可灌注水泥、水玻璃双液浆或粉煤灰水泥、水玻璃双液浆、膏浆、速凝膏浆。较小空洞岩溶（岩溶管道），可直接灌入 0.5∶1 水泥浆。若注入量很大、又无压力，可改灌水泥砂浆或膏状浆液至孔口返浆时停止灌注。

(7) 遇到较大或连通的溶洞（岩溶管道）、溶槽等严重漏水地段时，可钻大口径钻孔或开挖竖井，再清除其中的充填物，然后回填混凝土，再补强灌浆。当溶洞、溶槽范围太大时，可在帷幕轴线上构筑混凝土防渗墙，并进行墙下帷幕灌浆。

（中国水利水电第七工程局有限公司 许天龙）

# 勘测技术与设备

## BIM 技术在玉瓦水电站隧洞超前地质预报中的应用

BIM 即“建筑信息模型（Building Information Modeling)”，是利用三维数字技术，以建筑工程项目各相关数据作为基础，建立三维模型，通过数字信息仿真模拟建筑物的真实信息。在玉瓦水电站引水隧洞超前地质预报中应用了 BIM 技术。

### (一) 概况

玉瓦水电站位于白水江流域一级支流黑河上游，属黑河—白水江水电规划一库七级开发的第二梯级电站，装机容量 49MW，为引水隧洞式水电站。隧洞全长 14.1km，占总投资的 61%，且为关键线路工期。引水隧洞超前地质预报是工程地质工作的重点及难点。

为更准确地把控引水隧洞区的地质条件，做出可靠的超前地质预报，并在地质条件发生变化时及时应对，对引水隧洞采取 BIM 工程地质数字化设计。在招标阶段根据初勘地质资料生成 BIM 三维模型，并通过模型预测引水隧洞各段围岩类别及比例。在技施阶段根据现场实际开挖揭示地质条件更新修改模型，与招标阶段预测进行对比，指导施工，对前期所预测的围岩类别复核，做好地质预报工作。

玉瓦水电站引水隧洞设6条施工支洞，4号支洞下游开挖遇到规模不等的顺层构造破碎带随机发育，且地下水异常丰富，围岩类别为Ⅴ类。因此，开挖日平均进尺不足1m/d，严重制约施工进度。已有BIM三维模型数据显示，该区域内没有发现大规模不良地质洞段的不利因素，但不排除前期地质资料匮乏造成遗漏，故需完善BIM三维模型。

（二）地质资料收集

1. 地表调查　根据已有BIM三维模型地形图，查勘该段区域内的宏观地形地貌。发现该区域可能存在一条软弱岩带和断层。随即对推测的软弱岩带、断层进行现场调查、复核。地表调查现场地质定点31个，区域内未见明显层位、产状及岩性差异，无推测的软弱岩带和断层分部。并将收集的地质点相关信息录入BIM三维模型。

2. 分析已开挖揭示的地质条件　根据已开挖揭示地质条件综合分析，预测不良地质洞段地质特征。前期隧洞开挖中收集到的地质资料均已录入Geosmart三维信息系统，并通过Gocad软件更新至三维模型。原始资料在BIM三维模型中系统完整地展示，省去了大量资料查阅、整理时间，并能在三维图形上直观展示，便于地质工作人员做出判断。

3. 采用TRT超前地质预报　对该不良地质洞段做了TRT地震波超前地质预报，并将预报检测数据与三维模型关联。TRT地质超前预报检测资料显示：掌子面前方20m范围内地震波反射不明显，开挖面内未见低阻异常，岩体情况与掌子面类似；掌子面前方20～70m段地震波反射明显，推测该段内岩体均一性变差；掌子面前方70～90m段地震波反射无异常，推测该段岩体均一性变好；掌子面前方90～100m段存在一明显低阻异常。

（三）空间分析

1. 完善三维模型　将收集到的所有地质资料，集中展示在BIM三维模型上，所有资料相互关联，通过模型系统地分析该区域的地质条件。

2. 空间分析结论及推测　该区域未见明显层位、产状及岩性差异，无推测的软弱岩带和断层分部。该段隧洞主要因围岩岩体单层厚度薄、强度低，抵抗构造影响能力差，加之随构造发育的地下水影响，使本就破碎的岩体进一步恶化，从而成为不良地质洞段。在区内大构造不发育情况下，岩体的单层厚度及强度是影响围岩稳定好坏的主控因素。

利用BIM三维模型发现地表调查地质点和隧洞开挖揭示的岩体单层厚度与产状具备协调性，通过三维多点连线，直观推断出该区域总体产状，并推测出了5层厚度不一的岩层分层界线。利用原有地质勘察手段，将需要大量剖面图和平面图切图判定，工作量巨大。

3. 地质建议及成果　BIM三维模型显示：沿原洞轴线方向，前方约680m岩层依然为薄层为主，且伴随小构造和地下水，围岩地质条件无明显变化。如向山内侧调整洞轴线，以最短距离快速穿过该段薄层不良地质洞段进入中厚层岩层，距离只有230m。

经过多方商讨决定采纳地质设计建议，调整洞轴线方向。随后的开挖发现，根据三维模型推测的岩体单层厚度分层与实际开挖揭示的地质条件一致，且厚度分层界线预测精度达到20m以内。进入中厚层后，围岩类别迅速由Ⅳ、Ⅴ类，变为Ⅲ类，之前的地质结论：“岩体的单层厚度及强度是影响围岩稳定好坏的主控因素”，也得到了验证。

因为BIM工程地质数字化设计，在遇到不良地质情况发生时，迅速提出了相应的地质结论及建议。据统计，此次洞轴线调整，虽然轴线增加了52m，但项目工期缩短5.1个月，投资节约186万元，其中BIM地质数字化设计起到了重要的作用。

（中国电建集团成都勘测设计研究院有限公司
罗　宇　任志刚　原先凡）

5

# 水 工 设 计

# 大　坝　设　计

## 去学水电站沥青混凝土心墙堆石坝施工设计

（一）概况

去学水电站沥青混凝土心墙堆石坝坝顶高程2334.2m，坝顶长219.85m，最大坝高164.2m，心墙最大高度132m。大坝总填筑方量约379万$m^3$，心墙沥青混凝土2.01万$m^3$。

从上游到下游筑坝材料分区为：上游干砌石护坡+垫层、堆石Ⅰ区、过渡层Ⅱ区、过渡层Ⅰ区、沥青混凝土心墙、过渡层Ⅰ区、过渡层Ⅱ区、堆石Ⅱ区、堆石Ⅰ区、下游干砌石护坡+垫层。坝基设1m厚过渡层，另下游坝基设厚2m水平反滤排水层。因大坝左岸岸坡坡度较陡，在左岸上下游靠近过渡Ⅱ区设碾压增模区。堆石坝上游坝坡坡比1∶1.9，下游坝坡设“之”字形上坝公路，宽10m，综合坡比1∶1.841。上游坝脚利用部分上游围堰。

大坝填筑料料源：大坝过渡料及垫层料料源利用开关站、尾水出口、厂房及引水隧洞开挖的玄武质熔结角砾岩加工，沥青混凝土骨料料源为开采3号-1交通洞中部灰岩条带部位洞挖灰岩料。堆石料主要开采纽巴雪Ⅰ区、Ⅱ区、Ⅲ区、Ⅳ区料场的玄武质熔结角砾岩，另外，剩余洞挖料和合格的其他工程开挖料也利用上坝填筑。

坝址区属深切割高山峡谷地形，河谷狭窄，断面呈V字形，基岩裸露，可见数十米～数百米陡壁。特别是左岸的1∶0.26的较陡边坡，是迄今为止我国所有碾压式沥青心墙坝中岸坡最陡的工程，易产生剪切破坏，对施工质量要求高。施工区地处高山峡谷，风沙大，且高原昼夜温差大，恶劣的施工环境给沥青混凝土的连续施工带来了困难。

（二）大坝填筑要求

大坝主要材料分区填筑标准控制参数见表1。

表1　　大坝主要材料分区填筑标准控制参数

| 材料名称 | 设计干密度（$g/cm^3$） | 孔隙率（%） | 渗透系数（cm/s） | 最大粒径（mm） | 铺层厚度（cm） | $<P_{10mm}$（%） | $<P_{5mm}$（%） | $<P_{0.075mm}$（%） |
|---|---|---|---|---|---|---|---|---|
| 上游堆石料Ⅰ | ≥2.32 | ≤21 | $>10^{-2}$ | 800 | 80～100 | 10～25 | $<15$ | $<5$ |
| 下游堆石料Ⅰ | ≥2.32 | ≤21 | $>10^{-1}$ | 800 | 80～100 | | $<10$ | $<5$ |
| 堆石料Ⅰ Ⅰ（洞挖料） | ≥2.32 | ≤21 | $>10^{-2}$ | 800 | 80～100 | 10～25 | $<10$ | $<5$ |
| 堆石料Ⅰ（砂砾石料） | ≥2.15 | $>0.85$（相对密度） | $>10^{-2}$ | 600 | 80～100 | | $<30$ | $<5$ |
| 下游堆石料Ⅱ | ≥2.35 | ≤20 | $10^{-1}\sim10^{-2}$ | 800 | 80～100 | 10～20 | $<10$ | $<5$ |
| 过渡料Ⅰ | ≥2.35 | ≤20 | $\geq10^{-3}$ | 60 | 20～30 | — | 25～40 | $<5$ |
| 过渡料Ⅱ | ≥2.32 | ≤21 | $\geq10^{-2}$ | 150 | 40～60 | — | 15～25 | 3～5 |
| 坝基过渡料 | ≥2.29 | ≤22 | $\geq10^{-2}$ | 300 | 60～80 | — | 15～25 | 3～5 |
| 碾压增模Ⅰ区料 | ≥2.35 | ≤20 | $10^{-2}\sim10^{-3}$ | 800 | 80～100 | 10～25 | $<15$ | $<5$ |
| 碾压增模Ⅱ区料 | ≥2.38 | ≤19 | $10^{-1}\sim10^{-2}$ | 800 | 80～100 | 10～20 | $<10$ | $<5$ |
| 反滤料 | ≥2.29 | ≤22 | $>10^{-2}$ | 80 | 25～50 | — | 20～30 | ≤5 |
| 排水料 | ≥2.12 | ≤28 | $>10^{-1}$ | 150 | 25～50 | — | ≤15 | ≤1 |

大部分坝体填筑料为玄武质熔结角砾岩，石料饱和抗压强度一般大于90MPa。通过26t和33t两种振动碾试验对比，33t振动碾的施工质量控制及施工效率等都优于26t振动碾，故采用3台33t振动碾作为主要碾压设备。堆石Ⅰ区、Ⅱ区及增模Ⅰ区铺料厚度90cm，压实厚度80cm，采用静碾2遍+动碾10遍，增模Ⅱ区铺料厚度不变，采用静碾2遍+动碾12遍。大坝填筑加水湿化采用龙门架加水设施、洒水车洒水及人工坝面洒水相结合的方式。对过渡料中细颗粒偏少的问题，采用在过渡料中掺拌细砂，保证细颗粒含量。在坝体与岸坡基岩面接触部位，填筑坝基过渡层选择开挖爆破料细料进行填筑，最大粒径不超过30cm，部分超径块体用反铲及时清理。岸坡出现的溶洞及倒悬体，浇筑C15混凝土予以填充密实。大坝月填筑最大强度（含各种填筑料）达到38.6万$m^3$。

（三）沥青混凝土心墙施工方案

沥青混凝土心墙施工可人工或机械摊铺。混凝土基座上部3m高度范围内的扩大段和两岸岸坡扩大段及接头部位、心墙宽度大于1.2m等采用人工摊铺，其余心墙宽度小于1.2m采用LbXT4000联合心墙摊铺机，摊铺总宽度为4.2m。心墙碾压用BM120－AD型振动碾（工作质量2600/3100kg），过渡层料用YZC3型（3t）振动碾碾压，岸坡接头部位用小型夯机或人工夯实。心墙摊铺厚28cm，压实后厚25cm，每天施工1～2层。碾压参数为静压过渡料1遍→静碾沥青混合料2遍→动碾过渡料3遍→动碾沥青混合料8遍→动碾过渡料3遍→心墙静碾1遍收光。

（四）大坝施工进度

2014年6月1日，大坝基坑开始开挖，12月31日基坑开挖完成，2015年5月26日，大坝河床基座混凝土浇筑完成，2016年11月10日，大坝大面填筑至高程2310m，上游填筑至高程2313m，具备初期下闸蓄水条件。到2016年12月底，大坝大面填筑至高程2320.4m，沥青心墙混凝土浇筑至高程2320m。

（中国电建集团北京勘测设计研究院有限公司
王剑涛　赵万青）

## 多布水电站闸坝设计

多布水电站位于西藏林芝县境内尼洋河上。电站由拦河坝、泄水和发电等建筑物组成，装机容量12万kW。水库为日调节水库，正常蓄水位3076m，总库容8500万$m^3$。准备工程在2011年6月开工，2016年1月17日4台机组全部具备投入商业运行条件。电站工程区属念青唐古拉褶皱系的林芝—波密褶皱带，地质构造稳定性较差，地震基本烈度Ⅷ度。坝址区覆盖层砂卵石、砂层水平均匀交互分层，厚度特别大。右岸坝前和坝肩分布变形体。

（一）设计的技术难点

主要技术难点如下：

（1）深厚覆盖层。多布水电站水工建筑物地基均为覆盖层，厚359.3m，且防渗性能、地基承载力、变形特性等强弱交替、软硬相间。

（2）挡水坝段高、高差大。厂房坝段高达50m，其与相邻泄洪闸坝段、安装间坝段间基础面高差近30m。厂房基底最大压应力0.56MPa，超出覆盖层允许承载力范围，可能存在不均匀变形问题，且工程位于高海拔地区，变形控制难，防渗体系适应应力应变特性难。

（3）右岸边坡卸荷严重。坝址河谷右岸为强卸荷岩质边坡，有多条拉裂缝穿过坝肩，处理边坡高度约80m，作为砂卵石复合坝肩是可行的。需解决的问题是，如何确保右坝肩安全稳定基础上，减少开挖量，保证与坝体、坝基防渗有效连接，坝肩防渗安全。

（二）设计创新

设计的先进性体现在：

（1）工程设计填补了国内外在350m级深厚复杂覆盖地层上建设50m级高闸坝的空白。

（2）首次在水工建筑物基础处理中采用长短桩复合地基设计理念。

（3）首次在深厚覆盖层地基水工建筑物上，系统集成了沥青井、高鼻大翼缘止水带、连接板与防渗墙缝间SR表面止水、防渗墙顶部凹槽止水结构等方案，解决了防渗问题。

（4）提出了水利水电闸坝工程深厚覆盖层地基承载力分级取值方法，并针对地基不同处理方案进行系统研究，提出了处理后地基承载力取值标准。

（5）采用施工反馈机制和合理施工工序，控制不同建筑物高差，并对沉降差持续监测和反馈分析，有效解决了施工过程建筑物不均匀沉降问题。

（6）提出了“坡降控制、渗量合理”的渗流控制设计原则、“防渗墙折减系数分析法”和“水力坡降法”两种渗流安全控制方法，以及渗流控制指标。

（7）重视生态环保，首次在西藏地区实现并建成过鱼建筑物和满足河道生态流量的建筑物，实现了环境友好型工程的目标。

（三）枢纽布置

枢纽布置结合地形地质条件，遵循因地制宜，合理紧凑原则，采用贯流式闸坝方案。

（1）左岸泄洪闸及生态放水孔、引水发电系统、左副坝及鱼道等布置在左岸覆盖层开挖面，采用右岸主河床一次导流建成，后期土工膜防渗砂砾石坝一次建成。

（2）4台贯流式机组的进水口和尾水管出口均为

一机一孔，每台机组进水口设主拦污栅、副拦污栅和检修闸门，其中副拦污栅和检修闸门共槽；尾水管出口设事故闸门。

（3）泄洪闸工作闸门每孔1扇，共8扇。孔口尺寸（宽×高）7m×5.2m，设计水头18m。工作闸门为弧形闸门，可局部开启控制流量，也可全部开启宣泄洪水、冲沙，由1250kN/320kN-7.5m液压启闭机启闭。

（四）国内350m级深厚覆盖层上建最高闸坝

电站水工建筑物基础均为覆盖层，基础处理、防渗及止水系统具有以下特点：

（1）基础处理采用高坝段强处理、低坝段弱处理、中间坝段过渡处理的综合地基处理措施。最高的厂房坝段，采用长短桩复合地基设计，减小了地基上部的沉降变形，提高了基底土层的承载力，解决了通常短桩加固后的地基承载力不足的问题。

（2）防渗墙布置时，在右岸坝内将其轴线由围堰折至坝轴线，减少了右岸卸荷坝肩开挖扰动，且直接修筑在基岩上，大大提高了防渗效果。

（3）止水系统是集成了沥青井、高鼻大翼缘止水带、连接板与防渗墙缝间SR表面止水、防渗墙顶部凹槽止水结构的止水方案。

（4）施工中控制不同建筑物高差，并对沉降差持续监测和反馈分析，有效解决了施工过程建筑物不均匀沉降问题。

（5）电站厂房高47.3m，是目前国内修建在350m级深厚覆盖层上的最高闸坝。经分析论证，提出利用枯水期截流后的有利条件，在蓄水前对厂房上游基坑预蓄水，检验基础处理效果及结构安全性，并为正式蓄水提供参数。实际运行表明，试蓄水取得了良好效果，渗流、沉降监测成果均与设计值基本一致，为随后的工程正式下闸蓄水创造了良好的条件。

（中国电建集团西北勘测设计研究院有限公司　任　苇）

## 大石门水利枢纽工程左岸古河槽防渗排水处理设计

大石门水利枢纽工程位于新疆巴州且末县境内的车尔臣河干流上，是二等大（2）型水利工程。工程由拦河坝、表孔溢洪洞、底孔泄洪洞、发电引水洞、地面厂房及电站尾水渠等组成。水库总库容1.27亿$m^3$，正常蓄水位2300m。沥青混凝土心墙坝最大坝高128.8m。

（一）古河槽地质情况

坝址出露岩性为蚀变辉绿岩，坝址呈V形峡谷，右岸基岩出露，坝轴线上下游有少量残留阶地；左岸为Ⅷ～Ⅸ级基座阶地，基座顶面在阶地前缘陡坎上出露位置呈山包状。坝区河床宽10～20m，两岸岸坡陡峻，坡度多在50°～80°，局部近直立。

古河道进口位于库区左岸，呈SE～NW向，进口距坝轴线上游约100m，出口位于坝址下游2.3km，进口顶部高程2365m左右。古河道两岸基岩出露，河道内沉积了深厚砂卵砾石层，上部为$Q_3$砂卵砾石层，厚34～40m，高程2334～2338m，均位于正常蓄水位以上；下部为巨厚$Q_2$砂卵砾石层，泥质半胶结，厚50～295m，底部为蚀变辉绿岩。库区正常蓄水位时，古河道宽2.6km，其最底部低于正常蓄水位最深205m，蓄水后主要位于$Q_2$泥质半胶结砂卵砾石层，该层存在渗漏可能。$Q_2^{al}$层综合渗透系数取$6\times10^{-3}$cm/s。

（二）三维渗流计算成果

中国水利科学研究院对左岸古河槽进行三维渗流计算分析，根据相关地质资料，建立三维有限元网格模型。模型以托其里萨依河河床中心为界，向左延伸4000m。自坝轴线向上游延伸2900m为界，该处基岩已出露。自坝轴线向下游方向延伸约1300m，至车尔臣一级拦河闸闸址。模型向上取至自然地表，自基岩顶面向下延伸，模型中基岩最小厚度为130m。模型模拟了各类地层、防渗帷幕线走向和多个帷幕范围进行分析。有限元网格全部为具有渗流计算功能的六面体等参数单元39317个，相关节点共43713个。分析成果如下：

大石门水库正常蓄水位2300m高程，坝址下游车尔臣河一级水电站水库正常蓄水位为2183m高程。对库区左岸及坝下游进行稳定渗流场计算，模型边界和坝下游河道设定为可能溢出面，通过非线性搜索得出浸润线位置。

按不同帷幕范围设五类计算工况：第一类，不设库区左岸帷幕（以下简称库区帷幕），仅设左坝肩沿坝轴线方向帷幕（以下简称左坝肩帷幕），帷幕长570m；第二类，同时设左坝肩帷幕和封闭的库区帷幕；第三类，设左坝肩帷幕570m长，并设120m长库区帷幕，帷幕总长690m；第四类，设左坝肩帷幕，长300m；第五类，不设左坝肩帷幕和库区帷幕。影响水库左岸渗流的主要是地层$Q_2^{al}$，为此在每类工况计算中，$Q_2^{al}$层渗透系数取5个值，进行敏感性分析，共计算了25个工况下的水库渗流量。

在$Q_2^{al}$层渗透系数取$6\times10^{-3}$cm/s时，计算5种帷幕的渗漏量及下游左岸溢出部位最大水力坡降值（见表1）。由表1可见，增加左坝肩帷幕长度，能降低下游溢出部位的水力坡降，工况W3坝下游溢出部位超过0.15的范围，垂向分布在基岩顶面至2210m高程，水平向距坝轴线超过480m，分布规律与工况S3、D3、Y3类似，但范围比它们略大。

表 1 不同工况下的渗漏量及溢出部位最大水力坡降值

| 帷幕方式 | 渗漏量（万 $m^3$/年） | 水力坡降最大值 |
| --- | --- | --- |
| 不设左岸帷幕和库区帷幕（W3） | 3078.6 | 0.66 |
| 左坝肩帷幕长度 300m（S3） | 3034.4 | 0.62 |
| 左坝肩帷幕长度 570m（D3） | 2881.7 | 0.55 |
| 左坝肩帷幕 570m＋库区帷幕 120m，合计 690m（Y3） | 2821.8 | 0.54 |
| 同时设左坝肩帷幕和封闭库区帷幕，全长超过 2500m（L3） | 2071.6 | 0.16 |

（三）水库左岸古河槽防渗处理

1. 处理范围　通过计算可知，有左坝肩帷幕、无库区帷幕的工况（即处理 570m）时，库水在坝下游河谷左岸边坡表面渗出，水平向距坝轴线超过 480m，出溢点位于枢纽建筑物下游，垂向分布在基岩顶面至 2210m 高程，$Q_2^{al}$ 地层边坡表面的水力坡降超过 0.2 的区域很小，但有超过 0.15 的范围存在。所以大石门左岸古河槽防渗帷幕处理范围为 570m。

2. 防渗处理

（1）帷幕灌浆。坝 0＋000m～坝 0－063m 为岩石段，在灌浆廊道内设 2 排帷幕灌浆孔，孔排距 2m，梅花形布置，孔深按 3Lu 以下 5m 控制；坝 0－063m～坝 0－633m 为砂卵砾石地层，是左坝肩沿坝轴线方向灌浆段，在灌浆廊道内设 2 排帷幕灌浆孔，孔距 3m，排距 2m，梅花形布置，孔深按入岩 5m 控制，灌后渗透系数小于 3Lu，最大灌浆深度 195m。

（2）排水洞。设置长 570m 帷幕后，坝下游河谷 $Q_2^{al}$ 地层边坡表面的水力坡降仍有超 0.15 区域存在，为防止下游左岸边坡产生渗漏破坏，在左岸坝下游设排水洞。

在坝顶高程处左岸灌浆洞桩号 0－063m 处沿岩石面，向下游设 1 主排水洞，排水洞与下游 1 号永久交通洞（后兼作排水洞）及 2 号临时交通洞（后改为排水洞）相汇。在高程 2230m 处灌浆廊道与下游 1 号永久交通洞间设 1 排水洞（施工临时交通洞，后为排水洞）。

主排水洞长 600m，高程由坝顶高程至 2190m，马蹄形，尺寸 3.7m×3.0m。底板为 40cm 厚 C20 混凝土，两侧设 0.3m×0.4m 排水沟。排水洞边侧及顶部用 0.4m 厚无砂混凝土衬砌，挂网 C25 混凝土喷护，格栅拱架支撑。顶部设 1 排孔距 2m 排水孔，孔内设 75mm 滤水花管。

另在 1 号永久交通洞及 2 号临时交通洞上部 40m 各设 1 条排水洞，顶部排水洞用排水孔与底部排水洞相连，排水孔内设滤水花管，使其在坝后边坡内侧形成一道排水幕。

（新疆水利水电勘测设计研究院　焦　阳）

## 卡基娃水电站超高岩质料场边坡支护设计

（一）概况

卡基娃水电站位于雅砻江中游右岸最大支流木里河上，最大坝高 171m，是目前四川省在建最高面板堆石坝，装机容量 452.4MW。电站的料场为则窝料场，距大坝 3km 左右。则窝料场开采规划高程为 3150～2880m，岩质边坡，边坡开挖高程差约 270m，最高横Ⅱ剖面约开挖 18 级边坡，每级边坡开挖高程约 15m，开挖坡比 1∶0.45，属于临时工程边坡。

料场地层从下至上：第①层，千枚状板岩夹薄层、中层砂岩，未见底，在料场南侧边缘，不宜采用；第②层，薄至中厚层石英砂岩、长石石英砂岩、杂砂岩夹少量砂质板岩、千枚状板岩，厚 35～50m，在料场南侧，为堆石料和人工骨料主要料源；第③层，千枚板岩为主，偶夹薄层砂岩，厚 14～32m，在料场中部偏南侧，为堆石料料源；第④层，中至厚层变质石英砂岩、长石石英砂岩、杂砂岩为主夹砂质板岩，厚 40～70m，在料场中部，为堆石料和人工骨料主要料源；第⑤层，砂质板岩、千枚板岩为主夹薄层砂岩，未见顶，在料场北侧，为堆石料料源。基岩总体风化较弱，浅部为弱风化岩，局部强风化岩。覆盖层中无地下水，基岩地下水为裂隙水。未发现大断裂构造。岩质边坡支护保证了施工安全。

（二）边坡失稳模式及等级

1. 边坡失稳模式　边坡稳定性主要包括整体稳定性和局部稳定性。后者考虑：①覆盖层底界、覆盖层内部圆弧滑动；②Ⅴ类岩体底界、内部圆弧滑动；③特定结构面组合滑动；④下游侧坡（顺向坡）的顺层滑动；⑤上游侧坡（逆向坡）倾倒破坏。

料场开挖后，开口线附近普遍存在Ⅳ、Ⅴ类岩体和浅薄覆盖层，稳定性较差。北侧边坡为逆向坡，稳定性相对较好，破坏模式主要为倾倒变形，同时存在②与④失稳模式的不利裂隙组合，可能产生局部楔形崩滑。西侧边坡为横向坡，存在①与③失稳模式的不利裂隙组合，可能产生局部楔形崩滑，边坡还存在缓倾坡外的小断层，存在块体失稳的可能。南侧边坡为顺向坡，稳定性相对较差，①、②失稳模式组合后，可能沿层面产生平面型滑移，也可能沿组合交线产生楔形崩滑。

2. 边坡等级　根据相关规定和工程场地现状、位置等，选择天然条件、暴雨、天然＋地震工况进行稳定性分析计算。持久工况：开挖未支护，考虑岩体自重；短暂设计工况：暴雨情况下考虑潜在滑体全部岩体自重荷载，覆盖层较薄，考虑全部饱和，Ⅴ、Ⅳ、Ⅲ类岩体考虑0.9折减系数对$C$、$\varphi$值修正；天然＋地震：地震设防水平峰值加速度0.149$g$时相应的岩体自重及地震力，未考虑垂直地震加速度的影响。经计算，持久工况的安全系数为1.15，短暂设计工况的安全系数为1.10～1.05，偶然设计工况的安全系数为1.05～1.00。

（三）稳定性评价

1. 定性评价　则窝料场开挖在北侧、西侧和南侧形成边坡，东侧基本没有边坡。

（1）北坡：开挖后的边坡走向大致为东西向，呈西高东低的形态，为逆向坡。上部第四系残坡积覆盖层广泛分布，厚5～17m；下部基岩为变质石英砂岩、长石石英砂岩、杂砂岩夹砂质板岩、千枚状板岩等。边坡岩体除层面外主要发育优势裂隙4组。裂隙①、③及层面均反倾向坡内，对边坡稳定性不起控制作用；裂隙②与④的组合交线倾向与坡向相同，且组合交线倾角大于摩擦角小于坡角，对边坡稳定不利。边坡破坏形式主要表现为楔形体沿裂隙②与④的组合交线剪切、滑移。建议对不稳定块体应进行喷锚支护。

（2）西坡：开挖后的边坡走向大致为南北向，呈中间高两侧略低弧形，边坡高度大于170m，为横向坡。地层岩性与北侧边坡相同。边坡岩体主要发育4组裂隙。裂隙①与③组合交线倾向与坡向相同，且组合交线倾角大于摩擦角小于坡角，切割岩体可能沿该组合结构面产生滑移式崩塌，失稳模式为楔形体滑动。另外，边坡高、陡，临空条件较好，4组陡倾角优势裂隙易与层面、随机发育的缓倾角结构面组合，导致边坡浅表部或局部岩体崩塌破坏。建议在边坡开挖过程中，对可能失稳岩体进行喷锚支护处理。

（3）南坡：开挖后的边坡走向大致为东西向，西高东低，边坡高达120m，为顺向坡。岩性与北侧边坡相同。边坡岩体除层面外主要发育3组裂隙。边坡失稳模式为以裂隙①或②作为后缘面，层面作为主滑面的平面型块体滑动以及沿层面裂隙与裂隙①、②组合交线方向的楔形体滑移破坏。建议在边坡开挖过程中对可能失稳岩体进行喷锚支护处理。

2. 设计计算工况　采用“岩质边坡稳定计算程序EMU”软件进行边坡稳定分析。持久工况：即边坡正常运用工况，采用基本组合，自重＋加固力；短暂工况：含施工期缺少或部分缺少加固力，暴雨或久雨工况；偶然工况：即遭遇地震情况，基本组合＋地震作用。

3. 评价及处理　边坡为临时边坡，根据料场边坡计算成果，考虑到料场正坡后缘存在控制裂隙，边坡需设6排锚索加强支护。由于下游正坡第③层已出露且已加强处理，上游正坡已加上2～3排锚索支护，因此主要在第③层出露时加强支护进行锁腰处理。

下游正坡为顺向坡，稳定性差，加设1～3排锚索加强支护，能满足安全要求。

重点是局部不稳定的覆盖层及Ⅴ类岩质边坡，需对其监测，指导施工及预警。

料场岩质边坡开挖最高约200m，边坡稳定，未出现事故，支护、监测、排水及防护网等费用约1600万。

（中国电建集团成都勘测设计研究院有限公司
马行东）

# 引水发电建筑物设计

## 镇安抽水蓄能电站高压管道设计

（一）概况

镇安抽水蓄能电站高压管道采用一洞两机布置方式，由高压主管、岔管和高压支管组成。除上平段为钢筋混凝土衬砌外，其余均为压力钢管。每条高压主管立面上为双斜井布置，设上平段、上斜井段、中平段、下斜井段和下平段。下平段后接高压岔管，岔管为对称Y形内加强月牙肋钢岔管。其后接高压支管，并斜向进入厂房，与厂房轴线夹角70°。

高压管道段地下水以围岩裂隙渗水为主，水位较高，水头25～315m。高压管道排水系统包括钢管贴壁直接排水系统和排水廊道间接排水系统。前者在钢管壁上沿洞轴线方向布置排水角钢和环向槽钢，并通过槽钢下的排水钢管将外水引至高压管道排水廊道，并汇入地下厂房集水井。后者在立面上布置三层水平排水廊道，将高压主管分为四段，分别将其围岩渗水收集到排水廊道中，从而降低外水压力。

（二）高压管道布置

1. 排水廊道布置　受地形地质条件、施工场地和内外交通布置的限制，地下厂房采用尾部式，高压管道及地下厂房均离下水库较近。围岩以硬质花岗岩为主，在爆破开挖后易产生裂隙，形成地下水渗流通道。排水问题成为该工程高压管道布置的重点和难点。

(1) 上层排水廊道。在高压管道中平段设第一层（上层）排水廊道，廊道中渗水通过中平施工支洞排出洞外。因地形条件限制，中平施工支洞为顺坡，内低外高，洞内渗水无法排出，故在上层排水廊道末端设直径 1.4m 的排水竖井，将渗水引至高压管道第二层（中层）排水廊道。排水竖井高约 150m，对施工期定位及运行期竖井底部防护提出了较高要求。

(2) 中层排水廊道。利用地下厂房池勘洞作为中层排水廊道。受前期布置调整的影响，地勘洞洞口低于下水库正常蓄水位，施工后期将封堵地勘洞，因此围岩渗水无法利用地勘洞排出洞外。由于中层排水廊道距第三层（下层）排水廊道的垂直高度只有 50m，故采用排水孔将上层排水廊道渗水引至下层排水廊道。

(3) 下层排水廊道。下层排水廊道与地下厂房上层排水洞高程相近，通过一定坡度的水平排水洞将两个排水系统连接。

电站自流排水洞的过流能力设计中，通过输水发电系统围岩渗流计算，并考虑下水库蓄水后对渗流场的影响，确保所有渗水在机组检修不利工况下顺利排出洞外。

2. 高压管道检修通道布置　在中平段利用中平施工支洞设检修通道。检修通道与 1 号和 2 号高压管道在平面上呈“干”字型布置。如按常规布置，检修 2 号高压管道只需放空 2 号高压管道即可，但检修 1 号高压管道时，2 号高压管道必须同时放空，且 2 号高压管道需设两个检修进人门。为此，将 2 号高压管道与检修通道相接部分的压力钢管设计成明管，明管和围岩间留 1.2m 的检修通道。检修 1 号高压管道时，检修人员只需利用 2 号高压管道的检修通道，翻过 2 号压力钢管，即可进入 1 号高压管道检修通道，从而避免了同时停机、放空高压管道的低效率检修方式。

这样布置检修高压管道很灵活，但设计要求更高。首先，高压管道最大内水压力 8MPa，中平段内压 4.8MPa，压力钢管按明管设计，需用 800MPa 级钢板。其次，由于 2 号高压管道留了检修通道，管道轴线两侧岩体受临空面及爆破松动的影响，压力钢管不再按钢管和围岩共同受力设计，加之管节壁厚过渡的构造要求，受影响的钢管约 60m，会增加工程造价。最后，对钢管的焊接及外包混凝土裂缝控制设计等提出了较高的要求。

（三）压力钢管设计

1. 内水压力分级计算　压力钢管结构按每级 100m 左右分级进行计算，既要满足管材种类不宜过多、壁厚不宜频繁变化等要求，更要保证其结构安全。电站两级斜井高差约 250m，结构设计按每级斜井中部为分界线，中部以上按分界线内水压力计算，以下按斜井与平段相接部分的内压控制。中平段按其末端内水压力计算。下平段按最大内水压力计算。

2. 外水压力的折减　三层排水廊道将高压管道“分成”四级。上层排水廊道以上的外水压力按常规电站计算原则即可。上层与中层排水廊道间的高压管道外水压力计算分两部分，上层排水廊道以上的外水压力从设排水廊道目的角度不再考虑，但从安全运行及排水孔失效等因素出发，取折减系数 0.3；排水廊道以下，虽两侧有排水孔围绕，但因是倒 U 形布置，且围岩渗水收集不如排水廊道顶部向上的排水孔自流收集效果好，故排水廊道向下至高压管道的外水压力不折减。中层与下层排水廊道间和下层排水廊道以下的高压管道，均按相同原则，即计算点以上最近一层排水廊道以上外水压力按一定“安全性”折减系数折减，排水廊道至计算点间外水压力按排水廊道和计算点间的实际高差计算，两部分外水压力相加即为最终高压管道的外水压力。

3. 排水措施失效验算　虽高压管道设三层排水廊道，但鉴于其重要性，在外水压力设计时，假定地下水位线抬升至地表，所有排水措施失效，高压管道压力钢管的抗外压稳定安全系数需大于等于 1。由于高压管道内水压力较高，管壁厚度和钢材抗力限值也会沿发电工况下水流方向变厚、变大，与之对应的是外水压力也逐渐变大，但加劲环间的管壁抗外压安全系数却远大于 1，故“抗外压稳定安全系数大于 1”主要是针对加劲环的。加劲环过密会影响混凝土密实度，高度过高会影响焊接的操作空间，故加劲环设计就成为决定是否满足“抗外压稳定安全系数大于 1”原则的关键。

4. 围岩弹性抗力系数选取　为简化选取方法，对Ⅱ～Ⅲ类围岩，取Ⅱ围岩最大值、Ⅲ类围岩最小值之和的 0.4 倍，稍低于中间值；对以Ⅲ类为主，少量Ⅱ类时，取Ⅲ类围岩的最大、最小值之和的 0.4 倍，稍低于Ⅲ类围岩中间值，不考虑Ⅱ类影响；对以Ⅱ类为主，局部Ⅲ类时，取Ⅲ类围岩的最大、最小值之和的0.55倍，稍高于Ⅲ类围岩中间值，此种工况由于Ⅲ类围岩占比不详，故可按Ⅲ类围岩的中间偏高值取用。

5. 压力钢管管材选取　在遵循常规的压力钢管选择原则基础上，结合电站自身特点，选用500MPa级厚26～34mm钢板，600MPa级厚38～50mm钢板，800MPa级厚54～60mm钢板。

6. 加劲环布置及选材　加劲环要尽量降低高度、避免间距过密。加劲环要选择与主管最低级别相同的管材。该电站绝大部分管段加劲环都选用500MPa级低合金钢钢板作为管材，只有外压较大的一部分管段选用600MPa级钢板。

（中国电建集团西北勘测设计研究院有限公司　冯　华）

## 两河口水电站开关站边坡稳定特性及深层支护措施研究

两河口水电站的地面开关站位于右岸进水口和右坝肩间的2875m高程平台上，边坡最大开挖高度约160m，地质条件复杂，稳定问题突出。结合电站地质资料，采用加拿大SLIDE计算软件，选取典型剖面，建立开关站边坡的计算模型，研究边坡的稳定特性；对比分析不同深层支护措施下边坡的稳定安全系数，选取合适的支护措施，指导工程设计和施工。

（一）边坡工程地质概况

地面开关站边坡设计开挖纵向长约173m，最大开挖高度约160m，每25m高度布置一层宽度3m的马道，其中高程2875～2900m、2900～2925m设计开挖坡比1∶0.5，高程2925m马道以上设计开挖坡比为1∶0.75。

开关站边坡总体走向为S10°W，地形坡度45°～50°。基岩大多裸露，出露地层岩性为变质粉砂岩、粉砂质板岩，岩层产状为N60°～75°W/SW∠60°～75°，与河流近正交。地质构造以发育一套层面裂隙为主的节理裂隙系统，小断层以顺层挤压带为主，多为Ⅳ级结构面，$f_{18-5}$、$f_{16-3}$等NNW向顺坡中缓倾角小断层局部发育；浅表部裂隙极发育，构成局部顺坡板裂状结构；无强风化带发育，弱上风化岩体水平深度15～25m，弱下风化岩体水平深度15～85m。岩体卸荷沿已有构造结构面继承式进行，强卸荷带水平深度25～42m，弱卸荷带水平深度25～99m。

（二）计算模型

1. 计算方法及原理　SLIDE软件使用垂直条块极限平衡分析法分析滑动面的稳定性。边坡稳定分析方法采用摩尔库仑屈服准则，安全系数$K$定义为沿滑动面的抗剪强度与滑动面上实际剪力的比值，即$K=\dfrac{\int_0^l(c+\sigma\tan\varphi)\mathrm{d}l}{\int_0^l\tau\mathrm{d}l}$。

2. 模型概化及边界条件　开关站边坡选取A—A、B—B、C—C、D—D、E—E 5个典型剖面分别建模计算。计算模型高程范围2750～3150m，按岩体质量确定介质类别，将$Ⅲ_1$、$Ⅲ_2$、$Ⅳ_1$、$Ⅴ_1$类岩体、断层建立实体模型，未考虑构造应力。模型底部（$Z=2750$m）设为固定约束边界，两边侧向设为单向边界，山坡表面为自由表面。根据两河口水电站地质资料，对岩体参数进行敏感性分析与反演，确定计算模型的岩体及结构面力学参数。

3. 计算工况及安全标准　计算分①天然、②暴雨和③地震三种工况。工况②按0.1倍的孔压系数考虑。地震基本烈度为Ⅶ度，工况③地震水平峰值加速度取137.2cm/s$^2$。

开关站边坡属1级工程边坡，采用极限平衡方法计算的边坡抗滑稳定安全系数标准为：正常运用条件（工况①）为1.30～1.25，非常运用条件（工况②）1为1.25～1.20，非常运用条件（工况③）2为1.15～1.10。

（三）边坡破坏模式分析

开关站边坡主要岩体局部有4条断层穿过。由于开关站边坡的设计开挖坡比大于岩体的稳定坡比及断层的影响，边坡主要的滑移破坏模式有两种：模式一是沿$Ⅴ_1$岩体内危险滑面发生的滑动破坏，模式二是以断层等软弱结构面为底滑面的楔形滑移拉裂。5个典型剖面中，除C—C外，其余4个剖面均存在模式二滑动破坏的可能。

经计算，A—A模式一、二的安全系数分别为1.265和1.227；B—B模式一、二的安全系数分别为1.644、1.093；C—C模式一的安全系数为1.134；D—D模式一、二的安全系数分别为1.270、1.092；E—E模式一、二的安全系数分别为1.202、1.090。其中4个剖面的模式一的稳定安全系数均大于模式二的稳定安全系数，故以模式一作为边坡稳定设计的控制失稳模式比较合理。

（四）边坡深层支护措施研究

1. 深层支护措施分析　上述计算结果表明，开关站边坡支护前，5个典型剖面工况①下的边坡稳定安全系数均不满足规范要求。以B—B剖面为例，分析结果表明：锚索锚固角（－5°、－10°、－15°、－20°）对边坡稳定安全系数影响较小，锚固角越大，施工难度越大；锚索设计长度（30、40、45、50m）达一定值时，稳定安全系数基本不变，设计时保证锚索伸入Ⅳ类岩体10～15m即满足要求；锚索间排距

(5m×5m、4m×4m、3.5m×3.5m) 和设计吨位(200、150、100t) 对边坡稳定安全系数影响大，在保证安全前提下考虑经济性和可行性。

经综合分析，选取开关站边坡深层支护措施：高程2925m马道以下边坡锚索设计吨位200t，长30m，锚固角－15°，间排距5m×5m；2925～2975m边坡锚索200t，长40m，锚固角－15°，间排距5m×5m；2975m以上边坡锚索200t，长50m，锚固角－15°，间排距4m×4m。

2. 稳定计算　根据锚索设计对边坡支护进行稳定计算，结果表明：开关站边坡采取深层支护措施后，边坡5个断面的稳定安全系数均满足规范要求，说明支护措施是合理的。

(中国电建集团成都勘测设计研究院有限公司
吕文龙　廖成刚　侯东奇　杨　英)

## 龙开口水电站拦污漂及河中固定墩设计

龙开口水电站在厂前设置拦污漂，以防漂浮物堵塞拦污栅，影响发电效率和运行安全。

(一) 拦污漂布置及结构

正常蓄水位下河床水面宽约700m，电站位于河床中部，拦污漂线型长。初拟3条线型，下游固定端均设在13号泄洪中孔坝段。第1、2条由2段组成，其下游段拦污漂与坝轴线夹角分别为72°、58°。第3条仅1段拦污漂，与坝轴线夹角为32°。从拦污效果、工程投资、技术难度和对发电影响等方面比选，确定第2条作为选定方案，其拦污漂距厂房进水口最小距离18m。选定的方案由2段拦污漂、3个固定点、清污码头及连接公路组成(见图1)。

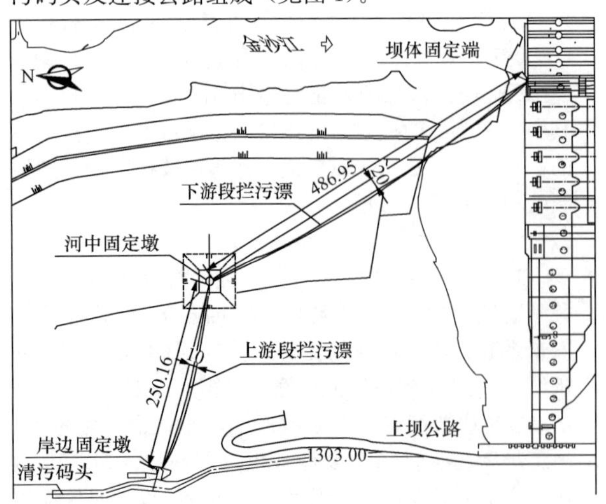


图1　龙开口水电站厂前拦污漂平面布置图

拦污漂河中固定墩为塔式结构，上游端固定端为挡墙结构。下游和上游段拦污漂长度分别为487、249m，与坝轴线夹角分别为58°、10°。拦污漂结构采用单节尺寸为6m×2m×1m(长×宽×高)的钢结构趸船，其干舷高度约0.5m，拦污深度(趸船吃水深度＋挂栅深度)约1.8m。在上游固定端上、下游分别布置清污码头和连接公路。

(二) 河中固定墩结构设计

河中固定墩为高耸悬臂结构，荷载较大，是拦污漂水工设计的难点。

1. 结构型式设计　固定墩墩顶高程与坝顶同为1303m，总高63m(见图2)。电站汛限水位为1289m，拟订固定端滑槽底高程1286m。固定墩1285～1303m高程墩体结构按满足设置滑槽和受力要求设计，为实心五边形对称断面，等效圆直径约9m。1245～1285m高程按墩体结构稳定及受力要求设计，为12m直径实心圆形截面。墩体基础为方形混凝土(C20)基础，边长28m，厚5m，基础底、顶高程分别为1240、1245m。

2. 计算假定　假定水平向荷载及地震作用方向与拦污漂拉力的合力方向一致；墩体基础(抗)倾覆力臂长度以其边长1/2计；基岩为弹性体，抗力或反力线性分布。

3. 计算荷载及计算工况　计算荷载：①自重力；②拦污漂对固定墩的拉力；③浮托力；④水流力；⑤地震作用力(动水压力＋地震惯性力)。计算工况及其荷载：短暂工况(施工工况)只考虑荷载①，用于验算基础应力；持久状况(正常蓄水)为①＋②＋③＋④；偶然状况(校核洪水位)①＋②＋③＋④；偶然状况(地震工况)为全部计算荷载。

4. 拦污漂荷载作用计算　荷载作用为最大风速和最大流量下的波浪压力、风压力和水压力的不同组合，综合考虑上下游拦污漂单独和联合作用情况及安全系数，计算河中固定墩上的最大作用力为4580kN。考虑荷载作用方向的复杂性，荷载的不确定性，在正常蓄水和校核洪水位工况的拦污漂拉力计算中，再乘1.2放大系数。地震工况不考虑此系数。

5. 地震作用计算　河中固定墩为3级一般(次要)建筑物，工程抗震设防类别为丙类，场地基本烈度Ⅷ度作为设计烈度，设计地震加速度取50年内超越概率10%对应的0.182$g$。

地震作用用静力法计算、动力法复核，同时计入水平向和竖向作用。竖向设计地震加速度的代表值取水平向地震加速度代表值的2/3，总的地震作用为竖向地震效应乘以0.5系数后与水平向地震作用效应直接相加。地震作用包括动水压力、动土压力和结构地震惯性力。固定墩四周回填石渣在运行期间可能被冲

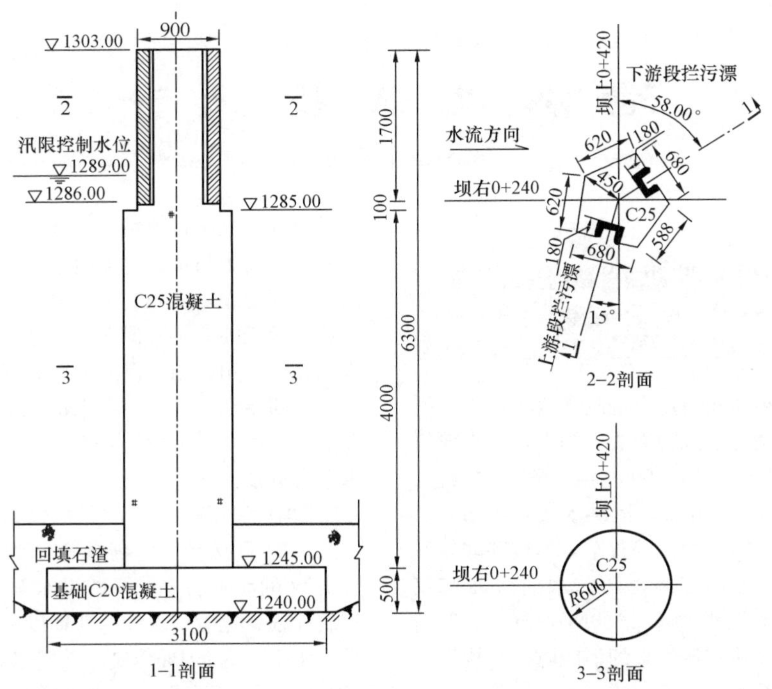


图 2　拦污漂河中固定墩结构示意图

走，计算时不考虑回填石渣动土压力。动水压力和结构地震惯性力计算，参考水工抗震设计规范中的进水塔地震作用计算方法计算。

6. 结构稳定计算　采用概率极限状态设计原则，以分项系数设计表达式对结构进行抗滑和抗倾能力设计。地震工况下，计算得建基面抗滑稳定和抗倾稳定的抗力与作用力最小比值分别为 25.97 和 2.53，安全余度较大。

7. 应力验算与结构配筋　主要复核固定墩基和典型断面的应力。墩基基岩的承载力标准值 2～3MPa；下游侧基础承载力标准值 0.6～0.65MPa。以 0.6MPa 作为墩基压应力验算标准。验算结果：基础最大压应力为 0.36MPa，满足要求；墩体 1245、1285m 高程截面上压应力满足混凝土设计强度要求，但拉应力大于相应的混凝土轴心抗拉强度设计值，需配筋。

配筋情况：1245～1285m 高程和 1285～1290m 高程墩体均配 2 排 $\phi$32@20cm、排距 20cm 竖向筋；1290～1303m 高程配 1 排 $\phi$32@20cm 竖向筋；各截面环向配筋均为 $\phi$22@20cm。

8. 裂缝宽度及挠度验算　墩体最不利的 2 个截面（1245、1285m）的裂缝宽度为 0.02mm，均满足小于 0.3mm 的设计标准；墩体最大挠度低于 0.06m，满足不超过 0.24m 的设计标准。

（三）拦污漂运行情况

自 2012 年 11 月 25 日下闸蓄水后，拦污漂已经历 3 个汛期，坝前拦污清污系统运行正常。地震工况下河中固定墩结构设计是否合理可靠，有待实践进一步检验。

（中国电建集团华东勘测设计研究院有限公司
吴世勇　任　奎　陈国良　熊立刚）

# 泄水建筑物设计

## 白鹤滩水电站泄洪消能建筑物布置及水力学问题

白鹤滩水电站枢纽建筑物由混凝土双曲拱坝、引水发电系统和泄洪消能建筑物组成。挡水及泄水建筑物按1000年一遇洪水设计，10000年一遇洪水校核。坝址最大洪峰流量46100m³/s，泄洪水头超过200m，泄洪功率高达9万MW。而河谷狭窄，岸坡陡峻，呈左缓右陡不对称V形河谷地形，枯水期水面宽仅50～90m，河床单宽泄洪功率1000MW/m，泄洪消能问题突出，存在高速水流带来的消能防冲、掺气减蚀、泄洪雾化等一系列水力学问题。

（一）泄洪建筑物布置与流量分配

1. 泄洪消能方式　白鹤滩工程具有“窄河谷、高水头、巨泄量”的特点，因此，在充分挖掘坝身泄洪潜力的基础上，设置岸边泄洪设施，以满足泄洪消能要求。

2. 泄洪消能建筑物总体布置　通过比较，选择超泄能力强、对施工影响相对较小的两层孔口（6表孔+7深孔）。相应坝身最大泄量30102m³/s，最大动水冲击压强12.3×9.8kPa，脉动压强均方根9.7×9.8kPa，最大临底流速23.3m/s，超出基岩抗冲流速，需设置水垫塘和二道坝形成足够的消能水垫并用钢筋混凝土保护以增强抗冲能力。

坝区岩体具备修建大型泄洪隧洞条件，经方案比较后，推荐左岸3条无压泄洪洞，洞内“龙落尾”的泄洪方案。此方案利用下游河道地形条件，裁弯取直，避开峡谷河段，将消能区设在地形开阔的白鹤滩下游，利用宽200m滩地消能，解决了消能防冲的难题。且无压隧洞消除了内水外渗对坝肩岩体和左岸边坡稳定的不利影响。单洞最大泄量4083m³/s。

3. 泄量分配　泄量的分配以坝身泄洪为主，岸边泄洪为辅。校核洪水工况下，坝身与岸边泄量比约7∶3；设计洪水工况下表孔、深孔和泄洪洞各约承担1/3的泄量。

在泄洪组合中，表孔的超泄能力强，运行安全度高；深孔有调蓄滞洪、满足泥沙调度、应急降低库水位功能。3套泄洪设施联合泄洪，满足宣泄千年一遇和万年一遇超大洪水的要求；正常蓄水位下任意两套泄洪设施与机组过流组合，能宣泄百年一遇洪水；任一套泄洪设施与机组过流组合，能宣泄2年一遇常遇洪水；即使在防洪限制水位情况下，泄洪设施与机组过流组合仍能满足宣泄5年一遇洪水要求。3套泄洪设施互为备用，相互保障，提高了泄洪的安全性、灵活性，即使在宣泄校核洪水情况下，1个深孔因故不能泄洪，最高库水位为833.49m，低于坝顶高程，洪水不会漫顶。

（二）消能防冲

1. 坝后反拱水垫塘消能　为了消刹拱坝下泄6万MW的泄洪功率，下游设水垫塘和二道坝。水垫塘底高程、宽度、长度的选择以底板最大动水冲击压强小于15×9.8kPa控制，并需满足冲击射流产生淹没水跃的长度要求。二道坝顶高程除形成消能水垫外，还需为水垫塘检修提供条件。

与不对称地形条件相适应，水垫塘采用不对称的反拱底板复式梯形断面，反拱弦长130m，底板最低高程560m，顶宽210m、最大水深70m、长360m。设计洪水工况下水垫塘水体体积为347万m³，单位水体消能率为17.08kW/m³，是国内外规模最大的反拱水垫塘，也是首个300m级高拱坝大流量反拱底板水垫塘。

2. 泄洪洞消能防冲　泄洪洞出口在拱坝下游2.6km处，对岸为白鹤滩滩宽约200m的Ⅰ级阶地，顺水流向长900m，顶面高出水面约40m，由崩坡积碎块石组成，厚20～60m。

泄洪洞采用挑流消能。滩地预挖覆盖层挖至基岩，形成消能冲坑。开挖后河床宽度增至160～270m，覆盖层无法挖除的部位，设坡脚混凝土挡墙+混凝土护坡防护，以避免泄洪水流淘刷。预挖后泄洪洞归槽顺畅，最大岸边流速小于8.06m/s，小于基岩抗冲流速。

（三）空蚀空化和掺气减蚀

无压泄洪洞单洞长2.3km、流速高（45m/s以上）、流量大（超过4000m³/s）、断面大（15m×18m），选择将高速水流集中在洞尾消落的龙落尾形式。进口为有压短管进水口，洞身无压上平段长2km，1.5%纵坡，龙落尾段长约300m，最大流速超过45m/s。

1. 上平段空化特性及抗蚀风险　为尽量降低流速，在均匀流基础上，以不发生水跃和满足洞顶余幅为标准，进一步放缓上平段底坡（0.015），流速25～29m/s、空化数大于0.35～0.46。

上平段存在一定的空蚀风险。除闸门后的收缩断面外流速一般小于26m/s，其底板最小空化数为0.46，侧壁最小空化数为0.35，水流空化数大于初生空化数。因此，在避免施工错台和严格控制不平整度情况下，上平段发生空化空蚀破坏的风险较低。

2. 龙落尾段抗空蚀体型　龙落尾段流速高、水流空化数低，易出现空蚀破坏。上平段与龙落尾段采用足够缓的渥奇曲线连接，使最小水流空化数大于0.3，提高其抗空蚀性能。反弧末端及其下游直线段采用反弧直接连接挑流鼻坎，从根本上消除空蚀破坏的诱因。

3. 掺气减蚀　龙落尾段设3道掺气设施。第1道在渥奇曲线末端，第2、3道在反弧前斜坡段或反弧末端。第1道掺气坎处流速较低，掺气困难，采用“坎后变底坡”底掺气形式，及后退突扩侧掺气；第2、3道掺气坎处流速高，采用突跌加小挑坎的底掺气，和突扩侧掺气。均达到了全断面掺气效果。

为避免洞顶水汽混合物降低掺气效果，每道掺气坎均设置通向洞外的独立补气系统。

（四）应急降低库水位放空检修

在不同高程布置泄水和引水发电设施。泄洪表孔进口、深孔控制、泄洪洞进口、电站进水口的高程分别为810、724、770、734m，形成了立体泄水通道。通过分层布置的泄洪孔口和发电机组，可接力放水，在较短时间（35天）内将库水位从正常蓄水位825m降至发电进水口高程734m，满足发电进水口和大坝的检修要求，并有长达4个月的检修时间。

（五）泄洪雾化

水工模型试验和泄洪雾化数值模拟分析结果显示，联合泄洪时存在两个独立雾化区：坝身泄洪时，雾化降雨最大影响范围为纵向位于坝下1000m以内，两岸最大高程827m，雾流沿岸爬升可超过坝顶高程834m，雾流扩散至坝下1000m以外；泄洪洞泄洪时，雾化降雨影响范围为左岸从3号泄洪洞出口至下游650m、最大高程680m，右岸从白鹤滩沟沟口至下游700m、最大高程720m。泄洪雾化防护的一般原则是：

（1）雾化降雨强度不小于50mm/h，不能布置建筑物及附属设施，交通洞口和公路应避开或设保护罩。雨强不小于10mm/h暴雨区，尽量避免布置出线场、高压线等，并限制人员和车辆通行。

（2）雾化降雨强度不小于50mm/h，边坡用混凝土护坡防护，坡面做好排水；雨强10～50mm/h，采用混凝土护坡或混凝土喷锚防护，并设相应排水设施；降雨强度小于10mm/h，原地面能承受其冲刷作用，不采取防护措施，但特别软弱坡面和电器设备需防护。

（中国电建集团华东勘测设计院有限公司
彭　育　徐建荣　薛　阳）

## 两河口水电站溢洪道燕尾斜切组合挑坎试验研究

两河口水电站岸边溢洪道为主要泄水建筑物，1∶40的水工模型试验，提出了一种新型燕尾斜切组合型挑坎，从而改善了下游河道水流消能效果，满足了工程的需要。

（一）溢洪道泄洪特点及模型设计

岸边溢洪道由进口引渠段、控制闸段、无压洞段、明槽段和出口段组成，全长940m。无压洞段长403.5m，断面为城门洞形。明槽段水平投影长449.2m，断面为矩形。出口位于河道弯段顶点附近的左岸，最大单宽流量253m$^3$/s，挑坎以上水头超过180m，出口水流流速50～60m/s。下游河道狭窄，基岩为抗冲流速3～4m/s的弱风化变质砂、板岩。溢洪道泄洪具有“水头高、单宽泄量大、河谷窄、下游河道及岸坡抗冲能力较低”的特点。

模型采用比尺为1∶40的水工单体正态模型，按重力相似准则设计。模拟的范围为溢洪道进口上游100m至出口下游700m，溢洪道出口下游600m河道地形模拟成动床。

（二）试验结果对比分析

在正常蓄水位高程2865m、闸门全开工况下，对溢洪道出口①窄缝挑坎、②燕尾挑坎、③燕尾斜切组合挑坎方案分别进行水舌形态、水舌落点分布、下游河道冲刷等的试验研究。对比分析3个方案，它们的参数见表1。试验结果分析如下：

表1　三种挑坎方案的体型参数

| 方案 | 体型参数 |
|---|---|
| ① | 挑坎收缩段长30m，收缩比0.375，底板挑角−8°，边墙收缩角10.39°，反弧半径60m，底板出口高程2679.11m，挑坎出口宽度3.15m |
| ② | 缺口前端挑角0°，末端挑角45°；缺口前端开口宽度7m，末端开口宽度15m；反弧半径60m |
| ③ | 出口右边墙圆弧半径50m，圆心角14.27°，折线形底板起点挑角−2.33°，折线形底板末点挑角−41°，反弧半径75m |

1. 水舌形态　3种方案挑坎及水舌的水力特性见表2。通过试验观测发现：

表 2 三种挑坎方案挑坎及水舌水力特性表

| 方案 | 内缘挑距（m） | 外缘挑距（m） | 内外缘挑距差（水流纵向拉伸长度）（m） | 入水宽度（m） | 水舌水量分散程度 | 挑坎边墙动水压力（×9.81kPa） | 水翅现象 |
|---|---|---|---|---|---|---|---|
| ① | 67 | 305 | 238 | 20～25 | 良好 | 38.7 | 水翅严重 |
| ② | 85 | 255 | 170 | 20～25 | 良好 | 18.9 | 无水翅 |
| ③ | 75 | 262 | 187 | 23～28 | 良好 | 18.8 | 无水翅 |

（1）3 种挑坎方案水舌空中形态舒展，水量分布均匀，入水宽度基本相当。方案①挑射水流纵向拉伸长度最长，优于其他两种方案。这是因为方案①通过边墙急剧收缩纵向拉伸水舌，挑坎出口收缩比越大，水流初速度越大，纵向拉伸作用越明显；而其他两种方案是由于水流惯性力作用从挑坎中间或一侧临空面沿程跌落分散形成的纵向拉伸片状水舌。

（2）方案①两侧边墙急剧收缩，导致挑坎内左右侧两股水流对撞形成冲击波，在挑坎内外形成较明显的水翅现象。同时，边墙收缩挤压水流，边墙上产生较大动水压力（38.7×9.81kPa）。方案②、③边墙未收缩，水流由中间或一侧临空面射出，两侧边墙基本不受高速水流冲击力，边墙上动水压力远低于方案①且挑坎内水流平顺，没有明显水翅。

2. 水舌落点分布　3 种方案均能顺利入槽。方案①、②下游河道落水区域平面上呈一字形（见图 1），水舌外缘落点位于河心偏左岸，内缘落点距左岸仅 3～5m。而电站泄洪建筑物出口集中布置在左岸，故溢洪道泄洪水舌落水点距左岸过近可能会影响岸坡和岸边其他建筑物安全。方案③下游河道落水区域在平面上呈 L 形，水舌内外缘落点基本位于河心，不会对左岸岸坡及建筑物产生不利影响，且落水点位于河心更利于水流分散消能。

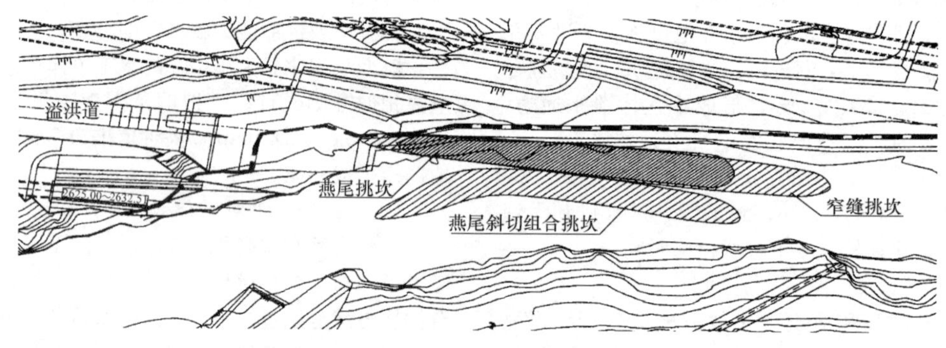


图 1　3 种方案下游河道水舌落水区域示意图

进一步分析可知：方案①、②的一字形水舌落水区域对于河形适应性较差。为使挑射水流落点距岸坡有足够距离，需控制挑坎水流的纵向拉伸长度，从而有可能会对下游河道消能防冲产生影响。方案③的一侧具有方案①特点，挑坎沿程有较长的临空面、较大的末端挑角，有利于水流的纵向拉伸分散；另一侧具有方案②的特点，挑坎边墙扭曲，横向扩散水流，可将内缘水流挑离岸坡。方案③可通过调整出口底板折线段数及挑角，一定程度上控制挑射水流落水点，适应下游河道走势。故可在保证水舌落点距岸坡有足够安全距离的前提下获得比方案②更大的水流纵向拉伸长度，使下游河道水流的消能效果更好。

3. 下游河道冲刷　方案①水流纵向拉伸明显，河道单位面积入水量最小，下游河道冲深最浅，冲刷最深点高程 2586m。方案②水流纵向拉伸长度最短，下游河道冲刷最深，冲刷最深点高程 2779.2m。方案③水舌内缘落点远离左岸，水流纵向拉伸长度较方案②增加，下游河道冲刷深度较方案②浅，冲刷最深点高程 2783.5m。

方案①、②水流落点偏左岸，冲坑位置也偏左岸，水舌内缘落点附近冲坑位于左岸坡脚。方案③水流出射后略向右岸偏移，水舌内外缘落点基本位于河心偏右岸，下游河道冲坑亦位于河心偏右岸，不会对两岸岸坡及左岸建筑物造成不利影响。

（中国电建集团成都勘测设计研究院有限公司
王　川　蒲云娟　叶　茂　吕海艳
四川水利职业技术学院　潘　露）

# 乌弄龙水电站泄洪建筑物消能工选择与设计

乌弄龙水电站设计洪水位 1906.00m，校核洪水位 1908.70m；设计、校核下游水位分别为 1932.31、1934.22m；正常尾水位（下泄多年平均流量 $745m^3/s$ 时）下游 1818.70m。下游水位变幅大，校核洪水时上、下游水头差 74.48m。电站泄洪流量大，单宽流量较大，表孔宣泄 0.02%～10%频率洪水时的堰顶单宽流量为 232.57～111.33$m^3$/（s·m），表孔入池单宽流量 188.24～91$m^3$/（s·m），表孔宣泄校核、设计洪水时的佛氏数 5.4、5.7，坝下自由水跃的淹没系数均大于 1。这些水力学特征直接影响泄洪建筑物消能方式的选择。

（一）泄洪建筑物消能工比选

坝址河床较窄，底孔及生态放水孔布置在表孔两侧，底孔选用挑流消能方式。从地质、地形、水力学条件方面分析，表孔消能方式不存在制约性限制，因此在选定孔口布置方式（表孔集中布置、底孔分列两侧）的基础上，拟订了 3 种消能方式，5 个方案进行比选。方案 1：底流消能方案，即表孔底流＋底孔、生态放水孔挑流联合消能；方案 2：表孔跌坎底流，表孔跌坎底流＋底孔、生态放水孔挑流联合消能；方案 3：表孔宽尾墩底流＋底孔、生态放水孔挑流联合消能；方案 4：表孔宽尾墩坝面台阶戽流消能方案＋底孔、生态放水孔挑流联合消能；方案 5：表孔挑流＋底孔、生态放水孔挑流联合消能。

从消能效果、下游流态、运行安全、工程投资等方面综合考虑，表孔宽尾墩＋戽流消能＋底孔、生态放水孔长泄水道挑流消能方案，具有水流雾化轻、消力池短，较好地适应了坝址区地形地质条件，且工程投资较省的特点，在 5 个方案中优势明显，故推荐该方案。

（二）泄洪建筑物消能工设计

电站共布置 3 个泄洪表孔，设于主河床略靠右侧，底孔对称地分列两侧，泄洪坝段总宽 80m，每一坝段宽 20m，坝体分缝在表孔中心线位置，底孔与边表孔处于同一坝段。表孔采用开敞式溢流堰，堰顶高程为 1885m，堰顶控制断面尺寸 15m×19m，堰顶最大作用水头 23.7m，为控制堰面负压，选定定型设计水头 22m。堰顶上游为三圆弧组合曲线，三圆弧半径分别为 11、4.4、0.88m，上游堰面与上游铅直面相切连接。

经试验调整确定最终推荐方案中两边孔为不对称结构（“X”形），从距闸墩末端 14m 开始过度为宽尾墩，宽尾墩的收缩比为 0.467；中间孔为对称结构（“I”形），从距闸墩末端 13m 开始过度为宽尾墩，宽尾墩收缩比 0.413。宽尾墩下方开口从 2m 加大到 2.4m。经反复调算，戽池底板高程 1795m 时，各工况下游实际水深均大于临界戽流发生及临界戽流消失的下游水深，通过计算可以看出，淹没度可达 1.10m 左右。根据消能计算结果及布置需要，戽池底板水平长度选 41m，水工模型试验结果表明该长度满足消能要求。戽池宽度按孔口及闸墩尺寸确定，为 55m。戽式消力池尾坎坡度初选 1∶2，初拟尾坎高度 8m，顶高程 1803m。结合水工模型试验结果，优化后消力戽体型为 1∶0.72 的坝坡后接反弧，反弧半径 15m，起点位于坝下 0＋081.246m，高程 1800.24m，终点位于坝下 0＋098.804m，高程 1795m。反弧终点与消力戽池相连，戽池池底顶面高程 1795m，戽池末端桩号 0＋154.000m，池宽 55m。池末设墩式连续尾坎，尾坎起始桩号为坝下 0＋143.00m，消力戽底板以上设 4m 高的铅直面，铅直面顶端接 1∶1.5 反坡，反坡水平长度 9m，末端接尾坎顶部，顶宽 2m，高程 1805m，末端坝下 0＋154.00m。

（三）泄洪建筑物消能工水工模型试验

选定泄洪建筑物消能工形式后，进行了水工模型试验。1∶80 的整体水工模型试验结果表明，枢纽整体布置合理，各建筑物进流条件较好，电站进水口无漩涡产生。表孔闸门全开时，堰面最小压力 1.46×9.8kPa，出现在校核工况 0＋012.13m 位置，其他位置均为正压。表孔 3 孔全开时台阶立面和水平面上的压力均呈锯齿状分布，台阶水平面上最大冲击压力发生在校核工况，其值为 14×9.8kPa；台阶立面产生负压，最大负压值－2.0×9.8kPa。设计和校核工况下，反弧段末端附近压力较大，最大压力均出现在反弧段，压力值为 55.36×9.8kPa 和 55.96×9.8kPa。对于表孔单孔全开工况，最大脉动压强均方根不超过 40kPa，完全可以中孔全开运行。这为工程安全运行提供了很大的便利，既能方便地解决排漂问题，又能顺利地宣泄不同频率洪水，有利于运行期管理。除宣泄校核洪水情况外，其他运行工况下，戽池底板最大脉动压强均低于 50kPa；至于校核洪水，最大脉压为 50.36kPa，稍微高于 50kPa。从工程经验看，消力池的破坏有结构、施工、运行、地质等方面的原因，脉动压强也是引起底板破坏的一个重要因素。根据工程经验分析和从类似工程水工模型试验看，所有破坏均发生在脉压均方根大于 50kPa 时。为降低乌弄龙水电站因脉压引起消力池底板的破坏，将其值控制在 50kPa 内。

试验分别对表孔宽尾墩体型、消力戽池体型进行了多种方案的修改对比，最终确定了“宽尾墩＋台阶溢流面+消力戽池”的联合消能方式，通过调整宽尾墩体形与宽尾墩下部开口尺寸，协调流态与戽池底板的脉动压力的关系，极大地改善了戽池及下游河道水流流态，较好地解决了戽池下游涌浪及电站尾水渠水面波动较大的问题。

（中国电建集团西北勘测设计研究院有限公司
陈念水　朱展博　李玉洁）

## 阜康抽水蓄能电站下水库泄洪排沙洞消能工优化试验研究

阜康抽水蓄能电站下水库建筑物包括混凝土面板堆石坝、拦沙坝、泄洪排沙隧洞（兼施工导流）、深孔泄洪放空隧洞和进出水口等。泄洪排沙洞采用无压进水口，无压洞洞身总长 1400m，断面为城门洞形，分两段。第一段由三段组成：①进口直线段，自隧洞起始端至平面转弯起点，洞长 264.89m；②平面转弯段，转弯半径 150m，转角 59.607°，洞长 156.05m；③直线段，洞长 87.285m。第二段为直线段洞段，底坡 $i=0.11207$，末端出口高程 1692.0m；出口泄槽和挑流鼻坎段长 110m，反弧半径 20m，挑角 18°，坎顶高程 1692.98m。

按 DL/T 5195—2004《水工隧洞设计规范》规定：隧洞内高低流速界线为 20m/s。下水库校核洪水和设计洪水时，泄洪洞洞身出口断面流速分别为 29.1、26.1m/s，鼻坎起点处流速分别为 25.7、24.9m/s，洞身陡坡段为急流，挑流鼻坎处流速较大。泄洪排沙洞在设计水位时，上下游最大水头差达 126m，而下水库消能区覆盖层厚 30～65m，抗冲流速仅 2～3m/s。在高速水流冲击下，原方案采用的挑流鼻坎水流集中，挑射角较小，挑射水流落点靠近鼻坎基础和左岸边，导致鼻坎基础和左岸边局部冲刷严重。

因此，针对泄洪排沙洞原方案存在的问题进行优化试验，并形成 5 个方案。

1. 方案 1　将泄洪排沙洞洞身出口下游段泄槽底板改成平底板（高程 1692m），平面上两侧开挖坡脚线以±2.95°的偏折角向左右侧呈喇叭口扩散，至泄槽出口末端均以半径 30m 圆弧连接导向右侧，左右坡脚线起弧点分别是泄 1+513.6m 和泄 1+482.7m，末端分别在泄 1+536.39m 和泄 1+504.3m，出口断面左长右短，底板末端为 1∶2 倒坡，出口高程 1695m。

观察发现：在下泄小于 100 年一遇洪水时，出槽水流不能顺利起挑；设计洪水时，泄槽左侧水流在左边坡出口圆弧导向下右转落至下游河道，水舌落点远离左岸，基本没有冲刷，但主流落点集中，冲坑较深；由于右侧开挖边坡出口圆弧半径偏小，泄槽水流脱离圆弧边界仍沿泄槽主流方向下泄。

2. 方案 2　针对方案 1 存在问题，将左侧开挖边坡末端圆弧段设计成前缓后陡的扭面，泄槽出口处为垂直边墙；将右侧开挖边坡末端圆弧起点从泄 1+482.7m 上移至泄 1+450.24m，圆弧半径从 30m 加大至 100m，以达到使泄槽内水流向右侧扩散的效果。

通过试验放水发现，在校核水位和设计水位时，泄洪排沙洞鼻坎左侧边墙上方的部分挑流水舌在出口直墙的导向下向右翻转，在水舌上方形成一层较薄的扇形水舌，落点范围扩大，减轻了对下游河道冲刷。但下泄设计标准以下洪水时，洞内水深较浅，流速小，水流在出口末端倒坡的作用下挑向下游河道，出流集中不能形成扩散状，且水舌落点距离鼻坎基础近，对基础安全形成一定威胁。

3. 方案 3　前两个方案的共同问题是，出槽水流左厚右薄，主流集中在左侧。为此将泄槽左边墙圆弧半径加大至 180m，洞身陡坡末端延长至泄 1+475.09m（该处底板高程 1685.83m），从该位置起左边墙坡脚线逐渐升高，末端高程 1689.83m，右侧边墙坡脚线高程保持 1685.83m 不变，从而使泄 1+475.09m 下游底板形成一个三角斜扭面。

从试验观察看，虽方案 3 左边墙坡脚线高程沿程升高，但出槽水流没有达到预想的“均匀出流”效果，水流仍然是左厚右薄，且水舌挑距较短，扩散效果不好。

4. 方案 4　从方案 1 到方案 3 泄洪排沙洞出口泄槽底板呈“喇叭形”外扩，导致泄洪排沙洞出流水深减小，流速降低，从而导致“水舌挑距近，落点横向宽度大”等问题。从“增大出口流速”的思路出发，将泄洪排沙洞出口泄槽修改成与洞身等宽（$B=6$m）的明渠出口，通过在左侧边墙末端加曲面贴角形成扭曲鼻坎来调整射流方向。

试验采用不同曲率半径、不同高度和不同倾斜度的曲面贴角，但都不能成功地将水舌向右导向形成空中立面扩散形态，水舌主流仍沿洞身陡坡段轴线方向，故决定放弃该方案。

5. 方案 5　前 4 个方案共同特点是泄槽主流沿洞身陡坡段轴线方向，水舌落点距离左岸边较近，且落点集中。试验从改变水舌方向出发，采用圆弧导向鼻坎，将明渠左边墙出口段以圆弧向右导向，增大水舌与主河道间夹角，使其落点尽量位于河道中间，远离左岸坡。经多次调整提出方案 5 的体形（见图 1），出口明渠两侧边墙自泄 1+519.20m 处起弧，左侧圆弧半径 25m，右侧圆弧半径 19m，角度均为 51.63°，出口左侧边墙加一平面贴角，用以抬高右侧水流，平

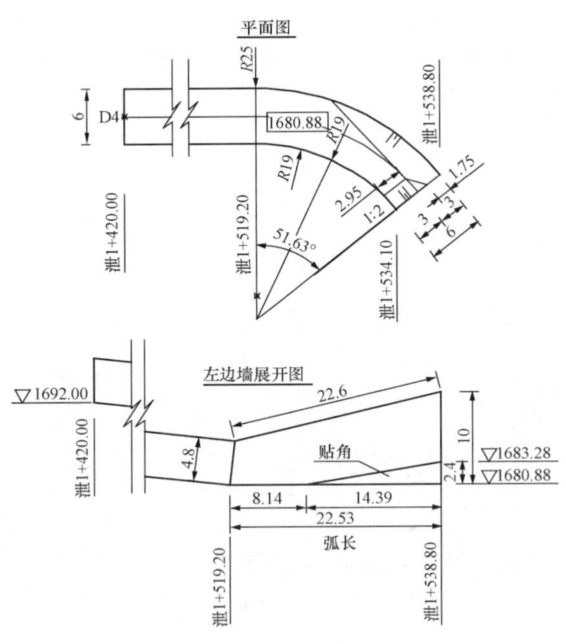


图1 推荐方案鼻坎体形

衡离心惯性力，贴角末端最高点高度2.4m，水平最大投影宽度3m，考虑到小流量的起挑，底板出口右侧加一个1∶2的倒坡，出口高程1683.28m。

由试验观察，在左边墙导向和贴角共同作用下，不小于5年一遇洪水挑坎中部及左侧出挑水流向右翻卷，右侧水流仍沿纵向挑入河床，形成上下分层兼横向扩散的复合型水舌形态，水舌与主河道夹角约70°，出槽水流方向基本垂直于岸坡，冲坑范围远离左岸，鼻坎基础没有遭到冲刷；小于5年一遇洪水泄槽水流沿右侧倒坡挑入河床，鼻坎基础有轻微冲刷，但由于流量较小，冲坑范围很小、很浅。

综合比较认为方案5鼻坎体形简单、水舌形态好、冲刷范围远离左岸边，且出口泄槽段开挖范围小，解决了原挑坎水舌冲蚀岸坡和淘刷坡脚的问题，选为试验推荐方案。

（中国水电顾问集团西北勘测设计研究院有限公司
刘 锦 张晓莉）

# 施工导流与围堰设计

## 大华桥水电站胶凝砂砾石过水围堰设计与施工

大华桥水电站施工导流采用围堰一次拦断河流，枯水期围堰挡水、导流隧洞泄流，汛期过水围堰和导流隧洞联合泄流，基坑内枯水期施工的导流方式。导流洞设在右岸，洞径12m×14m（宽×高），洞身长501m。上游围堰为胶凝砂砾石（CSG）过水围堰。

### （一）围堰水力学及材料指标

根据施工导流规划，上游CSG过水围堰Ⅰ枯、Ⅱ枯、Ⅲ枯围堰挡水，Ⅰ汛、Ⅱ汛围堰过水。围堰挡水标准为10月16日～次年5月31日时段10年一遇洪水，相应流量为2060$m^3/s$，围堰过水标准为全年20年一遇洪水，相应流量为6950$m^3/s$，围堰设计最大挡水水头57m，最大堰顶过流水头8.9m。

CSG材料设计指标：材料密度大于2200$kg/m^3$，$f'$大于0.55、$C'$大于0.45MPa，堰体CSG强度等级$C_{28}$3.5，变态CSG强度等级$C_{28}$3.5，抗渗等级W5，最大控制粒径250mm。

### （二）围堰地质条件

围堰轴线位于坝轴线上游约100m，河床覆盖层以冲积层含漂卵石、砾石为主，厚度10～20m。围堰左、右岸边坡为岩质边坡，主要为灰绿色板岩。围堰基础下伏基岩为弱风化的中厚层状石英砂岩与板岩互层出露。

### （三）围堰布置

导流洞进口与大坝基坑距离约235m，考虑到上游临时土石围堰上游坡脚与导流隧洞进口应有一定安全距离，以免影响进水口施工，CSG围堰左堰肩靠近进水口3号机组布置，围堰轴线距上游临时土石围堰轴线约132m，距坝轴线约85m。根据水力学模型试验，CSG围堰过流时，两侧水流贴着坡面流动，因此对围堰左右岸堰坡15m范围内边坡进行混凝土贴坡防护。

### （四）围堰体形及防护设计

CSG过水围堰顶高程1426m，围堰顶宽7m，堰顶长125m。为使过堰水流集中在河床中部，同时满足堰顶两岸交通要求，右侧堰顶高程为1427m，左侧堰顶高程1429m，且右、右侧分别通过10%、12%坡度与中部衔接。堰基建在基岩上，堰体最大高度

57m。上游边坡 1∶0.5，下游边坡 1∶0.6，在1390.2m高程设9m宽防淘平台，此高程至建基面为垂直坡。堰顶浇筑1m厚C20常态混凝土，通过锚筋与堰体连接。上游迎水面与堰基设变态CSG作为防渗层，迎水面变态CSG厚1～2m，堰基变态CSG厚0.6m。下游背水面根据施工需要设1m厚变态CSG，1390.2m高程平台设1m厚常态混凝土（见图1）。考虑CSG水化热低，围堰不设横缝及纵缝。下游堰面沿相应坡比采用台阶面布置C20混凝土预制块进行防护，并作为堰体施工模板，混凝土预制块尺寸2m×0.85m×1.2m（长×宽×高），通过插筋与堰体连接。下游面设$\phi$100mm排水孔，以便排出堰体渗水。

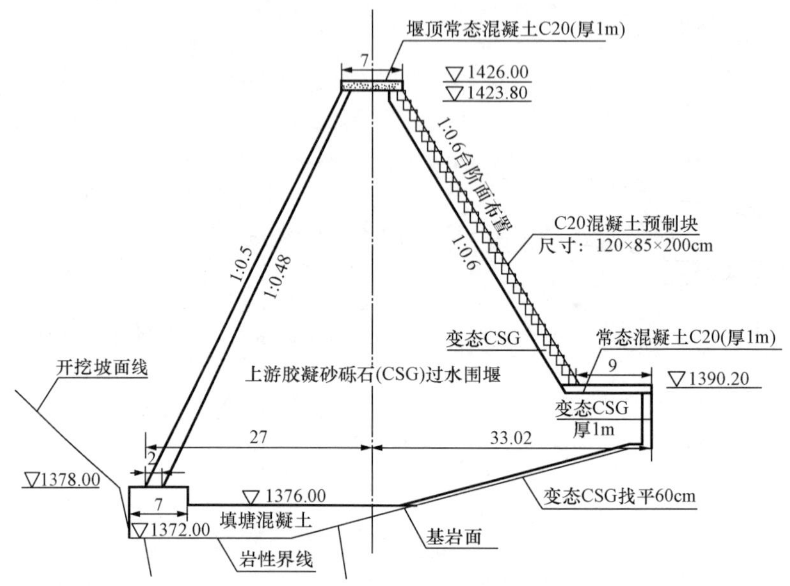

图1 上游CSG过水围堰典型断面图（尺寸单位：m）

根据CSG围堰水力学模型试验，堰顶过流时堰后形成负压空腔，水流沿下游堰面波动。为减小堰后空腔负压、减小下游堰面水流爬高，并增大水舌挑距，使水舌落点远离下游堰面，在围堰左右岸各布置3根通气管，管径40cm。

（五）围堰施工及其效果

CSG围堰填筑道路分三层，1390m高程以下堰体自下游基坑道路从中部入仓，1390～1396m堰体自下游边坡道路从左岸入仓，1396～1426m堰体自上游边坡道路从左岸入仓。CSG材料铺料厚度70cm，碾压后层厚60cm，变态CSG与碾压层同层上升。CSG围堰实际填筑10.3万$m^3$，工期58天，平均日填筑强度1775.9$m^3$/d，平均小时强度88.8$m^3$/h。

CSG围堰施工最大堰高57m，既采用不筛分河床天然砂砾石料，也部分采用洞挖石渣掺配天然砂骨料料源，减少了弃渣。在基坑内、上游临时围堰处设4个拌和坑，用反铲在坑内“平铺立采”方式拌和，实际拌和能力20$m^3$/h。还用胶凝砂砾石专用搅拌机集中拌和，最大拌和粒径达500mm，实际拌和能力80$m^3$/h。两种拌和约各占50%。

CSG围堰填筑密实度采用灌水法检测17组，平均98.41%，核子密度仪检测449点，平均98.33%。堰体CSG两种拌和方式共检测强度112组，最大值17.8MPa，最小值3.7MPa，平均值9.3MPa。现场仓面取样检测碾压CSG强度62组，最大值16.7MPa，最小值3.8MPa，平均值8.1MPa。现场仓面取样检测变态CSG强度13组，最大值11.1MPa，最小值3.8MPa，平均值6.2MPa；抗渗5组，试验压力0.6MPa，抗渗满足W5的设计要求。

大华桥水电站上游过水围堰采用CSG技术，减少了水泥用量，降低了骨料运输费用，节省围堰工程投资35%以上。围堰已运行三枯两汛，经历了多次过水，运行良好。

（中国电建集团北京勘测设计研究院有限公司
顾 伟 王剑涛）

## 杨房沟水电站导流隧洞设计

杨房沟水电站导流建筑物由上下游土石围堰和右岸的2条导流隧洞组成。初期导流阶段，围堰的挡水标准为全年20年一遇洪水，相应设计洪水流量为6460$m^3$/s，导流洞下泄6218$m^3$/s，上游水位2023.9m。中期导流阶段，由坝体挡水，度汛标准采用全年 100 年一遇洪水，相应设计洪水流量为 7930m³/s，上游水位 2034.8m。导流洞于 2015 年 1 月开工，2016 年 10 月完工，同年 11 月大江截流，导流洞过流，运行情况良好。

（一）导流建筑物级别及布置

导流洞为 4 级临时建筑物。考虑布置条件、地质条件、工期要求和施工干扰等因素，导流洞均布置在右岸。1 号导流洞靠江侧，2 号导流洞靠山侧，进、出口高程均为 1985m 和 1981m。2 条洞线呈单弯平行布置，洞轴线间距 45m，洞轴线进口段走向近南北向，出口段走向 N48°W。衬砌后的断面为 13m×16m（宽×高），顶拱中心角 120°，圆拱半径 7.51m。

（二）导流洞地质条件

导流隧洞进口区主要为变质粉砂岩夹条带状炭质板岩，以Ⅳ类围岩为主，岩层产状：N10°E～N10°W，SE/NE∠50°～∠70°，与边坡夹角约 79°，缓坡带分布崩坡积物和冲洪积物。进口洞脸边坡会形成一个高约 75m（1981～2056m）的工程边坡。

1 号导流洞全长 716.04m，2 号导流洞全长 831.56m，上覆岩体厚度 19～374m，洞身段位于变质粉砂岩及花岗闪长岩内，其中 1 号导流洞至进口桩号 307.6m、2 号导流洞进口至桩号 397.5m 为变质粉砂岩洞段，桩号 397.5m 至出洞口段围岩为花岗闪长岩。

导流洞出口位于右岸距下游围堰 70～120m，自然边坡高约 700m，地形坡度下缓上陡，2090m 高程以下地形坡度 35°～45°，2090m 高程以上为近直立陡崖。坡面基岩裸露，稳定性较好，分布 f3-13、Y3-15 和 Y3-17～Y3-23 等 9 个危岩体。

（三）支护设计

1. 导流洞进口边坡支护设计　边坡为岩质边坡，20m 高度设一宽 3m 马道，2006～2023m 高程边坡开挖坡比为 1∶0.20，2023m 以上开挖坡比为 1∶0.25。边坡上的两条导流隧洞开挖断面为 21.80m×21.15m，中心距 45m。

（1）边坡支护。全坡面喷厚 10cm C25 混凝土，随机挂网。系统锚杆 $\phi28$，$L=6$m 和 $\phi25$，$L=4.5$m 间隔布置，间排距 2m×2m。在 2008m 高程马道设 3 排悬吊锚筋束，3$\phi28$，$L=9$m，@2m×2m。开口线外和边坡各设两排 1000kN 预锚，$L=30$m/40m，@4m×4m，下倾 10°，锚头用混凝土框格梁连接。坡面系统排水孔 $\phi50$，$L=5$m，@4m×4m，上倾 10°梅花形布置。

（2）监测成果。边坡多点位移计监测成果显示围岩变形小，锚杆应力 3.58～339.60MPa。锚索测力计数值 975.91～1063.69kN，累计损失率 1.99%～4%，推断进口边坡稳定。

2. 导流洞洞身段支护设计

（1）导流洞进口浅埋段。进口开挖断面尺寸为 21.8m×21.15m，为变质粉砂岩（Ⅳ类），弹性模量、抗剪断参数均较低，对洞室开挖稳定不利。支护设计：超前大管棚支护、初喷 5cm 聚丙烯混凝土，工字钢拱架间距 75cm，喷 10cm 聚丙烯混凝土，系统锚杆 $\phi28$，$L=600/450$cm 间隔布置，间距 1.5m。

（2）进口洞身段。进口洞身段尺寸为 18.3m×21.15m，为变质粉砂岩（Ⅳ类）。支护设计：初喷 5cm 聚丙烯混凝土，工字钢拱架间距 75cm，喷 10cm 聚丙烯混凝土，系统锚杆 $\phi28$，$L=600/450$cm 间隔布置，间距 1.5m。

3. 实施阶段围岩稳定分析及动态支护设计

（1）实施阶段采用数值计算方法，解决开挖中的实际问题。数值计算结果显示，开挖后，1.0～1.5 倍洞径约 20m 范围内要跟进完成系统初期支护。数值计算认为，导流洞第Ⅲ层开挖完成后，边墙围岩变形增量最大的位置位于第Ⅱ层底脚附近范围，所以锚筋束布置于第Ⅱ层开挖底板以上 0.5m 左右较合适，必要时，增加预应力锚索。

（2）在第Ⅰ层开挖完成后（高约 7.6m），对变质粉砂岩和花岗闪长岩洞段进行围岩松弛深度声波检测，松弛深度为 1.6～3.2m，验证了锚杆长度的合理性。

（3）开挖支护中，根据监测成果和数值分析，调整了部分洞段支护参数。如增设了锚筋束锁定梁及锁腰锚筋束、对穿锚索和边墙预应力锚索等。

4. 混凝土衬砌结构设计

（1）衬砌形式：为全断面衬砌。对承受较大水头的部位，如进口段、接触带段等为结构配筋衬砌；其余为构造衬砌，降低导流洞糙率。衬砌厚度分为 2.5、2、1.5、1.2、0.6m。

（2）计算假定及成果：计算方法采用边值法和有限元法，按施工、运行、封堵工况计算。下闸蓄水封堵工况：自重＋围岩力＋外水力＋围岩弹性抗力是控制工况。其中外水压力最大水头 109m。根据衬砌计算，衬砌厚度 2.5m，主筋采用 $\phi32$@143mm。

（中国电建集团华东勘测设计研究院有限公司
江金章）

## 蟠龙抽水蓄能电站上水库施工导流设计

蟠龙抽水蓄能电站装机容量 1200MW，属一等大（1）型工程。其上水库位于綦江一级支流清溪河右岸支流蟠龙沟上游，汇水面积 2.55km²，全年 50 年一遇洪水洪峰流量为 28.80m³/s，枯水时段 10 月 1 日～次年 4 月 30 日 20 年一遇洪峰流量为 6.84m³/s。

（一）导流方案选择

上水库坝址区溪沟呈 S 形展布，为不对称 V 形峡谷，河床宽高比 2.3。由于沟谷狭窄，山高坡陡，不具备分期导流或明渠导流条件；而坝址上下游两岸山体具备成洞条件，洪水流量又较小，上水库施工可采用隧洞导流，也可采用抽排导流。

1. 方案一：隧洞导流　导流洞设在右岸，进口在瓢厂沟与蟠龙沟汇流口上游约 40m 处。土石围堰挡水标准为 10 月 1 日～次年 4 月 30 日，枯水时段 20 年一遇，洪峰流量 6.84m³/s；布置在瓢厂沟与蟠龙沟汇流口上游侧 15m 处。截流后第 1 个枯水期内大坝可填筑到坝顶高程。汛期由坝体挡水，导流洞过水度汛。截流后第 2 个枯水时段，围堰挡水下完成面板施工。

2. 方案二：抽排导流　利用土石围堰挡水，在堰前布置抽排水设施，施工期用水泵抽排堰前沟水至坝体下游河段，保证大坝旱地施工。上游围堰在瓢厂沟与蟠龙沟汇流口上游侧约 15m 处。抽水设备可按全年 50 年一遇的 24h 洪量 54.5 万 m³、抽水时间为 1 个洪峰历时来配备，或按全年 50 年一遇的最大日平均流量 1.794m³/s 配备。

3. 方案比较　从运行安全及风险控制分析，方案一风险较小，导流洞有一定超泄能力，遇超标洪水时能采取有效措施控制度汛风险。方案二按设计标准抽排量配设备，正常运行下风险可控，但受停电、设备故障影响大，尤其是遇超标洪水时，需临时增加抽排设备，但难以实现预期效果，故只能撤除设备，让基坑过水，坝体安全度汛风险可控性差。从费用分析，方案二可省去导流洞投资，但需增加抽排水设备及运行费用。经计算，抽水时段按 1 年计，方案二的费用已远高于隧洞导流总投资。故上水库采用隧洞导流方案。

（二）施工时段和导流标准

1. 施工时段选择　上水库挡水建筑物为混凝土面板堆石坝，土石方填筑量约 31 万 m³。

从总进度看，大坝施工不控制发电工期，1 个枯水时段即可完成坝体填筑。因此，上水库主坝区施工采用枯水时段土石围堰挡水方案。5～9 月为汛期，10 月～次年 4 月为枯期。从施工导流程序及施工进度分析，施工时段选 10 月 1 日～次年 4 月 30 日比选用 11 月 1 日～次年 3 月 31 日多 2 个月施工期，对坝体填筑均衡上升及均匀沉降相对有利。

从洪水资料分析，本区域内洪水主要由暴雨产生，大暴雨在 7～9 月出现机会多，两施工时段流量相差不大，10 月 1 日～次年 4 月 30 日 20 年一遇洪峰流量 6.84m³/s，11 月 1 日～次年 3 月 31 日 20 年一遇洪峰流量 4.6m³/s。经水力计算，由于设计流量较小，实际控制导流洞规模的是施工因素，满足最小施工洞径即可，而围堰规模基本相当。考虑施工安全及工期保障，施工时段设计为 10 月 1 日～次年 4 月 30 日。

2. 导流标准　上水库施工导流建筑物级别为 4 级，采用枯水时段土石围堰挡水，初期导流标准采用枯水时段 10 月 1 日～次年 4 月 30 日 20 年一遇，相应洪峰流量 6.84m³/s。在施工期，上水库临时度汛标准采用全年 50 年一遇洪水，洪峰流量 28.80m³/s。

（三）导流程序

根据总进度安排，上水库施工导流分为初期导流和后期导流。其导流程序为：初期，在第 2 年 10 月截流，第 2 年 10 月 1 日～第 3 年 4 月 30 日围堰挡水，期间导流洞导流；后期，第 3 年汛期大坝度汛，第 3 年 10 月 1 日～第 4 年 1 月 31 日围堰挡水，期间导流洞导流；第 4 年 2 月 1 日导流洞封堵，第 4 年 5 月 1 日～第 6 年 6 月 30 日大坝度汛。

（四）导流建筑物设计

1. 导流洞　由进口明渠段、洞身段、出口明渠段组成。导流洞进口距坝轴线上游约 100m。进口明渠段长 7.61m，底板高程 954m。洞身全长 174.85m，均为直线段，纵坡 2.29%。断面为城门洞形，洞宽 2.5m，洞高 3m，顶拱中心角 120°，半径 1.443m，最大流速 3.73m/s。出口在坝轴线下游约 80m，出口明渠段长 11.47m，出口高程 950m。进出口各 10m 范围内采用 0.4m 厚钢筋混凝土衬砌，其余洞段用锚喷支护处理。

2. 上下游围堰　上游围堰在坝轴线上游 95m 处，为枯期挡水均质黏土围堰。堰轴线全长 22.87m，最大堰高 7m。迎水面、背水面坡比均为 1∶2，坡面用 0.5m 厚块石防冲保护。堰基覆盖层用掏槽回填黏土防渗。下游围堰在坝址轴线下游约 80m 处，亦为枯期挡水均质黏土围堰。围堰轴线全长 18.44m，最大堰高 6m。其坡面坡比和防护方式、堰基防渗均同上游围堰。

（中国电建集团中南勘测设计研究院有限公司
王　海　虞东亮）

# 其　　他

## 沙沱水电站通航建筑物设计

沙沱水电站是乌江梯级的第 9 级，装机容量 1120MW。枢纽建筑物包括碾压混凝土重力坝、左岸坝身取水＋坝后式厂房、右岸垂直升船机等。坝址河段为Ⅳ级航道，通航建筑物按一次通过 500t 级的机动单船设计。通航建筑物的形式为全平衡钢丝绳卷扬式垂直升船机。上游最高和最低通航水位分别为 365、353.5m，下游最高和最低通航水位分别为 300.38、289.62m。

（一）通航建筑物总体布置

垂直升船机布置在枢纽右岸，由上游引航道、过坝渠道（上闸首）、本体段、下闸首及下游引航道等组成，全长 806m，其中本体段长 83.5m，宽 40m，过坝渠道航槽净宽 12m，上、下游引航道宽 38m。引航道采用反对称形平面布置。通航建筑物坐落岩体主要为红花园组（$O_1h$）厚层灰岩、桐梓组第二段（$O_1t^{2-3}$）中厚层、厚层灰岩、白云质灰岩。

（二）主要技术难点

沙沱水电站升船机建在高山峡谷区的电站枢纽上，主要技术难点为：

（1）升船机提升高度达 75.38m，建筑物高度 120m，须合理控制塔柱变形、满足设备运行要求。

（2）主提升设备规模较大，设备设计、制造技术难度大，需解决好减速器、卷筒等超大型设备的结构形式、技术参数、制造工艺等关键技术问题。

（3）需解决好升船机在极端事故的安全保障措施，船厢在任意位置产生严重漏水安全问题。设计增设了安全平衡卷筒，可保证承船厢在任意位置水漏空的极端工况。

（三）主要建筑物设计

1. 上游引航道　上游引航道在水库右侧，为向右侧单向扩宽形式，自主航道进口至上闸首航线总长 210m，宽度由 38m 逐渐缩小至 12m，引航道直线段由停泊段、调顺段和导航段组成，分别长 60、90、60m。上游引航道内设有靠船墩、锚固墩、导航浮堤等建筑物。

2. 过坝渠道（上闸首）　过坝渠道在右岸大坝的非溢流坝段，既是大坝挡水前沿一部分，又是船舶进出的上游口门，包括坝身挡水坝段沿升船机中心线长 59.625m，底高程 350.5m，通航净宽 12m，顶高程 376.6m。渠道左边墙墙体厚 3m，右边墙墙体厚 10.5m。航道上游端设检修闸门一道，上闸首顶设排架结构，排架内设启闭机及门库，供检修闸门的启闭及存放。

3. 本体段　本体段紧接过坝渠道的下游端，下游端紧接下闸首，是垂直升船机的核心部分，内有承船厢及其导向设备、平衡重系统、提升设备、控制设备等。沿升船机中心线总长 83.5m，总宽 40m。底板顶面高程 281m，建基面高程 275m，提升设备层高程 377m（主机房），主机房屋顶为网架结构。

本体段上游侧上闸首工作闸门段长度 5m；船厢池总长 70.1m，宽 17.6m；承船厢总长 70.0m，宽 16.0m；下游侧下闸首工作门段长度 8.4m，左右侧挡水边墙墙体厚度均为 11.2m。墙体内沿高程方向每间隔 6m 高差设一层交通廊道。

提升设备层高程 377m，为现浇混凝土板梁结构。设备层主要布置升船机提升系统，下游端布置中控室，主机房两侧为供电设备和电缆通道。设备层上部结构为钢筋混凝土排架柱结构，高程 391.7m 布置吊车梁，吊车梁上是 1 台跨度 37m 双向桥式起重机，用于主机房内机械、电气设备的安装和检修。塔楼顶部 398m 高程设 86m×39m（长×宽）轻型网架。

4. 下闸首　下闸首上游端紧接本体段，下游端接下游引航道，沿中心线总长 21.50m，总宽 22m。下闸首为 U 形结构，通航净宽 12m，底板建基面高程 280.62m，底板顶面高程 286.62m，边墙顶高程 316.50m。航道下游端设检修闸门一道，下闸首顶为排架结构，排架内设启闭机及门库，供检修闸门的启闭及存放。

5. 下游引航道　下游引航道紧接下闸首布置，为向左侧单向扩宽形式，是下闸首与下游河道连接的通道，总长 413m。下游引航道轴线方位由 NE47°转向 NE42°，转弯半径 213m。由下闸首开始依次布置导航段、调顺段、停泊段、制动段、口门区。航道底高程 286.62m，最小航行水深 3.5m。引航道导航段长 60m，底宽由 12m 逐渐扩大至 38m；停泊段、调顺段和导航段为直线段，分别长 60、90、60m。航道右侧为主导航墙，左侧为辅导航墙，左侧辅助导航墙下游接隔流堤。

（中国电建集团贵阳勘测设计研究院有限公司
薛文强）

# 兴隆水利枢纽船闸设计与施工

（一）工程概况

兴隆水利枢纽位于汉江下游湖北省潜江、天门市境内，上距丹江口水利枢纽 378.3km，下距河口 273.7km。作为汉江中下游四项治理工程之一，它也是南水北调中线工程的重要组成部分。枢纽以灌溉和航运为主，由泄水闸、船闸、厂房、鱼道、滩地过流段及交通桥等组成。水库库容约 4.85 亿 $m^3$，最大下泄流量 19400$m^3$/s，灌溉面积约 21.8 万 $hm^2$，规划航道等级为Ⅰ级，电站装机容量 40MW。

船闸为Ⅲ级单线一级船闸，设计代表船型为 1＋4×1000t 船队，主体段由上下闸首、闸室以及下游消能段组成，闸室有效尺寸为 180.0m×23.0m×3.5m（长×宽×槛上水深）。

（二）船闸结构设计

1. 工程地质及地基处理　船闸主体建筑物地基为第四系松散冲积堆积物，覆盖层总厚 50～70m，上部以黏性土为主，中部砂性土为主，下部砂砾（卵）石层，基岩深埋于第四系地层之下。地基承载力低，存在不均匀变形、抗冲刷、渗漏与渗透变形、饱和砂土震动液化及人工边坡稳定等问题。

船闸主体结构的地基处理采用封闭格栅式布置的水泥土搅拌桩，桩径 800mm，深入砂砾石层 0.5m，上下闸首桩长分别为 9.7、8.6m，闸室段桩长 10m，下游消能段桩长 11.5m。

2. 结构设计和施工程序　船闸主体段采用整体式“U”形结构，总长 268m。上闸首长 40m，闸室长 186m，下闸首长 30m，航槽净宽 23m，底板厚 4m。

由于船闸上下闸首底板面积大，施工温控要求高，且结构自重和边荷载引起的底板内力也很大，易产生裂缝。结合相关资料和三维有限元静力法计算分析，设计提出“左右分块浇筑、中间预留宽槽、中期适时并缝”的施工方法。闸首临时缝设置及施工程序如下。

上闸首在工作门底坎上游面处设一道横向临时施工缝，将闸首纵向分为 2 个浇筑块施工，长度分别为 16.5、23.5m。横向施工缝采用分层搭接错缝，缝周设 1 道铜止水，纵向钢筋过缝。沿闸首底板中心线设 1 条宽 1.5m 的宽槽，宽槽两侧预留键槽，迎水面设 1 道铜止水。

下闸首在底板两侧距边墩迎水面 3m 处各设 1 条宽 1.5m 的宽槽，将下闸首横向分为 3 个浇筑块施工。宽槽两侧设键槽，迎水面设 1 道铜止水。下闸首总长 30m，不设横向临时施工缝。

闸室底板总宽 31m，底板纵向不设施工缝，闸室两侧边墩同步上升，墩后跟进回填。

（三）主要施工措施及工程效果

受地基处理影响，船闸主体混凝土浇筑较计划滞后，许多工程需在高温季节完成，温控问题突出。同时，闸首底板宽槽并缝直接制约主体结构浇筑和金属结构及机电设备安装。

1. 混凝土温控防裂措施　施工中除合理分缝分块外，还采取以下措施。

（1）采用中低热硅酸盐水泥，降低水泥用量，掺适量粉煤灰、磨细矿渣粉等，选用合适外加剂减小发热速率。

（2）根据各部位混凝土的允许最高温度、水泥用量和水化热性能、运输方式，结合浇筑季节和气温条件，动态确定浇筑温度，浇筑温度不宜高于 28℃，不低于 5℃。

（3）根据温控、浇筑、结构和立模条件选定浇筑层厚：基础约束区 1.5～2m，脱离基础约束区 2～3m。层间间歇 5～10d，不超过 15d。遇长间歇停浇面，在仓面增设防裂钢筋。

（4）在上下闸首底板埋设冷却水管，连续通水冷却，水管间距 1.5m（竖直）×2.0m（水平）。混凝土与冷却水间的温差不宜超过 20～25℃，且块体降温速度不大于 1℃/d，将块体温度降至设计规定的块体宽槽回填温度（上下闸首底板分别为 10、13℃）。

（5）防止气温骤降和寒潮的影响，重视基础约束区及其他重要结构部位的表面保护。当日平均气温在 2～3d 内连续下降不小于 6℃，28d 龄期内混凝土表面必须进行表面保护。

2. 宽槽并缝时机调整　原方案为：闸首底板及边墩平分层交替上升，墙后跟进填土；待边墩浇至 38m 高程后，在冬季连接宽槽过缝钢筋和回填混凝土，将底板连成整体，再浇筑其上部混凝土和闸墩到顶。此时底板混凝土龄期不少于 2 个月，且温度须不高于 10℃。

但施工中因进度滞后，上下闸首边墩浇至 38m 高程时进入夏季，错过了宽槽回填时机。为此提出了以下解决方案。

（1）采用空箱式边墩结构形式，有效降低边墩自重对底板和地基应力的不利影响，也可节约混凝土方量。

（2）在两侧闸墩 26～40m 高程内以船闸中心线为对称轴各挖 5 个孔洞，孔洞周边增布钢筋；在闸墩上升到 29m 高程前，完成闸首航槽底板上袋装砂堆载（载荷 75$kN/m^2$），宽槽回填并达到设计强度后撤除堆载；两侧闸墩对称浇筑、均匀上升，外侧填土及时跟进。压砂堆载，可减小基底应力不均匀分布，亦可给底板混凝土保温。

宽槽分层回填时两侧老混凝土龄期为 6 个月且温

度降至回填温度，在12～次年2月进行。回填混凝土强度等级比老混凝土高一级，层厚1.0～1.5m；回填混凝土浇筑温度不低于5℃。

3. 工程效果 兴隆水利枢纽船闸于2013年初建成，4月中旬开始通航，已安全运行3年多时间，累计过闸2万余艘，工程质量和运行情况良好。

（湖北省汉江兴隆水利枢纽工程管理局 邵云强）

## 永泰抽水蓄能电站上下库联合调洪计算方法研究

（一）概况

永泰抽水蓄能电站总装机容量120万kW，上、下水库调节库容按装机日等效发电5h设计。上水库正常蓄水位657m，死水位637m；下水库正常蓄水位225m，死水位203m。电站设计调节库容67万$m^3$。电站下水库位于福建省永泰县大樟溪支流清凉溪的上游河段，下游河段岭下村为永泰抽水蓄能电站主要防护对象，河道安全过流量为236$m^3/s$。

永泰抽水蓄能电站按装机容量确定其主体建筑物等级为1级，上、下水库主、副坝及厂房洪水设计标准按200年一遇洪水设计，1000年一遇洪水校核。

该流域地处亚热带季风气候区，锋面雨和台风雨盛行，源短坡陡的地理特点，造成洪水过程暴涨暴落，一次洪水过程在一天左右。上水库集雨面积1.08$km^2$，上水库200年一遇设计洪峰流量32.9$m^3/s$，最大24h洪量33.7万$m^3$；1000年一遇校核洪峰流量41.6$m^3/s$，最大24h洪量42.8万$m^3$。下水库集雨面积60.5$km^2$，200年一遇设计洪峰流量1060$m^3/s$，最大24h洪量1790万$m^3$；1000年一遇校核洪峰流量1380$m^3/s$，最大24h洪量2240万$m^3$。

永泰抽水蓄能电站上、下水库集雨面积相对较小，电站发电、抽水过程对水库洪水位影响较大。抽水蓄能电站调洪计算的特点是要考虑发电或抽水流量与设计洪水的不利组合。

（二）影响洪水调节计算主要因素

永泰抽水蓄能电站下水库坝址下游约1.2～2.5km处为岭下村，岭下村的小垄和张板自然村位于河道右岸，尾厝在河道左岸，且河道两岸均分布有大片的山地和田地。岭下村为永泰抽水蓄能电站主要防洪对象。根据洪痕相关调查成果分析，岭下村河道现有防洪能力仅为2年一遇洪水标准，河道安全泄量约为300$m^3/s$，在计入下水库坝址至岭下村间的北山支流后，下水库安全泄量为236$m^3/s$。考虑岭下村附近河道的防洪任务，将该河道的防洪标准提高至10年一遇。故在调洪计算时，当下水库遭遇10年一遇洪水时，下水库最大下泄流量按不大于安全泄量236$m^3/s$进行控制。经洪水调节计算，下水库10年一遇水库洪水位为229.55m，水库相应防洪库容为251万$m^3$。

（三）洪水调度规则

抽水蓄能电站上、下水库通过输水系统相连。上、下水库的水体在抽水和发电工况时相互交换，两库实际上成为一个整体。上、下水库联合调洪计算按下水库入库洪水和电站发电流量叠加进行调洪计算（按连续发电5h，1h备用水量和5%裕度均置于下水库），取最不利遭遇组合方案成果作为设计依据。

由于地形条件的限制，永泰抽水蓄能电站下水库库容较小，下水库仅对小于10年一遇洪水时承担一定的防洪任务，在遭遇大洪水时不具备为下游承担防洪任务的能力。据此制定电站洪水调度规则如下：

(1) 下水库考虑下游防洪任务，将岭下村附近河道防洪标准由现状2年一遇提高至10年一遇。当下水库坝址洪水不大于10年一遇标准（$Q=523m^3/s$）时，下水库按前一时段（0.5h）洪水流量和安全泄量$Q=236m^3/s$两者间的小值泄放洪水。水库设置相应防洪库容251万$m^3$。

(2) 当下水库防洪库容251万$m^3$尚未用完时，下水库下泄洪水流量取泄洪设施泄流能力、前一时段洪水流量及安全泄量$Q=236m^3/s$三者间的小值。当防洪库容用完后，在泄流能力允许的条件下，按前一时段（0.5h）洪水流量和下水库安全泄量$Q=236m^3/s$两者间的大者下泄洪水；待上下水库恢复到正常运行状态时，关闭泄洪底孔及溢流表孔的闸门，停止泄洪。

(3) 当下水库水位不高于设计标准（$P=0.5\%$）洪水位时，电站根据电网要求正常运行；当下水库水位超过设计标准（$P=0.5\%$）洪水位且低于校核洪水位时，电站视水库水位情况考虑部分停机运行。

（四）洪水计算结果

根据上述洪水调度规则，永泰抽水蓄能电站下水库洪水调度计算成果见表1。

表1 永泰抽水蓄能电站下水库洪水调度计算成果（联合调度）

| 洪水频率 $P$（%） | 坝址洪峰（$m^3/s$） | 最高库水位（m） | 最大下泄流量（$m^3/s$） | | |
|---|---|---|---|---|---|
| | | | 表孔 | 底孔 | 合计 |
| 0.1（校核） | 1380 | 231.04 | 1004 | 376 | 1380 |
| 0.5（设计） | 1060 | 230.87 | 685 | 375 | 1060 |

（中国电建集团华东勘测设计研究院有限公司 任在民 芮德繁）

## HEC-RAS 在南江河防洪工程规划中的应用

传统的河道水面线推算采用逐段试算法，推算非常困难，且得不到理想的成果。HEC-RAS 水面线计算软件在设定计算断面的形状及相关参数后，就可以较准确地计算出河道水面线。HEC- HAS 是美国陆军工程兵团水文工程中心开发的一款水面线计算软件，该系统功能强大，可计算缓流（$Fr<1$）、急流（$Fr>1$）、临界流（$Fr=1$）及混合流等各种流态。用于推求平原及山区河道水面线、各种涉水建筑物（桥涵、防洪堤、堰库等）的水面线分析、水库淤沙和河道冲淤计算及溃坝溃堤模拟等。后期处理可生成横断面形态图、流量及水位过程曲线、复式河道三维断面图等图表，为可视化操作界面。

以南江河防洪规划工程为例，采用恒定流的方法推算河道水面线。

1. 南江河防洪规划概况　镇坪县位于陕西省安康市东南部，境内最大河流为南江河，县城区以上流域面积 836km$^2$，河长 50.6km，平均比降 8.92‰，为 V 形窄深河床。河流蜿蜒曲折，域内沟深坡陡，流程短、比降大、汇流快，暴雨时易产生泥石流。

城区现状防洪工程均是按相关规划修建的重力式浆砌石防洪堤，长约 2180m，高度 5～8m，能防御 10～20 年一遇洪水。依据《镇坪县城市总体规划》和《防洪标准》，确定南江河镇坪县城区段按 30 年一遇防洪标准设防。本次规划旨在重新评价现有防洪堤防洪能力，按 HEC－RAS 软件计算河道在设计洪水流量下的水面线，并确定防洪堤设计堤顶高程。

2. 计算参数选用　镇坪县城规划河段长 5600m（桩号范围为 0＋000.000～5＋600.000m），计算时设 33 个断面。计算参数选用如下：

（1）设计洪水流量：防洪规划设计标准为 30 年一遇，各河段相应洪水流量见表 1。

表 1　南江河各河段 30 年一遇设计洪水流量

| 河段 | 桩号范围 | 洪峰流量（m$^3$/s） |
|---|---|---|
| ① | 0＋000.000～1＋841.897m | 1610 |
| ② | 1＋841.897～3＋263.360m | 1800 |
| ③ | 3＋263.360m～4＋536.533m | 1850 |
| ④ | 4＋536.533m～5＋600.000m | 1860 |

（2）糙率选用：南江河河床由小卵石和块石（$d$＝0.1～0.8m）组成，计算河道河槽糙率取 0.04，两岸及滩地糙率取 0.05。

（3）起推水位：HEC-RAS 在边界条件设置中提供了 4 个选项：Know W. S.（已知各流量水面高程）、Critical Depth（临界水深）、Normal Depth（正常水深，即河道比降）、Rating Curve（率定曲线）。本次计算河道下游为樟树潭水电站坝址，建坝后河床水位抬高，水面线计算时，下游边界条件选用 Know W. S.（即设计洪水流量下坝前洪水位），电站坝址处 30 年一遇设计洪水流量为 1800m$^3$/s，相应的洪水位 871.370m。

3. 水面线计算成果分析　根据 HEC-RAS 恒定流一维的计算成果，考虑堤防工程安全超高，南江河规划河段防洪堤自上游向下有 5 个断面（断面 32、14、9、8、5）附近的堤顶高程偏低，不能满足设计洪水工况下的行洪要求，堤顶需要适当加高。

对于不满足要求的河段，可根据计算水面高程和安全超高确定防洪堤的设计高程。

HEC-RAS 软件在防洪规划工程中水面线计算方面非常实用，不仅能够快捷计算天然河道复杂流态下的水面线，还能直观地判断现状河道的防洪能力，对防洪规划工程具有有效的指导意义。

（中国水利水电第三工程局有限公司　丰小玲）

## 东江引水工程取水口和引水隧洞的设计

郴州市东江引水工程主要对郴州、资兴、桂阳进行供水，取水水源为大东江水电站东江水库。工程分近期、远期、远景三期：近期按 30 万 m$^3$/d 设计；远期按 60 万 m$^3$/d 设计，可满足 78 万人口用水需求；远景按 100 万 m$^3$/d 设计，可满足 100 万人口用水需求。近期工程包括取水口及引水隧洞、净化水厂和输水管道，总投资 11.99 亿元，建设周期 2 年。

（一）结构布置

东江引水工程取水口和引水隧洞工程标段由取水口、引水隧洞及出口岔管组成。

取水口为岸塔式，塔高 51m，背靠岸坡布置。拦污栅、喇叭口和闸门均布置在与岸边连接的塔体内，塔体尺寸 20m×8.5m（长×宽）。塔体前沿布置拦污栅，孔口尺寸 4.5m×53.5m（宽×高）。拦污栅后紧贴布置叠梁门，孔口尺寸 4.5m×36.0m（宽×高），为保证分层取水效果，叠梁门与上游胸墙净空 5m。叠梁门后设叠梁门库，孔口尺寸 4.5m×36.5m（宽×高）。叠梁门库后设事故检修闸门，孔口尺寸 3.6m×4.0m（宽×高）。拦污栅及闸室底板高程均为 243.00m（黄海高程），塔体顶部高程 296.50m（黄海高程）。

取水口塔体后接引水隧洞。引水隧洞根据沿线地形地质条件和隧洞进、出口位置，并兼顾施工支洞的布置，在平面上设 3 个转弯段，转弯半径均为 12m，转弯角度分别为 32°、7°和 28°。引水隧洞全长 6098.96m，纵坡比降 1/2000。过水断面为城门洞形，断面尺寸 3.6m×3.6m，设计引用流量 12.76m³/s 时，洞内流速为 1.10m/s。

引水隧洞出口接钢岔管，岔管为 1 主管接 2 支管。主管直径 3.0m，支管直径 2.2m。岔管后分别接阀门井。阀门井之后直接用钢管将水送入东江引水工程净化水厂的配水池。

（二）工程主要特点

（1）取水口和引水隧洞前半段毗邻东江大坝。电站水库正常蓄水位 285m（吴淞高程），相应库容 81.2 亿 m³，为多年调节水库。枢纽主要建筑物：拦河大坝、坝后式厂房、两岸潜孔滑雪式溢洪道、左岸一级防空洞、右岸二级防空洞等。拦河大坝为混凝土双曲拱坝，最大坝高 157m。东江引水工程取水口及引水隧洞位于东江水库右岸。取水口布置在右岸岸边，距大坝右坝头直线距离约 460m。引水隧洞线距右坝头最近处 289m，距二级放空洞最近处 255m，距右岸帷幕最近处 200m，引水隧洞 1 号施工支洞口距右坝头约 633m。

（2）取水口后边坡处理有难度。取水口塔体后边坡的自然边坡坡度约 40°，岩性为花岗岩，边坡覆盖层厚度约 7m，全风化层厚约 15m，强风化层厚约 6m，有 $F_{28}$ 大断层通过，与边坡斜交，还有 $f_1$、$f_2$、$f_3$ 小断层通过。边坡属 1 级边坡，高约 120m，为高边坡。取水口处在国家 5A 风景区内，要求边坡的设计开挖面不应过大，不影响景区美观。

（3）取水口施工挡水设施拆除难度大。为了取水口塔体竖井旱地施工，在取水口临水库侧选用混凝土围堰和预留岩坎进行挡水。考虑工期要求及东江水库水位的特点，按全年施工进行挡水设计；东江水库具有很多重大功能，水库水位不可控；东江水电站水库正常蓄水位 285m，混凝土围堰顶高程取 287m，预留岩坎顶部高程 272.50m，其底部高程与取水口底板高程同为 241m。混凝土围堰与预留岩坎总高超过 40m，预留岩坎一次性水下爆破拆除难度相当大。

（三）技术措施

（1）取水口边坡开挖支护。在布置上，取水口塔体向水库方向移动 11.6m，可减少边坡开挖高度。开挖全风化层和强风化层的边坡时，采用网格梁＋预应力锚索进行深层锚固。网格梁里表层设系统锚杆和系统排水管，每级边坡的马道设系统排水沟。边坡开挖支护完成后，网格梁里进行边坡绿化。采取这些措施后，取水口边坡稳定性和边坡绿化得以保证。

（2）混凝土围堰和预留岩坎拆除措施。东江水库容量 81.2 亿 m³，它在防洪、发电、调水等方面起着重大作用。混凝土围堰和预留岩坎的拆除与工程工期、水库水位有着非常密切的关系。拆除高度达 44.50m，决定分 3 次拆除。第 1 次拆除混凝土围堰，拆除高度 14.50m；第 2 次拆除高程 272.5～250.0m 范围内岩坎，拆除高度 22.50m，拆除期间水库天然水位不高于 272m，以保证混凝土围堰的旱地清渣和岩坎爆破准备的旱地施工；第 3 次拆除高程 250m 以下岩坎，拆除高度 7.5m，在水库特枯水位运行时拆除。

（3）爆破监测。取水口和引水隧洞前半段距离东江大坝较近，引水隧洞距东江大坝右坝肩较近。东江大坝为高拱坝，至今已运行 28 年，取水口和引水隧洞施工期爆破监测尤为重要。在可行性研究阶段，完成了《施工爆破振动对东江薄拱坝及厂房等的影响研究及分析专题报告》，确定了东江大坝各部位的爆破振动安全控制标准。在技施设计阶段，确定了东江大坝各部位的监测项目、监测范围、监测点布置、监测方法、监测分析和反馈等。通过取水口和引水隧洞施工期爆破监测，为东江大坝的安全影响评价提供可靠资料，保证取水口和引水隧洞的顺利施工。

（中国电建集团中南勘测设计研究院有限公司
孙云峰）

6

# 土 建 施 工

# 大 坝 施 工

## 锦屏一级水电站4.5m升层混凝土施工技术

锦屏一级水电站双曲拱坝施工中，因边坡及坝基开挖滞后、混凝土工程量增加、骨料供应不足等原因，导致大坝混凝土浇筑工期拖后9个月。采用4.5m升层混凝土浇筑技术后，解决了模板变形、温度控制等关键技术，加快了浇筑速度，节约工期4个月。

（一）4.5m升层模板施工技术

4.5m升层浇筑混凝土会对模板产生更大的侧压力，为此采用以下模板解决变形问题。

1. 双撑杆悬臂大模板　4.5m升层模板由专业公司设计。设计中采用高4.9m的模板浇筑4.5m升层仓，最大偏差发生在大坝上游面1871～1885m高程，为－1.1cm，其他部位均1cm，满足规范要求；水平方向模板宽为3m，偏差满足规范要求。结合各坝段宽度辅以2.7、2.4、2.1m宽度规格模板、再配合拼缝板以解决曲率变化引起的“V形和倒V形开口”问题。

悬臂大模板采用双支点、双轴杆支撑方式增强模板刚度，主要由面板、支撑、锚固及辅助4个系统组成。通过由加强型爬升锥、悬挂螺栓、预埋蛇形筋等组成的锚固系统固定。

2. 4.5m直筒异型液压自爬模板　大坝电梯井为异型结构，井深247m，结构复杂、空间狭窄。随大坝升高采用3、4.5m浇筑分层，故电梯井模板采用4.7m高整体液压自动爬升模板。模板结构为几个面板结构基本相同或对称、桁架结构相同或对称，且相对独立的整体单元。浇筑时，各单元模板及上桁架需连成整体，共同承担荷载；其他工况下各单元既可独立作业，也可整体作业，相互干扰小。

（二）浇筑温控技术

电站拱坝陡坡坝段约束区温控防裂安全裕度不高，4.5m升层对温度应力会产生不利影响。

1. 4.5m升层与3m升层浇筑比较　通过仿真计算分析同等条件下两种升层浇筑的温度场、温度应力和安全系数的差别，评估4.5m升层浇筑温控防裂的风险并得出以下结论：

(1) 4.5m升层的最高温度发生在1～3天龄期内，混凝土内部最大顺河向应力发生在该部位二期通水冷却降温末期。河床坝段最大顺河向应力位于基础强约束区，岸坡坝段最大顺河向应力位于基础强约束区与岸坡交界处。两种升层混凝土温度应力的基本规律相似。

(2) 河床坝段的温度和应力基本规律：4.5m升层比3m升层最高温度略高0.3℃，满足设计要求。4.5m升层比3m升层最大应力略大0.05～0.12MPa，安全系数降低0.04～0.16。

(3) 采用纤维混凝土和锦屏水电站B版温控措施后，4.5m与3m升层相比最高温度略高0.4℃，最大应力略大0.14MPa（原因是最高温度和间歇期增加），安全系数略低。

2. 4.5m升层浇筑温控标准及措施优化　由于采用4.5m升层浇筑后，坝体最高温度和最大应力均有所增大，遂对其温控标准和措施进行了优化，并确保优化后4.5m升层浇筑的抗裂安全系数优于现有温控措施条件下3m层厚浇筑的水平。

（三）浇筑施工工艺

1. 仓面设计和资源配置　4.5m升层采用平铺法、每仓分4区共9个坯层浇筑，将上下坯层覆盖时间控制在4h内，入仓强度必须达到180m³/h以上。仓内配置“四平四振”平仓振捣设备，并在仓外四周布设10台喷雾机用于仓内降温。

2. 提高混凝土输送和浇筑速度　将仓面根据4台缆机覆盖范围分为4个施工区。每个施工区布置平仓机和振捣臂各1台，标识好下料位置。在吊罐距仓面1.5m以内时迅速下料。缆机一般不行走大车，卸料后平仓机立即平仓。

3. 缩短冷却水管铺设时间　浇筑中各区同一坯层覆盖时间长短不一，利用各区的覆盖时间差铺设冷却水管并保证浇筑不停歇，从根本上消除冷却水管铺设对浇筑的影响。

4. 模板变形控制　4.5m升层单套大模板比3m升层模板重约70%，混凝土对模板的侧压力也更大。在横缝上定点拉线控制，全站仪实时测量观测变形，发现异常及时处理。

5. 混凝土温度控制　①对骨料采用一次、二次风冷，以砾石温度替代表面温度确保骨料内部温度满足要求；②采用冷水、加冰拌制；③加快覆盖混凝土层面及平仓振捣速度，提高浇筑强度，坯层覆盖时间控制在 4h 内；④高温季节（时段）在仓面喷雾；⑤通水冷却，每个仓内按 1.5m×1.5m 布置 3 层 HDPE 冷却水管；⑥冷水机组制冷能力为 $360m^3/h$。

（四）混凝土浇筑效果

锦屏一级水电站大坝共设 26 个坝段，历时 50 个月，共浇筑 1495 仓，混凝土 507.13 万 $m^3$。

（1）4.5m 升层形体偏差符合设计要求，体形偏差略大于 1.5、3m 升层。

（2）温控实施情况：出机口混凝土温度合格率达 99.8%。浇筑温度控制在 11℃内，运输时温度回升在 4℃以内，浇筑温度合格率达到 96.5%。

3m 升层超温率最高，因基础约束区、结构仓多为 3m 升层。总体上 4.5m 升层最高温度略高于 3m 升层浇筑仓，平均高 0.05℃左右。温度过程与 3m 层厚相差不大。

（3）4.5m 升层浇筑仓位占总仓位的 37.2%，混凝土量占总方量的 46.5%。若将 4.5m 升层仓均按 3m 升层施工，则需多浇 278 个仓。以孔口坝段（15 号）为例，采用 4.5m 升层仓较 3m 升层仓减少 14 仓。据统计，4.5m 与 3m 升层仓比较，大坝上升 1m 可节约 1 天时间，按此估算 15 号坝段采用 4.5m 升层可节约工期 126d。

（4）大坝混凝土浇筑月最高强度 18.02 万 $m^3$，高峰年浇筑混凝土 169.13 万 $m^3$，月平均强度 14.09 万 $m^3$，月平均上升高度 6.1m，高峰年全坝月均上升高度 7.5m，其中 19 号坝段上升 111m，月平均 9.25m。

（中国葛洲坝集团第二工程有限公司
黄丹勇　杨卫森）

## 两河口水电站坝址右岸边坡开挖与支护施工

两河口水电站右岸坝址以上开挖区位于 8 号公路出洞口（至进水口底板交通洞）与 601 号公路出洞口（至大坝开挖填筑中部高程）上游冲沟间，从上游至下游依次为进水口边坡、开关站边坡、2 号沟谷堆积体边坡、右坝肩及右坝基边坡。自上游至下游最大开挖长度 680m，开挖高差最高 585m，工程量达 400 多万 $m^3$，边坡锚固量巨大，属Ⅰ等大型工程。

（一）开挖工程难点

为给引水发电和大坝施工提交工作面，边坡工程施工强度需在投标阶段基础上提高 30%～40%，边坡开挖有诸多难题亟待解决。

（1）施工强度高。边坡跨度和高差大、规模庞大，3 大边坡和沟谷堆积体 4 个作业面连成片，干扰明显；加速施工要求关键线路需压缩工期约 7 个月；场地狭窄，2875m 高程平台形成前，无布置大型设备的场地；出渣通道布置困难，对施工组织安排极具考验。

（2）安全风险高。施工项目有：边坡开挖、浅层和深层支护、缆索吊运、基坑出渣，环境复杂，作业面广，爆破作业、高处作业及交叉作业安全风险大，安全管理难度大。

（3）质量控制难度大。施工门类繁杂多样，主要包括洞挖、明挖、锚喷和锚索支护、混凝土浇筑等，还需搭设脚手架、架设缆索等，质量控制极具挑战性。

（二）开挖方案

1. 开挖分区　边坡分上游开挖区（进水口边坡）、中部开挖区（开关站边坡）、下游开挖区（右坝肩及右坝基边坡）、2 号沟谷堆积体边坡等 4 个施工区。为减少沟谷堆积体开挖对其他 3 个边坡的影响，先开挖沟谷体边坡，翻渣至基坑后再二次挖装出渣。

2. 开挖施工程序　开挖施工结合永久道路和临时道路布置进行。

（1）各边坡 2875m 高程以上的开挖利用 602 号公路交通洞与开挖区内 2875m 高程以上的各条临时道路相联系，先开挖 2 号沟谷堆积体边坡，其余 3 大边坡同步下降。

（2）3 大边坡开挖至 2875m 高程后，剩余工作主要是进水口和右坝基开挖，分别利用 8 号公路隧洞与进水口内部临时道路连接，利用 601 号公路隧洞与右坝基内部临时道路连接，作为出渣与材料运输通道。开关站 2875m 高程形成的大平台作为临建布置增容场地。

3. 开挖施工技术要点

（1）常规边坡。右坝肩和开关站 2875m 高程以上及进水口 2806.7m 高程以上边坡为 1∶0.75 和 1∶0.5 两种坡比，每两级马道间高差 25m。临近开口线附近边坡以Ⅴ类岩石为主，为确保开挖平整度，用手风钻钻孔光面爆破。其他部位为Ⅲ、Ⅳ类岩体，岩石较完整，用 YQ100B 型潜孔钻钻孔预裂爆破。每层开挖高度按半级马道高度控制。为快速下挖，边坡外围先瘦身下挖，预留 8～12m 厚度，预裂爆破与瘦身开挖上下流水作业，预裂爆破效果也好。每层开挖上下游方向分 2～3 个开挖块，每块长 40～60m，形成同层开挖流水作业。傍晚爆破，夜间翻渣，空间允许情况下，紧跟锚杆施工作业，确保边坡稳定。

1 台潜孔钻两班制钻 3～5 个孔（孔深 15m），预裂孔间距 80cm，60m 长边坡钻孔需 5～6 天。主爆孔用 T35 液压钻与预裂钻孔同步进行。装药时按试验确定的设计爆破参数执行。

(2) 连续型边坡。右坝基 2875m 高程以下边坡中间无马道，2875～2725m 高程间坡比为 1∶1.1，2725m 高程以下坡比 1∶0.9。进水口 2806.7～2763.0m 高程间正面边坡为直立连续边坡，中间无马道。为安放钻机，无马道开挖时需技术性超挖，一般按 40～50cm 控制。

右坝基 2875m 高程以下边坡按要求欠挖 10cm、超挖 20cm。潜孔钻宽 35cm，加上样架宽 15cm，至少需 50cm 台阶放置潜孔钻。故按欠挖 10cm、超挖 40cm 控制（见图 1）。右坝基深孔梯段爆破施工中，由于坡度较缓，易出现“飘钻”“穿插孔”。通过搭设样架、潜孔钻底部加焊导向定位器，确保开孔入岩 1m 段钻头无偏移，且满足整体孔向角度的要求。

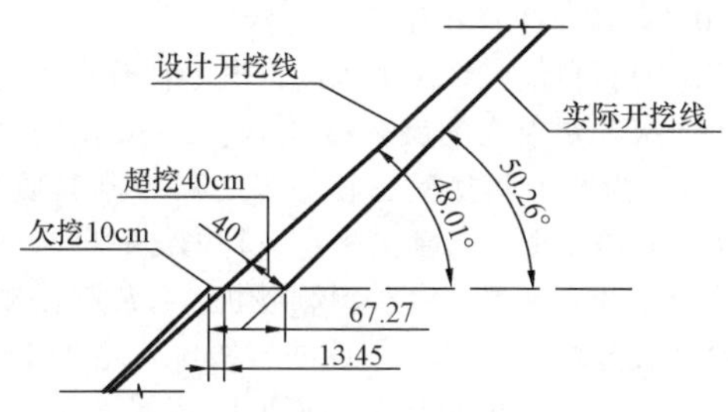


图 1　右坝基边坡技术超欠挖示意图

进水口 2806.7～2763.0m 设计边坡为直立坡，按要求欠挖 10cm、超挖 20cm。同理，为放置潜孔钻需 50cm 台阶，故直立坡按技术超挖 50cm、欠挖 0cm 控制（见图 2）。

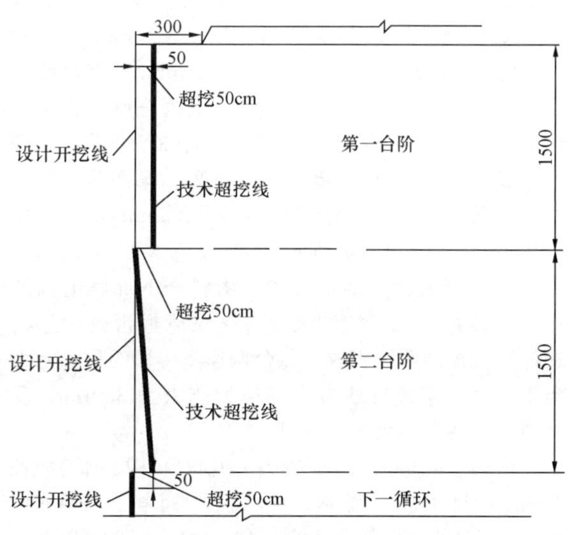


图 2　进水口直立边坡技术超欠挖控制图

4. 开挖设备　出渣采用 25t 自卸车，挖装设备斗容 3.0～1.6$m^3$，基坑出渣增配 1 台 5$m^3$ 挖机。共投入挖机 23 辆、25t 自卸汽车 120 辆、大功率推土机 6 台、高风压钻机 12 台。

（三）支护作业

(1) 喷混凝土自下而上分段分片进行，后一层在前一层混凝土终凝后作业。若终凝 1h 后再喷射，要用风水清洗受喷面。喷射紧跟开挖面，混凝土终凝至下一循环放炮时间不少于 3h。

(2) T35 液压钻钻浅层锚杆孔。预裂爆破后，用挖掘机、装载机清渣和翻渣，在靠坡面清出液压钻工作面，钻锚杆孔与翻渣形成流水作业。1 台 T35 液压钻每天钻锚杆孔 300m。

(3) YXZ-70A 型全液压钻机钻锚索孔。孔位、方位角用全站仪测定，钻孔倾角用罗盘仪测定。每钻进 5～10m 测 1 次孔斜，根据情况纠偏。破碎岩体钻锚索孔用跟管钻进成孔。

（四）施工干扰的处理

(1) 右坝肩高程 2820、2760、2700、2640m 的灌浆平洞的开挖出渣，与开挖工作面互有干扰。且灌浆平洞开挖进度慢，将影响右坝基边坡下挖进度。为此，将灌浆平洞施工面与右坝基边坡工作面分开，在各平洞洞口与坝基边坡下游侧开口线外的冲沟间修建栈桥作为施工通道，用以出渣、支护材料运输。

(2) 电站进水口塔背直立边坡设 3 排锚索，最低一排锚索距进水塔底板高差 30m。若待边坡开挖至底板面高程后，再搭设落地脚手架完成锚索剩余工序，则不能及时达到锚固效果。为此，先施工高程 2803m 锚索，保证边坡稳定。但锚墩浇筑、张拉等作业周期长，故剩余两排锚索的这两个工序，在塔背直立坡段搭设独立的锚索施工悬挑平台上施工，既满足开挖边坡施工，锚索也能正常施工。

（五）实施效果

两河口水电站右岸坝址以上边坡工程，月均下降梯段高度最大约 25m，石方开挖强度最高达 35 万 $m^3$/月，锚索施工最高达 290 束/月，钻孔高峰强度 11600m/月。

（中国水利水电第十二工程局有限公司　应慧能）

## 两河口水电站大坝反滤料及掺砾料的加工系统

两河口水电站砾石土心墙堆石坝，最大坝高 295.00m，大坝防渗体为砾石土直心墙，坝壳为堆石填筑，心墙与上、下游坝壳堆石间均设反滤层Ⅰ、反滤层Ⅱ和过渡层。大坝前期所需反滤料及掺砾料 284.42 万 t，由庆大河石料加工系统生产。

（一）掺砾料及反滤料的级配要求

两河口大坝砾石土心墙的掺砾料级配要求连续，粒径范围 100～5mm。反滤料Ⅰ的最大粒径不大于 20mm，小于 0.075mm 的颗粒含量小于 5%。反滤料

Ⅱ的最大粒径不大于60mm，小于0.075mm的颗粒含量小于3%。

（二）加工系统的工艺流程设计

1. 加工系统的组成　加工系统由粗碎车间、半成品堆场、第一和第二筛分车间、中细碎和超细碎车间、第三筛分车间、制砂车间、成品堆场、反滤料精确掺拌系统、汽车装料仓、废水处理系统、供水供电系统、电气控制系统等组成。

2. 掺砾料加工流程　采用粗碎开路，中细碎与第一筛分构成闭路，生产5～100mm掺砾料，进入成品堆场堆存。筛分后大于100mm和级配平衡后多余的60～100mm物料，返回中细碎车间破碎，形成闭路循环；20～40mm物料不足部分通过第二筛分补充，小于5mm物料送至超细碎车间。通过调整中细碎车间循环负荷量可调整掺砾料各级配比例，当其满足要求后固化掺砾料的生产工艺。

3. 反滤料加工流程　反滤料Ⅰ由20～5mm物料及不大于5mm反滤砂Ⅰ按比例掺配而成，反滤料Ⅱ由60～20mm、5～20mm物料及不大于5mm反滤砂Ⅱ按比例掺配而成。通过反滤料级配曲线分析，本系统生产一种反滤砂来掺配反滤料Ⅰ和反滤料Ⅱ。

反滤料的级配料加工流程：采用粗碎开路，中细碎与第二筛分构成闭路生产20～60mm、5～20mm物料，分别进入成品堆场堆存。筛分分级出大于60mm物料和级配平衡后多余的40～60mm物料，返回中细碎车间破碎，形成闭路循环。部分20～40mm、5～20mm及小于5mm物料进入超细碎车间。

反滤砂加工流程：来自第一筛分小于5mm物料、第二筛分20～40mm、5～20mm和小于5mm物料，送至超细碎车间，并与第三筛分构成闭路，生产小于5mm反滤砂，经水洗清除小于0.075mm石粉后，进入成品堆场。为改善反滤砂级配，降低2～5mm颗粒含量，增加1～2mm颗粒含量，第三筛分部分10～5mm物料送至制砂车间（对辊制砂机）和第四筛分，生产小于5mm反滤砂，破碎筛分水洗后，进入堆场。

反滤料掺配工艺：成品堆场的20～60mm、5～20mm、小于5mm（反滤砂）等物料，按一定比例，通过堆场底部下料口安装的调速皮带秤、皮带输送机及计算机控制装置，可精确掺配反滤料Ⅰ和反滤料Ⅱ。

（三）主要设备选型与配置

1. 粗碎设备　选用1台PE900×1200型颚式破碎机，高配160kW电动机，用于处理渣场回采的粒径小于900mm毛料，单台处理能力450t/h（排料口175mm）。经测试，破碎砂板岩的实际处理能力达620t/h（排料口200mm），设备负荷率约85%。

2. 中细碎设备　配置2台NP1315型反击式破碎机，用于破碎粗碎后大于100mm物料及部分20～100mm物料，单台处理能力350t/h，设备负荷率约71%。

在系统设计前未对砂板岩做磨蚀试验，虽岩石平均抗压强度不高，但磨蚀系数很大，导致破碎机板锤在运行中磨损快，需经常更换，使生产成本增加。

系统试生产阶段，在半成品料场出料皮带机后安装1台PYB1750圆锥式破碎机，经圆锥式破碎机破碎后的物料送入中细碎与第一筛分闭路生产掺砾料及反滤料的级配料，中细碎反击式破碎机仅承担级配平衡后部分60～100mm物料的破碎。从设备运行情况看，对磨蚀系数大的砂板岩，中细碎设备不宜采用反击式破碎机。

3. 超细碎设备　配置2台CH-PL860E型立轴冲击式破碎机，单台处理能力300～400t/h，设备负荷率约70%，用于生产小于5mm物料。

庆大河石料加工系统为国内水电工程首次采用砂板岩生产级配要求高的反滤料（小于2mm粒径含量达70%）。为便于调整反滤砂的级配和控制其质量，在试生产阶段采取了二项措施：一是增加制砂车间和第四筛分车间，配置2台对辊制砂机、2台圆振动筛和1台螺旋分级机，以调整反滤砂级配，增加产量；二是改变第三筛分车间圆振动筛下层筛网筛孔尺寸，以提高振动筛筛分效率。

制砂设备：配置2台SLZ850型对辊制砂机，单台处理能力60～150t/h，设备负荷率约75%。

4. 筛分设备　第一筛分配置2台3YKR2460H型圆振动筛（筛孔100、60、5mm），单台处理能力120t/h，设备负荷率约83%。第二筛分配置2台2YKR2460H型圆振动筛（筛孔60、40mm），2台2YKR2460型圆振动筛（筛孔20、5mm），单台处理能力120t/h，设备负荷率约83%。第三筛分配置4台2YKR2460型圆振动筛（筛孔10、3.5mm），单台处理能力50t/h，设备负荷率约80%。第四筛分配置2台1YKR2460型圆振动筛（筛孔3.5mm），单台处理能力50t/h，设备负荷率约80%。

5. 反滤料精确掺配系统　由料仓下部廊道内的10台TDG-150型调速皮带秤、2条廊道带式输送机和计算机控制系统组成，每台调速皮带秤的称重能力为150t/h，系统反滤料Ⅰ的掺配能力为350t/h，反滤料Ⅱ的掺配能力为500t/h。

该掺配系统是以调速皮带秤为执行机构、计算机控制的多种料动态连续配料系统，是国内水电工程首次应用。通过计算机控制，反滤料掺配合格率在99%以上。

6. 废水处理系统　选用1台XS-12-500型细砂回收装置，处理能力100～220m³/h。配置2台XMY-FZ500/1500-UB型板框式压滤机，每台过滤面积500m²，基本满足湿法制砂产生的废水处理。

（中国水利水电第十二工程局有限公司　周一峰）

# 长河坝水电站微电脑控制反滤料精确掺配生产技术

长河坝水电站拦河大坝为砾石土心墙堆石坝，大坝填筑总量为3397.3万$m^3$，其中反滤料总量168.19万$m^3$。反滤料分4种（1～4号），采用计算机控制自动配料进行掺配。

（一）反滤料掺配技术原理

掺配技术原理为：砂、小石、中石、大石在胶带运输机上依次下料平铺，根据反滤料设计级配对各粒径骨料掺配含量确定下料流量，通过调整电动弧门开口大小控制下料流量范围，再由中控室远程控制变频器振动给料机精确控制下料速度，由给料机下的皮带秤在线反馈流量，通过工艺性试验现场采集流量—频率参数进行自动化数据编程，从而实现反滤料的自动化掺配。

掺配系统由反滤料原料堆和反滤料堆，胶带运输机、振动给料机、电动弧门、变频器、振捣器、电子皮带秤及电气控制设备组成。变频器通过改变电源频率来达到改变振动电机转速，从而调节振动给料机给料速度。电子皮带秤用于即时反馈流量信息，并以此作为变频器频率确定依据。振捣器用于辅助电动弧门下料，以确保反滤料中砂掺配流量的稳定。

（二）生产工艺

根据掺配原理及通过现场试验，确定计算机自动化控制系统反滤料生产工艺流程。

1. 反滤料1号掺配工艺流程　反滤料1号掺配工艺根据卸料口不同分2种工况（见图1）。

2. 反滤料2、3号掺配工艺流程　掺配工艺根据卸料口不同分4种工况（见图2）。

3. 反滤料4号掺配工艺流程　掺配工艺仅1种工况（见图3）。

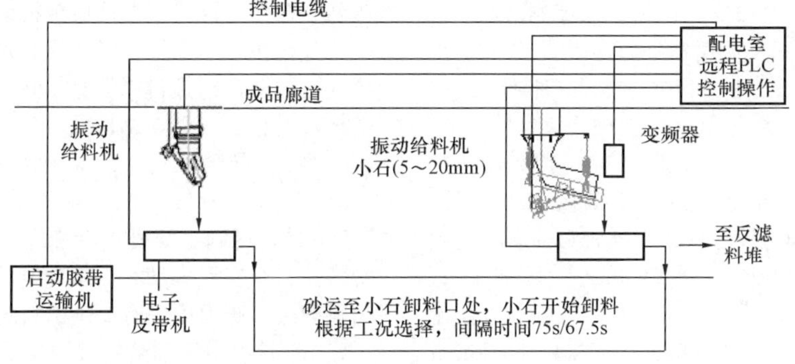


图1　1号反滤料掺配工艺流程图

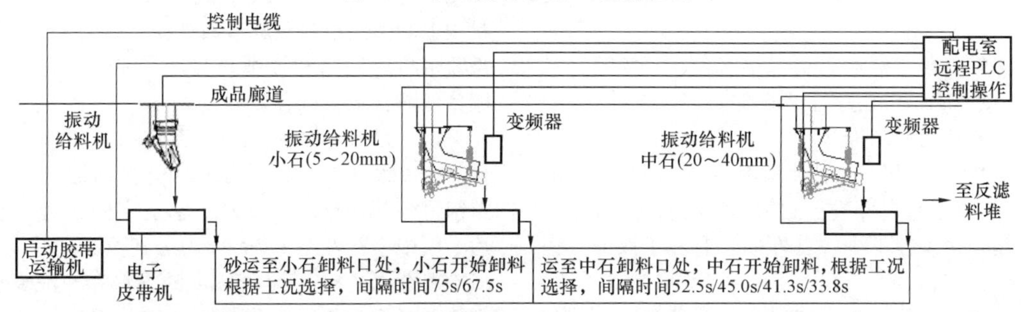


图2　1、2号反滤料掺配工艺流程图

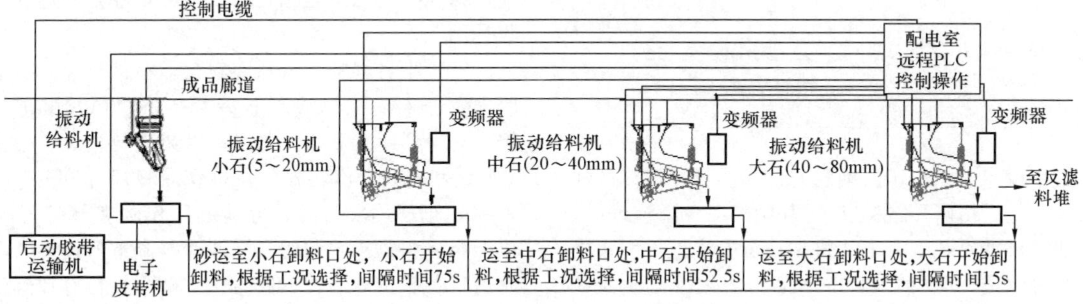


图3　4号反滤料掺配工艺流程图

4. 生产及控制　4种反滤料按不同工况在成品料堆廊道胶带运输机卸料平铺，然后通过后续串接皮带机运至反滤料堆库存，其中皮带运输终端的卸料小车下料过程中的跌落起到二次掺配作用，最后装载机在成品反滤料堆装车出厂。

通过现场采集4种反滤料掺配工艺的11种运行工况中，各粒径骨料下料的时间间隔及变频器的指定频率，同时结合骨料加工系统的自动化控制系统，分别进行自动化控制系统数据编程。反滤料掺配可直接通过中控室的PLC机进行远程操作。

（三）系统调试

掺配系统设备安装完成后，通过工艺试验调试设备，得出相对稳定的流量—频率参数。调试步骤为：确定掺配比例，确定下料总流量及各种原料流量，确定给料机频率。

1. 掺配比例　根据反滤料设计级配指标，结合加工系统成品骨料实际级配及超逊径等情况，通过室内试验最终确定反滤料掺配比例为：反滤料1，小石6%、砂（≤5mm）94%；反滤料2，中石28%、小石52%、砂20%；反滤料3，中石8%、小石34%、砂58%；反滤料4，大石16.6%、中石24.4%、小石37.3%、砂21.7%。

2. 下料流量　胶带运输机输送量按300t/h计，再根据掺配比例，确定反滤料各掺配骨料的下料速度为：反滤料1，小石5kg/s、砂78.3kg/s；反滤料2，中石23.3kg/s、小石43.3kg/s、砂16.7kg/s；反滤料3，中石6.7kg/s、小石28.3kg/s、砂48.3kg/s；反滤料4，大石22.2kg/s、中石21.6kg/s、小石64kg/s、砂22.2kg/s。

3. 设备参数　根据实测下料流量，对变频给料机进行调试，确定定期运行供电频率。

（四）系统运行评价

利用电子皮带秤对4种反滤料不同卸料口在指定频率的下料流量稳定性进行测试，反滤料1～4号各抽检10组，误差在1%～3%左右，有利于保证工程质量和增加经济效益。

（中国水利水电第五工程局有限公司　周北北　罗　强）

## 大华桥水电站大坝混凝土生产系统工艺与布置

大华桥水电站位于云南省怒江州兰坪县境内的澜沧江干流上，由碾压混凝土重力坝、坝身溢流表孔、左岸泄洪排沙底孔、岸塔式进水口、左岸地下引水发电系统等组成，装机容量920MW。大坝混凝土系统生产混凝土约91.34万$m^3$（碾压混凝土59.4万$m^3$，常态混凝土23.94万$m^3$，外供混凝土8万$m^3$），系统需满足最大月高峰强度9万$m^3$、常温混凝土270$m^3$/h、预冷混凝土240$m^3$/h的浇筑要求，并能同时生产碾压及常态两种预冷混凝土（出机口温度12℃）。

（一）拌和系统

拌和系统配置两座HL270-2S4000L强制式拌和楼，常温混凝土生产能力达480$m^3$/h。拌和楼均配置预冷设施，可满足高温季节预冷混凝土270$m^3$/h的浇筑强度。

1. 骨料储运及二次筛分

（1）骨料储运。混凝土生产所需骨料由甸尾中转料仓，用自卸汽车运至系统内。为保证生产连续性，在系统内设1组骨料受料仓和1组容量较大的储料仓。受料仓共4个（粗细骨料各2个），总容积300$m^3$。每个受料仓底设1台气动弧门，受料仓下设出料廊道，廊道内有1条出料胶带机，通过它将骨料送至分料斗，再将骨料切换至粗细骨料储料仓。

分料斗后的粗细骨料各由2条互相搭接的胶带机分别输送至粗细骨料储料仓。储料仓为方形结构，大中小石料仓各1个，总尺寸86m×32m×14m（长×宽×高）；碾压砂仓2个，常态砂仓1个，总尺寸64m×19m×12.5m（长×宽×高）。砂石骨料总储量55500$m^3$，可满足混凝土高峰浇筑月10天骨料需求。骨料储料仓底设震动给料机和电动弧门，仓下设2条出料廊道，廊道内各有2条出料胶带机，粗细骨料各1条。粗骨料由振动给料机均匀给料至廊道粗骨料胶带机出料，再通过2条胶带机运往二次筛分楼。细骨料用电动弧门给料至廊道细骨料出料胶带，再通过4条胶带机运往拌和楼细骨料仓。细骨料仓顶部设雨棚，保障含水率符合要求。

（2）粗骨料二次筛分。系统内设1座二次筛分楼，楼内设4台2层2YKR2460振动筛，2台一组，单组最大处理能力600t/h。输送来的粗骨料经筛洗后，大中小石各由1条胶带机分别输送至对应的一次风冷料仓内。粒径小于5mm的骨料和冲洗废水进入螺旋分级机。分级后骨料由弃渣胶带机输送到弃渣仓，就地干化后运至指定渣场。废水经处理达标后回收利用。

（3）粗骨料的一次风冷料仓。粗骨料经二次筛分脱水后进入一次风冷料仓冷却。一次风冷料仓共2组，对应2座拌和楼，每组一次风冷料仓设大中小石3个仓，仓底设出料弧门。单仓储料尺寸6m×5m×12.9m（长×宽×高），可满足拌和楼满负荷运行3h以上粗骨料需求。每组一次风冷料仓下各设1条出料廊道，各廊道均有出料胶带机。仓内骨料冷却到设计值后，由出料胶带机出料，再由2条胶带机分别输送到2座拌和楼料仓。一次风冷料仓顶设置防雨、防晒棚，一次风冷料仓至拌和楼胶带机选用夹芯聚苯乙烯保温板保温。

2. 胶凝材料储运及除尘 胶凝材料均散装，用罐车运至系统内。有7个罐（3个1500t水泥罐，4个1000t粉煤灰罐）储存胶凝材料，可满足高峰浇筑月10天胶凝材料需求。

罐车卸料及系统内胶凝材料运输用气力输送。每座胶凝材料罐各配1台LP4.5型下引式仓泵，将胶凝材料由储存罐输送至拌和楼设备。仓泵输送水泥、粉煤灰的能力分别为45、30t/h。罐顶配置MC－48压力式袖袋除尘器，处理风量达130$m^3$/min，除尘效率99%。

3. 供气工艺 系统供风包括胶凝材料的罐车卸料、输送及罐顶除尘，外加剂搅拌，气动弧门及气阀启闭等。设1座供风容量180$m^3$/min空压站，配4台40$m^3$/min、1台20$m^3$/min螺杆式空压机。空压机均配有液气分离器、无热再生干燥器、除油过滤器及储气罐等辅助设备。

4. 外加剂拌制及输送工艺 设1座外加剂车间，包括库房、搅拌池、值班室，面积288$m^2$。库房可储存减水剂178t、引气剂11t，可满足混凝土高峰浇筑月15～20d的用量。

外加剂在搅拌池加水稀释，通过池底供风管道输送的压缩空气及立式搅拌机进行搅拌，再通过耐酸泵输送至拌和楼。

（二）预冷系统

1. 设计条件 预冷系统以7月为设计控制月。7月多年月平均气温24.4℃、水温16℃。片冰潜热利用率90%，拌和机械热1500kcal/$m^3$（1kcal＝4.1868×$10^3$J），砂含水率6%。骨料、砂、水、片冰的比热分别为963、796、4187、2094J/（kg·℃）。设计控制月混凝土原材料初始温度：水泥50℃、粉煤灰45℃、砂24.4℃、粗骨料24.4℃、水温16℃。每立方米二级配混凝土材料用量：水78kg，水泥75kg，粉煤灰91kg，大石444kg，中石592kg，小石444kg，砂762kg。

2. 主要预冷措施 根据系统预冷混凝土最高小时生产强度及前述设计条件，采取两次风冷（地面一次风冷料仓及拌和楼料仓内对粗骨料风冷降温）及加入足量片冰、冷水拌和的降温措施，可将混凝土出机口温度降至12℃以下。在一次风冷后，可将粗骨料温度从24.4℃冷却到8℃左右；骨料从一次风冷料仓输送至拌和楼料仓时，考虑温度回升2℃；二次风冷，可将粗骨料冷却到平均0℃左右。每立方米混凝土加片冰10～25kg，加5℃冷水拌和。预冷混凝土生产能力270$m^3$/h。

3. 预冷设施 设1座一次风冷料仓、1座制冰楼、1座制冷车间。一次风冷料仓及拌和楼料仓均设空气冷却器和离心风机，制冷车间内配1台冷水机组，它为一次风冷和拌和楼料仓，及制冰楼提供冷源。制冰楼再分三层，顶层设4台30t/d片冰机，第2层为30t冰库，第1层为操作室。

（三）混凝土生产系统布置及运行

混凝土生产系统位于左岸下游距大坝800m处，占地约21000$m^2$。在狭长的1427m平台，沿河依次布置二次筛分楼、一次风冷车间、制冷车间、外加剂车间、拌和楼、制冰楼、胶凝材料罐等。1436m平台有骨料储料仓、空压站等设施。1460m平台设有受料坑、受料平台、地泵房等。1、2号拌和楼先后在2015年3月和5月投产，至同年底已生产混凝土10多万$m^3$，系统运行正常。

（中国水利水电第八工程局有限公司 陈 笠）

## 溧阳抽水蓄能电站减少面板裂缝频率的措施

溧阳抽水蓄能电站上水库主坝为钢筋混凝土面板堆石坝，土石填筑工程量2681万$m^3$，主要利用上、下水库开挖料填筑，主体工程混凝土设计总量77.18万$m^3$。上水库钢筋混凝土面板裂缝多，为减少面板裂缝采取了相应的措施。

（一）面板现状

溧阳抽水蓄能电站上水库钢筋混凝土面板裂缝普遍存在，贯穿和延伸的裂缝进一步导致面板的渗漏和止水松弛、混凝土老化，直接影响工程形象。

2014年6月10日对上水库已浇筑10块面板的开裂情况进行检查，共随机抽检280个点。检查发现存在的裂缝主要是表面裂缝、贯穿裂缝，以及少量深层裂缝。表面裂缝和贯穿裂缝累计频率达93.8%，是混凝土面板裂缝的主要问题。因此，减少面板表面裂缝、贯穿裂缝出现频率刻不容缓。

（二）裂缝频率目标值

在现状调查的280个点中，有裂缝的为48个点，面板裂缝的发生频率为17.1%。表面裂缝（频数36）和贯穿裂缝（频数9）是面板裂缝的主要问题，假设完全消除主要裂缝，则发生裂缝的频率可降至1.07%。但要完全消除主要裂缝，实施困难较大，目标很难完全实现。因此，将裂缝发生频率目标值调整为3%，即从17.1%降低至3%以下。

（三）裂缝原因分析

对面板混凝土的原材料、现场施工工艺等进行分析，从影响混凝土面板裂缝的9个因素中，确定面板裂缝的主要原因为：细骨料品质差、配合比不合理。

（四）实施措施

1. 人工砂、天然砂混合　试验检测结果表明，使用的人工砂细度模数为 3.0～3.5，细度偏大，属于粗砂，且颗粒级配不均匀，“两头大，中间小”，即 2.5～1.25 区间粗颗粒和 0.16 以下细粉含量较多。业主采购的天然砂细度模数为 2.4～2.7，0.63～0.315 区间颗粒较多，含水率、细度模数、含泥变化等波动较大控制难度大。

针对上述问题，按照一定的比例对人工砂和天然砂（40∶60、50∶50、60∶40）进行混合。从混合砂检测结果看，50∶50 的比例最理想。

2. 优化配合比　对监理批复过的天然砂、人工砂施工配合比进行分析、试验，策划满足施工需求配合比。充分利用混凝土的中后期强度，有效地优化胶凝材料用量，提高混凝土和易性，从而控制混凝土施工质量。同时对混凝土所用原材料进行多次室内试验分析，搞清楚原材料各性能指标对混凝土的影响。本工程选用对石粉影响不大的萘系减水剂，冬、夏分别采用标准型、缓凝型减水剂，以改善混凝土的季节工作性能，进而改善混凝土的和易性，提高混凝土施工质量。

以人工砂施工配合比为基础，按人工砂、天然砂混合成果开展混合砂混凝土配合比试验。混合砂混凝土的试验顺利完成，采用混合砂使出机口混凝土的坍落度、含气量稳定，流动度好，和易性佳，现场施工良好，未发生离析、冷仓，试验成果均满足工程施工要求，施工配合比也得到监理、业主的好评。

（五）效果检查

对采用混合砂拌制的混凝土浇筑的面板进行了检查，共检查 280 个点，表面裂缝和贯穿裂缝各有 1 点，深层裂缝有 2 点，其他裂缝 1 点，面板裂缝频率大幅降低（降低了 15.31%）。而作为面板裂缝（表面裂缝和贯穿裂缝）的主要问题，实际发生频率为 1.08%，达到并超过了制定的目标（3%），解决了面板混凝土工程的裂缝问题。

（中国水利水电第三工程局有限公司　许会会　李进京）

## 斜卡水电站堆石坝反渗处理方法

斜卡水电站装机容量 135MW，年平均发电量 5.211 亿 kW·h，水库总库容 8485 万 $m^3$。大坝为混凝土面板堆石坝，最大坝高 110m，建在软基上。建基面位于冰水堆积体地层，最大深度约 70m，该层渗透系数（2～8）$\times 10^{-2}$ cm/s，透水性较强。河床基岩面以下 35～50m 透水率为 10～45Lu，具中等透水性，50m 以下岩体为弱透水性。右岸受缓坡平台强烈卸荷的影响，基岩面以下 50～90m 以内岩体透水性较强，存在反渗问题。

（一）反渗情况下施工的特点

（1）大坝绕渗严重，基坑渗流量大。踏卡河 20 年一遇洪水流量 162$m^3$/s，最枯季节 2.63～7.69$m^3$/s。基坑上、下游围堰防渗墙完工后，分别向两岸延伸帷幕 50、100m。采取多种防渗措施后，最枯季节抽排水强度依然达 2000～4000$m^3$/h，汛期达 10000～14000$m^3$/h。

（2）基坑先施工大坝主体防渗墙，再进行大坝基坑开挖和填筑。先施工的防渗墙将其上下游划分为互不连通的独立区域，这对基坑开挖期间抽排水设备布置较为有利，同时一定程度上增加了大坝反渗处理的难度。

（3）软基建面板堆石坝，为保证大坝趾板和主体防渗墙之间的柔性过渡，防渗墙和趾板间设有连接板，连接板需待坝体沉降期结束后再施工。软基面板堆石坝反渗处理不仅要防止面板下游侧形成过大压力水头，同时要兼顾连接板混凝土干地施工降水的要求。

（二）产生反渗的原因和危害

1. 反渗的原因　电站大坝河床段 A 形趾板建基面高程 3060m，防渗墙顶高程 3062.8m，主体防渗墙下游侧各种渗水汇集形成反渗水头；坝体堆石料区几乎为完全透水体，主体防渗墙下游侧和下游泵坑枯期最低水位时高差 3.5m，基坑下游部分渗水会通过坝体堆石料区向上游侧渗透；大坝左、右岸山体岩石破碎，两侧山体部分渗水也将向上游侧渗透。

2. 反渗的危害　各坝区渗透系数从上游到下游依次增大，故堆石坝几乎不能承受反向渗透水头。由下游向上游过大反向渗透水头会对垫层料和护坡砂浆造成冲刷破坏；多雨季节填筑，如不采取排水措施则会导致水流冲蚀垫层料区，一旦料区被冲蚀破坏难以修补，且可能发生较大变形，影响周边缝止水功能；反向渗压较大时可使面板抬动或压裂破坏。

（三）反渗处理措施

反渗处理以排为主，以截为辅，以确保坝体上游侧不发生反向渗透破坏。措施如下：

（1）加强大坝下游泵坑抽排水，降低下游泵坑水位，以减少其向上游的反渗流量。

（2）面板下游区填筑时保证垫层料区略高于下游填筑面，即从垫层料前边缘顺坡向下游侧，以避免填筑坝面集中水流流向垫层料区。

（3）两侧岸坡填筑导流沟或开挖截排水沟，将岸坡下泄水流引排至填筑区域以外。

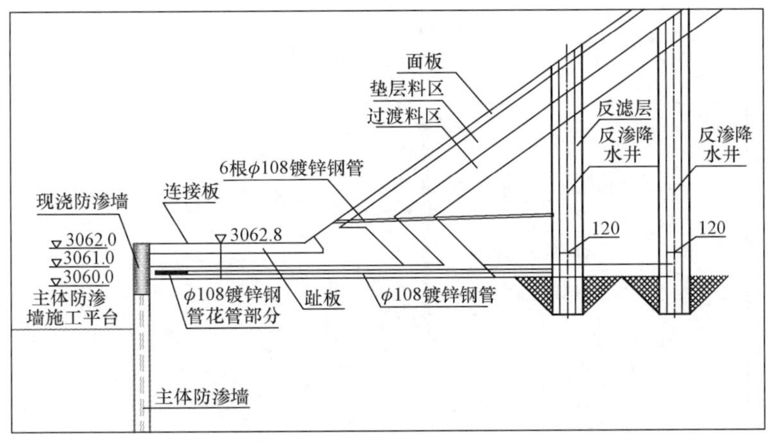


图1　坝体反渗排水示意图

(4) 趾板下部2m厚过渡料填筑时预埋水平排水钢管（$\phi$108镀锌管）（见图1），并将钢管钻成花管，孔径10mm，间排距10cm，1层铺设4根，花管间距15m，钢管外包密目钢丝网，花管一端埋入坝体反渗降水井中，另一端封闭。水平钢管段四周铺设15cm厚反滤料，反滤料配合比为中石：小石＝50∶50，并掺加5％粗砂。

(5) 待基坑上游分区开挖完成后，综合考虑渗水量、渗水分布和地形条件，在建基面上灵活布置盲沟，将渗水汇集至降水井。盲沟用成品管，直径200mm，四周铺设一层25cm厚反滤料，反滤料配合比为中石∶小石＝50∶50，并掺加5％粗砂。

(6) 坝体Ⅱ区堆石料区设两排6口反渗降水井，上、下游侧各3口。降水井为钢筋笼，直径1.2m，竖向主筋为$\phi$25螺纹筋，间距15cm；竖向设圆弧钢筋（$\phi$25螺纹筋），排距0.5m；钢筋笼外包密目钢丝网。降水井内设深井泵（$Q$＝125$m^3$/h，$H$＝64m），6口降水井最多12台深井泵，降水井理论最大抽排水能力为1500$m^3$/h。降水井底部做反滤层。钢筋笼周围反滤层配比为中石∶小石＝50∶50，掺加5％粗砂，环向厚60cm，每层20cm填筑夯实。

为保证反渗降水井开挖和埋设在干地施工，主体防渗墙下游侧单独布置明排集水坑和抽排水设备，防渗墙下游侧渗水用水泵抽排至防渗墙上游侧主泵坑，再通过两级泵站排至上游围堰上游侧导流明渠。防渗墙下游侧明排用3台单级离心清水泵，单台水泵的泵坑面积2～3$m^2$，深2m。泵坑周壁防护为钢筋石笼＋砂砾石反滤，布置在Ⅰ、Ⅱ区坝体交界面处。

(7) 河床段趾板混凝土面以上设6趟$\phi$108镀锌钢管（花管）与坝体内预留降水井相连。钢管外包双层细目钢丝网，周围敷设15cm厚反滤料，配合比为中石∶小石＝50∶50，掺加5％粗砂。反渗水量超出水平排水钢管排水能力时，启用降水井中深井泵。

(8) 坝前盖重填筑时封堵反渗降水井。面板厚度以下降水井用砂∶中石∶小石＝40∶30∶30级配碎石，掺4％水泥回填。降水井处面板缺口范围和水平排水钢管用预缩砂浆或混凝土封堵，标号与面板相同。水平排水钢管封堵完成后，在出水口浇筑混凝土防护墩。

（中国水利水电第七工程局有限公司　郑光明　杨韩刚）

## 斜卡水电站面板堆石坝SR表止水施工

斜卡水电站面板坝河床覆盖层处防渗体系由混凝土面板、趾板、连接板、混凝土防渗墙及防渗帷幕组成。面板、趾板、连接板和混凝土防渗墙之间设置了各种止水。

### （一）止水结构形式

针对不同部位采用了不同的止水结构形式。大坝面板表止水材料主要采用纳米2型SR柔性填充料和SR三元乙丙盖片（三元乙丙橡胶增强型）。

1. 防渗墙与连接板缝止水　分缝宽度20mm，缝内填塞沥青木板并设三道止水，缝顶外有防渗盖片保护的SR柔性填料止水，中间$\phi$60SR钢边中空橡胶止水带，底部厚1mm的W1形铜止水。为使柔性填料在接缝产生变形时被水压挤入缝内，接缝处做成100mm的“V”形槽，槽底充填$\phi$50氯丁橡胶棒（见图1）。

2. 面板垂直分缝止水　缝间设两道止水：缝顶外为防渗盖片保护的SR柔性填料止水和底部厚1mm的W1形铜止水。接缝顶做成100mm的“V”形槽，槽底部充填$\phi$50/30氯丁橡胶棒（见图2）。分缝根据

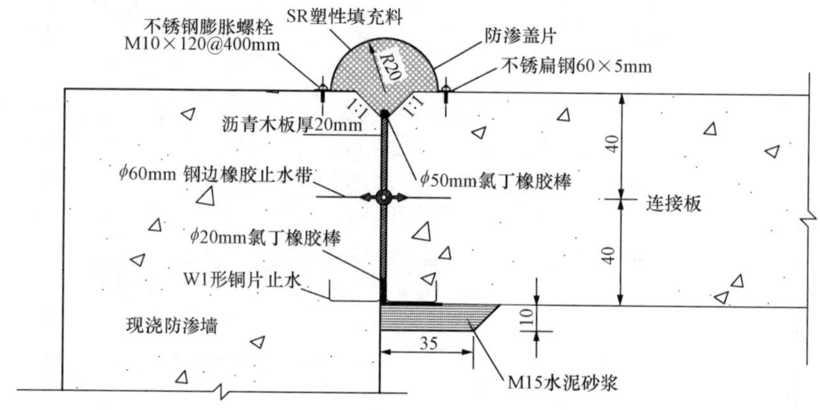


图 1 防渗墙和连接板之间止水

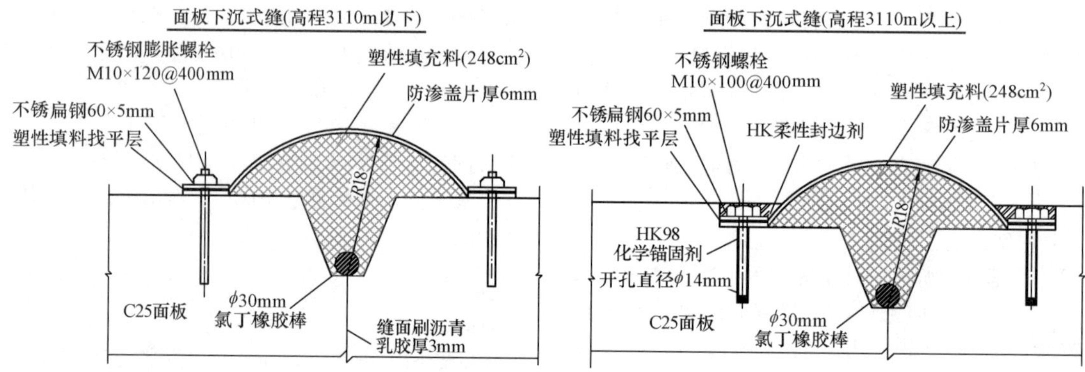


图 2 面板表止水分缝型式

不同受力结构和使用功能，SR 柔性填充料鼓包尺寸、氯丁橡胶棒大小和防渗盖片锚固形式略有不同。

3. 趾板与连接板缝和自身体缝　趾板（连接板）自身沿坝轴方向每 10m 设一条伸缩缝，与面板垂直缝错开。缝顶外为防渗盖片保护的 SR 柔性填料止水，底部为厚 1mm 的 W1 形铜止水，缝顶做成深 100mm 的“V”形导流槽，槽底充填 ϕ50 氯丁橡胶棒。

4. 周边缝止水　周边缝设两道止水：缝顶外为防渗盖片保护的 SR 柔性填料止水和底部为厚 1mm 的 F 形铜止水，缝顶设深 100mm 的“V”形导流槽，槽底充填 ϕ50 氯丁橡胶棒。

（二）SR 柔性止水材料施工工艺

SR 柔性填料在混凝土浇筑 28d 后自下而上分段施工，在蓄水前完成。填塞作业在日平均气温高于 5℃、无雨的白天进行。分期柔性填料施工时，将缝端头封闭。施工工艺如下：

（1）缝面处理。清理并整平混凝土面板预留缝槽及待黏贴 SR 止水材料的混凝土基面，除去表面油渍和杂物；基面的麻面、凹坑用 SR 找平；基面处理合格后方可施工下道工序。

（2）刷 SR 配套底胶。刷胶前用棉纱将待黏贴 SR 止水材料的混凝土基面擦拭一遍，除去土和水，晾干待用，并保持干燥。在混凝土表面涂刷第一道 SR 配套底胶，待完全干透后（手指触摸不黏手），涂刷第二道 SR 配套底胶，待表干（手指触摸不黏手）。

（3）氯丁橡胶棒就位。在“V”形缝槽底部黏贴一层 SR 柔性止水材料，利用材料黏性将氯丁橡胶棒固定在缝槽底部。

（4）SR 找平层施工。将 SR 柔性止水材料切割成薄片后，摊铺在待黏贴 SR 材料的混凝土表面，将其从缝中部向两侧黏贴，在混凝土表面形成厚约 3～5mm 的 SR 材料找平层。

（5）SR 鼓包堆填。撕去包装纸后将 SR 填料（规格 30cm×10cm×40cm）填在“V”缝槽底部，并加压黏贴牢固。从中部向两边黏贴，边黏贴边排气，接头间互相搭接。按 SR 鼓包尺寸制作钢结构模具，将 SR 柔性止水材料切割成条状，堆放在成型模具中，用千斤顶挤压成型。将已成型的 SR 鼓包放在已填平的“V”形槽上部，并人工挤压排出气体，使之与下部材料黏贴紧密。

（6）SR鼓包质量检查。SR材料嵌填完成后，按10m为一段，用模具卡尺检查其尺寸是否符合设计要求；按100m一段，将SR鼓包切开检查SR止水材料与混凝土基面是否黏结牢固，填料是否密实，尺寸不符要求或黏结质量较差的部位，返工处理；经验收合格后，方可在SR止水材料鼓包表面安装SR防渗保护盖片。

（三）SR防渗保护盖片安装工艺

（1）刷SR配套底胶。在需黏贴SR盖片的缝两侧混凝土上涂刷SR配套底胶，待完全干透后（手指触摸不黏手），涂刷第二道SR配套底胶，待表干（手指触摸不黏手）。

（2）SR材料找平层施工。混凝土表面不平整部位用SR材料找平，方法同（二）中（4）。

（3）SR盖片黏贴。展开SR盖片，撕去保护纸，沿预留缝槽将其黏贴在SR材料上，并排尽空气，使其黏贴密实；SR盖片搭结长20～40cm，搭接段SR盖片上先刷SR配套底胶，待底胶表干后再搭接黏贴。T、Y、卜等异形接头为定型产品，在施工现场直接黏贴搭接。

（4）SR盖片锚固。高程3110m以下SR盖片用不锈钢膨胀螺栓锚固，在蓄水验收前对膨胀螺栓再次紧固；高程3110m以上和周边缝盖片用不锈钢螺栓和HK981型锚固剂锚固。

（5）封边。将SR防渗盖片边缘及周边的混凝土各5cm部位打磨干净，并除去浮尘，保持基面干燥；沿盖片边缘两侧涂刷HK弹性封边剂，并确保盖片边缘及混凝土表面的涂刷宽度大于3cm，在交界处形成平缓倒坡，要求封边密实，黏贴牢固。

（6）成品防护。表止水施工完毕后，注意对SR止水材料鼓包的保护，禁止随意踩踏。

（中国水利水电第七工程局有限公司　李　志　杨韩刚）

## 刘家拱桥水库和金家坝水电站的土石坝钢丝水平位移计安装工艺

四川渠县刘家拱桥水库面板堆石坝，钢丝水平位移计布设在2个高程，每个高程分别布置2个断面，4个断面共设14个测点。重庆金家坝水电站面板堆石坝，钢丝水平位移计布设在2个高程，每个高程分别布置2个断面，4个断面共设24个测点。

钢丝水平位移计用于监测结构物变形。当被测结构物发生变形时将会带动锚固板移动，通过固定在锚固板上的钢丝卡头传递给钢丝，钢丝再带动读数游标卡尺上的游标，用目测方式很方便地将位移数据读出。测点的位移量等于实时测量值与初始值之差，再加上观测房内固定标点的相对位移量，观测房内固定标点的位移量由视准线测出。

（一）安装工艺流程及操作要点

1．安装工艺流程　坝体填筑→测量放线→平整沟槽→铺过渡料→铺垫层料→砌锚固板基墩→安装锚固板→铺河砂→铺设管道→回填河砂→回填垫层→回填过渡料→安装调试。其中测量放线阶段修建观测房。

2．操作要点

（1）基床整平：坝面填筑到设计高程以上约1m时，沿埋设线开挖深1.0～1.2m沟槽，避免超挖。粗粒料坝体中以反滤层做基础，人工压实至埋设高程，压实度与周围坝体相同；细粒料坝体中，整平压实至埋设高程。基床不平整度不大于±5mm。

（2）定位：将测量架安设在观测房内的设计位置上，使测量标尺方向对准埋设管路的预留孔。从观测房的预留孔开始排列保护钢管，并使保护钢管伸进观测房内距离测量标尺前端约20cm。

（3）排列保护管：排列保护钢管时，两段钢管在伸缩接头中相隔约30cm，在伸缩接头中安装分线盘及配套零件。当排列到设计测点时，应增加安装锚固板及对应编号的分线盘和钢丝夹头。如此安装至最后一个测点。

（4）排放钢丝：钢丝的外表不应有伤痕、弯折、缩径及其他缺陷。在钢丝排放中不得使其扭转和受伤，排放时用专用引线器牵引。将钢丝固定于引线器上，利用引线器使钢丝穿过保护钢管、挡泥圈、伸缩接头、锚固板等，当钢丝到达测点位置时在分线盘上安装钢丝夹头，将钢丝固定在锚固板上。

（5）伸缩接头安装：伸缩接头中要安装分线盘及轴承，在测点位置两个伸缩接头间安装锚固板。伸缩接头上的红线标记向上，以保证钢丝在伸缩接头中处于水平位置。

（6）管线调整：管线定位后调整其水平度和直线度，用拉紧的钢丝做准线将管线理直。水平度和直线度在±5mm范围内。

（7）测量架安装：管线调整完成后即进行测量架安装。将测量架用膨胀螺栓固定在已浇筑的平台上，然后将钢丝经尺架绕在砝码盘上并用压线板固定。测尺安装后，检查钢丝的联动是否正常，并进行初步测试。

（8）回填：回填前对各安装环节全面检查，并初步测试，确认合格后回填。在锚固板埋设处浇筑钢筋混凝土块体，其尺寸能将锚固板及两端法兰盘都包在块体内。施工中防止混凝土浆进入伸缩接头与保护管间的缝隙。混凝土块体拆模后，回填管线四周。回填料为原坝料，测点周围用细料，压实到与周围坝体相同的密实度，要防止冲击保护钢管。回填超过测点顶面1.8m后，大坝即可正常施工。

（9）试测：一切安装正常后，即可试测。试测先在砝码盘的大盘上吊重60kg的砝码，对钢丝预拉直，24h后改为正常测试吊重45kg砝码，反复多次加卸测试读数值，其重复读数小于2mm。

（10）测量：钢丝水平位移计的钢丝不应长期承受荷载，否则钢丝会产生疲劳变形。每次测量完成后，应取下部分砝码，留10～20kg砝码在砝码盘上，正常测试时吊重砝码为45kg。增减砝码要轻拿轻放，不得冲击钢丝。

（二）材料与设备

该安装方法应用的主要材料与设备包括载重汽车、挖掘机、小型振动碾、振动碾、推土机、切割机等。

（中国水利水电第三工程局有限公司
路郑郑　南大伟　李晓光　张承翰）

## 苏丹上阿特巴拉水利枢纽高强混凝土表面裂缝成因与控制措施

苏丹上阿特巴拉水利枢纽C1-A项目位于北苏丹北部，该地区属热带沙漠气候，常年平均气温38℃，一年中10个月平均气温为40～44℃。枢纽溢流坝最大坝高55m，溢流坝段闸墩底部及消力池边墙内侧底部等部位采用30～50cm厚的C85高强混凝土，总量为7985m³。在高温地区混凝土裂缝控制的难度很大。

（一）高强混凝土产生裂缝的成因

高强混凝土的裂缝成因分为内因和外因。

1. 产生裂缝的内因

（1）上阿特巴拉C85混凝土水泥用量为496kg/m³，经测量水泥28d水化热为550kJ/kg，是普通混凝土的两倍。因此，混凝土浇筑完成后，其内部的绝对温升较高，而外部在养护温度基本稳定的情况下造成较大内外温差而产生温度应力，进而产生裂缝。

（2）高强混凝土劈拉强度为立方体抗压强度$f_{CU}$的1/18～1/15，轴拉强度为$f_{CU}$的1/24～1/20，混凝土抗拉强度与抗压强度的比值随强度的增加而降低。C85混凝土试验实测值是1/21，在混凝土抗压强度值大幅度提高下，抗拉强度没有显著提高。抗拉强度没有大幅增加，而水化热更大时高强混凝土更易产生裂缝。

（3）高强混凝土的干缩能引起大量表面裂缝。影响混凝土干缩的因素：①水泥种类，硅酸盐水泥比粉煤灰水泥收缩率高；②水泥用量多、水灰比越大，干缩越大；③骨料含量及周围湿度越小，干缩越大；④早期混凝土干缩大，以20年为周期，前3个月干缩率约64%，一年为78%，它对高强混凝土裂缝的产生有至关重要的影响。

上阿特巴拉C85高强混凝土干缩原因：①浇筑后长时期内气候干燥，周围湿度小；②掺加硅粉后泌水性差，浇筑后混凝土内的含水量相对普通混凝土升高，从而增加了干缩率。

2. 产生裂缝的外因

（1）仓号环境高温干燥引起裂缝。主要表现：一是在浇筑高强混凝土（二期）前，未预湿润与其接触的已浇混凝土的凿毛面，则混凝土的部分水分被吸收，并在接合面产生干缩裂缝。二是上阿特巴拉白天仓号内钢筋温度达60℃以上，且仓号面层处纵横连接钢筋及苗子筋上部保护层较薄，故使混凝土的绝对温升提高，使此处更能产生干缩裂缝。

（2）施工缝处振捣不密实易在这些部位产生裂缝。虽混凝土内大部分气泡在前期振捣中排出，但初凝前仍会生成一部分小气泡，如不二次复振，则会在薄层混凝土产生裂缝。

（3）堵泵造成冷缝隙。泵管被堵造成浇筑中断，形成冷缝。堵泵的主要原因为：

材料因素：①混凝土坍落度实际值与设计值间产生大偏差，使其可泵性变差，或使混凝土产生离析；②通过0.315mm筛孔的细砂含量偏少；③混凝土输送管内进入异物尺寸大。

施工机械因素：①混凝土罐车在装运前未用水或砂浆湿润，或罐车表面未覆盖隔热层，会降低坍落度；②泵管在浇筑前未用砂浆或水湿润，泵管内壁和接头将吸收混凝土水分，使其流动性降低；③混凝土泵输送管的90°弯头和S形弯头，会消减泵压力。

（二）减少高强混凝土裂缝的控制措施

1. 改善高强混凝土性能

（1）在混凝土中添加聚丙烯纤维，提高混凝土本身抗拉强度。一般聚丙烯纤维的添加量为0.9～1.8kg/m³，上阿特巴拉C85混凝土中添加了1kg/m³，效果明显。

（2）降低混凝土入仓温度，减少混凝土内外温差以减少裂缝。根据现场环境及混凝土温度，确定水平和垂直运输温度损失值，最后确定拌和楼出机口温度及骨料的制冷时间。

2. 防止输送管堵泵

（1）原材料及配合比方面：①粗骨料最大粒径与输送管径之比控制在1∶4以下，且随泵送高度增加而减小，设钢格栅以防超径石和异物落入；②确保水泥用量和砂率不太低，以增强混凝土和易性；③确保混凝土坍落度不低于80mm，炎热地区考虑坍落度损失值；④采取措施确保混凝土骨料含水率的稳定；⑤通过 0.315mm 筛孔的砂不应少于 15%。

（2）机械方面：①在混凝土浇筑前用水或砂浆，对混凝土搅拌机、罐车、输送管充分预湿润；②对混凝土罐车、输送管用隔热材料覆盖以降低混凝土的温升。

（3）其他方面：布置泵车输送管道时尽可能不使用 90°和 S 形弯管；缩短水平运距及罐车现场等待时间，以保障混凝土在泵车输送管和仓号内的和易性。

3. 改善振捣工艺　在接触面、钢筋等处充分振捣。初凝前进行二次振捣。

4. 混凝土施工缝预湿润及面层钢筋降温　浇筑前对混凝土凿毛面及底板施工缝进行充分湿润。白天施工时，在仓号周围用冷水喷雾对仓号降温、增湿，也可降低钢筋温度。

5. 降低高强混凝土干缩率　相应措施：①选用抗渗性能好、水化热低的水泥，如矿渣水泥和低热矿渣水泥等；②降低入仓温度减少绝对温升；③浇筑中及初凝后用冷水喷雾增加仓号周围的湿度；④在混凝土抹面后 1 个月或 3 个月内用土工布覆盖及流动冷水养护。

（中国水利水电第七工程局有限公司　姚　冲）

## 丹江口大坝加高工程深孔过流面缺陷检查分析及处理

丹江口大坝泄洪深孔布置于河床 8～13 坝段，共 12 孔，每个坝段 2 个。运行 40 多年，深孔过流面混凝土已出现不同程度老化，存在诸多缺陷。为此在 2013 年 5～8 月进行缺陷检查，在 2014 年 6 月～2015 年 4 月进行缺陷处理。

（一）深孔过流面检查及缺陷分析

1. 过流面检查　检查结果：因气蚀产生的冲坑及凹槽多，深度一般小于 5cm；轻微错台及蜂窝麻面较多，深度在 2cm 内；各类裂缝 167 条，总长 1795.19m；出露钢筋头 262 个。

2. 缺陷分析　深孔过流面没有发现较严重的结构破损，但存在下列问题：①侧墙及底板表面露出许多气泡，并形成蜂窝麻面；②有些孔下游侧墙和底板受到砂石冲磨；③在结构分缝处、过流面下游挑坎部位底板与侧墙结合处的混凝土有破损；④完建时遗留在侧墙及底板上的残浆较多，挂帘严重；⑤干缩裂缝及温度裂缝较多。

（二）缺陷处理前的工艺试验

缺陷处理前进行了材料及生产性工艺试验，试验主要结果如下：

（1）通过裂缝芯样的检查，说明灌浆方法和过程控制符合规范和设计要求。

（2）HK-WG-22 型无溶剂环氧浆材对混凝土补强十分有效，其密度、抗压强度、抗拉强度、抗折强度、黏接强度等性能指标均满足设计要求。

（3）CW711 型环氧胶泥用于混凝土裂缝、缺陷修补和表面封闭，其抗压强度、与混凝土黏结强度、层间黏结强度、抗剪强度、拉伸强度、抗冲磨强度等均满足设计要求。

（4）HK-UW-3 环氧砂浆用于新老混凝土及钢筋的黏接，其抗压强度、与混凝土面黏接强度等均满足设计要求。

（5）灌浆材料、环氧胶泥、环氧砂浆现场拉拔试验的黏接性能指标大于设计标准。

（三）深孔过流面缺陷处理

1. 裂缝处理

（1）缝宽不大于 0.1mm 的裂缝涂刷环氧基液。先用小锤、钢丝刷沿裂缝将两边各 2.5cm 宽的混凝土表面浮渣及油污清除干净，再用丙酮擦洗干净。混凝土表面干燥后，沿裂缝两边各 2.5cm 宽涂刷一道环氧基液。涂刷面与周边混凝土平顺衔接，涂刷区域不出现环氧基液起泡为质量合格。

（2）缝宽 0.1～0.2mm 的裂缝凿槽封口处理。用砂轮切割边线骑缝凿槽，槽宽 3cm、深 3cm，槽内结合面处理成毛面，并用丙酮清洗干净。待表干后，沿裂缝两侧 5cm 范围内均匀涂刷环氧基液。待基液表干后，分层填补环氧胶泥，每层厚 1.5cm，层间涂刷环氧基液，再用环氧胶泥抹平收光。修补面与周边混凝土平顺衔接，且不出现胶泥起泡。

（3）缝宽不小于 0.2mm 的裂缝需沿缝凿槽，并在缝深范围内进行化学灌浆。

先将裂缝两边各 10cm 宽的混凝土表面清洗干净，再沿裂缝两侧切割成槽，槽深 3cm，呈 60°倒角，槽口宽 3cm。凿除槽内混凝土，并清洗干净。灌浆前钻斜孔对裂缝泵压清水逐孔清洗，冲出孔内析钙、污垢及粉尘。混凝土表面用环氧胶泥骑缝黏贴灌浆嘴，裂缝分叉处也黏贴灌浆嘴。黏贴 3h 后，缝口用环氧胶泥封闭，封闭 24h 后试气，若漏气要重新封闭。灌浆压力先小后大，缓慢进浆，最大压力控制在 0.3MPa。周边混凝土如有漏浆，要关闭灌浆压力，用快干胶对漏浆部位快速封闭，并对该灌浆嘴重新补灌处理。

灌浆顺序：水平缝由一端向另一端逐孔灌注，斜缝由下往上逐孔灌注。灌浆用单点法灌注，先从裂缝一端启灌，待相邻灌浆嘴冒浆颜色正常后停止本孔灌注并封闭，再移至相邻冒浆灌浆嘴灌注，直到另一相邻灌浆嘴冒浆颜色正常后，再依次灌注其余灌浆嘴。所有嘴冒浆后再从头依次补灌，补灌时稳压屏浆，吸浆量小于 10mL/min 时继续屏浆 10min 后关闭灌浆嘴。当最后 5 个嘴时，注浆设备显示停止进浆或在稳定压力下 15min 内连续吸浆率小于 10mL/min，且压力不再下降，再继续灌注 30min 结束。

灌后 7 天，骑缝钻取 $\phi$76mm 芯样（深 6～8cm），检查质量。取芯孔用环氧胶泥回填。

槽口处理：裂缝槽口范围均匀涂刷一道环氧基液，分层填补环氧胶泥，每层厚 1.5cm，层间涂刷一道环氧基液。最后用环氧胶泥抹平收光。

槽口检查：槽口修补面与周边混凝土衔接平顺，修补处不出现胶泥起泡为质量合格。

2. 错台、凹槽、空洞等缺陷处理

（1）修补厚度小于 5cm 的，用环氧砂浆修补。若厚度小于 5mm，应凿至 5mm 后修补。先切割缺陷区边线，凿除松动混凝土，用高压水清除基面残渣。待修补面干燥后，涂刷薄层环氧基液，用手触摸有显著拉丝时（约 30min）再填补环氧砂浆。修补厚度大于 2cm 时，分层填补环氧砂浆，层厚 1～1.5cm，层间涂刷薄层环氧基液，环氧砂浆凝固时间控制在 2～4h。修补后养护 5～7d，期间不得受水浸泡和外力冲击。填补 3d 后，用小铁锤轻击修补面，声音清脆者质量良好，若声音沙哑或有“咚咚”声音说明质量差，应凿除重补。

（2）修补厚度大于 5cm 的，修补缺陷距表面 2.5cm 以下时用预缩砂浆修补；距表面 2.5cm 内用环氧砂浆修补。先切割缺陷区边线，凿除松动混凝土，用高压水清除基面残渣。预缩砂浆在 2h（夏天）、4h（冬天）内用完，超时不准使用。修补面干燥后，在面上涂厚 1mm 水泥浆，再分层填入预缩砂浆，层厚 3～50mm，木槌拍实至表面有少量浆液，层间用钢丝刷涂刷。施工后保湿养护 3 天。检查方法及处理同（1）。预缩砂浆修补合格后，先涂刷环氧基液，用手触摸有显著拉丝时（约 30min）再填环氧砂浆。修补厚度大于 2cm 时，分层填补，层厚 1～1.5cm，层间涂刷薄层环氧基液。检查方法及处理同（1）。

3. 麻面处理　麻面深度小于 5mm 需打磨处理，处理深度不小于麻面深度。大于 5mm 的需凿除麻面，处理区域平面呈多边形，处理深度不小于 5mm。表面用风和水清洗，待修补面干燥后，涂薄层环氧基液，手触摸有显著拉丝时（约 30min）再填补环氧砂浆。

4. 外露钢筋及管件处理　用砂轮片切除钢筋和管件外露部分，切割面与混凝土面齐平，切割时不得损伤周边混凝土面。

5. 轮廓平整度处理　修补后，过流面平整度标准为：不允许有垂直升坎或跌坎；混凝土面凹凸度不超过 3mm，纵坡不陡于 1∶30，横坡不陡于 1∶10；进出口混凝土面光滑，与设计线偏差不大于 3mm/1.5m；闸门底坎及邻近闸门底坎混凝土面光滑，与设计线偏差不大于 3mm/1.5m；一般过水混凝土凹凸不能超过 6mm，凸部应磨平，磨成不大于 1∶20 的斜度；混凝土面在 1m 范围内的凹凸值控制在 2mm 下；混凝土面不允许残留钢筋头和其他埋件，不允许有蜂窝麻面及孔径或深度大于 2mm 气泡、孔洞和残留砂浆块和挂帘等。

（中国水利水电第三工程局有限公司　孙素泉）

## 象鼻岭水电站玄武岩骨料碾压混凝土质量控制

象鼻岭水电站装机容量 240MW。大坝为抛物线双曲拱坝，坝体为 $C_{90}$20 三级配碾压混凝土，约 46.06 万 $m^3$，坝体上游面 $C_{90}$20 二级配碾压混凝土结合 $C_{90}$20 二级配变态混凝土防渗，$C_{90}$20 二级配碾压混凝土方量约为 15.95 万 $m^3$。

大坝混凝土采用全人工骨料，料源为玄武岩料场。玄武岩骨料密度大、质地硬脆，与石灰岩骨料碾压混凝土相比，其用水量、拌和物性能差别很大。为此采取一系列技术措施优化混凝土配合比，以改善碾压混凝土的性能，使施工质量满足要求。

（一）混凝土配合比试验

1. 原材料　水泥为 P.O42.5 水泥。掺合料为Ⅱ级粉煤灰。粗、细骨料为砂石加工系统生产的玄武岩人工骨料。外加剂为 GK-4A 萘系缓凝高效减水剂和 GK-9A 引气剂。

2. 骨料级配和最优砂率　在室内试验基础上，结合现场情况确定骨料最佳级配，二级配小石∶中石＝50∶50，三级配小石∶中石∶大石＝30∶40∶30。在此基础上确定最优砂率，当二级配为 37%、三级配为 33%时，对应 *VC* 值最小、密度最大，且工作性能好，故为最优砂率。

3. 混凝土配制强度的确定　根据现场试验技术要求及相关规程计算确定 $C_{90}$ 20W8F100（二级配）和 $C_{90}$ 20W6F50（三级配）混凝土的配制强度为 23.4MPa。

4. 掺合料掺量与水胶比～强度的关系　根据前期配合比试验成果，参考类似工程经验，分别取水胶比 0.45、0.50、0.55、0.60 及掺合料掺量 40%、50%、60%，开展不同掺合料掺量与水胶比～强度关系试验。通过分析强度试验结果，及混凝土强度～水胶比～掺合料掺量的二元回归关系，计算确定 $C_{90}$20W8F100（二级配）混凝土水胶比为 0.47，掺合料掺量为 50%；$C_{90}$ 20W6F50（三级配）水胶比 0.47，掺合料掺量 50%。

5. 混凝土性能试验　根据水胶比、掺合料掺量及设计要求，进行混凝土出机性能试验。出机口试验结果表明，混凝土拌和物泛浆效果良好，*VC* 值、含气量及表观密度均满足设计和施工要求。混凝土强度性能、变形性能及耐久性能试验结果见表 1 和表 2。

6. 施工配合比　通过试验确定了混凝土、层间砂浆、变态浆液施工配合比（见表 3）。

表 1　$C_{90}$20W8F100（二级配）混凝土试验结果

| 设计要求 | 抗压强度（$C_{90}$20） | 劈裂抗拉强度（≥2.20MPa） | 极限拉伸值（≥$0.70\times10^{-4}$） | 抗压弹性模量（≤36GPa） | 抗渗性能（≥W8） | 抗冻性能（≥F100） |
|---|---|---|---|---|---|---|
| 试验结果 | 26.3 | 2.35 | $0.79\times10^{-4}$ | 31.5GPa | >W8 | >F100 |

表 2　$C_{90}$20W6F50（三级配）混凝土试验结果

| 设计要求 | 抗压强度（$C_{90}$20） | 劈裂抗拉强度（≥2.20MPa） | 极限拉伸值（≥$0.65\times10^{-4}$） | 抗压弹性模量（≤36GPa） | 抗渗性能（≥W6） | 抗冻性能（≥F50） |
|---|---|---|---|---|---|---|
| 试验结果 | 25.9 | 2.26 | $0.72\times10^{-4}$ | 30.9GPa | >W6 | >F50 |

表 3　混凝土、层间砂浆、变态浆液配合比

| 设计强度等级/级配 | 类别 | 水胶比 | 掺合料掺量（%） | 砂率（%） | 减水剂（%） | 引气剂（万） |
|---|---|---|---|---|---|---|
| $C_{90}$20W8F100/二 | 碾压 | 0.47 | 50 | 37 | 1.0 | 20 |
| $C_{90}$20W6F50/三 | 碾压 | 0.47 | 50 | 33 | 1.0 | 20 |
| $M_{90}$25 | 层间砂浆 | 0.50 | 45 | 100 | 0.8 | 1.0 |
| $M_{90}$25 | 变态浆液 | 0.47 | 50 | — | 0.5 | — |

（二）混凝土施工质量控制

2015 年“一枯阶段”完成了碾压混凝土浇筑约 3 万 $m^3$，“二枯阶段”浇混凝土约 30 万 $m^3$。从碾压混凝土拌和物出机到仓内施工，进行全过程控制及检测，使施工质量得到有效保障。

1. *VC* 值动态控制　工地空气干燥、风大和温差大，*VC* 值损失快。为将出机口 *VC* 值控制在 1～2s，运输车辆设遮阳篷，施工现场喷雾，形成仓面小气候，降低 *VC* 值损失。阴雨天出机口 *VC* 值控制在 4s 左右。这些措施保障了混凝土的可碾性、液化泛浆，有利于层间结合。

2. 出机口混凝土性能检测　已浇 33 万 $m^3$ 碾压混凝土的出机口性能、强度性能和变形及耐久性能的检测结果分别见表 4～表 6。检测结果表明，各项性能均满足设计要求。

表 4　碾压混凝土出机口性能检测结果

| 检测内容 | 检测组数 | 平均值 | 最大值 | 最小值 |
|---|---|---|---|---|
| *VC* 值（s） | 749 | 2.2 | 3.8 | 1.1 |
| 含气量（%） | 749 | 3.5 | 4.7 | 3.3 |
| 出机口温度（℃） | 749 | 17.5 | 19.0 | 11.0 |
| 环境温度（℃） | 749 | 15.8 | 36.0 | 0.0 |

表 5　碾压混凝土强度性能检测结果

| 设计强度等级/级配 | 抗压强度（MPa） | | | | 劈裂抗拉强度（MPa） | | | |
|---|---|---|---|---|---|---|---|---|
| | 组数 | 平均值 | 最大值 | 最小值 | 组数 | 平均值 | 最大值 | 最小值 |
| $C_{90}$20W8F100/二 | 195 | 25.6 | 31.2 | 23.3 | 74 | 2.27 | 2.47 | 2.20 |
| $C_{90}$20W6F50/三 | 402 | 25.5 | 30.5 | 22.1 | 79 | 2.26 | 2.56 | 2.20 |

表 6 碾压混凝土变形及耐久性能检测结果

| 设计强度等级/级配 | 组数 | 极限拉伸（$\varepsilon\times10^{-4}$） | 抗压弹性模量（GPa） | 抗冻等级 | 抗渗等级 |
|---|---|---|---|---|---|
| $C_{90}$20W8F100/二 | 4 | 0.77 | 29.9 | F100 | W8 |
| $C_{90}$20W6F50/三 | 6 | 0.74 | 28.7 | F100 | W8 |

3. 现场质量控制　检测结果：入仓 *VC* 值平均 3s，最大 6.5s，最小 1.3s；入仓温度平均 18.2℃，最大 23.1℃，最小 9.8℃；浇筑温度平均 18.7℃，最大 25℃，最小 10.7℃；环境温度平均 15.7℃，最大 38℃，最小 0℃；相对密实度 $C_{90}$20W8F100/二平均 99.6%，最大 103.7%，最小 98.6%，$C_{90}$20W6F50/三平均 99.5%，最大 103.5%，最小 98.7%。均满足设计要求。

4. 钻孔取芯检查　两次对“一枯阶段”高程 1268～1279m 碾压混凝土钻孔取芯，芯样获得率高，并取出长 11.27m 完整芯样，外观光滑、密实、骨料分布均匀，混凝土与基础垫层、基础岩石间胶结好。检测表明，芯样的强度、变形及耐久性能等指标均能满足设计要求。

（中国水利水电第三工程局有限公司
刘兆飞　王鹏禹　王　永　米淑琴）

## 赤道几内亚吉布洛上游水库底孔坝段支铰大梁施工

赤道几内亚吉布洛上游水库大坝全长 528m，最大坝高 50m，坝顶高程 630.5m。大坝由右岸河床段混凝土重力坝和左右岸黏土心墙坝组成。混凝土坝全长 157m，由底孔坝段、排漂坝段及左右岸混凝土连接坝段组成。底孔坝段长 45m，分 3 孔，单孔净宽 8m，高 7m，边墩厚 3.5m，中墩厚 7m，中间设 2cm 伸缩/沉降缝。在底孔闸墩上合理分缝，减少混凝土一次性浇筑方量，使支铰大梁混凝土一次性顺利浇筑完成。

（一）施工方案

1. 施工问题　支铰大梁属于关键部位，为保证支铰大梁的整体性和安全性，其混凝土须一次浇筑完成。如将它与底孔坝段闸墩和胸墙一次性通仓浇筑，则仓号长 41m，高 6.33m，混凝土 2100m³。但在热带雨林气候白天 30℃以上高温及突降大雨情况下，易出现浇筑能力不足、覆盖不及时和防雨困难等问题，导致混凝土出现施工冷缝，影响施工质量。

2. 闸墩分缝　为解决上述问题，决定在泄洪坝段 1～3 号底孔左、右两侧闸墩高程 598.50～601.50m、DUO-010.61，高程 601.50～607.83m、DUO-008.50，高程 607.83～610.50m、DU0-013.90 处增设施工缝。闸墩竖向分缝后，使支铰大梁处混凝土方量减至 1200m³，降低了入仓强度，缩短了连续浇筑时间，可保证浇筑质量。

闸墩分缝会对其结构造成不利影响，故需对缝面进行处理和采取并缝处理措施。

3. 缝面处理　在施工缝面布置 $\phi$25 三级螺纹钢插筋，插筋埋入先浇混凝土长度为 35*d*，外露长 35*d*，间排距 500mm，梅花形布置。插筋使闸墩分缝结合良好。

混凝土浇筑后及时对垂直和水平施工缝面进行高压冲毛处理，确保缝面无乳皮、灰浆，使表面石子裸露 1/3，再用高压清水将缝面冲洗干净，以利缝面结合良好。

4. 并缝措施　分别在 DUO-010.61 高程 601.5m、DUO-008.50 高程 607.5m、DUO-013.90 高程 610.5m 的水平施工缝面铺设 $\phi$28@200mm 并缝钢筋网片，以防闸墩缝面后期开裂。铺设时以横向垂直施工缝为中心线，沿上、下游方向展开，网片长 1.5m，宽度为闸墩宽度。

（二）混凝土施工

1. 模板施工要点

（1）支铰大梁底模采用 1.2m×2.4m 竹胶板铺设，底模与下面 10cm×10cm 方木由底部螺旋顶和脚手架支撑。模板的承重结构为满堂红脚手架管。

（2）闸墩边墙模板单仓 6.33m，采用两块 3.1m×3.0m（高×宽）悬臂模板拼装成整体安装，上面用竹胶板帮边，下部用悬臂模板爬锥及调直系统自行固定。对上部 3.1m×3.0m 及加高部分模板，在未浇筑混凝土两侧边墩用满堂脚手架形成受力墙（脚手架间排距为 70cm），确保模板不失稳。

闸墩的弧形闸门处，采用定型钢模板或竹胶板拼装。检修平台处预埋楼梯插筋，内部预埋角钢，后期焊接成形。

闸墩内侧边墙 8m 范围内从高程 593m 平面向上搭设满堂红脚手架，纵、横间距均 70cm，两侧模板支立完成后采用螺旋顶支撑在中间受力排架上，确保内部模板不左右摇晃。

2. 钢筋制作与安装　钢筋加工厂设在表孔坝段下游处，并在 S1200 塔机覆盖范围内。加工成形的钢筋由 S1200 塔机吊入工作面。先安装闸墩钢筋，待支铰大梁底座埋件安装好后，再安装大梁钢筋。

3. 铰座制作与安装

(1) 根据埋件图先进行铰座背板、加强板下料、焊接，焊缝采用双面焊。加工成形的铰座整体重2.42t。在埋件背板四角设U形吊耳，以便吊装。

(2) 待支铰大梁底模和上游侧立模安装并校正后，具备支铰埋件安装时，在上游立面模板面上测放支铰底座轮廓线及控制点高程线。用SK315塔架将铰座埋件整体吊入安装位置，用制作好的钢支墩承载整体支铰埋件，并用钢筋将支墩与左右边墩钢筋斜拉加固。

(3) 安装时用T203全站仪配合校正，用$\phi32$钢筋将支铰座与左右边墩钢筋斜拉加固。

4. 混凝土浇筑

(1) 在仓号内挂设串筒，使混凝土垂直下落高度不大于1.5m。串筒沿闸墩长度方向在支铰大梁上方挂设，并保持与新浇混凝土面相距1m左右。

(2) 混凝土由拌和站集中供料。在$8m^3$混凝土罐车中装$6m^3$混凝土，分别将混凝土运至SK315和S1200塔机下，卸入$3m^3$和$6m^3$卧罐后，再由两座塔机吊运卧罐入仓卸料。

(3) 卸料点在两侧闸墩处及支铰大梁上方。采用斜层浇筑法从下游向上游浇筑，以防产生冷缝。在左右侧闸墩内同时均匀铺料，平仓振捣使混凝土流入大梁底部并逐层增高。

支铰大梁内钢筋密集，为避免混凝土堆料过于集中，下料后及时平仓，用$\phi70$和$\phi100$振捣棒振捣，混凝土层厚不超过50cm。振捣棒移动距离不超过其有效半径的1.5倍，并插入下层混凝土5～10cm。预埋件及钢筋密集处人工配合振捣。

(4) 支铰大梁斜面混凝土采用间歇延时铺料、随时人工压实收面方法。为防止振捣时斜面顶部混凝土向下移动，使用横档模板进行防护。

(5) 浇筑完成后及时在大梁外露表面覆盖麻袋片，人工洒水与自流水连续养护28d。

（中国水利水电第六工程局有限公司
牛浩君　王福龙）

# 引水发电建筑物施工

## 布料杆在溧阳抽水蓄能电站地下厂房机组混凝土施工中的应用

（一）机组混凝土入仓设备的选择

溧阳抽水蓄能电站地下厂房机组混凝土，即为主机间尾水肘管以上的混凝土。机组混凝土相对而言体积较大，配筋密集，蜗壳保压层及机墩层的外包混凝土厚度均超过3m，水轮机层、母线层及发电机层楼板的厚度分别为800、600、700mm。经计算混凝土最小入仓强度为$47.25m^3/h$。在不发生冷仓情况和高强度浇筑条件下，选择入仓设备及浇筑难度大。

经计算和比较分析，将桥机吊运罐和混凝土输送泵作为机组混凝土浇筑中的入仓手段。如要满足入仓强度需要，需在厂房上下游部位各布置1台输送泵。桥机吊运罐作为应急入仓备用。但由于地下厂房空间狭窄，不宜同时布置2台输送泵。且增加1台输送泵成本要增加，现场调度压力也增大。因此，决定在机组混凝土施工中引入布料杆。

（二）布料杆及布料作业

1. 布料杆　布料杆是混凝土浇筑中泵送混凝土的末端输送设备，由主梁架、平衡架、支撑座、输送管路构成（见图1）。溧阳抽水蓄能电站机组混凝土施工中，投入1台HBT60型输送泵配合1台BLG-18型手动布料杆，即能满足混凝土入仓强度的需要。该手动布料杆的最大布料半径18m，最大布料高度4.2m，管径125mm，回转范围360°，配梁长度3.8m，整机重量1t，配重1.5t。布料杆高度和长度可根据需要定制。

2. 布料杆安设位置　施工中只要将布料杆架设在机组中心位置搭设的平台上，利用其回转360°的特点，即可一次性对机组楼板、边墙及立柱等结构的全覆盖（见图2）。

浇筑蜗壳保压层及水轮机层板梁等部位的混凝土时，将布料杆架设在机组下部里衬顶部（高程－52.37m)搭设的支撑平台上。平台下部由I20工字钢与$\phi48$脚手架钢管连成整体并绑扎固定而成，平台顶部满铺3cm厚的脚手板，上面架设布料杆。

浇筑机墩及母线层板梁等部位的混凝土时，将布料杆架设在机坑上部里衬顶部（高程－49.16m）搭设的支撑平台上。平台结构和搭设情况同上文，上面架设布料杆。

浇筑风罩及发电机层板梁等部位的混凝土时，在风罩内搭设满堂红脚手架平台，平台上满铺3cm厚的脚手板，上面架设布料杆。

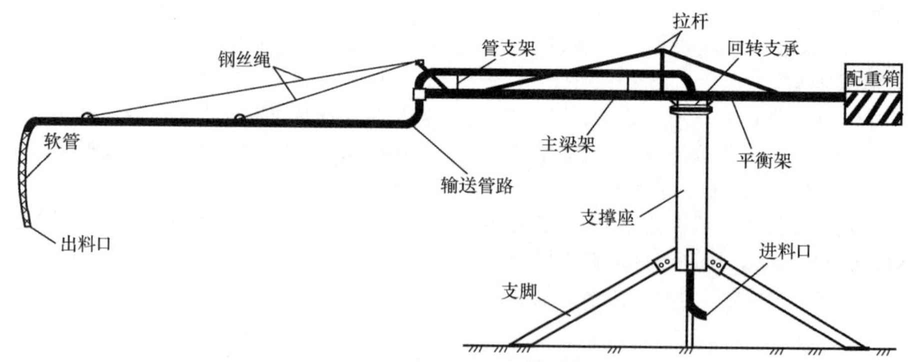


图1　布料杆结构示意图

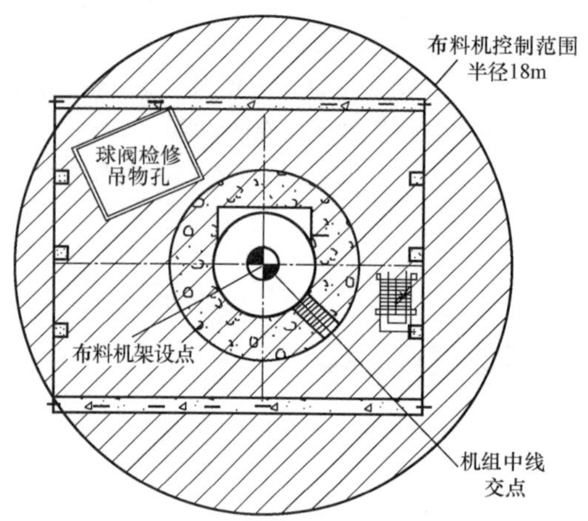


图2　布料杆控制范围示意图

3. 布料作业　作业时布料杆进料弯管前端与混凝土泵管出口端相连，构成输送管路。混凝土输送泵料斗中的混凝土在泵送压力下，通过输送管路和布料杆的回转，连续输送至布料范围内各布料点。采用布料杆后，使输送泵的实际输送强度达到了理论输送强度的80%～90%；在一定程度上降低了发生混凝土泵堵管的风险，避免了冷仓发生，保证了工程质量；作业人员劳动强度明显降低，施工成本也有所降低。

（三）施工安全注意事项

（1）布料杆回转过程中，在布料半径范围内的人员应离开、障碍物应清理或标注，防止其与布料杆发生碰撞。使用中由专人监护，一旦有失稳，应立即停止供料并进行加固。

（2）布料杆的配重箱不允许与布料杆分开吊运。若分开时，必须用钢丝绳牵引牢固，并将旋转弯管固定好后才能吊运，吊运时信号工必须旁站指挥。

（3）布料杆使用时支腿必须放在稳固、有足够支撑力的平台上；应将主梁架及手动管支好，配重箱加配重；软管出料口严禁加接输送泵管，出料口不得被混凝土堆埋。

（4）施工时不可随意加大布料杆半径，不得使用超过规定的配管。作业时操作人员可直接用绳子拉动臂架进行转动并完成浇筑；在混凝土泵送过程中，严禁移动布料杆位置。

（5）布料杆的折叠收缩需按顺序进行，未用纤绳固定前不得启动布料杆，严禁用布料杆起吊或拖拉物件。停止使用时，底架必须放置在坚固的平台上，配重严禁与机身分离并用绳索牵引牢固。不得随意增减配重箱内的配重材料，以防倾覆。

（6）施工期间定期检查：支腿、塔身、臂架等部位是否开裂、开焊；拉杆活动处是否磨损；回转支承螺栓是否松动、磨损。在完成混凝土浇筑后，清洗布料杆管路，去除管内混凝土残留，但严禁用压缩机空气冲洗。

（中国水利水电第五工程局有限公司　胡其林　刘　聪）

## 溧阳抽水蓄能电站曲线陀螺状悬空整流锥施工技术

溧阳抽水蓄能电站上水库有2个进/出水口塔，塔体242～251.5m高程处布置有进水口整流锥。锥体呈双段异向圆弧锥状，上下段圆弧半径分别为3.6、7.2m，锥体高7.6m，最大直径11.335m，上部为厚2.5m混凝土板，直径37m，板内布置2m宽暗梁。295m高程塔体顶部为直径40.6m、厚1.5m盖板，盖板中预留闸门槽及通气孔。单个塔体混凝土49800m$^3$，钢筋3984t；单个锥体混凝土123.6m$^3$，钢筋7.5t，上部2.5m厚板混凝土2700m$^3$，钢筋270t。

（一）整流锥施工方案

施工方案为：整流锥下部设支撑体系，分段吊装整流锥钢衬板＋现场组焊，分3层浇筑混凝土（见图1）。浇筑第3层时，第2层作为支撑体系一部分，第2层混凝土强度达80%以上开始浇第3层。整流锥下部支撑体系分中心锥体（直径 11.355 圆形中间）和圆环形两部分（中心锥体外围）。中心锥体支撑：在井座段高程 238.3m 处预留 1.7m 的环形平台，在平台上搭设 H 形钢桁架网，在闸墩上安装钢绞线吊拉桁架网，桁架网平台上搭设盘扣式钢管架，钢管架支撑整流锥钢衬板（见图 2 和图 3）。圆环形部分：在井座段顶部平台上搭设盘扣式钢管架支撑 10cm×5cm 的环径向方木，方木上铺设胶合板。

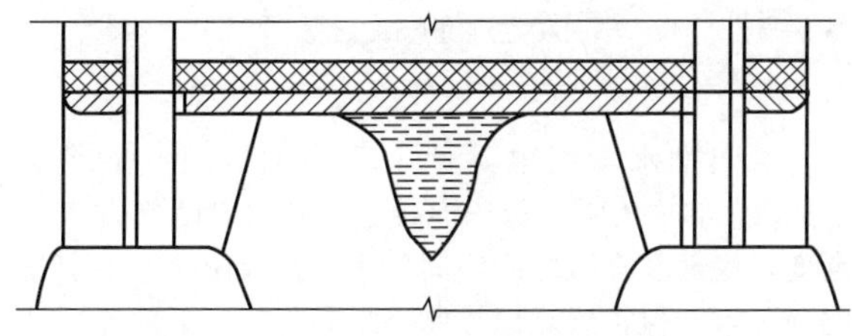

图 1　整流罩浇筑分层示意图

（二）钢桁架网施工

井座段高程 238m 预留 1.7m 宽的环向平台上安装桁架网，并与平台上预埋钢板焊接。桁架网结构主体为（Q345 B）焊接 H 型钢，以 HM 型钢为主。加工厂制成单片网，在现场预留平台上拼装成桁架网。

1. 钢桁架网平台安装　环向平台强度达 2.5MPa 后开始安装钢桁架网，此时井座段周边回填至高程 225.3m。用 160t 吊车对称安装，安装钢桁架网与井座混凝土施工穿插进行。

安装前清除混凝土灰渣，设立基础定位线，确保与钢桁架轴线吻合。吊装前复核基础轴线标志、标高基准点和每个基础轴线偏移量。钢桁架网安装时，依顺序分单元成套进行，运输和堆放确保不产生变形，不损伤涂层。吊装时钢丝绳与构件间加垫块。

2. 钢桁架网平台拆除　在整流锥及 2.5m 厚板浇筑完毕、到保养期后，拆除支撑体系。后安装的先拆除，先安装的后拆除，确保拆除高支模架时的安全作业。

3. 预埋件施工技术措施　安设埋件前复核并确定埋件位置。

（1）钢筋绑扎后即埋设，锚固埋件的钢筋须放在主筋内侧。如钢筋过密埋件无法安装到位时可就近埋

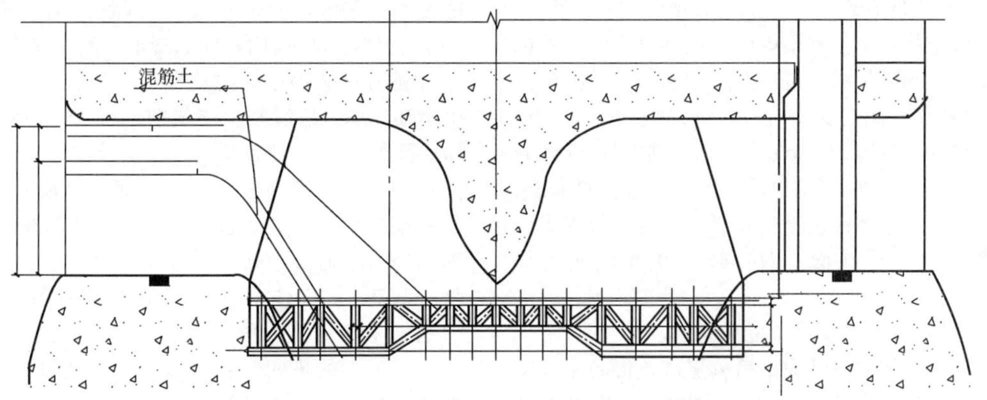


图 2　吊拉钢桁架网的平台示意图（单位：mm）

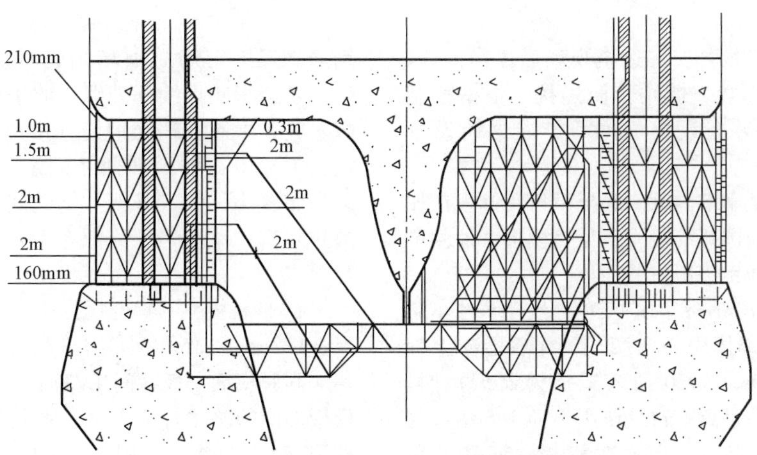


图 3　整流锥锥体的竖向支撑示意图

设，水平移位不得大于5cm。

（2）埋件复核无误后焊接牢固，并确保其垂直度、平整度偏差均不大于3mm，水平标高偏差不大于10mm，与设计位置偏差不大于20mm。

（3）浇筑混凝土前1～2h再次复核，并修正偏移埋件，更换损坏埋件。浇筑混凝土后在2d内将预埋件表面清理，但不能划伤表面防腐层。不合格的预埋件应补加埋件。

（三）盘扣架施工

盘扣架的支撑架用速接架材Q345，外径48.3～60.3mm，壁厚3.2mm，表面热镀锌处理；立杆外径60.3mm，壁厚3.2mm，表面热镀锌处理；钢管为普通钢管；主龙骨为114工字钢。

盘扣架施工要点：按图弹线放置可调底座，平面上四根立杆组成塔式稳定体，安装水平横杆后再向周边扩展，竖向搭完一层后再搭设次层，以此类推；确保每个可调底座达到同一水平位置，各杆件采用插销结合；当支撑拆至下部最后一层时，对立杆采取必要的防倾倒措施；各构配件卸除时严禁抛掷，构配件要及时检查、整修与保养。

（四）整流锥钢板施工

整流锥锥体中心至闸墩内侧边缘部分为钢板外包混凝土，其中锥头部分钢板厚12mm，其他部分14mm，直接作为浇筑支承模板。钢模板内侧面设加劲肋板，确保其刚度。整流锥在加工厂加工：锥体分上下两段加工，下部组焊成型，上部组焊成四大瓣、工地组焊成段、整体吊装至作业面；圆环段组焊成八块，分块吊装至作业面；钢衬整体在作业面组焊成型。

（五）整流锥混凝土施工

（1）整流锥钢衬安装完毕后分层浇筑混凝土。第1次浇筑7.595m（高程241.405～249m），第2次浇筑1m（高程249～250m），第3次浇筑1.5m（高程250.0～251.5m）。

（2）钢筋在加工场加工，运至现场后塔吊入仓，人工布设、绑扎、焊接、螺纹套筒连接。根据控制点，利用预埋锚筋，布设钢筋网骨架，再铺设分布筋。

（3）锥体中心至闸墩内缘侧底板模板用钢板在加工厂制作，外侧双向圆弧部位用定型钢模板，外侧单向圆弧部位采用普通钢模板拼装而成。

（4）混凝土用10m$^3$罐车水平运输、47m汽车泵垂直运输入仓。从锥体中心向四周、并逐层向上铺料，厚度不大于30cm。$\phi$50插入式振捣器振捣时，插入下层5cm，移动距离不超过作用半径1.5倍，与模板距离为5～10cm，防止触碰模板、钢筋及预埋件。

混凝土防裂措施：低温时段浇筑；土工布包裹运输罐车；浇筑前形成密封空间，使整流锥下部处于恒温状态；浇筑与钢板接触仓位前对钢板洒水降温；浇筑后及时覆盖和养护。

（新疆新华水电投资股份有限公司　姜凌宇　田智鹏
中国水利水电第五工程局有限公司　刘军国）

## 溧阳抽水蓄能电站蜗壳保压混凝土施工技术

溧阳抽水蓄能电站地下厂房主机间－59.6～－53.5m部位为蜗壳保压混凝土。其钢筋随蜗壳直径渐变，底部及支墩之间空间狭小，在保压状态下钢筋的安装难，保护层难以控制；蜗壳与座环下部连接处的阴角部位（反弧区）因高出蜗壳下底线，且钢筋及埋件埋管较多，混凝土浇筑难以饱满。因此，认真研究了混凝土施工问题，采取了如下技术：

1. 蜗壳保压固定　蜗壳封闭后充水加压可作为试验及检查焊缝质量的一种措施。机组蜗壳充水保压值为1.75MPa，加压泵加压后观测。蜗壳安装完毕、钢支座固定后，利用一期混凝土表面一周均布埋设的11个地锚拉紧固定，防止在第一层混凝土浇筑时发生抬动。第二层混凝土浇筑前，将11个地锚割除并做表面处理。

2. 灌浆管路布置　座环蜗壳下部阴角的回填灌浆系统包括4套进回浆管路（其中2套在±$Y$、±$X$轴4处有连通管相通）、1套排气管。这些管路均为$\phi$42铁管焊接制作。灌浆管和排气管沿蜗壳环向埋入蜗壳座环基础阴角部位，并用$\phi$12钢筋加固。座环蜗壳下部的进回浆管及排气管可通过下游廊道引出，浇筑时管口加套管保护，管口露出混凝土表面50cm。

3. 钢筋安装　充水保压后，蜗壳表面严禁焊接钢筋。焊接钢筋易破坏蜗壳材质且会出现压力危险，还会影响后续蜗壳泄压收缩时与混凝土间的间隙。施工中制作蜗壳钢筋骨架，骨架上端用里衬固定，下端用支墩预埋插筋固定，骨架顺蜗壳环向、纵向布置为一体，骨架与蜗壳间用同标号水泥砂浆垫块隔离，垫块错开分散布置，确保保护层厚度满足要求。

4. 模板支立　蜗壳层保压混凝土模板采用18mm厚、1.2m×2.4m大面复合板。支模前，模板表面均匀涂刷脱模剂，板缝间用双面胶带或橡胶卡扣密封。模板加固的次龙骨为方木。主龙骨用$\phi$25钢筋制作，并用$\phi$12拉筋螺栓加固，拉筋与一期混凝土的插筋焊接，拉筋间距500mm（竖向）×500mm（横向）。保

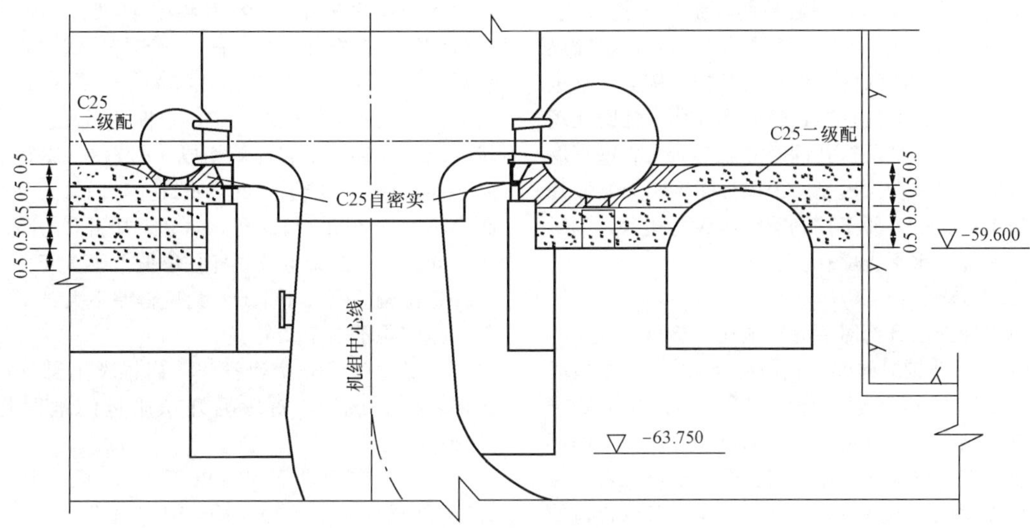


图1 主机间蜗壳阴角混凝土施工示意图

压混凝土下游侧廊道顶拱以5cm×8cm方木拼装为主，顶拱部位表面铺设宝丽板。蜗壳座环内侧部位使用木模封闭，且沿间距1.5m均布埋设$\phi$125钢管配泵管接头制作完成，待阴角填充自密实混凝土时辅助振捣及泵送使用。

5. 浇筑设备 浇筑时每层铺料厚度不大于0.5m。混凝土初凝时间为4h，最小浇筑强度42.5m$^3$/h。采用泵送和桥机吊罐入仓，配备两台HBT6016型混凝土泵，吊罐容量8m$^3$。

6. 混凝土分层和温控 蜗壳层混凝土分3层。浇筑高度：第1层2.15m，接近蜗壳腰线；第2层2.35m，至蜗壳顶部；第3层1.55m，至楼板。蜗壳混凝土体积大，为降低内部温度，通过优化分层分仓方案减少混凝土水化热；高温季节采用预冷混凝土；运输罐车遮阳。浇筑完毕初凝后表面及时覆盖保温、保湿材料，养护期内始终使其表面保持湿润。

7. 混凝土浇筑 混凝土浇筑施工时，以机组中心线为界，将蜗壳层保压混凝土分为Ⅰ、Ⅱ、Ⅲ、Ⅳ四个区。2台HBT6016混凝土泵各负责2个区，泵送入仓；根据需要桥机吊运8m$^3$吊罐灵活补料，吊罐配溜槽、溜筒入仓。

蜗壳外包混凝土采用“平铺法”施工。当混凝土面接近蜗壳下底时，控制各区域对称下料。用$\phi$100振捣器及$\phi$70软轴振捣器振捣。根据监测数据实时控制下料速度，均匀对称上升，防止蜗壳发生位移及抬动。下料点避开埋件埋管及金属蜗壳。

蜗壳与座环下部连接处的阴角部位（反弧区）高出蜗壳下底线，且钢筋及埋件埋管多。浇筑中在蜗壳下部先用“平铺法”，待接近蜗壳内侧钢筋网时改用“台阶法”铺料，并在接近蜗壳外侧部位预留空隙，再泵送流动性良好的C25自密实混凝土。其中1台混凝土泵通过蜗壳座环内侧部位预埋的$\phi$125钢管辅助泵输送自密实混凝土，并尽可能振捣。浇筑中，利用座环钢衬上预留孔洞进行观测，确保蜗壳阴角部位混凝土浇筑密实（见图1）。

8. 蜗壳阴角回填灌浆 在蜗壳外包混凝土第1层施工完毕、混凝土强度达70%且基本达到稳定温度后开始回填灌浆。灌浆浆液水灰比由0.5∶1开灌，在设计的0.1MPa压力下，当进浆管与出浆管的浆液浓度相同时，即改浓一级水灰比灌注，以最浓级浆液结束。在设计压力下灌浆孔停止吸浆，延续灌注10min结束灌浆。灌浆中，用仪器检查蜗壳钢板是否有突出变形；严格控制灌浆压力，并对灌浆区域分序分组灌浆。

（中国水利水电第五工程局有限公司
景立建 杨爱霞）

## 去学水电站地下厂房岩锚梁开挖施工技术

去学水电站地下厂房岩锚梁开挖高度8.32m，其中岩台开挖高度2.6m；单侧开挖长度68.15m，总开挖工程量3705m$^3$，安排在第B层开挖。厂区出露地层岩性为角砾岩、薄层灰岩，局部角砾岩与凝灰岩互层，岩体内存在随机分布的绿泥石化蚀变带。主、副厂房顶拱主要分布有$F_{304}$、$F_{316}$、$F_{701}$等断层。

（一）开挖程序

厂房第B层开挖在中部拉先锋槽梯段爆破，再跟进保护层开挖。用预裂爆破控制保护层开挖边线，保护层单侧宽 3.5m，分层开挖高度 8.32m。岩锚梁开挖分 4 个区：①②③区为保护层开挖，从上至下进行，最后④区岩台开挖。岩台竖向光爆孔、辅助孔超前造孔，与②区保护层造孔同时完成，岩台岩壁直墙面与斜面双面光爆一次成型。为保证④区竖向光爆孔开孔位置的平整度，便于控制④区爆破孔孔深，①区开挖时，底部设水平光爆孔。

（二）钻爆设计参数

岩壁梁保护层开挖滞后先锋槽施工 30m 后进行。用 YT-28 手风钻辅以样架造孔，孔径 42mm。爆破段长 15～20m，在交界线上布置 1 排孔距为 30cm 的竖直及斜向隔断空孔，以免由于端部掀动而使下一循环爆破钻孔在交接处无法实施。岩台开挖前，以岩台保护层②区作为试验段进行岩台开挖试验，获取合适的爆破参数和施工工艺。

1. ①区爆破参数　①区采用边墙打竖向光爆孔。为便于钻机架钻，该层边墙竖直孔超挖 15cm。其层底打水平光爆孔。主爆孔孔深 2～2.2m，孔距 1～1.5m，边墙竖直光爆孔孔深 2.5m，孔距 40cm，光爆孔初拟线装药密度 90g/m，围岩节理发育时适当调整爆破参数；水平光爆孔孔深 3.5m，孔距 60cm，线装药密度 90g/m，围岩节理发育时适当调整爆破参数。光爆孔用竖直孔及水平孔样架控制钻孔方向和孔斜，水平光爆孔的孔位在同一高程线上。

2. ②区爆破参数　②区主爆孔孔深 2.5m，孔距 1～1.5m。光爆孔孔深 2.5m，孔距 40cm，光爆孔采用竖直孔样架控制钻孔方向和孔斜，线装药密度为 90g/m。

3. ③区爆破参数　③区主爆孔孔深 3.5m，孔距 1～1.5m。光爆孔孔深 3.5m，孔距 40cm，光爆孔采用竖直孔样架控制钻孔方向和孔斜，线装药密度为 90g/m。

4. ④区爆破参数　④区开挖采用垂直岩台轴线方向分别沿岩台斜面钻孔和岩台上、下直立墙面造垂直孔、小药量光面爆破方法施工。竖向光爆孔孔深 2.15m，孔距根据围岩类别及节理发育情况选择 35、30cm，孔距 35cm 和 30cm 时线装药密度均为 70g/m；斜面光爆孔孔深 1.36m，孔距也选择 35、30cm 两种，孔距 35cm 时线装药密度 90g/m，30cm 时线装药密度 70g/m。为保证钻孔精度和开挖质量，岩台爆破孔用钢管搭设钻孔样架精确控制钻孔方向和孔斜，竖直孔孔底回填 5cm 柔性垫层，以防对岩台上拐点造成破坏。

（三）岩台开挖关键工序控制措施

1. 钻孔样架的搭设　先放出周边开孔点和样架定点位置（开挖边线比设计开挖线超 5cm），再根据所放点位搭设样架（$\phi$48 钢管）。样架框架形成，且定位钢管（含立杆、水平杆、斜向杆）固定并测量无误后，将导向管架抬至钻孔样架上，并靠拢定位钢管，把导向管架的横杆与定位立杆稳固连接。样架搭设要求导向管靠基岩面侧切成 45°坡口，原则上紧贴基岩面，局部不能紧贴的，垂直孔导向管距基岩面的距离不大于 2cm，斜面孔导向管距基岩面的距离不大于 5cm。钻孔样架定位立杆孔位偏差不大于 1cm，导向杆定位偏差不大于 1cm，角度偏差不大于 1°，排架斜支撑间距不大于 2m。

2. 岩台下拐点加固措施　岩锚梁上部和侧面保护层开挖完成后，对影响开挖质量的地段作以下处理：

（1）岩锚梁段下拐点以下 10cm 设 1 排 $\phi$25 长 1.7m 外露 20cm 间距 75cm 锁口锚杆、∠50mm×50mm×3mm 热轧等边角钢（与外露锚杆焊接）及下拐点以下 100cm 范围喷 5cm 厚 C20 混凝土。

（2）开挖前对较破碎岩面进行灌浆和钻树脂锚杆。

3. 钻孔角度控制　用导向钢管控制光爆孔孔向。钻杆为标准长度，孔深由限位钢管控制。开孔 20cm 对孔位、孔向进行第 1 次检查复核，开孔 50cm 第 2 次检查复核，开孔 100cm 第 3 次检查复核，并及时纠偏。

4. 钻孔深度控制　钻孔前，在竖向光爆孔孔位外侧、倾斜光爆孔孔位下方紧邻孔口边缘固定一根通长角钢，角钢须无弯曲且水平放置。测出角钢边缘的高程，再计算孔深。孔深确定后，在钻杆上做出标记，当钻杆上的标记达到角钢边缘时，即可停止钻孔。孔深宜超深 10cm。如孔偏浅则重新施钻，孔偏深则在孔底垫岩粉。

5. 不良地质段的处理　遇断层、破碎带时采取预注浆固结围岩，并在已开挖部位加强锚杆支护，钻孔爆破时加密钻孔、减小药量。地下水活动较多地段采用小导管预注浆或全封闭深孔固结注浆综合治理。

（中国葛洲坝集团第二工程有限公司　王　斌）

## 锦屏二级水电站闸门井门槽二期混凝土悬挂式滑模应用

锦屏二级水电站引水发电系统上游调压室每座均对应设有两个闸门井。闸门井底部起始高程 1564.7m，顶部高程 1680.0m，在高程 1564.7～1583.4m 段与高程 1677～1680m 牛腿段二期混凝土有渐变，厚度由 70cm 到 190cm，故采用搭设落地式脚手架及组合钢模进行浇筑。闸门井高程 1583.4～

1677.0m 段设计结构断面保持不变，但在一期混凝土浇筑后，其断面与设计断面存在尺寸偏差，为解决其施工难题，采用了悬挂式自适应液压滑模。

(一) 自适应滑模设计

根据门槽结构体形，滑模体采用钢结构液压整体滑升模板，由模板、液压系统、提升系统、滑模盘、辅助系统等构成。滑模由空心式千斤顶（3t）带动滑模体沿爬杆向上完成滑升，其动力装置为 ZYXT-36 型自动调平液压控制台。自适应滑模结构设计如下：

(1) 模板。门槽整体滑模模板采用定型模板制作，同桁架梁骨架相连以固定。滑模模板高 1.5m，锥度不超过 5mm。通过“F”形提升架将两组独立的模体连成整体结构，以保证滑模整体重量和稳定性，确保滑模体各向均匀滑升。

(2) 提升系统。提升系统的钢结构制作部分为提升架，通过安装在顶部的千斤顶支撑在爬杆上，用来支撑模体，为滑模与混凝土间的联系构件。滑升荷载通过提升架传递给爬杆，爬杆用 $\phi$25mm 钢筋制作，其顶部焊接在溢流堰牛腿浇筑时安设的型钢上。按要求滑模爬杆在同一水平面内接头长度不得超过 1/4，故第一套爬杆设计 4 种长度规格，即 2.8、3.2、3.6、4.0m，不同长度的爬杆错开布置。正常滑升时，每根爬杆设计长度 3m，当千斤顶滑升至距爬杆顶部小于 350mm 处时，接长爬杆，对齐接头，不平处用角磨机切割磨平。

根据闸门井门槽的实际情况，每个门槽设 3 台千斤顶。全套模体自重 12t，12 个“F”形架通过 12 台千斤顶与操作平台桁架连接成一体，利用千斤顶牵引力将滑模盘提升，液压系统布置在滑模桁架上。滑模桁架上根据门轨位置布置导向滑轮，使滑模沿门轨滑升。

(3) 液压系统。采用 ZYXT-36 型自动调平液压控制台作为滑升动力装置，滑升千斤顶为 3t。高压油管主管为 $\phi$16mm 钢管，支管为 $\phi$8mm 钢管，控制台和千斤顶通过直管接头和六通接头分组相连形成液压系统。

(4) 滑模盘。滑模盘分操作盘和辅助盘。操作盘为桁架钢结构，是滑模的主要结构，承受工作、物料等荷载，为施工操作平台，也是模体支撑构件。混凝土浇筑时滑模侧向和垂直向受力较大，选用∠100、∠75 角钢制成整体桁架梁，上面铺 3cm 厚木板形成操作平台。

辅助盘为悬吊钢结构，高 1.5m，宽 1m，是混凝土养护、修面、缺陷处理及爬杆拆卸的工作平台，采用∠70、∠50 角钢焊制，上铺 3cm 厚木板，用 $\phi$20mm 圆钢悬挂在桁架梁上。辅助盘距井壁距离 150mm，人员上下可在拼装滑模中间的空间焊接的爬梯通行。

(5) 修面盘。修面盘设在滑模盘下部，用 $\phi$28mm 钢筋制作，盘高 1.5m，用于滑升中混凝土表面缺陷修补等作业。修面盘外侧设有防护栏杆，上铺 3cm 厚木板形成操作平台。

(6) 自动伸缩模板的设计。闸门井一期滑模混凝土浇筑中存在偏移或旋转，其结构体形有变化，为此，在与井壁交接处，利用弹簧固定一块可活动模板，弹簧受压后回弹力可将模板顶紧（见图 1）。滑模滑升中，弹簧带动可活动模板进行自适应调节。

(二) 自适应滑模使用

滑模施工中布置千斤顶 12 台，支撑杆 12 根，提升力 36t。考虑千斤顶效率（0.75），整体提升力为 27t。实际滑模自重、荷载及摩擦力总计 15t 左右，表明滑模设计满足施工要求。

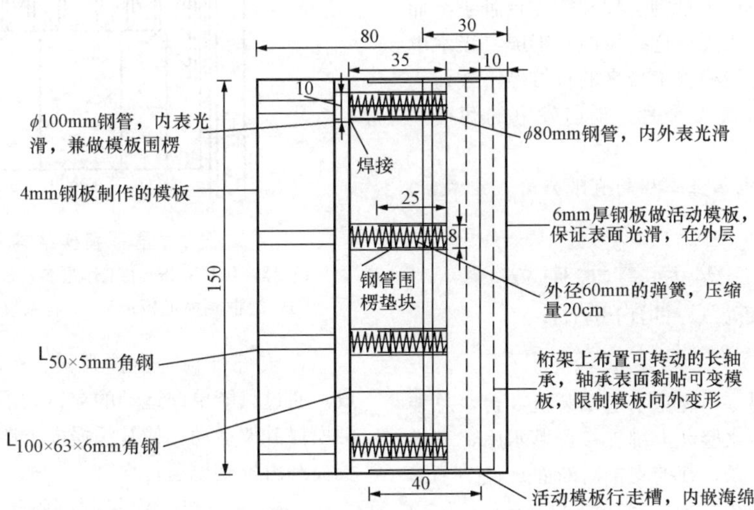


图 1 自适应模板结构图（单位：cm）

1. 滑模组装　用12t汽车起重机将材料运至门轨安装施工平台（高程1680m），再用5t卷扬机将材料下放至脚手架平台（1583.4m）。组装完毕验收后，安装和调试爬杆、千斤顶。

2. 悬吊系统形成　利用卷扬机完成井内下料管的安装。在下料口布置斜溜槽接至下料管，混凝土由下料溜管通过缓冲器，到仓内经受料斗＋溜槽入仓，做到对称、均匀下料。

施工现场敷设一条提供380V电源的电缆，在滑模体上安装设备用蓄电池照明系统。

3. 施工工艺　滑模施工顺序：下料→平仓振捣→待凝→滑升→下一循环。滑模混凝土坍落度为140～180mm，按50cm一层进行施工。插入式振捣器振捣，插入深度不得超过下层混凝土内50mm，不能振动爬杆及模板，滑升时停止振捣。滑升速度根据混凝土初凝时间、混凝土供料等情况确定，正常滑升每次间隔约1h，滑升高度50m，日滑升高度可达8～10m。

混凝土初次浇筑和模板初次滑升按以下步骤进行：第一次浇筑5cm砂浆；接着按分层50cm浇筑两层，厚度达到100cm时，开始滑升3～5cm检查脱模的混凝土凝固是否合适；第三层（30cm）浇筑后滑升15cm；继续浇筑第四层（30cm），滑升30～40cm；第六层浇筑后（30cm）后滑50cm；若无异常情况，便可进行正常浇筑和滑升（浇筑50cm，滑升50cm）。

4. 滑升控制　滑升中操作平台保持水平，及时复测和校核门轨，以减小滑模偏差，并要控制各千斤顶的相互差不得大于40mm，相邻两个提升架上千斤顶的升差不得大于20mm。

（三）应用效果

悬挂式自适应滑模和常规施工方法相比，单井投入人员之比为8∶32，单井施工时间之比为15∶75，常规钢模板施工需搭设大量脚手架和需1台卧泵，而悬挂式自适应滑模施工无需这些设施。锦屏二级水电站调压室应用自适应滑模施工带来的直接经济效益为393.84万元，节约工期2个月，提前发电的间接经济效益为2.6亿元。

（中国水利水电第五工程局有限公司　袁幸朝）

## 滑框翻模在辛克雷水电站深竖井施工中的应用

厄瓜多尔科卡科多辛克雷水电站装机8台，总装机容量1500MW。引水竖井上部连接调蓄水库，下部连接地下厂房；共2条，开挖支护后断面直径7.1m，混凝土衬砌后断面直径5.8m，深度544.75m。

竖井的垂直段深达478m，钢筋、模板及混凝土的作业交叉进行，安全问题突出；竖井混凝土强度在下部186m为50MPa，中间125m为40MPa，上部（其余部分）为32MPa；当地劳动力大多缺乏竖井施工和混凝土浇筑经验。这些因素增加了施工的难度。

（一）竖井混凝土衬砌方案的确定

初期竖井混凝土衬砌采用滑模施工，但遇到了较大挫折，表现为：

（1）竖井很深，混凝土入仓到位后严重离析，砂浆在一侧，骨料在另一侧。

（2）滑模施工中没有条件涂刷脱模剂，且底部混凝土标号高，使滑模滑升中局部受阻较大，滑模偏移严重，爬升千斤顶在一周内损毁4个。

（3）以往竖井滑模混凝土衬砌24h能完成5m高度的施工，且质量满足要求。但此次24h只能完成3m左右高度，施工进度严重超出预定目标。

为此决定利用现场条件，在原竖井滑模基础上进行改造，采用竖井滑框翻模施工。

（二）竖井滑框翻模的结构

对原有竖井滑模的模板、下料、修补等系统进行改造，爬升、工作平台、液压操作等系统不做修改，从而形成滑框翻模（见图1和图2）。滑框翻模骨架部分向上滑升1小段，下部模板露出，用人工将模板拆除、清理、修复，运送到主平台再次安装，如此反复，形成混凝土浇筑的循环。骨架向上滑升中不与混凝土直接接触，只承受自重及人员质量，承重力不超过7.5t，千斤顶爬杆不会产生变形，施工安全和质量能得到保证。

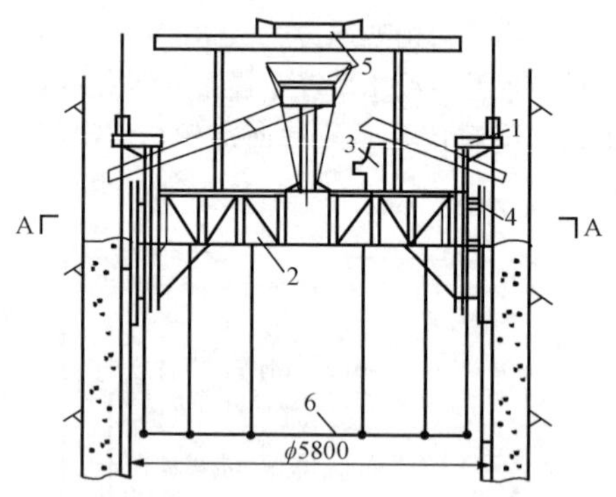


图1　滑框翻模结构示意图

1—爬升机构；2—主工作平台；3—爬升操作系统；4—滑框翻模模板；5—下料系统；6—修补系统

1. 爬升机构　由提升架、爬杆、液压千斤顶组成。通过只能单向运动的穿行式液压千斤顶带动滑框翻模提升架运动，使其缓慢向上爬升。由液压操作系统控制滑框翻模运行。

2. 模板系统　由特制圆弧形小模板、滑杆等组成。原有单块模板高1.2m，质量53kg，改造后单块

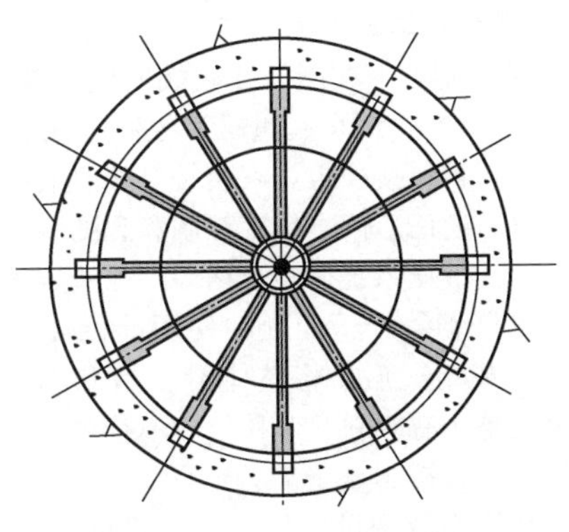

图2 主工作平台结构示意图

模板高0.3m，质量仅24kg，拼装后整套模板高3m，单仓浇筑高度可达2.5m以上。滑杆为模板支撑骨架，可保证浇筑时模板不变形，且由于滑杆圆弧面与模板接触，降低滑框翻模运行时的阻力。

3. 主工作平台　操作系统等设备放在主工作平台上，钢筋绑扎、混凝土入仓、振捣等作业都在该平台上完成。

4. 下料系统　由分料平台、旋转料斗、溜槽等组成。混凝土从溜槽进入分料平台，通过旋转料斗及均布的溜槽，使混凝土均匀入仓。系统改造时，把旋转料斗、溜槽设在分料平台以下，既方便操作，分料平台也可兼作施工平台，减轻主平台的压力。

5. 修补系统　加长原修补平台吊杆以适应模板高度，增加吊杆数量保证修补平台强度，将平台密封用以临时堆放模板及小型用具、材料等，使修补混凝土缺陷更安全、方便。

（三）竖井混凝土施工

1. 施工现场布置　两条竖井垂直段顶部都设有专门的提升系统供施工人员出入，滑框翻模部件、材料及设备等也由提升系统运输。竖井侧壁设两条溜管输送混凝土。溜管为$\phi$290mm×7mm钢管，总长460m，两端头用法兰螺栓连接，每10～15m布置1个缓冲器，缓冲器两端头可拆卸方便检修。竖井混凝土浇筑时拆除对应溜管。

2. 混凝土浇筑

（1）钢筋绑扎完成滑框翻模缓慢滑升就位，在滑升过程中以测量布设的中垂线为基准，通过局部爬升千斤顶异步行进逐步纠正滑框翻模偏移。一般1cm左右的偏差需要在爬升5m的距离中逐步纠正。

（2）班前全面检查12个爬升千斤顶及液压系统，如有损坏立即更换并修复。

（3）滑框翻模滑升就位后安装模板并进行校正，校正后模板边线偏差不超过4mm。浇筑完成9h以上，达到拆模条件后从下往上顺次拆除模板，模板拆除后即进行混凝土抹面。清理拆下的模板，并对其进行校正、修复并涂刷脱模剂。

（4）混凝土入仓后跟进插入式振捣器振捣，振捣器不能与模板、钢筋、爬杆等接触。

1号竖井滑框翻模浇筑混凝土8519m$^3$，其垂直段用时90d，比原竖井滑模提前1个半月。

（中国水利水电第十四工程局有限公司　郝　波）

## 长甸水电站改造工程竖井多孔滑模的设计与应用

长甸水电站改造工程闸门竖井由工作门竖井、检修门竖井和通气孔竖井组成，总深度98m，井口高程130m，井口设计开挖断面15m×17m。工作门和检修门竖井标准截面净空尺寸均为3.2m×9.8m，在高程42.9～48.2m处下游面有凸出墙面0.7m的胸墙，胸墙下部混凝土楔面斜度1∶3，胸墙上部混凝土楔面斜度1∶0.5。工作门和检修门竖井四角均有截面尺寸0.9m×0.6m的门槽二期混凝土。通气孔竖井截面净空尺寸始终为1m×3m，但在高程118.5～120.5m为1∶0.25往上游方向倾斜的斜井，其余部分为竖直井。

（一）模板方案选择及滑模设计思路

1. 方案选择　对竖井工程，若用组合钢模板则模板和脚手架投入量大、人工耗费多、效率低；井筒大钢模需占用起重设备和设置拉筋、支模和脱模需较大操作空间且脱模时混凝土需达一定强度，均不可取。经比较，选用连续性好，机械化程度高，方便拆装的滑模。

2. 滑模设计总体思路

（1）工作门井和检修门井滑模。两竖井结构和尺寸相同，四角有二期混凝土，下游面有约5m高胸墙。故模板设计以胸墙处截面结构为基准配置，每个井筒模板由四块平钢模、四块标准等边阴角钢模和两块异型不等边角钢模组成；有胸墙截面处模板由四块平钢模、两块标准等边阴角钢模和两块异型不等边阴角钢模组成；胸墙上、下部混凝土斜楔面用木模板，所有模板间采用螺栓连接。当工作门井和检修门井混凝土施工到胸墙以上标准截面时，将下游侧的两块异型不等边阴角钢模换成两块标准等边角钢模即可。

（2）通风井滑模。模板由四块平钢模和四块标准等边阴角钢模组成。施工到斜井段时，通过斜接头将滑模支撑杆倾斜，斜段滑升完再调整支撑杆使模板垂直上滑。

（二）滑模设计

滑模由以下各系统组成：

（1）模板系统：滑模面板为5mm厚Q235钢板，

横肋为10号热轧槽钢，竖肋为10号扁钢，模板高1.35m，覆盖4.5层（每层不大于0.3m）混凝土。井筒每面墙只设计1块钢模，四角各设计1块阴角模，两者用螺栓连接，定位销定位，芯带加固。模板组装后呈上口大、下口小的倒四棱锥状，便于脱模和提升。锥度大小用花篮螺杆调节，调节范围为2‰～5‰。

（2）支撑调节系统：包括模板支架、模板竖背楞和花篮螺杆支撑。模板支架和竖背楞均由型钢焊接而成，使模板有足够刚度承受混凝土侧压力，防止模板变形。花篮螺杆支撑由一对正反扣的丝杆和摇杆套筒组成，可调节模板沿竖向的斜度和对顶支撑模板。

（3）操作平台系统：由平台架、爬梯、栏杆和脚手板组成。系统分3层（见图1）。第1层分料平台在模板最上方，用作超前绑扎焊接墙体竖向钢筋、布置分料槽和溜槽系统、混凝土入仓；第2层中平台用来检修模板、绑扎水平钢筋、调整和拆卸倾斜度、平仓振捣混凝土，放置电焊机、激光扫平仪、液压系统控制台、配电箱，也是通往各井口的通道；第3层吊平台用于检查混凝土质量、修饰混凝土面和浇水养护。

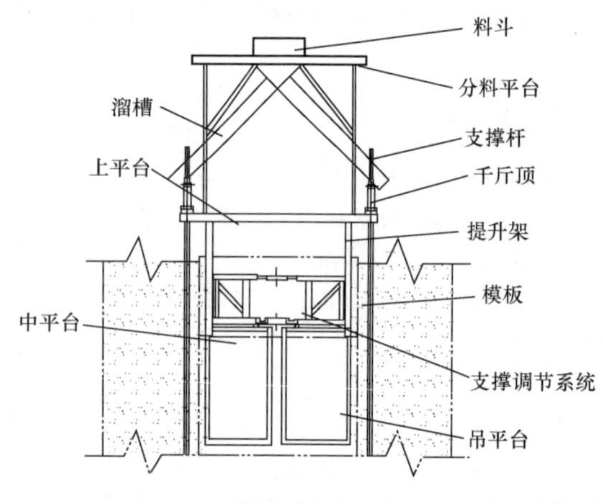


图1 滑模剖面示意图

（4）液压提升系统：由提升架、支撑杆、液压千斤顶和控制站、油路组成。提升架用作安装千斤顶、提升和吊挂模板。支撑杆用焊接钢管制作，第一批插入千斤顶的支撑杆长6、5.5、5、4.5、4m，确保相邻支撑杆的接头高度位置尽可能错开。千斤顶为GYI-60型滚珠穿心式液压千斤顶，容许起重荷载30kN，安装在提升架上。液压控制站为YKD-36型，它将液压油输入千斤顶，使其沿支撑杆爬升。油路是连接液压站与千斤顶的液压通路。

（5）施工精度控制系统：主要包括限位调平器、水准仪和激光铅直仪等。

（6）水电配套及防护系统：包括动力、照明、信号、通信及管路设施等。

（三）滑模施工工艺

1. 安装与调试　在闸门井底板上组装调试滑模，安装时配合1台8t汽车起重机。组装前用测量仪器定出控制点，再拼接模板，安装提升架、液压提升系统、水、电、通信、信号精度控制和观测装置，调整模板倾斜度。液压系统试验合格后，在液压千斤顶中间插入支撑杆钢管，千斤顶在使用前检修和清洗干净。检查安装情况后，将整体滑模提升10～20cm，再检测滑模是否有倾斜、偏移，如不符要求，立即调整使模板对齐各控制点。

滑模系统安装调试完成后，空载滑升至42m高程，搭设脚手架平台铺设底模。然后绑扎竖向钢筋和提升架横梁以下钢筋，安设预埋件、操作平台、栏杆和平台铺板。滑模安装后，在滑模结构各控制点挂上可变长的吊线，用于变形观测。

滑模系统滑升3～4m后，进行下部施工平台的吊装，铺设马道板，安全网封闭。

2. 模板的滑升　模板滑升分初滑、正常滑升和完成滑升三个阶段。

（1）初滑。滑模完成安装与调试后可浇筑混凝土。滑模时混凝土浇筑要连续，选用门机或塔机进行浇筑。混凝土强度达0.2MPa时，将滑模提升约20cm，拆除滑模底部下面的木枋，检查浇筑质量，抹平表面。在各参数达到要求后，进入正常滑升阶段。

（2）正常滑升。正常滑升中，两次提升的间隔时间不超过1h（一般0.5h），每次提升20cm。钢筋和钢管的长度不够时继续加长。滑模上升2～3m后，在滑模下部挂上吊平台架、脚手板和安全网。滑升时操作平台保持基本水平，相邻两个提升架上千斤顶的升差不大于2cm。滑模每滑升20～40cm，调平1次千斤顶。千斤顶的相对标高差不大于4cm。滑升中及时清理黏在模板上的砂浆，已硬结渣块不得落入模板内混凝土中；凡被油污染的钢筋和混凝土，及时清理干净。

（3）完成滑升。当模板滑升距竖井顶部标高1m左右时，放慢滑升速度，并准确抄平和找正，确保混凝土的浇筑质量、竖井顶部标高和位置的正确。

（四）竖井滑模效率和施工质量

长甸水电站改造工程闸门井、事故井和通风井滑模从安装到施工完成用时58天。其中滑模组装15天，正常滑升施工43天，日平均滑升2.09m，最高速度每天3m。

由于模板倾斜角度设计合理，提升时间控制精确，所以在抹面之前，混凝土表面未出现拉裂、气泡、麻面和明显错台等缺陷，抹面后井壁光滑平整，垂直度误差小于5cm。

（中国水利水电第六工程局有限公司　王卫治　陈曾伟）

# 泄水建筑物施工

## 白鹤滩水电站泄洪洞龙落尾开挖支护施工技术

白鹤滩水电站泄洪洞龙落尾的最大断面为17.1m×18m，龙落尾上接上平段，由渥奇曲线段、斜坡段、反弧段、下平段组成，每条泄洪洞布置3个掺气坎。其上覆岩体厚度为26～110m，穿过多层玄武岩、碎屑砂岩等微风化～新鲜岩体，断层平均发育密度约0.5条/10m。围岩以Ⅲ1类为主，Ⅱ类次之，少量Ⅲ2类，断层及影响带为Ⅳ类。

龙落尾施工难点是：开挖断面突变多，结构体形难控制；分多层单工作面开挖，开挖强度低；岩体破碎，开挖安全风险较大；通风距离较长，洞内通风排烟困难。

（一）施工布置

1. 施工通道　龙落尾有上、中、下3条施工支洞。上通道由泄洪洞上平段第Ⅰ层开挖支护完成后形成，用于渥奇曲线段及斜坡段部分洞段开挖支护；中通道为中部的2号施工支洞，用于斜坡段开挖支护；下通道从现有506号公路接入，用于反弧段开挖支护。支洞开挖断面均为8m×7m，城门洞形，最大纵坡8%，25cm厚C20混凝土硬化路面。

2. 风水电　风水管线沿施工通道布置。鉴于通风距离长、弯道多、通风散烟困难的情况，选用SD-Ⅱ-125、SD-Ⅱ-112及AVH180.132进口风机通风，风机布置在通道进洞口。

（二）施工技术

1. 施工分层及程序　龙落尾段是泄洪洞的关键项目，为此制定了合理的施工程序。

（1）施工分区与分层。在综合考虑施工通道布置、资源配置、工期要求等因素后，确定沿轴线方向分8个斜层开挖：即渥奇曲线段（Ⅰ、Ⅱ层）、斜坡段（Ⅲ、Ⅳ、Ⅴ层）、反弧段及下平段（Ⅵ、Ⅶ、Ⅷ层），断面分3层开挖（见图1）。

（2）施工程序。龙落尾上平段第一层开挖结束后，利用其作为施工通道，依次开挖渥奇曲线段Ⅰ、Ⅱ、Ⅲ层。Ⅲ层开挖结束后利用已开挖完成洞段作为通道开挖Ⅳ-1层，直至与中层施工支洞开挖工作面贯通。当中层支洞贯通后先向下游半幅开挖至Ⅲ层分层底板上，再向上游开挖Ⅲ层，直至与上平段工作面贯通。待下层施工支洞具备条件后，向下游开挖中导洞爬坡至Ⅵ层开挖分层底板上，先向出口方向将Ⅵ层开挖至出洞口，然后反向压顶向上游方向将Ⅵ层剩余部分开挖完成。Ⅵ层开挖结束后，一次开挖支洞下游侧Ⅶ、Ⅷ层。

2. 施工方案　龙落尾段在断面上分3层开挖支护，其爆破参数通过爆破试验确定。

（1）上层采用中导洞先行、两侧扩挖跟进、整体呈“品”字形推进，或分左右两幅开挖，YT28手风钻造孔，周边轮廓光面爆破。Ⅱ、Ⅲ类围岩进尺不大于3.5m，Ⅳ类及断层破碎段进尺不大于2m。其中曲线段开挖高度不断变化，每循环开挖均需测量桩号、高程并计算下一循环开挖尺寸。因中层开挖需用100Y型潜孔钻进行边墙预裂，故在边墙部位需预留25cm技术超挖值作为预裂钻孔的空间。系统支护及时跟进，锚喷采用三臂钻造孔、汽车吊配合人工插杆注浆、湿喷台车喷混凝土、型钢台车配合人工挂钢筋网。

（2）上层开挖支护结束、形成明挖临空面后，即可适时分工作面分段进行中层、保护层的开挖。中层

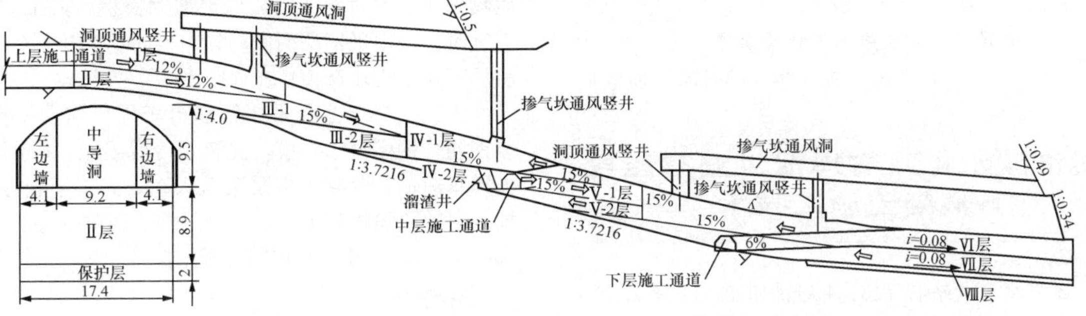


图1　泄洪洞龙落尾分层示意图（以3号龙落尾为例）

开挖用100Y型潜孔钻机进行边墙预裂钻孔、D7或CM351高风压钻机进行梯段爆破钻孔。梯段爆破循环进尺为8～11m，中层边墙预裂钻孔应超前梯段爆破2～3个循环形成流水作业以提高工效。掺气坎洞段需完成上层掺气坎槽挖后再进行中层开挖。

(3) 下层为底板保护层，厚2m，采用YT28气腿式风钻钻水平孔进行底板光面爆破。

（三）施工质量和安全控制措施

1. 施工质量控制要点

(1) 控制网测量用全站仪，周边光爆开孔点测放后，每间隔一个孔在开孔点后方4m处测放一个方向控制点，在起拱、顶拱中心部位增设一个方向控制点以确保造孔控制精度。握奇曲线段和反弧段，每个孔在开孔线后方2～3m处加密布置方向控制点。

(2) 造孔中控制好基准孔的上下方向与角度，后用"插杆"作为基准钻其他周边孔。测量两孔口的间距，并对比开孔钻杆与插入钻杆的距离，使两距离保持相等，以确保钻孔平行。用插杆法检查钻孔质量。对于中层边墙预裂孔，搭设潜孔钻样架控制钻孔角度。

(3) 周边孔用小药卷捆绑于竹片上间隔装药，插药入孔时竹片应靠洞室轮廓线一侧；爆破网络非电雷管段数应符合爆破设计要求，联网时雷管标签要外露以便检查。

(4) Ⅱ、Ⅲ类围岩系统支护滞后掌子面不大于30m，Ⅳ类围岩支护紧跟掌子面。锚杆孔用三臂钻造孔，锚杆长度大于等于4m时，沿长度方向每隔3m焊接对中支架。安装完成后用锚固剂严密封堵锚杆孔。预应力锚杆采用"二次注浆"施工。喷混凝土时喷嘴与受喷面基本垂直，并始终保持0.6～1m的距离。喷层终凝2h后，喷水养护，养护时间不得小于14d。

2. 安全措施 通过采用超前水平钻孔、红外线探水仪、地质雷达或直流电法等超前探测手段摸清掌子面前的围岩状况；采取超前锚杆、超前注浆小导管预加固围岩；做好现场巡视检查和洞室收敛监测工作；合理选择各爆破参数等措施，控制可能出现的安全问题。

（中国水利水电第五工程局有限公司 田 洪 康建荣 甄耀祖 杨 波 彭培龙）

## 溪洛渡水电站右岸泄洪洞有压段混凝土施工技术

溪洛渡水电站右岸3、4号泄洪洞均为有压接无压、洞内龙落尾形式。泄洪洞由进水塔、有压洞段、地下工作闸门室、无压洞段、龙落尾段、出口明渠段和挑坎等组成。3、4号泄洪洞轴线平行布置，中心间距为50m，隧洞全长分别为1433.549、1633.611m。

3、4号泄洪洞有压段衬砌断面为圆形（$R=7.5m$），两端设渐变段，流速为25m/s；均为全断面钢筋混凝土衬砌，衬砌厚度100cm或105cm（渐变段150cm）。

（一）施工难点及应对措施

1. 施工特点与难点 泄洪洞工程的特点是大断面、大流量、高流速，混凝土抗冲耐磨要求高、温控防裂难度大。大断面钢模台车和钢筋台车的设计、制作、安装、运行难度大；大流量、高流速，对混凝土抗冲耐磨、温控防裂、不平整度要求高，且要求接缝好、裂缝少、气泡小、表层密实。为达到温控要求，给底拱浇筑常态混凝土增加了难度。

2. 应对措施 针对结构物特点，为满足抗冲耐磨和温控防裂要求，采取以下措施：

(1) 分段长6～9m（平面转弯段9.46m），分缝线设在底拱100°处。采取优化配合比、减少水泥用量、多掺粉煤灰、降低水化热温升等措施，采用低坍落度常态混凝土。

(2) 模板采用低变形设计，增加附着式振捣设备，确保衬砌形体控制精度和振捣密实度、减少气泡；制作定型翻模板，在收仓线处加100mm×8mm的校直角钢，确保收仓线位置直线体形有效控制。

(3) 通过试验优化底拱翻模和刮轨工艺，改善翻模和抹面作业平台；采用螺栓连接内拉条和丝杆，并加工分段弧形围囹固定定型模板；采取固定套筒支撑刮轨钢筋，减少缺陷面积和深度，争取抹面时间，同时用全站仪复核刮轨钢筋高程和混凝土面的平整度。

（二）有压段混凝土施工方法

1. 施工工艺 底拱100°范围采用刮轨和翻模工艺，先底部、后两侧施工，并控制混凝土温升。底拱中部31.245°范围内不立模，人工平仓振捣，然后用刮尺按刮轨钢筋（用圆钢加工成设计体形）控制的设计结构线刮除超出的混凝土，再去掉刮轨钢筋人工压面收光。底拱两侧选用弧形定型钢模板，人工立模，浇筑时，采用平铺法两侧均匀布料同步上升，在初凝前从下往上逐步翻模后压面收光。

边顶拱260°范围采用钢筋台车提供作业平台安装钢筋，钢模台车立模，浇筑预冷混凝土，$6m^3$混凝土罐车运输，混凝土拖泵泵送入仓，人工平仓振捣，辅助附着式振捣器振捣，采用平铺法两侧分层（层厚50cm）均匀上升，并控制混凝土温升。

2. 模板

(1) 底拱模板。底拱翻模区使用定型钢模板，端头侧模采用木模板。将定型钢模板加工成弧形模板，单块模板规格 150cm×45cm（收仓线处加 100mm×8mm 的校直角钢），每 9m 仓共需 120 块。平面转弯段使用时，在 4.5m 位置加入楔形模板。

（2）边顶拱模板。边顶拱采用钢模台车，堵头模板用角钢夹木模板拼装。台车由组合式钢结构门架与钢结构模板组合而成，电动机驱动自行，利用液压油缸和螺旋千斤顶调整模板到位及脱模。

3. 混凝土温控措施　有压段衬砌混凝土为 C9040F150W8 混凝土，采用如下温控措施：

（1）选用中热硅酸盐水泥，尽可能采用低坍落度混凝土，并优化混凝土配合比。底拱和边顶拱混凝土均为二级配，配合比指标：底拱坍落度 70～90mm（常态）、粉煤灰掺量 30%、水泥 219kg；边顶拱坍落度 160～180mm（泵送）、粉煤灰掺量 30%、水泥 245kg。

（2）预埋冷却水管通水冷却降温措施。对底拱和边顶拱通制冷水冷却，制冷温度以混凝土温度与水温之差不大于 22℃进行控制，一般在 7～21℃。

冷却水站内设 1 台微机控制螺杆式冷却机组，提供 $100m^3/h$ 冷却循环水，水泵最大扬程为 50m。通水流量 $2m^3/h$，通水 15～21d，单仓底拱和边顶拱分别布置 1 根和 2 根冷却水管。冷却水管为 $\phi25$ PE 管，间距 1m，单根水管长度不大于 150m，顺水流方向蛇形布置。

底拱冷却水管埋设在混凝土中部，通过 $\phi5$ 竖向架立钢筋支撑（间排距 1m×1m）、水平架立筋固定（沿水管走向全程布置）。

边顶拱冷却水管埋设从分缝线上升 24cm 后开始铺设，布置在衬砌层厚的中部，通过 $\phi25$ 横向架立钢筋支撑（间排距 1m×1m）、水平架立筋活动连接固定（沿水管走向全程布置）。确保浇筑前将水管设在内层钢筋处，浇筑时移至中部，以利通水冷却。

底拱冷却水管从与边顶拱分缝位置引出，边顶拱冷却水管从端头施工缝处引出。

（3）由混凝土温控小组负责温控措施的实施和各项温控记录，分析温控数据并调整温控参数，特别是通水冷却参数。

（中国人民武装警察部队水电第三总队
林芳芳　成义娟　秦　洋）

## 登高设备在溪洛渡水电站右岸泄洪洞龙落尾段混凝土缺陷处理中的应用

溪洛渡水电站右岸泄洪洞龙落尾段为无压段与出口明渠间的衔接段，分别由上游缓坡段、渥奇曲线段、斜坡段、反弧段、下游缓坡段组成，其间布置有 1、2、3 号掺气坎，混凝土浇筑成型后底板坎高分别为 2.125、1.65、2.42m。龙落尾断面为圆拱直墙形，断面尺寸 14m×19m（宽×高）。出口明渠布置 4 号掺气坎，混凝土浇筑成型后底板坎高 1.8m。泄洪洞流道混凝土存在一些缺陷，4 号泄洪洞龙落尾段的缺陷采用登高设备进行修补。

### （一）登高设备、牵引系统及其布置

1. 曲臂式高处作业平台和牵引系统　660SJ 曲臂式高处作业平台移动方便快捷，但它只能在平地上作业。若要用它修补龙落尾斜坡段（坡度 22.46°）的边墙混凝土缺陷，需要解决其爬坡和水平作业平台问题。为此，采用 2 台 TS15-200 单台提升千斤顶配 $\phi15.24$ 钢绞线牵引爬行，其中 1 台为安全备用。另外，在其后端增设三角支撑平台以满足其水平作业要求。三角支撑平台用 2 台 27t 级液压千斤顶牵引及固定。

作业平台的技术参数：高度 20.32m，载重 227kg，水平伸展长度 17.3m，总宽 2.41m，自重 12519kg。660SJ 系列曲臂式高处作业平台所需最大牵引力为 70.76kN，经验算前述牵引设备的配置方案可行。

2. 牵引系统的布置

（1）在 4 号泄洪洞龙落尾上缓坡段第 59 仓底板中心线位置布置 TS15-200 单台提升千斤顶，2 台千斤顶前后间隔布置，间距大于 3m。

（2）固定端支座由 400mm×400mm 箱梁构成，箱梁长 80cm。箱梁上、下游间隔 20cm 设 $\phi28$ 锚筋锚固箱梁，锚筋伸入基岩、混凝土 3m，外露 0.6m，顶部弯折 0.2m 与箱型梁焊接。2 个固定端支座中心间隔 3m，同时在箱型梁上设 $\phi5$cm 穿索孔。箱梁支座锚筋承受水平方向预应力钢绞线拉力，箱型支座共设 $\phi28$ 锚筋 8 根，按最大牵引力 70.76kN 验算满足要求。

（3）牵引点设在 660SJ 曲臂式高处作业平台的前端，它由 200mm×220mm 箱型轨道梁、锚索夹具构成。箱型轨道梁采用不同厚度钢板焊接成铰耳插销式连接，主受力板厚 3cm、筋板厚 1cm。经验算，牵引点强度、连接销轴强度、活动销轴两侧钢板强度均满足要求。

（4）牵引钢绞线采用 $\phi15.24$ 钢绞线，自龙落尾掺气坎处至龙落尾上缓坡段，单根钢绞线下料长度约 370m。牵引时所需最大牵引力为 70.76kN，而 $\phi15.24$ 钢绞线最大破断拉力为 270kN，计算安全系数为 3.82，满足要求。

钢绞线由人工自龙落尾下平段牵引布设至龙落尾

上缓坡段支座处。在反弧段、斜坡段、渥奇曲线段及上缓坡段随机设托绳辊，托绳辊放置在底板上。同时，在1、2号掺气坎利用底板钢筋爬梯锚筋布置简易压绳装置，无法利用时在底板垂直面上增设锚筋焊接即可。

钢绞线上游端利用提升千斤顶锚固，下游端头利用设在自行高处作业平台的双锚索夹具进行锚固。

（二）作业平台辅助系统

作业平台辅助系统可使曲臂式高处作业平台处在水平状态下能在斜坡上作业。

1. 辅助系统结构　三角支撑平台框架由［10槽钢组成，其纵横间距为0.5m，中间增设［8槽钢斜撑及剪刀撑等。支撑平台面层长3.04m、中心线宽2.06m，车轮行走宽度0.6m。支撑平台面层设槽钢＋钢筋挡坎作限位装置，作业时曲臂处高空作业平台退滑至三角支撑平台上，使其始终处于水平状态进行作业。经验算，辅助系统的稳定性满足要求。

2. 过坎栈桥　曲臂式高处作业平台由4号泄洪洞出口使用大吨位吊机吊入明渠底板，自上至下爬行至3号掺气坎后挂牵引系统进行辅助牵引。跨掺气坎时布置过坎栈桥，栈桥由面层、支撑层及底板保护层、固定层构成。面层由P3015组合钢模板拼装而成，并在组合钢模板上按间距20cm铺设$\phi$32钢筋防滑条；支撑层由$\phi$48纵、横向钢管架构成；底板保护层由4根纵向［10槽钢构成，保护已浇底板混凝土面，同时便于支撑层在斜坡道上的稳固。

（三）使用登高设备的效果

溪洛渡水电站左岸泄洪洞龙落尾的缺陷处理采用传统排架搭设方式，投入了大量材料，耗费了大量人力。而右岸泄洪洞使用660SJ曲臂式高处作业平台修补陡坡段混凝土缺陷，实现了施工机械化，且安全可靠，保证了节点工期，投入劳动力不到左岸的一半，不仅成本大大降低，也提高了施工效率。

（中国人民武装警察部队水电第七支队　孙宪国
中国人民武装警察部队水电第三总队　林芳芳）

## 杨房沟水电站导流隧洞变质粉砂岩洞段加强支护施工

杨房沟水电站右岸平行布置两条导流洞（1号和2号），中心距45m，城门洞形，进出口高程分别为1985、1981m，过流断面13m×16m（宽×高），开挖断面（14.9～21.18）m×（15.75～21.15）m。1号洞靠江布置，长716.04m，2号洞靠山布置，长831.56m。

两条隧洞均通过变质粉砂岩与花岗闪长岩接触带，其中1号洞进口桩号0＋0～0＋280和2号洞进口桩号0＋0～0＋380均为变质粉砂岩，且围岩以Ⅲ、Ⅳ类为主，少量Ⅴ类；其余洞段为Ⅱ、Ⅲ类花岗闪长岩。导流隧洞初期支护根据围岩类别的不同，主要设计为锚杆、挂网、喷混凝土、钢筋格栅、钢拱架等组合；永久支护为全断面钢筋混凝土衬砌。

1. 开挖支护施工情况　导流隧洞开挖从上至下分3层施工：第Ⅰ层为隧洞顶拱开挖，第Ⅱ层为隧洞中层开挖，第Ⅲ层为底部保护层开挖，支护跟进开挖进行。

1号和2号导流洞均在第Ⅰ层开挖后发现变质粉砂岩段局部夹炭质板岩，岩体局部炭化严重，呈微风化—弱风化，走向与洞轴线夹角为0°～20°，层理面扭曲，间距5～30cm，节理发育，主要为闭合—微张，平直光滑，断续延伸较长，受层理与零星节理面影响，洞室边墙及拱肩多处产生小掉块及坍塌，稳定性差。

按设计要求，在变质粉砂岩夹炭质板岩洞段第Ⅰ层开挖时采用$\phi$28长6m超前锚杆＋I20a钢拱架＋挂设$\phi$6.5钢筋网片＋$\phi$28系统砂浆锚杆＋15cm厚的C25喷混凝土联合支护。但施工中发现，在第Ⅱ、Ⅲ层洞挖后、支护前，顶拱已安装的钢拱架拱脚易悬空，承重钢拱架应力变化很大的，易导致上层边墙和顶拱坍塌，存在较大的安全隐患。

2. 加强支护方案　方案为：1号洞0＋0～0＋210、0＋300～0＋315及2号洞0＋0～0＋160、0＋387～0＋402的变质粉砂岩洞段，在第Ⅰ层开挖面距底板1m（原设计锚筋束上方1m）处增设3$\phi$28长9m锚筋束，并与下层锚筋束间隔布置，顺洞身水流方向间距为2m、下倾15°；锚筋束沿洞身水流方向布设4根$\phi$25钢筋与支护工字钢架焊接牢固，间距10cm，竖向布置$\phi$20@25cm连接筋形成钢筋网片；浇筑70cm高C25混凝土形成锚筋束锁定梁（见图1），对变质粉砂岩洞段第Ⅰ层支护钢拱架起锁定作用，可防止其拱顶及拱架失稳。

3. 锚筋束框架梁施工　施工程序及方法如下：

（1）锚筋束孔位距工字钢外边缘50cm，距第Ⅰ层底部1m，由测量人员精确放样孔位。

（2）锚筋束钻孔用D7钻机，孔深8.6m，孔径$\phi$90，间距2m，锚筋束外露混凝土梁面15cm。孔深可根据开挖面情况适当调整。锚筋束预埋灌浆管和排气管，用M20砂浆封孔，先插锚筋束后注浆。

（3）人工清除钢拱架表面（锚筋束位置向下25cm，向上45cm范围）的喷混凝土。

（4）铺设4$\phi$25@10cm（锚筋束上3根、下1根）横向连接钢筋，钢筋与工字钢表面焊接，钢筋间连接为搭焊。竖向采用$\phi$20@25cm钢筋连接。

（5）使用P3015和P1015钢模板及木模板，拉杆用$\phi$12钢筋内拉，与连接筋和工字钢焊接，模板外

部纵向和底部用 $\phi$28 或 $\phi$25 钢筋，横向用钢管做围檩，钢模间用 U 形卡锁住。

（6）混凝土用罐车运输，溜槽入仓，软轴振捣器振捣，确保混凝土条带填充密实。

（7）第Ⅱ、Ⅲ层开挖中，观测钢拱架的变形，出现异常时，人员设备及时撤离。

（中国水利水电第七工程局有限公司 边 波 黄艳梅）

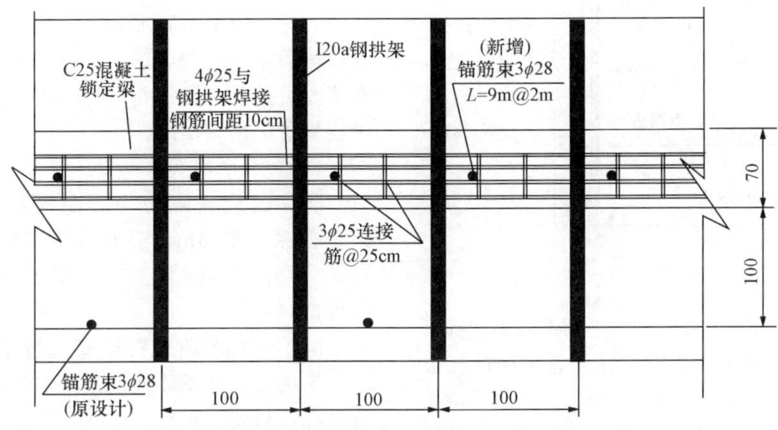


图 1 锚筋束框架梁纵向立面图（单位：cm）

# 基 础 处 理

## 锦屏一、二级水电站浅层灌浆施工

锦屏一、二级水电站工程地质条件复杂，基础处理工程量为国内类似工程之最。施工中，灌后不满足声波检测标准的孔口段较多。经对灌浆采用的机具、材料、方法进行改进，使灌后孔口段声波检测合格率不断提高。浅层灌浆施工情况如下：

（一）坝基固结灌浆孔口段施工

锦屏一级水电站坝基固结灌浆先进行无盖重灌浆，后进行孔口段 0～5m 加强灌浆，陡坡坝段进行的是引管灌浆。

1. 无盖重灌浆　灌浆压力小，灌后较灌前改善不大。普通的灌浆塞长度为 1.2～1.5m，灌浆在 0～1.5m 范围内会出现盲区。从锦屏一级水电站坝基固结灌浆 9～11 号坝段灌后 11 个检查孔的检查情况看，孔口段（0～5m）的声波检测均为不合格。

以不合格检查孔为中心，按 9m×9m 为一个单元布置三序补强灌浆孔，进行补强处理。经补强灌浆后，不合格孔均满足设计要求。

2. 有盖重灌浆　河床坝段固结灌浆完成后，根据混凝土间歇期进行有盖重固结灌浆。若灌浆塞卡在混凝土与基岩接触面以下，则该接触面灌浆效果不能得到保证；若灌浆塞卡在该接触面以上，虽该接触面灌浆效果能得到保证，但高压力作用下易发生有害抬动。

3. 引管固结灌浆　在陡坡坝段固结灌浆完成后，根据混凝土间歇期进行引管固结灌浆。“单管单引”时，采用纯压式灌浆；“双管双引”时，采用循环式灌浆（见图 1 和图 2）。

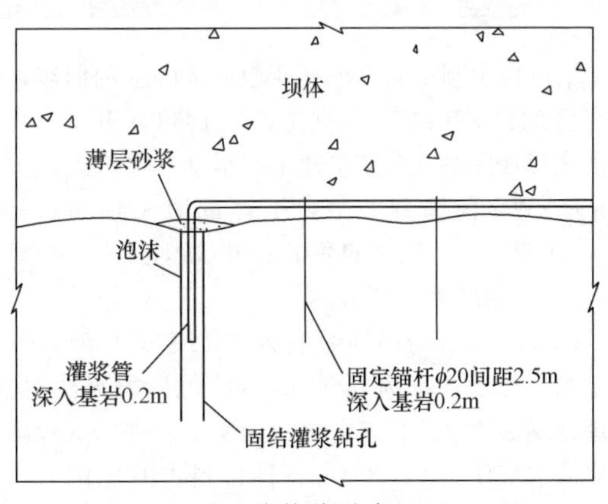


图 1 单管单引布置图

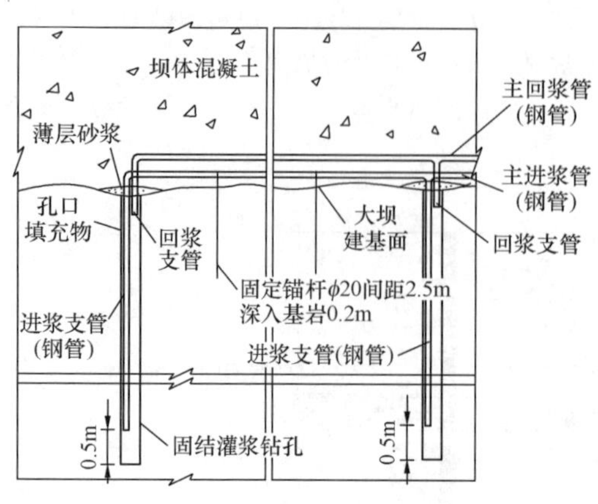


图2 双管双引布置图

单管单引的引管布置和灌浆方式不利于渗水和稀浆排除，对灌浆孔封孔质量有影响，且普通水泥单耗极小、可灌性较差。坝基浅表 0～5m 是拱坝的重要持力层，同时该段引管固结灌浆还兼作大坝与基岩面侧的接触灌浆，故调整为双管双引布置，灌注湿磨细水泥。

（二）深孔帷幕灌浆中的孔口段施工

锦屏一级水电站已施工的部分坝段孔口段 5m 范围内段灌后声波多数不满足设计要求，其表现为：①使用普通灌浆塞灌浆 0～1.5m 范围内会出现盲区；②灌后较灌前改善不大；③混凝土与基岩接触面灌浆效果不能得到保证或极易发生抬动破坏。

为此改进了孔口段的灌浆工艺：孔口段 0～5m 改用胶球塞（4 个胶球长约 50cm），减小盲区范围；孔口段灌浆分 2 段，第 1 段 0～2m，第 2 段 2～5m。在待凝后扩孔并镶铸孔口管。该工艺在后期帷幕灌浆中得到了应用及推广。

（三）引水隧洞松动圈防渗固结灌浆施工

防渗固结灌浆均为隧洞松动圈的浅孔固结灌浆，孔深一般 6m，灌浆压力 6MPa，防渗标准为 1Lu。采用固结灌浆工艺，要求达到帷幕灌浆的防渗标准。

施工中对循环式机械塞进行了改进设计（见图 3）。采用改进型循环式机械塞进行灌浆，无需预埋钢管和孔口封闭的钢材，可减少气囊塞的数量，节省成本约 1200 万元，也免去了孔口封闭灌浆法的待凝等工序，提高了钻灌工效。改进型循环式机械塞在锦屏二级水电站 1、2 号引水隧洞全面应用，并提前完成了灌浆施工任务。

（中国水利水电第七工程局有限公司 般国权）

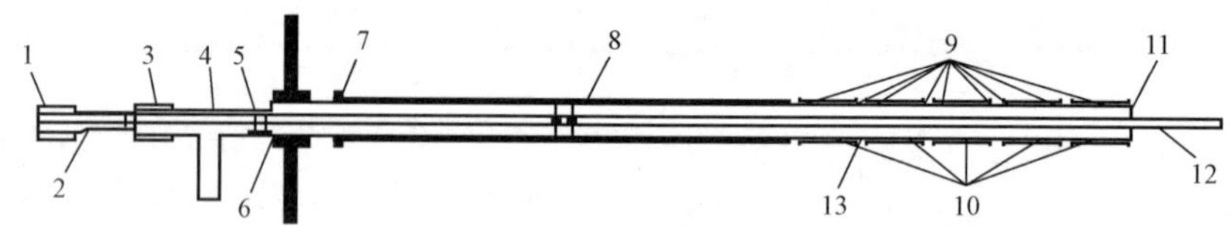


图3 改进型循环式机械塞示意图

1—浆管接头螺栓；2—快速接头；3—螺纹螺栓；4—三通管；5—螺栓管；6—加力螺帽；7—传力轴承；8—外管；9—撞压平衡板；10—膨胀胶球；11—固定螺帽；12—内管；13—传力支架

## GIN 灌浆法在塔贝拉四期扩建项目中的应用

塔贝拉水利枢纽是巴基斯坦最大的水利枢纽，装机容量 347.8 万 kW。一期工程于 1968 年开工，1976 年正式蓄水发电。四期扩建工程增加三台机组，扩容 141 万 kW，使原有电站装机容量增大到 488.8 万 kW。四期扩建工程中的灌浆采用 GIN 法。

（一）稳定浆液配比

GIN 灌浆法使用的浆液为水泥稳定浆液。合同要求水泥比表面积为 5000cm$^2$/g，但厂家无法提供，监理建议掺加水泥量三分之一的矿渣。现场试验确定的浆液水灰比为 0.7∶1，各种材料占的比例为：抗硫酸盐水泥 75%，矿渣 25%，减水剂 0.6%，膨胀剂 1%，膨润土 2%。

（二）灌浆参数

固结灌浆孔深有 30m 和 12m 两种。根据设计要求，6m 为一段，在不发生塌孔等异常情况下自下而上分段卡塞灌浆。根据现场灌浆试验及同类工程经验，30m 灌浆孔的 GIN 值为 2000bar·kg/m，最大限制压力 $P_{max}$=20bar（1bar=0.1MPa），最大限制单耗 $V_{max}$ = 500kg/m；12m 灌浆孔的 GIN 值为 1000bar·kg/m，最大限制压力 $P_{max}$=12bar，最大限制单耗 $V_{max}$=500kg/m。

（三）过程控制与结束标准

1. 过程控制　GIN 灌浆中，除浆液、过程控制、结束标准三者与传统灌浆法不同外，钻孔、冲洗、质量检验等基本一致。GIN 灌浆主要工艺流程：施工准备→钻孔→灌浆→灌浆结束并封孔。施工准备包括确定浆液配比、灌浆参数、施工方案等。

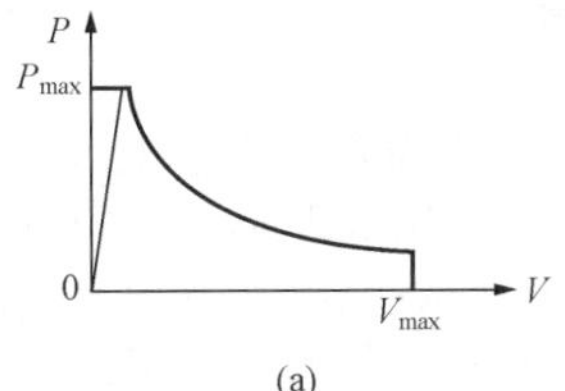

(a)

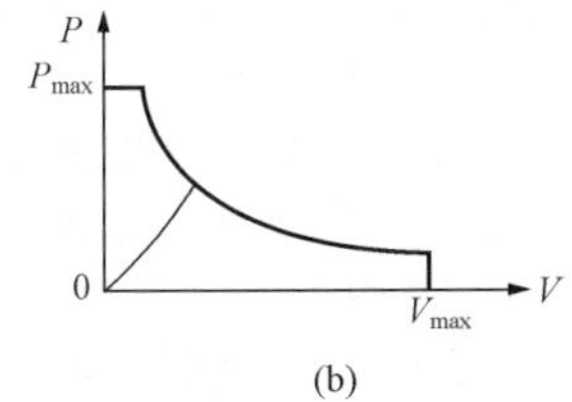

(b)

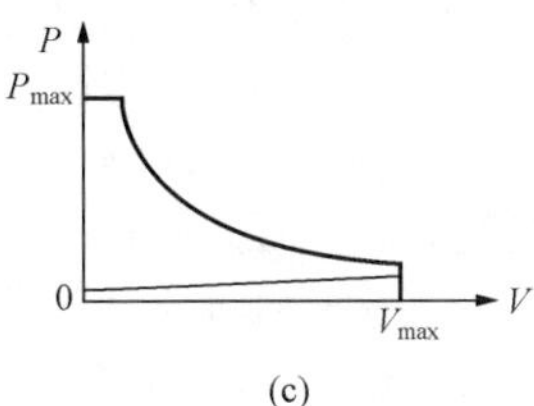

(c)

图 1 GIN 灌浆典型过程曲线

在灌浆中为防止流量和压力变化过快造成水力劈裂、地表抬动等破坏，对压力变化过程，主要是升压过程作了限制。升压控制方案：流量 0～5L/min 时，升压标准为 0.20MPa/min；流量 5～10L/min，升压标准为 0.15MPa/min；流量 10～20L/min，升压标准为 0.10MPa/min；流量大于 20L/min 时，保持灌浆压力不变。降压操作大致沿 GIN 包络线即可。

2. 结束标准 结束标准与 GIN 包络线相交位置有关。达到最大灌浆压力 $P_{max}$ 时［见图 1 中（a)］，保持最大灌浆压力，直到注入率小于 1L/min，然后持续 5min，结束灌浆；达到 GIN 限制曲线时［见图 1 中（b)］，通过调整压力顺曲线下滑，直到注入率小于 1L/min，然后持续 10min 结束，或达到最大灌浆单耗结束；达到最大灌浆单耗 $P_{max}$［见图 1 中（c)］时，直接线束灌浆。

（四）机械设备

主要灌浆设备有：XY-2 型地质钻机 4 台，YXZ-10A 潜孔钻机 8 台，HT-VI-G 记录仪 4 台，ZJ-400 高速搅拌机 8 台，NJ-600 储浆搅拌机 8 台，3SNS 中压灌浆泵 8 台，单级离心泵 6 台，电动空压机 1 台。

（五）工程效果

在施工过程抽查中，灌浆质量合格率 100%。截至 2016 年 8 月 10 日，固结灌浆工程总钻孔量 32893.40m，总灌浆量 1075.52t。固结灌浆产值 1090 万元，盈利 130.8 万元。取得了良好的经济效益。GIN 灌浆法是对浆液扩散范围进行严格控制的灌浆方法，较传统灌浆方法具有施工速度快、节约材料、施工简单的优点。

（中国水利水电第七工程局有限公司 吴言聪）

## 沙湾水电站深厚覆盖层水下帷幕灌浆施工

沙湾水电站自 2010 年投产发电以来，1、2 号泄洪冲砂闸闸室结构始终处于沉降变形状态，下游海漫段有 20 多处涌水点，且有细砂带出；累计最大沉降值达 180.7mm，1、2 号弧门出现卡阻。经分析认为 1～2 号闸原防渗墙体可能有较大缺陷，存在渗漏通道并带走闸基细颗粒，从而产生沉降和渗漏。为此曾对闸基进行固结灌浆，但灌后闸门仍持续沉降，沉降量并未减少。故在原 1、2 号闸防渗墙上游，对原墙体缺陷部位进行帷幕灌浆。

（一）工程施工难点

帷幕灌浆部位在水库 17m 深水中，属非常规作业范围；在河床上镶嵌孔口管，且距防渗墙只有 50cm，动水下作业难度大；漂卵石地层中水下钻孔孔斜控制难度大；地层连通性好，耗浆量很大，封堵通道难。

（二）应对措施

1. 钢结构灌浆平台 经结构受力计算，钢结构平台作业的荷载值不超过 20kN/m² 为安全允许范围。平台采用型钢焊接拼装，制作安装工程量 365t，顶面高程 433.5m，长 45m，宽 18m，高 17m。钢结构平台较砂砾石填筑平台节约 164 万元，灌浆可实现旱地施工，也可确保其可控和精细化，且不影响电站的正常运行，不会给电站带来发电损失。

2. 水下灌浆孔口管的安装

（1）钻孔定位：采用下设灌浆定位管给钻孔定位。定位管为无缝钢管，分三排下设，下游排管外径 140mm，壁厚 5mm，上游排与中间排管外径 180mm，壁厚 6.5mm。为保证定位管的垂直度，安装上、下两层定位桁架（10cm×5cm×0.5cm 矩管加工焊接而成），上层设在钢结构施工平台上（433.5m 高程），下层设在 430m 高程。安设时用吊锤校正，确保上下层定位桁架一致。定位桁架焊接固定后，按下游排、中间排和上游排的次序分别用 50t 起重机下设定位管，并固定在两层定位桁架上，将它们的底部连接成一整体。

（2）孔口管镶铸：下游排定位导向管（$\phi$140mm）下设至孔底座实，用 $\phi$110mm 钻头开孔，下设 $\phi$108mm 长 21.5m 孔口管（无缝钢管，丝扣连接），嵌入覆盖层 4m。定位管固定后，用地质钻机、$\phi$76mm 钻头钻入覆盖层 1m，使用浓浆灌注，封固定位管。再按第 2 段 1m，第 3 段 2m 进行灌浆，待覆盖层上部 4m 灌浆后，下设孔口管（深 3～4m）至预定深度，再灌浆固定完成孔口管镶铸。

上游排和中间排孔采取套阀管灌浆工艺。将

$\phi$180mm定位管下至孔底座实，并固定在定位架预定位置上。钻孔采用YGL-150A型履带式工程钻机跟套管（$\phi$146mm无缝钢管，丝扣连接）钻进，再下设$\phi$89mm套阀管进行自下而上灌浆。

3. 钻孔孔斜控制　帷幕灌浆布置三排孔，其中下游排距防渗墙只有50cm。为避免钻孔对混凝土防渗墙及混凝土导墙的破坏，需控制好钻孔孔斜。采取的主要措施为：

（1）钻机底部垫5cm厚木板，确保作业面坚实、平稳。钻机安装水平、稳固，立轴方向和倾角符合设计要求。钻机钻杆对准孔位中心后，调整立轴处于垂直，偏斜不大于2‰。

（2）根据地层特点确定钻进参数，选择钻进方法。开孔时减压慢转，钻进一定深度后（0.3～0.5m）轻压慢转。钻进中随时校核和调整立轴的角度。严控孔深20m以内的偏差。

（3）钻进中经常检查钻机的稳固情况和立轴的铅垂度，并结合测斜成果采取加长粗径钻具、适当控制钻进参数等措施防止钻孔偏斜超标。

（4）在裂隙发育、岩脉穿插的地层，钻孔易偏斜，钻进时调整钻速，不宜过快。

（5）及时跟进孔斜测量，了解钻孔轨迹。采用STL-1GW型无线有储式数字陀螺测斜仪测定孔斜。每5m测孔斜1次。发现孔斜偏差超过规定时，及时采取纠偏措施。

采取以上措施解决了孔斜问题。施工中钻到混凝土，是防渗墙塌孔超浇部位的混凝土。

4. 覆盖层水下灌浆工艺与措施

（1）针对覆盖层渗漏通道多、灌浆耗量大、不易结束的情况，采用多种灌浆材料和工艺。灌注浆液有纯水泥浆液、混合稳定浆液、膏状浆液、砂浆及抗冲膏状浆液等。灌浆工艺包括自上而下循环（下游排采用）、套阀管法（上游排和中间排采用）等。

（2）在严重架空地层，存在动水，耗浆量大，进行控制性灌浆。下游排Ⅰ序孔成孔困难，单耗大，采取浓浆间歇灌注、限量待凝，添加速凝剂水玻璃和调凝剂，缩短浆液初凝时间；耗浆量特大的孔段另加絮凝剂，增加浆液黏度，增大浆液的抗冲性。Ⅰ序孔灌后，Ⅱ序孔成孔明显改善，复灌次数大为减少。后期上游排和中间排孔单位注入量明显减少。

（三）灌浆成果分析与灌浆效果

1. 灌浆成果　下游排灌浆先施工，耗浆量最大，单位注入量均值随灌序增加呈明显递减规律：Ⅰ、Ⅱ、Ⅲ序孔分别为4373.33、2619.11、914.55kg/m。Ⅱ序孔比Ⅰ序孔递减50.4%，Ⅲ序孔比Ⅱ序孔递减54.2%。下游排帷幕灌浆平均注入率为2262.12kg/m，上、中、下游三排帷幕灌浆孔整体平均单耗1113.9kg/m。随着孔序递增灌浆量递减明显，符合规律。

2. 灌浆效果　共布置11个检查孔，覆盖层部位做注水试验、基岩做压水试验，注水渗透系数最大值$8\times10^{-5}$cm/s，压水试验最大透水率为5.32Lu，满足设计要求。灌浆后1、2号泄洪冲砂闸坝后原5个涌水点全部消失，灌前坝后海漫量水堰观测流量0.221$m^3$/s，灌浆后期量水堰已经断流，灌浆效果良好。

（中国水电基础局有限公司
石　峰　李中华　罗庆松　张石生　夏修文）

## 龙开口水电站深槽上游防渗墙嵌岩成槽方法

（一）概况

金沙江龙开口水电站在河床覆盖层钻探时发现11号坝段（溢流坝段）存在深槽，其覆盖层厚度超过19m，明显深于原1184.00m建基面高程，超出设计预期。

拟对深槽采取钢筋混凝土板洞挖全置换处理，上部坝体施工与深槽处理同时进行。即在坝基设置跨深槽的13m厚钢筋混凝土承载板，宽度20～35m，下游延伸出坝面10m。为确保承载板下部砂卵砾石层开挖在干地进行，并综合考虑深槽上游防渗、边坡支护和上游围堰渗水抽排的需要，在坝前设防渗体。防渗体为“井”字结构，由深槽上游横河向设2道1.2m厚钢筋混凝土防渗墙，与上、下游防渗墙间顺河向设置的2道1.2m厚8m高钢筋混凝土支撑墩组成，防渗墙嵌入基岩2m，底部入岩3m。

防渗墙施工区深槽形态呈不对称“U”形，岩壁局部存在倒悬现象。基岩为二叠系上统玄武岩组（P2β）呈暗灰、灰紫色致密块状玄武岩，局部含少量杏仁，致密块状构造，微风化，无断层等结构面发育，回弹值$R_a$=50～60，$V_p$=5000～5000m/s。根据地质剖面揭示，深槽内覆盖层中砾石层20%、卵石层60%、漂石层20%。

龙开口水电站河床深槽嵌岩成槽是防渗墙施工的关键问题。

（二）防渗墙嵌岩成槽工艺

1. 施工机具　虽造孔最深才35.5m，但因地质条件和成墙的要求，只能采用钻劈法成槽工艺。即槽段先用冲击钻机钻进主孔至设计孔深，再劈打副孔，直至要求的深度。考虑到墙厚与岩体的硬度，造孔选择CZ-5型冲击钻机，钻头选用3t十字钻、5t平底钻。

2. 槽段划分　槽段划分为Ⅰ期和Ⅱ期（见图1），

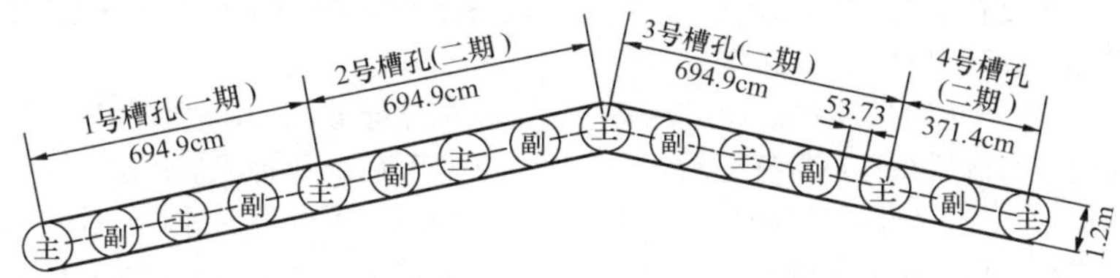


图 1 深槽防渗墙槽段划分示意图

一期先造孔浇筑混凝土成墙后施工，二期槽段连接为“接头管法”。防渗墙施工平台高程 1194.5m。

3. 造孔前准备 深槽侧壁基岩形态复杂，起伏大，存在倒悬现象（最大倒悬水平距离 5.6m）。在冲击钻嵌岩造孔中存在滑偏、孔斜难纠偏、钢筋笼下设不到位等问题，易造成质量事故。为此，在防渗墙造孔前，用 CM-315 潜孔钻机在深槽两侧嵌岩的槽段打梅花孔。

梅花孔按排距 0.6m、孔距 0.5m 布设，孔径 $\phi$110mm、入岩 3m。中间槽段的覆盖层中含孤石及漂石，在槽段中心线按孔距 0.5m 布设，孔径 $\phi$110mm、入岩 3m。梅花孔施工时下游辅助固结灌浆还没完成，不允许爆破，无法进行“预爆破”。故钻孔完成后用黏土球填满钻孔，以防冲击钻造孔时钻渣填实梅花孔。梅花孔可破碎岩石，降低冲击钻的凿岩难度。

4. 造孔成槽施工 虽深槽两侧岩体的完整性被破坏，但其硬度高，为防止防渗墙造孔中钻头打溜，Ⅰ期槽未浇筑前Ⅱ期槽不得施工；槽段端部主孔未入底部基岩前中间主孔不得施工。

造孔使用优质膨润土浆固壁，十字钻头与平底钻头配合使用。钻机固定稳固，控制好嵌岩主孔钻进速度，每 2m 测一次孔斜。发生超标偏斜及时修正。嵌岩槽段劈副孔时“平打”，避免出现片状岩体小墙无法劈打成槽。

5. 特殊情况的预防与处理

（1）漏浆：深槽覆盖层较松散，砂砾石、大漂石中存在架空现象，钻进中有少量漏浆。处理时向孔底投放黏土、水泥、砂石、黏土球等，用钻头捣实并挤入漏浆通道。

（2）卡钻：钻进中极谨慎，需及时补焊钻头，避免钻头直径变化过大。钻头卡在槽孔内的情况只现出过一次。用反冲击再下加重杆振动的方法处理卡钻问题。

（3）孔斜：钻进时要开好孔，轻重适当，勤放绳、少放绳，使钻头能左右旋转。在钻凿右岸嵌岩槽段主孔时，因岩体内局部含杏仁状致密块状构造，使孔内上游 18m 位置凸出约 20cm 的光滑岩壁，严重影响孔斜、妨碍钢筋笼下设安装。为此先后采取回填坚硬块石和高标号混凝土重打修正均未成功；在槽孔内钻孔爆破，但岩体坚硬光滑，即使套管固定也不能在该部位钻进成孔。最终在凸出部位的槽孔壁外 15cm 处用潜孔钻机钻孔，孔深 18.5m，下爆炸物至孔内 18m 深，将凸出岩体临空爆破清除。

（三）施工效果

龙开口水电站深槽上游防渗墙施工顺利完成，嵌岩槽孔在保证孔斜的情况下钻凿工效达 0.8～1.0m/台班，比未打梅花孔的基岩钻凿工效高 1 倍多。成槽后所有槽段的钢筋笼均一次下设成功，水下混凝土浇筑顺利。

（中国水电基础局有限公司 胡 斌 黄晓勇）

## 溧阳抽水蓄能电站压力钢管灌浆采用新型灌浆管

溧阳抽水蓄能电站引水岔洞段压力钢管为 800MPa 高强钢。大岔管钢板厚 56～60mm，主管直径 7m，支管直径 5.7m，分岔角 70°，岔管外形尺寸 12170mm×8050mm×13334mm（长×宽×高，裤衩开口），重 245t。小岔管钢板厚 42～46mm，主管直径 5.7m，支管直径 4m，分岔角 70°，岔管外形尺寸 12387mm×6554mm×13817mm（长×宽×高，裤衩开口），重 159t。在岔洞高强钢压力钢管回填和接触灌浆中，采用国内先进的“全断面出浆、可重复式”新型灌浆管代替传统刚性出浆盒。

“全断面、可重复式”灌浆管主要采用高级塑料为主材，外径 38mm，内径 22mm，具有良好的柔韧性；内心骨架设为螺旋体形状，在管体上均匀设有四排出浆孔（交错布置），外层设有起单向开关作用的发泡材料。该新型灌浆管可全断面出浆，并均匀地注入混凝土与基岩或金属结构之间的缝隙中，浆液不倒流、可重复多次灌浆，灌浆效果好；工艺操作简便，材料价格低廉。

回填灌浆管埋设在压力钢管安装之前进行，接触灌浆管在压力钢管安装之后进行。按混凝土回填的区段分区将灌浆管路引至混凝土浇筑区外。灌浆单元内采用可重复式灌浆管，引管采用 PVC 管与灌浆管相连形成灌浆回路。混凝土强度达到设计要求后进行灌浆施工。回填灌浆管路布设在喷混凝土层表面上，接触灌浆管路布设在钢管底部，利用金属固定夹（每25cm一个）固定于C25混凝土喷层支护表面或钢管上。灌浆管、回浆管安装完成后在管口做好标示，在混凝土浇筑中由专人保护，确保管路不受损坏。灌浆前后均要采用通水（或压力风）对灌浆管检查，确保管路通常。

溧阳抽水蓄能电站引水岔洞钢管回填和接触灌浆，采用“全断面出浆、可重复式”新型灌浆管，效果较好，灌后质量满足设计及工程运行安全需求，避免了在高强钢上开孔的弊端，提高了岔洞钢管的整体安全性。

（中国水利水电第三工程局有限公司　张　兵）

## 苏丹上阿特巴拉项目软弱地基振冲处理技术

（一）概况

苏丹上阿特巴拉大坝枢纽工程位于苏丹、埃塞俄比亚和厄立特里亚三国交界处，主要由上阿特巴拉河上的鲁美拉（Rumela）大坝及塞体提河上的波大那（Burdana）大坝组成，中间由连接渠连接，最终在上游形成一个连通的大水库。枢纽主要功能为灌溉、供水，兼顾发电，总装机32万kW；水库库容30亿$m^3$，可为700万人口解决灌溉用水，给300万人口提供饮用水保障和上百万人提供电力供应，苏丹1/3的人口将因此直接受益。

鲁美拉大坝全长6348.28m，从左到右为左岸土堤、左岸心墙坝、左岸灌溉取水口、溢流坝、河床心墙坝、进水口和厂房、右岸心墙坝、右岸土堤。其中河床心墙坝长425.28m，最大填筑高度50.8m，其左侧与溢流坝混凝土结构相接，右侧与进水口混凝土结构相接。

上阿特巴拉河床基坑沿坝轴线宽约130m，沿河流方向长约249.36m。河床段地层自上而下依次为粉土质砂、粉砂、粉土质砂夹砾石、粉砂夹砾石等。在平面上，河床右侧分布有高塑性黏土夹砂、砂质粉土和基岩，河床中间有局部砂砾石，大部分为粉土质砂，河床左侧分布有约16m宽的基岩。

根据勘察及静力触探结果，振冲处理主要是河床中间粉土质砂区域。河床基岩埋深大，选用振冲处理地基能有效减小开挖量，提高地基承载力，从而缩短工期。

（二）河床振冲处理程序

河床振冲处理程序为河床截流、涵管导流→基坑抽排水→开挖基坑→基坑排水→振冲前基础排水验收→振冲试验→CPT检测→振冲施工→CPT检测→振冲后地基验收。

河床导截流后，先在基坑内抽排水，待水位降至一定高程后，开始坝基开挖，同时继续进行经常性抽水，使地下水位至少低于设计基础面4m。

开挖出足够大的基础面后即可进行振冲试验，以确定振冲施工参数。为加快施工进度，开挖与振冲同时进行。每开挖出2个单元块（24m×24m）面积后，即可振冲施工。

（三）振冲施工

1. 振冲器　使用DIU南非分包商的专用设备RIC-9000，以及施工操作手及管理人员。RIC-9000的设备参数：质量9000kg，最大冲击能量106kN·m，额定能量下的冲击速率35～45次/min，工作压力27MPa，水流量220～250L/min。

2. 振冲场地及施工步骤　振冲施工分单元块进行，每块24m×24m。振冲前平整场地，再铺一层65cm砂砾石料（填筑大坝的2a料）并整平，用19t平碾振动碾压6遍。

振冲施工的主要步骤：振前静力触探试验；按照振冲试验确定的施工参数，对河床地基分块振冲；单元块振冲后，再做静力触探试验，检验地基承载力是否满足要求。振冲施工从上游往下游方向进行，每两个单元块做一次CPT试验。

3. 振冲作业　根据振冲试验确定的参数，在单元块内分三序（见图1）振冲作业。第一序完成后，用2a料回填振冲孔，并用19t平碾静碾4遍。第二序完成后作业同第一序。第三序完成后，回填振冲孔用推土机整平场地，19t平碾静碾6遍。

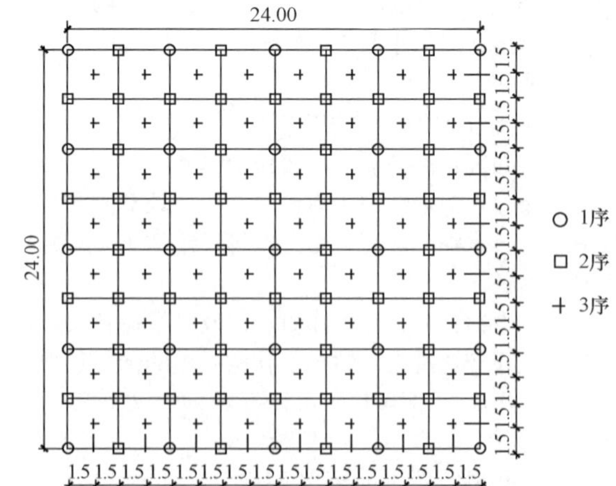

图1　单元块振冲分序示意图（单位：m）

4. 静力触探试验　振冲前后进行静力触探试验（CPT），试验贯入深度至少5m，锥尖阻力达10MPa时可以停止。本工程每两个单元块做一次CPT试验，试验点位于三序振冲点形成三角形的形心处。

CPT 试验设备为全液压传动触探仪，触探杆外径 32mm、壁厚为 5mm 高强无缝钢管。双桥探头，锥底直径 35.7mm，锥底面积 10cm²，摩擦筒表面积 200cm²，尖端锥角 60°。触探仪随深度自动记录土层的情况，并自动绘制贯入阻力曲线。

试验报告包括地层划分和柱状图、每层力学参数、曲线图、测试深度、触探方法、触探锥的类型及规格等。

（四）振冲效果

上阿特巴拉项目河床振冲面积约 17522m²，振冲前 CPT 检测点 14 个，振冲后 CPT 检测点 16 个，振冲处理施工共 33 天。河床地基经振冲处理后，不仅有效提高了地基承载力，使其满足工程要求，而且因振冲处理与开挖同时进行，这大大缩短了工程施工的工期，为河床填筑赢得了宝贵的时间。

（中国水利水电第七工程局有限公司　严　兵　袁　凯）

## 锥探灌浆在南水北调漳古段 SG9 标新筑渠堤中的应用

（一）概况

南水北调中线干线漳古段 SG9 标位于河北省邢台市内丘县境内，为Ⅰ等工程，主要建筑物级别为 1 级。渠道全长 11.71km，梯形断面，设计流量 220m³/s，加大流量 240m³/s，渠深 7.6m，渠底宽 22～26m，迎水面坡比 1∶2 或 1∶1，迎水面坡面混凝土厚 10cm，设计水深 6m。填筑渠段长 7.9km，填高 3～7.8m，压实度 0.98。渠堤顶总宽 5m，堤顶路面宽 4m。沿渠共设 16 座跨渠桥梁，2 座渠道倒虹吸，5 座下穿渠道排水倒虹吸。

沿渠废弃水井、坟墓、考古坑、砖窑等地质隐患多，渠堤受沿线桥梁及倒虹吸施工影响造成的填筑接头多，且填筑段渠内正常水位高出两侧地面平均 4.5m。在运行期间，渠内水位与渠外地面的高差，可能会使隐患部位出现泌水，造成渠堤背水面边坡或坡角甚至周边截排水沟或林带内出现潮湿现象，从而损失调水量。为此，填筑渠段均进行了锥探灌浆。

（二）锥探灌浆方案及其试验

锥探灌浆在新建的填筑渠堤上应用极少。SG9 标段的锥探灌浆方案如下：

（1）在距堤顶迎水侧 1.2m 处沿渠轴线方向布置 1 排灌浆孔，孔距 3m，孔深入堤基下不小于 2m，孔径 5～7.6cm。

（2）灌浆管管口距孔底 0.5～1m，灌浆压力不大于 50kPa。

（3）灌浆泥浆容重 12.5～13.5kN/m³，封孔泥浆容重不小于 15kN/m³。

（4）注水试验孔间距 100m，布置在两灌浆孔间。

灌浆渠堤长 13km，造孔及灌浆 40.4km。试验在 139＋790～139＋840.25 段右渠堤进行。试验成果表明：液压锥探机不能满足钻孔要求，需用地质钻机成孔；吸浆量较小，且未贯穿填筑体的灌浆孔吸浆量明显小于深入渠基内 2m 深的孔，说明锥探灌浆可加固渠堤基础；渗透系数平均值由灌前的 $2.47\times10^{-5}$ cm/s，变为灌后 $2.72\times10^{-6}$ cm/s，抗渗能力明显提高。

（三）主要施工方法

根据施工方案，以 500m 为 1 段分若干班组同时施工。因施工沿渠移动频繁，故采用 50kW 柴油发电机供电，10t 洒水车供水。

1. 布孔　测量人员测放孔位，注明孔深。每 100m 处为控制孔位，注明桩号及编号。

2. 造孔　地质钻机干法钻进一次成孔，成孔孔径 75mm。灌浆前封堵好已完成的钻孔。

3. 制浆　立式泥浆拌浆机制浆。浆液及组成材料的性能要求：

（1）泥浆容重。初灌及复灌的泥浆容重分别为 12.5～13.5kN/m³，不大于 15kN/m³。

（2）配比成分。现场确定 1 号、2 号配比成分分别为水 1200、2000g，Ca 基膨润土 540g、1650g，Na 基膨润土 200g、360g，容重 13.4、15.2kN/m³，黏度 34s、35s。浆液要定时检查。

（3）膨润土的物理力学性能指标。塑性指数 10%～25%、黏粒含量 20%～45%、粉粒含量 40%～70%、砂粒（粒径小于 0.5mm）含量小于 10%、有机质含量小于 2%、可溶盐含量小于 8%。

（4）水质要求。满足 DL/T 5144—2001《水工混凝土施工规范》要求。

（5）泥浆其他性能指标。黏度（1006 型漏斗黏度计）30～100s、稳定性小于 0.1g/cm³、胶体率大于 80%、失水率 10～30cm³/30min。泥浆需现场检验。

4. 灌浆　成孔 20 个，检查孔深后，沿渠不分序用自下而上依次纯压式灌浆。每孔复灌 3 次，每次一次连续灌满，两次灌浆间隔 12h。灌浆时，先将 $\phi$60 灌浆管入孔，管底距孔底 0.5～1m，专用封孔器封孔，灌浆压力控制在 50kPa，记录总灌浆量。

5. 灌浆结束标准及封孔　当浆液升至孔口、连续 3 次复灌不吃浆（50kPa 压力持续 10min）即终止灌浆。灌浆完毕将灌浆管拔出，向孔内注满密度大于 15kN/m³ 稠浆，直至浆液升至孔口不再下降为止。

6. 灌浆观测　为保证灌浆质量和堤防安全，灌浆中由专人负责观测。

(1) 若发现灌浆区衬砌面板鼓起、背水面水湿，即停止灌浆，调整压力后再续灌。

(2) 观测压力变化并注意记录瞬时最大压力。灌浆量一般采用泥浆流量和灌浆时间来控制。每孔每次灌浆量及总灌量均应受到控制。如发现冒浆及时处理。

7. 注水渗透试验 按 SL 345—2007《水利水电工程注水试验规程》进行钻孔常水头注水试验。该工程锥探灌浆渠段为无地下水，采用纳斯别尔格公式计算。基本观测时间 2h。

(四) 取得的效果

南水北调中线漳古段 SG9 标及其相邻标段采用锥探灌浆对新填筑渠堤进行加固后，渠道从 2014 年 6 月充水试运行已两年多时间。经运行管理单位每日巡渠核实，未发现填筑分段连接处、渠堤背水面边坡或坡角以及周边截排水沟或林带内出现泌水潮湿现象。

(中国水利水电第十工程局有限公司
李 云 何鹏飞)

# 其 他

## 双江口水电站河道截流施工

双江口水电站位于四川省阿坝藏族羌族自治州马尔康县、金川县境内，是大渡河流域水电梯级开发的上游控制性工程。坝址位于大渡河上源河流足木足河与绰斯甲河汇合口以下约 2km 处，控制流域面积约 39000km$^2$。电站以发电为主，坝式开发，总库容 27.32 亿 m$^3$，装机容量 2000MW。截流设计标准采用 10 年一遇 12 月上旬预测旬平均流量 317m$^3$/s 进行设计。施工导流方式为全年围堰挡水、导流洞过流。戗堤设在上游过水围堰轴线上游，距上游围堰轴线 180m，在大渡河左岸导流洞下游约 140m。结合河床地形地质条件、场内交通、料源及施工场地等因素，将截流龙口设在河道左岸，截流从右岸向左岸单向进占。

(一) 截流施工布置

1. 施工道路 在右岸布置截流施工道路。在截流前将备料场和戗堤间原有道路拓宽，设为截流专线，局部按 10m 加宽，同时在戗堤与上游围堰间形成较大的回车平台。到备料场取料点的道路为双车道，装料场地要能满足设备装卸循环。

2. 备料场 龙口段用的四面体、大串石（钢丝绳将 3～5 块粒径大于 1m 大石串接而成）堆在戗堤附近场地。可尔因沟备料场堆放石渣和大石约 7 万 m$^3$，右坝肩备料场堆放大石约 2 万 m$^3$ 中石约 5 万 m$^3$，右岸低线公路上游临时堆放点堆放大串石约 300 个、四面体 40 个。

3. 其他临时设施 在备料场附近安设 120m$^2$ 活动房作为截流施工指挥中心。停车场布置在戗堤下游抛填区大面上，作为截流时部分施工设备的停放、错车和维护场地。

(二) 截流施工方法

戗堤处河道宽 77.5m。截流施工先从右岸预进占施工约 57.5m，进占Ⅰ区至Ⅳ区，后合龙截流，最后戗堤加高培厚、闭气施工。截流施工简述如下：

1. 戗堤非龙口段进占 预进占料以可尔因沟备料场的石渣为主，右坝肩开挖料为辅。

(1) 填筑料中的小石、中石、大石用 25t 自卸车运输，全断面端进法抛填，SD320 和 SD220 推土机及装载机配合，深水区域采取堤头集料、推土机推料抛投。

(2) 进占中如堤头抛投料有流失，则在进占前沿的上游角先抛投一部分大、中石，再将石渣抛填在戗堤下游侧。

(3) 必要时将特大石、大石运至堤头卸料，再用推土机推至堤头前沿抛投。

(4) 指派人员、安排专用设备养护截流道路，平整场地，确保大型车辆畅通无阻。

2. 戗堤龙口段进占 龙口截流戗堤为六车道，宽 40m，第一、三、五道为抛投材料卸车道，二、四、六道为空车道。戗堤上布置 SD320 及 SD220 推土机各 1 台、装载机 1 台、PC400 挖机 1 台。为确保堤头车辆安全，汽车轮缘距戗堤边缘不少于 2.5m，并布置标识、由专人负责在堤头警戒和观察冲刷情况。龙口段进占情况如下：

(1) Ⅰ区（7m，龙口宽 20～13m）为困难区，龙口流速相对较大，抛投强度较大。采用大石抛投进占、块石及石渣全戗堤断面进占。如抛投料有流失，可在堤头进占前沿的上游角（戗堤轴线上游侧）先抛一部分大块石，再将块石及石渣抛在戗堤轴线的下游侧。

(2) Ⅱ区（5m，龙口宽 13～8m）为截流特困难区，龙口流速最大，抛投强度最大。采用凸出上游挑角进占法。在上游角（与戗堤轴线成45°）集中抛大串石和四面体，将水流自堤头前上游角挑出一部分，从而使堤头下侧形成回流缓流区，可用块石及石渣进占。

（3）Ⅲ区（3m，龙口宽8～5m）为截流困难区，情况同Ⅰ区。用大石抛投进占。

（4）Ⅳ区（5m，龙口宽度5～0m）为合龙区，龙口流速下降。用中石和石渣抛投进占。

龙口段进占需注意：①加强对戗堤上的施工机械及作业人员统一指挥，配备专职安全员巡视堤头边坡变化；②特大块石或四面体装车位置要适中，在靠近堤头卸料后用推土机推入龙口；③龙口合龙进占中，及时掌握水文测量资料，便于调整抛投材料。

3. 戗堤进占应急措施　Ⅱ区截流时，大串石或四面体的抛投方式：一是先将它们中的一部分推至上挑角龙口中，待稳定后将另一部分推至龙口；二是在左岸合适位置提前布置6个固定锚筋束，急需抛投时，将它们用钢丝绳与锚筋束连接，然后推至龙口。

戗堤堤头大面积塌方发生在上挑角和下挑角。上挑角坍塌常出现在下游侧和前沿处，应急处理时停止上挑角进占，大石辅助中小石集中抛投回旋区，再在下挑角跟进。下挑角坍塌发生在挑角下游前沿处，应急处理时先停止上挑角抛投，视坍塌深度用推土机推料抛投，补充填筑坍塌部位顶部，并加高使其处于稳定状态后，再在下挑角抛投大粒径料进占。

4. 闭气施工　截流闭气料约需9000³，从上游围堰右堰肩及右坝肩备料场取料后运送到戗堤上游侧，待龙口段截流后，用闭气料对上游戗堤进行合龙闭气、防渗等作业。

原设计闭气料顶宽为5m厚，坡比1∶2。后为解决戗堤渗流量过大等问题，在原设计基础上增厚3m，坡比不变，另上游侧增设宽5m、厚5m的水平铺盖，坡比同闭气料坡比。

5. 截流实际情况　截流工程于2015年12月8日11时26分开始戗堤进占合拢，15时16分合拢完成，用时3小时50分，平均抛投强度为1200m³/h。截流中共抛投20t四面体1个，9t四面体7个，大串石2车（25t自卸汽车）。

（中国水利水电第七工程局有限公司
何　军　李小强　杨兴洪　龙海剑　王　洋）

## 西泌河水库模袋混凝土防护土石围堰施工技术

贵州西泌河水库碾压混凝土大坝上游围堰与左岸导流洞相连，为土石混合料填筑的全断面过水围堰。围堰迎水面坡比1∶2，背水面1∶1.5，堰轴线长28m，围堰上宽6m，底宽36.5m。堰顶设计高程较低（高程641.2m），抵御洪水能力差。当发生10年一遇（$P=10\%$频率）洪水时，将漫过围堰。为此在围堰面铺设模袋混凝土，使围堰松散材料不会随洪水流失。

（一）混凝土模袋

模袋材料为棉纶土工布，生产时按围堰形体尺寸制作模袋，一般加工成长方形。考虑灌注混凝土时模袋要收缩，制作时考虑3%～4%的富余量。模袋长7～8m，其端头增加灌入口，灌入口2m×2m，袋口长30cm，直径30cm。

（二）堰体处理

1. 堰面处理　放线测量并修整坡面，反铲在堰顶从下往上削坡，使坡面平整、顺直、无明显凹凸、无杂物，表面不平整度不大于100mm。在围堰顶面顺流向开挖一个直径为100cm的半圆槽，半圆槽从上游堰面通至下游堰趾，引导洪水从半圆槽流向下游。

2. 堰趾基础处理　用反铲开挖上游堰脚，并深入围堰基础面下50～100cm，形成围堰前趾。当模袋混凝土完成后，再用反铲将大块石压住模袋。用反铲清除下游堰脚浮渣直至坚硬岩面，将模袋混凝土浇筑在稳固岩面，形成围堰后趾。

（三）模袋铺设

（1）按“先前趾后坡面，先外侧后内侧，先上游后下游，先标准后异形断面”的次序逐条沿坡度方向平顺铺设。

（2）坡顶沿围堰轴线方向设4～5个固定桩，间距1～2m，在下端前趾处设固定桩；按预定位置顺坡准确展开模袋，在下端固定桩上扎紧下口，模袋上口沿连接松紧器，挂在上端固定桩上，以调节灌注时上口张力。固定桩采用$\phi$25长100～200cm钢筋，外留30～50cm。

（3）坡顶模袋留有余量，以便上端能控制在规定位置上，施工中可随时修正。

（4）每条模袋之间用宽100cm的土工织物反滤布连接。模袋铺展、压稳后，拉紧上缘固定绳索，防止模袋下滑。

（5）铺设相邻模袋时，预留一定富余量并搭在前一模袋上，使相邻模袋接缝紧密。

（6）在围堰下游距后趾6m处设置小挡坎，它可压住由下往上的模袋混凝土。围堰过水时挡坎挑起洪水流向下游，消除了围堰后趾因水流过快而产生脉动或负压现象。

（四）模袋混凝土灌注与养护

（1）用泵机灌注混凝土，泵机设在上游河床干燥处以便搅拌车卸料。充填前使模袋湿润，以利模袋滑动展开。施工时先泵送水泥砂浆润滑管道，再充填混凝土。灌注顺序应由下而上，依次连续进行。灌注间隔不超过 30min，以免混凝土变稠不易流动。灌注速度宜为 10～15m$^3$/h 且连续泵送，混凝土坍落度控制在 20～22cm。

(2) 软管的管口伸入模袋内，使泵管压力直接作用于模袋内的混凝土，减小泵管口承受的反作用力。灌注时要防止泵管来回摆动，同时掌握泵管口混凝土压力。若管口混凝土压力持续上升，说明模袋中混凝土流动减慢，应适当降低泵送速度；如模袋内混凝土流动受阻，可用脚踩踏混凝土将其充填到边角处；如泵管口混凝土压力上升很高或上升速度很快，可停止充灌进行检查，若踩踏无效，可采用其他处理措施。

(3) 灌注过程中，作业人员应按前述顺序、方法同时将下个待充模袋铺设定位。相邻块间可将下层与下层、上层与上层预先缝好。重复上述流程一块块地完成灌注施工。

(4) 灌注结束后，每个灌注口必须用绳子将其扎死。模袋发生胀脱时，用剪刀剪开胀脱的模袋布，掏出多余混凝生后重新缝接，再充填混凝土直至饱满。

(5) 混凝土灌注完后即进行养护。一般养护期为 7 天，期间护坡表面应处于润湿状态。

（中国葛洲坝集团第二工程有限公司
刘江平　朱福余）

## 牛栏江—滇池补水工程长隧洞与斜井出渣运输方案

牛栏江—滇池补水工程是一项水资源综合利用工程。2020 年重点向滇池补充生态水量，改善水环境，并在必要时给昆明提供生活及工业用水；到 2030 年将为曲靖市提供生产、生活供水，与金沙江调水工程共同向滇池补水，并作为昆明市的后备水源提供供水保障。

大五山隧洞 3 号支洞为长 150m、倾角 22°的斜井，断面 6m×5m，支洞口底板至主洞底板高差 46m，支洞控制输水隧洞长 3.5km。

（一）运输方案的选择

运输方案是隧洞施工的重点，关系到隧洞施工进度。斜井运输方案在下述方案中比选。

1. 主洞及斜井均采取有轨运输（方案 1）　此方案分两种情况：一是电动装载机或小型反铲在掌子面装渣，电瓶车牵引斗车至斜井底部，电瓶车与斗车分离后，电瓶车转入下一循环，绞车牵引斗车至洞口卸料；二是梭式矿车在掌子面装渣后，电瓶车将其牵引至斜井底部，梭式矿车向斗车卸料，绞车提升斗车至洞口卸料。

2. 主洞无轨、斜井有轨整体式提升（方案 2）　先通过绞车将汽车送入洞内，洞内设回车场，汽车在回车场调头装渣开到斜井底部，再开上自制平台车上（见图 1），然后绞车将其整体牵引至洞口，汽车开下平台车后去往卸渣场。

两个方案各有优缺点。方案 1 斗车为斜井运渣设备，洞内无需设回车场，如使用电动装载机装渣，洞内空气质量优于其他方案。但洞内需全线铺设轨道及布设很多岔道，每掘进一段需即时延伸轨道，施工极不灵活；另外，洞外材料运至洞内极为困难。

方案 2 洞内施工灵活，渣料无需中转，但提升重量大，绞车功率大。

经比选，大五山隧洞 3 号支洞运输选择方案 2，即主洞无轨、斜井有轨整体提升方案。

（二）运输方案提升系统的安全论证

1. 设备选型　经计算提升力为 57.2kN，为安全起见，选择牵引力为 60kN 的绞车。

2. 运行安全隐患及对策　预测的运行安全隐患包括：①绞车跳道出轨；②钢丝绳突然断裂；③绞车运行中突然停电造成汽车与平台架之间的摩擦阻力不够；④汽车在斜井底部上平台车时汽车对平台车产生的摩擦力大于平台架与轨道间的摩擦力。

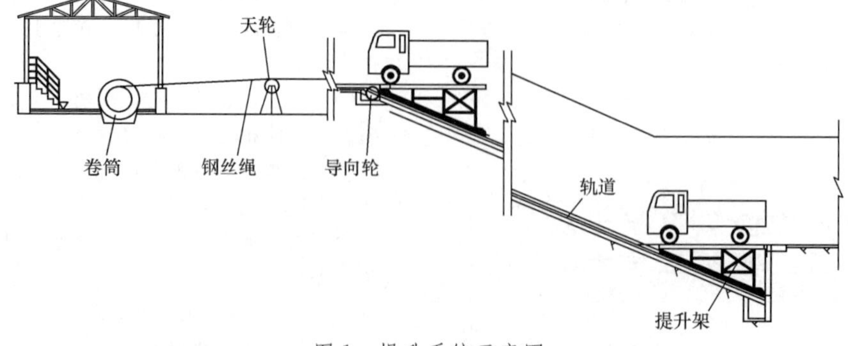


图 1　提升系统示意图

造成隐患①的原因：卷筒与小车的位置没有对中；小车与卷筒的终点位置达不到要求；轨道安装质量差；轨道刚度达不到要求。为此，采取下述措施：严格按设计要求安装绞车及轨道；给绞车配置自动化程度较高的变频操作系统；提高轨道规格；轨道基础采用混凝土条形基础，可降低轨道铺设误差给运行带来的不利影响；平台车轮选用双翼轮。

造成隐患②的原因：钢丝绳的承载能力达不到要求；钢丝绳长期运行后产生磨损；反复紧急刹车所致。采取的措施是：选择满足运行要求合格的钢丝绳；加强对钢丝绳的保养；运行前充分了解电源情况；减少在运行中紧急刹车。

针对上述隐患③中的情况，应对的措施是：选择具有防滑功能的钢板作为平台车的面板；在平台车上设专用安全固定装置；车上了平台架后安设方木作临时制动。

针对上述隐患④进行力学分析，分析计算结果表明，提升系统的平台车为稳定状态。

（三）运输方案的实施及其运行效果

大五山隧洞3号支洞运输方案中，在支洞斜井段设计钢制平板车有轨运输，洞内外选用适合中小断面隧洞行进的自卸车无轨运输。自卸车从工作面装渣，在斜井坡底处经马凳上平台车，安装制动支架和保险钩，司机下车，用15t绞车牵引载有自卸车的平台车至洞口，洞口司机驾驶自卸车卸渣返回，空车下井（见图1）。

大五山隧洞3号支洞出渣运输方案，节约了施工成本，提高了出渣效率，斜井提升系统日最大出渣能力完全满足现场施工进度。

（中国水利水电第十四工程局有限公司　肖云伟）

## 果多水电站冬季边坡开挖措施

果多水电站工程位于西藏自治区昌都县境内，为扎曲水电规划“两库五级”中第二个梯级电站，总装机容量为160MW（4×40MW），为三等中型规模工程，电站以发电为主。果多电站在高海拔地区，其右岸坝肩边坡冬季开挖采取了诸多措施。

（一）地区自然条件

果多水电站施工区自然条件极其恶劣，具有气候多变、高寒缺氧、紫外线辐射强、地质条件复杂等特点。该地区极端最低气温为－20.7℃，多年平均气温为5.6℃；昼夜温差较大，最大月平均温差高达18.8℃，年平均温差为16℃。空气稀薄，气压低（不及海平面气压的一半），水的沸点只有84～87℃；含氧量低，相当于海平面的70%左右。

电站右岸坝肩边坡开挖高程3524～3338m，开挖高度186m，边坡岩石为砂岩和泥岩。工程区属高寒地区，受地形地貌、岩性、气候条件等影响，坝址区地质现象主要表现为卸荷崩塌、风化、泥石流和堆积体等。岩体卸荷存在于两岸地表陡崖处，卸荷带水平深度5～18m，风化形式为顺裂隙形成的风化深槽及泥化夹层。岸坡强风化水平深度3～10m，弱风化水平深度30～45m，微风化水平深度40～65m；河床强风化垂直深度2～4m，弱风化垂直深度15～20m，微风化垂直深度30～35m。

（二）高海拔地区冬季开挖特点

1. 开挖难度大、效率低　果多地区冬季最冷时段为1月，其冻土平均深度0.5m，最大达1.5m，硬度与岩石相同。只能采用大型挖掘机或爆破进行开挖，进度缓慢。且人员和设备对高原地区不适应，有效施工时间大幅缩短，效率明显降低。相比海拔1000m以下地区，高原地区非冬季人工平均降效34%，机械降效32%。

2. 天气影响大　冬季夜间气温降至零度以下，边坡岩层的间隙水会发生反复冻融使岩层破坏，造成在开挖中时常发生塌方、滑坡，存在较大的安全风险。气象多变，强风最高风速15.1m/s，最大月降雨量214.4mm，还有3～10月随机发生的冰雹，12月～次年2月的降雪，对施工造成很大影响。

3. 高原反应加剧　该地区气压平均为675mbar，空气密度平均为859.6g/m$^3$，含氧量平均为178.6g/m$^3$，会有高原反应，冬季尤为强烈。高原反应对施工人员的工作、机械设备的正常运行和保养维护造成一定的影响。

（三）冬季开挖施工措施

1. 物资储备　提前2个月储备机械配件、常用和周转性材料、保温材料、燃料等。

2. 加强气象监控　做好现场气象监控和天气预报。若出现暴雪、强风、暴雨等恶劣天气征兆时，提前采取相应的防范措施。必要时，适当调整施工计划。

3. 保温措施　冬季施工时，水管缠绕加热带，并在外部包裹保温材料；加强对供电线路的检修和巡查力度；对施工机具采取保温措施，临时使用时应覆盖保温板或保温被；气温过低时，已开挖面不宜喷射混凝土；锚杆施工中搅拌用水温度不低于40℃，并尽量缩短注浆时间。

4. 确保运输安全　及时清理路面积雪、积水，路面结冰及时凿除或撒盐。工程车辆在大雪天作业时，轮胎挂防滑铁链。

5. 合理安排施工时段　在冬季，开挖尽量安排在稍暖和的时段。施工前排查边坡安全隐患，确保安全后再进行其下部的开挖。如在夜间低温时段施工，做好现场照明和安全警戒工作，设备不宜熄火，以免油箱或管路结冰发生机械故障。

6. 选择适宜的施工机械　选用适应高原环境的机械设备，通过减少供油系统油量、缩短供油提前角、调整发动机增压、改用风冷式中冷器、优化设备的电路系统等，以提高设备机械对高原环境的适应性。加强对机械操作人员的技能训练，建立专业维修队伍，对机械及时维修。采用－20号柴油，预防油料结冰并做好机械的防冻保暖工作。施工间歇期对发动机、散热器、蓄电池及电子器件进行包裹、覆盖保温。停放较长时间的工程机械，每周不少于2次启动。在作业过程中短暂休息时，应选择向阳、避风处停机。

（中国水利水电第七工程局有限公司
姚必全　刘听鑫　汪　明）

## 果多水电站冬季施工保温措施

果多水电站位于西藏自治区昌都县，坝顶高程3421m，主体建筑物包括碾压混凝土重力坝、泄洪冲沙系统、引水系统、地面厂房。区域最高气温33.4℃，最低气温－20.7℃，冬季月平均气温－4.7～2℃，且昼夜温差大，最大月平均日温差18.8℃，年平均日温差16℃。这样条件下，混凝土开裂问题突出，设备运行维护难度大，需多方面采取保温措施。

（一）辅助设施保温措施

施工供风、供水、机械设备等辅助设施的保温措施如下。

1. 供风　搭建空气压缩机保温棚，棚内火炉加温，并安设通风口。

2. 供水　冬季到来前检查供水线路，若漏水则立即修补。仓外供水管路用两层2cm厚橡塑海绵铅包裹，水管与海绵间增加2cm加热带，每隔50cm缠2m。夜间放空供水管路。

3. 机械设备　冬季施工期间全面检修施工机械，定期维护保养，并采取以下措施：①必要时添加优质防冻液；②冰雪天汽车挂防滑链，安排专门除雪、除冰设备；③气温低于0℃时及时使用－20号柴油；④不添加防冻液的机械，作业前水箱加温水，作业后及时放空；⑤油箱内油料冻结时，用热水或蒸汽化冻，严禁火烤。

（二）混凝土浇筑过程中保温措施

1. 出机口温度控制　根据要求，混凝土允许出机口温度见表1。

表1　混凝土允许出机口温度　℃

| 部位 | 11月～次年3月 | 4、10月 | 5～9月 |
|---|---|---|---|
| 强约束区（0～0.2$L$） | ≥10 | 月均气温＋2 | ≤10 |
| 弱约束区（0.2～0.4$L$） | ≥10 | 月均气温＋2 | ≤12 |
| 自由区（0.4$L$以上） | ≥10 | 月均气温＋2 | 月均气温＋3 |

为此采取如下措施：①冬季到来前砂石骨料筛洗完毕，且堆高大于6m；②混凝土用热水拌和，当气温稳定在－5℃以下时宜加热骨料；③骨料加热采用蒸汽排管法，粗骨料直接用蒸汽加热，但不得影响水灰比；④拌和楼、水泥罐和粉煤灰外贴保温板保温。

2. 运输过程保温　主要是对混凝土接料和运输等的温度控制。

（1）运输混凝土的自卸汽车（碾压）或混凝土罐车（常态），接料后应立即启运。

（2）自卸车外侧包5cm厚聚苯乙烯保温被，车顶遮盖帆布。罐车用2cm厚橡塑海绵包裹，搭接宽度不小于10cm。洗车时间在2min内。缩短运输时间，减少混凝土热量散失。

（3）垂直运输分箱式满管（碾压）和门塔机（常态）运输。吊罐外部用2层2cm厚橡塑海绵保温被严密包裹，箱式满管四周用5cm厚保温被严密包裹。

（4）做好协调工作，使车辆在碾压仓内及时卸料，减少停留时间。

3. 模板保温　钢模板内侧用5cm厚聚苯乙烯板和1层保温材料（土工膜或土工布）保温，对整体大模板，采用L形铅丝间排距0.5m梅花形布置用以固定；组合钢模板直接用模板拉杆连接混凝土和模板内贴材料。必要时，可在钢模板外侧加聚苯乙烯保温被（见图1）。

4. 浇筑仓面保温　混凝土入仓温度不得低于5℃，在基岩面或老混凝土的表面温度过低，要加热（深度不小于10cm）。对小结构可搭设简易保温棚，内置煤炉加热保湿，确保环境温度不低于5℃；对大仓面用工程电热毯加热。

常态混凝土浇筑快铺料、快振捣、快覆盖，从出料到振捣毕控制在1h内。合理规划碾压混凝土仓面面积，加快施工速度，从出料到碾压毕控制在2h内。

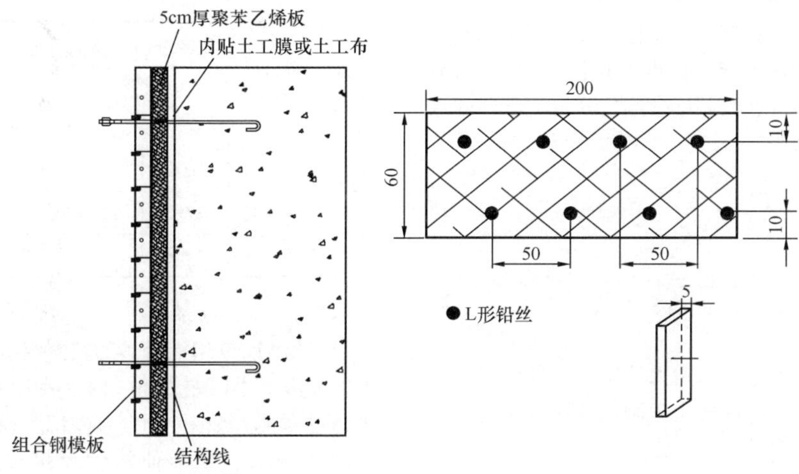


图1　模板内贴保温材料示意图（单位：cm）

变态混凝土区，用碘钨灯（间距3m）加热保温，确保浇筑时环境温度不低于5℃。

（三）浇筑后仓面保温措施

1. 养护　冬季混凝土浇筑完成后，停止湿养护，防止湿养护结冰。

2. 保温　每层混凝土浇筑结束收仓后，其表面覆盖一层土工膜和5cm厚聚苯乙烯保温被并压紧。在钢筋密集区，大面仍用5cm厚聚苯乙烯保温被压紧覆盖，其他用棉被封堵。

3. 脱模　根据气温适当推迟脱模时间，气温骤降期间不允许拆模。脱模后直接将内贴保温材料紧贴混凝土面，棱角部位加厚5cm且向四周加宽20cm。

（四）冬歇期混凝土面保温措施

在10月下旬入冬前对死水位以下坝体未超出基坑部分，上游、下游坝面采用回填土石渣料覆盖保温。冬歇期层面保温：①土工膜＋20cm厚（1层5cm）聚苯乙烯保温被覆盖＋1层土工膜；②工程电热毯＋5m厚聚苯乙烯保温被覆盖＋1层土工膜，在侧面与顶面交接拐角加强保护。次年3月施工前，根据气温变化和温度监测资料，逐层揭开保温材料。

（五）保温效果

采取上述保温措施后，冬季供水、供浆管路没有冻结，机械设备正常运行，混凝土面放热系数小于设计要求值［达到龄期的混凝土面放热系数$\beta \leqslant 4.4$kJ/（$m^2$·h·℃），未满龄期的混凝土面放热系数$\beta \leqslant 10.8$kJ/（$m^2$·h·℃），混凝土表面温度达到设计要求指标，有效地减少了混凝土受冻破坏和裂缝的发生。

（中国水利水电第七工程局有限公司
刘昕鑫　欧和平）

## 混凝土用混合砂细度模数配制方法

近年来机制人工砂作为一种新的砂源，已广泛用于大中型水利水电工程中配制混凝土。配制混凝土用砂以细度模数2.4～2.8的中砂为宜，机制人工砂细度模数多为3.0以上，天然砂细度模数偏小。将机制砂和天然砂按一定比例配制成混合砂，用于高性能混凝土，可减少水泥和用水量，节约成本，提高混凝土的经济性和耐久性。但混合砂往往要通过多次试验才能调整到理想的细度模数，不仅试验工作量大，且不能快速配制出规定细度模数的混合砂。通过大量试验总结出一个快速配制中砂细度模数混合砂的数学模型。

（一）试验的设计与计算

1. 砂的选取　试验选取1个天然砂A，3个人工砂D、E、F。砂的细度模数见表1。

表1　砂的细度模数

| 砂种类 | A砂 | D砂 | E砂 | F砂 |
|---|---|---|---|---|
| 细度模数 | 1.48 | 2.94 | 3.30 | 3.74 |

建筑用砂按细度模数分为粗砂（3.7～3.1）、中砂（3.0～2.3）、细砂（2.2～1.6）。由表1可见，A砂属特细砂，D砂为中砂，但已接近中砂范围上限，E砂为粗砂，F砂已超出粗砂范围。普通混凝土用砂以中砂为宜，除了D砂之外，其余砂都对混凝土性能的优化不利。

2. 数学模型的建立

通过大量室内试验调配和验证，建立了由机制粗砂和天然细砂或利用生产碎石冲洗出来的粉砂、石屑砂、尾矿砂等细砂快速配制中砂细度模数混合砂的数学模型，模型公式为

$$S_t = \frac{FM_J - FM_h}{FM_J - FM_t} \times 100 \quad (1)$$

$$S_J = \frac{FM_h - FM_t}{FM_J - FM_t} \times 100 \quad (2)$$

式中 $S_t$——配制混合砂所用天然细砂百分比，%；

$S_J$——配制混合砂所用机制粗砂百分比，%；

$FM_J$——机制粗砂细度模数；

$FM_h$——混合砂细度模数；

$FM_t$——天然细砂细度模数。

（二）试验论证方法

（1）试验样品的缩分。试验样品的缩分按 GB/T 14684—2011《建设用砂》中颗粒级配试验方法进行缩分，按混合砂的配制公式进行天然细砂和机制粗砂各占比例的计算，并按计算结果进行试验样品的缩分。规范要求砂细度模数试验样品缩分必须在潮湿状态下进行，以保证选取样品的均匀性。但由于不同砂的吸水率不同，因此取样混合时采用风干砂混合，但干砂缩分会导致砂中石粉细屑分布不均匀。为减少因试样缩分而带来的试验误差，试样缩分时用毛刷将底部石粉细屑彻底缩分开来，直至缩分到砂所占比例的重量。

（2）砂的配制比例。试验按 GB/T 14684—2011 中的细度模数试验方法进行，试验用 1 个天然砂和 3 个机制砂分别按比例两两混合，配制细度模数为 2.40、2.60、2.80 的混合砂，并逐个检测配制混合砂的细度模数。每个混合砂取两次试验结果的平均值作为最终结果，共 9 组试验，砂所占比例及称量见表 2。

表 2 砂所占比例及称量

| 试验组数 | 混合砂种类 | 每种砂所占比例（%） | | 每种砂所占质量（g） | | 拟配制 $FM_h$ |
|---|---|---|---|---|---|---|
| | | A | 机制砂 | A | 人工砂 | |
| 1 | A+D | 37.0 | 63.0 | 185.0 | 315.0 | 2.40 |
| 2 | A+E | 49.5 | 50.5 | 247.5 | 252.5 | |
| 3 | A+F | 59.3 | 40.7 | 296.5 | 203.5 | |
| 4 | A+D | 23.3 | 76.7 | 116.5 | 383.5 | 2.60 |
| 5 | A+E | 38.5 | 61.5 | 192.5 | 307.5 | |
| 6 | A+F | 50.4 | 49.6 | 252.0 | 248.0 | |
| 7 | A+D | 9.6 | 90.4 | 48.0 | 452.0 | 2.80 |
| 8 | A+E | 27.5 | 72.5 | 137.5 | 362.5 | |
| 9 | A+F | 41.6 | 58.4 | 208.0 | 292.0 | |

（三）论证结果分析

经检测，9 组混合砂的实测细度模数与拟配制砂细度模数最小误差为−0.02，最大误差为+0.08，均未超过 0.1，且拟配制混合砂细度模数曲线与三种混合砂实测细度模数曲线十分接近。GB/T 14684—2011 规定砂细度模数试验两次平行试验的结果之差不超过 0.2 即为满足要求。由此可见与拟配制混合砂细度模数误差极小，所以按上述数学模型配制的混合砂细度模数的差值在施工中可忽略不计。

由试验和论证结果可见，按所建立的数学模型配制的混合砂计算简便、试验工作量小、能够快速配制出混凝土用中砂细度模数的混合砂，且配制混合砂的细度模数与拟配制砂的细度模数误差极小，可在施工中推广应用。使用混合砂可更好地利用石屑、尾矿砂等废料，扩大人工砂来源，降低成本、提高混凝土质量，对资源和环境极有利。

（中国水利水电第三工程局有限公司
杨富亮 李永刚）

## 自平衡静载试验在滏阳河渡槽桩基检测中的应用

南水北调中线滏阳河渡槽全长 302m，槽身段长 120m，纵向为 4 跨简支梁预应力混凝土结构。槽身纵梁总高 8.6m，承台下设 2 排灌注桩，每排 8 根，桩径 1.5m，桩间距 4.0m，排距 4.4m，中墩桩长 42m，边墩桩长 35m。灌注桩采用旋挖钻钻孔成桩，中墩单桩竖向承载力特征值不少于 10000kN。河谷地层：上部以砾砂为主，还有黄土状壤土和含淤泥质壤土，厚 4.5～5.0m；下部卵石厚 6.5～9.0m，下伏黏土岩及砂土。

（一）自平衡法试桩原理

基桩静载试验自平衡法是将荷载箱放在桩身平衡点处（下段桩摩阻力＋端阻力＝上段桩的负摩阻力＋上段桩自重），使上、下段桩的承载力相等，以维持加载。检测装置荷载箱由活塞、底盖、顶盖及箱壁组成。底、顶盖的外径略小于灌注桩外径，在底、顶盖上设位移传感器。荷载箱与钢筋笼焊接成整体放入桩

孔，再灌注混凝土成桩。检测时，在地面用油泵加压，荷载箱随压力增加同时向上、向下发生变位，使桩侧阻力及桩端阻力发挥。位移传感器可测荷载箱的向下、向上位移，压力表可测荷载箱中产生的压力。从而可计算荷载箱下段桩及上段桩的极限承载力，两者相加即为桩承载力。

（二）渡槽桩基承载力检测

1. 测试仪器设备　环形荷载箱，行程 20cm；高压油泵，最大可加压 60MPa；压力表精度 0.4MPa、量程 50mm（可调），每桩 6 只，通过磁性表座固定在基准钢梁上，用于量测桩身荷载箱处向上和向下位移（各 2 只）、桩顶向上位移（2 只）。

2. 试桩准备

（1）检查桩身完整性及荷载箱埋设情况，在桩身强度达设计要求 70%的前提下测试；也可参照 JGJ 106—2003《建筑基桩检测技术规范》规定，在成桩后砂土不少于 10 天、黏性土和粉土不少于 15 天、淤泥及淤泥质土不少于 25 天进行测试。

（2）人工清理桩头，同时清理出检测元件，包括声测管、位移监测杆和高压油管。然后开挖并平整试验场地（至少 5m×5m），试验平台至少在位移监测杆端以下 30cm。

（3）将各个位移监测点焊接好并保护起来。在试验桩两侧用工字钢（亦用钢管）架设基准桩，基准桩至少距试验桩中心 4m 以上且打入地表 1.5m 以下，基准桩完成后用工字钢（亦用钢管）架设基准梁。接入电源并完成试验仪器调试。

3. 桩基承载力计算　以渡槽 3 号墩台 8 号灌注桩为例。3～8 号桩为摩擦桩，桩长 42m，桩顶位于地面以下 7.3m 卵石层，桩身穿过卵石层、粉细砂层和黏土岩层的反复交错地层，桩端持力层为黏土岩层。荷载箱埋设深度计算步骤：根据地质勘查报告进行单桩极限承载力验算及为保证本单桩加载达到设计要求的 2000t，充分考虑各土层承载力发挥特性，荷载箱埋设于黏土岩层中 43.375m 高程处。经计算，3～8 号试验桩桩基承载力极限值 20223.56kN，上、下段桩的反力分别为 8876.47kN、8872.46kN。

4. 试验要求　试桩每次加载分 10 级，卸载分 5 级。加（卸）载第一级均可取预设加载量的 20%。

观测程序。每级加载后在第 1h 内在 5min、15min、30min、45min、60min 测读一次，以后每隔 30min 测读一次。每级荷载卸载后，观测桩顶回弹量，观测办法与加载相同。卸载到零后，至少在 2h 内每 30min 观测一次。

稳定标准。每级加载下沉量，在最后 30min 不大于 0.1mm 时即可认为稳定。

终止加载条件。当出现以下情况之一时终止加载：某级荷载下，位移杆位移大于前一级荷载作用下位移的 5 倍；某级荷载作用下，位移杆位移大于前一级荷载作用下位移的 2 倍，且经 24h 尚未达到相对稳定标准；已达到设计要求的最大加载量，或累计行程超过荷载箱极限；当荷载—位移曲线呈缓变型时，上段桩累计位移量超过 100mm，下段桩累计位移量超过 60mm。

5. 检测数据分析　对 3～8 号桩进行累计荷载作用的试验，得到累计荷载上、下位移值（见表 1）。

表 1　3～8 号桩累计荷载作用下的上、下位移值

| 荷载（kN） | 1800 | 2700 | 3600 | 4500 | 5400 | 6300 | 7200 | 8100 | 9000 |
|---|---|---|---|---|---|---|---|---|---|
| 累计向下位移（mm） | 0.13 | 0.45 | 0.88 | 2.06 | 3.07 | 4.39 | 5.85 | 8.39 | 11.31 |
| 累计向上位移（mm） | 0.15 | 0.38 | 0.59 | 1.21 | 2.17 | 3.48 | 5.55 | 9.53 | 15.66 |

3～8 号桩试验中加载至 9000kN 时，向上总位移量为 15.66mm，故向上极限承载力不小于 9000kN。向下总位移量 11.31mm，故向上极限承载力不小于 9000kN。经计算，单桩极限承载力标准值不小于 20191kN，满足设计要求。

（三）结语

（1）通过现场桩的测试结果分析，桩基极限承载力极差小于 30%，试验结果统计值满足设计要求，现场施工工艺可满足工程要求。

（2）自平衡法测试技术可在短时间内测出桩身的侧阻力，装置简单，不占用场地，不需要数百吨或更多的堆载，不需构筑反力架，可多根同时检测，试验费用较少。

（3）通水近两年，监测数据表明，桩基最大沉降量 0.25mm，满足设计要求。

（中国水利水电第十三工程局有限公司
于　宾　孟庆婕）

7

# 机电及金属结构

# 水电机组及辅机

## 白鹤滩水电站额定水头的选择

白鹤滩水电站以发电为主，兼顾防洪，装机容量16000MW，单机容量1000MW；建成后，将成为世界上第二大装机容量的水电站，也将是装设最大单机容量机组的水电站。

该电站预可行性研究阶段，初拟正常蓄水位为820m，防洪限制水位为790m，相应最大水头234.0m，全年加权平均水头196.5m，汛期加权平均水头180.9m，非汛期加权平均水头204.3m，最小水头154m。以汛期电站装机容量基本不受阻为原则，初步选择额定水头为181m，初拟装设16台750MW水轮发电机组。可行性研究阶段，正常蓄水位调整为825m，防洪限制水位调整为785m，死水位为765m，相应运行水头参数也发生了变化：最大水头243.1m，最小水头163.9m，全年加权平均水头为207.8m，汛期加权平均水头为192.1m，非汛期加权平均水头为213.1m。由于水头参数发生了较大的变化，同时，拟采用更大容量的机组，对电站额定水头进行了认真选择。

（一）额定水头选择的条件

白鹤滩水电站拟装设16台1000MW水轮发电机组，装机容量和单机容量巨大，在系统中具有极为重要的地位。

（1）基于白鹤滩水电站的径流特点及水库特性，水库水位年内变幅大，最大消落深度达60m，水轮机运行水头变幅达到79.2m。这就要求水轮发电机组具有较宽的适应性和良好的稳定性，尤其在高水头区具有较宽的稳定运行功率调整范围。

（2）为改善水轮发电机组枯水期高水头运行工况，提高运行稳定性，电站额定水头宜尽可能与枯水期平均水头接近，但在汛期受阻容量增大。为了避免额定水头过高而造成水轮发电机组在汛期运行时受阻过大，导致电站发挥不出其在电力系统中应有的容量效益，则需要电站额定水头尽可能低一点。

（二）关于水轮机最大功率

白鹤滩水电站运行水头变幅达79.2m，根据国内外部分水轮机运行水头变幅统计，其水头变幅仅次于锦屏一级、小湾水电站（两电站的水头变幅均超过80m）。

混流式水轮机，由于叶片固定，比较容易在高水头小流量和低水头大流量区域产生偏离和不稳定工况。之前，国内外部分水头变幅较大的水电站采用设置机组最大功率的方法，以增加水轮发电机组在高水头的发电功率能力和增加水轮机高水头稳定运行范围，如大古力Ⅲ、伊泰普、萨彦舒申斯克、三峡左岸、二滩、瀑布沟、锦屏一级、锦屏二级等水电站。

对水轮机设计而言，最大功率相当于水轮机的“额定功率”，可以发出该功率的最小水头相当于水轮机的“额定水头”。同时，需要水轮发电机能够超额定功率运行，整个引水发电系统和水轮发电机及其配套设备也需要按照最大功率运行要求进行设计。而接入系统设计可能仍是按照原有额定功率考虑的。那么在电站投入运行后，水轮机高于额定水头时的超功率运行能力将无法施展，电站无法以实际能力的装机容量运行，高水头区域的稳定运行范围也没有得到实际的改善。

预可行性研究阶段，白鹤滩单机容量为750MW，初选较低的额定水头181m，也是由于考虑了设置机组最大容量的因素。可行性研究阶段，白鹤滩水电站单机容量已达到1000MW，应按照不设置水轮发电机组最大功率选择水轮机额定水头。

（三）额定水头选择的工程经验

1. 额定水头与加权平均水头的关系　《水力发电厂机电设计规范》有“对于中高水头水轮机的额定水头宜在加权平均水头的0.95～1的范围内选取”的要求。白鹤滩水电站加权平均水头为207.8m，按此要求其额定水头宜在197.41～207.8m之间选取。

2. 额定水头与最大水头的关系　通过专家对国内外大型混流式水轮发电机组现场调研，经统计分析表明：对于$H_{max}/H_r$的比值，国外有85%的电站小于1.15，国内有75%的电站小于1.15，这些大型机组运行情况都基本良好；而当电站水头变幅$H_{max}/H_{min}$大于1.5，$H_{max}/H_r$大于1.15时，稳定性不良或转轮出现裂纹的几率明显增多。出现的这些不稳定运行问题均会对机组正常运行产生不同程度的影响，有的甚至导致机组无法正常运行。

3. 制造厂的分析意见　2007年，中国电建集团华东勘测设计研究院有限公司委托国内两大水电机组制造厂家，针对白鹤滩水电站水轮机运行水头特点，开展了CFD水力开发分析计算和水轮机模型试验的研究工作，其中包括198、202、206m额定水头和800、1000MW额定单机功率的不同组合方案。至2009年9月，两个制造厂均已完成上述CFD分析计算和水轮机模型试验工作。

根据制造厂的经验分析，尤其是针对白鹤滩进行的水轮机水力开发和模型试验表明：选择202m额定水头是比较合适的。

（四）额定水头比较方案

综合考虑各方面因素，拟定194m、198m、202m和206m四个额定水头方案进行比较，四个额定水头分别为加权平均水头的0.93、0.95、0.97倍和0.99倍，电站最大水头与各额定水头方案的比值分别为1.25、1.23、1.20和1.18。各方案的机组参数及动能经济指标见表1。

表1 不同额定水头方案主要参数成果对照表

| 项目名称 | 方案1 | 方案2 | 方案3 | 方案4 |
|---|---|---|---|---|
| 装机容量(MW) | 16000 | | | |
| 单机容量(MW) | 1000 | | | |
| 最大水头 $H_{max}$(m) | 243.1 | | | |
| 加权平均水头 $H_{cp}$(m) | 207.8 | | | |
| 最小水头 $H_{min}$(m) | 163.9 | | | |
| 额定水头 $H_r$(m) | 194 | 198 | 202 | 206 |
| $H_{max}/H_r$ | 1.25 | 1.23 | 1.20 | 1.18 |
| 转轮直径 $D_1$(m) | 8.87 | 8.73 | 8.60 | 8.48 |
| 额定转速(r/min) | 107.1 | 107.1 | 107.1 | 111.1 |
| 额定工况比转速(m-kW制) | 149 | 145 | 142 | 143 |
| 额定工况比速系数 | 2075 | 2040 | 2018 | 2052 |
| 稳定运行功率范围差(%) | −6.7 | −3.4 | 0 | +3.0 |
| 水轮机制造难度系数 $H_{max}D_1^2/1000$ | 19.1 | 18.5 | 18.0 | 17.5 |
| 水轮发电机组总重量差(t) | +3264 | +1568 | 0 | −2976 |
| 水头保证率(%) | 73.9 | 69.1 | 66.4 | 60.6 |
| 枯水年8月受阻容量(MW) | 0 | 376 | 929 | 1437 |
| 多年平均发电量差(亿kW·h) | +0.42 | +0.24 | 0 | −0.26 |
| 单位电度投资[元/(kW·h)] | 1.326 | 1.320 | 1.315 | 1.308 |
| 补充单位电度投资[元/(kW·h)] | +37.24 | +14.96 | 0 | −19.12 |
| 静态总投资差(亿元) | +7.60 | +3.59 | 0 | −4.97 |
| 总费用现值差(亿元) | −18.23 | −11.33 | 0 | +9.65 |

从汛期受阻容量分析，随着额定水头的抬高，所增加的受阻电量相对较小，但汛期受阻的容量逐步增加。从动能指标分析，总体上以额定水头高方案较优。从机组设计制造难度方面分析，各额定水头方案的水轮机比转速基本上在同一水平，对于同一单机容量（1000MW），四个额定水头水轮发电机的设计制造难度超过了目前在建和已建工程。从方案的经济性分析，总费用现值随着额定水头的抬高而增加。

（五）白鹤滩水电站额定水头选择意见

综合上述分析，最大水头与额定水头的比值应不大于1.2，宜选择额定水头202m方案。两制造厂也认为202m额定水头方案能够满足水轮机的稳定运行要求。因此，推荐白鹤滩水电站水轮机额定水头采用202m方案。

该额定水头选择成果得到了项目业主组织的技术咨询和交流会议的认可，并已审查通过。

（中国电建集团华东勘测设计研究院有限公司
方晓红 李胜兵 曾昭芳）

## 两河口水电站水轮发电机组招标设计

两河口水电站引水发电系统为大型地下洞室群结构，厂内安装6台单机额定容量500MW的水轮发电机组。水轮机额定水头228.0m，运行水头范围172.4～263.4m，水头变幅达91m，最大水头与最小水头比值约1.53，属水头变幅最大的水轮机之一。为使机组参数选择合理、技术成熟可靠、设计制造可行、运行安全稳定，在招标设计阶段，中国电建集团成都勘测设计研究院有限公司水力机械专业对水轮发电机组主要参数、单机额定功率、运行稳定性、结构型式等水力机械问题进行了研究。考虑到两河口水电站总装机功率和机组单机功率大、水头高、水头变幅大，水轮机在高水头运行时间长，在兼顾良好的能量指标、机组参数选择先进合理基础上，重点把水轮机水力稳定性应放在首位。

2015年3月，两河口水轮发电机组的招标文件编制工作启动。两河口水轮发电机组采用如锦屏一级、官地、大岗山、猴子岩、泸定等水电站的水轮机和发电机分标（水轮机轴和发电机轴法兰作为分标界面）的分标采购方式。

两河口水电站水轮机的运行水头较高，水头变幅较大，开发性能优良的水轮机模型具有一定的难度，因此在招标文件中要求投标人在投标阶段设计、制造成套模型水轮机（含筒形阀），完成水轮机模型初步试验，在评标阶段进行模型同台复核试验，在合同执行阶段按合同要求进行水轮机模型（含筒形阀）验收试验。水轮机模型同台复核试验，在国内首次是三峡右岸电站于2003年实施，试验的目的是：验证各投标人随投标文件提出的模型试验报告成果的真实性，并对投标模型水力特性进行同台对比，为评标做准备。试验内容包括模型的各种特性的抽查复核和对比，重点是水力稳定性。

2015年12月，在中国水利水电科学研究院水力机械实验室TP1试验台上对各投标人的水轮机模型进行同台对比复核试验，试验内容包括效率、空化、出力、压力脉动（无补气）、空化观测、叶道涡卡门涡观测、飞逸转速等。

两河口水电站水轮发电机组的总体结构：水轮机为立轴混流式，带有金属蜗壳和弯肘形尾水管，在水轮机固定导叶与活动导叶之间装设筒形阀；水轮发电机组的主轴采用二根轴结构，水轮机主轴与发电机主轴刚性直联，水轮机旋转方向为俯视顺时针；发电机为立轴、半伞式、由水轮机驱动的三相交流同步发电机，采用密闭自循环全空气冷却方式，上导轴承布置在转子上方，推力和下导组合轴承布置在下机架上。

两河口水电站水头较高，水头变幅大，水轮机运行稳定性要求严格，发电机容量大、安装海拔高。可行性研究阶段优选水轮机模型参数和机组参数，招标阶段采用国内公开招标方式进行设备采购，按水轮机和发电机分标，对投标人资质进行了详细规定，并通过模型同台复核试验对水轮机主要水力性能和稳定性状况做出综合评价，为业主采购到质优价廉的设备奠定扎实基础，同时为其他类似电站机组招标采购提供有益参考。

（中国电建集团成都勘测设计研究院有限公司　孙立鹏）

## 沙坪二级水电站大型灯泡贯流式机组参数及结构型式选择

沙坪二级水电站是大渡河规划的22个梯级水电站中的第20级沙坪梯级水电站的第二级；采用河床式开发，水轮机运行水头范围5.9～24.6m，装机容量348MW。

（一）机组机型与机组台数选择

按水轮机运行水头范围，可选用灯泡贯流式和轴流转桨式两种机型。经对6台58MW灯泡贯流式机组与4台87MW轴流转桨式机组进行技术经济比较分析，灯泡贯流式机组综合技术经济指标明显优于轴流转桨式机组，故选用6台单机容量58MW灯泡贯流式机组。

（二）机组主要参数选择

单机容量为58MW的灯泡贯流式机组为目前国内最大，其参数的选择，应以机组的安全、稳定运行为前提，综合分析确定。

1. 额定水头　沙坪二级电站满发流量2746m$^3$/s，相应下游尾水位为538.2m，水库正常蓄水位554.0m，装机满发的毛水头为15.8m。考虑该电站为径流式电站，在汛期污物较多，进水口拦污栅和流道水力损失取0.7m，再扣除尾水管出口的动能损失约0.3m，水库水位消落0.5m，确定额定水头为14.3m。

2. 比转速和额定转速　沙坪二级水电站单机容量较大，且汛期河水含沙量较大，不宜追求过高的比转速；其水轮机的比速系数$k$值在2700～3000之间选取，相应的额定工况比转速为714.0～793.3（m-kW制）。据此，机组可选用的额定转速为83.3r/min和88.2r/min。选用83.3r/min方案，机组总重量将增加，相应比转速为730.6，比速系数$k$值为2763，参数水平略低；选用88.2r/min时，比转速为773.6，比速系数$k$值为2925，参数水平适中，因此推荐机组额定转速为88.2r/min。

3. 安装高程　该电站为低水头径流式，应以满发时的尾水位538.2m为设计尾水位；根据厂家相关资料初步确定吸出高度$H_s$为－15.2m，相应安装高程为523.0m。

4. 功率因数　按四川省电力公司《关于沙坪二级电站接入系统设计报告评审意见的通知》要求，沙坪二级水电站发电机功率因数确定为0.925。

5. 额定电压　可选择10.5kV或13.8kV两个电压级。采用13.8kV的额定电压，虽然用铜量减少，但增大了用铁量，铁芯需加长，对于轴向通风方式，其冷却较困难。而且灯泡贯流式机组空间小，结构布置紧张，采用高电压其电气部件还需增大对地距离。因此，推荐发电机的额定电压取10.5kV。

6. 机组飞轮力矩$GD^2$　灯泡贯流式机组由于受灯泡比的限制，其飞轮力矩$GD^2$一般只有立式机组的十分之一左右，相应的$T_a$值也较小。电网系统对沙坪二级电站机组惯性时间常数$T_a$要求不小于3.1s，由此

确定机组飞轮力矩 $GD^2$ 不小于 9000t·m²。

（三）机组主要结构型式选择

1. 机组支撑方式和导轴承支承方式　采用管型座为主支撑、发电机侧设辅助支撑的机组支撑方式。机组采用两导轴承双悬臂结构。

2. 转轮及转轮室　转轮直径 7.2m，桨叶数为 5 片，轮毂比为 0.42。轮毂体采用 20SiMn 整铸而成，在叶片内端侧转动范围的球形轮毂表面堆焊加工后厚度不小于 5mm 的不锈钢层；桨叶采用抗空蚀、抗磨损并具有良好焊接性能的与 ZG06Cr13Ni5Mo，并采用 AOD 精炼铸造，其表面采用五轴数控加工；桨叶枢轴采用高强度合金钢 35CrMo 锻造；桨叶密封采用双向多层“V”形密封。转轮接力器为缸动结构，双支点，同轴导向。转轮室采用厚壁结构，其球面段和喉口段采用抗磨蚀性能优良的 0Cr18Ni9 不锈钢板，锥管段采用 Q235B 制造；分上、下两瓣，结合面采用法兰连接；与外配水环采用法兰连接，与尾水管里衬之间设伸缩节，其可调间隙为 20mm。

3. 主轴及主轴密封　机组采用一根轴结构，采用锻钢 A668CL. D 锻制而成。转轮与主轴采用螺栓连接，销传递力矩；主轴与发电机转子采用螺栓连接，销套传递力矩。主轴工作密封采用径向盘根密封＋水压端面密封的结构型式；盘根采用美国戈尔的 GFO 编织纤维，端面密封采用耐油耐水聚氨酯材料，为自补偿型。在工作密封的下游侧设置加压式实心围带检修密封。

4. 发电机推力轴承、径向轴承及油润滑系统　发电机设组合式正、反向推力轴承和分块瓦卧式径向轴承。正、反向推力瓦各 16 块，采用支柱螺丝加托盘支承的可调式结构，推力瓦为巴氏合金瓦；径向轴承下部设 6 块工作瓦，上部设 4 块辅助瓦。水轮机导轴承采用稀油润滑的巴氏合金瓦轴承，筒式瓦结构，轴承座和支座的接触面为柔性结构，可调整转轮和转轮室之间的间隙。水轮机导轴承和发电机组合轴承共用一套润滑油系统，采用强制油外循环方式。径向轴承和发电机组合轴承设有高压油润滑顶起装置。

5. 导水机构及接力器　每台水轮机共设有 16 个导叶，导叶采用 ZG20SiMn 铸钢整铸结构。外配水环为分 4 瓣，球面段及双曲面段采用模压成型。内配水环为整体焊接结构。导叶保护装置采用弹簧安全连杆结构，间隔布置。接力器为直缸液压式，其工作油压为 6.3MPa。导水机构还设有重锤，当接力器油压消失时，重锤直接关闭导叶。

6. 定子和转子　定子工地叠片下线，铁芯内径 8250、外径 8750，绕组为 2 支路波绕结构。转子支架为圆盘式钢板焊接结构，设置斜向支架筋板；磁极采用螺栓把合的方式固定在转子支架上。

7. 通风冷却系统　发电机采用密闭强迫自循环混合式通风系统。在定子上游侧设有 8 个空气冷却器，并相应配有 8 个轴流风机。发电机冷却系统采用一次水循环方式。

（中国电建集团华东勘测设计研究院有限公司
方晓红　江汉仁）

## 柬埔寨桑河二级水电站大型灯泡贯流式机组设计

桑河二级水电站位于柬埔寨王国上丁省桑河干流上，是一个径流式电站，装机容量 400MW，为柬埔寨王国当前装机容量最大的水电站。该电站地处热带地区，接入的电网极其薄弱，机组的机型、台数以及参数的选择颇有特色。

1. 机型与机组台数选择　桑河二级电站水头范围为 14.0～27.9m，装机容量 400MW，可供选择的水轮机机型有轴流转桨式和灯泡贯流式。以 5 台轴流转桨式机组方案与 6、7、8 台灯泡贯流式机组四种方案进行工程可比部分投资比较，方案一轴流转桨式机组方案最高，方案二 6 台灯泡贯流式机组方案最低；轴流转桨式机组方案比 8 台灯泡贯流式机组方案可比投资高约 1.42 亿元，三个灯泡贯流式机组方案间差异不大。综合技术经济分析比较，灯泡贯流式机组方案明显优于轴流转桨式机组方案。考虑柬埔寨电网总容量较小，运行维护能力较差，较多的机组台数有利于运行调度及机组检修安排，选用 8 台单机容量 50MW 的灯泡贯流式水轮发电机组方案。

2. 额定水头选择　该电站正常蓄水位 75m，装机满发（流量为 2036.8m³/s）尾水位约为 51.0m。考虑到汛期电站平均流量大于电站满发流量，以汛期平均流量对应尾水位确定电站额定水头。汛期平均流量 2590m³/s 对应的下游尾水位约为 51.5m，装机满发的毛水头为 22.5～23.5m。取进水口拦污栅和流道水力损失 0.7m，再扣除尾水管出口的动能损失约 0.4m，其净水头为 21.4～22.4m。为了尽量减少受阻容量，增加装机满发时间，并考虑到工程投资和下游水位误差等因素，确定水轮机额定水头为 21.7m。

3. 额定转速选择　桑河二级电站运行大水头高、单机容量大，不宜追求过高的参数水平。根据统计、分析，该电站水轮机的比速系数 $k$ 值宜在 2700～3100 之间选取。机组可选用的额定转速为 125、136.4r/min，相应的比转速为 604.4、659.5（m-kW 制），比速系数 $k$ 值为 2815、3072。这两个额定转速方案，对发电机来说，设计制造均可行，且技术难度基本相当，125r/min 方案的机组总重量较 136.4r/

min 方案略有增加；对水轮机而言，125r/min 方案参数水平适中，136.4r/min 方案参数水平略微偏高。综合分析，水轮发电机组的额定转速确定为 125r/min。

4. 机组飞轮力矩 $GD^2$ 的确定　参考石岛、马迹塘、大源渡、洪江、桥巩、清水塘、飞来峡、红花、沙坪二级灯泡贯流式机组的飞轮力矩，按满足机组能稳定满载孤立运行的飞轮力矩计算公式 $GD^2=13.4\times P_r/n_r^2\ (253Q_r/D_1H_r+404)$ [式中：$P_r$为机组额定功率（kW），$n_r$为机组额定转速（r/min），$Q_r$为水轮机额定流量（$m^3/s$），$D_1$为转轮公称直径（m）] 计算，桑河二级机组飞轮力矩 $GD^2$ 值应不小于 3620t·$m^2$（对应额定转速 125r/min）。最终确定该机组飞轮力矩 $GD^2$ 值约为 4160t·$m^2$，相应机组惯性时间常数 $T_a=3.5s$，水流惯性时间常数 $T_w$ 为 1.1s。$T_w/T_a=0.314$（$T_a/T_w=3.2$），满足单机孤立运行时，能稳定解列，甩满负荷大波动过程稳定的要求，也满足机组孤网能稳定运行的要求。

5. 发电机功率因数　《柬埔寨电网导则》（2009 年 5 月版）规定：除非得到国家输电特许部门的同意，所有发电机组均应在功率因数 0.85（滞后）与 0.95（超前）之间的任何点提供有功功率。为满足柬埔寨国家电网的相关要求，桑河二级水电站发电机额定功率因数取 0.85（滞后）。

6. 灯泡比的选择　灯泡比是发电机定子机座外径 $D_B$与水轮机转轮直径 $D_1$的比值，是灯泡贯流式机组的重要特征参数之一。经对国内外部分灯泡贯流式机组灯泡比统计分析，运行水头较高的大型机组灯泡比一般在 1.3 左右。桑河二级水电站水头较高、单机容量较大，且需满足电力系统无功平衡的要求，应适当加大灯泡比。经综合比较，提出灯泡比增大为 1.345，相应水轮机加权平均效率为 95.1%。增大灯泡比后，水轮机加权平均效率略有下降，但发电机飞轮力矩 $GD^2$ 有所增加，且有利于发电机通风冷却设计，因此最终确定桑河二级机组灯泡比为 1.345。

7. 发电机的冷却方式　桑河二级地处热带地区，河水温度较高且水生物较多、汛期水质较差。为保证设备的安全可靠性，发电机采用内循环、二次冷却方式，同时保留一次冷却的接口。汛期河水水质较差时，采用二次冷却方式运行；在枯水清水期，可切换至一次冷却方式运行。由于受尺寸限制，发电机冷却锥内水量不能同时满足发电机和轴承冷却的需求，因此机组轴承冷却系统则采用外循环、一次冷却的方式。

（中国电建集团华东勘测设计研究院有限公司
方晓红　赵士正　刘文辉）

## 孟底沟水电站水轮发电机组参数和台数选择研究

孟底沟水电站装机容量 2400MW，水头范围 144.6～166.0m，装机 4～6 台；机组单机容量及尺寸大，水轮机蜗壳、顶盖等过流部件难度系数较高，机电重大件运输难，水轮发电机组主要参数和机组台数的选择都存在较大的技术难度。为此，中国电建集团成都勘测设计研究院有限公司水力机械专业开展了孟底沟水电站水轮发电机组参数和台数选择专题研究。借鉴国内外同类工程的有益经验，通过计算、分析和工程类比等多种方法，选择“稳妥可靠、经济合理”的水轮发电机组主要参数和机组台数。

专题研究的主要工作思路如下：

（1）广泛开展国内外水轮发电机组技术交流，了解最新动态和发展趋势，为孟底沟水轮发电机组参数和台数选择积累经验。

（2）对有重要借鉴作用的巨型、大型水电站及机组的设计、制造和运行管理经验以及水轮发电机组制造商进行调研。

（3）协同水轮发电机组制造商和科研单位对水轮机的几何参数、水力性能及参数，对水轮发电机的额定电压、功率因数、槽电流、电磁参数和冷却方式，对机组结构型式、刚强度和稳定性等进行研究、计算和论证。

（4）通过计算、分析和工程类比等多种方法，研究额定水头、设计水头和模型水轮机参数的合理选择范围。

（5）合理拟定装机台数比选方案，从枢纽布置、土建及机电设备投资、动能参数和经济指标、水轮发电机组参数、机电设备重大件运输和加工方式、机组运行稳定性和设计制造可行性、电站施工工期及初期效益等方面，对装机 4 台、5 台、6 台三方案进行技术经济综合比选，合理匹配水轮机和发电机的各项参数，选择水力性能优良、抗磨蚀和稳定性好、适合孟底沟电站运行条件的水轮发电机组主要参数和机组台数。

根据以上工作思路，2016 年中国电建集团成都勘测设计研究院有限公司完成了《水轮发电机组参数和台数选择研究专题报告》，最终推荐孟底沟电站采用 4 台单机容量 600MW、额定水头 151m、额定转速 125r/min、转轮进口直径为 6.9m 的装机方案及参数。该方案既合理可行，能稳定、高效运行于孟底沟电站的具体运行条件，且具有一定的先进性。

（中国电建集团成都勘测设计研究院有限公司　董宏成）

## 清远抽水蓄能电站1号机长短叶片转轮的有关试验情况

清远抽水蓄能电站安装4台额定水头为470.0m、单机容量为320MW的可逆式抽水蓄能机组，主机设备由东芝水电（杭州）有限公司供货。水泵水轮机额定出力326.5MW，最大抽水流量65.2m³/s，采用5张长叶片+5张短叶片的长短叶片转轮，转轮直径$D_1$为4.326m。1号机转轮验证的有关试验情况简介如下：

（一）模型试验

（1）固定雷诺数下水泵加权平均效率91.63%，高于合同保证值91.59%；水轮机效率91.74%，高于合同保证值91.7%。

（2）正常运行范围，转轮与活动导叶间的压力脉动，最大值为3.5%，小于合同保证值5%；转轮上冠与顶盖间压力腔的压力脉动最大值为4.8%，小于合同保证值5%；尾水管压力脉动最大值为1.2%，小于合同保证值2%。

（3）水轮机工况，电站空化系数与初生空化系数之比为1.47～2.65，有较大的裕度；水泵工况电站空化系数与初生空化系数之比为1.36～2.25，同样有较大的裕度，也就是说原型机运行范围内不发生空化。

（4）二次流初生限制线至49.0Hz下最大总扬程的余量为4.2%，大于合同要求4%。

（二）真机试验

1. 空载试验　在上库水位591.43m、下库水位129.24m、水头约462.19m的空载持续运行，转速基本无波动，摆幅仅约0.1Hz，并均能顺利通过自动并网试验。机组自动开机超调量0.17Hz，启动时间19.8s，验证了全特性曲线所标示的“无S特性，任何水头均可正常并网”的预期。

如表1所示，机组空转工况，上、下机架振动及上、下导轴摆度均较小，只是顶盖振动和水导摆度略大（但仍在可以运行范畴），其余振动值全部落入A区（优良运行区），优于国内抽水蓄能机组的平均先进水平。

表1　1号机空转时的振动摆度（通频值）

| 摆度（μm） | 上导 | | 下导 | | 水导 | |
|---|---|---|---|---|---|---|
| | X | Y | X | Y | X | Y |
| | 184 | 169 | 149 | 142 | 253 | 274 |
| 振动（mm/s） | 上机架 | | 下机架 | | 顶盖 | |
| | 水平 | 垂直 | 水平 | 垂直 | 水平 | 垂直 |
| | 0.5 | 0.71 | 0.68 | 0.85 | 1.05 | 2.88 |

2. 120%电气过速试验　在水头为463m时，机组在手动模式下进行了120%电气过速试验（接力器行程为65%），最高转速升至123%，从现场曲线和解析波形分析，压力和转速上升幅值正常，也没有所谓的“S”特性出现。

3. 甩负荷试验　机组先后进行了甩80、160、240、305、317MW发电负荷试验，测录数据见表2。从结果看，转速上升值均比厂家调保计算低约4%，蜗壳最大水压上升幅值也低约10%，而尾水管最小压力则高12%左右，均能较好地满足控制值要求。

表2　1号机甩负荷试验情况表

| 工况 | 甩25% | 甩50% | 甩75% | 甩100%（1） | 甩100%（2） |
|---|---|---|---|---|---|
| 水头（m） | 464.8 | 464.57 | 464.4 | 463.94 | 480.46 |
| 蜗壳最大水压（MPa） | 5.57 | 5.72 | 5.875 | 5.886 | 5.916 |
| 蜗壳最小水压（MPa） | 5.36 | 5.19 | 5.05 | 4.926 | 5.089 |
| 尾水最高压力（MPa） | 1.034 | 1.288 | 1.27 | 1.301 | 1.057 |
| 尾水最低压力（MPa） | 0.853 | 0.739 | 0.708 | 0.736 | 0.541 |
| 最大转速上升（%） | 106.1 | 116.4 | 125.3 | 127 | 131 |
| 导叶关闭时间（s） | 32 | 50 | 67 | 69 | 70 |
| 导叶开度（%） | 35.6 | 53 | 72.77 | 93.7 | 91.53 |
| 功率（MW） | 80 | 160 | 244 | 305.9 | 317.01 |

4. 负载试验　水轮机工况25%（80MW）、37.5%（120MW）和50%（160MW）负载运行测录的机组振动摆度如表3所示，可以看出，25%负载时仅水导和顶盖的通频稍大，其他振摆都还在正常；37.5%和50%负载时机组则完全纳入可以长期安全稳定运行的允许范围。

5. 水泵工况　在高低扬程均进行了较长时间运行。表4为水泵工况热稳定性试验期间的测录，整个大轴摆度的绝对值均比较小（均在标准可不受限制运行的A区），水导摆度甚至比上导和下导摆度幅值还要小；上、下机架振动和顶盖振动均处在标准A区。

表3 1号机水轮机工况负载运行的振动摆度（通频值）

| | 负载 | 上导 | | 下导 | | 水导 | |
|---|---|---|---|---|---|---|---|
| | | X | Y | X | Y | X | Y |
| 摆度（μm） | 80MW | 160 | 153 | 159 | 156 | 338 | 340 |
| | 120MW | 132 | 125 | 156 | 144 | 206 | 232 |
| | 160MW | 158 | 140 | 205 | 198 | 195 | 223 |
| | 负载 | 上机架 | | 下机架 | | 顶盖 | |
| | | 水平 | 垂直 | 水平 | 垂直 | 水平 | 垂直 |
| 振动（mm/s） | 80MW | 0.59 | 0.59 | 0.67 | 0.67 | 1.31 | 2.74 |
| | 120MW | 0.42 | 0.46 | 0.48 | 0.34 | 0.88 | 1.38 |
| | 160MW | 0.30 | 0.33 | 1.69 | 0.30 | 0.48 | 0.84 |

表4 1号机水泵工况热稳定性试验的振动摆度（通频值）

| | 上导 | | 下导 | | 水导 | |
|---|---|---|---|---|---|---|
| 摆度（μm） | X | Y | X | Y | X | Y |
| | 145 | 138 | 148 | 149 | 64 | 66 |
| | 上机架 | | 下机架 | | 顶盖 | |
| 振动（mm/s） | 水平 | 垂直 | 水平 | 垂直 | 水平 | 垂直 |
| | 0.29 | 0.32 | 0.53 | 0.34 | 0.76 | 0.9 |

（三）结语

清远抽水蓄能电站机组虽然还有没进行的相关性能试验，但从模型试验的资料，以及机组在空载、过速和甩负荷试验的测录数据可以认为，长短叶片转轮的采用有效解决了低比转速抽水蓄能机组低效率的难题；水泵流量随扬程的变化较小，采用长短叶片转轮有效解决了运行中的扬程变化范围受限的难题。

（中国南方电网调峰调频发电公司清远蓄能发电有限公司　陈泓宇）

## 大岗山水电站水轮机顶盖及圆筒阀安装工艺优化

大岗山水电站共安装4台单机容量为650MW的混流式水轮发电机组，水轮机带有圆筒阀。顶盖分4瓣到货，组装后总重约230t、最大外径10150mm、最高尺寸2177.5mm；圆筒阀阀体分2瓣到货，组装后总重约77t、最大外径9327.6mm、高1825mm。

圆筒阀接力器通过基座安装在顶盖上，其活塞杆与阀体通过超级螺母连接固定，接力器活塞的上下动作即可带动阀体做升降启闭；阀体运动的导向机构由安装在其周圈的导向条与固定导叶上的导轨组成。该圆筒阀设6个接力器、12组导向机构。圆筒阀参与导水机构预装，目的是：①进行圆筒阀接力器预装（主要是调整接力器基座水平，保证接力器活塞杆垂直度），检查接力器动作的稳定性；②测量阀体导向槽与固定导叶导轨之间的实际间隙，进行导向条的配刨加工，使导向条安装在阀体后与固定导叶导轨的间隙满足$1.2^{0}_{-0.2}$mm要求。

（一）优化背景

按照厂家安装说明书和原施工方案，导水机构预装和安装，顶盖、圆筒阀共需吊入机坑3次，吊出机坑2次。该方案已在4、3号机组（前两台）安装中实施。但2、1号机定子要在机坑内组装，叠片完成前无水轮机部件吊装就位通道，水轮机设备预装、安装工期发生重大改变，从导水机构预装开始至发电机轴吊入机坑安装的施工工期从170天锐减至110天。另外，在定子线棒嵌装时进行导水机构预装，存在吊装安全风险，吊装次数越多，安全风险也就越大。因此，顶盖、圆筒阀预装、安装工艺须优化。

（二）流程优化

(1) 原方案流程为：顶盖单独吊入机坑（第1次吊入）预装，完成后在顶盖上进行圆筒阀接力器基座预装和圆筒阀接力器预装→顶盖吊出机坑（第1次吊出），进行圆筒阀套装（筒体与接力器活塞杆连接）→顶盖、圆筒阀整体吊入机坑（第2次吊入）进行圆筒阀预装（测量导向槽与导轨间隙）→顶盖、圆筒阀整体吊出机坑（第 2 次吊出），同时按照测量间隙配刨圆筒阀导向条→圆筒阀导向条安装→顶盖、圆筒阀整体吊入机坑（第 3 次吊入）安装。

（2）本次方案优化主要是改变圆筒阀接力器预装工序，即将原方案中顶盖第一次吊入机坑预装合格后，再在机坑内占用直线工期进行圆筒阀接力器预装的工序，优化至在顶盖吊入机坑预装前在安装间进行圆筒阀接力器预装，不占用机坑内施工的直线工期。

（3）优化方案流程为：在安装间将顶盖水平调平→圆筒阀接力器基座预装、圆筒阀接力器预装→圆筒阀套装（筒体与接力器活塞杆连接）→顶盖、圆筒阀整体吊入机坑（第 1 次吊入）预装（吊入机坑后，先进行顶盖预装、定位，再进行圆筒阀预装）→顶盖、圆筒阀整体吊出机坑（第 1 次吊出），同时按照测量间隙配刨圆筒阀导向条→圆筒阀导向条安装→顶盖、圆筒阀整体吊入机坑（第 2 次吊入）安装。

（三）优化工艺的难点及解决措施

1. 技术难点　对于圆筒阀的预装与安装，优化方案只是改变了接力器基座水平调整工艺。圆筒阀接力器基座的水平调整，原方案是顶盖在机坑内预装合格、定位销钉孔钻铰完成后，在永久安装状态下进行；优化后，顶盖在安装间由临时设置的钢支墩支撑，调整水平后再进行，顶盖水平的测量误差、顶盖在钢支墩上的弹性变形等情况与机坑内的情况不同，存在偏差。按照该方案执行是否可满足筒阀接力器基座和筒阀接力器活塞杆的质量要求，即为此项优化的技术难点。

2. 解决方案　座环上法兰面为工地现场机加工，水平偏差小于 0.15mm，加工面直径 $\phi$10150mm，若考虑顶盖与座环的把合面水平忽略不计，故当顶盖吊入机坑与座环把合后，其顶盖水平度应在 0.015mm/m 以内。据 4、3 号机施工经验，圆筒阀接力器基座在机坑内安装时，基座上平面（筒阀接力器把和面）水平偏差不大于 0.05mm/m，圆筒阀接力器安装后即可满足接力器活塞杆垂直度偏差不大于 0.1mm/m 的要求。经分析，顶盖在机坑内和安装间两种不同条件下存在最大 0.15mm 极限水平偏差，将会导致圆筒阀接力器基座出现 0.007mm 水平偏差。因此，解决前述技术难点的措施是：

（1）在安装间进行顶盖调平时，首先应确保其水平倾斜方向与座环上法兰面加工后的相同，并在此基础上，尽可能将水平偏差调整至与座环上法兰面加工后的一致。使用水平仪加测微头测量，并将座环把和面水平测量值与加工验收数据对比。

（2）在安装间进行接力器基座水平调整时，应提高基座水平的要求，控制其水平偏差在 0.04mm/m 以内。

（3）将活动导叶预装数量从原方案的 20 只调整为 18 只，6 只与圆筒阀超级螺母（用于接力器活塞杆与阀体连接）对应的活动导叶不参与预装，以便需要时，采取补救措施。

（四）效果

大岗山水电站 2、1 号水轮机导水机构预装与安装，圆筒阀接力器垂直度，以及圆筒阀升降动作结果完全满足质量验收要求，没有采用补救措施；工艺优化实现了缩短关键线路工期、降低施工安全风险的目的。

（中国水利水电第七工程局有限公司
机电安装分局　谢守斌　刘　东）

## 向家坝右岸电站水轮发电机集电装置优化改进

向家坝右岸电站安装 4 台天津阿尔斯通水电设备有限公司制造的 800MW 水轮发电机组，其发电机集电装置，集电环（滑环）环面采用阿基米德螺旋线槽结构，碳刷按单元组设计，碳粉收集系统由密闭罩和碳粉吸收装置构成。该型式集电装置投运以来，碳刷存在载流严重不均衡、温度过高、接触面打火和刷辫熔断等问题，碳粉收集系统运行也不够理想，影响机组和电网的安全稳定运行。因此，向家坝水力发电厂与制造厂相互配合，对碳刷布置方式、电流通路、单位载流密度、密闭罩、风路、碳粉吸收装置等进行优化改进，解决了所存在的问题，实现了安全、可靠、绿色运行。

（一）主要优化工作及创新点

（1）创造性地将故障树分析和蒙特卡洛仿真方法运用到集电装置的故障分析中，从理论上定性分析影响该装置运行效果的各项因素，并运用 ANSYS 电磁仿真软件对设计模型进行优化完善，减小了设计指标与实际运行效果之间的偏差。

（2）碳刷优化采用高、中、低波浪式整圆布置方式，电流以环网方式流入碳刷，减小导电环电阻对电流分布的影响，使碳刷电流分布更均衡，解决了部分碳刷温度过高问题，提高了集电装置的运行可靠性。

（3）碳粉吸收装置滤芯优化采用褶皱滤筒，其滤网表面有细长绒毛吸附碳粉，网孔直径略小于碳粉直径；滤筒采用扇叶折叠结构增加了表面积，网孔数量增多、风道风阻降低，使装置收集碳粉效果更好。

（4）集电环的正、负极绝缘件优化采用异形楔形块，该楔形块随着集电环转动产生的风力有助于及时吸出碳粉（其离心方向和切线方向风力有助于将碳粉运送至集尘罩碳粉收集口，而垂直向风力可抵消碳粉自身重力)，增进碳粉收集效果。

（二）实施效果及应用情况

优化工作先在向家坝右岸电站的7号机组发电机集电装置上实施，经一年的运行考验，又进行了方案完善，并对该电站5、6、8号机组发电机集电装置进行优化改进。经优化的集电装置布局合理、结构紧凑、美观大方、便于维护，实现了设备可靠性和人性化的完美结合，与国内水电厂使用的其他集电装置比较，有如下优点：

(1) 各部件温度指标大幅度领先，达到了国际先进水平，特别是负极碳刷接触面温度普遍较低。

(2) 装置温升受机组负荷调整、频繁开停机、环境温度变化等不利因素影响较小，冗余度更大，可靠性更高。

(3) 解决了碳粉污染给滑环装置安全运行带来的一系列问题，集电装置内、外部环境更清洁，实现了环境友好、绿色运行。

(4) 减少了运行维护工作量，可免维护工作一年。

鉴于该优化的集电装置性能优异，三峡、葛洲坝、溪洛渡、官地等水电站，借鉴该优化改进方案，对发电机集电装置也进行了优化改进。

（向家坝水力发电厂　覃国茂<br>陈　锋　刘仁杰　李汶珈）

## 桥巩贯流式水轮机受油器的结构改造

ALSTOM设计制造的桥巩贯流式水轮发电机组(3、4、7号和8号机)，额定出力57MW，转轮直径7.45m。自2008年11月30日投运以来，各个主要运行性能指标良好，但水轮机受油器的操作油管中管曾出现了3次断裂(4号机在2009年11月10日、2010年11月10日，8号机在2011年3月26日)；且受油器体的振动偏大，4号机＋X向达0.55～0.65mm，＋Y向达0.30～0.35mm，其他机组的振动值大体相当。经过多次的检查、测量和分析，认为是中管轴线不直造成。鉴于在电站现有的条件下很难将中管轴线调整至理想状态，因此，业主决定对受油器的结构进行重新设计改造。

（一）原受油器结构

桥巩贯流式水轮机受油器原结构如图1所示，其后浮动瓦位于外操作油管的端部，导向头与中操作油管用丝扣连接，前、中、后浮动瓦内壁分别与导向头、导向头、外油管接触，与中管连接的导向头摆度自由不能被调整，仅仅后浮动瓦处的外操作油管的摆度能在安装期间进行调整。

（二）改造情况

桥巩贯流式水轮机受油器重新设计改造前后进行了两次，除结构改造外，还对安装调整工艺作了改进及完善。

1. 首次改造　如图2所示，将外操作油管直接与前导向筒用法兰连接，用一个作为密封端盖的小法兰与中管连接，3块浮动瓦内壁都与外操作油管相接触，使整个外操作油管的摆度能在安装期间进行调整，中管因直接与外管相接触，没有旋转径向力传给受油器体。另外，对浮动瓦，增设端面密封，轴向间隙由0.02～0.04mm改为0.12～0.15mm，径向间隙由0.25～0.332mm改为0.10～0.15mm。

按此方案改造后的4号机组，2012年2月8日在到达额定转速运行20min就发现受油器下油箱有摩擦发热现象。停机检查发现下油箱密封挡环已严重烧坏，受油器体下法兰盖与外管也摩擦严重；浮动瓦限位螺钉断掉、内壁和端面有摩擦，外管也有磨痕；受油器体和导向头已严重偏心，导向头与外管的把合螺栓松动。

经检查、试验、分析，认为出现的问题与受油器体产生倾斜有关，产生原因有两个，于是采取了相应处理措施。一是灯泡头在充水后上翘，使受油器体发

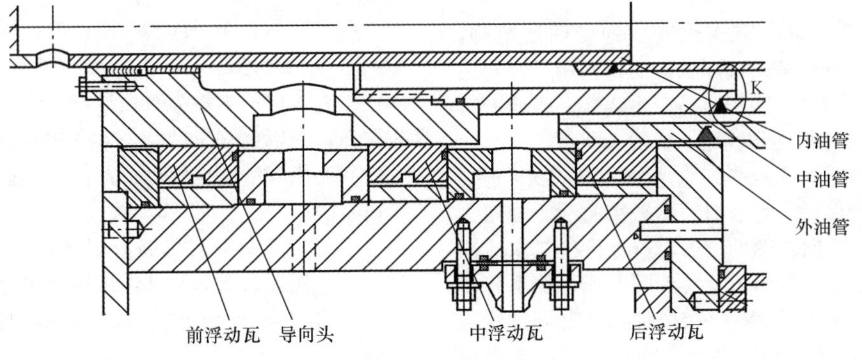


图1　原受油器结构示意图

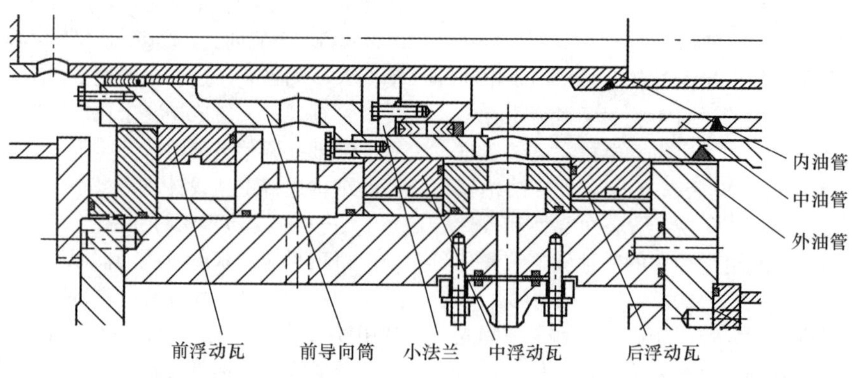


图2　首次改造的受油器结构示意图

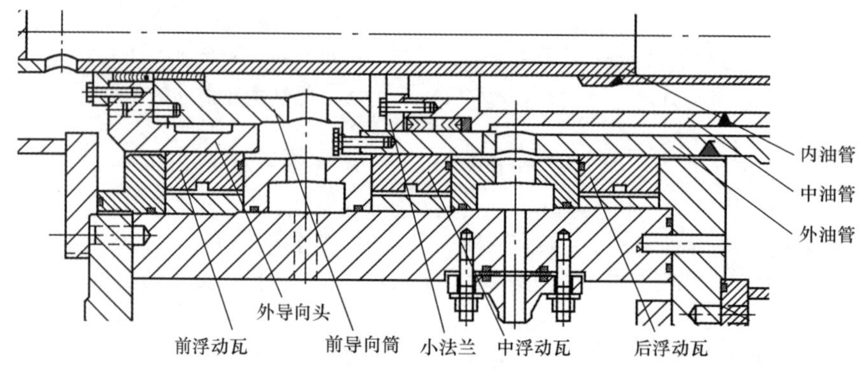


图3　再次优化改进的受油器结构示意图

生倾斜，采取在受油器座下面配垫方法处理。二是受油器体底部实际支撑刚度很差，抵挡不住因前后浮动瓦的面积差产生油压作用下的轴向力，受油器体向上游窜动，对浮动瓦产生倾斜挤压；对此，增设了轴向辅助支撑和径向斜辅助支撑。处理后，4号机重新投入运行，受油器运行状况良好：垂直和水平振动值小于0.05mm，比原受油器的振动值有了量级上降低（原为0.30～0.50mm）；手感温度正常，没有异常感觉；漏油泵3～4h启动一次（原受油器漏油泵大约0.5h启动一次），浮动瓦内面和端面间隙未出现过大的漏油量。

2. 再次优化改进　首次改造后的受油器结构，存在前后浮动瓦面积差的油压轴向力的作用，对安装精度要求较高，调整不当很容易产生烧瓦。因此，对受油器结构再次进行优化改造，如图3所示。

结构优化改进的要点是：①增加外导向头，使3块浮动瓦的内径保持一致，消除不平衡的油压轴向力的影响；②拆除径向斜辅助支撑，避免停机排水后因受油器体的垂直方向自由移动受到限制而可能引起挤坏浮动瓦；③增设水平支撑（与受油器体之间加绝缘垫），限制受油器体水平的摆动（垂直方向可自由浮动）。

受油器体优化改进后，进行了现场测量，结果见表1。

表1　受油器体相对于外管的上下位移量

| 状态 | 受油器体前端（mm） | 受油器体后端（mm） |
|---|---|---|
| 充水状态，油压2.0MPa | 0.02 | 0.04 |
| 充水状态，油压4.0MPa | 0.03 | 0.07 |
| 充水状态，油压6.3MPa | 0.03 | 0.08 |
| 排水后，油压6.3MPa | −2.11 | −1.21 |

测量结果表明，面积不平衡的油压轴向力的作用影响基本完全消除，不会对受油器运行产生不良效果；水力流道的水浮力对受油器体同心变化的作用依然存在，与以前测量的结果大致相同。这可以通过在有水状态下安装和调整受油器体与外管的同心的方式予以解决。

2013年1月，对具备开机条件的7号机进行了试运行，优化改造后受油器试运行成功，受油器体的垂直、水平振动值小于0.05mm，其他方面情况良好。

经2年多的运行证明，桥巩贯流式水轮机受油器的重新设计改造达到了预期的效果。

［阿尔斯通水电设备（中国）有限公司　高　峰　满建玉］

## 溧阳抽水蓄能电站定子机座穿心螺栓孔现场钻铰新工艺

溧阳抽水蓄能电站发电电动机额定功率为250MW，额定转速为300r/min，其定子在现场整体叠片组装。定子机座高4900mm，外径8930mm，内径6772mm，分成四瓣运输，现场完成组圆焊接工作。由于组圆及焊接完成后各项尺寸与理论尺寸存在偏差，且定位筋和测圆柱中心调整存在与设计、理论位置的偏差，机座上穿心螺栓孔如在厂内钻铰，在现场安装时位置会出现偏差，往往需作处理。因此，根据多年施工经验，采用现场钻铰穿心螺栓孔工艺。

（一）以往施工工艺

以往现场钻铰穿心螺栓孔是在定位筋调整托块焊接完成后进行，主要施工工艺为：

（1）在机座大齿压板上放临时垫板，高度为20～30mm，整圆叠20～40层定子冲片，用整形棒将冲片槽型及穿心螺栓孔整形合格。

（2）用中心柱测量冲片内径，每张冲片测量两点，调整冲片内径及圆度使其符合设计要求。

（3）用穿心螺栓孔定位工具，通过定子冲片上的穿心螺栓孔在机座上冲穿心螺栓孔洋冲加工线，拆除定子冲片和临时垫板，将洋冲眼加工线涂出醒目标记。

（4）用磁力钻加工机座环板上的穿心螺栓孔。

（5）修整穿心螺栓孔加工后的尖角及毛刺。

（二）新施工工艺

新工艺与原工艺中的第1、2、3条不同，主要如下。

1. 专用工具　新工艺采用了定位模型、定位套筒及专用洋冲，如图1所示。

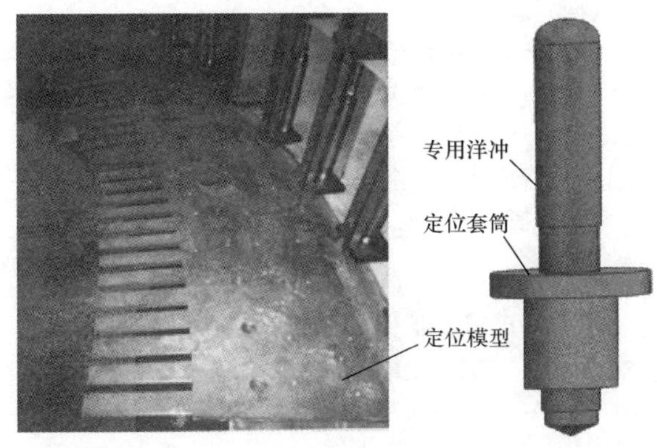


图1　专用工具图

（1）定位模型：用定子铁芯冲片叠装制作而成，其厚度为30mm左右，弧长满足一个大等分跨距。模型叠装方法与铁芯正式叠装方法相同，完成后将所有螺栓孔装入定位套筒定位，在冲片上钻孔用铆钉固定牢靠，并去除多余的部分（即大于大等分跨距影响安装的部分）。

（2）定位套筒：定位套筒根据定子铁芯孔的大小制作而成，其直径比铁芯螺孔直径小0.03～0.05mm。

（3）专用洋冲：专用样冲直径根据定位套筒内圆直径确定，其与孔的公差配合为H7/f7。

2. 施工方法

（1）大等分定位筋调整、验收完成后即可进行穿心螺栓孔钻铰。

（2）将定位模型叠装至大等分定位筋上，装入定位套筒，用专用样冲冲铁芯螺栓孔中心点。

（3）移除定位模型，采用空心钻头钻铰，钻铰时钻头定位针应对准定位样冲眼。

（4）螺栓孔钻铰时，应使用皂化液对钻头进行润滑及冷却，以延长钻头的使用寿命。

（三）新旧工艺比较

新旧工艺比较见表1。

表1　新旧工艺比较表

| 序号 | 项目 | 原工艺 | 新工艺 |
|---|---|---|---|
| 1 | 进度影响 | 占用直线工期，在定位筋调整完成后方可进行螺栓孔钻铰，延长施工作业时间 | 不占用直线工期，在大等分内定位筋调整期间进行钻铰，节约施工时间 |
| 2 | 人力资源利用 | 定子铁芯叠装定位筋调整期间人力资源需求少，会造成一部分人员闲置，使人力资源得不到合理利用 | 在定位筋大等分内定位筋调整期间进行钻铰，使人员有效利用程度提高 |
| 3 | 施工过程 | 整圆叠装30mm冲片，进行螺栓孔定位，完成后拆除，每台机均需进行以上工作，施工工艺复杂，施工效率低 | 模型一次性成型，整个电站都可以使用，仅首台机组需要进行模型制作，其施工工艺简单，操作方便，施工效率高 |

（四）运用情况

溧阳抽水蓄能电站运用以上新工艺，成功地完成了4台机组定子穿心螺栓孔钻铰工作，螺栓孔验收满足厂家及规范要求，在后续螺杆安装时没有一个螺栓孔进行过后续处理，全部满足安装要求。

（中国水利水电第五工程局有限公司　吕建国）

## 溧阳抽水蓄能电站电动发电机转子联轴新工艺

溧阳抽水蓄能电站安装6台单机容量为25万kW的可逆式抽水蓄能机组。其发电电动机为半伞式结构，转子直径6282mm、净重约400t，与推力头、下端轴均采用螺栓连接方式。如图1所示，转子与推力头、下端轴的止口配合间隙非常小。由于转轮需加调平垫片放置在泄水环上，高程已无法降低，发电机下端轴上法兰面只比推力头法兰面低20.5mm，而转子下法兰止口深度为20mm，下机架理论扰度为0.70mm，如图1所示，这情况下将转子吊入进行联轴很容易压伤止口。因此，承担机电安装的中国水利水电第五工程局有限公司机电安装分局做了研究，采取了新的安装工艺。

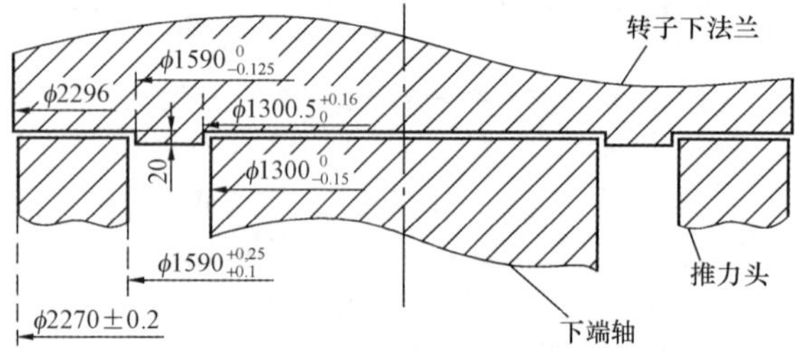


图1　转子联轴各法兰尺寸示意图

（一）联轴方案

按照传统联轴方法，有以下三种方案：方案一是转子吊入机坑后先和推力头连接，再和下端轴连接；方案二是转子吊入机坑后先和下端轴连接，再和推力头连接；方案三是转子吊入机坑后同时连接推力头和下端轴法兰。经分析，都难安全顺利实施。

根据现场实际情况可知，转子吊入机坑后与推力头、下端轴连接时需要找正其同心度才能保证推力头、下端轴进入转子下法兰的止口。一般情况下先将转子与推力头找正连接完成后，再通过推力轴承来调整转子与下端轴的同心度；但该电站机组在转子与推力头连接后，只是因下端轴上法兰面高程较高，无法将转子重量转移至推力轴承。

根据该思路，开创性地提出在推力头法兰面放置一块板来“虚拟”增高推力头高度，使推力头法兰面比下端轴上法兰面更高，转子与推力头连接后可以顺利下落至推力瓦上。通过推力轴承找正与下端轴的同心度，完成转子与下端轴连接，最后松掉推力头连接螺栓，通制动器顶起转子，将板子取出。

考虑经济性和操作便捷性，经研究，采用8块厚8mm尼龙板，按推力头法兰面环面形状且避开连接螺栓孔制作，圆周均匀分布。尼龙板材具有重量轻、强度高、承载力强的特点，能够承受转子重量而不变形。

（二）实施要点

（1）转子吊装。将所有8个制动器顶面都调平到经计算确定的高程（－46.546m），并旋紧制动器锁定；将转子吊入机坑，下降至距离推力头法兰20mm处，微调转子中心位置，将推力头连接螺栓从转子中心体穿入、带进螺纹；然后将转子平稳落在已调平的制动器上。此时转子下法兰面与推力头法兰面的距离为24mm，与下端轴法兰面距离为43.8mm。

（2）转子与推力头第一次连接。转子平稳吊落在制动器上后，用深度尺检查转子下法兰与推力头法兰外侧的错牙，计算转子与推力头的中心偏差，利用千斤顶径向顶推力头进行调整；确认两者同心度不大于0.05mm后，用连接螺栓对称提升推力头，直至进入转子止口台阶，把8块尼龙板塞入均匀分布在推力头法兰面；操作制动器顶起转子，旋下制动器锁定，缓慢卸掉制动器油压，使转子缓慢落下，推力头及镜板落在推力轴承瓦上，拧紧所有连接螺栓。

（3）转子与下端轴连接。投入高压油顶起系统，调整转子与下端轴的中心偏差；确认转子中心体内联轴螺孔与下端轴联轴螺孔相对错牙值小于0.10mm，通过拉伸器分次对称提升主轴；提升至两法兰面间隙接近20mm时，控制好拉伸泵油压，直至下端轴法兰进入转子下法兰止口，与转子法兰把合。注意上述提升主轴过程中，监视转轮的自由。

（4）转子与推力头最终连接。在转子与主轴的螺栓按照设计拉伸值对称拉伸后，松动转子与推力头连接的所有螺栓，并将螺栓都拧出至少2mm。操作制动器，通过制动器将转子顶起1mm，取出8块尼龙板，确认两法兰面无异物，重新检查转子与推力头的同心度后，卸载制动器油压，转子落下，把紧推力头连接螺栓。

溧阳抽水蓄能电站通过“虚拟”增高推力头的方法成功解决了转子与推力头、主轴不能同时找正中心联轴的问题。

（中国水利水电第五工程局有限公司机电安装分局　甘　豪）

## 厄瓜多尔科卡科多辛克雷水电站机组配水环管水压试验及保压浇筑

厄瓜多尔科卡科多辛克雷水电站安装8台水轮发电机组，其水轮机为立轴六喷嘴冲击式，型号为CJ1176N-L-334.9/6×28，额定水头604.1m，额定出力188.266MW，额定转速300r/min。水轮机配水环管采用GB-Q500D钢板制作，进口直径为2200mm，支管出口直径为945mm，管壁厚度由55mm渐变为30mm；分6瓣运输，现场组装、焊接为整体，安装后进行水压试验及保压浇筑混凝土。配水环管的水压试验及混凝土保压浇筑关系机组整体安装质量，影响到机组安全、可靠、稳定运行。

（一）水压试验

水轮机配水环管设计压力7.5MPa，试验压力为设计压力的1.5倍，最大水压试验值为11.25MPa，比中国国内已建和在建的冲击式水轮机组试验压力高。

1. 准备工作

（1）按照原设计，每个管节通过3个基础座与预埋的基础螺栓连接固定，外围一周共设计12个拉紧器与预埋的锚钩连接固定。考虑到配水环管水压试验压力高，试验时对6个支管出口位置及尾端部位又用槽钢再作加固。如图1所示。

（2）配水环管与各个支管连接的岔管处有一上凸部分，为注水时排除这部分的空气，试验闷头安装前布设了排气管。方法是采用6个三通，用其岔管作排气孔点焊在各上凸部分的最高点，三通的直管用软管相互连接，并引到进口法兰上方的排气孔外。

（3）配水环管进口及6个支管出口均用厂家到货的试验闷头进行封堵。进口为椭圆形半球面闷头，支管出口为厚140mm平板闷头，分别采用60、24颗M56×340的螺栓与法兰把合，螺栓旋紧力矩为7000N·m。闷头安装时仔细检查组合法兰面，应无高点、毛刺、凹坑；选用90邵氏硬度的密封条，检查直径偏差应满足要求，无刮伤及缺陷。

（4）当6个支管闷头安装完成后，按照图纸进行内支撑加固，如图1所示。

（5）按照试验装配图，安装试验压力泵、管路、压力表等。试压泵型号为4DY-300/16，扬程1200m。监测百分表，在进口法兰、出口各个法兰X、Y轴线方向及垂直法兰面各布置1块，在现场焊接的每条环缝X、Y轴线方向分别布置1块，表座不得与配水环管相接触，布设完成后对进行统一编号，参见图1（A1～18及B1～18）。

2. 注水　用厂房施工用水。注水时，打开配水环管进口法兰顶部的排气阀。当水充到岔管凸点处时，注意观察空气排出情况。水从软管或排气孔向外溢出，表明管内气已排净，水已充满，关闭排气阀。注满水所需时间约为21h。

3. 升降压力　水压试验采用阶梯式方案。升压分5段进行：①从零开始，经35min升压至3MPa，保持15min；②从3MPa经30min升压至5.5MPa，

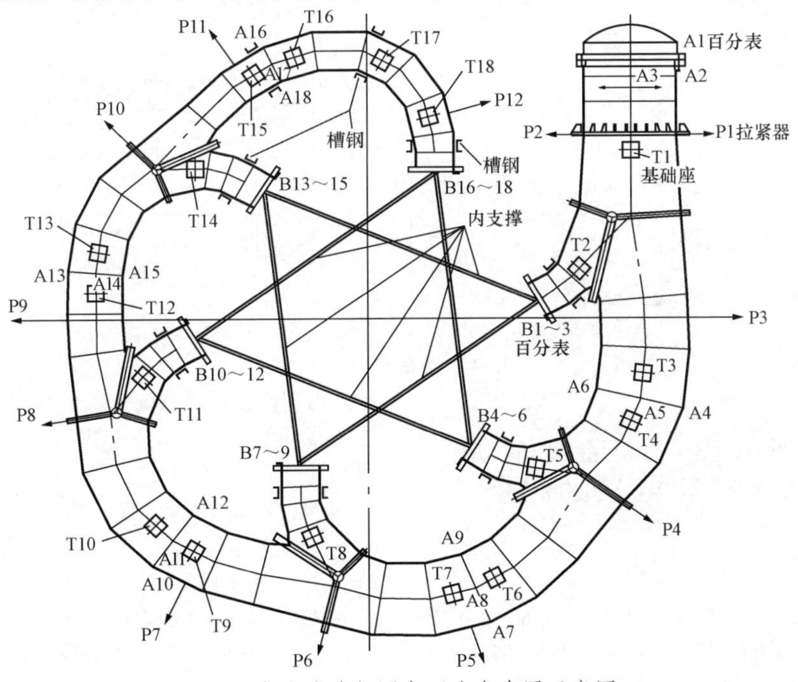

图1　水压试验加固和百分表布置示意图

保持10min；③从5.5MPa经35min升至8.5MPa，保持10min；④从8.5MPa经20min升至10.0MPa，保持10min；⑤从10.0MPa经15min升至11.25MPa，保持30min。降压为2段：①从11.25MPa经40min降到7.5MPa，保持60min；②从7.5MPa经25min降压到5.3MPa，进行保压浇筑混凝土。在每一阶段保压过程中仔细检查各焊缝及法兰是否有渗漏和裂纹，并记录百分表变化值。若发现渗漏或其他异常情况应立即停止试验，处理合格后重新开始试验。

4. 结果　试验发现：配水环管尾部最小端发生位移变化较大，最大为2号机组，达到1.23mm，法兰处达到2.1mm；在11.25MPa压力下配水环管最大的膨胀量达到3.7mm，压力降至5.35MPa时膨胀量缩小到1.72mm。通过整体监测数据分析，配水环管各法兰、环管位移、变形量均满足设计要求。

（二）保压浇筑

1. 浇筑前检查及仪表布置　在混凝土浇筑前复查配水环管进口法兰和各分支管出口法兰的位置、高程、中心及垂直度，应满足设计及标准要求。复查完成后在配水环管进口法兰和各分支管出口法兰的位置各布置3块百分表。

2. 浇筑的分层　分3层进行。第1次进行配水环管的6个支墩浇筑，宽度为1.5～2m，浇筑高度为到配水环管底部120°处；采用免拆模板，注意对称浇筑。3天后进行第2次浇筑，浇筑至高程610.80m，不影响拉紧器割除。再经5～7天，进行第3次浇筑，浇筑前将配水环管外部拉紧器全部割除，浇筑至高程613.47m。具体分层布置如图2所示。

3. 浇筑注意事项

（1）不允许混凝土从高处直接倒入，只允许使用小功率振捣器；注意浇筑速度，在任何时候液态混凝土高度都不得超过0.6m。

（2）为保证混凝土干后配水环管和混凝土完全接触，须采取措施保证混凝土温度上升低于配水环管可控极限热膨胀的温度。

（3）密切监测配水环管的高程、中心和位移变化量，若变化量超过0.20mm时及时调整混凝土浇筑速度、顺序、方位。

（4）混凝土浇筑过程中和养护期间，配水环管内的水压应控制在5.2～5.4MPa之间。浇筑完成28天、达到强度要求后，进行配水环管卸压排水。

4. 位移变化情况　1～8号机组配水环管混凝土浇筑，发现在第2次浇筑过程中配水环管的位移变化较大，最大达到0.51mm，整个混凝土浇筑完成后最大的位移变化值达到0.57mm。采用该浇筑方案，配水环管的位移变化量满足设计要求。

（中国水利水电第十四工程有限公司机电安装分公司　周玉龙）

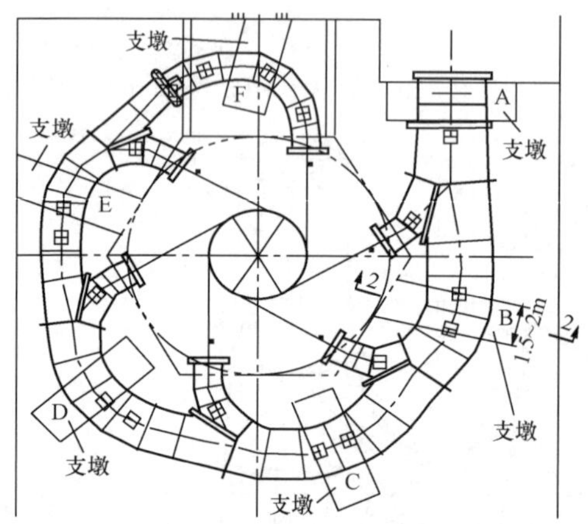


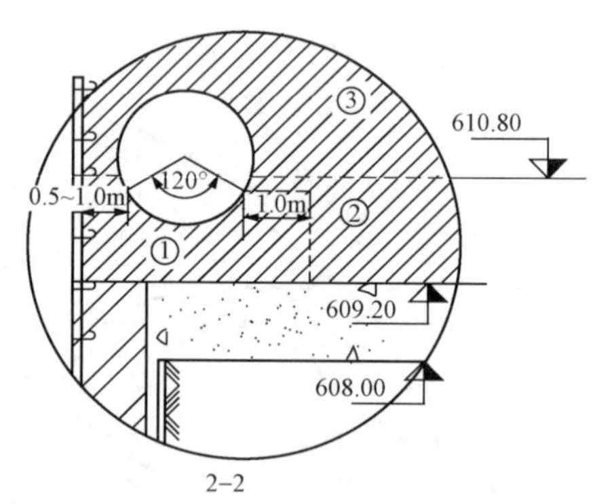


图2　混凝土浇筑分层分块示意图

# 调速器导叶开度同步监视系统在泰山抽水蓄能电站的应用

（一）概况

泰山抽水蓄能电站安装4台单机容量为250MW的可逆式抽水蓄能机组。其水泵水轮机的活动导叶开度不通过控制环统一调节，采用单导叶分别控制设计，由调速器控制系统完成导叶的同步调整与控制。调速器对每个导叶都有一套控制设备，该电站每台机组共计有22个活动导叶，就得有22个电液转换器、22套接力器和22个开度传感器。运行时，当任何1个导叶开度值与22个导叶平均值偏差大于3%且延时5s后，调速器发出导叶不同步报警并动作于机组跳闸关机。由于电站监控系统只采集导叶开度的平均值，无各个导叶开度值可提供，导叶开度数据缺少应有的存储和在线监视手段，影响机组的可利用率和运行效率。因此，泰山抽水蓄能电站增设了一套数据采集及处理系统，对每台机组22个导叶的开度数据进行数据存储，并对导叶的同步性控制进行分析和报警处理。

（二）系统的结构组成

1. 硬件组成　主要由数据采集模块、通信模块、网络转换模块以及数据存储与处理服务器构成。

（1）布置。在电站105m高程层单导叶控制柜内，每台机组设置4个数据采集模块（其中1个为备用）；并在该层设1个导叶开度监视柜，安装4个数据通信模块、1个网络交换模块、1台工控机和1个液晶显示器。每台机组的数据采集模块将22个导叶开度实时数据从单导叶控制卡件中采集出来，运用1个数据通信模块将表示导叶开度的电压信号转换成数字信号；通过网络交换模块，将数据存储到工控机数据库。

（2）配置。数据采集模块采用ADAM4117，是一个16位，8通道模拟量输入模块，各个通道输入范围都是可编程的。数据通信模块采用ADAM4571，将RS485信号转化成TCP/IP信号，再通过设备自带的驱动程序将每个模块分别映射成接口机的一个虚拟串口。网络转换模块采用ADAM-6520，带有5个RJ-45端口。

2. 软件设计　在信号处理方面，一是将机组导叶的真实开度实时地通过棒图和数字在线显示给运行人员，并在机组运行过程中将导叶开度数据进行存储，存储的速率设计为每秒一个点。二是将每个导叶的开度信号与导叶的平均开度信号进行比较，对超限导叶进行报警，便于运行人员及时采取措施，调整机组的运行工况，避免机组跳闸影响电网的稳定运行。

该方案中采用的模块均广泛应用于工业控制领域的数据采集和通信，具有运行稳定、数据精确、工作可靠的优点，可以为实时/历史数据的二次应用提供有力的保障；所有数据从就地单导叶控制卡件VCA3的导叶开度输出端子采集，与调速器控制系统完全隔离，不会对原有系统造成任何不利影响，检修维护方便。

（三）结语

泰山抽水蓄能电站调速器导叶开度同步监视系统的应用，实现了对每台机组的22个导叶开度的监视。通过数据分析和比较，能够及时发现导叶不同步等隐患，丰富了查明导叶不同步故障原因的手段和方法。

（山东泰山抽水蓄能电站有限责任公司　王洪博　陈　鑫）

# 电　　气

## 溪洛渡左岸电站AGC功能设计

溪洛渡左岸电站安装9台770MW水轮发电机组，以500kV等级电压3回出线接入国家电网公司的骨干电网。参加电网AGC运行，安全平稳是首要要求，同时需采用适当分配策略保证效率最优，为此该电站AGC功能设计采用了多项有效策略与措施。

（一）AGC运行模式

AGC运行模式分为开环、半开环和闭环模式。开环方式下，机组的设定值由软件计算显示在操作员站的屏幕上，需操作员确认有功分配结果，才可以将机组有功设定值下发到机组。半开环方式下，机组的设定值由软件计算并直接分配到机组，不需要操作员确认。闭环方式下，机组的设定值由联合控制软件计算并直接分配到机组；AGC自动执行开停机，不需要操作员确认，每次开停机只有一台。

国家电网公司国家电力调度控制中心（以下简称国调）对溪洛渡左岸电站没有自动开停机方式的要求，因此，半开环模式是当前最主要运行方式。

（二）AGC调度模式

溪洛渡左岸电站AGC调度模式分别有国调、梯调、站控三种模式。在这三种模式下，AGC程序采用对应调度模式下的有功给定值，保存在“国调总有功给定值”“梯调总有功给定值”“全厂总有功给定值”三个测点中。三种模式互斥，投入任一种模式，将自动退出另外两种模式。

当电站AGC控制权设置为国调/梯调/站控的一种且电站AGC运行在有功给定方式时，AGC程序采用相应的“总有功给定值”，而另两个“总有功给定值”跟踪全厂实发总有功。

这种非运行模式有功给定值跟踪全厂实发总有功的策略，可以保证模式切换时负荷平稳变化。

（三）电站AGC调节方式

1. 有功功率给定方式　电站AGC将根据给定的电站总有功，调节各机组的有功功率，AGC读取对应调度模式下全厂有功设定值，程序减去未加入

AGC联控机组实发有功值，将剩余负荷在AGC联控机组间进行分配。

2. 负荷曲线方式　只有在控制权为“厂控”时，才可以投入。负荷曲线有今日负荷曲线和明日负荷曲线两种，分为每隔15min一点，一天共96点，由操作员手动设置。所设计的负荷曲线方式具有分步调节和提前调节的功能，既保证了负荷平滑调节，又保证了到达设定值时间时负荷基本能调节到位。

（四）AGC负荷分配策略

溪洛渡左岸电站机组容量相同，各类型机组流量特性曲线接近，采用等容量分配接近最优解。为了防止机组频繁调节，程序设定步长循环分配，增有功时，由实发有功最小的机组优先增加负荷，步长最大为40MW，小于40MW则由一台机组承担，超过的部分，下次循环采用相同方法，直至分配完毕，同时需考虑机组流量特性曲线允许最大最小有功值。减负荷时，有功分配策略类似。该分配法比较适用，降低了算法的复杂性，提高了计算的实时性，同时也满足了电站高效率运行的要求。

（五）AGC安全性策略

1. 安全约束条件　机组只有在条件满足情况下才能加入AGC联控运行，如果出现某些故障，程序自动将机组退出到单控运行，对于出现可能影响电厂AGC安全运行的条件，程序将会自动退出全厂AGC运行。

对采集的信息需进行有效性检验，不仅要校验数据的实时值是否合理，还要校验数据通信状态是否正常。对电站接收的调度遥调设定值指令采取了上/下限、差值保护、零指令保护、频率保护等必要的保护措施。

负荷曲线方式下，如果当前时段负荷曲线值出现零值，程序自动退出全厂AGC。如果电脑时钟突变，程序自动退出全厂AGC。

2. 水头滤波处理策略　溪洛渡水电站采用同时获取梯调下发水头和电厂自采水头信息的策略。其中，梯调送的水头有3路（左右岸各1路，1路全厂水头），电厂自采水头（水位）为左右岸2个独立水头，没有全厂水头。

在调控一体化模式下，电站水头应与梯调水头保持一致。因此，电站监控系统优先采用梯调送的左岸水头和全厂水头，然后依次是电站自采水头和人工设定水头。当正在使用的水头信号故障时，此水头信号将被闭锁，同时采用下一优先级的水头信号。

为减小水头信号波动的影响，采用了“滑动平均值”的计算方法，即将最近10次水头信号的平均值作为计算水头；同时，为减少有功调节的频度，计算水头每5min下发一次。

为了保证水头的安全，解锁操作只能够由人工完成，每次设置水头值均与当前5min水头值相差在1m之内，逐步拉近5min水头值与当前水头值的差距，最终达到水头解锁的目的。

在水头处理上，采用了信号品质位、信号值区间、信号变幅、滑动平均值、程序闭锁等策略，保证了水头信号安全可靠；同时，又引入了人工设值及优先级等策略，提高了水头选择的灵活性。

（六）机组有功调节监视

AGC设计了机组有功调节监视功能，监视机组是否按照AGC程序计算的机组设定值方向调节。如果机组在40s内没有调节，且实发值与最终设定值之间的偏差大于最大有功调节偏差，则发出“有功调节失败报警”信号，并将该机组退出有功联控。该功能可保证电站不至于出现长时间的功率缺额。

（中国水利水电科学研究院　刘晓彤　龚传利　李晓娟
溪洛渡水力发电厂　丁伦军　张露成）

## 溪洛渡左岸励磁系统功能优化

溪洛渡水电站18台770MW水轮发电机组，采用静止晶闸管自并励励磁方式，其中左岸发电机组采用国电南瑞科技股份有限公司生产的NES5100励磁系统。在安装调试过程中，对励磁系统功能进行了优化，机组投运行后全部实现“守稳百日”。主要优化情况如下：

1. 功率柜均流优化　在整流柜的晶闸管参数（主要是通态压降和斜率电阻）进行一致性筛选，并尽可能保证各功率柜的晶闸管散热条件相同的基础上，对整流柜交流侧至励磁变压器副边采用了24根等长的交流电缆，并以A、B、C三相为一组，分为8组，每组电缆成“品”字形排列，减少涡流损耗及发热，保证并联支路的交流输入阻抗尽可能相等。并网以后，每台机组均流系数均大于0.9，优于国标。

2. 功率柜风道优化　励磁系统机柜风道是按照机柜前后柜门进风口进风、柜顶出风口出风设计。为了降低功率柜出风阻力，并减少励磁系统其他盘柜灰尘，对柜顶出风口进行了技术改进，将功率柜顶部出风口顶盖加高，增大出风口；同时，对其他盘柜柜顶出风口设置滤网。

左岸励磁系统具备功率柜风机停风延时跳闸功能。为了延长功率柜风机全停运行时间，在功率柜盘后风道的下方，开3个直径20mm左右运行通风孔。正常运行时，这3个通风小孔出风，但出风量很小，因风机功率较大，对晶闸管风道风量影响很小。当双风机停风后，因其出风板封闭，这3个通风小孔进风，使风道内形成自然对流散热，增加了功率柜无风运行时间，延时启动跳闸功能。经现场试验，停风以后的功率柜运行温升和缓，运行时间比开孔之前明显延长。

3. 灭磁时序控制优化　溪洛渡左岸励磁系统采用HPB45M-82S高速直流磁场断路器＋SiC灭磁电阻灭磁方式。SiC灭磁电阻可靠性高、单片能量大、总体积小，易于并联，自然均能性优越。因HPB45M-82S无常闭触头，采用了以冗余的跨接器回路代替灭磁开关的灭磁常闭触头，实现无触头磁场能量释放。冗余的机械跨接器和电子跨接器回路可消除机械机构松动、卡塞等事故隐患，显著减少维护工作量。

优化以后的溪洛渡灭磁时序控制为：运行中，收到励磁系统跳闸令时，首先触发跨接器回路，由于电子跨接器比机械跨接器响应快，该回路先动作，然后通过逆变灭磁或切断整流桥触发脉冲（硬件封脉冲）的方法帮助磁场断路器在转子上建立足够高的负方向电压；同时，冗余的机械跨接器也会动作，此时断开灭磁开关，灭磁开关的负担非常小，从而减少灭磁开关拉弧，实现励磁系统的最佳灭磁。

4. 起励回路控制优化　溪洛渡电站左岸励磁系统起励回路采用的是三相交流起励。起励回路控制的优化，是在续流电阻与转子之间以及续流电阻与外部起励电源回路之间分别增设了大容量直流接触器，如图1所示。

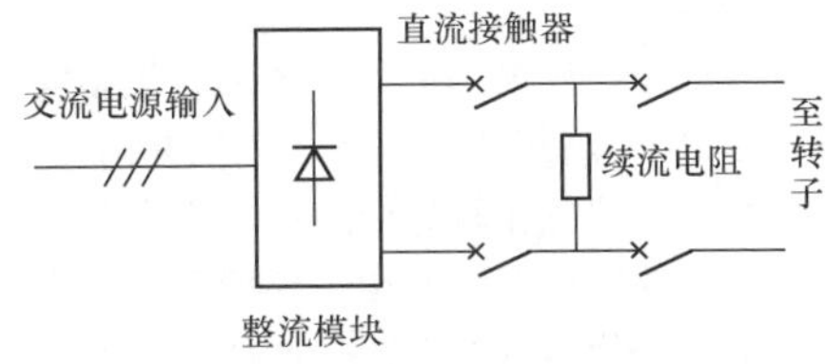


图1　溪洛渡左岸励磁系统起励回路

根据励磁系统的工作模式与转子电流的大小分别控制续流电阻与起励电源的投入与退出。他励零起升压、升流试验工作模式时，当转子电流小于4%额定转子电流时通过图中续流电阻右侧直流接触器投入续流电阻，将续流电阻并接至转子的两端，防止因转子电感作用而导致起励失败；当转子电流大于5%额定转子电流时断开接触器闭锁续流电阻的投入，利用4%～5%额定转子电流的死区，防止它励升压或升流过程中停留在4%额定转子电流时电阻频繁的投入与退出。自并励开机时，机端电压小于20%，通过图1中左、右侧接触器投入续流电阻与起励电源，帮助发电机成功建压。发电机建压成功后，同时退出起励电源回路与续流电阻。

该起励回路既可以实现发电机起励时励磁系统晶闸管整流桥的续流功能，又可以完成发电机他励零起升压、升流试验时励磁系统晶闸管整流桥的续流功能。

5. 溪洛渡PSS监视优化　发电机并网运行以后，为了抑制电网发生功率波动，励磁系统PSS功能会正常动作。在此基础上，溪洛渡电站励磁系统利用PSS的动作输出，增设了PSS输出监视功能，设置PSS输出阀值判断，即当电网有大功率振荡时，PSS输出大于该阀值，发出报警信号，以检测PSS的动作以及电网波动，阀值整定为0.3%。PSS投入运行时，一旦系统发生有功波动，PSS输出大于0.3%，PSS输出监视动作，直接证明PSS正常运行。该功能已在溪洛渡励磁系统运行中得到验证。2014年4月，运行中的3台机组励磁系统的PSS信号均出现动作、复归信号，在此期间，励磁系统均运行在AVR方式，PSS均处于投入状态，系统电压在536kV上下有约为2kV的波动。PSS动作的两个短暂时段机端电压均稳定，每台机组的有功均有2～7MW的低频波动，总有功有约为20MW的波动。为了抑制此低频波动，3台机组的PSS出现了动作现象，并很快复归。后经相关单位告知是电网直流线路有调试试验。经分析判断，此PSS动作属于正常情况。

（国电南瑞科技股份有限公司　谢燕军
溪洛渡水力发电厂　陈小明）

## 仙居抽水蓄能电站计算机监控系统设计

仙居抽水蓄能电站安装4台单机容量为375MW的混流可逆式水轮发电机组，以500kV一级电压等级接入浙江电网，在电力系统中担任调峰、填谷、调相、调频及事故备用任务。电站远动信息同时送华东网调和浙江省调。

仙居电站计算机监控系统由电站控制级、现地控制单元级和独立光纤硬布线紧急操作装置等设备组成。

电站计算机监控系统通过远动工作站向调度系统发送上行遥测、遥信信息，接收下行遥控、遥调信息。调度中心EMS系统通过电站计算机监控系统对电站进行控制和调节，也可由电站操作人员通过计算机监控系统的操作员工作站对电站进行控制和调节；另外，通过机组现地控制单元（LCU），也能完成对机组开停机操作、负荷调节及监视等功能。

电站控制级设备由电站中控楼内的计算机室、中控室和地下副厂房的有关设备组成。主要设备包括：二台主计算机服务器、三个操作员工作站、一个工程师工作站、二个培训工作站、二套远动工作站、一个厂内通信工作站、一个语音电话自动告警工作站等设备。各主计算机服务器及工作站都与二套网络交换机相连接，形成冗余的电站控制级网络。

根据电站枢纽布置，单元控制级由1～4号机组LCU1～4、地下厂房公用LCU5、主变压器洞LCU6、开关站LCU7、开关站公用LCU8、中控楼LCU9和上库LCU10等10个以计算机为基础的现地控制单元组成，每个LCU是智能型的并具有可编程能力。LCU由CPU、内存、智能输入/输出接口及相应硬软件组成，配有人机对话接口设备。LCU由含冗余的中央处理器的现地控制单元组成，手动分步和自动操作均可通过现地控制单元实现。

电站网络结构采用冗余光纤快速交换式以太环网结构（不小于100Mb/s）。电站控制级设备及现地控制单元设备均直接接在局域网络上。冗余网络采用二根独立的光缆连接。

中控楼中控室紧急按钮控制箱面板上设置1～4号机组紧急停机按钮、上库1～2号进出水口闸门紧急关闭按钮、1～4号机组尾水闸门紧急关闭按钮、复归按钮。中控室电站紧急按钮控制箱上紧急按钮动作信号分别输出至中控楼现地控制单元独立光纤硬布线紧急操作系统点对点光端机及中控楼现地控制单元数字量输入（DI）回路。

两只水淹厂房紧急按钮控制箱布置于地下厂房发电机层，每只水淹厂房紧急按钮控制箱上设置一个紧急按钮，紧急按钮动作信号分别输出至地下厂房公用设备现地控制单元独立光纤硬布线紧急操作系统PLC数字量输入（DI）回路及地下厂房公用设备现地控制单元数字量输入（DI）回路。

在中控楼现地控制单元中设立点对点光端机等设备，采集中控室电站紧急按钮控制箱上机组紧急停机按钮、上水库进出水口事故闸门和尾水事故闸门紧急关闭按钮等发出的信号；在厂房公用设备现地控制单元中设立独立PLC、点对点光端机等设备；在上水库现地控制单元中设立点对点光端机等设备；上述各设备在柜内的安装位置也相对独立；中控楼现地控制单元的点对点光端机与厂房公用设备现地控制单元的点对点光端机之间的通信介质为一根独立光缆；厂房公用设备现地控制单元的点对点光端机与上水库现地控制单元的点对点光端机之间的通信介质为两根独立光缆，并进行冗余通信。

仙居抽水蓄能电站4台机组于2016年全部投产。其计算机监控系统的配置是一个典型设计案例，在以后兴建的抽水蓄能电站中可以参考借鉴，不断完善。

（中国电建集团华东勘测设计研究院
有限公司　潘涵斌　郑　波）

## 仙居抽水蓄能电站继电保护设计

（一）概况

仙居抽水蓄能电站继电保护系统选用南瑞继保公司RCS系列产品。发电电动机、主变压器和500kV短线保护按双重化配置（非电量保护除外），设成完全独立的两组保护，电流互感器和电压互感器的二次回路相互独立，电源和出口继电器也相互独立。保护范围交叉重叠，避免死区。

发电电动机保护和主变压器保护的每组保护单独各组一面柜，机组故障录波装置单独组柜，均布置在地下厂房发电机层相应的机旁。500kV短线保护的每组保护单独组柜，地下短线保护柜布置在地下厂房主变压器洞LCU室，地面短线保护柜布置在地面开关站继保楼，500kV短线保护中央处理器单元布置在地面开关站继保楼内。1套1号高压厂用变压器保护组一面柜，1套2号高压厂用电变压器保护组一面柜，共2面柜分别布置在地下厂房主变洞1号和2号厂用电变压器室内。SFC输入变压器保护组一面柜，布置在主变压器洞SFC室。电站继电保护信息管理机布置在电站中控楼中控室内，电站继电保护网络柜、调度继电保护信息子站均布置在电站中控楼控制设备室内。

（二）发电电动机保护

发电电动机保护采用主、后备一体化装置，型号为RCS-985GW。当机组工况转换引起相序改变时，保护系统的换相问题在软件中解决。为了防止个别保护在运行工况转换后被误闭锁，保护系统至少根据两个以上外来独立信号（如工况转换命令、换相开关位置），进行投运、闭锁操作。

发电电动机保护具有以下功能：纵联差动保护（87G-A、87G′-A、87G-B、87G′-B）、低电压过电流保护（51/27G-A、51/27G-B）、发电工况负序过电流保护（46Gg-A、46Gg-B）、电动工况负序过电流保护（46Gm-A、46Gm-B）、单元件横差保护（51GN-A、51GN-B）、低频过电流保护（51/81G-A、51/81G-B）、低频保护（81G-A、81G-B）、逆功率保护（32G-A、32G-B）、低功率保护（37G-A、37G-B）、失磁保护（40G-A、40G-B）、失步保护（78G-A、78G-B）、定子过负荷保护（49G-A、49G-B）、过电压保护（59G-A、59G-B）、过激磁保护（59/81G-A、59/81G-B）、电压相序保护（47G-A、47G-B）、100%定子接地保护（64S-A、64S-B）、转子接地保护

(64R-A、64R-B)、断路器失灵保护(50BF-A、50BF-B)、电流不平衡保护(46-A、46-B)、突然加电压保护(50/27G-A、50/27G-B)。

(三) 主变压器保护

主变压器保护采用主、后备一体化装置，型号为RCS-985TM。非电量保护装置RCS-974AG2和第二套电量保护装置组合放在一面柜，分别设置独立的电源回路、出口跳闸回路，在保护柜上的安装位置也应相对独立。

主变压器保护具有以下功能：纵联差动保护(87T-A、87T′-A、87T-B)、复合电压过流保护(51T-A、51T-B)、零序电流保护(51TN-A、51TN-B)、过激磁保护(59/81T-A、59/81T-B)、主变压器低压侧接地保护(64T-A、64T-B)、励磁变压器过电流保护(51ET-A、51ET-B)、励磁绕组过负荷保护(49R-A、49R-B)、非电量保护。

(四) 500kV短引线保护

500kV短引线保护采用分布式母线光纤差动装置，保护主站PCS-915M布置在开关站继保楼，保护子站PCS-915S分别布置在地下厂房主变洞和地面开关站。每段短线的两组保护分别采用独立的通信光缆连接。

为防止外部干扰，地下厂房与继保楼之间保护信号的传送采用光纤通信的方式，每个发电电动机和主变压器单元采用两根独立的通信光缆和两套独立的继电保护光纤通信接口装置FOX-41B。FOX-41B设置在地下厂房与继保楼两侧，用于发送和接收保护信号，并通过光缆传送；8套FOX-41B分别布置于相应的地下厂房和开关站继保楼500kV短线保护柜上，用于传输地面500kV开关站与地下厂房之间的跳闸信号和切机信号。

(中国电建集团华东勘测设计研究院有限公司　郑　波　潘涵斌)

## 仙居抽水蓄能电站厂用电设计

仙居抽水蓄能电站设有4台375MW的可逆式机组；以2回500kV线路接入浙江电网，在电网中承担调峰、填谷、调频、调相和事故备用等任务；主要由上水库、输水系统、地下厂房、地面开关站、下水库及中控楼等组成。

(一) 厂用电电源

抽水蓄能电站机组开启停频繁，运行工况多，为确保机组的正常运行，厂用电电源必须可靠。因此，站内设置三个厂用电电源，其中第一、二个电源分别引自1、4号机组(即分别引自两个联合单元)发电机断路器外侧18kV母线。1号机组为最早并网发电，故其中第一个电源首选1号机组侧。因机组均设置发电机断路器，故两个电源在机组停运时均可从18kV系统倒送后取得。第三个电源取自地区10kV电网(施工配电所)，一回10kV接入第Ⅱ段高压厂用母线。机组侧引接的两个电源既可靠又经济，为厂用电主电源，第三个电源为厂用电备用电源。

此外，设置一台1000kW柴油发电机组，作为一台机黑起动及消防等保安负荷的电源；在上水库启闭机房还设置一台320kW柴油机，作为上水库启闭机的备用电源。

由于本电站规模大，厂用电负荷点多，各点的计算负荷容量大且布置分散，电站采用10kV、0.4kV两级厂用电电压供电。

(二) 厂用电接线

1.10kV接线　采用单母线三分段(环形)，即机组侧引接的两个电源分别接至Ⅰ、Ⅲ段母线，地区电源接至第Ⅱ段母线。Ⅰ、Ⅲ段分接电站所有负荷。两段工作电源母线之间互为第一备用，工作电源母线(Ⅰ、Ⅲ段母线)与备用电源母线(Ⅱ段母线)之间为第二备用。

全厂设两组高压厂变，每组高压厂变额定容量为6300kVA，每组变压器的容量可满足全厂厂用负荷。

1号机组初期运行时，10kV厂用电母线按单母线二分段供电。其中Ⅰ段母线由1号机组侧引接电源供电，由地区电源供电的Ⅱ段母线也应带电，两段母线互为备用。

2.0.4kV接线　因电站规模大，厂用电负荷多，容量大且布置分散，故按区域设置独立配电系统，以缩短低压配电距离，减少电压损失，从而提高供电可靠性。

全厂设置主厂房公用电，1～4号机组自用电，主变压器洞公用电，以及保安、检修、上水库、开关站、下水库、中控楼、业主营地等独立配电系统。

(三) 小结

根据抽水蓄能电站的实际运行情况，厂用电采用三段成环式接线，使厂内各设备在实际生产运行过程中的运行和控制方式更加明确、清晰、灵活、可靠，保证电站厂用电的长久、稳定运行。

(中国电建集团华东勘测设计研究院有限公司　汪静文　卢求真)

## 黄金坪水电站左岸大厂及右岸小厂联网二次设计

黄金坪水电站采用左、右岸两个地下厂房开发的布置方式，其中左岸大厂房装机容量为4×200MW，右岸小厂房装机容量为2×25MW。两厂房相距3km，主要值班人员均在左岸大厂房，从而简化了右岸监控系统、继电保护及故障录波系统、消防监控系统和工业电视系统。每个系统独立成网，通过通信通道分别接入位于成都的大唐国际集控中心。

（一）监控系统

计算机监控系统采用全开放的分层分布式星型网络结构，各节点计算机采用局域网（LAN）连接；与电网调度、集控中心等外部系统采用广域网连接。1～2号骨干网交换机为冗余配置，传输速率1000Mbps。交换机为三层以太网交换机，采用动态路由，具有网络链路断线时备份链路进行网络数据传输恢复的功能。

左岸大厂计算机室内的2台主干网交换机和各现地控制单元网络交换机组成双星型以太网。主干网交换机通过多模光口或单模光口分别与机组现地控制单元1～4LCU、厂用和公用设备现地控制单元5LCU、开关站设备现地控制单元6LCU、大坝闸门现地控制单元7LCU相连；对于较远的设备，现地还设有远程IO柜，与相关的LCU相连；通过RJ45电口与两台调度远动通信工作站、两台集控通信网关机、两台主计算机、两台历史数据服务器、一台工程师/编程员工作站、一台厂内通信数据服务器及一台网络打印机等上位机设备相连。考虑到电站运行人员工作环境因素，将5～6号交换机布置在洞外控制楼屏柜室，将操作员工作站主机、1套语音及手机短信报警工作站主机、厂外通信服务器联在5～6号交换机上。将开关站在线监测上位机、1套机组状态在线监测上位机、1套发电机计划申报系统主机、1套电能量采集计算机移到地面控制楼。与厂外通信服务器串口通信的有开关站在线监测装置、机组在线监测装置、消防系统与模拟屏，与厂外通信服务器网络通信的为水情测报设备。水情测报系统自身配套提供网络隔离设备。

右岸小厂计算机室3～4号主干网交换机与左岸大厂1～2号主干网交换机相连，并与各现地控制单元网络交换机组成双星型以太网，通过多模光口与机组现地控制单元8～9LCU、公用及开关站现地控制单元10LCU相连；通过RJ45电口与1台主计算机兼操作员工作站相连。当设置为远方控制方式时，其所有操作均在大厂完成；当设置为现地控制方式时，可在小厂操作员工作站完成，这样，大大简化了小厂监控系统的配置。

对于《水力发电厂自动化设计技术规范》（NB/T 35004—2013）第3.1.1条规定："在中控室应设置独立于监控系统的事故闸门紧急关闭按钮及回路，并以硬接线（包括独立光缆）的形式接至闸门的控制回路。"黄金坪水电站由于在设计时尚没有明确的规定，故与2013年前设计的很多水电站一样未考虑。但左岸大厂紧急停机屏内配置了12个光端机，四台机组水机保护屏内配置了4个光端机，调压室快速门远程IO柜内配置了4个光端机；右岸小厂两台机组水机保护屏内配置了2个光端机，蝶阀控制柜配置了2个光端机，从而实现了大厂紧急停机屏按钮至快速门、小厂紧急停机屏按钮至进水蝶阀的以太网通路；同时，紧急停机屏通过光缆和光端机直接到大厂调压室快速门和机组蝶阀控制柜。

（二）继电保护管理及故障信息管理系统

系统的管理服务器柜布置在副厂房计算机室，设置了2台主机，其中1台用于继电保护信息管理，1台用于故障录波信息管理。交换机亦分别独立组网。

继电保护信息管理系统配置为：左岸厂区10kV配电系统的两台子交换机分别安装在左岸大厂副厂房10kV配电装置室内的10kV开关柜1CAH1和2CAH12柜内。左岸大厂1～4号发电机变压器组的四台子交换机分别安装在大厂1、2、3、4号机旁的主变压器保护C柜内。闸首10kV配电系统的一台子交换机安装在闸首10kV配电室内的2SAH7柜内。GIS保护、控制系统的一台子交换机安装在GIS保护控制室内的500kV 1号小区保护（1、2主变）A柜内。右岸小厂的一台子交换机安装在右岸小厂2号发电机保护屏内。

故障信息管理系统配置为：左岸大厂每台机组设置一面机组故障录波屏，放置在发电机层每台机组段；开关站设置一面开关站故障录波屏，放置在GIS楼二次屏柜室。右岸小厂设置一台故障录波屏，接开关站故障信号，机组未单独设置故障录波屏。

（三）消防系统

该系统为智能型总线制报警系统，采取集中与分散相结合的报警及控制方式。总控制系统设在左岸大厂地面控制楼，主要设备包括集中火灾报警控制器柜1FACP及一套消防监控主机。右岸小厂设一台区域火灾报警控制屏及一套消防监控主机。总系统通过光缆与4个分系统相连。4个分系统具体为：左岸大厂地下副厂房消防控制屏2FACP，左岸大厂GIS楼消防控制屏3FACP，闸首溢洪道配电房消防监控系统控制箱MB-YHD，右岸小厂副厂房消防控制屏XFACP。为提高系统的可靠性，该消防监控系统主系统和分系统均采用光纤组网，分系统和各区域火灾报警控制器、消防监控终端之间采用电缆相连。

（四）工业电视

采用纯数字视频监控方式。后台设备由视频监控终端和视频管理服务器以及视频监控客户端组成。现地设备由区域工业电视控制柜以及各区域的模块端子箱和现地摄像机组成。在左岸大厂房中的地下副厂房、地下GIS室、闸首溢洪道、地面控制楼和右岸小厂房中的地下副厂房二次设备室内等区域各设置一面工业电视控制柜，在现场设置四套视频监控终端。在电站的地下主厂房、地下副厂房、主变压器室、地面办公楼、出线场、电缆廊道、尾水调压室、进水口、泄洪洞等分别设置了相应类型和数量的摄像机以及现地控制箱。模块箱内放置区域以太网交换机，负责现场摄像机的接入。

（五）结语

黄金坪水电站左岸大厂和右岸小厂二次联网控制在招标阶段整合为一个标书，相同设备由一个厂家统一供货，具有节约成本、维护简单、运行维护人员少等多项优点。

（中国电建集团成都勘测设计研究院有限公司　张春雨　刘海燕）

## 南瑞SSJ-3000计算机监控系统在仙居和洪屏抽水蓄能电站顺利投运

浙江仙居抽水蓄能电站和江西洪屏抽水蓄能电站一期都安装4台国产抽水蓄能机组，前者单机容量37.5万kW，为国内最大，后者单机容量30万kW。这两个电站的计算机监控系统都采用了南京南瑞集团公司水利水电技术分公司自主研发的SSJ-3000计算机监控系统，2016年都实现“一年四投”，计算机监控系统均顺利投产运行。

南瑞SSJ-3000计算机监控系统，上位机采用NC2000 V3.0监控系统软件，系统采用全开放系统结构，主机、操作员工作站、工程师工作站等使用符合IEEE和ISO开放系统国际标准的UNIX/Linux/Windows操作系统。按照开放的接口、服务和支持格式规范而实现的系统，使应用系统能以最少修改，实现在不同系统中的移植，并能同本地或远程系统中的应用实现互操作。下位机为SJ-600现地控制单元，按“无人值班”（少人值守）设计，为电站安全稳定高效运行提供了保障。仙居、洪屏抽水蓄能电站PLC程序在响水涧和蒲石河两个抽水蓄能电站PLC程序的基础上实现了控制程序标准化，高度使用标准化模块进行编写，两个电站PLC控制程序相互通用性高，只存在少量个性差异。下位机每台LCU设置独立控制前置服务器安装NC2000 V3.0监控系统软件，实现本LCU的控制监视和其他LCU的监视，独立于上位机系统运行，可作为后备冗余的上位机系统使用，提高了电站生产运行了的安全可靠性。

SSJ-3000采用了既保电网又保机组的抽水蓄能电站系统控制策略。由国外进口的监控系统在产品设计上一般“重机不重网”，不能完全满足我国电网的特点和电网安全稳定需求。根据我国电网的具体情况，综合分析我国大型抽水蓄能电站与电网安全稳定运行的关系，充分考虑了我国电网的特点和电网安全稳定需求，提出并采用了既保电网又保机组的抽水蓄能电站系统控制策略，保证了电网和机组的安全稳定运行。具体技术措施有：①重要硬件设备均采用冗余配置，局部硬件设备故障不会影响监控系统的正常运行，系统硬件设备可靠性高（电源、CPU、功率测量等）；②控制流程的每一功能和操作都进行检查和校核，防止不合理的或非法的命令输入，当操作命令有误时能自动闭锁并产生报警，保证监控系统的正常运行，极大地提高了可靠性和容错能力；③根据事故重要等级，重新对事故跳机信号进行梳理，仅保留非常重要的事故信号作为事故启动源，并经过冗余组合判断后才启动事故停机流程；④温度测点采用防止温度跃变的“动态上升率”判断法，有效判别温度品质，防止误跳机。

SSJ-3000使用了先进、可靠的抽水蓄能电站机组控制流程。综合国内已建抽水蓄能电站机组控制流程的优点以及抽水蓄能电站的自身特点，充分考虑和采用了模块化原则、灵活性原则、容错性原则、优先性原则、独立性原则、可扩性原则和安全可靠性原则，能实现容错功能和控制冗余功能，最大限度地保证了电厂的安全、高效运行，完全能够满足抽水蓄能电站对生产设备全面监视和控制的要求，是一种先进、可靠的抽水蓄能电站机组控制流程。

SSJ-3000使用了安全、高效的抽水蓄能电站LCU实时信息交互技术。为了实现抽水工况启动过程两套设备同时协调控制，南瑞集团水电公司提出并采用了LCU设备之间的实时信息交互技术。为了确保控制和信息传递实时性和安全性，实时信息交互通过网络互取和继电器硬布线相结合的方式实现，其中，控制信息交互采用继电器硬布线方式实现，监视信息采用网络互取方式实现。

SSJ-3000使用了直观、实时的可视化机组流程显示技术。应用最新的计算机技术，开发出上位机可视化机组流程实时显示画面，方便运行人员在上位机可以实时监视机组控制流程执行情况（流程执行步数、时间、条件等实时信息）。

继响水涧和蒲石河两个使用南瑞计算机监控系统的大型抽水蓄能电站分别实现“一年四投”的目标后，2016年仙居、洪屏两座大型抽水蓄能电站再次实现了“一年四投”目标，这也标志着国内抽水蓄能监控系统国产化工作已取得了突破性的进展。

（南京南瑞集团公司　喻洋洋）

## 农村水电低压机组电站的集中控制和托管运行

农村水电低压机组电站是指安装单机1000kW及以下、发电机出口电压为400V的水轮发电机组的小水电站。长期以来，这类电站自动化程度低，采用厂房有人值班方式的运行管理模式。由于多数电站偏远、工作枯燥，合格人员的招聘成了问题。近年来，农村水电低压机组电站自动化水平不断提高，技术也越来越成熟。在这种情况下，南京南瑞集团公司从2013年开始，依托自身产品研发能力强和工程经验丰富的优势，积极探索一种新的运行管理模式，即集中控制和托管运行模式。截至2016年底，在福建省宁德市的多个电站得到工程应用，已初步形成“一中心+多电站”的运行管理模式。现对这种集中控制和托管运行模式及其依托的产品和技术作一简介。

（一）模式实施要点

农村水电低压机组电站集中控制和托管运行模式，是在现行的大中型电站流域集控模式的基础上，结合低压机组电站的实际情况，打破传统电站“一电站一运检”的限制，有效实现了“多电站一运检、电站关门运行、集控统筹”。“一中心+多电站”的实施要点，就是选择条件较好的合适地方建设一集控中心，组建专职队伍承担各接入电站的日常运行工作，并成立专门的检修队伍对电站进行定期巡检及突发事故处理；电站通过技术改造，具备“无人值班”条件，接入集控中心后关门，委托其运行。

实行集中控制和托管运行模式，为电站业主有效降低了运行成本（人力成本降低到原有的三分之一，甚至四分之一），并有效提升运行管理水平和发电效益，社会、经济效益显著。

（二）主要技术措施

农村水电低压机组电站实行集中控制和托管运行模式，从技术上要解决电站自动化设备、通信通道和集控自动化设备三方面问题。南瑞集团公司采取的措施和方案如下：

（1）借鉴传统水电站的自动化经验，并根据农村水电低压机组电站的实际情况，南瑞集团公司于2013年自主研发了机组自动监控一体化的系列产品。该产品采用高度集成化、标准化、模块化的设计理念，集成了智能控制器、发电机出口断路器、励磁主回路、仪表和操作按钮等设备，将一台水轮发电机组的一、二次电气设备优化配置在一面屏中，能够实现一键自动开停机、起励建压、并网解裂、发电机保护、远程控制等功能。这种电站自动化设备，高度集成化，可有效节省投资；运行智能化，可降低运行成本；高可靠性，可保障机组安全稳定运行；模块化设计，后期维护简单；结构标准化，设计工作简化；界面标准化，调试、维护简单。

（2）农村水电低压机组电站，如果和常规机组电站一样自建光纤通道或者租用专用的数据专网，将会极大地增加成本，经济性不高。综合考虑经济性、可靠性、稳定性和先进性，通信通道采用“互联网+移动互联网”。正常工作情况下，电站和集控中心的数据经互联网实现交互；发生异常情况时，数据通道自动切换到移动互联网。为避免互联网网络安全风险，专门配置了安全防护设备。

（3）集控中心的硬件分两大块：重要的数据处理节点采用云平台，不但节省了硬件投资，而且维护成本也大大降低；操作员工作站等节点布置在集控中心，通过云平台供应商提供的数据专网实现与云平台的连接，响应快速、功能划分清晰。通过引入云平台技术，可根据需要灵活地建设远程集控分中心。

福建宁德应用此模式的集控中心和电站运行稳定，运行团队和检修团队也日益专业。农村水电低压机组电站集中控制和托管运行这一模式值得发展。

（南京南瑞集团公司）

## 广州抽水蓄能电站B厂计算机监控系统上位机国产化改造圆满完成

2016年1月27日，由南京南瑞集团公司实施的广州抽水蓄能电站B厂计算机监控系统上位机改造项目圆满完成各项动态试验工作，成功投入商业运行。

广州抽水蓄能电站B厂原计算机监控系统与主机合同捆绑，由德国西门子公司提供，投运于2000年。原系统运行后期出现了硬件老化严重、备品备件无法采购、历史库频繁故障、调度通信功能薄弱、厂家无任何技术支持、整体维护难度大等问题，严重影响了电站的安全可靠运行。2013年，南瑞集团与电厂交流了解现状后，随即开展了改造技术研究工作。根据电厂实际需求并结合原有下位机部分，南瑞集团公司组织成立技术攻坚团队，研究提出了多种有效改造方案，重点对改造核心的上下位机通信部分进行了专项研发。经过努力，南瑞集团公司在现场完成了各项实际测试验证内容，得到用户的肯定。

2014年11月，广州抽水蓄能电站对上位机改造合同进行公开招标，南瑞集团公司以强有力的技术实力、科学有效的改造方案、合理的价格和完善的服务，在与原厂和国内其他厂家的竞争中脱颖而出，赢得了上位机改造合同。合同使用具有自主知识产权的南瑞 NC2000 V3.0 计算机监控平台作为上位机改造软件。项目实施期间，南瑞集团公司提供了详细的改造总体方案、关键问题处理方案、上下位机通信实现方案、现场安装和调试试验方案、调度通信实施方案、AGC/AVC 动态调试方案等一系列可有效实施的技术方案，进一步明确了改造方向，优化了调试手段，大幅提高了现场工作效率。经过南瑞集团公司与广州抽水蓄能电站的共同努力，项目于 2016 年 1 月 27 日提前完成了所有内容，投入商业运行。

作为国内首个由进口监控系统完全改造成国产监控系统的大型抽水蓄能电站，广州抽水蓄能电站 B 厂上位机改造的成功实施将为后续其他抽蓄电站的国产化改造提供积极的参考示范作用，具有里程碑式的重要意义。南瑞集团公司也将持续为新旧抽水蓄能电站监控系统的技术发展做出贡献。

（南京南瑞集团公司　陈　龙）

## 无线远程 GNSS 监测系统在水电安全监测中的应用

天花板水电站总装机容量 180MW，总库容 7871 万 $m^3$；库区左岸距大坝 1.0～2.3km 处有一堆积体——田坝村堆积体。2010 年 12 月电站正式蓄水后，该堆积体局地出现大小不等裂缝、岸坡拉裂及村民住房墙体开裂现象。为保障当地居民及监测人员安全，掌握堆积体稳定性态及对电站大坝的影响，需对田坝村堆积体建立监测系统。为此，承担该电站设计的中国电建集团北京勘测设计研究院有限公司开展了研究。

（一）监测方案

田坝村堆积体所处区域地势陡峭险要，交通不便，在地震、滑坡、暴雨、泥石流等恶劣情况出现时，人员无法到达监测现场，常规仪器设备也无法开展工作。因此，要求监测系统：①应能远程自动化实时监测，在可能的恶劣情况出现时仍能提供数据；②能为堆积体稳定性和灾害性分析提供可靠的变形观测数据；③有边坡危险状况预警功能。经研究，采用无线远程全球导航卫星系统（Global Navigation Satellite System，即 GNSS）自动化监测为最合理方案。

该监测系统采用 GNSS 采集数据，可以实现全天候观测，具有向用户提供实时分米到厘米级、事后厘米级到毫米级的绝对空间位置信息的能力；采用无线传输，可以避免监测工作因崩塌、滑坡等造成线路中断而停止的问题；采用远程解算及监控，可以避免监测人员频繁到达监测点位进行工作，提高安全性。

（二）监测系统

田坝村堆积体无线远程 GNSS 监测系统总体由监测终端、数据传输通信、数据处理系统和预警发布几大系统构成。

根据堆积体初步勘察研究报告，选择了 5 处重点需关注的监测部位设置监测点位，编号 G1～G5。同时为解决监测基准问题，结合地质分析资料及在堆积体对岸稳定位置设立 2 座监测基准站（G6、G7）。通过卫星信号的接收、同步解算，测定变形监测点相对基准站的相对变化，两座基准站相互校核稳定性，由此提供可靠的表面位移变化数据。

监测终端系统包括监测站、基准站的终端，由供电、数据采集、数据收发设备组成。系统采用 GPS 系统，使用国产 VNet5 型单星双频卫星接收主机，配套 AT1200 型单频卫星接收天线。每台设备均采用太阳能单独供电，选用单晶、12V、100W 的太阳能电池板，以及 100Ah、12V 免维护蓄电池。

数据传输，鉴于监测区域有中国移动 GPRS 信号覆盖、接收机内置有 GPRS 无线传输模块，通过插入具有 GPRS 服务功能的手机 SIM 卡即可将数据发送至服务器端。本项目采用固定 IP 网络，监测服务器设置在北京。

监测服务器端使用 Vnet 系列软件接收解算监测点发送的数据，设置访问权限，利用程序报警功能设置报警阀值，通过短信、邮件等形式即时告知。本项目根据边坡稳定性和灾害性分析综合成果，将灾害应急预案划分为三级。

（三）监测效果

从持续约 1 年半的运行情况看，本监测系统做到了无人值守情况下的自动监测，并在变化值达到预警阀值时进行实时监测情况汇报，监测人员可以远程操作，业主及项目相关人员可以在线了解监测状况。

2014 年 8 月 3 日 16 时 30 分，鲁甸发生 6.5 级地震，天花板水电站因上游约 15km 形成堰塞湖而停机并撤离相关人员，田坝村监测区域两岸交通中段。通常情况下该区域监测工作是无法开展的，但田坝村无线远程 GNSS 监测系统照样正常运行，仅在震后由于通信网络原因出现不超过 2h 的中段，监测到地震发生时堆积体的即时变形情况。在灾后救援期间持续提供堆积体的变化数据，为抗震救灾发挥作用。图 1 为鲁甸地震当日每小时监测数据绘制的 G1 号点变形曲线图。

（四）结语

无线远程 GNSS 监测系统在天花板水电站田坝村堆积体监测的应用，较好地解决了人工现场监测安全性低、数据滞后等问题，特别在出现突发状况人工监测无法开展时，具有明显的优势。但其也有自身的局

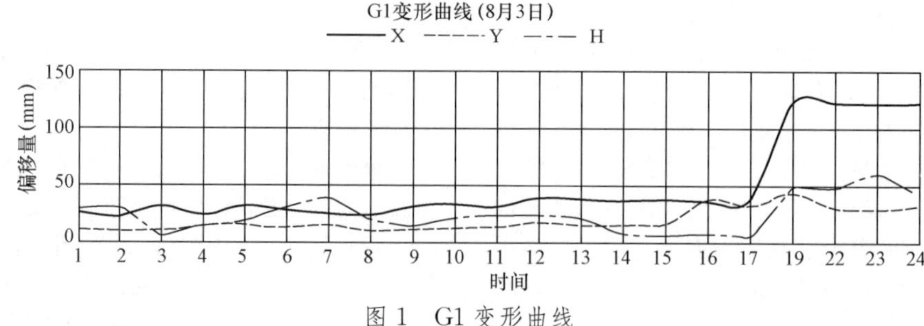


图1　G1变形曲线

限性，如数据传输受第三方服务商网络状况影响、系统出现故障时需生产厂商提供技术支持，服务支持需有保障。

随着具有自主知识产权的北斗全球卫星导航系统的建设，GNSS终端可利用北斗系统。这可降低单点成本，并解决局部监测基准问题，实现精度较高（毫米级）、应用快捷的新式自动远程监测模式。

（中国电建集团北京勘测设计研究院有限公司　刘绍英　杨海军）

## 科特迪瓦苏布雷水电站溢洪道接地系统采用放热焊接技术

苏布雷水电站位于科特迪瓦西部，由中国水利水电第五工程局有限公司承建。该电站溢洪道接地系统主要由坝前明敷和闸坝及消力池底板暗敷120mm$^2$铜绞线，通过焊接构成。焊接采用放热焊接技术，共有“X”形接头200个、“T”形接头510个、与金属部件连接接头90套。接头形式如图1所示。

（一）放热焊接原理及工艺流程

放热焊接是一种简单、高效率、高质量的金属连接工艺。它利用金属化合物化学反应热作为热源，通过过热的（被还原）熔融金属，直接或间接加热工件，在特制的石墨模具的型腔中形成一定形状及尺寸、符合工程需求的熔焊接头。由于放热焊接模具轻盈、小巧，操作方便，焊接时无需外接电源或热源，因此被广泛应用于建筑工程各领域。

放热焊接工艺流程如图2所示。

（二）放热焊接工艺要点

1. 准备工作　模具由石墨做成，使用前需用加热工具（喷灯或烘干箱）烘干祛除水气，并用软毛刷或其他软性物品清除残渣及异物。被焊接的铜绞线，需清除导体表面异物、油污、水分。检查模具接触面的密合度应符合要求，必要时进行调整，避免焊接时铜液从缝隙里渗漏出来。

2. 操作要点

（1）根据接地导体的连接形式，选择适当的模具，并配好与之匹配的焊粉剂量。

（2）将所要焊接的接地导体安放于模具的相应位置，并保证焊接点位于型腔中心。

（3）关闭模具，检查模具接触面的密合度，如间隙过大，用模夹卡调整，直至满足焊接要求；同时，注意焊接导体焊接点有否松动滑落。

（4）模具调整满足要求后打开，将合金托片放入模腔中（其作用为托住焊粉），再将焊剂倒入模具腔内，并将引火粉均匀撒在焊剂表面直至模口边沿。

（5）关闭模具，用火石枪向着模口引火粉点火，热熔焊接的反应即在反应腔内进行。该置换反应温度可高达2200℃，严禁直接触碰模具，以免被烫伤及影响焊接效果。

（6）放热焊剂反应结束后约30s，可打开模具，待

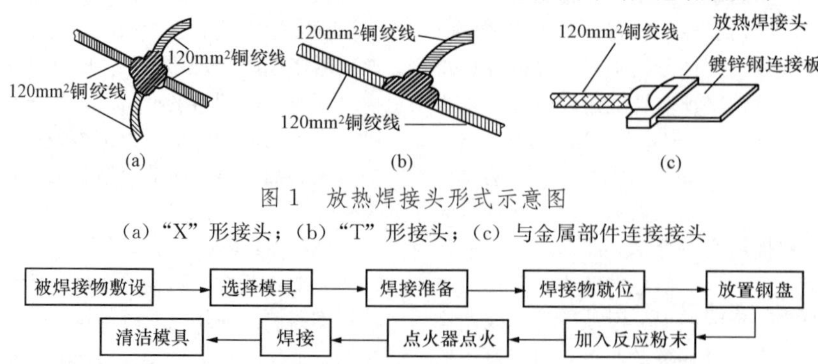


图1　放热焊接头形式示意图

(a)“X”形接头；(b)“T”形接头；(c)与金属部件连接接头



图2　放热焊工艺流程

自然冷却后清除模腔内的焊渣，备下一个焊点使用。

（三）注意及防护事项

（1）施工操作时，现场1.5m范围之内不得有无关人员停留，且2m范围之内不得有易燃物品摆放。

（2）施工人员在将焊剂及引燃粉往模具型腔倒放过程中，应杜绝一切烟火及火星。

（3）点火时，施工人员必须戴上有一定隔热效果的手套，且不得面对熔模开口处；点火完毕迅速离开模具至少1.5m。

（4）放热焊接时高温反应产生烟雾，需加强通风，施工人员戴好口罩，防止施工人员金属中毒。

（5）当放热焊剂反应结束后，任何人不得直接接触焊接模具和被焊接件，须待自然冷却30s以上，使用老虎钳（或相似工具）将被焊接件从熔模中取出。

（6）对被焊接件进行绝缘处理，必须待被焊接件完全冷却后方可进行。

（四）结语

放热焊接具有良好的导电性能，经检测，焊接前后的直流电阻比率变化接近于零，这是任何一种传统连接方式无法比拟。焊接后外观圆润光滑，无凹槽及气孔缺陷，成形美观，可直接从焊接外观判定焊接质量。焊接模具简单、轻便，携带方便，无需专业人士及可操作，值得推广应用。

（中国水利水电第五工程局有限公司
付晓勇　刘　佳　李　刚）

## 鲁地拉水电站6号机转子磁极线圈开裂处理

鲁地拉水电站安装6台机组，其发电机由天津阿尔斯通水电设备有限公司制造，额定容量为400MVA，定子额定电压为18kV，转子磁极数为60个。6号机于2014年底投产发电，2016年初检修时，发现磁极存在不同程度的线圈匝间开裂、引线及接头变形现象。经现场检查，情况如下：

（1）有15个磁极的线圈匝间开裂较严重，情况见表1；大部分在上端引线侧、引线处，有一个在四个角部，另有一个在两引线和外侧（靠近定子侧）角部；磁极下端非引线侧，未发现线圈匝间开裂现象。

（2）磁极连接线与磁极线圈引线的把合孔存在螺纹挤压痕迹，有些明显为环氧胶渗入所致，部分为螺栓与铜排孔挤压痕迹。磁极内侧（靠近转子侧）引线均有低垂现象。

（3）拆开极间连接时，经架设的百分表监测，引线未发现有位移情况；同时把合螺栓取出也非常轻松，无卡阻现象。

（4）经现场检查已拆下的磁极，未发现磁极线圈与磁极铁芯分离松动的现象。

表1　15个磁极线圈开裂与引线变形情况

| 磁极号 | 开裂位置与尺寸（大小×长×宽）(mm) | 引线变形量（mm） | 连接孔外观 |
|---|---|---|---|
| 2 | 内侧0.3×145×10、外侧0.15×150×60 | 0 | |
| 6 | 内侧1×230×30、　外侧1×230×100 | 0 | |
| 8 | 内侧3×230×70、　外侧1×120×40 | 10 | 有螺纹挤压痕迹 |
| 10 | 内侧3×230×50、　外侧0.1×130×60 | 10 | |
| 12 | 内侧2×50×12、　外侧0.15×140×100 | 10 | |
| 13 | 内侧3×30×50、　外侧无 | 10 | |
| 15 | 内侧3×40×40、　外侧无 | 10 | |
| 28 | 内侧3×230×70、外侧1×220×100 | 10 | |
| 29 | 内侧无、外侧2×100×50 | 10 | |
| 32 | 内侧2×60×220、外侧无 | 10 | |
| 53 | 内侧3×100×50、外侧0.3×170×60 | 10 | |
| 54 | 内侧4×230×70、外侧无 | 10 | |
| 55 | 内侧6×130×100、外侧0.1×20×5 | 12 | 有螺纹挤压痕迹 |
| 56 | 内侧3×230×110、外侧无 | 15 | 有螺纹挤压痕迹 |
| 58 | 内侧1.2×230×10、外侧无 | 10 | 有螺纹挤压痕迹 |

该类似转子运用于多个电站，运行多年，均未发现磁极开裂现象。鲁地拉水电站6号机组引线变形，主要是因磁轭高度为正偏差，极间连接线在包完绝缘后厚度也比设计值厚，导致上层极间连接线与内侧引线的高度差较大，两者要连接在一起，上层极间连接线需要向下倾斜，同时也需要引线随着倾斜；而磁极线圈出现开裂，则主要是磁极制造质量控制存在问题，也可能有运输、安装、运行不当的因素。

该机组磁极线圈匝间开裂尺寸较小，经研究只需对拆下的磁极进行重新绝缘、夹紧即可，再按原图纸及相关的技术要求重新安装并进行相关的电气试验。

线圈匝间开裂处理方案为：①垫好支撑（两层方钢管横竖垂直交叉放置），相对于磁极线圈对称放置；②将线圈匝间开裂缝隙清理干净，其中开裂较小的用压力气源吹净，开裂稍大的需将原有NOMEX纸尽量去除后再用压力气源吹净；③配EP139胶，对0.18的NOMEX纸刷胶，将该带胶纸塞入开裂缝隙，对于开裂间隙较大的塞两层；④在线圈铜排表面垫一层厚布，然后垫好硬质木块，再用大力卡兰夹紧，目视缝隙缩小至0并排胶，即停止加力，注意对称分布施力；⑤室温固化24h；⑥测试绝缘电阻，并做好相关照片和记录。

磁极重新装配方案为：①清理线圈和铁芯，补绝缘漆；②测试匝间阻抗，并记录；③围磁极极身绝缘；④空套线圈，测量绝缘电阻，记录数据；⑤浸渍涤纶毡，裹包塞板，按图纸位置塞入极身，常温固化24h；⑥复测绝缘电阻；⑦绝缘胶固化后磁极进行清理，补9130漆；⑧补漆完成24h后，做绝缘电阻、阻抗实验、对地耐压实验。其中阻抗实验要求在环境温度比较稳定的时候在同一时间内完成，要求通电20A、50Hz或60Hz，各磁极间阻抗值差异要求小于10%；绝缘电阻采用2500V绝缘电阻表，测量1min，最小阻值须达到126MΩ；对地耐压试验通AC3960V、50Hz或60Hz，1min，无击穿现象。

6号机磁极处理、安装后，机组并网发电，未出现异常现象，满足机组运行工况要求。

（中国水利水电第三工程局有限公司　周若愚　周　清）

# 金　属　结　构

## 长河坝水电站进水口自浮式导漂系统设计

长河坝水电站位于四川省甘孜藏族自治州康定县境内，为大渡河干流水电梯级开发的第10级电站。由于上游岸边居民较多，人类活动频繁，汛期有大量垃圾、杂物随雨水汇入大渡河。为了防止污物堵塞拦污栅，导致进水口水头损失，机组出力减少，影响发电效益，长河坝电站在进水口前增设了一道导漂系统。

该电站水库死水位1650.00m，校核洪水位1694.6m，消落深度为44.6m；导漂系统漂前平均水流速1m/s、最大风速31.3m/s，水下拦污深度1.5m，轴线与水流方向夹角范围为57°～59°。要满足这些特定的条件，传统的固定式、自动牵引式以及垂直升降式导漂已经很难满足要求，因此，根据现场实际条件提出“倾斜＋垂直”滑槽式自浮导漂系统作为长河坝电站进水口前导漂方案。

自浮式导漂系统主要由滑槽和导漂装置组成。根据轴线要求和水位变化情况，确定左岸滑槽位于进水口前120m，右岸滑槽位于进水口与大坝交界的闸墩上，滑槽底高程为1647.50m，顶部高程为1698.00m。左岸滑槽，考虑到边坡开挖量大，且无施工道路及电源，设计为依山而建，滑槽倾斜角度69.88°；右岸滑槽依附进水口闸墩，垂直浇筑。导漂装置主要由左右岸滑车装置、左右岸大浮箱、十字铰装置、小浮箱、连接轴、挂栅、尼龙网、栏杆和警示牌等组成，依靠左右岸端部大浮箱提供的浮力带动滑车装置随库水位变化而升降。

长河坝水电站“倾斜＋垂直”滑槽式自浮导漂系统为国内首创，主要特点如下：

（1）土建施工简单方便。导漂系统为长河坝电站施工后的新增项目，进水塔和大坝主体工程已基本完工，为了方便施工和缩短工期，左岸导漂斜槽采用锚索固定，滑槽埋件采用钢筋混凝土浇筑；右岸滑槽采用在进水口闸墩上植筋后对埋件进行钢筋混凝土浇筑。

（2）适应能力强。端部大浮箱与小浮箱之间采用十字铰装置连接，以便于大浮箱与小浮箱之间进行高度差调节，适应水位变化后带来的导漂张力的变化。

（3）抗倾覆性好。浮箱与浮箱之间通过活动铰轴连接成整体，在库区流速、风速和波浪等荷载较大的情况下，导漂整体抗倾覆性较好。

(4) 拦污深度大。与传统的导漂系统相比水下拦污深度较大。

(5) 适应水位变幅强。导漂装置随水位变幅自由升降，省去了牵引式自动控制导漂系统的启闭机设备和供电系统，并且避免了信号传输的不稳定现象。

(6) 工程造价较低。进水口左岸边坡未进行开挖，也未修施工道路，左岸导漂滑槽采用倾斜式布置，节约了土建的开挖和回填工程量。

长河坝水电站导漂系统滑槽埋件于 2016 年 11 月底制造安装完成，导漂装置于 2016 年 12 月底完成设计工作。该电站第一台机组于 2016 年 12 月 31 日成功发电，其进水口导漂装置计划在第二台机组发电前安装完成。

(中国电建集团成都勘测设计研究院有限公司 杨明松)

## 猴子岩水电站泄洪放空洞弧门充压水封系统设计

猴子岩水电站泄洪放空洞工作门为弧形结构，孔口尺寸为 6m×5m，工作水头约 90m。目前，国内水电站高水头弧门常采用两种结构型式，即偏心铰弧门和带充压伸缩水封的弧门。偏心铰弧门存在液压操作机构容量大、设备结构复杂、设备和相关土建投资大等缺点。为此，猴子岩水电站泄洪放空洞工作弧门采用了带充压伸缩的水封型式，有效解决了高水头弧门水封的自动投入和退出问题，并提高了水封投退动作的可靠性。

伸缩式水封通过充压、泄压系统实现投入和退出。水封充压、泄压系统供水主要由储水箱、增压泵、胶囊式稳压罐、滤水器组成，高压排水由空压机、压缩空气罐组成，抽真空由水环式真空泵实现。当闸门关闭就位后水封充压投入防止漏水，闸门开启前水封泄压退出。

猴子岩水电站枢纽区地势陡峭，很难借鉴其他电站设置用于水封腔体充压的高压水池。因此，伸缩式水封充压、泄压系统设置了储水箱、增压泵及胶囊式稳压罐代替高压水池。实际运行表明，泄洪发空洞工作弧门采用伸缩式水封的密封方式是合适的，储水箱、增压泵及胶囊式稳压罐对水封腔体保压是稳定的。

(中国电建集团成都勘测设计研究院有限公司 原立毅)

## 阿尔塔什水利枢纽工程 2 号深孔泄洪洞事故闸门水封型式设计

阿尔塔什水利枢纽 2 号深孔泄洪洞布置在左岸，承担水库排沙、放空任务。在进口闸井内设一道事故闸门和一道工作闸门，闸底板高程 1695m。事故闸门孔口尺寸 5.5m×8m，设计水头为 130m，采用链轮闸门。该闸门工作水头高，含沙量大，水封型式设计关系重大。

本项目水封设计，借鉴了小浪底水利枢纽及小湾水电站等工程的设计经验，主要论证 P 型水封、山型水封及 P 型和山型组合水封三种方案。

1. P 型水封 由于合理的断面设计，良好的自密性，仍然是使用最广泛的水封。但常规 P 型水封[参见图 1 (a)] 在高压下易失效，主要形式为：①水封头被挤入压板与门槽水封座板之间，闸门启闭时被破坏；②水压循环作用在水封头后柄上，导致此薄弱部位老化；③与门槽止水座板间摩擦力过大，闸门启闭撕裂水封柄；④水封及水封垫板从面板与压板间挤出或变形。

针对以上问题，本设计对 P 型水封作了如下改进 [参见图 1 (b)]：①将水封头做成实心；②增大水封材料的强度及硬度；③增长水封垫板至水封头中心；④加大压板的厚度，减小与水封头的间隙，并将压板头上、下倒圆角；⑤设置挡块；⑥水封头包氟塑层，降低摩擦系数。试验表明：当水封材料为防 100 号或 LD-19，水封预压缩量为 0，水头 80～200m 时，均能较好地封水。

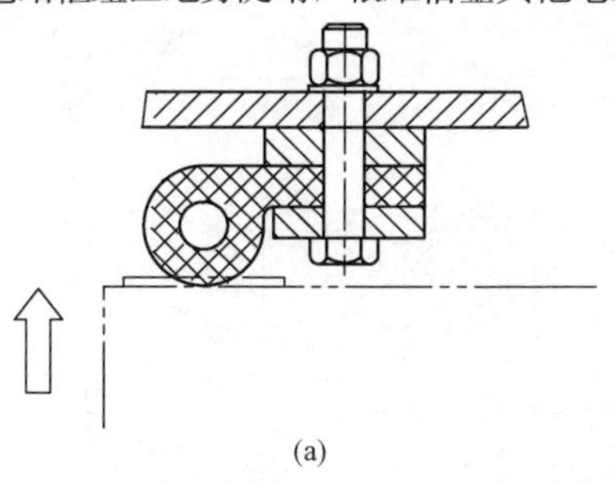
(a)

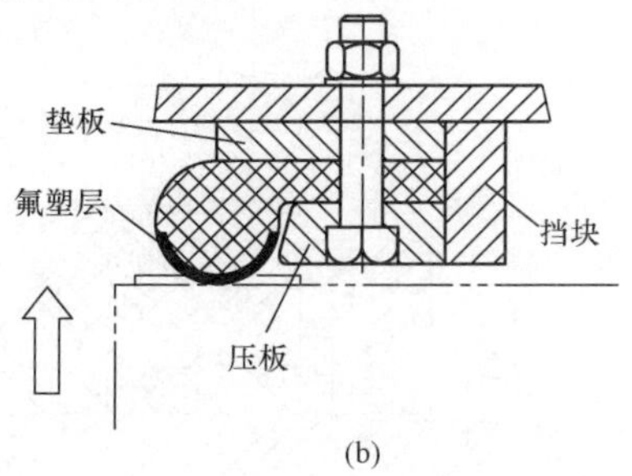

(b)

图 1 P 型水封

(a) 普通型；(b) 改进型

2. 山型水封　如图2所示。为一种液压伸缩式止水，可以安装在门槽埋件上，也可以安装在门体上。安装在门槽埋件上，可将止水内压管路引至闸井内某一平台，设一套泵站及管路控制系统，缺点是：门槽结构复杂、尺寸增大、水力学条件差；内压来源只能引清洁水用泵站加压后供给，如引库水，由于管路较长，库水中的泥沙很容易将管路淤死；闸门挡水需保压，操作工序增多；在挟带泥沙的高速水流环境中工作易损坏，且维修更换不方便；与只能设在门体上的底止水靠挤压封水，可能成为漏水线。安装于门叶上，结构简单、可靠，可引库水自动充压，操作闸门启闭毋庸附加工序，止水可以随闸门提到检修平台上进行检修；缺点是：内压不可调，闸门长时间挡水，可能会将充压管路堵塞，造成闸门启门时，水封摩擦力增大。

图2所示山型水封装置较以往山型水封有改进，主要是：①水封头部至肢柄处贴有氟塑层；②引水进口处孔口断面为10mm×20mm，引入水封底部充压腔的孔径为$\phi$10mm，使水封底部充压腔内泥沙易于排出；③水封压板与底座的配合为锯齿状，可保证压板不会位移；④下游侧水封压板设一凸起“鼻子”，防止水封头被挤入压板与门槽间隙；⑤压板固定螺栓不穿水封肢柄，防止螺栓孔处漏水。

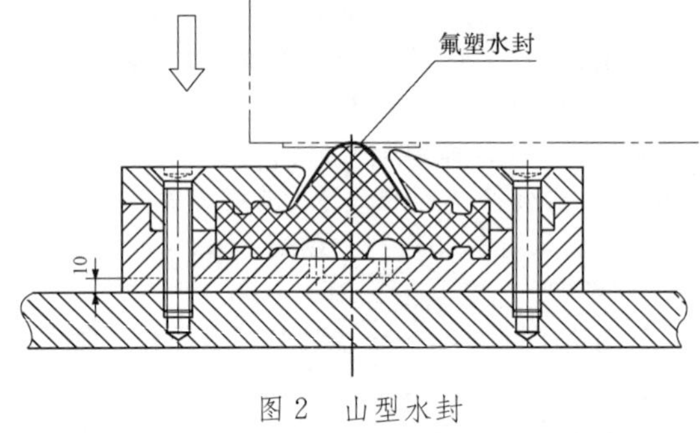


图2　山型水封

3. P型和山型组合水封　国外的超高水头闸门止水设计，除设一道水封外，还常常增设一道辅助水封，以提高运行安全度。鉴于此，本事故闸门拟采用P型和山型组合式水封（参见图3）。

本事故闸门处于水库底层，水中泥沙量较大，故闸门布置为上游止水。考虑山型水封具有良好的伸缩、止水性能，抗破坏性优于P型水封，并考虑P型水封设于山型水封之前的不利因素（①启闭过程中受到高速水流冲击，易损坏；②两水封中心距较大，相对应门槽部分尺寸也大，不利于门槽水力学；③产生漏水时，由于山型水封挡水，P型头前后水压差将逐渐消失，P型水封的自密性也将失去，止水功能将丧失），本设计将山型水封设为主水封，P型水封设为辅助水封。为防止山型水封产生漏水，本设计有意加大了山型水封背压腔面积。

试验表明：当山型水封材质为LD-19，预压缩4mm时，即使山型水封产生漏水，导致水封头前后水压差消失，山型水封仍有封水能力；采用前后两道水封止水，止水效果与单道水封比并没有明显提高，但增加了一道止水防线，提高了运行安全度。

综上所述，本事故闸门的顶、侧采用两道止水，前一道为山型水封，引库水自动充压，后一道为实心P型水封；底止水为一道条形水封。其中，山型水封预压缩4mm，实心P型水封预压缩1mm，两种水封材质均采用LD-19或其他具有相同性能的材料。为保证水封达到预期封水能力，两种水封制造、安装均要求达到：橡皮头高度误差不超出±1mm，止水橡皮头不平度不大于2mm，并要求止水座板面整体加工。

（新疆水利水电勘测设计研究院　张广川）

## 苗尾水电站冲沙兼放空洞事故闸门设计

苗尾水电站位于云南省云龙县境内，是澜沧江上游河段一库八级开发方案的最下游一个梯级，装机容量1400MW；属一等工程，永久性主要水工建筑物为1级建筑物。

该电站冲沙洞兼作放空洞，位于进水口与溢洪道

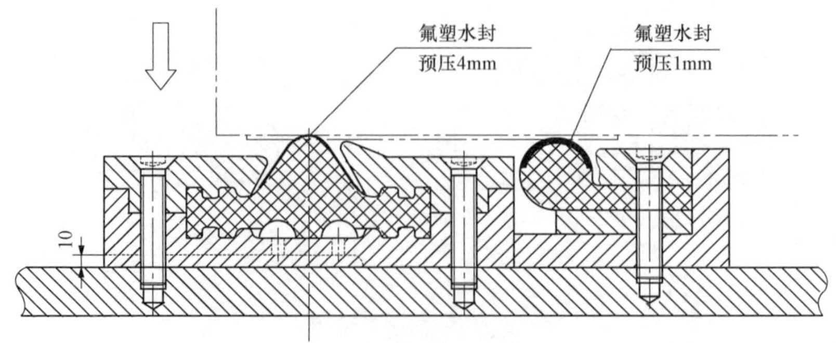


图3　P型和山型组合水封

之间，进口设检修闸门、事故闸门各一道，出口设弧形工作闸门一道；冲沙时，需通过控制出口弧门开度调节出口流量；平时由进口事故闸门关闭挡水，以免长期承压。

冲沙兼放空洞检修门、事故闸门由溢洪道坝顶门机启闭操作。由于溢洪道流道中心线与冲沙兼放空洞流道中心线不平行，存在一定夹角，在可行性研究阶段，为便于冲沙洞事故闸门的起吊，将事故闸门的门槽中心线设计成与溢洪道流道中心线垂直。这样，冲沙兼放空洞的事故闸门门槽中心线与流道中心线不垂直且存在偏角。考虑事故闸门挡水水位较高、长期承压，门槽二期混凝土在悬臂状态下受力大，招标阶段进行了优化，将闸门门槽中心线与冲沙兼放空洞流道中心线调整至垂直布置，通过调整吊点导向布置位置及门机自动抓梁的导向结构型式，使溢洪道坝顶门机仍能适应与满足冲沙兼放空洞事故闸门的启闭操作要求。

冲沙兼放空洞事故闸门平时关闭挡水，为避免泥沙在门叶梁格和顶部淤积，闸门面板、止水均设于上游面，启闭机容量考虑了门前泥沙淤积的影响。为满足闸门充水平压后静水提门操作要求，设计采用特殊的闸板式充水阀。

该事故闸门为潜孔、平面滚动式，单吊点，动水关门、静水启门（水位差≤5m），主要技术参数：孔口净宽 6.8m，孔口净高 8.01m，设计水头 74m，充水阀直径 300m，启闭容量 2×1600kN。

考虑事故闸门动水关闭的操作水位较高，设计优化了闸门顶水封的结构设计，加大顶楣设计高度，并在门叶结构上设置三道顶水封，确保闭门过程顶水封处不出现射水现象，以避免由于顶水封与门楣缝隙处压力波动引起的振动。闸门采用定轮支承，主横梁结构，分 4 节制造，节间通过螺栓拼装成整体并进行封水焊接。整扇闸门设有 16 个定轮（包括底部 2 个小轮），借助偏心轴将其调整在同一平面内。门叶结构主要材料选用 Q345B 钢板和 Q235B 型钢。定轮材质选用 ZG35Cr1Mo，调质热处理，踏面淬硬深度不小于 12mm。轴承采用调心滚子轴承，基本额定动荷载不小于 2660kN，基本额定静荷载不小于 5180kN。定轮轴和吊轴均采用 40Cr，调质热处理。充水阀采用 Z44T-1.6Q 契式闸阀改装而成，其阀体、阀座、阀杆采用不锈钢，闸板密封圈采用硬质合金材料。水封材料采用高耐磨、低摩阻且强度较高的橡塑复合止水橡皮，顶侧水封采用 P 型，底水封为条形橡皮。闸门反向支承采用尼龙滑块。由于门叶导杆布置结构的特殊性，闸门两导杆连线与门槽中心线成一偏角。为更好地配合液压自动抓梁穿轴，起吊等，门叶两侧端采用定轮作为侧导向，并对门叶与门槽、自动抓梁与门槽各方向的安装配合间隙设计提出了更高要求。

根据冲沙洞闸门的工作特点，门槽采用整体钢衬。事故闸门门槽下游顶板上设有 1 个 1.0m×4.0m 的通气孔，以便动水闭门时补气和改善水流流态，充水时排气。门槽型式为Ⅱ型门槽，槽宽 1.7m，深 1.15m，宽深比 1.48。门槽错距采用 120mm，下游两侧墙与门槽的衔接采用 R50mm 圆弧转角接约 1∶11 斜坡形式。门槽主轨采用工字型铸件，材料采用 ZG35Cr1Mo，调质处理，工作踏面硬度 HB300～350，踏面淬硬深度不小于 12mm，机加工应在时效处理后进行；主轨节间设安装锲口并通过螺栓连接成整体，最后现场进行封焊。为便于闸门锁定操作，锁定梁采用带滚轮的工字型钢梁，底部设运行导轨。

2016 年 11 月下旬，苗尾水电站工程实现水库一期蓄水目标，该冲沙洞事故闸门投入使用，情况良好。

（中国电建集团华东勘测设计研究院
有限公司 孙美玲 夏云秋）

## 富春江船闸扩建改造工程人字闸门设计

富春江船闸扩建改造工程是复兴钱塘江中上游水运的重要工程，按Ⅳ级通航标准建设。扩建改造后的富春江船闸为目前浙江省内建设规模最大、水头（注：水头指船闸上下游水位的落差）最高的船闸，与国内最大的三峡船闸平均单级水头相当；每年吞吐量近期为 2500 万 t、远期可达 3200 万 t，比老闸的 50 万 t 增长超过了 50 倍。船闸上下闸首工作闸门及启闭机是保障船闸正常稳定通航的关键设备，其设计关系重大。

### （一）门型选择

采用下沉门方案，门体结构简单，自重轻，经济性较好；但液压缸行程较长，活塞杆长期泡水，日常维护较困难，且为上游止水，制造安装误差易造成漏水。人字闸门方案，与下沉门相比，油缸行程较短，闸门启闭较快，可以有效缩短船只过闸时间；油缸活塞杆布置在水上，日常维护方便；止水在水压力的作用下越压越紧，效果易于保证。按有关设计规范推荐，综上比较，本船闸上、下闸首工作闸门均选用人字闸门。

### （二）人字闸门布置及结构

船闸上闸首孔口宽度为 14.4m，闸门关闭时门轴线与闸首横轴线夹角取为 20.0°，闸门门扇计算宽度约为 8.3m；闸门承受最大水头为 13.5m，设计厚度约为 1.35m，门高 14.0m，门龛深度约为 2.0m。下闸首孔口宽度为 23.0m，闸门关闭时门轴线与闸首横轴线夹角取为 20.0°，闸门门扇计算宽度约为 12.9m；闸门承受最大水位差为 20.71m，设计厚度约为 1.9m，门高 25.71m，门龛深度约为 2.5m。上闸首闸门采用三角形桁架式顶枢和可动式底枢结构，顶枢拉杆选用花篮螺母调节器；下闸首闸门采用双拉杆式顶枢和可动式底枢结构，顶枢拉杆选用楔形块调节器。闸门的侧向止水橡皮安装闸门下游侧，两门叶相啮合的中缝处采用硬止水设计，闸门底止水固定在闸门下主梁腹板上，与设置在门槽上的止水座板之间形成止水线，整个闸门的止水线连续无间断。闸门下游面设有背拉杆和钢护木。闸门开门限位装置是由安装在闸墩侧墙上的四个橡胶块组成；闭门限位装置由安装于底主梁靠近斜接柱处的防撞块组成。导卡装置由分别安装在两扇人字门顶主梁靠近斜接柱处的 Y 型卡座和圆柱形滚子组成，保证两扇人字门临近关闭时同步闭门。人行钢桥安装于两扇人字门顶主梁上，在闭门时将闸首两侧连接起来形成一条人行通道。

人字闸门门体结构选用 Q345B 合金结构钢。斜接柱承压条及门轴柱支承垫块采用 ZG270-500，衬垫采用 40Cr；顶枢轴采用 40Cr；底枢蘑菇头采用 40Cr；底枢轴承座衬垫采用自润滑材料；附件材料选用 Q235B；闸门侧、底止水采用橡塑止水。

（三）人字闸门启闭机选型

根据已建船闸人字闸门启闭机的使用情况，该工程设计中对液压直推式启闭机方案和液压四连杆式启闭机方案进行了比较。液压直推式启闭机具有结构紧凑、运行平稳、性能可靠、调速方便、重量轻、造价便宜、便于维修管理等特点，同时液压直推式启闭机应用较为广泛，有丰富的使用经验；液压四连杆式启闭机其输出力矩曲线较符合人字门的阻力矩曲线，运行平稳、性能可靠，但与液压直推式启闭机相比机构比较复杂，机房占地面积大，设备重量较重，价格较高。因此，该工程采用液压直推式启闭机方案。

上闸首人字闸门液压启闭机两个工作油缸分别平卧于左、右闸首边墩 24.0m 高程的空箱内，两侧的启闭机房内各布置一套液压泵站，人字闸门和输水工作阀门共用；每个泵站设有两套油泵电动机组，互为备用。下闸首人字闸门液压启闭机布置与上闸首相同。

经对采用电比例泵、比例阀或变频器实现闸、阀门启闭无级调速方案的比较，本船闸液压系统设计中，采用电比例泵，由 PLC 控制实现闸、阀门启闭的无级调速。

为随时监控闸、阀门的运行情况，分别在其油缸内安装位移传感器，用以检测油缸活塞运行位置。在闸门液压系统中，由 PLC 控制油泵的排油量，实现两扇闸门的同步运行。

（四）人字门闸主要参数

上、下闸首人字闸门的主要参数见表 1。

表 1 人字闸门主要参数

| | 上闸首 | 下闸首 |
|---|---|---|
| 孔口净宽 | 14.4m | 23.0m |
| 孔口净高 | 13.5m | 25.71m |
| 上游最高通航水位 | 23.5m | |
| 上游最低通航水位 | 21.8m | |
| 下游最高通航水位 | 13.46m | |
| 下游最低通航水位 | 3.29m | |
| 最高挡水位 | 24.0m | |
| 底槛高程 | 10.5m | −1.21m |
| 闸门型式 | 主横梁双扇式人字闸门 | |
| 闸门倾斜角 | 20° | |
| 操作条件 | 静水启闭 | |
| 平压方式 | 充水廊道充 | 泄水廊道泄水 |
| 启闭设备 | 2×800kN 液压启闭机 | 2×1600kN 液压启闭机 |

（五）结语

富春江船闸扩建改造工程于 2013 年 11 月 19 日正式开工，2016 年 12 月 1 日，实施有条件试通航运行，人字闸门及启闭机运行良好。

（中国电建集团华东勘测设计研究院 胡涛勇）

## 梅山水道抗超强台风底轴驱动翻板闸门设计

梅山水道抗超强台风渔业避风锚地工程，位于宁波市北仑港区，工程按 100 年一遇的挡潮设计海堤 2 条；500t 级海船闸 2 座（南堤）；北、南堤水闸 2 座。工程位于开敞式海域，风大浪高，环境恶劣，南堤闸尤甚。船闸设计满足双向挡水要求，运行时最大风力 8 级，挡水状态最大风力 10 级。工程处入海口，存在较严重淤积，海洋风暴潮的破坏力又不可量化，同时存在工程软土地基等多种因素的组合影响。因此，金属结构闸门设备设计面临诸多挑战。

该工程设两线船闸，其中一线船闸基本满足避风锚地船只通行需要，另外一线船闸可以作为避风锚地应急使用。这有效地提高台风期间，尤其是高潮差情况下，避风渔船的通行效率和应急救助能力；同时，在船闸检修时可互为备用，通航不受影响。

（一）船闸闸门方案设计比选

按常规设计采用人字闸门，但本船闸工程地处入海口，水位变化较为复杂，南堤波浪性质主风向为混合浪，渔船大多在台风来临时进港避风，人字闸门对水位的适应性较差且不能满足双向挡水和动水启闭的要求。选择平面闸门或升卧式平面闸门，则必须设计较高的启闭机排架，梅山水道在滨海新城的核心区，从对周边整体环境影响考虑也不合适。选用底轴驱动翻板闸门，无通航净空问题，闸上不设置上部建筑物，能更好地满足城市景观设计的需要；闸门设计可满足双向止水要求，选用液压启闭机操作，易实现自动化控制；开启时，门叶由底轴旋转下卧至平躺状，几近“消失”；底轴采用多支点支承的型式，孔口跨度又可以做得相当大。因此，该工程船闸工作闸门选用底轴驱动翻板闸门。

（二）结构布置设计计算

船闸上、下闸首底轴驱动翻板闸门，考虑潮浪因素及改善闸门开启起始位时液压缸的受力，闸门设计向内河侧倾斜，与水平成75°夹角布置。上闸首（外海）工作闸门门顶高程按外海最高潮位 4.64m 加 0.96m 超高控制，闸门孔口尺寸为 12.0m×10.3m（宽×垂直高）。下闸首（内河）工作门闸门门顶高程按外海侧最高潮水位 4.64m 加 0.46m 超高控制，闸门孔口尺寸为 12.0m×9.8m（宽×垂直高）。

主要特征水位：①上游（外海）最高、最低通航水位分别为 3.61、－1.31m；②外海最高潮位（$P=1\%$）4.64m；③下游（内河）最高、最低通航水位分别为 1.88、0.00m；④下游防洪水位（$P=5\%$）2.21m；⑤船闸底槛高程－4.7m；⑥操作工况，静水启闭（7 级台风＋水位差 0.2m），持住（外 3.61/内 0.0＋7 级台风高潮位）；⑦外海风力大于 10 级时不通航，闸门处开启状态。

外海侧翻板闸门按最不利水压力组合同时考虑 10 级台风对闸门产生的波浪压力设计，门顶允许溢流，顶部设破水器。非正常挡水水位：外海挡水按外海最高潮位（$P=1\%$）4.64m 加波浪高（$P=1\%$）4.52m，内河挡水按内河最低通航 0.0m 作为闸门强度计算控制工况，此时，闸门处锁定状态（且闸门挡潮不挡浪）；正常挡水工况 1：外 3.61m/内 0.0m；挡水工况 2：外－1.31m/内 2.21m（防洪水位 $P=5\%$）。门叶采用主纵梁结构布置设计；底轴分 5 段，采用钢板卷焊结构；拐臂设在底轴两端，底轴与底轴，底轴与拐臂间均采用抗剪套加螺栓连接；门叶与底轴通过弧板采用螺栓连接，主要材料采用 Q345B。底轴穿墙设穿墙密封；闸门设计满足双向止水要求，侧止水采用两道 P 型水封橡皮，底水封采用板式橡皮，且考虑 2mm 预压，材料采用 SF6674。本船闸孔口宽度 12m，翻板闸门底轴孔口范围内设置 2 个支承点，两端拐臂处各设 2 个支点，单扇闸门共设 6 个支承点。底轴轴承座材料采用 ZG35CrMo，采取整体调质处理；轴承座与基础连接底板间，采用环氧砂浆垫料，满足承压压力大于 15MPa 要求。轴承采用球面轴承，内圈采用自润滑复合材料，其热膨胀及吸水膨胀系数有严格要求；轴承外圈及连接结构均选用不锈钢材质。翻板闸门门槽埋件迎水面采用耐海水不锈钢，材料采用 06Cr19Ni10，其余采用 Q345B。

闸门操作静水启闭，通过设置在闸室两侧启闭房内的充水阀充水平压，特殊情况下满足 7 级风浪＋0.2m水位差条件下动水操作。选取液压启闭机设备容量为 2×7000kN（持住）/2×6300kN（拉）/2×3600kN（压）行程 6.3m，启闭速度满足一次单向过闸时间为 30min。启闭设备布置在孔口两侧闸墩腔内，采取了通风、排水、防潮、除湿等措施。现地控制且预留远控接口。设备一般检修在闸墩空腔内进行，由检修桥吊操作。

为防止翻板闸门底部淤结，船闸上、下游各设一套冲淤系统。船闸闸室充、泄水采用短廊道对冲输水方式进行，设备选用法兰式伸缩蝶阀。

该船闸翻板闸门于 2016 年 9 月完成全部安装调试工作，通水情况良好。

（中国电建集团华东勘测设计研究院有限公司 孙美玲 韩 晶）

## 水电站压力钢管埋弧自动横焊技术研究

自动埋弧焊在水电站引水压力钢管制造中已经广泛应用，但主要是钢管横卧在滚焊台车上进行平焊位滚焊，而横焊由于立面保护有技术难度，并未得到应用。为拓宽自动埋弧焊在压力钢管制造安装中的应用范围，针对溧阳抽水蓄能电站引水钢管管节重量大、翻身困难，中国水利水电第三工程局有限公司经论证、咨询，将埋弧自动横焊技术引入钢管制造的大节组装、安装环缝的焊接，并开展了相应的研究工作。经研究，解决了熔池液态金属和焊剂的下淌难题，充分发挥埋弧自动横焊机的优势，为无法或难以翻身的大直径压力钢管制造安装的焊接探索出一条新路。

项目研究的关键技术及创新点如下：

(1) 创新坡口形式，采用下管口为平面、上管口为开角度的“带钝边非对称 K 形坡口”（见图 1），形成由坡口的直边和液态金属的表面张力支托焊接熔池，解决了熔池液态金属和焊剂下淌问题，并使熔渣更容易排出，少产生焊接夹渣缺陷。

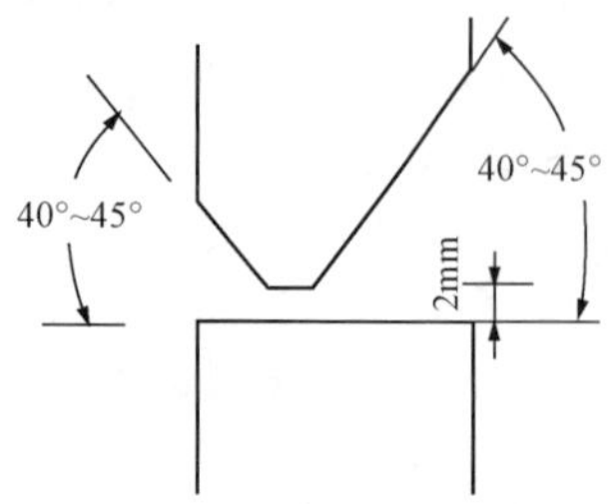


图1 钢管坡口形式放大图

（2）通过改进选用埋弧自动横焊机的行走和导向机构，研制特制枪头和可调节式焊剂托盘，开发了适用于水电站压力钢管焊接的专用埋弧自动横焊机。主要是利用埋弧自动横焊机的结构特点，将设备直接挂装在钢管的上管口，使横焊机焊接机构同时沿钢管曲面运动进行焊接，且埋弧机构紧贴管壁运动，托起焊剂对处于立面的焊接电弧和熔池进行保护，从而完成焊接。

（3）研制了埋弧自动横焊试验装置，可进行焊接工艺评定、生产性试验、焊工操作培训等工作，焊剂回收率明显提高，有效降低了试验与焊工培训成本。

（4）通过生产性焊接试验，确定了适用埋弧自动横焊的钢管管径、壁厚、坡口形式、焊接材料等应用条件与范围。

（5）通过工艺研究，确定了电流、电压、焊速、热输入、温控等主要工艺参数，制定了焊缝坡口和管节制安精度等质量控制措施与要求，形成了水电站Q345D钢材压力钢管、600MPa级高强钢压力钢管的埋弧自动横焊焊接工艺。

项目研究获得授权专利2项，编制的施工工法于2016年被审定为水利水电工程建设工法，撰写的论文获得第十三届全国电站焊接学术A类论文、2016年度第四届北京“嘉克杯”国际焊接技能大赛优秀论文二等奖；研究工作还获得QC成果二等奖2项。

2016年3月，项目研究成果经中国电力建设集团有限公司组织专家委员会评审，达到“国内领先水平”。

该研究关键技术于2013年11月至2015年10月在溧阳抽水蓄能电站压力钢管制造安装中得到应用，直接节省资金288万元，并缩短了工期，经济社会效益显著。

埋弧自动横焊技术具有焊接质量稳定、一次探伤合格率高、施工现场文明程度高等优点，推广应用前景广阔。

（中国水利水电第三工程局有限公司
杨联东 屈 刚）

## 特大型高强度钢岔管洞内原位组装施工关键技术研究

溧阳抽水蓄能电站安装6台机组，上游输水系统按“一洞三机”方式布置，有2个特大型高强度钢岔管。该岔管单个本体总重量达197.2t、连试验闷头总重约317t，外形尺寸（长×宽×高）12170mm×8050mm×13334mm（裤衩开口），主管直径7m、支管直径5.7m、分岔角70°，钢板厚度56～60mm、材质为800MPa高强钢，月牙肋厚度120mm、公切球直径8050mm。工程前期对此钢岔管安装方法进行了对比研究，最终确定采用“瓦片运输进洞在洞内原位组装、焊接、水压试验”的施工方案。在岔管位置隧洞前期开挖中，发现围岩不宜大面积扩挖，特别是顶拱部位，扩挖存在坍塌的安全风险，故将吊装翻身的天锚全部取消。鉴于岔管直径大、组件重，洞内组装位置空间狭小、无法布置天锚、起吊设备受限，焊接质量要求高、水压试验难度大，中国水利水电第三工程局有限公司开展了本项目研究。

该项目研究的主要内容包括：①洞内运输、吊装设备及布置；②钢岔管原位组装工艺；③800MPa级高强钢焊接质量控制；④钢岔管洞内水压试验技术。

项目研究的关键技术及创新点如下：

（1）研制了米字型结构的回转运输台车，可回转调整，适应不同洞径、曲率半径的洞内运输，解决了岔管部件的运输难题。研制了岔管部件运输支撑装置，确保了洞内钢岔管运输安全。

（2）研究采用了龙门排架式起吊组装系统、升降式钢栈桥交叉轨道系统和滑移装置等大型钢岔管洞内原位组装专用设备，解决了吊装就位施工难题。其中，为避免岔管顶部大面积扩挖，采用了在岔管底部扩挖布置钢栈桥方案，很有创意。

（3）研究采用了红外线激光画线器，解决了洞内无法采用全站仪进行测量的技术难题；研究采用了三维立体自动切割机，保证了管口切割及坡口加工的精度。

（4）进行了钢岔管洞内拼装焊接质量控制技术研究，形成了800MPa级高强度钢岔管洞内焊接工艺及过程控制措施，有效控制了焊接质量。

（5）在国内首次进行了超大型800MPa级高强度钢岔管洞内水压试验。

项目研究获得授权专利7项，另有1项发明专利已被受理；编制的工法，2016年被审定为中国电力建设集团有限公司工法和陕西省省级工法；成果推广曾获得陕西省职工优秀科技创新推广运用、中国电建集团群众性经济技术创新、全国能源化学系统优秀职工技术创新的奖项；依托本项目，共发表核心期刊论文 6 篇。

溧阳抽水蓄能电站引水系统分部工程应用本研究成果，合计直接节省资金 818.4 万元，并缩短了工期，焊接质量优良，经济社会效益显著。

2016 年 3 月，经中国电力建设集团有限公司组织专家委员会评审，项目研究成果达到“国际先进水平”，并获得 2016 年中国电建科学技术奖二等奖。

该项目部分研究成果在浙江仙居抽水蓄能电站也得到推广运用，效果良好。项目研究形成了成套的施工技术，社会经济效益显著，推广应用前景广阔。

（中国水利水电第三工程局有限公司
杨联东　屈　刚）

## 清远抽水蓄能电站蜗壳安装的焊接质量控制

清远抽水蓄能电站总装机容量 4×320MW，电站额定水头 470m；水泵水轮机蜗壳材质为 B610CF 高强钢，壁厚 32～74mm，重约 226t，厂家分瓣运输到工地，现场组装与焊接。按有关标准，焊接质量是蜗壳安装质量评定的主要检查项目。每台蜗壳组装共有 3 条环缝需要现场焊接，焊缝长度分别为 3405、6225、7870mm。1 号机组蜗壳焊接完成后，按照规程要求，对焊缝进行了 100%PT、100%UT 和 20%TOFD 无损探伤检测，其中超声波探伤（UT）一次合格率为 92.5%，虽满足规范的合格等级标准，但低于规范优良等级标准。根据检测结果统计，焊缝存在气孔、夹渣、未融合、咬边、裂纹等缺陷，以气孔缺陷为主，占焊缝总缺陷长度的 80%。

为确保蜗壳焊接质量和实现南方电网示范工程建设目标，对焊接缺陷成因进行了分析，研究制定了焊接过程质量控制对策。

### （一）焊接缺陷原因分析及要因确认

根据施工作业指导书、监理日志、验收记录、施工记录等文件资料，并结合对施工现场的调查，从“人、机、料、法、环、测”六个方面分析，排查出可能造成焊缝缺陷的 14 个末端原因，分别是：岗前系统培训不完善、焊接过程监控力度不够、烘箱和保温筒保养维修不及时、焊接材料受潮、母材含碳量超标、焊缝清根方法欠妥、焊接电流太小、坡口清理未彻底、坡口角度及间隙超标、预热温度偏低、焊接环境相对湿度超标、焊接部位风速过大、检测人员操作误差、探伤仪器精度误差。再逐项核查和论证，确认造成 1 号机组蜗壳焊缝“气孔缺陷多”的主要原因有 5 个，详见表 1。

表 1　主要缺陷原因分析确认表

| 序号 | 末端因素 | 不良结果 | 确认方法 | 判别标准 | 核查结论 |
|---|---|---|---|---|---|
| 1 | 岗前系统培训不完善 | 作业人员技术水平低，未完全掌握焊接工艺要领 | 检查培训计划内容、记录及考核结果 | 岗前培训内容覆盖率 100%，焊工取得高强钢焊接技能认定证书 | 未培训焊接材料的选择、仓储、烘焙及保温方法、坡口清理及焊缝清根等工艺要领，且未对焊工进行高强钢焊接技能考核认定 |
| 2 | 焊接过程监控力度不够 | 存在质量监控薄弱环节 | 查阅文件、复核检查 | 焊接监控制度内容是否健全和具备可操作性，质检人员是否落实到位，现场检查记录是否完整、规范 | 监理旁站点设置偏少，施工单位质量管理制度不健全，质检人员更换频繁，部分实测数据缺失 |
| 3 | 烘箱和保温筒保养维修不及时 | 烘箱和保温筒故障，焊条可能受潮 | 检查维修保养记录 | 烘箱和保温筒的保养维修频率应不少于 1 次/月 | 无设备保养维修记录，部分保温筒存在故障，带病使用 |
| 4 | 采用风铲清根 | 清根不彻底，存在熔渣和表面缺陷 | 现场检查 | 焊缝无熔渣和表面缺陷，清根合格率 100% | 焊缝清根不彻底，局部存在熔渣和氧化物、凹坑、气孔等表面缺陷，合格率为 93.2% |
| 5 | 焊接电流太小 | 焊渣与液态金属分不开，产生夹渣缺陷 | 现场验证、查阅施工记录 | 焊接电流偏小率≤2.5% | 根据焊接电流实测值统计分析，仰焊处偏小率为 3.5%、立焊处偏小率为 5.4%、平焊处偏小率为 7.6%，均未满足焊接电流偏小率≤2.5%的标准要求 |

（二）质量控制对策

质量控制对策主要是：成立蜗壳焊接质量控制小组，完善岗前系统培训，修订焊接过程监控制度，按规定及时检查维修焊接设备，改变焊缝清根方法，控制焊接电流满足要求。实施及效果如下：

（1）在2号机组蜗壳焊接前，质量控制小组重新组织业主、监理、施工项目部的质量技术管理人员和焊接作业人员进行了岗前培训考核，6名专职焊工一次性通过了考试，取得了高强钢焊接技能认定证书。

（2）施工项目部修订了《蜗壳焊接过程监控制度》，监理部同步完善了《蜗壳焊接旁站监理实施细则》，质量控制小组制定了《清蓄电站蜗壳焊接过程检查表》。修订后的制度及其检查记录表格内容健全、可操作性强。现场质检人员落实到位，并进行了跟班旁站监控，旁站记录完整、数据翔实可靠。

（3）按照南方电网《施工机械（具）和设备管理业务指导书》规定，督促施工项目部每月对焊接设备进行2次检查维修，及时更换故障设备。在后续3台机组蜗壳施工期间，电焊机、烘箱和保温筒等设备运行正常，相关检查记录表格归档及时，确保了焊条烘焙及保温满足要求和正常生产。

（4）清根方式由风铲改为碳弧气刨，清根工作按要求进行。经过检查，后续机组蜗壳焊缝清根合格率全部达到了100%，取得了预期效果。

（5）通过质量控制小组成员全过程旁站监督，每隔15min记录一次焊接电流值，施工技术人员适时调整电流大小，使焊接电流满足焊接工艺规程要求。

（三）质量控制成果

后续2～4号机组蜗壳焊接完成后，焊缝UT探伤一次合格率分别为97.8%、99%、99.2%，与1号机组相比，每条焊缝质量有了明显的提高，均高于目标合格率，质量控制活动取得了持续改进的效果。

全厂4台机组的蜗壳焊缝UT探伤一次合格率平均达97.2%，焊接质量整体达到了规范优良等级标准，实现了南方电网示范工程建设目标。质量控制小组的活动成果曾荣获国家工程建设优秀QC小组一等奖，并被评为全国优秀质量管理小组。

（中国水利水电建设工程咨询中南有限公司　刘生国）

## 单面焊双面成型技术在辛克雷水电站压力钢管制造中的运用

厄瓜多尔科卡科多—辛克雷水电站压力钢管全部采用低合金高强度钢板制造。其中主管内径5.20m，总长约785m，钢板厚度72mm，纵缝与环缝长度共计3705m；支管内径2.60m，总长约320m，钢板厚度有38mm和48mm两种规格，纵缝与环缝长度共计1220m。为保证大厚度低合金高强度钢焊缝质量，决定在压力钢管制造中，对直管纵缝、环缝运用单面焊双面成型工艺，采用埋弧自动焊进行焊接，并为此进行了研究。

1. 焊接坡口设计　从焊接方法、金属填充量及焊接接头变形控制角度考虑，采用X型焊接接头是最合理的选择。经研究，焊接坡口设计为非对称型X坡口。坡口角度55°，钝边高度0～2mm，钝边间隙6～8mm，正面坡口深度为2/3钢板厚度。焊接坡口采用火焰切割的方式进行加工。

2. 衬垫的选用　根据X坡口特点，衬垫选用直径8mm的$CO_2$气体保护焊用陶瓷衬垫。陶瓷衬垫是近年来发展起来用于替代传统铜衬垫、钢衬垫的理想材料，具有材质轻、耐高温等特性。

3. 工艺可靠性验证　正式焊接前进行了焊接工艺评定试验。工艺评定试板机械试验的拉伸强度、弯曲性能、低温冲击性能完全符合标准要求，验证了采用陶瓷衬垫进行$CO_2$气体保护焊打底焊的埋弧自动焊工艺完全可以满足焊接质量要求。

4. 焊接工艺要点

（1）陶瓷衬垫在使用前保持包装完好，并控制存放场所的空气湿度不大于80%。以避免衬垫受潮造成焊缝出现氢气孔甚至氢致裂纹等缺陷。

（2）焊接接头装配时严格保证坡口间隙在6～8mm的范围内。

（3）打底焊前，利用陶瓷衬垫自带的胶带将其按图1所示平整地固定于焊接坡口背面根部位置。

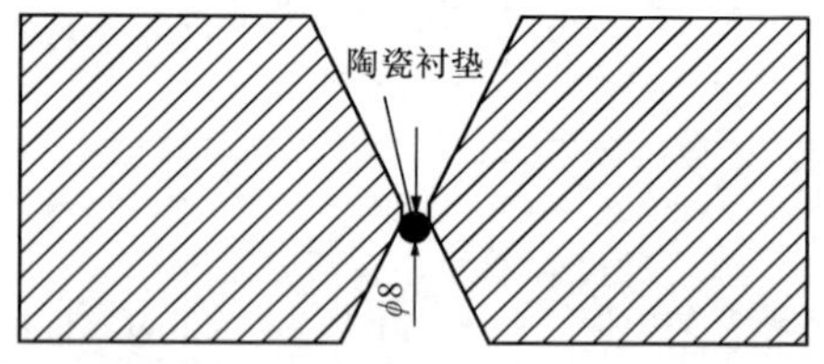


图1　陶瓷衬垫在焊接坡口安放位置图

（4）$CO_2$焊打底焊接时，焊前预热温度、气体流量、焊接电流等工艺参数严格按批准的焊接工艺规程执行；由于坡口间隙较大，焊接时进行适当的左右摆动，在两根趾处做适当停顿，以确保根部完全熔透及焊缝背面成型良好。

（5）$CO_2$焊打底焊缝厚度应在6～8mm之间，以防止打底焊道的强度不足而造成撕裂。

（6）焊接结束去除焊缝背面陶瓷衬垫后，焊工需检查背面焊缝是否符合要求，对成型不好的部位进行必要的打磨修补。

5. 实施效果　该电站引水压力钢管3705m主管和1220m支管的纵缝与环缝，全部采用单面焊双面成型技术进行焊接，从工艺评定试验到最后一条焊缝焊接完成，只用了1年半时间；焊缝内部质量经射时差法超声波检测（TOED），一次合格率平均达到97.3%；岔管段部分顺利通过了1.3倍工作压力（试验压力8.9MPa）的水压试验，钢管制造质量优良。

单面焊双面成型技术在厄瓜多尔辛克雷水电站压力钢管制造中的运用圆满成功，取得了节约成本和节能减排的良好效果：

（1）优化了焊接作业过程中碳弧气刨清根的工序，在提高了焊接效率同时，降低了气刨及打磨过程中的噪声及粉尘污染。

（2）运用该技术，每米焊缝的焊接时间缩短0.75h，降低了碳棒、砂轮片等材料的消耗，每米焊缝的综合成本下降了38.63元，整个压力钢管制工程节省成本约18万元。

辛克雷水电站压力钢管*HD*值在国内、国际的已建、在建水电站中排名前列，其制造难度极大。采用陶瓷衬垫实现压力钢管单面焊双面成型焊接是新工艺，是对传统焊接工艺进行改进。该项目的成功实施，将促进采用陶瓷衬垫实现单面焊双面成型的技术的推广应用。

（中国水利水电第十四工程局有限公司
张兴元　王建利）

8

# 科学研究与技术创新

# 水电科学研究

## 高土石坝安全评价与灾害预测理论研究及应用

我国是世界高土石坝数量最多的国家。多年来国家十分重视水库大坝的安全，开展了大量卓有成效的研究工作，有力提升了我国高坝大库的安全评价和灾害防控水平，但高土石坝安全评价与灾害预测理论研究水平仍落后于我国水利水电工程建设和安全管理实践。主要体现在：现行高土石坝安全评价理论严重低估高土石坝变形量；高土石坝地震安全评价几乎处于无标准可依的状态；国内外针对高土石坝溃坝机理与溃坝数学模型的研究工作尚处于空白状态。

2007～2016年，南京水利科学研究院土石坝研究团队在国家“973”计划任务、国家自然科学基金重点项目和水利行业公益性专项经费项目的资助下，围绕高土石坝安全评价与灾害预测理论开展了较为深入系统的研究工作，取得了系列创新成果，并成功应用于国内外50多座高土石坝建设与安全管理。

（一）主要创新成果

（1）首次建立了粗颗粒土石料本构理论体系，主要包括粗颗粒土石料静力弹塑性本构模型、粗颗粒土石料弹黏塑性本构模型、粗颗粒土石料动力弹塑性本构模型3个数学模型，克服了细粒土本构模型严重低估高土石坝变形量的不足，显著提高了主要由粗颗粒土石料构筑而成的高土石坝变形量及其分布规律的预测精度。

（2）构建了存储量仅为常规半带宽10%的整体刚度矩阵非零元素压缩存储数据结构，极大节省了计算机存储资源；基于PARDISO求解器，实现了高土石坝应力应变计算问题的并行求解，求解效率较常规LU分解方法提高15倍以上。在此基础上研发了可统一预测高土石坝填筑期、蓄水运行期和经受地震作用变形量及其分布规律的大型非线性有限元计算软件（2014SR155029、2015SR031944、2015SR153615和2016SR317887），为高土石坝全生命期安全评价提供了强有力的工具。

（3）创建了高土石坝离心机振动台模型试验技术与“模型应力逐渐逼近原型应力”的外延分析方法，首次提出了高土石坝地震安全评价标准和极限抗震能力黏弹塑性计算分析方法，为改变目前高土石坝地震安全评价无标准可依的局面提供了理论与技术支撑，显著提升了高土石坝地震安全评价和抗震加固水平。

（4）发明了高土石坝溃坝离心模型试验技术及其分析方法，正确揭示了高心墙堆石坝和高混凝土面板堆石坝水流漫顶和渗透破坏溃决机理；首次建立了高心墙堆石坝与高面板堆石坝因水流漫顶和渗透破坏引发的溃坝数学模型，研发了具有自主知识产权的计算机软件（2014SR006555、2016SR066369、2016SR192331、2016SR251774和2016SR174258），为提升高土石坝溃坝灾害预测水平提供了理论与技术支撑。

（二）应用推广和综合效益

该项目研究，出版学术专著2部；发表学术论文130余篇，其中SCI检索论文15篇，EI检索论文80篇；获国家授权发明专利36项，10项计算机软件获得国家著作权登记证书。

成果已成功应用于紫坪铺、水布垭、吉林台、长河坝、糯扎渡、如美、大石峡、阿尔塔什以及马来西亚巴贡等国内外56座高土石坝工程，为优化上述高土石坝工程设计方案提供了重要的技术支撑，在确保工程安全前提下节省了大量投资，直接经济效益已超过3.8亿元。同时部分成果纳入相关设计规范与国家和行业标准，显著提升了高土石坝安全评价与灾害预测水平，社会效益明显。

（南京水利科学研究院）

## 300m级特高拱坝安全控制关键技术与实践

坝高超过200m的拱坝超出了现行拱坝设计规范的适用范围，需要开展专门论证研究。坝高达300m级的特高拱坝，其设计与建设难度将更加突出。二滩拱坝是我国首座突破200m级大关的高混凝土坝工程。溪洛渡拱坝和锦屏一级拱坝同属300m级特高拱坝，均高于国外已建最高拱坝。

300m级特高拱坝安全控制无疑是当今世界高拱坝建设最突出的关键技术问题。就溪洛渡拱坝而言，基础层间层内错动带发育、顺层风化强烈、卸荷影响差异大、岩体各向异性特征明显，坝址地震基本烈度高达Ⅷ度，加上大坝库水推力高达1400万t，大坝安全问题突出；坝高基础范围大，拱坝建基面嵌深不仅关系工程投资，更是关系到工程安全；大坝混凝土施工，温控防裂难度也不小，大坝安全控制存在一系列关键技术难题。锦屏一级拱坝也不例外。

中国电建集团成都勘测设计研究院有限公司（下称成都院）在持续20多年的设计研发中，汲取过去国内外已有经验，尤其二滩拱坝的成功建设经验，依托溪洛渡等工程进一步加深理论研究和科技创新，将研究工作从工程经验总结向系统性、原理性、规律性方向推进，发展了特高拱坝安全设计分析方法及其配套控制准则，创建了300m级特高拱坝安全控制关键技术体系和解决方案，并确保了相关工程的顺利实施和安全运行。

（一）主要科技创新

（1）首次提出并创建了300m级特高混凝土拱坝安全控制的3k理论方法与评价体系。通过拱坝混凝土容许使用强度和结构可能最大作用效应的研究，建立了拱坝结构强度实际安全度（$K_D$）的计算方法与控制标准；给出了坝肩可能最不利滑块（大块体或小块体或阶梯状滑块）遭遇最不利荷载组合的抗滑安全度（$K_F$）的合理分析方法与控制指标；立足潘氏理论即最大最小原理，建立了拱坝整体超载安全度（$K_O$）的计算方法和设计准则。形成了从基本组合作用安全度到超载安全度，从结构点强度安全、坝肩块体抗滑安全，到大坝整体安全三位一体的特高拱坝安全评价体系，并已成功应用于溪洛渡、锦屏一级等300m级特高拱坝工程。首次提出了特高拱坝基础可利用岩体及合理建基面“以岩级为基础，安全为准则，按坝高区段合理利用弱风化Ⅲ级岩体”的确定原则，研究并提出了特高拱坝基础岩体质量和可利用岩体固结灌浆效果的评判方法与指标；结合坝趾区抗力体锚索加固可增强拱推力抵抗作用的变形约束加固设计理论与计算方法，创建了特高拱坝合理建基面基于3K安全控制的综合论证方法。

（2）创新性地提出了特高拱坝“静力设计，动力复核；基震不坏，设震可修，极震不溃”的抗震设计理念。研究并提出了全级配常态混凝土和全级配碾压混凝土动强度取值方法；结合动力有限元法计入横缝等接触非线性和混凝土动力损伤影响的高拱坝抗震仿真分析研究以及沙牌拱坝经受了汶川超强地震考验的反馈分析研究，提出了基于位移突变和坝体损伤贯通为标志的大坝极限抗震能力综合评价方法。结合溪洛渡拱坝大型振动台动力模型试验，首次研发了模拟无限地基辐射阻尼影响的地基边界阻尼新技术及其台面地震动确定方法，研制了满足抗拉强度和弹性模量的模型坝体新材料，为准确合理评价特高拱坝在设计地震下的抗震安全及其极限抗震能力奠定了基础。

（3）研究并提出的特高拱坝混凝土采用组合骨料（即玄武岩洞挖料作粗骨料，开采灰岩作细骨料）及高掺粉煤灰，微掺改性PVA纤维等提高混凝土抗裂性能的控制技术，以及混凝土施工温控按“三期九段”和“五区协调”的时间全过程、空间全维度的温度控制方法和技术，结合两种不同温度冷却水的应用和智能通水控温技术，实现了特高拱坝混凝土施工无危害裂缝的目标。

（二）成果应用及取得的效益

依托项目研究，已在国内外各类期刊上发表学术论文80余篇，其中SCI、EI检索论文20余篇；申请并获得授权专利30余项；主编标准2项（国家标准1项，行业标准1项），主编专著3本。

研究成果直接应用于溪洛渡、锦屏一级、大岗山等拱坝建基面的确定。在确保安全的前提下，推动了弱风化Ⅲ级岩体在特高拱坝中的应用，仅三座拱坝共计节约直接投资10.53亿元，同时，建基面优化技术大量节约了工期，由此带来的间接收益达46.28亿元。温控防裂技术直接应用于溪洛渡、锦屏一级、大岗山等拱坝的施工，三座大坝未发现明显温度裂缝，节约直接投资0.51亿元，获得间接收益67.84亿元。研究成果系统指导了溪洛渡、锦屏一级、大岗山等特高拱坝的防震抗震设计，使工程得以推动和有序进行。成果已经部分纳入了水电设计规范，推动了行业设计水平的进步，并已经成功推广应用到孟底沟、叶巴滩等高坝工程的设计和施工中。

该成果经济效益和社会效益显著，具有广阔的推广应用前景。

（中国电建集团成都勘测设计研究院
有限公司 张 冲 陈 林）

## 高地应力复杂地质条件下的地下洞室群围岩变形稳定控制技术

水能资源丰富的西南地区也是我国区域地震地质条件十分复杂、自然生态环境十分脆弱的地区，由于地壳内、外动力地质作用的剧烈交织与转化，强烈影响河谷动力学演化过程，地壳抬升，河谷深切，河谷应力迅速释放、分异和调整，地应力分布十分复杂，地应力水平高；河谷岩体浅表生地质作用强烈，且发育有断层、裂隙、岩脉等结构面，岩体结构和力学特性复杂。因此，西南地区水电工程大型地下洞室群围岩变形破坏机理复杂、变形量大、控制难度高。

以我国西部雅砻江锦屏一级、大渡河猴子岩两座高地应力水电工程为依托，以雅砻江、大渡河及金沙江流域的二滩、官地、瀑布沟、大岗山、长河坝、黄金坪、溪洛渡等已建在建水电工程为重点，以小湾、拉西瓦、向家坝、三峡、双江口、两河口等数十个大型、中型工程为参考，紧密结合依托工程的设计建设实践，通过工程调研、试验测试和系统分析等手段方法，开展了西部河谷应力场及开挖二次应力场分布特征、高围压条件下岩石力学特性、高地应力条件下地下洞室群围岩变形与破坏模式和机理、地下洞室群围岩开挖损伤划分标准和划分指标、高地应力和大变形判别标准、地下洞室围岩分类地应力因素折减标准、高地应力条件下地下洞室群布置设计和开挖支护设计技术等项目研究工作，总结提炼出高地应力条件下大型地下洞室群围岩变形稳定控制技术。

该项科技攻关取得了创新成果，主要体现在如下几个方面：

（1）首次研发了基于岩石强度应力比的大型地下洞室群布置与支护设计方法体系（含轴线布置原则、合理洞型、洞间距的确定方法、支护强度与支护深度的设计方法、开挖步序、开挖分层厚度及支护时机），成功解决了极高地应力的锦屏一级和猴子岩地下洞室群工程施工过程中的围岩大变形控制技术难题，填补了国内外水电高地应力地下洞室群围岩稳定和大变形控制方面的研究空白。

（2）建立了以围岩声波衰减率、围岩应变率和新生裂隙密度为指标的高地应力围岩开挖损伤区（GEDZ）的判别标准，有效解决了高应力围岩开挖损伤区的识别、分区和评价难题，为高地应力围岩变形控制提供了重要的评价决策依据。

（3）提出了水电工程高地应力二层次四指标复合判别标准，改进并提出了基于强度应力比的水电工程相对地应力水平分级标准（$S<3$、$3<S<6$ 和 $6<S<10$ 分别为极高、高和中等地应力）。

（4）建立了以岩石强度应力比 $S$、表观变形量、GEDZ 损伤深度为指标的水电工程洞室围岩变形分级标准。

（5）首次提出了地应力因素评分折减标准的水电工程围岩分类标准体系（GHC 法），提高了水电围岩分类标准的科学性和合理性。

项目获授权专利 34 项，其中发明 10 项，实用新型 24 项；取得国家软件著作权登记证书 1 项；发表论文 82 篇，其中核心 57 篇（含 EI 收录 28 篇，SCI 刊源待刊 1 篇）。

研究成果成功解决了世界上迄今岩石强度应力比最低、综合技术难度最大的两座水电工程——锦屏一级和猴子岩大型地下厂房洞室群围岩大变形控制技术难题，确保了工程建设和运行安全；成果已成功应用于官地、大岗山、瀑布沟、黄金坪、长河坝、两河口、双江口等高地应力地下工程；经济效益显著，其中锦屏一级提前发电 28 个台·月，官地提前发电 12 个台·月，获得发电效益约 15.09 亿元；成果已纳入能源行业标准《水电站地下厂房设计规范》，并拟纳入修订的《水电工程地下建筑物工程地质勘察技术规程》，促进了行业技术进步，对其他行业地下工程具有重要的推广应用价值。

2016 年 4 月 21 日，中国岩石力学与工程学会组织了该项目研究成果鉴定，鉴定委员会一致认为“本项目研究成果总体上达到国际领先水平”。该项成果获得 2016 年度中国电建集团科技进步奖特等奖。

（中国电建集团成都勘测设计研究院有限公司　冯学敏　程丽娟　侯　攀）

## 边坡地震失稳机理与抗震安全度评价方法研究

“边坡地震失稳机理与抗震安全度评价方法研究”为水利部公益性行业科研专项，由河海大学、中国水利水电科学研究院、清华大学、南京水利科学研究院于 2016 年 7 月完成。

该项目进行了边坡失稳地震破坏资料的收集，深入研究了边坡抗震稳定分析地震动参数确定和地震动输入方式，系统研究了含节理岩体、土体及软弱结构面材料的动力特性，通过振动台模型试验与数值模拟相互验证，明确了边坡地震失稳破坏机理。基于动力反应分析方法及降强法的确定性安全度方法，完成了边坡抗震安全度评价的确定性、非确定性分析方法研究，改进了边坡抗震稳定拟静力分析方法。

项目取得的主要成果有：①提出了水工边坡抗震设防分类、多级设防体系和边坡地震响应分析的隐式黏弹性人工边界输入方法；②进一步揭示了边坡地震失稳破坏机理；③建立了弹塑性有限元动力强度折减法边坡稳定安全度评价体系，提出了分区有限元与块体界面元混合解法的动力强度折减法；④提出了能同时反映裂隙抗剪参数和地震动随机性的边坡稳定动力可靠度计算方法；⑤提出了边坡地震失稳分析的拟静力法动态分布系数和效应折减系数的修正计算公式。

研究成果已经应用于溪洛渡、白鹤滩、果多等多个水电工程的边坡抗震稳定分析，取得了较好的效果，部分研究成果纳入新出版的《水电工程水工建筑物抗震设计规范》，项目成果具有较好的应用推广前景。

（河海大学）

## 水工建筑物健康修复方法及关键技术研究

"水工建筑物健康修复方法及关键技术研究"为水利部公益性行业科研专项，由河海大学、中水淮河规划设计研究有限公司、淮河水利委员会治淮工程建设管理局、淮河流域水工程质量检测中心于2016年7月完成。

该项目完成了多因素耦合作用下多龄水工建筑物损伤机理研究、修复新材料与旧材料界面的力学行为模型研究、不同病害类型水工建筑物健康修复技术研究与应用和水工建筑物健康修复效果评估指标体系研究，形成了相应的技术研究成果报告及技术评价标准草案，并将研究结果应用于工程实践，取得较好的应用效果。

项目取得的主要成果有：

（1）建立了考虑应变率、锈蚀率、纤维布约束等影响因素的锈蚀钢筋与混凝土动态黏结性能预测模型；揭示了多因素耦合作用下水工钢筋混凝土损伤机理。

（2）建立了考虑应变率影响、初始静载影响的玄武岩纤维布与混凝土界面力学行为预测模型和早龄期高强混凝土力学性能及其与钢筋结合性能预测模型。

（3）提出了考虑初始裂缝位置、数量和高度影响的混凝土梁的自振频率的理论计算模型，为无损定量评价多龄期构件的承载力提供理论基础。

（4）揭示了高性能混凝土早龄期抗裂性能变化规律，建立了锈蚀老化及修复后钢筋混凝土柱、节点、墙体的承载力分析方法，编写了《水工建筑物健康修复技术规程（草案）》和《水工建筑物健康修复效果检测与评估技术规程（草案）》。

（5）编制了《混凝土中钢筋腐蚀检测技术规范》和《钻拉法检测结构混凝土抗拉强度技术规程》。

项目成果已用于水工建筑物病害成因分析、服役状态评估、修复加固设计和施工、修复效果评价等，取得了较好的经济和社会效益，推广应用前景广阔。

（河海大学）

## 水库下泄低温水对生态环境水温影响规律研究

"水库下泄低温水对生态环境水温影响规律研究"为水利部公益性行业科研专项，由河海大学、水利部水利水电规划设计总院、长江勘测规划设计研究院于2016年1月完成。

该项目通过现场调研、原型观测、理论分析、模型试验、数值模拟等多种手段，针对典型水库低温水发生发展过程、下游河道低温水的运移恢复过程、低温水对地下水温度场影响以及改善低温水影响的工程措施开展了研究。

项目取得的主要成果有：

（1）采用多因素作用下的水库水温结构分析模型，分析了水库入流、洪水过程和不同气候区域对水库水温结构的影响规律。

（2）采用河道水温输移模型，分析了气象、下泄水流、支流汇入三个因素对水温恢复的影响。

（3）建立了土体水热耦合试验系统和饱和带水热迁移耦合计算模型，分析研究了水库下泄低温水对下游河道两岸河床及浅层含水层温度时空分布影响规律。

（4）提出了基于改进模糊层次分析法的下泄低温水对河道环境水温影响的评价指标体系。

（5）提出了包括首部工程措施和末部工程措施在内的低温水的改善措施和低温水利用方案。

成果已应用于俄日河及开都河流域梯级开发，为"脚木足河流域电站水温计溶解气体过饱和影响研究"及新安江坝下地区地下水生态评价提供了技术咨询和支撑。

（河海大学）

## 平原河网水动力系统与区域防洪及水环境保护

"平原河网水动力系统与区域防洪及水环境保护"为水利部公益性行业科研专项，由河海大学于2016年7月完成。

该项目通过调查研究、现场与室内试验、数值模拟以及理论分析，探索了平原河网水动力系统特性与规律；揭示了河网要素间的响应关系，建立了可为防洪与水环境保护决策提供支持的水动力模拟系统；构建了平原河网水动力模拟与多目标决策支持平台。

项目取得的主要成果有：

（1）针对复杂河网概化方法、河网区产汇流、河道植物阻力等问题，提出了一套适合平原地区河网模拟的计算理论与模拟技术，实现了河—湖—工程嵌套耦合的水文—水动力系统模拟。

（2）研究分析了典型平原河网区极端暴雨、涉河工程叠加等影响下河网水动力响应，以及涉河工程群对河道行洪的叠加影响。

（3）开发了淮河蚌埠段涉河工程群行洪影响与诊

断评价模型，构建了苏州河网区域防洪排涝、水环境保护和水资源利用的河网管理评价体系和平台。

项目成果已应用于淮河中下游涉河工程群行洪影响评价、苏州城区河网防洪、水环境保护和水资源利用等管理工作，并在江苏里下河、江西赣江等地区得到推广，应用前景广阔。

（河海大学）

## 恶劣环境下堤防工程服役性能劣化的多因素协同驱动与干预

“恶劣环境下堤防工程服役性能劣化的多因素协同驱动与干预”项目为江苏省杰出青年基金项目，由河海大学于2016年6月完成。

该项目开展了堤防工程典型性能劣化与失事机理、堤防工程服役性能劣化驱动机制、堤防工程灾变过程监测与辨识技术、堤防工程安全综合诊断和服役风险预警方法、堤防服役性能劣化干预决策和效果评估方法等内容研究，取得如下创新成果：

（1）通过堤防工程渗流与稳定破坏及溃决机理试验研究，揭示了堤前水位上涨、切向水流冲刷等对堤防渗流、稳定的影响规律以及多种危险水力条件对堤防渗流与稳定破坏的组合影响规律。

（2）通过堤防渗流、失稳破坏过程的颗粒细观模拟方法探研，提出了适于堤防工程渗流、失稳破坏过程分析和病险除控效果评估的宏细观组合实现技术及相关判据。

（3）开展了堤防工程渗流、沉降、开裂等分布式光纤监测技术与辨识方法研究，提出了光纤布设方式、实时监控方法以及实用监测模型。

（4）综合考虑堤防工程服役性能劣化干预的功能性、经济性、风险性，建立了空间大跨度下堤防工程病变修复与除险加固排序二阶段决策模型，提出了堤防全生命周期除险加固的优化决策方法。

研究取得丰富成果，发表学术论文30篇，其中SCI收录17篇；申请国际专利2项、国家发明专利34项、实用新型25项，其中已授权发明专利22项、实用新型25项；授权2项软件著作权。

（河海大学）

## 基于综合集成管理方法论的重大水利工程建设全生命周期组织管理体系研究

“基于综合集成管理方法论的重大水利工程建设全生命周期组织管理体系研究”为江苏省自然科学基金项目，由河海大学于2016年12月完成。

该项目针对重大水利工程的建设管理实践，按照该类建设的全生命周期管理过程来对其社会稳定风险脆弱性的评估机制、基于粗糙集和模糊区间数的评标方法、基于协同工作平台的组织界面管理方法、施工联合体的风险分担和灾后应急处置的群决策方法等关键环节展开研究，进而完善重大水利工程的组织集成管理体系，为提高该类建设的组织管理水平提供了可操作的理论方法工具。

项目创新地构建了适用于重大水利工程项目社会稳定风险脆弱性的评估指标体系及其基于模糊物元理论的风险评价方法，基于模糊多属性群决策思想改进了该类工程的施工评标方法，并针对跨流域调水工程项目的组织界面管理问题，系统设计了组织界面协同工作平台，建立了合理的施工联合体风险分担计算模型和管理机制，明确了联合体参与方对相关风险的分担水平，在确定风险分担合理比例基础上，制定了联合体合作应对风险的管理机制，还建立了一种基于区间二元语义的应急处置群决策方法，从博弈论角度厘清了灾后应急决策中各参与方的博弈机制，进而考虑实际环境中决策信息的变化特点，以提高应用性为重要导向，构建了快速、简易、科学的应急决策方法。

（河海大学）

## 海量异构（水利）数据共享服务关键技术研究

“海量异构（水利）数据共享服务关键技术研究”为江苏省科技支撑计划项目，由河海大学于2016年1月完成。

该项目针对水利大数据的共享、发现和获取等共享服务关键技术展开研究，研发了水利数据共享服务平台；提出了一种基于三重映射机制的领域数据可扩展共享服务模型，实现对国家、流域和省级水利异构实体数据、元数据和业务信息服务的统一共享；提出了基于水利语义的探索式信息资源搜索方法，实现了对信息资源的统一发现；提出了面向共享服务的三级索引机制，提高了水利实体数据的访问效率，实现了从数据发现到数据访问一体化数据服务；建立了以PaaS和SaaS相结合的水利领域数据共享服务应用模式，实现了领域数据共享服务从单一目录服务模式到数据基础服务平台模式的转变。

成果应用于水利部水利信息中心、淮河水利委员会、太湖流域管理局和山东省水利厅等单位，取得了良好的社会经济效益，具有广阔的推广前景。

（河海大学）

## 江苏沿海大规模潮流能发电技术基础研究

“江苏沿海大规模潮流能发电技术基础研究”为江苏省自然科学基金项目，由河海大学于2016年1月完成。

该项目建立了江苏近海水沙动力学数学模型，分析了江苏近海水沙动力特性，研究了单台潮流能涡轮机及潮流能发电阵列与海洋环境的相互作用机理。提出了潮流能发电载体的荷载计算方法和结构设计方法；建立了海洋硫酸盐环境侵蚀载体水泥基材料的弹塑性—损伤本构模型，提出了相应的防腐蚀措施。设计开发了满足潮流双向流动的翼型及叶片；设计了提高能流密度的潮流能集流器，分析了发电装置的尾流特性以及多机组排列形式。提出了基于连续发电时间、发电离散度、平均发电时间的潮流能评估新方法，给出了江苏省潮流能开发选址建议，提出了潮流流速及发电功率预测方法。对比分析了潮流能发电场内部集电方式及并网方式，提出了潮流能发电机组动态优化控制方法，分析了大规模潮流能接入对电力系统调峰及供电充裕度的影响。

（河海大学）

## 海上风电机组状态健康监测方法研究

“海上风电机组状态健康监测方法研究”为江苏省自然科学基金项目，由河海大学于2016年1月完成。

该项目研究了基于无线传感器网络技术的海上风电机组状态健康监测的方法，针对监测系统中无线传感器节点的部署问题，研究了三种节点部署策略、特点及适用场合，建立了监测系统可靠性评估模型，提出了调整无线传感器节点感知距离的自愈方法和基于父节点及兄弟节点替代的节点路由自愈算法，设计了海上风电机组状态健康监测系统人机交互可视化平台。

项目将无线传感器网络技术引入到海上风电机组状态建立监测系统构建方法的研究中，为相关研究与实际应用提供了新的思路。

（河海大学）

## 河海大学2016年科研工作情况

2016年，河海大学科技工作紧密围绕以提高科技整体创新能力和取得高水平科技成果为目标，完善科研管理机制，加强科研经费管理，推进科技评价改革，促进科技成果转化，加强基地建设，各项工作得到稳步推进，重点工作有新的突破，为推进学校“双一流”建设提供了有力支撑。

科研项目持续稳步增长，承担科研项目1348项，其中纵向项目491项，横向项目857项，结题重要纵向项目230余项，近5年累计在研项目近万项。新增合同5.43亿元，同比增加2.65%，新增到款4.92亿元，同比增长1.03%。国家重点研发计划获佳绩，牵头项目2项、课题16项，总经费9719万元。国家基金数量实现新突破，获国家自然科学基金137项，其中重点项目3项；国家社科基金13项，其中重大1项，重点1项。首次获得陆军装备发展部项目3项、军委装备发展部预研基金1项。

科技奖励成果丰硕，获国家奖3项，省部级以上科技奖73项。其中，国家科技进步奖一等奖1项，国家技术发明奖二等奖2项，高等学校科学研究优秀成果奖3项，大禹水利科学技术奖3项，全国教育科学研究优秀成果奖二等奖1项，省哲学社会科学优秀成果奖8项。

高水平论文数量持续攀升，发表SCI论文980篇，同比增长19.7%，EI论文1246篇，SSCI论文24篇，CSSCI论文346篇。发明专利授权量稳步大幅提升，授权国内发明专利687件，同比增长35.2%；PCT国际专利申请24件，同比增长60%，获国外授权发明专利3件。获中国专利优秀奖1项。

科研平台建设及技术转移工作取得新发展，浅水湖泊综合治理与资源开发教育部重点实验室评估优秀，2个省级工程中心顺利通过绩效评估。获批省级工程中心1项、省教育厅高校重点实验室1项，新安江水文实验站即将交付。

科研管理系列办法出台，资金使用效益提升。修订《河海大学科研经费管理办法》，新出台《河海大学科技成果转化办法（暂行）》。在财务处配合和共同努力下，中央高校基本科研业务费管理成效显著，2017年度教育部下拨我校预算额度大幅提升。

期刊工作成绩斐然。Water Science and Engineering入选“2016中国国际影响力优秀学术期刊”，《河海大学学报（自然科学版）》《水利水电科技进展》荣获“中国高校百佳科技期刊”，《水资源保护》荣获“中国高校优秀科技期刊奖”，《河海大学学报（哲社版)》《水利经济》入选《中国人文社会科学期刊评价报告(AMI)》引文数据库。

(河海大学)

## 哈尔滨大电机研究所2016年科研工作情况

2016年,哈尔滨大电机研究所(以下简称研究所)顺应国家产业结构调整,紧密围绕市场需求开展了一系列技术研究工作,在科研攻关、成果产出、人才培养和学术交流等方面取得了显著成绩。

(一)科研基础设施建设情况

1. 试验台系统升级改造 完成研究所水力机械试验Ⅰ台升级改造。改造升级后的试验系统采用远程控制与网络传输技术相结合的硬件主体构架,将模型水轮机水力性能试验及辅助性试验研究有主次的分开采集与分析,提升了系统对水力性能研究试验能力,在满足专业试验需求的同时也兼顾通用水力机械性能试验研究。

2. 高速推力轴承试验台研制 依次完成了拖动电动机、机架、试验装置的安装、调试,对循环油管路进行了改进,增加了淋油式润滑功能,降低了油槽循环油的搅拌损耗,改善了试验台的运行性能。在试验台完成整体调试之后,分别进行了敦化、长龙山、阳江项目推力轴承试验。

(二)科研任务与科研成果情况

1. 大水头变幅水泵水轮机驼峰性能研究 研究发现水泵水轮机的驼峰特性与叶轮区域、导叶区域的旋转失速有关。通过对叶轮叶片和双列叶栅等优化,可以改善大水头变幅水泵水轮机驼峰安全裕度。

2. 400m水头段抽水蓄能机组性能研究 依托荒沟项目,对400m水头段抽水蓄能机组水轮机的稳定性、出力、效率及发电电动机含分数极路比绕组等综合性能进行了深入研究。研究结果表明:水轮机在较大水头范围内可自动稳定并网,并且不需要非同步导叶协助;“驼峰”裕度、水泵入力、水轮机出力等关键技术指标可较好匹配。

3. 超高水头超大容量水泵水轮机长短叶片转轮水力性能研究 2009年开始,进行了该项目研究,依托绩溪、敦化、阳江、长龙山等项目,形成了具有自主知识产权的混流式水泵水轮机长短叶片叶轮水力研发技术。

4. 700m水头段水泵水轮机水力性能研究 依托敦化项目,对700m水头段水泵水轮机水力性能进行了深入研究。研究发现,转轮与导叶间水流流动干涉强度是决定“无叶区”压力脉动大小的主要因素。

5. 高水头、大容量轴流转桨式水轮机空化性能研究 依托水口电站5号机组增容改造项目,对转轮进行优化设计,重点改善空化性能。采用水力设计、数值计算、模型试验相结合的方法,最终设计的转轮模型最优效率接近93%、额定点模型效率超过92%。

6. 大水头变幅、宽运行范围轴流转桨式水轮机水力性能研究 依托大藤峡项目(8台200MW轴流转桨式水轮机)进行研究。采用新的寻优计算方法,提高了计算速度和计算结果的准确性;利用空化模型进行临界空化预估,提高了空化计算结果的可参考性。

7. 高海拔地区超高水头、超大容量冲击式水轮发电机组论证研究 以雅鲁藏布江前期科研为依托,确立了1000m水头800~1200MW冲击式水轮机以及1800m以上水头段1000MW冲击式水轮机的基本方案。

8. 基于时间钝化的水轮机不稳定流动技术研究 进行了不同泄水锥相关试验工况的CFD计算及仿真研究,包括常规泄水锥、HB泄水锥、特殊HB泄水锥和仿真型泄水锥。通过多方面的研究,初步掌握尾水管内部压力分布规律和产生机理,实现尾水管涡带能量控制,从而提高尾水管区域稳定性指标。

9. 发电设备故障机理及故障案例分析研究 在“远程故障诊断系统V1.0”的基础上,以丰满项目为依托完成“系统V2.0”构建,创新地在电厂端前置了现地故障诊断系统,有效提高了系统的响应速度。

10. 可变速发电电动机组技术研究 以丰宁300MW大型可变速抽水蓄能机组的前期方案为依托,对电磁、冷却系统、整机结构以及绝缘系统等设计关键技术进行了深入的研究,完成了转子通风模型试验,进行了转子力学模型设计。

11. 材料国产化研究 开展多项科研攻关,设立多项专题研究,在绝缘材料、金属材料的国产化方面都取得了阶段性成果。这些成果对降低AP1000核电机组、百万千瓦机组、可变速抽水蓄能机组制造成本,进而拥有自主知识产权具有重要意义。

12. 雅鲁藏布江高水头机组论证(金属材料部分) 针对未来雅鲁藏布江高水头机组关键部件使用的铸件、锻件、大厚度高强钢板、高强度磁极磁轭热轧薄钢板以及过流部件磨蚀防护技术的发展现状进行了总结和分析论证,初步形成了高水头、大容量水轮机组关键金属部件的选材参考范围,为该类机组关键部件的选材及制造提供指导。

13. 抽水蓄能机组旋转关键部件刚强度及疲劳研究 获得了磁轭材料和磁极材料的疲劳寿命曲线和疲劳极限,得出了额定工况和极端工况下磁极能承受的疲劳寿命,为准确寿命计算提供依据,对于指导其他关键部件的寿命评估也具有重要的借鉴和指导意义。

14. 大型水轮发电机主保护配置方案研究　突破以短路电流稳态值为依据设计主保护配置方案，提出以内部故障电流瞬态仿真为基础，进行大型水轮发电机主保护配置方案的设计，形成了内部故障统计分析、并网条件下故障时步有限元法和多回路法瞬态仿真、主保护配置方案优化设计和TA选型设计分析一体化的“水轮发电机内部故障瞬态仿真及主保护配置方案分析软件平台”。

15. 抽水蓄能发电电动机热模型　为解决转子面临的温升过高的技术瓶颈，建立了大尺寸发电电动机通风及温升模拟的热模型，通过试验与计算取得了高电密转子冷却技术的突破。

（三）队伍建设和人才培养

2016年，研究所参与千人计划引入工作，通过人才引进、在职培养等方式，高学历人才所占比例逐年上升。至年底，研究所共有国家“万人计划”科技创新领军人才1人，国家创新团队1个，黑龙江省领军人才梯队1个、哈尔滨市学科梯队1个，自主创建的柔性研发团队3个。

2016年3月，研究所邀请兰州理工大学磁性物理与磁技术研究所所长、博士生导师杨逢瑜教授为研究所技术人员开展关于“磁技术在流体机械中的应用”的培训。

2016年7月，远程诊断项目被工业和信息化部确定为“智能制造试点示范项目”，研究所组织远程诊断团队参加该部在广东东莞召开的2016年全国智能制造试点示范经验交流会。

（哈尔滨大电机研究所　赵昊阳　刘　佳）

## 东方电气集团东方电机有限公司2016年水电技术进步有关情况

2016年，东方电气集团东方电机有限公司（以下称东方电机）按照“十三五”科技发展规划的总体部署，主动适应经济发展新常态，积极打造水电差异化产业技术竞争优势，持续提升自主创新能力，在水电产品研制、关键核心技术攻关等方面均取得了突出成绩。

（一）贯流式水电机组技术跃上新台阶

东方电机为巴西杰瑞电站研制的22台75MW灯泡贯流式水轮发电机组于2016年11月全部成功投运，创造了“世界单机容量最大贯流式水轮发电机组、世界贯流式水轮发电机组转轮直径最大、中国水电成套设备出口合同金额最大、中国发电设备出口单项金额最大”的四个之最，标志着东方电机在超大型灯泡贯流式水电机组的研究、设计、制造达到了世界领先水平。“巨型贯流式水轮发电机组关键技术研究及杰瑞机组研制”项目荣获2016年度四川省科学技术进步特等奖。

巴西杰瑞水电站共安装50台单机容量为75MW的灯泡贯流式水轮发电机组，分左、右岸厂房安装，其中，左岸22台机组由东方电机研制，右岸28台机组由三家外国公司制造。

作为超低水头、超低转速、大容量、重载巨型灯泡贯流式机组典型代表的巴西杰瑞电站，其机组技术性能及稳定性要求高，采用新结构多，设计、制造难度大，其设计技术难度系数和制造难度系数均达到目前灯泡贯流式机组的世界最高水平。

东方电机为巴西杰瑞项目开发了国际领先水平的巨型贯流式水轮机水力模型，在瑞士洛桑国际中立试验中，各项性能指标优于国际联合体提供的水力模型；创新设计了进水边导边翼型和出口翼型，有效缓解进口冲击和尾水振颤，减轻了压力脉动；创新了巨型贯流式水轮发电机低速、重载、超长卧式轴系的分析计算方法和结构布置；以全新的水轮机导叶驱动及保护装置、高效轴向通风系统设计，解决了轴向温差大、通风散热难等问题，保证了机组长期安全稳定运行，运行性能指标达到了世界先进水平。

该项目获得发明专利2项，实用新型专利6项；项目技术和标准为国际电工委员会（IEC）标准委员会修订相关标准提供了支撑。

（二）抽水蓄能机组技术开发连创国内新纪录

2016年，东方电机研制的4台国内单机容量最大的仙居375MW抽水蓄能机组全部成功投运，运行良好，设计和制造质量都经受了最苛刻的检验。

2016年，东方电机在绩溪、敦化等超高水头、大容量抽水蓄能电站机组水力开发等方面取得重大进展，连续获得绩溪抽水蓄能项目全部6台300MW机组及其附属设备合同和敦化抽水蓄能电站2台350MW机组及其附属设备合同。绩溪抽水蓄能电站是我国首个国产化的650m水头段项目，敦化电站是我国首个700m水头段国产化抽水蓄能项目。东方电机成功打破了国外公司对我国高水头、大容量机组的垄断。

在绩溪和敦化项目的研发过程中，考虑到超高水头机组的技术特点，东方电机制定了“稳定为先，兼顾能量；协同优化，特性均衡”的方针，在效率水平与稳定性之间、水泵工况与水轮机工况之间、水力性能与刚强度特性之间，都进行了反复的分析、校核、优化和平衡。在仿真计算方面，采用了先进的高性能集群计算、非定常流动分析等技术和方法；在模型试验方面，引入了LDV激光测速、高速摄影等先进技术手段；在模型加工制造方面，对诸多环节进行了改良和创新。通过对多种设计方案的分析、对比和选择，东方电机为绩溪、敦化项目所提交的最终水力模型在中国水利水电科学研究院中立台对比试验中，均以优异的水力性能胜出。试验结果全面满足并超过了招标文件的要求，尤其是稳定性指标，包括S特性、驼峰特性及无叶区压力脉动水平均达到了世界先进水平。

绩溪、敦化项目的成功签约，标志着东方电机在超高水头、大容量、高转速抽水蓄能机组技术制高点上已经达到行业先进水平，成功填补了我国抽水蓄能600m以上水头段的技术空白，成为国际上高水头段抽水蓄能机组最全的企业之一。

（三）混流式水电创世界之最

东方电机巨型混流式水轮发电机组整体研发技术达到国际先进水平，部分技术处于国际领先。形成了能满足用户不同需要的水内冷、蒸发冷却冷和全空冷在内的完整产品体系。为引领世界发电设备装备制造业的技术进步，打造国际水电行业新标杆，东方电机于2016年启动了世界单机容量最大的1000MW混流式水轮发电机组的研制工作。

在水轮机水力研发中，东方电机通过对水轮机蜗壳、导水机构、转轮、尾水管反复地流动分析计算，各部件达到最佳的水力匹配；效率、空化、压力脉动、飞逸转速等水力性能单项参数达到该水头段世界一流水平，各项性能参数的组合达到世界先进水平。东方电机通过多批次的水轮机水力开发，最终优选出了能量性能优、空化性能佳和稳定性优良的水轮机水力模型，并通过了试验验收，研究成果荣获集团公司科技进步一等奖。

在水轮发电机关键技术研发上，东方电机开展了高效冷却方式应用研究，较常规冷却方式可大幅降低转子线圈温升；对多种定子铁芯高效散热结构进行研究，研发出性能优良和应用可靠的散热结构；创新冷却结构，在有效提升冷却空气利用率的基础上，大幅降低了机内空气流量，使电机通风损耗明显减小，满足了发电机高效率的高要求。

在绝缘和轴承技术开发上，东方电机首次提出并形成额定电压24kV级空冷水轮发电机定转子绕组绝缘性能的评定项目与考核指标、首次开展了定子线棒及绕组的绝缘与防晕系统仿真计算及试验验证研究，验证了定子绕组的绝缘性能及多因子老化寿命，结果满足机组长期安全运行技术要求；开发了热边界层隔离推力轴承降温技术、先进低损耗推力轴承技术等。

（四）水电专利获奖

2016年，东方电机2项水电专利获奖。其中“全数字集成式筒形阀电液同步控制系统”荣获中国专利优秀奖，“基于铸造毛坯的大型水轮机叶片多轴联动数控加工方法”荣获四川省专利奖三等奖。

东方电机研发“全数字集成式筒形阀电液同步控制系统”是具有自主知识产权的发明专利，属行业首创，其应用既降低了成本，又结束了国内厂商对国外技术及产品的依赖。“基于铸造毛坯的大型水轮机叶片多轴联动数控加工方法”是将逆向工程技术和数控加工技术有效结合，既解决了余量不均匀毛坯的刀位控制问题，又实现了部件的高效数控加工，可大大缩短具有复杂曲面零部件的制造周期。

（五）其他

（1）2016年，由东方电机研制的埃塞俄比亚吉布3水电项目10台单机容量为187MW的混流式水轮发电机组全部正式投运发电。亚吉布3水电站是埃塞俄比亚最大的电站，也是非洲当期在建最大水电项目，其机电与压力钢管及金属结构总承包商为东方电气集团国际合作公司。该项目从2015年10月1号机组投运，到2016年8月全部机组投运，平均每月投运1台机组，·可见机组制造质量之优良。

（2）2016年10月28日，东方电机成功中标“中巴经济走廊”首个水电项目——巴基斯坦卡洛特4×180MW混流式水电机组项目。该水电项目由中国长江三峡集团公司采用“建设—经营—转让”的模式运作，被列入“中巴经济走廊”优先实施能源合作项目和“一带一路”重点项目。东方电机与中国长江三峡集团公司的海外合作，将成为中国水电上下游产业链“抱团出海”的典范。

（东方电气集团东方电机有限公司　余小波）

## 黄河水利科学研究院2016年科研工作情况

2016年，黄河水利科学研究院（以下简称黄科院）积极应对国家科研体制改革和市场竞争压力增大的挑战，凝心聚力，多措并举，全年新签合同额约1.53亿元（其中纵向合同额约4463万元、横向项目合同额约8900万元），治黄科研各项工作取得显著成效。

（一）加强基础研究，争取重大科研立项

获批国家重点研发计划项目课题3个，牵头申报2017年度项目2个；获批国家自然科学基金项目10项，申报和获批数量位居河南省科研机构第一名。

完成“十二五”国家科技支撑项目2项，项目成果达到国际领先水平；承担的国家“973”课题通过验收，并获得技术成果、财务管理“双优”；结题国家自然科学基金项目11项，验收水利部公益性行业科研专项 3 项，综合评价均为“A”。

通过研究，进一步深化了对黄河水沙变化、水库与河道水沙输移、堤防结合部异常变化等规律性认识。

（二）加强应用研究，支撑治黄中心工作

针对治黄重大问题、关键技术开展科学研究，为治黄中心工作提供科技支撑。

围绕黄河热点、难点以及治黄生产急需解决的问题，持续开展黄河河情年度咨询及跟踪研究，为水利部黄河水利委员会（以下简称黄委）党组决策提供支撑；结合国家“一带一路”战略实施需要，完成治黄工作适应服务国家“一带一路”战略调研，编制《治黄工作服务国家“一带一路”战略研究报告》。

围绕黄河防洪防凌需求，开展黄河下游河道洪水演进模型试验、利用桃汛洪水冲刷潼关高程试验、下游河道排洪能力分析等工作，参与修订汛前和汛期黄河调水调沙预案、黄河中下游洪水调度方案。

围绕流域节水、黄河水资源管理调度需求，作为验收专家组组长单位，组织完成济南市国家水生态文明城市建设试点验收工作。继续开展水权转让探索研究，着力推进内蒙古黄河干流盟市间水权转让试点建设和评估前期工作。

围绕黄土高原水土保持治理需求，开展砒砂岩抗蚀促生与原岩改性治理关键技术研究，创新砒砂岩地区水土流失综合治理措施。

围绕黄河水工程建设与运行管理需求，开展水闸大坝安全鉴定及除险加固关键技术研究，推进防腐抗磨技术研究与应用，解决水利工程设施的安全与防护问题。

（三）注重总结凝练，科研成果丰硕

“小浪底水库淤积形态优选与调控的理论及关键技术”获得大禹水利科学技术奖一等奖；“黄河‘揭河底’冲刷机理及防治研究”获得水力发电科学技术奖一等奖。另外，还获得黄委科技进步奖一等奖 1 项，二等奖 2 项。

获得中国水利工程（大禹）优质奖 1 项；河南省优秀工程咨询成果奖一等奖 1 项，二等奖 3 项；5 项技术（产品）入选黄委先进实用技术重点推广指导目录。

发表论文 138 篇，其中 SCI/EI 22 篇，ISTP 检索 14 篇；出版专著 8 部，获国家授权专利 14 件，5 部计算机软件取得国家著作权登记证书。

（四）努力开拓市场，加快科技成果推广转化

面对经济下行压力和单位经济发展瓶颈问题，黄科院及时召开经济工作务虚会，寻找新的经济增长点和突破口。编制“十三五”经济发展规划，出台承揽横向委托项目奖励办法，设立科技推广转化基金和示范基地，完成 6 个技术示范点挂牌，建成焦作泥沙资源利用推广转化中试基地。

（五）加强科研平台及资质建设，促进协同创新

黄科院牵头，联合郑州大学全面启动“堤防安全防护国家工程技术研究中心”申报工作；成立黄河流域（片）农村水利创新联盟，迈出“产学研用”合作发展的重要步伐。

加快资质申报工作，多人获得注册咨询工程师资格，并通过初始注册，全面启动科技推广平台资质升级工作。院质检中心通过国家专项检测能力验证，考核为优秀。

充分利用国家政策和平台，积极组织和参加国内外各类学术交流、水事活动及学术会议，开阔科研视野，增长见识，促进国内外项目合作。

（六）统筹规划，稳步推进对口帮扶工作

按照黄委对口帮扶工作要求，成立了以主要负责人为组长的对口帮扶工作领导小组和两个工作组，制定并印发了工作计划和实施方案。院领导前往帮扶单位西峰监督局和西峰勘测局实地调研，找准问题，扎实推进对口帮扶工作。截至目前，开展了项目帮扶，人才技术交流和资金帮扶，科研平台改善和人才培养工作正有序推进。

（七）规范管理，提升服务效能

根据科研经费管理要求，完善财务管理，制定了会议费、差旅费管理办法。重点加强对敏感性支出的管控和重大经济行为的监管，确保资金高效使用。

加强干部队伍建设，注重人才梯队培养，通过竞争上岗，完成院属 7 个单位总工程师配备；完成全院 46 名科级干部选拔、轮岗工作，增强队伍活力。

组织编制“十三五”人才发展规划，强化人才引进与培养。根据创新团队建设和学科发展需要，择优招聘一批高校研究生。注重引人与引智相结合，聘任王复明院士、康绍忠院士为院科研创新平台建设带头人和专家组负责人。1 人入选中国科协首批“青年人才托举工程”，4 人被评为黄委第六届优秀青年科技工作者。举办高层次人才、新提拔干部培训班等，提高了干部人才队伍综合素质。

加大监督执纪和问责力度，开展了事业费、防汛费、基建、经营等财务收支的年度审计，重点核查有关外协合同执行，对会议费使用、食堂财务开展专项检查，监督检查贯彻中央八项规定精神情况，切实履行好监督责任。

高度重视安全生产工作，定期召开现场办公会，查找安全隐患并对存在的问题限期整改；邀请专家举办安全知识讲座，组织现场消防演习，提高职工安全意识。全年无安全事故发生。

（黄河水利科学研究院）

## 雅砻江流域水电开发有限公司 2016 年度科技工作情况

（一）技术创新体系建设情况

（1）2016 年，雅砻江流域水电开发有限公司（以下简称雅砻江公司）承担的国家“十二五”科技支撑计划“雅砻江流域数字化平台建设及示范”课题已于 2016 年 1 月底通过水利部组织的课题验收，并于 2016 年 6 月通过科技部组织的项目验收；流域数字化平台整体已于 2016 年上半年投入试运行，并在 2016 年底前完成了数字化平台各项目的初验工作。此外，雅砻江公司 2016 年还承担了国家“十三五”重点研发计划“深部围岩长期稳定性分析与控制”和“特高拱坝及近坝库岸长期安全稳定运行”等两个课题的研究任务。两个课题在年内已正式启动，并完成了课题任务书及各专题任务书编制和签订。

（2）2016 年，雅砻江公司博士后工作站第三批博士后选题“大型水电工程全生命周期可视化辅助管理与决策支持系统研究”，已完成研究工作并于 2016 年上半年顺利出站。第四批博士后围绕选题“水电工程施工物资全过程跟踪管理理论与方法研究”按计划开展研究工作。

（二）合作创新有关情况

2016 年，雅砻江公司和清华大学共建的中国锦屏地下实验室二期土建工程、CDEX 实验洞室局部改造工程、PANDAX 实验洞室局部改造工程已完工；新风系统工程正在按合同计划顺利实施；地下实验室二期第一阶段配套工程设计招标工作已完成，正在按计划进行设计工作。中国锦屏地下实验室二期投运后将为我国深地物理相关的实验研究提供条件更好、规模更大的实验平台。

在中国锦屏地下实验室一期内开展实验的清华大学领导的 CDEX 暗物质探测实验组和上海交通大学领导的 PANDAX 暗物质探测实验组均正常开展探测实验，取得国际一流的探测成果，使我国在暗物质探测领域继续保持国际领先水平。

（三）科技成果情况

（1）2016 年，雅砻江公司获得省部级及行业科学技术奖特等奖 1 项、一等奖 2 项、二等奖 3 项。其中：“锦屏一级复杂地质特高拱坝建设关键技术研究与应用”获 2016 年度水力发电科学技术奖特等奖，“超深水位变幅水力自升降拦漂工程关键技术研究与应用”获电力建设科技进步奖一等奖，“雅砻江流域智能化电力生产管控平台”获电力行业信息化优秀成果一等奖；“新常态下中国水电可持续发展政策研究”获 2015 年度能源软科学研究优秀成果二等奖，“水电站群大坝安全集中管理平台”获电力行业信息化优秀成果二等奖，“百米级深厚覆盖层防渗帷幕灌浆技术”获电力建设科技进步二等奖。此外，“雅砻江桐子林水电站在山区河流复杂地形地质条件下的施工导流工程及基础处理技术”项目还获得 2015 四川水力发电科学技术奖。

（2）2016 年，雅砻江公司启动了 18 项专利申报，桐子林建设管理局“水轮机顶盖减压板空蚀深度测量仪”及二滩水力发电厂“采用沟槽减阻的混流式水轮机转轮”2 项实用新型专利获得国家知识产权局授权。

（3）2016 年，雅砻江公司员工在国内外期刊发表科技论文共计 223 篇，其中 SCI 收录 1 篇，EI 收录 2 篇。

（雅砻江流域水电开发有限公司　张　一）

## 华能澜沧江水电股份有限公司 2016 年科技工作情况

（一）科技创新体系建设情况

2016 年，华能澜沧江水电股份有限公司（以下简称澜沧江公司）博士后第一批博士后进站开展工作，获得一项国家博士后科学基金资助、两项云南省博士后定向培养资助。澜沧江公司已形成了科技研发中心、院士工作站、博士后工作站、云南省创新团队四位一体的科技研发体系，进一步完善和强化了澜沧江公司科技创新体系，为提高自主创新能力、增强技术储备奠定了基础。

（二）科技项目实施情况

（1）2016 年，澜沧江公司在研科技项目 30 余项，科技项目投入近 5000 万元，涵盖了水电工程建设、运行管理等主要技术领域，其中有国家级科研课题 1 项。国家“十二五”科技支撑计划项目“重大水电开发工程关键技术与生态环境保护研究及集成示范项目”，围绕流域水电开发安全保障技术研究、水电大坝建设关键技术研究、流域水电开发环境评估及生态保护及修复技术研究、澜沧江流域水电开发安全与高效利用系统集成示范四个子课题开展研究，已全部完成项目及课题研究内容，取得了丰富的研究成果。研究成果在澜沧江公司前期、基建、运行多个项目得到了广泛应用，为澜沧江古水、如美水电站可行性研究提供了重要技术支撑。

（2）澜沧江积极参与国家自然科学基金重点项目“西南河流源区径流变化和适应性利用”研究工作，参与 4 个重点项目及 1 个培育项目研究工作。

（三）科技创新成果情况

1. 重大科技创新产品

（1）基于实测数据的工程安全分析与分级预警系统。该系统突破了基于 BIM 的大坝安全监测三维建模等关键技术，并积极推进对应功能模块程序开发工作。已上线运行了海量工程安全监测数据库、工程安全监测异构数据汇集平台，实现了不同工程安全监测采集系统成果数据的实时汇总、统一存储、快速查询；投运了基于移动终端的水工巡检系统，成功实现水工巡检数据信息化管理；上线试运行了水工运维业务门户系统，开发了基于实测数据的安全阈值评判系统和大坝安全评价与分级预警系统。

（2）数字黄登·大坝施工管理信息化系统。该系统已在黄登电站实现全坝全过程应用，达到了人员工作强度降低，施工质量、工作效率明显提高的预期目标，为黄登电站建设管理水平提升及质量创优提供了重要的科技支撑手段。

（3）水力式升船机。景洪水力式升船机是具有我国自主知识产权的新型升船机。澜沧江公司组织开展了抗倾斜模型验证及调试补充模型试验研究等系列研究工作，研究成果对升船机改造建设工程起到了直接的指导和科技支撑作用。2016 年 11 月 15 日，升船机已进入试通航阶段。

2. 知识产权情况　2016 年澜沧江公司申报发明专利 29 件，申报实用新型专利 28 件。“一种变态混凝土成孔注浆一体机”“一种具有抗倾覆能力的水力式升船机”等 22 件实用新型专利获得国家授权；“一种以硅钙氧化物为主要成分的混凝土添加剂及制备方法”等 2 件发明专利获国家授权。

流域水电梯级开发主要风险源识别与发生概率软件、高土石坝反馈分析与安全评估系统等 12 项软件著作权获得登记证书。

3. 项目获奖情况

（1）小湾拱坝工程获国际里程碑工程奖。国际里程碑工程奖是国际坝工界水平最高奖项之一，小湾拱坝是云南省范围内首次获此殊荣的工程。

（2）2016 年，澜沧江公司获得国家科技进步奖二等奖 1 项，省部级及行业科技奖特等奖 1 项、一等奖 3 项、二等奖 1 项、三等奖 2 项。其中：“高混凝土坝关键技术研究与实践”获 2016 年度国家科学技术进步奖二等奖；“水力驱动式升船机关键技术研究与工程实践”获中国航海学会科学技术奖特等奖；“特大型水电站高坝大泄量模型试验与原型观测关键技术研究及应用”获 2016 年度电力建设科学技术进步奖一等奖；“澜沧江景洪升船机重大关键技术原型调试与观测研究”获 2016 年度中国水运建设行业协会科学技术进步奖一等奖；“300m 级高面板堆石坝安全性研究及工程应用”获水力发电科学技术奖一等奖；“澜沧江流域巨䱀人工繁殖技术研究及流域增殖”“特大型水电站高坝大泄量模型试验与原型观测技术研究及应用”“香根草生态加固与环境恢复新技术研究与应用”等 3 个项目分获云南省科学技术进步奖二等奖、三等奖和三等奖。

（华能澜沧江水电股份有限公司）

## 中国电力建设集团有限公司 2016 年科技发展与创新情况

2016 年，中国电力建设集团有限公司（以下简称中国电建）建立和完善技术创新机制，加大研究开发投入，提高自主创新能力；加快高新技术开发和传统产业改造，着力突破产业和行业关键技术，增加技术创新储备；强化知识产权意识，实施知识产权战略，实现技术创新与知识产权的良性互动，形成一批拥有自主知识产权的核心技术和知名品牌，发挥对产业升级、结构优化的带动作用。2016 年，中国电建获得国家级科技进步奖 1 项，省部级科技进步奖 208 项，其中公司参与完成的“高混凝土坝结构安全关键技术研究与实践”荣获 2016 年国家科学技术进步奖二等奖。

重点科技项目简介如下：

1. 高混凝土坝结构安全关键技术研究与实践　项目围绕高混凝土坝结构安全核心问题，研发了混凝土坝真实性态仿真平台，形成安全优质高效建设成套技术，解决了高混凝土坝施工期开裂、运行期高压水劈裂和性态预测误差大等难题，成果为三峡工程和锦屏一级、小湾等 300m 级特高坝工程的成功建设做出重要贡献，为南水北调工程丹江口大坝的加高提供了重要技术支撑；荣获 2016 年国家科学技术进步奖二等奖。

2. 特高拱坝关键施工技术与工程应用　该项目依托构皮滩、拉西瓦、小湾、溪洛渡和锦屏一级等五座世界级特高拱坝工程，以特高拱坝施工为主要研究对象，以安全优质高效施工、混凝土温控与防裂、信息化施工管理、节能环保技术为主要研究内容，开展与施工技术相关的理论研究与探讨，形成完整的特高拱坝施工建造理论方法体系，自主研发了成套的特高拱坝安全优质高效施工集成技术，解决了“无坝不裂”的施工技术世界难题，实现了特高拱坝从经验施工到智能建造、绿色施工的跨越。该项目已在乌东德、白鹤滩等拱坝工程中推广应用，对提升我国水电建设的核心竞争力，推动水电施工技术走出国门，实践“一带一路”战略具有显著意义，荣获 2016 年中国电力科学技术进步奖一等奖。

3. 锦屏二级超深埋特大引水隧洞发电工程关键技术　项目组依托雅砻江锦屏二级水电站工程，借助国家级科研平台，开展核心技术攻关，取得了一系列创新性成果：创建了超深埋特大隧洞强烈岩爆风险预测与防控集成技术体系；提出了超高压大流量岩溶突涌水灾害预测预警与防治成套技术；建立了超深埋特大隧洞成洞设计方法；创新了长大引水发电系统机电一体化水力设计方法和调控体系。研究成果攻克了强烈岩爆防治、突涌水治理、超深埋隧洞成洞、复杂水力瞬变流调控等技术难题，形成了超深埋特大引水隧洞发电工程关键技术体系，实现了锦屏二级引水隧洞安全高效施工和电站稳定灵活运行，并推广应用于水利水电、矿山、交通等多个工程领域。经鉴定，成果的技术、经济等指标均达到国际领先水平，其多项关键技术填补了国内外空白。研究成果获省部级科技进步奖特等奖2项、一等奖4项，二等奖2项，有力推动了超深埋特大引水隧洞发电工程的理论发展和技术进步，提升了我国水电科技的自主创新能力，对于我国乃至世界地下工程建设具有重要的里程碑意义；2016年，荣获水力发电科学技术奖特等奖。

4. 300m级特高拱坝安全控制关键技术及实践　项目创新提出的300m级特高拱坝安全控制关键技术已成功运用于溪洛渡、锦屏一级、大岗山等多座特高拱坝的建设中，为这些工程的顺利实施和安全运行提供了有力保障，并取得了良好的经济效益，直接经济效益合计11.28亿元，间接经济效益114.12亿元。同时，该课题的研究还推动了规范修编以及行业技术进步，培养了一批高水平的技术人才，对我国水电清洁能源的发展、生态环境的改善等方面起到了积极的作用，具有良好的社会效益。项目研究填补了300m级特高拱坝建设安全控制技术的空白，推动了行业的科技进步，提升了我国水电建设的能力水平，引领了我国水电技术发展的新飞越。该技术对现代拱坝的建设发展，以及对今后类似特高拱坝的设计，均具有突出的借鉴和指导作用，具有广阔的推广应用前景。

5. 二次再热超超临界百万千瓦机组施工关键技术研究与应用　项目针对国内首批二次再热百万千瓦机组施工过程中存在的重大和关键技术难题，积极组织开展科技研发和技术攻关。项目组加强产学研技术交流与合作，成功申报多项省级技术创新项目、中国电建重大技术攻关项目立项，针对锅炉复杂网格箱型基础施工、大型箱式立柱、三层双腹叠梁制作与安装、双通道多层受热面串联吊装、汽轮发电机超长轴系对中找正、视觉盲区受热面管排焊接、锅炉复杂壁温测点安装等主要施工过程，大力研发专用装备，积极创新技术方案，取得了丰硕的技术创新成果。相关成果在华能莱芜电厂超超临界二次再热百万千瓦机组中成功应用，提高了施工效率、降低了施工成本，提升了工程安全质量水平，为机组试运移交和投产后的稳定运行打下了坚实基础。同时，总结形成了二次再热百万千瓦机组一整套先进的施工工艺和技术方法体系，引领和推动我国火电工程建设技术水平进入国际领先行列。本项目技术创新共取得科技成果64项，其中省（部）级工法4项，发明专利9项，实用新型专利31项，行业级科技进步奖1项、QC成果2项，关键技术成果17项（其中达到国际先进水平以上12项）。

（中国电力建设集团有限公司）

## 中国电建集团贵阳勘测设计研究院有限公司2016年科技工作情况

2016年，中国电建集团贵阳勘测设计研究院有限公司（以下简称贵阳院）科技工作呈现创新能力快速提升、创新体系不断完善、创新成果大量涌现、创新引领日益凸现的良性发展态势，全年科技投入近22000万元（其中研发费用达11129.13万元），全面实现2016年初部署的各项工作目标。

（一）创新平台及体系取得新进展

申报的“国家能源水电工程技术研发中心生态与环境研究分中心”获得原则成立。顺利完成贵州省创新型企业合同所要求建设任务并提交验收，制定了《贵州省创新型领军企业培育实施方案》，对培育期各项任务进行了逐项分解、配套了500万元相应资助经费。贵阳院被认定国家高新技术企业的更名顺利获得通过，建设的贵州省科学仪器共享服务平台定期报送信息，省级企业技术中心各项工作有序推进。

为更好地实施创新驱动战略，贵阳院成立了以总经理担任组长的科技创新领导小组，并发布了《关于调整院科技创新领导小组和所属机构及工作制度与职责的通知》《关于印发2016年度贵阳院科技创新工作目标和计划的通知》《贵阳院领军人才团队建设管理办法》《贵阳院科技进步考核实施细则（试行）》等管理文件，规范管理各类创新平台和人员。

由贵阳院副总工程师湛正刚领衔的“贵州省高堆石坝安全控制技术科技创新人才团队”顺利通过贵州省科学技术厅主持的验收。沈春勇副院长获得中国科协第七届“全国优秀科技工作者”奖，余波副院长获得第七届贵州省优秀科技工作者称号，机电分院王兴恩荣获第十三届贵州省青年科技工作者、第九届中国岩石力学与工程学会青年科技奖、科学技术部2016年度中青年科技创新领军人才。

（二）知识产权工作成为新名片

2016 年，成功承办了“中国电建集团 2016 年专利管理工作调研与交流会”并作为优秀代表单位进行知识产权管理和申报工作经验交流。邀请专家来院做 PCT（专利合作条约）专利、商标、工法申请培训 4 次，有 4 人和 1 人分别获得知识产权外审员和内审员资格证书。

2016 年，贵阳院专利申请达 398 件（其中含发明专利 163 件），获得授权专利 225 件（其中发明专利 42 件），在保护数量持续增长的同时，发明专利占比和绝对数量大幅提高。PCT 专利、工法、商标领域的申请工作有所突破，完善了整个知识产权体系。贵阳院持有有效专利数量已突破 800 件，连续 2 年在集团公司排名第一、在贵州省排名第二；是中国电建集团首家通过 GB/T 29490—2013《企业知识产权管理规范》贯标认证的企业。

（三）科研与鉴定、报奖获得新突破

2016 年，新获得贵州省科学技术基金计划、贵州省专利战略研究项目各 1 项，参与中国电建集团公司课题 3 项，作为合作单位首次获得国家自然科学基金 1 项。

2016 年，贵阳院电力科学技术发展基金（第一批）项目，重点倾斜水环境与水生态治理、海绵城市、地下综合管廊、复杂山区风电、3D 成像等转型业务、新兴业务，共立项 28 项，批准经费 562 万元。还新培育并推动分院级课题，进一步激发了科研活力和热情。积极与合作单位谈判沟通，对 2 个科研项目明确了分工，确定了院的合同金额。

国家“十二五”科技支撑计划“重大水电开发工程关键技术与生态环境保护研究及集成示范”中，贵阳院负责的“高心墙堆石坝变形特性与控制技术”专题和参与的“高面板堆石坝安全性及关键技术研究”专题，通过验收。贵阳院独立承担的集团科技项目“300m 级高面板堆石坝安全性评价方法研究”“隧洞高压涌水灌浆封堵技术”顺利通过验收，贵州省级科技项目“乌江干流（贵州境内）生态环境演变趋势研究”“植物配置对人工湿地污水处理效果的研究”“水电水利勘测设计专利战略研究”“风电工程勘测设计、施工、运行技术领域专利战略研究”完成全部验收结题工作，贵阳国家高新区技术创新基金项目“引水隧洞衬砌与围岩固结圈联合受力分析研究及其应用示范”成功应用于四川木里河立洲水电站引水隧洞工程并顺利通过验收。

积极组织申报各级各类科技、咨询、工程类奖项，全年共有 39 项获得省部级及行业奖。其中，贵阳院作为第一成果单位的“四级配碾压混凝土筑坝技术研究及工程应用”由贵州省科学技术厅组织专家对科研成果进行了鉴定，成果达到国际领先水平，获得了贵州省科技进步奖二等奖、水力发电科学技术奖二等奖。

（四）标准、专著、论文取得新成绩

2016 年，贵阳院获得能源行业标准主编《水电工程环境保护技术通则》等 5 项标准任务，获得《河流水电开发环境影响后评价规范》等 2 项英文翻译任务，获得贵州省《贵州省建筑信息模型（BIM）应用技术标准》等 4 项地方标准主编任务，首次获得中国工程建设协会（CECS）《隧道施工超前地质预报技术规范》等 1 项标准主编任务。

贵阳院负责“水电行业技术标准体系课题研究”课题中的“环保及退役”标准体系研究顺利完成验收。主编完成的《平拉索桥设计规范》（DB 52/T 1087—2016）已于 2016 年 7 月正式实施，能源行业标准《水电工程钻孔土工原位测试规程》和《贵州省水利水电工程环境监理技术规程》《贵州省水利水电建设项目环境影响后评价规范》《贵州山区风电场工程环境保护设计导则》等 3 个贵州省地方标准，顺利审查通过，即将发布。

《峡谷地区碾压混凝土筑坝技术与实践》《锦屏二级水电站地下洞室群工程施工监理》两部专著正式出版，《隧洞岩溶涌水灌浆封堵技术》完成内业工作，已正式提交出版社。按《中国水电关键技术丛书》《中国水电管理创新丛书》的策划要求，贵阳院承担的任务正在紧张编纂。

院刊《中国电建贵阳院水力发电》全年共刊出 4 期，其中专刊 3 期（新疆呼图壁水电工程、信息化与数字化、马马崖水电工程）。全年院向正式期刊投发表论文上百篇，并新检索出以贵阳院为作者单位的 3 篇 SCI、EI 等收录的高水平科技论文。

（五）学术、学会/协会活动渐入新常态

贵阳院非常规天然气工程中心与贵州大学资源与环境学院正式签订战略合作协议，建立贵州省页岩气勘探关键技术研究产学研战略合作关系，搭建页岩气新能源发展的技术基础和综合利用平台，培育贵阳院可持续发展新兴业务。

科技信息资源进一步得到丰富，知识管理系统正式运行，贵州产业创新科技文献平台、科协专利检索系统、CNKI、工标网、大为等纳入院知识共享系统。

全年外派参加国内外学术交流 300 余次，近 500 人次；承办了中国水力发电工程学会环境保护、水力机械等专委会会议，以及中国水力发电工程学会水电学会秘书长会、中国地球物理学会浅地表勘探专委会、贵州省电机工程学会首届电力技术论坛等大型会议。接待了朝鲜科技总联盟的来访。贵阳院及院科技管理部周维娟分别荣获中国水力发电工程学会年度先进集体和优秀学会工作者。

（中国电建集团贵阳勘测设计研究贵阳院有限公司　杨桃萍）

## 中国电建集团成都勘测设计研究院有限公司2016年科研工作有关情况

中国电建集团成都勘测设计研究院有限公司（以下简称成都院）2016年研发投入1.71亿元，占营业收入3.8%。牵头负责的集团首个承担的国家863计划项目“虚实融合动态演化技术研究”，进展顺利；新承担了国家信息安全专项项目“电建云计算与大数据安全应用示范”，新增四川省科技计划项目1项；成都院的国家级企业技术分中心获国家发展改革委、科技部、财政部、海关总署、国税总局五部委授牌。

全年共获得科技、工程类奖励68项，其中国家级奖励1项、省部级奖励49项，“金沙江溪洛渡水电站工程”获得FIDIC2016年度工程项目杰出奖，“大渡河瀑布沟水电站工程”获得中国土木工程詹天佑奖；全年新获授权专利192项，其中发明专利授权48项。

王仁坤同志荣获“国家勘察设计大师”和“首届中国大坝杰出工程师”称号。院士工作站引进了王浩院士及其团队，并于2016年获评“全国示范院士专家工作站”。

（中国电建集团成都勘测设计研究院有限公司　吉华伟）

# 水电技术创新

## 混流式水轮机全系列水力模型研究和推广应用

水电是最优质的清洁能源，充分合理地利用好有限的水力资源是实现可持续发展的必然要求。水电站的“个性”需要丰富的水轮机水力模型库和具有“量体裁衣”式的水力模型研发手段。水轮机出现的振动、裂纹、磨蚀等问题促使人们不断更新对水轮机内部流动规律的认识，推动水轮机水力设计水平不断提高。我国老旧水电站亟待进行增效扩容改造，众多水电设备制造企业迫切需要水轮机水力设计方面的技术支持。为此，中国水利水电科学研究院、北京中水科水电科技开发有限公司，于1987年5月～2016年7月，依托“九五”国家重点科技项目、三峡工程科研项目、横向委托项目，开展了混流式水轮机全系列水力模型研究和推广应用。

（一）主要研究及工作内容

（1）独立自主地开发混流式水轮机水力设计软件系统。

（2）开展混流式水轮机内部流态观测试验研究，探索混流式水轮机内部流动及水压脉动规律，为三峡等巨型水轮机的研制提供技术支持。

（3）开发混流式水轮机水力模型，满足混流式电站建设和增效扩容改造的需求。

（4）提出水电站水轮机技术改造解决方案，建立“量体裁衣”的个性化解决流程。

（二）创新点

（1）基于自主创新的数学模型、计算公式和组合方法等核心技术，结合CFD数值计算软件，建立了混流式水轮机全流道水力模型参数化设计、数值模拟计算的设计软件系统，设计水平达到国际先进水平。

（2）研发的17个系列水力模型覆盖了混流式水轮机适用的水头运行范围；模型最优效率率先在国内突破93%、94%大关，一跃赶上国际先进水平；高比速水力模型性能指标达到当前国际领先水平。成果已广泛应用，极大地推动了行业的技术进步。

（3）首创水轮机“枯水期转轮”“双转轮配置”的技术理念，实现了枯水期水轮机效率提高30%～80%，根本解决了机组水力稳定性问题。

（4）系统总结归纳出水电站技术改造的五大类解决方案，并建立了完整、科学、高效可靠的个性化解决流程，对水电站增效扩容改造工程起到了引领作用。

（5）国内首次对转轮内部流态进行了系统性观测，首次绘制了包含各种临界线的水轮机模型综合特性曲线，将混流式水轮机的研制目标和评价标准推向新的高度。

（三）推广应用情况

混流式水轮机内部流态观测及水力稳定性研究的成果，加深了行业对混流式水轮机水力稳定性规律的认识，相关内容已纳入大中型水轮机招标文件。

粗略统计该成果共开发出150多个水力模型，成功应用于国内外180多座水电站，约418台机组，全部达到或超出预期指标，在财政部、水利部组织开展的水电站增效扩容改造工程中发挥了显著的作用；国内已有15家有规模和影响力的水轮机制造企业引用该成果，推动了行业的技术进步，取得了巨大社会经济效益。初步估计，采用该成果年增发电量8.5亿kW·h，年直接经济效益2.55亿元，年间接经济效益8.5亿元；按机组寿命30年计，则直接经济效益76.6亿元，间接经济效益255亿元。同时，也为研究单位签订收入性合同额近2亿元。我国还有60%以上早期建设的混流式水轮发电机组已陆续进入主机设备更新改造期，该项成果还拥有巨大的应用市场。

（中国水利水电科学研究院）

## SK单组分聚脲研制及其在水利水电工程中的应用

中国水利水电科学研究院、北京中水科海利工程技术有限公司、北京森聚柯高分子材料有限公司联合于2006年1月～2015年12月开展了SK单组分聚脲研制工作。

项目组以水利部“948”计划项目、水利水电工程项目为依托，针对水工混凝土建筑物的裂缝、渗漏、冻融剥蚀、冻胀、冲磨、空蚀、碳化等缺陷修补难题，研制了SK单组分聚脲以及配套的界面剂，建立了从材料生产到施工工艺及质控方法的成套技术，已成功应用于上百座水利水电工程。

（一）主要研制内容

（1）进行SK单组分聚脲的分子设计与配方设计，基于实验提出了适合于水利水电工程应用的材料配方比例，开发生产工艺，实现规模化生产。

（2）开展系统的SK单组分聚脲材料性能试验，根据水工建筑物使用部位及运行条件，提出SK单组分聚脲的主要技术指标，研制配套的专用界面剂。

（3）对SK单组分聚脲施工中的各环节以及质量检测和评定等关键技术进行系统研究，提出施工技术要求，研发专用喷涂设备，建立一套完整的施工工艺以及质控方法。

（二）主要创新点

（1）首次研发了SK单组分聚脲，开发了配套的生产工艺。

（2）研制了适用于钢板、橡胶板及三元乙丙板、混凝土等不同基材的系列界面剂，保证了SK单组分聚脲涂层与基面的可靠黏结。

（3）针对水工混凝土建筑物特点，提出了“防渗型”和“抗冲磨型”SK单组分聚脲主要技术指标，满足了水位变化区、高速水流区及严寒地区等恶劣环境的工程要求。

（4）针对水利水电工程特点，研发了SK单组分聚脲专用喷涂设备，形成了一套完整的SK单组分聚脲喷涂施工及涂刷施工的施工工艺和质控方法。

（三）推广应用情况

成果已成功应用于混凝土坝表面防渗、抗冻融及耐久性防护、混凝土结构伸缩缝表面防渗、输水管道承插接口表面防渗、泄洪建筑物抗冲磨防护、混凝土结构裂缝处理、输水建筑物耐久性防护及减糙处理等多个领域的上百座水利水电工程，累计使用SK单组分聚脲超过500t，直接销售额超过5000万元，直接经济效益1亿元以上。项目组牵头编写的相关技术规程已经颁布以及该成果已入选水利部《2015年度水利先进实用技术重点推广指导目录》，为进一步推广提供了坚实的基础。

（中国水利水电科学研究院）

## 基于水环境承载力的内陆核电低放废液排放调控关键技术研究

低放废液排放与水环境的相容性是制约我国内陆核电发展的关键问题之一，迫切需要开展深入系统的科学研究。中国水利水电科学研究院受国家自然科学基金委、水利部、中国核电工程有限公司、中广核设计有限公司、咸宁核电有限公司、桃花江核电有限公司的委托，于2010年1月至2015年12月开展了基于水环境承载力的内陆核电低放废液排放调控关键技术研究。

（一）主要研究内容

（1）内陆核电低放废液为选择性排放模式，可选择适宜水文条件下排放。目前评价将低放废液排放视为连续均匀排放，选取单一最低流量作为排放控制水文条件。该研究通过大量国内外排放资料调研分析，提出了选取水文过程作为选择性排放控制水文条件的创新思路，实现了厂址稀释能力评价理念的突破。

（2）内陆核电选址阶段环境相容性要求高，常用排放模拟方法难以满足多厂址快速比选要求。该研究针对我国内陆众多水域类型提出了概化的环境水体特征参数，通过数值模拟分析了低放废液扩散规律与特征参数之间的关系，提出了适用于选址阶段核电厂址筛选的水域稀释能力快速计算方法。

（3）我国内陆水域环境流量季节不均匀特点明显，低放废液采取均匀排放方式受到枯水期环境容量限制。该研究提出了基于水文过程的动态排放数学模型，模拟提出了充分利用水体动态稀释能力的选择性排放方式。

(4) 低放废液排放流量小，快速稀释掺混要求高，已有模型方法难以精细模拟近区稀释。该研究改进提出了基于PLIF技术的先进物理模型方法和近远区耦合精细数学模型，模拟研究了内陆核电低放废液排放近区稀释特性，提出了适宜的水平扩散器型式，为污染混合区范围控制提供了技术支撑。

（二）主要创新点

(1) 提出了选取水文过程作为控制条件进行低放废液排放影响评价的创新理念，为客观评价内陆核电建设与水环境相容性提供了新方法。

(2) 首次提出了充分利用水体动态稀释能力的选择性排放方式，提出了有利于近区快速掺混稀释的扩散器排放型式及布置，为内陆核电低放废液排放水域浓度时间和空间调控提供了关键技术。

(3) 提出了受纳水体低放废液稀释能力快速评价方法，为科学规划内陆核电布局，选址阶段厂址筛选评价提供了关键技术支撑。

(4) 研制了高帧频、大范围PLIF模型试验浓度测量技术，提出了近、远区耦合的精细数学模型模拟方法，提升了低放废液排放模拟研究水平，推动了环境水力学学科发展。

（三）推广应用情况

该成果已应用到我国内陆核电工程选址和前期论证，对低放废液动态排放控制具有开拓性意义，推广应用前景广阔。

（中国水利水电科学研究院）

## 基于虚拟现实的水电仿真培训关键技术及系统成套

中国水利水电科学研究院自动化研究所自20世纪80年代起，进行水电厂有关设备的仿真技术研究；在H9000分布开放计算机监控系统的基础上，研制开发了一套面向水电厂运行仿真培训的OTS2000系统，建立了标准化的仿真模型体系和SimuLog系统仿真描述语言，编制了标准化的SimuGen仿真语言编译器和SimuLog实时仿真器及软件系统。OTS2000仿真培训系统与H9000系列监控系统完全兼容，两者相辅相成有机配合，可以较好地满足用户的需要。近年来，随着仿真技术及计算机技术的发展，将三维虚拟现实技术、图形化建模技术等新技术应用到OTS2000系统，研制开发出基于虚拟现实的水电仿真三维平台Simu3D，图形化建模调试平台SimuStudio，增强了OTS2000系统的培训效果，提高了建模的效率与模型精度，提高了仿真培训系统的市场竞争力。

（一）主要研制内容

仿真平台系统架构设计；仿真建模语言SimuLog语言设计与开发；培训学员站、教员站软件设计开发；智能考核评分系统研究开发；水电仿真虚拟现实平台研究及电厂设备三维建模；仿真建模调试平台研究开发及水电厂设备数学模型研究；仿真系统成套工程项目集成。

（二）主要创新点

系统功能模块化；仿真系统与监控系统一体化设计；设计开发自定义仿真建模语言SimuLog；根据设备物理原理建模，水电机组模型丰富；智能考核评分及“教—学—练—考—评”完整培训考核评价体系；图形化建模平台；多厂同台仿真；自主开发的三维仿真和虚拟现实引擎。

（三）推广应用情况

水电仿真培训系统在研制过程中，逐步投入应用到如白山、三峡、瀑布沟、溪洛渡等水电站仿真培训，在各系统投入运行后，应用单位都会利用此系统定期开展培训及考核鉴定。

结合长沙电力职业技术学院（国网湖南电力培训中心）仿真项目，完成基于虚拟现实的三维仿真平台研发并成功应用到此项目中。项目采用纯数字仿真模式，实现对凤滩水电厂的主要生产环节、流程和设备仿真，通过先进的虚拟现实技术，结合强大的后台模型运算支撑平台，模拟水电厂正常操作及重要故障、事故。仿真培训系统运行操作界面与电厂监控系统高度一致，并通过三维虚拟现实技术提供了和现场尽可能一致的现地操作环境，学员在仿真系统上进行模拟操作培训，可以熟练掌握水电厂操作控制基本技能及故障和事故的处理过程，快速掌握水电厂运行技能。

基于虚拟现实的水电仿真培训系统成功应用后，随即推广到安康水电厂、华电柬埔寨额勒赛水电厂仿真项目。

（中国水利水电科学研究院）

## 严酷条件下水工混凝土性能调控关键技术及工程应用

水工混凝土由于施工质量、裂缝、碱骨料反应、钢筋锈蚀、化学侵蚀等问题造成的破坏后果严重，带来的经济损失非常巨大。我国正在规划、设计和兴建的大型水利工程很多，国际水电市场快速发展，都对水工混凝土材料提出了越来越高的要求。由于水工混凝土材料、结构和功能的特殊性，以及混凝土施工过程控制和混凝土结构服役环境的复杂性等，其性能调控关键技术方面面临诸多挑战，致使已有的成果还难以很好地满足混凝土工程的实践需要。因此，南京水利科学研究院、南京瑞迪高新技术有限公司于2000～2016年，在国家自然科学基金项目、国家科技支撑计划的支持下，依托相关重大工程科研任务，开展了水工混凝土性能调控关键技术研究。

该项目在分析面临高温长距离运输、高含泥骨料、低胶材混凝土泵送、骨料高碱活性、化学侵蚀、超大体积结构、高速水流作用等严酷条件的水工混凝土特性的基础上，结合典型重大水利工程实践，围绕水工混凝土施工性能、碱骨料反应、抗侵蚀、抗裂、抗冲磨方面存在的技术难点展开系统研究，从化学外加剂技术、矿物外加剂技术、评价方法、理论模型等角度考虑，提出有效的水工混凝土性能调控关键技术，对确保工程顺利施工、安全运行、延长服役寿命具有十分重要的意义。

（一）主要创新性成果

（1）揭示了聚羧酸分子缔合—解离—络合等机制，发明了系列水工混凝土施工性能调控外加剂，攻克了高温、高含泥、超长时间运送、高岩爆风险下快速支护等严酷条件下混凝土施工性能调控的技术难题。

（2）创立了水工混凝土实际碱骨料反应风险快速评价方法，构建了评价粉煤灰抑制碱骨料反应效能的物理化学因子，揭示了水工混凝土碱骨料反应“自免疫”效应，编制了《水工混凝土耐久性技术规范》，首次提出了水工混凝土骨料碱活性最终判据。

（3）提出了多路径孔隙结构传输理论，建立了非线性多相反应和多离子相互作用的离子传输定量计算方法、基于多相反应产物体积变化的裂缝密度计算方法，构建了氯离子、硫酸根等侵蚀性离子浓度分布数学模型以及损伤演化预测模型，完善了复杂侵蚀环境下水工混凝土耐久寿命预测理论和方法，发明了系列功能生态型混凝土阻锈剂和耐腐蚀剂。

（4）首次提出了基于实际工况的水工混凝土温度—应力抗裂性试验和评价方法，研发了粗磨水泥—细磨矿渣、膨胀时效及水化进程控制等水工混凝土防裂技术，有效降低了高寒、特高坝等水工混凝土的高开裂风险。

（5）创建了高速水下钢球冲磨、旋转缩放型磨蚀—空蚀耦合试验装置和方法，修编了《水工混凝土试验规程》；建立了水工混凝土抗磨蚀寿命预测模型；发明了多纳米—互穿网络环氧树脂混凝土抗冲磨涂层材料。

（二）成果推广及综合效益

项目研究获国家授权发明专利51项；发表学术论文303篇，其中SCI、EI收录100篇；成果已编入国家/行业标准18部；出版专著5部。研究成果已被成功应用于巴基斯坦NEELUM－JHELUM水电工程、南水北调、锦屏一级水电站、锦屏二级水电站、光照水电站等国内外重大水利工程，推广应用到100余项类似工程建设中。典型工程应用：①高温高含泥混凝土超长保坍、低胶材混凝土泵送及泌水控制、高温缓凝自调控等施工性能调控关键技术已成功应用于巴基斯坦NEELUM-JHELUM水电工程、锦屏二级水电站、光照水电站、猴子岩水电站、杨林船闸；②碱骨料反应抑制外加剂、评价方法等碱骨料反应调控关键技术已成功应用于南水北调工程、锦屏一级水电站；③基于氯离子、硫酸盐侵蚀、淡水溶蚀破坏的新理论，以及配合比设计新思路和耐腐蚀新材料等抗侵蚀关键技术成功应用于南水北调工程、舟山大陆引水工程、北仑港；④基于微膨胀、减缩、降低水化热和推迟放热峰的裂缝控制核心技术已成功应用于锦屏一级水电站、河口村水电站、喀腊塑克水利枢纽；⑤抗冲磨试验新方法和纳米抗冲磨涂料等抗冲磨调控关键技术已成功应用于乌鲁瓦提水利枢纽工程、白鹤滩水电站。

该项目成果在提高工程施工质量、节约工程造价、保障工程安全运行等方面发挥了重要支撑作用，项目核心技术产生的直接经济效益近10亿元，在减少了维修加固次数、裂缝修复、延长服役寿命等方面的间接经济效益约200亿元。该成果可减少水泥粉磨或熟料烧成的能耗和碳排放，可资源化利用低品质骨料，促进节能减排，符合社会绿色发展的需求；相关成果可为重大工程科学决策提供重要技术支撑，为促进行业科学技术水平进步、推动经济社会可持续发展提供有效帮助，由此可以产生巨大的、影响深远的社会效益。

（南京水利科学研究院）

## 大尺度模拟技术在高坝泄洪消能研究中的应用与实践

以往对水电工程建设中的相关水力学问题采用分多个专题进行研究的方式，仅水工整体模型就多达3～5座，单体模型更多。存在的问题是各专题研究成果缺乏整体和综合试验验证；专题研究得到的最佳成果，其整体效果却并不一定能达到最优。为解决巨型水电工程泄洪消能问题，南京水利科学研究院与中国电建集团成都、华东、中南、昆明勘测设计研究院于2002～2016年实施了该项目，提出了大尺度水工模型试验新方法，对枢纽总体布置的合理性、泄洪消能设计的可靠性、枢纽各建筑物水力协调性、泄洪雾化及下游河道防护设计的安全性等进行了攻关研究。

（一）主要创新成果

（1）创新提出大尺度水工模型试验方法，在各单项相似准则的基础上制定了合理的模型比尺，成功研发了世界上规模最大的水工全整体模型。

（2）针对世界最高拱坝，通过1∶50水工整体模型试验，优化了坝身泄洪与泄洪洞泄量分配比例；将泄洪雾化与消能有机结合，创新提出了适合锦屏窄河谷、两岸边坡地质条件复杂、雾化量小、结构安全的“锦屏一级无碰撞泄洪消能模式”，大大减轻了泄洪雾化对锦屏一级水电站上千米高边坡稳定的影响，保证了工程安全运行。

（3）通过1∶50水工整体模型，优化表孔、深孔体型，在非对称拱坝布置下实现了泄洪水舌落点的基本对称，解决了白鹤滩水电站特大泄洪功率水垫塘动水压力难以满足规范要求的技术难题；精细模拟电站、泄洪洞进出水口及其边界条件，综合优化各种措施，取得了良好效果。

（4）通过1∶40水工整体模型，揭示了多层多股三元射流底流消能的水流流态和旋涡结构特征，提出的水动力荷载为向家坝水电站泄洪消能结构物安全设计提供了重要科学依据。提出的表中孔调度方式减小了泄洪诱发的振动，解决了世界上底流消能功率最大的向家坝水电站泄洪消能技术难题。

（5）改造了国内外规模最大的减压箱，首次开展了坝身泄洪孔口与消力池空化问题研究，论证了坝身泄洪安全性，提出了已建工程坝面严重空蚀的改善措施。发明的1∶1高速高压试验装置，解决了50m/s超高流速材料抗空蚀问题。

（二）应用推广和综合效益

研究成果得到向家坝、白鹤滩、锦屏一级、阿海、丰满等水电工程直接应用。阿海水电站在初期泄洪时发生了严重空蚀，该项研究提出了坝面增设50cm掺气坎已用于工程改造，并安全度汛，消除了坝面空蚀，保证了大坝安全。向家坝大尺度模型试验成果，彻底消除了业内多年来对向家坝泄洪消能安全的担忧；大比尺模型反演试验在减小振动方面发挥了重要作用，优化的调度方式，在2013年大坝泄量达到8000～11000$m^3/s$，较2012年增大15%～55%情况下，场地振动幅值减小了30%～70%。首创的锦屏一级水电站无碰撞消能模式，与传统碰撞模式相比，雾化纵向长度减小300m，高程降低30m，雨强减小40%。白鹤滩水电站大尺度模型成果，将原设计方案水垫塘动水冲击压力22m水柱减小到12m水柱，保证了水垫塘安全。项目取得了显著的经济和社会效益，仅锦屏一级水电站因雾化减弱导致高边坡防护工程量大大减小，直接经济效益就达上亿元。

（南京水利科学研究院）

## 地基InSAR水利工程高边坡三维变形信息提取方法研究

“地基InSAR水利工程高边坡三维变形信息提取方法研究”为江苏省自然科学基金项目，由河海大学于2016年11月完成。

该项目研制了一种可量测可定向地基雷达角反射器设备，并利用该设备研究了地基SAR变形监测的精度；研究了地基SAR影像的相干特性，建立了海量时序地基SAR影像相干目标的提取方法；研究了雷达视线向大气扰动规律，提出一种基于稳定点加权的地基SAR大气延迟校正方法；开展了地基SAR与测量机器人融合进行三维信息重建的方法研究。

项目将地基SAR干涉技术用于水利工程变形监测，建立了一套利用地基InSAR技术进行水利工程三维变形监测的数据处理方法，提高了变形监测的效率，节约了成本。

（河海大学）

## “长江上游大型水库群生态环境效应与调控”教育部创新团队通过结题验收

2016年9月，“长江上游大型水库群生态环境效应与调控”教育部创新团队通过结题验收。

教育部实施“创新团队发展计划”，旨在进一步发挥高等学校创新平台的投资效益，凝聚并稳定支持一批优秀的创新群体，形成优秀人才的团队效应和当量效应，提升高等学校科技队伍的创新能力和竞争实力，推动高水平大学和重点学科建设。

“长江上游大型水库群生态环境效应与调控”教育部创新团队自获批开展建设以来，紧密结合国家重大需求，针对水利水电工程影响下库区富营养化及水华、重要水生生物生境胁迫、通江湖泊生态环境调控等关键科学问题，通过多学科交叉，经过自主创新研究与技术攻关，形成大型水库群生态环境效应与调控关键技术，为水利水电工程建设、运行管理和流域生态保护提供了科技支撑。该创新团队建立了一支年龄和学缘结构合理、国际上有广泛影响、国内领先的高水平创新人才队伍；承担了多项国家重点研发专项、国家重大科技专项、国家自然科学基金重点项目及面上项目；取得了一批自主知识产权和原创性的科技成果，成果具有示范和带动作用，总体达到国际领先水平。核心技术已成功应用于南水北调、三峡、向家坝、溪洛渡等重大工程中，经济效益、社会效益、生态效益显著。

（河海大学）

## 发电设备远程状态监测与故障诊断系统研制

2016年，哈尔滨大电机研究所（以下简称研究所）充分利用哈尔滨电机厂有限责任公司（以下简称哈电机公司）65年自主研制发电设备积累的1400多台大型水电、火电机组的丰富经验和详尽资料，应用大数据技术和智能技术，在“远程故障诊断系统V1.0”的基础上，以丰满水电站全面治理（重建）工程项目为依托完成“远程故障诊断系统V2.0”构建。V2.0在加强现有研究所故障诊断中心系统功能的前提下，创新地在电厂端前置了现地故障诊断系统，对现场大量数据的预先分析，可以有效提高系统的响应速度。

发电设备远程故障诊断系统通过大数据、物联网、互联网技术的应用和多种软件的集成，实现了机组运行异构数据整合、远程实时监测、在线故障诊断、趋势分析预判、离线评估分析和制造服务，为电厂机组运行及维护提供技术支撑。

系统基于面向服务的体系结构（SOA）思想，利用J2EE技术、数据库技术、整合安全外壳协议（SSH）等成熟技术开发框架；基于面向对象设计思想，运用多态、继承、反射、泛型等编程方法封装了JDBC，开发了事务处理及数据化、图形化、推理引擎等，自主研发了实时数据库及关系数据库接口程序，并与公共基础组件结合，搭建了发电设备远程故障诊断系统。

系统由采集模块、远程诊断分析模块及诊断服务模块三大模块组成。采集模块包括将感知器件采集到的数据，存储到本地关系数据库及实时数据库中，经网络传输到远程诊断分析模块；远程诊断分析模块集成了专家知识库及发电设备故障推理机，融合设计知识、制造知识、运行知识及相关标准，通过计算机系统进行数据整合、智能判别及挖掘分析，最后将分析结果送至诊断服务模块，为用户运维决策提供技术服务。

该服务模式以云服务平台为中心，以物联网及互联网做技术支撑，将发电设备的制造企业和电厂集聚在这个平台上，实现了发电设备运行信息的资源共享。通过感知器件对发电机组的数据采集，随时可以监测到机组的运行情况，利用远程故障诊断及智能评估系统通过对机组运行大数据的分析，可对设备运行状态和故障概率进行智能评价，及时发现发电机组潜在的隐患，实现用户和制造企业双赢的目的。

对于电厂用户：①可促进智能化建设，使计划检修向状态检修转变，降低机组运维成本，提高能源利用率；②当机组出现故障时，现场维修可得到建设性的参考意见；③当部件需要更换时，可得到设备制造厂合理安排和及时准确的服务，缩短维修用时；④可利用制造企业建立的虚拟中心备件库，减少相关备品备件的库存。

对于设备制造企业：①当电厂机组出现故障时，可有的放矢派相关专家到现场服务，减少盲目出差；②可合理安排易损部件生产，保证及时供货，挖掘潜在市场；③有利于改进后期产品设计，降低产品的不良率；④可提高产品的附加值，并将服务转化为产品，促进了制造企业的转型升级。

研究所已经开始设计“远程故障诊断系统V3.0”，该系统将覆盖从机组性能试验、设计制造、安装调试，直至运营管理、维修保障、改造升级等全寿命周期过程，助推发电设备运维模式和备件联储社会化转型。

2016年6月，工业和信息化部公布了“2016年智能制造试点示范项目”名单，哈电机公司自主开发的发电设备远程状态监测与故障诊断系统，被列为“发电设备远程运维服务试点示范项目”。该项目是我国大型发电设备制造行业唯一的智能制造试点示范项目。

（哈尔滨大电机研究所　赵昊阳　刘　佳）

## 严寒地区抽水蓄能电站沥青混凝土防渗面板防冰害措施研究

“严寒地区抽水蓄能电站沥青混凝土防渗面板防冰害措施研究”是2013年8月山西西龙池抽水蓄能电站有限责任公司向国网新源控股有限公司提出并获得正式立项的项目。该项目由中国电建集团北京勘测设计研究院有限公司承接。

（一）项目背景

在严寒地区兴建抽水蓄能电站越来越多，但对于抽水蓄能电站水库冰情及防冰害措施研究还不多。根据已掌握的国内外相关资料，国外的斯特拉堡工程有限公司中心试验室1951年在冰柜中作过沥青混凝土表面受冰块作用的试验研究，德国汉堡Geesthacht抽水蓄能电站也开展过相关研究工作；国内十三陵抽水蓄能电站对库区冬季冰情进行了观测，形成相应冰情观测成果、上水库冰屑分布图及下库冰盖分布图，并结合相应成果提出电站运行要求，减少冰盖对面板的破坏。

上述电站主要是针对严寒或寒冷地区混凝土面板防渗工程进行研究，随着新建在严寒地区蓄能工程的增多，水库的坝型和防渗体型式也趋向多样化，如：已建成的西龙池抽水蓄能电站上水库和呼和浩特抽水蓄能电站上水库，均采用沥青混凝土面板全库防渗。沥青混凝土具有良好的适应变形能力，这一点已经为专业人员所公认，但人们对冰作用是否会引起沥青混凝土面板的破坏表示出担心。

该课题依托西龙池抽水蓄能电站上水库工程，对严寒地区抽水蓄能电站沥青混凝土防渗面板防冰害措施进行研究。首先通过总结分析国内外类似工程研究成果，结合工程调研，对严寒地区抽水蓄能电站防冰冻措施提出研究方案。然后，通过对依托工程开展冰情观测工作，掌握气温、水温、冰情及电站运行方式等基础资料，分析之间的联系。最后通过开展水流扰动和感应加热融冰原型试验对比分析，并辅助采用数值计算分析方法进行验证，提出严寒地区抽水蓄能电站沥青混凝土防渗面板工程防冰害的措施及运行管理方案，为其他类似工程提供参照和借鉴。

（二）研究内容

（1）工程调研及资料收集。2014 年 11 月，收集目前国内已经建成的十三陵、西龙池、呼蓄等项目有关冰情、冰害和防冰冻措施的资料及国外相关文献资料。2014 年 12 月至 2015 年 2 月期间，到十三陵、张河湾、蒲石河、呼和浩特等抽水蓄能电站及松江河电厂（常规电站）进行现场调研考察，了解地处严寒地区的水电站如何解决水工建筑物的防冰冻问题，并编写《严寒地区类似工程防冰冻措施调研报告》。

（2）冰情观测。2014 年 11 月至 2015 年 4 月，对依托工程进行水文、气象等冰情观测。同时，还收集了 2013～2014 年冬季、2012～2013 年冬季的冰情资料，编写《西龙池抽水蓄能电站上水库冰情观测成果报告》。

（3）数值模拟计算。2015 年 11 月，委托华北电力大学开展数值模拟分析工作。根据原型观测数据及工程建设阶段的材料试验参数，建立数值模型模拟沥青混凝土面板在水库结冰情况下的应力应变情况，分析不同水位、不同冰厚作用下沥青混凝土面板的受力和变形情况，评价冰冻对沥青混凝土面板的影响，并编写《西龙池抽水蓄能电站上水库冰冻作用数值计算分析报告》。

（4）原型试验。2014 年 11 月至 2015 年 2 月，对西龙池工程采用机械设备扰动水流和采用感应加热融冰设备提高水温两种方案进行原型试验。两试验分别委托长春工程学院和丹东方行电气有限公司进行。通过试验，编写了《西龙池抽水蓄能电站上水库水流扰动防冰冻措施原型试验报告》和《西龙池抽水蓄能电站上水库感应加热防冰冻措施原型试验报告》。

（5）综合分析。根据上述工程调研及资料收集、原型观测、数值计算及原型试验的成果资料，全面分析水库在冬季合理的运行方式，研究不同抗冰冻措施的可行性及推广意义，编写了《严寒地区抽水蓄能电站上水库沥青混凝土防渗面板抗冰冻措施研究报告》。

（三）社会效益

通过该课题研究，采用调研、观测、计算、试验等多种分析方法，开展系列专题研究，最终明确了冰的作用不会对沥青混凝土防渗面板造成破坏，并提出了切实可行的防冰害措施及冬季电站运行管理方案，为其他类似工程设计提供了有益参考和借鉴。

（中国电建集团北京勘测设计研究院有限公司　杨子强）

## 双江口水电站大坝防渗土料供应系统研究与应用

双江口水电站是大渡河流域水电梯级开发的上游控制性水库工程，水库总库容 28.97 亿 $m^3$，电站装机容量 2000MW；其拦河大坝是土质心墙堆石坝，最大坝高 312m，坝体填筑总量约 4400 万 $m^3$。大坝心墙掺砾土料供应总量约 476 万 $m^3$（坝上压实方，下同），最大供应月强度约 20 万 $m^3$；大坝心墙接触黏土料供应总量约 16 万 $m^3$，最大供应月强度约 0.6 万 $m^3$。这些防渗土料的运输和掺合，存在不少问题，因此，中国电建集团成都勘测设计研究院有限公司开展了研究。

（一）研究背景及内容

（1）双江口水电站规划选用大坝下游右岸的当卡料场作为大坝心墙防渗料的主料场。该料场开采范围大、坡度陡（大于 30°）、高差大（约 600m），表层植被繁密，树木较多，开采运输难度较大、环保要求高。通过技术经济比较，选用皮带机运输方案。因此，有必要研究大倾角下运皮带机系统，并在防渗料运输中应用。

（2）防渗土料的掺合，采用传统的平铺立采方式需要大面积场地，而双江口水电站地处高山峡谷地区，施工场地稀缺，需要靠填沟造地或者开挖方式形成，即使投入大量费用修建掺合场地，由于场地面积受限，掺合能力也难满足要求。随着自动化生产工艺在工程建筑领域的快速发展，借鉴已有经验或其他行业经验，对土料和掺砾料采用自动化掺合系统进行掺合（利用有动力或无动力方式进行掺合）和数字化控制，对提高质量控制精度、提高土料制备能力、优化场地布置、降低工程投资、加快工程进度有重大意义。因此，有必要研究自动化掺合及数字化控制系统，并在防渗土料掺合生产中应用。

（二）研究成果

1. 大倾角下运皮带机系统　经分析比较，采用两条布置在料场中部的下运大倾角皮带机的运输方案。该皮带机最大下运角度达 24.1°，采用四个托辊布置形成“U”形深槽皮带，并适当减小皮带宽度以利于成槽和增加土料之间的内摩擦力来克服大角度下运可能带来的土料滑动，利用先进的变频启动、制动技术实现皮带机的平稳启动和安全制动（制动时间控制在 32s 以内）。同时，为防止“过载”给运输系统带来的潜在安全风险，在皮带机上料点采用了限载移动上料控制专利技术。

2. 防渗土料自动化掺合及数字化控制系统　双江口水电站防渗土料自动化掺合及数字化控制系统由供料子系统、配料及计量子系统和掺合子系统组成，主要工艺流程为：当卡料场土料开采→大倾角皮带机运输土料至自动掺合装置的土料配料斗（或自调节料堆由刮斗取料机取料皮带机运输至土料配料斗）＋皮带机运输砾石料至自动掺合系统砾石料配料斗→自动化掺合装置内进行掺合→皮带机运输砾石土料→回转堆料机堆料场铺料并调节含水率→闭水 2 天使含水率均匀后→成品料运输上坝。

该系统为行业首创，可以实现土料及砾石料的定量给料自动调节控制，可以自动调节掺合物料的含水率，并在堆存物料时能够避免物料的离析现象，从而得到筑坝用的理想掺合物料；各子系统实现了全自动无人化操作，整个系统运行可靠、安全，生产效率高，节约能源。

（中国电建集团成都勘测设计研究院有限公司
李　鹏　蒋林魁　吴显伟）

## 带气垫式调压室的引水发电系统过渡过程计算开发及应用

对于水头高、引水线路长的引水式电站，采用气垫式调压室可大量减少明挖工程量，降低施工难度，保护电站周边生态环境，并具有良好的直接经济效益。我国于 2000 年建成首个带气垫式调压室的青海大干沟水电站，2004 年建成首个完整应用气垫式调压室的自一里水电站，其后相继建成小天都、金康、木座、阴坪、野三河等项目，目前有数座带气垫式调压室的项目在建。

气垫式调压室由于充入高达几十个大气压的高压空气，其正常运行水位、水力动态特性以及小波动稳定性等与常规调压室相比，均有很大的差异。气垫式调压室在体积规模、布置位置和体型结构的设计、水力设计控制参数选取等方面，与常规调压室有很大的差别。因此，水力过渡过程研究成果是气垫式调压室设计的重要依据。

国内对气垫式调压室的气体特性、水位波动特性、反射水锤波性能、临界稳定气体体积等方面开展了大量的研究工作，但国内设计院均未开展带气垫式调压室的引水发电系统过渡过程计算研究。

中国电建集团成都勘测设计研究院有限公司机电处水机室于 2013 年开展“带气垫式调压室的引水发电系统过渡过程计算开发及应用”的院立科技项目研究，自主开发程序进行数值计算研究。2013～2016 年，在比较分析国内外已有大波动、小波动计算分析数学模型和试验模型的基础上，针对气垫式调压室的特定边界条件，建立正确的过渡过程数学模型，编制电算程序，并成功完成了龙洞、亚曼苏、自一里技改等项目的引水发电系统的水力—机械过渡过程数值计算。该项目于 2016 年完成，填补了国内设计院在这一技术领域的空白。

（中国电建集团成都勘测设计研究院
有限公司　陈宏川）

## 水力机械 BIM 设计专业应用开发及基础建设

建筑信息模型（BIM）在国内外建筑设计行业发展迅速，但是在我国水利水电设计行业，尚未形成完整的 BIM 设计规范和标准，也没有针对水电站设计的专属 BIM 软件推出，此前基本处于各企业自行摸索、自行提高的阶段。

2016 年，中国电建集团成都勘测设计研究院有限公司水力机械专业在 BIM 设计基础建设方面，结合实际工程应用经验及院自身的特点，基于 Revit 三维设计平台，以专业三维设计管理规定及标准规范为主线纲领，开展了“水力机械 BIM 设计软件定制应用开发”自主研发工作，开发出既满足本专业行业技术要求，又满足专业交付标准的 BIM 设计软件。该软件将水力机械诸多专业技术标准中的参数以软件可识别的方式植入到通用 BIM 设计软件内部，以替换软件中原有的不符合水力机械专业技术的内容。或更新，或优化，或新增了软件内部属性，实现了所建立的三维模型与 2D 图纸与专业技术标准之间的零误差。另外，定制开发的软件能够按照水力机械专业设计的逻辑分类各个材料属性，识别材料类型，实现在三维空间下设计的模型在创建完毕后，按照水力机械专业自身特有的材料分类统计逻辑方式精准统计材料量，快速生成材料表，且能够将材料表序号与模型相关联，实现自动标注、自动识别，极大地提升了专业BIM设计的智能化程度。

“水力机械BIM设计软件定制应用开发”三维设计软件既规范了设计过程，统一了设计成果，又指导了设计人员如何正确、快速地进行专业BIM设计。定制开发的成果不仅仅是为了提高工作效率，更重要的是提高设计质量，提高企业核心竞争力，使企业BIM设计水平达到业内先进的水准。定制开发的软件以期成为一款易上手、易推广、易普及的智能化傻瓜软件，将繁杂的设置和调试放在研发阶段，最终达到方便设计人员进行高效BIM设计的要求。该成果不是面向少数人群的科研工具，而是针对广大水电站水力机械工程师日常必备设计工具（CAD）的替换和升级，在今后行业BIM设计中有越来越重的价值。

未来水力机械专业将制定专业的BIM设计流程规范、技术标准，实现BIM设计过程的标准化、规范化、简捷化，使BIM设计的成果具有统一性、完整性、准确性。主要标准规范将包括《水力机械BIM样板文件制定标准及管理维护规定》《水力机械BIM族库创建标准及管理维护规定》《水力机械三维建模及三维出图标准》《水力机械BIM设计校核、审查导则》。

（中国电建集团成都勘测设计研究院
有限公司　朱　毅）

## 特高水头超大容量水斗式水轮发电机组技术研究

从20世纪50年代起，水斗式水轮机在世界范围内有了较为快速的发展，单机容量不断得到提升。1998年建成投产的Bieudron水电站，单机额定出力达到423MW，最大运用水头高达1883m，至今仍保持着水斗式水轮机单机容量及最大水头的世界之最。我国已投运单机容量最大为金窝电站（$H_{max}$＝619.8m、140MW），水头最高为苏巴姑电站（$H_{max}$＝1209.6m、水轮机额定出力26MW）。由于国内目前已投产的水斗式机组与待开发电源点最大水头及目标单机容量均有一定差距，中国电建集团成都勘测设计研究院有限公司（以下简称成都院）为增强后续项目的核心技术竞争力，自2012年开始，开展了特高水头超大容量水斗式水轮发电机组的关键技术研究工作。

研究期间，成都院与国内、外多家知名机组制造厂商（包括Andritz、Voith、Alstom、Rainpower、哈尔滨电机厂有限责任公司、东方电气集团东方电机有限公司、浙江富春江水电设备股份有限公司等）就限制特高水头超大容量水斗式水轮发电机组单机容量的关键因素及其他关键技术进行了多次深入的交流和探讨。2016年底，特高水头超大容量水斗式水轮发电机组专题研究报告中间成果完成，主要完成了以下研究内容：

（1）结合不同的厂房结构形式，初拟了800～2300m水头段水斗式水轮机的单喷嘴比转速的取值范围。

（2）通过对水轮机转轮各加工方式的分析对比，初拟了适合特高水头超大容量水轮发电机组的转轮加工方式。

（3）根据对水导轴承$PV$值的分析，初拟了特高水头超大容量水斗式水轮机技术可行的$PV$值范围。

（4）研究了特高水头超大容量水轮发电机组配水环管的制造难度，提出了采用单配水环管有困难时，可采用双配水环管的方案。

（5）研究了多泥沙河流电站特高水头超大容量水斗式水轮机的主要过流部件泥沙磨损大修间隔周期计算方法及防泥沙磨损措施。

（6）初拟了中、高转速超大容量水轮发电机冷却方式的判别依据，分析了采用不同屈服强度转子磁轭材料的空冷发电机理论极限容量及发电机采用定子绕组水内冷方式的可行性。

（7）通过综合分析，初拟水轮发电机技术可行的制造难度系数，初步拟定适用的中、高转速发电机总体结构，对定子、转子等发电机主要部件进行了难度及可行性分析。

（8）对特高水头大型球阀的阀体、阀轴、密封等主要部件技术可行性进行了分析，并初拟球阀可行的设计制造难度系数上限范围。

（9）研究了特高水头超大容量水斗式机组的地下厂房洞挖控制尺寸问题。

（中国电建集团成都勘测设计研究院
有限公司　吴佰杰）

## 超高水头超大容量混流式水轮发电机组技术研究

随着我国水电资源的进一步开发，在技术允许的前提下采用超高水头超大容量混流式水轮机，有利于减少水轮发电机组台数、减少枢纽布置规模和难度，节约工程投资和缩短施工工期。我国应用混流式水轮机，水头最高的水电站为硗碛电站，最大水头555m、水轮机额定出力82.1MW；单机容量最大的水电站为锦屏二级电站，最大水头为318.8m、水轮机额定出力610MW。国外常规单机混流式水轮机高水水头达到734m，但水轮机最大出力仅180MW；单机容量达到500MW或600MW级的混流式机组，其最大应用水头又相对较小（Churchill Falls电站水轮机出力497.5MW，最大水头322m；锦屏二级电站水轮机出力610MW，最大水头318.8m）。为增强后续项目的核心技术竞争力，中国电建集团成都勘测设计研究院有限公司（以下简称成都院）自2012年开始，展开了超高水头超大容量混流式水轮发电机组的关键技术研究工作。

成都院与国内、外多家知名机组制造厂商（包括Andritz、Voith、Alstom、Rainpower、哈尔滨电机厂有限责任公司、东方电气集团东方电机有限公司、浙江富春江水电设备股份有限公司等）就限制超高水头超大容量混流式水轮发电机组单机容量的关键因素及其他关键技术进行了多次深入的交流和探讨。2016年底，超高水头超大容量混流式水轮发电机组技术研究专题研究报告中间成果完成，主要完成了以下研究内容：

（1）结合不同的厂房结构形式，初拟了400、500、600m水头段混流式水轮机的额定比转速$n_s$、比速系数$K$、单位转速、单位流量等主要参数的取值范围。

（2）通过对水轮机转轮、顶盖、座环等主要部件的结构形式进行分析对比，初步推荐了适用于超高水头超大容量的混流式水轮机的主要结构型式。

（3）基于已投产及在制巨型混流式水轮机制造难度，并结合机组制造厂的推荐，初拟了超高水头超大容量混流式水轮机技术可行的最大制造难度系数，并分析了400、500、600m水头段不同单机容量水轮机的转轮、蜗壳、顶盖及座环等主要部件设计制造可行性。

（4）研究了多泥沙河流电站超高水头超大容量混流式水轮机的主要过流部件泥沙磨损大修间隔周期计算方法及防泥沙磨损措施。

（5）初拟了中、高转速超大容量水轮发电机冷却方式的判别依据，分析了采用不同屈服强度转子磁轭材料的空冷发电机理论极限容量及发电机采用定子绕组水内冷方式的可行性。

（6）通过综合分析，初拟水轮发电机技术可行的制造难度系数，初步拟定适用的中、高转速发电机总体结构，对定子、转子、推力轴承等发电机主要部件进行了难度及可行性分析。

（7）对超高水头大型球阀的阀体、阀轴、密封等主要部件技术可行性进行了分析，并初拟球阀可行的设计制造难度系数上限范围。

（8）研究了超高水头超大容量混流式机组的地下厂房洞挖控制尺寸问题。

（中国电建集团成都勘测设计研究院有限公司　刘正勇）

## 三维BIM设计软件在水电站厂房电缆桥架及电缆敷设的应用

二维平面设计只能表达平面布置及尺寸信息，对于复杂空间位置的电缆桥架布置及电缆敷设等设计，仅通过二维图纸来理解空间布置是非常困难的，也是不全面的；另外，二维平面设计很难避免多专业产品之间出现的“错、碰、漏”的问题。随着我国水电开发技术的发展，计算机硬软件技术的不断进步，对于水电站厂房电缆桥架及电缆敷设的实用性、合理性和美观性的要求越来越高。2016年，中国电建集团成都勘测设计研究院有限公司（以下简称成都院）在三维建筑信息模型（BIM）设计软件Revit上进行了二次开发，并在猴子岩水电站电缆桥架及电缆敷设设计中首次应用。

水电站厂房内综合管线复杂，风管、水管、电缆桥架间交叉问题突出，传统的二维平面设计无法实现空间上的最优布置，无法实现电缆敷设最短路径和电缆桥架容积率的合理匹配，现场安装、维护难度大。通过三维设计可以快速准确地建立三维实体模型，设备之间的空间关系直观可视，从而大大降低通过二维剖面图理解三维空间关系的难度，最大限度避免平面思维的盲区，能够及时发现各个设备之间的碰撞问题，使施工过程中出现的设备布置问题更方便协调解决。

三维BIM桥架敷设软件可以在三维桥架搭建完成后，根据设置的每段桥架的容积率，自动优化电缆敷设的路径，并可查询每根电缆的路径、经过的桥架，有效减少现场电缆敷设混乱的情况以及电缆桥架溢出的情况，节约建设成本。该软件2.0版本还具有通过算法实时监测桥架的容量及负载，在避开高容量或高负载桥架的基础上自动寻找最短的路径进行敷设，智能规划出桥架的尺寸和层数。该软件的使用能有效规避二维平面设计工作中遇到的问题，使设计实现智能化、立体化、数字化，极大提升了成都院水电站桥架和电缆敷设的设计效率以及BIM设计水平。

2016年，成都院电气二次专业首次将三维BIM桥架敷设软件在猴子岩水电站全面应用。全厂桥架设计均由三维软件出图，并提供了每根电缆的敷设路径图，对现场施工提供了更精确的指导。三维产品的直观性同时促进了设计方与业主和施工方的良好沟通，也为电站运行期设备的检修、维护和管理创造了更便利的条件。三维 BIM 桥架敷设软件在具体工程的应用，解决了以往三维仅用于效果展示、出图难的问题。三维软件已取得了初步成果，但还存在一些不足，还需不断改进，逐步完善。

（中国电建集团成都勘测设计研究院有限公司 郑 蔚）

## 洪屏抽水蓄能电站下水库与小湾水库联合经济运行研究

洪屏抽水蓄能电站位于江西省靖安县境内，总装机容量为2400MW。其下水库利用北潦河的自然河道修建。由于坝下约 1km 处有一座年调节水库，该水库的运行控制不仅关系到洪屏抽水蓄能电站运行的可靠性与经济性，以及调峰、填谷性能，而且还关系到下游小湾电站运行的经济性、稳定性和下游的生态环境。为此，列为国家自然科学基金重点项目“基于空间曲面的水泵水轮机全特性描述及过渡过程的研究”课题之一，应用抽水蓄能发电技术和水电站经济运行的理论与方法，研究了洪屏抽水蓄能电站下水库运行方式与小湾电站水库调度。

（一）洪屏抽水蓄能电站的运行方式分析

洪屏抽水蓄能电站是周调节抽水蓄能电站，即它以一周为运行周期，每天进行日调节，在周末电网负荷低谷时，利用多余电能延长抽水时间，存储更多的水量，以增加日调峰能力。电站周一至周五既抽水又发电，但发电量大于抽水所需电量，其上水库的水逐渐转移至下水库。在周五结束时，上水库水位回落至死水位，下水库水位升至高水位；在周六和周日，虽然也是既抽水又发电，但抽水电量大于发电量，下水库的水又被抽回至上水库。在周一 0 时上水库又恢复至原先蓄水量，下水库也回落至原先低水位。

通过分析可以得出：①抽水蓄能电站满足正常周调节运行有一上下库最小蓄水总量 $W_{r,min}$；②设抽水蓄能电站上下库最大容许蓄水量为 $W_{r,max}$，则抽水蓄能电站蓄水总量 $W_r$ 必须满足 $W_{r,min} \leqslant W_r \leqslant W_{r,max}$ 的条件约束；③抽水蓄能电站可以有 $W_{r,max} - W_{r,min}$ 所对应的库容参与小湾水库的运行调节。

（二）洪屏抽水蓄能电站与小湾水电站联合经济运行

洪屏抽水蓄能电站与小湾水电站联合发电系统关系如图 1 所示。

图中，$Q_g$ 表示洪屏抽水蓄能电站的发电流量；$Q_p$ 表示洪屏抽水蓄能电站的抽水流量；$q$ 表示天然径流；$q'$ 表示洪屏下水库泄放流量；$Q$ 表示小湾水电站的出库流量。

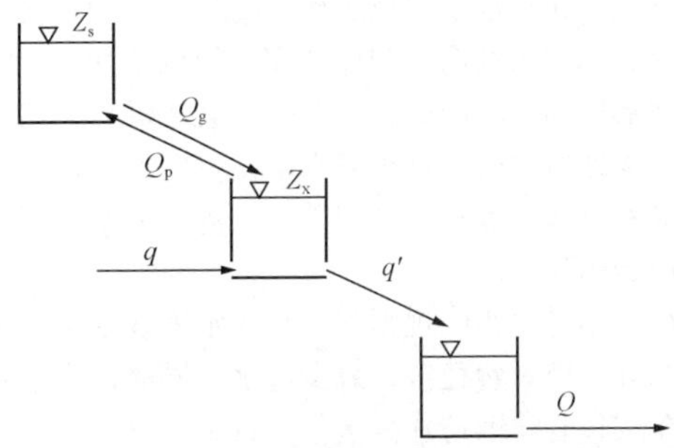


图 1 洪屏抽水蓄能电站与小湾水电站联合运行图

联合经济运行的目标是在满足洪屏抽水蓄能电站调峰调频、正常抽水发电的前提下，通过对洪屏抽水蓄能电站水库的调节，改变天然径流过程 $q$，从而增加小湾水电站在调度期（年）内的发电量。不同的天然来水过程经过洪屏抽水蓄能电站的水库调节后，改变为相对稳定和均匀的入库流量，使小湾水电站在调度期内在减少了弃水的同时，增加了发电量。

经建立优化运行数学模型分析，洪屏抽水蓄能电站与小湾水电站联合经济运行模型如下：

（1）水文年开始时的第 1 周。①洪屏抽水蓄能电站水库的总蓄水量为保证完成周调节任务所需的最小蓄水量 4573 万 $m^3$；②小湾水库处于死水位。

（2）蓄水期的第 1 周至第 26 周。①在小湾水库水位达到正常蓄水位之前，洪屏抽水蓄能电站水库维持最小蓄水量 4573 万 $m^3$，不多蓄水，其下水库按天然来水 $q_i$ 泄放；小湾水电站则按 $q_i$ 的比例关系发电，使发电引用流量为 $Q_i = kq_i$（$k$ 为比例系数，根据年径流量取值，枯水年取最小值 0.2，丰水年取最大值 0.8，其他年份在 0.2～0.8 之间取值），多余的天然来水部分则用于小湾水库的蓄水；②在小湾水库水位达到正常蓄水位后，当 $q_i$ 小于小湾水电站最大发电流量时，洪屏抽水蓄能电站下水库按天然来水流量泄放至小湾水电站发电；当 $q_i$ 大于小湾水电站的最大发电流量时，洪屏抽水蓄能电站下水库除了按小湾水电站最大发电流量泄放外，多余的来水量则用于洪屏抽水蓄能电站下水库蓄水，直到洪屏抽水蓄能电站水库达到保证完成周调节任务的最大容许蓄水量 5124 万 $m^3$ 为止。

（3）供水期的第 27 周～第 52 周末。①当洪屏抽水蓄能电站水库总蓄水量消落到保证完成周调节任务所需的最小蓄水量 4573 万 $m^3$ 前，小湾水电站根据天然来水按大于保证出力运行，小湾水电站发电的不足水量由洪屏抽水蓄能电站下水库供水，尽量使小湾水库水位维持在正常蓄水位运行；②当洪屏抽水蓄能电站水库的总蓄水量消落到保证完成周调节任务所需的最小蓄水量 4573 万 $m^3$ 后，小湾水电站根据天然来水按大于保证出力运行，小湾水电站发电的不足水量由小湾水库供水，直到调度期末，小湾水库水位回到调度期初始的死水位。

在上述优化调度规则下，小湾水库在水文年内不仅能充分利用天然径流，减少弃水，同时使小湾水库可以在较长时间维持在高水位运行。

针对不同典型年来水情况的联合经济运行进行了仿真计算。结果表明，在洪屏抽水蓄能电站参与小湾水库调节实行联合优化调度情况下，小湾水电站设计枯水年（2009 年）总发电量由 1687 万 kW·h 增加到 1714 万 kW·h，提高了 1.6%；平水年（2007 年）总发电量由 2290 万 kW·h 增加到 2336 万 kW·h，提高了 2.0%；丰水年（2010 年）总发电量由 3276 万 kW·h 增加到 3342 万 kW·h，提高了 2.0%的发电效益。

（三）结语

该研究构建了洪屏抽水蓄能电站与小湾水电站联合经济运行模型，确定了洪屏抽水蓄能电站与小湾水库联合调度规则。仿真结果表明，运用联合优化调度不仅能保证洪屏抽水蓄能电站安全稳定运行，还可增加小湾水电站的发电效益。

提出的联合调度模型对解决抽水蓄能电站联合常规水电站的发电调度、利用天然河道作为抽蓄电站水库对下游电站运行影响等问题，有一定的参考意义。

（中国电建集团中南勘测设计研究院有限公司　蔡　旭
华中科技大学水电学院　常　黎
江西洪屏抽水蓄能有限公司　何建斌　散齐国）

## 三峡水电站调速器冗余结构建模及故障反演仿真研究

三峡水电站单机容量大，水轮机调节系统的性能对电网安全稳定运行影响突出；同时，伴随电力系统的扩大和自动化水平的提高，对水轮机控制系统的性能也提出了更高的要求，迫切需求建立水轮机调节系统准确模型。为此，开展了本项目研究。

（一）研究内容

（1）开发侧重于现场维护的仿真平台，用于故障反演及故障预测。

（2）探讨水轮机调节系统组成的各种数学特性模型，对各种模型的特性进行分析，确定各组成部分数学模型及建模方法。

（3）搭建调速器模型。

（4）进行仿真平台搭建及平台精度校验。

（5）开展故障反演运算、预测和一次调频实现预测及参数选优计算等应用工作。

（二）主要成果及创新点

（1）搭建了用于故障反演及故障预测的水轮机调节系统仿真平台，提升了现场维护水平，满足电力系统新局面下对水轮机控制系统的性能提出更高要求的需求。

（2）提出了满足水轮机调节系统故障反演及预测仿真的数学模型及建模方法。

（3）基于 MATLAB 成功搭建了 Alstom 调速器电气部分模型、GE/MicroNet 调速器电气部分模型，搭建三峡电厂 20 号机组水轮机全特性仿真模型。

（4）成功搭建了 20 号机组调速器冗余结构建模及故障仿真平台。在此模型上展开了仿真计算包含：空载扰动试验计算、开度模式下负载扰动仿真计算、功率模式下负载扰动仿真计算、不同水头下负载扰动仿真计算。通过仿真平台的计算，验证了仿真平台与真实水轮机组调节过程吻合度较高，达到 20 号机组全工况各种模式下仿真计算精度在 95%以上。

（三）成果应用

（1）采用本项目研究成果对调速器控制过程中的故障进行反演及同类故障预测，复现了导叶中位传感器振动故障动态过程，预测了中位传感器断线及短路故障现象得出仿真计算与实测具有较好的一致性。

（2）对 20 号机组一次调频仿真计算。一次调频所选用的 PID 参数较大，其调节过程压力脉动较大，主轴扭矩变化率为其他调节过程的数倍，在正常 AGC 调节过程中，建议保留原有的 PID 参数，即在原有功率、开度和频率 PID 的基础上，重新设计一次调频开度 PID 和功率 PID。

（3）在此平台上开展故障反演、故障预测和程序逻辑分析等工作，其分析结果有较高的可信度，可为调速器以后维护和新功能开发提供可视化的理论依据和数据支撑。

（三峡水力发电厂）

## 景洪水力式升船机建设关键技术研究与应用

景洪水力式升船机为中国原创，建设过程中没有国内外同类工程建设经验、标准规范可供借鉴。为此，业主在建设过程中组织开展了一系列建设关键技术研究，形成了建设成套关键技术，并推动了相关基础理论研究，取得了大量原创性成果。截至 2016 年底，共获得专利 38 项，其中发明专利 10 项，另有

12项发明专利已被受理公示；科技成果推广1项、施工工法1项，发表专著3部、代表性论文48篇。

（一）主要研究内容

（1）多竖井条件下水力同步、稳定问题及影响因素。

（2）高地震烈度区塔柱—水耦合作用下的水力式升船机塔柱结构型式、超高大直径钢衬精确定位安装与中空薄壁高耸混凝土结构施工问题。

（3）水力式升船机“水—机—厢”多重耦合作用下的船厢倾斜问题与抗倾斜工程措施。

（4）大型封闭环形机械同步系统合理的刚度设计及制造、安装、间隙消除问题。

（5）大型下水式船厢结构及出入水运行特性。

（6）满足水力式升船机大流量快速运行、小流量精确对接的阀门控制问题及高水头阀门的空化振动问题。

（7）水力式升船机的事故工况及安全应对问题。

（8）水力式升船机制造、安装、调试与运行安全控制标准。

（二）主要创新研究成果

（1）研发了以“等惯性＋等阻力”输水管路为核心的多竖井水位同步与稳定控制技术；提出了高地震烈度区塔柱—水耦合作用下的水力式升船机塔柱结构型式；创新了水力式升船机特有的大直径钢衬井管群薄壁塔楼高精度一次成型施工技术，成功解决了水力式升船机船厢运行稳定性及内水作用下塔柱结构安全难题。

（2）揭示了水力式升船机“水—机—厢”多重耦合作用下的船厢倾斜机理，提出了机械同步系统间隙和刚度的设计标准，创建了集同步轴与联结装置、大型膜片联轴器、大型厚壁卷筒、低速重载锥齿轮箱于一体的微间隙封闭环形机械同步系统制造与安装技术，解决了无电机纠偏下的船厢抗倾重大技术难题。

（3）揭示了下水式升船机船厢受力机制，提出了大型下水式承船厢结构体型，研发了船厢自反馈抗倾覆导向系统，攻克了大型下水式船厢与导向系统现场制造安装的技术难题，进一步提升升船机运行安全性。

（4）建立了基于主辅阀协同控制理论的水力式升船机运行控制体系，提出了船厢运行效率提升技术，构建了水力式升船机事故工况应急安全保障系统，攻克了水力式升船机运行速度控制和船厢与闸首精确对接两大关键技术难题，保障水力式升船机的运行安全。

（5）创建了涵盖水动力学、结构动力学、机械学、液压、电气、船舶流体力学等多学科的一体化观测技术，揭示了以水力驱动系统同步为核心、机械同步系统主动抗倾为保障、沿程导向系统极限锁定为安全机构的水力式升船机三大系统工作机制。提出了水力式升船机制造、安装、调试与运行安全控制标准，形成了水力式升船机建设及运行成套技术。

（6）业主在工程建设管理中发挥至关重要的作用，针对水力式升船机创新工程无相关建设经验、规范标准可依的情况，始终坚持以科研为主导推动工程建设，建立了“科研主导、贯穿工程、协同攻关、科学决策”的创新工程管理方法，保障了景洪水力式升船机建设获得全面成功。

（三）工程应用情况

景洪水力式升船机建设过程中根据各项研究成果，应用在土建施工、设备安装与调试，原型观测中，主要性能指标均达到或优于设计要求，情况如下：①16个竖井水位差从43cm减小至小于5cm；②16孔竖井钢衬井管中心垂直度偏差小于10mm、圆柱度偏差小于5mm，相邻位置偏差小于5mm、最大相对偏差小于8mm；③机械同步系统间隙由12cm减小至小于1cm；④船厢最大倾斜量不大于30mm、变化量不大于20mm，同步轴扭矩不大于190kN·m；⑤阀门振动加速度从20$g$减小至小于1$g$，主阀最大开度从45%增大至70%；⑥船厢运行不大于17min/次（单向、空中及入水）、升降加速度不超出±0.01m/s$^2$，事故减速度不大于0.05m/s$^2$；⑦下水式船厢楔形体铺板最佳倾角4°，船厢出入水速度控制0.04m/s、水中升降加速度不超出±0.005m/s$^2$；⑧卧倒门启闭速度控制2min、船舶进出船厢航速控制不大于0.5m/s、卧倒门容许对接水位差±10cm、制动器松闸条件为相邻油缸压差变化小于0.32MPa。

景洪水力式升船机于2016年11月15日投入试通航。建设及运行期安全监测资料、现场观测资料表明，升船机水工建筑物整体稳定性良好，处于安全运行状态，升船机运行平稳、可靠，总体运行指标达到设计要求。至2016年12月31日，顺利通过各类船舶52船次。

景洪水力式升船机建设过程中形成的系列成果具有开创性，促进了我国高坝通航技术的进步和通航建筑物学科发展，显著提升了我国在世界通航技术领域的影响力。

（华能景洪水电工程建设管理局　黄　群　何庆周）

## 振动碾无人驾驶技术研发与工程应用

大型土石方工程填筑施工，土石料的碾压是一道关键施工工序。我国水电站土石方工程填筑施工碾压作业方式普遍比较落后，碾压设备的操作主要靠人工控制，一人操作一台，操作人员的劳动强度相对较大，而且存在漏压、欠压和强烈振动环境影响操作人员健康等问题。因此，中国水利水电第五工程局有限公司依托长河坝水电站砾石土直心墙堆石坝工程，开展了振动碾无人驾驶、精确碾压的技术研究。通过多年的产学研协同攻关，取得了丰硕的创新成果，首创精准控制的智能化无人驾驶振动碾技术，首次实现了振动碾压机械的无人驾驶机群作业。该研究成果对提高土石方的碾压施工质量、减少返工处理、节能减排、改善振动作业环境保护身体健康等具有重要的意义。

（一）主要研究内容及创新点

该项目研究开发了振动碾机身电气及液压自动控制系统，集成应用卫星导航定位、状态监测与反馈控制、超声波环境感知等技术，对现有振动碾进行技术改造，实现了振动碾的无人驾驶、精确碾压作业。主要研发情况如下：

（1）研发的振动碾机身电气及液压控制系统，由电气主控制器完成参数设定，就地控制行走、转向、振动等状态，实现振动碾工作状态的自动控制。

振动碾的液压转向系统包括转向（左转/右转）和转向速度的控制。研究在原车转向器部分增加电磁截止阀，以实现原车转向液压系统与改造转向液压系统的切换。如图1所示。

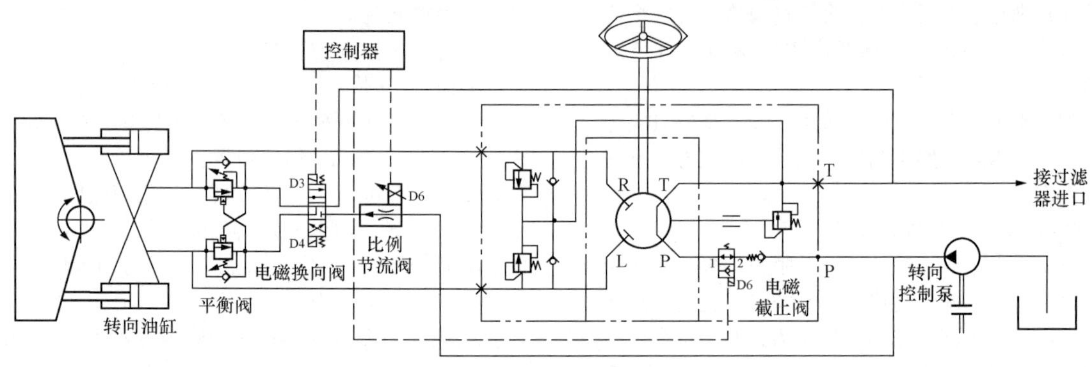


图1 转向液压系统改造原理图

截止阀不得电时，为原车的人工转向方式。截止阀得电时，转向泵输出油液经比例节流阀和电磁换向阀与平衡阀后到转向油缸；通过控制比例节流阀线圈的电流，可以改变比例阀的开度，实现转向速度的调节；通过控制电磁换向阀两端不同的线圈得电，控制转向油缸的伸缩，实现转向方向的自动控制；转向角度由安装在车身铰接点的角度编码器进行采集，实现前后车架之间车身转角的反馈。

将原来的手动操纵手柄改为电控手柄。自动控制器采集手柄不同位置输出的模拟量值来进行前进/后退的判断与行驶速度的控制。通过控制加装的行驶电控比例阀两端线圈的电流，改变比例阀的开度，改变泵的斜盘角度和泵的输出排量，实现了振动碾自动行驶速度的控制；通过控制比例阀两端不同的线圈得电，改变了泵的液流输出方向，从而实现了振动碾行驶方向的控制。

（2）研发了新型振动碾自动控制器（PLC），利用卫星定位导航技术实现机身位置、方向定位与路径控制，根据指定施工区域建仓规划，进行碾压路径自动设定及差异化调整。自主设计编程制造的车载控制器是振动碾改造电控系统的核心控制器，主要功能分为信号采集及处理功能、逻辑运算及路径控制功能和输出驱动功能。根据设定的参数实现振动碾的行驶与振动控制。负责GPS数据和传感器数据的采集及处理，并结合设定的工作参数进行作业路径的规划和自动路径跟踪。

（3）研究利用角度编码器、倾斜传感器等进行振动碾行驶状态、姿态的检测，实现了机身自动控制系统的补偿控制，提高作业精度。在振动碾的车身及振动轮的铰接处安装角度编码器，采集钢轮与车身之间的转角信息实现车身的位姿检测。为解决振动碾自动作业过程中车身倾斜导致的GPS定位位置与车身实际位置偏移问题，在振动钢轮一侧设计安装了倾角传感器，以实现对GPS坐标进行补偿，得到更准确的GPS定位位置。

（4）研究采用的超声波环境感知系统，实现自动障碍避让。开发了低频段无线遥控应急装置，进一步提高了振动碾应急制动的可靠性。考虑到超声波传感器的检测范围和检测对象（人、设备）在振动碾前方和后方各均匀布置了三个超声波传感器。利用无线遥控技术实现对振动碾的远程控制。遥控器采用主副配置形式。主遥控为智能化程度较高的集成遥控器，能实现对至少4台振动碾机群的自动控制，包括行驶动作、速度等的控制。副遥控器为非智能，智能遥控器故障时使用。

(5) 研发了振动碾显示控制器，进行碾压参数设定，实现作业区域、作业环境、施工参数及行驶状态等的实时显示。显示控制器作为自动控制系统中的控制终端，主要负责振动碾工作状态的实时监控和系统工作参数的设定，并设有自动启动控制和急停控制；可在其界面上选择工作模式（遥控模式或自动作业模式），并允许操作人员在设定完工作参数后，触屏启动振动碾开始作业，以及在必要时触屏紧急制动振动碾，进行避险。

（二）应用效果及推广应用前景

该项目关键技术研究成果于 2016 年 12 月通过了中国电力建设集团有限公司组织的专家鉴定，一致认为“研究成果推动了施工机械装备的技术进步，经济和社会效益显著，具有广阔的推广应用前景。项目成果首次实现了施工机械无人驾驶，达到了国际领先水平。”

振动碾无人驾驶技术已在长河坝水电站大坝工程、老沟水库大坝工程、苏丹上阿特巴拉水库工程土石方填筑施工中应用，实现了碾压遍数、速度、搭接距离的精确控制，有效避免超压、漏压、欠压现象的发生，有利确保和提高了质量控制水平，减少不必要的返工处理，降低燃料消耗，质量效益和环保效益显著，而且把振动碾驾驶员从单调重复的劳动中解放出来，有效降低了长时间振动操作环境下对驾驶人员健康的不良影响。

（中国水利水电第五工程局有限公司 袁幸朝）

## 大粒径心墙砾石土填筑质量检测设备及快速测定技术研究

随着我国高土石坝技术的发展，砾石土心墙料被广泛使用。但由于砾石土材料特殊的性质，其含水率及大于 5mm 粒组含量检测耗时较长，不能满足当前高坝大方量填筑施工强度的要求。目前宽级配砾石土料最大粒径已经达到 150mm 以上，要对全料进行击实的话，按规定击实筒直径应大于 750mm，国内水电项目中尚无击实筒直径达到此要求。针对以上超大粒径砾石土料的击实试验及含水率快速检测问题，中国电力建设股份有限公司于 2011 年立项开展研究。课题由中国水利水电第五工程局有限公司承担，主要依托长河坝水电站大坝工程进行专项研究，经过多年的产学研科研攻关，取得了系列科研成果。

（一）主要研究内容

(1) 气动式全自动超大型击实仪的研制及应用。国内目前对由于击实仪的限制，对砾石土的击实最大只能满足 60mm 粒径。经对传统击实仪进行优化改造，研制出击实筒直径达 800mm 的超大型击实仪，满足最大粒径达 150mm 的宽级配砾石土料击实试验的要求。该超大型击实仪在研制过程中采用了击锤提升及落距控制技术、击锤落点均匀分布技术、电气自动化控制技术等关键技术，实现了“超大型击实仪全自动化”。

(2) 大型红外微波烘干设备的研制及应用。研制了适用于砾石土加热干燥的大型微波干燥机，特别针对砾石土料加热后，高温状态下的土料和砾石会对微波机箱体造成破坏的问题，研究获得了适宜的砾石土承箱材料和容积。

(3) 移动试验室的研发和应用。研发了可进行土料含水率快速检测的移动试验室，采用大型微波干燥机对土料进行烘干，可在 20min 内检测出土料含水率，在 30min 内出具含水率试验报告，缩短了检测时间近 7h，同时也避免了土料因运输造成的水分散失，提高了试验检测的准确性，加快了现场施工进度。

(4) 砾石土含水率快速测定技术。针对砾石土料含水率快速检测，改进了在超大粒径掺砾石土料含水率检测方面传统的标准烘干法，提出了砾石饱和面干含水率测定替代法，通过对细料含水率的测定与加权计算，快速获得砾石土心墙料的含水率。

（二）主要研究成果及创新点

(1) 研制出击实筒直径达 800mm 的气动式全自动超大型击实仪，通过全料击实对比试验，揭示了颗粒尺寸效应的影响规律，为研究大粒径砾石土全料击实特性提供了重要的技术支撑。

(2) 研发了用于砾石土快速烘干的大型红外微波设备，在不破坏土体本身结构的情况下，实现了土样快速加热烘干，大幅度缩短了含水率检测时间。

(3) 研发了由红外微波烘干设备、高精度流量计和其他测试计算设备组成的车载移动试验室，不仅使干密度的检测时间缩短近 7h，而且提高了试验检测的准确性。

(4) 提出了砾石饱和面干含水率测定替代法，通过对细料含水率的测定与加权计算，快速获得砾石土心墙料的含水率，检测时间比传统方法缩短了 6～8h，效率提高了 4 倍。

该项目关键技术研究成果已授权发明专利 2 项，实用新型专利 9 项。项目成果于 2016 年 12 月通过了中国电力建设集团有限公司组织的专家鉴定，达到了国际领先水平。

（三）成果应用效果及推广前景

研究成果在长河坝水电站得到成功应用，大大提高施工效率、加快施工进度、降低能耗，避免因运输过程中水分散失而影响试验结果。在砾石土填筑过程中，每填筑一层试验过程可缩短 6h，极大地提高了试验检测的速度，打破了砾石土填筑时间受制于检测时间的桎梏。同时课题研究成果将对已开工建设的后续大量超高心墙坝大坝心墙料检测方式、方法具有重要指导意义。研究成果为形成砾石土心墙料检测标准、方法提供了宝贵的理论依据和实践数据，对类似工程的设计、施工具有重要的参考借鉴作用。

（中国水利水电第五工程局有限公司　袁幸朝）

## 百米级特大整流锥式竖井进出水塔关键施工技术

溧阳抽水蓄能电站上水库 2 个进出水塔为整流锥式竖井进出水塔。塔体由底座和上部框架组成，最大直径为 43m，单个塔体混凝土约 5 万 $m^3$。该整流锥式竖井进出水塔属百米级，结构复杂、施工技术难度大。主要难点包括：①47m 高底座段内部椭圆曲线过流面支模；②底座段倒坡混凝土结构施工；③悬空整流锥及其盖板混凝土施工；④1.5m 厚混凝土顶板支模；⑤6 道 1m 厚联系板支模；⑥大体积混凝土施工过程的分仓、设备配置和温控等施工。因此，承担施工任务的中国水利水电第五工程局有限公司进行了专项研究和科技攻关。

研究的主要成果及创新点如下：

（1）研制了适用于 47m 高底座段内部椭圆曲线过流面的梯形可调节组合模板体系。在底座下段，设计了梯形可调节组合钢模板；最上部因曲线变化过大，大小头梯形组合钢模并不适用，则采用木模现场组拼。“大小头梯形组合钢模板＋木模定型曲面模板”的组合模板体系成功解决了椭圆曲线过流面的混凝土浇筑难题，为首创。

（2）设计了适用于底座倒坡混凝土浇筑的大型宽幅闭环式模板支撑体系。底座段上部有 10m 高的倒坡斜锥体混凝土，研究引入了国际上最为先进的支撑架体系——承插式盘扣架，并设计了一套施工速度快、承载能力和适用能力强的模板及其支撑系统。这解决了底座段倒坡混凝土浇筑的技术难题，为水电工程中首创。

（3）研发了适用于悬空 5705t 整流锥混凝土浇筑的“预应力锚索斜拉型钢桁架支撑平台＋分阶段张拉施加预应力”施工技术。该塔整流锥为双向异弧曲线，锥高为 7.6m、最大直径为 11.355m，盖板厚度为 2.5m、净跨约 20m，总重约 5705t；其下部为流道，悬空高度约 100m。针对这一大跨、高空、重载、复杂悬吊的混凝土结构，创新性地提出了采用“预应力锚索斜拉型钢桁架支撑平台，通过分级张拉施加预应力，有效控制支撑平台变形”的总体施工方案，解决了整流锥混凝土浇筑的技术难题。此外，为减轻结构自重、降低预应力度、控制浇筑过程中的钢桁架应力、支撑体系的总体变形、大体积混凝土的温度裂缝等，将 2.5m 厚板划分为 1m＋1.5m 两个混凝土施工段。

（4）提出了适用于挑空 42m 的 1.5m 厚顶板混凝土浇筑用承插式盘扣架高支模支撑体系。塔体顶板厚 1.5m，拟定施工方案为一次性浇筑成型，针对其挑空 42m、混凝土浇筑期间面荷载达 $40kN/m^2$ 的高大支模设计，创新性地设计出了搭设高度 42m 的承插式盘扣式满堂支撑体系。该体系由两种规格的盘扣架组合搭设，并通过在中间设置稳定支架（翅膀）的方法提高整架稳定性，为国内水电工程重首次大规模使用。

（5）设计了塔体 6 道 1m 厚联系板混凝土浇筑用的配模优化方案。竖塔内共布置了 6 道 1m 厚钢筋混凝土联系板，间距为 5m，课题组提出了采用 2 层承插式盘扣架的架体周转使用方案。

（6）建立了施工过程监控系统。主要包括底座段大体积混凝土施工的温控系统、悬空 5705t 整流锥支撑体系的应力和变形监控系统、42m 高支模体系的应力和变形监控系统。一方面对整个施工过程的结构状态进行了把控，另一方面校核了设计方案的准确性，为后续类似工程的建设提供了理论支撑。

从 1 号进出水塔底座段基础施工开始，至 2 号进出水口高程 295 顶板混凝土浇筑完成，共历时 17 个月，完成混凝土 10.05 万方，钢筋制作安装 9869t；浇筑完成的椭圆曲线的长流道，经测量检查其水平和垂直方向的结构偏差均在 2cm 以内，实现了安全、质量、进度及投资的有效控制。该研究取得的系统、完整的百米级特大整流锥式竖井进出水塔关键施工技术，于 2016 年 10 月通过了中国电力建设集团有限公司组织的专家委员会鉴定。该成果总体水平达到了“国际领先水平”，取得了国家发明及实用专利 6 项，形成了成套的施工工法，在类似工程中具有良好的推广应用前景。

（中国水利水电第五工程局有限公司　袁幸朝　刘　聪）

## 高土石坝坝料运输跨心墙技术研究与实践

长河坝水电站拦河大坝为砾石土直心墙堆石坝，最大坝高 240.0m，坝顶长度 502.85m，总填筑量 3417 万 $m^3$。坝址处于高山峡谷地区，上下游及两岸上坝运输道路以隧道为主，严重影响填筑强度，且行车安全风险高。

高土石坝重车跨心墙运输一直是行业高度关注的技术问题，我国已建高土石坝工程相继采用了跨心墙施工技术，但缺乏系统性的基础理论研究，且没有形成统一的工法和规范。为此，中国水利水电第五工程局有限公司依托长河坝工程，开展了高土石坝坝料运输跨心墙技术研究。

研究的主要成果及创新点如下：

(1) 基于心墙土料静动力非线性特性、弹塑性理论和有限单元法，揭示了不同跨心墙道路型式及运输车辆作用力下的心墙应力变形分布规律与影响范围，进行了心墙抗剪强度分析，为跨心墙道路型式提供了理论依据。主要做了：①柔性垫层（碎石、碎石土）下心墙剪切破坏验算；②刚性垫层（钢板和混凝土预制板）下心墙剪切破坏验算；③基于有限单元法心墙剪切破坏验算。

(2) 通过碎石垫层、钢板砾石土垫层、箱型承压板三种跨心墙运输道路方案的现场试验测试，测定了行车过程中心墙内土压力、位移的变化规律以及车辆荷载对土体的作用模式，研究了行车速度与频次对心墙土体应力应变的影响，论证并确定了合理的跨心墙运输道路方案和运行参数。根据长河坝的实际过车试验得出，当采取跨心墙施工保护措施后，车辆荷载对心墙土体的影响大为减小。如减压板方案的表层实测最大附加力为69.2kPa，仅为轮压值的9.5%；碎石土+钢板方案的表层最大附加压力为75.7kPa，仅为轮压值的10.4%；1.2m厚碎石垫层方案的表层最大附加压力为87.0kPa，为轮压值的12.0%。三种跨心墙施工方案的附加动荷载分布规律一致，均为从底层到表层逐渐增大。参考车辆荷载对表层附加应力的影响，对于3种不同跨心墙施工方案，减压板方案仅为52.4kPa（平均值），影响相对最小。车辆跨心墙行驶速度对土体附加荷载有较大影响，建议跨心墙施工行驶速度小于15km/h。

(3) 研制了具有销式连接键和限位环的可拆装式箱型承压板，均化了车辆荷载，有效控制了对心墙土体的影响，满足了技术要求，具有结构简单，安装和拆除方便等优点，提高了施工效率。

设计的新型减压板跨心墙道路，由多节减压板组成。单节减压板由面板和底板以及多根工字钢和格栅钢板焊接而成，并设有“箱形连接键+限位环”的连接结构，重约3.553t，长348.8cm、宽400cm、高198cm。箱型连接键能有效传递剪力，满足抗剪强度，限位环可防止重车运行过程环减压板的纵向位移，使减压板始终保持有效连接。

该项目通过理论分析和现场试验验证了高土石坝坝料运输跨心墙技术的可行性，填补了“跨心墙交通中的荷载计算与评估、心墙在往复的车辆动荷载下物理力学性质变化、心墙与车辆相互作用的力学模拟等一系列基础问题”理论分析空白。自行设计的减压板跨心墙结构，能够满足跨心墙道路的快速安装和拆除要求，荷载分布均匀。课题关键技术成果于2016年10月通过了中国电力建设集团有限公司组织的专家鉴定，一致认为：“研究成果已在依托工程中成功应用，获得2项发明专利，形成了施工工法，可为制定相关标准提供依据，取得了明显的经济社会效益，具有推广应用价值。项目成果在高土石坝跨心墙技术研究方面达到了国际领先水平。”

（中国水利水电第五工程局有限公司　袁幸朝）

## “雀巢”聚音式灌浆预埋管研制及在溧阳抽水蓄能电站工程的应用

溧阳抽水蓄能电站主厂房检修排水廊道钢筋混凝土衬砌顶拱120°范围采用整体木模板，边墙采用现场拼装钢模板。混凝土衬砌段钢筋密集，系统锚杆、型钢拱架、水机专业预埋管均影响后期钻孔灌浆施工。采用传统方法埋设PVC灌浆管，成活率仅30%～50%，后续钻孔常出现困难，难以满足进度及不损坏水机专业埋件安全要求。对此，中国水利水电第三工程局有限公司开展研究，设计制造出一种新型“雀巢”聚音式灌浆预埋管，并在工程中应用。

该新型预埋管由模板部位首端聚音盒、连接波纹管、PVC管体、后端盖座四部分组成。聚音盒采用再生塑料注塑成型工艺制作，由反向“雀巢”和正向“雀巢”两部分相扣组合而成；“雀巢”形似喇叭口，为凹曲面，正、反向“雀巢”组合后具有一定容量的空腔及聚音效果；当衬砌混凝土拆模、混凝土强度达到75%后，有序地轻轻敲击混凝土表面，根据空腔部位与实体混凝土部位声音的差别，可快速找出埋设的灌浆导管。连接波纹管具有一定伸缩性和弹力，可保证灌浆预埋管与模板、岩面紧密贴合。后端盖座可与岩体形成紧密结合，并防止混凝土堵塞管体。该预埋管设计构思新颖，避免了灌浆预埋管失效的各种不利因素，经济实用，其关键技术获得发明专利。

预埋管在混凝土仓号的模板、钢筋及其他埋件安装、调整、加固结束后安装。将“雀巢”聚音盒按设计预埋导管的位置先安置，其反向“雀巢”的底部外侧紧贴模板。根据衬砌的钢筋混凝土的厚度截取PVC管（其内径根据灌浆孔施工钻具的工作直径事先选定），管体的一端接波纹短管抵紧正向“雀巢”，另一端抵后端盖座与喷混凝土层（岩石面）紧贴，调整合适后将管体段用钢丝绑扎于钢筋网上。

混凝土浇筑中加强监控，防止入仓混凝土直接冲击、挤偏及振捣器直接触及预埋管，确保预埋管的成活率。

模板拆除后及时寻找预埋导管，并加以标注。一些预埋灌浆导管的反向“雀巢”可直接目测找到，如果被混凝土掩埋不能直接目测找到，可用小锤在预埋灌浆导管的大致位置有序敲击混凝土表面，凭耳听即可方便地找到预埋导管的端口。预埋导管找到后即可破坏性拆除反向“雀巢”，为下一步的钻孔做好准备。

溧阳抽水蓄能电站主厂房检修排水廊道混凝土衬砌灌浆，采用了“雀巢”聚音式灌浆预埋管，使灌浆的工艺得到优化，灌浆工程的质量、进度、成本等得到很大的改善。该新型灌浆预埋管结构简单，易于埋设，使预埋成功率大幅提高，降低钻孔成本，节省工期。

（中国水利水电第三工程局有限公司　张　兵）

## 托口水电站膏浆封闭、自下而上、高压脉动劈裂灌浆技术研究与应用

托口水电站正常蓄水位 250.00m，相应库容 12.49 亿 $m^3$，装机容量 830MW。枢纽建筑物由主坝、引水坝、电站厂房、引水系统、通航建筑物、生态放水机组和河湾地块防渗工程等组成。主坝区防渗工程为主坝右岸至河湾地块白垩系红层的灌浆防渗。本工程分两部分处理：一部分为高程 253.00m 灌浆洞的“MN”段洞内帷幕灌浆，其帷幕线路长 103.671m，孔深约 58.000m；另一部分为高程 202m 灌浆洞内帷幕灌浆，灌浆洞长 881.224m，灌浆孔深范围 60.000～145.000m。上下两层帷幕线路总长约 986m。灌浆平洞为城门洞形，断面尺寸 2.5m×3.0m（宽×高），底板衬砌厚度为 65cm。完成的主要工程量有：帷幕灌浆 6.30 万 m（最大孔深 197m），溶洞回填膏浆 0.65 万 $m^3$。

（一）主要研究内容

（1）“膏浆封闭、自下而上、高压脉动劈裂灌浆法”技术原理及施工工艺研究。

（2）帷幕灌浆钻孔中采用浓泥浆护壁成孔技术研究。

（3）低强度快凝塑性封闭浆体试验研究。

（4）稳定浆液、膏浆浆液性能及施工工艺研究。

（二）关键技术创新点

（1）该工艺原理是灌浆前先对灌浆孔段内灌浆管与钻孔间隙灌入低强快凝塑性专用材料进行封闭，以代替传统的灌浆胶塞，在封闭浆体达到一定强度后开始灌浆和提升，并采用高压脉动灌浆泵，借助脉动瞬间高压，自下而上连续对灌浆段实施均匀有效的灌注。

（2）在帷幕灌浆钻孔中采用浓泥浆护壁成孔技术，有效地解决了复杂地层中塌孔、返砂、成孔困难的问题，成孔效果良好，孔斜满足设计及技术要求。

（3）通过试验研究，配置出低强度快凝塑性封闭浆体，即能够在设计最大压力下不被挤出孔外，又能保证灌浆管能够顺利提升而不被抱死，在脉动压力作用下完成劈裂灌浆。

（4）通过试验研究，配制出的稳定浆液、膏浆浆液性能能满足新工艺要求，且经济可靠；对溶洞、大裂隙先采用膏浆灌注，再采用新工艺进行稳定浆液的灌注，减少材料浪费、节约成本。

（5）采用高压脉动灌浆泵新设备，借助脉动瞬间的高压自下而上连续对灌浆段实施均匀有效的灌浆。该技术成果依托南水北调工程丹江口水库加高加固项目，研究和采用新技术、新工艺，将锚杆端头应力分散于不同的锚固部位，成功地解决了常规端头锚杆施工中因应力集中问题对混凝土产生的破坏，保证了施工质量和坝体的安全。研究成果达到了同行业的先进水平，具有良好的应用前景推广价值。

（三）取得的成果

研究成果在托口水电站成功应用，节约工期约 60 天，创造经济效益约 760 万元。2016 年 11 月，获得中国施工企业管理协会科学技术奖科技创新成果二等奖。该成果还推广应用到辽西北引水工程等工程，较好地解决了帷幕灌浆施工中遇到的诸多技术难题，经济社会效益显著，推广应用前景广阔。

（中国水利水电第三工程局有限公司　曹　弋）

## 中国水利水电第五工程局有限公司 2016 年科技工作情况

2016 年，中国水利水电第五工程局有限公司（以下简称水电五局）全面推进科技创新工作，取得了良好的成绩。

（一）科技创新体系建设情况

近年来，水电五局坚持走企业自主创新的发展之路，将高新技术引入传统的施工领域，深入推进创新型企业建设。2016 年，水电五局以高分通过了知识产权试点单位验收，被评定为“优秀”；再次顺利通过了国家高新技术企业重新认定，荣膺“国家级高新技术企业”称号，进一步强化了水电五局的科技创新体系。同时，水电五局依托在建项目，进一步加强了与高校、科研院所、协会、兄弟单位的合作和交流，努力构建了开放式技术创新体系。

2016年7月，水电五局科技管理系统通过验收，正式上线运行，科技管理工作迈入了信息化时代。

2016年，水电五局新技术、新工艺研究开发项目认定备案、税前加计扣除工作取得新进展。由水电五局申报的“高土石坝跨心墙关键技术研究”等64个研发项目通过了四川省科技厅备案，取得四川省企业研发费用税前加计扣除申报项目鉴定意见书，为水电五局享受税收减免政策优惠提供了项目准备和技术支持。

（二）科技项目实施情况

1. 重大科研专项 “300m级高土石坝关键施工技术研究”为水电五局承担的国家级重大科研专项。该专项分9项研究专题，38个子课题，以水利水电工程砾石土心墙堆石坝为主要研究对象，以安全、优质、快速、环保技术为研究内容，开展与施工技术相关的理论研究与探讨，形成一套成熟的高土石坝关键施工技术和综合成果。到2016年末，所有子课题均已结题，取得了阶段性成果，计划于2017年进行验收、鉴定。依托该重大专项，经过多年的产学研协同攻关，提出了25项理论与方法，形成了3项行业标准；获得了50项发明及实用新型专利，取得8项软件著作权登记证书；研制和应用了15套软硬件新装备，形成34项国家级及省部级施工工法；培养了一大批站在行业技术前沿、勇于创新的高素质人才；形成了系统的复杂地质条件高心墙堆石坝施工关键技术，解决了深厚覆盖层上300m级堆石坝建设的一系列工程技术难题。

2. 科技课题立项情况 2016年，水电五局新立项科研课题102项，非水电项目所占比例明显增加，专业涉及水电工程、国际业务、基础设施、高速公路、桥梁工程、市政工程等多个领域。其中，“子企业科技创新管理系统研究与建设”“高寒地区深厚覆盖层高面板砂砾石坝施工技术研究”通过了中国电力建设集团有限公司立项。

（三）科技创新成果

1. 科技成果鉴定 2016年，水电五局共有21项科技成果分别通过了中国电力建设股份有限公司、中国电力建设企业协会的鉴定和评审，多项科技成果取得重大技术突破。其中“振动碾无人驾驶技术研发与工程应用”“百米级特大整流锥式竖井进出水塔关键施工技术”等5项达到了国际领先水平，“高陡边坡混凝土浇筑有轨液压爬模研发与施工”“曲线形桥梁转体法施工技术”等4项达到了国际先进水平。

2. 国家专利 2016年，水电五局新申请的专利共有81项获得国家知识产权局授权，其中15项获得了发明专利授权，66项获得了实用新型专利授权。

3. 省部级工法 2016年，水电五局获得了57项省部级工法。其中《水电工程铜止水滚压成型制作工法》《高土坝智能摊铺、数字化碾压填筑施工工法》等14项工法被评为四川省工程建设工法；《高悬空重荷载整流锥及盖板现浇混凝土施工工法》《高速公路路面级配碎石基层智能化填筑施工工法》等37项工法被评为中国电建集团工法；《高陡边坡混凝土浇筑反轨液压爬模施工工法》《硬岩条件下过渡料机械破碎制备施工工法》2项工法获评中国电力建设工法；《高土石坝反滤料精确掺配施工工法》《可折叠式无轨滑模施工工法》等4项工法获评为中国水利水电工程建设工法。

4. 科技成果获奖情况 2016年，水电五局共有22项科技成果获得了省部级及行业奖励，并连续七年获得了“中国施工企业管理协会科技创新先进企业”荣誉称号。其中，“不良地质条件下开敞式大型调压井开挖施工技术”获得了中国施工企业管理协会科学技术奖一等奖，“水利水电清水混凝土施工技术研究与应用”获得了中国施工企业管理协会科学技术奖二等奖；“大型PCCP输水管道工程关键技术研究”获得了辽宁水利科学技术奖一等奖；“大直径深竖井关键施工技术”“高土石坝反滤料精确掺配、精细施工工艺研究”获水力发电科学技术奖三等奖；“高陡边坡混凝土浇筑有轨液压爬模研发与施工”获全国滑模、爬模工艺技术创新成果奖一等奖，“大直径调压井混凝土衬砌滑模施工关键技术”“竖井下弯段上部滑模施工技术”获全国滑模、爬模工艺技术创新成果奖二等奖；“高陡边坡混凝土浇筑有轨液压爬模研发与施工”获电力建设科学技术进步奖二等奖，“基于可视化的智能化监控系统在工程管理中的应用”“隧洞开挖光面爆破新技术研究”“不良地质条件下开敞式大型调亚井开挖施工技术”“硬岩条件下高土石坝过渡料特殊制备工艺研究”“大直径调压井混凝土衬砌滑模施工关键技术”5项成果获得了电力建设科学技术进步奖三等奖；“基于可视化的智能化监控系统在工程管理中的应用”获得了电力行业信息化优秀成果奖二等奖；“大坝防渗材料掺拌工艺的技术研究”“适用于各类围岩的光面爆破创新技术”获得了全国电力职工技术成果奖三等奖；“不良地质条件下开敞式大型调压井开挖施工技术”获中国电力建设股份有限公司科学技术奖一等奖。

（中国水利水电第五工程局有限公司 袁幸朝）

## 中国水利水电第十四工程局有限公司2016年度科技发展情况

2016年，中国水利水电第十四工程局有限公司

（以下简称水电十四局）深入实施科技兴企、人才强企和可持续发展战略，被中国施工企业管理协会评为“科技创新先进企业”，通过了昆明市知识产权试点企业的中期检查和验收，继续被认定为“国家高新技术企业”、“云南省级创新型（试点）企业培育单位”、“云南省知识产权优势企业”，荣登中国建筑业百强榜，名列第35位。主要科技工作情况如下：

1. 科技创新平台建设　2016年，水电十四局创新平台建设取得较大进展，已拥有国家级技能大师工作室1个、云南省技能大师工作室1个、云岭首席技师4名，依托企业技术中心，形成了固定科研基地。

2. 协同创新　2016年，水电十四局与昆明理工大学签订校企合作战略框架协议，共建研究生联合培养基地；与昆明理工大学、云南财经大学、天津大学、武汉大学、河海大学、长委设计院等高校、研究院建立长期合作关系，对公司的核心关键技术进行研发，合作项目达19项。

3. 战略性新兴产业发展　水电十四局结合企业发展实际和优势，涉足战略性新兴产业的领域有：新能源领域的风能、太阳能、核能等，节能环保领域的水环境整治工程。2016年，参与云南省玉溪市海绵城市建设项目建设，第一次涉足海绵城市建设；参与银川市地下综合管廊及配套基础设施项目，第一次涉足政府主导的管廊项目。随着国家推进污染减排工作的进展，环保领域的项目越来越多。继续加大节能环保领域市场的开拓，成为公司结构调整、转型升级的重要业务之一。

4. 科技创新支撑企业转型升级

（1）依托晋红、凯雷等高速公路工程开展高速公路施工技术，掌握了特殊基层的施工技术、沥青路面阻燃技术研究，为公司向公路工程领域迈进打下了坚实的基础。

（2）依托贵广铁路、锦赤铁路、西成客专、南龙铁路等工程开展高速铁路关键施工技术研究，掌握了高速铁路软基处理技术，路基、桥梁、不良地质条件隧道施工技术，无砟轨道板与轨道铺设综合施工技术；联合有关单位开展高速铁路施工大型工装设备研制、新材料应用研究、测量与监测技术研究，大跨度连续梁悬浇施工技术研究，支撑公司向铁路施工领域拓展。

（3）依托深圳地铁、成都地铁、西安地铁、无锡地铁等工程开展城市地铁关键施工技术研究，掌握了深基坑开挖、支护技术，繁华市区复杂地质浅埋暗挖长距离、小间距偏压隧道关键技术，复杂环境小间距双线隧道零距离下穿既有营运车站施工关键技术，有力支撑公司向城市轨道交通领域拓展。

（4）依托大理者磨山、巨龙山、晴云山、斗顶山、九龙坡风电场与宾川干海子光伏电站，开展高原复杂地形99MW风电站关键技术研发，掌握了风电功率预报误差和订正技术、高海拔地区风电站防雷接地工程技术，开发了风电站综合管理与配置调度的智能化系统平台，建成了云南省目前唯一投运的风光互补发电系统。通过承建阳江阳东农垦局鸡山、泸西孔照普、陆丰大荒山、南华打桂山、会泽头道坪、禄劝倘甸等风电场的建设，形成了公司风电场土建施工及塔筒制造、安装等关键技术，使公司在风电场投资、建设、运营领域具有较强的市场竞争力。

5. 双创工作　紧紧围绕企业中心任务，积极组织开展了“安康杯”竞赛、QC小组成果活动、合理化建议等活动，公司科技创新管理、职工创新意识及能力稳步提高。积极组织员工参观云南省职工创新创意成果展，营造“大众创业，万众创新”良好社会氛围。大力开展“提质增效”主题劳动竞赛建功立业活动，促进公司经济目标的完成。

6. 科技人才队伍建设　公司先后出台了《专业技术专家、专业技术带头人及其后备人选选拔培养管理办法》《专业技术专家、专业技术带头人及其后备人选选拔培养考核办法》《专业技术人才管理办法》《非领导职务管理实施试行办法》《人才引进管理办法》《后备人才培养与梯队建设管理办法》等一系列管理办法及配套措施，形成了水电十四局独具特色的人才管理体系，为推动公司的持续、快速、稳步发展提供了智力支持和人才保障。

7. 重大科技立项　2016年，新增公司立项科技项目31项，新增中国电力建设股份有限公司立项科技项目1项，首次在昆明官渡区科信局获得科技项目立项1项，公司在研科技项目达到66项。

8. 科技成果鉴定　2016年，组织了中国电力建设股份有限公司立项的“水电站600m级复杂地层大型竖井施工关键技术”等2项科技成果的验收、鉴定，1项成果达到国际领先水平，1项成果达到国际先进水平；组织本公司立项的“偏压浅埋大断面隧洞群开挖支护技术”等3项科技成果申请云南省科技厅成果鉴定，其中1项成果达到国际领先水平，1项成果达到国际先进水平，1项成果达到国内领先水平；组织本公司立项的“地下水封洞库灌浆止水技术研究及应用”等32项科技成果进行了公司内部成果验收、鉴定，其中8项成果达到国际先进水平，9项成果达到国内领先水平，14项成果达到国内先进水平，1项成果达到行业先进水平。

9. 科技成果获奖　2016年，组织多项科技成果申报云南省科技进步奖、中国施工企业管理协会科学技术奖、水力发电科学技术奖、中国电力科学技术奖等奖项，共获得11项省部级科技奖、5项中国电力建设集团有限公司科技进步奖、2项官渡区科技奖。

10. 工法　2016年，共组织24项主编工法申报中国电力建设集团有限公司的中国电力建设工法，14项获审批通过；组织4项工法申报中国水利工程协会的水利行业工法，1项获审批通过；组织7项工法申报电力建设企业协会的电力建设工法，3项获审批通过；组织1项工法申报广东省工法并获通过。

11. 专利　2016年，共申请专利128件，与2015年同比增长133%；获得国家知识产权局授权专利68件，与2015年同比增长48%，其中发明专利9件，实用新型59件。发明专利《一种用龙门架吊装风机基础环的方法》获得了官渡区专利奖二等奖，专利工作开展取得长足进步。

12. 标准与专刊　2016年，水电十四局参编国家标准1项，主编行业标准《特大地下洞室绿色施工技术规范》等3项，参编行业标准《水电水利土建施工安全技术规范》等2项；组织出版《云南水电》《水利水电施工》《水力发电》各一期论文专辑。

（中国水利水电第十四工程局有限公司）

## 中国电建集团华东勘测设计研究院有限公司抽水蓄能电站业务核心技术能力建设情况

中国电建集团华东勘测设计研究院有限公司（以下简称华东院）从20世纪70年代起就开始了抽水蓄能电站的工程地质勘察研究工作，是国内从事抽水蓄能电站项目各阶段勘测设计最多的单位之一。近10年来，华东院承担了浙江仙居、江西洪屏、安徽绩溪、安徽金寨、福建厦门、江苏句容、浙江长龙山、福建周宁、福建永泰、浙江宁海、浙江缙云、山东泰安二期、浙江磐安、浙江衢江、浙江建德、安徽宁国、安徽桐城、安徽岳西、福建云霄、浙江泰顺、江西洪屏二期、江西奉新、浙江桐庐、江西赣县、重庆开县、浙江天台等抽水蓄能电站的规划、设计。2016年，随着仙居、洪屏一期两电站都实现“一年四投”全部机组投运，至年底，由华东院设计的抽水蓄能电站有9座11 100 MW投产，占全国抽水蓄能已投产装机容量的42%左右；其中有2个电站工程获得国家优质工程金质奖、1个电站工程获得国家优质工程奖、2个电站工程获得中国建设工程鲁班奖。

华东院在多年的勘察工作实践和市场竞争中，逐渐形成了“勘察工作布置合理，针对性强；工作量适中，符合规范要求；勘探、测试手段齐全，具国内领先水平；提交成果及时、准确”的特点。在深埋地下厂房及输水隧洞勘察，深钻孔、长勘探洞（尤其在岩溶地区）、地质雷达等勘探手段的利用，深孔高压压水、水力劈裂地应力测试及大型洞室原型观测等方面具有丰富的经验和独到之处。华东院已具备了利用各种先进的勘探手段、试验方法和三维制图，解决工程中各种复杂工程地质问题的能力。

经过多年的抽水蓄能电站设计，华东院在土石坝设计、水库及大坝防渗处理、库岸稳定等方面积累了丰富的设计经验，尤其是水库防渗，采用了沥青混凝土面板防渗、钢筋混凝土面板防渗、黏土铺盖防渗、土工膜防渗、利用天然库盆防渗、综合防渗措施等各种防渗型式。

经过多年的工程设计咨询、关键技术研究与实践，华东院在输水系统布置、水力过渡过程研究、大型洞室围岩稳定和长期稳定评价、进/出水口和管道水力学等方面创新了核心技术，围岩承载高水头大型压力管道设计关键技术处于国际国内领先地位，拥有自主知识产权、用于输水系统过渡过程仿真计算的Hysim软件系统整体技术达到了国际先进水平。

华东院在地下厂房设计方面，通过大量工程设计实践，尤其是地质条件特别恶劣的宜兴抽水蓄能电站地下厂房设计，经验更加充实与丰富。已掌握了地下厂房的位置选择、洞室围岩稳定分析、开挖程序及支护处理、内部布置、三维有限元结构静动力分析、蜗壳保压设计、排水设计等方面的先进技术，并形成企业标准。

通过天荒坪、桐柏、泰安、宜兴及宝泉等工程的国际招标采购，全面参与引进技术消化吸收，华东院经自主化创新并应用于工程实践，掌握了大型蓄能机组参数和结构选择关键技术，形成了一整套成熟的蓄能机组参数选择、水力机械辅助系统设计、调节保证设计、电气及监控系统设计、机电设备布置、设备招标及质量控制等核心技术。

华东院认真贯彻“蓄能电站资产全寿命周期管理”的要求，在洪屏、仙居及后续抽水蓄能电站建设中相继开展数字化电站系统建设，建立工程数据中心，实现了工程数字化移交管理、数字化档案管理、资产信息管理。

华东院承担了国家电网公司多项抽水蓄能电站科研课题，是《抽水蓄能电站设计库盆防渗设计导则》的主要参编单位，并出版了《抽水蓄能电站设计》等专著。近十年，华东院承担的主要科研课题有沥青混凝土面板老化与裂缝成因、检修标准及工艺研究，岩溶地区抽水蓄能电站库盆防渗技术研究，抽水蓄能电站深厚库底填渣技术研究，抽水蓄能电站土工膜防渗技术研究，复杂地质条件下抽水蓄能电站竖井式溢洪道研究，针对700 m水头段和400 MW级抽水蓄能发电技术的研究与应用，以及大型抽水蓄能机组和厂房振动、压力脉动数据的测试和研究等重要课题，进一步提升了华东院的核心技术。

华东院拥有自主研发、全国领先的“水电水利工程三维数字化设计平台”。从2011年起，采用三维设计手段，在国内首次对抽水蓄能电站的沟道及盖板、预埋管（件）、止水铜片、接地等进行了细致的规定和统一，并应用于浙江仙居、江西洪屏抽水蓄能电站建设。经过不断完善，形成了一整套抽水蓄能电站通用工艺设计方案，已作为国网新源控股有限公司的企业标准图册。受国网新源控股有限公司委托，从2015年起开展抽水蓄能电站的通用细部设计工作，包括进厂交通洞、通风兼安全洞、施工支洞及排水洞等洞口设计，电站入口、营地入口、生产区入口及相应门卫室、围墙结构和装修设计，除电站主体建筑外的厂区零星建筑设计，主厂房、副厂房、主变洞、尾闸洞等厂房重要部位细部设计，道路护栏及排水沟设计，出线竖井、出线平洞（斜井）等布置设计等7部分内容。该项成果已作为国网新源控股有限公司标准化成果得到推广应用。

经过近五十年的抽水蓄能电站建设，华东院培养了一批在该领域有着较高学术水平、丰富实践经验的专家和技术骨干。根据各个抽蓄项目工程的勘察设计阶段和工程特点，将技术骨干编入各个抽水蓄能电站项目团队，负责对抽水蓄能项目全面落实“经营、生产、技术、人才”四位一体的管理任务，对抽水蓄能项目的生产组织、技术进步、产品质量和服务实行专业化的管理，以充分发挥丰富的抽水蓄能工程勘察设计经验优势。

（中国电建集团华东勘测设计研究院有限公司　赵　琳）

## 黄河水利科学研究院2016年科技项目鉴定和验收情况

（一）三项水利部公益性行业专项通过验收

2016年12月6～7日，水利部国际合作与科技司在北京组织召开水利部公益性行业科研专项项目验收会。黄河水利科学研究院（以下简称黄科院）主持的“深水库区底泥水下综合探测关键技术与示范”“内蒙古重点河段凌情预报关键技术研究与示范”“堤防土石结合部病险探测监测技术”三个项目均以综合评价“A”的成绩通过验收。

“深水库区底泥水下综合探测关键技术与示范”项目开展了库区底泥物化特性、库区底泥参数计算方法、综合探测技术、可视化表达的系统研究，提出了一种基于黄河流域水库淤积的典型泥沙级配和声呐数据融合的底泥参数计算方法；开发了相应的“河底泥沙声学探测分析软件”，初步实现了底泥密度的原位测试；并在小浪底库区和三门峡库区开展了示范作业。项目主要成果已经被三门峡水利枢纽管理局等单位应用，对水库淤积泥沙的探测研究提供了重要的技术支撑。

“内蒙古重点河段凌情预报关键技术研究与示范”项目围绕黄河内蒙古河段冰凌预报，以三湖河口—头道拐为研究区域，建立了气象信息自动采集与传输系统和凌情专题数据库；研发了河冰动力学模型，提出了河道输冰能力计算公式，以及河冰生消、冰盖阻力的计算方法；改进了中短期气温统计预报模型，提高了地面和测站的气温预报精度；开发了一维/二维河冰动力学模型，实现了以上两个模型的纵向耦合、实时校正和并行化计算，并集成研发了内蒙古河段冰情预报作业系统，实现了河冰生消过程的实时模拟。项目主要成果已在黄河防凌预报工作中得到了实际应用，为黄河内蒙古河段防凌调度决策提供了技术支撑。

“堤防土石结合部病险探测监测技术”项目调研了堤防土石结合部病害情况，分析了各种病险探测方法的适应性，开发了聚束直流电法探测系统及探地雷达信号处理系统；探讨了病险发展破坏机理和安全阈值，建立了土石结合部的综合评价指标体系；开发了监测预警系统，建立起了成套的土石结合部病险探测监测技术；编制了土石结合部病险探测监测技术实施指南。项目主要成果在黄河下游水闸现场开展了示范推广应用，对工程安全保障提供了重要的技术支撑，取得了良好的效果和社会效益。

（二）“黄河下游宽滩区滞洪沉沙功能及滩区减灾技术研究”成果顺利通过鉴定

2016年8月19日，水利部国际合作与科技司在北京召开成果鉴定会，黄科院牵头承担的国家科技支撑计划课题“黄河下游宽滩区滞洪沉沙功能及滩区减灾技术研究”（编号2012BAB02B01）顺利通过鉴定，成果达到国际领先水平。

该课题研究成果已应用于黄河下游河道与滩区治理、水库调度等工程实践，推动了泥沙学科的发展。

（三）“黄河上游河道破冰排凌减灾关键技术研究”通过鉴定

2016年9月24日，受河南省科技厅委托，黄河水利委员会在郑州组织召开成果鉴定会，黄科院牵头承担的水利部公益性行业科研专项经费项目“黄河上游河道破冰排凌减灾关键技术研究”（编号201201080）顺利通过鉴定，成果达到国际领先水平。

该课题成果已在黄河内蒙古河段、万家寨库区等地得到应用，取得了显著社会与经济效益，推广应用前景广阔。

（四）黄河流域洪水风险图编制项目顺利通过验收

2016年8月11日，黄河水利委员会在郑州召开验收会，黄科院承担的“全国山洪灾害防治项目建设与管理（黄河流域洪水风险图编制项目）”顺利通过验收。

“全国山洪灾害防治项目建设与管理（黄河流域洪水风险图编制项目）”经过2014、2015年的实施，完成了包括黄河流域13个编制单元的风险图编制、黄河流域洪水风险图管理与应用系统建设、流域内洪水风险图成果汇总集成与管理等工作内容。项目共编写各类成果报告26套，印制风险图图册6套，收集编制区域基础地理地图1000余幅和各类社会经济资料60余套。

项目成果已通过国家防办组织的技术审查，并在黄河防汛预案编制、滩区避洪转移、蓄滞洪区管理、人民治黄70周年经济效益分析等方面进行了应用，发挥了显著的经济社会效益。

（黄河水利科学研究院）

## 黄河流域（片）农村水利科技创新联盟成立

2016年12月12日，黄河流域（片）农村水利科技创新联盟成立大会在郑州市召开，水利部农水司、科技推广中心的有关负责人，黄河水利委员会副主任薛松贵参加会议，并对创新联盟的发展提出殷切期望。中国工程院院士康绍忠等国内知名专家受聘为创新联盟咨询专家。

创新联盟由黄河水利科学研究院会同黄河流域农村水利研究中心，联合国内相关科研院所、高等院校、灌区管理单位及企业共同发起成立。旨在搭建产、学、研、用全链条研究平台，形成科技创新驱动合力，提升科技协同创新和科技成果应用转化能力，推动流域和区域农村水利事业持续健康发展。

创新联盟首期成员单位共33家。其中，科研院所9家，高校6家，灌区管理单位9家，企业9家。

会上，创新联盟成员单位讨论并表决通过了联盟合作框架、联盟规程、副组长单位名单，制订了2017年联盟工作计划；康绍忠院士作了题为《关于我国灌区现代化建设的几点思考》的学术报告。

（黄河水利科学研究院）

# 获 奖 项 目 简 介

## 锦屏一级复杂地质特高拱坝建设关键技术研究与应用

“锦屏一级复杂地质特高拱坝建设关键技术研究与应用”获2016年度水力发电科学技术奖特等奖。

锦屏一级水电站特高拱坝坝高305m，其建设的主要关键技术难题为：坝址左岸深卸荷极复杂地质条件的抗力体处理技术复杂；碱活性骨料制备高性能混凝土技术要求高；结构工作性态复杂，温控防裂难度大；安全度汛要求高，窄河谷高效施工困难。上述问题的复杂程度均超出国内外已建、在建的高拱坝工程的经验、认知和规范要求。为此，在国家自然科学基金的支持下，雅砻江流域水电开发有限公司自立科研项目，联合中国电建集团成都勘测设计研究院有限公司等多家单位开展了锦屏一级特高拱坝建设关键技术研究，历经十余年科技攻关，取得了丰硕的创新性成果，获得专利29项（9项发明专利）、软件著作权登记证书3项、工法3项，出版专著3部，发表论文80余篇，成果纳入4部行业规范。

（一）主要成果及创新点

（1）提出了复杂地质条件下特高拱坝抗力体的综合处理与控制技术。采用拱坝变形稳定控制分析方法，确定复杂地质条件抗力体处理范围；提出了“混凝土置换垫座＋传力洞＋空间洞井置换＋高压固结灌浆”综合处理技术和施工安全、质量控制标准。

（2）提出了碱活性砂岩＋大理岩组合骨料制备特高拱坝高性能混凝土技术。揭示了砂岩骨料碱活性抑制机理，首创“组合骨料＋高掺粉煤灰＋严控碱含量”的砂岩骨料碱活性有效抑制技术；探明了砂岩骨料中的锈面岩等不利组分对混凝土性能的影响，提出了不利组分的质量控制标准；研发了大理岩细骨料风选控制石粉含量和砂岩粗骨料整形技术。

（3）提出了实时仿真和智能控制的特高拱坝混凝土温控防裂技术。首次提出了库水温包络式分析方法，用于确定拱坝的封拱温度；提出了拱坝全过程实时真实性态仿真，发明了“通断式”智能温控技术，形成了大体积混凝土综合温控防裂技术。

（4）首次提出并实现了大坝混凝土通仓4.5m升层浇筑技术。针对特高拱坝施工度汛要求高、窄河谷中传统施工方法高效施工困难、进度压力大的难题，建立了4.5m升层混凝土浇筑技术标准，形成了相应的温控技术导则和成套施工工艺。

（二）应用情况及推广前景

该项目研究成果为成功建成和安全运行锦屏一级305m特高拱坝奠定了强大的技术基础，拱坝浇筑提前8个月完成；工程已两次蓄水至正常蓄水位，监测表明大坝工作性态正常，并通过枢纽工程竣工专项验收。项目成果产生了巨大的经济效益，直接经济效益17.728亿元。该技术已在黄登、丰满和孟底沟等水电工程中得到成功推广应用。

（三）获奖单位

雅砻江流域水电开发有限公司、中国电建集团成都勘测设计研究院有限公司、中国水利水电科学研究院、中国葛洲坝集团第二工程有限公司、葛洲坝集团试验检测有限公司、长江水利委员会长江科学院、中国水利水电第七工程局有限公司、中国葛洲坝集团第五工程有限公司、天津大学、长江水利会员会工程监理中心（湖北）、中国水利水电第十四工程局有限公司。

（四）获奖人

陈云华、周钟、王继敏、张国新、段绍辉、饶宏玲、杨华全、宁金华、郭绪元、陈秋华、罗作仟、谭恺炎、李光伟、黄丹勇、赵胜利、王国平、潘晓红、刘毅、胡书红、董芸、任炳昱、杨建国、何金荣、郑江、张敬、祝海霞、肖延亮、周洪波、张磊、倪迎峰、张公平、周麒雯、李珍、杨剑锋、秦明、李正兵、杨友山、杨富平、刘漫远、刘有志、李名川、申满斌、陈志远、蒋学林、张晨、王新平、陈军琪、吴火兵、周济芳、李小顺。

（水力发电科学技术奖励工作办公室）

## 高混凝土重力坝加高加固关键技术研究与实践

“高混凝土重力坝加高加固关键技术研究与实践”获2016年度水力发电科学技术奖特等奖。

中国库容前100位水库挡水坝以重力坝数量最多，达40余座，在防洪、灌溉、供水和能源安全等方面起着重要的保障作用。随着水资源配置、国民经济发展以及工程安全运行的需要，混凝土重力坝加高、加固需求不断增多，高混凝土重力坝加高加固相关理论和技术亟待完善，诸多关键技术难题亟待破解，研究意义重大。

“高混凝土重力坝加高加固关键技术研究与实践”研究项目，以南水北调中线水源工程——丹江口大坝加高工程为依托，以多项国家科技支撑计划项目及专项科研为支撑，由长江勘测规划设计研究有限责任公司联合科研院所、施工和建管等多家单位组成“产学研”团队，通过20余年的研究，在高混凝土重力坝的加高结构设计理论、质量检测技术、加高加固成套技术等方面取得了系列研究成果，获发明专利10项、实用新型专利14项、国家级工法2项；撰写著作12部；相关成果被10部技术标准采纳。

（一）主要成果及创新点

（1）揭示了重力坝后帮式加高新老坝体结合面的开合变化规律及联合承载机制，提出了重力坝“后帮有限结合”加高结构新理论，提出了考虑瞬态温度场和新老坝体动态结合的重力坝“后帮有限结合”加高结构动态设计新理论与分析方法，建立了相应的技术标准体系，为重力坝加高结构设计提供了新的理论支撑。

（2）从结合面结构措施、温控措施、预留灌浆系统及加高监测系统等方面系统研究，研发了重力坝加高新老坝体结合成套技术，包括“限位传力榫槽”“分区过缝无黏结锚杆”“定位控制灌浆”等技术，有效保证新老坝体结合度，满足新老坝体联合承载、协同工作的要求。现场实测结合度不小于20%、最大开度小于0.9mm。

（3）针对复杂结构边界检测难题，研发了三角网全局射线追踪高精度声波CT技术及移动单元体检测成套技术，实现结构混凝土精细探测，CT技术理论误差不大于0.028%，移动单元体检测成套技术效率提高10倍以上。研发了300m级深水渗漏无人示踪技术，攻克了水库大坝深水复杂环境下检测技术难题。

（4）针对存在多层水平层间缝及配筋不足的高薄闸墩，提出了闸墩空间均衡整体加固方法。研发了闸墩多层分散自锁预应力锚固技术，解决了大吨位锚固局部应力集中技术难题，该技术将锚固端局部混凝土应力降低2/3；研发了大孔深表层精准植筋成套技术，解决了水工混凝土复杂受力结构补强加固难题，最大植筋深度超过20m、钻孔孔斜率低于0.8%。

（二）应用情况及推广前景

研究成果成功应用于南水北调中线水源丹江口大坝加高加固工程，相关技术在陆水水利枢纽、构皮滩水电站等国内大型重点水利水电工程建设中得到推广应用，经济、社会效益显著，推广应用前景广阔。

（三）获奖单位

长江勘测规划设计研究有限责任公司、中国水利水电科学研究院、南水北调中线水源有限责任公司、国家大坝安全工程技术研究中心、中国葛洲坝集团第二工程有限公司、中国水利水电第三工程局有限公司、武大巨成结构股份有限公司、长江水利委员会长江科学院、长江地球物理探测（武汉）有限公司。

（四）获奖人

钮新强、张国新、汤元昌、吴德绪、周厚贵、廖仁强、谭界雄、徐麟祥、刘志明、周剑波、陈志康、王新友、张建清、范五一、郑光俊、程德虎、王鹏禹、肖汉江、任翔、郭胜山、齐耀华、高作平、丁新中、程恒、翁建良、王秘学、王从兵、杨波、张小厅、熊刘斌、刘润泽、简兴昌、施华堂、傅清潭、陈明祥、颜天佑、吕国梁、王立、蔡加兴、谢波、姚勇强、郭武山、胡雨新、周利明、崔建华、罗永红、程雪军、周秋景、杨定华、柳雅敏。

（水力发电科学技术奖励工作办公室）

## 特高拱坝关键施工技术研究与工程应用

“特高拱坝关键施工技术研究与工程应用”获2016年度水力发电科学技术奖特等奖。

我国特高拱坝具有坝高谷宽、总水推力大的基本特点以及地质条件复杂的客观因素，由此引起的坝体应力、坝肩稳定、混凝土温控防裂、高边坡及基础处理、施工期应力、施工布置、施工安全等因素构成我国特高拱坝建设的关键技术问题，尤其在施工过程中，特高拱坝工程规模大、坝体结构复杂、专业与施工工序多、混凝土温控防裂标准高、施工期度汛要求高、现场管理困难等情况成为制约工程顺利实施的难点。

在总结国家“七五”“八五”“九五”高拱坝研究重点科技攻关课题的基础上，项目依托构皮滩、拉西瓦、小湾、溪洛渡和锦屏一级等具有坝体混凝土仓面大、浇筑强度高、控温防裂难、坝基处理复杂等特点的特高拱坝工程，以安全优质高效施工、大体积混凝土温控与防裂、坝基处理、信息化施工与绿色施工为主要研究内容，自主研发了成套的施工技术，实现了特高拱坝施工技术的跨越。

（一）主要成果及创新点

（1）创建了特高拱坝安全、优质、高效的成套混凝土施工技术。针对特高拱坝混凝土大仓面、大高差、高强度通仓浇筑的施工特点，通过理论分析和工程实践，优化仓面设计，形成了多台缆机组合入仓、定点下料、机械平仓振捣等浇筑施工工法，保证了混凝土质量；构建了以缆机为核心、混凝土运输为主线的“高效入仓、快速覆盖、无缝衔接、连续转仓”的标准化工艺体系；研发了钢衬精准快速安装、超长“U”型锚索施工、大悬臂变曲率专用模板等施工技术与装备。创造了连续20个月浇筑大坝混凝土超过20万$m^3$的世界纪录，解决了特高拱坝混凝土安全优质高效均衡上升的施工难题。

（2）研发了大体积混凝土施工温控防裂综合技术。针对特高拱坝混凝土的“高强度、高极拉、低热、中弹模、不收缩”特殊要求，提出了“两低三掺”的混凝土施工配合比设计方法，因地制宜地研制了不同组合骨料的水工高性能混凝土；基于“早冷却、小温差、缓慢冷却”的温控防裂理念，突破了现行拱坝温控规范，采取了更为严格的温控技术措施，实施了全仓面、全坝段、全过程大坝混凝土温度控制，采用实时在线温度梯度智能化控制技术，实现了连续平稳的精细化通水冷却，解决了特高拱坝混凝土施工温控防裂难题。研究采用混凝土骨料预加热、运输保温、“新型综合蓄热法”浇筑、“内贴法”坝面保温等措施，形成了特高拱坝高寒地区冬季施工温控防裂专项技术。

（3）创新了复杂坝基基础灌浆处理技术。提出了无盖重和有盖重相结合的“两段法”固结灌浆方法，研发了引管有盖重和无盖重固结灌浆新技术，保证灌浆施工进度和质量，满足了混凝土连续上升的要求，解决了复杂坝基固结灌浆技术难题；研制了高刚度稳定钻杆、钻杆扶正器，改善浆液性能、优化钻进参数，保证了150～200m岩基超深孔帷幕灌浆的质量；研制了钻灌一体化专用台车和新型卧式灰罐集中制浆站，实现了水泥灌浆的智能化控制，提升了水泥灌浆的技术水平。

（4）实现了特高拱坝信息化施工与节能减排绿色施工。通过混凝土生产与浇筑、通水冷却、坝体接缝灌浆、坝基固结灌浆、帷幕灌浆等主要施工作业的数据自动采集传输、在线反馈分析和实时控制，实现了特高拱坝施工的信息化。提出了特高拱坝建造的节能减排技术评价体系，实施节能减排定额管理，并通过采用工程开挖料利用、竖井储料控温节地、智能循环通水冷却和优化升层减少缝面处理等节能专项技术和设备改造，有效开展“三废”治理与环境保护，节能减排降耗明显，实现了工程建设绿色施工。

（二）应用情况及推广前景

成果已在小湾、构皮滩、拉西瓦、溪洛渡和锦屏一级等特高拱坝工程中成功应用，有效解决了高拱坝快速施工技术难题，系统解决了特高拱坝施工期混凝土裂缝问题，控制了危害性裂缝发生，提升了施工技术水平，推动了行业的技术进步，解决了特高拱坝建设的技术瓶颈，对于我国施工科学技术的发展，具有很大的实际意义，社会效益显著，推广应用前景广阔。

（三）获奖单位

中国水利水电第八工程局有限公司、中国水利水电第四工程局有限公司、中国水利水电第七工程局有限公司、清华大学、武汉英思工程科技股份有限公司。

（四）获奖人

涂怀健、席浩、向建、于永军、林鹏、彭华、周政国、李克信、米清文、黄巍、牛宏力、赵海洋、柳春娜、林恩德、杨静、雷永红、常耀华、张建清、王雄武、魏平、安雪晖、李俊平、张祖义、王裕彪、周强、李跃兴、施正友、管大刚、李庆斌、张攀峰、田承宇、姜命强、王沁为、曾凡杜、王海东、方林飞、杨承志、刘密为、刘菊红。

（水力发电科学技术奖励工作办公室）

## 巨型贯流式水轮发电机组关键技术研究及杰瑞机组研制

“巨型贯流式水轮发电机组关键技术研究及杰瑞机组研制”获2016年度水力发电科学技术奖一等奖。

巴西杰瑞水电站位于巴西北部郎多尼亚洲（Rondonia）境内的马德拉河流域上，共装设50台单机容量75MW的灯泡贯流式水轮发电机组，总装机容量3750MW，是目前世界上机组台数最多、单机容量最大的灯泡贯流式电站，在巴西的电力系统中占据非常重要的地位。巴西杰瑞项目严格按照欧美标准设计制造，技术性能及稳定性要求高，采用新结构最多，设计、制造、运输难度大，相关技术参数均达到目前灯泡贯流式机组的世界最高水平。

巴西杰瑞水电站有22台机组由东方电气集团东方电机有限公司（以下简称东方电机）自主设计制造。这些机组是目前世界上单机容量最大（75MW）、转轮直径最大（7.9m），泡体尺寸最大（$\phi$10200mm）、极数最多（84极）、径向负荷最大（280t）、采用新结构最多、完全按照欧美要求进行设计制造的灯泡贯流式机组。该机组采用自主开发的水力设计，研制过程中采用了多项新技术、新结构，攻克了巨型灯泡贯流式机组整机稳定性课题、单接力器操作与纯重锤关机方式导叶操作机构研制、液压连杆与弯曲连杆组合结构的导叶保护装置系统研制、超长小内径厚壁主轴锻焊结构设计、悬臂低速重载可倾分块瓦径向轴承研制、穿心螺杆高频防振及全绝缘结构设计、薄壁定子整体装配超长距离海运包装设计等多项难题。

（一）主要成果及创新点

（1）水力设计关键技术：借鉴仿生学原理对灯泡贯流式机组进行优化设计；注重贯流式水轮机的整体水力设计，以水轮机的系统效率最高为设计目标；独创的贯流式水轮机压力脉动预测方法；全新的贯流式水轮机空化特性预测方法。

（2）水轮机部件结构设计关键技术：低速、重载、超长卧式轴系设计；单导叶接力器+纯重锤关机创新设计；导叶分级保护系统技术创新。

（3）发电机设计关键技术：发电机定子柔性定位筋系统技术创新；创新的灯泡体三维立体支撑系统技术；巨型灯泡贯流发电机新型轴向通风技术创新。

（4）大型灯泡贯流机组制造技术创新：分段小内径主轴热丝TIG焊+埋弧自动焊焊接技术创新，解决了超长主轴锻件国内无法制造的技术难题，确保了合同要求的制造周期，同时降低了制造成本。

（二）应用情况及推广前景

东方电机自主研制的巴西杰瑞75MW水轮发电机组已经成功投运发电，机组各项性能指标全面达到世界领先水平。以巴西杰瑞水电站世界最大单机容量贯流式水轮发电机组自主研制为契机，东方电机形成了完整的具有自主知识产权的巨型贯流式水轮发电机组设计研发体系、制造工艺体系和质量管控体系。这套体系在随后的国内外大型贯流式水轮发电机组，如国内的峡江电站、沙坪电站和出口柬埔寨的桑河二级电站等均得到应用，为东方电机占领世界高端贯流式水轮发电机组市场奠定了坚实基础。

（三）获奖单位

东方电气集团东方电机有限公司。

（四）获奖人

贺建华、赵永智、钱昌燕、孙媛媛、曾明富、石清华、郑小康、付杰、张少辉、李仲全、向春德、罗远红、余以明、付永贵、周军长。

（水力发电科学技术奖励工作办公室）

## 黄河“揭河底”冲刷机理及防治研究

“黄河‘揭河底’冲刷机理及防治研究”获2016年度水力发电科学技术奖一等奖。

“揭河底”冲刷是在大洪水（特别是高含沙洪水）通过时，河底成片的淤积物（俗称胶泥层）被揭掀而起、脱离床面，河床发生剧烈冲刷的现象，多发生黄河小北干流、大北干流及渭河等相关支流。“揭河底”冲刷往往导致工程着溜部位不断变化，河道工程出现墩蛰、坍塌等重大险情，同时往往造成河道水位骤降，严重影响两岸工农业生产。同时，由于“揭河底”发生河段及其下游往往属于库区，对水库运用也造成极大的影响。

国内外学者对“揭河底”现象从20世纪70年代就给予极大关注，并取得一定进展，但研究缺乏全面性、系统性。在规律研究方面，多根据跟随性差的观测资料或代用资料分析总结；在机理识别方面，多采用传统的力学分析方法对胶泥块本身进行受力分析，相关假定亟待实测资料或实验数据验证；在防治技术方面，主要以单一被动的工程应急抢险为主，“揭河底”冲刷重大险情的防御技术难以取得突破，由此引起对水库与下游河道的危害也难以有效消减，亟须综合性的防治技术。针对大洪水期“揭河底”冲刷过程中水沙运移和水库淤积特征，基于水库与下游河道综合减淤双赢和水库泥沙处理与利用有机结合、实现有效库容长期维持的先进理念，抓住理论研究的薄弱环节和工程实践中的关键技术难题，通过广泛的原型调研（查）、资料分析、理论研究、模型试验、水槽实验、数模计算等手段，突出河流泥沙动力学、土力学、结构力学的有机交叉融合，从规律凝练、机理揭示、关键技术三个层面取得系统性研究成果。项目研究获得国家发明专利5项，实用新型专利5项，计算机软件著作权登记证书1项；发表学术论文99篇，出版专著1部。

（一）主要成果及创新点

（1）搜集、整理、抢救性地挖掘了“揭河底”的相关基础资料，构建了“黄河‘揭河底’冲刷数据库”，为客观认识和后续研究提供统一的技术平台；首次在实验室内模拟了“揭河底”现象及其过程，近距离观察了“揭河底”冲刷全过程，测取了实时连续的水文泥沙与河床变形数据，弥补了原型观测资料之不足。

（2）通过水流紊动水槽试验和胶泥层土力学实验，明晰了胶泥块底部水流紊动传播结构及传播过程，阐明了“揭河底”发生的内在原因，揭示了“揭河底”现象的力学机理，为“揭河底”冲刷判别指标的建立提供了理论依据。

（3）首次建立了胶泥块抗折强度与床沙颗粒级配、干容重和胶泥层应力与形变过程的响应关系，明晰了胶泥层揭掀过程中不同于一般土体和常规材料所体现的弯剪特征；首次从力学层面诠释了胶泥块揭而不散的原因，拓展了土力学与结构力学的应用范畴。

（4）首次运用瞬变流模型建立了发生“揭河底”现象的临界判别指标，并引进美国先进的薄膜压力传感器实时量测了胶泥块底部受力全过程，全面验证了临界指标的合理性，为“揭河底”冲刷的科学预测奠定了基础。

（5）提出了应对“揭河底”冲刷的工程防护措施及高含沙洪水三门峡与小浪底水库联合调控模式，不仅为库尾及河库交替河段工程规划设计与防护、洪水期临时抢险、水库长期有效库容的保持等提供了强有力的技术支撑，而且为高含沙洪水调控开拓了新思路。

（二）应用情况及推广前景

成果已被黄河防汛抗旱总指挥部、山西黄河河务局、陕西河务局等单位采用，特别是对黄河小北干流河段、三门峡库区、渭河下游等治理规划、防汛抢险等工作，应用成效显著。提出的高含沙“揭河底”洪水期三门峡与小浪底水库联合调度模式，为这两个水库防治高含沙洪水及“揭河底”冲刷期淤积、长期有效库容保持，制定科学的调控方案奠定了科学基础，并已成功应用；此外，这一调控模式也为黄河水利委员会应对高含沙洪水期的水库调度开拓了新的思路，并被调水调沙和洪水调度预案借鉴采纳，对充分发挥水库长远效益、减小下游滩区漫滩损失具有重要意义和巨大的推广价值。河床层理淤积特征的形成机理、胶泥层力学强度与掀揭机理、胶泥块底部水流紊动结构及传播机理等理论研究成果得到业内专家的高度评价，相关成果已在清华大学、武汉大学、河海大学、华北水利水电大学的硕士和博士研究生教学中采用，加深了人们对高含沙洪水特性的认识，对推动河流泥沙动力学、土力学、结构力学等学科的发展具有重要意义。

（三）获奖单位

黄河水利委员会黄河水利科学研究院、华北水利水电大学、黄河水利委员会山西黄河河务局、黄河水利委员会陕西黄河河务局、河海大学、水利部黄河泥沙重点实验室。

（四）获奖人

江恩慧、李军华、曹永涛、刘雪梅、张清、万强、赵连军、郭全明、杨忠理、何鲜峰、潘丽、肖洋、张亚丽、范永强、董其华。

（水力发电科学技术奖励工作办公室）

## 岩石渗流—应力—流变耦合理论研究与工程应用

“岩石渗流—应力—流变耦合理论研究与工程应用”获2016年度水力发电科学技术奖一等奖。

岩石渗流力学问题是重大岩石工程中的重要科学问题，岩石渗流—应力—流变耦合问题一直是岩石力学与岩石工程中的热点和难点问题，也是实际工程中亟待解决的科学性问题。针对我国工程建设中高坝坝基、高拱坝坝肩、大型地下工程和岩石高边坡等重大工程实践，在岩石渗流及渗流—应力—流变耦合试验测试技术、岩石渗流流变演化规律、岩石渗流力学耦合模型、岩石渗流力学工程应用等方面，开展了系统的岩石渗流力学试验、力学模型、数值计算方法与工程应用研究，取得了重大进展，形成了具有创新性的技术方法与理论，为重大工程建设提供了科学依据和技术支撑。项目研究获发明专利 8 项、实用新型专利 2 项、软件著作权登记证书 13 项，发表了论文 113 篇，出版岩石渗流力学专著 1 部。

（一）主要成果及创新点

（1）研发了基于脉冲压力法、正弦波法、渗透压差法多功能岩石渗流—应力—流变耦合全自动三轴伺服试验系统，发明了渗流—应力—流变耦合作用下岩石渗透系数测试装置，从而形成了复杂应力状态下岩石变形全过程渗流力学试验技术系统。

（2）开展了不同岩类应力应变和长期流变过程渗流演化规律试验研究，揭示了岩石应变与渗流系数变化关系；开展了含随机分布非贯通裂隙和正交节理岩体的渗流—应力耦合试验，探明了不同应力状态下裂隙岩石渗流—应力耦合演化规律。

（3）建立了岩石三维离散裂隙网络饱和非饱和渗流力学模型、岩石渗流—应力耦合细观损伤力学模型、岩石渗流—应力—流变损伤耦合力学模型，并研发了相应的计算软件。

（二）应用情况及推广前景

成果已在构皮滩水电站、黄登水电站和向家坝水电站的工程实践中得到成功应用，经济社会效益显著，并具有广阔的推广应用前景。

（三）获奖单位

河海大学、中国电建集团中南勘测设计研究院有限公司、中国电建集团昆明勘测设计研究院有限公司。

（四）获奖人

王环玲、徐卫亚、王如宾、王伟、赵海斌、邵建富、王文远、邹丽芳、刘志明、何伟、冯树荣、褚卫江、张久长、孟庆祥、闫龙。

（水力发电科学技术奖励工作办公室）

## 溪洛渡水电站泄洪洞群建设关键技术

“溪洛渡水电站泄洪洞群建设关键技术”获 2016 年度水力发电科学技术奖一等奖。

泄洪洞是高山峡谷地区水电工程最主要的泄洪消能建筑之一。随着我国高坝建设的增多，泄洪洞面临大泄量、高水头、高流速的挑战。高流速带来空化空蚀、冲刷磨损等一系列问题，早期国内外因高速水流引起的泄洪洞破坏极为普遍，近年来泄洪洞工程通过增加掺气减蚀设施、提高混凝土材料抗冲耐磨性和改善施工质量等方面的研究，防空蚀破坏取得了一定成效。但 40m/s 级高速水流空蚀破坏问题仍未得到很好的解决，50m/s 级高速水流防空蚀破坏更缺乏研究。大泄量意味着泄洪功率巨大，出口消能和下游河岸防冲刷问题突出，目前国内外很多工程都没有得到很好的解决。

溪洛渡泄洪洞群是世界泄量最大、流速最高的泄洪洞，消能、防空蚀、抗冲磨难度极大。合理的布置与精准的体型、有效的掺气设施、多性能协调的抗冲磨防空蚀混凝土、平整光滑无痕迹流道面等是保证超高流速泄洪洞不发生破坏的关键因素。高速水流不会放过任何缺陷，不解决上述问题泄洪洞运行安全就无法保证。本课题立足于溪洛渡泄洪洞群安全运用，对布置型式、掺气设施、抗冲磨混凝土材料、施工装备、工艺措施和标准，进行了系统研究，提出一整套解决方案；获专利 18 项，工法 4 项，出版专著 3 部，发表论文 80 余篇。

（一）主要成果及创新点

（1）提出特高水头、超大泄量泄洪洞“洞内龙落尾、全断面立体掺气、出口挑流水下对冲消能”新技术，成功解决顺直河道泄洪洞群布置、50m/s 级高速水流空化空蚀和河道消能防冲等难题。

（2）首次采用“低掺硅粉、低热水泥、高掺粉煤灰”复合胶材配制技术，配制出“高强度、高耐磨、高抗裂、良好施工性”多性能协调最优的抗冲磨混凝土。

（3）研制适应大断面、变坡度、多曲线隧洞的精准体型常态混凝土衬砌成套施工装备，研究形成高速水流过流面平整光滑无痕迹混凝土衬砌成套技术及工艺，有效提升体型精度和平整度避免产生高速水流空蚀破坏。

（二）应用情况及推广前景

成果在溪洛渡工程全面成功应用，并在白鹤滩、乌东德、长河坝、大岗山等大型泄洪洞工程推广应用，具有巨大的推广价值和广泛应用前景。

（三）获奖单位

中国三峡建设管理有限公司、中国电建集团成都勘测设计研究院有限公司、中国水利水电第七工程局有限公司、中国人民武装警察部队水电第三总队、中国水利水电科学研究院、四川大学。

（四）获奖人

樊启祥、肖白云、洪文浩、夏勇、聂庆华、覃壮恩、范寒冰、许唯临、刘之平、杨敬、李文伟、孙明伦、彭作为、张卫华、张兴全。

（水力发电科学技术奖励工作办公室）

## 300m级高面板堆石坝安全性研究及工程应用

“300m级高面板堆石坝安全性研究及工程应用”获2016年度水力发电科学技术奖一等奖。

混凝土面板堆石坝因其安全性、经济性和适应性良好而得到广泛应用。国内外200m级高面板堆石坝工程建设在积累了较丰富经验的同时，也出现了坝体变形偏大、面板挤压破损和渗流量大的问题，制约了面板堆石坝的进一步发展。由于水资源合理配置需要，未来我国西部还将建设一批调节性能好的高坝大库工程，亟须在300m级高面板堆石坝筑坝可行性和安全性方面取得突破。因此，开展了本项目，针对300m级高面板堆石坝的安全评价方法、设计安全标准及其控制指标、堆石料工程特性及本构关系、变形及渗透稳定安全性、防渗和止水系统适应性、抗震安全性及其工程措施、施工技术要求及质量控制、安全监测关键技术等进行了系统深入的研究，提出了300m级高面板堆石坝设计安全控制指标体系及相应的筑坝成套关键技术。

（一）主要成果及创新点

(1) 综合采用室内三轴、数值模拟和现场碾压等多种试验途径，揭示了300m级面板堆石坝高围压、复杂应力路径条件下堆石颗粒破碎特性和缩尺效应的影响机制及规律，提出了反映堆石颗粒破碎特性的本构模型和考虑缩尺效应影响的模型参数确定方法；采用不同高度的典型面板坝（模型坝）计算方法，揭示了坝高从200m级到300m级坝体、面板应力及变形的变化新规律，量化了高坝堆石料级配、孔隙率等关键因素对大坝变形的影响。

(2) 通过大规模精细化数值分析，首次揭示了高坝面板挤压破损的原因是过大的堆石体变形、面板纵缝处转动挤压和位移挤压共同作用的机理。

(3) 构建了考虑颗粒破碎的状态相关广义塑性模型，集成了坝体—库水—坝基相互作用体系的地震响应分析方法，对高面板堆石坝进行了强震作用下的动力分析，揭示了高面板堆石坝面板顺坡向瞬时动拉应力区主要集中在$0.7H \sim 0.9H$（$H$为坝高）和中部$0.2L$（$L$为坝轴向长度）范围，提出了相应的抗震措施。

(4) 首次提出了高面板堆石坝内部设置廊道（管道）布置仪器的监测新方法，研制了管道监测机器人、柔性测斜仪、1000m级超长管线沉降及水平位移计等新型监测仪器，集成研发了300m级高面板堆石坝监测关键技术，并取得了初步试验成果。获专利22项、软件著作权5项，发表专著3部。

（二）应用情况及推广前景

成果已应用于古水、茨哈峡、马吉、如美、拉哇和大石峡等超高坝工程的坝型选择和大坝设计。其中，古水、茨哈峡、拉哇和大石峡等工程已确定面板堆石坝作为选定坝型。所有依托工程的坝高均超出200m，并高于国内外已建面板堆石坝。

（三）获奖单位

水电水利规划设计总院、中国水电工程顾问集团有限公司、华能澜沧江水电股份有限公司、黄河上游水电开发有限公司、云南华电怒江水电开发有限公司、中国电建集团昆明勘测设计研究院有限公司、中国水利水电科学研究院。

（四）获奖人

马洪琪、周建平、杨泽艳、张宗亮、徐泽平、姚栓喜、孔宪京、湛正刚、王富强、艾永平、冯业林、杨存龙、吴云红、邓毅国、马锋玲。

（水力发电科学技术奖励工作办公室）

## 百兆瓦级抽水蓄能机组静止起动变频器（SFC）关键技术及工程应用

“百兆瓦级抽水蓄能机组静止起动变频器（SFC）关键技术及工程应用”获2016年度水力发电科学技术奖一等奖。

抽水蓄能电站在电力系统中具有调峰填谷、调频、调相、紧急事故备用和黑启动等多种功能，成为现代电力系统中有效的、不可或缺的调节工具，对优化电源结构、促进我国核电和风电等清洁能源的大规模发展、保障电网安全运行具有重要作用。

静止变频器（Static Frequency Converter，SFC）设备是抽水蓄能机组的核心控制设备，机组水泵工况运行时，需要SFC将机组从静止拖动到同步转速实现并网进行抽水储能。以往，国内抽水蓄能机组的SFC设备全部来自进口，技术支持只能依赖于国外厂商，服务不及时，备品备件费用昂贵，质量难以控制，严重影响电站的安全生产运行，长期制约着我国抽水蓄能产业的健康发展。自主研制百兆瓦级抽水蓄能机组起动变频器已成为我国重大技术装备制造业亟待解决的一个问题。为实现百兆瓦级抽水蓄能机组起动变频器关键技术突破，彻底打破外企垄断，成果完成单位以工程为依托、产学研用相结合开展技术攻关，成功突破了百兆瓦级抽水蓄能机组起动变频器关键技术，自主研制了起动变频器并成功进行示范应用，获多项发明专利。

（一）主要成果及创新点

（1）提出双风机串并联混合风道的功率桥散热结构。该结构具有风阻小、机柜内温度分布均匀、热空气排出快速的特点，有效控制高压串联阀组的温升。

（2）提出双数字滤波器滤波的线电压峰值转子位置计算方法，快速准确的检测出转子初始位置，确保电机正向转动。

（3）提出前馈开环与反馈闭环相结合的脉冲换相电流控制技术，采用双模控制方法，解决了电机启动平稳性与快速性的矛盾，保证电机成功启动。

（4）提出SFC输出变压器差动保护技术，采用过零点积分算法，确保低频起动过程中的准确测量；采用变斜率比率制动特性，防止区外故障导致的误动。提出SFC变流桥变频差动保护技术，解决了两侧频率不一致难以实现差动保护的问题，实现了变流桥的快速主保护，动作时间小于30ms。

（5）提出基于高速交流采样的动作门槛自适应、定时多点确认及瞬时电流闭锁的电流变化率保护算法并实现大型抽蓄机组SFC系统双重化保护。

（二）应用情况及推广前景

成果于2014年4月5日在安徽响水涧抽水蓄能电站开始挂网试运行，至2015年12月31日，该起动变频器共启动1456次，启动成功率100%。成果已推广应用至安徽绩溪、河北丰宁抽水蓄能电站，在大型抽水蓄能机组和燃气轮机组起动中具有广阔的推广应用空间，经济和社会效益非常显著。

（三）获奖单位

国网新源控股有限公司、南京南瑞继保电气有限公司、安徽响水涧抽水蓄能有限公司、国网新源控股有限公司技术中心。

（四）获奖人

刘为群、高苏杰、魏伟、石祥建、张亚武、闫伟、秦俊、梁少华、常玉红、吴龙、吴卫东、陈俊、樊玉林、袁江伟、董波。

（水力发电科学技术奖励工作办公室）

## 金沙江下游巨型电站群“调控一体化”控制系统研究及工程应用

“金沙江下游巨型电站群‘调控一体化’控制系统研究及工程应用”获2016年度水力发电科学技术奖一等奖。

金沙江下游河段水量大、落差集中，是金沙江流域乃至长江流域水能资源最丰富的河段。中国三峡集团公司在成都设立金沙江下游梯级调度中心电调自动化系统，对金沙江下游的溪洛渡（18台700MW）、向家坝（8台770MW）两巨型电站进行远方“调控一体化”管理。巨型水电站因其对电网的安全稳定运行影响极大，因此对控制系统提出了极其苛刻的准确性、稳定性要求。巨型电站本身的测点规模巨大，控制系统的数据采集及处理能力也面临的巨大考验。本项目针对工程所面临的各种技术难题，做出了一系列理论创新及技术突破，成功实现了梯级巨型电站“调控一体化”控制系统，获软件著作权登记证书7项。

（一）主要成果及创新点

（1）在世界规模最大的梯级水电站之一首次实现远程调控一体化。溪洛渡、向家坝梯级水电站机组主辅设备、500kV开关站及泄洪闸门等设备实现了全范围的远程控制，并实现“调控一体化”及现地“无人值班”（少人值守），系统运行稳定可靠，远程调节与控制的成功率为100%。

（2）在国际上首次研发成功大型水利枢纽发电航运安全与闸门实时优化远程控制技术。根据向家坝的特殊运行工况，开发成功SGJC大型水利枢纽发电航运安全与闸门实时优化远程控制技术，在枢纽出库流量急剧变化时，采取自动、半自动方式确定补水及闸门优化控制方案，确保枢纽下游水位及其变幅满足航运安全的要求。

（3）在国际上首次研发成功高可靠性的基于多重冗余服务器集群的M－SPC多规约、多通道的通信技术。采用了4台服务器、4条物理通信通道共16条通信链路，各链路数据冗余传送，负载均衡，相互校验，无缝切换，通道多规约可选，实现了集控中心与电站的高可靠性高速通信。

（4）首次研发成功通信双缓存异步处理技术，提升通信能力约10倍。通信建立接收与处理双缓存，采用接收和处理异步技术，避免了耗时的数据处理对通信速度的影响，较好解决了电站事故时雪崩数据上送的数据阻塞问题。

（5）改进国际通信标准的端点表规约，首次设计开发了通信单边点表技术，显著提升系统的安全性和可维护性。单边点表技术是集控客户端与厂站服务端建立通信链接后，客户端请求服务端发送本链接的通信点表，客户端将采用最新通信点表。这解决了通信双端点表可能导致的数据不一致问题，以及由此引起的误监、误控等安全隐患，提高了系统的可维护性。

（6）首次研发成功配置信息异地在线同步技术，解决了广域多站大型控制系统配置信息同步的难题。这避免了人工维护与同步产生的失误，确保广域多站控制系统之间配置信息的高效同步与系统安全。

（7）首次采用了梯级集控中心与厂站同步接机调试技术，实现电站与集控同时具备现场自动控制能力。通过搭建独立的接机调试平台，开发“调控一体化”同步接机技术，实现了集控中心与电站同步、同台接机调试，显著提高集控接机效率，确保了已运行设备和调试设备的安全，创造了同类系统两年投运与移交 26 台 770MW 及以上巨型机组的世界纪录。

（8）研发成功了面向设备对象、基于相关量分析的实时智能报警技术。将海量信号按设备对象分组，通过报警流程、报警条件、复杂逻辑报警、延迟报警等手段，在信号间、设备对象间建立关联树，进行智能分析与推理，做到“该报必报，绝不多报”，避免次要报警对重要报警的湮没，把运行人员从海量报警的困扰中解脱出来。

（二）应用情况及推广前景

成果的成功实施，实现了世界上巨型机组台数最多的远程一体化调控，取得了巨大的经济效益和社会效益。成果在水电控制集群通信、海量实时数据传输与处理、闸门与发电协同远控、智能报警等方面拥有自主知识产权，具有推广价值，标志着我国巨型梯级水电站“调控一体化”技术的已居国际领先水平。该系统为类似项目的实施提供了宝贵的经验，有着广泛的应用前景。

（三）获奖单位

中国长江三峡集团公司、北京中水科水电科技开发有限公司、长江勘测规划设计有限责任公司。

（四）获奖人

程永权、王德宽、宋远超、毛江、王峥瀛、王桂平、谭华、龚传利、黄天东、张明君、韩长霖、瞿卫华、杨春霞、王宇庭、陆劲松。

（水力发电科学技术奖励工作办公室）

## 水电工程施工动态耦合仿真与方案优化关键技术

“水电工程施工动态耦合仿真与方案优化关键技术”获 2016 年度水力发电科学技术奖一等奖。

水电工程施工组织受外界环境（如坝址处的地形地貌、水文气象、水文地质等）影响显著，这些因素具有一定的随机性和动态性，且呈现强烈的非线性特征。在满足施工质量要求及控制性进度要求的约束条件下，工程的施工工艺特征、导流度汛及系统扰动等因素也深刻影响施工组织方式、施工进程及资源调配关系。依托官地、龙开口、金安桥、糯扎渡、溪洛渡、构皮滩、白鹤滩等多个大型水电工程，结合国家自然科学基金项目、省部级基金项目及企事业单位委托项目，以水电工程施工为研究对象，采用现场调研、数据挖掘、理论分析、智能仿真建模与分析等方法，系统研究了水电工程施工动态耦合仿真与方案优化关键技术，取得了系列研究成果。获发明专利 1 项、软件著作权登记证书 7 项，出版专著 1 部，部分成果被纳入 2 部国家行业规范，发表学术论文 200 余篇。

（一）主要成果及创新点

（1）揭示了设备故障及坝面实体冲突等施工系统扰动对施工进程、施工系统行为及浇（填）筑方案执行效果的影响机理，创立了考虑扰动的施工系统行为及施工工艺动态仿真技术。

（2）构建了施工导流综合风险分析及决策模型，创立了导流度汛风险约束下的水电工程施工资源调配及施工进度优化方法。

（3）揭示了坝料生产、运输及坝面作业系统间的工艺—进度—资源关联演化机理，创建了基于施工工艺—进度—资源动态仿真分析的生产调度与资源配置优化方法。

（4）集成研发了水电工程施工动态耦合仿真系统，实现了施工仿真与资源调配方案优化的一体化。

（二）应用情况及推广前景

成果在官地、龙开口、金安桥、糯扎渡、溪洛渡、构皮滩、河口村、沙沱、溧阳、白鹤滩等工程的施工方案优化及工程项目建设管理中得到应用和完善，取得了显著的经济效益、社会效益及环境效益，也可为其他类似工程问题的研究与解决提供理论指导和技术借鉴，具有广泛的推广应用前景。

（三）获奖单位

三峡大学、武汉大学、中国电建集团成都勘测设计研究院有限公司。

（四）获奖人

周宜红、赵春菊、黄建文、胡超、周华维、刘全、尹习双、王宇峰、刘潋、宋玲、郭红民、周剑夫、潘志国、冯诚诚、王友乐。

（水力发电科学技术奖励工作办公室）

## 流域大规模水电站群水电协同优化调度关键技术研究及应用

“流域大规模水电站群水电协同优化调度关键技术研究及应用”获 2016 年度水力发电科学技术奖二等奖。

随着国内 13 个大水电基地的陆续建成以及可再生能源的快速发展，我国已经形成了世界上最复杂、最庞大的水电站群系统和电力运行环境。流域水电站群联合优化调度用于协调优化水电及其他各类能源有序组合发电及实时动态调整，对于保障电网安全稳定运行、提高各类能源运行效率具有重要意义。现有的流域水电站群优化调度局限于水力协调优化与实时电量平衡，未考虑水电机组及母线运行特性，水力协调和电力协调之间未实现有效协同，多元调度模型之间不协调且时常冲突，制约了水电工程综合效益发挥，影响了电网稳定运行和新能源消纳，加剧了我国西南水电弃水问题。

该项目在传统水电站群优化调度基础上，基于系统优化理论和人工智能技术，研究了水力调度与电力运行之间的协同机制，构建了“水力协调、电力协调、水电协同”三元目标体系，建立了大规模水电站群水电协同调度技术体系，进一步提高了电网及水电站群运行可靠性、可调节性及经济性，并实际应用；获发明专利 4 项，软件著作权登记证书 3 项，出版专著 1 部，发表论文 19 篇，编制行业标准 2 项。

（一）主要成果及创新点

（1）提出了水电站闸门群在线优化调度方法及操作规则的结构化描述方法，实现了调洪期间考虑闸门操作影响的精细化发电优化调度，已成功应用于五凌集控、水口集控等项目，能够自动编制闸门群优化操作计划且耗时在 3s 以内，提高了流域防洪应急决策和响应能力。

（2）建立了考虑复杂电力运行条件、具备多约束动态松弛能力的大规模水电站群短期优化调度模型，提出了“可行搜索—双向逐次逼近（FS-BDPSA）”短期优化调度算法，已成功应用于三峡成都区调等项目，短期发电计划可执行度由 60%以下提高到 80%以上，问题求解速度提高 1 倍以上。

（3）建立了基于最小水位越限准则的水电站群联合水位动态控制模型，提出了改进混沌蜂群（CABC）优化算法并应用于水电站群实时发电调度模型求解，已成功应用于三峡成都区调等项目，实现了水电站群实时水位动态优化控制及负荷优化分配，通过优化可新增 0.5%以上发电量。

（二）应用情况及推广前景

成果已在全国 30 个以上集控中心和水电厂中得到广泛应用，包括三峡成都区调、黄河上游集控、福建水口集控、湖南五凌集控、白山发电厂、丰满发电厂等，经济社会效益显著，具有广阔的应用前景。

（三）获奖单位

南京南瑞集团公司、河海大学、福建水口发电集团有限公司。

（四）获奖人

刘观标、徐青、芮钧、王建平、李晓英、吴正义、李永红、黄春雷、王铭业、姚峰。

（水力发电科学技术奖励工作办公室）

## 水利水电工程建筑信息模型（HBIM）创新研究与实践

“水利水电工程建筑信息模型（HBIM）创新研究与实践”获 2016 年度水力发电科学技术奖二等奖。

HBIM 是一种全新的水利工程集成管理平台，是以从设计、施工到运营的协调、可靠的项目信息为基础而构建的集成流程，具有信息多元化、参数化驱动、统一标准、参与各方协同合作的技术特点。采用 HBIM 技术，任何数据信息的创建和使用集成在一个统一的设计环境中，全程数据具有一致性。这为项目全生命周期管理提供了基础，可实现水利工程的设计、施工到运营的集成流程，并朝着标准化、协同化、精细化的方向发展。

成果以武都水库为依托，以 HBIM 技术为手段，在解决武都水库建设过程中的难点和重大关键技术中，发挥了 HBIM 技术科学高效解决技术难点的优势，对复杂地质条件下碾压混凝土重力坝建设提供了有益经验，对水利水电建设新技术的推广和应用具有重要的参考价值。获发明专利 6 项，实用新型专利 9 项，软件著作权登记证书 2 项。

（一）主要成果及创新点

（1）率先在国内建立了第一个以 BIM（建筑信息模型）为主线，将复杂工程的地质状态、坝工建设过程、进度与安全质量管理等融为一体的数字 BIM 模型，并提出了 HBIM 的概念，建立完善了 HBIM 的方法及内涵，在工程中得到了实施检验，使 HBIM 第一次在国内水电工程建设中得到应用发展。

（2）率先在国内应用 BIM 模型指导了工程的多个阶段的工作，通过 BIM 模型可准确定位和查询地质和坝体信息，特别在岩溶断层等基础处理技术、高喷桩深部砂层处理技术、栈桥动水下灌浆技术等处理中，以可视化形式形象展示了复杂的施工工艺和过程，解决了施工方案的抽象问题，提前发现施工难点和要点，指导了工程施工。

（3）首次在武都水库中利用先进的激光扫描技术、无人机航测技术、数字全景摄影与测量技术、地质雷达探测技术、红外热成像测试技术等，取得了多维多源数据采集与处理的统一数据格式与数据库存储方法，为工程的逆向建模提供了更加可靠真实的数据，为水电工程的逆向建模提供了创新的方法和经验。同时利用多次逆向建模数据的对比差异，可准确获得工程的质量与精度的考量。

（二）应用情况及推广前景

成果在武都水库设计、施工、管理中进行应用，提高了生产效率，产生了显著的经济效益和社会效益。

（三）获奖单位

四川省武都水利水电集团有限责任公司、华北水利水电大学、中国水利水电科学研究院、四川省水利水电勘测设计研究院、中国水电基础局有限公司。

（四）获奖人

魏群、勾承建、杨莉英、李炳奇、刘尚蔚、石子明、高希章、石峰、赵继伟、侯炼。

（水力发电科学技术奖励工作办公室）

## 复杂环境下大直径岩塞进水口关键技术研究与实践

“复杂环境下大直径岩塞进水口关键技术研究与实践”获2016年度水力发电科学技术奖二等奖。

取水、灌溉、发电、泄洪等工程中，通常需要在天然湖泊或已建成的水库上增建引水洞或泄洪洞，而这些隧洞的进水口常位于水面以下数十米深处。若采用深水围堰围护实现进水口干地施工的办法往往技术上不可行，或代价巨大。一百多年以前国外开始采用岩塞爆破技术解决这种问题。

岩塞爆破技术作为深水条件下修建隧洞进水口的行之有效和经济的施工技术。但国内在岩塞的爆破手段本身上关注较多，在对爆破过程中水力控制机理的认识、理论分析的系统性、分析计算手段等方面与国际水平尚有差距。近年实施的或拟实施的岩塞爆破工程仍在沿用国内20世纪六七十年代的经验设计方法，水流和爆渣不可控的问题仍存在。该项目依托长甸电站改造工程，经多年技术攻关，全面掌握了复杂环境下大直径岩塞进水口关键技术，创造了全排孔岩塞爆破规模的世界纪录，提高了我国复杂环境下大直径岩塞进水口的建设水平，使我国的岩塞爆破技术进入国际领先水平，并为我国今后的类似工程提供支撑和借鉴。成果获授权发明专利3项。

（一）主要成果及创新点

（1）在国内外首次采用带中导洞的大直径全排孔爆破水下岩塞技术方案，采用高精度毫秒延时起爆方式，确保了复杂地质条件下进水口的爆破成型质量，有效地降低了爆破效应的不利影响，大幅度提高了全排孔岩塞爆破的规模和安全性。

（2）完善了充水气垫斜坡集渣坑的理论和方法，首次通过采取人工补气控制气垫气压的方式，显著提高了爆渣控制、水力效应控制和爆破动力效应控制的技术水平。

（3）提出复杂地质条件下岩塞进水口岩体加固防渗技术，取得了在地质条件相对较差的条件下岩塞进水口成功实施经验，拓宽了岩塞进水口适用范围。

（4）系统性地引入消化了挪威岩塞爆破的先进设计理念和设计理论，在国内首次运用数值计算技术进行爆破固体、气体和水体三相多介质动态过程分析，并采用水工模型试验验证，改进了水下岩塞设计理论和方法，提高了岩塞爆破的预见性。

（5）针对深水条件下的大直径和大厚度的岩塞全排孔爆破，研究并提出了全套爆破工艺及施工措施方案。

（6）系统研究实施了岩塞爆破效应的监测监控系统，综合采用水下摄影、声波和质点震动监测等方式。

（二）应用情况及推广前景

在长甸电站改造工程设计施工建设过程中得到全面成功应用，解决了工程建设过程中的系列难题，保证了地质条件复杂、平均直径达12.3m岩塞进水口的成功爆破和结构安全稳定，实现了工程顺利发电，为长甸电站改造工程的建设提供了强有力的技术支撑，取得了显著的经济社会效益，具有广阔的推广应用前景。

（三）获奖单位

中国电建集团华东勘测设计研究院有限公司、中国水利水电第六工程局有限公司、长江水利委员会长江科学院、长甸改造工程建设处、中水东北勘测设计研究有限责任公司。

（四）获奖人

黄东军、陈炜旻、杨成文、赵根、郭松、邬志、曾仲友、周先平、梁希林、侯靖。

（水力发电科学技术奖励工作办公室）

## 高拱坝库盘变形及对大坝工作性态影响研究

“高拱坝库盘变形及对大坝工作性态影响研究”获2016年度水力发电科学技术奖二等奖。

大量工程实践经验表明，拱坝坝身最大径向位移是衡量拱坝工作性态的重要指标，而库盘变形会对大坝径向变形带来一定影响。从20世纪80年代初的龙羊峡工程一等水准网“龙曲线”“龙多线”“虎峡线”，到20世纪90年代末的三峡工程“三环四支”线，高坝大库工程的库盘变形问题已引起初步关注。然而，由于工程设计、科学认识水平有限等方面的原因，国内外尚未有库盘变形及对大坝影响的系统研究成果报道。为揭示高坝大库工程库盘变形及其影响规律、科学评价高拱坝工作性态、完善拱坝设计及监测规范，开展了高拱坝库盘变形及对大坝工作性态影响的研究工作。通过国内外高拱坝库盘变形工程调研分析，紧密结合小湾大坝安全评价及竣工验收、龙羊峡大坝高水位安全复核工作，以小湾、龙羊峡珍贵的库区、坝体监测资料为基础，开展系统和深入的理论与应用研究，建立了高坝大库工程库盘变形概化分析理论模型和方法，揭示了库盘变形影响的若干重要规律，为高拱坝库盘变形及对大坝工作性态影响评价提供了科学方法和关键技术，为完善相应设计和监测规范奠定了基础。项目研究获专利 3 项，发表论文 14 篇。

（一）主要成果及创新点

（1）提出了库盘变形发生条件及其对大坝变形影响程度初判指标。

（2）构建了高拱坝库盘变形概化分析模型及变形模量分区联合反演方法。

（3）建立了高拱坝整体变形性态分析及变形稳定性评判模型。

（4）提出了垂线悬挂滞后引起“位移丢失”的解决方法。

（5）揭示了高拱坝库盘变形的影响机理及对大坝工作性态影响规律。

（二）应用情况及推广前景

研究成果客观评价了小湾、龙羊大坝库盘变形及对大坝工作性态影响，为小湾大坝竣工安全验收和龙羊大坝高水位安全复核评价提供了技术支撑。同时，揭示了库盘对坝体变形影响规律，提出了高坝大库工程库区变形监测影响范围和变形监测分析的基本思路，全方位地评价了大坝的工作性态，为指导混凝土高坝大库工程设计和相应规范完善提供了借鉴。

（三）获奖单位

水电水利规划设计总院、河海大学、中国电建集团西北勘测设计研究院有限公司、中国水利水电科学研究院、中国电建集团昆明勘测设计研究院有限公司。

（四）获奖人

王民浩、党林才、杜小凯、顾冲时、姚栓喜、张国新、赵二峰、郭立红、周秋景、张云。

（水力发电科学技术奖励工作办公室）

## 水电发展“十三五”规划文本及相关研究报告

“水电发展‘十三五’规划文本及相关研究报告”获 2016 年度水力发电科学技术奖二等奖。

能源是国民经济和社会发展的重要基础。为了满足经济和社会发展对能源的需求，必须坚持实施能源可持续发展战略。我国节能减排形势十分严峻，大力开发可再生能源是实现节能减排目标的重要手段。水电作为清洁可再生能源的主力，加快水电开发是促进能源可持续发展、改善能源结构、实现节能减排的重要措施。

我国水力资源居世界首位，水电开发取得了卓越的成就。但与发达国家相比，我国水力资源开发利用程度仍不高。“十三五”时期是全面深化改革、加快能源转型的重要战略机遇期。积极开发水电是“十三五”能源电力发展的必然选择。根据国家能源局的安排，开展了水电发展“十三五”规划文本起草和相关专题研究工作。经总结水电“十二五”发展经验，调研在建、待建水电项目情况，与部分相关电源企业座谈讨论，并进行测算和研究等，形成了规划成果。

（一）主要成果及创新点

（1）具有突出的创新性和方法先进性，研究难度大。随着近十多年水电前期工作逐步加深，水力资源技术可开发量也不断增大。成果对全国水力资源复查成果（2003 年）中的技术可开发量进行了重新复核，首次提出我国水力资源技术可开发量 66415 万 kW 的成果，并重新分析了我国水力资源的时空分布特性，为做好水电发展规划打下坚实基础。根据我国经济“新常态”、节能减排要求，研究论证、合理预测各相关地区电力需求和电力发展方案，研究了与核电和新能源发电多能互补的协同发展，研究了合理保障电力系统的安全、稳定、经济运行要求，提出各省区抽水蓄能电站技术、节能需求和经济规模，并统筹需要与可能，提出各省区抽水蓄能电站合理需求规模和合理布局。研究范围广、牵涉内容多、研究难度很大，提出的抽水蓄能电站相关研究成果具有重要意义。

（2）创新水电发展思路，正确引导水电发展。虽然节能减排形势越来越严峻，但水电建设的争议还是越来越大，创新水电发展思路刻不容缓。该研究深入分析了实施能源转型形势下的水电开发思路，深入分析我国水电发展历程与现状，回顾了“十二五”时期水电发展的成果与不足，逐项剖析我国水电发展目前面临的重点问题，主要有水电规划及项目前期工作落实困难、利益诉求增多、外部环境复杂、建设成本加大、水电开发技术难度大和水电消纳市场难以及时落实等。在深刻认识我国水电发展现实情况的基础上，认真解读现行政策法规，分析今后水电发展面临的形势，提出了新形势下水电发展思路。创新水电发展思路，树立正确的指导思想，将对水电行业乃至全社会能源发展产生深远影响。

（3）研究成果可操作性强，应用范围广。针对我国十大流域，逐条河流逐个电站梳理水力资源条件、开发建设现状、前期工作进程、“十三五”可能的开发进度和面临的重点问题等，提出了“十三五”期间总体目标和布局；在现有“西电东送”通道的基础上，结合各送端省（区、市）电力系统规划情况，经电力电量平衡，分析外送能力，提出“十三五”期间“西电东送”的总体思路；在各省（区、市）抽水蓄能电站合理规模和布局的研究基础上，根据建设体制等实际情况，分析研究提出各省、各区域电网抽水蓄能电站规划方案。

（二）应用情况及推广前景

基于该研究成果，编制规划文本初稿，上报国家能源局。经国家能源局采纳应用，已形成水电发展“十三五”规划（征求意见稿）。并已落实到西藏、四川、云南等省区“十三五”常规水电站开工和投产规划中，已落实到国网新源控股有限公司及相关省市“十三五”抽水蓄能电站开工和投产规划中，为指导“十三五”期间我国水电发展提供了重要基础支撑，对实现2020年、2030年节能减排目标具有十分重要的意义，社会经济效益显著。

（三）获奖单位

水电水利规划设计总院、中国电建集团成都勘测设计研究院有限公司、中国电建集团中南勘测设计研究院有限公司、中国电建集团华东勘测设计研究院有限公司、中国电建集团昆明勘测设计研究院有限公司、中国电建集团北京勘测设计研究院有限公司。

（四）获奖人

彭程、钱钢粮、叶睿、葛怀凤、刘岩、吕朝阳、龚英、向军、唐修波、吴来群。

（水力发电科学技术奖励工作办公室）

## 四级配碾压混凝土筑坝设计关键技术研究及工程应用

“四级配碾压混凝土筑坝设计关键技术研究及工程应用”获2016年度水力发电科学技术奖二等奖。

四级配碾压混凝土是一种由以往三级配碾压混凝土骨料最大粒径80mm突破到120mm的筑坝新技术。该技术可减少混凝土胶凝材料用量16～20kg/m³，降低水化热温升2.2～2.5℃，简化温控措施，节约工程直接投资约15%，可减少骨料生产中产生的粉尘和噪声并节约生产用电1.2kW·h/m³，碾压层厚由原30cm增加至50cm，可加快工程进度，创造提前发电效益，具有显著的经济优势和环保价值。

然而，其骨料最大粒径由三级配80mm增大到120mm后，实际应用时将面临不少问题需解决，目前国内外在四级配碾压混凝土材料性能指标设计、试验方法、配合比、材料特性、结构设计、施工工艺及质量控制等成套关键技术系统研究方面几乎空白，国内尚无工程应用先例。为推动碾压混凝土筑坝技术进步，突破我国碾压混凝土坝近30年的传统设计理念，该项目依托贵州乌江沙沱水电站开展四级配碾压混凝土筑坝新技术、新工艺开展了研究，形成了四级配碾压混凝土筑坝设计成套技术，使碾压混凝土筑坝技术取得重大突破，获发明专利2项，实用新型专利14项，相关著作4部，主（参）编相关规范4项。

（一）主要成果及创新点

（1）首次系统建立了四级配碾压混凝土筑坝技术设计体系，全面提出了四级配碾压混凝土坝相关布置设计、安全监测、试验及施工要求。

（2）首次研制了四级配碾压混凝土全套室内试验系统，提出了相应的试验方法，并应用该系统和方法开展了系列试验研究，全面对比分析了四级配碾压混凝土与三级配碾压混凝土性能差异，揭示了四级配碾压混凝土的材料特性，修订了《水工碾压混凝土试验规程》；首次在国内水电工程及四级配碾压混凝土坝大规模掺用磷渣粉，制定了《水工混凝土掺用磷渣粉技术规范》，填补了现行规程规范空白。

（3）首次提出了四级配碾压混凝土坝采用变态混凝土与三级配碾压混凝土防渗结构，实现了三、四级配碾压混凝土同步上升及大坝全断面碾压，突破了国外四级配碾压混凝土坝采用“金包银”的常态混凝土防渗模式。

（4）研究采用的50cm厚碾压施工工艺，突破了我国30cm厚碾压混凝土的施工方法；采用调整粗骨料级配、分点装卸、多点布料等措施，有效防止了骨料分离，引进采用双管核子密度仪进行质量检测，形成了可推广的四级配碾压混凝土厚层碾压施工工法。

（二）应用情况及推广前景

成果在沙沱水电站应用，创造直接经济效益超2亿元，工程直线工期提前45天，节约成本约占碾压混凝土直接投资14.98%；确保了大坝安全高效建成，为提前12年圆满完成乌江干流贵州境内水电开发提供了技术保障。

（三）获奖单位

中国电建集团贵阳勘测设计研究院有限公司、贵州乌江水电开发有限责任公司、长江水利委员会长江科学院、贵州乌江沙沱水电站大坝工程福贵联营体、江南水利水电工程公司沙沱工程项目部。

（四）获奖人

姚元成、郝鹏、杨兴贵、郭定明、吴祖廷、彭成佳、苏鹏、张海超、罗洪波、殷德胜。

（水力发电科学技术奖励工作办公室）

## 经验模态分析法在抽水蓄能机组甩负荷试验的应用与研究

"经验模态分析法在抽水蓄能机组甩负荷试验的应用与研究"获 2016 年度水力发电科学技术奖二等奖。

我国抽水蓄能电站通过 20 多年的大规模兴建，在科研、设计、建设及运行等领域已经积累了丰富的经验，抽水蓄能机组设计制造技术得到了全面提升，但仍然存在一些技术问题亟待解决。根据目前国内已建电站水泵水轮机性能分析，从 100 多米到 500m 水头范围，多座抽水蓄能电站机组存在水轮机制动工况低水头不稳定区域特性，不仅影响机组水轮机工况正常并网，还会引起过渡工况下强烈的压力脉动与振动，并对机组甩负荷时蜗壳进口和尾水管进口压力极值产生重要影响，给电站的安全稳定运行带来重大安全隐患。实际上已经证实我国曾经发生的抽水蓄能电站一些重大事故与过渡过程密切相关。为此，开展了经验模态分析法在抽水蓄能电站机组甩负荷试验的研究，并将该成果成功应用于黑麋峰抽水蓄能电站机组甩负荷使用的反演分析、预测计算、机组甩负荷试验相关特性研究、数据统计与对比分析研究中。项目研究获发明专利、软件著作权各 1 项。

（一）主要成果及创新点

（1）首次在水电行业内将经验模态分析法（Empirical Mode Decomposition，EMD）成功应用于抽水蓄能机组甩负荷试验中，提出了一套完整的、适用于抽水蓄能电站调试试验的反演分析及预测计算方法。

（2）首次在水电行业内将经验模态分析法与置信度法联合应用于抽水蓄能机组甩负荷试验中，通过 97%（或 95%）置信度法对实测数据进行干扰信号预处理与分析，剔除干扰信号后，再次对压力波动值进行 EMD 分解得到均值压力与脉动压力，进一步研究其压力极值特性，进而判断机组的安全稳定性能。

（3）首次在水电行业内研究出了机组甩负荷时单位流量和单位转速在四象限曲线的运行轨迹特性，以及各主要部位发生的压力极值特性。

（4）首次在水电行业内系统全面的对抽水蓄能机组甩负荷试验实测数据与计算数据进行了统计与对比分析。

（二）应用情况及推广前景

成果应用于黑麋峰抽水蓄能电站，为类似抽水蓄能机组甩负荷试验反演及预测分析提供了新的思路和方法，对抽水蓄能机组的设计选型、水力过渡过程计算及控制标准的确定均具有借鉴意义，并有利于推动我国抽水蓄能机组国产化进程及相关标准规范体系的建设和完善。

（三）获奖单位

中国电建集团中南勘测设计研究院有限公司、武汉大学、湖南黑麋峰抽水蓄能有限公司。

（四）获奖人

郑建兴、杨建东、曾艳梅、杨桀彬、向明、伍志军、何银芝、付国锋、张强、刘平。

（水力发电科学技术奖励工作办公室）

## 海上升压站关键技术

"海上升压站关键技术"获 2016 年度水力发电科学技术奖二等奖。

风力发电是目前世界上发展最快、最具商业化和规模化开发条件的可再生能源，而海上风电将是我国东部沿海地区今后风电发展的方向。随着海上风电向更大规模、更远海域发展，海上升压站作为海上风电场电能汇集、升压、配电和控制中心，成为海上风电场必备的配套设施。国外海上升压站主要集中在欧洲，自 2002 年建成了第一座海上升压站以来，经过了十余年的发展，目前已建成了数十座海上升压站。而我国海上风电尚处于起步的阶段，本课题立项时，国内尚没有任何海上升压站的建设经验。

海上升压站的功能要求与陆上升压站无异，但由于海上升压站所处环境的特殊性，海上升压站长期处于高湿度、高盐度的腐蚀性环境中、处于风浪作用的环境中，使得海上升压站建设难度大、建设费用高、耐久性差。为适应我国海上风电的发展，开展了海上升压站关键技术研究，获 1 项发明专利、5 项实用新型专利，首次编制了能源行业标准《海上风电场海上升压变电站设计技术导则》。

（一）主要成果及创新点

（1）提出了海上升压站的整体式和模块式布置方式，这两种布置方式是适合不同水深的海上升压站的基本布置方式。

（2）采用正压气锁封闭式海上升压站，解决了海上环境对设备的腐蚀问题，提高了设备耐久性。

（3）提出了海上升压站电气系统设计的总体解决方案。该方案具有可靠、灵活、冗余的电气接线和紧凑型、封闭式设备布置理念，设备类型适应海上腐蚀性、封闭式、振动环境。

（4）采用海上风电场一体化监控管理平台，实现了无人值守、远程运维。

（5）研究并应用无过渡段单桩式、无导管架多桩式的基础型式，提高了海上升压站基础的可靠性、经济性。

(6) 研究并应用钢和耐火材料组合的防火结构型式、高压细水雾灭火系统，保证海上升压站的安全性。

(二) 应用情况及推广前景

成果在我国也是亚洲第一座的江苏如东海上风电场 110kV 海上升压站和江苏响水海上风电场 220kV 海上升压站得到成功应用。

(三) 获奖单位

中国电建集团华东勘测设计研究院有限公司。

(四) 获奖人

赵生校、俞华锋、杨建军、戚海峰、杨文斌、贾献林、施朝晖、吕国儿、杨林刚、袁建平。

(水力发电科学技术奖励工作办公室)

## 三峡升船机平衡重系统制造及安装关键技术创新与应用

“三峡升船机平衡重系统制造及安装关键技术创新与应用”获 2016 年度水力发电科学技术奖二等奖。

三峡升船机过船规模为 3000t 级，最大提升高度 113m，最大提升重量 15500t，具有提升高度大、提升重量大、船厢与混凝土建筑物结合密切，施工精度要求高等特点，是目前世界上规模最大、设计难度最高、施工技术标准最高、施工质量要求最严的升船机。

三峡升船机平衡重系统总重量约为 1.6 万 t，混凝土平衡重块单体重量 59.1t，单体尺寸为 12.35m×3.8m×0.43m（高×宽×厚），制造重量偏差不得超过设计重量的±1%，是世界上单节尺寸最大、重量最大、重量误差控制最严的混凝土平衡重块。平衡重系统各平衡重组之间的重量偏差不得超过±0.1%，平衡重系统总重量与船厢之间重量偏差不得超过±0.1%，其安装精度要求之高均为世界之最。针对上述高精度要求，为解决上述一系列难题，从制造、安装等方面进行了研究，获发明专利 1 项、德国专利 1 项、国内实用新型专利 12 项，取得软件著作权登记证书 2 项、省级工法 1 项、行业工法 3 项，发表论文 4 篇。

(一) 主要成果及创新点

(1) 首次研发了“平衡重块制作智能控制系统”，可实时精准采集水、骨料、添加剂等拌合物重量，实现了下料预控及称重配料动态控制，解决了超大薄壁平衡重块匀质性控制难题。

(2) 通过建立平衡重块挂装受力分析模型，确立了一次安装到位的施工程序，发明了平衡重块精确就位施工工艺，实现了超大平衡重组的高效安装。

(3) 发明了平衡重块连接钢丝绳拉伸调节装置，可快速精确调整平衡重安装高度，实现了平衡重块的同步同高升降，保障了升船机运行的平稳性。

(4) 编制了《升船机混凝土平衡重块浇筑施工工法》《超大薄型高精度混凝土平衡重块制造施工工法》《齿轮齿条爬升式升船机平衡重系统安装工法》《垂直爬升式升船机平衡重导轨精确安装工法》等施工工法，形成了超大型平衡重系统制造、安装成套技术。

(二) 应用情况及推广前景

成果已在三峡及向家坝升船机工程成功应用，已推广至亭子口、构皮滩等国内在建全部升船机工程，具有良好的社会及经济效益。成果已完成德国、西班牙等欧美国家专利申报，具有较强的国际竞争力，在类似工程施工技术领域具有广泛推广应用前景。

(三) 获奖单位

中国葛洲坝集团机电建设有限公司、中国长江三峡集团公司、武汉船舶工业公司、中国葛洲坝集团三峡建设工程有限公司、三峡电力职业学院。

(四) 获奖人

张为明、周复明、陈强、卫书满、路卫兵、李波、王晓敏、李道霖、刘云、汪文亮。

(水力发电科学技术奖励工作办公室)

## 特大型地下电站优质安全高效施工关键技术及应用

“特大型地下电站优质安全高效施工关键技术及应用”获 2016 年度水力发电科学技术奖二等奖。

我国蕴藏的水力资源非常丰富，可开发的水电容量居世界首位，大半分布在西部深山狭谷之中。受资源分布特点、开发利用条件、经济发展水平等因素影响，我国兴建的大型水电站多采用地下电站开发方式。特大型地下电站由百余条洞室组成，形成纵横交错，平斜相贯的地下洞室群，工程技术难度高，地质条件复杂，施工布置困难，为当今地下工程中最复杂的系统工程，是水电站建设的关键项目。该项目依托三峡、溪洛渡、白鹤滩、乌东德已建及在建特大型地下电站，不断探索创新，在特大跨度穹顶精确安全开挖、岩锚梁精细开挖、大仰角超深锚索快速优质施工、大型多机组地下厂房混凝土快速施工、地下洞室钢模台车高效衬砌、深竖井混凝土优质施工方面取得创新成果，获发明专利 9 项、实用新型专利 1 项，国家级工法 1 项、3 项行业级工法。

(一) 主要成果及创新点

(1) 特大跨度穹顶安全精确开挖技术。研发的特大跨度穹顶安全精确开挖技术，解决了特大跨度穹顶开挖变形大、安全风险大、超欠挖控制难度大等问题，降低了开挖难度，实现了地下洞室特大穹顶安全精确施工。

（2）大仰角超深锚索快速优质施工技术。研发了锚索精确定位、快速钻孔、安全送索、高压止浆等技术，解决了大仰角超深锚索钻孔、穿索、灌浆等技术难题，实现了大仰角超深锚索的优质快速施工。

（3）岩锚梁精细开挖技术。发明的精确钻孔组合样架，配合成孔 PVC 管保护、多样化钻孔间距、个性化爆破设计、岩台锁脚压边保护等精细技术，实现了岩锚梁开挖精品工程，岩锚梁无欠挖，最大超挖不超过 5cm，光面爆破半孔率完整岩石在 98%以上。

（4）大型地下厂房混凝土快速施工技术。首创了大型地下厂房混凝土快速施工技术，研发了地下厂房混凝土快速浇筑设备及狭窄空间混凝土输送方法、自动水平调节装置和驱动方法，解决了地下厂房混凝土浇筑技术难题，满足了地下厂房浇筑强度要求。

（5）地下洞室钢模台车高效衬砌技术。研发了大断面三维空间曲面钢模台车、束窄渐变段混凝土衬砌钢模台车，解决了隧洞弯管段和渐变段等特殊部位采用钢模台车浇筑衬砌混凝土的难题，实现了大型复杂洞室混凝土优质高效施工。

（6）深竖井混凝土优质快速施工技术。发明了竖井滑模偏移监测装置，解决了复杂深竖井滑模施工精度控制问题，实现了深竖井混凝土优质快速衬砌。

（二）应用情况及推广前景

成果在三峡地下电站、溪洛渡地下电站、白鹤滩地下电站、乌东德地下电站等特大型工程成功应用，社会效益显著，可在采矿、交通、城市地下空间开发、石油及天然气储存洞库等地下工程领域推广应用。

（三）获奖单位

中国葛洲坝集团三峡建设工程有限公司。

（四）获奖人

李友华、孙昌忠、万勇、王伟玲、赵龙飞、曹中升、唐明酉、肖传勇、黄应军、汪文亮。

（水力发电科学技术奖励工作办公室）

## 百米级高坝四级配碾压混凝土施工关键技术研究及应用

“百米级高坝四级配碾压混凝土施工关键技术研究及应用”获 2016 年度水力发电科学技术奖二等奖。

大坝碾压混凝土一般采用二、三级配，最大粒径为 80mm，坝体温控是多年来不断探索研究的问题。同标号的混凝土，若用四级配代替三级配，胶凝材料用量显著减少，水泥水化热降低，有利于大坝温控。可以预见，四级配碾压混凝土的应用将进一步简化温控，提高施工效率，提高碾压混凝土坝的技术优势。然而，国内外对四级配的研究及应用较少，这方面的技术资料几乎空白，尤其是四级配碾压混凝土由于骨料粒径的增加，引起的一系列施工工艺的变化，主要是混凝土拌和物骨料包裹性差、骨料分离、厚层 RCC 施工及检测等问题。因此，针对四级配开展四级配碾压混凝土施工关键技术及应用研究，通过四级配碾压混凝土配合比试验、施工工艺试验、沙沱电站上坝施工、温控防裂及仿真技术研究，一系列探索研究克服了四级配碾压混凝土在筑坝应用施工过程中遇到的难题，使得四级配碾压混凝土在沙沱水电站应用成为现实，填补了四级配碾压混凝土在筑坝施工技术中的空白。

（一）主要成果及创新点

（1）国内首次在百米级大坝主坝中全面系统开展了人工砂石料四级配碾压混凝土筑坝技术应用综合研究。通过室内试验、现场工艺性试验，解决四级配碾压混凝土原材料、配合比设计、性能及施工工艺等方面的关键技术问题，在沙沱水电站工程中成功上坝应用。

（2）四级配碾压混凝土最大粒径 120mm，浇筑层厚 40～60cm。通过合适材料配合比、碾压层厚、入仓方式、碾压设备及参数的选择，成功解决了压实度、骨料抗分离及防破碎等四级配碾压混凝土施工关键技术难题；首次利用双杆核子密度湿度测试仪解决了 50cm 厚度四级配碾压混凝土压实度检测问题。获发明专利 2 项、实用新型专利 1 项。

（3）四级配碾压混凝土主坝中首次采用上游表面三级配变态＋三级配碾压混凝土进行防渗，形成了有中国特色的四级配碾压混凝土全断面同步碾压上升的筑坝技术。

（4）针对高碾压混凝土坝大仓面薄层碾压时温度倒灌严重的特点，提出在合理通水的前提下取消高碾压混凝土坝骨料预冷的温控理念；提出了基于通水冷却精细算法及混凝土不同龄期抗拉强度的温控防裂标准；结合沙沱工程，从理论及实践两方面论证了高碾压混凝土坝在合理通水条件下取消骨料预冷的可行性，并在沙沱工程中进行了实践检验。

（5）成功钻取直径 219mm、长达 18.54m 的四级配碾压混凝土芯样，创造了世界上四级配碾压混凝土同等级芯样长度之最。

（二）应用情况及推广前景

成果已成功应用于沙沱水电站，社会经济效益显著，促进了碾压混凝土筑坝技术的科技进步，具有较大的应用推广价值。

（三）获奖单位

中国水利水电第十六工程局有限公司、贵州乌江水电开发有限责任公司沙沱电站建设公司、河海大学、长江水利委员会长江科学院。

（四）获奖人

林文进、吴元东、李同春、陈祖荣、程井、李家正、纪进旭、郭定明、张发勇、魏建忠。

（水力发电科学技术奖励工作办公室）

## 泾渭河下游径流预报与干旱监测技术研究

“泾渭河下游径流预报与干旱监测技术研究”获2016年度水力发电科学技术奖三等奖。

渭河是黄河第一大产水和耗水支流，也是黄河水量调度的重点支流，干旱灾害对流域经济社会有严重的影响。虽然渭河流域新建了大量的水利工程，抵御旱灾的能力有所提高，但由于气候变化和人类活动影响的加剧，旱涝灾害仍频繁发生，经济损失更为严重，其影响受到全社会的广泛关注。

泾渭河下游径流预报主要采用单一的统计相关方法，远不能满足黄河干支流水资源统一管理调度科学实施的需求。干旱监测评估技术尚不能形成体系，更谈不上与降水、蒸散发、土壤水分监测和径流预报紧密耦合。因此，迫切需要开展渭河流域径流预报与干旱监测技术的研究，提高预报精度和实效性，为黄河三门峡、小浪底水库运用调度决策提供技术支撑。为解决上述问题，对泾渭河下游径流预报与干旱监测技术进行了研究。本成果实现了泾渭河下游多尺度的径流、土壤含水量、蒸散发等关键水文要素精细化连续模拟与滚动预报，为半湿润—半干旱区域多维动态干旱监测及水资源预测预报提供服务。该项目所建的“泾渭河下游径流预报与干旱监测系统”已纳入黄河水沙调控体系，实现了与防洪调度和水量调度系统的耦合；获3项实用新型专利，2项软件著作权登记证书。

（一）主要成果及创新点

（1）提出了利用地面动态观测信息校验和订正遥感反演区域降雨/蒸发的新技术。

（2）研制了具有自主知识产权的便携式生态水文实验与监测系统。

（3）创建了面向半湿润—半干旱地区干旱动态监测的分布式流域水文模型系统。

（4）创建了基于自然旱情与人工抗旱影响相结合的“综合旱情”评估新方法及抗旱效益快速定量估算技术。

（5）“泾渭河下游径流预报与干旱监测系统”已纳入黄河水沙调控体系，实现了预报调度耦合。

（二）应用情况及推广前景

成果已应用于水利部小浪底水利枢纽管理中心、三门峡水利枢纽管理局、黄河水利委员会水文局、黄河水利委员会水量调度与管理局、黄河水利委员会防汛办公室，以及北京师范大学和河海大学的人才培养和科学教学中，取得了重大的社会、经济和生态效益，具有广阔的推广应用前景。

（三）获奖单位

黄河水利委员会水文局、北京师范大学、河海大学。

（四）获奖人

赵卫民、王春青、杨胜天、梁忠民、刘晓伟、徐小华、狄艳艳。

（水力发电科学技术奖励工作办公室）

## 智能抽水蓄能电站技术体系和状态检修技术研究与应用

“智能抽水蓄能电站技术体系和状态检修技术研究与应用”获2016年度水力发电科学技术奖三等奖。

随着特高压电网建设步伐的不断加快，和水电、风电、太阳能等季节性、随机性、间歇性电源的大规模开发利用，抽水蓄能电站作为“电网级”的储能调节设施，其作用越发凸显，已成为构建坚强智能电网的重要组成部分。

为适应电网发展带来的电网结构和运行方式的巨大变化，抽水蓄能电站技术的发展方向已向“智能化”转变。我国在抽水蓄能电站计算机监控系统国产化研制方面还存在薄弱环节，尤其是智能化、标准化水平不高，不能够满足智能电网调度的要求。另一方面，由于抽水蓄能机组设备在运行中不断受到泥沙磨损、空蚀破坏、机械磨损及电气损伤，导致设备效率降低，寿命缩短，亟须实现对机组设备状态的及时诊断和适时检修，但我国在状态监测、分析、评估技术等方面基础薄弱，振摆、位移、光纤光栅等关键传感器被国外垄断，分析评估基础理论成果和软件应用系统缺失。针对这些问题，进行了智能抽水蓄能电站标准体系研究，提出了智能抽水蓄能电站自动化系统的体系架构，制定了智能抽水蓄能电站10项技术标准，成功研制出抽水蓄能电站状态监测传感器、抽水蓄能电站智能状态监测装置，开发出抽水蓄能电站状态监测与状态检修辅助决策系统软件。成果获发明专利2项。

（一）主要成果及创新点

（1）首次提出完整智能抽水蓄能电站技术体系。

提出了基于“分层分区、标准总线、公共模型”的智能抽水蓄能电站体系架构，建立了监控、励磁、调速、SFC等技术标准10项，明确了主要自动化装置、系统的设计、试验、验收、运行和维护的各项详细要求。

（2）建立了基于运行、监测、巡检、试验、缺陷、台账等多元信息的抽水蓄能电站主设备状态评价和风险评估指标体系，提出基于专家系统、故障树、案例库、D—S证据理论的综合故障诊断方法，研制了面向设备管理的抽水蓄能电站主设备状态检修辅助决策系统，改善了抽水蓄能电站主设备检修过度和不足的问题，保障了机组安全稳定运行。

（3）开发应用光纤测温技术。光纤光栅传感器检测装置采用多级波长自校准技术，测量精度高，稳定性好，同时有距离自校准技术，可自动消除远距离测量数据误差；传感器可在高电压强电磁场环境下的正常使用，且不影响被测设备本身绝缘特性。

（4）提出了一种机组电涡流式摆度传感器全量程温度补偿方法。在线性校正网络中增加一个全量程温度补偿网络，能够综合传感器探头温漂、被测金属体电磁参数温漂、与位移相关的耦合强度变化导致的温度漂移变化以及前置检测器振荡电路器件温度漂移等各种因素，进行线性校正。

（5）研制成功基于低频频段扩展方法的磁电式速度传感器。将机械结构固有频率较高的振动速度传感器经过一套低频扩展校正电路，使其输出特性的固有频率降低，达到0.5Hz或更低。它继承了磁电式速度传感器的一些特点，又具有良好的低频输出特性，而且内部带有积分环节，可直接输出振动位移信号。

（二）应用情况及推广前景

成果已在白山抽水蓄能电站成功示范应用，并已推广应用到在国内多个抽水蓄能电站以及常规水电站。

（三）获奖单位

国网新源控股有限公司、国网电力科学研究院、国网新源控股有限公司白山抽水蓄能电站。

（四）获奖人

宋旭峰、张红芳、尉青连、徐洁、衣传宝、潘伟峰、周攀。

（水力发电科学技术奖励工作办公室）

## 地质灾害移民工程综合技术与应用研究

“地质灾害移民工程综合技术与应用研究”获2016年度水力发电科学技术奖三等奖。

地质灾害已成为我国除偶发特大地震外第一大自然灾害。水电水利工程筑坝蓄水，改变自然界要素之间和人地关系，往往也产生滑坡、塌岸等次生的地质灾害，严重威胁到人类生命与财产安全。如何有效规避和减少地质灾害对人类的影响，实现事前预警、防控与应急处置、救助和管理相结合，特别是兼顾工程技术与人口、经济、社会、环境多因素，分类施策，在经济合理性和安全保障间寻找一个平衡点，通过人口在地理空间的重新布局即移民来规避和减少灾害损失，是国内外灾害移民工程研究重大前沿科学技术问题。

成果以三峡库区地质灾害移民工程实践为基础，用大量的调研材料和实证数据，从实证分析的角度深入的剖析了灾害移民工程的特点和存在的问题。研究围绕工程经济合理性与安全风险控制平衡分析这一核心，以移民安置策略和地质灾害技术分析为主线，从地质灾害移民工程实践出发，按照“化繁为简、各个击破”的研究思路，将宏观策略把控与技术关键点微观分析融汇到分析研究的整个过程中，对地质灾害移民工程中遇到的问题难题进行逐个分解，最终达到妥善解决地质灾害移民工程难题的目的。项目研究方法既采用了工程地质分析、二维极限平衡计算、三维数值分析、监测预警技术等先进的工程技术类分析方法，又应用了安置策略选择、风险管理等管理学分析方法，通过宏观策略分析和微观技术判断，创造性地实现了工程技术分析和管理决策判断的融合，获实用新型专利2项。

（一）主要成果及创新点

（1）通过分析地质灾害移民工程的特点，揭示了地质灾害移民工程的技术科学与社会科学交叉的基本学科属性，分析了目前地质灾害移民工程研究中的不足。

（2）基于风险预测、评估、控制和管理等管理学、社会学研究方法，研究灾害移民风险处置模型和避灾实施策略。明确了避灾移民的定义、分类及特征，提出了地质灾害避灾移民迁移意愿动力推进对策，建立移民迁建风险评价指标体系，实现对移民迁移过程的风险评价与管理，提出了地质灾害移民安置规划的安置模式。

（3）构建了大型地质灾害变形体的工程安全性分析方法体系。通过工程地质分析，实现对地质体变形破坏模式和稳定性的定性判断。采用二维极限平衡分析和渗流计算，分析库水位、暴雨、地震等影响因素对地质体稳定性的影响；通过三维数值分析计算，从三维空间上实现对地质体稳定性的综合判断。最后，通过变形监测预警分析验证稳定性分析结果，确定地质体影响区内土地的处理方式。

(4) 以三峡库区地质灾害移民和田坝村巨型变形体移民迁建工程为实例，进行了灾害移民迁建的风险控制和工程安全的平衡分析，初步探讨了工程技术分析体系和移民安置迁建宏观策略把控的融合。

(二) 应用情况及推广前景

成果已经应用于三峡工程后续工作规划中生态屏障区人口转移政策与方案制定，并在牛栏江天花板水电站田坝村堆积体的地质灾害移民问题处理当中得到应用，为田坝村 200 余户村民的搬迁和用地问题解决提出了新思路，社会和经济效益显著。

(三) 获奖单位

河海大学、水电水利规划设计总院、中国水利水电科学研究院。

(四) 获奖人

施国庆、任爱武、李建军、段庆伟、孙平、胡子江、陈旺华。

(水力发电科学技术奖励工作办公室)

## 西部大型开发建设项目水土流失监测应用技术研究

“西部大型开发建设项目水土流失监测应用技术研究”获 2016 年度水力发电科学技术奖三等奖。

随着经济的发展，社会对经济发展中带来的水土流失和环境保护问题关注度越来越高。大型开发建设项目产生的水土流失危害加剧了周边耕地减少、沿线水体恶化，增加了大气颗粒物污染源，如何有效预防和控制施工过程中的水土流失、推进“绿色水电”的实施关键在于实时掌握施工过程中的水土流失发生范围、发生强度和程度以及对周边的影响程度。开发建设项目水土保持监测是监测水土流失发生范围、发生强度和程度以及对周边的影响程度，国外尚未开展研究。

针对生产建设项目现场条件复杂、人工成本高、现有的监测技术和手段自动化程度低的特点，对西部大型开发建设项目水土保持土壤流失自动观测技术、航空遥感水土保持监测技术、植被盖度自动分析技术、水土保持重点部位远程信息自动化采集技术进行了研究，以光电传感、远程信息采集、图像自动识别等核心专利技术群为支撑，将工程施工中水保关注的所有指标和内容采用自动化的设备和技术动态采集到系统平台上，实现数据同步获取和更新，为行业管理和行政监督提供更加及时、精准和智能的评价数据。成果获 4 项专利。

(一) 主要成果及创新点

(1) 首次将光电数字化技术应用于现场土壤侵蚀数据的自动采集，使土壤侵蚀观测数据由以往的全人工观测向网络自动化观测转变，研发了相应的土壤侵蚀光电测尺设备，实现了网络化监测数据管理、大范围区域生产建设项目监督管理、监测成果自动化生成。

(2) 首次引入智能感应控制电路，研发了便携式土壤流失自动采样器，实现了无人值守式采样。

(3) 开发了乔灌草植被盖度自动采集设备和分析软件，实现了植被盖度数据由低到高逐层采集、自动分析。

(4) 首次引入智能控制系统，研发了水土流失重点观测部位的影像自动采集设备，将数据直接按照采集设备编码对应的工程部位和影像用途属性，直接在网络上自动归类、更新，实现了无人值守的现场巡查工作模式。

(5) 提出了适用于开发建设项目水土保持监测的航空遥感监测技术手册，分析了开发建设项目在卫星和无人机影像在水土保持监测中涉及的维度和空间计算方法，提出了适用于开发建设项目水土保持监测的航空遥感监测技术手册，为未来规范化、大规模、高频次多维度数据提取提供了技术参考。

(二) 应用情况及推广前景

成果已在云南、四川、浙江、安徽等省的水电、交通、铁路、水利、园区等项目中应用，取得了重大的社会效益，市场前景广阔。

(三) 获奖单位

中国电建集团华东勘测设计研究院有限公司。

(四) 获奖人

李海林、芮建良、李俊、李健、杨瑾、尉全恩、高智。

(水力发电科学技术奖励工作办公室)

## 湄公河流域地质环境特征及对水电开发的影响研究

“湄公河流域地质环境特征及对水电开发的影响研究”获 2016 年度水力发电科学技术奖三等奖。

我国推行“一带一路”战略，引领中国企业“走出去”。湄公河流域地处战略要地，大地构造位置的特殊性，地质条件较复杂，但地质基础资料极其缺乏，没有合理的地震区划等，也没有地质灾害地质特征等系统性研究成果。虽然我国在湄公河干流开发项目不多，但在支流上已建在建工程达几十处。参建方对其地质条件认识深度、广度各不相同，普遍缺乏宏观系统的认识，对电站规划建设的合理性、经济性与风险性的评估缺乏基础技术支撑。因此，开展湄公河流域地质环境特征及对水电开发的影响研究具有重大意义。项目研究获发明专利4项、软件著作权登记证书1项。

（一）主要成果及创新点

（1）首次对湄公河流域的工程地质环境进行系统总结与研究，填补该领域研究空白。

（2）首次对湄公河流域区域构造稳定性及地震危险性开展了专题研究，进行潜在震源区的划分，编制了研究区地震动参数区划图，对区域地震危险性进行了分析、评价，为流域内的重大工程的选址及抗震设防提供了基础资料，填补该领域研究空白。

（3）利用3S技术首次对整个湄公河流域的地质环境进行系统的解译、研究与评价。完成了湄公河流域地质灾害GIS空间分析，建立了湄公河流域三维动态地质信息数据库，提出了适用于湄公河流域地质灾害易发性分区的定量数字模型与方法。

（二）应用情况及推广前景

成果在老挝北本水电站、南欧江梯级水电站、东萨洪水电站、南芒南彬水电站进行应用，解决了地质基础资料匮乏的问题，提高工程开发工作效率并节约前期工作成本，加快了湄公河流域水电开发进程。成果不仅可应用于水电工程，还为道路、桥梁、市政、矿产、环境、灾害等多个领域提供借鉴与参考，具有显著的社会经济效益，推广应用前景广阔。

（三）获奖单位

中国电建集团昆明勘测设计研究院有限公司、云南省地震工程勘察院。

（四）获奖人

王昆、何伟、刘敏刚、常祖峰、吴勇、饶学治、彭森良。

（水力发电科学技术奖励工作办公室）

## 石油储备地下水封洞库关键技术研究

“石油储备地下水封洞库关键技术研究”获2016年度水力发电科学技术奖三等奖。

地下水封洞库是石油储备的重要形式。但我国仅在20世纪70年代建成4万$m^3$和15万$m^3$小型地下水封洞库，近几年在建及拟建的地下水封洞库容积才达300万～500万$m^3$。我国对大型地下水封洞库系列技术问题缺乏实际工程资料借鉴，相关基础研究薄弱，特别是涉及地下水封洞库工程设计和运行的关键技术，如裂隙岩体渗透特性测试、渗流场分析、水封性评价、人工水幕设计及渗流控制、洞室围岩长期安全性、施工期通风及安全监测设计与监控分析等相关研究还处于空白。

为解决黄岛等大型地下水封洞库建设和运行中技术难题，为类似工程提供借鉴，促进行业科技进步，本项目依托黄岛、惠州和湛江国家石油储备地下水封洞库工程，对人工水幕设计、地下水渗漏控制、施工期通风及安全监测等进行了系统研究，在水幕设计与渗流控制、长期安全性评估、施工期通风设计和安全监测等方面取得了创新性成果。项目研究取得2项发明专利和4项实用新型专利，发表论文5篇，出版专著1部，取得软件著作权登记证书1项，编制企业标准1部，培养博士后1名、博士生2名、硕士生7名。

（一）主要成果及创新点

（1）研发了地下水封洞库围岩渗透特性测试技术与方法，提出了地下水封洞库围岩长期强度参数确定方法和长期安全性评价方法。

（2）完善了地下水封洞库水封准则理论，首次提出了人工水幕设置判别标准及基本原则，研究了地下水封洞库渗流控制技术，编制了《地下水封洞库水幕系统设计导则》企业标准。

（3）建立了地下水封洞库安全监测设计体系。

（4）提出了地下水封洞库施工期通风设计方法。

（二）应用情况及推广前景

成果已应用于黄岛、惠州和湛江地下水封洞库工程，解决了工程设计中的技术难题，可为地下水封洞库合理选址、油品密封安全性评估、人工水幕系统设计、施工期通风设计、围岩长期稳定性评估及运行管理提供决策依据。

（三）获奖单位

中国电建集团中南勘测设计研究院有限公司、河海大学、长沙理工大学。

（四）获奖人

冯树荣、徐卫亚、胡育林、张金龙、赵海斌、蒋中明、任旭华。

（水力发电科学技术奖励工作办公室）

## 深厚覆盖层勘察评价关键技术及工程应用

“深厚覆盖层勘察评价关键技术及工程应用”获2016年度水力发电科学技术奖三等奖。

利用覆盖层建坝的技术一直是水电水利界研究的重点技术问题。在河床覆盖层上修建大坝特别是高坝，存在地基承载力、渗漏与渗透变形、沉降与差异沉降、地基固结、抗滑稳定、地震液化、深基坑排水与边坡支护等工程地质问题，如果对这些问题认识不清，工程处理措施不合理等往往会引发严重的工程事故。河床覆盖层的存在，不仅严重影响和制约了水电工程坝址的选择，影响了相关流域水电资源的开发利用与规划，同时也给坝工设计如坝型选择、枢纽布置、防渗措施等设计带来巨大的困难。

该研究围绕河床深厚覆盖层上建坝所面临的勘察技术共性和相同的工程地质问题，从深厚覆盖层的成因分类、堆积物分布韵律和特点、岩组划分方法、粗粒土和细粒土的物理力学特性、渗透性质和参数选取、覆盖层建坝的工程地质问题和因素影响、地基处理措施等多方面进行研究。结合典型工程实例，对现有的覆盖层地质调查、试验测试、勘探检测、分析评价等勘察技术和评价方法进行系统总结分析，创新性提出了深厚覆盖层多因素相互作用关系分析法（EGI）和概念，取得了丰富的成果。

（一）主要成果及创新点

（1）首次对深厚覆盖层勘察技术、试验测试、分析评价、地基处理等方面进行了系统的总结研究，提出了国内第一本专题综合研究成果报告，提升了深厚覆盖层工程地质勘察理论水平。

（2）创新性地建立了地层序列（地层相对序列、地层地质年代序列），并首次提出了深厚覆盖层岩组划分标准。经部分工程应用，有较强的适用性。

（3）首次进行了深厚覆盖层绳索取芯技术、声频振动取芯技术的专门对比试验，提高了深厚覆盖层勘察技术水平。

（4）首次对覆盖层进行深度分级、结构分类，提出并确立了不同物探仪器对此分级、分类的适宜性和适用范围。

（5）首次对深厚覆盖层物理力学性质试验成果的统计整理原则、方法进行了研究，提出了适用于水电工程的物理力学参数的取值原则、理论和方法。

（6）创新性地提出了深厚覆盖层多因素相互作用关系分析法（EGI）。从深厚覆盖层工程地质条件、施工方法、建设环境条件等因素入手，在坝基勘察评价以及工程应用、加固处理经验总结的基础上，提出了深厚覆盖层工程地质多因素相互作用关系分析法EGI，对促进深厚覆盖层勘察研究工程地质学和岩土力学学科的发展有较大意义。

（二）应用情况及推广前景

成果有效解决了多布、汉坪嘴、察汗乌苏等水电站深厚覆盖层建坝的关键技术问题，经工程应用和验证，有较强的适用性。对类似工程具有重要的借鉴作用和指导意义，社会经济效益显著，具有推广应用价值。除适用于水电水利工程外，对火电、工业与民用建筑、铁路、公路、地铁、码头、桥梁、机场、塔基等行业和工程，其建筑物布置在松散覆盖层堆积地区等，均有较强的参考应用价值。

（三）获奖单位

中国电建集团西北勘测设计研究院有限公司。

（四）获奖人

赵志祥、左三胜、万宗礼、李树武、李常虎、王有林、杨晓辉。

（水力发电科学技术奖励工作办公室）

## 强震区200m级高混凝土面板坝抗震关键技术研究

“强震区200m级高混凝土面板坝抗震关键技术研究”获2016年度水力发电科学技术奖三等奖。

强震区高面板坝抗震减灾设计和抗震安全性研究历来都是水利水电工程的关键技术问题之一。2008年“5·12”汶川大地震之后，强震区水工建筑物所出现的震损状况与震害现象，更加引起了工程与学术界对抗震问题的关注，尤其是对于地处我国西部高地震烈度地区的大型水利水电工程来讲，抗震减灾问题更为突出。而今，混凝土面板坝在我国迅速发展，坝高已从100m发展至200m，逐渐向250m至300m高坝迈进。然而，由于高坝遭遇强震的工程实例较少，超高混凝土面板坝抗震设计的技术还不够成熟，抗震设计方法和抗震措施的研究还不够深入，还没有形成系统的抗震控制的量化标准。强震区200m级高面板坝抗震机理及抗震设计方法、抗震措施有效性及震损、抗震标准的研究，已成为制约高混凝土面板坝设计坝高提升和筑坝技术提高的关键因素之一。

为此，在系统总结了近年来国内外在面板堆石坝震损（震害）调查成果和抗震设计方面的最新发展，并依托茨哈峡面板坝（坝高257m）、大石峡面板坝（坝高256m）、猴子岩面板坝（坝高223.5m）、滚哈布奇勒面板坝（坝高210m）等强震区高混凝土面板堆石坝工程，采用工程调研、资料整理分析、室内外试验、抗震措施设计、物理模型和数值分析及监测资料对比等多种途径相结合的方法，对Ⅷ度及以上烈度区200m级以上高混凝土面板坝的抗震关键技术进行了研究，提出了强震区高混凝土面板堆石坝抗震设计理论、设计方法、安全评价应用指南和实施效果好、经济合理、与大坝填筑干扰小、可以大规模实施的抗震措施等，获发明专利2项。

（一）主要成果及创新点

（1）系统总结了高面板坝抗震研究成果，凝练了200m高面板堆石坝抗震中的关键技术问题，提出了改进思路和研究方向。

（2）提出了与本构模型和动力计算方法相适应的坝料动力试验及参数确定方法改进思路，明确了强震区高面板堆石坝坝料选择原则。

(3) 提出了针对大坝抗震安全特点选择经济合理的综合抗震措施的方法。

(4) 首次提出了200m高面板坝抗震安全性评价主要技术指标，建议了面板及坝体抗震安全控制标准。

(5) 首次提出了强震区高面板坝地震监测仪器选型要求和监测仪器地震触发后主要物理量高频动态监测的新方法，解决了当前强震区高面板坝不能进行地震发生时主要物理量实时监测和快速传输的问题。

(二) 应用情况及推广前景

成果已在前期设计的茨哈峡、大石峡、玛尔挡、滚哈布奇勒面板坝以及在建工程猴子岩面板坝上得到初步应用，促进了面板坝设计理论水平、数值分析方法和试验方法的提高，并为相关规范的整编提供参考。

(三) 获奖单位

中国电建集团西北勘测设计研究院有限公司、中国电建集团成都勘测设计研究院有限公司、中国水利水电科学研究院。

(四) 获奖人

白俊光、苗喆、李学强、余挺、赵剑明、米占宽、孔宪京。

(水力发电科学技术奖励工作办公室)

## 大型高转速重载推力轴承试验台研制与应用

“大型高转速重载推力轴承试验台研制与应用”获2016年度水力发电科学技术奖三等奖。

抽水蓄能电站具有运行方式多样、启动快速、调峰调频性能优良等优点，对电网的安全、稳定、经济运行，保证供电质量等方面都具有重要意义，近几年在国内得到了迅猛发展。推力轴承是大型发电电动机的重要部件，其设计是否合理将直接影响机组的可靠运行。根据行业发展战略，对大型高转速重载推力轴承试验台开展了研制工作。

研制过程中结合真机运行特点，针对高速运行需要，对试验台整体结构、加载方式、油水系统、测控系统等多项技术进行了研究，根据成熟经验优化轴系、机架参数。所研制的试验台最大推力负荷1500t，最高转速900r/min，电机最大功率5000kW，最大试验轴承外径2750mm，试验能力能够满足后续抽水蓄能机组推力轴承的试验要求，对推力轴承的技术发展及新产品开发具有重要意义。依托试验台研制了一套单波纹弹性油箱支撑结构、采用巴氏合金瓦或塑料瓦的双向推力轴承方案，进一步提升了我国大型蓄能机组推力轴承的技术水平，获发明专利1项。

(一) 主要成果及创新点

(1) 研制成功了一套大型高转速重载推力轴承试验装置，最高转速900r/min，为国内最大，可满足近期和可以预见的未来抽水蓄能机组及常规高速水轮发电机推力轴承试验的需要。

(2) 开发了双向单波纹弹性油箱，并应用于蓄能机组推力轴承支撑结构中。这种支撑结构具有安装调整方便、自动平衡瓦间负荷能力强、瓦的倾斜灵活、可较好地控制瓦变形等优点。

(3) 首次开发出了双向弹性金属塑料瓦推力轴承，拓宽了双向推力轴承的可选技术范围。该种瓦面材料耐磨性能、机械性能好，自润滑性高，且不需要高压油顶起系统，非常适合水轮发电机组。

(4) 试验台的数据采集和控制系统采用集散式、网络化、开放式信息系统，可以进行远程操控，数据在线分析处理。

(二) 应用情况及推广前景

成果已应用于溧阳（6台250MW）、深圳（4台300MW）、丰宁（6台300MW）抽水蓄能电站机组推力轴承的设计制造中，应用于敦化（2台350MW）、荒沟（4台300MW）抽水蓄能机组推力轴承的设计中。依托试验台对双向推力轴承进行试验研究，优化设计方案，掌握大型高速抽水蓄能机组推力轴承的先进技术，提升了国产产品竞争力，降低了国内电站建设成本。

(三) 获奖单位

哈尔滨大电机研究所。

(四) 获奖人

武中德、王晓珏、李文彬、王森、刘琪、全日光、霍新新。

(水力发电科学技术奖励工作办公室)

## 大型水力发电机组镜板缺陷修复新工艺

“大型水力发电机组镜板缺陷修复新工艺”获2016年度水力发电科学技术奖三等奖。

中国长江电力股份有限公司检修厂，在三峡水电站一机组2015年扩大性B修中，发现镜板工作面存在2处共13个气孔状缺陷。第一处有10个气孔，成带状分布，长约50mm，最大气孔直径约2mm，深度超过0.2mm；第二处有3个气孔，点状分布，最大气孔直径约2mm，深度超过0.2mm。经研究，决定采用激光熔覆技术对该镜板工作面缺陷进行修复，这在国内尚属首例。通过系统研究，解决了激光熔覆技术修复镜板工作面气孔、夹杂等缺陷的工艺，修复后镜板符合行业标准，满足机组回装及运行要求，消除了机组运行安全隐患，延长了镜板使用寿命。

（一）主要成果及创新点

（1）对大型机组镜板工作面缺陷进行试验修复，试验结果表明修复后镜板可用于实际机组运行，证明了采用激光熔覆技术进行修复的可行性。

（2）与重新更换镜板相比，对镜板缺陷进行修复，成本低、工期短，为机组早日投产发电带来了巨大的经济效益。

（3）激光熔覆技术作为20世纪70年代的一种新兴技术，虽已广泛应用于机械制造与维修，但采用激光熔覆技术对水轮发电机镜板工作面缺陷进行修复尚属国内首例，为以后国内同行业高精度要求的镜板修复提供了宝贵的经验。

（二）应用情况及推广前景

该镜板工作面缺陷已修复完成，镜板修复精加工后的平行度、粗糙度质量均达到行业标准，修复后的镜板满足安全稳定运行要求。成果所采用的工艺、材料等是科学合理的，为国内同行业镜板工作面缺陷修复提供了参考。

（三）获奖单位

中国长江电力股份有限公司检修厂、华中科技大学国家光电实验室。

（四）获奖人

李平诗、曾晓雁、王宏、胡乾午、熊浩、韩波、徐进。

（水力发电科学技术奖励工作办公室）

## 大岗山水电站国产500kV高压电缆应用技术研究

“大岗山水电站国产500kV高压电缆应用技术研究”获2016年度水力发电科学技术奖三等奖。

超高压电缆在我国大型水电站工程中的应用越来越多，但2011年前基本上所有超高压电缆及其附件全部依赖进口。大岗山电站500kV电缆施工招标工作始于2011年，当时具备500kV电缆生产能力和较多运行业绩、可能参加大岗山水电站的国外潜在投标人有瑞士布鲁克电缆有限公司、法国SILEC、普睿斯曼等厂商；国内潜在投标人具备了500kV交联聚乙烯电缆及附件制造技术和能力，但业绩和经验稍欠缺，其可靠性有待进一步验证。从国家、企业发展战略考虑，大岗山水电站500kV电缆本体及其附件全部采用国产化产品，为此开展了本研究。

（一）主要成果及创新点

（1）大容量、长距离（953m）、大落差（185m）500kV电缆本体及附件从生产制造、现场安装试验、到投入商业运行，首次实现一条龙全面国产化重大突破。

（2）由500kV电缆本体及附件配套形成的完整产品属于国内首创，其主要技术指标超过国际标准，处于国际领先水平。

（3）首次依赖国内技术力量攻克了大容量、长距离、大落差500kV电缆及其附件制造敷设固定关键技术。

（4）首创500kV三相电缆采用品字形（即为等边三角形）布置，相间距离为400mm，回流线布置在三角形的中心位置。该布置方案，能最大限度提高电缆载流量，降低电缆护套过电压。

（二）应用情况及推广前景

大岗山水电站500kV电缆及其附件采用全国产化产品，在电网系统525～537kV电压范围已运行一年多，各项指标均达到设计要求，性能安全可靠，为国内后续水电工程采用全国产高压电缆起到重要的示范作用，打破国外企业对技术封锁和产品垄断，增强了中国民族产业的国际竞争力，具有推广应用价值。

（三）获奖单位

国电大渡河大岗山水电开发有限公司、江苏安靠智能输电工程科技股份有限公司、中国电建集团成都勘测设计研究院有限公司。

（四）获奖人

王安、杨忠伟、张建军、朱红、晏雷、夏洪高、郭文波。

（水力发电科学技术奖励工作办公室）

## 水电机组实操自控装置培训系统开发

“水电机组实操自控装置培训系统开发”获2016年度水力发电科学技术奖三等奖。

洪江水力发电厂为了高效地培养出具有实际操作能力的水电厂自动化专业技术员工，满足企业又好又快发展需要，利用电厂技改后更换下的双调节调速器设备、计算机监控装置、励磁装置、发变组继电保护装置、多媒体教学等设备，开发出了一套水电机组实操自控装置培训系统；并配套编写、出版了一套培训教材和实验指导书。这种创新性地采用数字与物理结合的仿真方式，突破了传统培训模式。

（一）主要成果及创新点

（1）自主研发、建立的灯泡贯流式水轮机数学仿真模型，应用于水轮机仿真装置，完全可全部模拟水轮机的运行工况，另外利用技改更换下来的设备组建了物理仿真部分，水轮机仿真装置与物理仿真部分的结合，可完整呈现水电机组的生产过程。

(2) 该系统能够全面对员工开展各个系统的运行操作、解体检修、定值校验、编程调试、系统参数动态测试和故障排查等运行、检修技能培训，提高培训人员的实际动手能力和对自动化设备的故障分析、检修维护等技能水平。

(3) 针对电厂不具备条件、难于查找的故障，可利用该系统进行“一对一”的故障排查和处理研究，避免了电厂的安全生产事故和效益的损失。

(4) 结合现场设备特点，开发出的培训教材和实验指导书，可以配合实训系统，以理论与实践相结合的方式对学员进行培训，使理论学习与实际操作结合更加紧密，大大加强了培训的效果。

(5) 该系统制作了可直观展示的导叶、桨叶接力器，并采用气囊式蓄能器替代大型油压装置，占地面积小，节约备品采购费用，保证接力器运行稳定性。

(二) 应用情况及推广前景

洪江水力发电厂应用该系统，成功承办了多期水电自动装置（调速器）培训班，采用讲、练交替的培训方式，培训效果明显，参训人员受益匪浅。已推广应用，成为国家电投集团公司水电自动装置技术培训中心。

(三) 获奖单位

五凌电力洪江水力发电厂、河海大学。

(四) 获奖人

谭文胜、刘强、谭丕成、钟永、郑源、简孝林、陈政。

（水力发电科学技术奖励工作办公室）

## 大型抽水蓄能机组调速系统全工况状态智能分析及关键控制参数整定仿真平台的设计开发与应用

“大型抽水蓄能机组调速系统全工况状态智能分析及关键控制参数整定仿真平台的设计开发与应用”获 2016 年度水力发电科学技术奖三等奖。

我国抽水蓄能电站建设进入了一个高速发展的时期，抽水蓄能机组在电力系统中承担着调峰、调频、调相、事故备用以及吸收多余电能等任务，是当前电网中最重要的储能和调峰调频节点。调速器系统负责机组转速控制、同期、负荷调节和工况转换等重要任务，其实际控制性能直接影响整体机组的运行。国内抽水蓄能机组调速器常采用国外产品，由于国外厂家保密原因，调速器就像黑匣子一样，维护人员无法获知其内部重要变量的运行状态。而这些运行变量往往对于电厂运行与检修人员来说，又是非常重要的。如果能够实时的监视调速器及导叶闭环控制回路中的各种重要变量及参数曲线，对研究调速器的运行特性和分析故障原因将提供一个非常重要的窗口。为达到上述目的，有必要设计开发调速器状态监测系统，为调速器全工况下状态监测提供有效手段。为此，对广州抽水蓄能电站调速器控制系统 PLC 程序进行深入研究，设计并开发出全工况调速器状态监测分析系统，并研发出蓄能机组调速系统关键控制参数整定及仿真平台。

(一) 主要成果及创新点

(1) 攻克了调速器状态监测难点，实现了大量调速器内部变量信息和故障信息的在线实时监视，对调速器控制系统的维护意义重大；开创性地设计出“自由曲线分析”功能，极大提高了技术人员故障分析的效率。

(2) 创新设计出一套根据输出响应采取高阶线性系统模型拟合算法整定调速器 PID 控制参数的方案，自主开发了界面友好的抽水蓄能机组调速器控制参数自动整定软件，建立了全工况下符合机组真实特性的数学模型，设计出一套基于抽水蓄能机组调速控制系统频域数学模型的可视化动态计算模拟仿真算法。研发的平台可以在实验室模拟风险大成本高的多种抽水蓄能机组调速控制系统相关试验，并可作教育培训平台。

(二) 应用情况及推广前景

成果经过实际检验，运行效果良好，各项运行指标均达到了预期的目标，可广泛应用于蓄能电厂调速器状态监测分析系统的搭建、新设备投运前的调试、控制参数优化、故障分析查找、仿真试验、调速系统离线动态性能评估、机网协调控制研究、教育培训等方面，具有推广应用价值。

(三) 获奖单位

广州蓄能水电厂。

(四) 获奖人

冯凌云、杨铭轩、巩宇、梁彦、黄中杰、邱小波、吴昊。

（水力发电科学技术奖励工作办公室）

## 高水头超大型大厚度高强钢岔管制作安装技术

“高水头超大型大厚度高强钢岔管制作安装技术”获 2016 年度水力发电科学技术奖三等奖。

厄瓜多尔科卡科多辛克雷水电站共有 2 条压力钢管，采用 1 洞 4 机的布置，压力钢管全程为地下埋管，每条主管道通过三级岔管分支后供给机组发电水量。岔管制作安装所有验收标准均要求按美国相关规程规范执行；钢板材料为拉伸强度 610MPa 的大厚度高强钢钢板；一级岔管的公切圆直径 5980mm，壳体的半锥顶角 20°，最大壁厚 88mm，肋板厚度 170mm 且为三块板拼焊成一个整体；所有 A、B 类焊缝进行 100％射线检测；受洞内运输限制，岔管分段运输到安装现场，在洞内进行组装、焊接，并按 6.83MPa ×1.3＝8.879MPa 的试验值进行三级岔管一次性整体水压试验。为保证制作、安装质量，确保电站安全运行，并减少引水工程中岔管安装在直线工期上的占用时间，对该高水头超大型大厚度高强钢岔管现场制作安装关键工艺技术进行了综合研究，获实用新型专利 1 项，发表论文 3 篇。

（一）主要成果及创新点

（1）通过技术攻关和试验研究，制定了一套合理的高水头超大型大厚度高强钢岔管制作、安装的技术方案。

（2）成功解决了目前水电站工程 610MPa 高强钢最大板厚的异型管卷制和钢管在洞内复杂环境下的预热、焊接及消氢工艺等难题。

（3）将 TOFD（衍射时差超声波检测）首次成功应用到国外大型水电站超大型压力钢管焊缝检测，替代了 RT（射线检测）、电子回旋加速器检测，得到国际咨询机构认可。

（4）研发了洞内吊装平衡梁，首次在国外现场按照 ASME 标准，成功进行了三级钢岔管整体水压试验，试验压力 8.9MPa。

（二）应用情况及推广前景

成果已在厄瓜多尔科卡科多辛克雷水电站压力钢管及岔管制作安装施工中成功应用，成果转化效果显著，社会、经济和环境效益显著，具有广阔的推广应用价值。

（三）获奖单位

中国水利水电第十四工程局有限公司。

（四）获奖人

王建利、彭贵军、刘和林、龚金兰、张兴元、周玉龙、陈忠敏。

（水力发电科学技术奖励工作办公室）

## 140m 以上高水头附环闸门系统设计技术研究与应用

“140m 以上高水头附环闸门系统设计技术研究与应用”获 2016 年度水力发电科学技术奖三等奖。

高水头泄水建筑物的工作闸门主要采用的是弧形闸门或平面闸门。弧形闸门不设门槽，水流顺畅，水力学条件好。闸门的工作水头、孔口面积与总水压力这三项指标反映出我国高水头弧形闸门的设计制造及工程应用方面已达到世界先进水平。平面闸门门槽的存在易使高水头泄水建筑物产生空化现象和发生空蚀破坏，故使用较少。但由于受到结构布置、价格性能、泄水建筑物功能等方面的影响，部分工程的放空洞等泄水道工作闸门也采用平面闸门作为控流设备。

高水头附环闸门系统设计技术是将平面闸门应用于高水头泄水建筑物的一次重要尝试。附环闸门是高水头平面闸门的一种，其主要特点是在高水头平面闸门的基础上于闸门底部增设附环结构，使闸门开启时，附环结构对门槽部分进行回补后无门槽，以保证整个流道为圆形断面，减少了流道形状的变化。泄洪时等于无门槽，出流为圆形断面，能避免或减少高速水流与门槽的空化空蚀，满足高速水流下流道的设计要求。140m 以上高水头附环闸门系统设计技术研究，解决了附环闸门的设计、制造及安装技术，填补了我国在附环闸门这一类型闸门研究上的空白，实现了整个流道连续，解决了超高水头平面闸门水力学及结构动力安全问题，取得了良好的应用效果，获发明及实用新型专利 4 项。

（一）主要成果及创新点

（1）国内首次研究设计了超高水头附环闸门，并成功应用于水电工程，其孔口面积与总水压力为目前世界上同类设备之最。

（2）首次提出了将附环闸门所受水压力向上游传递的闸门支承结构，优化了水工结构布置。

（3）首次使用了适用于附环闸门的新型充压伸缩式水封结构，优化了充水系统。

（4）发明的新型可调式单项节流装置，解决了附环闸门液压启闭机的调速问题。

（二）应用情况及推广前景

成果已应用于埃塞俄比亚 GIBEⅢ水电站，运行良好，为超高水头泄洪系统水工结构、闸门及启闭设备的选型布置提供一种全新的途径和方法。社会经济效益显著，具有推广应用前景。

（三）获奖单位

中国电建集团成都勘测设计研究院有限公司。

（四）获奖人

姚昌杰、贾仕开、陈相楠、蒋德成、赵辅鑫、赵进平、王劲夫。

（水力发电科学技术奖励工作办公室）

## 梨园水电站超大型压力钢管自动化组焊应用研究

“梨园水电站超大型压力钢管自动化组焊应用研究”获2016年度水力发电科学技术奖三等奖。

引水压力钢管制造作为水电建设一个非常重要的环节，直接影响工程建设的规划、质量、安全、进度和投资。传统工艺往往需要在隧洞外布置较大面积的压力钢管制造厂和成品储存场地，在加工厂完成下料、卷板、瓦片组对、整形和焊接，需要较大的人力资源和设备投入，工人劳动强度大，手工焊接质量不稳定，产能受制于人员素质和恶劣天气等因素；成品需要用车辆运输进隧洞，运输难度和安全隐患巨大；在陡峭地形布置场地，开挖支护的工程量巨大，道路和桥梁、交通支洞等建设规模均必须与大型钢管匹配。而水电站往往选址于高山深谷，地形狭窄，施工场地布置困难是普遍问题。采用超大型压力钢管自动化组装焊接设备和技术，可以解决上述问题，但目前在国内尚无成功规模化应用的先例。该项目研究以梨园水电站引水压力钢管工程为依托，在国内首次实现了超大型压力钢管自动化组装焊接设备和技术规模化应用，获专利5项。

（一）主要成果及创新点

（1）在国内首次实现了超大型压力钢管自动化组焊规模化生产。

（2）采用大型钢管组焊台车，瓦片搬运、管节组圆、管节纵缝焊接、加劲环安装及焊接等主要工序集成，实现一体化连续作业，避免频繁更换工位；并可进行两（多）节组对，替代传统人工作业，节约人力资源。

（3）钢管圆度采用自动数字调节（PLC），替代传统人工机械调节，形位公差控制优异。

（4）钢管纵缝采用埋弧自动焊接，替代90%以上的传统手工电弧焊，焊接质量稳定，显著提升工效，焊接过程无弧光、烟尘极小，符合国家产业升级政策导向；加劲环采用机械化安装及埋弧自动焊，替代传统人工作业，节约人力资源，提升焊缝质量。

（二）应用情况及推广前景

成果在梨园水电站成功应用，并在黄金坪水电站、涔天河水库扩建等工程中得到推广，经济社会效益显著，具有广阔的应用前景。

（三）获奖单位

云南华电金沙江中游水电开发有限公司梨园发电分公司、成都阿朗科技有限责任公司、中国水利水电第七工程局有限公司。

（四）获奖人

段利明、许屹、杨斌、缪应东、张龙强、粟浩唯、龙少飞。

（水力发电科学技术奖励工作办公室）

## 偏压浅埋大断面隧洞群开挖支护技术

“偏压浅埋大断面隧洞群开挖支护技术”获2016年度水力发电科学技术奖三等奖。

金沙江乌东德水电站右岸4号导流隧洞进口渐变段长50m，为城门洞型，最大开挖断面27.90m×30.30m（宽×高）；进口洞脸与3号导流洞隔墩岩体为因民组第一段（Pt2y1）灰—褐灰色薄层、极薄层大理岩化白云岩，多以层间劈理及微裂隙为主。4号导流隧洞进口渐变段与3号导流隧洞进口明渠间隔墩左侧为顺向坡、右侧为逆向坡，左侧岩体水平最薄处厚度13.77m，薄壁洞径比0.49，顶部最薄14.8m，左顶拱最薄处8.9m，最薄覆盖洞径比0.31，均远远小于1倍洞径。该隧洞偏压明显，受力条件复杂，且受高边坡及红沟断层影响，洞口高边坡及隧洞安全问题突出。因此，开展了偏压浅埋大断面隧洞群开挖支护技术研究，针对特殊复杂地质地形条件，通过数值分析，成功解决了4号导流洞渐变段特殊的左隔墙顺向坡、洞口横向坡结构开挖支护技术难题。项目研究获发明专利1项，实用新型专利2项。

（一）主要成果及创新点

（1）洞口采用垂直悬吊锚筋桩拉板预加固、正洞脸及侧向边坡采用多种复合支护和无盖重灌浆预加固，顶拱采取“中导洞超前、全断面扩挖、支护紧跟”“短进尺、弱爆破或无爆破机械开挖”“隧洞安全防护网、混凝土免拆模板”等技术进行开挖支护，形成了偏压浅埋大跨度安全快速开挖支护技术。

（2）针对偏压问题，采取了“型钢喷混凝土与锚筋桩、预应力锚杆（索）、无盖重灌浆复合预加固技术”，成功解决了偏压大断面隧洞快速开挖技术难题。

（3）根据数值分析计算结果，洞内按照“先左幅后右幅，薄层开挖，随层支护”“短进尺、立面小层高、弱爆破或无爆破机械”开挖；采用复合支护措施，形成“复合拱圈受力体结构”，确保了偏压大断面隧洞的安全。

（二）应用情况及推广前景

成果已在乌东德水电站右岸4号导流隧洞进口渐变段开挖工程成功应用，经济社会环境效益显著，可供类似工程借鉴。

（三）获奖单位

中国水利水电第十四工程局有限公司。

（四）获奖人

金怀锋、王红军、李洪明、刘卫东、张玉彬、张利生、马岚。

（水力发电科学技术奖励工作办公室）

## 面板混凝土机械化施工配套设备研制与应用

“面板混凝土机械化施工配套设备研制与应用”获2016年度水力发电科学技术奖三等奖。

老挝南坎2（Nam Khan 2）水电站枢纽面板堆石坝，最大坝高126.00m，坝顶轴线长369.21m，坝顶宽10.00m；面板设计为钢筋混凝土结构，坡度为1∶1.4。二期面板共有28块，最大坡长165.20m，混凝土工程量近20000m$^3$，钢筋安装量约为2100t，工期较短，仅有6个月，采用传统施工方法难以满足施工质量、进度、安全要求。根据工程需求，对面板混凝土施工工艺进行了研究，研制了混凝土面板施工钢筋输送安装车、多功能面板滑模、堆石坝面板全线段面板自动修抹机、坝顶纵向移动横向牵引车等机械化施工配套设备，形成了适用于面板混凝土施工的新技术，提高了施工质量和安全。项目研究获发明、实用新型专利各1项。

（一）主要成果及创新点

（1）研制了具有液压升降、水平调节定位功能的面板钢筋输送安装台车，车间生产钢筋网块，斜坡牵引运输入仓，有效提高了钢筋加工安装精度，明显加快了钢筋制作安装进度，降低了劳动强度，减少了施工安全隐患。

（2）研制了适用于面板混凝土抹面的滚动刀片式自动修抹机，实现了面板全线同步修抹成型，同时具有压实整平综合功能，有效提高了混凝土表层施工质量，首次实现了面板坝斜面混凝土机械化修抹。

（3）研制了“坝顶自行式多功能台车”，具有水平移动、斜面牵引等多项功能，实现了钢筋安装台车、自动修抹机等施工设施设备沿坝面自动牵引，并沿坝轴线方向水平移动、快速转仓。

（4）基于课题研制的钢筋安装台车、自动修抹机、坝顶多功能台车等设备的综合应用，形成了相应的面板混凝土机械化施工流程和施工工艺，有效提升了面板混凝土机械化施工水平。

（二）应用情况及推广前景

成果在老挝南坎2水电站工程应用，2015年8月蓄水至发电设计水位，大坝工作运行正常，取得了良好的社会经济效益，有推广应用前景。

（三）获奖单位

中国水利水电第十工程局有限公司。

（四）获奖人

陈茂、李锐、陈勇、吴方明、汪勇、刘洪、黎雄飞。

（水力发电科学技术奖励工作办公室）

## 白鹤滩水电站高陡边坡快速开挖与支护关键技术研究

“白鹤滩水电站高陡边坡快速开挖与支护关键技术研究”获2016年度水力发电科学技术奖三等奖。

白鹤滩水电站大坝左右岸边坡开挖工程，最大开挖边坡高度615m，边坡陡峻，出渣通道布置困难；地质条件复杂，存在柱状节理玄武岩，局部边坡断层、层间与层内错动带发育；边坡开挖支护工程量大，施工强度高、工期紧，采用传统的开挖施工技术难以保证工期要求。为实现电站如期发电控制性工期目标，针对工程特点，对高陡边坡快速开挖与支护关键技术进行了研究，形成了水电站高陡边坡优质快速施工技术，创造了水电站高陡边坡开挖速度的新纪录，取得了6项专利和4项工法，满足了工程要求。

（一）主要成果及创新点

（1）根据布置条件，提出了明暗结合的立体化施工道路布置体系，针对边坡地形特征，采用空间分区、多平台立体挡渣、翻渣集渣的综合施工方案，实施多区段开挖的立体平行流水作业，布置合理，协同高效。

（2）采用边坡预裂，控制单段药量的深孔爆破，坝基部位柱状节理玄武岩采用预留保护层先锚后挖的综合控制爆破技术，有效控制了爆破影响。

（3）采用蹬渣作业方式随层快速支护机械化施工，配合采用研发的装配式整体吊装排架系统，分区支护、立体作业，显著加快了系统支护施工进度，确保了支护的及时性和有效性。

（4）针对高边坡施工实施爆破振动、边坡变形、锚杆锚索应力应变等系统的安全监测，并根据安全监测分析结果适时指导现场施工，结合无人机现场安全巡查，提高了现场安全生产与监控水平。

（5）采用沿江设置挡墙的全范围防渣入江措施，设置综合管网和喷雾系统进行开挖降尘，满足了环保水保要求。

（二）应用情况及推广前景

成果已应用于白鹤滩水电站大坝左右岸边坡开挖

工程，通过业主、设计、监理多方检查验收，各项测试指标符合设计要求，经济社会与环境效益显著，具有推广应用价值。

（三）获奖单位

中国水利水电第八工程局有限公司、中国水利水电第四工程局有限公司。

（四）获奖人

陈勇、吴刚、涂怀健、席浩、谢卫东、赵仲、尹岳降。

（水力发电科学技术奖励工作办公室）

## 大直径深竖井关键施工技术

"大直径深竖井关键施工技术"获2016年度水力发电科学技术奖三等奖。

深竖井一般采用反井钻机开挖导井，并采用正井法扩挖成型，混凝土衬砌通常采用滑模进行施工。深竖井施工，工序多，各个阶段均为立体交叉作业，其间人员和材料运输、混凝土垂直运输、弯段混凝土衬砌、灌浆施工平台等技术，均是影响深竖井安全高效施工的制约因素。

针对深竖井施工中存在的导井开挖高精度贯通、下弯段衬砌混凝土施工、上弯段衬砌混凝土施工平台和通道、竖井施工载人提升系统、灌浆施工平台等关键技术问题，开展了系统研究，形成了一套系统、完整的深竖井施工方法，取得了2项工法和多项发明及实用新型专利，解决了工程技术难题。

（一）主要成果及创新点

（1）研究采用进口反井钻机进行导井施工，采取合理钻压和钻进速度，布置稳定钻杆，根据孔斜测量动态调整钻进参数等控制导孔偏斜的措施，实现导井高精度开挖。

（2）竖井下弯段采用滑模施工，克服了定型模板浇筑存在的高空作业安全风险，减少了资源投入，加快了施工进度。

（3）通过有限元分析，设计了弯段衬砌施工承重平台和预留天窗模板结构，为施工顺利完成提供了安全保障。

（4）竖井灌浆平台采用滑模改制，节省了新制灌浆平台的费用。采用同步卷扬机提升系统，采取配置重量限制器、设置附绳、人员离台提升等安全措施，保障了灌浆平台提升系统安全运行。

（5）深竖井施工研究采用矿用绞车提升罐笼的方式，解决了人员上下通行问题，安全高效。

（二）应用情况及推广前景

成果已在清远抽水蓄能电站中成功应用，实现了安全、质量、进度及投资的有效控制，经济社会效益明显，具有推广应用前景。

（三）获奖单位

中国水利水电第五工程局有限公司、清远抽水蓄能发电有限公司。

（四）获奖人

代强、李春伟、刘学山、任俊友、刘建伟、郭文杰、徐森泉。

（水力发电科学技术奖励工作办公室）

## 猴子岩水电站高地应力大型地下洞室群开挖施工技术

"猴子岩水电站高地应力大型地下洞室群开挖施工技术"获2016年度水力发电科学技术奖三等奖。

猴子岩水电站总装机容量为4×425MW（1700MW），引水发电系统采用岸塔式进水口、单机单管引水、两机一室一洞尾水出水方式。在坝址右岸不到0.5km$^2$、高度约660m岩体中，共布置了体型各异、大小不等的近42条洞室，累计总长度超过12km。这些洞室纵横交错、平、斜、竖相贯，组成复杂的大型地下洞室群。

由于地形条件、结构布置及地质构造等存在的问题，在开挖支护施工中会遇到岩爆、塌方、松弛剥落等围岩失稳情况发生，同时还存在洞室成型困难、局部应力应变超限、施工通道布置困难等各种复杂的技术难题。为此，针对高地应力大型地下洞室群的开挖施工，开展了围岩变形监测、开挖支护方法、岩爆预防和治理、围岩支护动态设计、施工通道规划等施工技术研究，实现了高地应力大型地下洞室群开挖支护的安全、快速施工，为电站的下闸蓄水发电奠定了坚实基础，取得了国家施工工法1项。

（一）主要成果及创新点

（1）创新了地下洞室群围岩变形监测技术。开创性引入微震监测技术，首次实现深埋地下洞室群开挖强卸荷作用下的微震监测，并建立了基于微震监测和数值模拟的猴子岩水电站高地应力地下洞室群变形预测虚拟现实系统，形成了猴子岩水电站地下洞室群围岩稳定安全评价方法。

（2）初步总结高地应力地下洞室围岩的变形破坏特征。

（3）提出了高地应力地下洞室开挖后及时支护量化指标。针对高地应力洞室合理支护时间进行实验摸索，降低了围岩因裸露时间过长而发生松弛、剥落破坏几率。

（4）采取支护方案的动态设计。结合地下洞室群安全监测、微震监测和物探检测数据，对大型地下洞室群施工期围岩稳定及支护措施进行实时分析，在施工过程中动态调整和优化洞室群设计支护参数。

（5）优化了传统梯段开挖施工工序，有效解决了边墙及时支护的问题，降低了岩爆、塌方的安全风险，节约了施工工期。

（6）优化布置施工通道，减少对围岩完整性的破坏。充分合理利用永久洞室作为施工通道，优化施工支洞布置，避免施工支洞与主洞上下交叉布置，节约了投资、减少了对围岩完整性的破坏。

（二）应用情况及推广前景

成果在猴子岩水电站成功应用，并在白鹤滩、乌东德水电站推广，对水电、交通等行业高地应力地下工程的设计及施工，具有借鉴与推广应用价值。

（三）获奖单位

国电大渡河猴子岩水电建设有限公司、中国电建集团成都勘测设计研究院有限公司、中国水利水电第七工程局有限公司。

（四）获奖人

朱永国、张顺高、张学彬、徐奴文、李红心、李治国、石岩林。

（水力发电科学技术奖励工作办公室）

## 高土石坝反滤料精确掺配精细施工工艺研究

“高土石坝反滤料精确掺配精细施工工艺研究”获2016年度水力发电科学技术奖三等奖。

对于碾压式土石坝，反滤料是保护心墙土料的关键防线。传统的反滤料掺配，采用“平铺立采”的方式进行，需要额外占用大面积的场地，生产效率低，骨料掺配比例控制不精确，掺配质量不稳定。传统的反滤料摊铺，采用人工或推土机机械摊铺工艺，反滤料与心墙土料存在料种间相互侵占、填筑料尺寸不规范、施工效率低、施工干扰大、薄弱环节多等诸多问题。

依托长河坝工程，在传统反滤料平铺立采掺配及人工或推土机机械摊铺工艺的基础上，通过理论分析与生产试验研究，采用微电脑控制反滤料精确掺配生产及双料摊铺器精确摊铺工艺，解决了传统掺配、摊铺工艺存在的问题，为类似工程反滤料掺配及摊铺施工提供宝贵的经验，获国家实用新型专利1项，国家级工法1项。

（一）主要成果及创新点

（1）通过分析研究及现场试验，完成了满足多级配反滤料掺配生产的设备的性能参数采集，对不同工况的各项参数在中控室进行自动化数据编程，实现反滤料的掺配的计算机程序自动控制精确掺配。

（2）研制的新型双料摊铺器，结构设计合理，安装简便，反滤料与心墙土料摊铺边线整齐、厚度均匀，质量稳定。

（3）施工时首先采用双料摊铺器进行砂—土分界区摊铺作业，砂—土各1.5m范围一次摊铺后再进行大面填筑的施工方法，实现土石坝土—砂分界面精细摊铺施工。

（二）应用情况及推广前景

成果在长河坝水电站大坝工程、老沟水库工程建设中得到应用，对后续开工建设的两河口水电站、双江口水电站大坝心墙砾石土料制备具有重要指导意义。

（三）获奖单位

中国水利水电第五工程局有限公司。

（四）获奖人

李法海、周广稳、樊鹏、韩兴、陈曦、张鹏、袁幸朝。

（水力发电科学技术奖励工作办公室）

## 超深埋隧洞高水压大流量涌水处理技术

“超深埋隧洞高水压大流量涌水处理技术”获2016年度水力发电科学技术奖三等奖。

锦屏二级水电站4条长约16.7km引水隧洞，洞间的中心间距60m，一般埋深1500～2000m，最大埋深约2525m；东端1、2号引水隧洞共35个出水洞段，大于0.5m$^3$/s的4个，其中5＋800汛期最大出水量4.8m$^3$/s，10＋472最大出水压力0.65MPa（出水量0.68m$^3$/s）。

针对超高压力和超大流量的突涌水点隧洞运行期间结构安全问题，通过现场勘察、理论分析和试验研究等方法，探索研究了适合超高渗透压力及超大流量条件下堵水技术，从而确保了引水隧洞高压固结灌浆顺利实施。项目研究获实用新型专利六项，QC成果一项，发表论文三篇。

（一）主要成果及创新点

（1）研制了一种水泥浆—聚丙烯酰胺双液灌浆材料，通过改变掺合比例可灵活调整凝结时间，控制扩散半径，浆液稳定，结石强度高，性能优越，有利于有效封堵涌水裂隙通道。

（2）研发了一种具有排水功能的可拆卸双液孔内混合器，实现孔内双液混合，防止管路堵塞，达到快速封堵目的；研制了一种内外双层模袋阻水止浆装置，可有效解决地质条件较差部位堵水施工止浆难题；研制的一种设置皮碗的模袋阻水止浆装置，适用于仰孔堵水施工。

（3）研制了一种涌水专用集水沉箱，可有效收集大面积带状分散型涌水，实施永久控制排水；研究改进的大口径逆止阀装置，控制隧洞内水外渗，成功实现高压大流量涌水的引排。

（4）在涌水分类研究基础上，制定了相应的处理措施；通过有效的孔口止浆装置，优选高压灌浆设备及机具和工艺改进，实现了动水条件下的超高压灌浆；形成了“以堵为主、堵排结合”原则下的高水压大流量涌水处理成套施工技术。

（二）应用情况及推广前景

成果在锦屏二级水电站成功应用，隧洞运行一年多，效果良好，经济社会效益明显，具有推广应用前景。

（三）获奖单位

中国水利水电第七工程局有限公司、中国水利水电第七工程局成都水电建设工程有限公司。

（四）获奖人

殷国权、李正兵、张刚武、曾健、胡小顺、江滨、王天西。

（水力发电科学技术奖励工作办公室）

## 获得2016年度国家科学技术奖的水电科技项目

根据国家科学技术奖励办公室公布的2016年度国家技术发明奖、自然科学奖和科学技术进步奖的获奖项目，水电科技有1个项目获得国家技术发明奖，2个项目获得国家科学技术进步奖，有关情况见表1和表2。

表1 获得2016年度国家技术发明奖的水电科技项目

| 等级 | 项目名称 | 主要完成人 | 备注 |
|---|---|---|---|
| 二等奖（通用项目） | 复杂水工混凝土结构服役性态诊断技术与实践 | 胡少伟（水利部交通运输部国家能源局南京水利科学研究院）<br>顾冲时（河海大学）<br>苏怀智（河海大学）<br>沈省三（基康仪器股份有限公司）<br>何秀凤（河海大学）<br>陆　俊（水利部交通运输部国家能源局南京水利科学研究院） | 原序号为二等奖（通用项目）14，编号F-304-2-02，推荐单位为水利部 |

表2 获得2016年度国家科学技术进步奖的水电科技项目

| 序号 | 等级 | 项目名称 | 主要完成人 | 主要完成单位 | 备注 |
|---|---|---|---|---|---|
| 1 | 二等奖 | 高混凝土坝结构安全关键技术研究与实践 | 贾金生　张国新<br>周厚贵　陈改新<br>王民浩　王永祥<br>王　毅　刘　毅<br>郑璀莹　涂　劲 | 中国水利水电科学研究院，华能澜沧江水电股份有限公司，中国葛洲坝集团股份有限公司，水电水利规划设计总院，中国长江三峡集团公司，北京中水科海利工程技术有限公司 | 原序号为二等奖70，编号J-222-2-01，推荐单位为中国大坝协会 |
| 2 | 二等奖 | 长距离输水工程水力控制理论与关键技术 | 刘之平　练继建<br>杨开林　谢向荣<br>黄跃飞　汪易森<br>陈文学　王长德<br>马　超　郭新蕾 | 中国水利水电科学研究院，天津大学，清华大学，长江勘测规划设计研究有限责任公司，武汉大学，南水北调中线干线工程建设管理局 | 原序号为二等奖71，编号J-222-2-02，推荐单位为水利部 |

（本年鉴编辑部）

# 获得 2016 年度中国电力科学技术奖的水电科技项目

根据中国电机工程学会和中国电力科学技术奖励工作办公室公布的《中国电力科学技术奖奖励通报(2016 年度)》，获得 2016 年度中国电力技术发明奖的水电科技项目有 1 项，有关情况见表 1；获得 2016 年度中国电力科学技术进步奖的水电科技项目有 12 项，有关情况见表 2。

表 1 获得 2016 年度中国电力技术发明奖的水电科技项目

| 等级 | 获奖项目 | 受奖人 | 备注 |
|---|---|---|---|
| 三等奖 | 垂直升船机金结理件及设备高精度安装方法与辅助装置 | 卫书满、张为明、陈 强、吴光富、孙昌忠、罗 琛 | 原序号为 3，推荐单位为中国能源建设集团有限公司 |

表 2 获得 2016 年度中国电力科学技术进步奖的水电科技项目

| 序号 | 等级 | 获奖项目 | 受奖单位 | 推荐单位 | 备注 |
|---|---|---|---|---|---|
| 1 | 一等 | 特高拱坝关键施工技术研究与工程应用 | 中国水利水电第八工程局有限公司、中国水利水电第四工程局有限公司、中国水利水电第七工程局有限公司、清华大学、武汉英思工程科技股份有限公司 | 涂怀健、席 浩、向 建、于永军、林 鹏、彭 华、周政国、李克信、米清文、黄 巍、牛宏力、赵海洋、柳春娜、林思德、杨 静 | 原序号为 1，推荐单位为中国电力建设集团有限公司 |
| 2 | 二等 | 巨型复杂流域水电站群高效运行控制技术及应用 | 南京南瑞集团公司、国网新源控股有限公司 | 吴维宁、刘观标、杨 克、徐 洁、刘凤学、李 华、潘伟峰、刘贵仁、姚贵宇、高 磊 | 原序号为 29，推荐单位为国家电网公司 |
| 3 | 二等 | 强震区大岗山高拱坝智能化建设 | 国电大渡河大岗山水电开发有限公司、国电大渡河流域水电开发有限公司、中国电建集团成都勘测设计研究院有限公司、长江勘测规划设计研究有限责任公司、力软科技（大连）股份有限公司、武汉英思工程科技股份有限公司、武汉理工大学 | 林 丹、严 军、姚福海、吕鹏飞、邵敬东、李桂林、马 克、赵连锐、廖 勇、吴 楠 | 原序号为 30，推荐单位为中国国电集团公司 |
| 4 | 二等 | 强震区 200m 级高混凝土面板坝抗震关键技术研究 | 中国电建集团西北勘测设计研究院有限公司、中国电建集团成都勘测设计研究院有限公司、中国水利水电科学研究院、水利部交通部国家能源局南京水利科学研究院、大连理工大学 | 白俊光、苗 喆、李学强、余 挺、赵剑明、米占宽、孔宪京、翟迎春、王卫国、张顺高 | 原序号为 31，推荐单位为中国电力建设集团有限公司 |
| 5 | 二等 | 调峰调频水电机组多维度耦合轴系稳定性研究及工程应用 | 广东电网有限责任公司、广东蓄能发电有限公司、清华大学、河海大学、广东粤电长潭发电有限责任公司 | 姚 泽、黄青松、刘 石、徐广文、李 玺、胡广恒、曹 斌、吴家声、曾日洋、屈 波 | 原序号为 32，推荐单位为中国南方电网有限责任公司 |
| 6 | 三等 | 特大型地下电站优质安全高效施工关键技术及应用 | 中国葛洲坝集团三峡建设工程有限公司 | 李友华、孙昌忠、万 勇、王伟玲、赵龙飞、曹中升、唐明西 | 原序号为 76，推荐单位为中国能源建设集团有限公司 |

续表

| 序号 | 等级 | 获奖项目 | 受奖单位 | 推荐单位 | 备注 |
|---|---|---|---|---|---|
| 7 | 三等 | 大体积水工混凝土高性能化关键技术研究与工程应用 | 中国长江三峡集团公司、长江水利委员会长江科学院、中国水利水电科学研究院 | 李文伟、樊启祥、杨华全、甄永严、陈改新、董　芸、张曙光 | 原序号为 77，推荐单位为中国长江三峡集团公司 |
| 8 | 三等 | 土工膜防渗高土石围堰安全性与度汛风险控制及实践 | 中国电建集团华东勘测设计研究院有限公司、华能澜沧江水电股份有限公司苗尾·功果桥水电工程建设管理局、长江水利委员会长江科学院、武汉大学 | 任金明、王永明、魏　芳、黄泰仁、沈嗣元、钟伟斌、陈永红 | 原序号为 78，推荐单位为中国电力建设集团有限公司 |
| 9 | 三等 | 工程岩体力学参数的状态相关性研究及其应用 | 中国电建集团中南勘测设计研究院有限公司、河海大学、长沙理工大学、中国科学院地质与地球物理研究所 | 冯树荣、赵海斌、梅松华、徐卫亚、蒋中明、刘大安、陈建胜 | 原序号为 79，推荐单位为中国电力建设集团有限公司 |
| 10 | 三等 | 超深埋隧洞高水压大流量涌水处理技术 | 中国水利水电第七工程局有限公司 | 殷国权、李正兵、张刚武、曾　健、胡小顺、王天西 | 原序号为 80，推荐单位为中国电力建设集团有限公司 |
| 11 | 三等 | 大渡河下游梯级电站多时间尺度预报、调控一体化技术研究与应用 | 国电大渡河流域水电开发有限公司、四川大学、长江水利委员会水文局、南京南瑞集团公司 | 涂扬举、周业荣、李攀光、贺玉彬、尤　渺、张祥金、陶春华 | 原序号为 81，推荐单位为中国国电集团公司 |
| 12 | 三等 | 特大型水电站高坝大泄量模型试验与原型观测关键技术研究及应用 | 中国电建集团昆明勘测设计研究院有限公司、华能澜沧江水电股份有限公司、水利部水工金属结构质量检验测试中心 | 栗国忱、罗永钦、余俊阳、陈　红、白绍学、马仁超、方天祥 | 原序号为 82，推荐单位为中国电力建设集团有限公司 |

（本年鉴编辑部）

## 复杂水工混凝土结构服役性态诊断技术与实践

“复杂水工混凝土结构服役性态诊断技术与实践”获 2016 年度国家技术发明奖二等奖。这是 1999 年《国家科学技术奖励条例》实施以来水利部推荐取得的首个国家技术发明奖。主要完成人为胡少伟（水利部交通运输部国家能源局南京水利科学研究院）、顾冲时（河海大学）、苏怀智（河海大学）、沈省三（基康仪器股份有限公司）、何秀凤（河海大学）、陆俊（水利部交通运输部国家能源局南京水利科学研究院）。

（一）背景和意义

中国是世界上水库最多的国家，现有各类水库 9.8 万座，在保障国家水安全中具有不可替代的基础性作用。作为国民经济重要的基础设施，我国已建、在建众多的复杂水工混凝土结构工程，在发挥巨大经济、社会效益的同时，其安全服役直接影响社会的稳定。开展“设计—施工—运行”为一体的水工混凝土结构全寿命服役性态诊断新技术的集成式研发，揭示结构全寿命服役性态演化机理，实现复杂水工混凝土结构全寿命服役性态变化状况科学诊断，对保障工程的安全具有突出重要意义。

该项目从2000年1月开始，至2014年12月历时15年，在国家科技支撑计划、国家自然科学基金、部省级重大课题及工程委托项目等支持下，针对不同类型水工混凝土结构（普通混凝土结构、高强混凝土结构、钢筋混凝土结构、碾压混凝土结构、混凝土组合结构等），潜心于水工混凝土成型期性能参数测试、成型后结构损伤精细化探测、服役期结构复合受力破坏过程诊断、全寿命结构性态监测和转异成因解析等新装置、新设备、新工艺、新方法的科技攻关和工程实践，自主研发了诊断复杂水工混凝土结构全寿命服役性态的成套技术。通过在112个重大水利水电工程、大跨度铁路公路桥梁等设计、施工、运行中的成功应用，为提高工程施工质量、保障其服役安全起到了重要支撑作用；通过核心专利技术的产业化和国际、国家标准与规范的采纳，为提升我国在水工结构安全监控领域中的国际地位和市场竞争力起到了重要推动作用。

（二）主要创新成果

（1）研制了复杂水工混凝土成型期核心性能测试装置，提出了浇筑质量控制参数快速评定技术，水工混凝土浇筑质量合格率提高到98%以上。

（2）突破损伤断裂力学在复杂水工混凝土工程应用中的瓶颈，开发了复杂水工混凝土成型后结构受力性态精确模拟装置与系统，发明了成型后损伤断裂全过程精细化测试技术，解决了起裂点不易确定的难题，混凝土起裂点失稳点真实值与测试值的误差控制在0.2%以内。

（3）建立了复杂水工混凝土预应力组合结构复合受力分析理论，研发了结构服役期复合受力破坏评定技术，提出了结构病害修复工艺和方法，填补了预应力混凝土组合结构复合受力性态诊断的空白。

（4）发明了复杂水工混凝土结构全寿命周期服役性态监测系列装置和性态转异诊断方法，混凝土坝结构变形预测误差小于2%，研发了结构服役过程安全评定集成平台。

（三）应用推广和综合效益

项目研究已获授权专利60项，其中发明专利27项；获软件著作权登记证书2项；出版中、英文专著6部，发表学术论文285篇（其中SCI、EI收录179篇）。成果的典型应用如下：

（1）核心技术已被国际材料与结构研究实验联合会（RILEM）、我国部分水利水电行业质量监督部门和设计院所及施工单位等采纳推广，编入国际标准1部、国家标准2部、水利等行业标准3部。

（2）利用该项目研究成果对多个重大水工混凝土坝体裂缝情况进行了全面检测，并对坝体整体性态进行了诊断，提出了抗震设计及性能提升方案。

（3）研发的系列新型水工混凝土预应力组合结构广泛应用于复杂水工混凝土结构设计与优化中，节约钢材10%～30%，降低总造价10%～20%。

（4）利用水工混凝土结构全寿命服役安全评定集成平台，综合诊断了新安江、丰满两座老坝性态，提出了预警技术；还应用于溪洛渡、古田、龙滩、岩滩等大坝结构性态诊断中，为确保工程安全发挥了重要作用。

（5）复杂水工混凝土结构病害诊断、评估修复和性能提升的工艺和方法，已广泛推广应用于水利水电工程，取得了巨大的经济和社会效益。

成果已应用于南水北调、锦屏一级、溪洛渡等112个重大水利水电工程的混凝土结构服役性态诊断和提升，产生经济效益7.89亿元。

（南京水利科学研究院）

## 农村水电站安全保障关键技术研究与应用

“农村水电站安全保障关键技术研究与应用”获2016年度大禹水利科学技术奖二等奖。

我国有农村水电站4万多座，其中不少电站兴建年代较早，施工质量不高，技术落后，机电设备已达到或超过报废年限，存在着较多安全隐患。仅2009年上半年发生的11起水利生产事故中，农村水电站事故就占了4起，占事故总数的36%，死亡10人，占死亡人数的56%。2013年水利部出台《水利安全生产标准化评审管理办法》（水安监〔2013〕189号）和《农村水电站安全生产标准达标评级实施办法（暂行）》（水电〔2013〕379号），对我国量大面广的农村水电站安全生产运行提出了新要求。因此，作为科技部农业科技成果转化资金项目立项，于2013年9月至2015年8月开展了该项目，结合农村水电站安全保障和运行要求，研究提出农村水电站安全检测与评估技术，并在实际电站示范运行。这对农村水电行业技术进步具有重要意义。

（一）主要创新成果

（1）提出了农村水电站安全评价决策方法和评估技术。建立农村水电站安全评价指标，将定性和定量指标统筹考虑，采用分层树形结构，对电站不同部分运用安全系数法、概率安全评价法、专家评估法等进行评估，为电站除险加固和技术改造工程决策提供技术依据。

（2）研发成功了农村水电站安全检测技术与设备。通过对农村水电站机电设备可实时测量的参数采集，结合安全巡视结果，有效检测电站的安全运行情况。采集参数主要包括：机组的振动、摆度、温度、转速、压力、电压、电流，油气水系统的示流、压力、温度，进水口和尾水水位等。

（3）建立了农村水电站安全检测系统。包括前端传感器系统、I/O及A/D转换子系统（数据采集箱）和计算机子系统，可实现采集、存储、显示、查询等功能，并具有可扩展性，可随时加入新的算法，根据具体应用环境作适应性开发。

（二）应用推广

在项目执行期内，建立了2个电站安全检测系统示范点，并在5个电站推广应用，共完成20套安全检测设备的示范推广工作。项目组对浙江省桐庐等7个县（市、区）的218座运行25年及以上的农村水电站进行了安全检测；对浙江省的8座电站实施了农村水电站安全生产标准化一级评审工作。

该项目主要服务于我国农村水电站安全管理，保障我国面广量大农村水电站的公共安全，其社会效益、经济效益、环境生态效益显著，具有广泛的应用前景。

（三）获奖单位

水利部农村电气化研究所、水利部交通运输部国家能源局南京水利科学研究院、河海大学。

（四）获奖人

陈生水、田中兴、徐锦才、蔡新、刘仲民、盛金保、岳梦华、郭兴文、舒静、杨东利。

（南京水利科学研究院）

## 小浪底水库淤积形态优选与调控的理论及关键技术

“小浪底水库淤积形态优选与调控的理论及关键技术”获2016年度水利部大禹水利科学技术奖一等奖。

近十年来，黄河水利科学研究院联合武汉大学、黄河勘测规划设计有限公司，从优化水库淤积形态的角度研究小浪底水库拦沙后期调度方式问题。项目研究出版专著3部，发表论文98篇，其中SCI、EI有31篇；获计算机软件著作权登记证书2项，发明专利2项。

（一）主要成果及创新点

（1）首次提出了从优选水库淤积形态的角度优化水库调控方式。揭示了库区水沙输移、边界条件及水库调度之间的响应机制，提出了小浪底水库拦沙后期优选淤积形态，以及长期维持该淤积形态的水库调度方式，并通过物理模型模拟与数学模型模拟检验了其优越性。

（2）揭示了复杂条件下高含沙异重流产生与演化、干支流倒回灌等水沙输移规律，量化了水库溯源冲刷过程与水沙及水库调控过程之间的响应机制，建立了具有精确模拟上述独特功能的小浪底水库一、二维水沙耦合数学模型。

（3）首次开展了多场次洪水异重流的叠加试验，提出了“侵入型”与“界面型”两种类型异重流的界定判数及特征厚度表达式。建立了浑水体水动力特性及对洪水过程响应的近坝段三维数学模型，提出了小浪底近底浑水层高效排沙技术。

（4）建立了黄河下游水流冲刷强度与滩岸崩退宽度之间的定量关系，提出河段平均的平滩河槽特征参数（平滩面积、流量等）的计算方法，构建了适用于黄河下游复杂断面形态的一维水沙耦合数学模型，用于评估小浪底水库不同调控方式对下游河床调整的影响。

（5）界定了小浪底库区坝前浑水水库不同含沙量与悬沙级配下悬浮液由牛顿体转换为宾汉体的临界含沙量，提出了坝区近底浑水层流动特性的计算方法。

（二）应用情况及推广应用前景

基础研究方面的成果具有普适性，提升了该领域的科学研究水平，已应用于黄河小浪底水库、三门峡水库及万家寨水库调度过程中，且在清华大学、武汉大学等院校教学与科研中得到应用。围绕小浪底水库调度开展的研究成果已经应用于小浪底水利枢纽拦沙后期（第一阶段）应用调度规程。构建的水库与黄河下游水沙耦合模型，在小浪底水库调度方式研究及其对下游河道防洪减淤效益论证中得到应用。

提出的“适时延长或拓展相机降水冲刷”调控方式，可为优化小浪底水库拦沙后期运用方式提供科学支撑，也可作为拟建多沙河流水库工程规划设计的重要科学依据。项目成果还可推广应用于黄河中游及拟建水库的规划设计，以及其他多沙河流水库的调度运行。高效输沙部分的研究成果可以应用于黄河滩区放淤，进行二级悬河的整理，促进泥沙资源化利用。还可以用于黄河中游中小水库的调度，有利于提高输沙效率，有效节约水资源。成果推广应用前景广阔。

（三）获奖单位

黄河水利委员会黄河水利科学研究院、武汉大学、黄河勘测规划设计有限公司。

（四）获奖人

张俊华、夏军强、马怀宝、窦身堂、李书霞、李涛、蒋思奇、王婷、李昆鹏、万占伟、张翠萍、张防修、李元亚、余欣、郜国明。

（黄河水利科学研究院）

## 溪洛渡水电站获“菲迪克2016年工程项目杰出奖”

2016年9月26～27日，国际咨询工程师联合会(FIDIC，菲迪克)2016年年会在摩洛哥马拉喀什举行。该年会颁发了“菲迪克2016年工程项目奖”，由中国三峡建设管理有限公司负责建设管理、中国电建集团成都勘测设计研究院有限公司承担设计、中国电力建设集团有限公司和中国能源建设集团有限公司参与施工的金沙江溪洛渡水电站成为全球21个获奖项目中唯一的水电项目，获“菲迪克2016年工程项目杰出奖”。

金沙江溪洛渡水电站是世界第三大水电站，是中国西电东送的骨干工程，是长江流域防洪体系的重要组成部分，具有发电、防洪、拦沙和改善下游航运等功能。工程投运3年来运行正常，综合效益全面发挥。电站年均提供571亿kW·h绿色清洁能源，节能减排效果显著；防洪库容46.5亿$m^3$，大大减轻了洪水对宜宾、泸州、重庆等城市1000多万人的威胁，配合三峡工程联合调度，进一步提高长江中下游1000多万人、80多万公顷土地的防洪安全，并极大地改善了库区基础设施建设，显著提高了库区20多万人民生活水平，有力促进了库区经济社会发展。

溪洛渡水电站工程建设，攻克了许多技术难关，取得了重大创新成果。面对拱坝承受总水推力高达1400万t，对基础承载能力、抗滑稳定、变形协调、整体稳定有极高的要求，首创了“以岩级为基础、安全为准则、分坝高区段确定拱坝建基面岩体等级”的拱坝建基面设计原则和评价体系。对拱坝坝身共设4层25个孔口，结构复杂，施工期混凝土温控防裂这个世界级难题，首创了300m级溪洛渡拱坝智能化建设理论和体系，攻克数字灌浆、智能振捣和智能温控等关键技术并研发了智能控制成套设备，创造了浇筑混凝土680万$m^3$未出现温度裂缝的世界纪录。地下厂房洞室群数量(342条洞室)和尺寸(最大尺寸为443.3m×31.9m×75.6m)均为世界之最，且地质条件复杂，对此首创了超大地下洞室群围岩稳定与控制成套技术，成功解决了层状岩体近库岸特大洞室群集成化布置、深覆盖层(130m)大断面(直径14m)竖井安全施工等世界级难题。鉴于泄洪流量和泄洪功率远超世界拱坝最高水平、泄洪消能综合技术难度居世界之首，创新提出了坝身“7个表孔＋8个深孔”、坝下设置水垫塘、左右岸各设2条泄洪洞的枢纽布置，坝身采用“分层出流、空中碰撞、水垫塘消能”，泄洪洞采用“有压接无压、洞内龙落尾”结构，出口采用“对称挑流、水下碰撞”消能，成功解决窄河谷、高水头、巨泄量泄洪消能关键技术难题。对总泄量超过16700$m^3$/s、最大流速高达50m/s的泄洪洞，施工工艺全面创新，成功解决抗冲耐磨、防止空蚀、消能防冲等世界级难题，达到“体形精准、平整光滑、高强耐磨”要求。

溪洛渡水电站工程建设，技术卓越，质量优良。通过对拱坝建基面设计优化，减少坝基开挖和混凝土工程量各100多万立方米，节省投资近7亿元，减少了施工对环境的不利影响。缩短工期9.5个月，提前发挥工程效益。施工期未发现混凝土温度裂缝，优质、高效建成“无缝大坝”；蓄水运行3年，大坝原型监测表明，各项指标均在设计允许范围内，未发现混凝土温度裂缝。围岩开挖和支护的施工质量较三峡工程上了一个新台阶，超越三峡工程。泄洪洞工程经过3个汛期运行检验，累计泄洪27次，经过流后检查，工程各项性能良好。全部18台机组均一次启动成功、一次通过72小时试运行、一次通过“首稳百日”考核目标。

(中国三峡建设管理有限公司)

## 南水北调中线一期工程获“菲迪克2016年工程项目优秀奖”

2016年9月26～27日，国际咨询工程师联合会(FIDIC，菲迪克)2016年年会在摩洛哥马拉喀什举行。该年会颁发了“菲迪克2016年工程项目奖”，由长江勘测规划设计研究院担任技术总负责，联合多家设计单位共同勘察设计完成的南水北调中线一期工程，荣获“菲迪克2016年工程项目优秀奖”。

菲迪克是国际知名的咨询工程师组织，1913年成立，目前有106个成员协会。由于菲迪克在全球工程咨询行业的权威性地位，其所颁奖项也被誉为行业“诺贝尔奖”。2016年菲迪克工程项目奖共评出21个，中国再创历史，获得奖项11个。

南水北调中线一期工程是中国南水北调工程的重要组成部分，是缓解中国黄淮海平原水资源严重短缺、优化水资源配置的重大战略性基础设施和改善京津冀等地区水生态和水环境的生态修复工程。工程以其卓越的工程技术、丰富的创新成果、透明和廉洁的工程建设、贯彻可持续发展的理念等，受到评委的青睐和国际同行的高度认可。

中线一期工程跨越长江、淮河、黄河、海河四大流域，输水线路全长1432km，是世界线路最长的跨流域调水工程。2014年12月通水，至2016年12月累计供水超50亿$m^3$，惠及京津冀沿线多座城市和

4000多万人。调水补充当地水库蓄水超2亿 $m^3$，压采地下水超1亿 $m^3$，置换补充当地河湖生态用水超3亿 $m^3$，北京地下水位16年来首次回升。还应急调水5300多万立方米缓解了平顶山、衡水等地干旱问题。中线变“人逐水而居”为“水随人而至”，支撑了北方经济社会的发展，修复了当地的生态环境，不仅是治水兴水工程，更是名副其实的生态工程。

中线一期工程提出“全线立交、全线自流”的规划设计理念并成功实施，开创了世界调水工程的新奇迹；提出“新老坝体联合受力协同工作”的大坝加高思路，成功实现了水源工程丹江口大坝在正常运行条件下的加高，堪称世界首例，规模国内第一；首次系统研究了膨胀土渠道工程地质特性、渠坡破坏机理与稳定控制关键技术，成功解决了线路长、挖深大、膨胀性强、水文地质条件复杂的膨胀土边坡稳定问题；建立了超大U型渡槽设计理论和方法，多种型式渡槽规模均居世界第一，具有开创性的贡献；成功研发出“盾构隧洞预应力复合衬砌”新型输水隧洞结构型式，解决了南水北调中线工程成功穿越黄河的关键性技术难题；建立“管渠流通用、全线建筑物耦合”水力学模拟模型，创新地提出了运行调度控制方案，解决了跨流域长距离的实时水量调度等关键技术难题。

南水北调中线工程承载着中国几代水利人的梦想，实现了“长渠通南北、润泽千万家”的世界壮举，不仅缓解了黄淮海平原水资源短缺，优化了水资源配置，改善了京津冀等地区水生态和水环境，而且也积极推动了中国水利标准走向海外。项目获菲迪克2016年工程项目优秀奖可谓实至名归。

（长江勘测规划设计研究院　王　磊）

## 龙开口水电站工程荣获2016～2017年度国家优质工程金质奖

2016年12月12日，2016～2017年度第一批国家优质工程颁奖大会在福建厦门举行，龙开口水电站工程荣获国家优质工程金质奖。龙开口水电站工程是云南省第一个、中国华能集团公司第一个荣获国家优质工程金质奖的水电工程，也是继公伯峡水电站、光照水电站后第三个获此殊荣的水电工程。

龙开口水电站工程自筹建开始，就建立全覆盖的质量管理体系，高标准、高起点制定创优规划等管理文件，按照电力建设全过程质量控制示范工程的要求，严格执行工程建设强制性条文和相关规程规范。

龙开口水电站在过程建设中十分注重技术创新，在设计上就充分借鉴和运用了大量国际先进技术和设计理念，结合电站实际，大胆进行创新和优化，实现“六个首创，两个引领”。首次在大型水电工程深槽处理中采用钢筋混凝土承载板洞挖全置换技术，有效化解了深槽处理对工程建设的影响，提前约10个月发电，经中国水力发电工程学会鉴定，处理技术达到国际领先水平；国内首次采用桩板墙与坝体连接技术，极大降低了边坡开挖高度及处理难度（减少三个坝段，减少开挖量40.9万 $m^3$，节约混凝土2.4万 $m^3$），为水电工程边坡处理提供了新思路，节省工程投资约4827万元，获中国施工企业管理协会科技创新成果一等奖；首次大规模成功使用白云岩作为人工骨料，拓宽了混凝土骨料料源选择途径，填补了行业空白，获中国施工企业管理协会科技创新成果一等奖；首次采用三级竖井解决半成品料高落差（700m）运输和长距离空间转弯高速胶带机高强度（25万t/月）运输成品骨料难题，与常规方案（汽车运输）相比，大幅度降低了能耗，获中国施工企业管理协会科技创新成果一等奖；首次采用GPS对碾压混凝土施工全过程实时监控，既提高了施工质量，又为大坝数字化施工技术取得了宝贵应用成果，获电力建设质量管理成果一等奖；首次在大型水电站开展地质、水工、金属结构及机电设备等三维数字化协同设计，引领了水电行业设计的发展方向，获中国电力工程数字化设计大赛第一名。

（华能澜沧江水电股份有限公司）

## 中国水电建设集团十五工程局有限公司承建的两境外工程获2016年中国建设工程鲁班奖

2016年11月29日，2016年中国建设工程鲁班奖（境外工程）入选工程名单揭晓，中国水电建设集团十五工程局有限公司（以下简称水电十五局）承建的老挝南俄5水利水电工程和马里费鲁水利水电工程榜上有名。这实现了水电十五局境外工程鲁班奖零的突破，而且有2项工程获鲁班奖。

（一）老挝南俄5水利水电工程

老挝南俄5水利水电工程是中国企业“走出去”的典范工程，开创了央企在老挝BOT投资的先河。

为确保工程质量，南俄5水利水电工程实行“小业主、大监理、大施工”的创新型管理模式，聘请国内著名的水利专家进行现场考察、数据分析、协调力量，形成高质量的设计、监理和施工团队，制定切合实际的质量目标，采用先进的技术工艺，执行严格的过程控制，实施系统的验收检验，确保了工程顺利完工。

工程建设过程中，项目部大力开展设计优化、技术创新，推广应用了建筑业十项新技术中的 7 大项 9 个子项，并自主创新和改进了系列施工技术，取得省部级工法 2 项，国家专利 3 项。

深达 194.8m 的调压井，几经论证，采用反井钻机法、正井扩挖法的开挖方案；混凝土衬砌采用了组合钢模板、满堂架，以及自制的混凝土溜管与缓冲管入仓。半地下式厂房施工，是水电十五局第一次涉足；竖井开挖深度 52.75m、直径 28.7m，采用倒挂壁衬砌，成功完成。压力管道斜井压力钢管安装，创新采用了一整套高效实用的进洞、变位、安装、焊接、检测、防腐等方法，解决了大角度，长距离，大管径压力钢管安装的技术难题。

项目施工期间，非常注重当地的环境保护和生态恢复，采取了节水、节地、节能、节材的“四节”措施。建设运营期间未发生过任何环境污染事故、生态破坏事件和重大社会事件，获得了老挝政府颁发的环境评定证书、环境管理计划证书和社会行为计划证书。同时，积极履行企业的社会责任，修建基础设施、提供医疗服务，扶持当地居民恢复生计，获得老挝政府部门颁发的多个社会贡献奖项，真正做到当地政府、居民和项目公司三方共赢。

（二）马里费鲁水利水电工程

马里费鲁水利水电工程是马里、塞内加尔、毛里塔尼亚、几内亚四国政府成立“塞内加尔河开发高等专署”开发的水电项目，位于马里境内塞内加尔河上，是“一带一路”沿线西非区域的大型基础设施项目，也是中国企业在西部非洲承建的标志性工程。该工程由中国电力建设集团有限公司 EPC 总承包，水电十五局总包实施，2009 年 10 月开工，2013 年 11 月竣工，2014 年 4 月 30 日验收。

该工程执行欧美技术标准，土建工程设计主要采用美国陆军工程兵团 USACE、ACI、ETL1110 标准；钢结构设计采用美国 AISC 系列规范，钢结构分析采用美国 STAAD 规范，边坡稳定计算采用加拿大 Geo-Slope 和法国 ROBOT 系列规范等；机电部分采用 IEC、IEEE、ASME、ANSI 等国际标准。项目部结合实际，制定了严密的质量、安全、环境保护体系。

工程所在地河道流量大、泥沙含量高；自然环境恶劣，高温干燥、风沙大，年平均气温在 30℃，最高气温 50℃，最大风速 30m/s，施工遇到许多意想不到的困难。项目部积极开展技术攻关，采用精细化控制爆破及坡面铣挖技术，满足过流糙率要求，优化渠道混凝土衬砌；开展了“高温干旱地区混凝土防裂技术研究”，配置了集装箱式制冷设备和制冰设备，采取一系列保湿降温温控措施，混凝土内、外温度观测结果符合规范要求，未出现裂缝；尾水围堰拆除采用了水下爆破方法，利用自制水上工作平台，使用液压钻机和长臂反铲完成围堰水下清理，效果满足设计要求。

项目实施期间，积极履行社会责任，改善当地居民生产生活条件，社会公益累计投入 300 多万元人民币，提供 1300 多个就业岗位。历经马里国家突发军事政变、埃博拉疫情等，项目按期完工并交付，树立了中国电建在西非良好形象。工程建成 2 年多来，对促进流域及地区人民粮食自给、改善人民收入、保持地区尤其是流域内经济发展平衡发挥了重要作用，为加快推进流域国家工业化和经济发展提供了强有力的能源保障。

（中国水电建设集团十五工程局有限公司
牛 杰 刘红芳）

## 中国电建集团北京勘测设计研究院有限公司 2016 年科技成果获奖情况

中国电建集团北京勘测设计研究院有限公司 2016 年科技成果获奖情况见表 1。

表 1 中国电建集团北京勘测设计研究院有限公司 2016 年科技成果获奖情况表

| 序号 | 项目名称 | 获奖情况 |
| --- | --- | --- |
| 1 | 严寒环境下沥青混凝土面板设计关键技术研究 | 中国电力建设企业协会电力建设科学技术进步奖二等奖 |
| 2 | 水电发展“十三五”规划文本及相关研究报告 | 水力发电科学技术奖二等奖 |
| 3 | 全国“十三五”风电规划和消纳能力研究 | 国家能源局能源软科学研究优秀成果奖二等奖 |
| 4 | 水电站大型地面式钢制调压井（塔）关键设计技术研究及应用 | 中国电力科学技术奖三等奖 |
| 5 | 牛栏江天花板水电站工程勘察 | 全国优秀工程勘察设计行业奖（工程勘察）二等奖 |
| 6 | 河北张河湾抽水蓄能电站设计 | 中国电力规划设计协会水电行业优秀工程设计奖一等奖 |

续表

| 序号 | 项目名称 | 获奖情况 |
|---|---|---|
| 7 | 云南澜沧江大华桥水电站截流工程规划设计 | 中国电力规划设计协会水电行业优秀工程设计奖三等奖 |
| 8 | 山东文登抽水蓄能电站施工控制网 | 中国电力规划设计协会水电行业优秀工程勘测奖三等奖 |
| 9 | 埃塞俄比亚 Adama 风电场一期工程设计 | 中国电力规划设计协会电力行业优秀工程设计奖一等奖 |
| 10 | 四川布拖火烈风电场工程设计 | 中国电力规划设计协会电力行业优秀工程设计奖三等奖 |
| 11 | 非水可再生能源合理开发规模与布局研究报告 | 中国电力规划设计协会电力行业优秀工程咨询成果奖（新能源工程组）一等奖 |
| 12 | 金沙江上游苏洼龙水电站可行性研究报告 | 中国电力规划设计协会电力行业优秀工程咨询成果奖（水电工程组）一等奖 |
| 13 | 丰宁抽水蓄能电站二期工程可行性研究报告 | 中国电力规划设计协会电力行业优秀工程咨询成果奖（水电工程组）一等奖 |
| 14 | 金沙江上游苏洼龙水电站节能评估报告 | 中国电力规划设计协会电力行业优秀工程咨询成果奖（节能、安全、维稳评估组）一等奖 |
| 15 | 金沙江上游苏洼龙水电站环境影响报告书 | 中国电力规划设计协会电力行业优秀工程咨询成果奖（环境评价组）二等奖 |

（中国电建集团北京勘测设计研究院有限公司　海显丽）

# 中国电建集团贵阳勘测设计研究院有限公司 2016 年度科技成果获奖情况

中国电建集团贵阳勘测设计研究院有限公司 2016 年度科技成果获奖情况见表 1。

表 1　中国电建集团贵阳勘测设计研究院有限公司 2016 年度科技成果获奖情况表

| 序号 | 项目名称 | 获奖情况 |
|---|---|---|
| 1 | 四级配碾压混凝土筑坝技术研究及工程应用 | 水力发电科学技术奖二等奖<br>贵州省科技进步奖二等奖 |
| 2 | 贵州乌江清水河格里桥水电站工程勘察 | 全国优秀工程勘察设计行业奖二等奖 |
| 3 | 洪渡河石垭子水电站工程勘察 | 全国优秀工程勘察设计行业奖三等奖 |
| 4 | 贵州乌江清水河格里桥水电站工程勘察 | 2015 年全国优秀水利水电工程勘测设计奖银奖 |
| 5 | 贵州乌江清水河格里桥水电站工程设计 | 2015 年全国优秀水利水电工程勘测设计奖银奖 |
| 6 | 贵州洪渡河石垭子水电站工程设计 | 2016 年度贵州省优秀工程勘察设计奖一等奖 |
| 7 | 乌江沙沱水电站工程地质勘察 | 2016 年度贵州省优秀工程勘察设计奖一等奖 |
| 8 | 北盘江马马崖二级水电站下岩塌滑体变形监测 | 2016 年度贵州省优秀工程勘察设计奖二等奖 |
| 9 | 青海省扎曲河干流水电规划测量 | 2016 年度贵州省优秀工程勘察设计奖二等奖 |
| 10 | 贵阳市轨道交通运营管理中心岩土工程勘察 | 2016 年度贵州省优秀工程勘察设计奖二等奖 |
| 11 | 贵龙大道（贵阳段）道路工程岩土工程勘察 | 2016 年度贵州省优秀工程勘察设计奖三等奖 |
| 12 | 贵阳市北二环道路工程偏坡大桥岩土工程勘察 | 2016 年度贵州省优秀工程勘察设计奖三等奖 |
| 13 | 四川会东堵格、小街、淌塘风电场 1∶2000 地形图测量 | 2016 年度贵州省优秀工程勘察设计奖三等奖 |

续表

| 序号 | 项目名称 | 获奖情况 |
| --- | --- | --- |
| 14 | 贵州省兴义市马岭水利枢纽工程可行性研究报告 | 2016年贵州省优秀工程咨询成果奖一等奖 |
| 15 | 大渡河瀑布沟水电站枢纽工程竣工环境保护验收调查报告 | 2016年贵州省优秀工程咨询成果奖一等奖 |
| 16 | 贵州芙蓉江官庄水电站工程可行性研究报告 | 2016年贵州省优秀工程咨询成果奖二等奖 |
| 17 | 澜沧江如美水电站可能最大洪水专题研究报告 | 2016年贵州省优秀工程咨询成果奖二等奖 |
| 18 | 黔中水利枢纽一期工程水源工程区建设征地移民安置实施规划修编报告 | 2016年贵州省优秀工程咨询成果奖二等奖 |
| 19 | 纳雍县坪山水库工程可行性研究报告 | 2016年贵州省优秀工程咨询成果奖二等奖 |
| 20 | 贵州三都县九阡风电场可行性研究报告 | 2016年贵州省优秀工程咨询成果奖三等奖 |
| 21 | 大秦安龙县光伏农业科技大棚兴隆一期30MWp光伏电站项目可行性研究报告 | 2016年贵州省优秀工程咨询成果奖三等奖 |
| 22 | 藏中和昌都电网联网工程水土保持方案 | 2016年贵州省优秀工程咨询成果奖三等奖 |
| 23 | 织金县白泥坡水库工程可行性研究报告 | 2016年贵州省优秀工程咨询成果奖三等奖 |
| 24 | 铜仁市小云南水库工程可行性研究报告 | 2016年贵州省优秀工程咨询成果奖三等奖 |
| 25 | 龙里县大竹芒水库工程可行性研究报告 | 2016年贵州省优秀工程咨询成果奖三等奖 |
| 26 | 沿河县当坝水库工程可行性研究报告 | 2016年贵州省优秀工程咨询成果奖三等奖 |
| 27 | 贵安新区思丫河生态景观综合治理工程可行性研究报告 | 2016年贵州省优秀工程咨询成果奖二等奖 |
| 28 | 织金县白泥坡水库工程节能评估报告 | 2016年贵州省优秀工程咨询成果奖三等奖 |

续表

| 序号 | 项目名称 | 获奖情况 |
| --- | --- | --- |
| 29 | 岷江龙溪口航电枢纽工程可行性研究报告 | 电力行业优秀工程咨询成果奖一等奖 |
| 30 | 水电行业环境保护技术标准体系研究报告 | 电力行业优秀工程咨询成果奖一等奖 |
| 31 | 西藏澜沧江如美水电站可行性研究阶段场址区构造发育特征及工程影响专题研究报告 | 电力行业优秀工程咨询成果奖一等奖 |
| 32 | 贵州三都县九阡（九阡一期、扬拱）风电场可行性研究报告 | 电力行业优秀工程咨询成果奖二等奖 |
| 33 | 贵州省兴义市马岭水利枢纽工程可行性研究报告 | 电力行业优秀工程咨询成果奖二等奖 |
| 34 | 北盘江马马崖一级水电站补朗堆积体稳定性复核专题研究报告 | 电力行业优秀工程咨询成果奖二等奖 |
| 35 | 贵州瓮安花竹山风电场可行性研究报告 | 电力行业优秀工程咨询成果奖三等奖 |
| 36 | 丰满水电站环境影响后评价研究报告 | 电力行业优秀工程咨询成果奖三等奖 |
| 37 | 毛家河水电站调整概算报告 | 电力行业优秀工程咨询成果奖三等奖 |
| 38 | 大渡河枕头坝一级水电站枢纽建筑物变形监测控制网测量 | 全国优秀测绘工程奖铜奖 |
| 39 | 青海省扎曲河干流水电规划测量 | 全国优秀测绘工程奖铜奖 |

（中国电建集团贵阳勘测设计研究院有限公司　王　芳）

## 中国葛洲坝集团有限公司2016年科技成果获奖情况

中国葛洲坝集团有限公司2016年科技成果获得国家、省部级和行业科技奖54项，情况见表1。另有获得2016年度中国电力技术发明奖三等奖的“垂直升船机金结理件及设备高精度安装方法与辅助装置”项目，其受奖人（卫书满、张为明、陈强、吴光富、孙昌忠、罗琛）均为中国葛洲坝集团有限公司职工。

表1 中国葛洲坝集团有限公司 2016年度科技成果获奖情况表

| 序号 | 项目名称 | 获奖情况 |
|---|---|---|
| 1 | 高混凝土坝结构安全关键技术研究与实践 | 国家科学技术进步奖二等奖 |
| 2 | 重大工程建筑材料生态设计、制备与应用关键技术 | 湖北省科学技术奖一等奖 |
| 3 | 大型输水箱涵混凝土施工技术研究与应用 | 电力建设科学技术进步奖三等奖 |
| 4 | 南水北调中线超大现浇U形渡槽预应力施工技术 | 欧维姆预应力技术奖三等奖 |
| 5 | 强震区超高拱坝施工关键技术研究及应用 | 中国施工企业管理协会科学技术奖特等奖 |
| 6 | 水电站导流洞不断流封堵施工技术研究与应用 | 中国施工企业管理协会科学技术奖二等奖 |
| 7 | 高陡坡溢流面混凝土滑模施工技术研究与应用 | 中国施工企业管理协会科学技术奖三等奖 |
| 8 | 国际水电站工程地下厂房施工技术创新与应用 | 中国施工企业管理协会科学技术奖二等奖 |
| 9 | 国际水电站工程地下厂房施工技术创新与应用 | 电力建设科学技术进步奖三等奖 |
| 10 | 371m超深提升系统竖井滑模系统混凝土施工技术 | 电力建设科学技术进步奖二等奖 |
| 11 | 水工隧洞采用可拆卸式压力钢管封堵施工支洞技术研究 | 电力建设科学技术进步奖二等奖 |
| 12 | 堆石坝心墙沥青混合料层厚35cm铺筑施工技术 | 电力建设科学技术进步奖三等奖 |
| 13 | 土石坝碾压沥青混凝土心墙快速施工技术研究与应用 | 中国施工企业管理协会科学技术奖一等奖 |
| 14 | 锦屏一级复杂地质特高拱坝建设关键技术研究与应用 | 水力发电科学技术奖特等奖 |

续表

| 序号 | 项目名称 | 获奖情况 |
|---|---|---|
| 15 | 高混凝土重力坝加高加固关键技术研究与实践 | 水力发电科学技术奖特等奖 |
| 16 | 水电站大型暗埋旋流涡井施工关键技术 | 电力建设科学技术进步奖二等奖 |
| 17 | 中央索面不对称弧形变截面箱梁斜拉桥施工关键技术 | 中国施工企业管理协会科学技术奖二等奖 |
| 18 | 高海拔超高面板堆石坝施工关键技术 | 中国施工企业管理协会科学技术奖二等奖 |
| 19 | 超长装配式梁桥及桥面施工关键技术 | 中国施工企业管理协会科学技术奖二等奖 |
| 20 | 中央索面不对称弧形变截面箱梁斜拉桥施工关键技术 | 公路交通优质工程奖 |
| 21 | 穿心式千斤顶安装百吨级预制梁施工技术 | 中国施工企业管理协会科学技术奖二等奖 |
| 22 | 高寒地区碾压沥青混凝土防渗心墙快速施工技术 | 中国施工企业管理协会科学技术奖二等奖 |
| 23 | 大型渣场致灾风险与生态修复关键技术减灾避险功能应用 | 四川省科学技术奖三等奖 |
| 24 | 塔带机高强度浇筑大体积混凝土关键技术研究及应用 | 中国施工企业管理协会科学技术奖一等奖 |
| 25 | 塔带机高强度浇筑大体积混凝土关键技术研究及应用 | 电力建设科学技术进步奖二等奖 |
| 26 | 特大跨度地下洞室穹顶精确安全开挖技术研究与应用 | 电力建设科学技术进步奖二等奖 |
| 27 | 600m级高位自然边坡治理施工技术研究与应用 | 电力建设科学技术进步奖三等奖 |
| 28 | 特大跨度地下洞室穹顶精确安全开挖技术研究与应用 | 中国施工企业管理协会科学技术奖二等奖 |
| 29 | 600m级高位自然边坡治理施工技术研究与应用 | 中国施工企业管理协会科学技术奖二等奖 |

续表

| 序号 | 项目名称 | 获奖情况 |
| --- | --- | --- |
| 30 | 特大型地下电站优质安全高效施工关键技术及应用 | 中国电力科学技术进步奖三等奖 |
| 31 | 特大型地下电站优质安全高效施工关键技术及应用 | 水力发电科学技术奖二等奖 |
| 32 | 塔带机高强度浇筑大体积混凝土关键技术及应用 | 中国电力创新奖二等奖 |
| 33 | 大型地下洞室锚索施工关键技术研究与应用 | 欧维姆预应力技术奖二等奖 |
| 34 | 高陡边坡受损生态系统恢复促进关键技术 | 中国产学研合作促进会产学研合作创新成果奖 |
| 35 | 模块化并联运行照明节能装置研究与应用 | 电力建设科学技术进步奖二等奖 |
| 36 | 变电站软母线架设计算软件开发及应用 | 电力建设科学技术进步奖三等奖 |
| 37 | 智能化变电站分路及短路试验法的研究和应用 | 电力建设科学技术进步奖三等奖 |
| 38 | 数字化智能变电站关键技术研究与应用 | 电力建设科学技术进步奖三等奖 |
| 39 | 同塔双回直流输电线路施工关键技术研究与应用 | 中国施工企业管理协会科学技术奖二等奖 |
| 40 | 三峡升船机平衡重系统制造及安装关键技术创新与应用 | 水力发电科学技术奖二等奖 |
| 41 | 垂直升船机金结埋件及设备安装调整方法及辅助调整装置技术研究 | 中国施工企业管理协会科学技术奖一等奖 |
| 42 | 特大型垂直升船机安装技术研究与应用 | 中国电力创新奖三等奖 |
| 43 | 高水头、大容量水轮发电机组安装技术研究 | 四川省科学技术奖三等奖 |
| 44 | 石碴回填围堰体高压喷射灌浆技术研究与应用 | 电力建设科学技术进步奖二等奖 |
| 45 | 地下连续墙液压铣施工泥浆控制技术研究与应用 | 电力建设科学技术进步奖三等奖 |

续表

| 序号 | 项目名称 | 获奖情况 |
| --- | --- | --- |
| 46 | 120m深拔岩防渗墙关键施工技术研究 | 中国施工企业管理协会科学技术奖二等奖 |
| 47 | 快硬早强油井水泥生产与应用关键技术研究 | 湖北省科学技术奖三等奖 |
| 48 | 基于生态设计的高性能道路材料制备与应用关键技术 | 中国建筑材料联合会科学技术进步奖二等奖 |
| 49 | 露天煤矿火区爆破安全关键技术研究与应用 | 中国工程爆破协会科学技术奖一等奖 |
| 50 | 适合现场混装爆破的乳胶基质远程配送车研发 | 中国工程爆破协会科学技术奖二等奖 |
| 51 | 高双曲拱坝闸门安装测量技术研究 | 电力建设科学技术进步奖三等奖 |
| 52 | 水工建筑物复杂水下工况修复施工关键技术 | 中国施工企业管理协会科学技术奖二等奖 |
| 53 | 三峡升船机主体工程齿条、螺母柱设备安装测量技术研究 | 中国施工企业管理协会科学技术奖二等奖 |
| 54 | 荷电多相射流关键技术研究与工程应用 | 教育部科学技术奖二等奖 |

（中国葛洲坝集团有限公司）

## 河海大学2016年科技成果获奖情况

河海大学2016年度科技成果获奖情况见表1。

表1 河海大学2016年度科技成果获奖情况表

| 序号 | 项目名称 | 获奖情况 |
| --- | --- | --- |
| 1 | 生态节水型灌区建设关键技术及应用 | 国家科技进步一等奖 |
| 2 | 软土地基沉降控制刚性桩复合地基新技术与应用 | 国家技术发明二等奖 |
| 3 | 复杂水工混凝土结构服役性态诊断技术与实践 | 国家技术发明二等奖 |
| 4 | 平原河网区农业节水减排与生境修复的关键技术及应用 | 农业节水科技奖特等奖 |

续表

| 序号 | 项目名称 | 获奖情况 |
| --- | --- | --- |
| 5 | 灌区稻田排水沟串联湿地净污系统 | 第十八届中国专利奖优秀奖 |
| 6 | 高水头水电工程岩体渗流演化特征与控制关键技术 | 高等学校科学研究优秀成果奖（科学技术）一等奖 |
| 7 | 南黄海潮滩演变与开发保护关键技术研究及应用 | 高等学校科学研究优秀成果奖（科学技术）二等奖 |
| 8 | 面向流域生态文明的水环境安全监测与多维调控技术及应用 | 高等学校科学研究优秀成果奖（科学技术）二等奖 |
| 9 | 黄河“揭河底”冲刷机理及防治研究 | 水力发电科学技术奖一等奖 |
| 10 | 岩石渗流一应力一流变耦合理论研究与工程应用 | 水力发电科学技术奖一等奖 |
| 11 | 百米级高坝四级配碾压混凝土施工关键技术研究及应用 | 水力发电科学技术奖二等奖 |
| 12 | 高拱坝库盘变形及对大坝工作性态影响研究 | 水力发电科学技术奖二等奖 |
| 13 | 流域大规模水电站群水电协同优化调度关键技术研究及应用 | 水力发电科学技术奖二等奖 |
| 14 | 水电机组实操自控装置培训系统开发 | 水力发电科学技术奖三等奖 |
| 15 | 石油储备地下水封洞库关键技术研究 | 水力发电科学技术奖三等奖 |
| 16 | 地质灾害移民工程综合技术与应用研究 | 水力发电科学技术奖三等奖 |
| 17 | 泾渭河下游径流预报与干旱监测技术研究 | 水力发电科学技术奖三等奖 |
| 18 | 基于泡沫温拌设备的沥青路面绿色施工关键技术研发及工程应用 | 中国公路学会科学技术奖一等奖 |
| 19 | 超大型耙吸挖泥船研制及工程应用 | 中国水运建设行业协会科学技术奖特等奖 |

续表

| 序号 | 项目名称 | 获奖情况 |
| --- | --- | --- |
| 20 | 《海岸与河口潮流泥沙模拟技术规程》JTS/T 231—2—2010 | 中国水运建设行业协会科学技术奖二等奖 |
| 21 | 高桩码头结构分段设计理论和方法 | 中国水运建设行业协会科学技术奖二等奖 |
| 22 | 海港码头结构物加固和升级改造成套技术研究 | 中国水运建设行业协会科学技术奖三等奖 |
| 23 | 气候变化下黄淮海流域水循环模拟预测关键技术及适应性对策 | 大禹水利科学技术奖一等奖 |
| 24 | 南方湖库富营养化发生机制与生态修复调控技术 | 大禹水利科学技术奖二等奖 |
| 25 | 平原水库全库盘铺膜防渗关键技术及应用 | 大禹水利科学技术奖二等奖 |
| 26 | 中小河流突发性洪水监测预报预警关键技术及应用 | 大禹水利科学技术奖二等奖 |
| 27 | 水利资源和地理空间基础信息库构建与应用 | 大禹水利科学技术奖二等奖 |
| 28 | 农村水电站安全保障关键技术研究与应用 | 大禹水利科学技术奖二等奖 |
| 29 | 高效节水灌溉关键技术研究与应用示范 | 大禹水利科学技术奖三等奖 |
| 30 | 江淮中下游地区城市防洪水文水利计算与规划关键技术研究 | 大禹水利科学技术奖三等奖 |
| 31 | 气候变化对灌溉需水的影响与调控技术 | 江苏省科学技术奖二等奖 |
| 32 | 铰链式混凝土生态护坡关键技术创新及其推广作用 | 江苏省科学技术奖三等奖 |
| 33 | 现代工程材料多尺度力学理论方法及高性能仿真技术 | 江苏省科学技术奖三等奖 |
| 34 | 江苏省引用水源地环境安全保障关键技术与应用 | 江苏省科学技术奖三等奖 |
| 35 | 风力发电并网接入关键技术研究及成套设备研制 | 江苏省科学技术奖三等奖 |
| 36 | 基于新一代基因测序技术的个性化医疗云计算平台 | 江苏省科学技术奖三等奖 |

（河海大学）

## 南京水利科学研究院 2016 年科研成果获奖情况

南京水利科学研究院 2016 年度科技成果获奖情况见表 1。

表 1　南京水利科学研究院 2016 年度科技成果获奖情况表

| 序号 | 项目名称 | 获奖情况 |
| --- | --- | --- |
| 1 | 复杂水工混凝土结构服役性态诊断技术与实践 | 国家技术发明奖二等奖 |
| 2 | 新型桶式基础结构设计与施工关键技术研究 | 中国水运建设行业协会科学技术奖特等奖 |
| 3 | 水力驱动式升船机关键技术研究与工程实践 | 中国航海学会科学技术奖特等奖 |
| 4 | 气候变化下黄淮海流域水循环模拟预测关键技术及适应性对策 | 大禹水利科学技术奖一等奖 |
| 5 | 淮北平原区水资源多目标立体调蓄系统及实践 | 大禹水利科学技术奖一等奖 |
| 6 | 咸寒区渠道冻害评估与处治技术 | 大禹水利科学技术奖一等奖 |
| 7 | 长江中游航道洲滩冲刷机理与防护技术研究 | 中国水运建设行业协会科学技术奖一等奖 |
| 8 | 港珠澳大桥对伶仃洋水沙环境和港口航道影响研究 | 中国水运建设行业协会科学技术奖一等奖 |
| 9 | 澜沧江景洪升船机重大关键技术原型调试与观测研究 | 中国水运建设行业协会科学技术奖一等奖 |
| 10 | 长江潮汐河段航道整治建筑物新型结构研究 | 中国航海学会科学技术奖一等奖 |
| 11 | 北疆寒冷地区大型引水工程运行维修关键技术研究 | 新疆维吾尔自治区科学技术进步奖一等奖 |
| 12 | 气候变化对灌溉需水的影响与调控技术 | 江苏省科学技术奖二等奖 |
| 13 | 农村水电站安全保障关键技术研究与应用 | 大禹水利科学技术奖二等奖 |
| 14 | 中小河流突发性洪水监测预报预警关键技术及应用 | 大禹水利科学技术奖二等奖 |
| 15 | 《海岸与河口潮流泥沙模拟技术规程》JTS/T 231—2010 | 中国水运建设行业协会科学技术奖二等奖 |
| 16 | 辐射沙洲海域离岸岛式LNG接卸港建设关键技术研究 | 中国水运建设行业协会科学技术奖二等奖 |
| 17 | 长江三角洲地区城市化对洪涝孕灾环境影响研究及应用 | 教育部科学技术奖二等奖 |
| 18 | 水道枢纽工程的生态影响及调控 | 云南省科学技术奖二等奖 |
| 19 | 基于总量控制的平原河网区农业节水技术研究 | 农业节水科技奖二等奖 |
| 20 | 《港工设施维护技术规范》(JTS 310—2013) | 中国水运建设行业协会科学技术奖三等奖 |
| 21 | 海港码头结构物加固和升级改造成套技术研究 | 中国水运建设行业协会科学技术奖三等奖 |

（南京水利科学研究院）

## 黄河水利科学研究院 2016 年科技成果获奖情况

黄河水利科学研究院 2016 年度科技成果获奖情况见表 1。

表 1　黄河水利科学研究院 2016 年度科技成果获奖情况表

| 序号 | 项目名称 | 获奖情况 |
| --- | --- | --- |
| 1 | 小浪底水库淤积形态优选与调控的理论及关键技术 | 水利部大禹水利科技一等奖 |
| 2 | 黄河“揭河底”冲刷机理及防治研究 | 水力发电科学技术奖一等奖 |
| 3 | 黄河下游宽滩区滞洪沉沙功能及滩区减灾技术研究 | 黄河水利委员会科技进步一等奖 |
| 4 | 深厚覆盖层上修筑高面板堆石坝关键技术 | 黄河水利委员会科技进步一等奖 |
| 5 | 小浪底污染物时空分布规律及出库水质预测 | 黄河水利委员会科技进步二等奖 |

（黄河水利科学研究院）

# 专利项目简介

## 河海大学 2016 年获得水利水电类专利情况

河海大学 2016 年度获得水利水电类国家授权专利情况见表 1。

表 1 河海大学 2016 年度获得水利水电类国家授权专利清单

| 序号 | 专利名称 | 专利类别 | 专利号 |
|---|---|---|---|
| 1 | 一种利用潮流能发电的斐波那契螺旋形水轮机 | 发明专利 | ZL201610070150.9 |
| 2 | 梯级水电站群生态调控智能控制系统及方法 | 发明专利 | ZL201510702468.X |
| 3 | 一种一次性手套及其使用方法 | 发明专利 | ZL201510483597.4 |
| 4 | 水工建筑物渗流性态分布式光纤感知集成系统与方法 | 发明专利 | ZL201510345172.7 |
| 5 | 水工结构物及其基础渗流状况分布式光纤辨识系统与方法 | 发明专利 | ZL201510345174.6 |
| 6 | 一种水工测渗用自控热源特制单模光纤 | 发明专利 | ZL201510345133.7 |
| 7 | 堤坝性态感知光纤弯曲曲率控制与量测装置及方法 | 发明专利 | ZL201510344770.2 |
| 8 | 复杂环境下分布式光纤布设装置及方法 | 发明专利 | ZL201510345078.1 |
| 9 | 水工结构安全监测用光纤率定系统及方法 | 发明专利 | ZL201510345135.6 |
| 10 | 涉水建筑物健康感知分布式光纤率定系统及方法 | 发明专利 | ZL201510346210.0 |
| 11 | 一种基于 ArcGIS 的复杂平原河网地区水文模型处理方法 | 发明专利 | ZL201510266603.0 |
| 12 | 水库溃坝模拟实验装置 | 发明专利 | ZL201510126699.0 |
| 13 | 一种侧掺气坎前置的防水翅三维掺气设施 | 发明专利 | ZL201510102536.9 |
| 14 | 一种混凝土重力坝在多坝段联合抗滑条件下的稳定安全系数计算方法 | 发明专利 | ZL201510062321.9 |
| 15 | 一种基于钢丝网的堆石坝用沥青混凝土面板结构 | 发明专利 | ZL201510040147.8 |
| 16 | 一种水产养殖水体净化剂及其制备方法 | 发明专利 | ZL201510041962.6 |
| 17 | 一种长距离引调水工程多功能模拟系统及模拟方法 | 发明专利 | ZL201410851502.5 |
| 18 | 一种阻截农田初期雨水污染物流入农村沟道的生态净化系统 | 发明专利 | ZL201410777011.0 |
| 19 | 一种针对游荡性河道的渐序加密节点式控导工程布置方法 | 发明专利 | ZL201510022293.8 |
| 20 | 一种管袋充填高含黏量泥浆高效脱水的施工方法 | 发明专利 | ZL201410840739.3 |
| 21 | 一种底板运输式过桥船闸 | 发明专利 | ZL201410822958.9 |
| 22 | 一种基于软基结构的双向连拱式景观挡土墙 | 发明专利 | ZL201410812199.8 |
| 23 | 一种漫顶溃坝试验中的洪水流量控制方法及控制系统 | 发明专利 | ZL201410797854.7 |
| 24 | 一种焊接质量监控系统 | 发明专利 | ZL201410116439.0 |
| 25 | 一种土工膜下积气模型试验装置及其试验方法 | 发明专利 | ZL201410098890.4 |
| 26 | 一种滚筒式土壤团聚体分层剥离器 | 发明专利 | ZL201410076013.7 |
| 27 | 一种泥沙溶液采样装置及采样方法 | 发明专利 | ZL201310747528.0 |
| 28 | 变化环境下应急调控水华的模拟系统及运行方法 | 发明专利 | ZL201410737974.8 |

续表

| 序号 | 专利名称 | 专利类别 | 专利号 |
|---|---|---|---|
| 29 | 一种交错布置隔块结构的生态鱼道 | 发明专利 | ZL201410660867.X |
| 30 | 一种碾压混凝土工作性快捷测试方法 | 发明专利 | ZL201410596365.5 |
| 31 | 用于模拟砂砾石坝溃决试验的面板结构及其制造方法 | 发明专利 | ZL201410631865.8 |
| 32 | 一种太阳能热水器智能控制装置 | 发明专利 | ZL201410589397.2 |
| 33 | 一种组合式几字形砌块的生态土工结构 | 发明专利 | ZL201410633227.X |
| 34 | 一种室内潮波生成器及其使用方法 | 发明专利 | ZL201410535865.8 |
| 35 | 钢沉井侧壁与刃脚土压力计水下埋设装置及其埋设方法 | 发明专利 | ZL201410506898.X |
| 36 | 非接触式振捣时间智能检测系统及检测方法 | 发明专利 | ZL201410437993.9 |
| 37 | 压力钢管及伸缩节运行参数自动监测系统及其评价方法 | 发明专利 | ZL201410250160.1 |
| 38 | 胶体在沙柱中穿透的实时测量智能实验装置及其操作方法 | 发明专利 | ZL201410240772.2 |
| 39 | 深厚覆盖层上高混凝土面板堆石坝防渗墙与趾板之间膜的连接方法 | 发明专利 | ZL201410380796.8 |
| 40 | 一种流量补偿式曲线过流断面进水闸 | 发明专利 | ZL201410338528.X |
| 41 | 河口海岸工程管袋坝信息化施工系统 | 发明专利 | ZL201410324557.0 |
| 42 | 一种 $Cl^-$、$SO_4^{2-}$ 的固化材料 | 发明专利 | ZL201410262101.6 |
| 43 | 微生物有机肥及其制备方法 | 发明专利 | ZL201410262147.8 |
| 44 | 抑制芦蒿土传病原菌的芦蒿秸秆分解菌剂及其制备方法 | 发明专利 | ZL201410261688.9 |
| 45 | 补偿位移消除高面膜堆石坝防渗膜锚固处夹具效应的方法 | 发明专利 | ZL201410248046.5 |
| 46 | 一种生态逐杀蜗牛与调理土壤的颗粒剂的制作及应用方法 | 发明专利 | ZL201410206375.3 |
| 47 | 设施次生 $NO_3^-$ 盐化土壤改良剂、制备方法及改良方法 | 发明专利 | ZL201410242557.6 |
| 48 | 大尺寸混凝土构件缺陷应力波快速检测方法 | 发明专利 | ZL201410218421.1 |
| 49 | 一种改善设施盐渍化土壤的田间调控方法 | 发明专利 | ZL201410192576.2 |
| 50 | 一种快速防治设施土壤连作障碍的方法 | 发明专利 | ZL201410191992.0 |
| 51 | 低浓度浑水中泥沙浓度与水流脉动速度同步测量系统 | 发明专利 | ZL201310747082.1 |
| 52 | 一种基于不可控洪水特性的洪水调度安全度评价方法 | 发明专利 | ZL201410177185.3 |
| 53 | 一种安全利用洪水资源的量化分析方法 | 发明专利 | ZL201410177282.2 |
| 54 | 水力共同作用下土与结构物的接触特性试验仪及试验方法 | 发明专利 | ZL201410186250.9 |
| 55 | 具有阻水排水功能的自动调节装置及其调节方法 | 发明专利 | ZL201410156044.3 |
| 56 | 胶体在潜流带中输运的水槽实验方法 | 发明专利 | ZL201410153812.X |
| 57 | 一种人工湿地用超声波疏堵装置及应用 | 发明专利 | ZL201410131261.7 |
| 58 | 一种模拟不同应力条件下混凝土构件水力劈裂试验装置 | 发明专利 | ZL201310673554.3 |
| 59 | 外光水位测量装置及其测量方法 | 发明专利 | ZL201310671789.9 |
| 60 | 一种纤维砂浆专用搅拌机及其使用方法 | 发明专利 | ZL201310654753.X |
| 61 | 一种船舶缓冲靠岸与无动力驶离装置 | 发明专利 | ZL201310589136.6 |
| 62 | 一种叶片击打式水滤空气净化装置 | 发明专利 | ZL201310582022.9 |
| 63 | 一种智能化的批量生成及处理任意形状截面等值线云图的方法 | 发明专利 | ZL201310578648.2 |
| 64 | 一种资料短缺情形下的二次耦合月径流预报方法 | 发明专利 | ZL201310552930.3 |
| 65 | 高速公路软土路基沉降监测微型静压计 | 发明专利 | ZL201310537760.1 |
| 66 | 一种深覆盖层上堆石坝面膜防渗结构模型试验平台 | 发明专利 | ZL201310549894.5 |

续表

| 序号 | 专利名称 | 专利类别 | 专利号 |
|---|---|---|---|
| 67 | 一种水工沥青混凝土数值仿真模型构建方法 | 发明专利 | ZL201310549136.3 |
| 68 | 一种水工混凝土结构自振频率识别的测试装置及方法 | 发明专利 | ZL201310408967.9 |
| 69 | 一种水工建筑物安全自动化监测系统降噪方法 | 发明专利 | ZL201310411211.X |
| 70 | 一种农田土壤微生物保水制品及其制备方法 | 发明专利 | ZL201310307877.0 |
| 71 | 一种处理畜禽养殖污水的复合生物菌剂及其制造方法 | 发明专利 | ZL201310307851.6 |
| 72 | 多孔介质结构体渗流的分布式光纤测试方法 | 发明专利 | ZL201310304624.8 |
| 73 | 基于光学成像的泥沙水下休止角的测量装置及其测量方法 | 发明专利 | ZL201310184535.4 |
| 74 | 一种高边坡三维有限元模型的建模方法 | 发明专利 | ZL201310175551.7 |

（河海大学）

# 中国葛洲坝集团有限公司 2016 年获得国家发明专利授权和软件著作权登记证书情况

中国葛洲坝集团有限公司 2016 年获得国家授权发明专利 96 件，情况见表 1。

表 1　中国葛洲坝集团有限公司 2016 年获得国家发明专利授权情况表

| 序号 | 专利名称 | 专利类别 | 专利号 | 授权日期 |
|---|---|---|---|---|
| 1 | 一体化式自动排灰脉冲袋式收尘器 | 发明专利 | ZL201110079475.0 | 2016 年 6 月 29 日 |
| 2 | 一种移动组合式隔音室 | 发明专利 | ZL201110114562.5 | 2016 年 6 月 1 日 |
| 3 | 一种组合式筛分楼 | 发明专利 | ZL201110115367.4 | 2016 年 6 月 17 日 |
| 4 | 液压自动爬升模板中 B7 螺栓荷载监测装置 | 发明专利 | ZL201110348053.9 | 2016 年 4 月 20 日 |
| 5 | 一种地下洞室施工桥机轨道梁采用钢支撑钢轨道梁的方法 | 发明专利 | ZL201210340051.X | 2016 年 1 月 20 日 |
| 6 | 一种可拆卸折叠式烟囱 | 发明专利 | ZL201210343323.1 | 2016 年 1 月 13 日 |
| 7 | 一种免查找式预埋管 | 发明专利 | ZL201210366782.1 | 2016 年 3 月 23 日 |
| 8 | 筒仓混凝土整体滑升模板 | 发明专利 | ZL201210378977.8 | 2016 年 5 月 11 日 |
| 9 | 一种可调节高度的弧形闸门胎膜钢支承 | 发明专利 | ZL201210414270.8 | 2016 年 2 月 10 日 |
| 10 | 一种高效节能船舶空调系统 | 发明专利 | ZL201210414287.3 | 2016 年 3 月 9 日 |
| 11 | 一种洗石装置及方法 | 发明专利 | ZL201310067706.5 | 2016 年 3 月 9 日 |
| 12 | 一种防渗墙成槽循环钻进施工方法 | 发明专利 | ZL201310098396.3 | 2016 年 12 月 28 日 |
| 13 | 一种水坝排水孔渗流参数智能测控系统 | 发明专利 | ZL201310106686.8 | 2016 年 3 月 9 日 |
| 14 | 运输车辆自动遮阳棚 | 发明专利 | ZL201310133304.0 | 2016 年 8 月 31 日 |
| 15 | 三级跌落式溜筒 | 发明专利 | ZL201310141562.3 | 2016 年 7 月 27 日 |
| 16 | 环形条带牛腿混凝土模板装置及模板 | 发明专利 | ZL201310175867.6 | 2016 年 4 月 27 日 |
| 17 | 基于知识工程的混凝土坝浇筑施工智能决策系统及其方法 | 发明专利 | ZL201310232318.8 | 2016 年 8 月 17 日 |
| 18 | 一种斜井运料装置及其运料方法 | 发明专利 | ZL201310250365.5 | 2016 年 3 月 2 日 |
| 19 | 一种渗漏混凝土内部截水帷幕灌浆方法 | 发明专利 | ZL201310252852.5 | 2016 年 3 月 2 日 |

续表

| 序号 | 专利名称 | 专利类别 | 专利号 | 授权日期 |
|---|---|---|---|---|
| 20 | 控制钻孔孔斜的方法 | 发明专利 | ZL201310291595.6 | 2016年6月29日 |
| 21 | 采用堆石坝压实质量智能、动态控制系统进行堆石坝压实质量检测方法 | 发明专利 | ZL201310343049.2 | 2016年5月11日 |
| 22 | 一种顺层特高岩质边坡组合支护方法 | 发明专利 | ZL201310358623.1 | 2016年4月6日 |
| 23 | 一种用于潜孔钻的取土器 | 发明专利 | ZL201310448757.2 | 2016年7月13日 |
| 24 | 一种组合湿式混凝土湿喷机 | 发明专利 | ZL201310466062.7 | 2016年4月13日 |
| 25 | 一种现场向上进行深孔填装制备乳化炸药的工艺方法 | 发明专利 | ZL201310474010.4 | 2016年9月28日 |
| 26 | 一种混凝土拉伸试验柔性夹持装置 | 发明专利 | ZL201310496695.2 | 2016年4月6日 |
| 27 | 一种采空区处理充填灌浆的施工方法 | 发明专利 | ZL201310537073.X | 2016年5月11日 |
| 28 | 面板堆石坝塑性止水施工台车及施工方法 | 发明专利 | ZL201310555873.4 | 2016年3月30日 |
| 29 | 一种用于加气混凝土砌块墙体的灰缝衬砌模具 | 发明专利 | ZL201310570902.4 | 2016年3月16日 |
| 30 | 长距离小断面Ⅴ2类围岩水工隧洞“低环＋高环”小导管超前支护方法 | 发明专利 | ZL201310617984.3 | 2016年2月24日 |
| 31 | 轴线式隧洞防渗土工布铺布机 | 发明专利 | ZL201310632584.X | 2016年7月13日 |
| 32 | 一种混装乳化炸药用高分子乳化剂及其制备方法 | 发明专利 | ZL201410032344.0 | 2016年10月12日 |
| 33 | 一种能净化空气的空调 | 发明专利 | ZL201410035455.7 | 2016年12月21日 |
| 34 | 一种“H”型防冲墙单元槽段成槽施工方法 | 发明专利 | ZL201410053733.1 | 2016年1月20日 |
| 35 | 预应力张拉液压千斤顶悬吊移动装置 | 发明专利 | ZL201410125085.6 | 2016年1月20日 |
| 36 | 一种污水处理系统 | 发明专利 | ZL201410135554.2 | 2016年1月20日 |
| 37 | 一种便于检修的滤油装置 | 发明专利 | ZL201410139703.2 | 2016年1月20日 |
| 38 | 一种混凝土墙柱阳角模板装置 | 发明专利 | ZL201410139855.2 | 2016年1月20日 |
| 39 | 一种混凝土结合面二次灌浆装置及方法 | 发明专利 | ZL201410146177.2 | 2016年6月15日 |
| 40 | 一种运用于全平衡钢丝绳卷扬垂直升船机承船厢的安全保护装置及提升保护方法 | 发明专利 | ZL201410149654.0 | 2016年1月13日 |
| 41 | 一种运用于全平衡钢丝绳卷扬垂直提升机的钢丝绳电动均衡装置及提升方法 | 发明专利 | ZL201410149686.0 | 2016年4月6日 |
| 42 | 一种碎卵石加工系统及加工方法 | 发明专利 | ZL201410174617.5 | 2016年5月4日 |
| 43 | 一种水泥硬化剂 | 发明专利 | ZL201410182513.9 | 2016年9月21日 |
| 44 | 一种大型圆柱形储料罐的制作方法 | 发明专利 | ZL201410183795.4 | 2016年1月27日 |
| 45 | 一种包装炸药纸管回收装置及其回收方法 | 发明专利 | ZL201410197211.9 | 2016年3月16日 |
| 46 | 一种双回转支撑的斜拉转动长臂装置系统 | 发明专利 | ZL201410214283.X | 2016年5月11日 |
| 47 | 一种激光测定仪固定装置 | 发明专利 | ZL201410224586.X | 2016年9月28日 |
| 48 | 一种用于测量乳化炸药在炮孔内爆速的辅助装置 | 发明专利 | ZL201410225679.4 | 2016年8月24日 |
| 49 | 一种锚索液压自动送索装置 | 发明专利 | ZL201410250361.1 | 2016年2月10日 |
| 50 | 一种大坝冷却水换向及分水装置 | 发明专利 | ZL201410266047.2 | 2016年6月22日 |
| 51 | 一种渠道坡面反滤料垫层施工方法及反滤料垫层振密压实装置 | 发明专利 | ZL201410271914.1 | 2016年1月20日 |
| 52 | 一种渠道土质坡面削坡施工方法 | 发明专利 | ZL201410271981.3 | 2016年8月17日 |
| 53 | 散装大包多孔粒状铵油炸药制药、装药一体机 | 发明专利 | ZL201410285003.4 | 2016年8月24日 |

续表

| 序号 | 专利名称 | 专利类别 | 专利号 | 授权日期 |
|---|---|---|---|---|
| 54 | 下承式钢管拱混凝土简支梁系杆拱桥吊杆预埋管偏位的处理方法 | 发明专利 | ZL201410291585.7 | 2016年8月17日 |
| 55 | 桥梁用大跨度钢结构吊篮及其安装方法 | 发明专利 | ZL201410303143.X | 2016年6月15日 |
| 56 | 炮孔全孔温度监测装置 | 发明专利 | ZL201410324137.2 | 2016年8月31日 |
| 57 | 一种专用于清理水电站钢闸门门槽的水下载人试探门 | 发明专利 | ZL201410331873.0 | 2016年11月30日 |
| 58 | 一种盾构机平移调头始发反力架安装方法 | 发明专利 | ZL201410349311.9 | 2016年5月11日 |
| 59 | 用于面板堆石坝表层止水钢罩中灌注粉煤灰的装置及灌注方法 | 发明专利 | ZL201410363839.1 | 2016年5月4日 |
| 60 | 一种大体积混凝土消应控制裂缝方法 | 发明专利 | ZL201410365667.1 | 2016年4月6日 |
| 61 | 利用水泥基材料的自振频率检测其凝结时间的方法及装置 | 发明专利 | ZL201410379183.2 | 2016年6月29日 |
| 62 | 一种混凝土防渗墙围堰体加高施工方法 | 发明专利 | ZL201410388655.0 | 2016年8月17日 |
| 63 | 一种堤防坡脚水下混凝土施工方法 | 发明专利 | ZL201410402208.6 | 2016年1月20日 |
| 64 | 混装乳化炸药的制备方法 | 发明专利 | ZL201410446419.X | 2016年8月31日 |
| 65 | 一种大跨度U形薄壁渡槽混凝土振捣方法 | 发明专利 | ZL201410470280.2 | 2016年1月19日 |
| 66 | 渡槽侧墙顶板造槽机过孔保护方法 | 发明专利 | ZL201410470399.X | 2016年5月4日 |
| 67 | 大跨度U形渡槽环向钢筋安装方法 | 发明专利 | ZL201410470491.6 | 2016年3月30日 |
| 68 | 一种炮孔爆破堵塞方法 | 发明专利 | ZL201410482088.5 | 2016年3月2日 |
| 69 | 基础悬挂式混凝土防渗墙止降的方法 | 发明专利 | ZL201410524404.0 | 2016年6月29日 |
| 70 | 一种用于防渗墙槽段浇筑过程中固定导管的装置及方法 | 发明专利 | ZL201410546690.0 | 2016年1月20日 |
| 71 | 溢流面混凝土采用轨道埋入式拉模施工方法 | 发明专利 | ZL201410619536.1 | 2016年6月29日 |
| 72 | 一种大型条带式牛腿的施工方法 | 发明专利 | ZL201410654629.8 | 2016年4月27日 |
| 73 | 一种混装炸药科研试验平台 | 发明专利 | ZL201410679370.2 | 2016年6月8日 |
| 74 | 管路自动清洗系统及清洗方法 | 发明专利 | ZL201410697035.5 | 2016年9月14日 |
| 75 | 一种利用小型起重设备安装水下超重构件的方法 | 发明专利 | ZL201410711618.9 | 2016年9月21日 |
| 76 | 碾压沥青混凝土心墙的施工方法 | 发明专利 | ZL201410725748.8 | 2016年2月3日 |
| 77 | 一种隧洞束窄渐变段钢模台车施工方法 | 发明专利 | ZL201410732694.8 | 2016年9月28日 |
| 78 | 一种背负式现场混装乳化炸药的装药器 | 发明专利 | ZL201410746046.8 | 2016年8月24日 |
| 79 | 一种现场混装乳化炸药的装药器 | 发明专利 | ZL201410748719.3 | 2016年8月24日 |
| 80 | 一种长距离隧洞施工期加快通风排烟装置及方法 | 发明专利 | ZL201410810707.9 | 2016年8月17日 |
| 81 | 垂直转向变轨钢模台车 | 发明专利 | ZL201410422147.X | 2016年4月27日 |
| 82 | 一种浅水下引流装置及引流方法 | 发明专利 | ZL201510000528.3 | 2016年9月28日 |
| 83 | 一种在卷板机上快速校正弧门侧轨埋件的装置及方法 | 发明专利 | ZL201510040120.9 | 2016年8月3日 |
| 84 | 一种加工弧形曲线坡口的装置及方法 | 发明专利 | ZL201510090340.2 | 2016年4月20日 |
| 85 | 一种高温炮孔降温方法 | 发明专利 | ZL201510121999.X | 2016年6月8日 |
| 86 | 一种炸药下放装置及施工方法 | 发明专利 | ZL201510171432.3 | 2016年7月27日 |
| 87 | 一种大吨位预应力张拉施工调节装置 | 发明专利 | ZL201510186246.7 | 2016年1月23日 |
| 88 | 一种砂石加工系统废水处理尾矿库及运行方法 | 发明专利 | ZL201510275228.6 | 2016年11月30日 |

续表

| 序号 | 专利名称 | 专利类别 | 专利号 | 授权日期 |
|---|---|---|---|---|
| 89 | 垂直升船机大型承船厢高效安装方法及安装定位辅助工装装置 | 发明专利 | ZL201510297881.2 | 2016年7月6日 |
| 90 | 一种硅酸盐水泥熟料及其制备方法 | 发明专利 | ZL201510329288.1 | 2016年9月28日 |
| 91 | 高陡坡混凝土滑模牵引控制装置 | 发明专利 | ZL201510410846.7 | 2016年8月24日 |
| 92 | 一种使用接触传感器的空气净化装置 | 发明专利 | ZL201510446698.4 | 2016年12月21日 |
| 93 | 土石坝沥青混凝土心墙浅部漏水点修补的快速施工方法 | 发明专利 | ZL201510489950.X | 2016年8月31日 |
| 94 | 采用挂篮模板制作带观光走道板的预应力混凝土箱梁的方法 | 发明专利 | ZL201510586099.2 | 2016年8月31日 |
| 95 | 一种在防渗墙槽段浇筑过程中使用固定导管装置进行导管固定的方法 | 发明专利 | ZL201510590538.7 | 2016年12月7日 |
| 96 | 振动定位骨科钢板 | 发明专利 | ZL201610150588.8 | 2016年8月28日 |

由中国葛洲坝集团有限公司开发的23项软件，2016年获得中华人民共和国国家版权局颁发的计算机软件著作权登记证书，情况见表2。

表2　　中国葛洲坝集团有限公司2016年获得国家计算机软件著作权证书情况表

| 序号 | 软件名称 | 登记号 | 登记证书号 | 登记日期 |
|---|---|---|---|---|
| 1 | 骨料仓自动分料远程控制软件 | 2016SR384221 | 软著登字第1562837号 | 2016年12月21日 |
| 2 | 高扬程启闭机开度自动计算方法软件 | 2016SR103585 | 软著登字第1098301号 | 2016年5月13日 |
| 3 | 大型升船机平衡重组平衡分配自动计算程序软件 | 2016SR151095 | 软著登字第1329712号 | 2016年6月22日 |
| 4 | 物流信息管理系统V1.0 | 2016SR160347 | 软著登字第1338964号 | 2016年6月29日 |
| 5 | 出厂水泥检验单控制系统V2.0 | 2016SR332026 | 软著登字第1510643号 | 2016年11月16日 |
| 6 | 劳务合同管理系统V2.0 | 2016SR372782 | 软著登字第1551398号 | 2016年12月14日 |
| 7 | 备件仓库管理软件V2.0 | 2016SR331461 | 软著登字第1510078号 | 2016年11月15日 |
| 8 | 设备信息查询系统V1.0 | 2016SR332671 | 软著登字第1511288号 | 2016年11月16日 |
| 9 | 物联网设备管理平台系统V1.0 | NO.01355409 | 软著登字第1545213号 | 2016年12月12日 |
| 10 | 应急救援指挥调度系统V1.0 | NO.01353560 | 软著登字第1546449号 | 2016年12月12日 |
| 11 | 生产工艺数据实时监控系统V1.0 | NO.01353574 | 软著登字第1546491号 | 2016年12月12日 |
| 12 | 危险品运输车动态监控系统V1.0 | NO.01352904 | 软著登字第1547796号 | 2016年12月13日 |
| 13 | 现场混装车动态监控系统V1.0 | NO.01361044 | 软著登字第1549058号 | 2016年12月13日 |
| 14 | 危险源危险工序视频监控系统V1.0 | NO.01356934 | 软著登字第1547752号 | 2016年12月13日 |
| 15 | 葛洲坝地产房屋质量信息分析预警系统V1.0 | 2016SR311038 | 软著登字第1489655号 | 2016年10月28日 |
| 16 | 葛洲坝地产网架结构强度检测分析V1.0 | 2016SR311035 | 软著登字第1489652号 | 2016年10月28日 |
| 17 | 葛洲坝地产安质环工作考核计算软件V1.0 | 2016SR166078 | 软著登字第1344695号 | 2016年7月4日 |
| 18 | 中国葛洲坝地产开发项目进度管理软件V1.0 | 2016SR344696 | 软著登字第1523312号 | 2016年11月29日 |
| 19 | Survey Helper激光跟踪仪辅助测量软件 | 2016SR027015 | 软著登字第1205630号 | 2016年2月3日 |
| 20 | Survey Adjustment _ X三维控制网平差处理软件 | 2016SR027028 | 软著登字第1205645号 | 2016年2月3日 |
| 21 | 公路桥梁定期检查资料整理软件V1.0 | 2016SR151514 | 软著登字第1330131号 | 2016年6月22日 |
| 22 | 振动法凝结时间测定仪软件 | 2016SR390578 | 软著登字第1569194号 | 2016年12月23日 |
| 23 | 人力资源工资计算软件 | 2016SR391768 | 软著登字第1570384号 | 2016年12月24日 |

（中国葛洲坝集团有限公司）

## 中国电建集团北京勘测设计研究院有限公司 2016 年获得专利授权情况

中国电建集团北京勘测设计研究院有限公司 2016 年获得国家授权专利情况见表 1。

表 1　中国电建集团北京勘测设计研究院有限公司 2016 年获得国家授权专利情况表

| 序号 | 专利名称 | 专利类型 | 专利号 | 授权公告日 |
|---|---|---|---|---|
| 1 | 陡边坡沥青混凝土心墙与混凝土基座的连接结构 | 发明专利 | ZL201410035757.4 | 2016 年 11 月 30 日 |
| 2 | 用于孔中测试设备的自动贴壁装置 | 发明专利 | ZL201410193724.2 | 2016 年 11 月 30 日 |
| 3 | 窄河谷、深尾水的高拱坝泄洪消能结构 | 发明专利 | ZL201210253302.0 | 2016 年 7 月 6 日 |
| 4 | 表面变形光学测量照准目标保护装置和监测系统及方法 | 发明专利 | ZL201410350483.8 | 2016 年 7 月 6 日 |
| 5 | 一种用于物探测量的点触式声波探头 | 发明专利 | ZL201410421510.6 | 2016 年 9 月 7 日 |
| 6 | 一种抽水蓄能电站进出水口水岸防护结构 | 实用新型 | ZL201620671470.5 | 2016 年 12 月 12 日 |
| 7 | 结合泄洪洞布置的生态流量系统 | 实用新型 | ZL201620672469.4 | 2016 年 12 月 7 日 |
| 8 | 一种地面上室式调压室结构 | 实用新型 | ZL201520110985.3 | 2016 年 2 月 24 日 |
| 9 | 一种单发单收声波测试装置 | 实用新型 | ZL201520935537.7 | 2016 年 4 月 6 日 |
| 10 | 一种超声波纵波和横波测试击发探头 | 实用新型 | ZL201521063072.7 | 2016 年 5 月 11 日 |
| 11 | 一种用于电测地下水位的装置 | 实用新型 | ZL201521063495.9 | 2016 年 5 月 11 日 |
| 12 | 一种布置在隧洞中的前池 | 实用新型 | ZL201521066730.8 | 2016 年 7 月 6 日 |
| 13 | 带有非电辅助热水源的太阳能集中集热热水系统 | 实用新型 | ZL201620096918.5 | 2016 年 7 月 6 日 |
| 14 | 采用非电辅助热源的太阳能集中间接热水系统 | 实用新型 | ZL201620095459.9 | 2016 年 7 月 6 日 |
| 15 | 内加强月牙肋型钢岔管水压试验监测系统 | 实用新型 | ZL201620189695.7 | 2016 年 9 月 7 日 |

（中国电建集团北京勘测设计研究院有限公司　陆　原）

## 中国电建集团贵阳勘测设计研究院有限公司 2016 年获得专利情况

中国电建集团贵阳勘测设计研究院有限公司 2016 年度获得国家授权专利情况见表 1。

表 1　中国电建集团贵阳勘测设计研究院有限公司 2016 年度获得国家授权专利清单

| 序号 | 专利名称 | 专利类别 | 专利号 | 授权公告日 |
|---|---|---|---|---|
| 1 | 一种用于引水隧洞进人孔的侧翻式闷头结构 | 发明专利 | ZL201410614214.8 | 2016 年 1 月 6 日 |
| 2 | 一种在岩溶管道渗漏区进行快速防渗帷幕灌浆的施工方法 | 发明专利 | ZL201410123007.2 | 2016 年 1 月 6 日 |
| 3 | 一种预应力锚索隔离支架安装结构 | 实用新型 | ZL201520677866.6 | 2016 年 1 月 6 日 |
| 4 | 一种用于常流水状态下的鱼池结构 | 实用新型 | ZL201520631153.6 | 2016 年 1 月 6 日 |
| 5 | 一种具有沉沙池功能的钢闸门结构 | 实用新型 | ZL201520631144.7 | 2016 年 1 月 6 日 |
| 6 | 一种河道减水河段鱼类生存地保护结构 | 实用新型 | ZL201520350294.0 | 2016 年 1 月 6 日 |
| 7 | 一种地下水污染处理系统 | 实用新型 | ZL201520650179.5 | 2016 年 1 月 6 日 |
| 8 | 一种适用于木模的预埋钢板 | 实用新型 | ZL201520677513.6 | 2016 年 1 月 6 日 |

续表

| 序号 | 专利名称 | 专利类别 | 专利号 | 授权公告日 |
|---|---|---|---|---|
| 9 | 一种公路砌体挡土墙加固结构 | 实用新型 | ZL201520662759.6 | 2016年1月6日 |
| 10 | 一种防止电机断电瞬间产生冲击电压的电路控制系统 | 实用新型 | ZL201520677595.4 | 2016年1月6日 |
| 11 | 一种磁性预埋钢板固定结构 | 实用新型 | ZL201520672603.6 | 2016年1月6日 |
| 12 | 一种吊车梁与牛腿的连接结构 | 实用新型 | ZL201520621140.0 | 2016年1月6日 |
| 13 | 一种磷石膏堆场排气结构 | 实用新型 | ZL201520627311.0 | 2016年1月6日 |
| 14 | 一种用于磷石膏堆场的防渗膜防风带结构 | 实用新型 | ZL201520626915.3 | 2016年1月6日 |
| 15 | 一种土质边坡防护结构 | 实用新型 | ZL201520636473.0 | 2016年1月6日 |
| 16 | 一种双侧竖缝式鱼道结构 | 实用新型 | ZL201520627196.7 | 2016年1月6日 |
| 17 | 一种污泥微生物燃料电池辅助污泥脱水装置 | 实用新型 | ZL201520609409.3 | 2016年1月6日 |
| 18 | 一种闸墩预应力锚索套管安装装置 | 实用新型 | ZL201520622917.5 | 2016年1月6日 |
| 19 | 一种深井式建筑物交通布置结构 | 实用新型 | ZL201520479272.4 | 2016年1月6日 |
| 20 | 一种河床式水电站厂房混凝土蜗壳施工缝结构 | 实用新型 | ZL201520721374.2 | 2016年1月6日 |
| 21 | 导流泄水建筑物下闸后提供下游生态流量的方法及结构 | 发明专利 | ZL201310220822.6 | 2016年1月20日 |
| 22 | 用于表孔弧门的液压旋转式锁锭方法 | 发明专利 | ZL201310025850.2 | 2016年1月20日 |
| 23 | 拱坝坝肩稳定滑动块体积面积的确定方法 | 发明专利 | ZL201310055027.6 | 2016年1月20日 |
| 24 | 利用孔间声压成像探测溶洞的方法及装置 | 发明专利 | ZL201010235357.X | 2016年1月20日 |
| 25 | 一种重复使用垂直升船机均衡油缸的装置 | 实用新型 | ZL201520753508.9 | 2016年1月20日 |
| 26 | 一种平拉索桥 | 实用新型 | ZL201520404711.5 | 2016年1月20日 |
| 27 | 一种取水口拦污栅耙斗轨道结构 | 实用新型 | ZL201520753531.8 | 2016年1月20日 |
| 28 | 一种竖缝式鱼道 | 实用新型 | ZL201520475123.0 | 2016年1月20日 |
| 29 | 一种双竖缝式鱼道 | 实用新型 | ZL201520475125.X | 2016年1月20日 |
| 30 | 一种平板定轮钢闸门与闸墙上轨道的连接结构 | 实用新型 | ZL201520525828.9 | 2016年1月20日 |
| 31 | 一种模拟水库大坝防渗帷幕的试验模型 | 实用新型 | ZL201520471497.5 | 2016年1月20日 |
| 32 | 一种适用于低水头溢流坝的过鱼装置 | 实用新型 | ZL201520765268.4 | 2016年1月27日 |
| 33 | 一种废弃物渗滤液收集水池的防渗方法及结构 | 发明专利 | ZL201410296136.1 | 2016年2月10日 |
| 34 | 一种垂直升船机重大件吊装的施工方法及装置 | 发明专利 | ZL201310149810.9 | 2016年2月24日 |
| 35 | 一种可移动的斜坡面作业施工平台 | 实用新型 | ZL201520525611.8 | 2016年2月24日 |
| 36 | 地下厂房出线布置结构 | 实用新型 | ZL201520533548.2 | 2016年2月24日 |
| 37 | 一种水准测量装置 | 实用新型 | ZL201520492615.0 | 2016年1月20日 |
| 38 | 一种生态护坡砌块 | 实用新型 | ZL201520459494.X | 2016年1月20日 |
| 39 | 一种利用甘蔗渣制备的污泥脱水絮凝剂及其制备方法 | 发明专利 | ZL201410167865.7 | 2016年1月27日 |
| 40 | 一种农村集镇生活污水处理系统 | 实用新型 | ZL201520727159.3 | 2016年2月17日 |
| 41 | 一种岩石边坡绿化结构 | 实用新型 | ZL201520789832.6 | 2016年3月2日 |
| 42 | 一种土石坝的加固结构 | 实用新型 | ZL201520789718.3 | 2016年3月2日 |
| 43 | 一种水位孔孔内为有压水流的孔口结构 | 实用新型 | ZL201520788314.2 | 2016年3月2日 |

续表

| 序号 | 专利名称 | 专利类别 | 专利号 | 授权公告日 |
|---|---|---|---|---|
| 44 | 一种人工观测水电建筑表面变形的观测墩 | 实用新型 | ZL201520787712.2 | 2016年3月2日 |
| 45 | 一种水电站地下厂房岩壁吊车梁超挖补强护壁结构 | 实用新型 | ZL201520780605.7 | 2016年3月2日 |
| 46 | 一种深孔二点爆震接地极结构 | 实用新型 | ZL201520781377.5 | 2016年3月2日 |
| 47 | 一种边坡稳固结构 | 实用新型 | ZL201520781222.1 | 2016年3月2日 |
| 48 | 一种用于泄放高水头大流量隧洞的双闸门结构 | 实用新型 | ZL201520780737.X | 2016年3月2日 |
| 49 | 一种岩溶地区大型溶洞的复合防渗结构 | 实用新型 | ZL201520779752.2 | 2016年3月2日 |
| 50 | 一种浮动式发电机组泄流水温观测装置 | 实用新型 | ZL201520780382.4 | 2016年3月2日 |
| 51 | 一种水库两岸陆生脊椎动物通行结构 | 实用新型 | ZL201520780894.0 | 2016年3月2日 |
| 52 | 一种缓倾角薄层围岩下地下厂房顶拱支护结构 | 实用新型 | ZL201520780154.7 | 2016年3月2日 |
| 53 | 一种水电站地下厂房岩壁吊车梁过进厂交通洞结构 | 实用新型 | ZL201520780601.9 | 2016年3月2日 |
| 54 | 一种具备生物廊道功能的水库坝前警示缆索结构 | 实用新型 | ZL201520780354.2 | 2016年3月2日 |
| 55 | 一种滑动式混凝土棱柱体法碱活性测微仪 | 实用新型 | ZL201520780727.6 | 2016年3月2日 |
| 56 | 一种河床式水电站枢纽布置结构 | 实用新型 | ZL201520780674.8 | 2016年3月2日 |
| 57 | 一种用于平面闸门及拦污栅的液压推拉式锁定装置 | 实用新型 | ZL201520634549.6 | 2016年3月9日 |
| 58 | 一种面板堆石坝和上游围堰结合的坝体结构 | 实用新型 | ZL201520634861.5 | 2016年3月9日 |
| 59 | 一种防止水工建筑被水冲刷的装置 | 实用新型 | ZL201520617741.4 | 2016年3月9日 |
| 60 | 一种拦污漂的加固结构 | 实用新型 | ZL201520471408.7 | 2016年3月9日 |
| 61 | 一种泥石流沟治理的拦挡坝结构 | 实用新型 | ZL201520604075.0 | 2016年3月9日 |
| 62 | 一种导流洞进口堵塞抢险处理结构 | 实用新型 | ZL201520604070.8 | 2016年3月9日 |
| 63 | 一种尾矿库封场排洪沟结构 | 实用新型 | ZL201520931189.6 | 2016年3月23日 |
| 64 | 一种减少钢板磨损的物料运输装置 | 实用新型 | ZL201520818029.0 | 2016年3月23日 |
| 65 | 一种水库坝前进水口水温变化三维观测系统 | 实用新型 | ZL201520811079.6 | 2016年3月23日 |
| 66 | 一种提供水利水电工程下游河段生态流量的结构 | 实用新型 | ZL201520811098.9 | 2016年3月23日 |
| 67 | 一种岩质陡边坡土工膜锚固结构 | 实用新型 | ZL201520793961.2 | 2016年3月23日 |
| 68 | 一种地下洞室衬砌支模结构 | 实用新型 | ZL201520793999.X | 2016年3月23日 |
| 69 | 一种生态鱼池结构 | 实用新型 | ZL201520789644.3 | 2016年3月23日 |
| 70 | 一种垂线坐标仪防水防尘装置 | 实用新型 | ZL201520789687.1 | 2016年3月23日 |
| 71 | 一种制作工艺简单的排水竖井结构 | 实用新型 | ZL201520789632.0 | 2016年3月23日 |
| 72 | 一种生活污水一体化处理设备尾水综合利用装置 | 实用新型 | ZL201520780615.0 | 2016年3月23日 |
| 73 | 一种水库表面陆生脊椎动物通行结构 | 实用新型 | ZL201520781357.8 | 2016年3月23日 |
| 74 | 一种声波反射检测桩孔基底地质缺陷的装置 | 实用新型 | ZL201520981142.0 | 2016年4月6日 |
| 75 | 一种干孔声波测试装置 | 实用新型 | ZL201521008362.1 | 2016年4月6日 |
| 76 | 一种尾矿库岩质边坡顶部土工膜锚固结构 | 实用新型 | ZL201520930829.1 | 2016年4月6日 |
| 77 | 一种基座混凝土面板堆石坝 | 实用新型 | ZL201520930937.9 | 2016年4月6日 |
| 78 | 一种大库盘水库淤滩冲沙结构 | 实用新型 | ZL201520931285.0 | 2016年4月6日 |

续表

| 序号 | 专利名称 | 专利类别 | 专利号 | 授权公告日 |
|---|---|---|---|---|
| 79 | 一种用于减少边坡水土流失的护坡生态砖 | 实用新型 | ZL201520459466.8 | 2016年3月30日 |
| 80 | 一种导流洞和泄洪洞结合的结构 | 实用新型 | ZL201520600056.0 | 2016年4月13日 |
| 81 | 一种水工隧洞混凝土衬砌段与钢管连接段结构 | 实用新型 | ZL201520962875.X | 2016年4月13日 |
| 82 | 一种消能柱式鱼道结构 | 实用新型 | ZL201520981699.4 | 2016年4月13日 |
| 83 | 一种用于砾石土快速减水的装置 | 实用新型 | ZL201521008009.3 | 2016年4月13日 |
| 84 | 一种餐饮废水处理方法及装置 | 发明专利 | ZL201410320479.7 | 2016年4月13日 |
| 85 | 用于严寒冬季混凝土坝的保温被及其安装方法和装置 | 发明专利 | ZL201410300142.X | 2016年4月13日 |
| 86 | 一种跨越大型活动断层带的水工隧洞结构 | 发明专利 | ZL201410225915.2 | 2016年4月13日 |
| 87 | 一种公路路面基层水泥稳定碎石 | 发明专利 | ZL201310737169.0 | 2016年4月20日 |
| 88 | 一种地下厂房岩锚梁加固结构 | 实用新型 | ZL201520987902.9 | 2016年5月4日 |
| 89 | 一种用于水电站厂房的蜗壳外包混凝土配筋结构 | 实用新型 | ZL201521028105.4 | 2016年5月4日 |
| 90 | 一种水利水电大坝的过鱼装置 | 实用新型 | ZL201520992855.7 | 2016年5月4日 |
| 91 | 一种大坝上游面辅助防渗结构 | 实用新型 | ZL201521027988.7 | 2016年5月4日 |
| 92 | 一种颗粒土人工磨碎筛分装置 | 实用新型 | ZL201520995425.0 | 2016年5月4日 |
| 93 | 一种用于检测桩孔基底地质缺陷的声波反射装置 | 实用新型 | ZL201521007053.2 | 2016年5月11日 |
| 94 | 一种防止混凝土管道冻融破坏装置 | 发明专利 | ZL201410088740.5 | 2016年5月11日 |
| 95 | 一种水库叠梁门分层取水水温观测装置 | 实用新型 | ZL201520930961.2 | 2016年5月18日 |
| 96 | 一种表孔弧门水封的润滑装置 | 实用新型 | ZL201521104220.5 | 2016年5月18日 |
| 97 | 一种分层取水结构 | 实用新型 | ZL201521056894.2 | 2016年5月18日 |
| 98 | 一种浮动式水电站拦污装置 | 实用新型 | ZL201521058274.2 | 2016年5月18日 |
| 99 | 一种特高水头闸门充水平压装置 | 实用新型 | ZL201521104692.0 | 2016年5月18日 |
| 100 | 一种导流洞闸室下闸后的防渗漏结构 | 实用新型 | ZL201521104719.6 | 2016年5月18日 |
| 101 | 一种适用于深厚覆盖层的消力池结构 | 实用新型 | ZL201521057816.4 | 2016年5月18日 |
| 102 | 一种平面闸门定轮偏心轴的定位装置 | 实用新型 | ZL201521104779.8 | 2016年5月18日 |
| 103 | 一种深厚堆积体边坡支挡结构 | 实用新型 | ZL201521104738.9 | 2016年5月18日 |
| 104 | 一种公路排水沟 | 实用新型 | ZL201521056867.5 | 2016年5月18日 |
| 105 | 一种抗滑桩锚固段最小长度的计算方法 | 发明专利 | ZL201410794788.8 | 2016年5月18日 |
| 106 | 堆石坝混凝土面板水平结构缝设置方法及结构 | 发明专利 | ZL201410328407.7 | 2016年5月18日 |
| 107 | 一种便于拆样的土样击实筒 | 实用新型 | ZL201520904856.1 | 2016年5月25日 |
| 108 | 一种用于坝体渗流速度测量的量杯 | 实用新型 | ZL201521123839.0 | 2016年6月8日 |
| 109 | 模拟水库大坝防渗帷幕的试验结构模型 | 实用新型 | ZL201521123835.2 | 2016年6月8日 |
| 110 | 一种地下厂房岩锚吊车梁的临时操作平台 | 实用新型 | ZL201521123846.0 | 2016年6月8日 |
| 111 | 一种堆石坝坝体基础涌水的处理结构 | 实用新型 | ZL201521123826.3 | 2016年6月8日 |
| 112 | 一种特高水头弧形闸门的水封装置 | 实用新型 | ZL201521123820.6 | 2016年6月8日 |
| 113 | 一种对风力电场临时施工道路改造的植草路面结构 | 实用新型 | ZL201520753533.7 | 2016年6月8日 |

续表

| 序号 | 专利名称 | 专利类别 | 专利号 | 授权公告日 |
|---|---|---|---|---|
| 114 | 减轻弧门铰链重量和提高铸造质量的方法及铰链结构 | 发明专利 | ZL201410638667.4 | 2016年6月8日 |
| 115 | 用于混凝土坝严寒冬季施工的温控方法及装置 | 发明专利 | ZL201310094078.X | 2016年6月8日 |
| 116 | 一种节约预应力锚索张拉段灌浆量的灌浆方法 | 发明专利 | ZL201410225913.3 | 2016年6月15日 |
| 117 | 一种倒垂固定装置 | 实用新型 | ZL201521096097.7 | 2016年6月22日 |
| 118 | 一种防止泥沙堆积的尾水闸门 | 实用新型 | ZL201620031712.4 | 2016年6月22日 |
| 119 | 用于大面积空腔灌浆的水下抗分散砂浆及其制备方法 | 发明专利 | ZL201310010395.9 | 2016年6月22日 |
| 120 | 电磁波层析成像扫描数据质量评价方法及装置 | 发明专利 | ZL201010579511.5 | 2016年6月22日 |
| 121 | 一种小孔口闸门 | 实用新型 | ZL201620031731.7 | 2016年6月29日 |
| 122 | 一种平拉索桥钢丝绳自锚式桥台结构 | 发明专利 | ZL201410194107.4 | 2016年6月29日 |
| 123 | 一种表孔弧形闸门V型底止水的结构 | 实用新型 | ZL201620031714.3 | 2016年7月6日 |
| 124 | 一种混凝土面板堆石坝面板分缝结构及其施工方法 | 发明专利 | ZL201410763722.2 | 2016年7月6日 |
| 125 | 一种低闸坝事故闸门的检修方法及闸坝结构 | 发明专利 | ZL201410644164.8 | 2016年7月6日 |
| 126 | 一种用于工程勘察的能量可控电火花震源装置 | 实用新型 | ZL201620116638.6 | 2016年7月27日 |
| 127 | 一种环氧树脂灌浆材料线膨胀系数试验试件成型器 | 实用新型 | ZL201620163719.1 | 2016年7月27日 |
| 128 | 一种超宽水域横断面垂向水温日变化规律观测系统 | 实用新型 | ZL201620150453.7 | 2016年7月27日 |
| 129 | 一种柔性管水准标 | 实用新型 | ZL201620155129.4 | 2016年7月27日 |
| 130 | 一种可拆卸式支臂基座 | 实用新型 | ZL201620139834.5 | 2016年7月27日 |
| 131 | 一种可拆卸油缸悬挂装置 | 实用新型 | ZL201620161999.2 | 2016年7月27日 |
| 132 | 一种防止鸟类撞击的声屏障 | 实用新型 | ZL201620161989.9 | 2016年7月27日 |
| 133 | 一种鱼类增殖放流站生态型野化暂养装置限公司 | 实用新型 | ZL201620161991.6 | 2016年7月27日 |
| 134 | 一种水泥胶砂流动度试验跳桌桌面结构 | 实用新型 | ZL201620237520.9 | 2016年8月3日 |
| 135 | 一种黏性粒土大三轴试验快速饱和、排水结构 | 实用新型 | ZL201521086059.3 | 2016年8月3日 |
| 136 | 一种水库水光渔互补综合发电装置 | 实用新型 | ZL201620217118.4 | 2016年8月3日 |
| 137 | 一种轨道式集鱼箱上坝结构 | 实用新型 | ZL201620217207.9 | 2016年8月3日 |
| 138 | 一种索道式集鱼箱上坝转运装置 | 实用新型 | ZL201620217174.8 | 2016年8月3日 |
| 139 | 定时深水分层取水方法及装置 | 发明专利 | ZL201210573347.6 | 2016年8月3日 |
| 140 | 一种可用于增加半成品料垂直运输高度的溜井结构 | 实用新型 | ZL201521125717.5 | 2016年8月10日 |
| 141 | 一种高坝大库超深层挡水放空系统及其操作方法 | 发明专利 | ZL201510518460.8 | 2016年8月17日 |
| 142 | 一种混凝土齿槽消力池及其施工方法 | 发明专利 | ZL201410010621.8 | 2016年8月17日 |
| 143 | 一种粗粒土直剪试验可视化剪切装样盒 | 发明专利 | ZL201410089816.6 | 2016年8月17日 |
| 144 | 将厂房边墙与消力池导墙合二为一的方法及结构 | 发明专利 | ZL201310099073.6 | 2016年8月17日 |
| 145 | 一种用于岩溶管道的堵漏方法及结构 | 发明专利 | ZL201410361677.8 | 2016年8月17日 |
| 146 | 一种山区风电场高陡弃渣边坡加筋锚固生态修复结构 | 实用新型 | ZL201620025698.7 | 2016年8月17日 |
| 147 | 一种重力坝下游坝面的绿化结构 | 实用新型 | ZL201620234636.7 | 2016年8月17日 |
| 148 | 模拟大坝溢流面的冲蚀试验结构模型 | 实用新型 | ZL201521057817.9 | 2016年8月17日 |

续表

| 序号 | 专利名称 | 专利类别 | 专利号 | 授权公告日 |
|---|---|---|---|---|
| 149 | 一种链轮闸门结构 | 实用新型 | ZL201620234639.0 | 2016年8月17日 |
| 150 | 一种利用支流构建过鱼及水生态通道的结构 | 实用新型 | ZL201620234640.3 | 2016年8月17日 |
| 151 | 一种大型闸门的液压驱动锁定装置 | 实用新型 | ZL201521104638.6 | 2016年8月17日 |
| 152 | 一种永久生态挡墙结构 | 实用新型 | ZL201620234644.1 | 2016年8月17日 |
| 153 | 升船机承船厢导承轮装置 | 发明专利 | ZL201410631218.7 | 2016年8月24日 |
| 154 | 一种预防面板脱空的混凝土面板坝上游面结构及施工方法 | 发明专利 | ZL201410763359.4 | 2016年8月24日 |
| 155 | 混凝土振捣过程中的温控方法及带有加热功能的振捣棒 | 发明专利 | ZL201410429997.2 | 2016年8月24日 |
| 156 | 一种碎裂岩体范围及深度测定方法 | 发明专利 | ZL201410298892.8 | 2016年8月24日 |
| 157 | 一种堆石混凝土密实度测定装置及其方法 | 发明专利 | ZL201410298263.5 | 2016年8月24日 |
| 158 | 一种水库淹没浸没区造地还耕结构 | 实用新型 | ZL201620238311.6 | 2016年8月24日 |
| 159 | 一种用于框格植草护坡结构的条形砖 | 实用新型 | ZL201620217051.4 | 2016年8月24日 |
| 160 | 一种集鱼池拦鱼装置 | 实用新型 | ZL201620217263.2 | 2016年8月24日 |
| 161 | 一种钢筋混凝土连续刚构拱桥及施工方法 | 发明专利 | ZL201410793538.2 | 2016年8月31日 |
| 162 | 水电站地面厂房进厂交通布置方法及结构 | 发明专利 | ZL201310068930.6 | 2016年8月31日 |
| 163 | 一种自来水厂生产废水的处理装置 | 实用新型 | ZL201521104640.3 | 2016年8月31日 |
| 164 | 一种模拟水库大坝防渗帷幕的模型 | 实用新型 | ZL201521122173.7 | 2016年8月31日 |
| 165 | 一种用于连接高边坡与进水口的拦污漂结构 | 实用新型 | ZL201620319080.1 | 2016年8月31日 |
| 166 | 一种组合式多仓地下综合管廊结构 | 实用新型 | ZL201620282336.6 | 2016年8月31日 |
| 167 | 一种集防渗膜锚固、截洪和通行为一体的系统 | 实用新型 | ZL201620054220.7 | 2016年8月31日 |
| 168 | 一种尾矿库地下排水结构 | 实用新型 | ZL201620234637.1 | 2016年8月31日 |
| 169 | 一种水库前置挡墙墙体两侧水温对比观测装置 | 实用新型 | ZL201620338318.5 | 2016年8月31日 |
| 170 | 一种用于平拉索桥主索布设的双层索鞍 | 实用新型 | ZL201620116639.0 | 2016年9月7日 |
| 171 | 一种消力池底板水压平衡结构及其施工方法 | 发明专利 | ZL201410691014.2 | 22016年9月21日 |
| 172 | 一种水电工程施工临时跨河桥结构及施工方法 | 发明专利 | ZL201410209376.3 | 2016年9月28日 |
| 173 | 一种粉煤灰混凝土及其配合比设计方法 | 发明专利 | ZL201410717262.X | 2016年9月28日 |
| 174 | 堆石混凝土密实度的测定方法及装置 | 发明专利 | ZL201410510775.3 | 2016年9月28日 |
| 175 | 一种钻孔压水试验水压式栓塞排水泄压机构 | 实用新型 | ZL201620446441.9 | 2016年9月28日 |
| 176 | 一种用于双层钢索桥的稳定梁 | 实用新型 | ZL201620378146.4 | 2016年9月28日 |
| 177 | 一种双向平面闸门止水装置 | 实用新型 | ZL201620378162.3 | 2016年9月28日 |
| 178 | 一种桩孔的预制竹式护壁结构 | 实用新型 | ZL201620378151.5 | 2016年9月28日 |
| 179 | 一种预制竹空腔边坡支护结构 | 实用新型 | ZL201620379542.9 | 2016年9月28日 |
| 180 | 一种高坝水库放空装置 | 实用新型 | ZL201620378158.7 | 2016年9月28日 |
| 181 | 一种利于排水斜槽封堵的装置 | 实用新型 | ZL201620378144.5 | 2016年9月28日 |

续表

| 序号 | 专利名称 | 专利类别 | 专利号 | 授权公告日 |
|---|---|---|---|---|
| 182 | 一种能够抵抗大变形的单仓地下管廊 | 实用新型 | ZL201620378150.0 | 2016年9月28日 |
| 183 | 一种外翻框架消能式地下综合管廊结构 | 实用新型 | ZL201620378153.4 | 2016年9月28日 |
| 184 | 一种能够抵抗大变形的圆形地下管廊 | 实用新型 | ZL201620378148.3 | 2016年9月28日 |
| 185 | 一种集鱼箱垂直提升与水平转运系统 | 实用新型 | ZL201620563261.9 | 2016年11月2日 |
| 186 | 一种干孔声波喷水耦合测试装置 | 实用新型 | ZL201620573358.8 | 2016年11月2日 |
| 187 | 一种可变间距的孔间物探试验装置 | 实用新型 | ZL201620566366.X | 2016年11月9日 |
| 188 | 一种悬浮式拦鱼装置 | 实用新型 | ZL201620328518.2 | 2016年11月16日 |
| 189 | 一种削弱石块对料仓前壁撞击的装置 | 实用新型 | ZL201620568161.5 | 2016年11月16日 |
| 190 | 一种水库坝前垂向水温参混逆温效应观测装置 | 实用新型 | ZL201620217081.5 | 2016年11月16日 |
| 191 | 一种造纸废水的处理装置 | 实用新型 | ZL201620568137.1 | 2016年11月16日 |
| 192 | 一种振动给料机进料溜槽的结构 | 实用新型 | ZL201620576608.3 | 2016年11月16日 |
| 193 | 一种上下游鱼类过坝交流装置 | 实用新型 | ZL201620518618.1 | 2016年11月16日 |
| 194 | 一种弧门底水封结构 | 实用新型 | ZL201521058256.4 | 2016年11月16日 |
| 195 | 城市雨水控制利用系统 | 实用新型 | ZL201620568761.1 | 2016年11月16日 |
| 196 | 一种水电站厂房尾水渠导墙布置结构 | 实用新型 | ZL201620528411.2 | 2016年11月16日 |
| 197 | 一种水电站厂房定子基础结构 | 实用新型 | ZL201620528413.1 | 2016年11月16日 |
| 198 | 一种水库坝前拦鱼装置 | 实用新型 | ZL201620260306.5 | 2016年11月23日 |
| 199 | 一种输水明渠野生动物跨行通道结构 | 实用新型 | ZL201620186791.6 | 2016年11月23日 |
| 200 | 一种格栅可伸缩的拦污排浮筒 | 实用新型 | ZL201620568763.0 | 2016年11月23日 |
| 201 | 一种提高闸墩中扇形钢筋锚固力的结构 | 实用新型 | ZL201620161988.4 | 2016年11月23日 |
| 202 | 一种漫水桥结构 | 实用新型 | ZL201620378159.1 | 2016年12月7日 |
| 203 | 一种溶洞封堵结构 | 实用新型 | ZL201620461250.X | 2016年12月7日 |
| 204 | 一种利用拦沙坝拦挡树木的装置 | 实用新型 | ZL201620705517.5 | 2016年12月14日 |
| 205 | 一种管式桥面平拉索桥 | 实用新型 | ZL201620718457.0 | 2016年12月14日 |
| 206 | 一种水电探硐硐口安全防护装置 | 实用新型 | ZL201620718456.6 | 2016年12月14日 |
| 207 | 一种高水压差闸门止水装置 | 实用新型 | ZL201620718430.1 | 2016年12月14日 |
| 208 | 一种利用泄水洞拦挡漂木的装置 | 实用新型 | ZL201620705450.5 | 2016年12月14日 |
| 209 | 一种低水头生态过鱼坝改造结构 | 实用新型 | ZL201620748969.1 | 2016年12月14日 |
| 210 | 一种垂直升船机多法兰盘均衡油缸 | 实用新型 | ZL201620718428.4 | 2016年12月14日 |
| 211 | 一种利用竖井拦挡树木的装置 | 实用新型 | ZL201620705516.0 | 2016年12月14日 |
| 212 | 一种挡土斜墙加固结构 | 实用新型 | ZL201620705546.1 | 2016年12月14日 |
| 213 | 一种挡土墙加固结构 | 实用新型 | ZL201620705522.6 | 2016年12月14日 |
| 214 | 一种外翻式密肋消能式地下综合管廊 | 实用新型 | ZL201620705521.1 | 2016年12月14日 |
| 215 | 一种填埋场液体导排装置 | 实用新型 | ZL201620573426.0 | 2016年12月14日 |
| 216 | 一种预制承插式排水竖井结构 | 实用新型 | ZL201620566324.6 | 2016年12月14日 |

续表

| 序号 | 专利名称 | 专利类别 | 专利号 | 授权公告日 |
| --- | --- | --- | --- | --- |
| 217 | 一种水库坝下河道沿程支流汇入增温效应观测系统 | 实用新型 | ZL201520780238.0 | 2016年12月14日 |
| 218 | 一种用于混凝土芯样强度试验前的加工处理仪 | 实用新型 | ZL201620724355.X | 2016年12月14日 |
| 219 | 一种防渗帷幕模拟试验的装置 | 实用新型 | ZL201620710250.9 | 2016年12月14日 |
| 220 | 水电站消能防冲墙及其施工方法 | 发明专利 | ZL201310079431.7 | 2016年12月28日 |
| 221 | 一种高水头双向受压平面闸门的双重止水结构 | 实用新型 | ZL201520752884.6 | 2016年12月28日 |
| 222 | 风力发电机齿轮箱油样监测及过滤系统 | 实用新型 | ZL201620772382.4 | 2016年12月28日 |
| 223 | 一种防涝排浸结构 | 实用新型 | ZL201620763729.9 | 2016年12月21日 |
| 224 | 一种岩质边坡防渗系统锚固结构 | 实用新型 | ZL201620749008.2 | 2016年12月21日 |

（中国电建集团贵阳勘测设计研究院有限公司　汪　飞）

## 中国水利水电第五工程局有限公司 2016 年获得国家授权专利和软件著作权登记证书情况

中国水利水电第五工程局有限公司2016年获得的国家授权专利81件，其中发明专利15件，有关情况见表1。

表1　　中国水利水电第五工程局有限公司2016年获得国家授权专利清单

| 序号 | 专利名称 | 专利类型 | 专利号 | 授权公告日 |
| --- | --- | --- | --- | --- |
| 1 | 一种高塑性黏土含水率调整方法及其成孔装置 | 发明专利 | ZL201410559574.2 | 2016年2月3日 |
| 2 | 一种水平旋转台车 | 发明专利 | ZL201410145800.2 | 2016年2月10日 |
| 3 | 一种悬臂梁现浇施工用接长挂篮及其施工方法 | 发明专利 | ZL201410596949.2 | 2016年4月6日 |
| 4 | 一种用于高陡边坡混凝土浇筑的反轨液压爬模 | 发明专利 | ZL201410756761.X | 2016年4月6日 |
| 5 | 一种搭接帷幕孔位布设装置及方法 | 发明专利 | ZL201410756361.9 | 2016年4月6日 |
| 6 | 一种应用于软岩和极软岩的光面爆破方法 | 发明专利 | ZL201510097442.7 | 2016年4月13日 |
| 7 | 一种基于$\phi$32mm药卷的光面爆破方法 | 发明专利 | ZL201510097511.4 | 2016年4月13日 |
| 8 | 一种挂篮千斤顶预压方法 | 发明专利 | ZL201510041976.8 | 2016年5月18日 |
| 9 | 一种土石坝高塑性黏土填筑中混凝土盖板基面泥浆喷涂工艺方法 | 发明专利 | ZL201410351247.8 | 2016年5月18日 |
| 10 | 一种用于土石坝底部两墙间的黏土填筑施工方法 | 发明专利 | ZL201410496065.X | 2016年5月18日 |
| 11 | 潜孔钻跟管成孔回填混凝土稳定临空面处理塌方施工方法 | 发明专利 | ZL201410047139.1 | 2016年6月8日 |
| 12 | 一种水塔进水口整流锥用支模结构 | 发明专利 | ZL201410818218.8 | 2016年7月20日 |
| 13 | 一种堆石坝高标准过渡料的一体化生产工艺 | 发明专利 | ZL201410642783.3 | 2016年8月31日 |
| 14 | 一种用于液压启闭的潜孔式双吊点弧形闸门的吊装方法 | 发明专利 | ZL201510346459.1 | 2016年11月9日 |
| 15 | 一种混凝土圆管涵安装装置 | 发明专利 | ZL201510416809.7 | 2016年11月30日 |
| 16 | 一种用于快速验证土工膜锚固沟能力的试验装置 | 实用新型 | ZL201520701719.8 | 2016年2月3日 |

续表

| 序号 | 专利名称 | 专利类型 | 专利号 | 授权公告日 |
|---|---|---|---|---|
| 17 | 一种混凝土抗渗性密封圈 | 实用新型 | ZL201520618541.0 | 2016年2月3日 |
| 18 | 超大粒径混凝土试件转移装置 | 实用新型 | ZL201520584367.2 | 2016年2月3日 |
| 19 | 一种机械弹簧式双保护单向排水装置 | 实用新型 | ZL201520584937.8 | 2016年2月3日 |
| 20 | 微倾自落式土料掺拌装置 | 实用新型 | ZL201520704447.7 | 2016年2月3日 |
| 21 | 一种气动式双保护单向排水装置 | 实用新型 | ZL201520584702.9 | 2016年2月3日 |
| 22 | 一种应用于隧洞开挖光面爆破的装药结构 | 实用新型 | ZL201520701963.4 | 2016年2月3日 |
| 23 | 一种混凝土试块钳 | 实用新型 | ZL201520584967.9 | 2016年2月3日 |
| 24 | 一种计量添加装置 | 实用新型 | ZL201520701899.X | 2016年2月3日 |
| 25 | 一种塑性填料分割装置 | 实用新型 | ZL201520679225.4 | 2016年2月3日 |
| 26 | 一种筑坝料级配检测装置 | 实用新型 | ZL201520897627.1 | 2016年4月6日 |
| 27 | 一种水准塔尺调整支架 | 实用新型 | ZL201520940518.3 | 2016年4月6日 |
| 28 | 一种泥浆机械喷涂装置 | 实用新型 | ZL201520899201.X | 2016年4月27日 |
| 29 | 混凝土浇筑模板支撑装置 | 实用新型 | ZL201521002122.0 | 2016年5月11日 |
| 30 | 一种振动碾自动操作系统 | 实用新型 | ZL201620089361.2 | 2016年7月6日 |
| 31 | 用于土工膜库盆防渗体系的充水消能装置 | 实用新型 | ZL201620049791.1 | 2016年7月6日 |
| 32 | 一种混凝土模板 | 实用新型 | ZL201620051547.9 | 2016年7月6日 |
| 33 | 一种隧道工程中使用的钻爆除尘降幕装置 | 实用新型 | ZL201620051484.7 | 2016年8月17日 |
| 34 | 一种风筒保护装置 | 实用新型 | ZL201620049701.9 | 2016年8月31日 |
| 35 | 一种钢筋网片定位装置 | 实用新型 | ZL201620050485.X | 2016年8月31日 |
| 36 | 一种利用滑轮系统的吊装和运输装置 | 实用新型 | ZL201620052657.7 | 2016年8月31日 |
| 37 | 一种用于筛分砂石骨料中杂质的筛分装置 | 实用新型 | ZL201620050481.1 | 2016年8月31日 |
| 38 | 一种用于浇筑的分料槽装置 | 实用新型 | ZL201620051481.3 | 2016年8月31日 |
| 39 | 一种隧道内施工车辆调头的装置 | 实用新型 | ZL201620086806.1 | 2016年8月31日 |
| 40 | 一种隧道格栅加工的模具 | 实用新型 | ZL201620248337.9 | 2016年8月31日 |
| 41 | 一种用于堆石坝面板混凝土的有机纤维分散加入装置 | 实用新型 | ZL201620246489.5 | 2016年8月31日 |
| 42 | 一种预裂爆破孔快速清孔装置 | 实用新型 | ZL201620249397.2 | 2016年8月31日 |
| 43 | 一种冻土破损升温装置 | 实用新型 | ZL201620049700.4 | 2016年8月31日 |
| 44 | 一种引伸计与钢绞线的脱离装置 | 实用新型 | ZL201620248340.0 | 2016年8月31日 |
| 45 | 一种变截面桥墩的支撑装置 | 实用新型 | ZL201610188881.3 | 2016年8月31日 |
| 46 | 一种盖梁模板的托架装置 | 实用新型 | ZL201620248312.9 | 2016年8月31日 |
| 47 | 一种桥梁墩柱钢筋安装操作架 | 实用新型 | ZL201620244773.9 | 2016年8月31日 |
| 48 | 一种塑性填料成型、软性条材安装及底漆涂刷装置 | 实用新型 | ZL201620246526.2 | 2016年8月31日 |
| 49 | 一种数字化多功能防水卷材摊铺一体机 | 实用新型 | ZL201620355601.9 | 2016年10月12日 |
| 50 | 可旋转的管道连接过渡装置 | 实用新型 | ZL201620355603.8 | 2016年10月12日 |
| 51 | 一种万向式混凝土滑动溜槽 | 实用新型 | ZL201620384909.6 | 2016年11月23日 |

续表

| 序号 | 专利名称 | 专利类型 | 专利号 | 授权公告日 |
|---|---|---|---|---|
| 52 | 一种吊装装置 | 实用新型 | ZL201620384846.4 | 2016年11月23日 |
| 53 | 一种用于地铁车站主体结构施工的可移动式遮雨棚 | 实用新型 | ZL201620580731.2 | 2016年11月23日 |
| 54 | 一种急流槽现浇施工装置 | 实用新型 | ZL201620381192.X | 2016年11月23日 |
| 55 | 隧道盾构管片破损掉块漏筋修补结构 | 实用新型 | ZL201620580754.3 | 2016年11月23日 |
| 56 | 一种隧道开挖顶部散流集中泄水装置 | 实用新型 | ZL201620384906.2 | 2016年11月23日 |
| 57 | 一种炮孔残留液体清除器 | 实用新型 | ZL201620384459.0 | 2016年11月23日 |
| 58 | 一种用于桥梁桥面工程施工的滑模装置 | 实用新型 | ZL201620610376.9 | 2016年11月30日 |
| 59 | 采用监视系统的液压长臂反铲挖掘机 | 实用新型 | ZL201620384569.7 | 2016年11月30日 |
| 60 | 一种隧道爆破装药结构 | 实用新型 | ZL201620615762.7 | 2016年11月30日 |
| 61 | 一种用于水压爆破的挤压式自动封口水袋 | 实用新型 | ZL201620617426.6 | 2016年11月30日 |
| 62 | 一种桥梁防撞护栏用移动小车 | 实用新型 | ZL201620448946.9 | 2016年11月30日 |
| 63 | 一种隧洞施工用移动小车 | 实用新型 | ZL201620384931.0 | 2016年11月30日 |
| 64 | 一种用于混凝土面层施工的一体化设备 | 实用新型 | ZL201620609123.X | 2016年11月30日 |
| 65 | 一种钢结构矫正调平液压系统 | 实用新型 | ZL201620536190.3 | 2016年11月30日 |
| 66 | 一种水利水电工程的引水结构 | 实用新型 | ZL201620541415.4 | 2016年11月30日 |
| 67 | 一种土工环刀取样装置 | 实用新型 | ZL201620535647.9 | 2016年11月30日 |
| 68 | 一种高陡边坡安全报警水平栈道 | 实用新型 | ZL201620538632.8 | 2016年11月30日 |
| 69 | 一种金属卷材定型加工装置 | 实用新型 | ZL201620383003.2 | 2016年11月30日 |
| 70 | 一种用于水电工程的防护结构 | 实用新型 | ZL201620539779.9 | 2016年11月30日 |
| 71 | 一种防水涵洞 | 实用新型 | ZL201620449197.1 | 2016年11月30日 |
| 72 | 一种测定砾石体积的试验装置 | 实用新型 | ZL201620507472.0 | 2016年12月7日 |
| 73 | 一种用于隧道施工通风动态调控的装置 | 实用新型 | ZL201620508008.3 | 2016年12月7日 |
| 74 | 一种地泵运输调平装置 | 实用新型 | ZL201620504029.8 | 2016年12月7日 |
| 75 | 一种大型竖井爬模系统 | 实用新型 | ZL201620448865.9 | 2016年12月7日 |
| 76 | 用于墩身定型钢模板的连接结构 | 实用新型 | ZL201620504026.4 | 2016年12月7日 |
| 77 | 一种水泥搅拌桩防堵喷气装置 | 实用新型 | ZL201620501961.5 | 2016年12月7日 |
| 78 | 一种浇筑用下料溜管 | 实用新型 | ZL201620449011.2 | 2016年12月7日 |
| 79 | 一种挡土墙施工装置 | 实用新型 | ZL201620448720.9 | 2016年12月7日 |
| 80 | 一种注浆管 | 实用新型 | ZL201620448924.2 | 2016年12月7日 |
| 81 | 一种隧洞支护结构 | 实用新型 | ZL201620450159.8 | 2016年12月7日 |

由中国水利水电第五工程局有限公司开发的13项软件，2016年获得中华人民共和国国家版权局颁发的计算机软件著作权登记证书，情况见表2。

表2 中国水利水电第五工程局有限公司2016年获得国家计算机软件著作权证书情况表

| 序号 | 软件名称 | 登记号 | 登记证书号 | 登记日期 |
| --- | --- | --- | --- | --- |
| 1 | 基于巴顿岩体质量（Q）分类系统选择支护方式手机软件 | 2016SR000173 | 软著登字第1178789号 | 2016年1月4日 |
| 2 | 围岩工程地质评分软件 | 2016SR354124 | 软著登字第1532740号 | 2016年4月13日 |
| 3 | ZSWJ科技奖项查询系统 | 2016SR173461 | 软著登字第1352078号 | 2016年7月8日 |
| 4 | ZSWJ科技备案管理系统 | 2016SR169026 | 软著登字第1347643号 | 2016年7月8日 |
| 5 | ZSWJ科技项目申报系统 | 2016SR173462 | 软著登字第1352079号 | 2016年7月8日 |
| 6 | 帷幕灌浆孔斜数据自动整理程序软件 | 2016SR280418 | 软著登字第1459035号 | 2016年9月29日 |
| 7 | 施工质量数据统计分析系统 | 2016SR286738 | 软著登字第1465355号 | 2016年10月10日 |
| 8 | 高土石坝实时智能进度管理系统 | 2016SR286589 | 软著登字第1465206号 | 2016年10月10日 |
| 9 | 智能化称量预警管理系统 | 2016SR286344 | 软著登字第1464961号 | 2016年10月10日 |
| 10 | 施工集成化移动办公管理系统 | 2016SR286592 | 软著登字第1465209号 | 2016年10月10日 |
| 11 | 施工信息化管理软件 | 2016SR286350 | 软著登字第1464967号 | 2016年10月10日 |
| 12 | ZSWJ合同管理申报系统 | 2016SR378954 | 软著登字第1557570号 | 2016年12月23日 |
| 13 | ZSWJ成果及奖项申报系统 | 2016SR378948 | 软著登字第1557564号 | 2016年12月23日 |

（中国水利水电第五工程局有限公司 袁幸朝）

# 中国水电建设集团十五工程局有限公司2016年获得专利情况

中国水电建设集团十五工程局有限公司2016年度获得国家授权专利情况见表1。

表1 中国水电建设集团十五工程局有限公司2016年度获得国家授权专利清单

| 序号 | 专利名称 | 专利类别 | 专利号 |
| --- | --- | --- | --- |
| 1 | 混凝土面板坝面板施工用混凝土抹面机 | 实用新型 | ZL201520937923.x |
| 2 | 混凝土面板坝面板施工用混凝土摊铺机 | 实用新型 | ZL201520933889.9 |
| 3 | 用于刨削渠道边坡水泥改性土的削坡机 | 实用新型 | ZL201520843004.6 |
| 4 | 混凝土面板坝面板施工用摊铺、平整和抹面一体化装置 | 实用新型 | ZL201520933312.8 |
| 5 | 多功能铣削加工设备 | 实用新型 | ZL201520982481.0 |
| 6 | 弧形闸门可调弧台工装 | 实用新型 | ZL201520982177.6 |
| 7 | 斜井压力钢管安装多层工作平台 | 实用新型 | ZL201520982110.2 |
| 8 | 压力管道水压试验装置 | 实用新型 | ZL201520982106.6 |
| 9 | 简易液压冲击夯实机 | 实用新型 | ZL201521062066.x |
| 10 | 平板式混凝土止回阀 | 实用新型 | ZL201521063655.x |
| 11 | 液压滑模装置 | 实用新型 | ZL201521061406.7 |
| 12 | 铜止水片加工模具 | 实用新型 | ZL201521132836.3 |
| 13 | 小断面隧洞混凝土衬砌台车 | 实用新型 | ZL201521116708.x |
| 14 | 可调式铜止水挤压机 | 实用新型 | ZL201521130805.4 |
| 15 | 铣削设备的托板装置 | 实用新型 | ZL201520979190.6 |

续表

| 序号 | 专利名称 | 专利类别 | 专利号 |
|---|---|---|---|
| 16 | 一种内模支撑系统 | 实用新型 | ZL201521062181.7 |
| 17 | 一种压力传感器安全监测用现场率定装置 | 实用新型 | ZL201521087258.6 |
| 18 | 挂篮主桁架固定装置 | 实用新型 | ZL201521132972.2 |
| 19 | 烈石器 | 实用新型 | ZL201521133165.2 |
| 20 | 筛分系统立轴式冲击制砂机防尘装置 | 实用新型 | ZL201521132846.7 |
| 21 | 顶管工作井 | 实用新型 | ZL201521137472.8 |
| 22 | 隧道开挖临时支撑装置 | 实用新型 | ZL201521126571.6 |
| 23 | 溢洪道闸墩混凝土滑模装置 | 实用新型 | ZL201521127429.3 |
| 24 | 充水式滑模施工装置 | 实用新型 | ZL201521132610.3 |
| 25 | 无动力自浮浮筒拦污漂装置 | 实用新型 | ZL201521132971.8 |
| 26 | 旱船移动式满堂架 | 实用新型 | ZL201521116349.8 |
| 27 | 大坝坝后护坡构造 | 实用新型 | ZL201521116403.9 |
| 28 | 挂篮主桁架行走装置 | 实用新型 | ZL201521116403.9 |
| 29 | 防切手木工圆锯报警装置 | 实用新型 | ZL201620399640.9 |
| 30 | 自动钢筋切断机的安全防护装置 | 实用新型 | ZL201620400002.4 |
| 31 | 面板堆石坝水平位移测量装置 | 实用新型 | ZL201620395905.8 |
| 32 | 施工吊篮超重报警装置 | 实用新型 | ZL201620399435.2 |
| 33 | 钢结构焊接机床床身 | 实用新型 | ZL201620641506.5 |
| 34 | 隧洞钢模台车液压控制装置 | 实用新型 | ZL201620639707.1 |
| 35 | 弧形闸门水上安装平台 | 实用新型 | ZL201620641487.6 |
| 36 | 液压启闭机油缸安装传送装置 | 实用新型 | ZL201611078421.1 |
| 37 | 曲坝曲心墙型沥青混凝土心墙坝 | 实用新型 | ZL201620658034.4 |
| 38 | 直坝曲心墙型沥青混凝土心墙坝 | 实用新型 | ZL201620658121.x |

（中国水电建设集团十五工程局有限公司）

## 国电大渡河流域水电开发有限公司 2016 年获得国家授权专利和软件著作权登记证书情况

国电大渡河流域水电开发有限公司 2016 年获得的国家授权专利 20 件，其中发明专利 9 件，有关情况见表 1。

表 1　　国电大渡河流域水电开发有限公司 2016 年获得国家授权专利清单

| 序号 | 专利名称 | 专利类型 | 专利号 | 授权公告日 |
|---|---|---|---|---|
| 1 | 重物平移悬吊降落方法 | 发明专利 | ZL201410368462.9 | 2016 年 5 月 18 日 |
| 2 | 一种高压断路器防跳回路 | 发明专利 | ZL201410159786.1 | 2016 年 4 月 27 日 |
| 3 | 双过滤反冲自清污取水装置及其工作方式 | 发明专利 | ZL201510150967.2 | 2016 年 5 月 4 日 |
| 4 | 发电机溢油监测控制系统 | 发明专利 | ZL201410055278.9 | 2016 年 10 月 5 日 |
| 5 | 一种高度可调式钢模台车及其实现方法 | 发明专利 | ZL201310600660.9 | 2016 年 6 月 22 日 |

续表

| 序号 | 专利名称 | 专利类型 | 专利号 | 授权公告日 |
|---|---|---|---|---|
| 6 | 预防拱坝接缝灌浆时下层灌区增开的方法 | 发明专利 | ZL201510020258.2 | 2016年6月29日 |
| 7 | 混凝土生产中小于5mm细骨料再利用装置 | 发明专利 | ZL201510020113.2 | 2016年9月21日 |
| 8 | 双路密度计灌浆失水回浓计量测试装置 | 发明专利 | ZL201310570901.X | 2016年1月20日 |
| 9 | 混凝土生产中小于5mm细骨料再利用方法 | 发明专利 | ZL201510020111.3 | 2016年8月24日 |
| 10 | 一种水轮发电机组转子气隙测量塞尺 | 实用新型 | ZL201520331585.5 | 2016年1月20日 |
| 11 | 开关站LCU改造后程序验证装置 | 实用新型 | ZL201520765193.X | 2016年2月17日 |
| 12 | 一种接地变压器 | 实用新型 | ZL201520715654.2 | 2016年2月24日 |
| 13 | 一种集成阀组自动加闸控制系统 | 实用新型 | ZL201521141749.4 | 2016年5月25日 |
| 14 | 一种浮球液位阀 | 实用新型 | ZL201620279884.3 | 2016年8月3日 |
| 15 | 一种布料机的喂料装置 | 实用新型 | ZL201521128463.2 | 2016年6月29日 |
| 16 | 一种拦沙坎 | 实用新型 | ZL201620359030.6 | 2016年9月7日 |
| 17 | 一种采用多卡模板的坡面悬臂模板 | 实用新型 | ZL201620113376.8 | 2016年8月31日 |
| 18 | 基于降水井的封堵装置 | 实用新型 | ZL201620048453.6 | 2016年6月8日 |
| 19 | 一种钢筋间距控制装置 | 实用新型 | ZL201620742842.9 | 2016年11月15日 |
| 20 | 一种主变铁芯、夹件的接地连接装置 | 实用新型 | ZL201620073970.9 | 2016年8月17日 |

由国电大渡河流域水电开发有限公司开发的2项软件，2016年获得中华人民共和国国家版权局颁发的计算机软件著作权登记证书。其中“集控中心电能量采集系统1.0”的登记号为2016SR219797，登记日期为2016年8月1日，登记证书号为软著登字第1398414号；“测量机器人监测站一体化控制系统V1.10”的登记号为2016SR377855、登记日期为2016年12月16日，登记证书号为软著登字第1556471号。

（国电大渡河流域水电开发有限公司）

## 黄河勘测规划设计有限公司2016年获得专利情况

黄河勘测规划设计有限公司2016年度年获得国家授权专利情况见表1。

表1　　黄河勘测规划设计有限公司2016年度获得国家授权专利清单

| 序号 | 专利名称 | 专利类别 | 专利号 | 授权日期 |
|---|---|---|---|---|
| 1 | 江河岸坡仿水草消能防护结构 | 发明专利 | ZL201510097560.8 | 2016年3月2日 |
| 2 | 长距标准断面自流渠加大输水流量装置 | 发明专利 | ZL201410661074.X | 2016年1月27日 |
| 3 | 采用复合土工膜和部分换填黏土修补黏土贯穿裂缝的方法 | 发明专利 | ZL201410661002.5 | 2016年3月2日 |
| 4 | 混凝土养护室温、湿度均匀性智能控制系统 | 发明专利 | ZL201410660861.2 | 2016年8月17日 |
| 5 | 盾构管片与现浇混凝土接触部位的止水方法 | 发明专利 | ZL201410475893.5 | 2016年11月16日 |
| 6 | 大型水利工程S形溢流坝面成形设备 | 发明专利 | ZL201410467456.9 | 2016年8月17日 |
| 7 | 闸墩扇形钢筋穿弧门拉杆支铰座的施工方法 | 发明专利 | ZL201410340799.9 | 2016年1月27日 |
| 8 | 一种地震SH波三维勘探震源装置 | 发明专利 | ZL201410283669.6 | 2016年6月15日 |
| 9 | 施工支洞回填改建检修支洞的方法 | 发明专利 | ZL201410281132.6 | 2016年1月20日 |
| 10 | 土工高压渗透仪 | 发明专利 | ZL201410255377.1 | 2016年7月6日 |

续表

| 序号 | 专利名称 | 专利类别 | 专利号 | 授权日期 |
|---|---|---|---|---|
| 11 | 一种悬浮过滤系统 | 发明专利 | ZL201410218184.9 | 2016年4月6日 |
| 12 | 水工高压隧洞灌浆式预应力衬砌施工方法 | 发明专利 | ZL201410183853.3 | 2016年4月6日 |
| 13 | 深厚软基高水头多功能坝的布置结构 | 发明专利 | ZL201410183852.9 | 2016年3月9日 |
| 14 | 具有高抗渗性能的无机防水材料 | 发明专利 | ZL201410162776.3 | 2016年2月17日 |
| 15 | 水库导流洞回填改建泄洪洞的方法 | 发明专利 | ZL201410147519.2 | 2016年3月16日 |
| 16 | 水电站门机回转吊用清污抓斗全跨清污自动对位控制系统 | 发明专利 | ZL201410144416.0 | 2016年1月27日 |
| 17 | 用于多泥沙河流平面闸门的刀型充水阀 | 发明专利 | ZL201410109966.9 | 2016年1月27日 |
| 18 | 水利工程清污抓斗的锁定方法 | 发明专利 | ZL201410109930.0 | 2016年1月20日 |
| 19 | 磁性定位的野外岩体变形试验装置 | 发明专利 | ZL201410072876.7 | 2016年3月30日 |
| 20 | 河道水下根石非接触式水下探测方法 | 发明专利 | ZL201410051703.7 | 2016年3月30日 |
| 21 | 无压隧洞侧槽式进口设计方法 | 发明专利 | ZL201310394284.2 | 2016年1月20日 |
| 22 | 采用浆砌石模板的堆石混凝土斜坡结构 | 发明专利 | ZL201310190607.6 | 2016年8月3日 |
| 23 | 坡度测斜仪 | 发明专利 | ZL201310061009.9 | 2016年3月30日 |
| 24 | 超高压水力辅助破岩TBM刀盘 | 实用新型 | ZL201620855192.9 | 2016年12月21日 |
| 25 | 适于短隧洞开挖的敞开式硬岩掘进机刀头 | 实用新型 | ZL201620826253.9 | 2016年12月21日 |
| 26 | 适于长距离大口径明敷输水管道的镇墩式排气阀门井 | 实用新型 | ZL201620780317.6 | 2016年12月14日 |
| 27 | 泥石流拦挡重力坝体结构 | 实用新型 | ZL201620776944.2 | 2016年12月21日 |
| 28 | 适于山洪沟的泥石流拦挡格栅坝 | 实用新型 | ZL201620776621.3 | 2016年12月21日 |
| 29 | 用于起吊闸门的自锁式拉杆 | 实用新型 | ZL201620753778.4 | 2016年12月14日 |
| 30 | 具有深厚砂砾石层深切河谷的黏土心墙坝基础防渗结构 | 实用新型 | ZL201620747323.1 | 2016年12月7日 |
| 31 | 具备双向门式启闭机功能的单向门式启闭机 | 实用新型 | ZL201620686320.1 | 2016年12月7日 |
| 32 | 多通道岩土膨胀力自动化测试系统 | 实用新型 | ZL201620683582.2 | 2016年11月30日 |
| 33 | 适于台车操作多孔导流洞封堵闸门的拉杆链 | 实用新型 | ZL201620657820.2 | 2016年11月23日 |
| 34 | 长距离、多负荷节点线状供电无功补偿系统 | 实用新型 | ZL201620503265.8 | 2016年10月12日 |
| 35 | 适于海绵城市的生态铺装储水装置 | 实用新型 | ZL201620429543.X | 2016年9月28日 |
| 36 | 水电站门机行走全行程精确定位系统 | 实用新型 | ZL201620391781.6 | 2016年9月7日 |
| 37 | 适于水利水电工程的水下污物切割粉碎机 | 实用新型 | ZL201620341619.3 | 2016年8月24日 |
| 38 | 用于护盾掘进机的单环管片体型结构 | 实用新型 | ZL201620234090.5 | 2016年8月17日 |
| 39 | 渠道泄流堰的布置结构 | 实用新型 | ZL201620219242.4 | 2016年8月3日 |
| 40 | 用于隧洞掘进机的双层护盾结构 | 实用新型 | ZL201620182698.8 | 2016年7月27日 |
| 41 | 一种节约建筑空间且易于布置的分水器 | 实用新型 | ZL201620144688.5 | 2016年7月27日 |
| 42 | 适于高寒高湿冻土地区的电缆直埋敷设结构 | 实用新型 | ZL201620110945.3 | 2016年6月22日 |
| 43 | 旁流式砾间接触氧化法河湖净化系统 | 实用新型 | ZL201620067250.1 | 2016年6月15日 |
| 44 | 立面绿带式柔性挡土墙 | 实用新型 | ZL201620014614.X | 2016年6月1日 |
| 45 | 光学碳化深度测量尺 | 实用新型 | ZL201520982060.8 | 2016年4月20日 |

续表

| 序号 | 专利名称 | 专利类别 | 专利号 | 授权日期 |
| --- | --- | --- | --- | --- |
| 46 | 自动化混凝土拌和物凝结时间测定装置 | 实用新型 | ZL201520982059.5 | 2016年4月6日 |
| 47 | 圆弧形齿墙式水平弯管镇墩 | 实用新型 | ZL201520980684.6 | 2016年4月20日 |
| 48 | 多功能防冲刷拦沙坎 | 实用新型 | ZL201520980633.3 | 2016年4月20日 |
| 49 | 水利工程全波列声波测井探管串联一体式声波接收器 | 实用新型 | ZL201520792131.8 | 2016年2月3日 |
| 50 | 水利工程全波列声波测井探管并联一体式声波发射器 | 实用新型 | ZL201520792128.6 | 2016年2月3日 |
| 51 | 水利工程全波列声波测井探管复合型隔声体 | 实用新型 | ZL201520792127.1 | 2016年2月3日 |
| 52 | 适于水电站移动式启闭机的电动机械自动抓梁 | 实用新型 | ZL201520685285.7 | 2016年1月13日 |
| 53 | 二连音符拱桥 | 外观设计 | ZL201530406411.6 | 2016年2月10日 |

（黄河勘测规划设计有限公司　李冠成）

## 黄河水利科学研究院2016年获得国家授权专利和软件著作权登记证书情况

黄河水利科学研究院2016年获得国家授权专利16件，有关情况见表1。

表1　黄河水利科学研究院2016年获得国家授权专利项目表

| 序号 | 专利名称 | 专利类别 | 专利号 | 授权日期 |
| --- | --- | --- | --- | --- |
| 1 | 一种基于淤地坝淤粗排细功能的径流泥沙测量装置 | 发明专利 | ZL201410111594.3 | 2016年4月6日 |
| 2 | 一种可移动式径流泥沙不同空间分布含沙量监测装置 | 发明专利 | ZL201410232617.6 | 2016年11月16日 |
| 3 | 一种动床模型试验床沙实时保真取样装置 | 发明专利 | ZL201410504957.X | 2016年9月14日 |
| 4 | 一种动床模型试验床沙实时保真取样方法 | 发明专利 | ZL201410505016.8 | 2016年8月24日 |
| 5 | 基于自适应水平走道的可变宽度坡面土壤侵蚀模型装置 | 发明专利 | ZL201410589059.9 | 2016年9月14日 |
| 6 | 小流域不同地貌单元水蚀过程精细模拟试验方法 | 发明专利 | ZL201410277062.7 | 2016年10月26日 |
| 7 | 一种基于数据融合的水库底泥密度探测方法和系统 | 发明专利 | ZL201410149270.9 | 2016年9月18日 |
| 8 | 具有单一可测面混凝土结构的无损检测方法 | 发明专利 | ZL201410076674.X | 2016年5月25日 |
| 9 | 一种钢纤维混凝土断裂试验起裂荷载的测试方法 | 发明专利 | ZL201410008125.9 | 2016年8月17日 |
| 10 | 一种低水头河床式枢纽电站进水口的排沙系统 | 发明专利 | ZL201410076729.7 | 2016年1月20日 |
| 11 | 一种低水头河床式枢纽电站进水口的排沙方法 | 发明专利 | ZL201410076712.1 | 2015年12月2日 |
| 12 | 新旧混凝土黏结界面纯剪试验装置 | 实用新型 | ZL201520855740.3 | 2016年4月13日 |
| 13 | 一种塑料复合聚氨酯活动导叶立面密封装置 | 实用新型 | ZL201620201835.8 | 2016年8月3日 |
| 14 | FRP-混凝土黏结界面剪切实验装置 | 实用新型 | ZL201520850170.9 | 2016年3月16日 |
| 15 | 人工防汛备防石振动挤压快速成型设备 | 实用新型 | ZL201620348908.6 | 2016年9月14日 |
| 16 | 一种水库抽沙系统 | 实用新型 | ZL201620364351.5 | 2016年8月31日 |

由黄河水利科学研究院完成的 8 项软件成果，2016 年获得中华人民共和国国家版权局颁发的计算机软件著作权登记证书，有关情况见表 2。

表 2 黄河水利科学研究院 2016 年获得国家计算机软件著作权登记证书情况表

| 序号 | 软件名称 | 开发完成日期 | 登记证书号 |
|---|---|---|---|
| 1 | 黄河宁蒙河段冰凌预报系统 | 2016 年 7 月 26 日 | 软著登字第 1373262 号 |
| 2 | 水利数值模拟云服务平台 | 2016 年 1 月 4 日 | 软著登字第 1188167 号 |
| 3 | 水利数据挖掘云服务平台 | 2016 年 1 月 14 日 | 软著登字第 1188220 号 |
| 4 | 水利数值模拟评价系统 | 2016 年 1 月 14 日 | 软著登字第 1188130 号 |
| 5 | 平面二维非静压水动力学模型 | 2016 年 5 月 26 日 | 软著登字第 1297560 号 |
| 6 | 基于新 ADI 方法的平面二维非静压水动力学模型软件 | 2016 年 10 月 17 日 | 软著登字第 1473858 号 |
| 7 | 垂向二维非静压水动力学模型软件 | 2016 年 10 月 17 日 | 软著登字第 1473858 号 |
| 8 | 三维非静压水动力学模型软件 | 2016 年 10 月 17 日 | 软著登字第 1473853 号 |

（黄河水利科学研究院）

9

# 国际合作与技术交流

# 国 际 技 术 交 流

## 中国大坝工程学会参加国际大坝委员会第84届年会情况

国际大坝委员会第84届年会于2016年5月15～21日在南非约翰内斯堡召开，来自70多个国家的1200多名代表参加。会议由南非大坝委员会承办，举办了“确保发展中国家大坝的合理开发，运行和维护新技术”国际研讨会、各专业委员会会议、第84届执行会议和技术展览等。

中国大坝工程学会组织了代表团参加了此次会议。

（一）参会情况

1. “确保发展中国家大坝的合理开发，运行和维护的新技术”国际研讨会　该研讨会于2016年5月18日召开。中国水利部副部长刘宁在大会开幕式上致辞，指出：“中国目前水资源短缺、水灾害威胁、水生态退化三大水问题并存，水资源管理任务艰巨。中国新一届政府提出‘节水优先、空间均衡、系统治理、两手发力’的新的发展思路，大力推进水生态文明和节水型社会建设，加快构建中国特色水安全保障体系，促进民生福祉改善，促进社会和谐进步，取得了重要进展。”刘宁还指出，世界未来大坝的建设和发展还面临巨大挑战：一是300m级特高坝安全建设存在挑战；二是众多长期服役水库大坝的安全管理存在挑战；三是面广量大的中小型水资源配置工程建设需要新技术。中国作为世界上最大的发展中国家，将一如既往地参与、促进与世界各国间的技术交流与合作，推动发展中国家大坝建设和水电开发的可持续发展，促进全人类的共同福祉。刘宁的致辞获得了广泛赞誉。

会议围绕发展中国家的水电可持续开发、创新流域管理及大坝优化运行、社会与环境影响及减缓措施、水库淤积管理、大坝及附属建筑物修补加固、尾矿坝生命周期最新进展、大坝安全监测策略等进行了交流研讨。中国代表团徐泽平、冯明珲、徐耀等专家作了会议报告或论文交流，并与各国专家就大坝安全保障技术、面板坝止水技术进展等进行了交流，取得了良好的成效。

2. 国际大坝委员会各专业委员会会议　2016年5月17日，国际大坝委员会26个专业委员会会议相继召开。中国水利水电科学研究院副院长贾金生主持召开了胶结颗粒料坝专委会会议，会议讨论了胶结颗粒料坝的定义、内涵与外延，以及与混凝土坝、堆石坝的区别，探讨了胶结颗粒料坝的优势及应用领域，围绕技术公报编写进展和后续工作开展进行了充分交流。此次会议统一了专委会成员对胶结颗粒料坝定义和内涵的认识，取得了重大进展。中国长江电力公司副总经理陈国庆主持召开了水库水电站综合管理专委会会议，中国长江三峡集团公司副总经理张诚出席了专委会的会议并讲话，中国、葡萄牙、日本、马来西亚、苏丹等国介绍了本国水电站与水库联合运行的典型案例，就调度运行关注的重点进行了交流讨论，确定了技术公报的最后修订工作计划和提交终稿时间。中国电力建设股份有限公司总工程师周建平在能力建设专委会专题研讨会上作报告，介绍了中国大坝工程学会响应国际大坝委员会发起的相关世界宣言所开展的能力建设工作，自2009年来召开了8次非洲圆桌会议，来自非洲26个国家的66名代表参加了会议并考察工程，促进了能力建设，受到了国际社会的赞誉。中国水利水电科学研究院王海波、徐泽平、郑璀莹、徐耀分别参加了大坝抗震专委会、大坝安全专委会、大坝统计专委会、大坝混凝土专委会的会议，南京水利科学研究院王士军参加了21世纪水库大坝新挑战及前景专委会会议，黄河勘测规划设计公司刘娟参加了多功能水库大坝专委会会议，黄河水利科学研究院王远见参加了泥沙专委会会议。代表团其他专家作为观察员列席了大坝安全、气候变化、能力建设等专委会会议。与会的各位专家积极发言，就中国在各个领域的发展情况以及所承担的专委会任务情况进行报告和交流，促进了专委会工作。

3. 国际大坝委员会第84届执行会议　会议于2016年5月20日召开，由国际大坝委员会主席Anton Schleiss主持。中国大坝工程学会副理事长兼秘书长、中国水利水电科学研究院副院长贾金生，中国大坝工程学会综合部主任郑璀莹，中国电力建设股份有限公司总工程师周建平等参加了会议。在执行会议上，由中国大坝工程学会推荐的中国专家周建平和法国大坝委员会推荐的法国专家Michel Lino当选为国际大坝委员会副主席，任期为2016～2019年。会上表决通过Denis Aelbrecht为气候变化专委会新任主席。讨论通过了2018年在奥地利召开的第26届大坝会议议题，确定印度为国际大坝委员会2020年国际大坝会议的承办国。伊朗提交了申办2021年第27届大会和第89届年会的申请，27届大会承办国将于2017年召开的第85届执行会上进行投票表决。

（二）有关活动情况

1. 中南水资源委员会第五次会议　会议于2016年5月18日上午召开，中国专家贾金生、王士军分别作了题为“中国防洪抗旱减灾进展”和“中国水库大坝安全管理”的专题报告，南非水利与环境卫生部大坝安全办公室的Leo van den Berg介绍了南非水库大坝安全管理情况和大坝安全监测及评估的相关规定，双方就大坝安全管理、防洪减灾，以及水资源综合利用和管理进行了深入的交流。

2. 国际大坝委员会亚太区域会议　会议于2016年5月17日下午召开。代表团成员贾金生、周建平、徐泽平、郑璀莹等参加了此次会议。亚太区域各成员国代表介绍了过去一年开展的工作以及未来工作计划。会上，讨论通过了国际大坝委员会亚太分会秘书处章程的修订方案。中国代表与日本、韩国、越南、伊朗、印度、印尼、澳大利亚、新西兰等国就未来一年拟开展的技术交流合作活动和相关项目进行了交流。

3. 大会技术展览　共有来自世界各地的41个参展商参加，包括中国大坝工程学会、日本大坝委员会、德国大坝协会、南非大坝委员会、加拿大大坝委员会、法国大坝委员会和瑞士的Poyry、意大利Carpi公司、英国Hydropower & dams杂志社等。中国大坝工程学会此次联合中国三峡集团公司、中国电力建设集团有限公司、中国水利水电科学研究院等单位共同参展，重点介绍了我国水利水电技术进展，向观展的各国专家代表介绍推介中国水利水电技术，效果良好。

4. 南非大坝工程调研　会议期间，代表团专家调研了南非的瓦尔（Vaal）大坝、Rust de Winter坝等工程。

瓦尔大坝坐落在南非瓦尔河上，距离约翰内斯堡约56km，建于1938年，当时最大坝高54.2m，后来由于供水与防洪需要，在1951年与1985年分别加高了6.1m与3.1m，目前最大坝高63.4m，总库容25.36亿$m^3$，防洪库容6.62亿$m^3$。混凝土坝坝段坝顶长度714m，土坝坝顶长度1970m，副坝土坝坝顶长度910m。工程的主要功能为供水（包括居民、工业、采矿）和灌溉，覆盖了周围的约翰内斯堡、比勒陀利亚、弗里尼京等地区。

Rust de Winter水利工程落于林波波省“Rust de Winter”自然保护区的大羚羊河上，距比勒陀尼亚60km，由南非水利卫生部设计建造，1934年竣工，工程主要功能为灌溉。工程包括混凝土面板堆石坝、开敞式溢洪道、进水塔和副坝组成。按照国际大坝委员会大坝安全公报关于防洪能力的标准，南非水利卫生部认为，该工程的防洪标准不能满足要求，于2011年对混凝土面板堆石坝进行了加高，加高2.7m。

代表团在出访期间严格遵守外事纪律，积极参加各专业委员会会议、学术研讨会以及其他各项活动，完成了预定的任务。通过这次参会活动，让世界各国更好地了解中国水利水电技术和经验，进一步增强我国在国际大坝界的影响力，周建平当选国际大坝委员会副主席。通过这次参会活动，也让我们进一步了解国际大坝安全管理和加固技术进展，了解国际大坝技术创新的动态，了解了南非水资源及开发概况，有助于我国水利水电事业的发展与进步。

（中国大坝工程学会秘书处）

## 中国大坝工程学会组团参加中日韩大坝委员会第九次学术交流会

中日韩大坝委员会第九次学术交流会于2016年9月26～30日在日本札幌召开。会议由日本大坝委员会承办；期间，召开了“大坝和水库的创新技术”学术交流会、国际大坝委员会亚太分会圆桌会议等。中国大坝工程学会组团参加了此次会议。

（一）参加“大坝和水库的创新技术”学术交流会

“大坝和水库的创新技术”学术交流会于2016年9月26日召开，来自中国、日本、韩国、伊朗、缅甸、印尼、泰国、尼泊尔、越南等10余个国家的200多名代表参加。中国大坝工程学会代表团团长任宪韶在欢迎会上致辞，副团长张国新在大会开幕式上介绍了近年来中国大坝建设的成就。

会议围绕坝工创新技术、延长大坝服役年限、大坝安全、风险管理与气候变化等进行了交流研讨。中国专家刘毅主持了大坝安全、风险管理与气候变化分会场，刘毅、李萌、张茵琪等中国专家作会议报告，并与各国专家进行了交流，取得了良好的成效。

会议期间，组委会对部分未作学术报告的论文进行了集中展示。

（二）参加国际大坝委员会亚太分会圆桌会议

2016年9月28日下午，张国新代表中国大坝工程学会参加了国际大坝委员会亚太分会圆桌会议（简称APG）。会议由APG秘书长、韩国国际水资源研究所的郑宽洙教授主持；本届执行主席Kyung-Teak yum介绍了APG近期的活动，即将编著的APG报告情况，下阶段工作要求等；APG副秘书长介绍了自上次约翰内斯堡会议以来的工作进展、APG技术报告的编著情况，确定了报告章节及每章的负责人。各国代表介绍了本国大坝会近期的重要活动及APG技术报告的编制进展。来自韩国、柬埔寨、日本、马来西亚等国的代表就APG报告中涉及的防洪、干旱、灌溉等方面开展的工作进行邀请发言。

会议就下届APG会议主办国的事宜进行了初步讨论，张国新代表中国大坝工程学会提议下届APG会议与EADC会议合并，在中国杭州召开；伊朗、马来西亚两国也提出了争取下届APG会议主办权。会议决定下届APG会议将在三国中选择，具体将在明年布拉格国际大坝会议决定。

（三）日本大坝工程调研

会议期间，代表团专家调研了日本的Apporo大坝、Yubari-Shuparo大坝工程。

Apporo大坝为多用途工程，为厚真町河流域第2个梯级。大坝为梯形断面胶结砂石坝，最大坝高47.2m，总库容4740万$m^3$，工程作用为调洪、灌溉和供水。大坝长516.0m，坝顶宽度为8m，上下游坝坡均为1∶0.8，采用开敞式表孔溢流＋台阶消能方式。2014年开始施工，预计2018年完工。

Yubari-Shuparo大坝工程位于石狩川河和夕张河交汇处，老坝Oyubari建成于1962年，为坝高67.5m混凝土重力坝，水库面积4.75$km^2$，库容为8720万$m^3$，主要功能为农业灌溉和发电。由于流域洪水灾害频发，原工程库容无法满足调洪要求，故在老坝Oyubari下游155m处新建YubatiShuparo大坝。新建大坝高度110.6m混凝土重力坝，水库面积15.0$km^2$，总库容42700万$m^3$，工程于2007年开始施工，2015年完工。工程建成后，大大提升了工程的调洪、灌浆供水功能。

（中国大坝工程学会秘书处）

## 2016年农村水电国际交流与合作情况

（一）会议交流

1. 第七届“今日水电论坛” 2016年11月2日，第七届“今日水电论坛”在中国杭州开幕。中国水利部部长陈雷出席并作主旨讲话，来自36个国家的近300名国际组织政府官员和专家学者代表参加，是历届规格最高、参会代表国家和人数最多的一次。论坛期间由联合国工业发展组织和国际小水电中心联合发布了《世界小水电发展报告2016》。

2. “应对气候变化南南合作主题会” 2016年7月9日，由联合国开发计划署、联合国工业发展组织、国际小水电中心共同举办的“应对气候变化南南合作主题会”在中国杭州市召开。时任联合国秘书长潘基文访问国际小水电中心并出席该会议、发表讲话，充分肯定了中国小水电为应对气候变化、推动世界小水电发展所作出的贡献，并高度赞扬中国小水电在国际合作上发挥的重要作用。联合国副秘书长吴红波、中国驻联合国代表刘结一大使等陪同出席。来自联合国总部、联合国驻华机构、外交部国际司、水利部国际合作与科技司、浙江省水利厅，以及相关政府部门、企业、科研院所的100多位代表参加了会议。

3. 中奥可持续水电运行与开发研讨会 2016年11月10日在北京市召开。中国水利部部长陈雷，奥地利农业、林业、环境和水利部部长安德烈·鲁佩莱希特，奥地利驻华大使艾琳娜出席研讨会并致辞。研讨会上，13位中奥政府官员和水利专家围绕绿色生态水电、提高能源效率、水电多双边合作等议题作了交流发言。中奥两国水利部门、流域机构、科研院所和企业的近150名代表参加研讨会。

（二）项目合作

2016年6月13日，中国小水电增效扩容改造增值项目获得获全球环境基金（GEF）正式批准。水利部与联合国工发组织合作申请的中国小水电增效扩容改造增值项目，是GEF在小水电领域资助的第一个绿色增值项目，总经费约1000万美元。国际小水电中心与联合国工业发展组织密切合作，开展了该项目前期工作启动会及国际专家研讨会，就项目建议书、项目选点等进行了详细讨论并落实了具体工作方案。

（三）援外培训

2016年，中国水利水电援外培训力度进一步加大，水利部农村电气化研究所和国际小水电中心陆续举办了十多期国际培训，其中包括商务部委托的5期援外培训班、科技部委托的1期援外培训，国企委托的1期专项培训。这些培训为30多个国家培养了超过300名政府官员和技术人员，进一步宣传了中国小水电领域的成熟技术和适用设备，取得良好效果。

主要培训活动情况如下：

（1）“2016年亚洲国家小水电及农村电气化官员研修班”，商务部委托项目，历时21天，来自7个亚洲国家共24位官员参加。

（2）“2016年非洲英语国家小水电及农村电气化官员研修班”，商务部委托项目，历时21天，来自10个非洲英语国家共22位官员参加。

（3）“2016卢旺达小水电技术海外培训班”，商务部委托项目，历时30天，在卢旺达首都基加利举办，来自卢旺达基础设施部、卢旺达能源集团、基加利综合理工区域中心、卢旺达 MINEGA 能源公司等 30 名技术和管理人员参加。

（4）“2016 东南亚流域综合治理技术培训班”，商务部委托项目，历时 21 天，来自 3 个东南亚国家共 18 位官员和技术人员参加。

（5）“亚非国家小水电及农村社区可持续发展官员研修班”，商务部委托项目，历时 21 天，来自 10 个亚非国家共 28 位官员参加。

（6）“2016 农村电气化技术国际培训班”，科技部委托项目，历时 15 天，来自 13 个国家共 30 位官员参加。

（7）“斯里兰卡 M 坝项目业主运行维护管理工程师培训班”，中国水利水电第十四工程局有限公司委托项目，是首次承担的国企委托专项培训，为斯里兰卡 5 名水电站站长进行了为期 2 个月的培训。

（水利部农村水电及电气化发展局　曲　鹏
水利部农村电气化研究所　赵建达）

## 国际电工委员会水轮机技术委员会 2016 年全体会议在中国成都召开

国际电工委员会水轮机技术委员会（IEC/TC4）2016 年全体大会于 2016 年 10 月 16～22 日在中国成都市召开。会议由中国的全国水轮机标准化技术委员会主办，中国三峡集团公司（以下简称三峡集团）与哈尔滨电气集团公司（简称哈电集团）共同承办。本次成都会议是该组织的全体大会继 2002 年北京会议后第二次在中国举办。来自美国、奥地利、英国、中国等 13 个国家的 53 名水电专家和观察员参加会议。

三峡集团机电专业总工程师程永权参加会议并致欢迎辞。程永权感谢国际电工委员会对本次会议的支持，表示：IEC 国际标准在电气、电子工程领域的权威性是世界公认的，IEC 有效促进了该领域中标准化等有关问题的国际交流合作；三峡集团将更广泛深入地参与 IEC 国际标准工作，让世界分享三峡集团的经验和智慧。

在工作组会议及全体会议中，各国代表们分别介绍了本国能源行业发展、水电事业发展的趋势和重点，各工作组介绍了各自承担的标准编制情况、重要议题。会上就 12 项 IEC 标准的修制订中的技术问题等相关重要议题进行深入探讨和表决。此次会议上，我国提出了一项新的国际标准项目提案：《水电站引水发电系统调节保证计算和设计导则》。各国水电专家对此提案进行了讨论，表示认同。此项目将由三峡集团代表戴江担任召集人，牵头制订，国内对口工作组由全国水轮机标准化会负责组织。

2016 年 10 月 19 日，全体与会专家参观了东方电机厂，2016 年 10 月 21～22 日，全体与会专家分别前往溪洛渡水电站和向家坝水电站进行技术考察。

国际电工委员会（IEC）成立于 1906 年，是世界上成立最早的国际性电工标准化机构，负责有关电气工程和电子工程领域中的国际标准化工作。IEC 下设各专业委员会每一到两年在各大洲的成员国之间轮流召开一次全体会议。2011 年澳大利亚 IEC 全体大会上，正式通过了中国成为 IEC 常任理事国的决议。目前 IEC 常任理事国为中国、法国、德国、日本、英国、美国。

（摘自《中国三峡工程报》）

## 2016 高坝抗震防灾国际学术研讨会在北京举行

2016 年 9 月 23 日，由中国水力发电工程学会、学会抗震防灾专业委员会主办，河海大学、中国水利水电科学研究院承办的“2016 高坝抗震防灾国际学术研讨会”在北京市举行。中国工程院陈厚群院士，中国科学院林皋院士、张楚汉院士及来自国内外的 120 多名专家学者出席会议。

中国水力发电工程学会常务副理事长兼秘书长李菊根，国际大坝委员会副主席、中国电建集团总工程师周建平，中国水利水电科学研究院副院长贾金生，学会抗震防灾专委会主任、河海大学李同春教授分别致辞，中国水力发电工程学会常务副秘书长吴义航主持开幕式。

与会专家学者围绕“高坝抗震新理论与新方法、抗震设计标准、安全评价体系、水利水电工程防灾减灾与风险管理”的会议主题，对国内外典型强震的震例、设计理论和方法的最新进展和研究思考，特别是地震动输入、抗震设计标准等核心问题作了深入剖析，深入研讨了高坝抗震关键技术和先进经验。会议得到了中国科协举办国际高端学术会议特别经费的支持。

（河海大学）

## 河海大学 2016 年国际合作与交流情况

2016 年，河海大学与境外大学、国际组织、研究机构新签合作协议和备忘录 15 份，创历史新高。其中包括与 6 个“金砖”和“一带一路”沿线国家的 7 所大学签订合作协议，着力推进“一带一路”战略和“金砖国家网络大学”项目实施。尝试在“一带一路”国家与东道国开展教育合作，进行海外布点，成为“一带一路”高校联盟创始成员单位；参加了教育部组团的埃及教育展，赴俄罗斯参加了“金砖五国网络大学第一次全体代表大会”。

2016 年，国际水力研究协会（IAHR）主席和执行长、世界工程组织联合会主席、马来西亚资源与环境部官员、荷兰驻华大使馆参赞等多个国际组织和政府的官员，以及美国爱达荷大学、美国代顿大学、英国斯旺西大学、加拿大不列颠哥伦比亚大学、澳大利亚墨尔本大学、纽卡斯尔大学、新西兰奥克兰大学、香港科技大学等高校代表团，来河海大学访问，年来访量达 622 人次，其中高层次文教专家、学术大师达 100 人次左右。

2016 年，河海大学申报的教育部、国家外专局“高等学校学科创新引智基地”——“河网水动力系统与安全学科创新引智基地”获得批准；水文学及水资源学科创新引智基地学术大师、美国德克萨斯农工大学土木工程系维贾伊·辛格院士，获江苏省人民政府颁发的“江苏友谊奖”，河海大学外籍教授首次获此殊荣。

（河海大学）

## 雅砻江流域水电开发有限公司 2016 年国际合作交流情况

2016 年 2 月 15～20 日，由国际能源署水电实施协议（IEA Hydro）工作组主办、澳大利亚塔斯马尼亚水电公司（Tasmania Hydro）承办的国际能源署水电实施协议第 32 届执委会在澳大利亚塔斯马尼亚州首府霍巴特召开。来自美国、加拿大、法国、挪威、芬兰、巴西、日本、澳大利亚等多个国家，以及来自欧盟等多个国际组织的代表共计 20 余人，参加了本次会议。会议围绕第 31 届执委会确定的技术合作和研究课题，包括“水电与环境”“水电站更新与升级”“水电服务”等多个子课题，开展了广泛和深入的交流讨论。受长江技术经济学会流域能源专业委员会邀请，雅砻江流域水电开发有限公司（以下简称雅砻江公司）专家魏鹏在“梯级水库管理模式”课题环节，作了“雅砻江流域梯级电站联合优化运行”的主题发言，并根据实际工作情况进行了答疑，得到了参会人员的积极回应。

2016 年 5 月 16～21 日，国际大坝委员会第 84 届年会在南非约翰内斯堡召开，来自 70 多个国家的 1200 多名代表参加。雅砻江公司派专家作为中国代表团成员参加了会议。会议就发展中国家的水电可持续开发、社会与环境影响及减缓措施、大坝及附属建筑物修补加固、尾矿坝生命周期最新进展、水库淤积物管理、创新流域管理及优化运行、大坝安全监测策略等议题展开了研讨。雅砻江公司专家冯艺、黄浩出席会议并交流。

2016 年 7 月 11～23 日，雅砻江公司与杨房沟水电站工程总承包人中国水利水电第七工程局有限公司、中国电建集团华东勘测设计研究院有限公司共同组成工程总承包调研组，赴印度古德洛尔火电项目、厄瓜多尔辛克雷水电站和索普拉多拉水电站三个能源建设项目进行了工程总承包建设模式调研。调研主要围绕为下一步杨房沟项目的管理实践提供可复制、可移植或可借鉴的具体措施，以便在确保建设项目功能、安全、质量的前提下，进一步明确各方公平合理责任分工和风险分担，提高管理效率、确保投资可控，充分发挥设计施工总承包模式的优势，实现项目业主、总承包人和社会的合作共赢。

2016 年 10 月 20～21 日，由中国大坝工程学会，中国工程院土木、水利与建筑工程学部主办的中国大坝工程学会 2016 学术年会暨国际水库大坝研讨会在西安召开。来自国内外水利水电工程建设、运行和管理的相关单位代表共约 600 余人参加了会议。会议组织召开了国际水库大坝研讨会，以及高坝建设技术与运行管理、水库大坝可持续发展与新技术、水利水电工程生态流量与河流修复技术、水库大坝与公众认知论坛、水库大坝青年论坛、多功能水库大坝专题研讨会等分会，并召开了“‘十三五’水资源高效开发利用”重点专项报告及咨询会议和第九届非洲水库大坝与水电可持续发展圆桌会议。雅砻江公司董事长陈云华出席会议并主持国际水库大坝研讨会，雅砻江公司副总经理吴世勇应邀作了题为《雅砻江两河口水电站砾石土心墙堆石坝建设关键技术问题》的专题报告。

2016 年，雅砻江公司员工在国际期刊《Environmental Biology of Fishes》发表“Otolith fluorescent and thermal marking of elongate loach（Leptobotia elongata）at early life stages”一文，并被 SCI 收录。此外，在国际大坝委员会第 84 届年会发表“The main technological innovative practice in construction of Jinping hydroelectric project”一文。

（雅砻江流域水电开发有限公司 张 一）

## 哈尔滨大电机研究所 2016 年参加国际学术交流情况

2016 年 4 月，哈尔滨大电机研究所副所长覃大清作为中国代表团首席代表，参加了在中国广州市召开的国际电工委员会/海洋能——波浪能、潮流能和其他水流能转换设备标准化技术委员会（IEC/TC114）2016年年会，并代表中国在会议上进行表决投票。会上，覃大清所作的“中国海洋能转换设备发展情况报告”引起了各国代表的兴趣，并得到了肯定。

2016年5月，哈尔滨大电机研究所副总工程师孙玉田作为中国代表，参加了在美国阿灵顿市召开的国际电工委员会/旋转电机技术委员会（IEC/TC2）2016年年会。会上，旋转电机委员会主席宣布《水轮发电机技术条件》国际标准计划正式立项，标准号为IEC60034-33，标准制定工作组的召集人为孙玉田。

2016年8月，哈尔滨大电机研究所副总工程师孙玉田作为国际大电网会议SC A1旋转电机专业委员会的中国委员，参加了在法国巴黎举办的国际大电网2016年会议。作为SC A1.55专题研究项目《分瓣铁芯定子的研究》的工作组组长，孙玉田向委员会及工作组成员介绍了该项目的进展情况，并进行了方案的讨论，获得与会人员的肯定。同时，他在SC A1旋转电机专业委员会的学术研讨会议上发表了一篇学术论文，同与会专家进行了充分的交流。

2016年10月16～22日，哈尔滨大电机研究所副所长覃大清作为中国代表团首席代表，参加了在中国成都市召开的国际电工委员会水轮机技术委员会（IEC/TC4）2016年全体会议，并代表中国在会议上进行表决投票。哈尔滨大电机研究所魏显著、徐用良参加了国际标准制修订工作组会议和全体会议，并在会上积极参与讨论。

2016年11月，哈尔滨大电机研究所副总工程师孙玉田作为IEC/TC2/WG33工作组的召集人，在瑞士日内瓦组织召开了首届《水轮发电机技术条件》国际标准工作组标准起草工作会议。会上，孙玉田作了“世界水轮发电机的发展状况及国际标准研制的背景”的报告，各国专家对我国提出的标准初稿进行了充分的讨论，提出了新的调研项目和进一步的编写方向。

（哈尔滨大电机研究所　赵昊阳　刘　佳）

## 中国电建集团中南勘测设计研究院有限公司为发展中国家举办防洪减灾培训班

2016年6月6日，2016年发展中国家防洪减灾技术与管理培训班在中国长沙市开班，来自发展中国家的30多名官员将在中国接受防洪减灾方面的培训。研修班由商务部主办、中国电建集团中南勘测设计研究院有限公司具体承办。

研修班主要对防洪体系进行系统培训，内容涉及中国水行政管理、中国防洪法规解读、中国防洪减灾体系、中国水利工程建设与管理、水情自动测报系统设计与建设、洪水灾害检测预警系统、中国水资源、水土保持与生态修复等。

课程采用理论与实践相结合的方式，通过专题讲座、交流讨论、实地参观考察、现场讲解、现场操作等形式，介绍中国的成功经验，并就解决发展中国家洪涝灾害问题进行探讨。期间还组织学员参观考察湖南省张家界防洪指挥中心、湖南省江垭水利枢纽、广东省飞来峡水利枢纽工程。

中国在防洪方面已有非常丰富的经验，特别是湖南省，湘资沅澧四大水系和洞庭湖防洪工程稳定有序地运行着，有效地保障了人民群众生命和财产的安全，以及社会的稳定，确保了国民经济的持续稳定发展，这些经验可为各发展中国家提供借鉴。

（中国电建集团中南勘测设计研究院有限公司　胡　雯）

# 对外经营与国外工程

## 中国电力建设集团有限公司2016年国际合作与经营情况

（一）概况

2016年，中国电力建设集团有限公司（以下简称中国电建）对国际业务进行了整合。3月10日，中国电建海外事业部与中国水电建设集团国际工程有限公司、中国水电顾问集团国际工程有限公司重组为中国电建海外事业部/中国电建集团国际工程有限公司，“两块牌子，一套人马”。中国电建国际业务经营及管控模式进入了一个新的时期，国际经营逐步形成了统一战略规划、统一品牌管理、统一市场布局和营销、统一履约监管、统一风险防范的集团化管控体系。

国际业务重组整合后，海外营销和管理制度体系不断健全，区域总部“五个中心”（即市场统筹与营销中心、风险防范与履约监管中心、资源协调与信息中心、能力建设与社会责任中心、海外党建中心）作用明显。2016年，编制完成国际业务“十三五”规划；对在建项目进行梳理，制定“双重”项目动态清单，就项目管理机构、经营状况、履约能力、分包管理等要素进行系统检查，实行动态管理和监控，逐步改变重营销、轻履约、轻管理现状，提升集团履约和国际业务管理水平。

2016年，中国电建对外承包工程业务完成营业收入742.53亿元人民币，同比增长7.49%，占集团年度完成营业额的22.87%；新签合同额1800.47亿元人民币，同比增长7.11%，占集团年度境内外新签合同额的35.2%。

中国电建62家子企业在91个国家执行工程总承包或施工承包类项目合同1331项，在建项目合同总金额7525.24亿元人民币。境外中国员工30551名，雇佣项目所在国员工68131名，第三国员工8166名。

中国电建在2016年《财富》世界500强企业中排名第200位，较去年提升53位；在2016年ENR全球设计企业150强和ENR全球承包商250强排名中，分别位列第2位和第6位，在电力建设领域均位列中资企业第一；在国际工程设计公司225强、国际工程承包商250强中分列第27位和第11位，在上榜中资企业中分别排名第1位和第2位，两项排名在电力行业领域均位列全球第一。

（二）国际商务活动

加强与相关国家部委、主管单位和各行业协会的对接，中国电建海外事业部代表集团公司积极组织并参加中澳经济高峰论坛预备会、第七届国际基础设施投资与建设高峰论坛、国际大坝委员会第84届年会、第五届中国—阿拉伯国家能源合作大会、第11届中韩高层财经界对话会、中国企业家年会、G20能源部长会议、发展中国家水利经济部长研讨班访问会等各类重要国际会议和交流活动。组织了亚非青年代表团、南美INCAE商学院、科摩罗电力代表团访问接待工作，加强业务推广和市场开发，进一步密切和强化与战略合作伙伴的合作关系。

发挥集团外事局职能，全面改造、优化了集团“外事管理系统”，实现了信息化、集团化管理。2016年顺利完成出国（境）团组审批和手续10320批，涉及出国（境）人数25977人；完成邀请外国人来华团组审批及手续649批，1529人次；办理APEC商旅卡55张；办理公证、认证14040份；订购与报销人员机票2258人次。

（三）国际重大投融资项目

截至2016年底，中国电建在境外8个国家实施投资项目共计16个，其中正式投产运营项目6个（1个建材项目、2个水电项目、1个矿产项目、2个并购项目），在建的投资项目10个（3个水电项目、1个矿产资源项目、3个火电项目、1个风电项目、2条铁路项目），项目大多分布在亚洲地区。

截至2016年底，中国电建集团境外运营及在建投资项目本年度完成投资总额87.08亿元，历年累计完成投资额241.14亿元。其中已投产运营项目2016年度完成投资额为1496.98万元，历年累计完成投资额为54.28亿元；在建项目2016年度完成投资额86.93亿元，历年累计完成投资额为186.86亿元。

（四）驻外机构

截至2016年底，中国电建在102个国家设有243个驻外机构，其中电建股份板块在100个国家设有213个驻外机构，情况见表1。按地域划分，大洋洲3个国家5个驻外机构，非洲37个国家70个驻外机构，美洲17国家34个驻外机构，欧洲9个国家14驻外机构，亚洲36个国家120个驻外机构。按机构性质划分，91个代表处、53个分公司、62个全资子公司、32个控股公司、5个参股公司。

表1　中国电建驻外机构情况表

| 板块划分 | 驻外国家 | 驻外机构类别 | | | | | |
|---|---|---|---|---|---|---|---|
| | | 合计 | 代表处 | 分公司 | 全资子公司 | 控股公司 | 参股公司 |
| 集团公司 | 4 | 4 | 1 | 1 | 1 | 1 | 0 |
| 电建股份板块 | 100 | 213 | 88 | 45 | 53 | 23 | 4 |
| 电力工程板块 | 19 | 26 | 2 | 7 | 8 | 8 | 1 |
| 合计 | 102 | 243 | 91 | 53 | 62 | 32 | 5 |

**注**　驻外国家，三板块中有重复。

（中国电力建设集团有限公司）

## 中国电力建设集团有限公司国际重大工程承包项目2016年进展情况

1. 厄瓜多尔科卡科多辛克雷水电站项目　该项目是厄瓜多尔历史上外资投入金额最大，规模最大的水电站项目，同时也是中国电力建设集团有限公司(收下简称中国电建）对外承建的最大的F+EPC水电站工程项目，合同额19.797亿美元。电站位于厄瓜多尔东部的科卡（coca）河流域，坝址距首都基多约130km，为引水式电站，共安装机组8台，总装机容量1500MW，年发电量88亿kW·h。2016年5月12日，首批4台机组全部通过72小时连续试运行，具备商业运行条件，正式投产发电；11月18日，国家主席习近平和厄瓜多尔总统科雷亚在基多出席竣工发电仪式，共同按动按钮，电站正式竣工发电，全面建成投产。

2. 埃塞俄比亚阿达玛二期风电项目　该项目合同总金额3.45亿美元，合同工期24个月。项目共102台风机，每台1.5MW，总装机容量153MW，解决了埃塞俄比亚首都20%以上的用电需求，是目前非洲大陆第二大风电项目，也是我国“两优”资金支持的第一个新能源项目和我国第一个技术、标准、设备、资金、承包整体走出去的新能源项目。2013年7月5日正式开工。2016年5月24日，项目收到临时移交证书，正式进入商业运营。

3. 印度古德洛尔2×600MW燃煤电站项目　该项目以EPC总承包模式承建，采用超临界技术，以保证较好的机组热耗和效率，达到节能减排的良好效果，同时将极大拉动我国设备出口。2016年4月，第二台机组并网运行，两台机组全部投产发电（首台机组于2015年9月投运）；机组各项参数指标优良，安装质量得到了业主的高度认可和赞誉，该项目获得了印度2016年“社会责任铂金奖”和“环境保护金奖”，项目营地获得了“中国海外工程示范营地奖”。

4. 尼泊尔上马相迪A水电站项目　该项目是中国电建在尼泊尔投资的第一个发电项目，电站总装机容量50MW(2×25MW)，总投资额约1.659亿美元，采用BOOT模式投资开发，特许期35年（含建设期）。2016年9月26日，上马相迪A水电站隆重举行发电仪式，顺利实现了首台机组发电目标。

5. 老挝南欧江梯级水电项目　该项目是中国电建通过对老挝南欧江全流域整体规划获得全流域开发权，以BOT模式投资建设的水电站项目，总投资约28亿美元，特许经营期为29年。该项目按照“一库七级”模式进行开发，梯级电站总装机容量为1272MW，年平均发电量约50.64亿kW·h。2016年4月，项目一期实现了全部机组发电。梯级首台机组比预计提前了4个月实现发电目标，为老挝建国40年献礼，更为中老合作共建“一带一路”开了个好头。项目已成为中国“一带一路”战略、“澜湄合作”沿线项目的新亮点，树立了中老电力能源合作的新典范。

6. 白俄罗斯维捷布斯克水电站项目　该电站安装4台10MW灯泡贯流式发电机组，总装机40MW，是目前白俄罗斯境内最大的水电站项目，素有“白俄三峡”之称。2016年12月1日，首台机组成功并网发电，进入72小时试运行。

7. 孟加拉国艾萨拉姆2×660MW超临界燃煤电站项目　该项目是孟加拉国最大单机容量火电机组和最大容量的燃煤电站项目，由中国电建投资并EPC总承包。电站将采用中国标准设计，主机设备将全部采用中国制造。2016年10月14日，国家主席习近平对孟加拉国进行国事访问期间，同孟加拉国总理哈西娜共同见证艾萨拉超临界燃煤电站等6个中孟重大合作项目揭牌。

8. 科特迪瓦苏布雷水电站项目　该电站大坝全长4.5km，最大坝高约20m，总装机容量275MW，年发电量10.38亿kW·h。项目于2013年9月开工建设。2016年2月29日，二期围堰成功截流；3月6日，正式开始库区蓄水；8月22日，首台机组转子吊装成功；9月22日，2号机组定子成功吊装。

9. 越南松邦4水电站项目　该电站装机2台，总容量156MW。工程于2015年1月20日实现竣工移交。2016年6月17日，在越南建设部大会堂举行2015年国家优质工程奖颁奖典礼，越南松邦4水电站项目被越南政府授予国家优质工程奖。

（中国电力建设集团有限公司）

## 中国电建集团北京勘测设计研究院有限公司2016年国际业务开展情况

2016年，中国电建集团北京勘测设计研究院有限公司（以下简称北京院）进一步落实国际优先发展战略，加强与集团各区域部、平台公司合作，结合自身经营渠道，进一步加大市场跟踪力度；完善海外业务组织保障体系，加强海外市场营销团队建设，调整海外业务开发组织方式，多元化市场开拓工作取得新成果。

2016年，开展了70余个海外项目的投标和跟踪工作，其中，水电、风电、太阳能项目区域涵盖非洲（埃塞俄比亚、莫桑比克、喀麦隆、摩洛哥、几内亚、肯尼亚等）、亚洲（巴基斯坦、孟加拉、马来西亚、尼泊尔、泰国等）、欧洲（俄罗斯、白俄罗斯、捷克、格鲁吉亚等）、美洲（玻利维亚、墨西哥等）；基础建设项目类型涵盖房建、供水、港口物流园等，为未来国际业务的发展奠定了较为坚实的基础。

2016年，北京院成功签订了加纳400MW光伏电站项目（一期150MW）勘察设计及可行性研究编制合同、埃塞戈巴（GEBA1）水电站项目勘察、设计及技术服务合同、老挝南欧江四级水电站工程建设监理服务合同等十余个国际项目，总合同额达8329万元。同时，还签订了多个项目的推进合作协议、合作意向协议等，为北京院近2～3年的国际项目经营发展做好了坚实的项目储备。

2016年已承接的4个国际勘测设计项目，3个均正常开展工作，其中白俄罗斯维捷布斯克水电站项目成功实现年底前4台机组全部发电；喀麦隆恩格伊拉水电站项目完成可行性研究阶段勘测设计工作，于11月顺利通过了喀麦隆能源部组织的审查；几内亚格则格兹亚水电站项目完成可行性研究阶段勘测设计工作，《格则格兹亚水电站可行性研究报告》于11月通过了中国电建集团国际工程有限公司的评审；尼泊尔上崔树里项目受地震影响，现场仍处于停工状态，项目部2016年主要任务是配合做好项目灾后重建准备工作。此外，北京院还配合集团公司和其他窗口公司完成水电站、风电场等收购尽职调查技术咨询工作。

（中国电建集团北京勘测设计研究院有限公司　王珊珊）

## 白俄罗斯维捷布斯克水电站并网发电

维捷布斯克水电站位于白俄罗斯维捷布斯克市北郊西德维纳河上，距离市中心8km；为河床式，枢纽建筑物主要有电站厂房、泄洪闸、船闸、土坝和地面开关站，额定发电水头9.1m，总装机容量为40MW。

该项目业主为白俄罗斯维捷布斯克能源局，中国电力工程有限公司为项目EPC总承包方，项目设计分包方为中国电建集团北京勘测设计研究院有限公司（以下简称北京院），白俄罗斯电力设计院代表白俄罗斯政府和项目业主对项目进行设计审查。

根据合同约定，北京院根据中国规范进行工程设计，而白俄电力设计院依照白俄规范进行设计审查。因此设计成果需同时遵守中国和白俄罗斯两个国的规范。由于中白两国设计标准和规程规范、设计理念等均存在较大差异，在工程设计过程中，每套图基本都经过多次设计修改与审查之间的循环，反复多次的技术沟通，才能通过审查发到现场施工。每一步都走得异常艰难，图纸审查带来的修改的工作量远比图纸本身设计的工作量要大。项目部采取审查意见的文字解释回复、现场技术沟通、双方视频会议沟通以及邀请白俄专家来京沟通等多种技术措施，跨越重重技术与语言障碍，顺利完成了维捷布斯克项目的设计和技术支持。

2014年5月，工程一期截流成功，进入电站厂房和泄洪闸等永久建筑物施工阶段。

2016年2月，工程二期截流成功，泄洪闸过水运行，电站厂房进行水轮发电机组等机电设备的安装调试工作，同时进行船闸的施工工作。

2016年12月1、7、12、21日，电站4、3、2、1号机组并网发电成功，都进入72小时试运行阶段。

（中国电建集团北京勘测设计研究院有限公司　周飞平）

## 赞比亚伊泰兹水电站全部机组并网发电

2016年1月22日，由中国水利水电第十一工程局有限公司（以下简称水电十一局）以EPC方式总承包的赞比亚伊泰兹水电站项目2号机组顺利并网发电。这是继2015年12月30日首台机组发电之后，该项目一个月的时间内实现的又一重大节点目标。至此，该电站2台机组全部并网发电。

伊泰兹水电站在赞比亚南方省丘莫市伊泰兹地区，位于赞比西河和凯福河交汇点上游295km处，距离已建成的上凯福峡水电站230km；是利用1978年建成的大坝施工时的南导流洞改建为引水洞，并开挖新的引水隧道、调压井以及压力管道、地下发电厂房、尾水渠、开关站和公路大桥等建筑物；安装2台60MW的轴流转桨式机组，总装机容量120MW。该项目建成后将有效缓解赞比亚电力不足，并有望使赞比亚向周边电力紧缺的国家出口电力。

自1999年进入赞比亚市场以来，水电十一局发挥自身业务能力带动国内优质资源出口，全力协助赞比亚政府致力于基础设施建设。截至2016年底，水电十一局在赞比亚完工和在建项目十余个，包括水电站、输电线路、道路、房建和称重站等。2014年8月，承建的赞比亚卡里巴北岸水电站扩机项目顺利交付使用；2015年6月，赞比亚KK 330kV输电项目开关站升级改造全面完工，对改善赞比亚紧张的电力供应具有重要意义。

在推进业务发展的同时，水电十一局积极履行社会责任，促进当地经济、社会和环境的共同发展，获得当地政府、社区、民众等相关方的高度赞誉。

（中国水利水电第十一工程局有限公司　高建军 卫延伟
摘自中国电力建设集团有限公司网）

## 长江勘测规划设计研究院完成厄瓜多尔全国流域规划

厄瓜多尔国土面积 25.66 万 $km^2$，总人口 1448 万，水资源总量 3760 亿 $m^3$，人均水资源拥有量 2.6 万 $m^3$，水资源总量非常丰富。但时空分布不均，与国民经济发展布局不协调，加之气候鲜明分为旱季和雨季，更加剧了水资源的供需矛盾。为解决水资源问题，厄瓜多尔水利部启动了全国流域规划工作。

2012 年 2 月，长江勘测规划设计研究院受厄瓜多尔驻中国大使馆邀请，组团对厄瓜多尔进行了考察，并同厄瓜多尔战略协调部及水利部签署了战略合作谅解备忘录。同年 6 月，长江勘测规划设计研究院与厄瓜多尔水利部在武汉签署协议，由长江勘测规划设计研究院承担厄瓜多尔全国流域综合规划工作。

2013 年 5 月，长江勘测规划设计研究院完成了第一阶段工作（资料分析与验证），提交了报告；2014 年 3 月，提交了《厄瓜多尔全国水资源规划报告（征求意见稿）》，7 月完成了报告修订稿。

2014 年 8 月，全面启动了厄瓜多尔全国流域规划工作。2015 年 1～4 月，陆续提交了《厄瓜多尔全国流域规划报告（征求意见稿）》。报告分为 9 个流域和全国两个层面，全国报告包括简要报告、总报告、规划方法和附图；9 个流域报告均包括主报告和水文、社会经济、需水预测、水资源供需平衡、防洪、水利工程、水资源保护、水资源管理、附图等 9 个附件，共有报告和图册 90 余本，图纸 500 余幅。经多方征求意见和反复讨论，2015 年 12 月提交了最终版报告。2016 年 5 月，厄瓜多尔水利部和监理公司出具了验收通过函。

厄瓜多尔全国流域规划是我国水利行业承担的第一个海外全国性流域规划技术咨询项目，是长江勘测规划设计研究院国际化战略迈出的重要步伐。通过 4 年来的合作与交流，长江勘测规划设计研究院将丰富的治理开发长江的经验带到南美，并在规划中推行中国技术标准，赢得厄瓜多尔乃至南美地区赞许。厄瓜多尔水利部充分肯定长江勘测规划设计研究院的技术实力、工作作风，认为项目团队高标准、超预期、严要求完成了合同规定的全部工作内容，规划报告将长期指导厄瓜多尔国家基础设施建设，为厄瓜多尔经济社会可持续发展、实现“国家美好生活规划”提供支撑与保障。

（长江勘测规划设计研究院　黄站峰）

## 柬埔寨水资源综合规划项目谅解备忘录签署

澜沧江—湄公河是我国西南地区的一条重要的国际河流，涉及中国、缅甸、老挝、泰国、柬埔寨和越南六国，中国是上游国家。2015 年 11 月 12 日，澜沧江—湄公河合作首次外长会议正式启动澜湄合作机制。2016 年 3 月 23 日，澜沧江—湄公河合作机制首次领导人会议在中国海南省三亚市成功召开，并联合发表了《三亚宣言》，水资源合作被列为澜湄合作五大优先合作领域之一。澜沧江—湄公河水资源合作项目是中国水利部提出的面向湄公河五国的水资源合作项目，被列为澜湄合作早收项目。

澜沧江—湄公河水资源合作项目共包括 8 个子项目，柬埔寨国家水资源综合规划纲要编制项目为首先开展的项目之一。该项目主要工作内容为统筹协调水资源的开发、利用与保护，制定包括防洪、供水、灌溉、水力发电、水资源保护等的综合治理和保护规划总体布局。该项工作计划 2016～2018 年共 3 年完成。

2016 年 10 月 13 日，习近平总书记访问柬埔寨，在中柬双方领导人见证下，双方签署了《关于联合开展水利项目合作谅解备忘录》，柬埔寨国家水资源综合规划纲要编制项目纳入了该备忘录。

（长江勘测规划设计研究院　周冬妮）

## 柬埔寨桑河二级水电站 2016 年建设情况

桑河二级水电站位于柬埔寨王国上丁省（Stung Treng）西山区境内的桑河（Se San）干流上，上游距斯雷波克河（Srepok）和桑河（Se San）汇合处 1.5km，下游距赛公河和桑河汇合处大约 20km；北距柬埔寨—老挝边境线 70km，东距越南—柬埔寨边境线约 200km。坝址控制流域面积 49200$km^2$，多年平均流量 1310$m^3/s$。水库正常蓄水位 75.00m，总库容 27.15 亿 $m^3$，调节库容 3.332 亿 $m^3$，为日调节水库。电站装机容量 400MW，保证出力 105.03MW，年利用小时数 4925h，多年平均发电量 19.70 亿 kW·h。电力送出通过 2 回 230kV 输电线路接入柬埔寨电网。

电站枢纽采用两岸土坝、主河床左侧发电厂房、主河床右侧溢流坝段以及左岸岸坡明渠导流的布置格局，主要由左右岸土坝，河床挡水重力坝段、溢流坝段、河床式发电厂房和混凝土侧墙等建筑物组成。坝顶全长6500m，其中河床混凝土坝段长464m，挡水坝段最大坝高56.5m；两岸土坝总长6036m（左岸3579m，右岸2457m），最大坝高35.0m。泄洪坝段共设10孔13m×21m（宽×高）溢流表孔，堰顶高程54m，坝段总长178.5m，下游采用消力池底流消能；厂房全长191m，安装8台单机容量50MW灯泡贯流式水轮发电机组。

电站坝址区地形平缓开阔，河道顺直，河谷断面呈较对称的宽U形，工程施工采用左岸全年明渠导流方式，分三期。一期为导流明渠施工期，由原河床过流；二期为主河床大基坑内的混凝土坝和发电厂房施工期，由导流明渠过流；三期为明渠内土坝和发电厂房施工期，由溢流坝过流。

桑河二级水电站由桑河二级水电有限公司负责建设和运营管理。桑河二级水电有限公司由云南澜沧江国际能源有限公司控股、越南EVNI公司和柬埔寨皇家集团参股组成，以BOT（建设—运营—移交）方式进行建设和运营，特许经营期45年，其中建设期5年，商业运行期40年。

该工程自导流明渠开工至首台机组发电工期计划为46个月，至工程竣工总工期为57个月。其中施工准备期11个月，主体工程施工期35个月，工程完建期11个月。

工程于2013年10月开始施工，2015年1月主河床截流。

2016年，完成投资1.56亿美元，其中建安工程8383万美元，工程投资情况较好。

2016年，主要工程形象进度如下：2月底，溢流坝14号坝段边墩浇筑到顶；5月底，左右岸土坝（除明渠段土坝及副坝外）填筑到顶；7月底，溢流坝闸墩全线浇筑到顶；8月上旬，厂房尾水闸墩全线浇筑到顶；10月底，厂房进水口闸墩及挡水墙浇筑到顶；12月底，消力池、进水渠及尾水渠完工，溢流坝弧门及其液压启闭机、进水口检修门及尾水事故门安装完成。

2016年厂坝混凝土浇筑、金属结构安装及左右岸土坝填筑按计划完成，安全、质量、环保均处于受控状态；至年底，厂房具备挡水，溢流坝及消力池具备过流条件，工程形象面貌满足三期截流前各项要求。

（华能澜沧江水电股份有限公司
桑河二级水电有限公司　农祖观）

## 几内亚苏阿皮蒂水电站设计进展情况

2016年1月，几内亚政府与中国水利水电对外公司签订了几内亚苏阿皮蒂（Souapiti）水电站工程设计施工总承包合同。由中国水利水电对外公司采用EPC方式承建该工程，合同总额13.8亿美元，要求2016年4月1日开工，2021年1月31日所有机组投产发电，合同总工期58个月。

该项目位于凯乐塔电站上游6.5km处，是孔库雷河梯级开发的第二级电站，也是该条河流唯一取得最大调节库容的电站。在凯乐塔电站建设过程中，中国水利水电对外公司与黄河勘测规划设计有限公司（以下简称黄河设计公司）合作完成大量前期工作。黄河设计公司于2016年初派相关人员进场开始勘探、测量等外业工作；4月开始，集中主要专业工程师突击完成初步设计方案。2016年6月30日，黄河设计公司和中国水利水电对外公司在北京签订该项目勘察设计及技术服务合同，将根据EPC合同条款要求按现行中国水利水电行业规范进行本项目的工程设计。勘察设计合同额3750万美元。8月，黄河设计公司正式成立设计项目部。

该工程为大（1）型，水电装机容量为4×112.5MW=450MW。建筑物主要包括挡水坝段、溢流坝段、底孔坝段、引水坝段、左岸副坝、电站厂房、尾水渠、开关站和大坝下游永久交通桥等。其中大坝为碾压混凝土重力坝，最大坝高116.5m，混凝土总方量335万$m^3$，总库容63亿$m^3$。

2016年6月底，黄河设计公司完成现场地质测绘、地质勘查及大部分现场岩土实验工作。9月1～3日，受中国水利水电对外公司委托，中国国际工程咨询公司在北京组织咨询会议，对黄河设计公司完成的《苏阿皮蒂水利枢纽工程详细设计报告》A版及附图集进行了审查并出具相关意见。10月17～19日，几内亚共和国能源部及法国科因咨询公司（TEF），在北京市召开审查会，并原则审查通过黄河设计公司完成的《苏阿皮蒂水利枢纽工程详细设计报告》中工程总体布局、施工方案、建筑物布置、主要机电设备选型及布置、装机规模及运行方式等一系列重大问题的研究。

截至2016年底，设计又相继完成永久交通桥施工图设计、大坝开挖设计及相关计算。并完成主机设备、部分电气设备、闸门和启闭机的招标设计工作。

工地现场施工组织进展顺利，年内完成左岸一期围堰截流，并完成部分河床坝段及左坝肩边坡的开挖。临建基础设施完成底线拌和站的土建和安装、施工单位营地建设、临时贝雷桥梁及石料场覆盖层开挖等。

（黄河勘测规划设计有限公司　陈兴亮）

## 黑山共和国莫拉查河流域水能利用规划有关情况

莫拉查（Moraca）河流域位于黑山共和国的中部和东南部，发源于黑山 Kolasin 北部，河源高程约 2000m，先后流经 Ljevista、Djurdjevina、Medjurecje、Duga，于 Bioce 接纳左岸支流 Malarijeka，之后流经 Mrke 等地，于 Podgorica 接纳右岸支流 Zeta，最后在 Vranjina 注入 Skadar 湖。河流的整体流向为自北向南，上游属于 Platije 峡谷区，河道坡降较大，支流众多；中游段河谷宽阔，坡降在 0.4%～0.5%之间；下游河段河流平缓，两岸开阔，河道坡降在 0.2%左右。本次规划的河段为右岸支流 Zeta 汇合口以上莫拉查河，规划河段内流域面积 890km$^2$，主河道长约 90km，主河段比降为 0.45%。

在过去 40 年中，黑山国家电力公司（EPCG）对莫拉查河流域进行了大量的地质调查工作，完成了河段规划及各梯级初步设计报告。Energorpojekt 和 Elektroprojekt 咨询公司于 1987 年到 1988 年期间完成了 Andrijevo，Raslovici，Milunovici 和 Zlatica 四个梯级水电站项目大坝的设计（现有设计），梯级总装机容量为 238.4MW，年平均发电量 694.7GW·h。

2015 年，北方国际合作股份有限公司与黑山共和国政府签订了莫拉查河水能开发谅解备忘录，并委托中国电建集团贵阳勘测设计研究院有限公司（以下简称贵阳院）承担莫拉查河流域水能利用规划工作。贵阳院在前期勘测设计成果基础上，根据现有资料，复核提出水文资料和地质条件分析成果，对流域水能理论蕴藏量进行了计算；在充分研究河流开发条件和重要控制性因素的基础上提出了全流域水电规划方案，对规划方案进行了工程设计和分析比较，提出了推荐方案和开发时序，2016 年 4 月编制了《莫拉查河流域水能利用规划报告》。规划推荐一期开发 2 座水电站总装机容量 167.8MW，年发电量 497.1GW·h；二期项目 6 座水电站，总装机容量 120.9MW，年发电量 375.12GW·h。该规划报告于 2016 年 8 月通过了黑山共和国相关部门组织的审查，并获得了该国议会的批准。

（中国电建集团贵阳勘测设计研究院有限公司　徐　敏　龚兰强）

# 技术标准与图书

# 标准化工作管理

## 2016年电力标准化管理工作情况

（一）标准项目制修订工作

2016年电力标准制修订工作，以智能电网、新能源发电、配电网建设、电动汽车充电设施以及电力生产建设急需为重点，经有关部门批准，共确定电力标准计划立项385项，其中，国家标准化管理委员会下达的电力国家标准计划项目33项，住房和城乡建设部下达的电力工程建设国家标准计划项目7项，国家标准化管理委员会下达的外文版翻译计划项目5项，国家能源局下达的电力行业标准计划项目224项，中国电力企业联合会下达的电力标准计划项目116项。

2016年经有关部门批准发布的电力标准共478项，其中，国家标准34项，行业标准399项，中国电力企业联合会发布的电力标准45项；完成电力标准报批353项，其中，国家标准68项，行业标准233项，中国电力企业联合会标准45项，英文标准7项。

（二）标准化建设重点工作

1. 落实标准化改革精神　2016年是标准化工作改革实施的第一年，标准复审、强制性标准清理整顿等工作陆续展开。在国家标准化管理委员会、住房和城乡建设部、国家能源局的统一安排下，组织电力行业各专业标准化技术委员会开展了强制性标准的清理工作，完成标准复审、数据上报等工作。根据住房和城乡建设部2016年计划安排，启动《工程建设强制性标准体系研究》（电力部分）课题研究，成立了电力工程建设强制性标准体系工作小组，经过资料收集、分析研究，提出了标准体系框架，并形成了征求意见稿，上报国家能源局和住房和城乡建设部。

2. “十三五”规划编制完成　凝聚行业共识，组织各专业标准化技术委员会开展电力标准“十三五”规划编制，向各集团公司征集意见，开展调研，按照国家标准化体制改革精神要求，结合电力技术发展和行业需求，完成了《电力标准“十三五”规划》编制工作，提出到2020年，电力国家、行业、团体、企业标准体系基本形成，有效满足电力发展对标准需求的发展目标。

3. 完善电动汽车充电设施标准体系　为落实国务院《关于加快电动汽车充电基础设施建设的指导意见》，标准化中心加强了电动汽车充电设施标准化工作。一是进一步完善充换电设施标准体系，重点结合充电安全、互联互通以及大功率充电等新技术完善充电标准体系，结合换电新技术路线开展换电标准体系梳理工作，形成换电标准体系。二是开展充电接口及通信协议新标准的宣贯工作，制定新旧标准改造实施技术路线图。三是制定电动汽车充电互联互通系列，在北京、上海、深圳组织开展充电服务信息交换标准试点工作。四是组建电动汽车充电检测认证工作组。

4. 标准化组织建设进一步完善　继续加大标准化技术组织建设。一是全国特高压交流系统、太阳能光热两个全国标委会获得国家标准委批准成立。能源行业接地技术、安全工器具两个行业标准化技术委员会获得国家能源局批准成立。二是提出新领域标委会组建申请。向国家能源局申报电力低压配电系统行业标委会。三是组建中国电力企业联合会专业标委会。批准筹建配电网规划设计、直流配电系统等五个标委会。四是受国家能源局委托，承担能源行业风电标准化技术委员会秘书处工作，颁布了2016版的能源领域风电标准体系建设，继续承担能源行业风电标准化技术委员会风电场运行维护及并网管理两个分技术委员会工作。五是承担全国电力监管标准化技术委员会秘书处工作，并组织开展相关标准的修编与审定工作；六是标委会按期进行换届调整，进一步优化组织机构。组织完成全国电力监管、能源行业电动汽车充电设施、电力行业大坝安全、电力行业电容器等标准化技术委员会的换届工作。

5. 国际标准化工作　一是组织推荐电力专家参加IEC/TC 8相关工作组和IEC/SyC智慧能源系统委员会工作，实质性参与国际标准化活动；二是根据国内在微电网标准化方面研究成果，向国际电工委员会申请设立微电网分技术委员会提案；三是组织国内专家参加中德电动汽车标准化工作组会议；四是提出《风电场和光伏电站并网符合性评价方法》《槽式太阳能光热发电站设计总体要求》等共4项国际标准提案，其中，《太阳能光热发电站　槽式太阳能光热发电站设计总体要求》国际标准提案获得通过，发电领域国际标准化工作取得新突破；五是《电动汽车电池更换系统　通用要求》共3项国际标准批准发布；六是继续组织电力标准英文版的翻译工作。

6. 电力企业标准化工作　企业标准化工作既是

标准化工作的出发点，也是标准化工作的落脚点。随着电力企业对标准化工作重视度的全面提升，电力企业参与标准化活动的热情持续高涨，指导企业有序开展标准化活动成为标准化中心的重要工作任务。

2016年电力企业“标准化良好行为企业”试点现场确认活动进展顺利。一是组织专家对兰溪电厂等30多家电力企业进行了标准化良好行为企业现场确认工作。二是下达新一批电力企业“标准化良好行为企业”试点企业75家，在国家标准化管理委员会支持下，继续推动电力企业作为“标准化良好行为企业”试点与确认工作持续深入开展。

组织和参加有关企业标准编制。一是作为主编单位完成国家标准《企业标准体系　基础保障》标准编制，通过了技术审查。二是组织开展《电力企业标准体系表编制导则》《电力企业标准编制导则》两项行业标准修订，完成了送审稿。通过对电力企业标准化工作进行深刻总结，将极大提升电力企业标准化工作在我国标准化领域中的地位和形象。

开展标准化知识岗位培训。一是针对国行标计划和团体标准计划项目组织标准起草单位开展了标准编写培训；二是与科技中心共同组织开展了标准知识培训；三是先后应集团公司邀请，开展电力标准化知识培训，推动了电力企业标准化工作的开展。

（三）中国电力企业联合会团体标准化工作

2016年是中国电力企业联合会标准试点工作的第一年，重点开展了规则制定、计划立项、标准化组织机构建设等工作。制定了《中国电力企业联合会标准管理办法》和《中国电力企业联合会标准制定细则》等管理文件；启动计划征集，先后下达三批共116项标准计划项目；组织中电联标准宣贯，宣传中国电力企业联合会标准的目标、重点以及管理制度和制定的具体要求等；精心组织，完成了第一批共45项中国电力企业联合会标准；召开标准发布新闻会，中国电力企业联合会、国家标准化管理委员会、国家能源局等单位领导出席了首批标准发布会；根据电力新技术的发展和标准化需求，批准筹建了配电网规划设计、直流配网、抽水蓄能、垃圾发电、输变电材料等5个中国电力企业联合会专业标准化技术委员会。

（四）智能电网综合标准化试点

按照国家标准化管理委员会批复，2016年完成了智能电网综合标准化试点工作，组织试点单位完成了试点工作总结。对新能源并网、智能变电站、智能调度以及电动汽车充放电四个专业领域的综合标准化开展总结，编写《综合标准化在智能电网工程建设中的实践》分析报告，组织各试点单位应用标准综合体。

（五）其他工作

1. 开展相关课题研究　电力工程及装备海外标准化工作策略受到各方广泛关注，国家能源局高度重视和支持电力企业“走出去”战略，受国家能源局委托，开展了《电力工程及装备标准海外应用分析研究》课题研究。经过近一年工作，对电力集团公司海外工程开展了调研，收集海外工程标准化实践的第一手资料，分析了海外工程遇到的问题，提出了下一步工作设想以及建议。组织专家对课题报告进行了审查。根据国家能源局的安排，完成《中俄技术论坛》的筹备工作和《中俄标准的研究》课题的准备工作。

2. 电力锅炉压力容器监察管理　一是组织制定并发布了《电力行业专业考核委员会管理办法》《电力行业无损检测、理化检验区域考核委员会符合规范性条件管理办法》，以进一步规范考委会；二是开展电力锅监相关的重要标准《电力工业锅炉压力容器监察规程》的修订工作，现已完成意见征集；三是对理化检验人员考委会、化学清洗人员考委会进行了换届，并修订了相关的考核规程；四是举办了电力锅监师、无损检测人员、理化检验人员、焊接技能教师、焊接技术人员、化学清洗人员等培训考核，约1100多人次参加了培训。加强培训考核管理，定培训计划、审核培训教材、合理配置师资队伍、严把考核，保证了培训考核质量。

3. 多项电力标准获得奖励　组织申报中国标准创新贡献奖评比，《高压直流接地极设计通用技术导则》等2项国际标准和《新能源并网系列标准》《电动汽车充电设施系列标准》获得一等奖，《电力系统安全稳定控制系统通用技术条件》等获得三等奖，中国电力科学研究院获得标准化工作先进组织奖。在全国各个行业中，电力行业获奖数量最多，层次最高。

4. 组织召开企业标准化工作座谈会　2016年11月组织召开两年一次的电力专业标准化技术委员会秘书长工作会议暨企业标准化工作座谈会。总结了两年来电力标准化工作，对先进标准化技术委员会和企业标准化工作先进集体进行了表彰，会议介绍了中国电力企业联合会团体标准化工作进展，提出了今后两年的标准化工作要点。国家标准化管理委员会、住建部、国家能源局的领导出席了会议并讲话，各专业标准化技术委员会、集团公司以及先进集体代表120多人参加了会议。

（中国电力企业联合会　许松林　刘永东）

## 2016年农村水电技术标准制修订情况

2016年，水利部农村水电及电气化发展局主持编写的农村水电技术标准共21项，其中2016年新增10项。根据《水利标准化工作管理办法》要求和2016年水利技术标准制修订计划安排，组织召开了《小型水电站下游河道减脱水防治技术导则》7项标准的工作大纲审查会；对《中小型水轮机调节系统技术规程》发文征求意见；组织召开了《水力自控翻板闸门技术规范》2项标准的送审稿审查会；完成了《箱式水电站》5项标准的报批工作。截至2016年底，农村水电现行有效标准达55项。2016年农村水电在编标准详情见表1。

表1 农村水电在编标准情况表

| 序号 | 标准名称 | 编制 | 性质 | 当前状态 |
|---|---|---|---|---|
| 1 | 整装微型水轮发电机组 | 制定 | 国标 | 发布 |
| 2 | 小型水电站机电设备导则 | 修订 | 国标 | 发布 |
| 3 | 小型水轮发电机组启动试验规程 | 制定 | 国标 | 发布 |
| 4 | 箱式水电站 | 制定 | 行标 | 发布 |
| 5 | 小水电水能设计规范 | 制定 | 国标 | 报批 |
| 6 | 小型水电站施工安全规范 | 制定 | 国标 | 报批 |
| 7 | 小型水电站机组运行综合性能质量评定标准 | 制定 | 国标 | 报批 |
| 8 | 小型水轮机现场验收试验规程 | 修订 | 国标 | 报批 |
| 9 | 水力自控翻板闸门技术规范 | 制定 | 行标 | 报批 |
| 10 | 绿色小水电评价标准 | 制定 | 行标 | 送审稿审查 |
| 11 | 小型水轮机控制系统技术规程（改名为中小型水轮机调节系统技术规程） | 制定 | 行标 | 征求意见 |
| 12 | 小型水轮发电机励磁系统技术条件 | 制定 | 行标 | 大纲审查 |
| 13 | 小水电电网技术管理规程（合并修订《农村水电变电站技术管理规程》《农村水电送电线路技术管理规程》《农村水电配电线路、配电台区技术管理规程》） | 修订 | 行标 | 大纲审查 |
| 14 | 小型水电站下游河道减脱水防治技术导则 | 制定 | 行标 | 大纲审查 |
| 15 | 小水电环境影响评价规程（合并修订《农村水电站工程环境影响评价》《小水电规划环境影响评价》） | 修订 | 行标 | 大纲审查 |
| 16 | 中小河流水能开发规划编制规程 | 修订 | 行标 | 大纲审查 |
| 17 | 小型水电站初步设计报告编制规程 | 修订 | 行标 | 大纲审查 |
| 18 | 小型水电站安全检测与评价规范 | 修订 | 国标 | 大纲审查 |
| 19 | 小水电建设项目经济评价规程 | 修订 | 行标 | 立项 |
| 20 | 小型水电站技术改造规范 | 修订 | 国标 | 立项 |
| 21 | 农村水电数据库表结构与标识符 | 制定 | 行标 | 立项 |

（水利部农村水电及电气化发展局　孙亚芹）

## 电力行业大坝安全标准化技术委员会2016年工作情况

电力行业大坝安全标准化技术委员会（以下简称标委会）挂靠国家能源局大坝中心开展日常工作。2016年标委会向国家能源局申请6项标准，其中《水电站大坝安全管理实绩考核评价规程》《水电站大坝安全现场检查技术规程》《大坝安全监测系统评价规程》等3项标准获得批准立项；组织审查了《水电水利工程水力学安全监测规程》《双金属管标装置》《静力水准装置》《差动电阻式仪器测量仪表》《水电站大坝运行安全信息管理系统技术规范》等5项标准；向国家能源局报批了《大坝安全监测仪器电缆基本技术条件》《光纤光栅仪器基本技术要求》《钢弦式温度计》等3项标准。

根据国家标准化管理委员会、国家能源局、中国电力企业联合会的要求，标委会还开展了工程建设国家、行业标准的复审和整合精简工作；向国家能源局安全司反馈了对《水电行业技术标准体系课题研究报告》的意见；向水电水利规划设计总院反馈了《国家工程建设强制性标准体系（水电工程部分）》的意见。参与了国家工程建设标准《混凝土坝安全监测技术规范》的编制。

（国家能源局大坝安全监察中心　赵花城）

## 中国电建集团成都勘测设计研究院有限公司2016年标准化工作情况

中国电建集团成都勘测设计研究院有限公司（以下简称成都院）2016年共承担国家、行业技术标准制定、修订项目132项，其中主编技术标准46项，参编技术标准86项。翻译技术标准英文版4项，中外技术标准对照8项，国际工程新能源发电技术标准应用研究1项。公司在编企业技术标准项目55项。

2016年新立项国家及行业技术标准31项，其中国家标准3项（参编），行业标准23项（主编6项，参编17项），协会标准1项（参编），地方标准1项（参编），团体标准1项（参编），集团标准2项（参编）；新立项企业标准33项。

2016年，由成都院主编或参编的国家及行业技术标准有10项被批准发布，见表1；成都院发布本企业标准12项。

表1　2016年成都院主编或参编的被批准发布的国家及行业技术标准

| 序号 | 属性 | 标准编号 | 标准名称 | 制定/修订 | 主编/参编 |
|---|---|---|---|---|---|
| 1 | 行业 | NB/T 35076—2016 | 水力发电厂二次接线设计规范 | 修订 | 主编 |
| 2 | 行业 | NB/T 35077—2016 | 水电工程数字流域基础地理信息系统技术规范 | 制定 | 主编 |
| 3 | 行业 | NB/T 35080—2016 | 水电站气垫式调压室设计规范 | 制定 | 主编 |
| 4 | 行业 | NB 35011—2016 | 水电站厂房设计规范 | 修订 | 主编 |
| 5 | 行业 | NB/T 35088—2016 | 水电机组机械液压过速保护装置基本技术条件 | 制定 | 主编 |
| 6 | 行业 | NB/T 35090—2016 | 水电站地下厂房设计规范 | 制定 | 主编 |
| 7 | 行业 | NB/T 35091—2016 | 水电工程生态流量计算规范 | 制定 | 主编 |
| 8 | 国家 | GB 50287—2016 | 水力发电工程地质勘察规范 | 修订 | 参编 |
| 9 | 行业 | DL/T 1547—2016 | 智能水电厂技术导则 | 制定 | 参编 |
| 10 | 行业 | DL/T 5178—2016 | 混凝土坝安全监测技术规范 | 修订 | 参编 |

（中国电建集团成都勘测设计研究院有限公司　鞠　琳）

# 技术标准制修订情况

## 2016年国家标准化管理委员会下达的电力国家标准制定或修订计划项目

2016年，国家标准化管理委员会下达的电力国家标准制定或修订计划项目33项，见表1。

表1　2016年国家标准化管理委员会下达的电力国家标准制定或修订计划项目

| 序号 | 标准名称 | 制定/修订 | 主编单位 | 采用国际标准 |
|---|---|---|---|---|
| 1 | 电站流程图：图例符号 | 制定 | 西南电力设计院 | ISO 14084-2 |
| 2 | 柔性直流输电海上平台检修规范 | 制定 | 全球能源互联网研究院、中国电力科学研究院 | |
| 3 | 柔性直流输电接地装置技术规范 | 制定 | 全球能源互联网研究院、国网北京经济技术研究院 | |
| 4 | 柔性直流输电系统性能　第二部分：暂态 | 制定 | 中国电力科学研究院、全球能源互联网研究院 | |
| 5 | 柔性直流输电线路检修规范 | 制定 | 中国电力科学研究院、全球能源互联网研究院、浙江省电力公司、福建省电力公司 | |
| 6 | 柔性直流输电用启动电阻技术规范 | 制定 | 国网北京经济技术研究院、全球能源互联网研究院、福建省电力设计院、浙江省电力设计院、上海吉泰电阻器有限公司、西安西电电阻器有限公司 | |
| 7 | 柔性直流系统的性能　第一部分：稳态 | 制定 | 中国电力科学研究院、全球能源互联网研究院 | |
| 8 | 电力用户需求响应节约电力测量与验证规范 | 制定 | 中国电力科学研究院 | |
| 9 | 典型太阳年产生方法 | 制定 | 中国大唐集团新能源股份有限公司 | PT 62862-1-2 |
| 10 | 电动汽车车载充电机和无线充电设备之间的通信协议 | 制定 | 中国电力科学研究院、国家电网公司等 | |
| 11 | 电动汽车充换电服务网络运营管理系统间数据交换 | 制定 | 中国电力企业联合会、国家电网公司、北京国电通网络技术有限公司、中国普天新能源公司、中国兵器工业信息中心、北京中标赛宇科技有限公司等 | |
| 12 | 电动汽车无线充电电磁暴露限值与测试方法 | 制定 | 中国电力科学研究院、国家电网公司、中国汽车技术研究中心、中兴通讯等 | |
| 13 | 电动汽车无线充电系统　特殊要求 | 制定 | 中国电力科学研究院、国家电网公司等 | |
| 14 | 分布式光伏发电系统集中运维技术规范 | 制定 | 广州健新自动化科技有限公司、南方电网综合能源有限公司、广东电网有限责任公司电力科学研究院、北京光耀能源技术股份有限公司 | |
| 15 | 能源互联网交易平台功能规范和技术要求 | 制定 | 中国电力科学研究院、国家电网公司、南方电网公司、北京国电通网络技术有限公司等 | |
| 16 | 能源互联网数据平台技术规范 | 制定 | 中国电力科学研究院、北京国电通网络技术有限公司、中国兵器工业信息中心等 | |
| 17 | 能源互联网系统　架构和要求 | 制定 | 中国电力科学研究院、中国电力企业联合会、北京国电通网络技术有限公司 | |
| 18 | 能源互联网系统　术语 | 制定 | 中国电力科学研究院、中国电力企业联合会、北京国电通网络技术有限公司 | |
| 19 | 能源互联网系统　用例 | 制定 | 中国电力科学研究院、中国电力企业联合会、北京国电通网络技术有限公司 | |

续表

| 序号 | 标准名称 | 制定/修订 | 主编单位 | 采用国际标准 |
|---|---|---|---|---|
| 20 | 能源互联网系统　智能电网与热、气、水、交通系统的交互 | 制定 | 中国电力科学研究院、中国电力企业联合会、北京国电通网络技术有限公司、积成能源有限公司、中国兵器工业信息中心、北京中标赛宇科技有限公司 | |
| 21 | 能源互联网系统　主动配电网的互联 | 制定 | 中国电力科学研究院、中国电力企业联合会、上海交通大学、北京国电通网络技术有限公司 | |
| 22 | 能源互联网系统　总则 | 制定 | 中国电力科学研究院、中国电力企业联合会、北京国电通网络技术有限公司 | |
| 23 | 能源互联网与储能系统互动规范 | 制定 | 中国电力科学研究院、国家电网公司、南方电网公司、北京国电通网络技术有限公司等 | |
| 24 | 能源互联网与电动汽车互动规范 | 制定 | 中国电力科学研究院、国家电网公司、南方电网公司、北京国电通网络技术有限公司等 | |
| 25 | 能源互联网与分布式电源互动规范 | 制定 | 中国电力科学研究院、国家电网公司、南方电网公司、北京国电通网络技术有限公司等 | |
| 26 | 能源路由器功能规范和技术要求 | 制定 | 中国电力科学研究院、国家电网公司、南方电网公司、北京国电通网络技术有限公司等 | |
| 27 | 输变电工程数据移交标准 | 制定 | 国网北京经济技术研究院，中国电力企业联合会 | |
| 28 | 太阳能光热发电站术语 | 制定 | 中国大唐集团新能源股份有限公司、南瑞集团 | PT 62862-1-1 |
| 29 | 智能水电厂主设备状态检修决策支持系统技术导则 | 制定 | 南京南瑞集团公司、国网新源控股有限公司 | |
| 30 | 智能水电厂一体化管控平台技术规范 | 制定 | 南京南瑞集团公司、国网新源控股有限公司 | |
| 31 | 智能水电厂智能测控装置技术规范 | 制定 | 南京南瑞集团公司、国网新源控股有限公司 | |
| 32 | 智能水电厂防汛应急指挥系统技术规范 | 制定 | 南京南瑞集团公司、国网新源控股有限公司 | |
| 33 | 智能水电厂安全防护系统联动技术规范 | 制定 | 国网新源控股有限公司、南京南瑞集团公司 | |

（中国电力企业联合会　许松林　刘永东　周丽波）

# 2016年住房和城乡建设部下达的电力工程建设国家标准制定或修订计划项目

2016年，住房和城乡建设部下达的电力工程建设国家标准制定或修订计划项目7项，见表1。

表1　2016年住房和城乡建设部下达的电力工程建设国家标准制定或修订计划项目

| 序号 | 标准名称 | 制定/修订 | 主编单位 | 采用国际标准 |
|---|---|---|---|---|
| 1 | 国家工程建设强制性标准体系（电力工程部分） | 制定 | 中国电力企业联合会 | |

续表

| 序号 | 标准名称 | 制定/修订 | 主编单位 | 采用国际标准 |
|---|---|---|---|---|
| 2 | 柔性直流输电成套设计标准 | 制定 | 中国电力企业联合会、国家电网公司 | |
| 3 | 柔性直流输电换流站设计标准 | 制定 | 中国电力企业联合会、国家电网公司 | |
| 4 | 分布式电源并网工程调试与验收标准 | 制定 | 中国电力科学研究院 | |
| 5 | 330kV～750kV 架空输电线路勘测标准 GB 50548—2010 | 制定 | 中国电力中国电力企业联合会、中国电力工程顾问集团中南电力设计院有限公司 | |
| 6 | 电厂标识系统编码标准 GB/T 50549—2010 | 制定 | 中国电力企业联合会、中国电力工程顾问集团有限公司 | |
| 7 | 海上风力发电工程施工标准 GB/T 50571—2010 | 制定 | 中国电力企业联合会、中国长江三峡集团公司 | |

（中国电力企业联合会　许松林　刘永东　周丽波）

# 2016 年国家能源局下达的电力行业标准制定或修订计划项目

2016 年，国家能源局下达的电力行业标准制定或修订计划项目 224 项，其中水电、新能源及电气等部分（即未含火电、核电）的项目见表 1。

表 1　2016 年国家能源局下达的电力行业标准制定或修订计划项目（水电、新能源及电气等部分）

| 序号 | 标准名称 | 制定/修订 | 主要起草单位 | 代替标准 |
|---|---|---|---|---|
| 1 | 发电企业应急能力建设评估规范 | 制定 | 国家能源局、中国华能、大唐、华电、国电集团公司、国家电投集团公司、长江三峡、神华、中国能源研究会、中国水力发电工程学会、国电科学技术研究院 | |
| 2 | 电网企业应急能力建设评估规范 | 制定 | 国家电网公司安全监察质量部、国家能源局电力安全监管司、国网辽宁省电力公司、国网智能电网研究院 | |
| 3 | 电力建设企业应急能力建设评估规范 | 制定 | 国家能源局、中国电力建设集团有限公司、湖北安源公司、中国电力建设集团湖北院、昆明院、中南院、河南院、四川院、水电三局、水电七局、水电十五局、山东一建 | |
| 4 | 电力应急救援装备配置要求 | 制定 | 国网安徽省电力公司 | |
| 5 | 电力应急通信系统接入应急指挥中心技术标准 | 制定 | 国网安徽省电力公司 | |
| 6 | 电网企业应急预案编制导则 | 制定 | 国家电网公司安质部、全球能源互联网研究院 | |
| 7 | 发电企业应急预案编制导则 | 制定 | 中国华能集团公司、中国长江三峡集团公司 | |
| 8 | 电力建设企业应急预案编制导则 | 制定 | 中国电力建设股份有限公司 | |
| 9 | 水电站大坝安全管理实绩评价规程 | 制定 | 国家能源局大坝安全监察中心 | |

续表

| 序号 | 标准名称 | 制定/修订 | 主要起草单位 | 代替标准 |
|---|---|---|---|---|
| 10 | 水电站大坝安全现场检查技术规程 | 制定 | 国家能源局大坝安全监察中心 | |
| 11 | 大坝安全监测系统评价规程 | 制定 | 国家能源局大坝安全监察中心 | |
| 12 | 电力系统污区分布图绘制方法 | 制定 | 中国电力科学研究院 | |
| 13 | 现场污秽度测量及评定　第1部分：一般原则 | 制定 | 广东电网有限责任公司电力科学研究院、中国电力科学研究院、清华大学、武汉大学、武汉灿能电力科技有限公司 | |
| 14 | 现场污秽度测量及评定　第2部分：现场污秽度测量点选择 | 制定 | 重庆大学、中国电力科学研究院、南方电网科学研究院有限责任公司、国网河南省电力公司电力科学研究院、国网山东省电力公司电力科学研究院、国网冀北电力公司电力科学研究院、清华大学、广东电网有限责任公司电力科学研究院 | |
| 15 | 变电站/换流站土建施工验收及评定规程 | 制定 | 中国电力科学研究院、江苏送变电公司、天津电力建设公司、安徽省电力工程质量监督中心站 | |
| 16 | 架空输电线路导地线机械震动除冰装置使用技术导则 | 制定 | 国网湖北省电力公司、国网湖北省电力公司电力科学研究院、中国电力科学研究院、湖北江华机械厂、国网山东省电力公司、国网四川省电力公司、国网浙江省电力公司 | |
| 17 | 架空输电线路机器人巡检系统通用技术条件 | 制定 | 广东电网有限责任公司电力科学研究院、中国电力科学电科院、武汉大学、广东科凯达智能机器人有限公司 | |
| 18 | 电力行业信息化与工业化融合管理体系实施指南 | 制定 | 中国电力企业联合会科技开发服务中心 | |
| 19 | 电力信息化项目后评价 | 制定 | 中国电力科学研究院 | |
| 20 | 电力信息化项目建设工作量测算规范 | 制定 | 中国电力科学研究院 | |
| 21 | 智能运检应用电子标签技术规范 | 制定 | 中国电力科学研究院、南方电网科学技术研究院、中国大唐集团科学技术研究院有限公司、国网北京市电力公司、广州健新自动化科技有限公司 | |
| 22 | 6kV～35kV电缆震荡波局部放电测试系统检定方法 | 制定 | 广州供电局有限公司电力试验研究院、华北电力大学、中国电力科学研究院、国网北京市电力公司电力科学研究院、广东电网有限责任公司电力科学研究院 | |
| 23 | 电力电缆用导管技术条件 第9部分：高强度聚氯乙烯电缆导管 | 制定 | 国网浙江省电力局公司嘉兴供电局 | |
| 24 | 电厂整体性能试验规程 | 制定 | 西安热工研究院有限公司、国家电投科学技术研究院有限公司、辽宁中电投电站燃烧工程技术研究中心有限公司、辽宁省电力有限公司电力科学研究院、华电电力科学研究院东北分院 | |
| 25 | 水下不分散混凝土试验规程 | 制定 | 中国水利水电科学研究院、长江水利委员会长江科学院、中国水利水电第三工程局有限公司 | |

续表

| 序号 | 标准名称 | 制定/修订 | 主要起草单位 | 代替标准 |
|---|---|---|---|---|
| 26 | 水电水利工程预应力锚索施工规范 | 制定 | 中国葛洲坝集团股份有限公司、中国水利水电第三工程局有限公司 | |
| 27 | 电力需求响应信息交换规范 | 制定 | 中国电力科学研究院 | |
| 28 | 电力用直流和交流一体化不间断电源设备 | 制定 | 深圳奥特迅电力设备股份有限公司、中国电力科学研究院、山东鲁能智能技术有限公司 | |
| 29 | 电力系统用蓄电池直流电源装置运行与维护技术规程 | 制定 | 国网四川省电力公司电力科学研究院、中国电力科学研究院、溪洛渡水力发电厂、许继集团电源公司、德国荷贝克电源系统（武汉）有限公司 | |
| 30 | 电力用固定型阀控式铅酸蓄电池选用导则 | 制定 | 中国电力科学研究院、中电投科学技术研究院有限公司、江苏省电力公司电力科学研究院、山东圣阳电源股份有限公司 | |
| 31 | 户外交流高压跌落式熔断器及熔断件订货技术条件 | 制定 | 中国电力科学研究院 | |
| 32 | 高压交流隔离开关和接地开关 | 制定 | 中国电力科学研究院 | |
| 33 | 水电厂计算机监控系统基本技术条件 | 制定 | 长江勘测规划设计研究院有限责任公司、中国水利水电科学研究院、中国长江三峡集团公司 | |
| 34 | 水情自动测报系统技术条件 | 制定 | 国网电力科学研究院、中国水利水电科学研究院、中国长江三峡集团公司 | |
| 35 | 水电站无人值班技术规范 | 制定 | 中国长江三峡集团公司、中国长江电力股份有限公司、雅砻江流域水电开发有限公司、华能澜沧江水电开发有限公司、国网新源控股有限公司、中国水利水电科学研究院、中国大唐集团公司、国电集团大渡河公司 | |
| 36 | 电力系统稳定器整定试验导则 | 制定 | 国家电力调度控制中心、中国电力科学研究院、浙江省电力公司 | |
| 37 | 电力系统网源协调技术规范 | 制定 | 国家电力调度控制中心、中国电力科学研究院、南方电网公司 | |
| 38 | 水轮机主阀运行检修规程 | 制定 | 中国长江三峡集团公司、中国长江电力股份有限公司 | |
| 39 | 水电站公用辅助设备运行规程　第1部分：油系统 | 制定 | 中国长江电力股份有限公司三峡水力发电厂、大唐龙滩水力发电厂 | |
| 40 | 水电站公用辅助设备运行规程　第2部分：气系统 | 制定 | 中国长江电力股份有限公司葛洲坝水力发电厂、大唐龙滩水力发电厂 | |
| 41 | 水电站公用辅助设备运行规程　第3部分：水系统 | 制定 | 大唐岩滩水力发电有限责任公司 | |
| 42 | 带电作业工器具试验系统 | 制定 | 中国电力科学研究院 | |
| 43 | 带电作业用绝缘工具试验导则 | 制定 | 中国电力科学研究院 | |
| 44 | 直流验电器 | 制定 | 中国电力科学研究院、国网浙江省电力公司金华供电公司 | |

续表

| 序号 | 标准名称 | 制定/修订 | 主要起草单位 | 代替标准 |
|---|---|---|---|---|
| 45 | 带电作业用绝缘子卡具 | 制定 | 中国电力科学研究院 | |
| 46 | 接地极线路带电作业技术导则 | 制定 | 中国电力科学研究院 | |
| 47 | 特高压绝缘软拉棒 | 制定 | 国网湖北省电力公司检修公司、中国电力科学研究院 | |
| 48 | 农村小型化变电站设计规程 | 制定 | 中国能建湖南省电力设计院有限公司、湖南省电力公司农电部、中能国研（北京）电力科学研究院 | |
| 49 | 变压器220kV和110kV中性点过电压保护技术规范 | 制定 | 广东电网有限责任公司电力科学研究院、中国电力科学电科院、国网湖南省电力公司电力科学研究院、国网陕西省电力公司电力科学研究院 | |
| 50 | 输电系统谐波引发过电压风险评估导则 | 制定 | 国网四川省电力公司、中国电力科学研究院 | |
| 51 | 中性点不接地系统铁磁谐振防治技术导则 | 制定 | 云南电网有限责任公司电力科学研究院、西安交通大学电力设备电气绝缘国家重点实验室、河北旭辉电气股份有限公司等 | |
| 52 | 电站用减温减压装置订货、验收导则 | 制定 | 武汉锅炉集团阀门有限责任公司 | |
| 53 | 电站用水泵出口液控制回蝶阀订货验收导则 | 制定 | 湖北洪城通用机械有限公司 | |
| 54 | 电力可靠性管理信息系统数据接口规范　第4部分：供电系统用户供电可靠性管理信息系统数据接口要求 | 制定 | 中国电力企业联合会可靠性管理中心、中国南方电网公司 | |
| 55 | 电力光纤通信工程验收规范 | 制定 | 国网浙江省电力公司、国网信息通信有限公司 | |
| 56 | 配电自动化系统与电网地理信息系统接口技术规范 | 制定 | 国网电力科学研究院 | |
| 57 | 电力市场通信　第451-1部分：分区电价模式电力市场信息交互确认流程子集 | 制定 | 中国电力科学研究院 | |
| 58 | 基于IP多媒体子系统的交换网技术要求 | 制定 | 国网智能电网研究院、国网华东分部、国网江苏省电力公司、中国信息通信研究院 | |
| 59 | 电力无线宽带接入网设备技术规范 | 制定 | 国网电力科学研究院、国网智能电网研究院、华为技术有限公司、中兴通讯股份有限公司、信息通信产业集团 | |
| 60 | 变电站数据通信网关机检测规范 | 制定 | 中国电力科学研究院 | |
| 61 | 电力系统时间同步监测技术规范 | 制定 | 中国电力科学研究院 | |
| 62 | 电力企业应用集成配电管理系统接口　第8部分：客户操作接口 | 制定 | 国网电力科学研究院 | |

续表

| 序号 | 标准名称 | 制定/修订 | 主要起草单位 | 代替标准 |
|---|---|---|---|---|
| 63 | 电力企业自动化通信网络和系统 第90-4部分：网络工程指南 | 制定 | 天津凯发电气股份有限公司 | |
| 64 | 高电压测试设备通用技术条件 第5部分：六氟化硫微量水分仪 | 制定 | 国网浙江省电力公司电力科学研究院 | |
| 65 | 高电压测试设备通用技术条件 第6部分：六氟化硫气体检漏仪 | 制定 | 国网浙江省电力公司电力科学研究院 | |
| 66 | 高压试验装置通用技术条件 第2部分：工频高压试验装置 | 制定 | 中国电力科学研究院 | |
| 67 | 变压器绕组变形测试仪通用技术条件 | 制定 | 中国电力科学研究院、国网浙江省电力公司电力科学研究院 | |
| 68 | 变压器绕组变形测试仪校准规范 | 制定 | 国网四川省电力公司电力科学研究院、中国电力科学研究院 | |
| 69 | 电容电流测试仪通用技术条件 | 制定 | 国网湖南省电力公司电力科学研究院、国网浙江省电力公司电力科学研究院 | |
| 70 | 基于暂态地电压法局部放电检测仪校准规范 | 制定 | 国网河北省电力公司电力科学研究院 | |
| 71 | 计量用合并单元测试仪通用技术条件 | 制定 | 中国电力科学研究院 | |
| 72 | 绝缘管型母线运行监测系统通用技术条件 | 制定 | 国网湖北省电力公司电力科学研究院、中国电力科学研究院、武汉新电电气技术有限责任公司、大连第一互感器有限责任公司、上海西邦电气有限公司、国网宁夏电力公司电力科学研究院 | |
| 73 | 电厂厂用电源快速切换装置通用技术条件 | 制定 | 南京南瑞继保电气有限公司、金智科技股份有限公司、国电南京自动化股份有限公司、北京四方继保自动化股份有限公司等 | |
| 74 | 电力系统过频切机和过频解列装置通用技术条件 | 制定 | 云南省电力公司、南京南瑞继保电气有限公司等 | |
| 75 | 电力系统失步解列装置通用技术条件 | 制定 | 南京南瑞继保电气有限公司等 | |
| 76 | 电力建设施工质量验收及评价规程 第7部分：焊接 | 制定 | 中国电力科学研究院 | |
| 77 | 12(7.2)kV～40.5kV交流金属封闭开关设备状态检修导则 | 制定 | 中国电力科学研究院、南网电力科学研究院 | |
| 78 | 12(7.2)kV～40.5kV交流金属封闭开关设备状态评价导则 | 制定 | 中国电力科学研究院、南网电力科学研究院 | |

续表

| 序号 | 标准名称 | 制定/修订 | 主要起草单位 | 代替标准 |
|---|---|---|---|---|
| 79 | 电力设备带电检测仪器通用技术规范 | 制定 | 中国电力科学研究院、国网北京电力公司、国网冀北电力公司 | |
| 80 | 电子式电压互感器状态检修导则 | 制定 | 国网安徽省电力公司电力科学研究院、中国电力科学研究院 | |
| 81 | 电子式电压互感器状态评价导则 | 制定 | 国网安徽省电力公司电力科学研究院、中国电力科学研究院 | |
| 82 | 高频法局部放电带电检测仪器技术规范 | 制定 | 中国电力科学研究院、国网湖北电力公司、国网北京电力公司 | |
| 83 | 变电站绝缘管型母线带电检测技术导则 | 制定 | 国网湖北省电力公司电力科学研究院、中国电力科学研究院、武汉新电电气技术有限责任公司、国网宁夏电力公司电力科学研究院 | |
| 84 | 电能计量装置安装接线规则 | 制定 | 国家电网公司营销部、中国电力科学研究院、国网江苏省电力公司 | |
| 85 | 交流标准功率源技术条件 | 制定 | 国网江苏省电力公司电力科学研究院、中国电力科学研究院 | |
| 86 | 交流充电接口电路模拟器技术条件 | 制定 | 北京群菱能源科技有限公司 | |
| 87 | 直流充电接口电路模拟器技术条件 | 制定 | 北京群菱能源科技有限公司 | |
| 88 | 气体绝缘金属封闭开关设备技术条件 | 制定 | 中国电力科学研究院 | |
| 89 | 六氟化硫气体中空气、四氟化碳的气相色谱测定法 | 制定 | 江苏省电力公司电力科学研究院、国网安徽省电力公司电力科学研究院、国网福建省电力公司电力科学研究院、国网湖北省电力公司电力科学研究院、武汉沃尔德工程技术有限公司 | |
| 90 | 矿物绝缘油与变压器材料相容性测定方法 | 制定 | 广东电网有限责任公司电力科学研究院、西安热工研究院有限公司、国网湖南电力科学研究院、国网江苏电力科学研究院、国网浙江电力科学研究院 | |
| 91 | 矿物绝缘油氧化安定性的测定 差示扫描量热法 | 制定 | 国网湖南省电力公司电力科学研究院、国网福建省电力公司电力科学研究院、国网浙江省电力公司电力科学研究院 | |
| 92 | 电力用油颗粒污染度分级标准 | 制定 | 西安热工研究院有限公司、华北电力科学研究院有限责任公司、国网辽宁省电力有限公司电力科学研究院、华东电力试验研究院有限公司 | |
| 93 | 电力用磷酸酯抗燃油中矿物油含量测定法 | 制定 | 西安热工研究院有限公司、国网安徽省电力公司电力科学研究院、陕西电力科学研究院、内蒙古电力科学研究院 | |
| 94 | 电力用矿物绝缘油换油指标要求 | 制定 | 福建省电力有限公司电力科学研究院、西安热工研究院有限公司、安徽省电力公司电力科学研究院、江苏省电力公司电力科学研究院 | |
| 95 | 变压器绝缘纸（板）中平均含水量测定法 频域介电谱法 | 制定 | 西安交通大学、深圳供电局有限公司、西安热工研究院有限公司、南京普锐迪电气科技有限公司 | |

续表

| 序号 | 标准名称 | 制定/修订 | 主要起草单位 | 代替标准 |
|---|---|---|---|---|
| 96 | 焊接接头金相检验技术导则 | 制定 | 中国电力科学研究院 | |
| 97 | 输电线路钢结构腐蚀安全评价导则 | 制定 | 国网湖南省电力公司电力科学研究院、国网山西省电力公司电力科学研究院 | |
| 98 | 发电厂钢制衬胶管道和管件 | 制定 | 电力工业产品质量标准研究所、河北大唐国际丰润热电有限责任公司、大唐环境产业集团股份有限公司 | |
| 99 | 配电网静止同步补偿装置选用技术规范 | 制定 | 国网江西省电力科学研究院、国网智能电网研究院 | |
| 100 | 低压有源电力滤波装置现场检验规程 | 制定 | 国网河南省电力公司电力科学研究院、国网智能电网研究院、武汉大学 | |
| 101 | 统一潮流控制器技术规范 | 制定 | 江苏省电力公司电力科学研究院、国网智能电网研究院 | |
| 102 | 超高压磁控型可控并联电抗器现场试验规程 | 制定 | 国网智能电网研究院、中国电力科学研究院、国网青海省电力公司、特变电工沈阳变压器集团有限公司 | |
| 103 | 配网电压质量治理技术导则 | 制定 | 云南电网有限责任公司电力科学研究院、西安交通大学电力设备电气绝缘国家重点实验室、河北旭辉电气股份有限公司 | |
| 104 | 电力企业标准编制导则 | 制定 | 中国电力企业联合会、广东粤电集团公司等电力企业 | |
| 105 | 电力行业紧急救护规范 | 制定 | 中国电力企业联合会电力职业安全卫生分会、国家电网公司职业病防治院 | |
| 106 | 电力行业焊工考核基本要求 | 制定 | 中国能源建设集团天津电力建设有限公司、中国能源建设集团北京电力建设公司、中国能源建设集团东北电力建设第一工程公司 | |
| 107 | 电力行业无损检测人员资格考核规则 | 制定 | 国电锅炉压力容器检验中心 | |
| 108 | 电力高处作业防坠器 | 制定 | 国家电力器材产品安全性能质量监督检验中心 | |
| 109 | 电力高处作业坠落营救装置 | 制定 | 国家电力器材产品安全性能质量监督检验中心、浙江左易电力设备有限公司 | |
| 110 | 户内配电变压器噪声控制工程技术规范 | 制定 | 国网智能电网研究院 | |
| 111 | 个人电弧防护用品通用技术要求 | 制定 | 苏州热工研究院有限公司 | |
| 112 | 电力设施安全防范前端系统建设技术规范 | 制定 | 国网新疆电力公司、国网电力科学研究院、中电联科技开发服务中心 | |
| 113 | 架空输电线路施工抱杆通用技术条件及试验方法 | 制定 | 中国电力科学研究院 | |
| 114 | 输变电工程架空导线及地线液压压接工艺规程 | 制定 | 中国电力科学研究院 | |

续表

| 序号 | 标准名称 | 制定/修订 | 主要起草单位 | 代替标准 |
|---|---|---|---|---|
| 115 | 交流电力工程接地防腐蚀技术规范 | 制定 | 国网江西省电力科学研究院、国网陕西省电力公司电力科学研究院、中国大唐集团科学技术研究院有限公司西北分公司、国网智能电网研究院 | |
| 116 | 输电线路杆塔石墨基柔性接地体技术条件 | 制定 | 国网江西省电力科学研究院、武汉大学、中国电力科学研究院、国网陕西省电力公司电力科学研究院、国网智能电网研究院 | |
| 117 | 变电设备巡检系统 | 制定 | 南方电网科学研究院有限责任公司、广州华微明天软件技术有限公司、广州健新自动化科技有限公司 | |
| 118 | 变电站电气设备抗震试验技术规程 | 制定 | 中国电力科学研究院、国网北京经济技术研究院、中国电力工程顾问集团华北电力设计院工程有限公司、中国地震局工程力学研究所、中国建筑科学研究院、中国地震灾害防御中心、中国水利水电科学研究院、同济大学 | |
| 119 | 电力用圆形和异形绝缘管 | 制定 | 中国电力科学研究院、石家庄飞翔材料技术有限公司、浙江华电器材检测研究所 | |
| 120 | 电力系统高压功率器件用碳化硅外延片使用技术条件 | 制定 | 国网智能电网研究院 | |
| 121 | 电网企业安全风险预控管理体系建设导则 | 制定 | 国网浙江省电力公司杭州供电公司、国网河南省电力公司、中电联（北京）认证中心 | |
| 122 | 电力资产全寿命周期管理规范 | 制定 | 国家电网公司 | |
| 123 | 安全工器具柜技术条件 | 制定 | 苏州工业园区金禾电气设备有限公司、中国电力科学研究院、国家电网公司华中分部 | |
| 124 | 水电站生产准备导则 | 制定 | 中国长江三峡集团公司、中国长江电力股份有限公司、国网新源控股有限公司、雅砻江流域水电开发有限公司 | |
| 125 | 风光储联合发电监控系统技术条件 | 制定 | 国网新源张家口风光储示范电站有限公司 | |
| 126 | 电力工程热转印标识技术规范 | 制定 | 北京鼎一通远科技发展有限公司、北京恒泰实达科技股份有限公司 | |
| 127 | 垃圾发电厂仿真机技术规范 | 制定 | 中国电力发展促进会可再生能源发电分会、北京恒泰实达科技股份有限公司 | |
| 128 | 电力需求侧资源分类与特性分析技术导则 | 制定 | 南方电网科学研究院有限责任公司、广东电网公司 | |
| 129 | 用户参与需求响应基线负荷计算方法 | 制定 | 南方电网科学研究院有限责任公司 | |
| 130 | 20kV及以下配电网工程后评价导则 | 制定 | 中国电力企业联合会电力建设技术经济咨询中心 | |
| 131 | 风电场接入电力系统设计内容深度规定 | 制定 | 电力规划设计总院、东北电力设计院有限公司、华东电力设计院有限公司、西北电力设计院有限公司、中国大唐集团新能源股份有限公司 | |

续表

| 序号 | 标准名称 | 制定/修订 | 主要起草单位 | 代替标准 |
|---|---|---|---|---|
| 132 | 风电功率预测技术规定 | 制定 | 南方电网科学研究院有限责任公司、国家电力调度控制中心、吉林电力公司电力调度控制中心、中国电力科学研究院、中国大唐集团新能源股份有限公司、甘肃电力公司风电技术中心 | |
| 133 | 风电机组变桨系统检修规程 | 制定 | 中国大唐集团新能源股份有限公司、大唐新能源河北公司、大唐新能源试验研究院、全国风力发电技术协作网、华润新能源控股有限公司 | |
| 134 | 风电机组偏航系统检修技术规程 | 制定 | 中国大唐集团新能源股份有限公司、中国大唐集团新能源股份有限公司、大唐新能源福建公司、大唐新能源试验研究院、国投新能源投资有限公司、全国风力发电技术协作网 | |
| 135 | 风电机组齿轮箱检修技术规程 | 制定 | 中国大唐集团新能源股份有限公司、大唐新能源试验研究院、大唐新能源河南公司、大唐新能源山西公司、华润新能源控股有限公司、全国风力发电技术协作网 | |
| 136 | 风电机组发电机检修规程 | 制定 | 中国大唐集团新能源股份有限公司、大唐新能源陕西公司、大唐新能源试验院、华润新能源控股有限公司、全国风力发电技术协作网 | |
| 137 | 风电机组联轴器检修技术规程 | 制定 | 中国大唐集团新能源股份有限公司、大唐新能源安徽公司、大唐新能源试验研究院、中节能风力发电股份有限公司、全国风力发电技术协作网 | |
| 138 | 风电机组制动器检修技术规程 | 制定 | 中国大唐集团新能源股份有限公司、大唐新能源西南公司、大唐新能源蒙西公司、大唐新能源试验研究院、中节能风力发电股份有限公司 | |
| 139 | 风力发电机组叶片改造技术规程 | 制定 | 中国大唐集团新能源股份有限公司、大唐新能源试验研究院、大唐新能源辽宁公司 | |
| 140 | 风力发电设备障碍评级标准 | 制定 | 中国大唐集团新能源股份有限公司、大唐新能源广西公司、大唐新能源广东公司 | |
| 141 | 风电场重大危险源辨识规程 | 制定 | 中国大唐集团新能源股份有限公司、大唐新能源北京公司、大唐新能源河北公司、国家电投电力工程有限公司、中广核风电有限公司、中能电力科技开发有限公司 | |
| 142 | 风力发电场升压站防雷系统运行维护规程 | 制定 | 龙源电力集团股份有限公司、龙源（北京）风电工程技术有限公司、中国长江三峡集团公司、中国大唐集团新能源股份有限公司、大唐新能源蒙西公司 | |
| 143 | 风力发电机组防雷系统运行维护规程 | 制定 | 龙源电力集团股份有限公司、龙源（北京）风电工程技术有限公司、中国大唐集团新能源股份有限公司、大唐新能源山西公司 | |
| 144 | 风力发电机组高处逃生应急演练规程 | 制定 | 龙源电力集团股份有限公司、苏州龙源白鹭风电职业技术培训中心有限公司、中国长江三峡集团公司 | |
| 145 | 海上风电场运行安全规程 | 制定 | 龙源电力集团股份有限公司、江苏海上龙源风力发电有限公司、中广核风电有限公司、中国长江三峡集团公司 | |

续表

| 序号 | 标准名称 | 制定/修订 | 主要起草单位 | 代替标准 |
|---|---|---|---|---|
| 146 | 风力发电场风电机组故障编码规范 | 制定 | 龙源电力集团股份有限公司、龙源（北京）风电工程技术公司、中国长江三峡集团公司、中广核风电有限公司、广州健新自动化科技有限公司 | |
| 147 | 风力发电机组安全带/安全工器具应用技术规范 | 制定 | 龙源（北京）风电工程技术有限公司、龙源电力集团股份有限公司、中国长江三峡集团公司、辽宁龙源风力发电有限公司 | |
| 148 | 风力发电场电气设备监造技术规程 | 制定 | 中能电力科技开发有限公司、龙源电力集团股份有限公司、山西龙源风力发电有限公司、中国三峡新能源有限公司 | |
| 149 | 风电场噪声限值及测量方法 | 制定 | 龙源（北京）风电工程技术有限公司、龙源电力集团股份有限公司、浙江龙源风力发电有限公司、中国电力科学研究院 | |
| 150 | 风力发电机组变流器检修技术规程 | 制定 | 中国大唐集团新能源股份有限公司、大唐新能源锡盟公司、大唐新能源试验研究院、河北建投新能源有限公司、全国风力发电技术协作网、科诺伟业风能设备（北京）有限公司 | |
| 151 | 风力发电机组控制系统改造技术规程 | 制定 | 中国大唐集团新能源股份有限公司、大唐新能源试验研究院、大唐新能源通辽公司、科诺伟业风能设备（北京）有限公司 | |
| 152 | 风电场节能运行维护监督规程 | 制定 | 华电电力科学研究院 | |
| 153 | 风电场运行阶段环境保护评价规范 | 制定 | 中国长江三峡集团公司、中国三峡新能源有限公司、上海勘测设计研究院、国家电投电力工程有限公司、中能电力科技开发有限公司 | |
| 154 | 风电场应急预案编制导则 | 制定 | 中国长江三峡集团公司、中国三峡新能源有限公司、上海勘测设计研究院、中广核风电有限公司、中能电力科技开发有限公司 | |
| 155 | 风力发电场标准能量利用率评价规程 | 制定 | 中国华电集团公司、华电电力科学研究院、北京光耀能源技术股份有限公司 | |
| 156 | 海上风电场升压站运行规程 | 制定 | 中广核风电有限公司、龙源电力集团股份有限公司、中国长江三峡集团公司 | |
| 157 | 风电场监控系统技术规范 | 制定 | 中广核风电有限公司、中国长江三峡集团公司 | |
| 158 | 风电场机组功率曲线验证技术规程 | 制定 | 中国华电集团公司、华电电科院、大唐新能源试验院、全国风力发电技术协作网、国家电投科学技术研究院 | |
| 159 | 海上风电场运行安全性评价技术规程 | 制定 | 华能新能源公司、同济大学、中国安全科学研究院、国家电投电力工程有限公司 | |
| 160 | 风力发电场集控中心运行管理规程 | 制定 | 国家电力投资集团公司、中广核风电有限公司、中国大唐集团新能源股份有限公司 | |

（中国电力企业联合会　许松林　刘永东　周丽波）

# 2016年由水电水利规划设计总院归口管理的技术标准制修订计划项目

2016年，由水电水利规划设计总院归口管理的技术标准制修订计划项目35项，见表1。

表1　2016年由水电水利规划设计总院归口管理的技术标准制修订计划项目表

| 序号 | 标准项目名称 | 制定/修订 | 主要起草单位 | 代替标准 |
|---|---|---|---|---|
| 1 | 水电工程环境保护技术通则 | 制定 | 水电水利规划设计总院，中国电建集团贵阳、北京、华东、西北、中南、成都、昆明勘测设计研究院有限公司，中国长江三峡集团公司 | |
| 2 | 水电工程施工期防洪度汛报告编制规程 | 制定 | 水电水利规划设计总院，中国电建集团贵阳、北京、华东、西北、中南、成都、昆明勘测设计研究院有限公司，中国长江三峡集团公司，水利部长江水利委员会 | |
| 3 | 水电工程基础信息采集规范 | 制定 | 中国电建集团昆明勘测设计研究院有限公司、中国长江三峡集团公司 | |
| 4 | 水电工程可能最大洪水计算规范 | 制定 | 中国电建集团成都勘测设计研究院有限公司 | |
| 5 | 水电水利工程坑探规程 | 修订 | 中国电建集团成都勘测设计研究院有限公司 | DL/T 5050—2010 |
| 6 | 水电工程拦漂排设计规范 | 制定 | 中国电建集团成都勘测设计研究院有限公司、中国电建集团昆明勘测设计研究院有限公司 | |
| 7 | 水工混凝土结构设计规范 | 修订 | 中国电建集团西北勘测设计研究院有限公司、郑州大学、河海大学、武汉大学、大连理工大学 | DL/T 5057—2009 |
| 8 | 水电工程竣工决算报告编制规定 | 制定 | 水电水利规划设计总院（可再生能源定额站）、中国电建集团华东勘测设计研究院有限公司、国网新源控股有限公司技术中心 | |
| 9 | 水电工程竣工决算专项验收规程 | 制定 | 水电水利规划设计总院（可再生能源定额站）、中国电力建设股份有限公司 | |
| 10 | 水力发电厂测量装置配置设计规范 | 修订 | 中国电建集团西北勘测设计研究院有限公司、中国长江三峡集团公司 | DL/T 5413—2009 |
| 11 | 水力发电厂火灾自动报警系统设计规范 | 修订 | 中国电建集团西北勘测设计研究院有限公司、水电水利规划设计总院、中国长江三峡集团公司 | DL/T 5412—2009 |
| 12 | 水力发电厂110kV～550kV电力电缆工程设计规范 | 修订 | 中国电建集团成都、华东勘测设计研究院有限公司 | DL/T 5228—2005 |
| 13 | 水力发电厂高压电气设备选择及布置设计规范 | 修订 | 中国电建集团成都、西北勘测设计研究院有限公司 | DL/T 5396—2007 |
| 14 | 水电工程升船机设计规范 | 修订 | 中国电建集团华东、中南、西北勘测设计研究院有限公司，中国长江三峡集团公司 | DL/T 5399—2007 |
| 15 | 水电工程泄水阀技术条件 | 制定 | 中国电建集团贵阳、华东、北京、西北勘测设计研究院有限公司，南京水利科学研究院 | |

续表

| 序号 | 标准项目名称 | 制定/修订 | 主要起草单位 | 代替标准 |
|---|---|---|---|---|
| 16 | 水电工程迁建城集镇生活污水处理设计规范 | 制定 | 中国电建集团中南、北京勘测设计研究院有限公司 | |
| 17 | 水电工程水温实时监测系统设计规范 | 制定 | 水电水利规划设计总院，中国电建集团中南、成都、贵阳勘测设计研究院有限公司，中国长江三峡集团公司，五凌电力有限公司，雅砻江流域水电开发有限公司 | |
| 18 | 水电工程建设征地移民安置技术通则 | 制定 | 水电水利规划设计总院、中国电建集团贵阳勘测设计研究院有限公司 | |
| 19 | 水电工程移民后期扶持规划编制规程 | 制定 | 水电水利规划设计总院、中国电建集团贵阳勘测设计研究院有限公司 | |
| 20 | 水电工程鱼类增殖放流站运行规程 | 制定 | 中国长江三峡集团公司，水电水利规划设计总院，中国电建集团成都、中南勘测设计研究院有限公司，金沙江中游水电开发有限公司，华能澜沧江水电股份有限公司，雅砻江流域水电开发有限公司 | |
| 21 | 水电工程建设征地移民安置实施技术导则 | 制定 | 中国电建集团成都勘测设计研究院有限公司、中国长江三峡集团公司 | |
| 22 | 水电工程建设征地移民安置规划设计规范 | 修订 | 水电水利规划设计总院，中国电建集团北京、华东、西北、中南、成都、贵阳、昆明勘测设计研究院有限公司 | DL/T 5064—2007 |
| 23 | 少数民族地区水电工程建设征地移民安置规划设计规定 | 制定 | 水电水利规划设计总院，中国电建集团北京、华东、西北、中南、成都、贵阳、昆明勘测设计研究院有限公司 | |
| 24 | 水电工程建设征地移民安置补偿费用概（估）算编制规范 | 修订 | 水电水利规划设计总院、中国电建集团华东勘测设计研究院有限公司 | DL/T 5382—2007 |
| 25 | 生物质资源调查与评价技术规范 | 制定 | 水电水利规划设计总院，中国电建集团中南、西北勘测设计研究院有限公司 | |
| 26 | 海上风电场风能资源小尺度数值模拟技术规程 | 制定 | 中国电建集团西北勘测设计研究院有限公司、水电水利规划设计总院 | |
| 27 | 风电机组混凝土—钢混合塔筒设计规范 | 制定 | 中国电建集团西北勘测设计研究院有限公司 | |
| 28 | 风电场工程道路设计规范 | 制定 | 中国电建集团北京、中南勘测设计研究院有限公司 | |
| 29 | 风电场设计节能评估规程 | 制定 | 中国电建集团北京勘测设计研究院有限公司、三峡集团 | |
| 30 | 风电场工程劳动安全与工业卫生设计规范 | 制定 | 水电水利规划设计总院，中国电建集团西北、中南勘测设计研究院有限公司，湖北安源安全环保科技有限公司 | |
| 31 | 风电场工程安全防范工程设计规范 | 制定 | 水电水利规划设计总院、中国电建集团中南勘测设计研究院有限公司 | |

续表

| 序号 | 标准项目名称 | 制定/修订 | 主要起草单位 | 代替标准 |
|---|---|---|---|---|
| 32 | 风电场节能验收编制规程 | 制定 | 中国电建集团北京勘测设计研究院有限公司 | |
| 33 | 风电机组混凝土—钢混合塔筒施工规范 | 制定 | 中国电建集团西北勘测设计研究院有限公司、西北水利水电工程有限责任公司 | |
| 34 | 风电机组基础连接用高强预应力螺杆技术规程 | 制定 | 中国电建集团西北勘测设计研究院有限公司 | |
| 35 | 风力发电场项目建设工程验收规程 | 修订 | 水电水利规划设计总院、中国长江三峡集团公司、中国三峡新能源有限公司 | DL/T 5191—2004 |

（水电水利规划设计总院）

## 水电水利规划设计总院 2016年标准审查有关情况

水电水利规划设计总院归口管理水电勘察设计技术标准和风电规划、设计、施工、安装技术标准，2016年组织有关制定、修订标准的送审稿审查情况如下：

2016年1月24～25日，水电水利规划设计总院在北京市组织召开了《水电工程闸门止水装置设计规范》送审稿审查会。审查认为，该送审稿满足标准制定、修订要求，同意通过审查。会议要求编制组根据本次审查会议意见和建议，做进一步修改完善，形成报批稿，尽早报国家能源局批准发布实施。

2016年3月17～18日，水电水利规划设计总院在北京市组织召开了《水电机组机械液压过速保护装置基本技术条件》送审稿审查会。审查认为，该送审稿满足标准制定、修订要求，同意通过审查。审查组要求编制组根据本次审查会议意见和建议，做进一步修改完善，形成报批稿，尽早报国家能源局批准发布实施。

2016年3月18～19日，水电水利规划设计总院在北京市组织召开了《陆上风电场安全文明施工规范》送审稿审查会。该规范是根据国家能源局《关于下达2012年第二批能源领域行业标准制（修）订计划的通知》（国能科技〔2012〕326号）要求，由吉林省电力勘测设计院和河北省电力勘测设计研究院共同组成编制组，于2013年2月启动，2014年9月完成征求意见稿，2016年1月形成送审稿。审查认为，该送审稿编制依据充分、框架清晰、内容全面、具有可操作性，满足标准制定要求。与国内相关标准相协调，充分反映了近年我国陆上风电场安全文明施工的先进理念和技术方法。经与会专家投票表决，一致同意通过审查。会议要求编制组根据本次审查会议意见，对送审稿进一步修改完善，形成报批稿，尽早报国家能源局批准发布实施。

2016年5月23～24日，水电水利规划设计总院在杭州市组织召开了《水电工程三维地质建模技术规程》送审稿审查会。审查认为，该送审稿符合标准制定、修订要求，一致同意通过审查。审查组要求编制组根据本次审查会议意见和建议，做进一步修改完善该标准，适时召开定稿会，形成报批稿，尽早报国家能源局批准发布实施。

2016年6月17日，水电总院在北京市主持召开了《水电工程钢闸门液压自动挂脱梁系列参数》送审稿审查会议。审查认为，该送审稿符合标准制定、修订要求，一致同意通过审查。审查组要求编制组根据本次审查会议意见和建议，做进一步修改完善，形成报批稿，尽早报国家能源局批准发布实施。

2016年6月19～20日，水电水利规划设计总院在武汉市主持召开了《气体绝缘金属封闭开关设备配电装置设计规范》送审稿审查会。审查认为，该送审稿符合标准制定、修订要求，一致同意通过审查。审查组要求编制组根据本次审查会议意见和建议，做进一步修改完善，适时召开定稿会，形成报批稿，尽早报国家能源局批准发布实施。

2016年8月22～23日，水电水利规划设计总院在北京市组织召开了《低风速风力发电机组选型导则》送审稿审查会。该导则根据《国家能源局关于下达2013年第二批能源领域行业标准制（修）订计划的通知》（国能科技〔2013〕526号）要求，由中国电建集团西北勘测设计研究院有限公司和中国中车株洲电力机车研究所有限公司组成编制组，于2013年12月启动，2014年6月完成征求意见稿，2016年6月形成送审稿。审查认为，该送审稿编制依据充分，结构清晰，内容全面，规定明确，满足标准制定要求。与国内相关标准相协调，具有可操作性，充分反映了近年来我国低风速风力发电机组技术发展现状，经与会专家投票表决，同意通过审查。会议要求编制组根据本次审查会议意见，对送审稿做进一步修改完善，适时召开定稿会，形成报批稿，尽早报国家能源局批准发布实施。

2016年9月20日，水电水利规划设计总院在成都市主持召开了《水电工程移民安置独立评估规范》送审稿审查会议。审查认为，该送审稿符合标准制定、修订要求，一致同意通过审查。审查组要求编制组根据本次审查会议意见和建议，做进一步修改完善，适时召开定稿会，形成报批稿，尽早报国家能源局批准发布实施。

2016年9月21～22日，水电水利规划设计总院在北京市组织召开了《水电工程单元工程质量等级评定标准 第2部分：金属结构及启闭机安装工程》送审稿审查会。审查认为，该送审稿符合标准制定、修订要求，一致同意通过审查。审查组要求编制组根据本次审查会议意见和建议，做进一步修改完善，形成报批稿，尽早报国家能源局批准发布实施。

2016年11月17～18日，水电水利规划设计总院在北京市组织召开了《风电场工程110kV～220kV海上升压变电站设计规范》送审稿审查会。该规范根据《国家能源局关于下达2014年第一批能源领域行业标准制（修）订计划的通知》（国能科技〔2014〕298号）的要求，由水电水利规划设计总院和中国电建集团华东勘测设计研究院有限公司组成编制组，于2014年6月启动，2015年11月完成征求意见稿，2016年10月形成送审稿。审查认为，该送审稿编制依据充分，结构清晰，内容全面，规定明确，满足标准制定要求，与国内相关标准相协调，具有可操作性和前瞻性，对规范我国海上升压变电站设计，促进我国海上风电的技术进步，推动行业健康发展具有重要意义。经与会专家投票表决，一致同意通过审查。会议要求编制组根据本次审查会议意见，对送审稿做进一步修改完善，适时召开定稿会，形成报批稿，尽早报国家能源局批准发布实施。

2016年11月24～25日，水电水利规划设计总院在北京市组织召开了《海上风电场工程风电机组基础设计规范》送审稿审查会。该规范根据《国家能源局关于下达2010年第一批能源领域行业标准制（修）订计划的通知》（国能科技〔2010〕320号）的要求，由水电水利规划设计总院，中国电建集团华东、中南、西北勘测设计研究院有限公司及上海勘测设计研究院有限公司组成编制组，于2014年5月启动，2015年11月完成征求意见稿，2016年11月形成送审稿。审查认为，该送审稿编制依据充分，结构清晰，内容全面，规定明确，满足标准制定要求，与国内相关标准相协调，具有可操作性和前瞻性，充分反映了海上风电场工程建设的先进设计理念，填补了我国海上风电场工程风电机组基础设计标准的空白。经与会专家投票表决，一致同意通过审查。会议要求编制组根据本次审查会议意见，对送审稿做进一步修改完善，适时召开定稿会，形成报批稿，尽早报国家能源局批准发布实施。

2016年11月28日，水电水利规划设计总院在北京市组织召开了《海上风电场工程规划报告编制规程》送审稿审查会。该规程根据《国家能源局关于下达2012年第一批能源领域行业标准制（修）订计划的通知》（国能科技〔2012〕83号）要求，由中国电建集团中南勘测设计研究院有限公司和中国电建集团华东、西北和北京勘测设计研究院有限公司组成编制组，于2012年5月启动，2015年9月完成征求意见稿，2016年10月形成送审稿。审查认为，该送审稿结构清晰，内容全面，规定明确，满足标准制定要求，与国内相关标准相协调，具有可操作性和前瞻性，对规范我国海上风电场工程规划报告编制，推动我国海上风电的健康发展具有重要意义。经与会专家投票表决，一致同意通过审查。会议要求编制组根据本次审查会议意见，对送审稿做进一步修改完善，形成报批稿，尽早报国家能源局批准发布实施。

2016年12月22～23日，水电水利规划设计总院在北京市组织召开了《水电工程钻孔土工原位测试规程》送审稿审查会议。审查认为，该送审稿符合标准制定、修订要求，一致同意通过审查。审查组要求编制组根据本次审查会议意见，对送审稿做进一步修改完善，形成报批稿，尽快上报国家能源局批准发布实施。

（摘自水电水利规划设计总院网）

## 行业标准《水电站水工技术监督导则》编制情况

由国家能源局大坝安全监察中心承担编制的《水电站水工技术监督导则》（DL/T 1559—2016）已由国家能源局批准发布，2016年6月1日实施。

本导则是根据《国家能源局关于下达2010年第一批能源领域行业标准制（修）订计划的通知》（国能科技〔2010〕320号）的安排进行的，为首次编写。主要技术内容包括水工技术监督内容、职责和实施办法。该导则于2012年8月完成征求意见稿并向行业征求意见，2014年8月完成报批稿，2016年1月7日国家能源局公告(2016年第1号)发布。

全国已建大坝97246座，水库总库容8104.10亿

$m^3$，电站总装机容量28026万kW。水工建筑物的安全可靠不仅关系到电站和电网的安全运行，同时也与当地及下游社会人民生命财产安全息息相关。水工技术监督是指以安全和质量为中心，依据国家有关法律法规和相关技术标准，采取咨询、评审、检查、检测等手段，对水工建筑物设计、建设和运行过程中的有关事项进行控制。

该规程编制过程中，紧密结合目前我国经济、社会以及水工技术监督工作发展的需求，旨在实现设计、施工、运行全过程的技术监督，使之达到标准化、规范化，对促进水工建筑物安全管理建设、社会和谐及安全发展具有积极的作用。导则的实施，可为各个发电企业的水工技术监督工作提供统一标准和依据，规范电力行业水工技术监督工作，对促进电力企业的安全生产，确保水工建筑物及其附属设备的安全、可靠、经济、环保运行有着重要的指导意义。

（国家能源局大坝安全监察中心　周建波）

## 中国水电建设集团十五工程局有限公司负责主编的两项中电联技术标准编制情况

2016年11月，由中国水电建设集团十五工程局有限公司承接并负责主编的中国电力企业联合会2项技术标准由中国电力企业联合会批准发布。其中《水工碾压混凝土工艺试验规程》（T/CEC 5002—2016）主要内容包括基本规定、工艺试验、资料整理与报告编写等5章；《水电水利工程砂砾石料压实质量检验规程　密度桶法》（T/CEC 5001—2016）主要内容包括试验用料和级配、试验仪器和设备、相对密度试验方法、质量标准、施工压实质量检测、质量评价等8章。2项技术标准适用于大中型水电水利工程，2017年1月1日起实施。

（中国水电建设集团十五工程局有限公司）

# 新　颁　标　准

## 2016年国家标准化管理委员会发布的电力国家标准

2016年，国家标准化管理委员会发布的电力国家标准32项，见表1。

表1　　2016年国家标准化管理委员会发布的电力国家标准

| 序号 | 标准编号 | 标准名称 | 代替标准号 |
|---|---|---|---|
| 1 | GB/T 5075—2016 | 电力金具名词术语 | GB/T 5075—2001 |
| 2 | GB/T 12145—2016 | 火力发电机组及蒸汽动力设备水汽质量 | GB/T 12145—2008 |
| 3 | GB/T 31960.9—2016 | 电力能效监测系统技术规范　第9部分：系统检验规范 | |
| 4 | GB/T 31960.10—2016 | 电力能效监测系统技术规范　第10部分：电力能效监测终端检验规范 | |
| 5 | GB/T 31960.11—2016 | 电力能效监测系统技术规范　第11部分：电力能效信息集中与交互终端检验规范 | |
| 6 | GB/T 32506—2016 | 抽水蓄能机组励磁系统运行检修规程 | |
| 7 | GB/T 32508—2016 | 绝缘油中腐蚀性硫（二苄基二硫醚）定量检测方法 | |
| 8 | GB/T 32510—2016 | 抽水蓄能电厂标识系统（KKS）编码导则 | |
| 9 | GB/T 32512—2016 | 光伏发电站防雷技术要求 | |

续表

| 序号 | 标准编号 | 标准名称 | 代替标准号 |
|---|---|---|---|
| 10 | GB/T 32518.1—2016 | 超高压可控并联电抗器现场试验技术规范　第1部分：分级调节式 | |
| 11 | GB/T 32574—2016 | 抽水蓄能电站检修导则 | |
| 12 | GB/T 32575—2016 | 发电工程数据移交 | |
| 13 | GB/T 32576—2016 | 抽水蓄能电站厂用电继电保护整定计算导则 | |
| 14 | GB/T 32594—2016 | 抽水蓄能电站保安电源技术导则 | |
| 15 | GB/T 32672—2016 | 电力需求响应系统通用技术规范 | |
| 16 | GB/T 32673—2016 | 架空输电线路故障巡视技术导则 | |
| 17 | GB/T 32823—2016 | 电网节能项目节约电力电量测量和验证技术导则 | |
| 18 | GB/T 32826—2016 | 光伏发电系统建模导则 | |
| 19 | GB/T 32878—2016 | 可逆式水泵水轮机调节系统运行规程 | |
| 20 | GB/T 32879—2016 | 电动汽车电池更换用电池箱电连接器通用技术要求 | |
| 21 | GB/T 32890—2016 | 继电保护IEC 61850工程应用模型 | |
| 22 | GB/T 32892—2016 | 光伏发电系统模型及参数测试规程 | |
| 23 | GB/T 32894—2016 | 抽水蓄能机组工况转换技术导则 | |
| 24 | GB/T 32895—2016 | 电动汽车快换电池箱通信协议 | |
| 25 | GB/T 32896—2016 | 电动汽车动力仓总成通信协议 | |
| 26 | GB/T 32897—2016 | 智能变电站保护测控一体化装置通用技术条件 | |
| 27 | GB/T 32898—2016 | 抽水蓄能发电电动机变压器组继电保护配置导则 | |
| 28 | GB/T 32899—2016 | 抽水蓄能机组静止变频启动装置试验规程 | |
| 29 | GB/T 32900—2016 | 光伏发电站继电保护技术规范 | |
| 30 | GB/T 32901—2016 | 智能变电站继电保护通用技术条件 | |
| 31 | GB/T 33341—2016 | 电动汽车快换电池箱架通用技术要求 | |
| 32 | GB/T 33342—2016 | 分布式光伏发电并网接口技术规范 | |

（中国电力企业联合会　许松林　刘永东　周丽波）

## 2016年住房和城乡建设部发布的电力工程建设国家标准

2016年，住房和城乡建设部发布的电力工程建设国家标准8项，见表1。

表1　2016年住房和城乡建设部发布的电力工程建设国家标准

| 序号 | 标准编号 | 标准名称 | 代替标准号 |
|---|---|---|---|
| 1 | GB 50150—2016 | 电气装置安装工程　电气设备交接试验标准 | |
| 2 | GB 50169—2016 | 电气装置安装工程　接地装置施工及验收规范 | GB 50169—1992 |

续表

| 序号 | 标准编号 | 标准名称 | 代替标准号 |
|---|---|---|---|
| 3 | GB 50287—2016 | 水力发电工程地质勘察规范 | GB 50287—2006 |
| 4 | GB 51101—2016 | 太阳能发电站支架基础技术规范 | |
| 5 | GB/T 51189—2016 | 火力发电厂海水淡化工程调试及验收规范 | |
| 6 | GB/T 51190—2016 | 海底电力电缆输电工程设计规范 | |
| 7 | GB/T 51191—2016 | 海底电力电缆输电工程施工及验收规范 | |
| 8 | GB/T 51200—2016 | 高压直流换流站设计规范 | |

（中国电力企业联合会　许松林　刘永东　周丽波）

## 2016 年国家能源局发布的电力行业标准

2016 年，国家能源局发布的电力行业标准 399 项，其中水电、新能源及电气等部分（即未含火电、核电）的项目见表 1。

表 1　　2016 年国家能源局发布的电力行业标准（水电、新能源及电气等部分）

| 序号 | 标准编号 | 标准名称 | 代替标准号 | 实施日期 |
|---|---|---|---|---|
| 1 | DL/T 183—2016 | 斗轮堆取料机技术条件 | SD 183—1986 | 2016 年 7 月 1 日 |
| 2 | DL/T 390—2016 | 县域配电自动化技术导则 | DL/T 390—2010 | 2016 年 6 月 1 日 |
| 3 | DL/T 402—2016 | 高压交流断路器 | DL/T 402—2007 | 2016 年 7 月 1 日 |
| 4 | DL/T 424—2016 | 发电厂用工业硫酸试验方法 | DL/T 424—1991 | 2017 年 5 月 1 日 |
| 5 | DL/T 429.2—2016 | 电力用油颜色测定法 | DL 429.2—1991 | 2016 年 6 月 1 日 |
| 6 | DL/T 443—2016 | 水轮发电机组及其附属设备出厂检验导则 | DL/T 443—1991 | 2016 年 6 月 1 日 |
| 7 | DL/T 448—2016 | 电能计量装置技术管理规程 | DL/T 448—2000 | 2017 年 5 月 1 日 |
| 8 | DL/T 460—2016 | 智能电能表检验装置检定规程 | DL/T 460—2005 | 2017 年 5 月 1 日 |
| 9 | DL/T 496—2016 | 水轮机电液调节系统及装置调整试验导则 | DL/T 496—2001 | 2016 年 6 月 1 日 |
| 10 | DL/T 513—2016 | 电子称重式给煤机 | DL/T 513—1993 | 2016 年 7 月 1 日 |
| 11 | DL/T 518.1—2016 | 电力生产事故分类与代码　第 1 部分：人身事故 | DL/T 518.1—1993<br>DL/T 518.2—1993<br>DL/T 518.3—1993 | 2016 年 12 月 1 日 |
| 12 | DL/T 518.2—2016 | 电力生产事故分类与代码 第 2 部分：设备事故 | DL/T 518.4—1993<br>DL/T 518.5—1993 | 2016 年 12 月 1 日 |
| 13 | DL/T 556—2016 | 水轮发电机组振动监测装置设置导则 | DL/T 556—1994 | 2016 年 6 月 1 日 |
| 14 | DL/T 563—2016 | 水轮机电液调节系统及装置技术规程 | DL/T 563—2004 | 2016 年 6 月 1 日 |
| 15 | DL/T 587—2016 | 继电保护和安全自动装置运行管理规程 | DL/T 587—2007 | 2017 年 5 月 1 日 |
| 16 | DL/T 593—2016 | 高压开关设备和控制设备标准的共用技术要求 | DL/T 593—2006 | 2016 年 7 月 1 日 |
| 17 | DL/T 595—2016 | 六氟化硫电气设备气体监督导则 | DL/T 595—1996 | 2016 年 6 月 1 日 |

续表

| 序号 | 标准编号 | 标准名称 | 代替标准号 | 实施日期 |
| --- | --- | --- | --- | --- |
| 18 | DL/T 599—2016 | 城市中低压配电网改造技术导则 | DL/T 599—2005 | 2016年6月1日 |
| 19 | DL/T 634.5601—2016 | 远动设备及系统　第5-601部分 DL/T 634.510配套标准一致性测试用例 | | 2016年6月1日 |
| 20 | DL/T 639—2016 | 六氟化硫电气设备、试验及检修人员安全防护导则 | DL/T 639—1997 | 2016年6月1日 |
| 21 | DL/T 642—2016 | 隔爆型电动执行机构 | DL/T 642—1997 | 2016年6月1日 |
| 22 | DL/T 664—2016 | 带电设备红外诊断应用规范 | DL/T 664—2008 | 2017年5月1日 |
| 23 | DL/T 698.52—2016 | 电能信息采集与管理系统　第5-2部分：远程通信协议一致性测试 | DL/T 698—1999 | 2016年6月1日 |
| 24 | DL/T 698.44—2016 | 电能信息采集与管理系统　第4-4部分：通信协议—微功率无线通信协议 | DL/T 698—1999 | 2016年12月1日 |
| 25 | DL/T 698.46—2016 | 电能信息采集与管理系统　第4-6部分：通信协议—采集终端远程通信模块接口协议 | DL/T 698—1999 | 2016年12月1日 |
| 26 | DL/T 698.51—2016 | 电能信息采集与管理系统　第5-1部分：测试技术规范—功能测试 | DL/T 698—1999 | 2016年12月1日 |
| 27 | DL/T 746—2016 | 电站蝶阀选用导则 | DL/T 746—2001 | 2017年5月1日 |
| 28 | DL/T 788—2016 | 全介质自承式光缆 | DL/T 788—2001 | 2016年6月1日 |
| 29 | DL/T 795—2016 | 电力系统数字调度交换机 | DL/T 795—2001 | 2017年5月1日 |
| 30 | DL/T 832—2016 | 光纤复合架空地线 | DL/T 832—2003 | 2016年6月1日 |
| 31 | DL/T 836.1—2016 | 供电系统供电可靠性评价规程　第1部分：通用要求 | DL/T 836—2012 | 2016年6月1日 |
| 32 | DL/T 836.2—2016 | 供电系统供电可靠性评价规程　第2部分：高中压用户 | | 2016年6月1日 |
| 33 | DL/T 836.3—2016 | 供电系统供电可靠性评价规程　第3部分：低压用户 | | 2016年6月1日 |
| 34 | DL/T 840—2016 | 高压并联电容器使用技术条件 | DL/T 840—2003 | 2017年5月1日 |
| 35 | DL/T 846.1—2016 | 高电压测试设备通用技术条件　第1部分：高电压分压器测量系统 | DL/T 846.1—2004 | 2017年5月1日 |
| 36 | DL/T 846.4—2016 | 高电压测试设备通用技术条件　第4部分：脉冲电流法局部放电测量仪 | DL/T 846.4—2004 | 2017年5月1日 |
| 37 | DL/T 846.7—2016 | 高电压测试设备通用技术条件　第7部分：绝缘油介电强度测试仪 | DL/T 846.7—2004 | 2017年5月1日 |
| 38 | DL/T 849.6—2016 | 电力设备专用测试仪器通用技术条件　第6部分：高压谐振试验装置 | DL/T 849.6—2004 | 2017年5月1日 |
| 39 | DL/T 860.81—2016 | 电力自动化通信网络和系统　第8-1部分：特定通信服务映射（SCSM）—映射到MMS（ISO 9506-1和ISO 9506-2）及ISO/IEC 8802-3 | DL/T 860.81—2006 | 2016年6月1日 |

续表

| 序号 | 标准编号 | 标准名称 | 代替标准号 | 实施日期 |
|---|---|---|---|---|
| 40 | DL/T 860.92—2016 | 电力自动化通信网络和系统　第9-2部分：特定通信服务映射（SCSM）—基于ISO/IEC 8802-3的采样值 | DL/T 860.92—2006 | 2016年6月1日 |
| 41 | DL/T 860.801—2016 | 电力自动化通信网络和系统　第80-1部分：应用DL/T 634.5101或DL/T 634.5104交换基于CDC的数据模型信息导则 | | 2016年6月1日 |
| 42 | DL/T 860.7410—2016 | 电力自动化通信网络和系统　第7-410部分：基本通信结构水力发电厂监视与控制用通信 | | 2016年6月1日 |
| 43 | DL/Z 860.7510—2016 | 电力自动化通信网络和系统　第7-510部分：基本通信结构 水力发电厂建模原理与应用指南 | | 2016年6月1日 |
| 44 | DL/T 862—2016 | 水电厂自动化元件（装置）安装和验收规程 | DL/T 862—2004 | 2016年6月1日 |
| 45 | DL/T 872—2016 | 小电流接地系统单相接地故障选线装置技术条件 | DL/T 872—2004 | 2017年5月1日 |
| 46 | DL/T 875—2016 | 架空输电线路施工机具基本技术要求 | DL/T 875—2004 | 2016年6月1日 |
| 47 | DL/T 890.301—2016 | 能量管理系统应用程序接口（EMS-API）第301部分：公共信息模型（CIM）基础 | DL/T 890.301—2004 | 2016年6月1日 |
| 48 | DL/T 890.456—2016 | 能量管理系统应用程序接口（EMS-API）第456部分：电力系统状态解子集 | | 2016年6月1日 |
| 49 | DL/T 905—2016 | 汽轮机叶片、水轮机转轮焊接修复技术规程 | DL/T 905—2004 | 2016年12月1日 |
| 50 | DL/T 911—2016 | 电力变压器绕组变形的频率响应分析法 | DL/T 911—2004 | 2016年7月1日 |
| 51 | DL/T 995—2016 | 继电保护和电网安全自动装置检验规程 | DL/T 995—2006 | 2017年5月1日 |
| 52 | DL/T 1009—2016 | 水电厂计算机监控系统运行及维护规程 | DL/T 1009—2006 | 2016年6月1日 |
| 53 | DL/T 1014—2016 | 水情自动测报系统运行维护规程 | DL/T 1014—2006 | 2016年6月1日 |
| 54 | DL/T 1011—2016 | 电力系统继电保护整定计算数据交换格式规范 | DL/T 1011—2006 | 2017年5月1日 |
| 55 | DL/T 1033.10—2016 | 电力行业词汇　第10部分：电力设备 | DL/T 1033.10—2006 | 2016年12月1日 |
| 56 | DL/T 1033.1—2016 | 电力行业词汇　第1部分：动力工程 | DL/T 1033.1—2006 | 2016年12月1日 |
| 57 | DL/T 1039—2016 | 发电机内冷水处理导则 | DL/T 1039—2007 | 2017年5月1日 |
| 58 | DL/T 1050—2016 | 电力环境保护技术监督导则 | DL/T 1050—2007 | 2016年6月1日 |
| 59 | DL/T 1052—2016 | 电力节能技术监督导则 | DL/T 1052—2007 | 2017年5月1日 |
| 60 | DL/T 1058—2016 | 交流架空线路用复合相间间隔棒技术条件 | DL/T 1058—2007 | 2016年7月1日 |
| 61 | DL/T 1069—2016 | 架空输电线路导地线补修导则 | DL/T 1069—2007 | 2016年7月1日 |
| 62 | DL/T 1075—2016 | 保护测控装置技术条件 | DL/T 1075—2007 | 2017年5月1日 |

续表

| 序号 | 标准编号 | 标准名称 | 代替标准号 | 实施日期 |
|---|---|---|---|---|
| 63 | DL/T 1079—2016 | 输电线路张力放线用防扭钢丝绳 | DL/T 1079—2007 | 2016年7月1日 |
| 64 | DL/T 1080.1—2016 | 电力企业应用集成　配电管理的系统接口　第1部分：接口体系与总体要求 | DL/T 1080.1—2008 | 2016年6月1日 |
| 65 | DL/T 1098—2016 | 间隔棒技术条件和试验方法 | DL/T 1098—2009 | 2016年6月1日 |
| 66 | DL/T 1230—2016 | 电力系统图形描述规范 | DL/T 1230—2013 | 2017年5月1日 |
| 67 | DL/T 1432.2—2016 | 变电设备在线监测装置检验规范　第2部分：变压器油中溶解气体在线监测装置 | | 2016年6月1日 |
| 68 | DL/T 1432.3—2016 | 变电设备在线监测装置检验规范　第3部分：电容型设备及金属氧化物避雷器绝缘在线监测装置 | | 2016年6月1日 |
| 69 | DL/T 1473—2016 | 电测量指示仪表检定规程 | SD 110—1983 | 2016年6月1日 |
| 70 | DL/T 1496—2016 | 电能计量封印技术规范 | | 2016年6月1日 |
| 71 | DL/T 1497—2016 | 电能计量用电子标签技术规范 | | 2016年6月1日 |
| 72 | DL/T 1498.1—2016 | 变电设备在线监测装置技术规范　第1部分：通则 | | 2016年6月1日 |
| 73 | DL/T 1498.2—2016 | 变电设备在线监测装置技术规范　第2部分：变压器油中溶解气体在线监测装置 | | 2016年6月1日 |
| 74 | DL/T 1498.3—2016 | 变电设备在线监测装置技术规范　第3部分：电容型设备及金属氧化物避雷器绝缘在线监测装置 | | 2016年6月1日 |
| 75 | DL/T 1499—2016 | 电力应急术语 | | 2016年6月1日 |
| 76 | DL/T 1500—2016 | 电网气象灾害预警系统技术规范 | | 2016年6月1日 |
| 77 | DL/T 1501—2016 | 数字化继电保护试验装置技术条件 | | 2016年6月1日 |
| 78 | DL/T 1502—2016 | 厂用电继电保护整定计算导则 | | 2016年6月1日 |
| 79 | DL/T 1503—2016 | 变压器用速动油压继电器检验规程 | | 2016年6月1日 |
| 80 | DL/T 1504—2016 | 弧光保护装置通用技术条件 | | 2016年6月1日 |
| 81 | DL/T 1506—2016 | 高压交流电缆在线监测系统通用技术规范 | | 2016年6月1日 |
| 82 | DL/T 1507—2016 | 数字化电能表校准规范 | | 2016年6月1日 |
| 83 | DL/T 1508—2016 | 架空输电线路导地线覆冰监测装置 | | 2016年6月1日 |
| 84 | DL/T 1509—2016 | 电力系统光传送网（OTN）技术要求 | | 2016年6月1日 |
| 85 | DL/T 1510—2016 | 电力系统光传送网（OTN）测试规范 | | 2016年6月1日 |
| 86 | DL/T 1511—2016 | 电力系统移动作业PDA终端安全防护技术规范 | | 2016年6月1日 |
| 87 | DL/T 1512—2016 | 变电站测控装置技术规范 | | 2016年6月1日 |
| 88 | DL/T 1515—2016 | 电子式互感器接口技术规范 | | 2016年6月1日 |
| 89 | DL/T 1516—2016 | 相对介损及电容测试仪通用技术条件 | | 2016年6月1日 |
| 90 | DL/T 1518—2016 | 变电站噪声控制技术导则 | | 2016年6月1日 |

续表

| 序号 | 标准编号 | 标准名称 | 代替标准号 | 实施日期 |
| --- | --- | --- | --- | --- |
| 91 | DL/T 1519—2016 | 交流输电线路架空地线接地技术导则 | | 2016年6月1日 |
| 92 | DL/T 1523—2016 | 同步发电机进相试验导则 | | 2016年6月1日 |
| 93 | DL/T 1524—2016 | 发电机红外检测方法及评定导则 | | 2016年6月1日 |
| 94 | DL/T 1525—2016 | 隐极同步发电机转子匝间短路故障诊断导则 | | 2016年6月1日 |
| 95 | DL/T 1527—2016 | 用电信息安全防护技术规范 | | 2016年6月1日 |
| 96 | DL/T 1528—2016 | 电能计量现场手持设备技术规范 | | 2016年6月1日 |
| 97 | DL/T 1529—2016 | 配电自动化终端设备检测规程 | | 2016年6月1日 |
| 98 | DL/T 1530—2016 | 高压绝缘光纤柱 | | 2016年6月1日 |
| 99 | DL/T 1531—2016 | 20kV配电网过电压保护与绝缘配合 | | 2016年6月1日 |
| 100 | DL/T 1532—2016 | 接地网腐蚀诊断技术导则 | | 2016年6月1日 |
| 101 | DL/T 1533—2016 | 电力系统雷区分布图绘制方法 | | 2016年6月1日 |
| 102 | DL/T 1534—2016 | 油浸式电力变压器局部放电的特高频检测方法 | | 2016年6月1日 |
| 103 | DL/T 1535—2016 | 10kV～35kV干式空心限流电抗器使用导则 | | 2016年6月1日 |
| 104 | DL/T 1536—2016 | 电站调节阀选用导则 | | 2016年6月1日 |
| 105 | DL/T 1537—2016 | 电站止回阀选型及使用规程 | | 2016年6月1日 |
| 106 | DL/T 1538—2016 | 电力变压器用真空有载分接开关使用导则 | | 2016年6月1日 |
| 107 | DL/T 1539—2016 | 电力变压器（电抗器）用高压套管选用导则 | | 2016年6月1日 |
| 108 | DL/T 1540—2016 | 油浸式交流电抗器（变压器）运行振动测量方法 | | 2016年6月1日 |
| 109 | DL/T 1541—2016 | 电力变压器中性点直流限（隔）流装置技术规范 | | 2016年6月1日 |
| 110 | DL/T 1542—2016 | 电子式电流互感器选用导则 | | 2016年6月1日 |
| 111 | DL/T 1543—2016 | 电子式电压互感器选用导则 | | 2016年6月1日 |
| 112 | DL/T 1544—2016 | 电子式互感器现场交接验收规范 | | 2016年6月1日 |
| 113 | DL/T 1547—2016 | 智能水电厂技术导则 | | 2016年6月1日 |
| 114 | DL/T 1548—2016 | 水轮机调节系统设计与应用导则 | | 2016年6月1日 |
| 115 | DL/T 1549—2016 | 可逆式水泵水轮机调节系统技术条件 | | 2016年6月1日 |
| 116 | DL/T 1550—2016 | 矿物绝缘油中金属铜、铁含量测定法旋转圆盘电极发射光谱法 | | 2016年6月1日 |
| 117 | DL/T 1551—2016 | 六氟化硫气体中二氧化硫、硫化氢、氟化硫酰、氟化亚硫酰的测定方法——气质联用法 | | 2016年6月1日 |
| 118 | DL/T 1552—2016 | 变压器油储存管理导则 | | 2016年6月1日 |

续表

| 序号 | 标准编号 | 标准名称 | 代替标准号 | 实施日期 |
|---|---|---|---|---|
| 119 | DL/T 1553—2016 | 六氟化硫气体净化处理工作规程 | | 2016年6月1日 |
| 120 | DL/T 1555—2016 | 六氟化硫气体泄漏在线监测报警装置运行维护导则 | | 2016年6月1日 |
| 121 | DL/T 1557—2016 | 电动振冲器 | | 2016年6月1日 |
| 122 | DL/T 1558—2016 | 大坝安全监测系统运行维护规程 | | 2016年6月1日 |
| 123 | DL/T 1559—2016 | 水电站水工技术监督导则 | | 2016年6月1日 |
| 124 | DL/T 1560—2016 | 解体运输电力变压器现场组装与试验导则 | | 2016年6月1日 |
| 125 | DL/T 1561—2016 | 避雷器监测装置校准规范 | | 2016年6月1日 |
| 126 | DL/T 1562—2016 | 容性设备在线监测装置校准规范 | | 2016年6月1日 |
| 127 | DL/T 1563—2016 | 中压配电网可靠性评估导则 | | 2016年6月1日 |
| 128 | DL/T 1554—2016 | 接地网土壤腐蚀性评价导则 | | 2016年7月1日 |
| 129 | DL/T 1564—2016 | 垂线装置 | | 2016年7月1日 |
| 130 | DL/T 1565—2015 | 引张线装置 | | 2016年7月1日 |
| 131 | DL/T 1567—2016 | 开合无功补偿设备测试装置通用技术条件 | | 2016年7月1日 |
| 132 | DL/T 1569—2016 | 750kV及以上交流输电线路绝缘子串分布电压测量导则 | | 2016年7月1日 |
| 133 | DL/T 1570—2016 | 架空输电线路涉鸟故障风险分级及分布图绘制 | | 2016年7月1日 |
| 134 | DL/T 1571—2016 | 机器人检测劣化盘形悬式瓷绝缘子技术规范 | | 2016年7月1日 |
| 135 | DL/T 1572.1—2016 | 变电站和发电厂直流辅助电源系统短路电流　第1部分　短路电流计算 | | 2016年7月1日 |
| 136 | DL/T 1572.2—2016 | 变电站及发电厂直流辅助电源系统短路电流　第2部分：效应计算 | | 2016年7月1日 |
| 137 | DL/T 1572.3—2016 | 变电站和发电厂直流辅助电源系统短路电流　第3部分：算例 | | 2016年7月1日 |
| 138 | DL/T 1573—2016 | 电力电缆分布式光纤测温系统技术规范 | | 2016年7月1日 |
| 139 | DL/T 1574—2016 | 基于以太网方式的无源光网络（EPON）系统技术条件 | | 2016年7月1日 |
| 140 | DL/T 1575—2016 | 6kV～35kV电缆振荡波局部放电测量系统 | | 2016年7月1日 |
| 141 | DL/T 1576—2016 | 6kV～35kV电缆振荡波局部放电测试方法 | | 2016年7月1日 |
| 142 | DL/T 1577—2016 | 直流设备不拆高压引线试验导则 | | 2016年7月1日 |
| 143 | DL/T 1578—2016 | 架空输电线路无人直升机巡检系统 | | 2016年7月1日 |

续表

| 序号 | 标准编号 | 标准名称 | 代替标准号 | 实施日期 |
|---|---|---|---|---|
| 144 | DL/T 1579—2016 | 棒形悬式复合绝缘子用端部装配件技术规范 | | 2016年7月1日 |
| 145 | DL/T 1580—2016 | 交、直流棒形悬式复合绝缘子用芯棒技术规范 | | 2016年7月1日 |
| 146 | DL/T 1581—2016 | 直流系统用盘形悬式瓷或玻璃绝缘子金属附件加速电解腐蚀试验方法 | | 2016年7月1日 |
| 147 | DL/T 1584—2016 | 1000kV串联电容器补偿装置现场试验规程 | | 2016年7月1日 |
| 148 | DL/T 1585—2016 | 电能质量监测系统运行维护规范 | | 2016年7月1日 |
| 149 | DL/T 1586—2016 | 12kV固体绝缘金属封闭开关设备和控制设备 | | 2016年7月1日 |
| 150 | DL/T 1592—2016 | 电能信息采集终端检测装置技术规范 | | 2016年12月1日 |
| 151 | DL/T 1593—2016 | 电能信息采集终端可靠性验证方法 | | 2016年12月1日 |
| 152 | DL/T 1597—2016 | 电力行业数据灾备系统存储监控技术规范 | | 2016年12月1日 |
| 153 | DL/T 1598—2016 | 信息机房（A级）综合监控技术规范 | | 2016年12月1日 |
| 154 | DL/T 1599—2016 | 油中酚类及胺类抗氧化剂含量测定法 伏安线性扫描法 | | 2016年12月1日 |
| 155 | DL/T 1601—2016 | 光纤复合架空相线施工、验收及运行规范 | | 2016年12月1日 |
| 156 | DL/T 1607—2016 | 六氟化硫分解产物的测定 红外光谱法 | | 2016年12月1日 |
| 157 | DL/T 1608—2016 | 电能质量数据交换格式规范 | | 2016年12月1日 |
| 158 | DL/T 1609—2016 | 架空输电线路除冰机器人作业导则 | | 2016年12月1日 |
| 159 | DL/T 1610—2016 | 变电站机器人巡检系统通用技术条件 | | 2016年12月1日 |
| 160 | DL/T 1611—2016 | 输电线路铁塔钢管对接焊缝超声波检测与质量评定 | | 2016年12月1日 |
| 161 | DL/T 1612—2016 | 发电机定子绕组手包绝缘施加直流电压测量方法及评定导则 | | 2016年12月1日 |
| 162 | DL/T 1613—2016 | 光纤复合架空相线及相关附件 | | 2016年12月1日 |
| 163 | DL/T 1614—2016 | 电力应急指挥通信车技术规范 | | 2016年12月1日 |
| 164 | DL/T 1615—2016 | 碳纤维复合材料芯架空导线运行维护技术导则 | | 2016年12月1日 |
| 165 | DL/T 1617—2016 | 变压器油腐蚀性硫处理设备技术条件 | | 2016年12月1日 |
| 166 | DL/T 1618—2016 | 袋式除尘器离线移动清灰技术规范 | | 2016年12月1日 |
| 167 | DL/T 1620—2016 | 架空输电线路山火风险预报技术导则 | | 2016年12月1日 |
| 168 | DL/T 1621—2016 | 发电厂轴瓦巴氏合金焊接技术导则 | | 2016年12月1日 |
| 169 | DL/T 1622—2016 | 钎焊型铜铝过渡设备线夹超声波检测导则 | | 2016年12月1日 |

续表

| 序号 | 标准编号 | 标准名称 | 代替标准号 | 实施日期 |
|---|---|---|---|---|
| 170 | DL/T 1623—2016 | 智能变电站预制光缆技术规范 | | 2016年12月1日 |
| 171 | DL/T 846.10—2016 | 高电压测试设备通用技术条件　第10部分：暂态地电压局部放电检测仪 | | 2017年5月1日 |
| 172 | DL/T 846.11—2016 | 高电压测试设备通用技术条件　第11部分：特高频局部放电检测仪 | | 2017年5月1日 |
| 173 | DL/T 846.12—2016 | 高电压测试设备通用技术条件　第12部分：电力电容测试仪 | | 2017年5月1日 |
| 174 | DL/T 1399.2—2016 | 电力试验/检测车　第2部分：电力互感器检测车 | | 2017年5月1日 |
| 175 | DL/T 1624—2016 | 电力系统厂站和主设备命名规范 | SD 240—1987 | 2017年5月1日 |
| 176 | DL/T 1625—2016 | 梯级水电厂集中监控系统基本技术条件 | | 2017年5月1日 |
| 177 | DL/T 1626—2016 | 700MW及以上机组水电厂计算机监控系统基本技术条件 | | 2017年5月1日 |
| 178 | DL/T 1627—2016 | 水轮发电机励磁系统晶闸管整流桥技术条件 | | 2017年5月1日 |
| 179 | DL/T 1628—2016 | 水轮发电机励磁变压器技术条件 | | 2017年5月1日 |
| 180 | DL/T 1630—2016 | 气体绝缘金属封闭开关设备局部放电特高频检测技术规范 | | 2017年5月1日 |
| 181 | DL/T 1631—2016 | 并网风电场继电保护配置及整定技术规范 | | 2017年5月1日 |
| 182 | DL/T 1632—2016 | 输电线路钢管塔用法兰技术要求 | | 2017年5月1日 |
| 183 | DL/T 1633—2016 | 紧凑型高压并联电容器装置技术规范 | | 2017年5月1日 |
| 184 | DL/T 1634—2016 | 高海拔地区输电线路带电作业技术导则 | | 2017年5月1日 |
| 185 | DL/T 1635—2016 | 耐热导线输电线路带电作业技术导则 | | 2017年5月1日 |
| 186 | DL/T 1636—2016 | 电缆隧道机器人巡检技术导则 | | 2017年5月1日 |
| 187 | DL/T 1637—2016 | 变电站机器人巡检技术导则 | | 2017年5月1日 |
| 188 | DL/T 1638—2016 | 风力发电机组单元变压器保护测控装置技术条件 | | 2017年5月1日 |
| 189 | DL/T 1639—2016 | 变电站继电保护信息以太网103传输规范 | | 2017年5月1日 |
| 190 | DL/T 1640—2016 | 继电保护定值在线校核及预警技术规范 | | 2017年5月1日 |
| 191 | DL/T 1641—2016 | 磁保持继电器可靠性试验通则 | | 2017年5月1日 |
| 192 | DL/T 1642—2016 | 环形混凝土电杆用脚扣 | | 2017年5月1日 |
| 193 | DL/T 1643—2016 | 电杆用登高板 | | 2017年5月1日 |
| 194 | DL/T 1644—2016 | 电力企业合同能源管理技术导则 | | 2017年5月1日 |
| 195 | DL/T 1647—2016 | 防火电力电容器使用技术条件 | | 2017年5月1日 |
| 196 | DL/T 1648—2016 | 发电厂及变电站辅机变频器高低电压穿越技术规范 | | 2017年5月1日 |

续表

| 序号 | 标准编号 | 标准名称 | 代替标准号 | 实施日期 |
|---|---|---|---|---|
| 197 | DL/T 1649—2016 | 配电网调度控制系统技术规范 | | 2017年5月1日 |
| 198 | DL/T 1650—2016 | 小水电站并网运行规范 | | 2017年5月1日 |
| 199 | DL/T 1651—2016 | 继电保护光纤通道检验规程 | | 2017年5月1日 |
| 200 | DL/T 1652—2016 | 电能计量设备用超级电容器技术规范 | | 2017年5月1日 |
| 201 | DL/T 1653—2016 | 磷酸酯抗燃油氯含量的测定 能量色散X射线荧光光谱法 | | 2017年5月1日 |
| 202 | DL/T 1654—2016 | 磷酸酯抗燃油氧化安定性和腐蚀性试验方法 | | 2017年5月1日 |
| 203 | DL/T 1658—2016 | 35kV及以下固体绝缘管型母线 | | 2017年5月1日 |
| 204 | DL/T 1659—2016 | 电力作业用软梯技术要求 | | 2017年5月1日 |
| 205 | DL/T 1660—2016 | 电力系统消息总线接口规范 | | 2017年5月1日 |
| 206 | DL/T 1661—2016 | 智能变电站监控数据与接口技术规范 | | 2017年5月1日 |
| 207 | DL/T 1663—2016 | 智能变电站继电保护在线监视和智能诊断技术导则 | | 2017年5月1日 |
| 208 | DL/T 1664—2016 | 电能计量装置现场检验规程 | SD 109—83 | 2017年5月1日 |
| 209 | DL/T 1665—2016 | 数字化电能计量装置现场检测规范 | | 2017年5月1日 |
| 210 | DL/T 1666—2016 | 水电站水调自动化系统技术条件 | | 2017年5月1日 |
| 211 | DL/T 1667—2016 | 变电站不锈钢复合材料耐腐蚀接地装置 | | 2017年5月1日 |
| 212 | DL/T 1674—2016 | 35kV及以下配网防雷技术导则 | | 2017年5月1日 |
| 213 | DL/T 1676—2016 | 交流输电线路用避雷器选用导则 | | 2017年5月1日 |
| 214 | DL/T 1677—2016 | 电力工程用降阻接地模块技术条件 | | 2017年5月1日 |
| 215 | DL/T 1678—2016 | 电力工程接地降阻技术规范 | | 2017年5月1日 |
| 216 | DL/T 1680—2016 | 大型接地网状态评估技术导则 | | 2017年5月1日 |
| 217 | DL/T 1681—2016 | 高压试验仪器设备选配导则 | | 2017年5月1日 |
| 218 | DL/T 1682—2016 | 交流变电站接地安全导则 | | 2017年5月1日 |
| 219 | DL/T 5115—2016 | 混凝土面板堆石坝接缝止水技术规范 | DL/T 5115—2008 | 2017年5月1日 |
| 220 | DL/T 5168—2016 | 110kV～750kV架空输电线路施工质量检验及评定规程 | DL/T 5168—2002 | 2016年7月1日 |
| 221 | DL/T 5178—2016 | 混凝土坝安全监测技术规范 | DL/T 5178—2003 | 2016年7月1日 |
| 222 | DL/T 5205—2016 | 电力建设工程工程量清单计算规范 输电线路工程 | DL/T 5205—2011 | 2017年5月1日 |
| 223 | DL/T 5214—2016 | 水电水利工程振冲法地基处理技术规范 | DL/T 5214—2005 | 2017年5月1日 |
| 224 | DL/T 5341—2016 | 电力建设工程工程量清单计算规范 变电工程 | DL/T 5341—2011 | 2017年5月1日 |
| 225 | DL/T 5363—2016 | 水工碾压式沥青混凝土施工规范 | DL/T 5363—2006 | 2017年5月1日 |
| 226 | DL/T 5400—2016 | 水工建筑物滑动模板施工技术规范 | DL/T 5400—2007 | 2016年6月1日 |

续表

| 序号 | 标准编号 | 标准名称 | 代替标准号 | 实施日期 |
| --- | --- | --- | --- | --- |
| 227 | DL/T 5727—2016 | 绝缘子用常温固化硅橡胶防污闪涂料现场施工技术规范 |  | 2016年6月1日 |
| 228 | DL/T 5728—2016 | 水电水利工程控制性灌浆施工规范 |  | 2016年6月1日 |
| 229 | DL/T 5729—2016 | 配电网规划设计技术导则 |  | 2016年6月1日 |
| 230 | DL/T 5730—2016 | 水电水利工程施工机械安全操作规程 振捣机械 |  | 2016年7月1日 |
| 231 | DL/T 5731—2016 | 水电水利工程施工机械安全操作规程 振动碾 |  | 2016年7月1日 |
| 232 | DL/T 5732—2016 | 架空输电线路大跨越工程施工质量检验及评定规程 |  | 2016年7月1日 |
| 233 | DL/T 5733—2016 | 架空输电线路接地模块施工工艺导则 |  | 2016年7月1日 |
| 234 | DL/T 5734—2016 | 电力通信超长站距光传输工程设计技术规程 |  | 2016年7月1日 |
| 235 | DL/T 5735—2016 | 1000kV可控并联电抗器设计技术导则 |  | 2016年12月1日 |
| 236 | DL/T 5738—2016 | 电力建设工程变形缝施工技术规范 |  | 2016年12月1日 |
| 237 | DL/T 5740—2016 | 智能变电站施工技术规范 |  | 2016年12月1日 |
| 238 | DL/T 5741—2016 | 水电水利工程截流施工技术规范 |  | 2017年5月1日 |
| 239 | DL/T 5742—2016 | 水电水利地下工程施工测量规范 |  | 2017年5月1日 |
| 240 | DL/T 5743—2016 | 水电水利工程土工合成材料施工规范 |  | 2017年5月1日 |
| 241 | DL/T 5744.1—2016 | 额定电压66kV～220kV交联聚乙烯绝缘电力电缆敷设规程　第1部分：直埋敷设 |  | 2017年5月1日 |
| 242 | DL/T 5744.2—2016 | 额定电压66kV～220kV交联聚乙烯绝缘电力电缆敷设规程　第2部分：排管敷设 |  | 2017年5月1日 |
| 243 | DL/T 5744.3—2016 | 额定电压66kV～220kV交联聚乙烯绝缘电力电缆敷设规程　第3部分：隧道敷设 |  | 2017年5月1日 |
| 244 | DL/T 5745—2016 | 电力建设工程工程量清单计价规范 |  | 2017年5月1日 |
| 245 | NB/T 31075—2016 | 风电场电气仿真模型建模及验证规程 |  | 2016年6月1日 |
| 246 | NB/T 31076—2016 | 风力发电场并网验收规范 |  | 2016年6月1日 |
| 247 | NB/T 31077—2016 | 风电场低电压穿越建模及评价方法 |  | 2016年6月1日 |
| 248 | NB/T 31078—2016 | 风电场并网性能评价方法 |  | 2016年6月1日 |
| 249 | NB/T 31079—2016 | 风电功率预测系统测风塔数据测量技术要求 |  | 2016年6月1日 |
| 250 | NB/T 31080—2016 | 海上风力发电机组钢制基桩及承台制作技术规范 |  | 2016年6月1日 |
| 251 | NB/T 31081—2016 | 风力发电场仿真机技术规范 |  | 2016年6月1日 |
| 252 | NB/T 31082—2016 | 风电机组塔架用高强度螺栓连接副 |  | 2016年6月1日 |
| 253 | NB/T 31083—2016 | 风电场控制系统功能规范 |  | 2016年6月1日 |

续表

| 序号 | 标准编号 | 标准名称 | 代替标准号 | 实施日期 |
| --- | --- | --- | --- | --- |
| 254 | NB/T 31084—2016 | 风力发电工程建设施工监理规范 | | 2016年6月1日 |
| 255 | NB/T 31085—2016 | 风电场项目经济评价规范 | | 2016年6月1日 |
| 256 | NB/T 31086—2016 | 风电场工程水土保持方案编制技术规范 | | 2016年6月1日 |
| 257 | NB/T 31087—2016 | 风电场项目环境影响评价技术规范 | | 2016年6月1日 |
| 258 | NB/T 31088—2016 | 风电场安全标识设置设计规范 | | 2016年6月1日 |
| 259 | NB 31089—2016 | 风电场设计防火规范 | | 2016年6月1日 |
| 260 | NB/T 31090—2016 | 并网型风力发电机组售后服务规范 | | 2016年6月1日 |
| 261 | NB/T 31091—2016 | 并网型风力发电机组成套供应规范 | | 2016年6月1日 |
| 262 | NB/T 31092—2016 | 微电网用风力发电机组性能与安全技术要求 | | 2016年6月1日 |
| 263 | NB/T 31093—2016 | 微电网用风力发电机组主控制器技术规范 | | 2016年6月1日 |
| 264 | NB/T 31094—2016 | 风力发电设备　海上特殊环境条件与技术要求 | | 2016年6月1日 |
| 265 | NB/T 31095—2016 | 风电电气设备　安全通用要求 | | 2016年6月1日 |
| 266 | NB/T 31099—2016 | 风力发电场无功配置及电压控制技术规定 | | 2016年12月1日 |
| 267 | NB/T 31100—2016 | 电励磁同步风力发电机技术条件 | | 2016年12月1日 |
| 268 | NB/T 31101.1—2016 | 风力发电机组　板式冷却器　第1部分：技术条件 | | 2016年12月1日 |
| 269 | NB/T 31101.2—2016 | 风力发电机组　板式冷却器　第2部分：试验方法 | | 2016年12月1日 |
| 270 | NB/T 31102.1—2016 | 风力发电机组　发电机用烧结电磁线　第1部分：技术条件 | | 2016年12月1日 |
| 271 | NB/T 31102.2—2016 | 风力发电机组　发电机用烧结电磁线　第2部分：试验方法 | | 2016年12月1日 |
| 272 | NB/T 31103—2016 | 直驱永磁风力发电机组主控制系统软件功能技术规范 | | 2016年12月1日 |
| 273 | NB/T 31104—2016 | 陆上风电场工程预可行性研究报告编制规程 | | 2017年5月1日 |
| 274 | NB/T 31105—2016 | 陆上风电场工程可行性研究报告编制规程 | | 2017年5月1日 |
| 275 | NB/T 31106—2016 | 陆上风电场工程安全文明施工规范 | | 2017年5月1日 |
| 276 | NB/T 42089—2016 | 电化学储能电站功率变换系统技术规范 | | 2016年12月1日 |
| 277 | NB/T 42090—2016 | 电化学储能电站监控系统技术规范 | | 2016年12月1日 |
| 278 | NB/T 42091—2016 | 电化学储能电站用锂离子电池技术规范 | | 2016年12月1日 |

（中国电力企业联合会　许松林　刘永东　周丽波）

# 2016年发布的由水电水利规划设计总院归口管理的技术标准

2016年，由水电水利规划设计总院归口管理的水电勘察设计技术标准和风电规划、设计、施工、安装技术标准，共发布31项，见表1。

表1 2016年发布的由水电水利规划设计总院归口管理的技术标准表

| 序号 | 标准名称 | 标准编号 | 实施日期 | 代替标准 |
|---|---|---|---|---|
| 1 | 风电场项目经济评价规范 | NB/T 31085—2016 | 2016年6月1日 | |
| 2 | 风电场工程水土保持方案编制技术规范 | NB/T 31086—2016 | 2016年6月1日 | |
| 3 | 风电场项目环境影响评价技术规范 | NB/T 31087—2016 | 2016年6月1日 | |
| 4 | 风电场安全标识设置设计规范 | NB/T 31088—2016 | 2016年6月1日 | |
| 5 | 风电场设计防火规范 | NB/T 31089—2016 | 2016年6月1日 | |
| 6 | 风电场工程规划报告编制规程 | NB/T 31098—2016 | 2016年6月1日 | |
| 7 | 陆上风电场工程预可行性研究报告编制规程 | NB/T 31104—2016 | 2016年5月1日 | |
| 8 | 陆上风电场工程可行性研究报告编制规程 | NB/T 31105—2016 | 2017年5月1日 | |
| 9 | 陆上风电场工程安全文明施工规范 | NB/T 31106—2016 | 2016年5月1日 | |
| 10 | 光伏发电工程设计概算编制规定及费用标准 | NB/T 32027—2016 | 2016年6月1日 | |
| 11 | 光热发电工程安全验收评价规程 | NB/T 32028—2016 | 2016年6月1日 | |
| 12 | 光热发电工程安全预评价规程 | NB/T 32029—2016 | 2016年6月1日 | |
| 13 | 光伏发电工程勘察设计费计算标准 | NB/T 32030—2016 | 2016年6月1日 | |
| 14 | 光伏发电工程概算定额 | NB/T 32035—2016 | 2016年12月1日 | |
| 15 | 水电工程陡边坡植被混凝土生态修复技术规范 | NB/T 32082—2016 | 2016年12月1日 | |
| 16 | 水电工程竣工图文件编制规程 | NB/T 32083—2016 | 2016年12月1日 | |
| 17 | 水电站厂房设计规范 | NB 35011—2016 | 2016年5月1日 | NB/T 35011—2013 |
| 18 | 水力发电厂二次接线设计规范 | NB/T 35076—2016 | 2016年6月1日 | DL/T 5132—2001 |
| 19 | 水电工程数字流域基础地理信息系统技术规范 | NB/T 35077—2016 | 2016年6月1日 | |
| 20 | 活塞组合式减压阀基本技术条件 | NB/T 35078—2016 | 2016年6月1日 | |
| 21 | 地下厂房岩壁吊车梁设计规范 | NB/T 35079—2016 | 2016年6月1日 | |
| 22 | 水电站气垫式调压室设计规范 | NB/T 35080—2016 | 2016年6月1日 | |
| 23 | 水电工程金属结构涂层强度拉开法测试规程 | NB/T 35081—2016 | 2016年6月1日 | |
| 24 | 水电工程施工规划报告编制规程 | NB/T 35084—2016 | 2016年5月1日 | |
| 25 | 水电工程移民安置区工程地质勘察规程 | NB/T 35085—2016 | 2016年5月1日 | |
| 26 | 水电工程闸门止水装置设计规范 | NB/T 35086—2016 | 2016年5月1日 | |

续表

| 序号 | 标准名称 | 标准编号 | 实施日期 | 代替标准 |
|---|---|---|---|---|
| 27 | 水电工程钢闸门液压自动挂脱梁系列参数 | NB/T 35087—2016 | 2016年5月1日 | |
| 28 | 水电机组机械液压过速保护装置基本技术条件 | NB/T 35088—2016 | 2016年5月1日 | |
| 29 | 水轮机筒形阀技术规范 | NB/T 35089—2016 | 2016年5月1日 | |
| 30 | 水电站地下厂房设计规范 | NB/T 35090—2016 | 2016年5月1日 | |
| 31 | 水电工程生态流量计算规范 | NB/T 35091—2016 | 2016年5月1日 | |

（水电水利规划设计总院）

# 2016年发布的水利技术标准

2016年，水利科技标准共发布35项，其中国家标准12项，行业标准23项，见表1。

表1　2016年发布的水利科技标准

| 序号 | 标准名称 | 标准编号 | 实施日期 |
|---|---|---|---|
| （一）国家标准 | | | |
| 1 | 整装微型水轮发电机组 | GB/T 32715—2016 | 2017年3月1日 |
| 2 | 用水定额编制技术导则 | GB/T 32716—2016 | 2017年3月1日 |
| 3 | 升船机设计规范 | GB 51177—2016 | 2017年4月1日 |
| 4 | 大坝观测仪器　钢筋计　第2部分：振弦式钢筋计 | GB/T 3409.2—2016 | 2017年1月1日 |
| 5 | 水文仪器基本环境试验条件及方法 | GB/T 9359—2016 | 2017年1月1日 |
| 6 | 小型水电站机电设备导则 | GB/T 18110—2016 | 2017年1月1日 |
| 7 | 水深测量仪器　第3部分：超声波测深仪 | GB/T 27992.3—2016 | 2017年1月1日 |
| 8 | 小型水轮机磨蚀防护导则 | GB/T 32745—2016 | 2017年1月1日 |
| 9 | 岩土工程仪器信号与接口 | GB/T 32746—2016 | 2017年1月1日 |
| 10 | 岩土工程仪器安全要求 | GB/T 32747—2016 | 2017年1月1日 |
| 11 | 渠道衬砌与防渗材料 | GB/T 32748—2016 | 2017年1月1日 |
| 12 | 水文缆道机电设备及测验仪器通用技术条件 | GB/T 32749—2016 | 2017年1月1日 |
| （二）行业标准 | | | |
| 1 | 水利水电工程机电设备安装安全技术规程 | SL 400—2016 | 2017年3月20日 |
| 2 | 水闸设计规范 | SL 265—2016 | 2017年2月28日 |
| 3 | 水工建筑物荷载设计规范 | SL 744—2016 | 2017年2月25日 |
| 4 | 中小型水轮发电机组启动试验规程 | SL 746—2016 | 2017年2月25日 |
| 5 | 采矿业建设项目水资源论证导则 | SL 747—2016 | 2017年2月25日 |
| 6 | 水工与河工模型试验常用仪器校验方法 | SL 233—2016 | 2016年11月15日 |
| 7 | 牧区草地灌溉与排水技术规范 | SL 334—2016 | 2016年11月15日 |
| 8 | 箱式水电站 | SL 743—2016 | 2016年11月15日 |
| 9 | 全国水利通信网自动电话编号 | SL 417—2016 | 2016年10月22日 |

续表

| 序号 | 标准名称 | 标准编号 | 实施日期 |
|---|---|---|---|
| 10 | 水质　甲萘威、溴氰菊酯、微囊藻毒素-LR的测定　高效液相色谱法 | SL 740—2016 | 2016年10月22日 |
| 11 | 水质　挥发性卤代烃的测定　吹扫捕集-气相色谱法测定 | SL 741—2016 | 2016年10月22日 |
| 12 | 水工金属结构焊接通用技术条件 | SL 36—2016 | 2016年10月20日 |
| 13 | 水质　有机磷农药的测定　固相萃取-气相色谱法 | SL 739—2016 | 2016年10月20日 |
| 14 | 水利工程质量检测技术规程 | SL 734—2016 | 2016年9月7日 |
| 15 | 水利水电工程安全监测设计规范 | SL 725—2016 | 2016年8月23日 |
| 16 | 水工隧洞设计规范 | SL 279—2016 | 2016年7月26日 |
| 17 | 水利单位管理体系　要求 | SL/Z 503—2016 | 2016年7月26日 |
| 18 | 水生态文明城市建设评价导则 | SL/Z 738—2016 | 2016年7月11日 |
| 19 | 水利空间要素数据字典 | SL 729—2016 | 2016年5月22日 |
| 20 | 大中型水库库区和移民安置区基础设施建设和经济发展规划编制规程 | SL 735—2016 | 2016年5月22日 |
| 21 | 水文数据目录服务规范 | SL 736—2016 | 2016年5月5日 |
| 22 | 治涝标准 | SL 723—2016 | 2016年4月15日 |
| 23 | 内陆水域浮游植物监测技术规程 | SL 733—2016 | 2016年4月5日 |

（水利部国际合作与科技司　刘咏峰　中国水利学会　李建国）

# 水电新书

## 中国电力出版社2016年水电新书

中国电力出版社2016年水电新书见表1。

表1　中国电力出版社2016年水电新书

| 序号 | 书号 | 书名 | 作者 | 定价（元） |
|---|---|---|---|---|
| 1 | 978-7-5123-8780-5 | 水电厂运维一体化技能培训教材（初级） | 国网新源控股有限公司 | 110 |
| 2 | 978-7-5123-8791-1 | 水电厂运维一体化技能培训教材（高级） | 国网新源控股有限公司 | 125 |
| 3 | 978-7-5123-8814-7 | 水电厂运维一体化技能培训教材（中级） | 国网新源控股有限公司 | 115 |
| 4 | 978-7-5123-9401-8 | 国家电网公司水电安规习题集　动力部分 | 国家电网公司 | 48 |
| 5 | 155123.2879 | Q/HN-3-0000.24.001.29—2016《电力生产技能人员岗位能力培训规范　水电集控运行》 | 中国华能集团公司 | 30 |
| 6 | 155123.2885 | Q/HN-3-0000.24.001.32—2016《电力生产技能人员岗位能力培训规范　水轮机检修》 | 中国华能集团公司 | 38 |
| 7 | 155123.2882 | Q/HN-3-0000.24.001.39—2016《电力生产技能人员岗位能力培训规范　风电机组检修》 | 中国华能集团公司 | 37 |

续表

| 序号 | 书号 | 书名 | 作者 | 定价（元） |
|---|---|---|---|---|
| 8 | 155123.3333 | Q/HN-3-0000.24.030—2016　电力生产技能人员岗位能力培训规范　水电厂设备运维 | 中国华能集团公司 | 42 |
| 9 | 155123.3275 | Q/HN-3-0000.24.031—2016　电力生产技能人员岗位能力培训规范　水电厂水工运维 | 中国华能集团公司 | 32 |
| 10 | 155123.3331 | Q/HN-3-0000.24.033—2016　电力生产技能人员岗位能力培训规范　水轮发电机检修 | 中国华能集团公司 | 35 |
| 11 | 155123.3336 | Q/HN-3-0000.24.034—2016　电力生产技能人员岗位能力培训规范　水电自动控制系统检修 | 中国华能集团公司 | 43 |
| 12 | 155123.3338 | Q/HN-3-0000.24.035—2016　电力生产技能人员岗位能力培训规范　水电厂辅助设备及公用系统检修 | 中国华能集团公司 | 40 |
| 13 | 155123.3271 | Q/HN-3-0000.24.036—2016　电力生产技能人员岗位能力培训规范　工程水文及水情测报 | 中国华能集团公司 | 30 |
| 14 | 978-7-5123-8303-6 | 水力发电厂技术监督标准汇编 | 中国华能集团公司 | 170 |
| 15 | 978-7-5123-8583-2 | 创建电力优质工程策划与控制5系列丛书　电力建设标准负面清单（2015版）　第9册　水电机电与金结 | 中国电力建设专家委员会 | 110 |
| 16 | 978-7-5123-8324-1 | 创建电力优质工程策划与控制6系列丛书　电力建设标准责任清单（2015版）　第5册　风光储工程 | 中国电力建设专家委员会 | 85 |
| 17 | 978-7-5123-8674-7 | 创建电力优质工程策划与控制6系列丛书　电力建设标准责任清单（2015版）　第3册　水电水利工程 | 中国电力建设专家委员会 | 190 |
| 18 | 978-7-5123-8330-2 | 创建电力优质工程策划与控制7系列丛书　电力建设标准培训考核清单（2015版）　第11册　风光储工程 | 中国电力建设专家委员会 | 75 |
| 19 | 978-7-5123-8808-6 | 创建电力优质工程策划与控制7系列丛书　电力建设标准培训考核清单（2015版）　第8册　水电水工 | 中国电力建设专家委员会 | 130 |
| 20 | 978-7-5123-8809-3 | 创建电力优质工程策划与控制7系列丛书　电力建设标准培训考核清单（2015版）　第9册　水电机电与金结 | 中国电力建设专家委员会 | 160 |
| 21 | 978-7-5123-8243-5 | 水力发电厂智能监控技术 | 曾楚夫 | 98 |
| 22 | 978-7-5123-8747-8 | 水轮发电机组典型案例分析 | 国网湖南省电力公司电力科学研究院　组编　吴长利　主编 | 56 |
| 23 | 978-7-5123-8544-3 | 小水电培训教材　小型水电站电气一次设备检修 | 马　威　主编　陈　芳　主审 | 29 |
| 24 | 978-7-5123-5750-1 | 小水电培训教材　小型水电站运行与管理 | 陈　芳 | 25 |
| 25 | 978-7-5123-9938-9 | 抽水蓄能电站工程建设文集 2016 | 中国水力发电工程学会电网调峰与抽水蓄能专业委员会 | 160 |

续表

| 序号 | 书号 | 书名 | 作者 | 定价（元） |
|---|---|---|---|---|
| 26 | 978-7-5123-9465-0 | 中国电力建设集团有限公司年鉴 2015 | 中国电力建设集团有限公司年鉴编辑委员会 | 300 |
| 27 | 978-7-5123-9667-8 | 中国华电集团公司年鉴 2015 | 《中国华电集团公司年鉴》编委会 | 180 |
| 28 | 978-7-5123-8348-7 | 潘家铮全集　第一卷　重力坝的弹性理论计算 | 潘家铮 | 75 |
| 29 | 978-7-5123-7963-3 | 潘家铮全集　第二卷　重力坝的设计和计算 | 潘家铮 | 170 |
| 30 | 978-7-5123-8351-7 | 潘家铮全集　第三卷　重力坝设计 | 潘家铮 | 210 |
| 31 | 978-7-5123-9104-8 | 潘家铮全集　第四卷　水工结构计算 | 潘家铮 | 80 |
| 32 | 978-7-5123-8447-7 | 潘家铮全集　第五卷　水工结构应力分析 | 潘家铮 | 299 |
| 33 | 978-7-5123-8458-3 | 潘家铮全集　第六卷　水工结构分析文集 | 潘家铮 | 116 |
| 34 | 978-7-5123-8349-4 | 潘家铮全集　第七卷　水工建筑物设计 | 潘家铮 | 202 |
| 35 | 978-7-5123-9103-1 | 潘家铮全集　第八卷　工程数学计算 | 潘家铮 | 36 |
| 36 | 978-7-5123-8518-4 | 潘家铮全集　第九卷　建筑物的抗滑稳定和滑坡分析 | 潘家铮 | 75 |
| 37 | 978-7-5123-8446-0 | 潘家铮全集　第十卷　科技论文集 | 潘家铮 | 335 |
| 38 | 978-7-5123-9047-8 | 潘家铮全集　第十一卷　工程技术决策与实践 | 潘家铮 | 185 |
| 39 | 978-7-5123-7952-7 | 潘家铮全集　第十二卷　科普作品集 | 潘家铮 | 55 |
| 40 | 978-7-5123-7806-3 | 潘家铮全集　第十三卷　科幻作品集 | 潘家铮 | 145 |
| 41 | 978-7-5123-7801-8 | 潘家铮全集　第十四卷　春梦秋云录 | 潘家铮 | 98 |
| 42 | 978-7-5123-7962-6 | 潘家铮全集　第十五卷　老生常谈集 | 潘家铮 | 48 |
| 43 | 978-7-5123-8524-5 | 潘家铮全集　第十六卷　思考·感想·杂谈 | 潘家铮 | 150 |
| 44 | 978-7-5123-9048-5 | 潘家铮全集　第十七卷　序跋·书信 | 潘家铮 | 80 |
| 45 | 978-7-5123-8350-0 | 潘家铮全集　第十八卷　积木山房丛稿 | 潘家铮 | 96 |
| 46 | 978-7-5123-9519-0 | 潘家铮传 | 鲁顺民 | 96 |

## 《潘家铮全集》《潘家铮传》出版发行

《潘家铮全集》《潘家铮传》于 2016 年 7 月公开出版发行。

《潘家铮全集》是原中国工程院副院长、国家电网公司高级顾问、两院院士潘家铮先生的作品总集，包括科技著作、科技论文、科幻小说、科普文章、散文、讲话、诗歌、书信等各类作品，共计 18 卷，约 1200 万字，是潘家铮先生一生的智慧结晶。他的科技著作和科技论文，科学严谨、求实创新、充满智慧，反映了我国水利水电行业不断进步的科技水平，具有重要的科学价值。他的文学著作，感情丰沛、语言生动、风趣幽默。他的科幻故事，构思巧妙、想象奇特、启人遐思。他的杂文和散文，思辨清晰、立意深邃、切中要害，具有重要的思想价值。这些作品对研究我国水利水电行业技术进步历程，弘扬尊重科学、锐意创新、实事求是、勇于担责的精神，都具有十分重要的意义。

《潘家铮全集》是国家“十二五”重点图书出版

项目，国家出版基金资助项目。原全国人大常委会副委员长路甬祥为《全集》作序，全球能源互联网发展合作组织主席刘振亚担任编委会主任。中国工程院资深院士陈厚群担任主编，来自中国工程院、水利部、国务院南水北调办公室、国家电网公司、中国长江三峡集团公司、中国水力发电工程学会、中国水利水电科学研究院、小浪底枢纽管理局、中国水电顾问集团等单位的数十余位领导、专家参与了这项工作。著名艺术家韩美林为《全集》题写书名。

《潘家铮全集》的出版也是潘家铮院士本人的遗愿。他生前接受采访时曾经说过："谁也违反不了自然规律……你知道河流在入海的时候，一定会有许多泥沙沉积下来，因为流速慢下来了……我希望把过去的经验教训总结成文字，沉淀的泥沙可以采掘出来，开成良田美地，供后人利用。"

《潘家铮传》由知名作家鲁顺民撰写，全书 80 万字。作家通过大量的采访，收集了翔实的资料，花费 3 年多时间，用写实的手法，再现了潘家铮传奇的一生。

《潘家铮全集》《潘家铮传》的出版对于弘扬和传承潘家铮院士的科学技术和精神财富具有重大意义，短时间内在水电行业获得了广泛的关注和好评，必将为行业发展做出不可估量的贡献。

（杨伟国）

## 《潘家铮全集》总序言

潘家铮先生是中国科学院院士、中国工程院院士，我国著名的水工结构和水电建设专家、科普及科幻作家，浙江大学杰出校友，是我敬重的学长。他离开我们已经三年多了。如今，由国家电网公司组织、中国电力出版社编辑的 18 卷本《潘家铮全集》即将出版。这部 1200 万字的巨著，凝结了潘先生一生探索实践的智慧和心血，为我们继承和发展他所钟爱的水利水电建设、科学普及等事业提供了十分重要的资料，也为广大读者认识和学习这位"工程巨匠""设计大师"提供了非常难得的机会。

潘家铮先生是浙江绍兴人，1950 年 8 月从浙江大学土木工程专业毕业后，在钱塘江水力发电勘测处参加工作，从此献身祖国的水利水电事业，直到自己生命的终点。在长达 60 多年的职业生涯里，他勤于学习、善于实践、勇于创新，逐步承担起水电设计、建设、科研和管理工作，在每个领域都呕心沥血、成就卓著。他从 200 千瓦小水电站的设计施工做起，主持和参与了一系列水利水电建设工程，解决了一个又一个技术难题，创造了一个又一个历史纪录，特别是在举世瞩目的长江三峡工程、南水北调工程中发挥了重要作用，为中国水电工程技术赶超世界先进水平、促进我国能源和电力事业进步、保障国家经济社会可持续发展做出了突出贡献，被誉为新中国水电工程技术的开拓者、创新者和引领者，赢得了党和人民的高度评价。他的光辉业绩，已经载入中国水利水电发展史册。他给我们留下了极其丰富而珍贵的精神财富，值得我们永远缅怀和学习。

我们缅怀潘家铮先生奋斗的一生，就是要学习他求是创新的精神。求是创新，是潘先生母校浙江大学的校训，也是他一生秉持的科学精神和务实作风的最好概括。中国历史上的水利工程，从来就是关系江山社稷的民心工程。水利水电工程的成败安危，取决于工程决策、设计、施工和管理的各个环节。潘家铮先生从生产一线干起，刻苦钻研专业知识，始终坚持理论联系实际，坚守科学严谨、精益求精的工作作风。他敢于向困难挑战，善于创新创造，在确保工程质量安全的同时，不断深化对水利水电工程所蕴含经济效益、社会效益、生态效益和文化效益等综合效益的认识，逐步形成了自己的工程设计思想，丰富和提高了我国水利水电工程建设的理论水平和实践能力。作为三峡工程技术方面的负责人，他尊重科学、敢于担当，既是三峡工程的守护者，又能客观看待各方面的意见。在三峡工程成功实现蓄水和发电之际，他坦诚地说："对三峡工程贡献最大的人是那些反对者。正是他们的追问、疑问甚至是质问，逼着你把每个问题都弄得更清楚，方案做得更理想、更完整，质量一期比一期好。"

我们缅怀潘家铮先生多彩的一生，就是要学习他海纳江河的胸怀。大不自多，海纳江河。潘家铮先生一生"读万卷书，行万里路"，以宽广的视野和博大的胸怀做事做人，在科技、教育、科普和文学创作等诸多领域都卓有建树。他重视发挥科技战略咨询的重要作用，为国家能源开发、水资源利用、南水北调、西电东送等重大工程建设献计献策，促进了决策的科学化、民主化。他关心工程科技人才的教育和培养，积极为年轻人才脱颖而出创造机会和条件。以其名字命名的"潘家铮水电科技基金"，为激励水电水利领域的人才成长发挥了积极作用。他热心科学传播和科学普及事业，一生潜心撰写了 100 多万字的科普、科幻作品，成为名副其实的科普作家、科幻大师，深受广大青少年喜爱。用他的话说，"应试教育已经把孩子们的想象力扼杀得太多了。这些作品可以普及科学知识，激发孩子们的想象力。"他还通过诗词歌赋等形式，记录自己的奋斗历程，总结自己的心得体会，抒发自己的壮志豪情，展现了崇高的精神境界。

我们缅怀潘家铮先生奉献的一生，就是要学习他矢志报国的信念。潘家铮先生作为新中国成立之后的第一代水电工程师，他心系祖国和人民，殚精竭虑，无私奉献，始终把自己的学习实践、事业追求与国家的需要紧密结合起来，在水利水电建设战线大显身手，也见证了新中国水利水电事业发展壮大的历程。经过几十年的快速发展，我国水力发电的规模从小到大，从弱到强，已迈入世界前列。中国水利水电建设的辉煌成就和宝贵经验，在国际上的影响是深远的。以潘家铮先生为代表的中国科学家、工程师和建设者的辛勤付出，也为探索人类与大自然和谐发展道路做出了积极贡献。在中国这块大地上，不仅可以建设伟大的水利水电工程，也完全能够攀登世界科技的高峰。潘家铮先生曾说过："吃螃蟹也得有人先吃，什么事为什么非得外国先做，然后我们再做?"我们就是要树立雄心壮志，既虚心学习、博采众长，又敢于创新创造、实现跨越发展。潘家铮先生晚年担任国家电网公司的高级顾问，他在病房里感人的一番话，袒露了自己的心声，更是激励着我们为加快建设创新型国家、实现中华民族伟大复兴的中国梦而加倍努力——"我已年逾耄耋，病废住院，唯一挂心的就是国家富强、民族振兴。我衷心期望、也坚决相信，在党的领导和国家支持下，我国电力工业将在特高压输电、智能电网、可再生能源利用等领域取得全面突破，在国际电力舞台上处处有'中国创造'，'中国引领'。"

最后，我衷心祝贺《潘家铮全集》问世，也衷心感谢所有关心和支持《潘家铮全集》编辑出版工作的同志！

是为序。

（路甬祥）

## 《湖北水电丛书》出版发行

2016 年 9 月，由湖北省水力发电工程学会主编、长江出版社出版发行的《湖北水电丛书》面世。丛书共分九册，分别为《湖北水电资源》《湖北大坝》《湖北水电机电及金属结构》《湖北水电施工技术》《湖北水电移民》《湖北水电环境保护》《湖北水电建设管理》《湖北水电运行管理》《湖北水电企事业机构》。全书涵盖了水电建设的勘测、规划、设计、施工、建设管理、运行管理和机构设置等方方面面。丛书的编写历时 8 年，850 万字，堪称是一部水电大型文献巨著，填补了全面反映湖北水电建设情况科技书籍的空白。已故中国科学院和中国工程院两院院士潘家铮生前在为丛书所作序中说到："在湖北水电取得举世瞩目成就之际，湖北省水力发电工程学会组织会员单位，集各方智慧，编撰《湖北水电丛书》，从各方面对湖北水电进行总结，这部巨著将成为历史文献，为中国水电史宝库增添一笔精神财富。"中国工程院院士郑守仁认为："本书资料翔实，总结全面，不仅是一部重要的文献著作，同时也是一部专业技术著作，对于国内外水电工程建设具有重要的参考价值和指导意义。"水利部副部长刘宁在为《湖北水电建设管理》作序时指出："这本书饱蘸着当年那份热忱与喧嚣，再现了施工现场轰鸣的钻爆和磅礴的力量，通过编者们沉静而凝心的思考，真切地描绘出当年那些执着坚守和不懈奋斗的场景，字里行间无不体现着长久而深厚的积淀。相信这本书一定会为有志于水电建设开发的人员和读者提供有益的借鉴，为我国江河保护和水电开发留下可资参考的史料。"

（湖北省水力发电工程学会　赵英林）

11

# 水电建设管理

# 工　程　管　理

## 白鹤滩水电站工程2016年安全与环保管理情况

（一）安全生产管理

2016年，白鹤滩水电站工程建设各参建单位切实将安全生产工作放在首位，不断完善安全管理体系，促进安全责任落实，以隐患排查治理为基础，充分利用安全隐患微信平台，促进全员参与安全管理，各项安全管理措施有效落实，积极推进工程建设本质安全。目前，白鹤滩工程建设安全生产形势基本稳定，良好的安全氛围正在初步形成。

进一步健全安全管理体系。工程建设部高度重视白鹤滩工程安全管理体系建设，组织成立了由白鹤滩工程建设部和22家参建单位组成的白鹤滩工程安全生产委员会，并下设办公室，负责日常管理工作。工程建设部设有分管安全领导及安全总监各1名，专职安全管理人员6人，各参建单位专（兼）职安全管理人员满足合同及施工现场安全管理要求。

健全安全生产管理制度。工程建设部制定了包括安全生产管理办法、安全生产责任制等30余项安全管理制度并及时进行修订完善，满足工程建设安全管理要求。

强化安全生产教育培训。开展日常地质灾害、防洪度汛、应急救援以及新员工入场培训等各类安全教育培训；邀请了昭通市培训中心、四川省培训中心到白鹤滩工地开展“三项岗位人员”及“特种设备操作人员”的取证培训，2016年，工程建设部参与组织的培训达16次，累计参训人员1101人·次，监理单位开展安全教育培训共126次，累计参训人员4678人·次，施工单位开展安全教育培训共1046次，累计参训人员15681人·次；施工区累计开展安全教育培训共1188次，累计参训人员共21460人·次。

深化隐患排查治理。工程建设部对各施工作业面定期组织开展巡视检查；对防汛防灾、车辆交通、特种设备、施工用电、施工排架、爆破作业、洞室开挖、竖井施工等组织开展专项检查；对节前、节后等组织开展综合性安全大检查。积极推广使用安全隐患管理微信平台，制定使用管理办法和采取考核的方式，督促各单位积极上报和整改隐患，提高隐患整改效率，缩短隐患整改时间，促进全员参与，2016年，微信平台共上报隐患（含文明施工）20510条，已整改闭合20373条，整改率99.33%。

全面做好防洪度汛。汛前，工程建设部组织各单位全面整改落实防洪度汛及地质灾害隐患防治项目；汛中，建立防洪度汛领导值班制度，设立工程建设部防洪度汛值班室，实行24小时值班；汛后，认真总结，积累经验，不断提升应对防汛防灾能力。2016年汛期，白鹤滩工区经历了“5·22”“6·9”“6·16”“7·1”“9·9”等5次强降雨天气过程，共发布5次蓝色预警信息，各参建单位根据不同级别应急预警信息及时启动响应程序，开展了“雨前、雨中、雨后”巡查检查，做好矮子沟、白鹤滩沟、凉水沟等重点区域和部位的监控管控，督促可能受影响的相关人员和设备及时撤离，成功应对各类险情，未发生人身伤亡和财产损失。

强化应急管理体系建设。工程建设部完成1项综合应急预案和15项专项应急预案修订工作，及时印发至各参建单位，并向宁南、巧家县主管部门报备。重新组建白鹤滩施工区专业应急救援队伍，并开展日常训练，应急救援物资、装备登记建档，开展防洪度汛、施工安全、洞室爆破、消防等各类应急培训和演练工作，促使白鹤滩工程建设应急处置能力进一步提升。

推进安全生产标准化建设。工程建设部组织编制印发了《白鹤滩水电站工程安全文明标准化图册》，各主标参建单位均按照《图册》要求打造现场工作面安全标准化样板工程，2016年4月份在主要施工部位共打造安全文明施工样板作业面25个。

（二）环境保护管理

2016年是白鹤滩水电站工程至关重要的一年，工程由“三通一平”建设全面转入主体工程准备阶段。工程建设部组织各参建单位积极落实环评报告及批复要求，配合完成了“三通一平”工程竣工环保验收，2016年4月8日，“三通一平”等工程通过国家环境保护部竣工环保验收（环验〔2016〕38号）。修订了《白鹤滩水电站工程环境保护与水土保持工作考核管理办法》，更新了《白鹤滩工程建设部环境管理体系2015年环境受控文件清单（内、外部）》等文件，并建立了《白鹤滩水电站环境保护与水土保持工作联系单整改闭合台账》《白鹤滩水电站环境保护与水土保持季度例会会议纪要整改闭合台账》等；环境保护管理体制得到进一步完善。

严格按照环评报告书与水土保持方案报告书及其批复的要求与“三同时”原则落实了环境保护与水土保持措施。2016 年环保水保管理体制完善，建成“粉尘控制五部曲”施工扬尘防治体系，体系运行正常，各项环境管理制度得到了较好的执行，施工区环境质量与生态环境保持良好。

（中国三峡建设管理有限公司）

## 向家坝水电站工程 2016 年防洪度汛安全管理工作情况

2016 年，向家坝水电站大坝和电站厂房按照永久运行的标准度汛，面临右岸坝后电站和翻坝转运横江大桥防超标准洪水、尾工项目点多面广监管难度大、施工区防洪度汛工作不确定因素多等情况。为切实做好施工区 2016 年防洪度汛工作，工程建设部早准备、早部署、早落实，参建各方立足“防大汛、抗大洪、抢大险”，紧紧围绕各重点度汛项目，切实做到了“思想、组织、措施、物资”四个落实和“人员、物资、工作”三个到位，确保了汛期施工安全和度汛安全。

（一）早部署，全面做好防汛准备工作

（1）及时启动防汛工作，全面落实组织领导责任。3 月中旬，工程建设部在及时转发设计单位编制的《金沙江向家坝水电站工程 2016 年度汛要求》的同时，组织召开了 2016 年防汛工作启动会议，对 2016 年防洪度汛工作提出了具体要求。4 月中旬，成立了防洪度汛领导小组，下设办公室，进一步明确工程建设部、设计单位、金沙江水文气象中心、施工承包及运行单位、监理单位的工作职责，将责任落实到人。

（2）编制防洪度汛方案，制定分部分项应急预案。4 月上旬，编制完成了《金沙江向家坝水电站施工区 2016 年防洪度汛方案和应急预案》；5 月 19 日，工程建设部组织专题审查会，审查了中国电建集团中南勘测设计研究院有限公司（以下简称中南院）编制的《金沙江向家坝水电站 2016 年泄水建筑物闸门调度方案》和《金沙江向家坝水电站 2016 年泄水建筑物运行调度原型试验方案》；5 月 15 日、24 日，《金沙江向家坝水电站灌区工程南北总干渠首部取水隧洞 2016 年度汛方案及应急预案》《金沙江向家坝水电站翻坝转运横江大桥 2016 年度汛方案及应急预案》分别经四川省宜宾县、云南省水富县等相关部门审查通过。

（3）组织开展汛前检查，排查治理度汛隐患。3 月 15 日，进行第一次防汛专项检查；5 月 4 日，组织开展第二次防汛专项检查；5 月 10～11 日，工程建设部负责人和分管领导带队开展防汛防灾工作再检查，并召开防洪度汛专题会议，梳理检查发现的问题，明确责任单位、整改要求和完成时间；5 月 26 日，组织开展防汛物资储备专项检查；6 月 24 日，召开了防汛整改专题会议落实各项整改要求；6 月 30 日，联合中南院检查对外专用公路边坡地质灾害情况。

（4）重点项目形象满足度汛要求。①枢纽工程的大坝、升船机和电站厂房，右岸坝后电站的厂房及进水口，具备按照永久运行的标准度汛；②右岸坝后电站尾水渠施工基坑度汛标准为全年 10 年一遇洪水（25100m$^3$/s），当预报出库流量大于 15000m$^3$/s，立即完成尾水闸门下门、临时廊道封堵门关门工作，组织人员设备撤离并启动基坑充水工作；③升船机—冲沙孔消力池—三期基坑一线，汛前三期围堰已基本开挖完成，6 月 22 日完成左岸坝后厂房防洪墙施工交通洞下放临时闸门，具备按照永久运行标准度汛条件；④南北干渠，隧洞取水口进口挡水闸门始终保持关闭状态，并在汛前完成各施工支洞洞口排水系统清淤、各渣场局部高陡边坡的平整修坡、填渣体与两侧山坡临时排水沟槽形成、渣场底部箱涵及沉渣池清理等工作；⑤翻坝转运横江大桥，缆索吊装系统已完成拼装并拉好侧向缆风索，宜宾岸已经成孔的桩基础完成桩身混凝土浇筑（无法完成混凝土浇筑的钻孔进行回填处理），宜宾岸主拱桥台基坑完成回填、压实及永久边坡施工，主拱圈完成吊装及接缝浇筑并采取切实可靠的措施保证已安装拱肋的抗风及抗洪水冲刷稳定性。

（5）组织开展防汛应急演练。4 月 27 日，进行升船机船厢室防洪度汛应急逃生演练；5 月 5 日，进行马延坡渣场防汛逃生演练；5 月 10 日，进行 N1 号施工支洞防汛逃生演练；5 月 19 日，进行右岸坝后电站超标准洪水人员设备撤离应急演练；6 月 19 日，进行翻坝转运横江大桥防汛应急演练。

（二）加强沟通协调，配合接受检查

（1）继续保持与宜宾、水富两地安监、防汛等部门良好的信息沟通机制，特别是保持与横江上游张窝电站建立的横江水情信息沟通机制，确保信息畅通。5 月下旬，协商建立了与昭通市的向家坝水电站水情信息快速通报机制。

（2）4 月上旬，明确了 2016 年向家坝水电站施工区水文气象信息接讯人员名单，并正式函告三峡梯调通信中心。

（3）及时更新了向家坝水电站防汛工作微信群。

（4）认真对待上级各单位防汛检查，包括：4月20日四川省副省长曲木史哈一行调研向家坝水电站的防汛工作和9月19日国家防总办检查防汛及汛末蓄水工作。

（三）强化过程控制，切实做好汛期各项度汛措施

6月1日，工程建设部启动了汛期24小时防汛值班值守工作，安全监测中心开始按照设计相关要求加密安全监测频次。7月1日起每周五向成都值班室发送《向家坝工程防洪度汛工作简报》。

针对强降雨引起的道路边坡垮塌、落石、截排水设施淤堵等问题，及时组织各方现场查看、提出处理措施并及时处理。针对汛期强降雨引起的珍珠湾泥渣可能造成马延坡渣场涵洞入口淤堵从而影响渣场稳定的安全隐患，及时采取工程措施，加固马延坡公路沉降拉裂部位和修建珍珠湾排水系统，消除了该安全隐患。

翻坝转运横江大桥在汛期主要做好：①缆索吊系统主塔及风缆防大风、雷电和超标准洪水冲刷；②主拱圈未形成双基肋合龙稳定结构前必须采取辅助固定措施，防超标准洪水冲刷；③宜宾岸桩基础防超标准洪水冲刷；④重庆路边坡治理后的持续监测等工作。

2016年汛期，溪洛渡、向家坝联合调度，最大出库流量未超过12000$m^3/s$，未影响向家坝下游通航；向家坝水库近坝库岸未发生大规模的滑坡、崩塌、泥石流等大型地质灾害，枢纽工程各监测物理量变化规律基本正常，大坝及其建筑物工作性态总体正常。横江最大洪峰约7000$m^3/s$（横江20年一遇洪水流量8110$m^3/s$），未对大桥施工造成影响。

（中国三峡建设管理有限公司）

## 长河坝水电站大坝施工数字化信息管理

长河坝水电站位于四川省甘孜藏族自治州康定县境内，为大渡河干流水电梯级开发的第10级电站，电站装机容量260万kW，电站水库正常蓄水位1609m，正常蓄水位下库容为10.4亿$m^3$，其中死库容为6.2亿$m^3$，为季调节水库。长河坝水电站大坝工程为砾石土心墙坝，最大坝高240m。坝顶宽度为16m，坝顶长度497.94m。土石方明挖258万$m^3$，大坝填筑3436万$m^3$，混凝土16.5万$m^3$。施工区域高山峡谷，地形复杂，区域跨度大，最远距离达到近30km。采用常规管理办法难度较大，中国水利水电第五工程局有限公司结合工程特点，经过反复研究分析，通过现有信息化技术手段，建立了长河坝大坝施工数字化信息管理系统。

（一）无线传输网络构建

长河坝水电站位于大渡河上游，"V"形河谷地带，根据工程现场实际，选用了无线微波技术作为数据传输系统的链路媒介。基于施工区域峡谷地形，为保证信号传输效果，选取制高点作为传输中继点。通过多次现场勘查及论证，利用中国电信基站等电源和场地，解决了一半中继点位的布置和电源问题，大大节省了实施费用。同时考虑坝区供电和山区供电的不稳定，系统实施中考虑采用蓄电池供电或太阳能供电等备用电源。对长线架设的线路，注意电压的测定，必要时加稳压器，以确保传输设备正常运转。整个链路共4个中转点，4个监控发送点、1个汇集点。合计使用15组传输设备，联通全线8km（按河道计算），16km（按隧道内道路计算），每条主链路可搭载100Mb/s的传输流量，并选用5.8GHz频段进行传输，保证图像和其他数据传输的稳定性。

（二）智能分析监控系统

视频实时监控系统采用前端网络视频编码器将摄像机输出的模拟视频信号、云台和镜头的控制信号打包并编码成网络传输的TCP/IP数据包，再通过无线网桥将信号发回监控中心，监控中心通过视频解码器解码后还原成模拟视频信号，再通过矩阵就可以对所有摄像点进行监看、录像、回放，对云镜进行控制。

由于利用（LAN）以太网络，网络摄像机的传输变得比较容易，只要网络能访问的地方就可以直接连接网络摄像机，通常每路监控视频码流按2Mb计算带宽。高清网络摄像机数据传输采用数据压缩技术，在低码流下也可以获得较好的图像质量和实施的效果。

施工区域的监控，主要结合大坝主体工程上下游围堰1km的填筑施工范围内的全幅监控、响水沟石料场、磨子沟石料场近200m的开挖支护，需要在垂直高度达到近300m或是水平距离在500m左右做监控系统，这就要求选用现阶段高清1080p的视频监控摄像设备。选用20倍光学变焦，360°远程控制，满足施工进度监控效果。

大坝监控点主要选定为4个，分别设置于长河坝电站主坝区（上下游围堰区域）、主石料场（响水沟料场）、备用石料场（江咀石料场）。二级将计划用光纤将土料场（汤坝土料场）纳入监控系统管理。

（三）其他数据采集无线传输

依托建成的无线链路以及工程前期已经投入使用的大坝地磅计量称重系统、GPS实时碾压质量控制系统、电子灌浆记录数据传输系统、车载加油机数据系统，实现了大坝地磅计量称量系统、GPS实时碾压质量控制系统、电子灌浆记录数据传输系统、车载加油机数据系统等过程数据的实时传输及归档保存，

解决了传统的成本控制需要依靠大量人员进行统计、整理，避免了统计不及时以及人为因素导致数据精确性等问题。通过对无线传输技术研究，使其服务于施工作业面有关的数据，进行实时的数据收集及自动化传输，方便管理人员对有施工作业有关的数据及时整理归存并以数据结合视频影像辅助指导完成有关调度施工决策等。

（四）综合管理信息系统

考虑到实际系统的使用者，为项目管理的具体岗位员工，将对整个网络和施工局办公楼的局域网联通，再通过局域网与互联网的连接，实现远程，异地访问信息。同时加入硬件、软件防火墙和权限管理等技术手段，保证系统的高效性、及时性、安全性。让各职能部门在工作和项目管理中使用系统，提高系统的价值。开发移动终端 PDA、Mobile Phone 性质的软件版本，让信息数据实时传输到项目管控的专业人员。系统建设适应精细管理及快节奏施工的需要，信息传递快速，提高管理效率，提供了一个前方基层作业群体至最高管理层之间各层级管理岗位适时共享与沟通的平台。

（五）应用效果

实践表明，长河坝水电站数字化信息管理系统的实施，对加强施工过程管理，保证工程的进度、质量控制起到了关键性作用，对加强施工单位内部管理、缩短管理路径，降低投入，节能减排，提高工作效率和管理效益，也起到了重要作用。长河坝“数字化大坝”的成功应用，得到了各级专家与行业内的认同及赞许，可在其他大型水利水电工程进一步推广应用，也表明了传统的水电施工深度融入“互联网＋”，迈入了信息化时代。

（中国水利水电第五工程局有限公司　袁幸朝）

## 桃源水电站工程建设的设计管理

桃源水电站安装 9 台灯泡贯流式水轮发电机组，总装机容量为 18 万 kW。工程由中国水电顾问集团桃源开发有限公司投资建设，采用设计、采购和施工总承包管理模式（EPC），由中国电建集团中南勘测设计研究院有限公司（以下简称中南院）作为总承包人。电站设计单位为中南院，工程建设监理为中国电建集团华东勘测设计研究院有限公司。2010 年 11 月主体工程开工，2013 年 10 月首台机组并网发电，2014 年 10 月全部机组投产发电。

鉴于设计、监理单位都是桃源水电站项目的股东，为了总承包项目，中南院专门制定了设计管理规定。项目设计管理实行设总负责制，并在现场设立设代处；项目初期，设代处纳入总承包项目部管理，设总由总承包项目经理兼任，由一名副设总主持工作。随着工程开展，项目业主考虑到对总承包方的合同对立关系以及监理对总承包的监督方式，要求设计人员与总承包项目部分开办公，总承包项目部无权调整设计方案，即使是细节处理，以避免相互配合争取利益。因此，设计作为参建方之一，以独立的角色介入工程建设。设计方在桃源水电站的建设管理模式下，作为总承包的一部分，充分发挥设计的龙头作用，在工程质量控制、推动工程进度等方面都起到了非常重要的作用。

相较于常规建设项目，桃源水电站的设计有其独特的特点。首先，包含在总承包中的设计工作量比常规项目设计要大；其次，由于设计与总承包项目部同属于一家单位，如何在工程建设中找准自我定位，做好角色扮演较难；再次，在总承包模式下，大部分设计变更及施工方案均由总承包项目部与主设人员沟通，设计人员对工程建设的参与程度较高。

纵观整个桃源水电站工程建设过程，中南院发挥了其特有的作用，主要有：

（1）桃源水电站是补充规划梯级，从补充规划、预可行性研究设计、可行性研究设计到项目核准，项目从无到有，仅用时两年，这与设计单位积极参与和运作是分不开的。

（2）中南院专门制定了设计管理规定，建立设计人员“操心”机制，从规章制度、待遇薪金等方面让设计人员自觉操心工程，心系项目，时刻审视设计方案是否能够推动工程进度，控制成本及投资。

（3）作为总承包的设计人员，如何摆正位置，处理好质量安全与进度、投资关系，对总承包项目建设显得尤为重要。为此：①加强现场沟通，完善第一稿设计蓝图，努力减少和控制设计变更；②加强各设计专业之间的沟通与协作，尽量避免返工现象出现；③及时处理设计变更，多采用施工单位提交变更报告单，现场设代人员签字认可的方式，提高效率；④对于重大技术问题，如土石副坝坝体填筑材料变更、增设厂房全年围堰、下游引航道主导航堤基础处理方案、左河槽泄洪闸基础软弱夹泥层处理等，及时邀请院属专家，组织研究论证，保证了项目质量、进度和成本的控制。

桃源水电站项目从无到有，主体工程开工较设计计划推迟 2 个月、两年遭受 3 次超围堰设计挡水标准洪水袭击，仍按期实现了既定的建设目标，这是包括设计在内的各方面共同努力的结果，证明各方面的管理是行之有效的，设计管理是可取的。

（中国电建集团中南勘测设计研究院有限公司　曾庆平）

# 风险分析法在越南某水电工程机电设备成套项目物流管理中的应用

近年来，中国电建集团中南勘测设计研究院（以下简称中南院）承接国际水电工程设备成套供应的业务稳步发展，取得了较好的成效。国际水电工程项目，做好物流风险管理很重要。现将风险分析法及其在越南某水电工程机电设备成套项目物流管理的应用情况作一简介。

（一）风险分析法概要

风险分析法是目前风险管理广为应用的一种方法，在国际水电工程物流管理中应用，要点如下：

1. 风险识别　风险源的系统识别是整个风险分析最基础的一步，必须全面、准确。在国际水电工程物流中，风险源大体源自如下几个方面：

（1）操作因素。主要涉及在货物处理操作上可能出现的一些风险。

（2）供应商因素。主要有货物的出厂时间没有提前的准确日程计划，对办理出口通关手续不熟悉，出厂包装、清点等工作不好。

（3）环境因素。主要指由于环境的限制等对货物运输可能带来的风险。例如工程所在国家的道路容量可能不允许某些大件如定子、转子等大型设备通过。

（4）政府法规因素。主要涉及物流操作中所有必须要遵循的法规和规范。一旦未遵守被海关查验时发现，整批货物便会被扣。

（5）人为因素。由于涉及的组织和人员非常多，很难保证所有部门都能无缝对接，也很难保证所有的人员和部门都具有足够的资质，人事变化会导致整个业务混乱。

2. 风险评估

第一步：确定风险函数。一般由两个变量组成，一是该风险发生的概率 $p$，二是该风险出现后对项目的影响程度 $I$，用函数可表现为：$\text{Risk}(p,I)=p\times I$。

第二步：对风险概率进行分级。分类方式可参考表格1。

表1　风险源的概率分级表

| 代号 | 发生的可能性 | 概率分级 |
|---|---|---|
| S | ＞80％ | 极有可能发生 |
| H | 61％～80％ | 较大可能性发生 |
| M | 41％～60％ | 有可能发生 |
| L | 21％～40％ | 不太可能发生 |
| N | ＜20％ | 几乎不可能发生 |

第三步：对风险影响进行分级。分类方式可参考表格2。

表2　风险源的影响程度分级表

| 代号 | 对项目的影响程度 | 影响分级 |
|---|---|---|
| S | 整个项目的目标失败 | 严重影响 |
| H | 整个项目的目标值大幅下降 | 较大影响 |
| M | 对项目目标的实现有一些影响 | 中等影响 |
| L | 对部分项目目标有影响，不影响项目总目标 | 较小影响 |
| N | 对项目的影响可忽略 | 可忽略影响 |

第四步：风险评价矩阵。见图1，通过风险函数将得到的每一项风险源放入矩阵的相应位置内，可以得出风险的总体等级。矩阵中，Ⅴ代表的是重大风险，Ⅳ代表的是较大风险，Ⅲ代表的是一般风险，Ⅱ代表的是较小风险，Ⅰ代表的是微小风险。

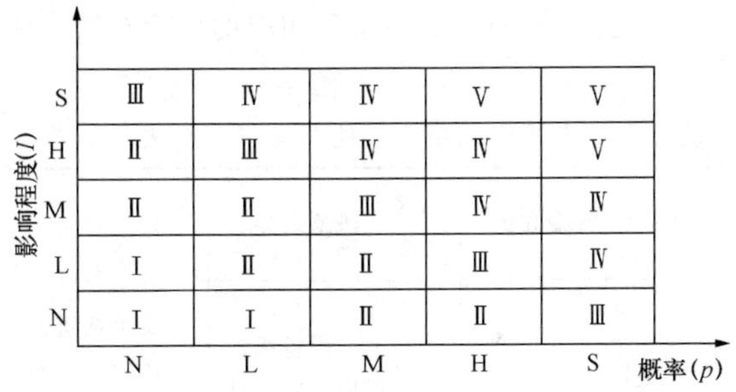


图1　风险评价矩阵

3. 风险对策制定　风险对策应该具有针对性、可行性，必须由有关各方合作制定。

（二）应用情况

越南某中型水电站总装机容量26万kW，安装4台单机6.5万kW混流式机组，由中南院承担机电设备成套供应任务，项目主要预期目标为：在确保安全、质量及投资控制前提下，2016年11月首台机组投产发电。

根据前述风险因素识别，结合本项目实际，现列举5个风险源分析如下：

（1）操作因素：某大件设备在运输过程中由于装卸工操作叉车失误，导致箱体破损，货物出现损坏，设备抵达现场后无法正常工作。（代号：风险源A）

（2）供应商因素：某供应商未按照合同要求供货，导致实际供货与工地需要相差较大。（代号：风险源B）

（3）环境因素：越南某一座桥梁（必经之路）的最大可通过装载重量不够，导致某些大件设备如定子等无法通过该桥梁。（代号：风险源C）

(4) 政府法规因素：某一批次的货物中包含危险品，进行发运准备工作时未申报给海关，被海关查验发现导致整批货被扣押在出发港。(代号：风险源 D)

(5) 人为因素：由于报关行在制作报关资料时操作失误，导致货物未被海关放行。(代号：风险源 E)

按风险分析法的步骤，5 个风险源评估见表 3。

表 3　越南某水电项目风险源评估表

| 代号 | 风险源概率($p$) | 风险源影响程度($I$) | 风险等级($p\times I$) |
|---|---|---|---|
| 风险源 A | M | M | Ⅲ |
| 风险源 B | H | M | Ⅳ |
| 风险源 C | L | L | Ⅱ |
| 风险源 D | M | M | Ⅲ |
| 风险源 E | L | M | Ⅱ |

通过风险源评估，制定了相应的风险对策，见表 4。

表 4　越南某水电项目风险与对策汇总表

| 代号 | 风险起因 | 风险等级 | 风险后果 | 相应对策 |
|---|---|---|---|---|
| 风险源 A | 装卸工操作失误，出现货损 | Ⅲ | 设备抵达现场后无法正常工作，导致需要厂家重新生产并发运，严重影响工期 | 要求在进行货物装卸尤其是贵重设备的装卸时，充分做好安全保护工作，及时拍照反馈给出口方审查 |
| 风险源 B | 供应商供货未按照合同要求 | Ⅳ | 实际供货不满足现场需求，导致需要供应商重新供货，严重影响工期 | 尽量安排每家分包供应商出厂时进行出厂验收，实在无法验收的需在发运前提供每一箱箱内照片 |
| 风险源 C | 基础设施差 | Ⅱ | 导致某些大件设备无法按预期的陆运线路抵达工地 | 需要与目的国货运代理配合，及时了解公路陆运情况，避免此风险出现的可能 |
| 风险源 D | 危险品发运未按危险品发运流程 | Ⅲ | 货物被扣押，放行时间不可估，甚至有货物被没收的可能 | 需要在发运前预留足够的时间，反馈箱单给相关单位，确定发货有无危险品，如果有危险品需按危险品流程发运 |
| 风险源 E | 报关时单据有误 | Ⅱ | 货物被扣押，需要重新反馈相关报关资料，有可能延误了船期 | 报关资料在提交时需要经过多方多人审核无误后，方可提交给海关 |

该项目自开工以来，通过采用上述方法，有效管控了项目实施过程中的物流风险。2016 年 9 月，首台机转子已吊装成功，实现了节点目标；截至 2016 年底，机电设备成套供应已接近尾声，工程建设安全、质量、进度可控在控。

(中国电建集团中南勘测设计研究院　江　汇)

## 尼泊尔上马相迪 A 水电站员工属地化管理

中国水电—萨格玛塔电力有限公司（以下简称项目公司）是中国电建集团海外投资有限公司（以下简称电建海投公司）在尼泊尔注册的控股子公司，负责上马相迪 A 水电站的建设与运营。上马相迪 A 水电站位于尼泊尔西部格尔纳利河的支流马相迪河上，电站采用 BOOT 模式投资开发，特许经营期 35 年，其中建设期 5 年，商业运行期 30 年。

### (一) 员工属地化管理优势和困难

#### 1. 当地员工属地化管理的优势

(1) 劳动力资源丰富。尼泊尔国土总面积 147181km$^2$，总人口近 3000 万人（2016 年）。由于 11 年战乱，47% 有劳动能力的人不能充分就业，其中 150 万人完全失业。目前每年有 30 万～40 万青少年进入劳动力市场，仅 3 万～4 万人有国内就业机会，约 10 万人选择出国就业，其余面临失业。

(2) 受教育程度较高。尼泊尔实行 12 年义务教育，绝大部分具有劳动能力人员都是高中学历。在西方开放式教育背景下，特别注重学生的全面发展和创造性培养，素质较高。

（3）国际化水平较高。工程项目地处尼泊尔西部拉姆郡地区布勒卜雷村，备受欧美游客青睐，有机会接触、了解世界最新信息，能保持与世界同步。同时，当地许多员工普遍有着海外业务工作经历。

2. 当地员工属地化管理的困难　在10余年的内战中，在政府的妥协与无作为下，逐渐发展成为任何人可以在任何时间、任何地点，以任何理由发起罢工、阻工活动。

上马相迪项目的建设，给当地社会带来了改善基础设施、提供就业岗位、带动一部分人发家致富的机会，但也因此滋生了地方保护主义。当地民众发信函申请、找当地权威人士施压、纠结村民阻工、威胁项目公司外地尼泊尔籍员工等，想尽一切办法实现垄断人力资源的目的。

尼泊尔长期的动乱与社会动荡，使各级政府无作为成为常态。项目公司与当地社会利益团体交往中长期处于被动状态。同时，中国与尼泊尔政治、文化、民俗、思维模式等方面的差异，属地化管理前期困难重重。

（二）员工属地化管理与实施

1. 创造良好的外围环境

（1）成立协调处理委员会。项目开工建设初期，为梳理、改善和解决与当地社会各界的关系，项目公司与当地社会各界协商一致，成立了项目建设社会关系协调处理委员会（以下简称协调委员会）。经走访调查、征求各方意见、平衡各方利益，多次与协调委员会谈判，就用工问题达成7项一致意见。

（2）加强与当地警察局合作。虽然有了与协调委员会的协议，但实际执行中仍有部分员工无视协议，触碰项目公司管理底线。在遇到此类事件时，直接向当地警察局报案，通过法律方式解决。同时，项目公司通过援助警察局，加强和密切与警察局的关系，为属地化管理提供有力的治安保障。

（3）加强与当地妇协会合作。拉姆郡地区女性社会地位较高、社会能量较大。项目公司主动委托妇女协会负责职工食堂蔬菜、饮用水、液化气物资供应和营地生活垃圾处理，一定程度上满足了对方的经济利益，使双方由前期的抵触对抗发展成为友好合作关系。

2. 规范行为提高素质　为让尼泊尔籍员工尽快适应工作环境，入职初期，项目公司采取委托当地技能发展学院进行集中培训和组织工作经验丰富的优秀员工进行内部培训等方式，进行全面有效培训，重点培养新员工的工作意识、自律意识、团队意识和工作态度。为杜绝员工随意旷工、迟到、早退，工作时间参与党派活动、各类罢工与阻工活动等不良行为，将宣讲尼泊尔相关法律、项目公司规章制度与管理办法列为培训的重点和首要任务。逐步增强了自律、摒弃了恶习。项目公司借机制定了仪容仪表、岗位纪律、工作程序、待人接物、环卫与安全、素质与修养等6个方面的行为规范，进一步提高标准和要求，深入推广执行。

3. 细化分工参与管理　根据项目公司永久营地酒店式管理的要求和当地员工工作内容的不同，对普通员工进行分工分组，同时结合尼泊尔籍高级职员的业务能力，委任各小组的负责人，负责监管各小组执行与落实日常工作任务。若有重大活动，由中方管理员工下达任务给小组负责人，小组负责人再将任务内容细化并传达给每位组员，各小组同心协力、相互配合，落实任务。提高了团队执行力；通过合理分工，做到人尽其才，实现“用合适的人，干合适的事”；通过设立小组负责人，逐渐引导高级职员参与项目公司事务管理工作。目前，永久营地已实现了由当地员工负责管理和运行的目标，同时也实现了由尼泊尔员工管理尼泊尔员工的管理模式。

4. 发挥优秀员工模范作用　为充分发挥优秀员工的表率、模范作用和潜能，进一步促进与当地的交流与融合，选择德才兼备、忠责两全、能力突出、经验丰富、积极上进、善于沟通的当地员工委以重任。

5. 加强人文关怀　组织和引导当地员工积极参与项目公司开展的各项文体活动和集体活动。如组织当地女员工编排尼泊尔舞蹈，在文体活动中进行表演；开展送温暖活动，在2015年“4·25”大地震期间，项目公司及时筹集90余万卢比，帮助当地受灾员工渡过难关、重建家园；为当地员工建宿舍楼，发放工作服、劳保用品和生活用品，配置洗衣机、电视机等；每年尼泊尔最大的传统节日德赛节来临之际，通过送慰问品或适当发放慰问金等形式，落实逢节日送关爱活动。提高尼泊尔籍员工认同感和归属感。

6. 优化薪酬激励机制　根据尼泊尔相关法律规定，结合项目公司建设期实际，逐步完善考勤制度和薪酬制度，进一步提高工作积极性与热情。严格按照尼泊尔劳动法规定，发放加班工资；驾驶员出差外地每天给一定金额的补贴；设立满勤奖；工作优秀、表现突出的员工，每年给予适当奖励或加薪。

7. 开展“每月之星”评选活动　项目公司在当地员工中，开展“每月之星”评选活动。对当月业绩突出、表现优秀、有工作亮点的当地员工予以表彰，抓典型、树榜样、立标杆，在当地员工中形成你追我赶、力求进步的氛围，进而带动当地员工综合能力提高。

荣获“每月之星”称号的当地员工，项目公司颁发荣誉证书、发放2000卢比奖金，在项目公司电子显示屏、宣传栏等进行宣传，同时可作为升职、加薪的重要参考，并有机会推荐参加电建海投公司“海投之星”的评选。

（三）结束语

属地化管理，是“走出去”企业实现国际化、全球化战略的管理核心，亦是更好的实现跨国经营战略的重要手段。尼泊尔上马相迪项目公司把握新趋势、注入新理念，积极融入尼泊尔当地社会，改善社会关系，充分利用当地丰富的人力资源，探索出了一条符合实际的属地化管理模式，为巩固和提高国际竞争力，确保电建海投公司在尼泊尔健康、长远发展发挥了积极有效的作用。

（中国电建集团海外投资有限公司　刘永强）

## 老挝南坎2水电站混凝土面板堆石坝施工管理

老挝南坎2水电站（以下简称南坎2项目）位于老挝琅勃拉邦省东南约30km的Nam Khan河上，大坝为混凝土面板堆石坝，最大坝高136.00m，坝顶长365.00m，坝顶宽10.00m，坝顶高程481.00m，上游坝坡坡比1∶1.4，下游坝坡综合坡比1∶1.4。水库正常蓄水位为475.00m，相应总库容6.862亿$m^3$，死水位465.00m，调节库容2.291亿$m^3$，电站装机容量13万kW，平均年发电量5.58亿kW·h。本项目为EPC项目，业主为老挝国家电力公司，中国水利水电第十工程局有限公司受总承包商中国水电建设集团国际工程有限公司委托对南坎2项目实施施工管理。该项目从2011年3月26日开工，2015年9月25日完工，施工总工期54个月。取得了一些好的管理经验。

（一）人员组织及管理

1. 管理人员组织管理　该项目开工之际恰逢老挝南立1～2水电站完工，一批优秀的管理骨干及技术精英补充到了本工程施工管理团队中。另外，项目部每年还招收一定数量、通过培训的高校毕业生作为管理人员、技术人员充实到各工作面。为了最大程度地发挥管理人员的主观能动性及创造性，不断提升项目管理水平，项目部对施工生产、后勤保障等主要管理人员推行“人员轮岗制”，不定期对主要管理人员的岗位进行适当调整，着力培养主要管理人员的学习能力、适应能力、专业技能和独立解决问题的能力，为后续工程管理培养一批复合型人才、加强人才储备。

2. 协作队伍组织管理　在南坎2项目实施中，大力推行“工序分包制”与“竞争激励制”相结合的运营方式，以工序为单位向协作队伍分包。例如，在坝基开挖及支护期间，项目部择优选取了两支开挖队伍分别承担左、右岸坝基的开挖及支护施工，同时规定坝基开挖方同时承担趾板结构施工，两支开挖队伍之间的施工界线不明确规定，以“能者多得”的方式激励竞争，两者之间相互促进，有效避免了各种有意识或无意识窝工、怠工现象的发生，提高生产效率，降低生产成本。

3. 设备操作手组织管理　南坎2项目施工期间正逢老挝国内土建项目施工高峰期，且老挝经济条件相对落后，人员稀少，导致南坎2项目合格的当地雇员设备操作手不足，设备一度出现因无人操作而闲置的情况。针对上述情况，项目部一方面招聘老挝当地雇员对其进行设备操作培训，考试合格后上岗；另一方面招聘合格的越南籍设备操作手。为提高设备操作手积极性和稳定性，操作手待遇采用基本工资＋工龄工资＋计件工资的管理模式。

（二）施工设备组织管理

1. 主要设备选型及配置　该项目高峰期最大上坝强度达30万$m^3$/月，钻爆设备配置4台山特维克DX700液压独臂钻；坝料装车设备配置2台4$m^3$/斗、3台2$m^3$/斗的履带式反铲；运输设备采用自有设备与租赁设备相结合的方式，不足部分通过租赁方式解决，配置了对道路适应能力较强的20台21t和10台32t自卸汽车；碾压设备配置4台20t级的自行式振动碾。

2. 设备运行和维护　为保证设备的良好性能，项目部制定了“一机一卡”制，每台设备都建立运行、维护台账，并定期进行检查和保养，严禁设备带病作业；为鼓励操作手爱护设备，项目制定了“机长负责制”；为提高操作手积极性和设备生产效率，项目部制定了“计件制”。

3. 施工道路维护　施工道路的路况好坏，对设备运行及维护影响很大。料场至大坝填筑的施工道路为泥结石路面，宽度10m（双车道），为保证道路平整度及宽度，项目部专门成立了填筑道路维护小组；另外对弯道段和陡坡段等部分采用混凝土路面，确保运输车辆顺畅通行。

（三）技术工作管理

1. 设计方案优化　南坎2项目非常重视设计方案的优化，为项目的顺利履约、成本控制发挥了重要作用。例如为避免大坝填筑与右岸溢洪道、厂房、放空洞施工干扰，在运距不变的前提下，将堆石料场由右岸调整至左岸。

2. 混凝土面板施工　南坎 2 项目面板堆石坝面板施工采用了自行创新研制的坝顶纵向移动横向牵引车、面板钢筋输送安装车、多功能面板滑模、全线段自动修抹机等机械化施工设备，实现了面板混凝土全机械化快速施工，提前 1 个月完成二期面板施工，而且施工质量优良、施工安全可靠。

（四）质量工作管理

该项目开工后就及时建立了质量管理体系，建立了质量管理制度并严格执行，对相关人员进行培训交底。现场项目经理、总工程师直接领导项目工程部及质检室，负责项目施工全过程的质量控制、检查及验收。坚持“三检制”原则，建立施工质量档案制，保证资料的真实性、完整性。

（五）安全工作管理

项目开工后及时成立了项目安委会，成员为各部室负责人及各协作队伍现场负责人；建立了安全管理体系和安全管理制度，配置安全总监，确定他们为本工作范围内的安全第一负责人，安全职责层层分解，实行“谁主管，谁负责”的奖惩制度。坚持安全工作从小隐患抓起。为进一步落实好安全工作，项目经理每月亲自带领各部室负责人巡查各个工作面安全工作，每月召开一次安全生产会议，研究当月的安全生产问题。聘请当地政府警察、军人，履行人员财产安全保卫职责；聘请当地县级医院医生，为全体老挝籍员工的职业健康服务。

（六）合同工作管理

项目部通过多种方式强化管理层人员对合同管理的认识。在合同签订过程中，要求各部室主要负责人全程参与，培训生产过程中经常遇到的合同纠纷问题，避免合同纠纷发生；在合同签订后，由项目总经理主持、合同管理部负责，将有关的合同条件、管理要点分门别类，向各层次的参与管理人员进行合同交底，全面提高管理层的合同认识水平；各生产队安排专职合同管理人员，对合同执行情况进行监督、纠偏工作，当发生较大偏离时，及时协调协作关系，以达到共赢的目的。

南坎 2 项目混凝土面板堆石坝是老挝境内目前最高的当地材料坝，项目部始终坚持“履约为先、管理为重、创效为本”的指导方针，以技术为龙头、生产进度为中心、质量为生命、安全为保障、以创造效益为目的，在人员组织管理、设备组织管理、技术管理、质量管理、安全管理、合同管理等方面创新出一套行之有效的管理模式。使南坎 2 项目按期完工，并创造了良好的经济效益，也得到当地政府和业主一致好评，为今后混凝土面板堆石坝施工管理积累了一定经验。

（中国水利水电第十工程局有限公司　白云猛）

## 厄瓜多尔辛克雷水电站机电安装物资管理

厄瓜多尔 CCS（辛克雷）水电站是厄瓜多尔最大的水电站，是中国水利水电建设集团公司在南美洲建筑市场承建的第一个水电建设项目，项目由中国水电建设集团国际工程有限公司和中国水利水电第十四工程局有限公司组成项目联营体，以 EPC 方式共同承建。工程建设中，做好机电安装工程设备及各项物资的精细管理，及时准确保质保量，经济合理的物资供应，合理降低成本等是加强企业设备及物资管理，实现目标利润的主要途径。

（一）物资材料采购

根据施工实际，制定施工部设备物资材料采购管理制度，监督施工设备及物资材料使用情况。根据施工进度计划编制，审核项目设备、物资材料、设备物资采购计划。

根据项目部物资采购管理规定及现场施工需求，考虑到国际项目，采购运输过程漫长，物资材料采购数量大，种类繁多复杂，本着节约成本，控制数量等因素，项目部每 6 个月进行一次设备及物资采购审批会议。先由各施工作业队编制物资采购需求计划申请表后组织各部室及各施工作业队进行分析讨论，将施工过程中所需材料结合实际库存进行逐项审核。确定后由成套物资管理部进行整理，编制物资材料采购计划申请表交项目经理及分管领导签字审核审批后进行采购。设备及物资材料采购方式分以下 3 种：

1. 国内招标采购　因当地物资缺乏，部分设备物资无法采购，需由国内进行购入。国内成立海外工程保障处，由保障处实行招标采购。招标采购前，成立招标采购组，确定评委人员，由工作组负责市场调查，包括供货商资质、供货能力、产品质量、市场价格等，并形成简短书面调查报告。

2. 委托联营体采购　每月根据各作业队施工所需，结合实际库存，编制 CCS 物资采购计划申请表，交分管领导及项目经理审核审批后，由每周末上报联营体物资部进行汇总后报基多进行采购。

3. 零星材料当地采购　对现场施工急需，当地市场能够寻找到施工需求的同型号物资材料，尽量考虑在当地进行采购，但当地采购的物资材料价格高，考虑到施工成本，当地只采购施工急需、国内空运来不及的施工物资材料。

（二）物资材料验收

由于物资材料种类繁多，抵达现场的物资难免出现型号规格错误及数量缺失等现象，加强现场验收至关重要，管理员对到货的物资材料每个验收过程都留下记录，根据装箱清单名称、型号规格及数量逐项核对拍照，发现数量、型号规格或因外包装损坏等，立即进行拍照取证，并将资料整理发给国内相关部门向供货单位进行索赔补发，定期与国内相关部门沟通联系索赔及补发信息，降低项目施工成本。

（三）物资材料保管

为进一步提高管理存储管理基础水平，利用空闲时间定期对到货物资进行清仓利库工作，将验收物资进行逐项分类做标识摆放。现有气体仓库两间，氧气、乙炔等其他气体进行分开摆放，小型设备库一间，大型物料仓库一间用于分类摆放电气、五金、化工、工具、劳保、杂项、配件、消防器材，集装箱40尺一个，用于摆放回收损坏工器具及部分材料，钢材统一摆放露天区域，为避免腐蚀生锈，用彩钢瓦或塑料布进行遮盖。做到以账对物，以物对账，实行仓库实物与台账统一准确。

（四）物资材料发放

物资部严格控制材料发放程序，并编制制定《物资发放管理办法》《劳保用品发放管理办法》《施工设备及施工工具损坏管理办法》等。施工设备及物资材料发放，首先由领用作业队填写物资领用材料申请表，将所需材料填入申请表中，交技术质量部审核，生产经理审批后，交物资管理部，物资管理员根据清单进行发放，并填写物资出库领用单进行物资出库，对出库的工具及电缆部分主要材料，编制施工设备和工器具进行单独记录登记，待使用结束或损坏后退库，对于损坏退库设备及工器具每月统计后报经营部门进行相应扣款惩罚。

当地劳工劳保用品发放，根据联营体当地劳工劳保用品发放管理要求，编制劳保用品领用登记卡，对新进场当地员工编制个人信息及领用记录，避免多领、冒领现象发生。

（中国水利水电第十四工程有限公司　何　跃）

## 巴基斯坦汗华水电站合同索赔情况

汗华水电站工程位于巴基斯坦西北边境省商拉区汗华河上，工程为引水式，工程主要建筑物包括：混凝土堰/坝，发电进水口，发电引水隧洞，调压井、半地下式厂房，以及开关站、闸门和启闭机等。设计水头254m，装机容量7.2万kW。

（一）项目合同简况

工程项目合同分土建及水工金属结构、机电设备供货和安装两个标段。中国水利水电建设集团公司中标土建及水工金属结构标段（以下简称本合同标段）。本合同标段采用FIDIC土木工程施工合同条件1987第四版1992修订版合同条款，为承包商进行土建施工设计、土建工程施工单价与水工金属结构设计、供货和安装总价的混合合同模式。

本合同标段于2003年5月30日签订，合同金额3065万美元。合同工期为48个月，分两个阶段，第一阶段为详设及其批复阶段，时间为7个月；第二阶段为施工阶段，工期为41个月。

2004年12月7日，业主与汗华项目部签订了1号补充协议，包括合同外新增的4条进场道路的详设和施工，增加合同金额400万美元，项目工期从48个月调整为52个月。

（二）主要索赔事件和面临风险

（1）延迟颁发施工开工令。合同规定，业主应该在合同规定的施工开工日期之前完成所有场地的征地和所有进场道路的修建，并在下发开工令之前移交给承包商。业主于2003年6月16日签发了设计开工令，7个月之后应该签发施工令。但是，业主没有完成4条进场道路的施工，主体工程不具备施工开工条件，施工开工令签发较合同规定的施工开工日期推迟362天。承包商依据红皮书通用合同条件中相关规定提出工期延长和费用索赔。

业主立场：对于工期延长362天，业主无异议，但对承包商的费用索赔要求，业主认为，承包商在开工令签发之前自行组织资源进场，是承包商的自发行为，业主不应支付在此期间已进场的人员费用、设备闲置费以及相应的间接费用。

承包商立场：工程师已发布设计开工令，合同中有明确的工期要求和施工起始时间，承包商资源应在合同规定的施工开工日期之前到位，承包商不可能在工程师发布施工开工令后才采购设备和动员人员。工程师迟迟不发布施工开工令的直接原因是业主不能按时提供进场道路所致，而业主又没有及时告知，故承包商有权获得索赔费用。

（2）未能提供电源接线点。因业主未能提供当地供电两个接线点，迫使承包商采用柴油机发电，故提出工期和费用索赔。

业主立场：在合同条款中业主没有明确承诺提供系统电，而承包商事实上配置了较为充足的柴油发电机，应该已经能够满足施工供电的要求。

承包商立场：在合同文件中业主已经明确说明能够提供0.3万kW的系统电，特别是在标前澄清答疑中已经非常明确，承包商的投标文件和施工组织也是按此准备的。承包商配置了数量较为充足的柴油发电机组，主要是为了防止系统电停电或供电质量不佳时临时采用自发电，系统电成本较低，承包商主要依靠系统电。

承包商的索赔要求包括两个方面：一方面是增加柴油发电机数量的一次性投入费用以及柴油发电机发电的运行费用；另一方面是业主迟迟未能提供供电接线点，耽误了承包商及时添加柴油发电机数量、增加自发电能力，由此引起工期延误，同时新增柴油发电机采购需要时间，故应该给予工期延长。

对于费用索赔，经反复磋商，业主同意承包商为满足施工供电需求额外增加的柴油发电机以及自发电与系统电的差价给予补偿。

对于承包商提出的工期延长和相应的延期费用索赔，业主认为，承包商在现场实际配备了数量较为充足的备用电源，只需少量增加原配置的柴油发电机及其配电系统即可满足施工供电需求，故对于工期延长不予认可。

承包商认为其原配置的柴油发电机仅仅是备用电源，原配置的柴油发电机数量供电能力不足，已经耽误了一定的工期，而新采购相关发电设备另外需要一定的供货周期，为此，提出 180 天的工期延长和相关延期费用索赔。

(3) 施工受大地震影响。大地震除对工程本身、承包商设施等的直接影响外，对承包商的间接影响也不容忽视，当地劳工纷纷返家，承包商设备大量闲置，工地现场来不及收拾和整理，承包商根据劳工返回情况、工程受到的影响程度和所需要的复原时间，向业主提交了工期延长 180 天的申请。

业主认为：7.6 级地震属于不可抗力，地震风险是包括在保险范围内的，承包商的直接损失可以向保险公司理赔，工期可予以适当延长，但不认可承包商提出的工期延长天数。

承包商认为：对于费用理赔，承包商不持异议，但是大地震造成对工期的直接和间接影响是现实存在的，复工需要重新招募和培训当地劳务，现场需恢复等。提出的工期延长天数是合理的。

(4) 斯瓦特军事行动影响。斯瓦特军事行动属业主风险，其导致工程直接停工时间 176 天，重新动员和现场恢复 3 个月，申请工期延长 268 天。同时，由于本事件发生了额外的费用支出，根据合同条款，承包商提出工期延长和费用补偿要求。

承包商与业主的主要争议点：①业主认为，其在工程所在国提供了安置营地，承包商不应安排人员回国导致重新动员；承包商则认为，业主提供的临时安置营地不能满足承包商员工的基本生活要求，引起承包商员工强烈不满，而且战事持续时间和潜在的安全恢复期不确定，故承包商有权安排其员工回国。②业主认为，2007 年 12 月 10 日斯瓦特地区清剿塔利班战事已结束，安全局势已得到控制，承包商应在 12 月 20 日前恢复施工。承包商则认为，据承包商当地留守员工反映，虽然 12 月 10 日斯瓦特地区大规模冲突已结束，但工程附近小规模冲突和冷枪冷炮时有发生，承包商要求必须在战事完全停止并经承包商聘请的安全顾问检查确认工程区域安全局势已经完全平稳、业主确保安全措施的情况下才能恢复施工。至 2008 年 4 月 30 日，承包商进场恢复施工。为此，双方对工期延长争议很大。

(5) 百年不遇特大洪水影响。百年不遇的特大洪水导致工程延误，属不可抗力，直接损失由保险公司理赔，间接引起工期延误，为此，承包商向业主提出延长工期 95 天。

业主认为：本次特大洪水属于不可抗力，承包商的直接损失由保险公司理赔，工期可以适当延长，但不认可承包商提出的延长天数。

### （三）合同索赔解决方案

由于工程项目总的工期拖延长达 3 年多，合同索赔争议久拖不决。为推动上述合同问题解决，承包商提出一揽子解决方案，合同双方断断续续经过长达 2 年的谈判，终于达成一致意见，并签署了 2 号补充协议。

合同双方同意的一揽子总的合同延长工期 1075 天，一揽子索赔金额 1789 万美元。该一揽子解决协议涵盖了以上索赔事项及承包商的其他索赔事项，如开关站挡墙设计变更、如开关站挡墙设计变更、明戈拉路设计变更、工程师设计批复延误引起的工期延长等。

由于承包商坚持不懈地努力和灵活的处理方式，不仅获得了工期延长和费用索赔，同时避免了可能巨额的工期罚款（最高罚款上限为合同价的 10%，即 306.5 万美元）。

（中国水利水电第七工程局有限公司
江瑞俊　陈林枫）

# 企业管理

## 黄河上游水电开发有限责任公司 2016年经营管理情况

（一）主要指标完成情况

2016年，黄河上游水电开发有限责任公司（以下简称黄河水电公司）完成发电量349.07亿kW·h，生产电解铝53.44万t、多晶硅2220.84t、切片5244.94万片、电池613.93MW、组件371.62MW，全年营业收入148.71亿元。截至2016年底，企业资产总额811.43亿元。

（二）项目建设

扩大项目储备，黄河水电公司编制的海南生态太阳能发电园区总体规划和海南州新能源发展5年行动计划得到青海省人民政府支持并融入青海省能源发展规划。水光互补100万kW光伏发电前沿技术基地规划报告国家能源局已进行初审，海南州水光风储多能互补项目列入国家首批多能互补集成优化示范工程入选名单。通过竞标方式取得青海省2016年普通光伏电站建设指标21.5万kW。切吉一期20万kW、大格勒北5万kW风电取得核准。陕西王圈3万kW分散式风电项目取得核准。德令哈13.5万kW光热项目列入国家首批1GW光热示范项目。埃塞俄比亚维尔巴萨水电项目取得集团公司立项。班多水电站、电解铝、多晶硅项目取得环保备案。完成夏日哈木镍钴矿探矿权转让工作。按期完成格尔木新增3万kW、共和产业园三期20万kW、10万kW试验基地、榆神5万kW等光伏电站建设，锁定光伏电价。巨亭水电站首台机组投产。共和茶卡及陕北地区6个风电场，格尔木、共和及陕北地区共5个光伏项目年内开工建设。全年取得项目核准8项，规模102.5万kW。新增光伏容量38.75万kW、水电容量0.8万kW、切片年产能20万kW。完成固定资产投资83.15亿元。截至2016年底，黄海水电公司装机容量1506.31万kW，其中：水电1080万kW、光伏249.76万kW、风电44.55万kW、火电132万kW。

（三）体制机制改革

2016年，黄海水电公司积极参与青海电力体制改革，电力交易管理委员会设置、交易规则制定、辅助服务规则制定等多项建议得到采纳。针对青海发用电市场变化特点，全力拓宽电力外送通道，年内通过银东通道向山东外送水电11亿kW·h；利用对口帮扶政策，新能源电量外送江苏2.4亿kW·h。同时，顺应能源转型和电力改革大趋势，全面推进管控模式调整，完成公司本部和职能中心改革。从管理体制机制、组织机构、人员配备等方面强化电力营销工作，建立以安全为基础、营销为核心，基建为生产服务、生产为经营服务的运行机制。组建安全环保中心和纪检监察中心，完善审计内控中心，下放权力的同时强化监督职能。一系列改革措施，为公司实现从传统发电企业向综合能源供应商转变、从规模思维向价值思维转变提供了保障。

（四）提质增效

面对2016年黄河上游来水较多年平均偏少32.89%，火电年利用小时数仅为设计值的45.11%，制造业主要原材料价格、运输费上涨的生产经营局面，黄海水电公司充分发挥产业间的协同效益，增优势、补短板、强营销、挖潜力，想方设法破解困局。新能源开展发电设备缺陷专项集中整治工作，完善发电备品备件管理模式，最大限度减少设备故障弃风、弃光电量。牢固树立“度电必争”“实时维护”的意识，每日对设备运行状况进行分析排查，并利用夜间及限电时段及时做好设备的消缺工作，制定限电情况下的发电策略，保证高电价电站优先发电，根据天气变化及时调整负荷，确保负荷压上限运行。各水电站狠抓经济运行管理，强化一次调频、自动发电量控制（AGC）等问题整改，改进辅助服务，努力提高发电效益。积石峡水电站水位提升至1852m高程。西宁火电实现双机同时并网运行，机组各项经济指标明显改善。通过电力外送、提高公司光伏发电率、申报第六批新能源补贴目录等渠道提高收益。深入开展特困企业专项治理，铝业同比减亏8.9亿元，节约电费2.66亿元。把握时机低价采购，全年氧化铝采购费用较同期市场价格节约2.15亿元。开展多晶硅项目清产核资，加大多晶硅项目科技攻关和技术改造力度，单位生产成本同比降低，硅片月产量达580万片，切片项目形成每年7000万片的生产能力。通过多晶改单晶、电池生产线PERC工艺升级改造、电池组件四栅升级改造等措施，单晶电池转换效率达到20.2%，单晶组件平均转换效率17.4%，同比提高4.07%，单晶组件产品全面达到国家“领跑者”计划要求。开展提质增效、增收节支专项工作，成本费用压降明显，节约电力三项可控成本2.38亿元、管理费用0.26亿元。创新性开展筹融资工作，降低融资成本，优化债务结构。

（五）科技创新

光伏电站组串Ⅳ在线测试智能控制器研发成功，编制完成千万千瓦级多能互补发电调节控制中心研究大纲，“N型高效电池PN结设计和制备技术研究”成果达到国内先进水平，“百兆瓦级并网光伏电站关键技术研究”被评价为国内领先水平，“大规模水光互补关键技术研究及示范”荣获青海省科技进步一等奖，“水光互补技术创新推动光伏产业发展”获得中国电力管理创新奖。2016年，黄海水电公司获得正式授权专利22项，其中发明专利4项、实用新型专利18项。

（六）基础管理

完成黄河水电公司本部和职能中心调整，进一步明确专业部门、综合部门和监督部门工作职责。调整新能源电站管控模式，对海南州、海西州、甘肃、陕西新能源电站实行属地化管理，有效提升新能源资产管理水平和集中维护效率；青海地区新能源由生产调度中心负责集控运行、电力营销中心统一进行电量销售，新能源电站市场竞争力显著增强。按照权责统一的原则，将水电站日常水工维护职责调整至各发电公司，提高水工维护工作效率和质量。二级单位成立安全监察部（HSE），理清生产管理与安全管理职责界面。启动中型水电公司、陕西黄河能源公司体制机制改革。成立电力营销中心和黄河配售电公司，选拔、培训30名电力营销专业人员，面向电力市场构建公司电力营销体系。按照集团公司构建“扁平化”管理层级的要求，对非领导岗位推行“一层多级”的岗位和薪级体系，逐步建立员工动态管理机制。部署开展“三供一业”分离移交工作。针对公司体制机制改革的主要权力事项，发布公司权力清单（A版）。推进制度建设，年内发布一级制度27部。李家峡发电分公司等三家单位通过标准化良好行为企业4A试点单位认证。加强依法治企，公司规章制度、经济合同和重要决策的法律审核率实现100%。创新审计方式，突出问题导向，推行“清单式”审计，要求即审即改。抓住关键指标开展新能源及火电项目内控评价，增强日常风险管控。

（七）履行社会责任

2016年7月14日，黄河水电公司与青海省卫计委无偿献血办公室、青海省血液中心联合组织开展了“红色七月，共铸爱心”党、团员无偿献血活动，该公司机关及创盈公司60名员工踊跃参加了献血活动；8月9日，2016年黄河土著鱼类增殖放流活动在积石峡水电站库区进行，5cm以上的花斑裸鲤等土著鱼类苗种40万尾被投放积石峡水电站库区；10月28日，青海省渔业环境监测站、苏只水电站鱼类增殖站及公司相关单位联合举办了2016年黄河土著鱼类增殖放流活动，30万尾5cm以上的花斑裸鲤苗被投放到苏只水电站水库。

（八）获得的荣誉

2016年，黄河水电公司先后获得青海省“2015年度工业经济运行突出贡献奖”“2016青海企业50强”“2011～2015年青海省法治宣传教育先进单位”“青海省首届‘信用与社会责任’示范单位”“2013～2015年度省级文明单位”“青海省2016年度内审工作考核先进单位”等荣誉。

（黄河上游水电开发有限责任公司　许为宁）

## 华能澜沧江水电股份有限公司 2016年经营管理情况

2016年，华能澜沧江水电股份有限公司（以下简称澜沧江公司）坚持以质量和效益为中心，以市场为导向，统筹安排安全生产、经营管理、基本建设和项目前期等工作，努力提升四项绩效水平，积极克服经营、发展难题，各项工作有序推进。

（一）主要指标

截至2016年底，澜沧江公司总装机容量达2113.38万kW，为云南省内装机规模第一，其中，水电装机规模1713.88万kW，占云南省统调水电装机容量的35.53%；火电装机规模360万kW，占云南省统调火电装机容量的29.03%。公司在建、筹建装机规模约1200万kW，全年完成基建投资108.05亿元，完成发电量679.05亿kW·h，占年度预算的95.24%。公司资产总额达1807.03亿元。

（二）安全工作

澜沧江公司认真贯彻落实上级安全生产工作部署，加强制度机制建设，修编完善公司安全生产奖惩制度和预案体系，建立干部员工安全信用档案，深化安全信用评价和隐患违章量化考核，扎实开展“安全生产月”活动。落实防洪度汛各项方案措施，全年实现安全度汛。认真组织安全生产大检查，消除各类安全隐患。加强应急能力建设，有效应对缅北紧张局势，妥善处置灾害险情。持续推进安全生产标准化建设和安全文化示范企业创建工作。漫湾荣获全国“‘安全生产月’活动先进单位”称号，小湾、漫湾获得“全国安全文化建设示范企业”称号，龙开口、景洪、雨汪、乌弄龙·里底获得“云南省安全文化建设示范企业”称号。

（三）市场营销

澜沧江公司面对云南省电力产能过剩、市场需求疲软及电力市场化竞争激烈的局面，主动应对市场化改革，发挥两库调蓄作用，科学制定竞价策略，全力抢发增发电量，发电利用小时保持区域领先。通过支持云南精准扶贫工作，争取到“十三五”期间每年457亿kW·h扶贫计划电量，有效缓解经营压力。成为昆明电力交易中心股东并获得发电侧唯一董事席位，协调发电主体共同制定应对措施，加强行业自律，维护行业利益。深化营销体制改革，实施全员营销战略，主动拓展用户市场。营业收入133.22亿元，完成年度预算的81.62%。

（四）电力生产

澜沧江公司不断加强生产标准化、规范化、精细化管理，设备完好率、消缺率、保护正确动作率、自动开停机成功率等达到一流标准，厂用电率为近6年最优，供电煤耗指标同比持续降低。漫湾、小湾、瑞丽江、徐村、滇东、雨汪实现全年“零非停”。持续推进安全生产管理体系优化升级，实现体系全覆盖，编制水电设备运行、维护、缺陷、技术台账等四项标准化导则。加快数字化、智能化课题研究，启动漫湾二期科研示范设计。加强管理创新，稳步推进“无人值班”电厂创建。积极降本增效，优化机组检修安排，检修费、材料费等相关费用得以压缩。

（五）工程建设

果多、觉巴、杨家房、胜境实现全部投产，石林光伏后期9万kW方阵全部并网发电。苗尾顺利实现下闸蓄水，乌弄龙、里底、黄登、大华桥、桑河二级主体工程施工有序推进。糯扎渡、景洪枢纽工程完成专项验收。景洪电站升船机实现试通航，小湾水电站获得中国电力优质工程奖和国际大坝委员会授予的国际里程碑工程奖，龙开口水电站获得国家优质工程金奖。新增装机容量22.4万kW，完成基建投资108.05亿元，各工程安全、质量、进度、造价、水保、环保等工作总体受控，项目建设进展顺利。

（六）项目前期

编制澜沧江公司“十三五”规划，制定项目开发时序。完成托巴核准申请并上报国家发展改革委；滇西北至广东直流输电工程及苗尾、大华桥交流送出工程获得核准并开工建设。促成与电网公司送电泰国战略合作。积极跟踪境外项目资源储备开发，签订柬埔寨上丁、松博项目合作协议，瑞丽江二级已具备核准申报、签署合资协议条件。有序开发储备新能源项目，稳步推进煤炭产能项目，积极开展协同产业研究，与中国石油云南销售公司签署战略合作协议。

（七）财务工作

澜沧江公司围绕年度工作重点，加强资金预算管控，多措并举全力降低融资成本，融资成效明显，资金成本同比下降0.41个百分点。千方百计做好两金压控工作，深挖潜能，积极开展低效无效资产处置工作。多措并举开展减亏控亏工作，及时调整果多、觉巴投产发电时序，推动藏电外送，争取电价差额补贴，澜沧江上游公司较年初预算少亏1.5亿元；滇东能源公司较国务院国资委下达的减亏目标少亏1.98亿元。与西藏开发投资集团有限公司签订了《战略合作协议》，西藏开发投资集团有限公司已对果多、觉巴转让资产成功摘牌。公司IPO进入受理审核阶段，上市工作取得重要阶段性成果。

（八）科技创新

澜沧江公司积极推动科技创新工作，各重大科研项目稳步实施，完成国家“十二五”科技支撑计划主要研发任务，多项成果实现应用；积极开展国家“十三五”重点研发计划、国家自然科学基金项目申报；有序推进黄登、如美等重大工程科技研究。公司荣获各级科学技术奖励13项，“高混凝土坝关键技术研究与实践”获国家科技进步二等奖，小湾拱坝获国际里程碑工程奖。完成专利申报57项，新授权专利24项。两名博士进站工作，自主研发有序开展。

（九）企业管理

完成制度建设、“十三五”规划编制。内控系统上线运行，修编印发公司内控手册，按期开展测评工作。风险内控体系有效运行，内控评价实现系统全覆盖。制定《股东大会议事规则》等制度，理顺“三重一大”事项与“三会”决策关系。龙开口、野猫山、文笔山、一把伞顺利通过档案专项验收。深化经济责任、基建项目审计，扎实开展自查整改，加强成果运用，促进管理提升。推进管理创新和软科学项目实施，5项成果入围集团管理创新成果奖，“跨境融资租赁创新与实践”获集团一等奖。

（十）和谐水电

乌弄龙、里底、黄登、大华桥、苗尾等电站“三通一平”及觉巴、野猫山、白鹤厂、石林光伏、沿江公路等项目通过环保水保验收，糯扎渡、龙开口水保验收获得批复并完成环保验收技术审查，苗尾通过蓄水阶段环保验收；升鱼机、分层取水、集运鱼系统、栖息地保护和糯扎渡水温分析等环保专题研究取得阶段性成果；小湾、功果桥获得国家水土保持生态文明工程称号，糯扎渡获得云南省第一个生态文明工程创建经费补助；火电实现稳定达标排放。公司用地合法合规，移民总体稳定，全年征地移民投资约21.2亿元，完成移民搬迁3600人。支持新农村建设新“百千万工程”全年投入资金1518万元，帮助解决澜沧江流域电站周边百姓的突出困难和民生问题；落实扶贫攻坚“挂包帮”“转走访”投入项目资金1022万元，援建项目27个，65户挂包贫困户全部脱贫，挂联县云县已脱贫摘帽待国家验收；公司全年投入资金5亿元帮扶云南省澜沧、双江、耿马和沧源县拉祜族、佤族脱贫攻坚。根据上级部署，向澜沧江下游应急调度供水114.36亿$m^3$。积极履行社会责任，有效维护了企业和社会的和谐稳定。

（十一）人才强企

持续推进“人才强企”战略，加强“三支队伍”建设，选拔产生公司技术专家2人，基层企业技术技能带头人32人，年内新增“省突”专家1人，全国技术能手1人。坚持党建带工建、带团建，公司再次荣获“全国五一劳动奖状”。

（华能澜沧江水电股份有限公司）

## 湖北清江水电开发有限责任公司2016年经营管理情况

（一）经济社会效益

清江梯级电站运行方式灵活，在发电的同时，承担了华中电网大部分调峰调频任务，在防洪、航运和旅游方面发挥了巨大的经济社会效益。

1. 发电效益明显　2016年清江流域梯级电厂完成发电量95.19亿kW·h，上缴各项税费10亿余元。7月份清江梯级水库在削峰错峰后及时拦蓄洪尾，水布垭累计超蓄洪水1.08亿$m^3$，隔河岩水库累计超蓄洪水1.97亿$m^3$，超蓄水量累计增发电量1.76亿kW·h。

2. 防洪效益突出　2016年7月湖北大部分地区遭遇强降雨，清江梯级水库根据省防办统筹安排，合理进行水库调度，削峰错峰。7月9日水布垭水库最高消减洪峰7540$m^3/s$，消减洪峰近60%；7月20日隔河岩水库消减洪峰3132$m^3/s$，消峰率34%。根据洪水还原初步计算，若无上游水布垭水库的调蓄作用，隔河岩断面洪峰流量将达18700$m^3/s$，超过1969年7月清江实测以来的最大流量18300$m^3/s$，清江梯级水库相当于消减洪峰12100$m^3/s$，消峰率65%，为清江下游城镇安全也为减轻长江干流防洪压力做出了贡献。对比1969年大水损失，长阳县城严重损毁，宜都四处河堤决口，失踪163人，死亡62人，造成严重生命财产损失，2016年洪水虽然流量更大，却没有造成城镇被淹、人员伤亡的严重后果，充分彰显了清江流域3座梯级电站的防洪效益。在此期间，清江梯级水库多次合理启闭闸门，营救遇险渔民共9人；避免上游网箱等杂物冲击电站进水口，防止了钢管等杂物进入机组、毁坏机组事故。在高坝洲库区大量养殖网箱被冲至坝前形成数万吨的巨型堆积物时，清江梯级水库为配合清漂作业，从7月20日开始至8月16日打捞结束，科学维持高坝洲的入库、出库流量，保证库区水质安全，防止疫情发生；根据现场作业要求调整闸门及开度，控制高坝洲库水位在79.1～79.3m稳定运行，确保了清漂工作的顺利进行。

3. 生态效益显著　2016年应政府要求，清江梯级水库联合运行，分别于9月上旬末下旬末、12月上旬初和中期，4次对高坝洲库区水体进行置换，明显改善了高坝洲库区水质。

4. 促进旅游经济　在隔河岩水库建成后，形成了高坝大库，风景优美，长阳县旅游经济在国家5A级景区隔河岩库区清江画廊的强力带动下继续保持较好的增长态势，2016年长阳县接待旅游702.2万人次，实施旅游总收入58.3亿元，分别较上年增长16.9%、16.2%。

（二）安全管理

2016年，清江公司严格按照“五落实、五到位”的总体要求，进一步强化安全生产红线底线思维，不断提升安全生产精细化管理水平，清江公司安全生产再创佳绩：全年未发生一般及以上安全生产事故，安全生产形势持续7年保持稳定向好状态，安全事件次数创历史最少；成功应对了清江流域“7·19”超百年一遇特大洪水，未发生因流域洪涝灾害而造成的人身伤亡和重大设备设施损坏事件；清江公司主动担当社会责任，顺利完成了高坝洲坝前漂浮物清漂打捞工作；隔河岩电厂连续6年实现机组“零障碍、零非停”双零目标，高坝洲电厂连续3年实现机组“零障碍、零非停”双零目标；清能柳树坪公司11台机组首次实现“双零”目标。

截至12月31日，梯级电厂连续安全生产天数分别为：隔河岩电厂4424天，高坝洲电厂3452天，水布垭电厂3178天，清江公司年内连续安全运行365天。

2016年度，清江公司共计发生一类障碍及以下事故等级的安全事件4次（2015年7次），与2015年同比减少3次，其中：发生负次要责任的一类障碍1次（2015年负全责的一类障碍1次），与2015年同比持平；发生一般及以下交通事故0次（2015年3次），与2015年同比减少3次；发生二类障碍0次（2015年0次），与2015年同比持平；发生设备异常3次（2015年3次），与2015年同比持平。

（湖北清江水电开发有限责任公司）

## 国家电网公司新源控股有限公司 2016 年经营管理情况

国网新源控股有限公司（以下简称国网新源公司）成立于 2005 年 3 月 31 日，是国家电网公司的直属单位之一。目前由国家电网公司持股 70%，中国长江三峡集团公司持股 30%，与国家电网公司 2011 年 9 月成立的全资子公司国网新源水电有限公司实施一体化管理模式，主要负责开发建设和经营管理抽水蓄能电站和常规水电站，承担着保障电网安全、稳定、经济、清洁运行的基本使命，是全球最大的调峰调频专业运营公司。

截至 2016 年末，国网新源公司管理单位 55 家，分布在 20 个省（自治区、直辖市），管理装机容量 4580.4 万 kW。

（一）经营管理

理顺新投产机组核价政策，推动建立合理的电价疏导和回收机制，彻底解决单一电量电价遗留问题，全面推进工程自动竣工决算工作，发布《基建财务实务操作 200 条》。组织编制《公司“十三五”管理提升规划》，提出涵盖公司全面业务的 23 项管理提升任务并协调推进实施，以适应公司快速发展需要，推动公司管理升级。印发《公司 QC 管理手册》，组织评审出 20 项优秀创新成果和 15 项优秀 QC 成果并推广应用，有效提升了公司管理水平、效率和效益。

（二）规划落实

积极落实“十三五”规划目标，推进重点项目前期工作。取得镇安、句容、阜康、厦门、清原项目核准批复；完成平江、宁海、缙云、洛宁 4 个项目可行性研究，基本具备核准条件；完成赤峰项目可行性研究，基本具备审查条件；稳步推进桦甸、易县、浑源、哈密、磐安、衢江、泰安二期等 7 个项目可行性研究工作，启动抚宁项目可行性研究工作，完成国家电网公司下达前期计划目标。

（三）生产运行

在建设任务重、极端天气频发、机组启停频繁的情况下，安全生产保持平稳，抽水蓄能机组综合利用小时数同比增加 98.55%。贯彻落实“三查三强化”安全专项行动，严格法规执行，深化风险管控，稳步推进运维一体化，开展全过程技术监督，安全生产基础进一步夯实。完成重要节假日、迎峰度夏、G20 杭州峰会等重要保电任务。新安江电厂获评“服务保障 G20 杭州峰会先进集体”。

（四）工程建设

完成仙居、洪屏项目“一年四投”目标，镇安、清原、句容、厦门、阜康等 5 个项目按计划开工，在建项目已达 18 个。丰满、绩溪、丰宁（一期、二期）、敦化、荒沟项目主体工程有序推进，沂蒙、金寨、天池、文登、蟠龙项目筹建期工程进展顺利，镇安、句容、阜康、厦门、清原项目各项准备工作有序进行，各在建项目历经艰辛，实现建设目标。

（五）人力资源

创新人才培养方式，推动智慧众筹式行动学习在企业管理提升中的应用实践，171 人次到本部或其他单位挂岗锻炼（借用），提升青年干部的领导力、执行力和综合素养。加快人力资源市场建设，大力开展高校宣贯，接收高校毕业生 358 人。组织开展社会、国家电网公司系统、国网新源公司系统招聘 4 次，国家电网公司系统内招聘 25 人，组织 5 名同志到有关单位进行挂岗锻炼，组织 1 名同志到牡丹江公司开展技术支援。创新教育培训工作，加速培训资源开发和平台建设，编制开发了覆盖“三大专业”（安全管理专业、运维管理专业、基建管理专业），形式多样（培训规范、课件、教材、题库）的培训资源；“一机多模”抽水蓄能电站仿真培训系统开发、国网安全培训示范基地等项目有序推进。

（国网新源控股有限公司　李亚平）

## 国电大渡河流域水电开发有限公司 2016 年经营管理情况

国电大渡河流域水电开发有限公司（以下简称大渡河公司）是集水电开发建设与运营管理于一体的大型流域水电开发公司。2016 年，大渡河公司深化改革创新，主动担当作为，以智慧企业建设引领公司健康可持续发展，全年安全生产保持稳定，经营绩效稳中向好，队伍建设昂扬向上，改革发展稳定各项工作有序推进，圆满实现了年度目标，各项工作取得了新的成效，再次获得中国国电集团公司考核 A 级。

（一）主要指标

大渡河公司依托龚嘴、铜街子两座母体电站，对四川大渡河和西藏帕隆藏布流域水电资源实施“流域、梯级、滚动、综合”开发，拥有水电资源约 3000 万 kW。截至 2016 年底，大渡河公司投产装机容量 1011.24 万 kW（其中，大渡河干流龚嘴、铜街子、瀑布沟、深溪沟、大岗山、枕头坝一级、猴子岩投产 947.5 万 kW，支流及小水电 34.24 万 kW；湖北区域 29.5 万 kW），全年完成发电量 308.82 亿 kW·h，完成投资 56.9 亿元，实现营业收入 69.74 亿元。

（二）电力建设

大渡河公司在川投运装机容量占四川统调水电总

装机容量的1/4，承担了四川电网主要调峰调频任务。2016年，大渡河公司成功应对了“4·30”大岗山库区省道S211地质灾害，提前发现并及时处理了龚嘴、瀑布沟机组重大设备隐患，实现了安全度汛；完成了铜街子电站最后一台机组增容改造；猴子岩电站如期下闸蓄水，首台机组投产发电；沙坪二级电站大坝及厂房浇筑到设计高程；实现了双江口水电站主标进场施工；金川投资决策通过中国国电集团公司能源院评估；建成国内CCER储备量最大的碳资产管理机构，完成了5.5万t碳交易；公司控股并代管建设拥有世界第一高坝的双江口水电站（最大坝高312m，装机容量200万kW）和拥有亚洲单机装机容量最大的灯泡贯流式机组的沙坪二级水电站（单机容量5.8万kW，装机容量34.8万kW）；大渡河干流金川、安宁、巴底、丹巴、老鹰岩、枕头坝二级、沙坪一级电站正在积极开展前期研究工作。

（三）安全管理

2016年，大渡河公司积极创建中国国电集团公司水电安全生产标准化示范企业；着力提升领导干部安全生产意识，举办公司系统领导干部安全生产专题培训；强化安全风险分级、动态管控，前移安全风险预控关口，保证了管控责任、措施有效落实，成功应对了大岗山库区省道S211地质灾害，得到有关上级单位的高度肯定；探索智慧安全管控，研发智能安全帽，启动建设安全风险管控数据中心，投运并持续完善库坝安全信息综合管理系统；创新实施安全生产巡查，组织专家到现场集中查找并协助解决突出隐患、重点难点问题；结合“重细节、找问题、强管理”专题活动，组织开展129次安全检查，累计发现并整治隐患15659项；强化防洪度汛管理，首次组织了流域六库联调及流域防地震联合应急演练。通过落实责任、强抓严管，公司系统圆满完成了各项安全目标任务，实现了年度安全生产“零事故”目标，截至2016年12月31日，连续生产达4142天，荣获2016年“四川省‘安全生产月’活动优秀组织单位”“中央在川及省属重点企业安全生产工作先进单位”荣誉称号；所属国电大渡河瀑布沟水力发电总厂获评“全国安全文化建设示范企业”。

（四）生产运行

2016年，修订完善公司电力生产的安全管理、发电运行、经济调度、设备维护、设备检修、水库大坝、生产筹备7个专业管理标准，切实提升了标准的针对性、可行性；坚持问题导向，建立并实施了符合大渡河实际的电力生产安全、设备缺陷、市场营销和现场4个管控模型，每月对标考评，有力强化了电力生产各环节管理；增强营销战线力量，成立经济运行、售电服务中心，积极争取到电量补偿等有利政策，积极参与外送、替代等市场挂牌交易，想方设法寻找新增电量；每月召开经营例会，滚动预判形势，优化经济运行，存量电站发电设备利用小时数高出省网存量电站平均水平344.5h；应用中小洪水实时调度、汛末提前蓄水等先进调度技术，全年总共多拦蓄洪水4.81亿$m^3$，增发电量1.96亿kW·h，有效缓解了下游地区防洪压力，瀑布沟电站圆满完成了水库消落、回蓄目标，实现了全年无弃水；加强调度会商，优化枯水期水库梯级调度，干流梯级电站综合耗水率6.01$m^3$/(kW·h)，同比降低5.24%；完成大岗山、枕头坝一级水电站接入大渡河集控中心工作，实现了大渡河干流六站六库统一调度、集中控制；强化控制成本意识，做好电力生产费用年度预算、决算工作，每月滚动预测全年生产计划控制情况，生产成本较年初预算节约2.54亿元；完成了铜街子电站最后一台机组增容改造，高质量完成了流域30台机组的检修任务，设备缺陷同比减少2%，健康水平持续提升。

（五）智慧企业建设

大渡河公司完善智慧企业顶层设计，发布了《智慧大渡河战略研究与总体规划报告3.0》，智慧企业理论体系更加完善。加快推进项目落地，云数据中心建成投运，流域库坝安全管理中心、国内首个大型流域水电站联合调度控制系统等智慧单元投入运行；智慧工程、智慧电厂、智慧检修、智慧调度建设深入推进，沙坪智慧工程通过专家鉴定，达到了国际领先水平；智慧党建云建设完成试点。成功承办了首届智慧企业创新发展峰会，大渡河智慧企业建设在业界“三个首次”（首次在企业界提出了建设智慧企业的思路，首次系统阐述了智慧企业理论体系和框架，首次在大型国有企业进行探索与实践并取得了显著成果）地位得到确立，大渡河公司被清华大学和四川省企业联合会分别授予“管理创新实践基地”和“智慧企业管理创新示范基地”。大渡河公司智慧企业建设的经验做法被人民日报、新华社、中新社、央广网、四川日报等媒体刊发报道。

（国电大渡河流域水电开发有限公司）

## 中国南方电网调峰调频发电公司 2016年企业管理有关情况

2016年，中国南方电网有限责任公司调峰调频发电公司（以下简称调峰调频公司）在运行的抽水蓄能电站有广州抽水蓄能电站240万kW、惠州抽水蓄能电站240万kW、清远抽水蓄能电站128万kW，在运行的常规水电站有天生桥二级电站132万kW、鲁布革水电站60万kW，合计运行电站总装机容量800万kW。在建抽水蓄能电站4座，分别是深圳抽水蓄能电站120万kW、海南抽水蓄能电站60万kW，计划于“十三五”期间投产；阳江抽水蓄能电站120万kW（远景规划240万kW）、梅州抽水蓄能电站120万kW（远景规划240万kW），计划于“十四五”期间投产。

（一）项目前期工作

2016年，调峰调频公司配合南方电网公司开展了广东新会抽水蓄能电站、海南羊林抽水蓄能电站选点规划研究工作，完成选点规划报告并获国家能源局批复；组织研究海南电源发展规划，提出了在海南优先发展气电，延缓大容量核电机组和抽水蓄能电站建设的规划建议。通过沟通洽谈和实地调研国际LNG市场生产、储存、运输和采购交易情况，提出推进海南气电项目落地的具体措施。

（二）水电科技发展

2016年，调峰调频公司积极推进科技创新工作，共评出科技进步一等奖1项、二等奖1项、三等奖3项；技改贡献二等奖3项、三等奖12项；专利二等奖5项、三等奖7项；职工技术创新二等奖8项、三等奖13项。组织优秀成果参加南方电网公司2016年奖励评审，“大容量电池储能系统关键技术研发与应用”获得科技进步一等奖，另获科技进步三等奖1项，技改贡献三等奖2项，专利三等奖1项，职工技术创新一等奖1项、二等奖1项。获得授权专利49项，申请专利34项。

推动职工群众性“大众创业、万众创新”活动，修编了调峰调频公司《职工技术创新管理细则》，制定并发布调峰调频公司《大众创新奖实施细则》，下达职工技术创新项目30项，举办首届职工技术创新成果交流展示活动。首次评选大众创新奖41项。

（三）标准化管理

2016年，调峰调频公司全面贯彻南方电网公司一体化管理工作部署，开展了管理制度、作业标准的编制工作。全年共印发管理制度23项、典型作业标准15项，废止管理制度23项、典型作业标准6项。截至2016年底，调峰调频公司有效管理制度154项，典型作业标准146项。管理制度体系已涵盖安全管理、生产管理、调度管理、规划建设、营销服务、人力资源、财务管理、物资管理、信息管理、监审内控、党群工作、行政办公、基础管理等13个领域。

加强协同办公系统制度模块的推广应用，做好制度管理平台的使用和日常维护，组织各部门开展了数据清理工作，将已发文废止的管理制度统一导入废止制度库，确保有效制度库数据的准确性和时效性，并持续在系统中强化立项、会签、合法合规性审查、格式规范性审查、批准等制度发布的核心流程。

（四）新标准编制

参与筹建中国电力企业联合会抽水蓄能标准化技术委员会；参与编制《固定及移动式电池储能系统在电网中集成应用的设计、运行和维护技术标准》国际标准1项、《抽水蓄能电站名词术语》国家标准1项、《可逆式水轮发电机组及附属设备出厂检验导则》行业标准等3项，完成《电化学储能电站设计规范》国家标准复核。申报并获批主编2项行业标准、1项中电联团体标准。编制发布调峰调频公司14类《发电设备状态评价导则》，为公司设备检修、技改的精益化管理奠定了基础。落实南方电网公司设备检修“一型一册”要求，完成公司30类发电设备检修规程的编制发布，编制15类发电设备88册检修维护手册，已累计发布17类设备109册检修维护手册。

（中国南方电网有限责任公司调峰调频发电公司 黄纯 周全）

## 向家坝水力发电厂实施基于专业技术管理的设备缺陷全过程控制

向家坝水电站安装运行世界单机容量最大的80万kW水轮发电机组、500kV国产大跨度垂直高压电缆、500kV国产气体绝缘金属封闭开关设备、首次投产的国产GCB（发电机出口断路器）及23kV发电机出口电压等级等新设备、新设施，是推动水电设备国产化的开放平台之一。作为电站的运行维护管理单位，向家坝电厂始终秉承求实创新的管理理念，创新性实施并不断深化“以设备管理为主线，以设备主任牵头”的设备管理体系，全面实现了对设备缺陷发现、预评估、处理、消缺后评估、统计分析等全过程的管控力度，为设备安全稳定运行提供强有力支持。

向家坝水力发电厂实施的基于专业技术管理的设备缺陷全过程控制获第五届全国电力行业设备管理创新成果特等奖和第二届全国设备管理创新成果一等奖。

（一）技术创新点

（1）建立“设备缺陷全过程控制”的缺陷管理模式。从根本上解决了缺陷处理过程仅由维护部门主导的单一局面，摒弃了过去仅有安监部对消缺情况进行监督考核的局限性，缺陷处理过程和完成效果缺乏第三方有效的监管。

（2）引入专业技术组对缺陷处理过程中的实时干预机制。引进了专业技术组在消缺前和消缺后的确认评估环节，强化了技术层面在缺陷处理过程中的干预力度，充分发挥了专业技术组的技术优势。

（3）引入遗留缺陷的风险预控管理，专业技术组对缺陷分别进行了处理前的预评估和处理后的消缺评价，做好遗留缺陷跟踪管理，在具备处理条件后，及时安排维护部门消缺，在各环节做到设备缺陷的可控和在控。

（4）建立专业技术组在缺陷处理中的监督和评估机制。全面发挥专业技术组在技术上的优势，在处理手段、处理方法、现场试验等方面给予技术支持，在做好现场消缺工作指导的基础上，对作业层面在实际处理过程和完成效果上进行评估。

（二）实施效果及应用推广情况

向家坝电厂专业技术组缺陷处理“第三方监管”的管理方式摒弃了单一的以消缺为目的缺陷管理方式，较好地实现了设备缺陷发现、预评估、处理、消缺后评估、统计分析等在各层面的全过程控制，解决了生产管理部门和设备维护部门在遗留缺陷风险管控、状态流转、跟踪处理以及过程追溯等过程中出现的脱节现象，缺陷闭环管控效果明显。取得了显著的安全效益、管理效益。

（1）2014年，向家坝电站顺利实现8台机组全面投产发电，泄洪设施也在2014年投入正常防洪运用，工程的防洪效益业已显现。

（2）8台世界最大单机容量80万kW水轮发电机组全部实现“首稳百日”运行目标。

（3）以较高分数顺利通过安全标准化达标一级企业标准现场评审；连续5年超额完成了年度发电目标。自2012年11月5日首台机组投产以来，4年仅发生过一次非计划停运事件（保护装置插件板元器件虚焊导致保护误动）。

（4）建立了全厂缺陷的统一管理平台，建立了可追溯机制，实现全过程的闭环管理，近三年，开停机成功率分别为98.88%、99.15%、99.72%；机组等效可用系数分别为96.43%、94.45%、96.09%，保持行业领先水平。

（向家坝水力发电厂　刘明闪　宋晶辉　余维坤　陈　刚）

## 中国电建集团中南勘测设计研究院有限公司总承包项目结算管理的一些做法

中国电建集团中南勘测设计研究院有限公司在总承包项目管理中认真审阅合同、合理规避风险、重视工程变更、妥善处理索赔，做好完工结算，提高了经济效益。现将一些做法简介如下：

（一）认真审阅合同文件，有的放矢规避风险

合同是总承包方和施工单位之间明确责、权、利的法律文件，充分理解和履行合同是保证完工结算正确性的重要手段。在实际工作中，可以从以下几点进行把握。

（1）明确合同工期的影响。明确合同中关于工期提前或者滞后的奖惩条款，及时做好相关资料的搜集，密切关注施工过程中影响工期的事件，一旦发现问题，总承包项目部应及时进行协调，最大限度地为施工单位提供工作方面便利，避免出现长时间阻工、窝工甚至停工的现象。桃花山风电场风机、塔筒吊装工程中，就曾出现过总承包方为了激励施工单位按时完工，承诺奖励其30万元的事件。工期问题对于完工结算影响重大。

（2）确定材料采购和价格。对合同中明确由总承包方供应的材料，项目部应当及时采购和分发，避免出现因材料供给不足导致的工期延误。同时，要注意合同中关于材料使用量超出的特殊要求，一旦发现施工单位材料使用量超出，应尽快与施工单位、监理方及时沟通和核实，并由总承包方确定这些材料是由总承包方还是由施工方采购、是按原报价还是按市场价进行采购。总承包方负责材料的采购，可以避免因材料质量问题引起的工程质量问题和经济损失。

（3）满足工程质量标准。保证工程质量是工程建设的基本要求之一。总承包方应牢记合同中的工程质量标准，在处理设计变更时，避免向施工单位提出高于合同工程质量标准的要求，以免增加额外的工程成本，同时，避免完工结算时施工单位针对变更指令提出质量标准之外的成本补偿。

（4）熟悉合同中风险划分。明确合同中发包人和承包人的各类风险，有助于总承包方对施工质量和进度的把握。合同管理人员应关注合同中风险相关条款，准确分辨各类风险的归属，尤其是关于气候、地质灾害等不可抗力的定义和划分，以及物价上涨风险的划分，在不违背合同条款的前提下，尽可能规避风险，降低成本。

（二）高度重视工程变更，合理调整合同价格

工程施工中，变更的种类有很多，如设计错误或者缺陷、现场施工条件变更、合同条款的变更、不可抗力等引发的合同变更。无论变更的大或者小，都将直接影响到工程量、工程项目以及工期，甚至引起工程索赔，从而影响到整个工程的完工结算。

（1）明确变更种类和处理原则。工程变更并不是指对合同进行实质性的更改，而是像FIDIC合同条款中和水利水电建设施工合同范本所指的范围。在处理变更问题时，应对合同内关于变更的种类以及处理

原则仔细研究，明确变更的种类以及变更处理方式，常见的处理方式为延长工期和调整合同价格两类情况。

（2）合理确定费用计算方法。在变更需要调整合同价格时，一般采用以下原则确定单价或合价：①合同中有适用于变更工作的项目时，应采用该项目的单价；②合同中无适用变更工作的项目时，则可在合理的范围内参考类似项目的单价或合价作为变更估价的基础，由监理人与承包人协商确定变更后的单价或合价；③合同中无类似项目的单价或合价可供参考，则应由监理人与发包人和承包人协商确定新的单价或合价。

总承包方在收到施工单位报价之后，应当充分调查，用合理的计价方法审核承包人的报价，最大限度控制工程成本。

（三）妥善处理工程索赔，严格控制工程成本

由于目前国内暂无相应的索赔计算标准和规范，发包方和承包方之间的分歧较大等原因，施工过程中的索赔问题往往比较复杂、棘手，“低价中标，高价索赔”仍然是施工单位盈利的重要手段之一。如何正确处理施工单位的索赔事件，是总承包方控制成本、提高效益的关键。

（1）注意索赔原因及费用审查。索赔的原因大致可以归为两类，一类是由于超出计划成本产生了附加开支，一类是由于非承包人责任的原因导致施工进度延误。与之相对应，索赔种类也归为两种，一种是费用索赔，一种是工期索赔。索赔处理应当以事实为依据，以合同为准绳，准确并且高效地处置，避免施工单位将工期索赔转化为费用索赔。

以合同为依据，合理划分施工过程中的风险和责任。对施工单位提出的索赔报告认真分析，对于合同中明确规定的索赔，如果施工单位能够提供翔实的工程签证、文字以及图片资料等证明，应当无条件认可并接受；对于合同中模糊规定的索赔，应该与监理方和施工单位一起协商。索赔工期和费用的计算也应该严格按照合同条款的规定。桃花山风电场吊装合同的索赔，就曾出现过施工单位虚报施工机械的窝工记录以及窝工天数不实的情况。对于索赔费用的审查，应对人工费、材料费、机械费、管理费以及利息等费用全面审查，确定可取费的项目，正确区分停用损失与工作效率降低损失、单价包干与合价包干，避免重复计算。例如，人工、机械的窝工费用计算，应严格遵循合同中关于窝工费用的计算方法。如果合同中无相关说明，则应根据投标文件中的人工费、机械台时费，人员窝工费一般在人工费的基础上打上折扣计取，机械窝工费以机械折旧费计取。

（2）注重理赔人才的培养。面对日益复杂的建筑施工环境和条件以及施工单位棘手的索赔诉求，总承包方应该有目的地培养既懂工程技术又懂法律、既懂经营管理又懂造价合同的理赔人才。一支精干的项目管理队伍，既能尽早地辨识合同中可能产生索赔的漏洞，又能适时地进行索赔谈判；既能进行索赔费用的审核，又能熟练运用合同条款争取利益；既能在谈判桌上据理力争，又能创造友好的合作氛围。

（四）充分搜集工程资料，提高完工结算质量

工程资料是反应施工过程的书面材料，是完工结算的重要依据。首先，项目管理过程中应极力避免资料缺失导致的信息不全，尤其是施工单位提交的现场签证单、工程变更报价单等重要资料。其次，按格式严格填写原始的工程签证单，避免出现随意涂改、无盖章签字等不规范的现象发生，工程变更、签证单应由设计人、项目总承包方、监理方和施工方共同签字确认，否则在完工结算审核时不予认可。最后，资料搜集应当全面、准确，对于缺乏证明和重要说明的签证单或者其他文件，及时督促施工单位补充完善，否则在完工结算审核时一律作为无效资料处理。例如，有些工程签证单中并未描述工程量的大小，有些工程签证单缺少关于工程变更的影像资料，这将导致后期完工结算无法顺利进行。

（中国电建集团中南勘测设计研究院有限公司 唐 磊）

## 华能澜沧江水电股份有限公司检修分公司 2016 年经营管理情况

2016 年，华能澜沧江水电股份有限公司检修分公司（以下简称检修分公司）持续夯实安全生产、人才建设、管理提升 3 个基础，攻坚克难、扎实工作，检修机组容量达到 345 万 kW，年度 3 项绩效取得好成绩。

（一）安全基础不断牢固，安全形势保持平稳

全年共办理工作票 241 份，票面合格率 100%，在华能澜沧江水电股份有限公司（以下简澜沧江公司）组织的生产单位“两票”知识竞赛活动中荣获优胜单位称号。交通安全、消防安全常抓不懈，全年安全行驶里程达 17.9 万 km，消防安全管理在生产生活和办公区域得到进一步加强。截至 2016 年底，检修分公司年度安全天数为 366 天，连续安全天数 2026 天，全年安全形势保持平稳。

（二）机组检修顺利完成，设备健康水平不断提升

完成了小湾电厂 A+级自主检修 1 台次和 C+级检修 2 台次、景洪电厂 C+级检修 2 台次、糯扎渡电

厂C+检修1台次。全年共完成检修标准项目和特殊项目1079项，项目完成率达111.47%，消除缺陷307项。小湾3号机组定子线棒更换和转轮叶片修型等重大设备问题得到有效处理，设备整治效果良好，得到澜沧江公司肯定。具备评价条件的6台修后机组，最高得分率103.43%，最低得分率100%，平均得分率101.5%，高于指标值6.5个百分点，评价总体达到优秀。不断完善和细化执行流程，落实修前策划要求，修编检修文件包、完善文件模板、加强过程管控、强化三级验收，检修标准化全面推行，检修管理规范水平不断提高，生产技术管理评价优于指标值5个百分点。集中检修取得重要突破。一是首次完成小湾3号机组A+级自主检修，实现总体依靠检修分公司力量完成70万kW级机组扩大性检修的突破；二是首次承担糯扎渡65万kW级机组检修任务，实现在澜沧江公司两个龙头电站开展大型机组检修工作的突破。

（三）鉴定站工作有效铺开，助推流域技能人才发展

承办集团级技能培训2期共66人次，顺利承接集团级技能竞赛1次。圆满完成10个工种技能鉴定，涉及12批次、397人。组织开展澜沧江公司系统2个工种选拔赛，从中选派优秀人员参与集团层面技能竞赛。机械技师鉴定站被云南省总工会命名为华能澜沧江检修机械技师工作站，技能鉴定站油化实验室被电力行业化学专业技术委员会评为2016年度电力行业标杆中心化验室。

（四）基础管理工作不断规范，管理水平迈上新台阶

对检修分公司相关的14个业务模块共73个业务流程内部控制流程板块进行清理，对各项管理制度进行修编完善。按照澜沧江公司降本增效的要求，检修分公司主动压缩预算费用，年度预算比年初下调30%，其他费用预算全年预计结余10%，较好完成2016年财务层面绩效考核目标。电气检修部一班QC小组获得“云南省优秀质量管理小组”“中国水利行业优秀质量管理小组”荣誉；自动化部一班获得“2016年度云南省电力行业质量信得过班组”荣誉；检修分公司获得“云南省电力行业质量管理小组活动优秀企业”荣誉。

（五）双轨培养机制不断深入，员工队伍建设取得实效

检修分公司围绕“三种能力”要求，加快建设具备“专精尖”梯次结构的一流检修队伍。员工岗位建设不断加强，提拔部门副主任1名、部门主任助理2名，完成10名员工岗位动态调整。技术技能双轨培养成效明显，11位同志评定为中级职称，中级及以上职称占比63%；18位同志评定为高级工，高级工及以上占检修人员比重达87%。制定员工中长期发展规划，制定出台2016～2020年专业员工发展规划，进一步加快技术技能员工培养和发展。

（华能澜沧江水电股份有限公司）

# 水电站生产运行

# 电力生产及管理

## 三峡水力发电厂2016年生产管理情况

（一）电力生产情况

三峡水力发电厂包括左岸电站、右岸电站、地下电站和电源电站，共有32台单机容量70万kW和2台单机容量5万kW的水轮发电机组，总装机容量2250万kW。

2016年，三峡水库总入库水量为4085.88亿$m^3$，与历史多年均值相比偏枯9.4%，与上年相比增加309.1亿$m^3$。

2016年6月26日，三峡水力发电厂34台机组实现当年全部并网运行。全年全厂34台机组全部运行累计674.25h，大于2000万kW运行累计683.72h，按2250万kW设计额定出力运行累计211.70h。全年发电量935.33亿kW·h，完成全年计划发电量的105.09%，较去年同期多发电量65.25亿kW·h。

2016年，三峡水力发电厂发变电设备运行情况良好，发电设备（不含电源电站）利用小时数为4160.52h，较上年增加292.64h；平均可用小时数为8198.97h，较上年减少53.1h；机组平均等效可用系数为95.78%，基本与上年持平；全厂机组自动开停机3306台次，成功3304台次，成功率99.94%，其中开机成功率为99.88%，较上年增加0.2%；厂用电率为0.078%，变损率为0.398%。

2016年，三峡水力电厂全年保持良好的安全生产态势，未发生一般及以上电力安全事故、设备事故、火灾事故、人身伤亡事故和人员责任障碍；机组运行安全稳定，左岸电站、右岸电站、电源电站实现“零非停”，仅地下电站发生第一类非计划停运事件1次。截至2016年12月31日，实现连续安全生产3790天，创国内70万kW水轮发电机组集群连续安全运行天数的新纪录。

（二）防洪及试验性蓄水情况

2016年，三峡枢纽度汛情况总体比较平稳。最大洪峰流量为50000$m^3/s$，出现在7月1日14时。三峡水力发电厂准确执行长江防总调度令20条，开机890台次，启闭泄洪深孔1次，运行操作正确率100%，将三峡水库下泄流量控制在31000$m^3/s$以下。三峡工程拦洪错峰，极大地减轻了中下游的防洪压力。

三峡水库2016年度175m试验性蓄水于9月10日零时正式启动，起蓄水位为145.96m，于11月1日7时成功将三峡大坝坝前水位蓄至175m，累计水位升幅29.04m，累计蓄水量216.76亿$m^3$。

（三）检修情况

安排完成了23个深孔、3个排漂孔、8个排沙孔的全面检查和检修，以及2个冲沙闸液压系统活塞杆锈蚀处理；完成了泄洪深孔或排漂孔的弧门水封更换等主要技改项目。

安排完成了25台机组检修，其中专项处理2台、C级检修18台、D级检修5台，其余9台机组经评估进行日常维护；完成了机组推力头与镜板联结改进、机组磁极极间连接拉紧螺杆固定块背部加装绝缘堵板等主要技改项目。

（四）科技创新情况

2016年，三峡水力发电厂共组织开展“三峡电站智能化建设研究”“三峡电站水工建筑物水下检查技术研究”等11个重点技术研究项目；申报成功新型实用专利15项、发明专利1项、软件著作权1项；联合研发了“水电站巨型压力钢管内表面自动旋附行走探损检测系统”新产品1项；获得全国电力职工技术成果奖二等奖1项。

2016年，三峡水力发电厂编制行业标准2项（主编DL/T 1009—2016《水电厂计算机监控系统运行及维护规程》，参编DL/T 1548—2016《水轮机调节器设计与应用导则》）、三峡企业标准9项，发表了10篇高质量专业技术论文并出版了2项专著。

（五）主要管理举措

2016年，三峡水力发电厂深入开展“绩效管理提升年”主题活动，努力践行“新三峡梦”，主要管理举措如下：

（1）创新安全管理。研究建立安全生产质疑决策和经验交流反馈机制；设立生产部门安全监察主任师岗位，强化基层安全管理；深入开展风险辨识预控活动，确保风险可控、在控；建立《防止电力生产事故的二十五项重点要求》查评整改跟踪表，确保工作落实取得实效；开展本质安全型水力发电企业评价标准查评改进，借助外部专家助推本质安全管理水平的提升。

(2) 扎实履行防汛责任。立足于“防早汛、防大汛、防98+洪水”的要求，统筹部署29项防洪度汛工作并细化责任分工，调整防汛组织机构，补充更新9个应急仓库内的23项应急物资，邀请外部专家对5项应急预案进行评审，高质量完成预案演练，严格执行汛期24小时值班值守制度，有效落实防汛责任。

(3) 确保电站高效发电。继续提高趋势分析和诊断运行水平，保证设备工况良好，避免因设备原因造成弃水损失电量；加强拦污栅压差监测及清理，提高机组有效出力；落实《三峡电站大负荷长周期运行控制措施实施细则》，保障大负荷长周期运行安全；加强与调度部门沟通，合理安排运行方式，确保机组高效运行。

(4) 深入践行状态检修。深化设备设施状态评估及风险动态辨识，科学制定年度检修策略；切实加强检修作业的现场管理与质量控制力度，利用岁修契机扎实推进科技创新与技术设备改造成果应用，努力提升设备健康水平。

(5) 积极推进智能化电站建设。组织开展在线监测系统数据整合项目研究，并将研究成果应用于现场实际系统；成立专项工作组，对三峡电站机组涉网试验及励磁、调速系统换型改造进行专题研究；推进右岸电站PMU改造升级、三峡电站自动抄表系统改造和Ⅱ区网络建设。

(6) 自主开展科技创新。继续构建完善以自主科研为核心的科技创新机制，扎实推进“专家（博士）创新工作室”“青年管理创新组”“职工创新工作室”“三峡夜校”“创新培训室”等科技创新平台的建设，积极开展一系列科技创新活动，实现设备设施的安全运行和电站运行管理核心能力的提升。

(7) 深化改革促管理提升。开展全面卓越管理体系研究，在夯实精益生产原动力的同时，强化党建文化先导力和绩效考核新动力，研究建立党建标杆标准，发挥党组织的政治核心作用，建立以“导向原则、激励原则、贡献原则”为基本核心的绩效考核体系，建立“量化到人、考核到岗”的指标库，全面推行新的薪酬分配和绩效考核制度，实施正向激励。

（三峡水力发电厂）

## 向家坝水力发电厂 2016年生产管理情况

### （一）电力生产

2016年，向家坝水力发电厂设备可靠性指标继续保持行业领先水平，发电量达332.25亿kW·h，超过机组多年平均发电量8.1%，创下年度历史发电量最高纪录。

继续完善以设备管理为主线的生产管理组织体系，精益运行、精心维护、精细检修，不断提升设备性能和运行可靠性。全年共完成了缺陷处理1850余项，降低了机组强迫停运的风险；合理安排机组停机备用消缺，精准调控泄洪闸门，确保“用好每一方水，发好每一度电”，实现了汛期8台巨型机组满负荷运行时间长达2117h，满负荷运行累计发电量约127亿kW·h。

### （二）工程建设

2016年，向家坝水电站枢纽工程完成了竣工安全鉴定工作，并完成竣工安全鉴定专家意见的整改落实，为枢纽工程竣工验收工作做好了充分准备；组织开展并完成了“向家坝水电站基础排水孔颗粒物在线检测研究项目”，为运行期向家坝坝基渗透稳定性分析提供基础数据。枢纽工程（除升船机工程外）已按审批的设计标准、规模与方案全部建成。

### （三）安全管理

截至2016年12月31日，向家坝水力发电厂已连续安全生产1770天，实现了全年安全生产“零人身伤亡事故、零设备质量事故、零环保事件”的“三零”目标，安全生产标准化达标成果进一步巩固和扩展，应急管控能力得到进一步提升，被评为“2015年度四川电力行业安全生产先进集体”。

深入推进本质安全型电站建设。贯彻落实“党政同责、一岗双责、失职追责”的总体要求，不断提高安全生产管理水平。增设了生产部门专职安全监察主任师，进一步充实了专兼职安全监察队伍；建立了以安全生产责任制为核心的安全生产管理制度体系，制定了31部安全管理文件、28部应急预案和现场处置方案；组织对轻瓦斯廊道等重点防范区域进行了职业危害因素检测，并设置标志牌。

加大风险防控措施力度。2016年共识别危险源463项，通过风险评价，将其中10项列入不可接受风险清单，并制定了相应的风险控制措施。组织编制了《安全生产事故隐患排查治理实施细则》，进一步规范隐患排查治理工作，并建立了向四川能监办定期报送的机制。全年开展安全专项检查40余次，以综合得分率97.92%的高分通过“防止电力生产事故的二十五项重点要求”查评，督促整改不合格项150余项，开展防汛、事故预想、生产核心区恐怖袭击事件等应急演练40余次，全面提升员工安全意识和事故防范处置能力。

### （四）科技创新

2016年，向家坝水力发电厂紧紧围绕电力生产中心工作，以提升电站运维核心能力为目标，持续增加科技创新能力，努力实现创新创效、提质增效。组织完成了8台机组调速器和励磁系统建模试验、8台机组调速器孤网功能完善及验证试验等涉网性能试验，完成了8台机组PMU升级改造项目，实现了电网调度对涉网设备的全方位在线监视。申报知识产权77项，被授权32项；对外共发表论文23篇，其中核心期刊5篇。12项自主重点研究课题已全部结题；成立25个QC小组，涵盖运行、机械、水工、电气等多个专业，荣获2016年“全国电力行业QC小组活动优秀企业”称号；成立了青年科技创新工作实验室、电气二次实训室等多个青年科技创新平台；多项创新成果获奖，其中“基于专业技术管理的设备缺陷全过程控制”获五届全国电力行业设备管理创新成果特等奖、第二届全国设备管理创新成果一等奖，“800MW水轮发电机组滑环系统实现免维护、绿色运行的创新优化”获第二届全国设备管理创新成果二等奖，“新型顶盖与座环密封在巨型水电机组上成功应用”“向家坝左岸电站机组水导轴承下甩油环改造”获第八届全国电力职工技术成果三等奖。

（五）内部管理

（1）加快管理创新步伐。优化绩效考核方案，制定绩效考核实施细则；对运行值班、值守点进行优化，实现了右岸电站及泄洪设施无人值班、少人值守；组织编制了“现场＋城市”两地工作模式实施方案，明确了标准工时作息方式、两地工作人员安排及人员配置，积极落实成都区域的办公、住宿、就餐及交通等后勤保障。

（2）推进管理工作标准化。进一步推进“三标”管理体系与安全生产标准化达标评级、技术监督要求的融合对接，组织开展体系文件的修编工作，提高文件的适宜性和有效性。2016年，参与编制了DL/T 1502—2016《厂用电继电保护整定计算导则》行业标准1项、集团级技术标准5项，承编了《水电站运行设备颜色及编号规范》《水工技术监督规程》《水轮机技术监督规程》《励磁技术监督规程》等4项公司级技术标准，修编了101部厂站级技术标准；新增管理制度2项、修订管理制度17项。同时，全面推进电站设备设施图纸电子化，完成了12000余张图纸的编制及导入工作。

（3）加大人才培养力度。统筹抓好生产管理、技术和技能三支队伍建设。分层分类做好后备干部的阶梯培养与储备，持续开展“青年讲坛”、“走进向家坝”等优质培训项目，举办班组管理、英语演讲等特色活动，着力培养“一专多能”的复合型人才队伍。

（向家坝水力发电厂　姜　薇）

# 黄河上游水电开发有限责任公司所属大中型水电站2016年生产管理情况

（一）班多水电站

2016年，完成发电量11.34亿kW·h；实现安全生产366天，电站连续安全运行1905天；综合厂用电率0.84%；耗水率10.29m$^3$/(kW·h)；故障弃水0次；年内实现安全生产与环保指标“八个不发生”。

持续推进安健环体系运行，补充编写了《安健环投入管理规定》《作业过程控制管理规定》《电梯使用与维护管理规定》等7部制度，开展监督作业风险数据库应用及安健环代表检查执行工作，请风险评估专家到电站开展全员安健环知识专项培训，进一步完善生产现场安全防护设施、设备标志标识、安全警示标识，在尾水闸门门槽、坝顶事故闸门门槽安装防坠系统，改造主厂房2717层照明系统，有效改善了现场作业环境。

对101部技术规程、19部应急预案、14部处置方案进行了修编。配发了128册最新行业标准，加强行业标准及上级公司新修订制度的宣贯，有效提高标准、制度修编质量。

2016年共考核违章1.145万元。认真开展安全大检查、安全专项整治，年内整改71项。对如何履好职、“我为安全做什么”等问题进行谈心、讨论，谈心讨论达76人次。

完善防汛、防寒过冬方案。汛前对防汛物资进行梳理补充，对柴油发电机进行详查及维护，对3台机组排沙及泄洪闸进行提落门试验。组织开展站区防汛、防寒应急演练，保证了电站汛期及冬季安全。

对生产现场动火作业实行全程监督，杜绝发生火灾事故。不断完善技术监督工作，强化技术监督问题整改，规范技术监督管理。2016年共执行操作票420份，办理工作票1368张，“两票”合格率均为100%；排查一般隐患42项，完成整改42项，整改率100%；发现缺陷133项，已处理缺陷123条，消缺率为92.48%。

采取有效措施，千方百计提质增效，综合厂用电量，全年同比降低2.33万kW·h。积极配合电网调频、调峰，强化一次调频、AGC、AVC等问题整改，改进辅助服务。

完成班多水电站工程档案接收工作，共接收文字材料和图纸档案7719卷，其中：正本3955卷、副本3764卷；照片档案411张；光盘档案160张；财务档案 492 册。

（二）龙羊峡水电站

2016 年，发电量 37.75 亿 kW·h，完成年度电量计划的 71.75%；综合厂用电率 1.1%；运行负荷率 57.48%；耗水率 3.63$m^3$/(kW·h)。

全年完成机组 A 级检修 1 台次、C 级检修 2 台次、D 级检修 3 台次，消除了 2 号机组尾水管里衬脱落、3 号机组和 4 号机组尾水人孔门漏水等设备缺陷和隐患；完成 330kV 线路春检预试 6 条次，监护恰龙Ⅰ线巡回 12 次，同时参与恰龙Ⅰ线引张线脱落故障抢修工作；完成 3 台机组调速器改造换型，解决了机组调速器主配压阀窜压、调节品质差等较大缺陷，使机组调速器调节速率、一次调频调节性能有了大幅提高，基本满足电网对电站两个细则的考核要求；完成了主厂房两台 500t 桥机大修改造工作，提高了桥机运行的安全性和可靠性。

结合电站计算机监控系统、在线监测系统等改造换型工作，合理开发拓展其功能，以设备信息数据库为依托，开展设备的全生命周期统计管理工作。

结合工作实际，认真开展班值间发电量和小指标竞赛活动。完成了 3 台机组压油泵改造工作，解决了原压油泵工作效率低，安全阀溢流阀动作不可靠的设备缺陷及隐患。完成 1、3、4 号机组快速闸门油系统存在缺陷阀门的更换，减少了油泵频繁启动次数，降低了厂用电量。分阶段对主厂房照明进行改造，将传统耗能高、维护量大的灯具更换为新型节能的 LED 灯具，使厂内照明用电量较过去降少 60%以上。

汛前，组织人员对水工建筑物、虎丘山、近坝库岸滑坡进行了详查，对厂区内各排水沟（管）等进行了全面清理疏通，对泄水设备及起闭设备进行检修、维护和消缺，安排进行了表孔、中孔泄水道闸门静态和动态提落试验，保证汛期泄水设施安全可靠运行。针对汛末水库边坡发生局部塌方，积极配合政府库区安全管理部门，及时对库岸滑坡体进行监测，确保电站安全度汛。

修订发布技术标准 129 部、管理标准 170 部、工作标准 110 部、应急预案 17 部、操作票 190 项、设备定值 83 项、系统图 85 项、设备操作提示卡 30 张、保护装置压板操作提示卡 13 项、双电源操作提示卡 12 项，安全生产管理与现场技术管理更加有章可循。

全年共参加相关培训 83 次，培训人数 702 人次、2502 课时。

全面推进 ERP 工作，全年共累计完善标准操作票 180 张。

（三）拉西瓦水电站

2016 年，完成年发电量 72.67 亿 kW·h；完成全年安全生产考核目标，实现安全生产 366 天，长周期安全生产记录 2791 天；综合厂用电率 0.57%；发电耗水率 1.93$m^3$/(kW·h)；运行负荷率 47.22%。

坚持开展设备设施隐患排查治理，全年发现一般隐患 32 项，整改 32 项，整改率 100%。

高度重视防汛工作，汛前，及时安排进行防汛设施的检查、试验，保证防汛设施安全可靠运行；汛期，加强枢纽工程和果卜岸坡塌滑体观测数据的跟踪，开展了应急预案演练，确保了电站安全度汛。

结合安全生产工作实际及安健环体系第三方评审时提出的问题，制定 2016 年安健环重点工作计划，将 31 项重点工作进行分解落实，有效融入日常管理及安健环管理体系中。通过努力，安健环体系在第二方评审中得分较上一年度有所提高。

加强设备运行维护管理，全年发现设备缺陷 99 项，主设备缺陷消除率 100%，辅助设备缺陷消除率 98.12%；全年办理工作票 1906 张，执行操作票 543 张，设备安全稳定运行水平进一步提高。全过程管控设备检修工作，全年完成机组 B 级检修 1 台次、C 级检修 4 台次、D 级检修 4 台次。结合检修消除了 3 号机组定子绕组 V 相第二分支出口引线汇流环绝缘受损的重大设备隐患。精心组织修理、技改项目的实施，编制完成了生产工程三年滚动规划、年度生产工程实施计划。组织实施了 5 号发电机组电调装置换型改造等 33 项生产工程项目。

2016 年，电站累计调频 8295.47h，设备利用小时数 2911.14h。

落实“两个细则”（并网发电厂并网管理和辅助服务管理实施细则）的整改措施，升级改造了相量测量装置，优化了机组调速器一次调频参数，更换了机组无功和母线电压变送器，优化了 AVC 参数和定值，进行了 AGC 策略修改。

修订生产管理标准 48 部、技术标准 118 部、应急预案修订 20 部，有效促进和提升了企业生产经营管理水平。

（四）李家峡水电站

全年发电量 40.22 亿 kW·h，完成年计划的 73.37%；综合厂用电率 0.58%，较计划值升高 0.09 个百分点；发电耗水率 3.32$m^3$/(kW·h)，较计划值升高 0.03$m^3$/(W·h)；运行负荷率 56.14%，较计划值降低 11.86 个百分点；设备等效可用系数 92.07%。全年实现了“八个不发生”和“三个一百天”，较好地完成了年初制定的各项安全生产工作目标；电站长周期安全运行 6052 天。

年内按期、安全、保质完成机组 C 级检修 6 台次、D 级检修 2 台次，机组启动成功率 100%。完成电站辅助设备年度维护计划的 100%，完成电站年度技术监督计划的 98%，电站主、辅设备可靠性进一步提高。全年发现缺陷 148 条，消除 142 条，消缺率 96%。

全年共检查出安全隐患 338 项，至 2016 年底已整改 288 项，年度隐患整改率 85.2%。

2016 年，完成主变压器冷却器控制系统更换、齿盘测速装置更换等生产工程项目共计 36 项，其中大修 11 项、技改 16 项、零购 9 项，修理、零购项目年度完成率均为 100%，技改年度完成率为 93.75%；健全了压油泵打压超时报警功能，重点开展了水轮机转轮裂纹处理、定子铁芯及绕组检查等项目，使电站设备健康水平、自动化水平稳步提升。

积极应对“8·22”局部暴雨突发事件和汛期多次强降雨天气的应急抢险和防范工作，达到了人员组织到位、物资保障有力、设备可靠稳定的目标，确保了安全度汛。

按照消防“四个能力”建设要求，逐步规范消防管理，消除了生产区域火灾报警系统外围设备缺陷，实施了重点消防区域应急疏散标示上墙、标示补充，组织开展了防火知识培训、演练。全年消除地方火灾险情 6 次，得到消防部门和老百姓的好评。

全年执行开、停机分别为 566、565 次，担任系统第调频厂 477.46h，未发生系统频率越限情况，全年系统电压、频率合格率均为 100%。

2016 年共修订管理标准 202 部、技术标准 176 部、工作标准 125 部，运行图册 1 部。开展标准体系自我评价和持续改进工作，确保了标准体系正常运行。2016 年 11 月 12～14 日，负责该水电站管理的分公司以总分 470 分通过中国电力企业联合会“标准化良好行为企业”AAAA 级现场确认验收，按期完成标准化创建任务。

全面开展和推进安健环体系建设，年内顺利通过安健环管理体系第二方评审和职业健康安全管理体系再认证，安健环管理体系达到“二钻”。

（五）公伯峡水电站

完成发电量 38.65 亿 kW·h，为年计划的 79%；综合厂用电率 0.5%，与计划值持平；机组耗水率 3.8m$^3$/(kW·h)，较计划值低 0.01m$^3$/(kW·h)；机组运行负荷率 66.21%，较计划值低 8.79 个百分点。安全生产局面稳定，环保工作有序开展，实现了“八不发生”，年内安全生产记录 365 天，长周期安全记录 1383 天。

深入开展安健环体系建设，组织修订并发布了《安全生产责任制》《安全生产奖惩规定》《违章界定与管理办法》《外包工程安全管理办法》等一系列管理标准；完善作业风险数据库，共辨识各类风险 1964 项，并在生产、检修工作中得以落实应用；重新梳理设备风险数据库，同时结合生产工作积极开展安健环任务观察，取得了一定的成效。

开展了消防检查、标识牌检查、办公楼用电检查等工作，针对各类检查中查出的 197 项问题，逐项明确责任人及整改时限要求，已按期整改 181 项，整改率 91.9%。

建立了百日安全生产奖、计划检修全勤奖、交通安全劳动竞赛等奖励机制，加大安全生产奖惩，突出正向激励。2016 年内，各类安全考核 17 起（含外委单位 2 起），考核金额 37240 元；安全奖励 39 起，奖励金额 19500 元。建立了分公司“安全生产”微信群，开展现场违章与隐患“随手拍”活动，违章隐患一经核实，立刻兑现奖励。

加强设备维护工作，年内共查出各类缺陷 215 项，消除 214 项，消缺率达 99.5%。加大隐患排查力度，发现并处理了一批长期存在的缺陷隐患，实现了 5 台机组制动风闸投“自动”方式和 3 台厂内深井泵的工作与备用自转方式；查明并处理了低位水池开关站边坡漏水、3 号机组快速闸门油缸下腔进油管法兰漏油等较大缺陷；发现光端机信息传输系统存在的重大隐患，完成了光传输装置故障处理。年内共发现隐患 22 条，治理 20 条，整改治理率 90.91%，未整改 2 项，已按“一患一档”要求制定了隐患排查治理档案，下一步将利用工程项目实施进行整改。

组织完成了 1 台次机组 A 级检修、3 台次机组 C 级检修、5 台次机组 D 级检修及 3 条线路的春检预试工作，消除了 5 号机组主轴密封漏水偏大、1 号机组主轴密封环组圆把合螺栓断裂等重大缺陷，机组检修后均一次性启动成功。针对 2 号机跨年 A 级检修工作，制定实施方案，成功实施励磁、电调、保护等技改项目。

规范实施生产工程项目，2016 年上级公司下达生产工程项目 37 项，完成率 91.89%。

高度重视“两个细则”管理，采取有效措施优化机组一次调频和 AGC 性能，通过程序优化、试验测试等手段使机组辅助服务能力得到提升。2016 年，“两个细则”补偿得分 26946 分。

着力提高非汛期水位，与上年同期相比，上游水位平均提升 0.2m。

认真组织各类管理标准（技术规程）的制修订工作，2016 年内共完成 100 部管理标准的制修订发布。

积极推进“三标一体”体系建设工作，2016 年分公司“三标一体”体系正式通过方圆认证机构的评审认证。

（六）苏只水电站

全年完成发电量 85234.32 万 kW·h，综合厂用电率 0.75%，耗水率 20.82m$^3$/(kW·h)，运行负荷率 68.77%，基本完成全年的安全环保目标任务。

对安全生产管理制度进行修订和完善，共编修制度和预案62项。强化全员责任意识，全员签订《安全生产责任追究告诫书》，全年开展安全生产警示教育44次，开展安全生产专题民主生活会19场次，查摆出在安全生产方面存在的突出问题32项，逐一制定了整改措施。加大对重点工作督办和考核力度，全年共考核53人次、奖励11人次。

全年共完成机组C级检修3台次，重点消除了水电站3302断路器W相操作电机烧损等缺陷，提高了设备健康水平。

汛期，采取防范措施，确保了大坝安全运行和电站安全度汛。

成立了安健环办公室，健全“党政同责、一岗双责、齐抓共管、失职追责”的安全生产责任体系，逐步解决影响企业安全生产的管理瓶颈，安健环管理体系考核评级达到“1钻”。

电站建设移民征地安置工作取得阶段性进展，编制完成了《苏只水电站建设征地移民安置实施规划报告》《苏只水电站工程水库淹没影响新增问题处理专题报告》，并通过省移民安置局审核，解决了自2005年底苏只水电站蓄水发电至今的库区遗留问题。

（七）积石峡水电站

全年完成发电量24.24亿kW·h，完成年计划的80.16%；综合厂用电率0.80%，低于0.92%指标值；耗水率6.23m³/(kW·h)，低于6.25m³/(kW·h)指标值；运行负荷率62.15%，低于65%指标值。电站实现年度安全运行366天，累计安全运行2244天，年内实现“八个不发生”安全目标。

2016年初，调整标准化组织机构，制定复审修订工作计划，经过梳理、补充、修订、逐级审核，管理标准由原233部精简为142部，技术标准由原103部调整为104部，工作标准由原81部补充增加为87部，年内已发布实施。

全年共组织各类安全教育培训26次，累计培训632人次，选派人员参加上级举办的各类安全教育培训班24期、共计50人次；结合电站各专业和设备的实际，组织编制适合企业实际的培训教材，规范了培训内容。

落实安全生产责任制、岗位到位标准，对生产区域165项安全防护设施进行复查整改，对检修、外包工程项目管理、班组、反违章管理工作、交通安全进行检查，并开展了全员安规再考试。

汛前完成防汛物资检查储备、汛前详查及年度防汛应急演练工作；防汛期间，严格执行防汛值班制度，未发生泄水事件，电站水库调度运行正常，确保了电站安全度汛。

高度重视库水位抬升工作，制定了《积石峡水电站水库水位抬升至1852m高程工作方案》，2016年11月27日，库区水位自1850m顺利抬升至1852m。

依据2015年体系外审评估发现的待改进项，开展安健环体系评估工作，编制了《2016年企业作业风险概述》和数据库。通过第二方评估，体系建设工作得分为59.1分，得分较2015年安健环体系“2钻”企业标准得分有所提升。

制定年度隐患排查计划，有序开展隐患排查工作，及时发现并处理了励磁碳刷发热、2号机组下导瓦温度偏差超过规定值、330kV出线站孟官Ⅱ线垂直管母表面腐蚀、机组上下导抗震螺栓断裂等隐患。全年累计发现缺陷176条，已处理176条，消缺率100%，高于98%指标值。同时，结合机组检修，完成了1号机组调速器改造、计算机监控系统信息安全完善、电站接地网接地电阻测试、全厂平板闸门门槽水平防坠系统安装等项目，提高了设备安全稳定运行能力。全年完成机组计划检修6台次，完成孟清线、孟官Ⅱ线、孟驼线线路检修预试；全年实施修理项目16项，完工16项；技改项目4项，完工4项；零购项目6项，完工6项；完成信息化项目7项。

对站区内前后方10kV供电线路进行全面梳理，退出为建设施工供电所配置的冗余设备，优化供电方式和保护配置，前后方10kV供电整合为一体化供电模式，完善设备命名和编号，有效提升全站供电可靠性。

全年技术监督完成率达100%。

2016年5月，完成对前期工程档案的交接工作，共接收积石峡水电站工程建设期间的纸质档案20718卷，并在移交后对档案进行了整理。年内，文书档案归档共计281件，科技档案97卷，实物档案3件。档案查询利用共计223次、718件（卷）。

（八）盐锅峡水电站与八盘峡水电站

2016年，盐锅峡水电站（以下简称盐站）完成发电量17.27亿kW·h，完成年计划的82.56%；八盘峡水电站（以下简称八站）完成发电量7.69亿kW·h，完成年计划的87.76%。综合厂用电率：盐站为0.85%，八站为1.86%；运行负荷率：盐站为92.92%，八站为76.25%；发电平均耗水率：盐站为10.24m³/(kW·h)，八站为26.69m³/(kW·h)。实现安全生产全年无事故，其中盐站实现安全生产5737天、八站实现安全生产2049天。

加强安健环体系建设和HSE管理提升工作，编制下发了危险辨识、风险评估、健康因素和环境因素识别等技术标准和实施方案，在2016年底进行的第二方评审中，综合得分56.12分，实现了年初确定的“2钻”目标。

加强设备检修维护和运行管理，全年完成设备检修19项，技改项目22项；全年查处设备缺陷968项，主辅设备统计消缺率100%；查处重大安全隐患5项，治理率100%。

注重提高安全检查质量和全员安全教育水平，强化整改落实，堵塞安全漏洞。特别是在安全生产专项整顿工作中，围绕12项工作内容、73项自查项目和7项工作要求，全方位开展自查整改工作，有效强化了安全生产监督、保证体系运行。

落实防汛计划和应急预案，加强防汛物资储备，对生产生活防汛设施进行了全面整治，有针对性地开展防汛演练，确保了安全度汛。

（九）青铜峡水电站

全年完成发电量9.22亿kW·h，完成年计划94.46%，同比减少1.2827亿kW·h；综合厂用电量1529万kW·h，同比增加36万kW·h；综合厂用电率1.66%，高于计划值0.01个百分点，同比增加0.24个百分点；耗水率20.61$m^3$/(kW·h)，同比减少0.45$m^3$/(kW·h)，低于计划值1.34$m^3$/(kW·h)；机组平均运行负荷率74.83%，低于计划值2.17个百分点，同比降低3.35个百分点。实现“九个不发生”，安全生产局面保持稳定，水电站安全运行6056天。

监督检查“两票三制”的执行，“两票”合格率为100%。加大隐患排查治理和反违章工作力度，全方位开展安全检查和整顿活动，制作安装安全标识标牌656块，完成安全监督整改工作102项、安全大检查存在问题整改61项，整改完成率100%，逐项消除安全死角。积极推进安健环体系建设、运行与提升工作，体系效果逐步显现，10月，该分公司通过安健环体系第二方评审，达到“2钻”评级。

有序实施机组检修维护和全面技术改造工作，3号机组技术改造后，于2016年6月15日顺利并网发电归调。一期5台机组全面技术改造工程圆满完成，实现增容2.5万kW。5、6号机组完成调速器改造，6台河床机组完善一次调频、AGC功能，9台机组完善AVC功能，满足两个细则管理要求，使电站的两个细则考核分值大幅降低。完成C、D级检修9台次，检修计划完成率100%，合格率100%。发现C、D类设备缺陷142项，消除142项，消缺率100%。设备预试、仪表校验完成率均100%，继电保护及自动装置投入率100%。

汛期，电站来水较为平稳，全年入库水量195.93亿$m^3$，较上年同期减少32.14亿$m^3$，汛期水库平均运行水位1155.89m，灌溉用水总量44.3293亿$m^3$，较上年同期减少4.1989亿$m^3$，水库共调节闸门136次。2016年10月18日，电站实施汛末拉沙工作，历时48h，拉沙用水1.7194亿$m^3$，排出沙量754.72万t。

规范开展大坝安全管理，完成了水电站大坝安全工作“年报表”“注册自查报告”和“年度详查报告”上报工作。落实大坝安全第四次定检要求，组织开展了15号泄水管底板检查及补强加固，以及4～5号坝段渗漏处理。

全年共实施生产工程项目18项，完工16项；零购12项，完成12项；实施2、3、7号机组技改工程项目13项，完工12项。全面完成厂房1140层、1137层、1135层环境整治，管路沟及盖板防护围栏改造，厂房电热安装，设备设施标示标线、警戒线工程，中央控制室改造等诸多工程，站区面貌焕然一新。

完成161项管理标准和125项技术标准转换修编工作。组织开展各类培训班59期，参培人数1157人次，年度培训计划完成100%。组织完成13名特种作业人员取证，以及40名特种作业复证工作，实现了在岗特种作业人员全部持证上岗。

（黄河上游水电开发有限责任公司 许为宁）

## 雅砻江流域水电开发有限公司 2016年电力生产情况

（一）新机组投产情况

2016年，雅砻江流域水电开发有限公司（以下简称雅砻江公司）新投产1台15万kW轴流转桨式水轮发电机组（桐子林水电站4号机组）。截至2016年12月31日，雅砻江公司总装机容量达到1470万kW，分别为二滩水电站330万kW，官地水电站240万kW，锦屏一级水电站360万kW，锦屏二级水电站480万kW，桐子林水电站60万kW。新投产机组运行情况总体稳定，并创造了较好的经济效益。

（二）安全生产情况

2016年，雅砻江公司努力践行“流域化、集团化、科学化”的发展与管理理念，认真组织开展电力生产“技术提升年”活动，通过加强设备全生命周期管理、组织开展技术比武活动、学习行业先进管理经验、自主开展技术攻关等一系列举措，着力巩固深化“设备管理年”成果，创新电力生产管理理念和方法，有效提升电力生产技术管理水平。全年电力安全生产情况总体良好，未发生直接责任性一般及以上人身伤亡事故、直接责任性较大及以上事故。截至2016年12月31日，各单位电力生产长周期安全运行天数分别为：二滩3383天、官地781天、锦屏1465天、集控中心1835天。

（三）水库运行情况

2016年，雅砻江流域来水属平水系列，其中两大控制性水库：二滩水库天然来水频率为56.9%，平均天然入库流量为1524m³/s，比多年同期平均来水偏少7.1%，比2015年同期来水偏多1.5%，最大入库洪峰流量为5690m³/s，入库总水量为485.967亿m³；锦屏一级水库来水频率为53.8%，平均天然入库流量为1170m³/s，比多年同期平均来水偏少4.7%，比2015年同期来水偏少3.9%，最大入库洪峰流量为4340m³/s，入库总水量为369.933亿m³。

2016年，二滩水库年初水位为1199.63m，1～4月水位逐步消落，5月消落至最低水位1161.64m；随着来水增大，5～8月逐步回蓄，6月末水位蓄至1174.96m，10月末水位1199.86m，年末水位1194.50m。锦屏一级水库年初水位为1879.47m，1～3月水位逐步消落，4～5月配合锦苏直流双极闭锁线路检修，锦官电源组大幅减负荷，水位回蓄，5月初水位继续消落，6月初消落至最低水位1803.07m；此后水位逐步回蓄，10月末蓄至1879.71m，年末水位1874.45m。

（四）发电情况

2016年，雅砻江公司完成发电量709.92亿kW·h（不含调试电量），其中，二滩水电站完成发电量155.69亿kW·h，比上年增加20.15亿kW·h；官地水电站完成发电量121.22亿kW·h，比上年增加4.36亿kW·h；锦屏一级水电站完成发电量175.69亿kW·h，比上年增加7.26亿kW·h；锦屏二级水电站完成发电量240.22亿kW·h，比上年增加7.77亿kW·h；桐子林水电站完成发电量17.10亿kW·h，比上年增加14.30亿kW·h。

（五）技术指标

2016年，二滩、官地、锦屏二级、锦屏一级、桐子林水电站的主设备完好率、水工建筑物完好率均为100%；机组等效可用系数分别为93.54%、91.73%、87.3%、88.01%、89.21%，比2015年分别提高3.39%、10.05%、1.69%、－2.32%（降低）、－6.25%(降低)；发电设备平均利用小时数分别为4717.90、5050.72、5004.65、4880.4、3016.66h，比2015年分别增加610.54、181.55、161.98、201.75、－829.80h；发电耗水率分别为2.37、3.35、1.33、1.9、18.06m³/(kW·h)，比2015年分别降低4.44%、0.59%、0（持平）、5%、－4.15%（增加）；生产厂用电率分别为0.18%、0.10%、0.11%、0.14%、0.32%，比2015年分别降低0.02%、0（持平）、0（持平）、-0.02%（增加）、－0.10%（增加）。

（六）检修情况

(1) 机组检修。2016年，完成二滩、官地、锦屏一级、锦屏二级、桐子林5座电站共计19台次机组C修工作，1台次机组A修工作。

(2) 技术改造。2016年，完成：①二滩水电站的公用、机组、主变压器消防控制系统改造，第二副厂房和进水口直流电源系统改造，6台机组在线监测系统改造，6台机组高压油控制系统改造，500kV开关保护装置改造，2号机组发电机定子改造，4个底孔液压启闭机控制系统改造；②官地水电站厂用电备自投改造、发电机上盖板改造、大盐池营地供水管路改造、封闭区供电系统改造、大坝渗漏排水系统优化；③锦屏一级水电站水厂设备优化、6台机组筒阀提升杆更换；④锦屏一级和二级水电站安全阀更换。

（雅砻江流域水电开发有限公司　周胜伟）

## 糯扎渡水电厂2016年生产管理情况

2016年，糯扎渡水电厂主动适应新常态、打造管理新优势，统筹推进电站各项工作。全年完成发电量215.00亿kW·h，实现投产以来首次满负荷（585万kW）运行，单日发电量再次突破1亿kW·h；发电耗水率2.10m³/(kW·h)，设备等效可用系数92.67%。

1. 安全生产　2016年内未发生人为因素造成不安全事件。两票合格率99.72%，同比年度目标99%提高0.72个百分点。完成《应急管理体系》第三次修编，修编预案63个，开展各类演练49次。开展“安全生产月”“安全大讲坛”、安全技能竞赛和“安全咨询日”系列活动，安全文化深入人心。

2. 设备管理　实现“控缺陷”目标，2016年内缺陷296项，同比大幅下降15.7%。成功实现4台机组顶盖取水运行，当年节省厂用电约378万kW·h。定子基座振动超标处理取得阶段性成果，振动从280μm下降至117μm，低于新国标120μm要求。优化厂房通风系统运行，实现厂房通风设备长期运行和必要启动分类。补充编制《运行监盘标准化管理规定》及辅助设备启停记录表，动态监控机组运行各项指标。坚持交接班巡检、定期巡检，发现缺陷296项。成功处理7号机组推力油盆进水等重大缺陷，消缺率高达100%。发布实施《电力检修标准化管理实施细则》，严把机组检修工期、进度和质量关，圆满完成1台机组B＋级检修、5台机组C＋级检修、4台机组C级检修、三回线路检修和500kV安稳装置首次定检。体系文件符合率达100%，控制点符合率达 89.8%，自评价结果为基本符合。攻克 16 项无人值班技术改造和 17 项专项技改，完成 40 个运行规程、200 多页运行图纸修编，核实 2300 多个负荷开关名称及作用。

3. 基建收尾　顺利完成了厂房运输洞照明改造、右岸泄洪洞缺陷处理并通过验收。水垫塘消缺处理完成抽水和检查工作。顺利通过水保、枢纽工程、劳动安全与工业卫生 3 个专项验收和达标投产复验。全年零星合同完工结算 40 份，共处理经济问题 120 项，涉及金额约 9000 万元；基建项目完成合同投资 4.5 亿元。组织开展 2 次档案归档专家现场咨询，全年归档基建档案正本 4104 卷、副本 8600 卷、实物档案 3537 箱；完成 18533 箱岩芯试件的搬迁、整理、台账录入，有效提高岩芯管理规范性。

4. 安全度汛　修订 2016 年度《防洪度汛措施计划》和《防洪抢险专项应急预案》。深入开展汛前安全大检查，重点排查清理枢纽区水工建筑物排水沟渠及下游河道。统筹实施 7 号冲沟堆积体水土保持治理等 6 项防洪度汛专项工程，实现了截排水系统通畅。严格执行防洪度汛 24 小时值班制度，开展度汛抢险应急演练。联合政府有关部门建立“两镇八村”微信群及时发布水位变动预警信息。开展汛后安全大检查，总结防洪度汛有益经验和存在不足，制定整改计划 21 项。

5. 企业管理　建立第二套移动报警信号系统、实现柴油发电机一键启动、优化升级厂房工业电视系统网络，实施内网防火墙更换、虚拟存储扩容等对电站信息化设备改造升级项目，积极开展文档管理系统、智能仓储系统等建设项目。修编管理制度 48 个，建立了“分工有界面，协作无界限”工作机制。印发《关于规范糯扎渡电站“三重一大”决策会议记录的通知》，发布实施《项目合同管理流程及模板》。修编《糯扎渡电厂内控手册》，优化内控流程 98 个，发布《法律法规清单》（2016 版），开展工会经费、福利费和劳动保护费专项自查。修编《大额资金使用管理办法》，顺利完成集团费用报销系统在公司内首家上线，网上审批流程 518 条。积极开展废旧物质循环利用，公开拍卖处理低效无效资产 1916 万元，废旧物资收益 56 万元。持续加强精细化管理、痕迹管理，年内归档文书档案 681 件，科技档案 260 卷，会计档案 101 卷，合同档案 200 卷；全面推行“7S”管理，组织开展 80 个“7S”管理区域的验收。

6. 技术创新　实施“200m 级垂直竖井检测技术研究项目”研究，水库综合管理系统荣获 2016 年中国地理信息产业优秀工程铜奖；“一种应急挡水砂箱研制”获得实用型专利证书；办公一体化信息服务平台成功申报 3 个模块软件著作权证书。注册 15 个 QC 课题和活动小组，QC 成果荣获 2016 年全国水利行业优秀质量管理小组成果一等奖 2 个，云南省电力行业协会一、二、三等奖各 1 个。

7. 队伍建设　2016 年内外派培训 129 人次、内部培训 14320 人次；组织开展各类技术比武、技能竞赛 11 次。选拔聘任 6 名技术技能带头人，挂牌成立技术技能带头人工作室；荣获集团技术能手 3 人、岗位能手 3 人；取得高级工资格 9 人、南方电网受令资格 5 人。接收 55 名 2016 届见习员工。

（华能澜沧江水电股份有限公司糯扎渡水电厂）

## 小湾水电厂 2016 年生产管理情况

2016 年，小湾水电厂全年完成发电量 174.27 亿 kW·h，发电耗水率 1.73m$^3$/(kW·h)，设备等效可用系数 93.82%；年内实现“零非停”，电站连续安全运行 2676 天。这一年，小湾水电站工程获得 2016 年度中国电力优质工程奖，小湾拱坝获第二届碾压混凝土坝“国际里程碑工程奖”。

1. 安全管理　牢固树立红线意识和底线思维，认真执行“党政同责、一岗双责、齐抓共管”的安全生产责任体系。凝练出“三厚九重”的安全文化模式，获得“国家安全文化示范企业”称号。

2. 设备管理　制定了《电力检修标准化管理实施细则》，完成检修项目 1030 项，开展水机室防油雾处理，发电机电晕、转轮裂纹、发电机出口断路器均压电容漏油、2 号泄洪中孔闸门支铰轴止轴板缺陷等均以得到整治。完成无人值班整改项目 40 余项，电厂已具备无人值班技术条件。

3. 坝库管理　完成“监测三维可视化和分级评价预警系统”建设，及时掌握水工建筑物运行情况。联合研发小湾水工智能巡检系统，提高巡检效率，实时开展大坝巡视检查。运用全球卫星导航系统（GNSS）变形观测系统，持续做好地质缺陷点监测。完成左、右岸防汛设施修复项目，永久大桥桥基防护及左岸低线公路恢复工程已基本完工。

4. 智能化建设　研发智能监盘系统（人机交互），加装智能巡检机器人，开发动态数据分析平台告警功能，实现智能报警输出及自动分析汇总。组织对坝区厂用电远方操作方式进行改造，实现了中控室柴油发电机“一键启动”和“一键倒闸”操作至坝顶配电室供电功能。完成班组管理平台建设项目，提升班组管理规范化。完成智能仓储管理信息系统建设，利用了二维码、手持终端技术开展物资定额储备、盘点、报废，实现仓储标准化管理流程。

5. 经营管理　生产成本较 2016 年初预算下降 1045 万元。开展应收账款压减和无效库存清理工作，处置低效无效资产，公开拍卖处置技术改造及基建移交物资 295 项，为电厂增收 240 万元。持续推进“降库存”工作，完成基建移交启闭机、主索等 413 项物资闲置调剂，总调剂金额为 1725.34 万元。对工区供电方式进行优化调整，外购电基本转由厂用电供电，有效降低了成本。对技术供水水泵变频器和照明、通风系统进行改造，节约厂用电 189 万 kW・h。

6. 科技管理　2016 年，“一种水电站工区雨情及排水设施在线监测系统”“一种高水头大容量水轮发电机组振动摆度保护装置”“一种弧形闸门用喷淋润滑水装置”获得实用新型专利授权。电厂参与研究的“特大型水电站高坝大泄量模型试验与原型观测关键技术研究与应用”获 2016 年度电力建设科学技术进步一等奖；“巨型水电厂智能化设备管理创新”获得第五届全国电力行业设备管理创新成果一等奖和云南省科学技术进步三等奖；“小湾电站企地和谐共建模式的探索与实践”“互联网＋在水电系统安全管理中的应用”2 项成果均获得集团公司管理创新成果二等奖，“714MW 高水头巨型混流式水轮机的运行方式优化研究与实践”通过云南省科技厅成果认定，“7S 在外包工程管理中的应用与实践”等 4 项成果分别获得云南省电力行业企业管理创新成果一等奖 1 项、二等奖 1 项、三等奖 2 项；“缩短每月库区巡查工作时间”等 4 个 QC 课题分别获得云南省电力行业质量管理小组评比一等奖 1 项、二等奖 2 项、三等奖 1 项；电厂被评为“云南省电力行业质量管理小组活动优秀企业”。

7. 人才队伍建设　持续完善人才选拔考核机制，完成 4 次干部任免，3 次岗位组聘工作，电厂 7 人取得技师资格，12 人通过高级工技能鉴定，1 人获得电力行业技术能手称号。完成《中国华能集团公司电力生产技能人员岗位能力培训规范》编审工作。2 人获得中国华能集团公司水轮发电机组值班员竞赛一、二等奖，并获得“中国华能集团公司技术能手”称号；1 人获得澜沧江公司变电检修工技能竞赛三等奖。

（华能澜沧江水电股份有限公司）

## 龙开口水电厂 2016 年生产管理情况

2016 年，龙开口水电厂全年完成发电量 36.56 亿 kW・h，发电耗水率 5.70m³/(kW・h)，设备等效可用系数 92.40%；顺利通过省级“安全文化建设示范企业”现场查评，获得华能澜沧江水电股份有限公司 2016 年度“环境保护工作先进集体”称号。

1. 安全管理　修编完善安全管理方面的 29 个文件，补齐体系运行中的管理短板；在公司范围内率先开展安全生产信用评价，有效促进了“一岗双责”的落实；全年组织 13 次安全检查，发现需整改项目 544 项，其中，具备整改条件项目 429 项，已完成整改 408 项，整改率为 95%；排查设备隐患 18 项，整改完成 15 项；查处各类违章行为 49 起。

2. 检修工作　按计划先后完成 1 号机组 C＋级自主检修、2 号机组 C 级检修、5 号机组 A 级检修、4 号机组 C＋级检修、3 号机组 C 级自主检修，均一次性并网成功。检修期间共计完成标准项目 1280 项，技术监督项目 196 项，专项项目（含消缺、技改、安评和反措）171 项。

3. 设备管理　以规范流程为导向，以 6S 管理为推手，按“规范、简洁、实用、高效”的原则，组织完善设备、盘柜“账、卡、物”台账。对存在的设备安全隐患进行备案，分析原因并制定预控措施，切实提高技术监督水平。结合机组检修，完成 500kV 所有断路器操作机构更换、储能电机热继定值调整及二次回路的改造工作；完成 5 号主变压器高压侧 MDJ13 气室微水超标缺陷处理及 500kV 5311 断路器 MDJ3B 气室漏气缺陷处理；完成 5 号机组定子线棒电晕修复及起晕试验、定子铁芯受损变形修复及铁损试验和黑启动试验；完成 AGC 及 AVC 功能校验等工作。结合设备存在问题，组织开展机组空载顶盖振动超标、励磁变温度高、机组磁极软连接缺陷、调速器自动补气装置功能完善等问题的专题讨论分析，协调各方制定处理方案，认真进行后续整改。

4. 人才队伍　有针对性地安排运行人员参与检修，实行跨专业交叉培训，提高了生产人员的综合技能水平。先后组织开展水工仪器观测工、油务员、水轮发电机组值班员等专业技能竞赛，其中，1 名员工在公司组织的水工仪器观测工技能竞赛中荣获个人二等奖，1 名员工在公司组织的变电检修工技能竞赛中荣获三等奖；2 名员工在集团公司组织的水轮发电机组值班员技能竞赛中分获二等奖、三等奖，并分别荣获“集团公司技术能手”和“集团公司技能竞赛优秀选手”称号。

5. 安全度汛　汛前，调整充实防汛组织机构，完成年度防洪度汛措施计划、专项应急预案及现场处置方案编制，落实防汛责任及队伍，提前做好防洪物资储备，提前启动汛期值班。入汛后，严格执行汛期值班制度，认真开展雨中、雨后巡视检查，组织开展多种应急演练；结合库区降雨及上游来水情况，合理进行水库调度，并注重加强与调度的沟通，努力在确保大坝安全运行的前提下，实现稳发多发。

6. 竣工验收　获得水保批复，完成集团公司达标投产复检，完成金中公路环境保护设施竣工验收，完成工程项目档案竣工验收，完成环保验收技术审查，为竣工验收奠定了坚实基础。

7. 其他

（1）在环保方面，完成短须裂腹鱼6万尾、细鳞裂腹鱼3万尾、岩原鲤3万尾、鲈鲤2万尾人工增殖放流，开展鱼类人工增殖放流效果评价。完成集运鱼系统技术设计及相关监测工作，为系统的可行性研究设计及制造奠定了基础。

（2）在科技成果申报方面，《提高大坝垂线人工观测数据合格率》等4个生产类项目分别获得省级和行业科技奖励；《龙开口水电站水域生态环境保护措施——鱼类增殖站运行管理模式综述》等2个基建类项目分别获得省级科研创新成果奖。

（3）在合同管理方面，完成主标工期调整等重大经济问题审核，完成工程量完工清理。完成变更报价审核79份，涉及金额8828万元；办理33个合同标段完工结算，结算金额3519万元。

2016年，龙开口水电站获得2016～2017年度国家优质工程金质奖。

（华能澜沧江水电股份有限公司）

## 景洪水电厂2016年生产管理情况

2016年，景洪水电厂全年完成发电量70.00亿kW·h，发电耗水率6.62m³/(kW·h)，设备等效可用系数90.30%；水力升船机经专项安全鉴定、试通航验收，投入试通航运行；努力提质降本增效，在全省电力过剩、市场竞争激烈的环境下实现全年赢利。

1. 安全管理　完成安全生产管理体系文件第6次修编及发布。认真开展安全达标自查，共查评109项，得分率94.49%；深入开展隐患排查，全年开展专项检查14次，落实整改措施212项；持续强化反违章工作，重点对机组检修等项目进行监督，共查纠违章35起。落实防汛责任，严肃值班纪律，组织重点部位现场检查及专项检查，累计整改问题66项，实现安全度汛。景洪水电厂荣获云南省“安全文化建设示范企业”称号。

2. 设备管理　顺利完成年度机组检修技改任务，处理重大问题19项，重点完成了3、4号机组主轴连接键变形处理，2台机组发电机—变压器组保护、4台机组调速器电气部分、进水口快速闸门液压系统改造等重大项目。狠抓缺陷管理，全年共发现缺陷237项，消缺率99.58%；有序推进设备参数可视化管理，优化巡检路线及周期，完成运行图册及二次设备安全措施图的修编及印发。按计划推进年度技术监督项目，年度技术监督现场评价得分率97%。

3. 内部管理　新增、修编综合制度22项，加强制度执行监督，认真做好台账记录及过程管控。修编印发电厂2016版内控手册，顺利完成年度内控评价和风险评估工作。认真做好信息系统日常检查维护和人员权限管理，顺利完成办公区无线网络覆盖项目。认真开展废旧、无效资产清理，完成260余项废旧物资处置。扎实推行班组“5S”管理，以“金牌班组”流动红旗活动为抓手，营造班组“创先争优”氛围。

4. 队伍建设　2016年内共开展各类培训71次，人均培训小时数81.4h，全员培训率100%。2位员工分获集团公司2016年水轮发电机组运行值班员技能竞赛二、三等奖，并被授予“中国华能集团公司技术能手”称号；1位员工荣获第十三届“全国技术能手”称号。

5. 其他　高质量完成国家领导人、尼泊尔副总统等到电站视察、访问的重大接待工作。认真做好电厂管理的城市供水设备的运行维护和水源地保护工作，全年累计清理坝前水域漂浮物18700余立方米。圆满完成为期78天的下游应急补水任务以及泼水节、四国联合巡逻执法等重要时段的保水工作；成功帮助“万里阳光”货船脱险，受到地方相关部门好评；全力配合玉磨铁路景洪澜沧江大桥建设，顺利完成被征土地补偿费用收取；扎实推进2016年新“百千万工程”，爱心扶贫基金助学结对290人。

（华能澜沧江水电股份有限公司）

## 大岗山水电站2016年生产管理情况

大岗山水电站坝址位于四川省雅安市石棉县境内，总装机容量260万kW，最大坝高约210m，总库容7.42亿m³，调节库容1.17亿m³，多年平均年发电量114.3亿kW·h，2015年底4台机组全部投产发电。

2016年，国电大渡河大岗山水电开发有限公司（以下简称大岗山公司）坚持生产与基建同步并举，较好地完成了年初下达的各项目标任务，电力生产稳步推进，被中国国电集团公司评为四星级企业；工程收尾扎实有效，在国电大渡河流域水电开发有限公司（以下简称大渡河公司）年度综合考核中，继续保持A级单位称号。

大岗山公司全年电力生产安全无事故，圆满完成

2016年度防洪度汛任务，成功处置郑家坪变形体塌方险情，未发生任何人身伤亡事故，荣获大渡河公司2016年奖励基金一等奖。成功实现了投产一年即接入大渡河集控中心实现远方集控目标，顺利开启“无人值班”（少人值守）、远方集控电力生产模式。全年实现上网电量64.97亿kW·h，实现利润2.51亿元。

大坝、厂房合同争议问题已全部商谈完毕。工程主体项目全部完工，顺利通过大渡河公司组织的合同完工验收；工程竣工安全鉴定和大坝安全性态评价顺利完成，达标投产高分通过大渡河公司复验，工程现场及文档资料均得到专家的高度赞扬，具备了行业及中国国电集团公司复验条件；消防专项验收按期完成。成功实现挖角二期移民搬迁入住，石棉县移民搬迁安置全部完成；土地复垦工作全面启动。

扎实开展“两学一做”学习教育，获得四川省“十二五”劳动竞赛优胜单位称号，荣获大渡河公司首届足球比赛亚军，大岗山公司党委推进基层服务型党组织示范点建设经验做法得到四川省国资委和大渡河公司宣传推广。

（国电大渡河流域水电开发有限公司）

## 黄河水利水电开发总公司 2016年生产运行情况

黄河水利水电开发总公司是水利部小浪底水利枢纽管理中心所属企业，负责小浪底和西霞院水利枢纽的运行，2016年生产运行主要情况如下：

（一）水库及来水运用

受超强厄尔尼诺现象持续影响，2016年黄河全流域各水文站点径流量与历年均值相比均偏少，小浪底水库入库水量153.20亿$m^3$（设计均值为277.2亿$m^3$）。西霞院反调节水库下泄水量155.48亿$m^3$，接近2000年以来出库水量最少（152.24亿$m^3$）年份。年初凌汛期小浪底和西霞院水库联合调度，合理调整下泄流量，防凌关键期控制西霞院反调节水库均匀下泄，保障下游防凌安全；供水期根据下游春旱、伏旱用水需求，加大下泄流量，满足了下游工农业供水灌溉需要，保证黄河下游河道连续17年不断流。因预测汛期来水偏少，2016年，未实施汛前调水调沙运用；前汛期小浪底水库实行汛限水位动态控制，避免了发电弃水，汛期增加了水库蓄水，为2016年秋冬和2017年汛前供水抗旱储备了充足水源，同时抬高了发电水头，持续增加发电量。2016年小浪底水库首次实现全年无弃水，水能利用率首次达到100%。

（二）电力生产

截至2016年12月31日，小浪底和西霞院水利枢纽电站总装机容量194万kW，其中小浪底水利枢纽电站装机容量为180万kW（6×30万kW），西霞院水利枢纽电站装机容量为14万kW（4×3.5万kW）。

2016年，小浪底和西霞院两站完成上网电量45.43亿kW·h，主设备完好率均为100%，生产用厂用电率为0.34%；小浪底机组等效可用系数为88.96%（定额为87.84%），西霞院机组等效可用系数为87.01%（定额为88.24%）；发电设备平均利用小时数，小浪底和西霞院分别为2296.14、3572.28h；发电耗水率，小浪底和西霞院分别为3.84、31.09$m^3$/(kW·h)。

（三）安全管理

黄河水利水电开发总公司注重安全管理，全面落实安全生产责任制，实行“一岗双责”制度，强化各级岗位安全责任，成为电力安全生产标准化一级企业、水利安全生产标准化一级单位。2016年，认真开展设备挂牌管理、隐患排查治理和重大危险源监控工作，强化现场作业安全风险控制，实现了人身和设备双安全。

（四）检修情况

1. 机组检修　2016年，小浪底和西霞院两站共完成1台机组大修，9台机组C级检修。机组大修中除完成常规项目外，重点进行了水轮机碳化钨和聚氨酯喷涂抗磨蚀处理和空蚀修复，同时进行了蜗壳防腐处理。机组小修中除完成常规项目外，重点处理了西霞院电站水轮机发电机联轴法兰渗油问题。按照检修周期，首次完成了小浪底电站6台机组出口断路器大修。

2. 技术改造　2016年，以提高发电设备系统可靠性为主要目标，完成了水系统、电气设备和控制系统8项技术改造。

(1) 完成了小浪底3号机组技术供水系统改造，优化设计，采用了不锈钢管路和可靠性高的阀门。

(2) 完成了14套220kV母线隔离开关和15台400V厂用电进线及联络开关改造，完成了小浪底2号机组励磁整流及灭磁单元更新改造和3号机组测温系统及自动化元件更新改造，提升了电气设备运行可靠性。

(3) 完成了小浪底1、3号水轮发电机组调速器和圆筒阀控制系统更新改造。机组调速器改造采用新一代双调节器和双比例阀结构，更换了比例阀前双联过滤器，增设了离线滤油装置；圆筒阀控制系统完善了监视功能，提升了系统运行稳定性和可靠性。

2016年度还完成了地面控制中心电压切换屏和母差保护辅助继电器屏更新改造，采用技术先进、可靠性强的设备提升了保护控制系统可靠性。

（黄河水利水电开发总公司　李宪栋）

## 黄河万家寨水利枢纽有限公司 2016年生产管理情况

黄河万家寨水利枢纽有限公司（以下简称万家寨公司）先后开发兴建了万家寨水利枢纽和龙口水利枢纽两座大型水利枢纽工程。万家寨水利枢纽总装机容量108万kW，设计多年平均发电量27.5亿kW·h，作为山西省万家寨引黄工程的龙头，每年可向山西供水12亿$m^3$，向内蒙古供水2亿$m^3$。龙口水利枢纽工程总装机容量42万kW，是万家寨水利枢纽工程的反调节配套工程，设计多年平均发电量13.02亿kW·h。

万家寨、龙口两座水利枢纽是黄河中游河段水资源调配的重要控制性工程。自建成投入运行以来，万家寨公司始终秉持“服务人民、奉献社会”的企业宗旨，坚持民生优先，电调服从水调，认真完成防凌防汛、调水调沙、供水发电、黄河水量调度、冲刷潼关高程等公益性任务。截至2016年12月31日，万、龙两枢纽共完成发电量486.79亿kW·h，累计向国家和地方缴纳税费31.73亿元，实现固定资产48.02亿元，净资产16.57亿元。

2016年，万家寨公司紧紧围绕中心工作，不断夯实安全基础、有效提升管理水平、积极谋求对外拓展，全面加强从严治党，较好地完成了全年各项工作任务。

（一）防凌防汛

凌汛期，为保证大、小北干流防凌安全，龙口水库从2016年1月13日起按不超800$m^3$/s控制下泄，1月24日起按瞬时流量不超日均流量20%控制下泄；期间，龙口机组退出调峰运行达51天。3月份开河期间，万家寨库尾及以上河道发生冰塞冰坝险情，万家寨、龙口水库按2200$m^3$/s紧急下泄，迅速降低万家寨库水位5m左右，配合地方政府完成了险情应急处置工作。

3月下旬，万家寨和龙口两座水库积极配合黄河水利委员会完成了冲刷潼关高程试验；6月份修订了水库汛期运用方案，组织签订了防洪抢险责任状，开展了汛前检查和防洪抢险应急演练，落实了防汛值班安排，顺利完成了全年凌汛开河期和汛期安全调度的目标，确保了万家寨、龙口水利枢纽的安全度汛。

8月17日，黄河支流突发暴雨洪水，按照调度指令，万家寨水库降低水位6m以上，顺利完成了防洪应急调度。

（二）科学调度

针对万家寨、龙口两座水库已经达到初步设计淤积平衡的现状，万家寨公司高度重视和审慎处理泥沙运行问题，按照水库“蓄清排浑”设计运行方式，汛期严格执行流域管理机构的调度指令，控制运行水位；制定水库排沙调度实施方案，做好水文预报、数据监测和水工设施运行预案等各项水库排沙、冲沙准备工作。经与黄河防汛总指挥部办公室沟通协商，充分考虑年度干流来水、来沙特点，确定来水持续低于1000$m^3$/s时，万家寨库水位突破957m排沙运行上限，按不超过966m运行。

2016年8月19～20日，借黄河支流突发暴雨洪水的有利时机，万家寨水库紧急降至957m以下，万、龙联合排沙运行2天；9月，针对年度来水特枯、预测后期来水仍然极度偏少的情况，决定不再集中降水位排沙。万家寨水库全年淤积0.19亿$m^3$，主要分布在距坝60km以内；龙口水库淤积0.10亿$m^3$，分布在距坝3～16km。

（三）电力生产

2016年，万家寨水库上游来水量较上年明显减少，全年累计来水量同比减少24.18%。公司统筹安排防洪、防凌、供水、发电和排沙运行调度，充分利用水能资源，努力多发电、发好电。全年累计为两网开机调峰1480台次，开机成功率100%，为改善山西电网、蒙西电网安全稳定运行做出了重要贡献。万家寨水电站机组年平均发电利用1457h，年平均负荷率56.32%，较上年降低6.15个百分点，年均发电耗水率6.81$m^3$/(kW·h)。

2016年，万家寨、龙口两座水电站全年累计发电23.76亿kW·h，同比减少22.9%。累计供水3.14亿$m^3$。

（四）库区管理

通过对万家寨水库库区主要建筑物和征地边界进行摸排测量，完成万家寨枢纽坝区征地范围的确权划界工作。完成万—龙两库库区安全管理保护区范围划定工作。统筹处理涉及水库移民的有关问题，完成万家寨水库库尾987m高程以下冰凌灾害受损一次性补偿处理工作；987m高程以上凌汛受损实物工作量调查已完成，正在申报立项。重新启动龙口水利枢纽工程用地手续报批工作并取得突破性进展。

（五）安全生产

2016年，万家寨公司圆满完成万家寨水电站5号发电机组定子铁芯溢出二级重大隐患和年内排查出的7项一般隐患的整改工作；全面推进公司安全管理规范化、标准化进程，顺利通过水利部评审组现场评审，具备水利工程管理单位安全生产标准化一级企业审定条件；按规范要求开展了万家寨大坝安全鉴定，已完成外业工作。全年未发生生产安全事故，截至2016年12月31日，万家寨、龙口水电站分别实现连续安全生产4282天和2661天。

（六）检修技改

2016年共完成1台次机组大修、11台次机组小修，完成了万家寨水电站5号机组和龙口水电站主厂房150t桥机的大修改造工作；组织实施了万家寨水电站2号排沙洞淤堵疏通、排沙洞工作门出口段冲蚀处理、5号机组尾水门槽水下局部混凝土冲蚀修复等项目，完成了龙口水电站8个排沙洞混凝土冲蚀修补等项目。年度检修计划完成率100%。

（七）技术创新

2016年，持续深入开展QC活动，公司推选的3项QC小组活动成果获得水利行业优秀质量管理小组QC成果一等奖，电站管理局两个“五小”技改项目分别获得山西省“五小”竞赛成果二等奖和三等奖，龙口机械工段QC小组获得“全国优秀质量管理小组”荣誉称号，成果水平和获奖数量创公司历年最好成绩。

（黄河万家寨水利枢纽有限公司　王立伟）

## 刘家峡水电厂2016年生产管理情况

刘家峡水电站是我国自行勘测设计、制造安装、调试管理的第一座百万千瓦级大型水电站，现由国网甘肃刘家峡水电厂（以下简称刘家峡水电厂）运行管理。该电站设计总装机容量122.5万kW，核定出力116万kW，自1986年以来，经过大规模的设备改造以及建设投运1万kW小机组，总装机容量由116万kW增至136万kW。截至2016年12月31日，累计发电量2202亿kW·h。

2016年，刘家峡水电厂真抓实干、攻坚克难，推动企业各项工作平稳健康发展，企业荣获“国网甘肃省电力公司2016年度先进单位”称号，主要生产管理工作情况如下：

1. 生产情况　2016年刘家峡水电厂全年完成发电量43.18亿kW·h，上网电量42.67亿kW·h；平均发电耗水率3.96m³/(kW·h)，同比下降0.8%。

深入开展隐患排查治理工作，全年累计发现处理设备缺陷427项。结合安全评估、反事故措施贯彻、专项隐患排查、“三查三强化”等专项活动，对发现的106项问题按照“一患一档”要求进行管理，全年安排整改完成35项。加大反违章监督考核，全年共计查纠各类违章198次。修订完善20项应急预案，制定40项现场处置方案及12项电网风险预警，组织开展基建现场防汛应急演练、全厂防汛抗震综合应急演练及专项应急演练共21次，圆满完成年度防汛及迎峰度夏工作。连续安全生产超过15年，达5639天。

2. 洮河口排沙洞及扩机工程　长期以来，洮河将大量泥沙带入库区，造成水库库容大量损失；同时，在洮河口处的黄河干流上形成一道沙坎，使黄河干流过流能力不足，严重威胁机组安全运行和电站综合效益的发挥。为有效降低洮河口沙坎，决定在库区新建洮河口排沙洞，通过“穿黄排沙”方式截排洮河泥沙，减少洮河泥沙对电站和大坝正常运行的影响，并利用排沙洞流量新装机组发电。2015年9月，排沙洞工程关键环节——进水口岩塞爆破成功实施，实现了国内首次大水深、高水头、高密度淤积的水下爆破施工，全长1480.94m的洞身全部贯通。扩机工程进展顺利，2016年2台15万kW机组已进入机电安装阶段，计划于2017年投产发电。

3. 经营管理　2016年，科学运营、合理分配负荷，节水增发电量2.9亿kW·h。制定下发经营管理提升专项奖励办法，鼓励员工在增加发电量、节约厂用电量以及提升管理效率等方面多做贡献，圆满完成扭亏增盈指标任务。坚持问题导向，梳理12项问题进入问题库，出库11项，延期1项，进入省公司问题库1项。首次实施岗位薪点晋升机制，199名符合条件的员工提升了薪级。制定下发《国网甘肃刘家峡水电厂职员职级序列管理实施细则》，拓宽员工成长通道。提高财力集约化水平，规范物资招标，加强废旧物资过程管控，规范退役物资处置、再利用和留用管理程序。

4. 职工队伍建设　严格选人用人程序，修订完善干部管理制度5项。择优选派1名中层干部赴冀北公司实践锻炼，2名中层干部参加省公司2016年青年干部培训班。全年共计开展培训项目18项，举办培训班54期，选派112人外出培训。修订完善职工创新、QC、合理化建议奖励实施细则，规范项目立项、过程实施及评审和奖励，1项职工技术创新成果获中国能源化学地质工会职工技术创新优秀成果一等奖，1项成果获第九届国际发明展览会“发明创业项目”银奖，2项成果分获省级职工创新成果二、三等奖，5项职工创新成果获省公司表彰奖励。

（国网甘肃刘家峡水电厂）

## 2016年国家电网公司经营区域内抽水蓄能电站运行情况

（一）电站规模

截至2016年底，全国并网运行的抽水蓄能电站共计29座，装机容量合计2719万kW。国家电网公司经营区域内共有并网抽水蓄能电站 24 座、机组 85 台，总装机容量为 1941 万 kW，同比增加 270 万 kW、增长 16%。其中，装机容量 30 万 kW 及以上的大中型抽水蓄能电站共 17 座，均为国网新源公司运营，容量合计 1860 万 kW，占全网的 96%。2016 年，国家电网公司区域内投产的浙江仙居、江西洪屏 2 座抽水蓄能电站，均为国网新源控股有限公司（以下简称国网新源公司）资产，装机量分别为 4×37.5、4×30 万 kW。

（二）总体运用情况

随着经济结构的转型、清洁能源的发展和特高压电网的建设，电网运行中对调峰和事故备用的需求持续增长，抽水蓄能电站功能作用的发挥进入了一个新的阶段。2016 年，国家电网公司进一步明确抽水蓄能电站调用原则，要求将其纳入日前计划和实时平衡、按照公司综合计划开展调度；全网抽水蓄能电站运用水平大幅度提升，平均综合利用小时数为 3185h，同比增加 1398h、增长 78%，创历史纪录。

2016 年，国家电网公司区域内抽水蓄能电站共抽水 314 亿 kW·h、发电 252 亿 kW·h，抽发电量同比增加 88%；其中，大中型抽水蓄能电站的抽发电量占到全网的 96%，平均综合利用小时数为 3332h，同比增加 1508h、增长 83%，利用水平高出小型电站 818h。17 座大中型电站中，利用小时数同比增长 2 倍以上的有 1 座，1～2 倍的有 6 座，1 倍以内的有 7 座（新投产的仙居、洪屏无同比数据），只有白山因机组大修，利用小时数同比减少了 6%。2016 年，全部并网抽水蓄能电站共发电方向启动 34150 台次、抽水方向启动 24786 台次，同比分别增长 80%、78%；最多的一天，同时抽水运行 62 台。

（三）功能发挥情况

一是调峰填谷，减少火电开机，提高系统运行经济性。抽水蓄能电站调峰运行方式在区域内统一安排，其中跨省运用机组容量按比例分摊、省内运用机组满足本省需求后参与全网调峰；调用抽水蓄能电站调峰的标准也进一步提高为须在火电深度调峰前，作最大程度调用。按此要求，全网每天低谷时段抽水蓄能机组最大抽水开机台数均在 50 台以上，容量合计超过 1200 万 kW。

二是提供事故备用、支援，保障电网安全稳定运行。按照国家电网公司整体部署，为提升特高压直流大功率送电期间华东电网的频率稳定水平，华东地区大中型抽水蓄能电站全部接入频率紧急协调控制系统，在直流闭锁、频率下降时切除抽水运行机组。2016 年迎峰度夏期间，天荒坪等已投产的 7 厂、717.5 万 kW 机组接入该系统，根据直流送电功率与华东电网负荷安排抽水运行方式，溧阳机组全部投产后，可切范围将进一步增至 8 厂、980 万 kW。

三是存储时段富余电量，提高清洁能源消纳水平。受厄尔尼诺现象、装机持续增长、用电需求不振等因素的影响，2016 年国家电网公司区域内清洁能源消纳形势更加严峻，华北和东北弃风加重，华东和华中也发生弃水。为最大程度消纳清洁能源，在弃水、弃风时上述地区抽水蓄能电站均大开机抽水运行，并开展跨省支援，安徽响水涧（3967h）、浙江桐柏（3931h）为消纳跨省跨区富余水电，利用水平为大中型电站最高；河北张河湾（3517h、同比增长 304%）为支援风电消纳，利用水平全网增速最高。

（国家电网公司国家电力调度控制中心　梁志峰）

## 全力促进 2016 年西南水电消纳

（一）水电装机概况

截至 2016 年底，西南电网统调水电站总计 306 座（四川 270 座、重庆 26 座，藏中 10 座），装机容量 6906 万 kW，同比增加 258 万 kW，占统调总装机容量的 70%。年调节及多年调节水电站 24 座，装机容量 796 万 kW，占比 12%；季调节及不完全年调节水电站 25 座，装机容量 2564 万 kW，占比 37%；日调节及以下水电站共 257 座，装机容量 3546 万 kW，占比 51%。

（二）水电消纳面临的实际困难

2016 年，受装机规模、电源特性、负荷特性、通道能力及区外购电等多因素影响，西南水电消纳面临较大困难，情况如下：

（1）新投水电装机容量大，增速快，远超用电需求增长。随着大岗山、黄金坪、安谷、枕头坝等大中型电站陆续投产，水电装机规模与发电能力大幅增长。2016 年汛前，全网统调水电装机规模同比增加了 683 万 kW，增幅 18.4%，远高于 5～11 月 8.2% 的用电量增幅。

（2）水电调节性能差。西南电网水电比重大，但大多数电站库容偏小，汛期无调节能力电站占 77%，整体调节能力较差。

（3）电网负荷峰谷差较大，低谷调峰困难。2016 年 5～11 月，全网平均负荷率 85%，平均峰谷差率 32%。低谷时段负荷较轻，而火电全天处于最小运行方式，只能靠水电减发调峰，弃水电量较多；高峰时段为保证用电需求，不得不增加火电机组开机，进而挤占了低谷时段水电发电空间。

（4）通道受阻加剧了水电弃水。由于电源建设超前于网架布局，现有电网通道无法满足水电送出需求。2016年西南水电整体送出受阻电力约790万kW，其中仅攀西通道受阻容量就达420万kW，加上普洪二线等主要线路停电检修，受影响的水电范围进一步扩大，加剧了全网峰平段电力平衡困难，增加了断面弃水。

（5）区外接纳西南水电意愿不强。随着国内产业结构升级调整，全国范围内电力增速趋缓，大部分省市电力供应富余，个别地方还对外购电规模进行了限制，对西南水电购电意愿下降。西南送西北的德宝直流丰水期日均外送功率仅90万kW，距最大能力300万kW相差较大。

受上述困难影响，西南电网自2016年5月7日弃水开始，至11月10日弃水结束，全年弃水日共182天，累计调峰弃水电量154亿kW·h，同比增加51亿kW·h，增幅49%，日均弃水0.85亿kW·h。其中，7、10月弃水最多，弃水电量分别为41和33亿kW·h，其次为8、9和5月，弃水电量均超过20亿kW·h。

（三）促进水电消纳的措施

为最大化促进水电消纳，全力减少弃水，西南各级调度机构积极采取各项应对措施，主要包括：

（1）强化气象水情监视，精心开展水库群优化调度。每日实时收集分析流域气象水情信息，扎实推进水情预测、水电发电能力分析计算、水库运行方案编制及滚动调整，动态优化各流域梯级水库群联合运行方式，并强化后期水库优化调度分析管理，全力提升水能利用率。

（2）积极开展短期及实时交易，全力促进西南水电跨区外送。首次在5月实现德宝直流外送，有效缓解了网内水电来水早、消纳困难的矛盾；成功西藏昌都富余水电跨区交易，累计向华北输送1.17亿kW·h电量，开启了清洁能源跨区优化配置新篇章；建立了交易合同计划日跟踪分析制度；积极协调消纳市场，努力促成水电外送华中短期交易。

（3）精心调整运行方式，充分利用电网输送通道。研究黄万双回潮流反送问题，优化电网运行方式，反送时间及反送电量大幅减少，保障了跨省外送通道输电能力；精细安排输电计划，充分利用川渝、渝鄂通道送出消纳西南富余水电，根据断面实际潮流及时安排外送短期交易，各主要送出断面基本保持满载运行。

（4）做好发电调度信息发布，建立常态化清洁能源消纳分析汇报机制。及时披露发电调度信息并做好政策解释，引导发电企业充分利用替代、直购电、富余电等政策解决实际困难。组织人员做好每日弃水统计分析，定期编制水电运行消纳旬报并向政府有关部门汇报，分析当前存在问题并提出下阶段工作建议，积极争取有关部门认可和支持。

通过采取上述措施，在保证新能源全额消纳的基础上，2016年西南电网统调水电实发电量达2721亿kW·h，同比增加177亿kW·h，增幅6.9%，水电净外送电量达1143亿kW·h，同比增加49亿kW·h，增幅4.5%，水电实发电量及外送电量均创历史新高。

（国家电网西南电力调控分中心　王　靖　周开喜）

## 2016年华东电网积极消纳清洁能源情况

2016年底，华东全网调度口径装机容量31813.73万kW（含阳城），其中水电装机容量2000.43万kW，占6.29%，减少0.59%；抽水蓄能机组容量856万kW，占2.69%；核电装机容量1619.7万kW，占5.09%，增长15.5%；风电装机容量1152.4万kW，占3.62%，增长25.4%；并网太阳能电站累计并网容量1087.4万kW，大幅增长146.4%；其他类型发电并网容量274.2万kW，详见表1。

表1　2016年度末华东电网调度口径装机容量合计　单位：万kW

| 省市 | 总容量 | 火电 | 水电 | 抽蓄 | 核电 | 风电 | 光伏 | 其他 |
|---|---|---|---|---|---|---|---|---|
| 上海 | 2329.85 | 2258.66 | 0 | 0 | 0 | 71.19 | 0 | 0 |
| 江苏 | 10246.54 | 8811.8 | 10.04 | 10.0 | 200.0 | 560.7 | 414.0 | 240.0 |
| 浙江 | 7063.86 | 6040.34 | 580.12 | 8.0 | 32.0 | 118.4 | 285.0 | 0 |
| 安徽 | 4239.59 | 3554.36 | 118.07 | 8.0 | 0 | 184.33 | 372.81 | 2.02 |
| 福建 | 5115.8 | 2796.4 | 1171.5 | 120.0 | 762.3 | 217.8 | 15.6 | 32.2 |
| 华东直调 | 2818.1 | 1362.0 | 120.7 | 710.0 | 625.4 | 0 | 0 | 0 |
| 总计 | 31813.73 | 24823.56 | 2000.43 | 856.0 | 1619.7 | 1152.42 | 1087.41 | 274.22 |

2016年，华东电网风电装机增长平稳，但光伏装机增长迅猛，集中分布于江苏、浙江、安徽等省。尤其是安徽省实行光伏精准扶贫政策，光伏发电建设速度加快，建设单位众多，集中并网容量大，其装机规模已经超过风电，跃居安徽第二大电源，在华东省市中仅次于江苏。

2016年，受厄尔尼诺事件影响，江南地区及长江中上游各大水库来水较去年明显提前，来水明显偏多。华东主要水库总来水量比多年同期均值多82.6%，总体特丰，其中，福建地区的水口、棉花滩、沙溪口、古田、安砂、池潭水库来水创历年同期新高，华东消纳压力持续增加。国家电网华东电力调控分中心（简称华东分中心）及各省市调精心调度，最大限度实现水电多发增发，确保了区内和跨区清洁能源的优先消纳。2016年，华东电网内调度口径水电机组累计实现发电773.64亿kW·h，同比增长33.59%，折合年累计利用3867h。全年华东电网消纳区外来电1395.12亿kW·h（其中，西南水电1318.95亿kW·h），同比增加152.47亿kW·h，增长12.27%，其中汛期的6～8月消纳535.45亿kW·h，同比增长17.52%。

华东分中心及省市调度通过多种措施尽最大能力确保区域内外清洁能源消纳。一是克服来水时空分布不均的压力，通过提前预泄，拦蓄洪尾以及动态控制汛限水位实现增发水电。二是开展上海、浙江最小开机方式及调峰能力分析，评估江苏、安徽跨省支援能力，为省间互济打下基础。三是深入挖掘皖电东送机组调峰能力，腾出消纳空间，6～9月合计调停皖电机组18台次，最大调停容量255万kW。四是加大核电调峰力度，2016年7次安排秦山和方家山核电参与调峰，同步开展核电机组调峰技术经济可行性专题调研。五是加大抽水蓄能利用力度，优化安排抽蓄机组尽最大能力集中抽水。六是开展省际电量置换，年初协调上海公司与江苏、安徽公司签订低谷电量置换框架协议，汛期前提前进行预置换，减轻了后续压力。台风影响期间，最大安排江苏、安徽支援福建送出电力80万～120万kW，增加福建水电消纳6.17亿kW·h。上述举措有力支援了华东区内及跨区水电的消纳工作。

此外，华东各级调度通过加强实时平衡，克服新能源预测偏差大对电网运行带来的压力，实现了区域内风电、光伏等清洁能源的全额消纳。2016年，华东电网内风电机组累计完成发电量219.31亿kW·h，较上年同期增长41.79%，平均年累计利用小时数为2175h，同比增加165h。全年累计完成光伏发电量80.25亿kW·h，较上年同期增长91.75%，平均年累计利用小时数为976h；其中分布式太阳能年累计发电量17.39亿kW·h，较上年同期增长40%。

（国家电网华东电力调控分中心　陆建宇）

## 2016年国家电网公司新能源运行基本情况

（一）新能源装机和分布

1. 风电　2016年国家电网公司经营区域内风电累计装机容量达到11654.2万kW，同比增长13.4%，占全网总装机容量的9.2%。华北、东北、西北（以下简称“三北”）地区风电装机容量9729.1万kW，同比增长9.9%，占全部风电装机容量的83.5%。其中，华北、东北、西北地区风电装机容量分别为2794.68万、2692.37万和4242.03万kW，同比分别增加13.8%、9.1%和8.1%。风电装机超过百万千瓦的省级电网有20个，占总装机容量比例超过20%的省级电网有6个，依次为冀北、蒙东、甘肃、宁夏、新疆、黑龙江；风电成为其第二大装机电源的省级电网有13个，分别为新疆、甘肃、冀北、宁夏、蒙东、山东、山西、辽宁、江苏、黑龙江、吉林、上海和天津。

2. 太阳能　2016年国家电网公司经营区域内光伏累计装机容量达到6676.4万kW，同比增长85.6%，占全网总装机容量的5.3%。其中，“三北”地区光伏装机容量4526.3万kW，同比增长70.6%，占全部光伏装机容量的67.8%；光伏成为第二大装机电源的省份（地区）有4个，分别为青海、冀南、天津、安徽。

（二）新能源发电和限电情况

1. 风电　2016年国家电网公司经营区域内风电累计发电量达到1825.5亿kW·h，同比增长29.6%，分别占统调总发电量和全社会用电量的3.92%和3.87%；其中，“三北”地区风电累计发电量达到1468.44亿kW·h，同比增长25.1%；华北、东北、西北地区分别增长27.4%、12.5%和35.2%。

2016年国家电网公司经营区域内累计弃风电量为396.1亿kW·h，同比增加124.4亿kW·h，增长45.8%；弃风比例为17.8%，同比增加1.7个百分点。华北、东北和西北地区弃风电量分别为37.6、95.1和262.2亿kW·h，同比分别增长66.3%、13.9%和58.4%。风电富集地区新疆、甘肃、吉林、蒙东、冀北、黑龙江、辽宁、宁夏、山西九省（区）弃风电量均超10亿kW·h，合计弃风电量达391亿kW·h，占总弃风电量的98.7%。其中，甘肃、新疆、吉林、三省（区）弃风比例均超20%，甘肃高达43.2%。

2. 太阳能 2016年国家电网公司经营区域内光伏累计发电量达到558.17亿kW·h，同比增长73.2%，分别占统调总发电量和全社会用电量的1.20%和1.18%。其中，“三北”地区光伏累计发电量达到415.4亿kW·h，同比增长56.9%，华北、东北、西北地区分别增长221%、19%和31%。

2016年国家电网公司经营区域内累计弃光电量为68.9亿kW·h，同比增加22.4亿kW·h，增长48.1%；弃光比例为10.99%，同比减少1.2个百分点。其中，99.4%的弃光集中发生在西北地区，西北地区80.2%的弃光电量集中在甘肃、新疆地区，两省全年弃光电量分别为25.8亿kW·h和29.1亿kW·h。

（三）保障新能源安全运行的相关措施

随着大量电力电子设备进入电力系统运行，带来调频、调压、次同步振荡等一系列问题，严重影响系统安全运行。针对上述问题，国家电网公司多措并举力保电网安全运行。

（1）建立完善的风电运行技术支持系统。截至2016年底，26家省级以上调度机构部署了风电运行信息监测、发电能力预测和发电计划模块，功能覆盖全部1000多座风电场，风电预测准确度达到85%，达到世界先进水平。“三北”新能源富集省区建设了风电和光伏自动发电控制功能，根据外送通道输送容量和电网调峰情况自动调整风电和光伏发电出力，最大限度挖掘电网消纳新能源潜力，确保运行安全。

（2）加强并网风电场站涉网安全监督管理。严格按照《风电场接入电力系统技术规定》有关要求，重点加强风电基地各风电场的统一管理，严把风电入网关，实现安全管理关口前移。加强风电场接入系统审核、并网验收和调试等关键环节的管控，不断规范风电并网管理流程。加快风电场无功电压控制系统建设，优化风电机组和动态无功补偿装置的协调控制，提升无功设备的投入率与调节性能。针对个别风电场脱网情况，督导其限期整改，提高风电场自身的安全运行水平。

（3）研究风电机组产生谐波引发的次同步振荡问题。在新疆、河北等风电集中接入易产生次同步谐波的省区加强谐波监测，部署次同步谐波安控系统，制定相关事故预案，有效控制次同步谐波影响。组织科研机构深入分析次同步振荡产生的机理，优化新能源并网设备控制器参数，防止次同步谐振发生。同时组织制定风电等新能源机组抑制次同步谐波相关入网标准，消除机组并网产生的次同步谐波，明确设备制造厂家和新能源发电企业对消除设备并网次同步谐波负有主体责任。

（4）积极推进风电机组涉网特性试点改造工作。经过广泛调研，验证了风电实现高电压穿越及调压调频功能的技术经济可行性，并结合扎鲁特—青州特高压直流送端地区风电集中接入、电压波动大的实际情况，确定华能新能源蒙东分公司为风电场涉网特性改造试点。从2016年8月起，组织华能新能源以及机组制造商、设备供应商召开了多次风电机组涉网特性改造技术讨论会，研讨整机及零部件厂商的产品特点及技术现状，分析了改造技术要求及改造方案的可行性与经济性。组织召开两次改造方案讨论会，明确了风电涉网特性改造的内容与时间节点，并针对改造方案的具体技术细节提出了修改意见与建议。计划改造规模为122万kW，涉及6个风电场的794台风机，改造内容包括风电场故障电压穿越、调压调频及无功补偿装置等。

（国家电网公司国家电力调度控制中心
梁志峰　范高锋）

# 技 术 改 造

## 三峡左岸电站500kV母线及线路保护装置改造

三峡电厂左岸电站500kV母线为3/2接线方式，550kV出线共6回，母线及线路保护装置已运行多年。这些保护装置从运行到维护工作量上都已不适应现代电网发展要求，且部分设备已停产，无备件可用。综合各方面因素，考虑到保护元件使用寿命、运行维护检修成本、国家能源局《防止电力生产事故的二十五项重点要求》对于重要保护回路双重化的要求及未来电网发展需求，对左岸500kV母线及线路保护装置进行换型改造。至2016年底，改造完成。

（一）改造项目

左岸电站500kV母差保护所用保护为ABB公司的REB500型和REB103型保护，维护成本极高，且不满足《防止电力生产事故的二十五项重点要求》第18.4条“电力系统重要设备的继电保护应采用双重化配置”的具体要求。改造拆除原保护，新的母线保护第一套采用南瑞 PCS-915C-G，第二套保护采用长园深瑞 BP-2CC-G。

三江Ⅰ、Ⅱ、Ⅲ回线线路保护，第一套保护选用许继电气产品，包含微机线路保护装置 WXH-803A、微机故障启动装置 WGQ-871A/G，光纤通道对应的光电转换装置为 GOTEC2M；第二套保护选用深瑞继保产品，包含光纤分相纵差成套保护装置 PRS-753A-G（通道形式，复用 2M）、过压及远跳保护 PRS-725A-G，光纤通道对应的光纤复接通道接口装置为 MUX-2MC。三江Ⅰ、Ⅱ回线电抗器保护采用两套南瑞 PCS-917G 电抗器保护装置和一套 PCS-974FG 非电量保护装置。

三龙Ⅰ、Ⅱ、Ⅲ回线线路保护，第一套保护选用南瑞继保产品，包含光纤分相纵差成套保护装置 RCS-931-G（通道形式，复用 2M）、过压及远跳保护 RCS-925-G，光纤通道对应的光纤复接通道接口装置为 MUX-2MC；第二套保护选用许继电气产品，包含微机线路保护装置 WXH-803A、微机故障启动装置 WGQ-871A/G，光纤通道对应的光电转换装置为 GOTEC2M。

（二）改造效果

（1）新保护装置实现国产化，有效节约维护成本和备品备件成本，至此三峡左岸电站除厂用电保护外已完全实现国产化。

（2）母差保护实现了断路器失灵双开入，解决了 500kV 母线保护设备存在的安全隐患，提高了设备的可靠性。

（3）解决了左岸电站 550kV 母线及出线保护设备存在的安全隐患，提高了设备的可靠性，能更好地保障电网安全稳定运行。

（三峡水力发电厂）

## 金安桥水电站机组技术供水系统减压阀改造

金安桥水电站技术供水系统，水源取自压力钢管，每台机组设两个 DN500mm 取水口，互为备用；压力 1～1.3MPa 的水，经滤水器、减压阀，减为 0.59MPa；通过切换电动四通阀实现正、反向供水。原设计减压设备为以色列多诺特先导式减压阀。该减压阀在 2011～2013 年运行过程中出现阀杆断裂、隔膜破裂、压力波动、主阀无法开启等故障达 35 次，厂家多次来现场针对发生的问题进行讨论并改造，但均未彻底解决问题。因此，决定对其进行更换改造。

金安桥水电站有限公司组织人员对减压阀进行了调研。从对构皮滩、三峡、瀑布沟等水电站调研情况看，此类先导式减压阀在低水头（80m）运行比较稳定，且一般减压比不大于 2；在高于 80m 水头下运行时，出现问题较多，也很普遍。金安桥水电站技术供水系统水源最高水头达 130m，且减压比已大于 2，此类先导式减压阀难适应。

在走访减压阀生产单位中，了解到武汉大禹阀门制造有限公司生产电动活塞式减压阀。该阀不通过导阀控制水压，不存在导阀堵塞发卡问题，且是通过监测阀后压力，由电、手动驱动装置进行阀后压力调节，可避免阀后压力波动产生振动、噪声，但无在水电厂应用实例。后来经了解，阿海水电厂已将其供水系统中的减压阀更改为电动活塞式减压阀，在 5 号机组采用了上海阀安格阀门有限公司生产的 VAG 品牌活塞式减压阀，公司即对其进行调研。又去山西禹门口引黄供水工程调研了武汉大禹电动活塞式减压阀的使用情况。调研后，公司决定在 1 号机组技术供水系统试用武汉大禹电动活塞式减压阀。2014 年 3 月，1 号机组技术供水系统 1 号减压阀投入试用；2015 年 5 月，2 号减压阀投入试用。

电动活塞式减压阀是将压力变化转换为电信号，再通过电信号去控制执行机构使阀门动作，保持出口压力基本稳定在设定值的阀门。电动活塞式减压阀由阀体、出水阀体、启闭件（活塞）、传动杆件（曲柄、连杆）、鼠笼、导向装置（导轨）、阀盖、阀杆、轴套、阀座、连接座和电动及手动驱动装置、控制箱等部件组成，通过阀杆旋转来实现阀门的启闭，起到截断介质或调流、减压等的作用。

试用情况良好。2016 年 2～4 月，金安桥水电站 3、4 号机组在检修期间将技术供水系统先导式减压阀更换为电动活塞式减压阀。2 号机组计划在 2017 年更换。

改造后技术供水系统运行压力、流量稳定，两路水源配合正常，未发生因其故障退出运行的事件；在之后检修中局部解体检查，其过流部件未发生明显空蚀、磨损的情况。

（金安桥水电站有限公司 薛 超）

## 隔河岩电厂 220kV 线路保护改造

湖北清江隔河岩水力发电厂安装 4 台机组及 4 台变压器，机组容量为 300MW，变压器容量为 360MVA，是华中电网重要的调峰调频电站。其中，1、2 号机组采用发电机—变压器—线路单元接线，经清长Ⅰ、清长Ⅱ线路接入长阳 220kV 变电站；3、4 号机组采用发变组单元接线接入厂内 500kV 双母线，经清葛线（隔河岩—葛洲坝大江）接入华中500kV电网。清长Ⅰ、清长Ⅱ回线路改造前，每条线路均配置两套保护：RCS-931A型光纤差动保护和CSL-101A型高频方向保护。两套保护已运行十余年，从近段时间的运行状况看，设备硬件的健康状况呈明显下降趋势。1、2号机出口断路器的失灵保护由电磁式继电器构成，且已运行20余年。2016年，隔河岩电厂结合清长Ⅰ、清长Ⅱ回线实际情况，将现有两套主保护均改为光纤差动保护，并将断路器的失灵保护和三相不一致保护配置在断控装置中，拆除原有的失灵保护盘柜。

根据双重化配置原则，改造后每条线路配置两套保护：一套为北京四方公司生产的CSC-103A型光差保护，另一套为南瑞继保公司PCS-931A型光差保护。每套保护装置内包含完整的主、后备保护。两套保护均采用2M双光纤通道，其中一个通道中断不影响另一个通道的正常运行，差动保护依然可以正常运行。两套保护装置功能完全独立，其中一套保护因异常需要退出或需要检修时，不影响另一套保护的正常运行。

CAC-103-A-G型光纤差动保护装置为纵联电流差动保护，后备保护为三段式距离保护、两段式零序方向保护，还配置有过电压及远方跳闸保护。该保护装置可实现有分相跳闸出口，并具有自动重合闸功能。

PCS-931A-G-R型光纤差动保护装置包括以分相电流差动和零序电流差动为主的快速主保护，由工频变化量距离元件构成的快速Ⅰ段保护，由三段式相间和接地距离及多个零序方向过流构成的全套后备保护，还配置有过电压及远方跳闸保护。该保护装置可实现分相跳闸出口，也具有自动重合闸功能。

保护装置安装完成以后，相关技术人员对新装置进行了调试。经检测，装置采样精度、开入开出，均符合要求，各保护功能，均能正确动作。改造后运行情况良好。

双光纤通道提高了信号传输的可靠性，同时也为线路保护的可靠运行增加了砝码。此次线路保护改造为清长Ⅰ、清长Ⅱ线路的安全可靠运行提供了有力保障。

（湖北清江水电开发有限责任公司）

## 隔河岩电厂同步相量测量装置PMU改造

湖北清江隔河岩水电厂装机总容量1200MW，是华中电网重要的调峰调频电站。华中电网有限公司为提高电网动态监测能力，对电网发生的低频振荡及时发现、记录和分析，并为电网运行提供准确的动态数据和故障信息，在隔河岩电厂安装了“广域测量系统”（以下简称“WAMS系统”）同步相量测量装置（PMU）子站。

1. PMU改造原因

（1）原CSS200/1P型号PMU子站于2008年10月投入运行，但其装置不能支持12个数据通道，无法满足华中省调、网调侧WAMS主站召唤数据的要求。

（2）据华中网调厂站相量测量装置（PMU）异常统计情况通报，隔河岩电厂数据集中器与华中调控分中心在2015年12月和2016年1月均出现了通信短时中断情况。经核实，隔河岩电厂数据通信中断状态为时断时通，中断持续时间不定，且无规律。隔河岩电厂的两台数据集中器为热备运行，未实现双主模式，导致数据通信偶尔出现不稳定的情况，无法保证与WAMS主站正常通信。

（3）华中电网〔2016〕36号文提出进一步完善直调电厂并网机组源网动态性能在线监测信息接入PMU的要求，要求增加接入AVR电压参考给定、PSS输出信号定子电流过负荷限制动作信号等遥测、遥信量。

因此，隔河岩电厂对同步相量采集装置进行改造。

2. 新PMU系统的配置　采用南瑞继保公司PCS-996系列产品，按照分布式方式布置，配置数据集中处理屏PCS-996G一套和向量测量屏PCS-996A/B两套。数据集中处理屏（PMU1）安装在线路保护室，包含2台主数据处理装置，1台数据采集装置，采集单元测量清长Ⅰ线、清长Ⅱ线、清葛线三相电压、电流量，配置一台RCS-9785D（GPS+北斗）对时单元，完成站内所有采集装置的同步对时。向量测量屏1（PMU2）安装在1单元控制室，为1、2号机组共用，采集1、2号机组机端三相电压、电流量及励磁电压、励磁电流、导叶开度等信号。向量测量屏2（PMU3）安装在2单元控制室，为3、4号机组共用，采集3、4号机组机端三相电压、电流量及励磁电压、励磁电流、导叶开度等信号。PMU主数据处理装置通过调度数据网实时交换机与华中网调省调WAMS主站通信。向量测量屏1（PMU2）、2（PMU3）通过光纤传输给数据集中处理屏（PMU1），再由数据集中处理屏（PMU1）对上传输给省级及以上调度中心主站。

3. PCS-996同步相量测量系统简介　该同步相量测量系统由PCS-996系列同步相量测量装置（A、B、G型）、RCS-9785GPS时钟同步系统、PCS-9882及

RCS-9884 高速通信交换设备构成。A 型采集单元（PCS-996A）用于变电站，采集母线、线路、主变的电气量，B 型采集单元（PCS-996B）用于发电厂，采集发电机组的电气量及键相脉冲，数据集中器（PCS-996G）对采集单元（A 型、B 型）的数据进行集中处理，向 WAMS 主站上送；RCS-9785C/D GPS 同步时钟向数据集中器及采集单元提供同步时钟（IRIG-B 码、PPS）；以太网交换机（PCS-9882）为 10/100M，具有光口和电口两种接口方式；光电转换模块（RCS-9884）将光纤 B 码转换为 RS485 的 B 码，装置与 RCS-9785 相距较远时采用。

4. PCS-PC 调试软件 PCS-996 的定值整定可直接在 PMU 装置上通过按键操作完成，也可通过 PCS-PC 调试软件连接装置完成。PCS-PC 的启动参数设置连接装置时只需指定主 CPU 的 IP 地址即可，该 IP 地址可在装置液晶屏中获得。软件启动前，需将计算机与装置的主 CPU 通过网线连接起来。软件与装置成功连接后，可以看到树型目录。利用本软件，可实现定值修改、状态查看、报告查看等。

5. PCS-996 系列的优点及不足 PCS-996 系列装置采用了分布式体系，硬件真正实现了模块化结构，配置灵活、通用性强，逻辑修改简单，具有高度的可靠性，在运行中可以实时监测装置的输入输出和报警；软件直观易学，上手简单。但是也存在一些不足之处，如软件中装置参数的修改虽然需要密码登录，但在修改后并没有明显的标记，不排除维护人员误操作的可能性存在，尤其是批量修改时，需对原参数做好备份，以便修改完成后进行核对比较。

6. 改造后的运行情况 隔河岩电厂同步相量采集装置已于 2016 年改造完毕，新系统按照双主处理装置和双网冗余模式设计，配置 3 面屏柜，实现支持至少 12 个数据通道，且实现数据集中器的双主运行模式。

同步相量测量装置 PMU 改造后，装置设备运行良好，与网、省调 WAMS 主站通信稳定，减少了工作人员的维护任务；按照华中电网的要求增加接入 AVR 电压参考给定、PSS 输出信号定子电流过负荷限制动作信号等遥测、遥信量，规范了发电机组及其控制系统的监测，在促进电网运行动态监视与提高电力系统运行可观测性方面发挥出重要作用。

（湖北清江水电开发有限责任公司）

## 大朝山电厂励磁系统改造

大朝山水电站 6 台单机容量 225MW 机组的原励磁系统，调节器为瑞士 ABB 公司 UNITROL 5000 型，励磁功率柜为广州电气科学研究所 FJL-3 型，灭磁及过电压保护装置为合肥科聚高技术有限责任公司产品。该励磁系统投运已近 10 年，元器件老化问题日益突出，尤其是励磁调节器，给机组的安全稳定运行带来潜在隐患。为保证机组的安全稳定运行，大朝山电厂从 2014 年开始对励磁系统进行更新改造。

（一）主要改造项目及新系统的特点

UNITROL 5000 型调节器为 ABB 公司早期产品，其控制器与模块之间广泛采用扁平电缆，抗干扰能力较差；虽为双通道配置，但从近年来的故障分析结果看，双通道并没有做到完全独立，在任意一通道故障、另一通道完好的情况下，依然会引起机组事故跳闸。因此，改造将励磁调节器更换为 ABB 公司推出了最新一代产品 UNITROL 6000 型调节器

UNITROL 6000 励磁调节器的主要特点是控制器模板之间、通道之间都采用光纤数据传输，各通道从输入到输出均能完全独立工作，能够远方和现地给定；由 3 个通道组成，包括 2 个等同的按电压或无功闭环调节的自动通道（AVR）和 1 个按励磁电流闭环调节的手动通道（FCR），三个通道具有 100%冗余度。

发电机机端电压 $U_g$、机端电流 $I_g$ 以及重要 IO 信号接入双通道调节柜内测量单元板 CCM。采用了 AC800PEC 高速可编程控制器，其 CPU 采用带 64 位 IEEE 浮点运算单元的全功能 400 或 600MHz 的 RISC 处理器，光接口路数多，互通性和模块化配置方便，适用于各种电力电子控制。励磁调节柜内还有 3 块 CIO 板，在灭磁开关柜内装设 1 块 CIO 板，用于为调节通道提供模拟和数字的 IO 接口。3 个功率柜内均装设整流桥控制接口板 CCI、门极驱动接口板 GDI、和整流桥信号接口板 CSI。其中 CCI 是功率柜控制的核心，主要工作过程为接受调节柜发来的调节信号。结合 CSI 采集到功率柜内交流侧电压、电流和直流侧电压的信号，输出脉冲发给 GDI，最后通过脉冲触发及控制整流桥的导通。此外 CCI 板还能实现 3 个功率柜同步检测、均流控制、故障监控功能。

（二）改造过程中解决的有关问题

（1）增设 GCB 位置接点压板。机组检修结束需要进行零起升压试验，试验过程需要合上 GCB 升压检查电气设备的绝缘。但机组实际是在未并网状态下进行试验，起励后励磁系统会误判 GCB 在合位，按照并网时的状态进行工作。这样可能会导致：①在升压过程中，当机端电压或阳极电压小于对应额定电压的 50%时，则会报“OnlineFault”等故障信号，将触发励磁系统跳闸，机组快速切负荷（FCB）事故停机；②起励成功后若出现异常需要灭磁时，将无法式灭磁。为了避免此类情况，便于励磁系统配合机组进

行各项试验，在调节柜内设计一块“GCB位置接点压板”。该压板在试验时投入，无论GCB在什么位置，励磁系统将判断GCB在“分闸”位置，而在机组正常运行时退出。

（2）励磁电缆正负极对调问题。2015年12月23日，3号机组C级检修结束后进行零起升压试验。发出投励命令后励磁系统开始起励，但是机端电压始终无法建立。3个功率柜显示晶闸管导通角开至88°，励磁电流为1A。持续10s后程序发“起励超时”、“整流桥故障”信号，起励失败，跳开灭磁断路器。经检查，发现是由于机组检修期间励磁至转子正负极电缆调换所致。对于大型发电机，为了减少碳刷磨损，一般要求检修时励磁电缆正负极对调一次。对调后，不影响发电机输出电压，但对于零起升压试验来说，新的磁场方向与之前的剩磁方向相反，第一次起励时首先需要抵消以前的剩磁，然后才能建立一个方向相反的磁场。因此，机组检修调换励磁电缆极性后，首次自并励零起升压时应投入外部直流起励电源，建立一个相反的磁场后就可以成功起励。

（三）结语

大朝山电站改造后投运的UNITROL 6000励磁系统作为全新的换代产品，控制平台全面升级为PEC平台；通信也由原来的ARcnet总线升级为以太网光纤通信，人机界面功能更为强大。其起励方式灵活，控制方式合理，并具备软起励控制，使其均能满足机组不同工况下的起励建压；其无功叠加控制与监控系统进行了有机地配合，可靠地实现了全厂机组无功成组调节及母线电压实时控制，提高了机组运行的稳定性。本改造为大朝山电厂“无人值守，少人值守”奠定基础。

（国投云南大朝山水电有限公司　余　浩）

## 沙湾水电站综合自动化装置升级改造

沙湾水电站在推进“无人值班”（少人值守）过程中，进行了一系列的自动化改造。现将几方面的升级改造情况简介如下。

（一）柴油机远控改造

为了保证电站在紧急情况下能快速投入应急电源，沙湾水电站实施了柴油发电机远方控制技术改造。技改工作主要包括修改柴油发电机本体工控机输入输出端口配置、二次回路配线，增加闸门LCU柴油发电机远方控制程序，修改上位机数据库及画面文件等。同时，对柴油发电机的巡回检测、报警、状态显示、记录等做了进一步完善。经改造，在自动方式下可完成柴油机的空载态、发电态、停机态之间的转换，保证停机状态下上位机发并网令能在25s内实现柴油发电机并网发电，空载状态下发并网令能在10s内并网发电。所有故障自动诊断和自行处理，自动负载分配、运行过程中的自动整定和运行参数调整均由柴油发电机本体工控机执行。

（二）改善泄洪闸门开度采集方式的改造

沙湾水电站泄洪闸门开度采集过程为开度编码器采集→液压启闭机PLC→闸门LCU，闸门LCU与启闭机PLC之间通过MODBUS通信规约实现。理论上这种方式是可行的，但在实际运行中，远方启、闭闸门时都出现过调现象，且由于液压系统特性差异导致各闸门的超调现象也不一致，启门时最大超调近20cm，闭门时最大超调近30cm。另外，信号容易受外界干扰，且通信容易中断；程序本身扫描周期较长，一般约6s，造成闸门开度采集滞后。虽经多次调整漂移值和加装隔离端子，仍未有效解决开度采集精度问题，且485通信由于易受环境传输距离等影响，可靠性较差，数据响应速度较慢，不适合远程控制。针对这些问题，将泄洪闸门开度采集改为模拟量采集方式，并作了相应的抗干扰及防雷处理。改造后的信号实时性和使用效果很好，再加上具备现场图像监视功能，闸门操作安全可靠性得到很大的提高。

（三）调速器自动水头采集技改

轴流转桨式机组运行时，桨叶与导叶的协联关系决定着水轮机的运转效率及工况，而水头变化决定着协联关系曲线的选取。为保证调速器的水头信号采集的实时性与准确性，沙湾电站运行过程中采取了以下方案：即由监控系统上位机计算水头数据，将数据通过以太网送至机组LCU，在机组LCU DP从站增加SM332AO模块一个（需重新组态LCU硬件配置），将水头数据通过AO模块输出4～20mA信号送至调速器接入原水头信号接口。

此方案监控系统程序设计工作量也较少，同时可通过程序对传送量进行处理，对故障和异常进行过滤隔离，使之不传递到下一级，并设置相关报警信号以保证整个信号通道的可靠性和安全性。调速器接收端已有对水头数据的故障判别逻辑（自动水头故障自动切为人工水头并报警），并能够对突变量进行限制，滤除因断线或干扰等因素造成的不正确数据。该方案的实施取得了以下效果：

（1）调速器自动采集水头功能的实现进一步提高了全厂的自动化控制水平，解决了人工跟踪和修改的繁琐工作。

（2）可使机组启动时候的转速超调量较小，且加快并网速度。

（3）导叶空载第一开度限制、第二开度限制、负载开度限制随水头的变化沿着开度限制曲线变化，不仅提高了调速器的调控性能，而且提高了机组开/停机的成功率和运行安全性。

(4) 在水头相同和相近时候，机组所带负荷的情况下，协联关系明显改善，水轮机运行在最优工况下，振动摆动小，空化空蚀小，耗水量小，经济效益高。

（四川圣达水电开发有限公司 陈胜祥）

# 水情预报与调度

## 三峡梯级在防御2016年长江中下游洪水中发挥重要作用

2016年长江流域入汛早，暴雨频发。受强降雨影响，长江流域多条河流发生超警戒水位以上洪水，部分支流发生超保证乃至超历史洪水。特别是7月，长江中下游发生了区域性大洪水，长江中下游干流监利以下河段全线超警，洞庭湖、鄱阳湖水系，滁河、水阳江等干支流，先后发生超警戒、超保证洪水，部分堤防出现了管涌、溃口等险情。面对长江中下游严峻防洪形势，金沙下游—三峡梯级严格服从国家防总和长江防总的调度指挥，在关键时刻进行拦洪、削峰，通过梯级水库联合防洪调度并配合上游其他水库群联调，有效减轻了长江中游城陵矶河段和洞庭湖区防汛压力，成功防御长江中下游洪水，充分发挥了梯级水库的防洪功能。

1.2016年汛期长江流域降水　2016年汛期（5～9月）长江流域降水大部偏多，为300～1600mm，其中岷沱江南部、长江上游干流区间、乌江流域中下游、长江中下游大部降水量1000～1600mm，主要的降水中心位于乌江流域中下游及长江中下游沿江地区。与历史同期相比，金沙江中下游、长江流域上游干流区间、乌江流域中下游、长江中下游大部偏多1成至1倍，金沙江上游、岷沱江北部、嘉陵江流域偏少1～2成。6月乌江中下游、长江上游干流区间及长江中下游沿江地区偏多，7月中游干流区间大部、汉江流域中下游、下游干流区间、两湖流域北部、三角洲平原区西北部偏多2成3倍，月内降水过程频繁、降雨强度大、覆盖范围广。

2016年6月29日～7月6日，受副高外围暖湿气流发展和高原低槽东移引导西南低涡发展东移的共同影响，长江流域自上游向下游先后出现持续强降雨过程。6月30日降水主要集中在三峡区间及其附近地区，三峡区间东段单日面雨量达82.9mm，为三峡水库建库以来单日降水之最。7月1～6日强降水在中下游强烈发展并维持，武汉—合肥一线的周雨量创下历史极值。

7月17～19日受高空低槽东移南压伴随副高东退的影响，长江流域内再次发生了一次强降水过程。17日降水发生在嘉陵江中东部地区，18～19日强降水出现在三峡区间、中游干流、鄱阳湖流域、洞庭湖流域。

2.2016年汛期长江干流洪水过程　2016年7月，长江干流共发生3次大洪水过程。第一次发生在长江上游，6月30日出现强降水，尤其是三峡区间和乌江流域，三峡入库流量从6月30日8时的29000m$^3$/s快速起涨，7月1日14时达到峰值50000m$^3$/s，形成2016年长江“1号洪峰”。第二次发生在长江中下游，受6月30日～7月6日持续强降雨过程影响，洞庭湖水系资水、沅江，长江中游干流附近地区，鄂东北诸支流，鄱阳湖水系修水及长江下游水阳江、滁河等支流的来水大幅增加，7月2日6时，长江南京站突破警戒水位，7月3日3时长江大通站水位达到警戒水位，“长江2号”洪峰在长江中下游干流形成，7月6日起干流监利以下江段及两湖地区全线超警戒水位。第三次同样发生在长江中下游，受7月18～20日持续强降雨过程影响，清江、洞庭湖沅江和澧水、长江中游干流附近地区、鄂东北等支流的来水大幅增加，干流监利—九江江段水位7月18日前后相继回涨，其中监利至汉口江段再次超警。

此期间，7月7～31日，三峡水库经历了4次小幅涨水过程，其中，洪峰流量大于30000m$^3$/s的出现了2次，分别为7月16日20时的32000m$^3$/s和7月20日20时的39000m$^3$/s。

3.金沙下游—三峡梯级水库联合调度配合中下游防洪　为预防后期可能出现的大洪水，三峡水库从2016年4月开始加快消落进程，于6月5日提前5天消落至汛限水位。6～7月，面对长江中下游严峻防洪形势，金沙下游—三峡梯级严格服从国家防总和长江防总的调度指挥，在关键时刻进行拦洪、削峰，通过梯级水库联合防洪调度并配合上游其他水库群联调，充分发挥了梯级水库的防洪功能。

溪洛渡水库水位从7月1日的561.93m开始上涨，7月17日涨至最高水位575.50m，日涨幅0.75m，拦蓄洪水14.45亿$m^3$；向家坝配合溪洛渡进行联合调度运用，库水位按不超374m进行控制。

三峡入库流量从6月30日8时的29000$m^3$/s快速起涨，7月1日14时达到峰值50000$m^3$/s，按照长江防总调度令，三峡出库流量按照31000$m^3$/s控制，削减洪峰19000$m^3$/s，削峰率38%。三峡库水位从6月30日11时146.02m起涨，至7月4日5时库水位涨至最高151.59m，拦蓄洪量达29.49亿$m^3$，之后库水位缓降。由于长江中下游地区再次发生洪水过程，7月6日起，三峡水库下泄流量减小至25000$m^3$/s，7月7日继续减小至20000$m^3$/s，库水位从7月7日148.86m涨至7月22日最高158.5m。2016年汛期，三峡水库累计实施蓄洪调度3次，累计拦蓄洪水97.76亿$m^3$。

2016年汛期，金沙下游—三峡梯级实施联合防洪调度，累计拦蓄洪水112亿$m^3$，通过拦洪、错峰、削峰，削减了长江1号洪峰，实现了长江1号和2号洪峰错峰，避免城陵矶超保证水位，为湖北、安徽、江苏等地的防洪抢险和城市排涝创造了有利条件，取得了显著的防洪效益。

2016年汛期，在国家防总的领导下，长江防总汛前调度流域水库群有序消落，汛前腾空库容660亿$m^3$，其中三峡水库提前5天消落到位，留足了防洪库容；汛中长江上中游水库群30余座大型水库拦洪、削峰、错峰，共拦蓄洪水227亿$m^3$，其中金沙下游—三峡梯级水库拦蓄洪量约占49%，最大程度减轻中下游防洪压力，减少超警堤段长度250km，有效减轻了长江中游城陵矶河段和洞庭湖区防汛压力，成功防御长江中下游洪水，避免了荆江河段超警和城陵矶地区分洪，减免耕地受淹52.5万亩，减少受灾人口38万人。

（中国长江电力股份有限公司梯调中心）

## 2016年清江梯级水电站调度运行情况

（一）总体运行情况

2016年，水布垭以上流域降雨量较多年平均偏多22.6%，径流量偏多27.5%。降雨和来水分布极为不均，呈前丰后枯之势。1～7月降雨和来水较为集中，降雨偏多38.1%（其中梅雨期间降水达到563.6mm，较多年均值偏多82.7%），来水偏多53.8%。尤其是7月份，水布垭以上流域降雨偏多34%，水布垭来水偏多102.4%，清江梯级电站遭遇百年一遇洪水袭击，发生严峻险情和重大灾情。8月开始天气形势发生急转，8～10月水布垭以上来水偏少46.3%。11月份水布垭以上降雨偏多101.5%，来水偏多115.3%，有效缓解了流域前期旱情。12月份降雨偏少27.1%，来水偏少18.4%。

2016年清江梯级三电厂发电95.19亿kW·h，创历史新高，同比增加41.3%。7月份发电创下多项历史纪录，分别是水布垭日发电量4422.64万kW·h（7月16日），隔河岩日发电量2892.02万kW·h（7月15日），梯级日发电量7922.25万kW·h（7月16日）；水布垭月发电量125523.76万kW·h，隔河岩月发电量88803.62万kW·h，梯级月发电量231321.80万kW·h。2016年，水布垭、隔河岩、高坝洲单机平均运行负荷分别为28.0万、23.95万、8.30万kW，均创历史最高纪录（从水布垭全面投产后记起，下同）；水布垭、隔河岩的平均耗水率分别为2.18、3.64$m^3$/(kW·h)，小负荷运行时间率分别为21.9%、11.8%，创历史最低纪录。

（二）水库调度措施及成效

（1）准确预测水情，成功应对清江流域百年一遇洪水。国家电网华中电力调控分中心（以下简称华中分中心）在2016年年初就密切跟踪超强厄尔尼诺事件的发展，准确预测夏季长江中下游丰水的趋势，提前开展重点水电厂水库水位消落工作。清江梯级电站从4月份就开始启动水位消落计划，比往年提前1个月左右；水布垭、隔河岩库水位消落目标与往年相比均降低2m左右。主汛之前，水布垭、隔河岩库水位最低分别降至370.77、189.91m。7月19日，水布垭、隔河岩、高坝洲的入库洪峰分别达13100、9742、8470$m^3$/s。19日过程，隔河岩水库断面反演洪峰流量达到18700$m^3$/s，超过1969年7月清江有实测以来最大洪峰18300$m^3$/s。在“7·19”洪水调度过程中，为错开洪水，避免洪峰的叠加，清江梯级水库利用为长江预留的10亿$m^3$防洪库容调节洪水。水布垭、隔河岩、高坝洲三水库分别削减洪峰7540、3130、670$m^3$/s，推迟最大洪水出现时间分别达17、27、16h。从梯级调度方面讲，消减洪峰12100$m^3$/s，消峰率65%。

（2）配合高坝洲坝前清漂，积极做好应急调度。因“7·19”暴雨过程，高坝洲库区大量养殖网箱被冲至坝前，在坝前形成数万吨的巨型堆积物，清江公司从7月20日开始组织坝前打捞清漂工作，至8月16日打捞结束。整个清漂工作对高坝洲水位要求极为严格，上限与下限相差很小，只有0.3～0.4m的裕度。高坝洲是日调节水库，调节性能差，区间常有阵性降水，受此影响，在高坝洲闸门关闭后水位控制就变得相对困难。为了满足现场要求，清江公司向网调申请并调整运行方式 11 次；为保证日内水位运行平稳，累计向网调申请短时计划修改 43 次，其中隔河岩 31 次，高坝洲 12 次。

（3）加大供水期蓄水力度，完成汛后蓄水目标。主汛期过后，清江流域来水持续特枯，蓄水难度大，水布垭、隔河岩库水位下降较快，8 月 25 日分别降至 380、194m 左右。9、10 月流域来水偏少 7～6 成，梯级电站以最小开机方式运行，避免水库水位的快速消落，并采取停机保水方式尽可能的抬蓄水位，水布垭、隔河岩、高坝洲未开机天数分别达 22、31、30 天，整个梯级均未开机天数达 9 天。10 月中旬至 11 月上旬，清江流域出现连阴雨天气，就抓住难得的来水蓄水。至 11 月 16 日，水布垭库水位 394m，隔河岩库水位 196m，全部完成蓄水目标，12 月 13 日水布垭库水位 396.45m，同比高 7.06m，为电网迎峰度冬奠定了良好的基础。

（三）系统调度措施及成效

（1）充分发挥抽水蓄能电站调峰顶峰作用，为清江梯级全开满发创造条件。2016 年 1 月，白莲河等 4 座抽水蓄能电站调度权移交至华中分中心直接调度。调度关系调整后，国家电网华中分部积极落实水电大发期间抽水蓄能电站充分利用的各项措施。清江流域“7·19”强降水期间，正值长江主汛期，三峡梯级全开满发，湖北水电消纳压力极大。为了保证清江梯级电站满发，华中分中心积极协调湖北省调，调整火电开机至最小方式，并安排白莲河抽水蓄能机组满抽满发，其他省抽蓄机组及时备用支援，确保了清江梯级电站没有发生调峰弃水电量，并实现清江梯级电厂全面投产后的首次全开满发，满发达 13 天。

（2）积极研究解决隔河岩线路受阻问题。为应对可能发生的“98＋”长江特大洪水，避免宜昌区域水电在大发情况下争抢外送通道，影响电网稳定运行，6 月 3 日，华中电网协调湖北调控中心、葛洲坝电厂、清江公司等单位，研究解决宜昌地区大、小水电电力外送问题，采取负荷转移、提高线路输送稳定限值等措施为清江梯级电厂长周期、大负荷运行打通了通道。

（四）其他措施及成效

（1）积极探索，配合地方气象人工增雨。2016 年，受超强厄尔尼诺事件影响，清江梯级电站多次出现阶段性缺水，尤其在 8 月上旬以后发生连续性旱情。为增加流域来水，在 5～6 月、8～10 月期间分别多次实施了人工增雨作业，有效缓解地方旱情，为流域增加来水约 0.94 亿 $m^3$。全年在水布垭以上开展人工增雨活动 9 次，增加水量 1.31 亿 $m^3$。

（2）提高服务公益意识，积极做好水库综合利用。为改善梯级水库水体质量，保证地方饮用、灌溉等水质安全，应当地政府要求，年内分别于 9 月上旬末下旬末、12 月上旬初和中期，4 次对高坝洲库区水体进行置换，以改善高坝洲库区水质。

（3）积极开展科研工作，开拓创新，提升优化调度水平。近年来，清江公司不断开拓创新，以科研课题和项目为载体，丰富梯级电站集控内涵，提升优化调度水平。“清江梯级智能对象化水电调平台建设系统软件开发”“清江 EDC 非实时软件开发和实时策略制定”等项目正在稳步推进中。开展与三峡、葛洲坝的五库联调研究，探索对清江梯级防洪库容的运用、清江与三峡梯级发电补偿以及在外送线路方面受阻时双方协助等可行性，并且进行了初步尝试。如 4 月 22 日，清江为葛洲坝让出隔河岩 220kV 一台机通道；5 月中旬，三峡因上游来水集中需增大出力控制水位，水布垭水位控制适中，腾出部分空间给三峡，日计划由 3600 万 kW·h 降至 2600 万 kW·h。开展水、风、光联合补偿调度研究，利用水库优良的调节性能，探索清江梯级对湖北能源所属的新能源补偿调度的能力及可行性，以降低新能源弃风、弃光风险。

（湖北清江水电开发有限责任公司
国家电网华中电力调控分中心　孙新德）

## 金安桥水电站 2016 年水库调度运行情况

2016 年，金安桥水电站年度累计完成发电量 87.27 亿 kW·h，通过水库优化调度，最大程度减少弃水损失，全年共增发电量 1.11 亿 kW·h，水库调度取得了显著的成效。

（一）降水情况

2016 年，电厂及上游流域年降水量正常稍偏多，坝址至石鼓区间流域平均面雨量为 689.7mm，比多年平均偏少 19.8%，同比偏多 21.9%。冬、春、初夏降水稍偏少，有一般性干旱；雨季持续时间短，进入雨季比常年偏晚 10 天，结束比常年提前 5 天左右；汛期降水量比常年稍偏少，大雨、暴雨强降水天气过程要比常年少，坝址共出现大雨 3 站次、暴雨 1 站次，坝址至石鼓区间共出现大雨 16 站次、特大暴雨 1 站次（7 月 7 日，松坪日降水量 208mm），石鼓至岗托区间共出现大雨 10 站次、无暴雨。

（二）来水情况

2016 年实际来水量 498.23 亿 $m^3$，比多年平均入库水量偏少 4.9%、同比偏多 23.2%（其中可用水量 407.78 亿 $m^3$，比多年平均可用水偏少 5.4%、同比偏多 10.6%）。去除上游电站调蓄影响，还原金安桥天然来水量 500.15 亿 $m^3$，较多年平均来水量偏少4.6%。

日均最大入库流量为7月29日的6113$m^3/s$，日均最小入库流量为3月3日90$m^3/s$（阿海出线断面控制影响）；时段最大入库流量为7584$m^3/s$（7月29日11：00），时段最小入库流量为0$m^3/s$（1月3日14：00，受梨园、阿海线路检修影响）。

年初库水位1415.99m，年末水位1416.24m。发电水量300.20亿$m^3$，泄洪水量90.69亿$m^3$、弃水水量为107.29亿$m^3$，总出库水量498.17亿$m^3$。

（三）水库主要调度运行情况

（1）2016年5月30日至11月14日，通过水工建筑物的总泄水水量197.97亿$m^3$（其中弃水损失水量107.29亿$m^3$，泄洪水量90.69亿$m^3$），最大泄洪流量5261$m^3/s$（7月12日）。

（2）2016年1月5～28日，配合上游梨园、阿海线路检修进行金沙江中游梯级水库联合调度。

（3）2016年3月15～17日，配合楚雄换流站检修，金楚甲、乙线全停进行水库调度。

（4）2016年主汛期开展溢洪表孔泄流曲线率定及电站周边建筑物振动检测试验。

（5）2016年1月初水位为1415.99m，蓄能0.92亿kW·h，12月末水位为1416.24m，蓄能0.93亿kWh；年平均库水位1413.94m，最高库水位为8月27日的1417.89m，最低库水位为1月27日的1400.70m。

（四）水库调度成效

1. 安全生产管理　2016年未发生库水位超限运行事件，未发生人为责任的弃水事件，未发生人为责任的河道航运安全事件。

2. 金沙江中游水库群联合优化调度　由于阿太线接金官换流站及梨金线跨越阿太线施工，1月5～28日在云南电力调度控制中心统一安排下，金安桥电站配合梨园、阿海线路全停进行水库联合优化调度。通过积极沟通、协调，在确保金安桥大坝安全、库岸边坡稳定及鱼类增殖站供水安全等前提下，既确保了上述线路施工顺利开展，又确保向下游攀枝花城市供水需求。

3. 防洪调度　从5月23日到8月16日，共6次严格执行长江防汛抗旱总指挥部（以下简称长江防总）有关水位运行指令，金安桥水库实际运行水位与长江防总要求的运行水位基本吻合。其中通过积极协调、密切跟踪，考虑到实时水雨情、枢纽状况和防洪形势，经长江防总同意，适时提高7月份电站运行水位，相应增加金安桥发电量约4026万kW·h。金安桥水库汛期运行既满足了长江流域的防洪调度，又提高了电站蓄水发电等综合效益。

4. 市场营销配合　2016年通过采取洪前预泄、汛限水位运行期水位动态控制、汛末拦蓄及枯水期保持高水位运行等水库优化调度措施，提高水资源利用率，最大程度减少弃水损失，全年节水增发电量1.11亿kW·h。通过精确预报、精细调度，提高各时期来水预测准确率、发电计划准确率，稳步提升水调专业水平，为金安桥参与云南省电力市场化竞价提供有利策略依据，全年市场营销售电量在云南省60万kW以上装机电厂和“澜沧江、金沙江流域”水电站综合售电率排名中均名列第一。

5. 水电调度运行指标统计　2016年金安桥水电站获得南方电网每季度水调专业“直调电厂安全性评价”优秀评价，在南方电网11家直调水电厂“水电调度运行专业评价”中，金安桥电厂以来水预测平均准确率86.68%、计划报表合格率100.00%、水情数据合格率99.63%，综合得分位居第三名。

2016年日、周、月来水预测综合准确率为89.27%，同比基本持平，较2016年南方电网11个直调电厂来水预测平均准确率提高5.8%。受云南省电力市场竞争日趋激烈影响，2016年装机利用小时数为3636h，同比减少688h，但较2016年金沙江流域平均装机利用小时偏多90.9h。全年发电耗水率为3.46$m^3/(kW·h)$，同比持平。

（金安桥水电站有限公司　官文丰）

## 2016年丰满重建工程调度运行情况

2016年，丰满水电站全面治理（重建）工程（以下简称丰满重建工程）主体工程全面推进，水库调度工作面临着安全度汛、保证丰满下游用水和保障工程旱地施工的三重压力。国家电网公司东北分部（以下简称国网东北分部）运用丰满—白山水库科学联调，圆满完成了各项任务，主要情况如下：

（1）科学联调，做好供水保障工作。2015年10月，丰满重建工程新建泄洪兼导流洞具备应急供水启用条件，成为下游应急供水第1备用通道，原三期泄洪洞成为第2备用通道（启用时丰满大坝重建工程基坑将过水），共同承担着下游应急供水任务。泄洪兼导流洞进口岩坎高程为245.56m，需有2m水头过流能力才能达到161$m^3/s$的下游用水最低流量。为了发挥该泄洪兼导流洞应急供水作用，国网东北分部通过白山—丰满水库联合调度，加大白山水库出流，将丰满水库2015～2016年冰冻期间最低水位控制在248.06m（245.56m＋2m＋实际冰层厚度0.5m）以上，为下游供水安全保障奠定了坚实基础。

（2）提前沟通，采取措施保证安全度汛。2016

年 3 月，国网东北分部在丰满重建工程协调例会上就提出："为保证丰满大坝重建工程旱地施工，2016 年汛期，丰满水库启用新建泄洪兼导流洞进行施工导流将是大概率事件。建议国网新源控股有限公司尽早做好泄洪兼导流洞运行准备工作。"

受厄尔尼诺事件影响，2016 年第二松花江流域水库春汛开始时间比多年同期早 10 天左右。春汛具有场次降雨早、降雨大、产流系数大、来水快等特点。面对春汛特丰来水，国网东北分部提前安排丰满、白山电厂大发，此时冬季供热期尚未结束，3 月 29 日丰满电厂就进入大发电状态，4 月 24 日进入满发电状态；同时，积极协调泄洪兼导流洞启用事宜。5 月 4 日，国网东北分部领导带队到丰满实地考察，并组织召开了协调会，5 月 11、12 日，东北电力调控分中心两次向丰满大坝建设局和丰满发电厂提出书面建议，要求做好紧急启用泄洪兼导流洞的措施。在各方共同努力下，泄洪兼导流洞于 5 月 23 日第一次开启导流，丰满水位最高达 255.58m 并开始回落。2016 年汛期泄洪兼导流洞开启 3 次，共 49 天，累计导流水量达 30 亿 $m^3$，有效控制了丰满水库水位，保证了丰满重建工程汛期旱地施工的安全。

（3）应对台风，做好汛末蓄水工作。2016 年，针对主汛期来水特枯的局面，国网东北分部未雨绸缪，实施白山—丰满水库联合调度，提前安排白山水库蓄水。7 月 17 日开始减少白山电厂发电，并利用 2016 年第 10 号台风"狮子山"北上带来的降水，于 9 月 18 日将白山水库蓄满，水位从 396.90m 提高到 413.03m，上涨了 16.13m，增加蓄水 17 亿 $m^3$。

（4）精准调控，提前完成导流洞进口岩坎拆除工作。2016 年 9 月，国网东北分部立足于安全，积极消除事故隐患，帮助丰满大坝建设局制定了泄洪兼导流洞进口岩坎拆除方案。依据岩坎拆除施工进度，2016 年 11 月 25 日丰满水库水位即消落至 244.86m 高程，工程提前 5 天具备钻孔施工条件。在工程实施过程中，国网东北分部精心调控丰满、白山电厂发电出流，准确控制丰满水库水位，保证岩坎拆除工程的旱地施工条件，提高施工进度。2016 年 12 月 28 日 17 时，岩坎拆除工程对丰满水库水位的限制解除，丰满水库具备蓄水条件，泄洪兼导流洞进口岩坎拆除工作提前 28 天完成。

（国网东北调控分中心　郭希海）

## 2016 年湖南电网防洪调度情况

2016 年，受超强厄尔尼诺影响，湖南省极端气候事件频发，寒冷与高温同现；强降雨过程频繁，雨水偏多，时空差异明显；局部暴雨强度大，洪涝和地质灾害多发，城乡积涝明显，为全省的防洪调度带了不少挑战。

（一）降雨情况

（1）降雨总体偏多。全省年累计面平均降水量 1629mm，较历年同期均值偏多 12.4%，位居历史第五高值，为 2002 以来又一大水年。其中汛期 4～9 月累计面平均降水量 1132mm，较历年同期均值偏多 19.2%。

（2）降雨时空分布不均。空间分布上，湘北、湘东、湘南地区较多，湘中较少，呈现"四高一低"分布。流域分布上，湘水、资水、沅水、澧水流域分别降雨 1118、1142、1176、1326mm，较历年同期均值分别偏多 19.0%、18.3%、17.4%、21.4%，湖区降雨 1211mm 较历年同期均值偏多 22.4%。时间分布上，1、3、4、5、7、8 月份降雨偏多，较历年同期分别偏多 31.0%、9.1%、45.8%、15.3%、42.0%、14.1%；2、6 月份降雨相对较少，2 月较历年同期均值偏少 52.0%，6 月份偏少 5.2%；9 月份偏多 2%。

（3）暴雨强度大，覆盖范围广。7 月 1～5 日湖南省发生了一次强降雨过程。全省降雨 50mm 以上笼罩面积 13.4 万 $km^3$，占全省面积 60% 以上。降雨 100、200mm 以上笼罩面积分别达 9.1 万、3.7 万 $km^3$。降雨 300mm 以上笼罩面积 0.7 万 $km^3$，主要为资水流域柘溪库区、柘桃、桃益区间，以及南洞庭湖区。

（二）来水情况

（1）来水量总体偏多。2016 年，全省年降水资源总量为 3417 亿 $m^3$，较常年偏多 447 亿 $m^3$。湘、资、沅、澧四水来水总量 2024 亿 $m^3$，较历史同期均值偏多 21.6%。其中骨干水库三板溪、凤滩、五强溪、东江、柘溪、江垭来水较历年同期分别偏多 16.1%、26.3%、27.0%、42.7%、14.4%、17.2%。

（2）湘江流域较早进入汛期，出现桃花汛。2016 年 3 月下旬，受 3 月 19～24 日降雨影响，湘水干流中上游及部分支流出现了接近或超警戒水位洪水。湘江流域中上游在 3 月即出现超过警戒水位洪水历史上并不多见，本次湘江三月的洪水过程仅次于 1998 年同期。

（3）暴雨洪水突出，资水流域入库洪峰超历史。湘、资、沅、澧水及湖区分别发生了超警水位 41、7、12、3、31 站次，其中有 5 站次超历史最高水位。在 7 月初发生的洪水过程中，资水柘溪水库出现了建库以来最大入库洪峰 20400$m^3/s$（7 月 4 日 14 时），洪峰频率约为 200 年一遇，次洪总量 30.1 亿 $m^3$，最大 1、3、7 日洪量分别为 12.7、21.8、27.2 亿 $m^3$，其中最大 1 日入库洪量大于 1996 年的 10.1 亿 $m^3$，最大 3 日洪量与 1996 年的 24.4 亿 $m^3$ 基本接近。

（三）优化调度措施及成效

（1）加强中长期优化调度。科学制定梯级水库中长期调度方案，确定了三板溪、柘溪、东江等流域龙头水库汛前发电消落至死水位的运行方式。三板溪水位由年初 474.18m 消落至 430.73m，柘溪水位由年初 168.44m 消落至 151.73m，东江由 275.21m 消落至 268.28m，凤滩水库由年初 204.41m 消落至 190.92m，五强溪由年初 106.4m 消落至 102.26m。预留的防洪库容充分发挥了为下游水库拦洪、错峰的作用。

（2）加强预报调度。充分利用气象、水文预报，加强来水预测监测，密切关注水情变化，在洪水到来之前通过加大发电出力腾库迎洪，有效增加了调蓄库容，增强了工程的防洪能力。6 月中旬，沅水、澧水、资水流域发生了一次较强降雨过程，五强溪、凤滩、江垭、柘溪等大型水库提前通过满负荷发电腾库，库水位最低分别降至 95.78、186.48、207.42、154.31m，分别较汛限水位低 2.22、12.02、7.58、10.69m，增加调蓄库容分别为 2.18 亿、4.0 亿、1.87 亿、10.74 亿 $m^3$。在 7 月 1～5 日的强降雨过程中，五强溪、柘溪水库在降雨发生前库水位最低消落至 94.84、156.77m，分别较汛限水位低 3.16、8.23m，分别增加调蓄库容 3.01 亿、8.75 亿 $m^3$。根据统计分析，2016 汛期，五强溪、柘溪、凤滩等大型水库数次通过加大发电出力提前腾库，累计增加水库调蓄库容 70.89 亿 $m^3$，重复利用库容增发电量约 9 亿 kW·h。

（3）加强补偿调度。利用流域间降雨时空差异和量级差异以及水库间调蓄库容差异，充分发挥五强溪、凤滩、柘溪等大型水库拦洪、削峰、错峰作用，取得显著地防洪减灾效益。7 月上旬发生的暴雨洪水过程中，柘溪水库遭遇历史最大入库洪峰 20400$m^3$/s，最大出库为 6000$m^3$/s，为桃江站错峰 8h，削减洪峰流量 14400$m^3$/s，削峰率达 70%，拦蓄洪量 8.78 亿 $m^3$，降低资水下游水位 3m 以上，避免了下游洪水漫堤的重大险情；五强溪水库入库洪峰达 22300$m^3$/s，最大出库流量为 12000$m^3$/s，削减下游桃源站洪峰流量 11600$m^3$/s，削峰率达 52%。在此次洪水过程中，湖南省四水水系各水库合计拦蓄洪量约 17 亿 $m^3$；由于长江干流三峡及湖南柘溪、五强溪等水库的拦洪削峰，降低西洞庭、南洞庭洪峰水位 0.8～1.5m，降低东洞庭城陵矶附近洪峰水位 0.6～0.8m。

7 月中旬洪水过程中，五强溪、凤滩水库联合削减桃源站洪峰流量约 11000$m^3$/s，降低桃源站洪峰水位约 4.5m、降低常德站洪峰水位约 4.0m，避免了沅水中下游发生超警戒水位洪水；江垭、皂市水库联合削减澧水下游石门站洪峰流量约 8200$m^3$/s，降低石门站洪峰水位约 3.5m、降低津市站洪峰水位约 3.0m，避免了澧水下游发生超保证水位洪水；柘溪水库通过减少发电为柘溪至桃江区间洪水错峰、削峰，避免了下游桃江、益阳水位超警。

（4）强化了电水联调。在汛期的水库调度工作中，进一步深化了电水联调、水电优先理念，科学安排水库防洪和发电调度方式，优先安排柘溪、凤滩、五强溪等大型水库满负荷运行，最大限度利用了雨洪资源。7 月 1～5 日洪水过程中，柘溪水库总洪量达 27.2 亿 $m^3$，由于实施防洪发电联合调度，水库仅弃水 8.8 亿 $m^3$，18.4 亿 $m^3$ 洪水全部被拦蓄库内。据统计，五强溪、凤滩等大型水库在汛期满负荷发电天数分别为 142、79 天，其中五强溪水库自 3 月 27 日起连续在基荷下运行 128 天，最大限度地利用了雨洪资源。湖南省防汛抗旱指挥部在风险可控的前提下，强化实施精细化调度，对五强溪等大型水库实施动态控制调度。在 7 月下旬洪水过程中，五强溪、凤滩水库分别通过实施精细化调度多蓄水 8.5 亿、2.8 亿、3.2 亿 $m^3$，增发电量 9400 万、5600 万、7000 万 kW·h；柘溪等大型水库在降雨过程中抓住机遇，科学拦蓄，实现了汛末蓄满的既定目标，为后期用水高峰储备了宝贵的水资源。

（国网湖南省电力公司电力调度控制中心　胡斌奇）

# 大坝安全管理

## 2016 年水电站大坝安全注册工作情况

2016 年，国家能源局大坝安全监察中心（以下简称大坝中心）在大坝安全注册方面主要做了如下工作：

（1）完成了 91 座大坝的注册现场检查工作，其中首次注册登记的有 31 座，注册登记换证的有 60 座；办理了福建上培、斑竹、湖南白渔潭、贺龙共 4 座大坝的注册登记注销工作；办理了 24 座大坝的首次登记备案和9座大坝的延续备案。

完成注册现场检查工作的91座大坝是：双口渡、金造桥、范厝、街面、柴家峡、代古寺、橙子沟、天王沟、龙首一级、铁城、大峡、小峡、乌金峡、喜儿沟、凉风壳、山秀、洞巴、叶茂、昭平、长洲、京南、鱼塘、大田河落生、白市、三板溪、大花水、毛家河、响水、陡岭子、南河、松树岭、潘口、水布垭、隔河岩、高坝洲、白水峪、花木桥、株溪口、桃源、宜兴上库、宜兴下库、抱子石、鱼跳、银盘、重庆江口、盖下坝、城东、姚河坝、冶勒、毛尔盖、槽渔滩、杨村、吉牛、硗碛、涪江古城、木座、自一里、水牛家、青居、金溪、千佛岩、龙凤、姜射坝、桑坪、官地、锦屏一级、锦屏二级、蜀河、喜河、蔺河口、龙羊峡、布仑口、直孔、大盈江三级、丹珠河、吉沙、螺丝湾、阿墨江三江口、大朝山、南沙、绿水河、龙马、崖羊山、那兰、泗南江、西洱河三级、西洱河一级、西洱河四级、西洱河二级、倮马、大勐统。

（2）配合国家能源局发布2016年注册和备案水电站大坝安全责任人名单。年初大坝中心统计、汇总了各注册、备案水电站大坝安全责任人名单并提交国家能源局安全司，能源局于4月公布了责任人名单。

（3）健全完善明确的50MW以下小水电站注册登记、备案及退出规则。结合四川布西水电站大坝等小水电工程办理注册、备案的有关情况，向国家能源局安全司请示了50MW以下小水电站注册登记、备案及退出规则，安全司发文进行了明确。按安全司明确的规则办理了白渔潭大坝的注销工作，并将上培、斑竹申请注销的有关材料核实后上报安全司。

（4）完成《水电站大坝注册登记现场检查报告编写要求》《水电站大坝注册登记检查意见编写要求》编制，于2月发布。

（5）负责新注册和备案大坝网站基础信息上传。年内完成了195座注册、备案大坝的基础参数完善，75座大坝工程概况修订替换，90座大坝的工程图片替换及与大坝分布图的链接，23座新注册大坝在大坝分布图的标注。

（国家能源局大坝安全监察中心 陈 铿）

## 2016年度水电站大坝安全定期检查工作情况

2016年计划开展青溪等60座大坝的定检工作，截至2016年12月31日，全年共启动59座大坝的定检，其中29座为规划内，30座为规划外大坝，均已召开首次会。2016年，有44座大坝完成了专家组工作（召开末次会），57座大坝完成了审查意见评审及转发，16座大坝正在编写定检报告。详细情况见表1。

第四轮定检自2011年开始以来，截至2016年12月31日，已启动定检大坝共303座（其中第四轮规划内201座，规划外102座），其中福建古田溪二级定检启动函已发，但尚未召开首次会议，实际完成启动302座。审查意见已转发的有187座；审查意见已评审但未转发的（华山沟大坝）有1座；定检报告已完成、审查意见在编或待评审的有23座；尚在编写定检报告的有16座；专家组会议未结束的有75座。近几年加强了定检的计划性，除了个别大坝曾因专题委托原因造成其定检进度滞后外，其余大坝总体上按进度计划开展工作。截至2016年12月12日，4座大坝（洪坝、湾坝、戈兰滩、古田溪二级）的进度略有滞后，滞后时间最大1年（洪坝、湾坝）。详细情况见表2。

四轮定检审查意见中的“必须处理的问题”和“建议处理的问题”已导入大坝中心内部管理网站—补强加固模块，各区域主管和总监结合定检排查大坝缺陷，跟踪定检意见落实情况；年内已督促白云大坝进行了重大缺陷治理和竣工验收，督促毛尖山、花木桥等水电站控制除险加固设计并完成了审查工作。

《水电站大坝安全定期检查运行总结报告编写要求》已经完成并于12月发布。

表1 2016年定期检查情况统计表

（截至2016年12月31日）

| 类型 | 大坝名称 |
|---|---|
| 2016年启动大坝（召开首次会）（共59座） | （1）规划内29座：十三陵上池、凤滩、修文、窄巷口、东津、水东、羊湖、东风、漫湾、引子渡、映秀湾、洛东、南水、池潭、重庆江口、狮子滩、大洪河、下硐、隔河岩、五强溪、小关子、铜街子、白山、红石、太平驿、鲁布革、青溪、长潭、江西江口。<br>（2）规划外30座：达开、凤凰谷、惠州蓄能上库坝、惠州蓄能下库坝、大洑潭、金溪、黑河塘、双河（南坪）、铁城、三道湾、糯租、麒麟寺、居甫渡、阴坪、仙女堡、筱溪、柳坪、色尔古、弄另、马岩洞、牛头山、丰源、洪口、沙湾、鱼跳、宝泉上库坝、宝泉下库坝、柳洪、朝阳寺、吉沙 |

续表

| 类型 | 大坝名称 |
| --- | --- |
| 完成专家组工作（召开末次会）（共44座） | （1）规划内25座：青溪、长潭、南河、长湖、以礼河一级、以礼河二级、水口、华安、红岩、红枫、百花、棉花滩、宝珠寺、万安溪、太平湾、西洱河一级～四级、东西关、万安、冷竹关、牛路岭、新安江、姚河坝。<br>（2）规划外19座：马岩洞、喜河、达拉河口、金造桥、京南、波罗、大孤山、小孤山、炳灵、宜兴上库坝、宜兴下库坝、薛城、龙头石、城东、硗碛、直孔、狮泉河、金银台、高凤山 |
| 审查意见评审及转发（共57座） | （1）规划内30座：良浅、冷竹关、洪江、碗米坡、麻石、琅琊山上库坝、大广坝、水牛家、木座、碧口、天生桥一级、大朝山、安砂、竹洲、古田溪一级、古田溪三级、古田溪四级、明台、大花水、新安江、拉浪、牛路岭、万安溪、华安、东西关、太平湾、西洱河一级～四级。<br>（2）规划外27座：喜河、炳灵、宜兴上库坝、宜兴下库坝、薛城、康扬、老渡口、城东、阿鸠田、新政、南沙、酉酬、槽渔滩、冶勒、花木桥、大孤山、小孤山、达拉河口、直孔、狮泉河、红花、波罗、金造桥、龙头石、硗碛、马岩洞、华山沟（重新评审） |
| 报告或审查意见在编（共16座） | 定检报告在编16座：青溪、长潭、南河、长湖、以礼河一级、以礼河二级、水口、红岩、红枫、百花、棉花滩、宝珠寺、京南、万安、铜头、雨城 |
| 会议进度略有滞后（共4座） | 洪坝、湾坝、戈兰滩、古田溪二级 |

表2 第四轮定期检查完成情况统计表

（截至2016年12月31日） 单位：座

| 启动年份 | 启动定检 | 已全部完成 | 审查意见在编 | 定检报告在编 | 尚未完成专家组工作 |
| --- | --- | --- | --- | --- | --- |
| 2011年 | 36 | 36 | 0 | 0 | 0 |
| 2012年 | 34 | 34 | 0 | 0 | 0 |
| 2013年 | 53 | 50＋1① | 0 | 2 | 0 |
| 2014年 | 62 | 58 | 2 | 0 | 2 |
| 2015年 | 58 | 15 | 7 | 21 | 15 |
| 2016年 | 59 |  |  | 3 | 56 |
| 合计 | 302 | 194 | 9 | 26 | 73 |

① 华山沟，已评审，但因目前渗漏量偏大，待排除大坝（含坝基和坝体）存在集中渗漏通道可能性后再定级。

（国家能源局大坝安全监察中心 郑子祥）

# 2016年水电站大坝安全应急管理工作情况

2016年，国家能源局大坝安全监察中心（以下简称大坝中心）针对地震频发、洪水偏多的特殊情况，加强舆论监测和险情监控，及时发现地震、洪水等险情，及时做出响应。主要工作情况如下：

（1）做好地震应急响应。针对1月2日黑龙江林口6.4级地震、1月21日青海门源6.4级地震、2月6日台湾高雄6.7级地震、2月11日新疆伊犁5.0级地震、4月13日缅甸7.2级地震、4月27日台湾花莲5.6级地震、5月11日西藏昌都5.5级地震、5月12日台湾宜兰6.2级地震、5月18日云南云龙5.0级地震、5月22日西藏定结5.3级地震、5月31日台湾新北6.2级地震、6月26日吉尔吉斯斯坦6.7级地震、7月31日广西苍梧5.4级地震、10月17日青海玉树6.2级地震、11月25日新疆阿克陶县6.7级地震、11月30日台湾台东县5.0级地震等突发事件，及时进行了跟踪，了解震损情况和对大坝的影响。根据需要编写了6期地震应急简报。9月跟踪了14号台风、17号台风的影响。共编制应急简报8期。

（2）对“5·8”福建泰宁泥石流、7月大量库区养鱼网箱漂浮至高坝洲坝前影响防洪安全问题及时进行了跟踪，均编写了简报；并对“5・8”泰宁泥石流开展了应急响应，派员参与了现场应急救援技术支持。

(3) 参与了新丰江大坝应急救援演练技术指导，收集整理了各大坝的电力企业应急联系人名单；整理了历次应急资料，完成了应急简报及重要事件的图片、录像、报告等的收集、整理和上网。

（国家能源局大坝安全监察中心　王小清）

## 2016 年水电站大坝安全法规标准建设情况

2016 年，国家能源局大坝安全监察中心（以下简称大坝中心）组织完善了大坝安全监督管理法规体系，组织相关部门编制、完善《水电站大坝安全监测工作监督管理办法》《水电站大坝运行安全应急管理办法》和《水电站大坝运行安全信息报送办法》。

年内完成了《水电站大坝安全监测工作监督管理办法》（修订稿）的编写，并根据征求意见和国家能源局返回意见进行了修改和上报。修订主要增加了在线监测管理和大坝安全在线监控的内容，强调了企业的主体责任，明确了电力企业对上报数据负责，以及监测数据的日常整编分析、监测仪器设备的封存报废管理方面的工作要求。

编写了《水电站大坝运行安全应急管理办法》征求意见稿，根据国家能源局安全司向电力安委会成员单位征求意见情况，对征求意见稿进行了修改完善，修改稿已报国家能源局安全司。

对 2006 年原电监会发布的《水电站大坝运行安全信息报送办法》进行了修订，向国家能源局安全司提交了征求意见稿；根据国家能源局安全司向电力安委会成员单位征求意见情况，对征求意见稿进行了修改完善，9 月份已由国家能源局正式发布。

《水电站大坝运行安全应急预案编制导则》按计划开展，编制组召开了 1 次会议，形成了征求意见稿；完成了《水电站大坝运行安全应急预案编制导则》2 份专题调研报告的编写工作。

编写、发布了大坝中心应急值班制度，正在修订大坝中心应急工作制度。

（国家能源局大坝安全监察中心　谢霄易）

## 水电站大坝运行安全监管机制研究项目通过验收评审

为贯彻落实国家发展和改革委员会第 23 号令《水电站大坝运行安全监督管理规定》（以下简称 23 号令）和 2015 年全国水电站大坝安全工作会议精神，切实加强水电站大坝安全监督管理工作，厘清水电站大坝安全监督管理职责，完善水电站大坝安全监督管理机制，国家能源局电力安全监管司决定开展水电站大坝安全监管机制研究，并将其作为重点督办的科研项目，委托华中能源监管局（以下简称华中局）具体承担。华中局邀请国家能源局大坝安全监察中心作为项目合作单位，共同开展了本项目研究。2016 年 7 月，项目研究报告通过了专家组的验收评审。

1. 主要研究内容及成果

(1) 总结了中国大坝安全监管体制及法规体系的现状，分析了电力行业和水利行业的主要监管措施的异同。电力行业的水电站大坝安全注册登记由国家能源局负责综合监督管理，派出机构负责辖区内的监督管理，大坝中心具体负责技术监督管理工作；水利系统的水库大坝注册登记实行分部门分级负责制，根据水库库容大小进行划分，各级水库大坝主管部门根据权限负责大坝安全管理工作。

(2) 分析了以美国为代表的西方发达国家的大坝安全监管模式及特点，并与国内情况进行了对比。国内外大坝安全监管都实行业主负责制，同时强调政府对大坝安全实施监管。在具体的监管技术手段上美国等西方发达国家基本上采用风险评价的方法来加强大坝安全管理，而中国在大坝的风险评估研究和基于风险分析的安全管理方面刚刚起步，尚有较大进步空间。在应急管理方面国外形成了大坝各级监管机构应急响应的联动机制，中国在应急管理工作方面的联动和信息共享还有待加强。

(3) 总结了大坝安全监管工作经验，提出了监管职责范围明晰是前提，信息通畅交流顺畅是保障，行政监管和技术监督形成合力是关键，有效的监管手段是工具，并以东江一、二级放空洞处理、白云大坝异常渗漏处理、西藏大坝安全督查和培训等典型工程和项目为例进行了经验介绍。

(4) 指出了目前监管工作存在的问题。包括：《水库大坝安全管理条例》急需修订、23 号令配套文件尚待完善、个别区域小型水电站大坝安全监管责任尚未界定清晰、大坝安全行政监管和技术监管有待改进、大坝安全信息化建设推进力度尚待加大、大坝安全监管信息共享尚不充分、大坝安全应急管理亟待规范等。

(5) 针对目前监管工作存在的问题，提出了水电站大坝运行监管进一步完善的意见。针对修订完善《水库大坝安全管理条例》、建立健全信息共享机制和手段、进一步落实监管范围和明确监管责任等需要多部委协调解决的事宜，也提出了较为明确的建议。

2. 应用前景　自电力体制实行“厂网分开”改革以来，中国水电建设发展突飞猛进，投运的水电站大坝数量众多、规模巨大，而且大都分布在地质条件十分复杂、灾害频发、地震震级高的西部高山峡谷地区，再加上众多流域梯级电站水库群的形成，使得运行管理难度巨大、突发事件应急处置任务艰巨，水电站大坝运行风险加大，给水电站大坝安全监管工作提出了更高的要求。本项目研究成果有利于完善水电站大坝安全监督管理机制，进一步厘清监督管理职责、提高监管效能，实用性强，为下一步监管法规的修订完善和监管技术的提高提出了较为明确的建议，具有较高的推广应用价值。

（国家能源局大坝安全监察中心　王辉义）

## 水电站大坝运行安全风险评估体系研究通过项目评审

为了进一步贯彻落实《水电站大坝运行安全监督管理规定》，做好水电站大坝运行安全风险管理，合理安排大坝定检间隔，国家能源局大坝安全监察中心受国家能源局电力安全监管司委托，于2015～2016年开展了水电站大坝运行安全风险评估体系研究项目。项目组通过科研技术攻关，在总结国内外大坝风险管理研究及应用的基础上，结合我国水电站大坝运行安全管理实际，建立了大坝风险综合评价模型，并在此基础上形成了一套完整的水电站大坝运行安全风险评估体系。

研究总结了国内外先进的大坝风险评估模式及常用的大坝安全风险分析方法。收集整理了国内外74座混凝土坝溃坝案例，总结出大坝具体溃坝路径，结合《水电站大坝运行安全评价导则》建立了大坝运行缺陷评价体系，提出了水电站大坝运行缺陷度计算方法。

研究在系统模糊综合评价理论基础上将大坝风险分析的概率问题转化为多准则决策问题，构建了基于风险指数法的水电站大坝风险综合评价模型，以风险评价因素的形式对大坝风险进行评估。

研究进一步将水电站大坝风险综合评价模型与现有监管手段相结合，形成了一套水电站大坝运行安全风险评估体系。以注册水电站大坝为例通过该风险评估体系对风险等级划分、定检间隔年限确定以及风险处理措施等进行了分析。

该水电站大坝运行安全风险评估体系符合风险管理理念，与我国水电站大坝实际运行情况及管理模式相结合，在我国水电站大坝运行安全监管工作中得到了快速推广。研究成果在2016年第五轮水电站大坝安全定期检查规划的制定中应用于400多座水电站大坝，取得了较好的效果。研究项目于2016年10月19日通过项目评审，专家组一致认为，该研究成果填补了国内水电站大坝运行安全风险评估研究的空白，满足水电站大坝安全管理的迫切需要，促进了水利水电科学技术进步，具有重大的推广应用价值。

（国家能源局大坝安全监察中心　姚霄雯）

## 龙滩大坝2016年度运行安全管理情况

龙滩大坝Ⅰ期工程坝轴线长761m，坝顶高程382m，共分为31个坝段（2～32号坝段），主要由挡水坝段、溢流坝段、底孔坝段、发电进水口坝段以及通航坝段组成。2008年1月，大坝浇筑到顶，当年水库即蓄水至正常水位375m。2010年6月，龙滩水电站一期枢纽工程通过竣工安全鉴定。2012年3月，龙滩大坝通过注册登记，获颁初始注册甲级的证书。龙滩大坝运行11年来，运行状况良好，2016年度大坝运行安全管理工作取得可喜成果。

（一）大坝首次定检

龙滩水电站大坝于2015年6月启动首次定期检查工作。龙滩水力发电厂高度重视，组织成立安全检查领导小组，编制定检计划，逐一落实定检工作任务。通过招标委托中国电建集团华东勘测设计研究院有限公司编制完成《大坝安全监测系统综合评价报告》及《碾压混凝土重力坝安全监测资料分析报告》，招标委托中国电建集团中南勘测设计研究院有限公司编制完成《左、右岸边坡安全监测资料分析》。2016年，组织开展各类专项检查和专题分析评价，情况如下：

(1) 渗控系统专项检查：对渗水量较多的17号坝段出水点渗漏通道采用水文地球化学示踪和环境同位素示踪法2种方法检测渗漏水源。基本认定该坝段基础灌浆廊道渗水通道为层间错动层f6或f7，渗水来自于深层地下水，与库水和浅层地下水均无明显水力联系。

(2) 水工金属结构专项检查：完成对放空底孔的补充洞内检查。为减少坝体长期承压，按照专家意见，将1、2号底孔由弧形闸门挡水调整为事故闸门挡水。

(3) 表面裂缝检查与处理：完成溢流坝面裂缝详查，对发现的裂缝、露筋、泄洪建筑物通气孔、爬梯脱漆现象等缺陷进行细致处理。

(4) 监测资料专题分析：大坝变形基本稳定；各坝段间未见明显的错动迹象；坝基和坝肩岩体性态正常；坝基扬压力整体不大，灌浆帷幕、排水效果良好，坝体混凝土防渗效果总体良好，层面渗透压力小于设计值；大坝总渗漏量较小；两岸绕坝渗漏不明显；混凝土应力及温度分布合理；库岸边坡目前整体稳定。大坝及枢纽建筑物的工作状态是正常的。

(二) 大坝安全监测管理

加强安全监测管理，每月定期召开安全监测例会，对外包监测单位监测月度数据分析工作进行考核，监测数据报送率、准确率稳步提高。

监测自动化系统建成投入试运行，接入测点1581支，仪器完好率100%，占龙滩测点总数28.5%。减少人工测量次数，降低维护成本，减少人为误差因素，提高安全监测数据的可靠和及时性。

为验证高碾压混凝土坝泄洪消能设施的安全性，开展龙滩水电站水力学原型观测项目。完成9类、146套仪器埋设安装，制定《龙滩水电站水力学原型观测项目泄水方案》，待满足水力学原型观测的泄流量再择机泄水。

开展了大坝引张线系统改造、大坝真空激光准直系统改造、大坝量水堰系统改造工作，系统的所有测点均接入了大坝安全监测自动化系统，提高安全监测系统性能。对龙滩大坝引张线系统4条引张线，共计23个监测点进行整体更换改造；对与引张线系统工作基点相配套的12台垂线坐标仪（正垂和倒垂）进行更换改造。对龙滩大坝真空激光系统25套测点装置，2套抽真空装置，2套测控装置等相关设施设备和2套线垂线坐标仪、6套双金属标仪（12支位移计）进行更换改造。将大坝基础廊道15号和16号坝段193.0m高程的两个矩形堰板WE15-1和WE16-6修改为三角堰板；对大坝基础廊道20块堰板的高程进行整体性调整，确保调整后的每块堰板的堰口水流形态为自由式；重新调整堰板、量水堰计和水位测针安装位置。保证了坝基渗漏观测数据的正常有效采集。

龙滩大坝安全监测指标优良，2016年大坝监控测点仪器设计量1990支，仪器完好数量1963支，仪器完好率98.6%，监测设备总体运行情况良好，测值真实可靠；大坝坝基渗漏量稳定，高水位渗漏量最大值仅为12.21m$^2$/h。

(三) 水库优化调度及防洪度汛管理

制定并报送《龙滩水电站2016年汛期水库调度运用计划》，依靠现代预测预报和调度技术，动态控制龙滩水库汛末蓄水位，充分发挥龙滩水电站社会、环境和经济效益。

制定并报送《龙滩水电站2016年防洪度汛措施及抢险预案》，结合流域水文、气象实时预测预报，采取预报预泄和拦洪错峰等措施应对防洪风险，确保防洪安全；组织开展防汛应急预案、大坝紧急泄洪处置方案和地震应急预案的演练，并加强与地方政府和驻龙滩武警部队联动，增强预案的实用性和可操作性，提高全员防洪减灾应急处置能力。会同地方政府对近坝水域网箱、船舶等可能影响大坝泄洪安全的隐患进行全面联合排查，并在坝前建立禁航标识拦索，作为防止网箱和船舶冲撞大坝屏障，确保大坝度汛安全。

（龙滩水力发电厂 程纲为）

# 大坝安全监测与分析

## 2016年水电站大坝安全监测管理工作情况

2016年，国家能源局大坝安全监察中心（以下简称大坝中心）在水电站大坝安全监测管理方面的主要工作情况如下：

(1) 推进在线监测管理平台的建设。研究了各类数据有效性设别方法（包括历史极值法、奇异谱、邻近度、统计模型法等）及适用准则，并组织完成了异常数据自动识别软件的编写。同时，研究报送信息完备性评价、数据可靠性识别、监测系统运行情况实时评估、监测工作管理交互方法与准则，督促国家能源局信息中心完成了相关软件的编写，创建了大坝中心与电厂实时互动的监测管理平台。该平台能使电力企业无需安装其他商用软件，通过移动设备获得缺失、异常等测值的自动提醒后，在浏览器（网站）查询监测系统运行情况，完成文件校审、异常数据确认等工作，从而提高了电力企业整体监测工作水平。2016

年，该系统已通过内部测试，并已联系国电大渡河流域水电开发有限公司、湖北清江水电开发有限责任公司协助测试。

（2）落实国家发展改革委23号令，规范监测管理工作。2016年，大坝中心完成了《水电站大坝安全监测工作监督管理办法》（修订稿）的编写，并根据征求意见和国家能源局返回意见进行了修改和上报。大坝中心根据该监测管理办法，组织编写了内部工作标准，准备发布实施。

根据在线监测管理的需要，在完成测点树整理、异常信息自动设别、大坝中心与电厂实时互动平台创建的基础上，对桐柏、云鹏、广蓄、龙羊峡等10座电站有关监测项目的封存停测、测点调整或修复更换做出确认批复意见；对中国大唐集团公司下属10余座大坝的测点损坏情况进行了梳理。

通过对2015年度运行单位年报中与监测相关内容的汇总分析，并结合相关定检大坝的定检审查意见、注册大坝的审查意见和评分表，以及监测信息远程监控实际情况的统计分析，编制完成了《2015年度全国水电站大坝运行安全监测工作报告》。

利用在建监测管理平台完成了所有正常报送数据的大坝（410座）监控指标自动化设置和人工检查，并开始日常监控。

（3）做好信息接入工作。编制并发布了《监测信息报送接入工作标准》，对接入各环节的流程和技术要求进行了明确的规定。对85座大坝的监测信息报送自查报告进行了审查，提出了报送要求。对21座大坝的接入情况进行了确认。完成了所有已接入大坝的报送项目和测点树整理和校核。

（4）认真组织监测人员技术培训。组织完成了第20期监测人员技术培训班，共有来自全国的163名学员参加。本期课程增加了工程实例及在线监测管理、在线大坝安全监控、补强加固技术等技术，编制了培训教材，并邀请了国电大渡河流域水电开发有限公司库坝中心主任介绍了该公司大坝安全在线监控的经验；在学员的管理上利用互联网技术，采用网上报名方式，并对学员信息、学习成绩入库管理。

（国家能源局大坝安全监察中心　王玉洁）

## 2016年水电站大坝安全监控工作情况

2016年，国家能源局大坝安全监察中心（以下简称大坝中心）在水电站大坝安全监控方面的主要工作情况如下：

1. 安全监控工作综合管理　根据《水电站大坝安全监控工作规则》的要求，大坝中心负责大坝安全监控的综合管理和组织实施。2016年大坝中心着重促进了新接入大坝的接入工作规范化和已入大坝的接入项目梳理和基础信息设置工作，召开了已报送大坝监测基础信息检查整理工作推进协调会、信息接入及数据报送等存在问题讨论会等会议，研究解决了工作过程中存在的问题，督促有关部门按职责做好工作，解决了多年来存在的、以往多次整改未解决的报送项目混乱、报送标准不一问题。

每月编写大坝安全监控工作月报，对上个月的监控工作开展情况进行总结，指出监控工作中存在的问题，提出下月工作重点的提醒。

2. 汛期大坝度汛安全监控　按国家能源局要求，从5月份开始至10月底全面开展汛期大坝度汛安全监控工作。主要工作有：发文要求各注册、备案大坝报送汛情信息；对报汛通知未回函的单位进行了督促联系；对回函信息进行了收集、整理；在信息系统上设置了注册及备案大坝的汛限水位及相应时段、各频率洪峰流量等基础信息；日常关注天气变化，对500余座大坝报送的汛情进行监控分析，重点关注其中41座大坝的安全状况。从5月下旬起，大坝中心每日同国家能源局安全司、信息中心进行汛情会商，每周编写《水电站大坝汛期运行安全周报》，报国家能源局安全司及各派出机构，得到了国家能源局领导的高度肯定。2016年共完成了24期周报。度汛安全监控工作结束后，编写了《关于水电站大坝2016年汛期运行安全监控情况的报告》，报国家能源局安全司。

会同国家能源局属地派出机构，对湖北水布垭及隔河岩、安徽陈村、贵州构皮滩及洪家渡、云南小湾及漫湾、广西长洲及京南等水电站大坝进行了防汛督查，编写了赴湖北、安徽大坝防洪度汛安全督查简报，督查结束后编写了《关于水电站大坝防洪度汛安全督查和安全监控情况的报告》报国家能源局安全司。

3. 报送信息日常监控　对水电站大坝运行管理单位报送的大坝安全信息进行安全监控，每日开展报警情况检查，全年完成了2015年10～12月、2016年1～3月、2016年4～5月、2016年6～7月、2016年8～9月共5期监控报告，对监控中发现的问题及时反馈电厂督促整改，并对电厂整改处理情况予以核实确认。每月对信息中心检查发现报送不及时的大坝进行督促检查；根据系统报警信息对需重点关注的大坝异常情况进行了分类整理，并发邮件反馈大坝运行单位。

4. 新接入大坝的信息接入　根据注册申请情况，每月提出应接入大坝的名单及要求，根据具体情况向18座大坝电力企业发文通知其启动信息化建设和信息报送。重点协调、督促了寺坪、巴山、鱼跳大坝的信息接入工作。

按照《运行单位监测信息报送工作要求》，及时对技术处审定的新接入电站应接入测点及资料收集情况进行会签，共完成73座大坝的会签工作；对确认已接入的大坝进行验收，2016年完成了15座大坝的验收工作。针对接入工作进度滞后现象，会同有关部门进行了分析研究，对存在问题的环节进行了协调、督促。

5. 监控工作改进

(1) 按2015年完成的小湾、锦屏一级特高拱坝监控方式，选择石塘、富春江、紧水滩、陈村、芹山、街面等6座大坝进行扩大试点；按2016年完成的锦屏一级特高拱坝结构安全监控方式，选择小湾、龙羊峡、池潭、水口、新安江、天生桥一级、三板溪、冶勒、大广坝、洪家渡、新丰江等10余座大坝进行了扩大试点。

(2) 组织力量对已报送大坝的报送项目、报送测点全面整理，并编制发布了测点树梳理要求；完成了244座已接入大坝的报送项目及测点树梳理整改工作。

6. 其他监控工作

(1) 编制完成了《2015年度监控年报》，部分内容选择放入《年度监测工作报告》中。

(2) 开展丰满重建施工期老坝安全监控，对重建工程施工过程中老坝的运行性态进行分析、评估，共完成2015年10月～2016年3月、2016年3～6月、2016年7～9月共3期监控报告。

(3) 根据创新定检工作形式需要，并充分应用大坝安全信息化建设成果，对监控成果转化的实施提出了具体方案和可能的转化对象，并基本确定了以洛东、小关子2座大坝为试点，完成两座大坝监控报告初稿的编写工作。

(4) 根据注册和定检计划，每月对下月即将进行注册换证、定检的大坝报送情况进行整理，并发送各区域主管和项目负责人。

(国家能源局大坝安全监察中心　沈海尧)

## 龙滩大坝引张线及真空激光准直系统改造

龙滩水电站大坝引张线系统、正倒垂线系统、真空激光准直系统、双金属标以及大坝其他水平位移监测点（垂线系统）已运行10年，部分设备老化、运行状况不良。因此，龙滩水力发电厂于2016年对大坝引张线、真空激光准直系统进行技术改造。

(一) 大坝引张线系统、正倒垂系统改造

根据监测系统实际情况，对龙滩大坝引张线系统4条引张线，共计23个监测点进行整体更换改造；对与引张线系统工作基点相配套的12台垂线坐标仪（正垂和倒垂）进行更换改造。

改造选用NGDY光电式（CCD）引张线仪及配套的正倒垂系统、DAU2000数据采集单元箱、NDA1705智能型数据采集模块和NDA3420光端机。其测量范围为50mm，最小读数不大于0.01mm，基本误差不大于0.2%F.S。

在坝体交通廊道内共设置4条引张线，高程分别为270m和342m。引张线布置为两段折叠式，以垂线作为基准，每个坝段设置1个测点，共计23个测点。垂线基点主要由5、11、16、19、21号坝段安装的正垂及倒垂进行控制，所涉及仪器共12台。其中16号坝段布置1条正垂线，还布置了3条深度不同倒垂线组成的垂线组用以测定坝体和坝基岩体不同深度的水平位移。正垂线根据坝高采用分段布置，分段长度小于80m。

(二) 大坝真空激光准直系统改造

对龙滩大坝真空激光系统25套测点装置、2套抽真空装置、2套测控装置等相关设施设备和2套线垂线坐标仪、6套双金属标仪（12支位移计）进行更换改造。

改造选用NJG-A型真空激光准直监测系统。该系统由激光点光源及微调机构、波带板及翻转机构、数据采集及控制系统、真空管道设备、系统控制单元、无浮托引张线系统等构成，采用全密封结构，具有测量精度高、速度快、环境适应能力强、稳定性好等优点，可定时自动测量，也可以实时测量，测量数据能够自校验和评估报警。主要性能指标：

(1) 准直距离：100～2000m。

(2) 测量范围：200mm×200mm、300mm×300mm。

(3) 精度：0.1mm（或$0.5L\times10^{-6}$mm）。

(4) 分辨率：0.01mm。

(5) 真空管道漏气率不大于10Pa/h。

为适应龙滩大坝折线型坝轴线，兼顾进水口坝段和河床坝段，在坝顶高程379.2m观测廊道内设置2条真空激光准直系统，布置为两段折叠式，每个坝段设置1个测点，共25个测点，监测坝顶水平位移和沉降。其水平位移监测以垂线作为基准，基点由5、32号坝段安装的正垂及倒垂进行控制，所涉及仪器共4台（其中2台与342引张线共用，只需更换2台)。真空激光准直系统沉降位移监测以双金属标为工作基点，共计6套。左岸第一条真空激光垂直位移工作基点由双金属标DS32控制；右岸第二条真空激光垂直位移由11坝段双金属标组控制，涉及设备5套；每套双金属标配备2台位移计，共12台。

（三）系统试运行情况

龙滩水电站大坝引张线系统、大坝真空激光准直系统试运行，设置观测频次为1次/天。实测资料连续、稳定、规律性好，过程线变化趋势符合一般碾压混凝土重力坝变形规律，人工比测和自动化观测结果相吻合。系统工作状态较好，测值精度较高，测量精度均为0.01mm，测值可作为评价建筑物工作状态的依据。

（龙滩水力发电厂　苏　良）

## 光纤测量技术在天生桥一级大坝混凝土面板破损检测中的运用

天生桥一级大坝混凝土面板有两条接缝出现反复破损现象，电厂生产运行需进行面板破损检查。水上部分采用人工检查，水下部分则采用机器人、特殊情况下采取潜水员检查。但这种检查方式的频率一般为每年1～2次，检查间隔周期较长，破损不易被及时发现和处理。同时，使用水下机器人检查，因水下约10m后面板表面常有较厚的浮渣覆盖，摄像头不能看到实际情况；采用潜水员进行检查，虽可以通过手触摸被浮渣覆盖的面板表面，发现面板破损情况，但效率比较低、费用又较高，且存在较高作业风险，尤其是水深超过30m的地方。因此，经研究和现场试验，开发了光纤测量面板破损技术，并成功运用天生桥一级大坝混凝土面板破损检测。

（一）光纤测量面板破损技术的原理与优点

光纤测量大坝混凝土面板破损的原理是将光纤埋设在大坝面板内部，当面板混凝土发生破损时，光纤被拉断，产生新的断点，采用光时域测距仪，通过测量从发射信号到返回信号所用的时间计算出距离，再计算确定面板破损的位置。

这种方法的优点如下：

（1）测量不受浮渣覆盖、水深制约。对被较厚浮渣覆盖的面板破损检查，容易、方便；对深水区域面板破损检查，无潜水员下潜风险问题。

（2）测量方便简易，可随时进行。通过增加测量频次，缩短面板检查周期，及时掌握面板破损情况，避免安全隐患。

（3）测量范围广。光纤布设灵活，在混凝土面板，可由常规的布点测量扩展至布线测量，甚至再由线到面，实现面板全面监测。

（4）安全可靠。光纤埋设槽尺寸较小，一般为宽0.4cm，深5cm，面板平均厚度为60cm，钢筋保护层在15～20cm，不会对面板结构和稳定性造成影响。

（5）经济合理。光纤成本较低，安装埋设工艺简单，相对于潜水检查，不但可以避免风险，且运行成本较低。

（二）光纤选型

光纤测量面板破损，所用设备主要是光纤和光时域仪。光时域仪的品牌多，国内国外有多家，可根据工程情况对比选择；而光纤选型要注意抗拉性能，应小于面板混凝土的抗拉性能，则需通过试验选择。

本工程采用直径为2.8、2.0、0.9mm的光纤进行试验。它们都为GJFJV单芯光缆，使用单根$\phi 900\mu m$阻燃紧套光纤作为光传输介质，但2.8、2.0mm外敷一层芳纶作为受力加强单元，最外挤制一层聚氯乙烯（PVC）护套而成；而0.9mm裸纤外层只有一层聚氯乙烯（PVC）护套。

试验方法与情况如下：

（1）制作混凝土试块模型1，长50cm、宽30cm、高50cm，混凝土强度等级为C25，分别在试块4个角距离边缘5cm处各埋设1条规格为2.8、2.0、0.9、0.9mm的光纤；混凝土试块内预设角钢和套管螺栓，待混凝土试块经过28天养护后，用扳手拧动螺栓，使混凝土试块产生拉应力，直至混凝土试块被拉裂为止。试验结果为：2.8mm光纤未被拉断，2.0mm光纤在开合度超过6cm左右时才被拉断，0.9mm光纤在开合度超过0.5cm时被拉断。

（2）制作混凝土试块模型2，长40cm、宽15cm、高15cm，混凝土强度等级为C25，在试块距离边缘5cm处开槽，槽宽0.4cm、深5cm，分别埋设规格为2.0、0.9mm的光纤各1条，用环氧砂浆回填；混凝土试块内预设角钢和套管螺栓，待混凝土试块经过28天养护后，用扳手拧动螺栓，使混凝土试块产生拉应力，直至混凝土试块被拉裂为止。试验结果为：2.0mm光纤未被拉断，0.9mm光纤在开合度超过0.5cm时被拉断。

（3）通过试验得出，埋设光纤应选用0.9mm GJFJV单芯单模光纤。

（4）试验采用的光时域仪为AQ1200 OTDR光时域反射仪，量程为0.5～200km，精度1m。因此，试验时增加了一条1.5km的测试裸纤，采用FC接头。

（三）测量光纤安装埋设

天生桥一级电站水库死水位为731m，历年检查发现面板挤压破损的最低高程为710m。面板破损测量的光纤安装埋设方法如下：

1. 混凝土面板表面修整　对要检测面板接缝的左右各1m表面进行清理修整。

（1）水上部分，用钢丝刷或者电动刷将凹坑部分混凝土表面清理干净，底部涂刷水泥∶903乳胶＝

1∶0.5（重量比）的水泥浆，回填C25混凝土，终凝后进行洒水养护，养护时间为一周。

（2）水下部分，在库水位较低时，由潜水员下潜作业，用高压水泵将浮渣清理干净，再用钢丝刷对面板凹坑进行清理，采用水下不分散聚合物混凝土（PBM）进行回填，注意根据现场的气温情况，调整PBM聚合物混凝土的流动度，使其在水下能达到自密实、自流平的效果。

2. 开设光纤槽　在面板接缝左右各50cm处开设光纤槽，槽宽0.4cm、深5cm，从710m高程至780m高程。水下部分由潜水员下潜作业。

3. 光纤埋设　将光纤埋设在光纤槽内，用环氧砂浆回填。安装时应注意在底部平整，避免光纤折断。水下部分也由潜水员下潜作业。

4. 接线　在栈桥设置集线箱。光纤一端从780m高程引出接至集线箱，另一端从710m高程引出经面板表面接至集线箱。这样接线，光纤如有上下2点破断，下点可由另一端测量，提高了光纤测量使用率。

（四）结语

本光纤测量方法已申请专利，专利号为CN201120527126.6，为大坝混凝土面板破损提供一种操作简便、费用较低的观测方法。

（天生桥一级水电开发有限公司水力发电厂　罗井伦　许　鑫　张晓光）

# 其　　他

## 向家坝水电站消力池缺陷普查技术创新

向家坝水电站泄洪设计最大下泄流量48660m$^3$/s，泄洪总功率达4000万kW，为世界最大；消能采用高低跌坎底流消能方式，设有2个深25.00m、长228.00m、宽108m的消力池，池内最大平均单宽流量为225m$^3$/(s·m)。该高低跌坎底流消能建筑物在水利水电行业首次应用，消力池的水流条件复杂，运行中存在冲磨损坏的风险。为安全运行，运行初期每年汛末均对消力池进行缺陷普查及及时修补，采用将池内存水排干方式进行，2个消力池排干并完成缺陷普查工期需两个半月，耗费约250万元。为了提高消力池检修效率，缩短检查工期，节约成本，提高应急处置能力，向家坝水力发电厂开展了消力池缺陷普查技术研究。

通过对历年消力池修补情况、2015年汛期泄水运行情况及相关水力学监测成果分析，提出如下消力池缺陷普查方法：

（1）采用潜水员水下全覆盖探摸＋水下摄像相结合的方式进行。

（2）通过在消力池底板设置钢丝绳，形成水下纵横定位网格，将消力池过流面分为3m×3m检查区块，并每间隔3m距离拴挂标识牌，确保水下检查全覆盖且缺陷定位准确。

（3）邀请泄洪消能专家对检查成果进行评审，分析确定消力池后续检修安排。

2015年汛后，向家坝水电站2个消力池水下缺陷普查仅用18天就完成，经专家评定均不需要抽水排干检修。

向家坝电厂通过技术创新，缩短了消力池缺陷普查时间，节约了检修成本。

（向家坝水力发电厂　梅雪东　戴雷霓　邓　键　王向辉　俞洪明　杨　鹏）

## 葛洲坝水电站大江下游副厂房及二江厂房母线室牛腿加固

葛洲坝电站1986年7月开始投入运行，已安全运行30余年。1989年4月以来，发现32个下游侧牛腿有不同程度的裂缝。1989年和1999年，葛洲坝水力发电厂曾委托原设计单位对大江电站下游副厂房牛腿裂缝进行过检查分析。经过超声波检测和强度复核后，认为裂缝产生的原因与施工方法、施工工艺及温度变化有关，牛腿裂缝均为浅表层裂缝，未深入结构内部，牛腿承载能力仍满足安全要求。2008～2010年，葛洲坝水力发电厂对二江电站母线室内上游侧承重墙框架柱牛腿进行了持续观察，大部分牛腿均存在开裂现象，且裂缝有活动痕迹。2011年委托原设计单位对葛洲坝大江电站副厂房下游牛腿及二江电站母线室牛腿裂缝进行检测及成因分析。通过检测分析、结构复核及模拟计算，给出综合安全评估意见为：检测结果显示对厂房的安全性与耐久性造成较大影响，而且部分牛腿裂缝贯穿，截面损失较大。为保证电站的安全运行，必须对大江电站厂房及二江电站母线室牛腿进行全面的补强加固处理及表面防护。

2014年10月，原设计单位提出了如下修补加固处理及表面防护方案：

（1）大江下游副厂房布置有牛腿共94个，根据其损害程度、裂缝外观等不同，分为有裂缝牛腿及无明显裂缝牛腿。对于有明显裂缝牛腿，需要结合其破损程度，将破损部位全部凿除，然后换填环氧砂浆；对未破损部位则凿除牛腿的建筑粉刷层，再对牛腿钢筋保护层进行部分凿除，最后进行粘钢及其他工艺处理。对无明显裂缝牛腿，需要凿除牛腿建筑粉刷层，再对牛腿钢筋保护层进行部分凿除，然后再进行外包钢及其他工艺处理。

（2）二江电站母线室布置有51个牛腿，后补的钢筋混凝土结构柱20个，牛腿位于二江电站副厂房母线室上游承重墙下游侧。根据结构形式、损害程度、裂缝外观等，将牛腿分为有裂缝牛腿和无明显裂缝牛腿；对于钢筋混凝土结构柱则分为有裂缝结构柱及无裂缝结构柱。对于有明显裂缝牛腿（或结构柱），首先需要将破损部位全部凿除，换填环氧砂浆；未破损部位则凿除牛腿的建筑粉刷层及对钢筋保护层进行部分凿除，然后进行粘钢及其他工艺；对无明显裂缝牛腿，首先凿除牛腿的建筑粉刷层，再对牛腿钢筋保护层进行部分凿除，然后进行外包钢及其他工艺。

2016年，启动葛洲坝电站大江下游副厂房及二江电站母线室牛腿加固工程，至年底已完成49个牛腿加固及防护。工程计划于2019年完工。

（葛洲坝水力发电厂 曾 辉 魏晓翔）

## 葛洲坝水电站机组门槽锁定加固

葛洲坝水电站机组进水口工作门、检修门及尾水检修门、排砂底孔工作门、排沙洞工作门门槽锁定已投运30余年。由于使用环境恶劣，底部潮湿，锁定地脚螺栓、底部钢板等出现不同程度锈蚀，影响闸门及机组安全运行。

2014年，葛洲坝电站从机组段上下游256个锁定中，抽取40个锈蚀情况较重的锁定进行检测评估。检测结果如下：

检测过程中发现两处结构受荷变形的情况，变形与锈蚀导致有效受力面积折损这一因素直接相关。

对37个由架板和肋板构成主要支撑结构的锁定的检测包括架板的蚀余厚度测量、肋板的蚀余厚度测量以及锈蚀高度的测量，其中架板平均锈蚀厚度3.46mm，平均锈蚀比例19.8%；肋板平均锈蚀厚度5.74mm，平均锈蚀比例53.6%，平均锈蚀高度16.2cm。

现场检查结构焊缝的锈蚀情况，发现锈蚀主要集中一定高度范围内，并不沿焊缝方向分布。架板和肋板间焊缝的锈蚀情况明显轻于相邻的架板和肋板，没有明显的截面损失。

锁定架板上锈蚀区域的分布表现出锁定架板的外侧比内侧锈蚀较重，并且锁定架板上的锈蚀分布大体有一个高度极限（40～50cm），可以判定造成主板锈蚀的水主要来自于从地面弹溅起来的雨水。

根据检测结果评估后，同年启动加固及防护方案设计。确定方案为：

（1）清除锁定主板根部的护底砂浆覆盖层，至适合焊接施工。

（2）旧肋板竖向割除，切割线距离锁定主板10mm。

（3）锁定表面防腐。

（4）锁定底座向上至20cm高部位涂刷环氧金刚砂，厚度不低于1mm。

（5）根部用C30防水细石混凝土保护。

葛洲坝电站锁定加固及防护工程于2016年启动，拟3年实施完成。

（葛洲坝水力发电厂 魏晓翔 曾 辉）

## 钢结构平台在沙湾水电站防渗系统补强加固处理项目上的应用

沙湾水电站位于四川省乐山市大渡河下游，采用混合开发方式。其泄洪冲沙闸室与厂房坝段坝前设导水墙（厂坝间导墙）隔开，闸室上游设长15m、厚2m的混凝土铺盖，铺盖上游端设厚1.0m的塑性混凝土防渗墙，防渗墙贯穿覆盖层，嵌入岩溶角砾岩1m。电站投运以后，根据监测数据表明，对应1、2号冲沙闸闸室的防渗墙存在缺陷，下游海曼排水孔出现多处涌水点，且有细砂带出，结构沉降值偏大。根据设计提出的防渗墙处理方案，拟在该部位防渗墙前增加三排帷幕，灌浆深度较原防渗体加深，至泥结白云岩。

该项目施工部位位于电站泄洪冲沙闸前库区内，临近机组进水口，且日间库水位变化幅度较大，需在大深度、高水流地质条件下进行施工，施工情况复杂。若采用常规水下抛填砂砾石或降低库水位填筑施工平台的方式，施工量难以控制，并对电站发电效益和机组设备安全运行产生极大影响。

借鉴海上作业钻井平台施工抗风浪、不受水位变化的特点，技术人员提出了钢结构作为施工平台的设想，并就如何在钢平台上进行孔位定位、钻孔灌浆等技术问题进行了论证，确定了其实施的可能性。

该钢结构平台为桁架结构，场外制作，分部件运至现场进行吊装。项目实施前，为确保安全，切断相应泄洪冲沙闸闸门动力电源，避免误操作；潜水人员对施工区域进行水下摸排，检查平台搭设区域底板的平整及异物存在情况，并做必要的清理。

考虑了坝顶吊装操作空间、吊装重量和结构承载力，钢结构支撑部分采用9个钢支架单元，按预定位置进行水下摆放。整套结构完全靠结构自重端坐于水下，水面配以辅件连焊加固，完工后的平台操作面比正常蓄水位高出1.5m。钢支架的立柱采用方钢管，中间连接横梁为工字钢，柱间斜支撑为圆钢管。各相邻钢支架根据库水位运行情况先对立柱上部采用工字钢作为连接杆纵横向焊接固定，使其形成整体。架体拼装完成后进行焊接。

平台上部，采用工字钢沿纵向立放于四排支柱顶部，通过修、补焊接，作为平台操作面的找平层；再沿找平层横向每隔1m密铺工字钢作为平台操作面的支撑梁，纵横向工字钢接触面满焊连接。由于钻孔灌浆区域位于原防渗墙前，因此横向支撑梁铺设时需向上游伸出5m，斜向焊接工字钢支撑，形成悬臂结构，作为施工设备和人员主要施工及活动区域。为确保安全，在横向支撑端头每隔3～5m焊接预制钢桁架支撑柱作为加强支撑。

横向支撑表面满铺8mm花纹钢板，并与工字钢点焊，其中对应灌浆区域按设计灌浆孔排距预留空隙。钻孔灌浆前由测量人员定位，在对应灌浆孔位处下设$\phi$140mm定位管，定位管内镶铸$\phi$108mm孔口管，钻孔采用较易控制钻孔偏斜的XY-2地质钻机钻孔。定位管在水面以上采用角钢、槽钢与钢平台结构连接固定，并保证其垂直度和稳定性。

本项目钢结构平台总重量约360t，满足多排数、多点位同时施工的要求。

施工时水中部分采用双重灌浆导管进行钻杆导向，并利用STL-1GW型无线有储式数字陀螺测斜仪定期校核孔斜，确保了钻孔的下设精度。

施工期间，除每周利用全站仪对钢结构平台进行稳定性检查外，还定期安排潜水人员对水下混凝土结构和钢平台杆件的安全情况检查。通过逐一适当开启临近闸门进行泄洪试验，验证了在保证钢结构平台相对稳定的情况下，电站总体最大泄洪量仍可满足10年一遇洪水标准。

与水下填筑砂砾石作为灌浆施工平台的方案对比，采用钢结构平台方案可节约投资约25万元，且由于施工过程不会对电站正常发电产生任何影响，不可避免年度发电损失超过1.1亿元。

该技术荣获中电建水电开发集团有限公司2015年年度科技进步二等奖，相应科技成果“一种用于运营中电站维修施工的钢结构装置”于2016年11月获得国家知识产权局实用新型专利证书，专利号：ZL201620441751.1。

（四川圣达水电开发有限公司　林　森）

## 高流速强透水层水下帷幕灌浆技术在沙湾水电站工程项目上的应用

由于需对结构基础原防渗体系进行补强加固，经有关专家研究确定，沙湾水电站在1、2号闸原防渗墙上游进行帷幕灌浆处理。为不影响电站正常运行发电，项目施工需要采取水下灌浆防渗处理方案。在17m深水下进行帷幕灌浆施工，难度极大，在国内属于首次。项目实施除研究帷幕灌浆钢平台制作和在动水条件下的安装方式外，对在不影响电站正常发电的前提下在钢平台上进行动水、深水条件下帷幕灌浆时定位、钻孔、灌浆等全过程施工技术进行了研究，经应用形成了一套完整高流速强透水层水下帷幕灌浆技术。

### （一）灌浆孔定位与孔斜控制

项目钻孔、灌浆设备位于水上钢结构作业平台上，距离河床底部施工部位17m，紧邻原结构防渗体系。钻孔过程中不但要保证钻孔位置准确，而且还要保证孔斜率。为保证水下灌浆孔精确定位，施工采取了双层套管的结构形式，外管作为导向定位管，内管作为孔口预埋管，即灌前下设$\phi$180mm导向定位管，定位管内再下设镶嵌$\phi$108mm孔口预埋管。下设过程中为保证定位管在卵砾石堆积层上的垂直度，每6根定位管用桁架固定在一起，利用钢平台焊接高程相差4m的导向筋，利用两点一线的定位导向原理下设定位管，下设过程中使用陀螺测斜仪进行校正，避免下设的定位管及孔口管出现偏斜。

钻机采用较易控制钻孔偏斜的XY-2地质钻机钻孔，孔口段施工段长视地层情况进行调整，钻孔过程中采用STL-1GW型（无线有储式数字陀螺测斜仪）测斜仪进行孔斜测量，由专职人员进行测斜。此测斜仪精度高，能准确掌握钻孔的实际轨迹，减少人为因素和仪器自身误差的影响。钻孔过程中每5m进行一次孔斜测量。当发现孔斜偏差值超过设计规定时，及时采取纠偏等补救措施进行处理。

### （二）堵漏灌浆施工

本项目为水下动水条件下灌浆，灌浆开孔位置有17m水头，原防渗系统渗漏通道处水流较急，灌浆深度达到89m，属于深厚覆盖层水下动水条件下灌浆成幕，难度较大。项目实施过程中，技术人员针对动水条件下深厚覆盖层堵漏灌浆的施工特点，通过反复试验，将多种抗冲膏浆、砂浆、水泥—水玻璃双液浆等特种浆材辅助多种外加剂进行配置，最终确定水泥基抗水冲膏浆为适合本项目的最佳灌浆材料。该抗冲膏浆主剂选择膨润土、辅剂选用絮凝剂与调凝剂，具有高屈服强度、高塑性黏度、低流动度的特点，适合在遇到动水、渗漏地层以及具备膏浆搅拌设备及灌浆设备的情况下使用。根据室内试验的结果，确定抗冲膏液的密度 $\rho=1640kg/m^3$，屈服应力 $\tau_f=50kPa$，塑性黏度 $\mu=360mPa\cdot s$，扩散度 7～9cm。

高流速强透水层水下帷幕灌浆技术在沙湾水电站工程的研究与应用，实现了在不影响电站正常发电运行，防洪调度的基础上，顺利、安全、可靠的完成对原结构部分防渗体系进行水下加固的目标，且项目投资可控，对类似电站、水库、渠道的水下防渗处理或相关作业都具有指导和借鉴意义。

该项目被中国电力建设集团有限公司评为 2016 年度科技进步三等奖。

（中电建水电开发集团有限公司　林　森　刘　宏　郑明慧）

## 喜河水电站降低尾水位增加发电量效益明显

喜河水电站尾水渠下游河床在两个部位出现淤积。一是尾水区回流中心淤积丘，高程维持在 330.00m 左右。二是表孔消力池下游 500m 附近堆积丘，最大高程 334.35m，330m 高程以上面积近 1000m²。堆积体堵塞河道，发电尾水不能及时流出，尾水位抬高，造成大量电量损失。

喜河水电站近十多年来对电站尾水水位进行了观测，与设计尾水位曲线相比，正常发电尾水位高于设计值。其中，2007 年非汛期尾水位与设计值相比，抬高幅度近 0.25m 左右；2014 年尾水位大幅抬高，较设计值相比，抬高值为 1.15～1.50m。

喜河水电厂研究认为，造成尾水区域淤积，有水工建筑物布置因素、水力条件因素和泄洪排沙运用方式原因，决定进行尾水开挖。

按设计单位提供的计算成果，在桩号 0＋600.00～0＋800.00m 范围，清理主河床淤积泥沙，尽可能加宽河床，实现机组设计水头 25m 工况下，一台机发电设计尾水位 329.75m。

经研究讨论，确定按照一台机设计尾水位 329.75m 的方案开挖，淤积体开挖从进口束口断面开始至下游 800m 处，左右开挖基本为河道中间淤积区域，宽度约 60m。为完成清渣工作，在坝右开挖施工便道一条，长度 200m。

工程于 2014 年 12 月开工，2015 年 5 月完工，开挖砂砾石 5 万 m³，总投资 60 万元。开挖后尾水区域过水面积明显扩大，尾水位明显降低。经实测，下游尾水位变化见表 1。

表 1　尾水开挖尾水位降低情况表

| 机组出力（万 kW） | 0（全停） | 6 | 12 | 18（全开） |
|---|---|---|---|---|
| 尾水位设计值（m） | | 329.75 | 330.65 | 332.42 |
| 开挖前尾水位（m） | 328.28 | 330.90 | 331.70 | 332.50 |
| 开挖后尾水位（m） | 327.68 | 329.50 | 330.50 | 331.50 |
| 提高水头（m） | 0.6 | 1.4 | 1.2 | 1.0 |

按以上数据统计，机组在运行时发电水头平均提高了 1.2m，达到了预期效果，降低了发电耗水率。经计算，2015 年实施尾水开挖工程后，当年增发电量 1300 万 kW·h，实现了当年收回全部投资，取得良好的经济效益。2016 年，喜河水库入库水量仅为多年值的 50％，却增发电量 1200 万 kW·h。按每度电 0.3 元计算，两年合计增发电量效益为 750 万元。

（喜河水电厂　但其宝）

## 景洪水电厂圆满完成澜沧江流域应急补水任务

2016 年春，受强厄尔尼诺现象影响，澜沧江—湄公河流域各国均遭受不同程度旱灾。为帮助流域国家应对旱情，华能澜沧江水电股份有限公司景洪水电厂根据国家防总调度指令，自 3 月 15 日开始分 3 个阶段（3 月 15～4 月 10 日、4 月 11～20 日、4 月 21 日～5 月 31 日）将出库流量按照不小于 2000m³/s 对下游实施了应急补水，历时 78 天，累计补水量达 114.36 亿 m³。此举惠及越南、柬埔寨、泰国、老挝、缅甸等国，有效缓解下游旱情。景洪水电站作为中国水电站的代表，向国家交上了一份满意的答卷。

（一）克服困难，制定特巡特维方案

3 月 15 日～5 月 31 日，正值电厂检修期，为达到出库流量要求，电厂面临着 4 台机组运行、1 台机组检修、无备用机组的高风险、大方式运行。对此，电厂制定了《华能景洪水电厂水量应急调度期间特巡特维补水工作方案》，明确了在应急补水期间在运行、维护、巡检、事故预案等方面所要做工作，提出了具体要求；召开应急补水工作安排会，进一步强调应急补水期间的运行维护工作及下泄流量变化的通报，并要求提前做好泼水节期间下泄流量的相关工作安排。运维人员增加巡检频次至一天15次左右，实行厂房24小时应急值班，做好专业巡视及外包工作协调安排，避免出现影响设备运行的意外风险；做好机组、冲沙孔及表孔管理，确保泄洪闸门处于正常备用状态；加强隐患排查治理，及时发现并消除设备缺陷及隐患，提高设备健康水平；加强闸门启闭操作训练，并提前准备好相应操作票，一旦发生跳闸事故，必要时开启闸门以平衡出库流量；加强事故演练，开展预案演习，确保人人都能沉着应对突发事件；在做好运行维护管理的同时，也进一步加强班组管理，大力推行班组“5S”管理，以“金牌班组”流动红旗活动为抓手，营造班组“创先争优”“比、学、赶、超”的氛围，提高班组管理水平。

（二）不畏烈日，认真做好库坝守护

电厂库区是景洪市饮用水源地，保护水源地是电厂义不容辞的责任和义务。景洪地区进入三月份后，气温居高不下，随着流量增大，上游漂浮物也增多。为了保证库区水质，水库管理人员顶烈日、战酷暑，加强坝前栏污漂的检查，每天至少开展一次漂浮物清理；定期委托版纳州环境监测站进行水质检测，有效确保库区水质和机组安全稳定运行；加强下游和库区巡检，将每周一次的下游河道、库岸、库区巡检调整为至少两天一次，每次巡检均做到全面、细致、不留死角，不放过任何一个隐患，全力保证库区和下游安全；加强水工建筑物巡检及监测，每天做好水工建筑物的观测，及时采集、分析数据，完成了枢纽区外部变形监测控制网复测、大坝及边坡安全监测数据分析及评价、人工比测及自动化系统分析评价、大坝内观自动化系统维护及静力水准检修等工作。

（三）加强监督，夯实安全管理基础

安全是应急补水工作正常有序开展的首要条件。面对应急补水、生产现场检修、维护消缺、运行操作、外包项目等工作交叉进行的复杂状况，安监人员加强对生产现场的巡视监察，对机组检修、防洪集水井清淤、表孔弧门检修及出线平台女儿墙铲除等安全风险较大项目的作业现场进行重点安全监督，除开展日常安全监督检查外，坚持每周开展1次部门例行检查、每月组织1次联合安全检查；加强人员安全教育，通过组织学习《电力安全工作规程》、举办公司新“两票”标准宣贯、组织观看安全宣教片等形式，提升人员安全素质；严查“两票三制”的落实、执行情况；督促生产部门严格执行“防误”措施，做好现场隔离；加强对外包队伍的监督，杜绝人为不安全事件发生。

经过电厂上下团结协作、奋勇拼搏，圆满完成了历时78天的澜沧江流域应急补水任务，向下游补水114亿$m^3$，取得了预期成效，展现了华能澜沧江水电股份有限勇于承担社会责任的良好形象。

（华能澜沧江水电股份有限公司景洪水电厂　周宇星）

## 高坝洲水电站坝前大型漂浮堆积物应急处置

高坝洲水电站位于湖北省宜都市高坝洲镇，是清江干流3个梯级电站中最下一级。高坝洲水库流经长阳县和宜都市两县市，正常蓄水位80m，总库容4.86亿$m^3$，为日调节水库。电站总装机容量270MW，设计年发电量8.98亿kW·h。拦河坝为混凝土重力坝，坝顶长439.5m，坝顶高程83m；泄洪建筑物为3孔泄洪深孔和6孔溢流表孔。2000年7月电站全部机组投入运行。

该电站由湖北清江水电开发有限责任公司（以下简称清江公司）开发建设和经营管理，发电调度单位为国家电网公司华中分部，防洪调度主管单位为湖北省防汛抗旱指挥部。

（一）险情经过

2016年7月19日，清江流域遭遇了百年一遇特大洪水。该日8时，高坝洲水电站库水位78.32m，保持小流量泄流。根据湖北省防指第90号调度令，电站出库流量不超3000$m^3/s$。但随着降雨加大，高坝洲水电站逐步加大下泄流量进行预泄。18时16分，高坝洲水电站入库流量5689$m^3/s$，大坝开启5个表孔泄洪，泄流量最高达6890$m^3/s$。此时，电站防汛值班人员发现两组养鱼网箱和一条载有两名渔民的渔船顺江而下，直逼坝前禁航区域。为保障渔民生命安全，确保大坝和机组安全，18时28分，高坝洲水电站迅速关闭溢流表孔，下泄流量快速下降至3640$m^3/s$，两组网箱被机组进水口拦污排拦停在泄洪深孔附近，渔民也被救援上岸。

此时，高坝洲水电站入库流量已进入峰值阶段，突然减少近一半的下泄流量，使库水位直线飙升。19时30分，坝前水位突破79m，并以40cm/h的速度上涨。20时18分，清江公司下令减小上游隔河岩水电站下泄，以缓解高坝洲水库水位快速上涨的压力。但因受隔河岩—高坝洲区间来水水流的冲击，不断有网箱漂向高坝洲大坝，21时40分，电站进水口拦污排断裂。为确保机组安全，避免大量垃圾及网箱金属钢管撞向发电机组进水口影响机组安全，清江公司下令关停高坝洲水电站所有发电机组。

此后，不断有新的养鱼网箱冲向坝前。最终在坝前形成了约300m长，最宽处达150m的网箱堆积漂浮带。据政府部门统计，漂下网箱数量近4.3万个，总重量达 5 万 t。漂浮物种类复杂，既有网箱房屋、油桶、钢管、渔网、船只及鱼类物品，还有彩电、冰箱、空调等渔民使用的生活用品。

（二）应急处置

（1）成立清漂打捞指挥部。在抢险现场，清江公司成立了清漂打捞现场指挥部，下设现场排险打捞各工段、调度组、运输组、后勤保障组、安监组、技术组。指挥部根据现场状况，制定了三步走的排险打捞计划：第一步，将所有堆积物拖离大坝，包括清理各表孔门槽内的堆积物；第二步，将脱离大坝的堆积物分解运输至政府指定场地；第三步，对表孔、深孔门槽及坝前水域进行水下探测，并对坝前 500m 范围内进行地形测量比对，若水下沉积物威胁枢纽运行，则进行水下打捞工作。清江公司总经理及相关领导昼夜在现场值守，为排险打捞提供支持。

（2）调动全公司力量清漂抢险。在第一时间，清江公司组织了以检修公司为主体的 100 名职工和 80 名外协工组成的抢险队伍，公司机关及其他二级单位分批次派遣职工加入支援；高坝洲电厂全力保障后勤工作，并提供必备的防暑降温措施和可靠的后勤保障。

（3）配合地方政府做好救灾维稳工作。救灾是第一要务。根据网箱编号由高坝洲派出所联系渔民到达现场，协助渔民将物资搬离水面，做好物品拍照登记。对未及时联系上的渔民户，将其物资按户编号堆放整齐，拍照登记后用油布保护好，防止渔民物资二次损坏和丢失。打捞上来的网箱分解后分类堆放，然后运输至地方政府指定的场所。

为了给清漂抢险及高坝洲安全生产营造良好的环境，清江公司办公室牵头配合地方政府负责灾民的维稳工作。7 月 28 日，针对受灾渔民集体到公司上访事件，清江公司又成立了渔民上访事件应急指挥部，由公司副总经理任组长。

（4）做好水库调度。清漂抢险期间，清江公司梯调中心严格按照上级防汛部门批复的《清江水布垭、隔河岩、高坝洲水库调度规程》和《2016 年度清江梯级水库汛期调度运用计划》进行水库调度，严格执行湖北省防汛抗旱指挥部调度令。密切关注清江流域气象变化，及时准确预报降水和来水流量，为高坝洲水电站下泄流量控制提供数据支持。积极与电网沟通，合理安排发电计划，控制高坝洲上游水位，为清漂抢险工作创造有利条件。

（5）加密监测和巡视枢纽工程。险情发生后，清江公司库坝中心迅速向有关专家咨询，并将咨询结果报告抢险指挥部；及时组织专业人员对大坝本体及左右岸护坡进行加密监测，并对测量数据进行对比分析，第一时间得出大坝变形量变化不大、在可控范围内的权威结论；安排专人驻守现场，对大坝和左右岸护坡进行 24 小时巡回检查；及时发布《清江库坝运行安全简报》，为清漂抢险提供相关决策。

（6）临时修复拦污排并加密监控机组运行状态。在做好清漂打捞工作的同时，检修公司抓紧清理机组进水口堆积物，对受损的 3 块拦污排进行加固处理。经过抢险各方的协力攻坚，高坝洲 3 台机组于 7 月 21～23 日恢复运行。机组投运后，坚持每天 3 次加密巡回检查，时时监控机组运行状态并做好数据分析，3 台机组保持正常运行。

（湖北清江水电开发有限责任公司）

13

# 环境保护与水库移民

# 环 境 保 护

## 金沙江下游流域水电开发生态环境保护工作情况

中国三峡建设管理有限公司（以下简称建设管理公司）在金沙江下游流域梯级水电开发中，高度重视环境保护和水土保持工作，努力实现经济效益、社会效益和生态效益的和谐统一。

（一）主要措施

（1）建立健全流域环保管理体系。2013 年，中国长江三峡集团公司设立金沙江下游水电开发环境保护管理中心，由建设管理公司代管，统筹流域环境保护和水土保持管理工作；建立健全了环境保护和水土保持管理体系，制定了环境保护管理、环境监测管理、环境保护考核等制度。

（2）严格遵照法规要求，做好环评和“三同时”落实工作。项目前期，按法律要求做好环境影响评价和水土保持方案设计；项目建设期，按照环境影响评价报告书和水土保持方案报告书及其批复的要求，严格落实各项环保和水保措施，做到环保、水保设施和措施与主体工程同时设计、同时施工、同时投产使用。

（3）全面实施枢纽区环保措施项目，有效控制施工环境影响。施工区水、大气和声环境保护、水土流失治理和生态恢复等环境保护效果明显。向家坝、溪洛渡水电站分别于 2012 年 9 月、2013 年 4 月顺利通过蓄水阶段环保验收；同时，在水利部的支持下，开创性地申请开展了蓄水阶段水土保持设施验收，为大型水电工程水土保持设施验收管理做了有益探索。乌东德、白鹤滩“三通一平”工程的环保项目，按照“三同时”原则全部得到落实，2016 年 3 月，通过竣工环保验收（4 月取得验收合格意见），成为环境保护部首次主持验收的水电工程“三通一平”环保验收项目。乌东德、白鹤滩电站首次在开发准备工程阶段就建成鱼类增殖放流站并成功实现放流。

（4）探索开展环保和水保监理工作。建设管理公司聘请环境保护部环境工程评估中心专家指导工作，探索环境监理的工作内容、要求和程序等。同时，对流域生态环境对策措施的落实情况及流域生态环境监测的执行情况进行监理，编制环境综合监理报告，制定环境监理管理办法。各工程建设现场聘请环保监理和水保监理，开展各项环保、水保措施落实和设施建设的第三方监督工作。

（5）积极落实鱼类保护措施。金沙江下游流域的珍稀特有鱼类保护措施，是鱼类保护措施体系化、系统化的典型代表。在实践中，工程措施与科学研究相结合，既有针对建设期和运行期影响的减免措施项目，也有应对长期影响开展的人工生态调度工作。主要包括开展增殖放流，补充鱼类资源；建设分层取水设施，减缓低温水影响；开展栖息地规划，保护鱼类自然生境；开展鱼类保护技术研究，推动鱼类保护工作；开展鱼类资源监测与调查，掌握鱼类资源变化情况；落实鱼类保护资金，切实保障生态投资。

（6）加强流域生态环境监测。制定了《金沙江下游流域生态环境监测实施方案》，除了常规的水、气、声、渣等监测工作外，系统开展流域生态环境监测，包括水质、水文、水温、过饱和气体、泄洪雾化、水生生态、陆生生态、局地气候等监测工作。

（7）组织开展流域环保科学研究。组织开展过鱼方案、替代生境、梯级生态调度和圆口铜鱼人工繁育技术等环保科研工作。在国内率先开展梯级电站生态调度相关工作，力争通过生态调度减缓低温水和水文情势变化对珍稀特有鱼类繁殖生长的影响。对难以人工成功繁育的重点保护鱼类圆口铜鱼，组织攻关，取得了圆口铜鱼人工繁殖的突破性进展。

（8）环保关键技术取得突破。对向家坝、溪洛渡水电站枢纽建设中有利于减缓气体过饱和的独特工程设计和枢纽布置，组织申请发明专利；联合国内权威单位开展金沙江干热河谷水土保持生态技术总结工作，形成相应标准和规范，通过主管部门的推行。

（二）措施落实情况及实施效果

1. 珍稀特有鱼类保护　通过与农业部合作，投入 3.82 亿元开展长江上游珍稀特有鱼类自然保护区的建设。2008 年 7 月，建成金沙江溪洛渡向家坝水电站珍稀特有鱼类增殖放流站。该增殖放流站位于向家坝水电站建设区内，总占地面积约 2.67hm$^2$，已进行多次放流，共放流各类珍稀特有鱼苗 124 万余尾。金沙江白鹤滩乌东德水电站增殖放流站建设提前至“三通一平”阶段实施，在截流前建成并投入使用。

2. 水质保护　历年监测资料显示：生产废水处理系统运行良好，处理后的废水或达标排放，或回收利用；生活污水处理后达标排放，或回用于绿化；施工区金沙江干流江段以及近岸水域水质稳定，生活饮用水的水源水和供水水质符合饮用水卫生标准。工程施工对金沙江总体水质无明显不利影响。向家坝和溪洛渡蓄水后，库区水质类别明显提升。

3. 空气质量保护　从污染源控制入手，对燃油机械等执行相应的排放标准；拌和系统均采用密闭输料，并配备收尘设备；开挖等易产生粉尘的工序尽量采用湿法作业；加强对施工作业区和办公生活区道路的清扫、养护工作，减少道路扬尘；加强燃油机械和运输车辆的维护保养。施工区环境空气质量较好，二氧化氮、二氧化硫等指标符合环境空气质量标准。

4. 噪声防治　采取限速、限鸣和合理安排车辆的运输时间起到良好的效果，选用低噪声设备和工艺、培植绿化带隔声、配备耳塞等防护措施加强了劳动保护。施工区环境噪声符合国家噪声控制标准，且近年逐年降低。

5. 固体废物处置　对于施工弃渣，运送至指定的弃渣场，并结合施工场地建设有计划地覆土绿化。对生活垃圾实行定时清运和规范化处理。

6. 人群健康保护和公共卫生　施工区设医疗点或依托地方力量，开展医疗急救服务、卫生防疫和公共卫生监督监测工作，公共卫生和人群健康状况良好，未发生传染病流行事件。

7. 水土保持　优化水土保持设计，尽量用桥梁、隧洞代替明路，减少明挖对地表植被的破坏；从筹建工程开始，各电站采取了裸露面硬化、护坡、拦渣等工程措施和大量种植行道树、植草等植被措施，水土保持成效显著。

8. 库区和库底清理　水库蓄水前，进行了库区固废清理和名木古树、文物迁建工作，并系统地开展了库底清理工作，上述工作均通过了地方政府组织的专项验收。

（中国三峡建设管理有限公司）

## 华能澜沧江水电股份有限公司 2016 年生态保护工作情况

华能澜沧江水电股份有限公司各电站生态保护工作按照“同时设计、超前实施、提前投运、运行有效”的要求，健全完善环保水保机制，狠抓措施落实。编制了环境保护总体设计，深入开展技术研究，有效落实各项生态保护措施，规范设施运行及维护管理，竣工环保水保验收工作有序进行。2016 年主要生态保护工作情况如下：

（1）做好鱼类增殖放流。糯扎渡、龙开口、功果桥和黄登鱼类增殖站由云南省渔业科学研究院承担技术研究和运行管理，顺利完成 2016 年度鱼类增殖放流任务。黄登鱼类增殖站首次完成后背鲈鲤人工增殖；公司近期需要人工增殖放流的 16 种鱼类已成功增殖叉尾鲇、巨魾、光唇裂腹鱼、后背鲈鲤、灰裂腹鱼、短须裂腹鱼、细鳞裂腹鱼、岩原鲤、鲈鲤、长薄鳅等 10 种。2016 年在乌弄龙、里底、黄登、大华桥、苗尾、功果桥、糯扎渡和龙开口电站开展多次增殖放流活动，共计放流当地土著鱼类 360051 多尾，并对部分放流鱼苗进行标记；在糯扎渡、苗尾、功果桥和龙开口电站开展增殖放流效果监测。公司与地方有关单位联合在景洪电站江段开展澜沧江流域增殖放流活动，共计放流丝尾鳠、傣鲤等土著鱼类 12 万尾，为维护澜沧江河流生态系统健康做出积极努力。以巨魾为代表的澜沧江中下游主要土著鱼类人工增殖技术研究获得云南省科技进步二等奖。

（2）实施鱼类栖息地保护。在澜沧江云南段干流古水电站至乌弄龙电站库尾、里底电站坝下至托巴电站库尾保留部分天然河段，澜沧江支流永春河、德庆河、基独河、补远江和南腊河等开展鱼类保护工作。永春河完成板栗园电站拆除，德庆河完成保护区科学考察，德庆河和玉龙河编制完成栖息地保护方案，基独河栖息地保护建设完成后正常运行，补远江和南腊河由地方渔政主管部门开展监督管理。

（3）建设大坝过鱼设施。乌弄龙、里底、黄登、大华桥、苗尾和龙开口等电站拟建设升鱼机、集运鱼系统等过鱼设施。按照“流域统筹，试点先行，成果共享”的原则，先行开展黄登升鱼机和龙开口集运鱼系统科研设计工作，认真研究和解决升鱼机、集运鱼系统技术难题，为过鱼设施设计、建造和运行奠定基础。黄登升鱼机设计报告通过主管部门组织审查，大华桥和乌弄龙升鱼机设计研究工作有序开展；龙开口电站集运鱼系统（捕捞过坝）科研成果报告通过专家评审、设计工作按计划进行。龙开口电站 2016 年组织开展两次捕捞过坝放流，共放流短须裂腹鱼、细鳞裂腹鱼、四川裂腹鱼等 12 个土著鱼类，总重量 5556 余尾，有效促进大坝上下游鱼类的基因交流。

（4）采取分层取水措施。为了减小电站下泄低温水对下游鱼类等环境因素的影响，糯扎渡、黄登等电站采取分层取水工程措施。糯扎渡电站大坝采取了叠梁门分层取水，工程与电站进水塔同步建设完成，分层取水运行及水温影响研究取得阶段性成果。黄登水电站分层取水进水口设计通过主管部门审查，正在进行建设，将与黄登电站主体工程同步建成。

（5）保证生态流量下泄。为保护下游的生态环境，公司各电站在投产前就制定了相应的生态流量泄放措施，从蓄水期开始实施。通过调整电站运行方式，增加枯水期泄水，保证了澜沧江中下游各电站下游的生态、环境、社会、航运等综合用水。在澜沧江流域内建设了水情测报机构，及时掌握流域各梯级电站水情信息。针对超标洪水，通过单级或多级联合调度消减洪峰，减小对流域内工农业生产、人民生活造成的不利影响。在枯季加大下泄流量，有效保证下游生产、生活用水，更好促进水利资源综合利用。

（6）开展陆生生物保护。各电站根据实际，采取绿化、硬质边坡绿化等生态恢复措施，建设珍稀植物园实施珍稀植物移栽保护和繁殖培育工作。小湾、景洪、糯扎渡电站较早开展陆生动植物保护工作，设置植物园、珍稀植物移栽区（点）、野生动物拯救站、野生大象饲料基地、猕猴保护点、绿孔雀保护区等，糯扎渡“二站一园”被普洱市政府授予“普洱市生物多样性保护教育基地”；乌弄龙、里底、黄登、大华桥、苗尾、功果桥和龙开口也按环保要求开展相关植物移栽保护工作，取得良好效果。

（7）推进环保验收有序进行。乌弄龙、里底、托巴等29个项目通过环保水保验收，糯扎渡、龙开口获得水保批复并完成环保验收技术审查。

（8）生态文明工作取得实效。糯扎渡荣获省内首个生态文明工程创建经费补助，稳步推进流域开发各电站生态文明建设工作，继小湾、功果桥水电站获得国家水土保持生态文明工程之后，糯扎渡水电站获得2016年度国家水土保持生态文明工程。

（华能澜沧江水电股份有限公司）

## 丰满水电站大坝全面治理重建工程变更环境影响评价

2016年12月31日，环境保护部以环审〔2016〕173号文件印发《关于吉林丰满水电站大坝全面治理（重建）工程变更环境影响报告书的批复》，批复了中国电建集团贵阳勘测设计研究院有限公司编制的国内第一个涉及重大环境保护工程变更的环境影响报告书。

本次吉林丰满水电站大坝全面治理（重建）工程环保措施变更包括：水温影响减缓措施由叠梁门分层取水变更为将老坝拆除坝段高程由237.5m提高至240.2m，将拆除坝段范围由6～38号坝段扩展至6～43号坝段，宽度由594m相应增加至684m；鱼类增殖放流站选址由丰满大坝左岸下游650m处变更至永庆反调节水库大坝左岸，利用电厂已有土地；优化永庆反调节水库鱼道方案，选址由右岸变更至左岸，鱼道形式由竖缝式鱼道变更为仿生态鱼道，配套建设3孔生态泄水闸。根据环境影响评价，上述措施调整后，工程不利环境影响与变更前基本相当，环境保护部原则同意工程按照变更后的环境保护措施实施。

由于国内大型水电站变更环评较为少见，且尚未有涉及水电站环境保护工程变更的先例，本项目社会关注度高，环境保护部对项目环境影响评价措施变更方案合理性论证要求高。项目最终通过技术审查并获得批复，极大促进了水电环保咨询业发展。

（中国电建集团贵阳勘测设计研究院有限公司　赵再兴）

## 龙溪口航电枢纽环境影响评价使用新技术

岷江是四川省水运进出川的主通道之一，龙溪口航电枢纽工程是岷江下游航电规划的第四座梯级，对改善岷江通航条件具有重要作用，被列为四川省“十三五”重点工程。龙溪口航电枢纽下游8km为长江上游珍稀、特有鱼类国家级自然保护区，生态环境敏感、社会关注度高，生态环境保护成为制约该工程的主要因素之一。

为确保该项目的顺利推进，中国电建集团贵阳勘测设计研究院有限公司（以下简称贵阳院）坚持生态优先理念，环境影响评价工作全过程介入主体工程设计，严格落实国家及四川省各项生态环境保护要求，对工程可能造成的生态环境影响进行了深入分析论证，有针对性的制定了各项生态环境保护措施，并开展了生态调度、水环境专题研究、鱼道数学模型试验、大气及噪声预测及三维模拟等数个专题研究工作。

贵阳院在龙溪口航电枢纽工程环境影响评价及环保设计工作中，首次应用了工程地理信息系统（GIS）技术。使用GIS平台及MIKE、CADANA、ADMS等专业软件进行水、气、声环境预测并实现与空间信息高度整合，精确识别影响目标、范围和程度；使用FLUENT软件建立枢纽工程及鱼道三维模型，模拟不同运行调度工况，对鱼道进口布置方案和仿自然通道设计方案进行分析论证，提出了优化建议，减小了鱼道设计风险，提高了设计效率；使用GIS-3D模块实现三维仿真模拟，以视频的方式代替传统PPT作为汇报形式，得到审查专家高度肯定。

通过龙溪口工程中的应用，工程三维GIS技术进一步提升了贵阳院环保咨询业的品牌和影响力，环境三维仿真模拟技术成为贵阳院环保咨询业发展的一个新方向。

（中国电建集团贵阳勘测设计研究院有限公司　赵再兴）

## 巴拉水电站环境影响报告书获得审批

巴拉水电站是大渡河干流水电规划开发方案中的第二级水电站，也是大渡河主源脚木足河干流水电规划“一库四级”中的第二级，上游为规划的下尔呷梯级，下游为达维梯级。巴拉水电站采用混合式开发，总装机容量 74.3 万 kW，其中坝后设置的生态电站装机容量 2.3 万 kW，多年平均年发电量 25.577 亿 kW·h，是以发电为主的二等大（2）型工程。电站水库正常蓄水位 2920m，相应库容 1.277 亿 $m^3$，死水位 2918m，调节库容 650 万 $m^3$，具日调节能力。

应建设单位四川足木足河流域水电开发有限公司委托，四川省清源工程咨询有限公司承担巴拉水电站的勘测设计工作，中国电建集团成都勘测设计研究院有限公司（以下简称成都院）承担本工程的环境影响评价工作。

（一）环境影响报告书编制与审查

在流域水电规划环评、流域干流水电开发环境影响回顾性评价等相关成果的基础上，成都院对工程涉及区域的水文、气候、地质、土壤、植被、珍稀动植物、社会经济、基础设施等情况进行了全面调查和资料收集工作。同时，针对工程涉及的环境敏感问题，主体设计单位四川省清源工程咨询有限公司委托国内相关领域的权威科研单位和高等院校开展了相关专题研究工作，主要包括环境现状监测、陆生生物多样性调查与评价、水生生物及鱼类多样性调查与评价、水温及过饱和气体影响研究等；针对流域干流水电开发环境影响回顾性评价研究报告中提出的要进一步研究落实巴拉水电站生态流量的相关要求，成都院同步开展了巴拉水电站河道生态需水量及下游水文情势分析专题研究工作。在专题调查工作的基础上，根据近年来在大渡河上游开展的川陕哲罗鲑保护研究成果，深入开展了工程分析、影响预测及保护措施制定工作，按照《环境影响评价公众参与暂行办法》的要求开展了全面的公众参与工作，成都院于 2016 年 8 月编制完成《四川省脚木足河巴拉水电站环境影响报告书》送审稿。

2016 年 8 月 13～14 日，环境保护部环境工程评估中心在成都市主持召开了《四川省脚木足河巴拉水电站环境影响报告书》技术评估会，同年 12 月 31 日，环境保护部以环审〔2016〕174 号文件对巴拉环评报告书予以批复。

（二）环保措施设计

1. 环评工作难点　因巴拉水电站涉及国家Ⅱ级重点保护野生鱼类川陕哲罗鲑的重要生境，在 2005 年审查通过的《四川省大渡河干流水电规划调整环境影响报告书》及审查意见中提出了“川陕哲罗鲑人工增殖放流成功”后电站方能开工建设的前置条件。因此，持续不断地开展川陕哲罗鲑增殖放流研究工作成为巴拉环评工作的重中之重。另外，本工程水生生态的保护及电站运行调度对下游水文情势的影响也是环评工作的重点和难点。针对以上重点难点，成都院通过深入的调查、研究与分析，科学合理地预测了工程建设可能对水生生态及下游水环境产生的影响，并制定了针对性的保护措施。

2. 主要环保措施　针对川陕哲罗鲑保护，划定了大渡河上游鱼类栖息地，编制了总体规划报告，并获得四川省政府批复；在建设单位及科研单位的不懈努力下，川陕哲罗鲑的人工繁殖技术研究已取得重大突破，大渡河流域移养驯化已获成功，成功进行催产并培育出鱼苗；工程规划建设脚木足河鱼类增殖放流站，开展鱼类增殖放流及川陕哲罗鲑研究工作，增殖站建设地点位于巴拉水电站业主营地下游侧，满足巴拉水电站和大渡河上游鱼类栖息地生境保护区内的鱼类增殖放流任务；设计的过鱼设施采用索道式升鱼机和集运鱼方案，主要由集鱼系统、提升转运系统、放流系统等组成；针对鱼类繁殖期，提出了生态调度过程要求，除减水河段提出制造洪水过程外，还对厂房下游河段提出了在鱼类繁殖期电站不进行日内调峰，维持下游河段天然状态的要求。

此外，还提出了施工期“三废一噪”以及社会环境等环境保护措施。

（中国电建集团成都勘测设计研究院有限公司
孙丹丹　刘　园　杨玖贤）

## 阿青水电站水土保持方案通过审查并获得批复

阿青水电站为象泉河中游水电规划的第 2 级电站，是象泉河中游第一个开发的电站。该电站是西藏阿里骨干电源，它的修建对于增强阿里地区自我发展能力、推进经济跨越式发展、促进阿里电网系统建设和改善电源结构具有重要意义。

阿青水电站为二等大（2）型工程，采用坝式开发，装机容量为 42.0MW，多年平均年发电量 1.339 亿 kW·h。工程区无公路通过，仅札达县至玛琅村有简易公路从工程区周边通行，距札达县城约 45km。坝址以上控制流域面积 11420$km^2$，占全流域面积的 50.2%，多年平均流量 24.4$m^3/s$。水库正常蓄水位为 3814.0m，相应库容为 3.01 亿 $m^3$，死水位

3785.0m，调节库容 2.29 亿 $m^3$，具多年调节能力，库区仅涉及阿里地区札达县。

（一）水土保持方案编制

阿青水电站原建设单位为华能西藏发电有限公司，后变更为西藏开发投资有限公司。受华能西藏发电有限公司的委托，中国电建集团成都勘测设计研究院有限公司（以下简称成都院）承担了本工程的水土保持方案报告书编制工作。成都院对工程区自然环境、社会环境、生态环境以及水土保持现状及成因进行了详细调查，根据水土保持法律、法规要求以及主体工程设计资料，于 2016 年 7 月编制完成了水保方案报告书。2016 年 11 月，西藏自治区水土保持局在西藏拉萨市组织召开了报告书技术审查会议；同年 12 月，西藏自治区水利厅以藏水保〔2016〕214 号文件对本工程“方案报告书”进行了批复。

（二）水土保持方案设计

1. 水土保持设计难点　阿青水电站地处青藏滇缅印尼“歹”字形构造头部，区域水文地质条件复杂，为典型的高山峡谷地貌。工程区为高原温带干旱季风气候区，呈现出气候干燥、降水量少、温差剧烈、多大风的特点，区域生态环境脆弱，覆盖植被多为山地荒漠植被，植被破坏后很难恢复。项目区以风力侵蚀和冻融侵蚀为主，且土林广泛分布，保水保肥能力差，因此，本工程针对上述独特特点采取了对应水土保持措施设计。

2. 水土保持措施设计　本工程水土流失防治分区划分为枢纽工程区、弃存渣场区、料场区、交通设施区、施工生产生活区、库岸区等 6 个防治分区。结合各防治分区水土流失特点，在主体工程设计已有水土保持功能措施基础上，补充设计了水土保持专项措施，包括浆砌石挡墙、护坡、截（排）水沟、跌水消能措施、栽植乔（灌）木、撒播种草以及管道灌溉等防治措施。其中，重点对植被后期恢复及防风治沙采取了对应措施。在植被恢复方面，采取保水剂与土以 1∶500 的比例混合均匀，以增加土壤保水性，选用当地适生物种，例如固沙草、驼绒藜和沙棘等；防风治沙方面，在垂直主风向布置干砌石挡墙。同时，鉴于放马坪渣场所处河滩地植物种类多、覆盖度高，方案重点对该区块加强表土剥离，以保护结皮衣和收集植物种子。方案在抗冻方面也提出相应要求。

（中国电建集团成都勘测设计研究院有限公司
吴　军　叶三霞　朱永刚）

## 藏木电站鱼道补水系统设计

藏木水电站坝高 116m，最大水头 67.0m，额定水头 53.5m，而国内外成功运行鱼道的水头一般在 30m 以下，本工程可供参照的高坝鱼道工程成功案例很少。

关于电站补水诱鱼设计，国内规范《水利水电工程鱼道设计导则》（SL 609—2013）和《水电工程过鱼设施设计规范》（NB/T 35054—2015）等的要求较少，对于鱼道补水系统的补水口数量、位置的选择以及多鱼道进口的补水系统的设置没有具体的技术要求、规定。目前，鱼道补水系统主要采用在鱼道设置多个补水点进行分散补水的方式。这种分散补水方式的主要缺点为：①鱼道竖缝宽度比鱼道进口宽度小，若采用从鱼道出口自流至进口的沿程补水方式，则当鱼道竖缝处水流满足适合鱼类洄游的流速时，鱼道进口处的流速却低于诱鱼流速，鱼类难以感知并找到鱼道进口；②沿程补水方式适用于低水头的鱼道工程，对于坝高较高、水头较大的大坝，采用沿程补水方式则会由于水头较高造成鱼道内流速过快，超过鱼类最佳洄游流速，以至鱼类体力消耗过多难以游至鱼道出口；③由于补水点多，各补水点流量不同，需设置大量的流量调整装置，设备的维护不便。

综上考虑，藏木水电站采用鱼道进口集中补水方式对鱼道进行补水。由于藏木电站运行水头范围为 44.3～67m，可采用从上游水库自流供水的方式进行补水，相比水泵供水方式，节省了投资，且避免了水泵噪声大对鱼类洄游产生影响等问题。另一方面，藏木电站鱼道的过鱼季节为 2～10 月，其中主要过鱼季节为 3～6 月，而电站泄洪时段为 6 月中旬至 10 月中旬，主汛期为 7～9 月。采用上游库区自流供水方式，可在主要过鱼时间段利用电站的弃水进行鱼道补水，既满足鱼道补水量要求，又可避免水能浪费。

本工程结合水工模型试验已开展鱼道可通过性试验，鱼道建成后需进一步开展可通过性试验，验证鱼道的补水系统诱鱼效果。

（中国电建集团成都勘测设计研究院有限公司
吴佰杰）

## 藏木鱼类增殖放流站二期工程建成投运

藏木鱼类增殖放流站一期工程已于 2013 年 7 月投入运行。为便于流域统筹管理及满足环评报告要求，在充分挖掘藏木鱼类增殖放流站一期工程生产养殖能力的基础上，新建藏木鱼类增殖放流站二期工程，满足藏木、加查、街需水电站增殖放流需求。藏木鱼类增殖放流站近期放流对象为尖裸鲤、拉萨裸裂尻鱼、异齿裂腹鱼、拉萨裂腹鱼，远期放流对象为黑斑原鲱、双须叶须鱼、巨须裂腹鱼，合计 23.1 万尾/年。2016 年 8 月，藏木鱼类增殖放流站二期工程完成完工验收并进入试运行阶段。

二期工程位于藏木坝址下游约 5km 雅鲁藏布江左岸唐麦村阶地，紧邻业主营地和藏木鱼类增殖站一期场地，工程占地 15.6 亩。鱼类增殖放流站主要构（建）筑物包括鱼种培育车间、亲鱼培育车间、鱼苗培育车间、催产孵化车间、野化池、饵料培育池等。

工程设计采用室内循环水养殖，生产用水由蓄水池通过管道分别引入各养殖车间，其中室外饵料培育池和野化池采用蓄水池直接供水；亲鱼培育车间、催产孵化车间、鱼苗培育车间和鱼种培育车间采用室内循环水处理系统供水，共设置 5 套室内循环水处理系统。为减缓冬季极端低温对亲鱼和苗种的越冬影响，循环水系统配置温控系统，在总结分析相关工程出现的极端低温情况下常规加温设施工效不佳的问题后，经多方案比选推荐采用电锅炉嵌套入循环水系统的方式实现温度控制，经现场运行证明该套设施能够有效保证养殖鱼类在高寒高海拔地区极端低温下的正常越冬。

生态保护是西藏能源开发的三大底线之一，中央第六次西藏工作座谈会指出要坚持生态保护第一。藏木鱼类增殖放流站总体的正式投入运行，对雅鲁藏布江中游流域内的珍稀鱼类进行了驯养、繁殖、科研，对有效减缓工程及流域水电开发对水生生态的影响，促进工程建设及流域水电开发与生态环境保护的协调、持续发展具有积极意义。

（中国电建集团成都勘测设计研究院有限公司
李联希）

## 猴子岩鱼类增殖放流站一期工程建成投运

2016 年 2 月，猴子岩鱼类增殖放流站一期工程完成竣工验收并投入运行。一期工程承担猴子岩水电站近期鱼类增殖放流任务，近期放流对象为齐口裂腹鱼、重口裂腹鱼、大渡软刺裸裂尻鱼，合计 20 万尾/年。

猴子岩鱼类增殖放流站位于猴子岩水电站坝址下游约 7.0km（业主营地下游约 1.5km），大渡河左岸桃花渣场顶部平台上。增殖站一期场地面积约 27.0 亩，主要建（构）筑物包括综合楼、催产孵化车间、鱼苗培育车间、鱼种培育车间、蓄水池、野化驯鱼池、取水泵站、场外生活生产引水设施等。该鱼类增殖放流站工程设计采用微流水养殖模式，生产用水由蓄水池通过给水管道分别引入亲鱼培育车间、催产孵化车间、鱼苗培育车间和鱼种培育车间、野化驯鱼池、饵料培育池。为减缓冬季极端低温对亲鱼和苗种的越冬影响，各车间均配置了冷热水机组对水温进行控制。

猴子岩鱼类增殖放流站是国电大渡河猴子岩水力发电厂的增殖放流生产基地，设计时力求站内设施与孔玉业主营地统一标准，保持相同建筑风格。增殖站作为电厂的组成部分，其管理人员和生产人员接受国电大渡河猴子岩水力发电厂统一管理，将制定相关运行维护管理办法，明确工作人员作息制度、工作内容、考勤制度、营地乘车、内部设施等规定。

增殖站在设计过程中，结合猴子岩水电站工程建设实际情况，采用了泵站取水和引取沟水的双水源供水方案，其中引取沟水为主水源方案，泵站取水为备用水源方案，提高了增殖站养殖用水保证率，有效降低了运行费。

（中国电建集团成都勘测设计研究院有限公司
王杨科　吴　迪）

## 桐子林鱼类增殖放流站一期工程建成投运

2016 年 6 月，桐子林鱼类增殖放流站工程完成竣工验收并进入试运行阶段。桐子林鱼类增殖放流站承担二滩、桐子林水电站鱼类增殖放流任务，近期放流对象为鲈鲤、细鳞裂腹鱼、岩原鲤、长薄鳅，远期放流对象为青石爬鮡、圆口铜鱼、中华鮡，合计 70 万尾/年。

工程位于桐子林水电站雅砻江左岸，距离下游大坝 200m，占地面积约 39.1 亩。鱼类增殖放流站主要构（建）筑物包括构筑物工程（水池）、综合楼、开口苗培育车间、催产孵化车间、取水泵房等。

桐子林鱼类增殖放流站由于地处攀枝花盐边新县城，地理位置好，且气象条件优越，因此，在设计阶段即考虑采用流水养殖模式进行珍稀鱼类的驯养，人工模拟天然河流环境，培育鱼苗进行放流。该增殖放流站是雅砻江流域第一个全流水养殖模式的增殖放流站，对于研究远期放流鱼类具有重大意义；竣工投产后，将为整个雅砻江流域生态文明、生物多样性建设，以及保护水生物资源和维护水域生态环境做出重大贡献。

（中国电建集团成都勘测设计研究院有限公司
唐剑韬　郎　建）

## 《水电工程环境监理规范》正式颁布实施

为了加强建设项目施工期环境保护管理，2002

年10月13日，国家环境保护总局要求在生态环境影响突出的国家十三个重点建设项目中开展工程环境监理试点，小湾水电站、公伯峡水电站、芙蓉江江口水电站及岷江紫坪铺水利枢纽等工程位列其中。经过十多年的环境监理工作实践，水电工程施工期环境监理试点工作取得了预期成效，同时积累了大量宝贵的环境监理经验，环境监理在环境保护方面所取得的成绩已经越来越被社会各界所认可，也日益成为水电工程建设过程中不可或缺的重要参与者。

虽然环境监理工作在不断摸索中日渐完善和成熟，但环境监理技术规范体系都尚在理论研究过程中，环境监理技术规范在我国仍是一项空白，既无国家标准，也无行业标准，这对环境监理行业的科学化、规范化极为不利。

因此，根据《国家能源局关于下达2009年第二批能源领域行业标准制（修）订计划的通知》（国能科技〔2010〕14号）文件要求，中国电建集团成都勘测设计研究院有限公司承担了规范的编制任务。编制组依据现有建设项目环境影响评价、污染防治及竣工环境保护验收等法律法规和技术规范的要求，结合当前我国水电工程发展对施工期环境监理提出的新要求，在广泛调查研究，认真总结实践经验，并在充分征求意见的基础上，编制完成了《水电工程环境监理规范》。2015年10月，国家能源局以2015年第6号令对《水电工程环境监理规范》（NB/T 35063—2015）予以发布，并于2016年3月1日正式实施。自正式实施以来，该规范已广泛应用于指导我国各流域水电工程环境监理工作，具体项目包括（不限于）：金沙江溪洛渡水电站、叶巴滩水电站，大渡河大岗山水电站、猴子岩水电站、长河坝水电站，雅砻江锦屏一级水电站等项目。

随着当前国家生态保护要求的增强，监督和管理水电工程建设工程中环境保护措施落实已经越来越受到各方重视。本规范将指导后续水电工程环境监理工作，保障水电工程建设对环境的不利影响降到最低限度，对促进流域生态保护具有重要意义。

（中国电建集团成都勘测设计研究院有限公司
冯 博 张 磊 孙大东 魏 凡）

## 清原抽水蓄能电站环境影响评价工作情况

（一）工程情况及环境特点简介

1. 工程情况　清原抽水蓄能电站位于辽宁省抚顺市清原县北三家乡境内，总装机容量为1800MW，为一等大（1）型工程。电站上水库位于摩离红沟沟首，下水库坝址位于浑河右岸一级支流树基沟河上。

2013年12月，国家能源局以国能新能〔2013〕500号文件批复了《辽宁省抽水蓄能电站选点规划》，确定清原站点为辽宁省2020年新建抽水蓄能电站的推荐站点。

经辽宁省环境工程评估审核中心的技术评估和之后对报告书修改内容的技术复核，《辽宁清原抽水蓄能电站环境影响报告书》于2016年9月形成报批稿；10月，获得辽宁省环境保护厅批复（辽环函〔2016〕260号）。

2. 环境特点　本工程位于大伙房饮用水水源保护区准保护区内，由于大伙房水库是沈阳、抚顺两大城市居民饮用水的重要水源地，应严格做好水污染防治措施，废水禁止排入河道。工程地处严寒地区，工程区最冷月平均气温为－16.7℃，极端最低气温为－39.7℃，最大冻土深169cm；冰冻期从11月至翌年3月长达5个月。

（二）坝下生态需水量分析及泄放措施

1. 坝下生态需水量分析　根据环保部《水电水利建设项目生态用水、低温水和过鱼设施环境影响评价技术指南（试行）》和水利行业标准《河湖生态环境需水计算规范》（SL/Z 712—2014），按河道内生态需水＋河道外灌溉及生活需水量，确定下水库坝下逐月下泄生态流量。结果是：1～4月和9～12月为0.0644$m^3/s$，5、6、7、8月分别为0.0824、0.0744、0.0974、0.0944$m^3/s$。

按环发〔2014〕65号文件《关于深化落实水电开发生态环境保护措施的通知》规定，“当天然来水流量小于规定下泄最小生态流量时，电站下泄生态流量按坝址处天然实际来水流量进行下放。”本电站考虑环境保护要求较高，出现天然来水流量小于规定下泄最小生态流量的情况，初期蓄水期仍按所确定的生态流量下放，运行期则按实际来水流量的110%进行下放，体现环境效益。

2. 生态流量保证措施

（1）下水库坝下生态流量保证措施：初期蓄水期，结合泄洪放空洞设置生态流量管，管径30cm。运行期，除少量补水之外，其余天然来多少水放多少水，不存入库内，通过泄洪放空洞放到坝下。在泄洪放空洞闸门下游平直河道处安装流量的在线监控装置，并将监控数据与地方环保部门进行联网，实现在线监控。

（2）上水库坝下生态流量保证措施：本工程初期蓄水和运行期不从摩离红沟取水。沿上水库库岸设置1条环库公路，外侧设渠道，并在电站初期蓄水前建成，上水库以上流域来水通过此渠道流至坝下河道。在上水库坝体及坝基渗透水汇集出流的坝后堆渣体坡脚位置设置1个量水堰及精密量水计，自动监测渗流的汇集流量。

（三）固体废弃物对环境的影响及保护措施

工程规划了4处永久渣场，2处临时渣场。弃渣将按设计要求堆放于指定的渣场。渣场将按照水土保持要求采取相应的工程措施和植物措施。

生活垃圾集中收集清运至清原县垃圾填埋场处理。

危险废物主要是废油和机械修配系统废水中油水分离后产生的污泥。废油集中放入废油桶内，在油库内设置废油暂存间，委托有危废处理资质的单位进行处置。含油污泥用专门的容器储存，并做好标记，委托有危废处理资质的单位进行处置。

（四）下游水质污染风险分析及应急措施

施工过程中可能因回用水泵或各废污水处理设施故障等情况造成废污水事故排放。在施工区，下水库砂石料加工冲洗废水SS浓度较高、高峰时量较大，水质污染风险预测以该处理系统发生故障、调节池或清水池溢出的事故排放两种情况考虑。应设废水事故排放池，且一旦发生事故，立即停止砂石料加工等施工生产，待设施恢复正常后才可进行。

工程建设单位必须在筹建期购买全套水面溢油回收设备，并做好设备操作使用的人员培训工作。

（五）施工期水平衡及废污水综合利用及保证措施

经设计，整个施工期内施工用水、场地洒水、道路洒水、绿化用水总量934.64万$m^3$，其中回用水使用量492.32万$m^3$，从树基沟河补充新鲜水量442.32万$m^3$。

所有产生的回用水均被利用，设计明确了应用项目及使用量。其中地下系统废水处理系统产生回用水用于厂道系统施工用水，包括土石方开挖、混凝土养护、固结灌浆、帷幕灌浆用水；生活污水处理系统产生回用水，在冬季抽至小石人沟中水集存库内储存，主要用于下水库区施工用水（土石方开挖、填筑、帷幕灌浆）、场地洒水、道路洒水、绿化用水；砂石料加工、混凝土拌和系统和机械修配废水处理系统产生回用水均回用于本系统生产用水。

（中国电建集团北京勘测设计研究院有限公司 潘 莉）

## 芝瑞抽水蓄能电站环境影响评价工作情况

芝瑞抽水蓄能电站位于内蒙古自治区赤峰市克什克腾旗境内，装机容量1200MW。电站上水库位于百岔河左岸山顶平台区，下水库位于百岔河合胜村糖房组至芝瑞镇间的主河道上。工程建设涉及克什克腾旗1个旗3个行政村，建设征地总面积7186.49亩。

2016年9月，内蒙古赤峰抽水蓄能有限公司筹建处委托中国电建集团北京勘测设计研究院有限公司（以下简称北京院）承担工程环境影响报告书的编制工作。

（一）环评工作内容简介

1. 环境保护目标筛查　遵循早期介入原则，对工程前期工作，重点关注选址（或选线）、工艺路线（或施工方案）的环境可行性。该电站主体工程建设的选址不涉及自然保护区、世界文化和自然遗产地、风景名胜区、森林公园、地质公园、水源地保护区、珍稀动植物集中分布区等环境敏感区域。工程建设涉及的移民集中安置点的选址，临近克什克腾旗芝瑞镇地下水型水源地保护区的二级保护区，经过移民安置点布置及其施工场地、施工方法的优化，以及对该二级水源保护区的影响论证等，安置点选址及建设施工均不涉及该水源地保护区范围。工程施工料场选址阶段，比选方案中有一方案涉及芝瑞镇的羊角山，后经走访了解，羊角山被当地人供称为神山，对当地居民的宗教信仰习俗等有重要影响，应选择避让方式对其进行保护，因此，该方案作为比选不做推荐。

综合分析，芝瑞抽水蓄能电站的建设不涉及自然保护区、风景名胜区、森林公园、水源地保护区等环境敏感区域，不涉及全国主体生态功能区划中浑善达克沙地重要生态敏感区域，工程的主要环保目标为工程施工建设期间产生的大气、噪声可能影响到的附近的村庄居民群体。

2. 生态流量分析　按有关规定，生态流量要考虑：①维持水生生态系统稳定所需要的水量；②维持河流水环境质量的最小稀释净化水量；③调节气候所需的水面蒸散发量；④维持地下水位动态平衡所需要的补给水量；⑤航运、景观和水上娱乐环境需水量；⑥工农业生产及生活需水量。该工程下水库所在的百岔河为季节性河流，冬季断流，根据生态流量计算方法，并结合百岔河天然来水情况及内蒙古自治区水利部门的要求，工程拟采取的河道内最小生态流量泄放方式为：汛期（6～9月）下泄坝址处多年平均流量的20%，非汛期（10月至翌年5月）下泄10%，当天然来水量小于规定最小生态流量时，电站下泄生态流量按坝址处天然实际来流量下放。同时，根据调查，百岔河对下游有灌溉任务，拟建坝址至百岔河汇口处共5个灌区，因此，生态流量中河道外用水，即为拟建的坝址下游灌区的农业用水量。

综合分析，生态流量的泄放量应同时考虑河道内需水及河道外需水，结合对下游灌区需水量、河道天然来水量、工程蓄水运行所需水量等进行综合分析确定。

3. 固体废物处理措施分析　工程的固体废弃物主要包括工程弃渣和工程施工人员、运行期管理人员等的生活垃圾两部分。结合工程区的自然地貌地质构造等多方面的特点，本电站建设尽量减少工程弃渣，并对工程弃渣进行综合利用，以减少渣场占地、堆渣等对周围生态环境的影响。由于工程所处的内蒙古赤峰克什克腾旗地广人稀，农村村镇大多尚未建设垃圾处理场，对生活垃圾的处理有3种可选方案：一是统一收集存放后委托克什克腾旗经棚镇垃圾处理场集中处理；二是在工程区兴建垃圾卫生填埋场；三是将生活垃圾进行分拣，有机部分可用于堆肥利用，塑料制品回收集中处置，剩余的无机废渣等运至工程区内的渣场堆放。鉴于生活垃圾处理要求较高，并考虑经济性和可操作性，选用第一种方案，即将生活垃圾统一收集后运至克什克腾旗经棚镇集中处理。

由于工程区距离经棚镇较远，垃圾清运不便，储存时间长有机垃圾等易腐烂影响环境。因此，结合地方政府意见，拟在施工营地处设计一座地埋式垃圾中转站，对垃圾进行初步的压缩脱水处理。

4. 生态影响分析　工程评价区内鱼类种类、数量都很少，主要是泥鳅等小型鱼类，没有洄游型和重点保护鱼类，因此工程对区域水生生态的影响不大。

根据工程区陆生调查的成果，工程区内的植物类型都是该区域广泛分布的一般常见种类，但工程评价区内分布有2株古榆树，应根据其位置、受影响程度进行分析，对避让、围挡挂牌、移栽3种保护方案依次进行论证，对不能采取避让，或就地围挡起不到保护效果的，选取移栽方案，并提出移栽的技术方法等。

（二）环境影响评价工作成果

北京院于2016年11月编制完成了《内蒙古芝瑞抽水蓄能电站工程环境影响报告书（送审稿）》。2016年11月11～13日，赤峰市克什克腾旗环境保护局组织召开了该报告书的技术评估会，形成了技术评估意见。会后，北京院根据该评估意见对报告书进行了修改、完善，形成了报批稿。2016年12月赤峰市克什克腾旗环境保护局进行了批复，同意环评报告的评价内容和结论，为芝瑞抽水蓄能电站的建设核准奠定了基础。

（三）环境影响评价工作后续优化

考虑百岔河下游的灌区灌溉任务较为重要，项目可行性研究报告审查会后，对可行性研究报告中提出的在项目环评阶段所确定的生态流量泄放措施进行了优化。原环评报告中采取通过泄洪排沙洞敞泄的方式泄放，优化后增设生态流量泄放管，同时利用生态流量泄放管和泄洪排沙洞向下游泄放生态流量，提高了生态流量泄放的保证率。

（中国电建集团北京勘测设计研究院有限公司
王梦颖）

# 移　民　工　程

## 金沙江白鹤滩水电站建设征地移民安置规划设计工作顺利完成

金沙江白鹤滩水电站移民规模近10万人，自2006年6月预可行性研究报告通过审查以来，开展了10余年可行性研究报告阶段建设征地移民安置规划设计工作。

2016年9月，四川、云南两省人民政府批复了移民安置规划大纲；11月，两省移民主管部门审核通过了移民安置规划。2016年11月，水电水利规划设计总院主持召开审查会议，审查通过了可行性研究报告—移民篇章；12月，项目申请报告通过评估。至此，白鹤滩水电站可行性研究报告阶段建设征地移民安置规划设计工作终于顺利完成。

（一）项目基本情况

1. 建设征地影响实物指标　白鹤滩水电站建设征地区影响涉及四川省和云南省的4个市（州）7个县（区），分别是四川省凉山彝族自治州宁南县、会东县，云南省的昭通市巧家县、曲靖市会泽县和昆明市的东川区、倘甸产业园区和禄劝县。

基准年（2011年）搬迁人口合计29885户89021人（农业人口83662人，非农业人口2717人，行政企事业单位集体户人口2642人）；影响各类房屋建筑面积9568551.66m²（正房8990571.70m²，杂房552131.16m²，专业主厂房25848.81m²）；征占用各类土地351225.446亩，其中枢纽工程建设区20107.68亩（永久占地17320.03亩，临时用地2787.66亩），水库淹没影响区321223.41亩（水库淹没区318515.50亩，塌岸浸没区2656.42亩，其他水库影响处理区51.50亩），城市集镇新址占地区

7771.06亩，复建等级公路占地区（不含分摊项目）2123.28亩。

建设征地影响涉及专业项目包括各类企业单位124个，事业单位38家；二级公路（山岭重丘）72.37km，四级公路173.91km，汽车便道228.25km，道班、车站18处，收费站4处；公路桥72座（总长度4664.8m），人行吊桥8座；人渡码头35处，汽渡码头5处；小型水电站17座（总装机容量167212.5kW），水文站3个，引水干渠7.15km，水库10.26万$m^3$；35kV变电站3座，220kV输电线路4.50km，110kV输电线路2.50km，35kV输电线路105km，10kV输电线路425.4km，变压器214台（总容量18744kVA）；电信局1处，通信机房17处，移动通信发射基站82处，通信光缆1254.67km，通信电缆245.82km；有线广播电视机房8处，广播电视光缆线路84.7km，电缆线路262.18km；气象观测点6个，泥石流监测点1个，地震监测台8个；测量标志24个，大型广告牌62个，宗教设施5处，看守所1处；文物古迹57处，矿产资源67处。

2. 农村移民安置规划方案

（1）生产安置：人口为95530人。采取农业安置方式安置22441人，占23.49%；采取逐年补偿安置方式（云南部分）安置19169人，占20.07%；采取复合安置方式（四川部分）安置13903人，占14.55%；采取复合安置方式（云南部分）安置29611人，占31.00%；采取养老保障安置方式（四川部分）安置2237人，占2.34%。采取自行安置方式安置8169人，占8.55%。

（2）搬迁安置：人口为96547人。其中就近安置50204人，占搬迁安置人口总量的52.00%；远迁安置41440人，占搬迁安置人口总量的42.92%；外迁安置4903人，占搬迁安置人口总量的5.08%。按搬迁的集中和分散程度，集中安置88136人，占搬迁安置人口总量的91.29%；分散安置8411人，占搬迁安置人口总量的8.71%。规划新建农村集中居民点37个，总人口规模30188人，总用地面积241.95$hm^2$。

3. 城市、集镇、街场处理

（1）城市：涉及的城市包括宁南码口新村居住小区、会东小岔河居住小区、巧家县城以及东川城区新村居住小区。规划总人口规模32527人、总建设用地面积197.26$hm^2$。

（2）集镇：涉及迁建集镇8座，分别为宁南县白鹤滩镇、葫芦口镇、华弹镇，会东县大崇乡、鲁吉乡、溜姑乡、野牛坪乡，巧家县金塘镇。规划8座集镇均作迁建处理，人口总规模31293人，用地总规模302.83$hm^2$。

（3）街场：涉及5处街场（四川部分的六城坝、谢家坝，云南部分的棉沙、莲塘、格勒），分别结合白鹤滩迁建集镇、花棚居民点、黎明新村西区居民点邱家屿居民区、象鼻岭居民点建设，恢复原街场的功能。

4. 专业项目处理

（1）企业事业单位：162家，规划迁建107家（其中，随城市处理迁建2家，随集镇迁建45家，独立选址迁建20家，自行迁建40家），货币补偿54家，工程措施处理1家。

（2）交通运输工程：云南部分的总规模为：等级公路13条总长234.289km，其中二级公路5条长100.649km，三级公路1条长2.459km，四级公路7条长131.181m；桥梁174座，总长29404m；隧道35座，总长43611m；渡口码头44座；新建渡口码头连接线总长23.794km；新建安置点连接道路104.51km；复建道路沿线需恢复对外连接线44条，合计总长74.795km；复建人行桥1座，长217.58m；对17个道班、公路管理所、车站等其他设施需采取依托复建公路或集中居民点复建，对超限检测站、葫芦口收费站、格勒收费站、茶棚子收费站和匝道收费站采取货币补偿处理。

（3）水利水电工程：规划新建水库5座（四川省竹寿水库、两岔河水库、马头山水库和云南省红乐水库、水井山水库），扩建或新建调蓄库或山塘10座、新建渠道90.62km、新建管道475.90km、改造渠线279.20km、新建净水站26座等。对以礼河四级电站采取复建处理，其不足部分及尾水电站按照剩余寿命期电量一次性货币补偿；对涉及的其他水电站均按装机容量一次性货币补偿处理。

5. 建设征地移民安置补偿费用概算　白鹤滩水电站建设征地移民安置动态总投资为5922107.49万元（静态总投资5659717.62万元），其中，农村部分补偿费2415154.91万元、城市集镇部分补偿费584386.08万元、专业项目部分处理补偿费1321308.45万元、库底清理20247.89万元、独立费用929590.38万元、预备费631419.78万元（基本预备费369029.90万元、价差预备费262389.88万元）、特殊资金20000万元。

（二）项目技术难点及创新点

（1）安置规模大、任务重、影响大。移民人口规模近10万人，建设征地和移民安置涉及两省4市州，移民安置任务重、政策处理和协调难度大。

（2）农村移民城镇化安置比重高，政策上有突破与创新。近50%的农村移民需要进入城镇集中安置，相应的安置方式、安置目标和标准及相关政策需要创新与突破，需要结合城镇化、新农村建设和特色小镇建设等开展移民安置规划工作。

(3) 四川、云南两省目前的安置政策有较大差异。云南省推行逐年补偿安置政策,四川省采取以大农业安置为主的安置政策。土地征地标准以国土部门公布的统一年产值为基础确定,由于建设征地涉及乡镇较多(38个乡镇),各地间亩产值差异明显。

(4) 场地条件复杂。移民和安置区位于金沙江干热河谷地区,区域内有多条地震断裂带穿过,抗震设防要求高,勘察设计难度较大。

(5) 采用先进的信息化和数据化手段。实物调查建立了先进的管理信息系统,采取空间技术和信息技术相结合的方式,实现数据入库、动态、空间管理。工程设计主要采取三维设计方式。

(中国电建集团华东勘测设计研究院有限公司 毛振军)

## 金沙江上游苏洼龙水电站建设征地移民安置实施组织策划研究

(一) 研究背景

苏洼龙水电站位于四川省甘孜州巴塘县和西藏自治区昌都市芒康县交界的金沙江干流上,总装机容量120万kW。建设征地涉及2省区2县4乡18个村,涉及耕(园)地2505亩、房屋12万$m^2$、公路74km、跨金沙江桥梁6座、10kV电力线路37km、通信光缆248km,涉及集镇2个;规划水平年生产安置人口2243人、搬迁安置人口1462人,移民动态总投资40.7亿元。

苏洼龙水电站于2015年11月通过国家发展改革委核准,是金沙江上游第一个通过国家核准开工的水电项目,也是西藏自治区第一个开工建设的装机容量超过百万千瓦的水电项目,其移民安置实施工作对金沙江上游和西藏自治区的移民工作具有巨大的示范效应。

该电站地处川藏两省区交界的藏族核心地区,社会环境特殊,涉及的移民项目众多、投资规模大,实施周期短、工程项目衔接复杂、协调工作量大;实施初期,地方和业主缺乏移民工作经验,部分移民的安置意愿发生了变更,移民实施工作难度很大。

为了破解电站移民安置实施过程中出现的重点和难点问题,为又好又快地开展苏洼龙水电站征地移民工作创造条件,并为开展金沙江上游后续水电站征地移民工作积累经验,根据中国华电集团公司2015年3月印发的《关于开展金沙江上游苏洼龙水电站征地移民实施组织策划工作的通知》,华电金沙江上游水电开发有限公司(以下简称金上公司)苏洼龙分公司与中国电建集团北京勘测设计研究院有限公司签订了《苏洼龙水电站移民安置实施组织策划研究报告技术服务合同》,并联合组成了课题研究组。

(二) 研究内容

经过近2年的研究,并经多次听取和征求有关单位和专家的意见,课题组编制完成了《苏洼龙水电站建设征地移民安置实施组织策划研究报告》《巴塘县南戈移民安置点变更初步分析报告》,并代拟了《中国华电集团公司水电项目建设征地移民安置实施组织指导意见(试行)》,主要内容包括:

(1) 移民安置进度控制节点及任务分析。根据主体工程进度,研究了苏洼龙水电站围堰截流、下闸蓄水前的移民工作总体目标、任务和要求,提出了农村、集镇、专项工程的分期移民进度控制节点及任务。

(2) 移民单项工程实施组织策划。对补偿补助费用兑付、各移民工程实施的进度控制节点计划和工作内容进行了详细研究,提出了工作流程、施工筹建设计、实施准备工作、建材分析、施工组织设计、形象工程标准、施工难点分析、实施要点等,分析了库区交通电力等项目在围堰截流和下闸蓄水阶段的详细保通措施。

(3) 移民综合实施组织策划。综合分析了移民工程建设、搬迁、补偿项目之间的逻辑关系,研究提出了各项移民工作分步实施的详细进度计划、实施方案、关键路线图、横道图、网络图、重点工程、控制性工程。

(4) 移民单项工程建设方式。对常规制、代建制等现行移民工程建设机制进行了分析研究,根据川藏两省区有关移民工程建设管理的规定和移民单项工程的特点,提出了苏洼龙水电站移民单项工程建设方式。

(5) 移民实施管理。研究提出了移民实施有关各方的工作职责、组织分工和协调机制,设计变更的分类、变更处理程序和要求,移民计划管理和资金管理的要求和原则,移民监督评估的工作内容与管理要求,移民安置验收的项目和程序等。

(6) 巴塘县南戈村移民安置点变更初步分析。针对巴塘县南戈村移民提出的搬迁安置变更要求,通过摸底调查、走访座谈、现场踏勘等方式,研究提出了南戈移民安置点变更的5个方案,进行了投资对比分析和方案优缺点分析,提出了不同方案对应的设计更变程序与计划安排。

(7) 移民安置实施的有关建议。针对农村移民搬迁、公路工程建设、电力通信交通工程衔接协调、水文站建设、税费缴纳等移民安置实施初期存在的突出问题提出了措施和建议。

(三) 成果验收和应用情况

2016年10月25日，中国华电集团公司在成都召开了苏洼龙水电站建设征地移民实施组织策划研究报告验收会议，课题研究成果通过了专家组验收。验收意见认为：①中国华电集团公司率先在全国水电开发中开展征地移民实施组织策划研究，对推进水电工程移民工作具有重要的指导作用，丰富了金上公司的征地移民工作经验，较快地提高了金上公司开展征地移民工作的水平；②课题研究报告提出的重点难点翔实，技术方案可行，控制节点符合工程实际，苏洼龙电站左岸公路复建在研究报告的指导下，“统规代建”工作的开展较为规范，可进一步总结推广；③在课题研究报告的影响下，叶巴滩、拉哇、巴塘等电站筹建工作也强化了策划工作，叶巴滩电站枢纽工程建设区征地搬迁工作已经完成，取得了土地和林地的征（占）用审批手续，具备提前完成移民安置工作的条件。

金上公司反馈的成果应用情况为：研究成果内容丰富、重点突出、思路创新、针对性强，不仅对苏洼龙电站的移民实施组织工作提供了技术支撑和保障，而且还为金沙江上游梯级电站征地移民安置的实施组织工作提供了有力的技术指导，特别是研究报告提出的及时加快办理征地手续、适度提前缴纳相关税费的建议，已为业主避免了近亿元的投资增加。

该研究成果已在整个金沙江上游梯级电站中进行应用推广。

（中国电建集团北京勘测设计研究院有限公司 姜正良）

## 金沙江上游水电工程移民安置特点及一些有效做法

金沙江上游水电工程规划开发13个梯级电站，总装机容量1392万kW，年发电量642.3亿kW·h；涉及青海省玉树藏族自治州、四川省甘孜藏族自治州、西藏自治区昌都地区和云南省迪庆藏族自治州4个省（区）4个州（地区）11个县，地理位置特殊，自然条件恶劣，生态环境脆弱，各电站工程都处在跨省界河上，移民安置难度大。

（一）建设征地区特点

（1）自然条件特殊。金沙江上游772km的干流河段，海拔2100～3500m，高程起伏较大，从亚热带气候到高原高寒气候；自然环境恶劣，很多区域交通条件差、与外界沟通困难，居民多为自给自足。

（2）收入构成多样化且复杂。由于受地理位置及气候的影响，在梯级下游段主要依靠传统农业中的粮食作物收入，而梯级上游段则依靠自然资源，如森林、虫草，越向上游，对自然资源的依赖程度越明显。

（3）后备资源不足。电站库区都为峡谷地带，河谷狭窄，横向宽度小。电站建设征收的是河谷地带最好的土地，剩余耕地资源少，且在海拔较高的缓坡地带，多为旱地或雷响地，产量或收成无法保障，人地矛盾突出。

（4）宗教文化浓厚且复杂。藏族是全民信教的民族，宗教文化浓厚，五大教派都有寺庙、转经、佛塔、嘛呢堆、经幡等宗教设施及神山、圣水，且电站都在跨省界河上，一个电站建设可能涉及2～3种教派。

（5）实物指标独特。藏区房屋的结构形式不同于内地，多采取分体结构，各层的建筑面积不一样，而且房屋房檐也有多种形式，不同形式房檐的造价差别较大，装修差别也很大，实物指标调查难度较大。

（二）移民安置特点

（1）有土安置难度较大。由于建设征地区后备资源不足，利用土地进行安置的环境容量不足，采取有土安置方式，将出现大量扩迁或远迁移民，而安置区需调整或开垦大量土地，资源压力也大，很难实现搬得出、安置稳、能发展、能致富的安置目标。藏区移民地界意识较强，多数移民不愿意搬离自己的村组，跨村安置区居民也抵触移民搬入。采取有土安置，势必造成投资大、难实现、管理难。

（2）文化差异较大。藏区文化氛围浓厚，但也存在文化差异，语言方面存在多种方言。建设征地区交通条件差，居民很少与外界沟通，多数移民在移民安置宣传时，才第一次大量接收外界信息。藏区移民干部多为外地人，移民容易因语言差异产生理解偏差，形成抵触心理，造成移民安置工作难推进。同时，对于移民干部经验的传授也造成困难，移民干部换一个地方，也往往出现沟通不畅问题。

（3）各省区移民安置政策不一致。金沙江上游梯级开发涉及青海省、西藏自治区、四川省和云南省，目前四川省和云南省移民政策、制度较完善，青海省、西藏自治区移民政策、制度有待完善。同时，各省区的政策、法规、税收制度差异较大，如四川政策：永久征收林地、草地按照耕地补偿的一半计算，而西藏林地、草地，特别是荒草地的补偿倍数很低。对同一电站，如左、右岸同一指标补偿费用差距过大，会影响地方政府的工作积极性。

（4）农牧民知识文化水平低，产业单一。建设征地区基础设施落后，农牧民与外界沟通少，多自给自足，知识文化水平较低。同时，地方二、三产业落后，农牧民获得从事二、三产业的机会较少。

（5）基础条件较差，改善投资较大。金沙江上游属于峡谷地带，沿岸都为崇山峻岭，基础设施建设条件较差，要改善或新建基础设施投资较大。库区基础条件较差，很多村组孤网供电、通信设施没覆盖，移民搬迁后，相关的交通、电力、通信等设施都要配套，改善难度大，投资大。

（三）一些有效做法

（1）采取以逐年货币补偿安置方式为主的多渠道安置方式。库区土地容量不足，有土安置难度大。采取逐年货币补偿安置方式进行安置，可解决这个问题，同时，不需远迁或扩迁，不改变移民对林下资源、草场资源的利用。苏洼龙水电站有近96%移民选择逐年货比补偿安置。

（2）加强政策宣传和移民干部培训。在开展移民工作时，采取不同方式加强政策宣传，如苏洼龙水电站在确定正常蓄水位时，请移民代表参与相关审查会；在发布封库“停建通告”时，采取广播、报纸、张贴公文等形式进行宣传；在开展实物指标调查和移民意愿调查时，发放藏汉双语实物指标调查宣传手册和移民意愿调查，并组织双语宣传队，采取逐村讲解移民政策等宣传方式，取得了事半功倍的效果。移民干部首先要懂移民政策、法规，应注意培训。在实施阶段，移民实施主体为地方政府，要顺利完成移民安置工作，必须造就一支能干、懂技术、懂政策的移民队伍。

（3）后期扶持规划与移民安置规划相结合。后期扶持规划是做好移民后期扶持工作的保障，须与移民安置规划相结合，形成互补。库区采取逐年货币补偿安置等无土安置方式后，需在后期扶持规划中充分利用当地条件，适当开垦部分土地，保障移民具有基本的土地资源。如苏洼龙水电站在做移民后期扶持规划时，重点针对淹没耕地较多的村组，利用当地有限的土地资源，开垦一定的土地供移民耕作，保障移民最基本的生活需要。同时结合当地的自然资源、经济条件等，扶持二、三产业，引导移民进入二、三产业就业。

（4）加强移民技术培训，进行产业引导。结合移民后期扶持规划，系统组织移民技术培训，引导进入二、三产业，减少对土地的依赖。如在电站建设期间，组织移民进行运输、个体经营等技术培训，有组织地参与电站建设，解决当地部分劳动力的就业，从中获得一定收入；同时通过参与电站建设，摆脱单一产业结构，改善移民的收入构成，为移民后期能发展、能致富打下基础。

（5）移民个人补偿补助项目采取“同库同策”的政策，加强跨省区移民政策沟通协调。苏洼龙水电站工程移民规划设计中，对于房屋、附属物、零星树木、分散移民基础设施补助等移民个人补偿补助项目，通过典型调查测算，采取同一标准，减少了移民的相互攀比。苏洼龙水电站工程成立了国家级协调小组，主要负责协调涉及省区的水电开发问题；州级成立了金沙江上游水电开发协调办，县级人民政府主动积极沟通，保障了跨省区移民安置的实施。

（中国电建集团北京勘测设计研究院有限公司 李贵兵 杜立强）

## 双江口水电站移民安置独立评估及本底调查情况

双江口水电站为大渡河干流上游控制性水库工程，水库正常蓄水位2500m，相应库容27.32亿$m^3$，电站装机容量2000MW。2015年4月，项目通过国家发展改革委核准，7月，工程开工建设。

（一）建设征地影响情况

双江口水电站建设征地涉及四川省金川县和马尔康市的10个乡35个村，土地面积75759.24亩，其中农用地60318.53亩，建设用地1788.92亩，未利用地13651.8亩；总人口5337人，其中农村部分人口3884人，机关企事业单位职工1453人；各类房屋59.02万$m^2$，各类零星树木320824株（丛）；农村微型水电站7座；三级公路69.06km，四级公路46.61km，大中型桥梁6座；110kV输电线10.9km，35kV输电线110.5km，10kV输电线191.6km；小型水电站4座，变电站5座，变压器65座；通信光缆253.07km，电缆27.26km，机房3个，基站1座；人行便道138.86km，机耕道61.05km，人行便桥50座；寺庙8座，大白塔60座，藏经楼1座；国家永久性水准点13座；淹没马尔康市白湾和脚木足2座集镇。

（二）移民安置独立评估情况

移民安置独立评估目的是及时了解双江口水电站移民安置实施进展情况，对农村移民安置、集镇迁建、专业项目复（改）建等实施情况进行动态跟踪反映。对水电工程建设征地涉及的移民、移民工程项目和有关移民工作进行全过程评估，检验电站移民安置规划目标的实现程度，及时找出移民安置实施效果与移民安置目标的差距，发现移民安置过程中潜在的薄弱环节，为电站移民验收提供独立评估意见，提出改进建议和解决方案，并针对目标的实现情况提出电站移民后期扶持规划的指导思想和原则。同时，在全面监测评估以上工作内容的基础上，针对电站在移民政策、移民安置管理体制、移民安置规划设计、移民安置实施控制等诸多方面可能存在的问题，分析其原因，并提出相应的对策措施和改进建议。

2016年四川省扶贫和移民工作局、四川大渡河双江口水电开发有限公司通过公开招标的方式，确定中国电建集团北京勘测设计研究院有限公司（以下简称北京院）成为双江口水电站移民安置独立评估单位。

为明确移民安置独立评估的工作目的、工作范围、工作内容、工作程序和工作方法、组织形式、工作计划，北京院编制完成《四川大渡河双江口水电站移民安置独立评估实施细则》。2016 年 10 月，四川省扶贫和移民工作局、四川大渡河双江口水电开发有限公司在成都主持召开了双江口水电站移民安置独立评估实施细则审查会。会后，北京院根据审查意见进行修改完善。

（三）本底调查情况

1. 范围　双江口水电站移民安置独立评估本底调查的范围，包括建设征地移民安置规划设计确定的四川省马尔康市 7 个乡镇 29 个行政村、金川县 3 个乡镇 6 个行政村和移民安置区。本底调查选取了建设征地影响的不同类型的移民作为样本，重点对象为农村移民。

2. 方法　采用的方法有文献法、问卷调查法、个案访谈法、焦点小组讨论法等。通过对选取的样本户进行调查，得到相应的指标数据，采取定量和定性分析相结合的方法进行分析研究，并得出调查结论。

3. 工具　共设计住户成员基本情况和就业情况、家庭主要收入情况、土地资源状况、作物产量情况以及住房水平等 15 种调查表格作为调查工具，同时利用移民安置独立评估信息系统全部采用数字化现场采集。

4. 过程　分为两个阶段。第一阶段，2016 年 9～10月，进行前期资料的收集与分析，全面了解项目的目标和进程；设计评估方案，确定被访人群，编制测量工具，包括移民问卷、各类参与者的访谈提纲。第二阶段，2016 年 11～12 月，进行现场调查，搜集资料。

5. 初步成果　根据抽样原则，双江口水电站移民安置独立评估样本户从建设征地范围涉及马尔康市和金川县 2 个县（市）、8 个乡、28 个村中选取；样本户选取采用等比例随机抽样的方式，共抽取移民样本 149 户 781 人，占基准年搬迁安置人口的 20%；涵盖了搬迁安置人口、生产安置人口等类型。样本涉及马尔康市和金川县 2 个县（市）、6 个乡、21 个村，其中县的抽样比例为 100%、乡镇的抽样比例为 75%、村的抽样比例为 75%。被调查的 149 户 781 人的移民样本户中，男性 399 人、女性 382 人；移民样本户全是藏族；移民样本人口中，教育程度以小学学历最多；样本中，自我判断身体状况多为健康状态。综上所述，本底调查样本选取具有代表性、典型性和科学性，为今后的评估调查奠定了基础。

（中国电建集团北京勘测设计研究院有限公司　冯　涛）

## 景洪水电站开展竣工验收阶段移民安置资金审计

景洪水电站以发电为主、兼有改善库区通航条件、水产养殖等综合利用效益，装机容量 1750MW。2006 年 12 月项目通过国家发展改革委核准，2008 年 4 月下闸蓄水，2008 年 6 月首台机组投产发电，2009 年全部机组投产发电。

（一）建设征地移民安置概况

2016 年 2 月，中国电建集团昆明勘测设计研究院有限公司编制了《云南省澜沧江景洪水电站建设征地移民安置实施规划设计报告（1 综合报告）（审定本）》，景洪水电站建设征地移民安置总体规划包括以下 3 个方面：

1. 农村移民安置　实施规划设计水平年（2014 年）生产安置人口为 5095 人，其中水库淹没影响区人口 4688 人，枢纽工程建设区人口为 407 人；规划水平年搬迁人口 4881 人，其中农业搬迁安置人口 4503 人、非农业搬迁安置人口 378 人。共规划 16 个集中移民安置点（其中景洪市 14 个、勐海县 1 个、思茅区 1 个），安置移民 2897 人；其余 1984 人通过自行安置方式进行安置。

2. 集镇部分处理　建设征地涉及思茅港集镇 1 个。实施阶段仍采用可行性研究补充阶段审定的防护处理方案，局部根据实际情况新增了大小干河河道改建后的延伸工程和大营盘～思茅港段的护岸工程。同时，本阶段通过对思茅港集镇低凹地带浸没影响处理范围的复核后，集镇低凹地带需搬迁移民 30 户 190 人。

3. 专业项目处理　涉及专业项目主要有企事业单位共 9 家，改复建四级公路 22.92km，机耕路 71.847km，码头 1 个，简易码头 11 个，10kV 输变电线路为 35.3km，防护工程 4 项，南果河电站 13MW；文物古迹 1 处；涉及集镇 1 个（主要包括思茅港防护、集镇局部搬迁安置以及配套的集镇污水处理厂建设）。

（二）移民安置资金审计情况

移民安置资金审计是开展景洪水电站建设征地移民安置竣工验收的必要条件之一。云南省审计厅根据《中华人民共和国审计法》和《大中型水利水电工程建设征地补偿和移民安置条例》，于 2016 年 5～8 月派出审计组，对云南省移民开发局、西双版纳州、普洱市人民政府及其所属县（市、区）人民政府管理使用的 2003 年～2016 年 3 月澜沧江景洪水电站移民安置资金进行了审计，对重要事项进行了必要的延伸和追溯。2016 年 10 月，云南省审计厅提出了审计报告征求意见书。

（三）移民安置资金审计初步建议

（1）加强移民资金的管理，认真执行好移民政策。移民资金是专项资金，涉及面广，情况复杂，管理难度大，为了确保移民资金使用管理规范化、制度化，省级移民部门及各级人民政府要加强对移民资金的监管，加大对各级移民资金的督查力度，及时发现和纠正资金管理中存在的问题。各级人民政府要加大移民政策执行力度，切实维护移民利益，确保移民政策执行到位。

（2）加快工程项目竣工验收结算进度。要进一步强化责任，明确时间节点，继续抓好各项配套建设和各项扫尾工程工作，及时组织进行竣工验收，要认真抓好结存资金的管理工作。要认真总结并完善工程建设中出现的问题，做好项目交付及后续管理工作，确保项目工程使用效益。

（3）注重移民经济的后续发展。要根据移民区的地域、经济、民族、文化等实际情况，组织有关部门进行深入调研，科学制定村集体经济发展规划，明确发展目标、措施，立足当地资源和区位优势，选准选好发展项目，加大扶持力度，大力发展特色化、规模化、品牌化现代农业，切实提高经济质量和效益，为移民收入稳步增加奠定坚实的基础，真正做到“搬得出、稳得住、逐步能致富”的移民安置工作目标。

（4）注重移民项目档案和资料的补充完善工作。移民工作时间跨度长，移民档案是移民搬迁安置全过程的真实反映和历史记录，是移民工作验收的基础和依据，档案管理在整个移民工作中处于重要位置。针对历次审计发现的档案管理存在的问题，各级移民部门必须引起高度重视，进一步加强移民项目资金档案的管理和完善工作。

（中国电力建设集团北京勘测设计研究院有限公司 冯 涛）

## 水电移民安置工程代建项目风险及预控措施

由电站主体设计单位代建移民安置工程的模式正越来越多地被地方政府和项目法人所接受。中国电建集团成都勘测设计研究院有限公司代建了多个移民安置工程，对代建项目的风险管控问题深有体会，现总结简介如下。

（一）风险因素分析

1. 政策风险

（1）目前国家没有统一的代建管理规定或办法，往往是挂着代建制的名义，干着总承包的事，只按代建管理费进行结算，存在管理费用偏低的风险。

（2）移民安置工程施工过程中，往往会出台新的政策或者办法，如房建工程提高装饰装修材料标准、增加保温节能措施、提高消防要求等，导致工程建设标准提高。

2. 管理风险

（1）主体工程制约。部分移民安置工程的料源、场地等与主体工程之间存在较大施工矛盾，难以按国家要求早于主体工程实施或同步实施。如硬梁包水电站移民安置垫高防护所需的填筑料约 453 万 $m^3$，全部由主体工程引水隧洞开挖渣料提供，且由于位于水库内近坝区，前期填筑至一定高程后用作施工场地，须待主体施工完成后再填筑至顶高程。

（2）移民对接成果不确定。统规统建的集中移民安置点建设，一般需要经过移民意愿对接、安置点规划设计对接、房屋结构型式及户型对接等，部分市县还需进行宅基地对接，对接周期较长，流程较复杂。移民之间的意愿相互影响，存在较大的不确定性，给工程施工组织带来很大风险。如得妥集镇移民安置工程，2013 年 4 月进行了搬迁安置对接，代建单位于当年 11 月底进场，但地方政府于 2014 年 2 月提出调整对接成果，6 月才提供房屋最终对接成果，此后仍不时进行局部修改，给房建工程设计、施工组织带来很大困难。

（3）进场条件提供滞后。移民安置工程施工所涉及的征地拆迁、专项设施迁改等进场条件一般应由地方政府组织实施，在工程进场前提供给代建单位，但往往出现进场条件提供滞后的问题。如得妥集镇移民安置工程，应在 2012 年 11 月完成征地拆迁，但普遍推迟至 2013 年年中才完成，部分场地的征地拆迁直到 2015 年下半年仍在协调。

（4）造价变化。移民安置规划报告编制时间往往比项目实施时间早几年，由于人工、材料费上涨等原因，存在房建单价偏低的问题，从而影响工程投资控制。

（5）移民阻工。施工过程中，经常会有大量移民进入施工现场，并且不按照国家规程规范、设计文件等进行监督，往往根据个人经验、喜好等进行判别，给施工组织、现场安全等带来很大影响。如得妥集镇移民安置工程，移民以征地补偿款未下发、水量不够、土料质量不行、要用新模板、混凝土龄期必须超过一个月后才能上砖等理由频繁进行阻工，且进入现场不佩戴安全帽、不按照划定的安全线路行走，增加了现场管理困难。

3. 设计因素　在电站主体设计单位代建模式

中，设计单位既是项目设计、概算的编制者，又是项目实施的代建人，如果不注意设计深度控制，容易造成漏项、大量设计变更，导致后期调整设计概算等。

（二）风险预控措施

1. 代建合同管理

（1）代建合同应明确代建管理费和节约资金分配等问题，避免与当地移民安置代建管理规定等冲突。如果地方政府要求代建单位按照总承包模式进行项目管理，应签订总承包合同，以避免后期结算、审计等风险。

（2）应努力促成代建合同由地方政府、代建单位、项目法人三方共同签订，明确移民安置工程同主体工程之间的料源提供、场地交面、道路使用等关系，并明确相应责任。如果不能签订三方合同，也应在代建合同中对相关内容进行约定，或者以三方协议书、会议纪要、备忘录等形式作为合同的附件。

（3）代建合同应写明该移民安置工程所遵循的技术标准，并明确实施过程中要提高建设标准或增加工程项目，应按照变更程序申报变更。

（4）应在移民对接成果全部完成之后，再签订代建合同。如果移民对接成果不能在代建合同签订前完成，应对不确定项目以暂定项目、暂估价格或备用金计列，并在对接成果完成后签订补充协议。

（5）代建合同应明确委托人提供的条件及时间节点，并明确如果相关条件未能按时提供，代建人有权提出工期和费用索赔。

（6）如果移民安置规划报告编制时间比项目实施时间早太多，在代建合同签订前调整相应的预算单价，锁定房建单价的组成，并报审批单位审批，以此作为代建合同签订的基础。

2. 分包商管理

（1）应在代建合同签订后，相关输入条件满足的前提下，再进行分包合同招标。

（2）为了减少窝工索赔费用，应在现场具备施工条件后，再组织分包商进场。

（3）分包商应具有较强的沟通协调能力。在面对移民的指责、谩骂甚至动手时，需要有良好的心态，避免与移民发生直接冲突。同时，代建单位可与地方政府等协商，形成移民进入施工现场的建设管理办法。

（4）加强对分包商施工质量的监督管理，尽量减少施工缺陷。在缺陷产生后，要求施工单位上报相应的处理方案，并经审查同意后及时组织实施，避免将简单的问题复杂化。

3. 勘测设计管理

（1）勘测应按规范要求的精度开展工作，避免实施过程中因较大地质条件、料源变化改变合同条款，从而引起承包人的费用索赔。

（2）移民规划设计应考虑移民安置工程与主体工程、现有居民之间的影响，选择技术可行、经济合理、便于施工的设计方案。注意与现有居民保持一定的距离，并考虑其生活出行通道，避免雨污水倒灌入现有居民房屋的情况。

（3）移民安置工程设计应达到甚至超过各阶段设计深度的要求，注意根据施工方案，考虑相应的施工措施及附加量等，并将相关的施工附加量反映到投资概算中。

（中国电建集团成都勘测设计研究院有限公司
何　良　潘　勇　张伟锋）

## 现行水利水电工程征地补偿政策在陕西省的实施情况

陕西省境内现有大中型水库共 93 座，其中已建成 91 座，在建 2 座，总库容 80.56 亿 $m^3$；枢纽不在陕西省境内，但库区和移民涉及陕西省的大中型水库 2 座，分别是三门峡水库和宝珠寺水库。全省大中型水库淹没范围涉及省内 11 个省辖市的 62 个县（区、市）262 个乡（镇）1013 个村，淹没土地面积 152.43 万亩，原始搬迁人口 418747 人。

（一）征地补偿标准存在的问题

（1）征地补偿计算不够统一。我国水利水电工程建设征收土地补偿的标准主要是依照土地平均年产值乘以补偿倍数来计算的。补偿倍数是按照有关规定计算，有刚性，可调整的区间不大（水利水电行业一般取 16 倍计算耕地的补偿）；而年产值的计算容易受到统计资料、种植结构、农产品物价、产量统计方法等多种因素的影响，造成计算结果差异较大。同时，对于以经济作物为主要产出物的城郊农村或特殊地区，因产量变幅较大，物价波动频繁，很难客观的反映实际情况，合理的计算年产值标准。

2005 年，国务院发布了《国土资源部关于开展制订征地统一年产值标准和征地区片综合地价工作的通知》（国土资发〔2005〕144 号），明确要求各省、自治区、直辖市“制定并公布各市县征地的统一年产值标准或区片综合地价”。政策出台后，各地政府均积极的制定发布了相应的征地统一年产值标准和征地区片综合地价标准。

陕西省人民政府办公厅于 2010 年出台了《关于印发全省征地统一年产值及区片综合地价平均标准的通知》（陕政办发〔2010〕36 号）。农村土地征收补偿标准由单一的年产值倍数标准开始变为统一年产值与区片综合地价的混合标准，并且实施统一的政府定价，逐渐规范了统一年产值的计算。但是该通知中并未明确农用地不同地类的补偿标准，没有体现水田、水浇地、旱地等不同地类的产值差异。

目前，全国在统一年产值政策执行过程中，明确不同地类的补偿标准的省份的主要为山西省和新疆维吾尔自治区。山西省的政策规定“在同一区域内，耕地中的水浇地、水田在公布的补偿总倍数基础上增加2倍执行。旱地和园地按公布的补偿总倍数执行。林地在公布的补偿总倍数基础上减少2倍执行，天然牧草地、人工牧草地和其他农用地在公布的补偿总倍数基础上减少4倍执行。”新疆维吾尔自治区的政策规定“一等耕地22500元/$hm^2$（1500元/亩），二等耕地12000元/$hm^2$（800元/亩），三等耕地9000元/$hm^2$（600元/亩）。”再根据作物的不同取不同倍数确定相应地类的年产值：如棉花地按耕地年产值的1.5倍，果园为耕地年产值的2倍，蔬菜地为耕地年产值的3倍，葡萄地为耕地年产值的4倍。

（2）征地补偿标准的关注度和重要性愈加明显。近年来，随着水利水电工程的发展、移民安置条件的变化，特别是移民安置资源环境容量承载力缩减，当地政府和移民开始选择多样化的移民生产安置方式，逐年货币补偿和自行安置等安置方式越来越受到老百姓的欢迎。受其他非水利水电类建设项目土地征收补偿方式的影响，按政策要求本应交由村组集体统一使用的土地补偿费，很大一部分直接兑付给了移民群众或者从村组集体经手后直接交由移民群众，集体统一实施土地开发安置移民的工程项目越来越少，土地补偿标准直接涉及移民的切身利益。移民对土地补偿标准的期望和期待也越来越高，土地补偿标准成为移民关注的焦点，需要对土地补偿标准的制定加以规范。

（3）征地补偿标准更新较慢，缺少动态调整机制。按政策规定，统一年产值补偿平均标准每3～5年调整一次。2014年陕西省人民政府也启动了新一轮的征地统一年产值标准更新和区片综合地价制订工作，但至2016年底未见到相关政策出台的报道。对于新近开展的水利水电工程项目，征地区的群众难以接受6年前制定的标准。

（4）“同地同价”政策对水利水电工程征地补偿提出新的要求。2015年，中央一号文件提出重大水利工程建设的征地补偿、耕地占补平衡实行与铁路等国家重大基础设施项目同等的政策。但是相较于铁路、高速公路等重大基础设施工程，水利工程由于涉及范围广、安置任务重等特点，往往执行的是“同库同价”“就高补偿”等政策。在一号文件的要求下，水利水电行业的征地补偿政策要充分结合国土、交通等其他行业的征地政策。

（二）典型工程征地补偿标准测算

考虑已完成前期工作的陕西镇安抽水蓄能电站工程在征地和移民安置的规模、移民区自然条件、移民安置方式和所在县域经济条件有一定的代表性，选取其作为典型项目进行征地补偿标准计算。该电站位于陕西省商洛市镇安县月河镇东阳村，距西安市公路里程134km，装机容量1400MW，为一等大（1）型工程；工程建设用地总面积4879.81亩，其中涉及耕园地444.93亩，林地4149.09亩。

1. 耕地产值测算及补偿倍数　测算主要依据是：镇安县国民经济和社会发展统计资料（2010～2012年）；镇安县月河镇东阳村村级主要指标统计表（2010～2012年）；陕西省年秋粮和夏季粮油收购价格资料（2010～2012年）。通过对建设征地涉及的东阳村2010～2012年统计报表分析，镇安抽水蓄能电站建设征地涉及的主要耕地为旱地。根据现场调查，旱地的主要农作物为玉米和土豆等，一年两熟。按2010～2012年三年平均亩产量和单价计算主产品亩产值，副产品产值按主产品产值的8%计列。考虑亩产值按每年2%递增至规划水平年（2014年）。经计算：东阳村耕地2010、2011、2012年综合亩产值分别为848.5、955.5、1109.1元/亩，三年平均亩产值971.0元/亩，规划水平年亩产值990.5元/亩。

2. 适用标准的分析与确定　按照《大中型水利水电工程建设征地补偿和移民安置条例》（中华人民共和国国务院第471号令）本项目的计算办法为：耕地被征收前三年平均年产值的16倍。以此计算，被征收旱地三年平均年产值990.5元，乘以16倍，即15848元/亩。

以此计算的标准低于镇安县绝大多数建设项目的征地补偿标准。例如，镇安县涉及的大中型重点项目中，2010年西安至安康铁路二线工程发布的土地补偿单价为：水田、水浇地、旱平地29800元/亩，旱坡地28800元/亩。又如镇安县地方建设项目中：《镇安县午峪绿色食品工业项目区征地拆迁安置补偿实施方案》中涉及永乐镇的永久性征收用地补偿标准为：水田、水浇地45000元/亩，旱平地35000元/亩，旱坡地25000元/亩。永乐镇为县城所在地，补偿标准相对偏高。但总体来看，镇安抽水蓄能电站按照产值倍数法计算得到的耕地补偿标准均低于当地非水电类项目的补偿标准。

根据陕西省征地统一年产值标准计算土地补偿费和安置补助费的年产值标准，镇安县的综合亩产值为1477元，适用补偿倍数为18倍，计算值为26586元/亩，与铁路等项目2010年公布的补偿单价相当。

（中国电建集团西北勘测设计研究院有限公司
杨雪婷　张　道）

14

# 农村水电及电气化

# 农 村 水 电 建 设

## 2016 年农村水电总体情况

2016 年是“十三五”农村水电改革发展开局之年。在水利部党组的正确领导下，农村水电坚持开发与保护统筹，建设与管理并重，大力转变工作思路，全力推进民生水电、平安水电、绿色水电、和谐水电建设，各项工作取得明显成效。

（一）农村水电电源建设

1. 装机容量　2016 年，农村水电全年新增电站 312 座，新投产发电设备容量 203 万 kW，其中新投产装机容量 155 万 kW，技改净增发电设备容量 48 万 kW。新增装机主要集中在我国西南地区。

2016 年农村水电新增装机按规模划分 1 万(含)～5 万 kW(含)占新增装机总量的 64%；0.1 万(含)～1 万 kW 占总量的 30%；0.1 万 kW 以下占总量的 6%。

截至 2016 年底，全国共有农村水电站 47529 座，农村水电装机容量达到 7791 万 kW，占全口径水电总装机容量（33211 万 kW）的 23.5%，占全国电力总装机容量（164575 万 kW）的 4.7%。农村水电广泛分布在 31 个省（自治区、直辖市）和新疆生产建设兵团。

2. 发电量　2016 年，全国农村水电发电量达 2682 亿 kW·h，占全口径水电发电量的 22.7%，占全国总发电量的 4.5%（比上年上涨 0.3 个百分点）。2016 年农村水电发电量较 2015 年增加近 327 亿 kW·h，同比增长 13.9%。农村水电年平均利用小时数为 3443h，较 2015 年增加近 324h，同比增长 11%。

3. 开发率　截至 2016 年底，全国农村水电已开发量占我国农村水能资源技术可开发量的 60.9%，较上年增长了 1.7 个百分点。我国东北、西北、西南地区开发程度相对较低，其中西藏、黑龙江、内蒙古、山西、新疆、河北、吉林等 7 个省（自治区）开发率尚不足 40%。

（二）农村水电配套电网建设

1. 设施建设　2016 年，全国农村水电配套电网新增 110kV 及以上变电站 56 座，变电容量 366 万 kVA；新增 35（63）kV 变电站 88 座，变电容量 131 万 kVA；新增配电变压器 16254 台，容量 595 万 kVA。新增高压线路 1.7 万 km，低压线路 3.2 万 km。

截至 2016 年底，全国农村水电配套电网已投入运行 110kV 及以上变电站 652 座，变电容量 3939 万 kVA；35（63）kV 变电站 2846 座，变电容量 2147 万 kVA；配电变压器 38.5 万台，容量 4971 万 kVA；高压线路 40.4 万 km，低压线路 72.6 万 km。

2016 年全国农村水电新增 110kV 及以上变电容量，较 2015 年新增 23.9%，新增 35（63）kV 变电容量较同期减少 25.7%，新增配电变压器容量较同期增加 30.9%。

2. 供用电　2016 年，全国有农村水电的县共 1560 个。有农村水电的县主要集中在我国的西部、西南部、中部和南部地区。有农村水电网的县 404 个，其中县城电网为农村水电网的县 108 个，农村水电网供电乡镇 4542 个。

2016 年，农村水电上国家电网电量 1847 亿 kW·h，上农村水电网电量 230 亿 kW·h。全国农村水电上国家电网平均电价为 0.329 元/(kW·h)，较上年下降 0.015 元/(kW·h)。全国上农村水电网平均电价为 0.253 元/(kW·h)，较 2015 年下降 0.002 元/(kW·h)。

2016 年，农村水电网全年购电量 880 亿 kW·h，其中购入网外电量 409 亿 kW·h。全年购电的平均电价为 0.348 元/(kW·h)，与 2015 年相比，上升了 0.028 元/(kW·h)。农村水电供电区县城居民平均到户电价 0.49 元/(kW·h)；农村居民平均到户电价 0.51 元/(kW·h)。

（三）完成投资

2016 年，全国农村水电建设完成投资 249 亿元，其中，农村水电站建设完成投资 165 亿元。农村水电站完成投资按区域分布：东部 49.8 亿元，占 19.97%；中部 41.7 亿元，占 16.70%；西部 157.9 亿元，占 63.33%。在本年完成总投资中财政资金达到 59.6 亿元，占 23.9%。从完成投资的财政资金构成看，中央资金 52.9 亿元，占 88.8%；地方财政资金 6.7 亿元，占 11.2%。

（四）经营

2016 年，全国农村水电全年发售电总收入 1344 亿元，上缴税金 119 亿元。截至 2016 年底，农村水电站固定资产 4669 亿元。

截至 2016 年底，全国农村水电独立核算单位共 29575 个，其中国有企业占 9.5%；集体企业占

10.3%；事业单位占7.1%；私营、国有参股和外资等其他企业占73.1%。

截至2016年底，全国农村水电从业人数达到59万人，其中，技术人员19万人。

（水利部农村水电及电气化发展局 曲 鹏）

## 农村小水电扶贫工程试点建设情况

党的十八大以来，以习近平同志为核心的党中央把扶贫开发工作摆到更加突出的位置，要求坚决打赢“十三五”脱贫攻坚战。2016年，国务院办公厅印发了《贫困地区水电矿产资源开发资产收益扶贫改革试点方案》，要求探索建立农村集体经济组织成员特别是建档立卡贫困户精准受益的资产收益扶贫长效机制。为贯彻落实党中央、国务院决策部署，国家发展改革委和水利部组织开展了以增加建档立卡贫困户现金收益为目标的农村小水电扶贫工程试点建设。

（一）工程建设成效显著

2016年，国家发展改革委和水利部联合制定了《农村小水电扶贫工程试点实施方案》，在湖南、湖北、重庆、江西、贵州和陕西等6个省（市）实施农村小水电扶贫工程试点（以下简称扶贫电站），共安排24个贫困县（其中革命老区县18个）27个试点项目，扶贫小水电装机容量7.43万kW，拟精准帮扶230个贫困村3.2万建档立卡贫困户。截至2016年底，试点项目总投资完成率97%，有7座扶贫电站已投产发电，2017年1月起建档立卡贫困户可获得现金收益。

扶贫电站的建设模式得到了地方政府、项目业主、贫困村组和建档立卡贫困户的欢迎，一举多得，多方共赢。

一是增加了建档立卡贫困户现金收入。国家发展改革委和水利部2016年安排3亿元中央预算内投资用于扶贫电站建设。按照扶贫电站中央投资收益每年不低于6%（高于6%的据实计算）的要求，从2017年起，每年从扶贫电站收益中拿出不低于1800万元用于扶贫、脱贫。近期拟将其中的80%，即1440万元全部用于补助建档立卡贫困户。如湖南省新化县拟将扶贫电站涉及的周边4个乡全部2523户建档立卡贫困户列入扶持对象，每户每年能拿到现金570元。重庆市扶贫电站每年将拿出375.9万元，帮扶2840户建档贫困户持续收益，每年每户可获得1320元以上的资金扶持。

二是改善了建档立卡贫困村的基础设施。近期中央投资收益的20%拟统筹用于改善当地贫困村的水、电、路、桥等基础设施。如湖南省3个扶贫电站共投入764万元修建了43km乡村公路；重庆市巫溪县大河扶贫电站新修机耕道11km，架设便桥两座，架设输电线路9km，解决了近200名村民出行和用电问题。城口县三合扶贫电站投资约100万元修建村道6km，修建耕作便道15km；李家坝一级扶贫电站新建5个贫困户搬迁村安置点及配套基础设施。

三是创造了贫困户稳定增收的新途径。贫困农户以征地补偿费入股、到电站就业，加快了脱贫步伐。如湖南省新化县扶贫电站被征地农户自愿以被征用土地作价706万元入股，每年有10%的固定分红；安排当地贫困户的7名高中毕业生免费到技工学校学习，毕业后担任电站运行工，每人年工资收入2.5万多元。湖南省洞口县扶贫电站建设期间当地贫困农民50多人参与工程建设，累计获得劳务报酬110余万元。

四是增强了贫困县帮扶兜底贫困人口的实力。扶贫电站经营风险小，收益稳定，且能长期发挥效益。中央投入形成的优质资产收益，近期可助推建档立卡贫困户脱贫，远期可专项用于帮扶需兜底的贫困人口，缓解了贫困县财政薄弱、机动财力有限的困难。陕西省镇坪县沙湾扶贫电站业主承诺提前支付3年收益，出资协助县政府开展特色旅游设施建设，支持贫困户发展特色农业。

五是形成了扶贫电站与贫困户利益联结的新机制。扶贫电站能给建档立卡贫困户提供稳定的现金收入，帮助周边贫困村修桥铺路、供电供水，同时为部分贫困户的子女提供就业机会，部分被征地农民成为扶贫电站的股东等，扶贫电站将建设运营与当地村组和建档立卡贫困户的利益捆绑在一起。

（二）主要经验和做法

扶贫电站试点地区党政领导高度重视、周密部署、统筹推进，按照“国家补助、市场运作、贫困户持续受益”的扶贫模式，做到了“五明确，五确保”。

一是明确国有投资出资人代表，确保国有资本安全。坚持按市场规律办事，探索政府投资与社会资本合作扶贫的PPP新模式。各试点项目都明确了由县级国有资产平台公司作为国有投资出资人代表，履行出资人职责，监督项目公司合法、安全、高效运行。

二是明确国有投资回报率，确保扶贫收益稳定可靠。根据扶贫电站经营情况，由扶贫、审计等部门提出意见，与项目业主共同确定国家投资收益率，保持相对稳定。扶贫收益由县电力公司代扣（不计提手续费）后转入县财政专账，专户管理、专款专用。

三是明确帮扶范围和对象，确保精准到人。瞄准建档立卡贫困人口，将电站周边贫困村纳入帮扶范围，采取民主评议、张榜公示的方式确定扶持对象，登记造册。成立农村小水电扶贫协会，加强民主监督，激发内生动力。

四是明确各方责任，确保建立扶贫长效机制。国有资产平台公司与项目业主签订投资协议，项目业主与电力部门签订上网和国家收益代扣协议，与贫困村集体签订帮扶协议等，保障各方权益，落实各自责任，纳入目标考核，确保扶贫电站长期稳定发挥效益。

五是明确项目准入，确保生态友好和工程安全。采取自愿申请、择优选择的原则，确定技术经济指标优良、前期工作完备的项目试点。强化工程质量和安全监管，严格环境保护和水土保持“三同时”，同步开展绿色小水电评价和安全生产标准化建设，确保工程生态友好、安全运行。

（水利部农村水电及电气化发展局　赵　虹）

# 农 村 水 电 管 理

## 水能资源管理有关情况

（一）中小河流水能资源开发规划成效显著

自2012年水利部发文布置中小河流水能资源开发规划工作以来，各地扎实推进。截至2016年底，全国25个省份3600多条拟修编水能资源开发规划的中小河流中，3200多条河流的规划报告已编制完成，规划成果基本覆盖2025年以前有开发需求的中小河流。已编制规划的河流中，1200多条河流的规划报告通过审查等待批复，1100多条河流的规划已批复实施。各地共落实规划经费1.2亿元。本轮规划修编工作以绿色发展理念为指导，科学确定了当前和今后一个时期农村水能资源的开发重点和目标任务，发挥了规划在小水电开发建设、运行管理、改造升级等方面的引领作用，取得显著成效。福建、陕西等省取消了原规划中处于依法划定的生态敏感区或禁止开发区的新建水电站站点，河北、福建等省对已经建成水电站进行调查评估，提出了分类处理意见。

（二）绿色小水电建设加快推进

水利部为落实中央一号文件精神，于2016年12月21日印发了《水利部关于推进绿色小水电发展的指导意见》。该指导意见明确科学规划设计、规范建设管理、优化调度运行、治理修复生态、健全监测网络、推动梯级协作、加快技术攻关、搞好示范引领等推进绿色小水电发展的重点任务；通过严格项目准入、依法监督检查、强化政策引导、增强公众参与和加强组织领导等举措，切实保障绿色小水电发展；提出到2020年，建立绿色小水电标准体系和管理制度，初步形成绿色小水电发展的激励政策，创建一批绿色小水电示范电站；到2030年，全行业形成绿色发展格局。

由水利部水电局主持、国际小水电中心主编的《绿色小水电评价标准》已经按照水利行业技术标准制订程序完成送审稿审查，正式报批。该标准重点评价小水电站在生态环境保护、社会和谐、管理规范和经济合理等方面的绿色发展情况，并将生态需水保障情况作为一票否决性指标，引导带动小水电行业推进绿色发展。

各地也积极转变发展方式、调整发展布局，促进小水电站转型升级。浙江采取增效扩容改造、转变运行方式、增设生态机组等措施，在安吉等3个县实施农村水电生态示范区试点建设；福建长汀和永春两县，通过“限、改、转、退”等各种措施，开展农村水电生态修复，消除安全隐患，缓解用水矛盾，恢复河流生态。

（水利部农村水电及电气化发展局　郝远远）

## 2016年农村水电行业安全监管工作情况

2016年农村水电安全生产总体情况保持稳定，安全生产形势持续向好，主要工作情况如下：

（1）消除隐患，开展安全生产大检查。及时下发《水利部办公厅关于开展农村水电安全生产大检查的通知》，布置各地开展农村水电安全生产大检查，将地方各级水行政主管部门履职情况、已建及在建电站安全生产情况作为检查重点。地方各级水行政主管部门认真落实水利部要求，积极履职尽职，并根据各地实际组织开展了农村水电安全生产大检查，其中湖南由厅领导带队开展了农村水电安全生产专项督查，福建省水利厅组织开展抽查并将抽查情况进行了全省通报。各地对大检查中发现的安全隐患都进行了督促整改，其中黑龙江、重庆、江西、贵州等省份还通过书面形式下达了整改通知书。通过安全生产大检查，及时发现和消除了农村水电安全生产隐患。

（2）及时应对，确保农村水电安全度汛。受超强厄尔尼诺事件影响，2016 年防汛形势十分严峻。为做好农村水电站安全度汛工作，根据国家防总专题会议精神，及时下发《水利部办公厅关于进一步做好农村水电站安全度汛工作的通知》《关于进一步做好水库水电站安全度汛工作的紧急通知》，组织各地排查防汛隐患、认真备汛，并到贵州开展了农村水电站防汛督查。各地认真落实水利部要求，组织开展了汛前检查、汛中督查等工作，积极应对汛情，最大程度减少了人员、财产的损失。如湖南省受特大汛情影响，虽有 220 多个农村水电站遭受厂房进水、渠道冲毁等不同程度灾情，但因应对得当，未发生人员伤亡事故。

（3）加快建设，超额完成安全生产标准化试点任务。水利部 2014 年布置在全国开展 1000 座安全生产标准化试点电站建设，要求 2016 年底全面完成。截至 2016 年 12 月底，全国已建成安全生产标准化试点电站超过 1182 座（其中，2016 年建成一级电站 14 座，累计建成标准化一级电站 40 座），提前超额完成试点建设任务。河北、辽宁、浙江、江西、河南、湖北、重庆、贵州等 8 省份都超额完成了试点建设任务。通过农村水电站安全生产标准化试点建设，电站形象面貌和职工精神状态焕然一新，电站安全生产制度和操作规程进一步完善，夯实了农村水电站安全生产基础。

（4）分解责任，深化巩固安全"双主体"责任。各地在农村水电安全监管全覆盖的基础上，继续逐站落实安全生产"双主体"责任，并将责任分解，督促电站逐级、逐岗、逐人落实安全生产责任，全国农村水电安全"双主体"责任体系得到进一步深化巩固。各地责任人调整后，都及时进行了公示，其中福建、江西、新疆等省（自治区）将调整后的农村水电站安全生产"双主体"责任落实情况，在水利厅网站上进行了公示。

（5）加强指导，增强安全生产应急能力。各地加强与国土、气象等部门的工作协同，都指导电站编制了度汛方案和应急预案，落实抢险队伍和抢险物资，开展应急培训和演练，严格执行安全生产事故处理制度及事故统计报告制度，提高了安全度汛和事故应急管理能力。浙江对部分运行 25 年以上水电站应急预案编制给予财政经费支持；山西组织省内水电重点单位开展了防汛演练和突发事故应急演练。

（6）提高水平，加强安全教育培训。举办了全国农村水电安全生产培训班，将安全生产法、农村水电站安全生产标准化建设与评审要点等相关知识作为重点培训内容，对各省份负责农村水电安全生产及管理的相关人员进行了培训。各地结合实际制定培训计划，落实培训经费，加强了各级安全管理人员和电站负责人员的安全生产业务培训，并强化了特种作业人员和新员工等一线从业人员安全培训。湖北省每年从处室内部事业费中列支专项培训经费 10 万元；福建、广西专门针对水电站一线员工开展了《农村水电站技术管理规程》培训，切实帮助电站提高安全运行管理水平。

（水利部农村水电及电气化发展局　吕　燕）

## 水利部关于推进绿色小水电发展的指导意见

水利部于 2016 年 12 月 21 日以水电〔2016〕441 号文件下发关于推进绿色小水电发展的指导意见，全文如下：

为贯彻落实党中央、国务院关于推动绿色发展和能源革命的决策部署，更好地发挥小水电在保护生态环境、促进节能减排、改善民生福祉、推动脱贫攻坚等方面的作用，现就推进绿色小水电发展提出如下意见。

（一）充分认识发展绿色小水电的重要意义

小水电是重要的民生水利基础设施和清洁可再生能源。党中央、国务院历来高度重视小水电工作，大力支持和推动新农村水电电气化县建设、小水电代燃料生态保护工程建设和农村水电增效扩容改造，已建成的小水电在解决无电缺电地区人口用电，促进江河治理、生态改善、环境保护、地方社会经济发展等方面做出了重要贡献。同时也要看到，一些地区小水电规划、设计、建设、运行和管理等还存在不少薄弱环节，以绿色发展为导向的激励与约束机制有待进一步建立。

发展绿色小水电，是贯彻"创新、协调、绿色、开放、共享"发展理念、落实中央能源战略的迫切需要；是积极应对气候变化、维护国家生态安全的重要举措；是坚持人水和谐、推进水生态文明建设的必然选择；是加快转变小水电发展方式、实现提质增效升级的内在要求。要充分认识推进绿色小水电发展的重要性和紧迫性，将其作为一项重要的基础性工作来抓，切实增强责任感和使命感，主动适应新形势、新任务、新要求，全面落实相关政策，着力创新体制机制，推动小水电持续健康发展。

（二）推进绿色小水电发展的总体要求

（1）指导思想。全面贯彻党的十八大和十八届三中、四中、五中、六中全会精神，深入学习贯彻习近平总书记系列重要讲话精神，全面落实“创新、协调、绿色、开放、共享”发展理念和“节约、清洁、安全”能源发展战略方针，坚持开发与保护并重，新建与改造统筹，建设与管理统一。通过科学规划设计、规范建设管理、优化调度运行、治理修复生态、创新体制机制、强化政府监管等措施，建设生态环境友好、社会和谐、管理规范、经济合理的绿色小水电站，维护河流健康生命。

(2) 基本原则。一是坚持生态优先，科学发展。妥善处理小水电开发与河流生态保护的关系，实现小水电规划、设计、建设、运行与管理各阶段全过程的绿色化。二是坚持因地制宜、分类推进。充分考虑各地实际，新建电站要严格按照绿色小水电标准建设，不欠新账；已建电站要通过改造逐步达到绿色小水电标准，多还旧账。三是完善政策、创新机制。制定绿色小水电建设扶持政策，依法加强对小水电站全面落实绿色发展要求的监管。四是政府引导、多方参与。政府制定绿色标准，完善制度措施，水电站业主履行主体责任，社会组织和公众参与并发挥监督作用。

(3) 总体目标。到 2020 年，建立绿色小水电标准体系和管理制度，初步形成绿色小水电发展的激励政策，创建一批绿色小水电示范电站。到 2030 年，全行业形成绿色发展格局，小水电规划设计科学合理，建设管理规范有序，调度运行安全高效，综合利用水平明显提高，生态环境保护措施严格落实，绿色发展机制不断完善，河流生态系统稳定、生态系统服务功能良好，绿色小水电理念深入人心。

*(三) 推进绿色小水电发展的重点任务*

(1) 强化规划约束，优化开发布局。新建、改造小水电站必须遵循已批准的区域空间规划、流域综合规划、河流水能资源开发等规划。河流水能资源开发规划要以绿色发展理念为指导，开展规划水资源论证，合理布局小水电项目，与当地水资源承载能力相适应。对国家级自然保护区及其他具有特殊保护价值的地区，原则上禁止开发小水电；在部分生态脆弱地区和重要生态保护区，严格限制新建小水电；原则上限制建设以单一发电为目的的跨流域调水或长距离引水的小水电。组织开展河流水能资源开发规划回顾性评价或后评价，按照河流功能要求，调查评估小水电开发布局、开发规模、开发方式、建设运行等情况，优化调整老旧电站。

(2) 科学设计建设，倡导绿色开发。小水电设计、建设应当满足河流生态环境保护要求，尽可能减少对水文情势、河流形态和生物生境等的影响。因地制宜建设水利风景区、湿地公园、亲水平台等，实现电站与周边环境和谐统一。按照生态环境保护要求，建设过鱼道、鱼类增殖放流站等设施或使用鱼类友好的水轮机。小水电项目的水土保持及环境保护措施要与主体工程同时设计、同时施工、同时投产使用。库容较大的水电站初期蓄水时，应选择合理时机和生态友好的蓄水方案。

(3) 实施升级改造，推动生态运行。以河流为单元，保障小水电站厂坝间河道生态需水量，改造或增设无节制的泄流设施、生态机组等；修建亲水性堤坝等，改善引水河段厂坝间河道内水资源条件，保障河道内水生态健康；整治小水电站内外部环境，妥善处理坝前拦污栅前的垃圾和漂浮物，防止二次污染。按照兴利服从防洪、区域服从流域、电调服从水调的原则，科学制定和实施水电站调度运行方案。对枯水期河流水文情势影响大的水电站，改变发电调度方式，推动季节性限制运行。对于无法修复改造的小水电站，要逐步关停或退出。

(4) 健全监测网络，保障生态需水。新建小水电站的生态用水泄放设施与监测设施，要纳入小水电站主体工程同步设计，同步施工、同步验收；已建小水电站要逐步增设生态用水泄放设施与监测设施。各地要加强对小水电站生态用水泄放情况监管，建立生态用水监测技术标准，明确设备设施技术规格，统一监测信息传递规约，按照先易后难的原则，逐步建立小水电站生态用水监测网络。

(5) 推动梯级协作，发挥整体效益。运用流域水文测报信息和水情预报成果，引导建立流域梯级协作机制。鼓励流域下游与上游通过联合经营、统一调度，统筹各梯级水电站的发电、防洪、供水、灌溉功能，保障生态需水量全流域持续下泄，不断改善河流生态，最大限度发挥流域梯级水资源开发保护整体效益。引导建设流域梯级水电站群集中控制系统，鼓励流域梯级电站统一运行与维护。

(6) 完善技术标准，搞好示范引领。以绿色发展理念推动修订小水电规划、设计、施工、运行、安全和管理等现行技术标准。将生态需水泄放与监测措施、生态运行方式等规定作为强制性条文，纳入小水电站可行性研究报告编制规程、初步设计规程等规范。颁布《绿色小水电评价标准》，组织开展绿色小水电示范电站创建活动。

(7) 加快技术攻关，推进科技创新。通过自主研发、优化设计、新技术运用等形式，消化吸收国内外水电建设新技术、新工艺和新材料。开展绿色小水电关键技术攻关，加快科技创新成果转化，解决绿色小水电发展中的工程技术困难。积极开展成熟适用的绿色小水电技术示范推广，研究探索水光、水风等互补发电技术，按照“互联网+技术服务”的要求建设智慧小水电。

（四）推进绿色小水电发展的保障措施

（1）严格项目准入。将生态安全、资源开发利用科学合理等作为新建小水电项目核准或审批的重要依据。对于资源开发利用不合理、取水布局不合理、无生态需水保障措施的新建小水电项目，不予核准或审批通过。对于不能满足生态需水泄放要求的新建小水电项目，不得投入运行。

（2）依法监督检查。要按照绿色小水电发展要求，加强对小水电站贯彻落实法律法规、标准规范情况的监督检查，重点对枯水期小水电站厂坝间河段生态需水保障情况进行监督检查。对于已建成但无法满足生态需水要求的小水电站，要限期整改到位。

（3）强化政策引导。要积极争取各级财政对绿色小水电发展给予支持。推动建立充分反映生态环境保护和修复治理成本的小水电上网电价机制。结合各地实际，合理补偿以生态环境保护为目的进行季节性限制运行的小水电站的发电损失。

（4）增强公众参与。完善绿色小水电发展公众参与和监督机制。小水电站生态需水监测数据等信息应依法公开，保障公众知情权，维护群众环境权益。在绿色小水电示范电站创建活动中，有序增强社会组织和公众参与力度。

（5）加强组织领导。发展绿色小水电是一项系统工程，要建立多部门参加的联合监管机制，按照职责分工，各级水行政主管部门应密切与各有关部门的协调配合，研究解决绿色小水电发展问题，创新政策措施，积极安排部署，认真督促检查，确保落实到位。要加强绿色小水电宣传，鼓励社会力量参与绿色小水电发展工作。

（中国水力发电工程学会小水电专业委员会提供）

## 云南省人民政府关于加强中小水电开发利用管理的意见

云南省人民政府于2016年7月5日以云政发〔2016〕56号文件下发关于加强中小水电开发利用管理的意见，全文如下：

为深入贯彻落实党的十八届五中全会提出的创新、协调、绿色、开放、共享发展理念，保护生态环境，转变中小水电发展方式，促进流域和区域可持续发展，现就加强全省中小水电开发利用管理提出以下意见：

（一）科学把握中小水电开发利用新形势

经过多年努力，电力产业已成为我省重要支柱产业，中小水电是其组成部分。自《云南省人民政府关于加快中小水电发展的决定》（云政发〔2003〕138号）下发以来，全省中小水电快速发展，基本完成了保障电力供应和西电东送的历史任务，其服务对象将转向民生改善和区域经济发展。

经过多年的高强度开发建设，全省中小水电资源开发率已超过80%，尚未开发的水能资源大多位于生态环境敏感区，少数区域已建电站生态环保问题突出。进一步加强中小水电开发利用管理，实现中小水电资源科学开发、安全高效利用，是贯彻落实五大发展理念的必然要求，也是形成职责清晰、权责明确、科学运行、监管有力的中小水电开发建设机制的重要举措。

（二）总体要求和基本原则

1. 总体要求

全面贯彻落实党的十八届五中全会和省委九届十二次全会精神，坚持创新、协调、绿色、开放、共享发展理念，把生态环境保护放在更加重要的位置，审核存量、严控增量，调整已建中小水电功能定位，突出中小水电服务于改善农村生活生产、保护生态环境和地方经济发展的属性，从严审批新建中小水电项目。强化综合利用功能，严格安全管理，促进中小水电资源科学环保安全利用。

2. 基本原则

（1）保护环境、生态优先。严格执行“在保护中开发、在开发中保护”的方针，进一步提升河流生态环境质量。

（2）分类指导、从严审批。统筹考虑环境影响、民生需求、市场消纳等因素，严格审批。

（3）调整定位、提升质量。推动中小水电就地服务民生改善和区域经济发展，提升综合利用质量，缓解电力结构矛盾。

（4）强化安全、明确责任。严格落实工程质量安全法规，明确有关各方的质量监督与安全监管职责。

（三）科学开发中小水电

（1）严肃水电规划指导作用。中小水电开发应坚持“先规划、再设计、后建设”的原则，科学编审河流水电规划，严格落实规划环评，不符合规划的水电项目，一律不准开发建设。

（2）严控新建项目核准审批。原则上不再开发建设25万kW以下的中小水电站，已建成的中小水电站不再扩容。各州、市人民政府要对域内中小水电项目进行系统排查清理，已经政府同意开展前期工作但尚未核准（审批）开工建设的项目，应严格把关，逐一复审。“十三五”期间，全省原则上不再核准审批新开工所有类型的中小水电项目。全省所有新增中小水电装机容量的规划及项目核准审批均应上报省人民政府批准同意。

(3) 依法落实建设管理要求。已经核准但2年内尚未开工建设的中小水电站，原项目核准文件自动失效，国土资源、环境保护等行政许可文件时效严格按照有关规定执行。未经核准（审批）违法违规开工建设的中小水电站，应依法依规严肃查处，严禁违规建设的电站并网运行。

(四) 调整功能定位、科学生态运行

(1) 调整中小水电功能定位。充分发挥中小水电点多面广的优势，突出服务当地群众生产生活和经济发展的属性，调整中小水电市场消纳方向，支持区域扶贫、满足以电代燃料和生态环境保护。

(2) 中小水电按功能定位消纳和定价。中小水电逐步调整在州市内平衡消纳。按照“管住中间，放开两头”的总体思路，发用电价格由用户与售电企业协商确定，或通过市场竞争形成，输配电价按照国家和省批准的标准执行，鼓励中小水电积极参加电力市场化交易。在发电企业上网电价放开、实施市场化交易之前，中小水电上网电价按照物价主管部门制定的分类标杆上网电价执行。

(3) 支持中小水电按照属性进行调剂。鼓励中小水电站提供一定比例的电量，重点支持当地精准扶贫、脱贫致富和区域经济发展，在不改变用途属性的前提下，允许此部分电量在州市间按照市场化交易原则进行合理调剂。

(4) 优先中小水电消纳。按照“就近消纳、州市调剂、电网调节”的运营模式，优先保证中小水电的并网和发电。支持电源、用户、社会资金组建配售电主体，建立各电压等级的配电网络和终端用电系统，提高系统消纳能力和能源利用效率。

(5) 建立健全生态运行监管机制。中小水电项目业主和电力调度机构要统筹考虑河流的生态和景观用水，制定合理的流域梯级联合调度方案。对于枢纽工程未设置生态泄流设施的水电站，应采取工程措施并安装生态流量在线监控装置，保障生态下泄流量。下泄流量原则上不得低于河道多年平均流量的10%，当天然来水量小于规定下泄最小流量时，按坝址处实际来水流量下泄。

(五) 强化工程质量与安全监管

(1) 强化工程质量监督。严格落实国家水电工程质量监督有关规定，所有水电工程项目和工程质量责任主体应接受水电工程质量监督机构的监督。完善省内水电工程质量监督组织机构和管理机制。

(2) 加强大坝安全监管。严格按照国家法律法规，建立大坝安全监测系统，妥善做好大坝和安全监测设施运行维护，开展大坝运行管理、定期检查和注册登记。

(3) 做好防汛安全管理。建立流域、区域中小水电项目的防汛安全预警联动机制。在省防汛抗旱指挥部统一领导下，电力建设主管部门和电力运行主管部门分别负责工程竣工验收前和验收后运营的防汛安全工作。

(六) 保障措施

(1) 推进电力体制改革。研究建立效益补偿机制，增强龙头水库等优质电量的竞争优势，降低调节水库的投资风险，引导水电资源优化配置。鼓励有实力、有管理经验的企业进行流域资源整合，促进流域健康可持续发展。

(2) 健全工作机制。完善水电开发利用管理协调机制，强化各部门协同和上下联动，形成工作合力，共同研究并妥善处理中小水电开发利用运营管理中的重大问题，落实工作任务，依法依规做好后续有关工作，确保取得实效。

(3) 强化责任落实。各级政府和职能部门要切实转变发展理念，按照职能分工，密切配合，科学制定具体落实措施和工作方案，依法加强中小水电开发建设和安全监督管理。

本意见自印发之日起施行。

(中国水力发电工程学会小水电专业委员会提供)

## 四川省人民政府关于进一步加强和规范水电建设管理的意见

四川省人民政府于2016年10月10日以川府发〔2016〕47号文件下发关于进一步加强和规范水电建设管理的意见，全文如下：

为贯彻落实习近平总书记“要把修复长江生态环境摆在压倒性位置，共抓大保护，不搞大开发”的指示精神和《中共四川省委关于推进绿色发展建设美丽四川的决定》，切实践行“创新、协调、绿色、开放、共享”五大发展理念，准确把握我省能源发展形势，进一步加强和规范水电建设管理，促进全省水电健康有序可持续发展，现提出如下意见。

(一) 明确水电开发总体思路

近年来，我省水电开发快速发展，“十二五”期间，新增水电装机容量3689万kW，截至2015年底，全省水电装机容量已达6759万kW，水电年发电量2640亿kW·h，为我省社会经济发展提供了坚强的电力保障，初步建成全国最大的水电基地和“西电东送”基地。近年来，我省电力需求增长缓慢，外送通道建设滞后，水电消纳矛盾日益突出。

为应对我省能源发展新形势，适时调整水电开发总体思路，在加强生态保护和做好移民安置的前提下，继续坚持“水电为主”的能源开发方针，科学有序推进全省水电资源开发，重点推进金沙江、雅砻江、大渡河（以下简称“三江”）国家规划水电基地建设，着力优化电源结构，适时调整水电开发时序，加强水电建设过程管理，建设国家重要的优质清洁能源基地。

（二）加强河流水电规划管理

（1）严格河流规划审批权限。按照《国家发展改革委关于调整水电建设管理主要河流划分的通知》（发改能源〔2016〕1346号）和《国家发展改革委环境保护部关于印发〈河流水电规划报告及规划环境影响报告书审查暂行办法〉的通知》（发改能源〔2011〕2242号）等有关规定，主要河流水电规划由国家发展改革委、国家能源局审批，其余河流水电规划由省发展改革委、省能源局负责会同有关部门审批。

（2）暂停省级河流规划审批。目前我省绝大多数河流已完成水电规划。“十三五”期间，除国家管理的主要河流外，暂停省内其他河流水电规划审批。未编制河流水电规划或与河流水电规划不符的水电项目，不得审批核准建设。

（3）同步开展电源送出规划建设。在推进电源建设的同时，加强配套电网特别是外送通道的规划建设，保证配套电网与电源建设同步。

（三）严格控制水电项目核准

（1）继续推进“三江”水电基地建设。按照国家能源发展规划，继续推进“三江”水电基地建设，服务于国家“西电东送”能源战略。

（2）严格控制中型水电项目核准。“十三五”期间，除具有季及以上调节能力的中型（单站装机容量5万kW及以上，30万kW以下）水库电站和以航运为主的航电项目外，我省其余中型水电项目暂停核准。特殊河流水电规划及项目审批、核准报省人民政府批准同意后开展相应工作。

（3）全面停止小型水电项目开发。“十三五”期间，除具有航运等综合利用为主、兼顾发电的项目外，其余小型（单站装机容量5万kW以下）水电项目全面停止核准建设。已发布水电工程建设征地范围内停建通告的，依法解除，并按照《四川省人民政府办公厅关于印发四川省大中型水利水电工程建设征地范围内禁止新增建设项目和迁入人口通告管理办法的通知》（川办发〔2014〕13号），妥善处理有关后续问题，确保社会稳定。稳妥有序推进2.5万kW以下小水电遗留问题处理。已建成的中小型水电站不再扩容。

（四）加大生态环境保护力度

（1）加强生态环境影响评价。坚持“生态优先、统筹考虑、适度开发、确保底线”的方针，科学开展河流水电规划和项目环境影响评价，全面评估规划实施对水生生物资源及其生境的影响，统筹流域生态环境保护措施，自然保护区内不得进行水电开发，确保与土地利用、林地保护利用等生态环境保护规划相衔接。开发强度较大的河流，应组织开展流域水电开发规划环境影响跟踪评价，尤其是水生生态影响评价，统筹优化流域水电开发及环境保护工作。

（2）严格落实环境保护措施。探索建立绿色水电管理制度、电网调度和生态调度协调管理制度，正确处理水电开发与环境保护的关系，合理避让和保护好珍稀野生动植物及其栖息地。认真执行环境保护“三同时”制度，建立下泄生态流量在线监测监控系统，严格落实各项环境保护措施。各级环境保护、水利等部门要加强水电建设及运行过程监管，对下泄生态流量及其他环境保护措施落实不到位的，依法加大处罚力度。水电开发企业应定期编制环境保护措施落实情况报告并主动向社会公开。

（3）积极开展河流生态修复。对水电开发强度较大以及河流生态功能受到损害的已开发河流或区域，应加快进行生态修复。环境保护厅会同省发展改革委、国土资源厅、水利厅、林业厅、农业厅、省能源局等部门（单位）研究提出需要进行生态修复的流域，报经省政府同意后，由地方政府组织编制河流生态修复规划并实施。

（五）加强水电工程建设管理

（1）加强水电工程质量管理。贯彻落实国家和省工程质量管理有关规定，严格招投标制度，健全水电工程质量监督管理体系，落实工程质量责任终身制和参建各方主体责任，加强建设过程质量监督管理，严格重大设计变更程序。建立水电工程质量监督管理和参建单位信用管理信息平台。

（2）强化水电工程安全监管。贯彻落实国家和省安全生产有关规定，健全水电工程安全生产监督管理体系，落实安全生产“三同时”制度和岗位责任制，加强建设过程安全生产监管。建立已投运大坝和建筑物安全监管及应急管理平台、流域汛情测报系统和防洪度汛调度机制。

（3）规范水电工程验收管理。贯彻落实国家和省水电工程验收管理有关规定，完善工程安全鉴定管理，规范安全鉴定程序，加强水电工程截流、蓄水、机组启动和竣工验收管理，严格验收程序和标准。

（六）积极推进流域综合管理

按照国家关于综合利用水资源和江河防洪等总体要求，统筹协调防洪与灌溉、供水、航运、发电、渔业等方面的需求，探索建立政府引导、各利益相关方共同参与的流域综合管理协调机制，探索建立流域统筹调度机制，充分发挥流域梯级综合效益。研究制定下游受益电站对上游龙头水库电站补偿办法。研究建立流域电价形成机制。建立流域安全监测系统、水情测报系统和生态环保信息系统，构建流域水电信息共享平台。积极推进大渡河流域水电综合管理试点。

（七）认真落实各方管理职责

各市（州）、县（市、区）人民政府和省直有关部门（单位）要认真履行职责，加强协作配合，形成工作合力。发展改革部门要加强统筹协调，严把项目核准关；能源主管部门要认真履行行业管理职责，加强对水电开发建设的监督管理和指导协调；省经济和信息化委、国土资源厅、环境保护厅、交通运输厅、水利厅、农业厅、林业厅、省扶贫移民局、四川能源监管办等相关部门（单位）要按照职能分工，配合做好对各地水电建设监督管理工作；市（州）和县（市、区）人民政府要制定方案，妥善处理相关问题，切实履行水电工程移民安置“责任主体、实施主体、工作主体”的职责，维护社会和谐稳定。

（中国水力发电工程学会小水电专业委员会提供）

# 农 村 水 电 改 造

## 2016年农村水电增效扩容改造情况

（一）启动“十三五”增效扩容改造

水利部联合财政部印发《关于继续实施农村水电增效扩容改造的通知》（财建〔2016〕27号），出台《农村水电增效扩容改造生态修复指导意见》（水电〔2016〕60号），明确了“十三五”增效扩容改造的支持条件、中央财政奖励标准和绩效评价要求等。“十三五”增效扩容改造以河流为单元实施，在提高水能资源利用效率、巩固和增加可再生能源供应、促进节能减排的同时，落实各项河流生态修复措施，推进河流水量生态调度，恢复和保障河道生态流量。

（二）举办农村水电增效扩容改造培训班

2016年2月，水利部在南京举办培训班，对各有关省份农电处长和主管人员进行培训，重点培训了“十三五”增效扩容相关政策、河流生态修复、机电设备选用、电站梯级联合调度、水量生态调度等内容。各省在参加培训后，分别组织开展了省内培训。

（三）组织项目申报和复核咨询

水利部在组织各地开展项目前期工作并申报的基础上，又组织专家对“十三五”省级实施方案进行复核咨询。共有21个省份和新疆兵团备案了省级实施方案，涉及河流1249条，河流生态改造项目1948个，修复减脱水河道2894km；改造后装机容量达446万kW、年发电量168亿kW·h，分别比改造前增加25.3%和42.1%；改造总投资119.6亿元，其中申请中央奖励资金44.7亿元。根据备案的省级实施方案，商财政部预拨了2016年中央财政奖励资金20.4亿元。

（四）指导各地做好项目实施

水利部印发《关于进一步做好农村水电增效扩容改造工作的通知》，对加强“十三五”增效扩容资金管理、做好河流生态修复、强化质量和安全管理、注重典型培育、开展项目补充等进行部署，并组织对各地补充项目进行了复核咨询。同时，还建立了增效扩容改造进展情况信息报送制度，及时研究解决实施中存在的困难和问题，指导各地做好“十三五”项目实施。

（五）开展绩效评价抽查和审定工作

2016年9～11月，财政部和水利部组成5个工作组，对福建等12个省份“十二五”绩效评价结果进行了抽查，核定了绩效评价结果，其中福建、湖北、湖南、广西等4省份绩效评价抽查结果为优秀，内蒙古、辽宁、江西、山东、广东、四川、贵州、青海8省份绩效评价结果为合格。福建等12个省份实际改造电站3138座，改造后装机容量达到621.2万kW，年发电量达到243.1亿kW·h，分别比改造前增加18%和43%以上，改造总投资136.7亿元，其中中央财政补助及奖惩资金55.7亿元。

（水利部农村水电及电气化发展局　陈　岩）

## 财政部、水利部关于继续实施农村水电增效扩容改造的通知

财政部、水利部于2016年2月6日以财建〔2016〕27号文件下发关于继续实施农村水电增效扩容改造的通知，全文如下：

为进一步促进节能减排和可再生能源产业发展，根据《可再生能源发展专项资金管理暂行办法》（财建〔2015〕87号），财政部、水利部决定通过中央财

政支持，以河流为单元继续实施农村水电增效扩容改造。现将有关事项通知如下：

（一）总体目标和安排

通过实施河流生态修复和电站增效扩容改造，实现优化电站布局，河流水量生态调度和电力梯级联合调度，保障河道生态流量，修复河流生态，增加可再生能源供应，消除安全隐患，提高防洪灌溉供水能力等目标。2016年启动，2019年年底前全面完成。

（二）适用政策

中央财政按照改造后电站装机容量（含生态改造新增）进行奖励，标准为东部700元/kW、中部1000元/kW、西部1300元/kW。中央财政奖励资金由各省（自治区、直辖市）财政、水利部门统筹使用，以河流为单元的中央财政奖励资金不得超过总投资的50％（生态改造费用纳入改造总投资）。申报条件、资金管理、绩效评价要求见附件1。

（三）申报程序

各地水利、财政部门按照管理权限，以河流为单元组织编制农村水电增效扩容改造方案（编制提纲见附件2），经专家咨询并修改完善后进行公示，公示无异议的逐级上报至省级水利、财政部门。省级水利、财政部门复核汇总后，编制省级农村水电增效扩容改造实施方案（编制提纲见附件3），报水利部、财政部备案。

（四）建设管理

项目初步设计按水利部《农村水电增效扩容改造项目初步设计指导意见》（水电〔2011〕437号）要求执行。

机电设备按水利部《农村水电增效扩容改造项目机电设备选用指导意见》（水电〔2011〕438号）要求选用。

建设管理按水利部、财政部《农村水电增效扩容改造项目建设管理指导意见》（水电〔2011〕441号）要求执行。

增效扩容改造电站和新增生态机组验收按水利部《农村水电增效扩容改造项目验收指导意见》（水电〔2012〕329号）要求执行。其他改造项目验收按照有关规定和技术标准执行。

上述文件中与本通知不一致的，以本通知为准。

（五）绩效评价

绩效评价工作以项目验收为基础，以河流为单元评价，以省为单位考核。河流绩效评价由省级水利、财政部门委托具备能力的第三方机构开展并编制河流绩效评价报告（编制提纲见附件4）。

省级水利、财政部门组织对河流绩效评价报告在省内公示，对公示有异议的进行重点复核，编制省级绩效评价报告（编制提纲见附件5），及时上报水利部、财政部。水利部、财政部组织对各省（自治区、直辖市）绩效评价工作质量进行检查监督并核定绩效等次。财政部、水利部根据核定的绩效等次进行奖惩。

（六）有关要求

（1）各省（自治区、直辖市）水利、财政部门要认真做好河流农村水电增效扩容改造方案复核，并在此基础上编制省级农村水电增效扩容改造实施方案，于2016年4月20日前上报水利部、财政部。

（2）“十二五”期间实施目前尚未完成的增效扩容改造项目继续执行《农村水电增效扩容改造财政补助资金管理暂行办法》（财建〔2011〕504号）和《农村水电增效扩容改造绩效评价暂行办法》（财建〔2013〕45号）。

附件1：增效扩容改造有关要求（略）

附件2：河流改造方案编制提纲（略）

附件3：省级实施方案编制提纲（略）

附件4：河流绩效评价报告编制提纲（略）

附件5：省级绩效评价报告编制提纲（略）

附表（略）

（中国水力发电工程学会小水电专业委员会提供）

## 水利部印发《农村水电增效扩容改造河流生态修复指导意见》

水利部于2016年2月22日以水电〔2016〕60号文件印发《农村水电增效扩容改造河流生态修复指导意见》。该指导意见全文如下：

（一）总则

（1）为科学合理确定农村水电增效扩容改造河流生态修复目标，指导生态修复项目的设计和实施，制定本指导意见。

（2）河流生态修复应遵循“尊重自然，保护优先”和“以自然修复为主，人工修复为辅”的原则。

（3）河流生态修复项目应充分调查因农村水电开发导致的减脱水河段生态变化状况，科学确定河道生态流量及下泄措施，为河流生态功能自然修复创造条件。

（4）农村水电站在保障河道生态流量下泄后，河流生态功能自然修复仍存在困难的河段，在符合河流综合规划、防洪规划和水能资源开发规划等（以下统称为河流规划）的前提下，可采取河流连通性恢复及生境修复等措施。

（5）依据本指导意见制定的河道生态流量及下泄措施、河流减脱水段连通性恢复及生境修复措施、水生态与水环境保护措施、监督及管理要求等，应与已批复的河流规划、水土保持、水资源保护、航运、旅游、城市发展、环境保护等规划相协调。

（二）环境现状调查与评价

1. 调查范围

调查范围应包括河流最上游农村水电站水库库区及以下河段，重点是农村水电站厂坝间减脱水河段，以及直接或间接受减脱水影响的岸边区域。

2. 调查内容

调查内容包括河流规划，农村水电站工程布局、运行方式、建设和运行过程中产生的主要生态环境问题，减脱水河段水文情势、重要生态敏感区及环境保护目标等。

3. 环境现状评价

（1）通过开展减脱水河段生态环境现状调查，分析农村水电开发引起的生态环境问题及成因，重点关注农村水电站拦河设施下游河段因减脱水而导致的水环境恶化、生态退化等问题。

（2）环境现状评价应根据河流环境特点、功能、保护对象及目标，选取适宜的评价指标，对减脱水河段水资源量、水文情势、水环境质量、生态质量等进行分析评价，并依据有关技术标准分析减脱水河段内生态用水的现状满足程度。

（3）根据现状调查和评价结果，筛选并识别减脱水河段主要环境影响因子，确定减脱水河段生态修复目标。

（三）生态流量确定

（1）本指导意见中的生态流量是指能够满足农村水电站拦河设施下游河段生态用水需求（含河道内生态基流及敏感生态需水）的下泄流量及过程，也是农村水电站生产运行时拦河设施应保证下泄的最低要求。

（2）生态流量应按不同地区、不同河流特征，综合考虑气象、水文等多方面因素，按照《河湖生态保护与修复规划导则》（SL 709）、《水利水电建设项目水资源论证导则》（SL 525）等技术标准的相关要求进行计算确定。

（3）国家或地方人民政府对河流或重要断面的生态流量有明确规定的，生态流量确定遵照其规定。

（四）生态流量泄放

（1）不能满足生态流量下泄要求的农村水电站，应采取有效措施保障生态流量泄放。

（2）生态流量泄放可采取如下措施：

1）生态机组：设置“生态小机组”并长期运行，承担生态流量泄放任务。

2）生态基荷：农村水电站承担基荷发电任务，通过发电下泄满足生态流量。

3）泄水闸孔等：以保障生态流量为目标，拓展农村水电站引水、泄水、冲沙、放空等设施功能，新建、改建泄放设施。

（3）保障生态流量泄放的各项措施应遵循安全可靠、因地制宜、技术合理、经济适用的原则。

（4）坝址处天然来水流量小于等于规定生态流量时，按天然来水流量泄放。

（五）河流减脱水段连通性恢复及生境修复

（1）在满足河道生态流量的前提下，应依靠自然修复恢复和维持河流蜿蜒性特征及自然景观格局，保持局部弯道、深潭、浅滩、洲滩湿地以及河滨带等自然景观多样性特征。

（2）在自然修复无法实现设定修复目标时，可采取符合河流规划的工程性修复措施。

（3）工程性修复措施应在不影响防洪安全的前提下，以增加水面率、恢复水深等为目标。

1）对于坡度较大、水流流速较快的河段，可在河道上设置抛物线深槽，或在纵向上每隔一定的距离设置挡水堰，使上游局部水位壅高形成深潭，以恢复水深、扩大水面。挡水堰的砌筑材料宜就地取材，选用因减水而露出水面的卵石等。

2）对于河道平缓的河段，可利用天然石料布置小型滚水堰，在多股水流汇合处设置抛物线深槽，以增加水面率。河道断面较宽、水位变幅较大时，可结合景观、亲水要求考虑河滩地的利用。治理后的过水断面不宜小于现有过水断面。

3）工程性修复措施应尽可能采用生态堰坝，并与河道微地形改造相结合，与河道岸线景观相协调，有条件的地方可设置人工鱼巢。

（4）对于枯水期断流的季节性河流，可采取封河育草、以绿代水、以绿固沙等生物措施。

（六）水生态与水环境保护

（1）位于农村或人烟稀少地区的河段，在满足生态流量的前提下，应尽最大可能保持河道和植被原生态。

（2）坝下河段存在灌溉取水或对水温变化敏感的重要生态保护目标时，可采取分层取水或其他减缓措施恢复水温。

（3）存在重要湿地或河谷林、珍稀濒危保护鱼类栖息地等生态敏感区的河流，应结合河道具备的生境条件，满足珍稀动、植物生态敏感期和敏感生态需水过程要求。

（4）应选择净化能力强的水生、陆生植物对农村水电站管理范围内河滩地进行绿化，构建植被缓冲带，以消除和缓解面源污染，保护河流水质。

（5）应完善农村水电站管理范围内环境保护措

施，防止垃圾、污水、弃油直接排入河流污染水质；对拦污栅、清污机拦下的垃圾和漂浮物进行妥善处理，防止造成二次污染。

（6）应将农村水电站管理范围内的水生态和水环境保护作业，纳入其生产和管护安排，确保水生态和水环境保护措施长期发挥效益。

（七）监督及管理

（1）农村水电站应按照“电调服从水调”的原则，根据河道生态流量下泄要求，进行水量生态调度。

（2）农村水电站拦河设施下游适当位置可设置下泄流量在线监测装置，由地方水行政主管部门或其授权单位对生态流量泄放进行实时监测。

（3）各级水行政主管部门作为河流生态修复工作的监管主体，应商有关部门，加强对河流生态修复实施过程的监督管理，落实后续监管措施，确保各项生态修复措施全面发挥效益。

（中国水力发电工程学会小水电专业委员会提供）

## 水利部办公厅关于进一步做好农村水电增效扩容改造工作的通知

水利部办公厅于2016年6月27日以办水电〔2016〕130号文件下发关于进一步做好农村水电增效扩容改造工作的通知。通知全文如下：

根据《财政部、水利部关于继续实施农村水电增效扩容改造的通知》（财建〔2016〕27号），河北等21个省（自治区、直辖市）和新疆生产建设兵团的农村水电增效扩容改造省级实施方案（2016～2019年）已上报水利部、财政部完成备案，第一批预拨的中央财政奖励资金已下达。为全面落实党的十八届五中全会“创新、协调、绿色、开放、共享”五大发展理念，进一步做好农村水电增效扩容改造工作，经商财政部，现将相关事项通知如下：

（一）切实加强资金管理

各地水利部门要加强与财政部门的沟通协调，加快分解下达中央财政奖励资金，督促指导项目单位加快项目招投标，合理安排工程建设进度和资金支付进度，确保按照我部面上项目年度资金计划执行进度有关要求，完成相应建设任务；督促项目单位落实好自筹资金，严格执行各项财务制度，按照规定管好用好财政资金，确保财政资金安全。

（二）做好河流生态修复

各地要按照水利部《农村水电增效扩容改造河流生态修复指导意见》（水电〔2016〕60号）要求，遵循“尊重自然，保护优先”和“以自然修复为主、人工改造为辅”的原则，在河流改造方案确定的生态修复目标和相应的工程措施、非工程措施基础上，进一步优化、细化设计，组织好项目实施，使增效扩容改造成为河流生态修复的重要手段。

（三）强化质量和安全管理

要指导项目单位组织好施工图设计，加强主机设备监造，加强施工监理，确保改造工程质量。同时，建立完善安全生产工作体系，督促项目单位切实落实安全生产“双主体”责任和防汛责任制，强化防汛纪律，汛期严格执行当地防汛部门调度要求、电站水库严禁违规超汛限水位运行，确保生产安全、改造安全、度汛安全。增效扩容改造电站要同步开展安全生产标准化建设，做到同步设计、同步施工、同步验收（达标），为电站改造后的安全生产奠定基础。

（四）注重典型培育

各地在农村水电增效扩容改造中，要引导项目单位改善周边农村交通、供水、灌溉等生产生活条件，支持农村公益事业，帮助周边农民增加收入等，探索建立利益共享机制，让增效扩容改造更多惠及当地群众。同时，要培育增效扩容改造在促进节能减排、改善河流生态、消除安全隐患、服务精准扶贫等方面的典型，实现生态、社会、经济效益的多赢。

（五）开展项目补充工作

对于受政策宣贯和前期工作时间紧等因素限制，尚未纳入实施范围的，要抓紧开展前期工作，并于2016年9月底前上报水利部、财政部。

（1）省级实施方案尚未备案的，请按要求完成省级实施方案编制，经水利部、财政部组织复核后上报备案。

（2）省级实施方案已备案，需补充河流的，应编制河流改造方案；已纳入的河流需补充项目的，要对原河流改造方案进一步完善，并按照省级实施方案附表格式将补充的河流和项目情况上报备案。

（中国水力发电工程学会小水电专业委员会提供）

# 机构与学术团体

# 机　　构

## 水电建设单位情况一览表

| 单位名称 | 地　　址 | 邮政编码 |
|---|---|---|
| 国家电网公司 | 北京市西城区西长安街 86 号 | 100031 |
| 国网新源控股有限公司 | 北京市西城区白广路二条 1 号 | 100761 |
| 中国南方电网有限责任公司 | 广东省广州市珠江新城华穗路 6 号 | 510623 |
| 南方电网调峰调频发电公司 | 广东省广州市龙口东路 32 号 | 510630 |
| 中国华能集团公司 | 北京市西城区复兴门内大街 6 号 | 100031 |
| 中国大唐集团公司 | 北京市西城区广宁伯街 1 号 | 100033 |
| 中国华电集团公司 | 北京市西城区宣武门内大街 2 号 | 100031 |
| 中国国电集团公司 | 北京市西城区阜成门北大街 6—8 号 | 100034 |
| 国家电力投资集团公司 | 北京市西城区金融大街 28 号院 3 号楼 | 100033 |
| 中国长江三峡集团公司 | 北京市海淀区玉渊潭南路 1 号 | 100038 |
| 中国长江电力股份有限公司 | 湖北宜昌市西坝建设路 1 号 | 443002 |
| 国投电力控股股份有限公司 | 北京市西城区西直门南小街 147 号 | 100034 |
| 大唐国际发电股份有限公司 | 北京市西城区广宁伯街 9 号 | 100033 |
| 汉能控股集团有限公司 | 北京市朝阳区水岸南路 1 号 | 100107 |
| 新华水力发电有限公司 | 北京市丰台区海鹰路 1 号院 7 号楼万润大厦 | 100070 |
| 中国三峡建设管理有限公司 | 四川省成都市高新区府城大道东段 288 号 | 610041 |
| 雅砻江流域水电开发有限公司 | 四川省成都市双林路 288 号 | 610051 |
| 华能四川水电有限公司 | 四川省成都市人民南路四段 47 号华能大厦 | 610041 |
| 大唐四川发电有限公司 | 四川省成都市蜀金路 1 号 | 610091 |
| 国电大渡河流域水电开发有限公司 | 四川省成都市高新区天韵路 7 号 | 610041 |
| 华电四川发电有限公司 | 四川省成都市高新区蜀绣西路 100 号 | 610041 |
| 华电金沙江上游水电开发有限公司 | 四川省成都市高新区蜀绣西路 100 号 | 610041 |
| 国电四川发电有限公司 | 四川省成都市天晖北路 9 号 | 610041 |
| 四川华电杂谷脑水电开发有限公司 | 四川省成都青羊工业园区（东区）同城路 8 号 B16 | 610009 |
| 国电四川发电有限公司南桠河水电分公司 | 四川省成都市高新区天晖北街 9 号 | 610041 |
| 中电建水电开发集团有限公司 | 四川省成都市高新区天府二街 139 号 | 610041 |
| 四川美姑河水电开发有限公司 | 四川省成都市温江区人和路 368 号 | 611130 |
| 国投云南大朝山水电开发公司 | 云南昆明市官渡区新昆洛路新亚洲城星都国际 63 栋 | 650213 |
| 华能澜沧江水电股份有限公司 | 云南省昆明市官渡区世纪城中路 1 号 | 650214 |
| 华能澜沧江上游水电有限公司 | 云南省昆明市官渡区世纪城中路 1 号 | 650214 |

续表

| 单位名称 | 地　址 | 邮政编码 |
|---|---|---|
| 云南金沙江中游水电开发有限公司 | 云南省昆明市红塔东路6号 | 650228 |
| 云南华电怒江水电开发公司 | 云南省昆明市滇池路1189号A座 | 650228 |
| 国家电投云南国际电力投资有限公司 | 云南省昆明市滇池路1302号 | 650228 |
| 贵州乌江水电开发有限责任公司 | 贵州省贵阳市南明区新华路9号 | 550002 |
| 贵州黔源电力股份有限公司 | 贵州省贵阳市南明区都司高架路46号 | 550002 |
| 龙滩水电开发有限公司 | 广西南宁市民族大道126号 | 530022 |
| 广西桂冠电力股份有限公司 | 广西南宁市民族大道126号 | 530022 |
| 五凌电力有限公司 | 湖南省长沙市天心区五凌路188号 | 410004 |
| 湖南澧水流域水利水电开发有限责任公司 | 湖南省长沙市香樟路393号 | 410014 |
| 湖北清江水电开发有限责任公司 | 湖北省宜昌市东山大道95号清江大厦 | 443000 |
| 汉江水利水电集团有限责任公司 | 湖北省丹江口市环形路3号 | 442700 |
| 陕西汉江投资开发有限公司 | 陕西省西安市高新区沣惠南路32号 | 710065 |
| 国投甘肃小三峡发电有限责任公司 | 甘肃省兰州市七里河区敦煌路353号 | 730050 |
| 黄河上游水电开发有限责任公司 | 青海省西宁市五四西路43号 | 810008 |
| 青海省水利水电集团有限责任公司 | 青海省西宁市西关大街57号 | 810001 |
| 国电新疆吉林台水电开发有限公司 | 新疆伊犁州尼勒克县 | 835716 |
| 国电新疆开都河流域水电开发有限公司 | 新疆库尔勒市人民东路华誉商务大厦14楼 | 841000 |
| 国电阿克苏河流域水电开发有限公司 | 新疆阿克苏市塔中路7号金地美居大厦4楼408室 | 843000 |
| 福建省尤溪流域水电开发有限公司 | 福建省尤溪县城关镇解放路63号 | 365100 |
| 中国水电顾问集团投资有限公司 | 北京朝阳区北湖渠路15号京环大厦主楼10楼 | 100101 |
| 华能西藏雅鲁藏布江水电开发投资有限公司 | 四川省成都市武侯区科园二路10号航利研发中心1栋二单元 | 610093 |
| 广东省粤电集团有限公司 | 广东省广州市天河东路2号粤电广场 | 510630 |

（本年鉴编辑部）

## 水电设计单位情况一览表

| 序号 | 单位名称 | 主要领导及总工程师 | 职工人数 | 地　址 | 邮　编 | 电　话 | 传　真 | 网　址 |
|---|---|---|---|---|---|---|---|---|
| 1 | 水电水利规划设计总院 | 院长：郑声安<br>总工程师：彭才德 | 259 | 北京市西城区六铺炕北小街2号 | 100120 | 010-51973283 | 010-62356230 | http：//www.creei.cn/ |
| 2 | 中国电建集团北京勘测设计研究院有限公司 | 总经理：郝荣国<br>总工程师：吕明治 | 1048 | 北京市定福庄西街一号 | 100024 | 010-51972599 | 010-65766930 | http：//www.bhidi.com/ |

续表

| 序号 | 单位名称 | 主要领导及总工程师 | 职工人数 | 地　址 | 邮　编 | 电　话 | 传　真 | 网　址 |
|---|---|---|---|---|---|---|---|---|
| 3 | 中国电建集团华东勘测设计研究院有限公司 | 总经理：张春生<br>总工程师：吴关叶 | 3744 | 浙江省杭州市高教路201号 | 311122 | 0571-56628888 | 0571-88076606 | http：//www.ecidi.com/ |
| 4 | 中国电建集团西北勘测设计研究院有限公司 | 总经理：廖元庆<br>总工程师：姚栓喜 | 2344 | 陕西省西安市雁塔区丈八东路18号 | 710065 | 029-88290001 | 029-88290000 | http：//www.nwh.cn/ |
| 5 | 中国电建集团中南勘测设计研究院有限公司 | 总经理：冯树荣<br>总工程师：潘江洋 | 2492 | 湖南省长沙市雨花区圭塘香樟东路16号 | 410014 | 0731-85072117 | 0731-85584080 | http：//www.msdi.cn/ |
| 6 | 中国电建集团成都勘测设计研究院有限公司 | 总经理：黄　河<br>总工程师：王仁坤、余　挺 | 2091 | 四川省成都市浣花北路1号 | 610072 | 028-87499195 | 028-87329997 | http：//www.chidi.com.cn/ |
| 7 | 中国电建集团贵阳勘测设计研究院有限公司 | 总经理：潘继录<br>总工程师：范福平 | 1472 | 贵州省贵阳市观山湖区兴黔路16号 | 550081 | 0851-85388101 | 0851-85388999 | http：//www.ghidri.com.cn/ |
| 8 | 中国电建集团昆明勘测设计研究院有限公司 | 总经理：冯峻林<br>总工程师：张宗亮 | 1735 | 云南省昆明市人民东路115号 | 650051 | 0871-63062050 | 0871-63138701 | http：//www.khidi.com/ |

（中国水力发电工程学会　殷利利）

# 水利设计单位情况一览表

| 序号 | 单位名称 | 主要领导及总工程师 | 在职职工人数 | 地　址 | 邮　编 | 电　话 | 传　真 | 网　址 |
|---|---|---|---|---|---|---|---|---|
| 1 | 水利部水利水电规划设计总院 | 院长：沈凤生<br>总工程师：温续余 | 193 | 北京市西城区六铺炕北小街2-1号 | 100120 | 010-63206688 | 010-62070508 | www.giwp.org.cn |

续表

| 序号 | 单位名称 | 主要领导及总工程师 | 在职职工人数 | 地址 | 邮编 | 电话 | 传真 | 网址 |
|---|---|---|---|---|---|---|---|---|
| 2 | 长江勘测规划设计研究院 | 院长：钮新强<br>总工程师：杨启贵 | 2929 | 湖北省武汉市解放大道1863号 | 430010 | 027-82829200<br>027-82827793 | 027-82829202 | www. cjwsjy. com. cn |
| 3 | 黄河勘测规划设计有限责任公司 | 董事长：张金良<br>总工程师：景来红 | 1775 | 河南省郑州市金水河路109号 | 450003 | 0371-66026449<br>0371-66023520 | 0371-66023384 | www. yrec. cn |
| 4 | 中水淮河规划设计研究有限责任公司 | 董事长：周　虹<br>总工程师：马东亮 | 230 | 安徽省合肥市滨湖新区云谷路2588号 | 230601 | 0551-65707505<br>0551-65707515 | 0551-65707500 | www. cwhh. com. cn |
| 5 | 中水珠江规划勘测设计有限责任公司 | 总经理：凌耀忠<br>总工程师：刘元勋 | 943 | 广东省广州市天河区天寿路105号天寿大厦1102房 | 510610 | 020-87117779 | 020-87117050 | www. prpsdc. com |
| 6 | 中水东北勘测设计研究有限责任公司 | 董事长：金正浩<br>总工程师：苏加林 | 1236 | 吉林省长春市朝阳区工农大路888号 | 130021 | 0431-85092001<br>0431-85607262 | 0431-85092000 | www. neidri. com |
| 7 | 中水北方勘测设计研究有限责任公司 | 董事长：李孝振<br>总工程师：杜雷功 | 1100 | 天津市河西区洞庭路60号 | 300222 | 022-28702840<br>022-28702222 | 022-28343991 | www. tidi. ac. cn |

（中国水利水电勘测设计协会）

## 水利水电施工单位情况一览表

| 序号 | 单位名称 | 主要领导及总工程师 | 地址 | 邮编 | 电话 | 传真 | 网址 |
|---|---|---|---|---|---|---|---|
| 一 | 中国电力建设股份有限公司 | 董事长：晏志勇<br>总经理：孙洪水<br>总工程师：宗敦峰<br>周建平 | 北京市海淀区车公庄西路22号 | 100048 | 010—58368693 | 010-58382888 | http：//www. powerchina. cn |
| 1 | 中国水利水电第一工程局有限公司 | 执行董事、总经理：<br>徐银林 | 吉林省长春市绿园区锦西路933号 | 130062 | 0431-87987316 | 0431-87991536 | http：//1j. sinohydro. com |

续表

| 序号 | 单位名称 | 主要领导及总工程师 | 地　址 | 邮　编 | 电　话 | 传　真 | 网　址 |
|---|---|---|---|---|---|---|---|
| 2 | 中电建建筑集团有限公司 | 执行董事、总经理：常满祥<br>总工程师：梁宏生 | 北京市西城区六铺炕南小街1号 | 100120 | 010-58689206 | 010-62018014 | http：//www.sdej.com |
| 3 | 中国水利水电第三工程局有限公司 | 执行董事、总经理：张育林<br>总工程师：王鹏禹 | 陕西省西安市浐灞区世博大道4069号 | 710024 | 029-86178686 | 029-86267407 | http：//3j.sinohydro.com |
| 4 | 中国水利水电第四工程局有限公司 | 执行董事、总经理：高建民<br>总工程师：张文山 | 青海省西宁市昆仑东路77号 | 810007 | 0971-8088057 | 0971-8088058 | http：//www.csdsj.com |
| 5 | 中国水利水电第五工程局有限公司 | 执行董事、总经理：贺鹏程<br>总工程师：吴高见 | 四川省成都市一环路东四段8号 | 610066 | 028-84461307 | 028-84422633 | http：//5j.sinohydro.com |
| 6 | 中国水利水电第六工程局有限公司 | 执行董事、总经理：刘　宝<br>总工程师：杨成文 | 辽宁省沈阳市浑南新区新隆街2号 | 110179 | 024-23786630 | 024-23786800 | http：//6j.powerchina.cnm |
| 7 | 中国水利水电第七工程局有限公司 | 执行董事、总经理：申茂夏<br>总工程师：向　建 | 四川成都市解放路二段329号 | 610081 | 028-83370023 | 028-83383888 | http：//7j.sinohydro.com |
| 8 | 中国水利水电第八工程局有限公司 | 执行董事、总经理：朱素华<br>总工程师：涂怀健 | 湖南省长沙市天心区常青路8号 | 410004 | 0731-82822169 | 0731-85563353 | http：//8j.sinohydro.com |
| 9 | 中国水利水电第九工程局有限公司 | 执行董事、总经理：陈学云<br>总工程师：王　军 | 贵州省贵阳市金阳新区观山路3号 | 550081 | 0851-87980581 | 0851-87980582 | http：//zgsdjj.com |
| 10 | 中国水利水电第十工程局有限公司 | 执行董事、总经理：何其刚<br>总工程师：陈　茂 | 四川省成都市十二桥路七号 | 610072 | 028-87772278 | 028-87716129 | http：//10j.sinohydro.com |
| 11 | 中国水利水电第十一工程局有限公司 | 执行董事、总经理：张玉峰<br>总工程师：杨和明 | 河南省郑州市高新技术开发区莲花街59号 | 450001 | 0371-86019001 | 0371-86019003 | http：//www.cwb11.com |

续表

| 序号 | 单位名称 | 主要领导及总工程师 | 地址 | 邮编 | 电话 | 传真 | 网址 |
|---|---|---|---|---|---|---|---|
| 12 | 中国水利水电第十二工程局有限公司 | 执行董事、总经理：刘光华<br>总工程师：沈仲涛 | 浙江省杭州市环城北路141号 | 310004 | 0571-86829018 | 0571-86829008 | http：//www.water12.com |
| 13 | 中国水利水电第十三工程局有限公司 | 执行董事、总经理：何占颂<br>总工程师：杨　涛 | 天津市华苑产业区榕苑路2号 | 300384 | 022-58569000 | 022-58569002 | http：//tianjin.sinohydro.com |
| 14 | 中国水利水电第十四工程局有限公司 | 执行董事、总经理：洪　坤<br>总工程师：和孙文 | 云南省昆明市环城东路192号 | 650041 | 0871-3335216 | 0871-3333460 | http：//14j.sinohydro.com |
| 15 | 中国水电建设集团十五工程局有限公司 | 执行董事、总经理：梁向峰<br>总工程师：何小雄 | 陕西省西安市高新科技路16号 | 710065 | 029-88758206 | 029-88758100 | http：//15j.sinohydro.com |
| 16 | 中国水利水电第十六工程局有限公司 | 执行董事、总经理：林文进<br>总工程师：吴秀荣 | 福建省福州市湖东路82号 | 350003 | 0591-87821294 | 0591-87853663 | http：//16j.sinohydro.com |
| 17 | 中国水利水电基础局有限公司 | 执行董事、总经理：刘建发<br>总工程师：肖恩尚 | 天津市武清区雍阳西道86号 | 301700 | 022-29341551 | 022-29345523 | http：//jc.sinohydro.com |
| 二 | 中国葛洲坝集团有限公司 | 总经理：聂　凯<br>总工程师：邓银启 | 湖北省武汉市硚口区解放大道558号 | 430033 | 027-59270253 | 027-59270256 | http：//www.cggc.ceec.net.cn |
| 1 | 中国葛洲坝集团第一工程有限公司 | 总经理：周献忠<br>总工程师：刘　武 | 湖北省宜昌市东山大道54号 | 443002 | 0717-6712425 | 0717-6851598 | http：//www.cggc1.ceec.net.cn/ |
| 2 | 中国葛洲坝集团第二工程有限公司 | 总经理：曹东林<br>总工程师：林本华 | 四川成都青羊工业发展区广富路8号C7 | 610091 | 028-68253777 | 028-68338401 | http：//www.cggc2.ceec.net.cn/ |
| 3 | 中国葛洲坝集团第三工程有限公司 | 总经理：冯兴龙<br>总工程师：黄河江 | 陕西省西安市雁塔区锦业路36号 | 710061 | | | http：//www.cggc3.ceec.net.cn/ |
| 4 | 中国葛洲坝集团三峡建设工程有限公司 | 总经理：姚明辉<br>总工程师：李友华 | 湖北省宜昌市东山大道11号三峡大厦 | 443002 | 0717-6791338 | | http：//www.gzbsx.ceec.net.cn/ |

（中国电力建设股份有限公司　中国葛洲坝集团有限公司）

# 学 术 团 体

## 中国水力发电工程学会召开全国会员代表大会产生第八届理事会

2016年11月22日，中国水力发电工程学会第八次全国会员代表大会在北京隆重召开。中国科协党组成员、书记处书记项昌乐，中国水力发电工程学会名誉理事长陆佑楣、周大兵，以及来自水利部、国家能源局、国务院南水北调工程建设委员会办公室等有关部门的领导，我国水电界的新老领导、院士、知名专家及全国100多家水电企事业单位共280多名领导、专家和代表齐聚一堂，共商水电发展和科技创新大计。

大会听取并审议通过了张基尧理事长所作题为《积极发展水电、推动科技创新、促进能源革命，为全面建成小康社会而努力奋斗》的第七届理事会工作报告。报告全面总结了五年来学会所取得的成绩，深入分析了现阶段我国水电发展面临的难点和热点问题，对未来五年工作提出了指导意见和主要任务。对于学会认清水电发展面临的形势和未来的任务，进一步统一思想，锐意进取，开拓创新，积极发挥学会平台、桥梁和纽带的作用，推动我国水电事业科学、健康、可持续发展具有重要指导意义。

会议期间，来自全国的水电工作者代表积极建言，针对国家积极发展水电的要求，面对水电行业的新形势、新机遇、新起点，一致提出：学会要继续以能源革命和电力体制改革统领全局，遵循国家能源战略发展方向，持续加大水电宣传力度，不断完善科技创新激励体系，大力培育科技创新成果和培养水电科技人才，积极推进水电文化建设，进一步搭建好服务平台，推动水电事业科学、健康、有序、可持续发展。

大会选举产生了第八届理事会理事，期间召开的八届一次理事会选举产生了新一届常务理事会成员。国务院南水北调办副主任张野担任新一届理事长，中国电力建设集团原副总经理袁柏松担任常务副理事长兼秘书长。

大会聘请学会历届理事长汪恕诚、陆佑楣、张基尧、周大兵为第八届理事会名誉理事长，衷心感谢他们对学会发展的辛勤付出、对学会工作一如既往的关心支持和对我国水电事业所做出的突出贡献。

张野理事长在总结讲话中，从坚定发展信心，做能源革命的有力推动者；发扬优良传统，在继承中不断谋创新促发展；强化服务意识，进一步提升整体服务水平；加强自身建设，不断提升自我发展能力；凝聚强大合力，共同推动水电事业发展等方面，提出了新一届理事会主要工作目标和努力方向。号召各理事、会员单位和广大水电工作者，紧密团结在以习近平同志为核心的党中央周围，高举中国特色社会主义伟大旗帜，在新一届理事会领导下，认真贯彻落实好本次大会有关精神和要求，继承和发扬学会工作的优良传统，团结凝聚起广大水电工作者的智慧和力量，拼搏进取，矢志创新，大力发展和创新水电科学技术，着力研究和突破制约水电发展的困难和障碍，为推动我国水力发电事业可持续发展、全面建成小康社会做出新的、更大的贡献！

大会还表彰了在七届学会期间做出突出贡献的46个学会工作先进集体和51名优秀学会工作者，激励广大水电企业和科技工作者努力为我国水电事业可持续发展和科技创新再立新功。

## 中国水力发电工程学会第八届理事会成员名单

（2016年11月22日第八次全国会员代表大会产生）

名誉理事长：汪恕诚 陆佑楣 张基尧 周大兵

理事长：张 野

常务副理事长兼秘书长：袁柏松

副理事长（按姓氏笔画排序）：

么 虹 王 琳 王 森 王志轩 朱跃龙
刘国跃 杨晓东 杨清廷 邱希亮 张建云
张建民 陈云华 周厚贵 郑旭东 郑声安
贺建华 夏 忠 晏志勇 韩 水 喻新强
谢长军

常务理事（按姓氏笔画排序）：

王 琪 王永祥 石小强 申茂夏 冯树荣
朱素华 朱基伟 刘兴国 刘国刚 江小兵
汤 旭 李世东 吴世勇 吴维宁 张志强
张宗亮 张春生 陈小良 陈国庆 林铭山

练继建 郝荣国 钮新强 洪 坤 贾金生
高盈孟 涂扬举 黄 河 黄 峰 曹春江
盛玉明 常晓林 曾再祥 谢小平 廖元庆
潘继录 戴 波 籍 东

理 事（按姓氏笔画排序）：

于琪洋 马海晨 马震岳 王 军 王 询
王 辉 王仁坤 王兴玉 王宏志 王振宇
王鹏禹 艾永平 石清华 冉 群 曲 波
吕 军 吕明治 刘 武 刘 勇 刘广峰
刘风秋 刘亚军 刘学山 刘学海 刘建伟
关 雷 关云航 关杰林 江 辉 汤寿泉
许唯临 许德志 严 军 杜学泽 李 正
李友华 李平诗 李庆斌 李孝振 李建林
李承军 李树雷 李鹏程 杨 斌 杨存龙
杨成文 杨和明 杨泽艳 杨宝银 杨建敏
吴义航 吴关叶 何小雄 何占颂 何其刚
余 英 汪小刚 沈益源 张秀丽 张金良
张建华 陈东平 陈孙蛟 武春生 林 鸿
林文进 林本华 罗小黔 罗兴锜 周 伟
周 建 周 游 周建中 周建平 庞 敏
宗敦峰 赵云亮 洪文浩 姚福海 贺鹏程
聂相田 徐银林 凌耀忠 郭绪元 席 浩
姬长青 黄 辉 黄会明 黄建德 曹应超
董国庆 傅 胜 鲁俊兵 温续余 蔡跃波
熊敏峰 潘江洋 潘家才 戴会超

副秘书长：

吴义航（常务） 陈东平 张博庭

（中国水力发电工程学会秘书处）

## 中国水力发电工程学会 2016 年工作情况

2016 年，中国水力发电工程学会（以下简称水电学会或学会）充分发挥学会的桥梁和纽带作用，着力搭建好行业科技交流和合作的平台，认真履行“四为服务”工作职能，较好地完成了全年工作任务。

（一）胜利召开“八大”完成换届工作

2016 年 11 月 22 日，学会第八次全国会员代表大会在北京胜利召开。大会听取并审议通过了张基尧理事长《积极发展水电，推动科技创新，促进能源革命，为全面建成小康社会而努力奋斗》的第七届理事会工作报告；选举产生了第八届理事会理事，期间召开的八届一次理事会选举产生了新一届常务理事会成员，张野担任第八届理事长，袁柏松担任常务副理事长兼秘书长；聘请汪恕诚、陆佑楣、张基尧、周大兵为第八届理事会名誉理事长；表彰了在七届学会期间做出突出贡献的 46 个学会工作先进集体和 51 名优秀学会工作者。

张野理事长在总结讲话中，从坚定发展信心，做能源革命的有力推动者；发扬优良传统，在继承中不断谋创新促发展；强化服务意识，进一步提升整体服务水平；加强自身建设，不断提升自我发展能力；凝聚强大合力，共同推动水电事业发展等方面，提出了新一届理事会主要工作目标和努力方向。

（二）大力推进水电科技进步和人才培养

持续办好“水力发电科学技术奖”。2016 年共收到行业单位申报的科技成果 129 项，经过形式审查、网络初审、专家会议二审和终审，45 个成果项目获奖，其中特等奖 3 项，一等奖 8 项，二等奖 11 项，三等奖 23 项，并在 2017 年中国水电发展论坛上进行了颁奖。

开展第四届“潘家铮奖”评选工作。共有 26 人申报，经评审，最终清华大学张建民、中国葛洲坝集团公司江小兵、水利部水利规划设计总院刘志明等 3 人获得此奖。

认真做好科技人才举荐工作。受中国科学技术协会（以下简称中国科协）委托，3 月底开展了第七届“全国优秀科技工作者”推荐评选工作，经组织专家评审，清华大学张建民作为上报中国科协推荐候选人并最终当选；12 月初开展了“张光斗优秀青年科技奖”候选人代评推选工作，16 名候选人参评。

积极开展科技成果评价工作。全年共受理承担了 11 个单位的 15 项成果的鉴定评价工作，还有 10 多个项目由行业单位组织、学会选派专家进行鉴定。

（三）积极为行业发展建言献策

做好中国科协“九大”代表和九届全委会委员候选人推选工作。经常务理事会审议推荐，学会副理事长晏志勇、学会秘书处雷定演当选科协“九大”代表，参加 5 月 31 日～6 月 2 日召开的全国科技创新大会、两院院士大会、中国科协第九次全国代表大会，晏志勇副理事长当选中国科协九届全委会委员。

围绕川、滇两省弃水情况严重的问题，于 9 月组织专家赴当地水电企业进行了调研；11 月初在北京组织召开了“电力市场与水电弃水分析研究座谈会”，30 多名领导和专家出席会议，讨论研究了由学会组织开展的电力市场与水电弃水分析研究课题大纲。经过一个多月的调研和撰写报告，12 月 21 日召开了课题结题会，张基尧名誉理事长到会指导，会议通过了结题意见，形成了有关建议报告送政府部门供决策参考。

（四）继续加强能力建设

2016 年 3 月 17～18 日在贵阳召开了“全国各省级水电学会和各专业委员会秘书长工作会议”，来自全国22个省级水电学会和31个专业（工作）委员会的秘书长和代表近80人参会。会议就如何办好学会提出了要求，主要有组织机构的建立和专业人员的配备、提升自身能力建设、有序承接好政府转移职能、科技论坛和科技鉴定的召开与推广、为会员服务的质量和水平、建设好网站以巩固宣传阵地、做好单位会员及个人会员的发展与有关信息管理、组织好水电科普和舆论宣传活动、收缴好会费和搞好科技创收以维持正常运作、尽最大能力做好水电公益事业、编撰技术总结书籍办好年鉴报纸杂志、发挥好专委会作用以推动各专业领域科学技术均衡发展、做好党的建设促进“党建强会”。

2月初与国家开发投资公司共同举办“2016年中国水电发展论坛暨水力发电科学技术奖颁奖典礼”，来自全国水力发电战线80多个单位的300余名新老水电工作者，共叙水电发展成就，共谋长远发展大计。会上进行了隆重的水力发电科学技术奖和《水力发电学报》优秀论文奖颁奖。

水电学会与其他8家全国学会发起组建了“中国科协清洁能源学会联合体”。邀请行业企业、科研机构、高等院校等加入联合体，以实现较大范围的信息共享、资源调配和政策研究，引导和促进清洁能源领域产学研的创新协同发展。2016年，联合体组织开展了全国杰出科技人才推荐、中国科技期刊能源学科集群优秀论文遴选推介、制定国家引才目录（新型能源技术组）等重要活动。

开展科协学术会议质量提升计划项目资助申报工作，主要从新观点新学说学术沙龙、中国科技论坛、综合学术交流活动、高端专题学术交流活动等4方面进行了申报，最终联合抗震防灾专委会申报的“2016高坝抗震防灾国际研讨会”获得资助。

进一步加强对专委会的管理和领导，抓好各专委会和省级学会的组织建设，严格按期换届。充分发挥专委会的专业学科带头作用和组织能力，促进专委会活动高水平、经常化；进一步加强与省级学会的联系和指导，密切工作关系。

加强秘书处自身能力建设。召开好秘书长办公会和秘书处全体人员工作会议，检查落实和完成好年度各项工作任务；对各会员单位的通信联系方式进行更新，保证了学会与会员单位和理事的联络通畅；加强财务管理，较好地完成了全年会费收缴工作，并且努力做好课题项目创收，保证了学会活动和秘书处工作正常开展。

编撰出版了《中国水力发电年鉴》（第二十卷）。完成了《中国水力发电信息（2016年报）》的整理编辑工作。

重视做好会刊《水力发电学报》的管理和出版工作。完成了“2016年度《水力发电学报》优秀论文奖”评定工作，共评出一等奖2篇、二等奖3篇、三等奖5篇。

（五）继续推进水电科普舆论宣传

2016年3月26日，在第24届“世界水日”（主题：水与就业）和第29届“中国水周”（主题：落实五大发展理念，推进最严格水资源管理）期间，中国水电学会和中国大坝工程学会联合在北京举办“水资源可持续开发利用”科普论坛，邀请行业知名专家作了《大坝在水资源可持续利用中的作用》《从“澜湄合作”的成功看五大发展理念》《中国能源转型向何处去?》等精彩报告。10余家媒体与会并持续进行了宣传报道，大量网站进行了转载，宣传效果明显。

7月10日，面对长江中下游地区入汛以来连遭强降雨袭击和防洪严峻形势，网上充斥着对三峡大坝与下游洪涝关系的热议，为及时澄清舆论，学会组织科普传播团队专家，联合北京科技记者编辑协会组织举办了一场“媒体科学沙龙——三峡大坝与下游防洪”。邀请有关专家，与现场近30家媒体的40余位记者进行了互动，多家知名网媒进行了网络直播，同时在线观看人数超过2万人次，较好地回答了社会公众关于三峡防洪作用的各种疑问。

维护好学会“中国水电网”网站，发挥好宣传主阵地作用。不定期撰写发布文章，对社会上各种关于水电的偏见及不实言论进行科学有据的回应。及时转载行业重要新闻，进一步改进和完善功能设置，致力打造我国水电行业门户网站。维护好微信公众号“中国水力发电工程学会”（微信号：CSHE1980），结合水电行业热点和社会关注焦点和“中国水电网”更新速度，同步推送重要新闻和消息，以加强“掌中宣传”力度，开辟水电宣传新阵地。

（六）积极促进国内国际学术交流

2016年3月29日，学会与国际水电协会（IHA）联合在北京召开了国际水电融资风险管理暨水电可持续评估规范研讨会，就政府部门对推进水电可持续发展的作用、水电绿色信贷融资指南、金融机构的作用、水电项目融资风险管控经验、水电可持续性评估规范，以及其他行业热点和关心的问题与中外专家进行了广泛深入的探讨。

5月20日，在北京主办了大型抽水蓄能电站变频启动装置（SFC）国产化及应用研讨会，就抽水蓄能电站装备国产化的国家政策、我国抽水蓄能发展现状、SFC国产化重大科研成果等进行了研讨。

9月23日，联合抗震防灾专委会在北京召开了2016高坝抗震防灾国际学术研讨会，围绕高坝抗震新理论与新方法、抗震设计标准、安全评价体系、水利水电工程防灾减灾与风险管理等深入研讨。会议对高坝抗震防灾的科学研究起到重要的支持和推动作用，对我国乃至世界水电建设具有积极借鉴意义。

11月25～26日，联合召开了“第一届全国水利水电工程信息化技术研究与应用研讨会”，就水利水电规划设计信息化、水利水电工程管理信息化、水利水电工程物联网技术、水利水电工程信息化前沿（BIM、大数据、云计算、智能化等）以及水利水电工程数字化、标准化和行政支撑体系等方面的新理念、新技术、新方法开展学术交流。

11月28～30日，联合环保部评估中心、河海大学主办了“中国水电企业海外项目环境社会管理研讨班第一期”，为水电工程规划设计咨询、开发建设和科研教学等机构搭建起在环境社会管理方面深入沟通分享和交流研讨的平台，助力国家“一带一路”战略实施和中国水电企业“走出去”。

12月15～16日，联合风险管理专委会在成都举办了“2016全国大中型水电站风险管理年会暨水电安全与项目管理论坛峰会”，深入探讨水电安全与项目风险管理的经验及方法。

12月21日，联合举办了“水与能源可持续发展高峰论坛”，围绕水与能源可持续发展战略、生态文明建设与能源开发利用、水与能源经济价值与金融创新等议题，深入探讨水与能源可持续发展的机遇，供给侧改革下的产业发展政策，绿色、低碳、生态文明与新能源开发的战略，科技与金融、实业与资本融合的创新模式等问题。

各专业委员会和省级水电学会是学会工作的基础和重要组成部分。2016年学会32个专业（工作）委员会贯彻学术活动“高水平、经常化”的要求，召开了形式多样、内容丰富的学术交流和学术研讨会或学术年会，据不完全统计，全年共举办各种学术交流活动38次，参加人数3820人次。各地方水力发电学会发挥自身优势，活动内容丰富、形式多样，不少地方学会活动频繁且办得有声有色，活动内容亮点纷呈、各有特色。南方片区和北方片区水电学会联络会和学术交流会越办越好，水平不断提高。

进一步密切与行业国际组织的往来交流。1月底学会领导会见了来访的IHA执行长理查德泰勒一行，泰勒对中国水力发电工程学会牵头成功筹办2015世界水电大会表示感谢，邀请学会组团参加2017大会（埃塞俄比亚），双方就进一步加深合作进行了探讨。4月初陆佑楣名誉理事长等学会领导会见了来访的世界工程组织联合会（WFEO）主席乔治·斯皮塔尼克，双方就扩大中国水电在世界水电界的影响力、培养更多的中国水电工程师、共同努力推进全球范围内的节能减排等进行了会谈。

继续加强海峡两岸学术交流。1月由张基尧理事长率团赴台开展了“水利水电科技学术交流和水利水电工程考察活动”，期间拜访了台湾中兴工程科技研究发展基金会，考察了有关电站水库；召开了中国大陆南水北调与水电建设工程专题演讲暨学术交流会，吸引了台湾工程界120余名专家学者参加。会议规模大、层次高，受到台胞同行高度赞赏。

（七）抓好科研课题和科技合作

受中国三峡集团公司委托开展了乌东德水电工程枢纽区地质灾害监测预警与应急管理研究课题，为工程建设和运营安全深度把脉。

完成了四川大渡河大岗山水电站机组启动试运行技术咨询、新常态下中国水电可持续发展政策研究、电力市场与水电弃水分析研究等课题。

（八）继续运作管理好潘家铮基金

在行业各有关单位的大力支持下，潘家铮水电科技基金本金规模已达4644万元，捐资成员已扩大至55家单位和9名个人。

2016年，继续运作管理好潘家铮基金。一是召开了基金换届暨三届一次理事会，马宗林担任基金新一届理事长。二是通过科学严格管理和合理运作，基金每年理财收益能够支撑当年度的奖励和管理成本支出。三是继续做好一年一度的水力发电科学技术奖和两年一度的潘家铮奖的评选和颁奖工作。四是开展好本年度潘家铮水电奖学金评定工作和颁奖工作，12月底在西安理工大学隆重举行了第八届奖学金颁奖典礼，奖励来自18所高校和科研院的优秀学生60名。五是继续组织开展好大学生暑期水电社会实践活动，活动地点为澜沧江水电基地中的小湾、苗尾、功果桥水电站和金沙江水电基地中的龙开口水电站。

（九）加强党的建设

根据《中国科协科技社团党委关于推进中国科协所属学会党建“两个全覆盖”专项工作方案》（科协社团党发〔2016〕2号）精神，经以通信方式召开的常务理事（党员）专题会议研究通过，学会功能型党组织为党委，委员组成如下：张野任书记，袁柏松任副书记，郑声安任纪检委员，李世东任组织委员，吴义航任宣传委员，关云航、汪小刚任委员。12月形成了请示文件报送科协社团党委并已获批复。

继续推进开展中国科协学会服务中心党委组织的“党建强会计划”十百千特色活动，学会和自动化专委会联合开展的“党建工作在路上，竭诚服务好基层”金秋系列活动获得专项资助。以自动化专委会“徐洁党员创新工作室”为平台，开展了慰问打工子弟学校、捐建图书室、金秋水电学术讲座、制作优秀党员宣传片等活动。

根据水电水利规划设计总院党委部署，认真推进“两学一做”学习教育活动，开展好“三严三实”专题活动和党员民主生活会，做好秘书处党支部有关工作，充分发挥党组织战斗堡垒作用和党员先锋模范作用，带动秘书处人员爱岗敬业，为学会发展和水电事业多做贡献。

（中国水力发电工程学会秘书处）

## 中国水力发电工程学会分支机构情况表

| 专委会名称 | 主任委员 | 秘书长 | 专业内容 | 挂靠单位 |
|---|---|---|---|---|
| 水能规划及动能经济专业委员会 | 彭才德 | 王海政 | 水能规划及动能经济 | 水电水利规划设计总院 |
| 水库专业委员会 | 彭　程 | 郭万侦 | 组织移民政策、管理、技术交流活动，开展水库经济政策研究，水库移民的调研、咨询、评估，为国家制定水库移民政策献计献策 | 水电水利规划设计总院 |
| 环境保护专业委员会 | 顾洪宾 | 崔　磊 | 环境影响评价、咨询，环境保护设计，水土保持方案设计 | 水电水利规划设计总院 |
| 水文泥沙专业委员会 | 万文功 | 杨百银 | 水文、泥沙专业的学术交流和技术总结 | 水电水利规划设计总院 |
| 地质及勘探专业委员会 | 袁建新 | 张东升 | 水电水利工程地质、测绘、物探、钻探、岩土试验专业的学术交流 | 水电水利规划设计总院 |
| 水工及水电站建筑物专业委员会 | 李　昇 | 孙宝平 | 水工 | 水电水利规划设计总院 |
| 水工水力学专业委员会 | 刘之平 | 章晋雄 | 水工水力学 | 中国水利水电科学研究院 |
| 高坝通航工程专业委员会 | 李　云 | 宣国祥 | 通航技术交流、通航科技发展战略及政策咨询、委托项目论证 | 南京水利科学研究院 |
| 碾压混凝土筑坝专业委员会 | 宗敦峰 | 郑桂斌 | 碾压混凝土筑坝技术（坝工、材料、运行、建设管理等） | 中国人民武装警察部队水电指挥部 |
| 混凝土面板堆石坝专业委员会 | 杨泽艳 | 王富强 | 混凝土面板堆石坝设计、施工、材料、变形观测、运行管理等技术交流、咨询 | 水电水利规划设计总院 |
| 水工金属结构专业委员会 | 龚建新 | 林朝晖 | 水利水电工程闸门及其启闭设备、通航设备的设计、制造、安装及验收 | 水电水利规划设计总院 |
| 水力机械专业委员会 | 赵　琨 | 戴康俊 | 水力机械设计、试验、安装、运行、改造 | 水电水利规划设计总院 |
| 电气专业委员会 | 于庆贵 | 郑　琳 | 电气一次专业 | 水电水利规划设计总院 |
| 自动化专业委员会 | 吴维宁 | 刘观标 | 水电电气二次技术及相关内容 | 南京南瑞集团公司（国网电力科学研究院） |
| 继电保护专业委员会 | 毕亚雄 | 张　舸 | 发电机、变压器和高压线路的继电保护 | 长江电力股份有限公司 |

续表

| 专委会名称 | 主任委员 | 秘书长 | 专业内容 | 挂靠单位 |
| --- | --- | --- | --- | --- |
| 施工专业委员会 | 孙洪水 | 郑　平 | 水利水电施工 | 中国电力建设股份有限公司 |
| 工程造价专业委员会 | 王忠耀 | 郭建欣 | 工程造价、工程经济技术管理 | 水电水利规划设计总院 |
| 信息化专业委员会 | 胡春宏 | 袁　宏 | 计算机及自动化技术在水电工程规划、设计、施工及电站运行中的应用 | 中国水利水电科学研究院 |
| 水电站运行管理专业委员会 | 裴哲义 | 李晓斌 | 水电站运行管理、水库经济运行 | 国家电力调度通信中心 |
| 电网调峰与抽水蓄能专业委员会 | 林铭山 | 郝荣国 | 开展抽水蓄能电站建设必要性、经济合理性及优化布局的研讨，介绍先进技术，组织学术交流，承接站点规划和技术咨询服务 | 中国电建集团北京勘测设计研究院有限公司 |
| 大坝安全专业委员会 | 张秀丽 | 许传桂 | 涉及运行维护、安全监测、安全评价、补强加固、缺陷处理、应急管理等相关业务领域 | 国家能源局大坝安全监察中心 |
| 水电控制设备专业委员会 | 王德宽 | 刘同安 | 水轮机调速、励磁装置，自动化元件，智能仪表 | 中国水利水电科学研究院 |
| 抗震防灾专业委员会 | 李德玉 | 欧阳金惠 | 大型水利水电工程、大电网的抗震防灾科学技术、预案及对策研究 | 中国水利水电科学研究院 |
| 电力系统自动化专业委员会 | 程永权 | 陈小明 | 水电厂自动化系统，自动调压、调频装置，水电长距离输电稳定装置 | 中国长江三峡集团公司 |
| 梯级调度控制专业委员会 | 肖　舸 | 王玉华 | 流域梯级调度控制、流域水资源运用 | 中国长江电力股份有限公司 |
| 机械疏浚专业委员会 | 常　富 | 张步新 | 机械疏浚与吹填学术交流，推广先进经验，介绍新的技术、材料、设备、产品 | 水利部长春机械研究所 |
| 小水电专业委员会 | 黄建平 | 舒　静 | 小水电方面学术交流、技术咨询、继续教育 | 水利部农村电气化研究所 |
| 水电监理专业委员会 | 陈东平 | 孙玉生 | 水电监理经验与技术交流，监理技术与理论研究 | 中国水利水电建设工程咨询北京有限公司 |
| 风险管理专业委员会 | 陈东平 | 时　斌 | 风险管理理论研究，水电施工单位实施风险管理规划，组织专业培训，开展行评行检 | 江泰保险经纪有限公司 |
| 国际河流水电开发生态环境研究工作委员会 | 顾洪宾 | 周世春 | 澜沧江开发的研究、监测、收集信息，建立监测站，对其水情进行分析评价 | 水电水利规划设计总院 |

（中国水力发电工程学会秘书处　殷利利）

# 各省、市、自治区水力发电工程学会组织情况表

| 名称 | 会员总数 | 理事长 | 秘书长 | 办事机构地点 | 邮编 | 学术专业设置 | 会刊学报 |
|---|---|---|---|---|---|---|---|
| 北京水力发电工程学会 | 1520 | 郝荣国 | 徐力波 | 北京市朝阳区定福庄西街1号 | 100024 | 无 | 无 |
| 天津市水力发电工程学会 | 1297 | 杜雷功 | 邵月顺 | 天津市河西区洞庭路60号 | 300222 | 施工及基础处理专委会<br>水电成套设备专委会<br>水工专委会<br>机电专委会<br>大坝安全监测与管理专委会<br>动能经济及抽水蓄能专委会<br>勘测专委会 | 《水利水电工程设计》 |
| 河北省水力发电工程学会 | 175 | 杨立波 | 回士光 | 河北省石家庄市富强大街3号 | 050011 | 无 | 无 |
| 山西省水力发电工程学会 | 692 | 孙万功 | 程天立 | 山西省太原市新建北路45号 | 030002 | 水电电气自动化专委会<br>水工建筑及水力机械专委会<br>水电站运行管理专委会<br>农村水电电气化专委会<br>抽水蓄能电站专委会 | 《电力学报》（双月刊）<br>《山西省水力发电工程学会简报》 |
| 江苏省水力发电工程学会 | 897 | 朱跃龙 | 顾圣平 | 江苏省南京市西康路1号河海大学水电馆306室 | 210098 | 水工结构专委会<br>水工水力学专委会<br>水电站电气及自动化专委会<br>仪器仪表专委会<br>小水电专委会<br>泵站及流体机械专委会<br>水资源及环境专委会 | 无 |
| 上海市水力发电工程学会 | 327 | 李　巍 | 李健英 | 上海市逸仙路388号 | 200434 | 无 | 《上海水利水电技术》 |
| 浙江省水力发电工程学会 | 1451 | 施俊跃 | 吕　峰 | 浙江省杭州市梅花碑7号 | 310009 | 水能规划及动能经济专委会<br>水工及水电站建筑专委会<br>水电站运行管理专委会<br>中小水电开发与管理专委会<br>施工专委会<br>机电设备专委会<br>地质勘测及技术处理专委会<br>计算机运行及信息专委会<br>大坝安全监测专委会 | 《浙江水利水电》（内刊，学会通讯） |

续表

| 名称 | 会员总数 | 理事长 | 秘书长 | 办事机构地点 | 邮编 | 学术专业设置 | 会刊学报 |
|---|---|---|---|---|---|---|---|
| 安徽省水力发电工程学会 | 840 | 杜贵和 | 陈自年 | 安徽省合肥市经开区紫云路299号 | 230601 | 水工专委会<br>小水电专委会<br>水电站运行专委会 | 无 |
| 福建省水力发电工程学会 | 1290 | 李立新 | 陈瑞兴 | 福建省福州市湖东路231号前田大厦10楼 | 350013 | 水能及新能源规划专业委员会工程勘查专委会<br>水工及水电站建筑物专委会<br>水力机械及金属结构专委会<br>水电站电气及自动化专委会<br>水电建设管理专委会<br>水电站运行管理专委会<br>施工机械及施工管理专委会<br>水库经济专委会<br>水电厂防汛及水库调度专业委员会<br>《福建水力发电》编委会<br>《福建水力发电》编辑部<br>学术工委会<br>科普工委会<br>组织工委会 | 《福建水力发电》 |
| 河南省水力发电工程学会 | 1004 | 张金良 | 景来红 | 河南省郑州市金水路109号 | 450003 | 水能规划及动能经济专委会<br>水工及水电站建筑物专委会<br>水电站电气及自动化专委会<br>施工机械及施工管理专委会<br>水电站运行管理专委会<br>水工金属结构专委会<br>中小型水电专委会<br>地质专委会<br>青年工作委员会<br>泥沙专业委员会 | 无 |
| 湖北省水力发电工程学会 | 5650 | 常晓林 | 赵英林 | 武汉大学工学部第八教学楼 | 430072 | 水能规划及动能经济专委会<br>水工及水电站建筑物专委会<br>水工水力学专委会<br>水利水电工程施工专委会<br>水电站电气及自动化专委会<br>水电站运行管理专委会<br>水力机械专委会<br>中小水电专委会 | 《水电与新能源》 |

续表

| 名称 | 会员总数 | 理事长 | 秘书长 | 办事机构地点 | 邮编 | 学术专业设置 | 会刊学报 |
|---|---|---|---|---|---|---|---|
| 湖南省水力发电工程学会 | 2429 | 苏祥林 | 方　芳 | 湖南省长沙市雨花区香樟东路16号 | 410014 | 水电站运行管理专委会<br>施工专委会<br>小水电及农村电气化专委会<br>水能规划与动能经济专委会<br>库区经济专委会<br>水工及水电站建筑专业委员会<br>勘测专业委员会<br>水电水利信息技术专业委员会<br>环境保护专委会<br>新能源专业委员会 | 《中南水力发电》 |
| 广东省水力发电工程学会 | 1720 | 李承军 | 夏红梅 | 广东省广州市天河东路2号粤电广场 | 510630 | 水能利用专委会<br>水工及水电站建筑专委会<br>水电建设管理及施工专委会<br>水电站运行与自动化专委会<br>风电及新能源专委会<br>中国水力发电工程学会贯流式水电站专委会<br>光伏及再生能源专委会 | 无 |
| 广西水力发电工程学会 | 3435 | 陶先文 | 黄庭文 | 广西南宁市民主路6号 | 530023 | 水能规划及动能经济专委会<br>地质勘测专委会<br>水工及水电站建筑物专委会<br>水力机械专委会<br>金属结构专委会<br>水电站电气及自动化专委会<br>施工机械及施工管理专委会<br>水电建设管理专委会<br>水电站运行管理专委会<br>小水电及农村电气化专委会<br>水库经济专委会<br>水电厂防汛及水库调度专委会<br>计算机应用专委会<br>工程造价专委会<br>电气及自动化专委会 | 《红水河》 |
| 四川省水力发电工程学会 | 3410 | 陈云华 | 吴世勇 | 四川省成都市双林路288号二滩大厦 | 610051 | 地质勘探专委会<br>运行专委会<br>工程造价专委会<br>施工专委会<br>水工专委会<br>规划专委会<br>水机专委会 | 《四川水力发电》 |

续表

| 名称 | 会员总数 | 理事长 | 秘书长 | 办事机构地点 | 邮编 | 学术专业设置 | 会刊学报 |
|---|---|---|---|---|---|---|---|
| 贵州省水力发电工程学会 | 2124 | 张志强 | 邹建国 | 贵州省贵阳市新华路9号 | 550002 | 水库专业委员会<br>水电站管理专业委员会<br>学术工作委员会<br>水资源及水能规划专业委员会<br>水工与水电站建筑专业委员会<br>环境与资源专业委员会<br>地质及勘察专业委员会<br>小水电技术专业委员会<br>科普工作委员会<br>梯级调度控制专业委员会<br>水电站自动化专业委员会 | 《贵州水力发电》 |
| 云南省水力发电工程学会 | 2168 | 汤寿泉 | 栗　冰 | 云南省昆明市拓东路73号 | 650011 | 水工及水电站建筑物专委会<br>水能规划及动能经济专委会<br>水电站电气及自动化专委会<br>水力机械及金属结构专委会<br>施工机械及施工管理专委会<br>水电站运行管理专委会<br>工程经济定额预算专委会<br>地质及勘测专委会 | 《云南水力发电》《云南省水力发电工程学会简报》 |
| 陕西省水力发电工程学会 | 5895 | 马海晨 | 沈兴正 | 陕西省西安市丈八东路18号 | 710065 | 水工专委会<br>规划动能经济专委会<br>工程地质勘测专委会<br>机电运行专委会<br>水电站施工专委会<br>工程造价专委会<br>水电站自动化专委会<br>水库及环保专委会<br>新能源专委会<br>青年科技工作委员会<br>咨询委员会<br>科普工作委员会 | 《西北水电》为西北院和西安理工大学合办 |
| 甘肃省水力发电工程学会 | 1685 | 李永清 | 秦　睿 | 甘肃省兰州市安宁区万新北路249号 | 730000 | 水电站建筑与施工管理专委会<br>地质及勘探专委会<br>动能经济及水库调度专委会<br>水力机械及金属结构专委会<br>水电站运行管理专委会<br>风力发电专委会 | 无 |
| 宁夏水力发电工程学会 | 474 | 田军仓 | 王红雨 | 宁夏银川市贺兰山西路539号宁夏大学土木与水利工程学院 | 750021 | 水电站运行专委会<br>水力机械气蚀磨损专委会<br>电气自动化专委会<br>水工专委会<br>水电施工专委会 | 无 |

续表

| 名称 | 会员总数 | 理事长 | 秘书长 | 办事机构地点 | 邮编 | 学术专业设置 | 会刊学报 |
| --- | --- | --- | --- | --- | --- | --- | --- |
| 青海省水力发电工程学会 | 1081 | 张俊才 | 曹光明 | 青海省西宁市五四西路43号-5 | 810008 | 水电工程经济定额预算专委会<br>小水电专委会<br>水工专委会<br>水能经济专委会 | 《青海水力发电》 |

（中国水力发电工程学会秘书处　殷利利）

## 中国大坝工程学会 2016 年工作情况

2016 年，中国大坝工程学会持续强化纽带和支撑作用，突出广泛性、专业性和国际性，进一步提升了服务政府、行业、会员和社会的水平，不断开创社团发展的新局面。

（一）围绕中心，开拓进取，扩大学会国际国内影响力

（1）陈雷部长深入调研学会改革发展。2016 年 8 月 16 日，水利部党组书记、部长陈雷就中国大坝工程学会改革发展工作进行调研座谈。他强调，要牢固树立创新、协调、绿色、开放、共享的发展理念，深入贯彻落实中央新时期水利工作方针，创新发展思路，加大工作力度，努力把中国大坝工程学会打造成水利水电工程领域的品牌学会。

座谈会上，学会前任理事长汪恕诚指出，随着全面深化改革和政府职能转变的深入推进，学会发展空间更加广阔，同时承担的责任和任务也越来越重。矫勇表示，作为新任理事长，将与同志们一道，认真贯彻部党组要求和学会章程，紧紧围绕水库大坝建设管理、运行安全、科技创新、科学调度、生态环境、技术标准等领域，组织会员单位广泛深入开展研究交流，更好发挥学会的纽带桥梁作用和国际交流窗口功能，进一步加强学会自身建设，为我国坝工事业健康发展贡献学会的力量。

（2）刘宁副部长率团参加国际大坝委员会第 84 届年会。2016 年 5 月，水利部副部长刘宁率团参加了在南非约翰内斯堡召开的国际大坝委员会第 84 届年会。刘宁应邀在国际研讨会开幕式做题为“水库大坝发展和挑战”的主旨报告。他指出，世界未来大坝的建设和发展还面临巨大挑战，中国作为世界上最大的发展中国家，将一如既往地参与、促进与世界各国间的技术交流与合作，推动发展中国家大坝建设和水电开发的可持续发展，促进全人类的共同福祉。

（3）周学文副部长莅临指导学会 2016 学术年会。2016 年 10 月 20 日，水利部副部长周学文出席了中国大坝工程学会 2016 学术年会暨国际水库大坝研讨会。周学文表示，水利部将继续支持中国大坝工程学会的工作，并将和相关单位一起支持中国电力建设集团股份有限公司总工程师、学会副秘书长周建平担任国际大坝委员会副主席的履职工作。

（4）国际大坝委员会主席应邀来访并指导学会工作。2016 年 10 月，国际大坝委员会主席安通・史莱斯先生应邀参加中国大坝工程学会 2016 学术年会暨国际水库大坝研讨会。他指出，大坝是未来基础设施，核心是 HEART（H 代表健康，E 代表能源，A 代表可获得，R 代表可再生，T 代表跨境和运输）；中国大坝工程学会是国际大坝委员会非常重要的成员之一，中国现已经成为大坝先进技术的领军国。

（二）搭建平台，促进创新，推动大坝建设技术进步

（1）推荐项目参评并获得国家科技进步奖。学会推荐的“高混凝土坝关键技术研究与实践”项目荣获 2016 年度国家科学技术进步奖二等奖。

（2）评选高混凝土坝国际里程碑工程奖。2016 年，与国际大坝委员会、美国大坝学会联合组织评选了第二届高混凝土坝国际里程碑工程奖，分别是：中国的小湾工程、伊朗的卡伦三级工程、意大利的里德拉科利工程、美国的德沃夏克工程；并在中国大坝工程学会 2016 学术年会暨国际水库大坝研讨会开幕式上颁奖。

（3）评选首届杰出大坝工程师奖。这个奖项是 2016 年大坝学会工作会议确定、理事会表决通过设立的，目的是激励广大工程技术人员为提升科技创新能力、促进技术成果转化、加快产业技术进步、推动坝工事业发展做出贡献。依照评选奖励办法并征求有关专家意见，最终有 5 位工程师获得首届杰出大坝工程师奖。分别是：中国长江三峡集团公司副总经理樊启祥、中国电建集团成都勘测设计研究院有限公司副

总经理王仁坤、中国电力建设股份有限公司总工程师周建平、长江勘测规划设计研究院副总工程师王小毛、南京水利科学研究院副院长陈生水。

（4）评选汪闻韶院士青年优秀论文奖。2016年，评选出优秀论文3篇。获奖论文分别是：中国水利水电科学研究院郭胜山的《重力坝与坝基体系地震损伤破坏分析》、长江勘测规划设计研究院王占军的《堆石料的剪胀特性与广义塑形本构模型》和长江勘测规划设计研究院李安强的《长江流域上游控制性水库群联合防洪调度研究》。

（5）推荐工程当选中国土木工程詹天佑大奖。2016年，中国大坝工程学会推荐的国电大渡河瀑布沟水电站工程获得第十四届中国土木工程詹天佑奖。

（6）推荐工程师荣获第二届全国“杰出工程师奖”。学会推荐的中国电建集团昆明勘测设计研究院副总经理张宗亮荣获“杰出工程师奖”，长江勘测规划设计研究院副总工程师王小毛获“杰出工程师鼓励奖”。

（7）主办中国大坝工程学会2016学术年会暨国际水库大坝研讨会。10月20～21日，“中国大坝工程学会2016学术年会暨国际水库大坝研讨会”在陕西西安召开。来自16个国家和地区的近645名专家、学者云集古都，围绕大坝风险管理、考虑气候变化条件下的水库大坝安全、水库大坝建设新技术、新材料和新工艺等热点问题进行研讨。大会设有6场专题研讨会，其中3场为特别分会，分别是“国际水库大坝学术研讨会”、第九届“非洲水库大坝与水电可持续发展圆桌会议”“水库大坝与公共认知论坛”。会议共收到论文208篇，并从中评选出优秀论文10篇；共邀请了112位国内外专家作会议发言，有19家单位参加了会间技术展览。会后部分代表赴青海公伯峡、拉西瓦工程进行调研。

（8）主办水库大坝新技术推广研讨会。2016年4月28～29日，由中国大坝工程学会、中国水利学会水工结构专业委员会主办，青岛太平洋海洋工程有限公司、流域水循环模拟与调控国家重点实验室承办的第五届水库大坝新技术推广研讨会在山东青岛召开。会议注册代表近270名，收集论文86篇，28位专家作了大会报告。

（9）主办高寒地区混凝土坝技术研讨会。2016年7月21～23日，学会主办的高寒地区混凝土坝工技术研讨会在新疆北屯市成功召开。中国工程院院士周丰峻、钟登华和来自全国各地的140余名专家、学者，探讨了高寒地区混凝土大坝新技术、新方法、新工艺和新理念。会议共收到各类相关论文79篇，正式出版了会议论文集。

（10）主办流域水资源安全与工程减灾国际研讨会。2016年11月24～25日，由中国工程院、中国大坝工程学会联合主办的“流域水资源安全与工程防灾国际学术研讨会”在北京召开。来自中国、美国、德国、加拿大、荷兰、埃塞俄比亚等9个国家的217名专家学者参加了研讨会。大会邀请了12名国内外专家作了特邀报告。

（11）主办全国水利水电工程信息化技术研究与应用研讨会。2016年11月25～26日，第一届全国水利水电工程信息化技术研究与应用研讨在北京召开，200余位专家学者参加。会议共计收到130余篇论文，筛选出117篇论文汇编成册，并在会后择优推荐给相关期刊发表。

（12）协办水与能源可持续发展高峰论坛。2016年12月21日，“水与能源可持续发展高峰论坛”在北京召开。中国大坝工程学会为支持单位之一，学会综合部主任郑璀莹应邀出席论坛，并作题为“水库大坝工程生态文明建设的思考”的特邀报告。

（13）承担中国工程院《Engineering》期刊第六期组稿工作。该期专题为“水利水电工程与高速铁路”。中国大坝工程学会和中国水利水电科学研究院共同承担了“水利水电工程”部分的组稿、译校等工作，共收录国内外文章18篇，另有南水北调和双江口工程建设进展稿件2篇。该期刊已于2016年9月底正式上线出版。

（三）拓宽渠道，运用合力，高效推进水库大坝科普宣传

（1）主办“水库大坝与生态环境保护”科普论坛。中国大坝工程学会于3月26日上午牵头主办了2016中国水周“水资源可持续开发利用”科普论坛。

（2）组织编写《科学世界》专刊。学会秘书处组织编写的《科学世界》“大坝与生态”专刊，第8期已于2016年正式出版。

（3）主办“大坝新闻”微信公众号。学会秘书处与《中国能源报》于2014年6月联合设立了“大坝新闻”微信公众号。截至2016年12月底，该微信公众号已连续发布200期资讯，单篇资讯阅读量峰值达22000人，稳定关注受众8400余人。2016年11月，该微信公众号被评为“全国能源企业百强微信公众号”。

（4）2016年，学会秘书处与《少儿科学周刊》杂志社合作，共同翻译校核出版了“大坝：利还是弊”少儿科普专刊儿童版及少儿版，以生动形象的方式介绍了世界知名大坝、洄游鱼类与大坝、坝址如何选择等知识；并制作电子刊通过网站、微信平台广泛传播，取得了良好的反响。

（5）2016年，秘书处不断加强与报纸、杂志、电视台及网站等大众传媒的合作，加大对学会开展的

相关活动的报道，并积极参与《中国水利报》《中国能源报》《三峡工程报》《科学中国人》等媒体开展的专访或专题活动；西安学术年会及里程碑工程奖新闻在中央电视台《朝闻天下》栏目播出。

(6) 学会秘书处策划设计的“高峡出平湖，利用水的智慧”水库大坝与水能开发利用系列科普展板，于2016年3月在北京师范大学附属实验中学3个校区展出，加深了中学生群体对水资源开发利用的认识与理解。

(四) 积极参与国际学术活动，不断深化多双边技术交流

(1) 组团参加国际大坝委员会第84届年会。国际大坝委员会第84届年会于2016年5月15～21日在南非约翰内斯堡召开，来自70多个国家的1200多名代表参会。中国大坝工程学会组团参加了此次会议。在相继召开的各专业委员会年会，中国专家主持了胶结颗粒料坝专委会会议、水库水电站综合管理专委会会议，周建平在能力建设专委会专题研讨会上作报告；中国专家分别参加了大坝抗震专委会、大坝安全专委会、大坝统计专委会、大坝混凝土专委会、21世纪水库大坝新挑战及前景专委会、多功能水库大坝专委和泥沙专委会会议。在执行会议上，由中国大坝工程学会推荐的中国专家周建平和法国推荐的法国专家MichelLino当选为国际大坝委员会副主席，任期为2016～2019年。

(2) 组团参加中日韩大坝委员会第九次学术交流会。中日韩大坝委员会第九次学术交流会于2016年10月26～30日在日本札幌召开。中国大坝工程学会组团参加了此次会议。中国大坝工程学会代表团共22人，有5名代表在大会上作学术报告。

(3) 组团参加水电2016国际研讨会。水电2016国际研讨会于2016年10月在瑞士蒙特勒召开，来自80多个国家的1200余名代表参加了会议。学会秘书处组织代表参会交流。本次会议的主题为“成就、机遇和挑战”，下设32场议题分会。中国代表团重点就大坝风险管理、大坝建设与鱼类保护、地下厂房及升船机和建设和可再生能源发展等议题与国外代表进行了交流研讨。

(4) 举办第九届非洲水库大坝与水电可持续发展圆桌会议。2016年10月21日，第九届非洲水库大坝与水电可持续发展圆桌会议在中国西安召开，来自非洲、中国、瑞士、美国、意大利等13个国家的40余名代表出席了圆桌会议。13位专家代表分别就非洲国家水能资源潜力、开发现状、开发规划及中国企业能力和非洲工程业绩等进行了介绍。交流会后，非洲专家考察了拉西瓦和公伯峡两座水电站工程。

(5) 参加埃及“可持续水资源管理研究及技术发展”国际交流会议。2016年12月3～8日，埃及国家水研究中心和国家水资源灌溉部以及美国合作大学联合举办“可持续水资源管理研究及技术发展”的国际会议。来自埃及、中国、美国、德国、苏丹、南苏丹、埃塞俄比亚、尼日利亚、摩洛哥、肯尼亚等国家的500多位代表参加了会议。中国专家杜振坤应邀参加会议并在会议上作了题为《中国水资源管理和水电发展现状》发言。

(6) 2016年12月，应美国大坝学会执行长EugeneA. Guilford先生和加拿大大坝协会主席Tony Bennett先生的邀请，中国大坝工程学会副秘书长张国新率团前往美国和加拿大，围绕水库大坝的安全管理与风险、社会力量科技奖励的评选与美国大坝学会、美国工程院、加拿大大坝协会进行了交流，期间参观了加拿大的大坝工程。

(五) 加强社团建设，提升服务能力和水平

1. 机构建设

(1) 正式更名为中国大坝工程学会。根据《社会团体登记管理条例》有关规定，为充分发挥中国大坝协会学术性社会团体服务职能，经业务主管单位水利部和社团登记管理机关民政部批复同意，中国大坝协会从2016年3月起正式更名为中国大坝工程学会。

(2) 申请加入成为中国科协团体会员。根据中国大坝工程学会第二届理事会第二次会议决议，2016年秘书处积极推进申请加入中国科学技术协会的工作。按照中国科协入会管理办法，秘书处提交了申请材料。2016年11月，中国科协学术学会部作了实地调研。

2. 制度建设　中国大坝工程学会先后制定和完善了学会会费管理办法、个人会员管理办法、杰出大坝工程师奖励办法等一系列规章制度。各项规章制度的日趋完善使秘书处工作更加规范、有序和高效。

3. 能力建设　通过举办国内、国际学术研讨会，组团参加国内外学术活动以及国际学术会议交流培训，并借鉴其他社团组织的先进经验，逐步形成分工明确、精诚合作的团队，增强了责任心及工作能力，提高了办事效率和英语能力，提高了为会员单位服务的力度和水平。学术年会优秀论文的评选采用了网络评选方式，提高了办事效率。

4. 技术咨询　2016年，积极参与科技部“资源领域技术预测”和“资源领域前沿热点技术分析”，国家自然基金委、中国工程院“重大水利工程安全基础理论发展战略”等的编写以及中国工程院围绕重大水电开发战略研究设立的重大咨询项目，积极为会员单位提供有关技术咨询服务，承担胶结颗粒料坝、水下清淤和加固技术研究，以及《国际水电开发现状与潜力研究》《贵州北盘江董箐水电站创新技术研究与

总结》《瀑布沟水电站工程建设科技创新咨询》等咨询项目。

5. 资讯服务　2016 年，中国大坝工程学会继续认真主办《水利学报》《中国水能与电气化》学术期刊，并编印了《大坝新闻》季刊、《国际里程碑工程奖画册》《2016 学术年会特邀报告汇报》《2016 学术年会纪念画册》等参阅资料，在学会理事和会员单位中进行了交流。

6. 数据库建设　在各有关单位的大力支持下，中国大坝工程学会不断建立和完善国内外大坝数据库，世界大坝数据库已达 13 万座。其中，国内已建、在建 30m 以上大坝 6487 座、全国病险水库 6.02 万座、国内溃坝 3496 座、国外溃坝 1609 座。这些权威的资料库，为政府部门的调研和决策、行业发展提供支撑。

（中国大坝工程学会秘书处）

## 中国水利学会 2016 年工作情况

2016 年，中国水利学会围绕水利中心工作，紧抓机遇，创新发展，推动各项工作取得新成效。

（一）学会建设

（1）编制《中国水利学会事业发展“十三五”规划》《中国水利学会水利科普发展规划》（2016～2020），规划好学会长远发展。与中国电机工程学会等共同筹建“清洁能源学会联合体”，发挥组合效应。实施“互联网＋”工程，编制学会信息化建设总体方案，改版学会网站、开发会员管理、学术交流、展学展示等系统，提升学会信息化工作水平。拍摄学会宣传片，记录学会 85 年发展历程。进一步完善学会“三重一大”集体决策事项实施细则等规章制度，不断提高规范化管理水平。扎实开展“两学一做”活动，不断加强学会党建工作。

（2）4 月 12 日，学会在北京召开十届三次常务理事会，42 位常务理事出席。会议选举了中国科协第九次会员代表大会委员和代表，审议了“全国优秀科技工作者”候选人推荐人选、人力资源和社会保障专委会第五届主任委员聘任、十届理事会 3 名理事增补、5 家新申请单位会员等事宜，研究讨论了学会有关工作。

（3）11 月 15 日，学会在北京召开十届三次理事会。会议传达学习了中国科协学会党建工作会议及有关文件精神，审议通过了成立会计专委会、理事及常务理事变更、分支机构负责人聘任、单位会员入会等事项，审议通过了学会 2016 年工作报告及 2017 年重点工作安排。学会十届理事、秘书处工作人员等共计 150 余人参加会议。

（4）9 月 8～9 日，学会在大连召开了 2016 省级秘书长工作座谈会。于琪洋秘书长传达了中国科协九大会议精神和中国科协事业发展“十三五”规划（2016～2020）等文件精神，介绍了中国水利学会事业发展“十三五”规划（2016～2020）和学会工作情况，部署了下一步工作安排。顾浩副理事长作重要讲话。各省级学会 60 余名代表参加会议。

（二）学术交流

10 月 19～21 日，学会主办的中国水利学会 2016 学术年会在四川成都召开，主题为“创新绿色发展、共享水利成果”。会议特邀 9 名专家学者做报告，吸引来自国内外的 700 余名专家学者参会，围绕江河治理与水生态文明、水库大坝管理信息化、疏浚与泥处理利用、水利扶贫、水利标准化、PCCP 管道安全和技术等内容展开研讨。同期还举办了青年学术交流分会场暨水利学会第六届青年科技论坛。会议共收到论文 400 余篇，经专家评审，269 篇论文入选论文集，其中 55 篇被评为优秀论文。

11 月 25～26 日，第一届全国水利水电工程信息化技术研究与应用研讨在北京隆重召开。200 余人参加了本次会议。会议就水利水电规划设计信息化，水利水电工程管理信息化、水利水电工程物联网技术等前沿以及新理念和新技术新方法开展学术交流。会议共计收到了 130 余篇论文，将 117 篇论文汇编成册，会后择优推荐给相关期刊发表。

11 月 23～25 日，在昆明召开跨流域调水与区域水生态文明建设学术研讨会暨调水专委会 2016 学术年会，主题为“跨流域调水与区域水生态文明建设”。80 余人参加了会议。邀请了 12 位专家作了交流发言。会上对 5 家积极组织论文征集的委员单位和 8 篇优秀论文进行了表彰。经专家评审，31 篇论文收录《跨流域调水与生态文明建设》论文集。

学会所属专委会开展了 40 余场学术活动，6000 余人次参加。如学会环境水利专委会在广州举办了“中国水利学会环境水利专委会 2016 年年会暨学术研讨会”；减灾专委会在昆明举办了“第六届防汛抗旱信息化暨山洪灾害预警新技术应用论坛”；农村水利专委会在重庆举办了“第十三届海峡两岸农田水利技术交流研讨会”；泥沙专委会举办的“河床演变与航道治理学术研讨会”等，反映了各专业领域的学科发展方向和水平，体现了学会作为水利科技社团的学术引领作用。

各省级学会围绕国家水利中心工作并结合当地社会经济发展对水利的需求，也开展了形式多样的学术交流活动。江苏省水利学会在南京举办了“江苏省水利学会 2016 年年会暨第八届江苏水论坛”；宁夏水利学会在银川举办了“破解水问题、共筑水安全”的水资源高效利用主题峰会；湖北省水利学会在武汉举办了“2016年湖北省水利学会学术年会（勘测设计论坛）暨首届湖泊生态保护与绿色发展研讨会”；吉林省水利学会在长春开展的“面向流域水污染防控的水质水量联合调控理论技术与应用专题讲座”；安徽省水利学会在合肥举办2016年安徽省科协年会暨第十一届安徽水利论坛；贵州、陕西、山东等省级水利学会都结合地方水利工作重点，举办了形式多样、内容丰富的学术交流活动。

（三）决策咨询

2016年，学会承担了中国科协面向“一路一带”建设和陕西“十三五”规划确定的10个专题调研中的两个项目，分别为“汉江水资源保护与开发利用”和“引汉济渭水资源保护优化配置及工程施工关键技术”。已分别于7月11～14日和7月26～30日组织专家完成专题调研，形成专题调研报告；有关专家还在第十八届中国科协年会期间召开的陕西省党政领导与院士专家座谈会上对调研成果进行汇报、建言献策。

（四）学科发展研究

2015年底，学会决定在《水利学科发展报告》（2007～2008年）基础上，启动新一轮的《水利学科发展报告》编写工作，并制定了编写方案。本次《水利学科发展报告》包括综合报告和32个专题报告。截至2016年底，已完成30个专题报告初稿，综合报告正在组织编写中。计划2017年下半年正式出版。

（五）科普活动

学会认真组织开展水利科普工作，取得显著成绩，荣获“中国科协2016年度全国学会科普工作优秀单位”称号。

2016年，研究制定了《中国水利学会水利科普发展规划》（2016～2020年），对水利科普工作进行认真谋划，提出发展蓝图，并下发各有关单位，推动水利科普工作开展。学会共组织开展水利科普进校园活动30余次，受众人员5000余人，总投入约30万余元，全力打造科普活动品牌。“小水滴大课堂”与水利部部分直属单位的团委合作，共开展活动10余次，受众300余人次。“汇聚点滴节水先行”在人大附中实验小学、呼家楼中心小学以及河南修武县、贵州贵阳市等地学校开展活动30余次，受众学生、家长超2000人次。学会还组织开展“中国水之行”大型水利公益科普品牌活动，已在河南修武、天津武清举行，并拟在全国推广。

在“世界水周”“中国水周”“全国科技周”和“全国科普日”期间共组织开展活动30余次。

1～6月，学会组织开展了主题为“节约水资源，保护水环境，建设美丽中国”的“水利科普创意大赛”活动。共收到微电影、动画、文字、漫画、摄影5类作品近300件作品。学会组织专家评选出各类作品三等奖（含）以上获奖作品共50件、优秀创作奖21件，另有4个单位荣获优秀组织奖，获奖作品在中国水利报、水利行业相关网站进行了宣传推广。本次活动共投入资金20万元。

学会高度重视科普专家团队和志愿者队伍建设及科普动员机制建设。6月，学会开展了水利科普传播专家遴选工作，有60余位水利科普专家入围。此外，通过在网站播放科普视频，建设“爱水社团”，开展“水品德”和“水品如人品”主题班会等形式，对志愿者进行培训，发动广大会员、志愿者、家长、老师学习水利科普知识，传播水利科普文化。

6～8月，学会和其他学会联合主办，中国知网承办了“生态文明，我知我行，创新驱动，我们先行——第二届资源环境与生命科技创新知识网络大赛”系列活动。

（六）国际民间科技交流

5月25～29日，应韩国水文水资源学会邀请，学会组团3人赴韩国参加韩国水资源学会2016年会，3位代表的3篇论文被大会论文集收录并在会议上进行了交流。

9月15～19日，应日本水文水资源学会邀请，学会组团4人赴日本福岛参加日本水文水资源学会2016年会，4位代表的4篇论文在会上进行了交流并被大会论文集收录，4位专家在国际分会上作了主旨报告及特邀报告。

9月21～28日，应世界水理事会及斯德哥尔摩国际环境研究院邀请，学会派员赴法国与世界水理事会相关负责人座谈，探讨深化合作的意向；在瑞典斯德哥尔摩国际环境学院与瑞典专家开展双边学术研讨会，并作报告交流，针对欧洲水资源管理最新研究成果等方面进行了探讨。

（七）两岸交流

10月31日～11月5日，学会派员赴台湾参加水利管理与政策海峡两岸研讨会，并就海峡两岸水利发展规划政策与实施经验进行了交流研讨。

（八）学术期刊管理

学会主办的科技期刊共6种。其中，《水利学报》和《岩土工程学报》获得中国科协精品科技期刊资助。2016年，《水利学报》继续获“中国科协精品科技期刊TOP50项目”资助，连续第15次获“中国百种杰出学术期刊”的称号，并获中国（武汉）期刊交易博览会组委会主办的“2016期刊数字影响力100强”（学术类期刊）称号。根据中国科技信息所2016年的检索报告，《水利学报》在水利学科21种统计源期刊中排名第二位。《岩土工程学报》在2016年《中国学术期刊（光盘版）》电子杂志社（中国知网）发布中国学术期刊国际引证报告中被评为中国国际影响力优秀学术期刊。

12月8～9日，学会在哈尔滨举办了第三届水利科技期刊发展研讨会，并同期召开了学会主办的6种期刊的工作座谈会，80余人参加。会议还邀请了中国知网专家作报告，就新时期下水利科技期刊发展的困境与出路等问题进行认真讨论。

（九）科技奖励与人才举荐

（1）大禹水利科学技术奖奖励工作。完成了2016年度大禹水利科学技术奖的评审，36项成果获奖。其中一等奖8项，二等奖14项，三等奖14项。

（2）刘光文水文科技教育基金奖励工作。2016年，评出2015年度“刘光文科技成就奖”1人，“刘光文工程技术奖”2人，“刘光文青年科技奖”3人；完成了2015年度“刘光文奖学金”的评审，共评选出本科优秀学生奖一等奖3名、二等奖8名，研究生优秀学生奖一等奖3名、二等奖8名。

（3）张光斗优秀青年科技奖奖励工作。根据“张光斗科技教育基金优秀青年科技奖管理办法”，中国水利学会推荐的3名同志荣获第四届张光斗优秀青年科技奖荣誉。

（十）水利标准化工作

2016年，受水利部委托，学会承担水利部标准化日常工作，全年共完成了156项在编标准项目管理、239项水利技术标准复审、109项项目立项论证、101项会签材料审查、34项报批稿审定等工作。2015年，学会被选定为国标委和中国科协团体标准研制试点单位，完成了《中国水利学会团体标准管理办法》制定和多项团体标准的选题、编制工作；完成国家标准复审和国家标准转化为团体标准的试点工作。

（十一）技术职称考试及工程教育专业认证

（1）职称考试工作。组织完成了2016年度水利部专业技术人员职称考试工作，共有3270人报名，4663人次参加考试。

（2）工程教育专业认证工作。2016全年计划认证专业点10个。上半年进校认证2个，分别是港航专业的长沙理工大学（再次认证）和上海海事大学。下半年进校认证专业点6个，分别是昆明理工大学、兰州交通大学和山东农业大学的水工专业，扬州大学的农水专业、吉林大学的水文专业（再次认证）、江苏科技大学的港航专业。截至2016年底，水利类专业认证专家共有78名，已对28所高校的38个水利类专业点进行了认证。

2016年，学会多层次多途径参加和举办水利类工程教育专业认证培训。90余名水利类专家和教师参加了中国工程教育专业认证协会组织的5次培训班，其中培训新专家8名。分别于9月、10月和12月对16个学校专业点教师、太原理工大学水利学院、华北水利水电大学水利学院的部分教师共200余名进行了培训。

（十二）举办大型展会

11月15～17日，学会与法兰克福展览（上海）有限公司在北京国际展览中心新馆隆重共同举办2016中国水博览会；共有12个国家和地区的156家参展企业，展览面积10000m²；展示内容包括节水灌溉、水利自动化与信息化、防汛抢险等方面的新技术与新设备；34项2016大禹水利科技奖获奖成果全面展出；1万多名专业观众参观本届展会。

（十三）党建强会

2016年，中国水利学会党支部扎实开展党建工作，党组织的凝聚力和战斗力进一步增强。一是强化责任担当，狠抓党建主体责任落实。二是加强组织建设，提高党支部的凝聚力和战斗力。三是切实落实“两个责任”，构建党风廉政建设责任体系。四是强化监督，提高检查督导工作的实效。五是扎实开展“两学一做”学习教育，强化思想政治引领。

（中国水利学会秘书处）

## 中国电机工程学会2016年工作情况

2016年，中国电机工程学会紧密围绕习近平总书记提出的“为科技工作者服务、为创新驱动发展服务、为提高全民科学素质服务、为党和政府科学决策服务”的总体要求，认真贯彻党中央、国务院决策部署和中国科协的工作要求，全面落实学会十届三次理事会暨2016年工作会议精神，各方面工作都取得了显著成绩。

（一）学会能力建设

2016年，学会按照年度合同书的工作内容和进度安排，在创新学术交流形式、学科与技术研究、推动区域和产业协同创新、标准制定、科技奖励与人才奖励、科技咨询、信息化平台建设方面均实现能力提升预期目标，完成了“学会创新和服务能力提升工程优秀科技社团建设项目”年度总结及中期考核。

2016年，根据工作需要，增设学会标准工作委员会；召开专委会工作会议，总结专委会历年来工作成绩，分析存在的差距与不足，进一步明确专委会的工作定位和工作职责，推动各专委会按照“放开搞活，规范运作，专业引领，创新争先”的总体思路积极开展活动。

首次组织院士专家座谈会等活动，听取院士专家对学会发展、学术建设的意见和建议。加强会员管理，开展会员规范登记，2016 年完成规范登记超过 5000 人，重视发展会员，2016 年发展个人会员 1588 人，103 人晋升高级会员。重新启动会士遴选工作，50 人新入选会士。

贯彻落实中央关于加强社会组织党建工作的决策部署，研究探索在学会理事会层面成立功能型党组织。积极开展“两学一做”学习教育活动，召开学会党组民主生活会和党员组织生活会，深入查找存在的问题，研究制定有效的整改措施。

加强学会员工管理，充实员工队伍，优化人员结构，加大培训力度，完善绩效考核制度。强化学会财务管理，大力推进中国科协财务管理规范化研究项目，调整现行管理办法，完善各项规章制度。快速推进信息化建设，完成新版会员系统、数字化图书馆系统及 APP、门户系统、会议系统、论文评审系统、科技查新数据系统、专家库系统、团体标准管理平台、统一资源管理平台和微信服务号等系统的开发建设，为提高工作效率、提升服务水平、实现资源共享、展现学会形象提供了有力支撑。

学会建立了系列学术报告编撰体系和学术研究成果发布制度，2016 年出版电力建设、火力发电、燃气轮机发电、电力土建、电站焊接、高电压、输电线路、变电、用电与节电、电力通信 10 个专业发展报告以及煤电调峰、燃煤锅炉低碳燃烧、循环流化床、柔性直流配电网、超导输电、水电生态保护 6 个专题技术报告，编制完成《电力新技术目录（电网部分）》，并在 2016 年学术建设发布会上发布。

构建一体化信息平台，完成会员信息管理系统改造，完善信息化服务方式，提升服务满意度。定期向会员推送学会编辑出版的《动力与电气工程师》《电信息》以及学术活动预报等信息及节日问候。

（二）服务创新发展

2016 年承担中国科学技术协会、中国科学院、国家电网公司、神华集团有限责任公司等单位委托开展的项目研究、项目评价 200 余项，完成科技成果登记超过 600 项，确认电力科技查新资质机构 35 家。

2016 年学会推荐的“互联电网动态过程安全防御关键技术及应用”项目荣获国家科技进步奖一等奖，“电网大面积污闪事故防治关键技术及工程应用”和“250MW 级整体煤气化联合循环发电关键技术及工程应用”项目荣获国家科技进步奖二等奖。

完成 2016 年中国科协创新驱动助力工程项目，继续完善“保定智能电网创新示范工程”建设工作。完成《保定智能电网“十三五”规划研究报告》初稿和智能电网示范工程建设主体任务。

按照中国科协部署，作为牵头学会，与 9 家相关学会共同发起成立中国科协清洁能源学会联合体，联合体秘书处设在中国电机工程学会。

（三）学术期刊

2016 年，学会召开首次期刊工作会议，进一步加强学会期刊工作。其中，《中国电机工程学报》办刊水平和期刊质量继续保持领先，连续两年荣获“期刊数字影响力 100 强”，是电气工程领域唯一入选期刊，并获得谷歌学术中文工程技术类出版物第一名，名列全部学科中文学术出版物第三。《中国电机工程学会电力与能源系统学报》（英文刊）2016 年出版 4 期，国际稿源比例达到 58.3%，成功入选中国科协科技期刊登峰行动计划，被 ESCI、INSPEC 和 CSAD 数据库收录。

（四）决策咨询

开展“电气工程方向预测及 2050 电网技术路线图”“新能源领域前沿技术跟踪研究”和“多种新能源发电技术路线发展研究”等课题研究，完成《新一代能源系统》《电网新技术目录》《3D 打印技术应用研究》课题。组织完成中国科协委托开展的国家 863 计划“十二五”作用与影响评估子课题——先进能源技术领域专题评估工作。

（五）学术交流

在国内组织召开第七届中国国际供电会议、第二届国际高压直流会议、国际大电网委员会亚太区域理事会（CIGRE AORC）C6 专委会年会。首次组织境外国际性学术交流活动，与美中绿色能源促进会共同在美国旧金山举办“美中绿色能源高峰论坛”，与北美华人电力协会共同在美国波士顿举办“能源互联网与清洁能源论坛”。

围绕“创新驱动与电力转型发展”主题召开 2016 年学术年会，同期举办清洁高效发电技术论坛、院士专家论坛、学术建设发布会、智能电网技术与装备论坛、电力创新与能源变革论坛等 23 项学术活动，吸引了院士、专家、科技工作者及高校师生 1600 余人踊跃参加。

召开第十四届青年学术会议、2016 电气工程学院院长论坛、海峡两岸微网与分布式能源技术及应用研讨会等学术活动。

各专业委员会围绕各自专业人领域开展学术活动 69 场。

（六）国际合作

学会副理事长兼秘书长谢明亮任国际大电网委员会（CIGRE）理事会成员和指导委员会委员、电机工程国际会议（ICEE）共同主席。2016 年，学会推荐的 36 名专家加入国际大电网委员会（CIGRE）各工作组。

与国际大电网委员会（CIGRE）、国际供电会议组织（CIRED）、电气电子工程师学会（IEEE）及其电力与能源分会（PES）和标准化委员会（SA）、世界工程组织联合会（WFEO）、美国机械工程师学会（ASME）等国际组织进行会谈，共同探索新的合作领域、合作方式，为国内电力科技工作者“走出去”营造良好的环境。积极探索与电气电子工程师学会（IEEE）进行国际标准互认，学会首批2项特高压输电技术团体标准进入电气电子工程师学会（IEEE）标准审核流程，正在编制的71项团体标准进入电气电子工程师学会（IEEE）采标范围。国际大电网委员会（CIGRE）中国国家委员会会员数位居全球第一。

（七）科普活动

学会联合有关企业和省级学会开展光伏扶贫调研和科普下乡回访、“科普下乡·情暖戈壁”“《太阳能——金色的能量》科普送书进西藏”等活动，面向高校学生开展“中国电机工程学会·天津大学超导与智能电网秋令营”活动。

开展“电力科普教育基地”评选，2016年有13家单位获“电力科普教育基地”授牌。2016年推荐何雅玲院士、张伯明教授成为中国科协首席科学传播专家。

学会荣获中国科协“科普工作优秀单位”称号，组织编著出版的《风吹电来》（蒙汉、彝汉双语读物）获得第四届中国科普作家协会优秀科普作品银奖。

（八）人才培养与举荐

通过科协项目资助、学会资金支持、依托单位配套支撑、导师培养指导相结合的方式，开展“青年人才托举工程”24项。

2016年度“中国电力年度科技人物奖”，评选出“中国电力科学技术杰出贡献奖”获奖者10人、“中国电力优秀科技工作者奖”获奖者50人、“中国电力优秀青年工程师奖”获奖者40人。

学会推荐的曾嵘获得“科技部中青年科技创新领军人才”称号，推荐的冯树荣、黎小林、刘建明、毛庆获得“全国优秀科技工作者”称号。

完成2016年“顾毓琇电机工程奖”评审工作，南瑞继保集团孙光辉获得2016年“顾毓琇电机工程奖”。

（九）团体标准制定

2016年，学会作为开展团体标准的试点单位，继续完善CSEE标准化组织体系，形成规范的CSEE标准化流程，成立标准工作委员会，有序推进团体标准各项工作，着力打造中国电机工程学会标准品牌。2016年，CSEE标准立项71项，完成22项。学会积极探索与IEEE进行国际标准互认，首批两项特高压输电技术标准的英文版已提交IEEE审核。

（中国电机工程学会　刘雁斌）

## 湖北省水力发电工程学会2016年活动情况

2016年10月21日，庆祝湖北省水力发电工程学会成立30周年暨湖北省水力发电工程学会七届二次理事会会议在武汉隆重召开。来自全省水电战线勘测、设计、运行管理、高校、科研院所、水电行业在鄂各大集团公司及中小型水电企业的120余名理事和代表兴高采烈、济济一堂，同庆学会30周岁盛典，共谋学会今后发展大计。2016年恰逢湖北水电60年，大会对湖北水电建设60年取得的辉煌成就进行了回顾和庆祝。大会特邀中国水力发电工程学会常务副秘书长吴义航作了题为《中国水电发展形势及热点问题》的学术报告。报告资料翔实，论据充分，理论性强、说服力大，以特有的全面性、前瞻性、新颖性，引发了与会代表的浓厚兴趣。

2016年8月30～31日，“湖北省水力发电工程学会第四届水工水力学专业委员会成立暨学术交流会议”在武汉召开。来自长江勘测规划设计研究院、湖北省水利水电规划勘测设计院、中国长江三峡集团公司、汉江集团、武汉大学、华中科技大学、三峡大学、湖北省水利水电科学研究院等单位的委员和代表近50人参加了会议。会议听取了4个专题报告、进行了座谈和讨论。会议代表兴致勃勃地参观考察了长江科学院沌口大型试验基地和九万方科研基地。会议印制发放了论文集。

2016年9月，湖北省水力发电工程学会主编的《湖北水电丛书》全部出齐面世。丛书共9册，850万字。

2016年11月，在湖北省科协、省人力资源和社会保障厅、省科学技术厅联合组织开展的第十六届湖北省自然科学优秀学术论文评选中，湖北省水力发电工程学会有19篇论文获奖，其中一等奖1篇、二等奖6篇、三等奖12篇。

（湖北省水力发电工程学会　赵英林）

## 河海大学2016年举办水电学术活动情况

（一）水力机械学科发展战略研讨会暨第九届全国水力机械及其系统学术会议

2016年10月21～23日，水力机械学科发展战略研讨会暨第九届全国水力机械及其系统学术会议在河海大学举办。

河海大学校长徐辉致欢迎词，并对学校在水力机械及其系统领域的发展做了介绍；学术委员会副主席、西安理工大学副校长罗兴锜介绍了水轮机关键技术的发展状况。

大会组织了9场特邀专家大会报告和18场中青年专家分组报告，从水力机械的问题、方法及其验证与确认、水泵水轮机研制现状及发展趋势等方面进行了研讨，并就我国水力机械及其系统领域的有关学术问题进行了深入交流。与会专家学者还参观了河海大学水动实验室、水电站实验室、江宁水资源大厅和江宁189实验大厅泵站模型。

来自全国40余所高校科研单位的150余位专家学者参加了会议。

（二）第27届全国土工测试学术研讨会

2016年10月28～30日，第27届全国土工测试学术研讨会在河海大学召开。研讨会由中国土木工程学会土力学及岩土工程分会土工测试专业委员会、中国水利学会岩土力学专业委员会土工测试专门委员会主办，河海大学、南京水利科学研究院、长江水利委员会长江科学院单位承办。

本次研讨会以国家重大工程建设为背景，以“土工测试新技术发展与应用”为主题，对近年来土力学与土工测试领域的传统理论技术进行总结，并对最新研究进展进行广泛的学术交流，以期规范和完善现有测试技术和方法，引领和推广新测试技术的发展，提高岩土工程与测试技术的科技创新水平，更好地为工程建设服务。大会开幕式由长江学者特聘教授、河海大学土木与交通学院院长高玉峰主持，河海大学副校长朱跃龙致欢迎辞，中国工程院院士王复明、土力学及岩土工程分会理事长张建民等受邀出席会议。会议邀请李广信、包承纲、娄炎等国内著名岩土工程专家做特邀报告和邀请报告，来自全国各地近400名学者和专家围绕当代新的测试理论、技术与应用等问题进行了广泛研讨。

会议前夕，河海大学等研讨会7家承办单位还举办了第一届全国平行土工试验——砂土三轴压缩试验，来自全国的17家高等院校和科研机构代表队参加了平行试验，其中浙江大学、中国建筑科学研究院、河海大学3家单位获得了试验比赛一等奖。会议期间同时进行了全国透明土试验技术专题研讨，全国多家仪器生产厂商展示了最新的土工测试新设备和新技术。

（三）第十九次黄文熙讲座暨岩土工程学术报告会

第十九次黄文熙讲座暨岩土工程学术报告会于2016年4月9日在河海大学举行。本次报告会由《岩土工程学报》编委会主办，河海大学岩土力学与堤坝工程教育部重点实验室和河海大学土木与交通学院承办。河海大学副校长唐洪武，《岩土工程学报》编委会主任、南京水利科学研究院陈生水教授出席报告会并致辞。

中国科学院院士陈祖煜、陈云敏，中国工程院院士郑颖人、龚晓南以及来自清华大学、浙江大学、澳大利亚卧龙岗大学、香港科技大学、台湾大学、高雄第一科技大学等近50所高校，南京水利科学研究院、中国水利水电科学研究院、澳门土木工程实验室等近20个科研院所的共500多位岩土工程专家、学者及研究生参加了报告会。

讲座主讲人同济大学黄茂松教授作了题为《土体稳定与承载特性的分析方法》的报告。郑颖人院士、陈祖煜院士、杨光华教授、郭蔚东教授、王媛教授、王玉杰教授、张嘎教授分别做了题为《岩土压剪破坏条件及极限分析方法进展》《溃坝洪水分析的土力学和水力学耦合问题》《滑坡灾害的机制和力学特性分析》《Modelling Response of Laterally Loaded Piles in Sliding Soil (Passive Piles)》《关于“水工岩土工程渗流破坏与控制研究”的几点进展》《特高坝风险分析和设计安全控制标准研究》《土坡渐进破坏的机理与模拟》的报告。报告会得到了与会者的一致好评。

期间，召开了《岩土工程学报》第十二届编委会全体会议，来自全国各地的60多名学报编委参加了会议。经与会全体编委投票，河海大学长江学者讲座教授吴宏伟当选为第二十次黄文熙讲座的主讲人。

（四）“新能源发电与智能电网学科创新引智基地”学术报告会

2016年9月27日，“新能源发电与智能电网学科创新引智基地”学术报告会在河海大学举行。中国能源学会副理事长、“新能源发电与智能电网学科创新引智基地”负责人、河海大学副校长鞠平出席报告会并致欢迎词。

报告会上，《IET Generation，Transmission & Distribution》杂志主编、多特蒙德大学克里斯坦·雷丹茨（Christian Rehtanz）教授，西交利物浦大学林永义（Eng Gee Lim）教授、李相赫（Sanghyuk Lee）教授，河海大学吴峰教授和苏州供电公司钱科军博士等专家学者，围绕“新能源发电与智能电网”这一主题，分别就智能电网中的可再生能源发电技术、能量收集及其在智能电网中的应用、基于发电成本及几何信息的能源消耗分类、风电场等值建模、风力发电机状态监测等方面作了学术报告。与会专家学者还与学校师生进行了学术交流和讨论。

（五）中国工程院王浩院士为河海大学师生做学

术报告

2016年10月31日，中国工程院院士、著名水文水资源专家王浩教授应邀为河海大学师生作题为《梯级水库群预报调度基础理论及关键技术》的学术报告，校长徐辉主持报告会。

王浩院士结合国家重大需求和理论前沿，围绕梯级水库群预报调度基础理论和实践，从立项背景和总体思路、主要成果及创新点、第三方评价、成果应用情况等4个方面，对水库群调度理论和关键技术进行了详细的阐述和深入的分析。报告会上，王浩院士还与学校师生进行了互动交流，对师生提出的问题进行了回答，全场气氛热烈。学校近1200名师生聆听了报告。

（六）中国工程院马洪琪院士为河海大学师生作学术报告

2016年11月25日，中国工程院院士、国家南水北调专家委员会成员马洪琪做客河海大学第十四届金水节院士专家报告会，作了题为《我国水利水电地下工程施工技术的发展与展望》的学术报告。报告会由唐洪武副校长主持。

马洪琪院士立足多年的实际工程经验，以理论和实际相结合的方式阐述了我国水利水电地下工程施工技术的发展历程和未来研究方向，指出目前我国已形成自主创新的地下工程建设技术，总体水平处于世界前列，强调在未来的一段时间，我们应从基础理论、新材料研发、集成技术创新等方面继续开展深入研究。报告会结束后，马洪琪院士与现场师生进行了互动交流。

（河海大学）

## 黄河水利科学研究院2016年几项学术活动情况

（一）水利部公益性行业科研专项中期专家咨询及泥沙资源利用技术交流会

2016年10月27～30日，为了进一步提高项目研究成果质量，促进泥沙资源利用技术的发展，黄河水利科学研究院（以下简称黄科院）承担的水利部公益性行业科研专项“黄河泥沙资源利用成套技术研发与示范”项目，在小浪底中州国际饭店召开项目中期专家咨询及泥沙资源利用技术交流会。

会议分项目成果汇报、泥沙利用技术交流、项目示范基地考察和专家咨询几个阶段。项目组分专题向专家和代表汇报了项目研究成果。与会专家围绕“泥沙处理与资源利用”这一主题进行了技术交流，并分别考察了西霞院水库泥沙处理与利用示范工程和泥沙资源利用成套技术示范基地。项目咨询专家组组长、水利部原总工高安泽指出：这个项目一是要搞成套技术的研发，二是安排了示范内容，无论是广度还是深度，都是前所未有的；研究工作战线长，挑战性问题多，转化率要求高，兴利除害意义大。会议综合专家的意见和建议，形成了“黄河泥沙资源利用成套技术研发与示范”项目中期专家咨询意见。咨询意见肯定了项目组前期研究取得的成果。

来自水利部、中国水利水电科学研究院、水利部科技推广中心、黄河水利委员会科技委、武汉大学、水利部小浪底水利枢纽管理中心等单位的14位知名专家，以及来自河南黄河河务局、山东黄河河务局、清华大学、大连理工大学等20余家单位的50余名专家参加了本次会议。

（二）李松恒博士做学术报告

2016年7月29日，为庆祝人民治理黄河70周年，应黄委国科局邀请，美国奥登实验室（Alden Research Laboratory）主任工程师李松恒博士，为治黄工作者作了《水力学模型在水环境工程中的应用》专题学术报告。黄委党组成员、总工程师李文学主持报告会。

李松恒博士现为美国奥登主任工程师，注册工程师，美国土木工程师协会会员，联邦水环境会员。他在水力学工程领域有超过27年的工作经验，主要专业特长包括水泵取水、水工程结构水力学、鱼道（鱼类）保护、废水处理等，尤其擅长于水动力学模型。

在两个小时的报告中，李松恒博士结合BTA（Best Technology Available）思想，通过水环境工程实际案例，讲解了电站引水、水库大坝等工程的鱼道及鱼梯设计原理，及其如何解决鱼类迁徙问题。报告会上，李松恒博士还与参会人员进行了互动讨论。他为国内堤坝鱼道建设及大型高坝鱼道设计理念和关键技术问题共享了自己的观点与想法。

李文学对李松恒博士的学术报告给予高度评价，他认为李松恒团队的设计作品体现了尽善尽美、精益求精的做事态度，也彰显了水利工程与自然环境和谐共处的先进理念，为面向生态环境的国内水利工程设计提供了崭新思路和创新技术。

来自黄河流域水资源保护局、黄委会水文局、黄河勘测规划设计有限公司及黄科院的150余位科研和管理人员聆听了学术报告。

（三）“新型抗磨技术在扬黄灌排泵站应用与推广”项目进展汇报会

2016年10月26日，黄科院承担的水利部水利技术示范项目“新型抗磨技术在扬黄灌排泵站应用与推广”项目阶段成果汇报会暨示范点挂牌仪式在宁夏回族自治区中宁县成功举行。

固海扬水管理处介绍了该水利技术示范项目在固海管理处的实施情况和使用效果，并回顾了黄科院自20世纪90年代起针对水泵磨蚀问题所做的大量试验和技术研发工作，其中黄科院研发的环氧金刚砂磨蚀防护技术，解决了泵壳磨损严重的问题，为保障农田灌溉供水发挥了重要作用。

黄科院将以固海扬水水泵磨蚀示范基地为起点，大力加强西北扬黄水泵磨蚀防护技术推广力度，争取在抗磨蚀技术和市场上取得更好的成绩，为我国农田水利事业的发展和扬黄灌区经济繁荣做出更大的贡献。

随后黄科院副院长刘红宾和宁夏水利厅副巡视员部涌权共同为“黄河水利委员会科技推广中心水泵抗磨蚀技术示范点”揭牌。与会人员参观了水泵抗磨蚀技术成果展厅和加工车间，查看了水泵泵壳磨蚀防护技术从环氧砂浆到复合树脂砂浆的发展历程，以及钢塑复合聚氨酯耐磨口环和超音速喷涂碳化钨口环等。之后到大战场和长山头两座泵站进行实地考察，详细查看了泵壳聚氨酯复合树脂砂浆涂层和叶轮聚氨酯弹性体涂层现场情况，对水泵磨蚀防护技术的工艺流程有了深入的认识。

（黄河水利科学研究院）

# 统 计 资 料

# 2016 年全国水电增长情况表

| 全国及各省、自治区、直辖市 | 年底装机容量（万 kW） | | | 发电量（亿 kW·h） | | |
|---|---|---|---|---|---|---|
| | 2016 年 | 2015 年 | 同比变化 | 2016 年 | 2015 年 | 同比变化 |
| 全 国 | 33207 | 31954 | 3.92 | 11748 | 11127 | 5.58 |
| 北 京 | 98 | 98 | 0.00 | 12 | 7 | 85.76 |
| 天 津 | 1 | 1 | 0.00 | 0.0 | 0.2 | −80.00 |
| 河 北 | 182 | 182 | 0.09 | 24 | 11 | 109.46 |
| 山 西 | 244 | 244 | 0.04 | 39 | 31 | 25.04 |
| 内蒙古 | 241 | 238 | 1.11 | 27 | 36 | −24.53 |
| 辽 宁 | 293 | 293 | 0.07 | 56 | 32 | 73.54 |
| 吉 林 | 378 | 377 | 0.08 | 85 | 53 | 59.00 |
| 黑龙江 | 102 | 102 | 0.12 | 23 | 19 | 18.56 |
| 上 海 | | | | | | |
| 江 苏 | 115 | 114 | 0.31 | 17 | 12 | 47.47 |
| 浙 江 | 1154 | 1002 | 15.14 | 274 | 229 | 19.80 |
| 安 徽 | 295 | 291 | 1.39 | 63 | 49 | 29.79 |
| 福 建 | 1304 | 1300 | 0.31 | 631 | 439 | 43.60 |
| 江 西 | 613 | 490 | 25.18 | 199 | 171 | 15.89 |
| 山 东 | 107.8 | 107.7 | 0.06 | 13.9 | 7.2 | 94.42 |
| 河 南 | 399 | 399 | 0.11 | 93 | 109 | −14.83 |
| 湖 北 | 3663 | 3653 | 0.29 | 1399 | 1303 | 7.35 |
| 湖 南 | 1553 | 1534 | 1.23 | 560 | 520 | 7.68 |
| 广 东 | 1411 | 1355 | 4.13 | 423 | 284 | 48.96 |
| 广 西 | 1665 | 1645 | 1.16 | 600 | 762 | −21.21 |
| 海 南 | 91 | 62 | 46.91 | 23 | 9 | 151.41 |
| 重 庆 | 688 | 676 | 1.74 | 247 | 229 | 7.73 |
| 四 川 | 7246 | 6939 | 4.41 | 2989 | 2767 | 8.00 |
| 贵 州 | 2089 | 2056 | 1.60 | 727 | 827 | −11.98 |
| 云 南 | 6088 | 5782 | 5.30 | 2268 | 2177 | 4.15 |
| 西 藏 | 156 | 135 | 15.54 | 46 | 34 | 34.69 |
| 陕 西 | 272 | 266 | 2.23 | 69 | 83 | −15.88 |
| 甘 肃 | 861 | 851 | 1.09 | 314 | 336 | −6.69 |
| 青 海 | 1192 | 1145 | 4.05 | 302 | 371 | −18.52 |
| 宁 夏 | 43 | 43 | 0.00 | 14 | 16 | −9.02 |
| 新 疆 | 665 | 573 | 15.98 | 211 | 203 | 3.64 |

（中国电力企业联合会）

# 2016年农村水电装机容量及发电量基本情况表

| 行政区划 | 2016年年末农村水电装机容量（kW） | 装机容量占全国比重（%） | 2016年年末农村水电年发电量（万kW·h） | 发电量占全国比重（%） |
|---|---|---|---|---|
| 全 国 | 77910629 | 100 | 26821937 | 100 |
| 北 京 | 42920 | 0.06 | 2417 | 0.01 |
| 天 津 | 5800 | 0.01 | 1556 | 0.01 |
| 河 北 | 395833 | 0.51 | 48227 | 0.18 |
| 山 西 | 196341 | 0.25 | 40244 | 0.15 |
| 内蒙古 | 95245 | 0.12 | 19731 | 0.07 |
| 辽 宁 | 443529 | 0.57 | 88783 | 0.33 |
| 吉 林 | 586365 | 0.75 | 188684 | 0.70 |
| 黑龙江 | 358280 | 0.46 | 87369 | 0.33 |
| 江 苏 | 39671 | 0.05 | 6110 | 0.02 |
| 浙 江 | 3978018 | 5.11 | 1222584 | 4.56 |
| 安 徽 | 1114395 | 1.43 | 296465 | 1.11 |
| 福 建 | 7406086 | 9.51 | 3512294 | 13.09 |
| 江 西 | 3359287 | 4.31 | 1204507 | 4.49 |
| 山 东 | 89689 | 0.12 | 633 | 0.002 |
| 河 南 | 492742 | 0.63 | 89763 | 0.33 |
| 湖 北 | 3684555 | 4.73 | 1009238 | 3.76 |
| 湖 南 | 6284934 | 8.07 | 2160128 | 8.05 |
| 广 东 | 7548805 | 9.69 | 2901420 | 10.82 |
| 广 西 | 4532701 | 5.82 | 1434723 | 5.35 |
| 海 南 | 437045 | 0.56 | 113975 | 0.42 |
| 重 庆 | 2547104 | 3.27 | 727992 | 2.71 |
| 四 川 | 11622098 | 14.92 | 4132790 | 15.41 |
| 贵 州 | 3370956 | 4.33 | 1046676 | 3.90 |
| 云 南 | 11757930 | 15.09 | 4078090 | 15.20 |
| 西 藏 | 365069 | 0.47 | 85050 | 0.32 |
| 陕 西 | 1449174 | 1.86 | 342794 | 1.28 |
| 甘 肃 | 2604506 | 3.34 | 886317 | 3.30 |
| 青 海 | 1083425 | 1.39 | 416327 | 1.55 |
| 宁 夏 | 6240 | 0.01 | 620 | 0.002 |
| 新 疆 | 1486281 | 1.91 | 506206 | 1.89 |
| 新疆兵团 | 404705 | 0.52 | 141835 | 0.53 |
| 部直属 | 120900 | 0.16 | 28389 | 0.11 |

（水利部农村水电及电气化发展局 曲 鹏）

# 2016年全国电源建设投资完成情况表

计量单位：万元

| 地区 | 本年计划投资 | 本年完成投资 | 其中 | | | | |
|---|---|---|---|---|---|---|---|
| | | | 水电 | 火电 | 核电 | 风电 | 太阳能发电 |
| 全　国 | 36529568 | 34083732 | 6171433 | 11192772 | 5040673 | 9266583 | 2412271 |
| 北　京 | 202777 | 193974 | 0 | 191538 | 0 | 0 | 2437 |
| 天　津 | 465000 | 439320 | 0 | 417392 | 0 | 21928 | 0 |
| 河　北 | 2073147 | 1909375 | 88002 | 829452 | 0 | 764485 | 227437 |
| 山　西 | 1083963 | 1145342 | 0 | 214957 | 0 | 631638 | 298747 |
| 内蒙古 | 1525789 | 1364819 | 12457 | 913505 | 0 | 292037 | 146821 |
| 辽　宁 | 1065467 | 828816 | 1000 | 330095 | 294367 | 113133 | 90220 |
| 吉　林 | 359383 | 350513 | 137755 | 94206 | 0 | 49943 | 68609 |
| 黑龙江 | 577623 | 567098 | 40951 | 342370 | 0 | 176060 | 7717 |
| 上　海 | 188788 | 189097 | 0 | 10771 | 0 | 166505 | 11821 |
| 江　苏 | 3269292 | 3089234 | 2000 | 873337 | 1084235 | 969716 | 159945 |
| 浙　江 | 923374 | 813826 | 74559 | 158320 | 421468 | 117635 | 41844 |
| 安　徽 | 750500 | 728279 | 237506 | 249655 | 0 | 186677 | 54441 |
| 福　建 | 1959048 | 1878120 | 5990 | 689018 | 850556 | 299584 | 32972 |
| 江　西 | 578552 | 548275 | 79395 | 254227 | 0 | 184831 | 29823 |
| 山　东 | 2454804 | 2286205 | 84046 | 997002 | 343161 | 772838 | 89159 |
| 河　南 | 664502 | 632965 | 33374 | 376425 | 0 | 209375 | 13792 |
| 湖　北 | 1234613 | 1086612 | 53002 | 495813 | 0 | 378501 | 159295 |
| 湖　南 | 205211 | 176010 | 9282 | 0 | 0 | 166727 | 0 |
| 广　东 | 2748074 | 2556668 | 156411 | 692886 | 1369229 | 162022 | 176120 |
| 广　西 | 1298852 | 1030190 | 39243 | 253567 | 489738 | 241334 | 6308 |
| 海　南 | 275770 | 271504 | 72751 | 0 | 187919 | 0 | 10834 |
| 重　庆 | 322496 | 307674 | 86933 | 170371 | 0 | 50371 | 0 |
| 四　川 | 3254501 | 3099169 | 2683598 | 0 | 0 | 256376 | 159195 |
| 贵　州 | 461407 | 564807 | 39511 | 249758 | 0 | 259610 | 15927 |
| 云　南 | 2983392 | 2644671 | 1799710 | 0 | 0 | 810392 | 34569 |
| 西　藏 | 283380 | 290213 | 278093 | 0 | 0 | 0 | 12120 |
| 陕　西 | 1045777 | 1012026 | 83348 | 226970 | 0 | 616651 | 85057 |
| 甘　肃 | 453280 | 444784 | 39100 | 366568 | 0 | 38171 | 946 |
| 青　海 | 473551 | 447192 | 0 | 128446 | 0 | 41036 | 277710 |
| 宁　夏 | 1571608 | 1653324 | 0 | 1283997 | 0 | 336883 | 32444 |
| 新　疆 | 1775648 | 1533629 | 33416 | 382127 | 0 | 952125 | 165961 |

（中国电力企业联合会）

## 2016 年水电施工企业完成产值及工程量表

| 单位名称 | 企业总产值（亿元） | 企业建筑业总产值（亿元） | 实物工程量 | | | | | |
|---|---|---|---|---|---|---|---|---|
| | | | 土方（万 $m^3$） | 石方（万 $m^3$） | 混凝土（万 $m^3$） | 金属结构安装（万 t） | 水电机组投产 | |
| | | | | | | | （台） | （万 kW） |
| 中国电力建设股份有限公司（水电施工企业部分） | 2386.96 | | 35065 | 24132 | 4331 | 275 | 107 | 1039 |
| 中国葛洲坝集团有限公司 | 1067 | 642 | 19300 | | 1646 | 22.4 | 15 | 225.24 |

（中国电力建设股份有限公司
中国葛洲坝集团有限公司）

## 2016 年大中型水电厂生产运行情况表

一、抽水蓄能电厂

| | 电厂名称 | 总装机容量（万 kW） | 机组台数（台） | 年发电量（亿 kW·h） | 年抽水电量（亿 kW·h） | 等效可用系数（%） | 各类工况运行总时间（h） | 各工况启动次数（次） | 启动成功率（%） | |
|---|---|---|---|---|---|---|---|---|---|---|
| | | | | | | | | | 发电 | 抽水 |
| 1 | 十三陵蓄能电厂 | 80.00 | 4 | 12.01 | 16.12 | 89.05 | 14878.74 | 3931 | 99.95 | 99.79 |
| 2 | 潘家口蓄能电厂 | 27.00 | 3 | 2.54 | 3.54 | 92.19 | 9394.69 | 2173 | 99.92 | 99.19 |
| 3 | 张河湾蓄能电厂 | 100.00 | 4 | 15.75 | 19.43 | 89.64 | 14267.03 | 3124 | 99.88 | 99.87 |
| 4 | 西龙池蓄能电厂 | 120.00 | 4 | 16.38 | 22.15 | 88.28 | 13492.35 | 3345 | 99.94 | 100.00 |
| 5 | 蒲石河抽水蓄能电厂 | 120.00 | 4 | 17.46 | 21.32 | 88.93 | 13343.60 | 3055 | 99.94 | 99.76 |
| 6 | 白山抽水蓄能电站 | 30.00 | 2 | 0.41 | 4.96 | 73.31 | 3315.09 | 549 | 100 | 99.00 |
| 7 | 宜兴抽水蓄能电厂 | 100.00 | 4 | 14.97 | 18.55 | 90.07 | 13486.78 | 4954 | 100 | 100 |
| 8 | 天荒坪抽水蓄能电厂 | 180.00 | 6 | 30.26 | 37.82 | 89.41 | 23336.90 | 6866 | 100 | 99.89 |
| 9 | 桐柏抽水蓄能电厂 | 120.00 | 4 | 21.36 | 25.81 | 89.22 | 16237.60 | 5504 | 99.91 | 99.76 |
| 10 | 仙居抽水蓄能电厂 | 150.00 | 4 | 4.46 | 5.90 | 61.01 | 2358.13 | 802 | 99.74 | 96.68 |
| 11 | 仙游抽水蓄能电厂 | 120.00 | 4 | 18.56 | 23.10 | 88.89 | 16280.30 | 5695 | 99.96 | 99.47 |
| 12 | 洪屏抽水蓄能电厂 | 120.00 | 4 | 3.01 | 3.77 | 86.02 | 1719.29 | 522 | 98.66 | 99.35 |
| 13 | 琅琊山抽水蓄能电厂 | 60.00 | 4 | 8.71 | 10.88 | 90.76 | 12424.98 | 3134 | 99.95 | 99.71 |
| 14 | 响水涧抽水蓄能电厂 | 100.00 | 4 | 17.77 | 21.90 | 90.33 | 16347.22 | 4969 | 99.84 | 99.87 |
| 15 | 响洪甸蓄能电厂 | 8.00 | 2 | 1.18 | 1.32 | 95.14 | 5293.23 | 1196 | 99.86 | 99.01 |
| 16 | 泰山抽水蓄能电厂 | 100.00 | 4 | 13.67 | 16.71 | 85.22 | 12673.57 | 4224 | 100 | 99.79 |
| 17 | 宝泉蓄能电厂 | 120.00 | 4 | 20.01 | 24.66 | 92.70 | 15057.00 | 2764 | 100 | 99.91 |
| 18 | 回龙抽水蓄能电厂 | 12.00 | 2 | 1.34 | 1.87 | 65.98 | 5466.13 | 1651 | 99.8 | 99.71 |
| 19 | 白莲河蓄能电厂 | 120.00 | 4 | 10.02 | 12.46 | 89.66 | 7597.43 | 1761 | 99.79 | 99.6 |
| 20 | 黑麋峰抽水蓄能电厂 | 120.00 | 4 | 16.02 | 19.26 | 92.93 | 12370.30 | 3046 | 100 | 99.67 |
| 21 | 广州蓄能水电厂 | 240.00 | 8 | 28.19 | 36.20 | 87.73 | 25038.34 | 10685 | 99.89 | |
| 22 | 惠州蓄能水电厂 | 240.00 | 8 | 17.69 | 21.79 | 94.8 | 15511.62 | 5053 | 100 | |
| 23 | 清远抽水蓄能电站 | 128.00 | 1 | 8.69 | 10.90 | 94.28 | 8451.64 | 2384 | 98.99 | |

续表

二、常规水电厂

| 序号 | 水电厂名称 | | 发电运行情况 | | | | 水库运行情况 | | | |
|---|---|---|---|---|---|---|---|---|---|---|
| | | | 总装机容量（万 kW） | 年发电量（亿 kW·h） | 平均耗水率[$m^3$/(kW·h)] | 等效可用系数（%） | 年入库总水量（亿 $m^3$） | 发电用水量（亿 $m^3$） | 年末水位（m） | 年末库容（亿 $m^3$） |
| 24 | 北京华电 | | 5.20 | 0.00 | 9.78 | 99.71 | 5.19 | 0.04 | 141.84 | 16.45 |
| 25 | 万家寨电站 | | 108.00 | 15.74 | 6.81 | 82.67 | 110.00 | 107.00 | 969.09 | 1.83 |
| 26 | 龙口电站 | | 42.00 | 8.02 | 13.34 | 95.32 | 107.00 | 106.00 | 893.98 | 0.66 |
| 27 | 海勃湾水利枢纽电厂 | | 9.00 | 3.38 | 46.92 | 96.78 | 161.75 | 158.52 | 1070.81 | 0.83 |
| 28 | 白山发电厂 | 白山站 | 150.00 | 23.10 | 3.80 | 72.48 | 84.30 | 87.76 | 412.85 | 49.49 |
| | | 红石站 | 20.00 | 4.76 | 17.15 | | 81.67 | 81.68 | 289.83 | 1.60 |
| 29 | 丰满发电厂 | | 28.90 | 14.57 | 7.63 | 97.59 | 129.43 | 111.17 | 238.47 | 21.40 |
| 30 | 松江河水力发电公司 | 小山站 | 16.00 | 3.72 | 4.11 | 94.26 | 15.47 | 15.28 | 682.45 | 0.97 |
| | | 双沟站 | 28.00 | 5.03 | 3.92 | | 20.05 | 19.75 | 584.78 | 3.52 |
| | | 石龙站 | 7.00 | 1.62 | 11.98 | | 20.19 | 19.46 | 478.87 | 0.30 |
| 31 | 太平哨发电厂 | | 16.10 | 4.01 | 11.58 | 99.30 | 47.98 | 46.47 | 190.10 | 1.46 |
| 32 | 桓仁水电厂 | | 22.25 | 4.63 | 8.42 | 92.70 | 43.11 | 39.04 | 296.41 | 18.68 |
| 33 | 新安江水力发电厂 | | 85.00 | 28.96 | 5.27 | 94.05 | 154.36 | 152.76 | 100.97 | 139 |
| 34 | 富春江水力发电厂 | | 36.00 | 12.37 | 29.06 | 87.25 | 415.03 | 359.30 | 23.04 | 4.43 |
| 35 | 乌溪江水力发电厂 | | 37.2 | 9.24 | 3.48 | 92.34 | 28.91 | 32.13 | 217.48 | 11.19 |
| 36 | 陈村水电厂 | | 18.40 | 5.76 | 8.48 | 95.42 | 48.90 | 35.93 | 114.87 | 15.40 |
| 37 | 沙溪口水力发电厂 | | 30.00 | 16.32 | 20.06 | 89.55 | 482.04 | 358.60 | 86.51 | 1.30 |
| 38 | 牛头山一级水电站 | | 10.00 | 4.53 | 2.05 | 94.83 | 10.661 | 9.31 | 322.35 | 0.46 |
| 39 | 古田梯级电站 | | 38.60 | 18.05 | 1.26 | 80.77 | 24.83 | 22.78 | 376.40 | 2.87 |
| 40 | 闽东水电厂 | | 32.00 | 12.2 | 0.66 | 85.17 | 8.49 | 8.04 | 753.94 | 2.23 |
| 41 | 华安水力发电厂 | | 14.00 | 9.79 | 7.97 | 94.70 | 124.96 | 78.01 | 93.11 | 0.04 |
| 42 | 安砂水力发电厂 | | 12.50 | 9.85 | 6.08 | 93.54 | 101.18 | 59.85 | 263.60 | 6.19 |
| 43 | 池潭水力发电厂 | | 10.00 | 7.49 | 7.11 | 91.33 | 104.90 | 53.22 | 274.25 | 6.74 |
| 44 | 棉花滩水电厂 | | 60.00 | 31.6 | 4.28 | 94.11 | 142.28 | 135.23 | 171.08 | 15.74 |
| 45 | 白沙水电厂 | | 7.00 | 3.56 | 6.79 | 90.67 | 24.78 | 24.18 | 261.11 | 1.48 |
| 46 | 高砂水电公司 | | 5.00 | 2.98 | 41.09 | 92.16 | 188.28 | 122.63 | 102.87 | 0.24 |
| 47 | 照口水电厂 | | 6.00 | 3.25 | 46.35 | 91.88 | 271.09 | 150.70 | 97.41 | 0.25 |
| 48 | 太宇投资(集团)公司 | | 13.16 | 6.78 | 21.64 | — | 245.39 | 146.68 | 114.89 | 0.35 |
| 49 | 万安水力发电厂 | | 53.30 | 24.72 | 17.50 | 95.00 | 491.00 | 433.50 | 95.12 | 10.23 |
| 50 | 上犹江水电厂 | | 7.20 | 4.09 | 7.97 | 94.67 | 38.84 | 32.62 | 196.62 | 6.48 |
| 51 | 峡江水利枢纽 | | 36.00 | 10.36 | 50.33 | 90.22 | 815.49 | 521.59 | 43.25 | 4.22 |
| 52 | 小浪底水电厂 | 小浪底站 | 180.00 | 40.95 | 3.84 | 88.96 | 153.20 | 155.48 | 257.59 | 53.44 |
| | | 西霞院站 | 14.00 | 4.47 | 31.09 | 87.01 | | | 133.54 | 1.10 |

续表

| | 水电厂名称 | 发电运行情况 | | | | 水库运行情况 | | | |
|---|---|---|---|---|---|---|---|---|---|
| | | 总装机容量（万 kW） | 年发电量（亿 kW·h） | 平均耗水率［$m^3$/(kW·h)］ | 等效可用系数（%） | 年入库总水量（亿 $m^3$） | 发电用水量（亿 $m^3$） | 年末水位（m） | 年末库容（亿 $m^3$） |
| 53 | 三峡水力发电厂 | 2250.00 | 935.33 | 4.36 | 95.78 | 4085.88 | 4079.5 | 172.23 | 365.39 |
| 54 | 葛洲坝水力发电厂 | 273.50 | 182.99 | 20.88 | 95.51 | 4231.35 | 3820.29 | 64.72 | 6.73 |
| 55 | 水布垭电厂 | 184.00 | 47.06 | 2.18 | 90.56 | 114.75 | 102.62 | 397.58 | 41.65 |
| 56 | 隔河岩电厂 | 121.20 | 37.16 | 3.64 | 94.32 | 148.48 | 135.34 | 195.01 | 26.93 |
| 57 | 高坝洲电厂 | 27.00 | 10.98 | 11.65 | 93.67 | 163.31 | 127.90 | 79.45 | 3.88 |
| 58 | 老渡口水电站 | 9.00 | 3.12 | 5.03 | 100 | 18.99 | 18.97 | 479.28 | 1.88 |
| 59 | 堵河水电站 | 5.00 | 1.10 | 10.17 | 94.82 | 11.38 | 11.23 | 387.40 | 0.33 |
| 60 | 鄂坪水电站 | 11.40 | 2.74 | 4.21 | 98.64 | 11.58 | 11.56 | 545.01 | 2.40 |
| 61 | 陡岭子水电站 | 7.05 | 0.63 | 6.86 | 96.96 | 5.00 | 4.35 | 260.78 | 3.08 |
| 62 | 龙桥电站 | 6.00 | 2.35 | 3.59 | 100 | 8.49 | 8.43 | 582.68 | 0.22 |
| 63 | 五强溪水电厂 | 125.00 | 65.21 | 8.33 | 94.32 | 731.06 | 543.02 | 107.38 | 29.49 |
| 64 | 凌津滩水电厂 | 27.00 | 11.71 | 44.92 | 95.96 | 793.09 | 526.09 | 50.52 | 1.36 |
| 65 | 碗米坡水电厂 | 24.00 | 6.99 | 11.13 | 91.67 | 129.70 | 77.82 | 245.65 | 2.22 |
| 66 | 近尾洲水电站 | 6.32 | 3.05 | 62.39 | 88.18 | 315.22 | 190.49 | 66 | 1.54 |
| 67 | 洪江水力发电厂 | 27.00 | 9.62 | 18.37 | 94.56 | 259.21 | 176.78 | 187.31 | 1.43 |
| 68 | 三板溪水电厂 | 100.00 | 30.99 | 2.94 | 85.75 | 86.15 | 91.25 | 467.21 | 31.77 |
| 69 | 托口水电站 | 83.00 | 20.42 | 9.04 | 93.49 | 197.51 | 184.63 | 248.77 | 11.82 |
| 70 | 挂治水电厂 | 15.00 | 4.72 | 19.52 | 90.65 | 96.37 | 92.07 | 320.62 | 0.37 |
| 71 | 白市水电站 | 42.00 | 15.69 | 8.01 | 92.53 | 128.65 | 125.67 | 299.67 | 6.15 |
| 72 | 马迹塘水电厂 | 5.55 | 1.88 | 82.09 | 95.09 | 281.20 | 154.03 | 55.65 | 0.13 |
| 73 | 东坪水电站 | 7.20 | 2.62 | 56.39 | 94.04 | 192.21 | 147.58 | 95.54 | 0.13 |
| 74 | 株溪口水力发电厂 | 7.40 | 2.83 | 60.71 | 96.79 | 214.69 | 171.52 | 87.26 | 0.32 |
| 75 | 江垭水电站 | 30.00 | 8.41 | 4.68 | 92.70 | 48.59 | 39.37 | 210.51 | 8.32 |
| 76 | 皂市水电站 | 12.00 | 3.22 | 8.32 | 95.90 | 34.90 | 26.85 | 129.84 | 7.71 |
| 77 | 鱼潭水电站 | 7.00 | 2.29 | 11.17 | 94.70 | 45.90 | 25.59 | 247.28 | 1.02 |
| 78 | 新丰江电厂 | 35.50 | 15.31 | 5.36 | | 101.08 | 82.14 | 113.60 | 99.11 |
| 79 | 枫树坝电厂 | 17.60 | 11.46 | 5.87 | | 80.21 | 67.25 | 164.22 | 14.40 |
| 80 | 南水电厂 | 8.70 | 3.78 | 3.43 | | 13.66 | 12.95 | 208.30 | 6.48 |
| 81 | 长湖电厂 | 7.60 | 4.03 | 12.70 | | 75.73 | 51.22 | 58.33 | 1.12 |
| 82 | 长潭电厂 | 6.00 | 2.87 | 10.40 | | 35.75 | 32.96 | 147.40 | 0.81 |
| 83 | 青溪电厂 | 14.40 | 7.13 | 20.00 | | 158.44 | 142.56 | 71.07 | 0.51 |
| 84 | 白石窑水电厂 | 9.20 | 3.53 | 42.90 | 0.95 | 257.79 | 201.04 | 36.29 | 1.05 |
| 85 | 飞来峡水利枢纽 | 14.00 | 6.08 | 36.50 | 66.50 | 527.41 | 221.53 | 23.63 | 3.97 |

续表

| | 水电厂名称 | 发电运行情况 | | | | 水库运行情况 | | | |
|---|---|---|---|---|---|---|---|---|---|
| | | 总装机容量（万 kW） | 年发电量（亿 kW·h） | 平均耗水率[m³/(kW·h)] | 等效可用系数（%） | 年入库总水量（亿 m³） | 发电用水量（亿 m³） | 年末水位（m） | 年末库容（亿 m³） |
| 86 | 濛里水电厂 | 5.00 | 2.81 | 55.73 | 0.97 | 220.63 | 161.26 | 45.00 | 0.68 |
| 87 | 平班水电厂 | 40.50 | 13.05 | 12.39 | 94.80 | 159.15 | 158.92 | 437.57 | 1.91 |
| 88 | 龙滩水电厂 | 490.00 | 154.37 | 3.02 | 95.38 | 411.56 | 465.88 | 356.57 | 104.89 |
| 89 | 岩滩水电厂 | 181.00 | 72.60 | 6.76 | 91.84 | 495.09 | 491.07 | 220.55 | 23.49 |
| 90 | 大化水电厂 | 56.60 | 27.18 | 17.78 | 93.74 | 509.18 | 501.44 | 153.72 | 3.69 |
| 91 | 百龙滩水电厂 | 19.20 | 8.81 | 41.93 | 93.45 | 521.01 | 374.61 | 127.31 | 0.77 |
| 92 | 乐滩水电厂 | 60.00 | 30.05 | 17.25 | 88.59 | 544.16 | 531.76 | 111.22 | 3.84 |
| 93 | 西津水电站 | 24.20 | 10.99 | 25.00 | 85.80 | 318.35 | 280.04 | 60.97 | 10.47 |
| 94 | 山秀水电站 | 7.80 | 2.99 | 33.12 | 88.90 | 136.55 | 99.69 | 86.21 | 2.77 |
| 95 | 金鸡滩水电站 | 7.20 | 3.04 | 32.42 | 92.03 | 101.41 | 99.45 | 88.23 | 0.95 |
| 96 | 金牛坪水电站 | 6.00 | 2.68 | 42.35 | 84.96 | 239.22 | 131.45 | 41.77 | 0.71 |
| 97 | 广西长洲水电厂 | 63.00 | 31.67 | 36.9 | 92.99 | 1995.48 | 1183.57 | 20.39 | 18.26 |
| 98 | 大广坝水电厂 | 24.00 | 5.17 | 5.96 | 95.70 | 41.30 | 30.80 | 139.81 | 14.77 |
| 99 | 彭水水电厂 | 175.00 | 67.81 | 5.80 | 94.56 | 422.27 | 393.03 | 290.06 | 10.84 |
| 100 | 银盘水电厂 | 64.50 | 31.24 | 14.06 | 97.05 | 500.63 | 439.29 | 213.50 | 1.67 |
| 101 | 马岩洞水电厂 | 6.60 | 2.38 | 6.27 | 98.12 | 18.42 | 14.90 | 349.05 | 0.21 |
| 102 | 藤子沟水电厂 | 7.00 | 1.99 | 2.45 | 85.44 | 4.85 | 4.89 | 763.67 | 1.41 |
| 103 | 鱼剑口水电厂 | 6.00 | 2.12 | 5.05 | 98.19 | 13.69 | 10.72 | 250.67 | 0.05 |
| 104 | 江口水电厂 | 30.00 | 9.30 | 3.51 | 95.81 | 59.42 | 32.65 | 292.45 | 4.66 |
| 105 | 狮子滩电站 | 5.42 | 1.54 | 7.72 | 97.13 | 10.78 | 11.89 | 339.05 | 4.51 |
| 106 | 渡口坝水电站 | 12.90 | 2.12 | 1.2 | 92.61 | 3.39 | 2.53 | 563.70 | 0.84 |
| 107 | 龟都府水电站 | 6.30 | 2.96 | 34.00 | 95.07 | 135.30 | 100.54 | 534.00 | 0.56 |
| 108 | 晴朗水电站 | 18.00 | 5.49 | 1.15 | 98.63 | 7.69 | 6.31 | 2656.50 | |
| 109 | 可河水电站 | 7.20 | 2.34 | 1.07 | 96.72 | 3.91 | 2.50 | 1412.00 | |
| 110 | 二滩水电站 | 330.00 | 155.69 | 2.37 | 93.54 | 485.97 | 368.97 | 1194.50 | 52.48 |
| 111 | 桐子林水电站 | 60.00 | 17.09 | 18.06 | 89.21 | 580.19 | 310.32 | 1014.06 | 0.67 |
| 112 | 官地水电站 | 240.00 | 121.22 | 3.35 | 91.73 | 432.15 | 406.43 | 1328.63 | 7.10 |
| 113 | 锦屏二级水电站 | 480.00 | 240.22 | 1.33 | 87.30 | 373.99 | 319.10 | 1644.83 | 0.13 |
| 114 | 锦屏一级水电站 | 360.00 | 175.69 | 1.90 | 88.01 | 369.93 | 334.04 | 1874.45 | 73.15 |
| 115 | 溪洛渡水力发电厂 | 1386.00 | 610.03 | 2.03 | 95.34 | 1370.83 | 1235.67 | 591.75 | 105.01 |
| 116 | 向家坝水力发电厂 | 640.00 | 332.25 | 3.65 | 96.43 | 1367.79 | 1214.23 | 376.4 | 46.39 |
| 117 | 大岗山水电站 | 260.00 | 65.35 | 2.50 | 95.30 | 277.08 | 163.37 | 1123.02 | 6.47 |
| 118 | 瀑布沟水电站 | 360.00 | 122.50 | 2.79 | 94.21 | 333.33 | 341.76 | 827.45 | 31.31 |

续表

| | 水电厂名称 | 发电运行情况 | | | | 水库运行情况 | | | |
|---|---|---|---|---|---|---|---|---|---|
| | | 总装机容量（万 kW） | 年发电量（亿 kW·h） | 平均耗水率[m³/(kW·h)] | 等效可用系数（%） | 年入库总水量（亿 m³） | 发电用水量（亿 m³） | 年末水位（m） | 年末库容（亿 m³） |
| 119 | 深溪沟水电站 | 66.00 | 24.20 | 12.00 | 96.13 | 367.77 | 290.32 | 657.51 | 0.32 |
| 120 | 枕头坝一级电站 | 72.00 | 23.48 | 13.35 | 96.15 | 378.16 | 313.51 | 622.45 | 0.38 |
| 121 | 龚嘴水电站 | 77.00 | 31.91 | 8.56 | 95.14 | 425.79 | 273.14 | 525.93 | 0.75 |
| 122 | 铜街子水电站 | 70.00 | 28.29 | 11.70 | 92.73 | 452.76 | 331.04 | 472.69 | 0.86 |
| 123 | 冶勒水电站 | 24.00 | 6.65 | 0.71 | 98.91 | 4.08 | 4.73 | 2642.00 | 2.21 |
| 124 | 姚河坝电站 | 13.20 | 5.72 | 1.51 | 93.46 | 9.43 | 8.69 | 1674.00 | 0.01 |
| 125 | 南桠河发电厂 | 12.00 | 5.43 | 1.65 | 94.09 | 9.88 | 8.96 | 1367.50 | |
| 126 | 栗子坪水电站 | 13.20 | 3.36 | 1.37 | 99.13 | 4.88 | 4.59 | 1998.60 | |
| 127 | 太平驿电站 | 26.00 | 15.74 | 3.52 | 89.88 | 90.15 | 55.36 | 1080.00 | |
| 128 | 东西关电站 | 18.00 | 6.97 | 18.13 | 97.12 | 146.27 | 126.30 | 247.28 | 1.84 |
| 129 | 青居电站 | 13.60 | 3.70 | 33.60 | 92.86 | 141.01 | 124.35 | 262.06 | 0.73 |
| 130 | 雨城电站 | 6.00 | 2.21 | 28.00 | 94.03 | 97.31 | 62.00 | 596.53 | 0.08 |
| 131 | 铜头电站 | 8.00 | 3.61 | 5.50 | 93.01 | 30.89 | 19.85 | 753.26 | 0.06 |
| 132 | 小关子电站 | 16.00 | 7.63 | 2.90 | 95.04 | 28.20 | 22.14 | 986.67 | |
| 133 | 硗碛电站 | 24.00 | 9.12 | 0.86 | 93.57 | 7.18 | 7.93 | 2126.97 | 1.46 |
| 134 | 宝兴电站 | 19.50 | 7.20 | 1.30 | 89.79 | 10.42 | 9.36 | 1349.68 | |
| 135 | 飞仙关电站 | 10.00 | 2.78 | 18.00 | 92.38 | 88.65 | 50.00 | 620.67 | 0.16 |
| 136 | 民治电站 | 10.50 | | 1.85 | 100 | | | | |
| 137 | 冷竹关电站 | 18.00 | 8.96 | 1.08 | 98.43 | 13.81 | 8.30 | 1759.42 | |
| 138 | 小天都电站 | 24.00 | 9.71 | 1.10 | 92.59 | 13.81 | 8.83 | 2148.90 | |
| 139 | 拉拉山电站 | 9.60 | 3.50 | 1.80 | 99 | 11.93 | 1.94 | 3001.30 | |
| 140 | 自一里电站 | 13.00 | 5.35 | 0.90 | 90.02 | 5.43 | 4.82 | 2033.09 | |
| 141 | 水牛家电站 | 7.00 | 2.14 | 1.95 | 96.78 | 4.14 | 4.17 | 2259.30 | 1.02 |
| 142 | 木座电站 | 10.00 | 4.06 | 1.50 | 94.45 | 6.34 | 6.09 | 1540.39 | |
| 143 | 阴坪电站 | 10.00 | 3.96 | 1.90 | 97.13 | 8.16 | 7.52 | 1239.23 | |
| 144 | 华能涪江古城电站 | 10.00 | 3.27 | 9.50 | 100 | 45.98 | 39.24 | 840.45 | 0.01 |
| 145 | 亭子口水电站 | 110.00 | 19.70 | 6.08 | 95.75 | 114.40 | 119.77 | 441.52 | 19.88 |
| 146 | 宝珠寺水力发电厂 | 70.00 | 12.99 | 4.60 | 96.42 | 61.05 | 61.71 | 583.91 | 18.39 |
| 147 | 紫兰坝水电开发公司 | 10.20 | 2.64 | 22.70 | 92.43 | 63.66 | 59.94 | 487.05 | 0.28 |
| 148 | 红叶二级水电站 | 9.00 | 4.12 | 2.86 | 98.26 | 14.90 | 11.79 | 2085.79 | 0.00 |
| 149 | 薛城水电站 | 13.80 | 5.89 | 2.83 | 97.71 | 38.82 | 16.69 | 1705.96 | 0.01 |
| 150 | 狮子坪水电站 | 19.50 | 7.89 | 1.08 | 94.08 | 9.53 | 8.55 | 2506.71 | 0.67 |
| 151 | 古城水电站 | 16.80 | 7.43 | 2.99 | 94.34 | 29.35 | 22.26 | 1551.77 | 0.01 |

续表

| | 水电厂名称 | 发电运行情况 | | | | 水库运行情况 | | | |
|---|---|---|---|---|---|---|---|---|---|
| | | 总装机容量（万kW） | 年发电量（亿kW·h） | 平均耗水率[$m^3$/(kW·h)] | 等效可用系数（%） | 年入库总水量（亿$m^3$） | 发电用水量（亿$m^3$） | 年末水位（m） | 年末库容（亿$m^3$） |
| 152 | 瓦屋山水电站 | 26.00 | 8.28 | 1.53 | 98.67 | 12.19 | 12.65 | 1070.90 | 4.52 |
| 153 | 水津关水电站 | 6.30 | 2.24 | 33.32 | 92.45 | 128.16 | 74.56 | 546.00 | 0.06 |
| 154 | 久铁水电站 | 11.00 | 4.55 | 1.16 | 95.80 | 12.04 | 5.25 | 2042.18 | 0.34 |
| 155 | 联补水电站 | 13.00 | 4.73 | 0.95 | 97.24 | 12.40 | 4.48 | 1671.98 | 0.04 |
| 156 | 地洛水电站 | 10.00 | 3.79 | 1.35 | 95.67 | 13.70 | 5.10 | 1215.08 | 0.02 |
| 157 | 泸定水电站 | 92.00 | 33.27 | 6.01 | 87.55 | 220.29 | 195.63 | 1375.27 | 1.98 |
| 158 | 楼方水电站 | 5.60 | 1.79 | 7.77 | 92.67 | 14.49 | 13.90 | 701.50 | 0.07 |
| 159 | 宁郎水电站 | 11.40 | 3.76 | 4.58 | 89.74 | 50.25 | 17.23 | 1855.24 | 0.02 |
| 160 | 撒多水电站 | 21.00 | 6.81 | 2.53 | 89.43 | 51.34 | 17.24 | 1754.16 | 0.03 |
| 161 | 俄公堡电站 | 44.00 | 4.85 | 4.64 | 89.74 | 41.59 | 22.50 | 2315.00 | 0.01 |
| 162 | 卡基娃电站 | 13.20 | 14.78 | 1.72 | 92.73 | 37.34 | 25.46 | 2848.00 | 3.42 |
| 163 | 立洲电站 | 34.50 | 5.37 | 2.09 | 99.9 | 19.95 | 11.24 | 2086.00 | 1.70 |
| 164 | 毛尔盖水电站 | 42.60 | 14.25 | 1.90 | 96.10 | 26.52 | 27.08 | 2115.66 | 3.78 |
| 165 | 圣达水电站 | 48.00 | 16.52 | 17.09 | 87.35 | 398.06 | 282.33 | 430.90 | 0.25 |
| 166 | 安谷水电站 | 77.20 | 24.83 | 11.48 | 93.18 | 417.24 | 28.51 | 397.05 | 0.57 |
| 167 | 大金坪水电站 | 12.90 | 4.71 | 2.22 | 90.47 | 16.68 | 10.46 | 1210.58 | |
| 168 | 洪一水电站 | 8.00 | 2.33 | 1.31 | 91.52 | 4.40 | 3.05 | 1528.69 | |
| 169 | 五一桥水电站 | 13.70 | 4.50 | 2.24 | 90.00 | 15.59 | 9.16 | 2422.87 | |
| 170 | 柳坪水电站 | 12.00 | 4.62 | 5.77 | 98.02 | 31.92 | 26.66 | 1778.28 | |
| 171 | 雅都水电站 | 15.00 | 5.40 | 4.67 | 96.86 | 27.29 | 25.25 | 1872.91 | 0.04 |
| 172 | 柳洪水电站 | 18.00 | 6.91 | 1.00 | 86.73 | 19.44 | 6.91 | 1299.30 | |
| 173 | 坪头水电站 | 18.00 | 6.43 | 1.38 | 90.93 | 20.21 | 8.89 | 911.71 | |
| 174 | 春厂坝水电站 | 5.40 | 0.89 | 2.78 | 79.15 | 6.60 | 2.46 | 2448.80 | |
| 175 | 黄金坪水电站 | 85.00 | 29.74 | 5.95 | 99.50 | 228.25 | 176.77 | 1471.52 | 1.00 |
| 176 | 城东水电厂 | 8.40 | 3.52 | 27.30 | 93.74 | 138.50 | 90.60 | 447.90 | 0.14 |
| 177 | 汇溪水电站 | 7.50 | 1.83 | 5.70 | 93.89 | 22.19 | 13.16 | 884.87 | |
| 178 | 大兴水电站 | 7.50 | 3.07 | 24.10 | 96.10 | 121.09 | 73.99 | 567.10 | 0.13 |
| 179 | 硕中水电站 | 12.00 | 3.79 | 2.36 | 94.90 | 33.80 | 8.78 | 2930.35 | |
| 180 | 虎头寺水电站 | 6.00 | 1.63 | 34.67 | 95.89 | 60.13 | 57.17 | 466.00 | 0.13 |
| 181 | 古学水电站 | 9.00 | 3.01 | 3.22 | 98.90 | 14.30 | 9.69 | 2269.80 | |
| 182 | 娘拥电站 | 9.30 | 2.70 | 3.14 | 93.86 | 19.85 | 7.92 | 3081.55 | |
| 183 | 硕渠电站 | 18.00 | 3.21 | 1.78 | 93.42 | 21.06 | 5.14 | 2753.24 | |
| 184 | 金平水电站 | 8.10 | 3.15 | 1.00 | 99.97 | 4.05 | 3.15 | 2606.63 | 0.07 |

续表

| | 水电厂名称 | 发电运行情况 | | | | 水库运行情况 | | | |
|---|---|---|---|---|---|---|---|---|---|
| | | 总装机容量（万 kW） | 年发电量（亿 kW·h） | 平均耗水率［m³/(kW·h)］ | 等效可用系数（%） | 年入库总水量（亿 m³） | 发电用水量（亿 m³） | 年末水位（m） | 年末库容（亿 m³） |
| 185 | 金元水电站 | 10.80 | 2.82 | 1.00 | 78.46 | 4.21 | 2.82 | 3055.83 | |
| 186 | 金康水电站 | 15.00 | 5.90 | 0.98 | 90.74 | 6.76 | 5.77 | 1970.00 | |
| 187 | 天龙湖电厂 | 18.00 | 6.94 | 1.89 | 96.67 | 16.32 | 13.12 | 2144.80 | 0.20 |
| 188 | 金龙潭电厂 | 18.00 | 6.56 | 1.91 | 95.86 | 16.32 | 12.53 | 2144.80 | 0.20 |
| 189 | 仙女堡水电站 | 7.60 | 3.36 | 4.03 | 81.00 | 18.80 | 13.54 | 1116.50 | 0.05 |
| 190 | 乌江渡发电厂 | 128.00 | 36.60 | 3.52 | 91.39 | 126.00 | 128.94 | 740.12 | 13.44 |
| 191 | 东风发电厂 | 69.50 | 27.54 | 3.47 | 91.91 | 96.25 | 95.46 | 961.00 | 7.07 |
| 192 | 洪家渡电站 | 60.00 | 19.20 | 3.13 | 95.29 | 42.02 | 60.08 | 1093.48 | 17.56 |
| 193 | 索风营电站 | 60.00 | 20.53 | 5.27 | 93.61 | 108.31 | 108.15 | 836.29 | 1.64 |
| 194 | 构皮滩水电站 | 300.00 | 90.19 | 2.29 | 92.77 | 181.60 | 206.92 | 604.89 | 35.32 |
| 195 | 思林水电站 | 105.00 | 40.70 | 5.87 | 95.76 | 238.94 | 238.98 | 432.61 | 9.39 |
| 196 | 沙沱水电站 | 112.00 | 48.02 | 5.96 | 91.72 | 285.95 | 285.96 | 364.28 | 7.50 |
| 197 | 大花水水电站 | 20.00 | 7.23 | 3.12 | 96.63 | 23.28 | 22.55 | 867.47 | 2.47 |
| 198 | 格里桥水电站 | 15.00 | 5.85 | 4.33 | 98.91 | 25.86 | 25.34 | 718.38 | 0.68 |
| 199 | 光照发电厂 | 104.00 | 17.98 | 3.08 | 90.72 | 54.08 | 55.46 | 733.99 | 26.04 |
| 200 | 普定发电公司 | 8.40 | 1.81 | 8.49 | 90.56 | 21.28 | 15.37 | 1139.53 | 2.54 |
| 201 | 引子渡水电站 | 36.00 | 5.62 | 4.18 | 95.88 | 23.90 | 23.50 | 1065.01 | 2.25 |
| 202 | 贵州鱼塘电站 | 7.50 | 3.37 | 7.84 | 93.23 | 34.87 | 26.40 | 463.76 | 0.90 |
| 203 | 董箐发电厂 | 88.00 | 24.81 | 3.35 | 89.57 | 83.38 | 83.20 | 489.48 | 8.71 |
| 204 | 天生桥水力发电总厂（二级） | 132.00 | 67.71 | 2.18 | 85.11 | 145.28 | 147.88 | 772.46 | 71.62 |
| 205 | 红枫水力发电总厂 | 30.00 | 7.06 | 6.83 | 96.68 | 48.72 | 48.23 | 1235.35 | 3.75 |
| 206 | 石垭子水电站 | 14.00 | 5.24 | 3.39 | 98.08 | 21.61 | 20.55 | 522.80 | 1.80 |
| 207 | 双河口水电站 | 12.00 | 4.15 | 5.56 | 97.47 | 25.55 | 23.05 | 559.75 | 0.97 |
| 208 | 冗各水电站 | 9.00 | 0.78 | 10.143 | 98.98 | 8.87 | 7.89 | 493.28 | 0.29 |
| 209 | 团坡水电站 | 8.00 | 2.41 | 3.31 | 98.49 | 9.70 | 7.98 | 804.45 | |
| 210 | 黄花寨水电站 | 6.00 | | | | | | | |
| 211 | 大田河水电站 | 10.00 | 4.19 | 1.40 | 94.90 | 7.12 | 5.86 | 779.90 | 0.01 |
| 212 | 马马崖电站 | 55.80 | 11.92 | 6.85 | 96.32 | 70.98 | 81.59 | 583.83 | 1.27 |
| 213 | 善泥坡发电厂 | 18.55 | 7.11 | 13.80 | 92.38 | 77.90 | 98.08 | 882.27 | 0.43 |
| 214 | 毛家河水电站 | 18.00 | 5.43 | 3.71 | 95.08 | 20.09 | 20.13 | 1289.66 | 0.07 |
| 215 | 灰洞水电站 | 5.00 | 1.60 | 6.49 | 95.52 | 10.69 | 10.41 | 644.01 | |
| 216 | 金安桥水力发电厂 | 240.00 | 87.27 | 3.46 | 92.18 | 498.23 | 300.20 | 1416.24 | 8.10 |
| 217 | 观音岩水电站 | 300.00 | 86.47 | 3.73 | 95.77 | 533.64 | 322.52 | 1128.15 | 18.07 |

续表

| | 水电厂名称 | 发电运行情况 | | | | 水库运行情况 | | | |
|---|---|---|---|---|---|---|---|---|---|
| | | 总装机容量（万 kW） | 年发电量（亿 kW·h） | 平均耗水率［m³/（kW·h）］ | 等效可用系数（%） | 年入库总水量（亿 m³） | 发电用水量（亿 m³） | 年末水位（m） | 年末库容（亿 m³） |
| 218 | 阿海水电站 | 200.00 | 57.99 | 4.31 | 93.21 | 480.26 | 249.63 | 1494.30 | 6.09 |
| 219 | 鲁地拉水电站 | 216.00 | 57.81 | 4.99 | 88.55 | 523.96 | 288.16 | 1220.15 | 14.77 |
| 220 | 梨园水电站 | 240.00 | 65.70 | 3.72 | 83.66 | 418.30 | 244.72 | 1607.79 | 5.89 |
| 221 | 漫湾水电厂 | 167.00 | 68.33 | 4.78 | 91.76 | 332.60 | 326.53 | 992.16 | 3.31 |
| 222 | 景洪水电厂 | 175.00 | 70.00 | 6.62 | 90.30 | 465.29 | 463.13 | 600.86 | 8.34 |
| 223 | 小湾水电厂 | 420.00 | 174.27 | 1.73 | 93.82 | 340.60 | 302.28 | 1231.62 | 130.37 |
| 224 | 糯扎渡水电厂 | 585.00 | 215.00 | 2.10 | 92.67 | 484.16 | 451.59 | 806.97 | 202.43 |
| 225 | 功果桥水电厂 | 90.00 | 25.21 | 7.31 | 88.43 | 290.70 | 184.31 | 1305.97 | 3.03 |
| 226 | 龙开口水电厂 | 180.00 | 36.56 | 5.70 | 92.40 | 501.96 | 208.20 | 1293.03 | 4.48 |
| 227 | 瑞丽江一级水电站 | 60.00 | 35.62 | 1.30 | 94.90 | 108.42 | 46.29 | 724.33 | 0.12 |
| 228 | 徐村水电厂 | 8.58 | 3.53 | 8.22 | 92.59 | 34.28 | 29.05 | 1304.94 | 0.67 |
| 229 | 大盈江水电站 | 10.8 | 4.17 | 8.12 | 95.99 | 43.42 | 33.90 | 788.00 | 0.01 |
| 230 | 大寨水力发电厂 | 6.00 | 2.43 | 2.40 | 97.7 | 7.29 | 5.79 | 1480.90 | |
| 231 | 螺丝湾水电站 | 6.00 | 3.01 | 2.37 | 99.02 | 7.34 | 7.13 | 2258.25 | |
| 232 | 鲁布革水力发电厂 | 60.00 | 25.55 | 1.31 | 96.18 | 38.56 | 32.84 | 1126.89 | 0.63 |
| 233 | 以礼河发电厂 | 32.15 | 12.61 | 0.34 | 93.10 | 3.85 | 4.31 | 2219.51 | 3.18 |
| 234 | 崖羊山水电站 | 12.00 | 4.02 | 6.23 | 97.72 | 32.87 | 25.04 | 820.32 | 1.17 |
| 235 | 石门坎水电站 | 13.00 | 4.84 | 5.12 | 100.00 | 36.11 | 24.80 | 752.30 | 1.75 |
| 236 | 龙马水电站 | 28.50 | 9.91 | 3.65 | 97.66 | 53.70 | 36.14 | 636.03 | 5.12 |
| 237 | 居甫渡水电站 | 28.50 | 9.96 | 6.78 | 97.69 | 84.88 | 67.58 | 517.94 | 1.44 |
| 238 | 戈兰滩水电站 | 45.00 | 15.76 | 4.79 | 93.02 | 102.67 | 75.46 | 454.88 | 3.81 |
| 239 | 土卡河水电站 | 16.50 | 5.67 | 16.72 | 97.72 | 112.34 | 94.85 | 365.30 | 0.57 |
| 240 | 黄花寨水电站 | 6.00 | 1.74 | 5.10 | 100.00 | 8.70 | 8.87 | 772.37 | 0.86 |
| 241 | 那兰水电站 | 15.00 | 5.18 | 4.33 | 97.76 | 29.75 | 22.44 | 420.02 | 1.56 |
| 242 | 马鹿塘水电站 | 30.00 | 10.51 | 1.22 | 97.80 | 19.10 | 12.85 | 582.00 | 1.56 |
| 243 | 勐野江水电站 | 6.80 | 2.17 | 3.16 | 98.74 | 11.35 | 6.88 | 756.11 | 0.24 |
| 244 | 岗曲河水电站 | 6.00 | 1.50 | 3.00 | 94.89 | 8.75 | 4.50 | 2578.00 | 0.01 |
| 245 | 泗南江水电站 | 20.10 | 9.34 | 1.26 | 93.03 | 14.15 | 11.77 | 897.76 | 2.28 |
| 246 | 庙林水电站 | 6.50 | 3.16 | 5.20 | 96.02 | 21.06 | 16.41 | 810.97 | 0.07 |
| 247 | 天花板水电站 | 18.00 | 6.08 | 4.62 | 96.22 | 45.25 | 28.07 | 1062.00 | 0.48 |
| 248 | 小岩头水电站 | 12.99 | 3.42 | 5.80 | 85.17 | 28.85 | 19.85 | 1278.20 | 0.02 |

续表

| | 水电厂名称 | 发电运行情况 | | | | 水库运行情况 | | | |
|---|---|---|---|---|---|---|---|---|---|
| | | 总装机容量（万 kW） | 年发电量（亿 kW·h） | 平均耗水率[m³/(kW·h)] | 等效可用系数（%） | 年入库总水量（亿 m³） | 发电用水量（亿 m³） | 年末水位（m） | 年末库容（亿 m³） |
| 249 | 柴石滩水电站 | 6.00 | 1.70 | 7.53 | 92.71 | 10.79 | 12.83 | 1637.11 | 3.07 |
| 250 | 赛珠水电站 | 10.20 | 2.30 | 0.65 | 97.13 | 2.6065 | 1.50 | 1814.07 | 0.01 |
| 251 | 普渡河六级水电站 | 9.60 | 3.40 | 4.78 | 98.98 | 30.35 | 16.26 | 1088.95 | 0.09 |
| 252 | 铅厂水电站 | 11.40 | 2.39 | 4.22 | 84.24 | 25.55 | 10.08 | 1222.80 | 0.16 |
| 253 | 甲岩水电站 | 24.00 | 7.67 | 2.84 | 81.72 | 31.54 | 21.78 | 990.70 | 1.40 |
| 254 | 石泉水力发电厂 | 22.50 | 4.42 | 10.87 | 95.68 | 48.09 | 48.00 | 404.52 | 1.68 |
| 255 | 喜河水力发电厂 | 18.00 | 3.61 | 13.92 | 91.05 | 51.40 | 51.07 | 360.84 | 1.54 |
| 256 | 蜀河水力发电厂 | 27.00 | 6.66 | 18.85 | 0.88 | 125.80 | 125.50 | 217.03 | 1.73 |
| 257 | 碧口水力发电厂 | 33.00 | 10.35 | 4.95 | 96.77 | 54.37 | 51.18 | 699.49 | 0.98 |
| 258 | 麒麟寺水电站 | 11.10 | 3.25 | 17.75 | 94.10 | 57.14 | 57.13 | 612.18 | 0.23 |
| 259 | 苗家坝水电站 | 27.00 | 6.42 | 4.24 | 85.56 | 27.40 | 27.23 | 795.25 | 2.35 |
| 260 | 青铜峡水电厂 | 32.70 | 9.22 | 20.61 | 96.97 | 195.93 | 189.91 | 1155.97 | 0.36 |
| 261 | 班多水电厂 | 36.00 | 11.34 | 10.29 | 92.77 | 116.75 | 116.69 | 2759.13 | 0.08 |
| 262 | 龙羊峡水电厂 | 128.00 | 37.75 | 3.63 | 86.41 | 136.24 | 136.87 | 2577.57 | 168.32 |
| 263 | 拉西瓦水电厂 | 350.00 | 72.68 | 1.93 | 90.02 | 140.24 | 140.23 | 2451.05 | 9.92 |
| 264 | 李家峡水电厂 | 160.00 | 40.22 | 3.32 | 91.00 | 133.49 | 133.68 | 2179.31 | 16.27 |
| 265 | 公伯峡水电厂 | 151.70 | 38.65 | 3.80 | 91.13 | 146.90 | 146.89 | 2004.33 | 5.37 |
| 266 | 苏只水电厂 | 22.50 | 7.02 | 20.82 | 95.48 | 147.00 | 146.04 | 1899.16 | 0.41 |
| 267 | 积石峡水电站 | 102.00 | 24.24 | 6.23 | 93.27 | 151.05 | 150.93 | 1850.60 | 1.82 |
| 268 | 盐锅峡水电厂 | 50.84 | 17.27 | 10.24 | 92.53 | 176.92 | 176.91 | 1619.15 | 0.42 |
| 269 | 八盘峡水电厂 | 22.00 | 7.69 | 26.69 | 93.85 | 205.19 | 205.18 | 1577.74 | 0.27 |
| 270 | 直岗拉卡水电公司 | 19.00 | 4.97 | 27.77 | 94.24 | 137.54 | 137.54 | 2049.90 | 0.13 |
| 271 | 纳子峡水电站 | 8.70 | 3.28 | 3.71 | 96.44 | 15.16 | 12.16 | 3199.26 | 6.73 |
| 272 | 金沙峡水电站 | 7.00 | 2.22 | 5.97 | 85.62 | 20.86 | 13.54 | 2165.60 | 0.03 |
| 273 | 达拉河水电站 | 5.25 | 2.15 | 2.06 | 96.52 | 4.57 | 4.42 | 2263.76 | 0.14 |
| 274 | 沙尔布拉克水电站 | 5.00 | 1.63 | 8.80 | 96.39 | 22.26 | 14.34 | 799.60 | 0.76 |
| 275 | 库什塔依水电站 | 10.00 | 3.16 | 5.85 | 98.08 | 29.78 | 18.48 | 1303.71 | 1.40 |
| 276 | 塔日勒嘎水电站 | 5.00 | 1.69 | 8.68 | 89.78 | 16.41 | 14.39 | 2250.00 | 0.33 |
| 277 | 新疆石门水电站 | 9.50 | 2.55 | 2.03 | 93.41 | 5.41 | 5.17 | 1230.79 | 0.57 |
| 278 | 果多水电厂 | 16.00 | 3.57 | 8.49 | 99.98 | 74.21 | 30.00 | 3417.54 | 0.78 |
| 279 | 缅甸太平江水电站 | 24.00 | 9.42 | 5.76 | 96.5 | 68.70 | 54.30 | 253.00 | 0.04 |

（各发电公司、各水电厂提供资料）

# 2016 年全国电力统计基本数据一览表

| 项　　目 | 单位 | 2016 年 | 2015 年 | 比上年增长（±、%） |
|---|---|---|---|---|
| 一、发电量 | 亿 kW・h | 60228 | 57399 | 4.93 |
| 水电 | 亿 kW・h | 11748 | 11127 | 5.58 |
| 其中：抽水蓄能 | 亿 kW・h | 308 | 158 | 95.37 |
| 火电 | 亿 kW・h | 43273 | 42307 | 2.28 |
| 其中：燃煤 | 亿 kW・h | 39457 | 38977 | 1.23 |
| 燃气 | 亿 kW・h | 1883 | 1669 | 12.81 |
| 燃油 | 亿 kW・h | 28 | 42 | －33.05 |
| 核电 | 亿 kW・h | 2132 | 1714 | 24.39 |
| 风电 | 亿 kW・h | 2409 | 1856 | 29.78 |
| 太阳能发电 | 亿 kW・h | 665 | 395 | 68.51 |
| 其他 | 亿 kW・h | 1 | 1 | －16.19 |
| 6000kW 及以上火电厂发电量 | 亿 kW・h | 43128 | 42181 | 2.25 |
| 燃煤 | 亿 kW・h | 39441 | 38948 | 1.27 |
| 其中：煤矸石发电 | 亿 kW・h | 2498 | 2282 | 9.46 |
| 燃气 | 亿 kW・h | 1866 | 1654 | 12.80 |
| 其中：常规燃气 | 亿 kW・h | 1809 | 1586 | 14.07 |
| 煤层气发电 | 亿 kW・h | 44 | 47 | －6.32 |
| 燃油 | 亿 kW・h | 27 | 38 | －28.71 |
| 其他 | 亿 kW・h | 1797 | 1541 | 16.63 |
| 其中：余温、余气、余压发电 | 亿 kW・h | 1138 | 1002 | 13.57 |
| 垃圾焚烧发电 | 亿 kW・h | 309 | 252 | 22.49 |
| 秸秆、蔗渣、林木质发电 | 亿 kW・h | 345 | 287 | 20.29 |
| 二、全社会用电量 | 亿 kW・h | 59747 | 56933 | 4.94 |
| 1. 全行业用电合计 | 亿 kW・h | 51676 | 49648 | 4.09 |
| 第一产业 | 亿 kW・h | 1092 | 1040 | 5.01 |
| 第二产业 | 亿 kW・h | 42615 | 41442 | 2.83 |
| 其中：工业 | 亿 kW・h | 41889 | 40743 | 2.81 |

续表

| 项 目 | 单位 | 2016年 | 2015年 | 比上年增长（±、%） |
|---|---|---|---|---|
| 其中：轻工业 | 亿kW·h | 7057 | 6761 | 4.38 |
| 重工业 | 亿kW·h | 34831 | 33982 | 2.50 |
| 第三产业 | 亿kW·h | 7970 | 7166 | 11.22 |
| 2. 城乡居民生活用电合计 | 亿kW·h | 8071 | 7285 | 10.78 |
| 城镇居民 | 亿kW·h | 4569 | 4104 | 11.34 |
| 乡村居民 | 亿kW·h | 3501 | 3181 | 10.06 |
| 三、发电装机容量 | 万kW | 165051 | 152527 | 8.21 |
| 水电 | 万kW | 33207 | 31954 | 3.92 |
| 其中：抽水蓄能 | 万kW | 2669 | 2305 | 15.79 |
| 火电 | 万kW | 106094 | 100554 | 5.51 |
| 其中：燃煤 | 万kW | 94624 | 90009 | 5.13 |
| 燃气 | 万kW | 7011 | 6603 | 6.17 |
| 燃油 | 万kW | 209 | 434 | −51.77 |
| 核电 | 万kW | 3364 | 2717 | 23.83 |
| 风电 | 万kW | 14747 | 13075 | 12.79 |
| 太阳能发电 | 万kW | 7631 | 4218 | 80.91 |
| 其他 | 万kW | 7 | 9 | −22.16 |
| 6000kW及以上火电厂装机容量 | 万kW | 105580 | 100036 | 5.54 |
| 燃煤 | 万kW | 94562 | 89913 | 5.17 |
| 其中：煤矸石发电 | 万kW | 5435 | 4473 | 21.51 |
| 燃气 | 万kW | 6968 | 6562 | 6.18 |
| 其中：常规燃气 | 万kW | 6784 | 6317 | 7.39 |
| 煤层气发电 | 万kW | 163 | 153 | 6.04 |
| 燃油 | 万kW | 206 | 219 | −5.86 |
| 其他 | 万kW | 3849 | 3341 | 15.21 |
| 其中：余温、余气、余发电 | 万kW | 2492 | 2200 | 13.28 |
| 垃圾焚烧发电 | 万kW | 565 | 477 | 18.36 |
| 秸秆、蔗渣、林木质发电 | 万kW | 748 | 664 | 12.67 |
| 四、35kV及以上输电线路回路长度 | km | 1756141 | 1696849 | 3.49 |

续表

| 项 目 | 单位 | 2016 年 | 2015 年 | 比上年增长（±、%） |
| --- | --- | --- | --- | --- |
| 1. 交流 | km | 1727333 | 1671420 | 3.35 |
| 其中：1000kV | km | 7245 | 3114 | 132.66 |
| 750kV | km | 17968 | 15665 | 14.70 |
| 500kV | km | 165875 | 157974 | 5.00 |
| 330kV | km | 28366 | 26811 | 5.80 |
| 220kV | km | 397050 | 380121 | 4.45 |
| 110kV | km | 611431 | 591637 | 3.35 |
| 35kV | km | 499400 | 496098 | 0.67 |
| 2. 直流 | km | 28808 | 25429 | 13.29 |
| 其中：±800kV | km | 12295 | 10580 | 16.21 |
| ±660kV | km | 1334 | 1336 | −0.18 |
| ±500kV | km | 13539 | 11872 | 14.04 |
| ±400kV | km | 1640 | 1640 | 0.00 |
| 五、35kV 及以上变电设备容量 | 万 kVA | 629982 | 569928 | 10.54 |
| 1. 交流 | 万 kVA | 607533 | 551546 | 10.15 |
| 其中：1000kV | 万 kVA | 9900 | 5700 | 73.68 |
| 750kV | 万 kVA | 13570 | 10850 | 25.07 |
| 500kV | 万 kVA | 117128 | 107082 | 9.38 |
| 330kV | 万 kVA | 12219 | 11679 | 4.62 |
| 220kV | 万 kVA | 193928 | 182893 | 6.03 |
| 110kV | 万 kVA | 207484 | 185819 | 11.66 |
| 35kV | 万 kVA | 53305 | 47521 | 12.17 |
| 2. 直流 | 万 kVA | 22449 | 18383 | 22.12 |
| 其中：±800kV | 万 kVA | 4882 | 3180 | 53.54 |
| ±660kV | 万 kVA |  |  |  |
| ±500kV | 万 kVA | 17567 | 15203 | 15.55 |
| ±400kV | 万 kVA |  |  |  |
| 六、新增发电装机容量 | 万 kW | 12143 | 13184 | −7.90 |
| 水电 | 万 kW | 1179 | 1375 | −14.25 |

续表

| 项　　目 | 单位 | 2016 年 | 2015 年 | 比上年增长（±、%） |
|---|---|---|---|---|
| 其中：抽水蓄能 | 万 kW | 366 | 92 | 297.83 |
| 火电 | 万 kW | 5048 | 6678 | −24.41 |
| 核电 | 万 kW | 720 | 612 | 17.69 |
| 风电 | 万 kW | 2024 | 3139 | −35.50 |
| 太阳能发电 | 万 kW | 3171 | 1380 | 129.72 |
| 其他 | 万 kW | | | |
| 七、火电机组退役和关停容量 | 万 kW | 571 | 1091 | −47.61 |
| 八、年底主要发电企业电源项目在建规模 | 万 kW | 20757 | 18175 | 14.21 |
| 水电 | 万 kW | 7433 | 5748 | 29.30 |
| 火电 | 万 kW | 9129 | 7824 | 16.67 |
| 核电 | 万 kW | 2447 | 3054 | −19.88 |
| 风电 | 万 kW | 1597 | 1317 | 21.19 |
| 九、新增直流输电线路长度及换流容量 | | | | |
| 1. 线路长度 | km | 3391 | | |
| 其中：±800kV | km | 1720 | | |
| ±660kV | km | | | |
| ±500kV | km | 1671 | | |
| ±400kV | km | | | |
| 2. 换流容量 | 万 kW | 3240 | 250 | 1196.00 |
| 其中：±800kV | 万 kW | 1600 | 250 | 540.00 |
| ±660kV | 万 kW | | | |
| ±500kV | 万 kW | 1640 | | |
| ±400kV | 万 kW | | | |
| 十、新增交流 110kV 及以上输电线路长度及变电设备容量 | | | | |
| 1. 线路长度 | km | 56679 | 57110 | −0.76 |
| 其中：1000kV | km | 4252 | 5 | 84940.00 |
| 750kV | km | 1813 | 1639 | 10.60 |
| 500kV | km | 6931 | 7389 | −6.20 |
| 330kV | km | 1525 | 2162 | −29.45 |

续表

| 项　　目 | 单位 | 2016 年 | 2015 年 | 比上年增长（±、%） |
|---|---|---|---|---|
| 220kV | km | 17088 | 22054 | −22.52 |
| 110kV（含 66kV） | km | 25070 | 23862 | 5.06 |
| 2. 变电设备容量 | 万 kVA | 34585 | 29432 | 17.51 |
| 其中：1000kV | 万 kVA | 5100 | 0 | |
| 750kV | 万 kVA | 1860 | 3570 | −47.90 |
| 500kV | 万 kVA | 7715 | 8880 | −13.12 |
| 330kV | 万 kVA | 480 | 642 | −25.23 |
| 220kV | 万 kVA | 9239 | 8810 | 4.87 |
| 110kV（含 66kV） | 万 kVA | 10191 | 7530 | 35.33 |
| 十一、本年完成电力投资 | 亿元 | 8840 | 8576 | 3.08 |
| 1. 电源投资 | 亿元 | 3408 | 3936 | −13.41 |
| 水电 | 亿元 | 617 | 789 | −21.79 |
| 火电 | 亿元 | 1119 | 1163 | −3.79 |
| 核电 | 亿元 | 504 | 565 | −10.80 |
| 风电 | 亿元 | 927 | 1200 | −22.79 |
| 太阳能发电 | 亿元 | 241 | 218 | 10.43 |
| 其他 | 亿元 | | | |
| 2. 电网投资 | 亿元 | 5431 | 4640 | 17.06 |
| 送变电 | 亿元 | 5282 | 4514 | 17.01 |
| 其中：直流 | 亿元 | 495 | 216 | 128.82 |
| 交流 | 亿元 | 4787 | 4298 | 11.38 |
| 其他 | 亿元 | 150 | 126 | 19.02 |
| 十二、单机 6000kW 及以上机组平均单机容量 | | | | |
| 水电：单机容量 | 万 kW/台 | 6.42 | 6.40 | 0.02 |
| 机组台数 | 台 | 4284 | 4119 | 4.01 |
| 机组容量 | 万 kW | 27483 | 26361 | 4.26 |
| 火电：单机容量 | 万 kW/台 | 13.19 | 12.89 | 0.30 |
| 机组台数 | 台 | 7646 | 7526 | 1.59 |
| 机组容量 | 万 kW | 100885 | 97033 | 3.97 |

续表

| 项　　目 | 单位 | 2016年 | 2015年 | 比上年增长（±、%） |
|---|---|---|---|---|
| 十三、6000kW及以上电厂供热量 | 万GJ | 385856 | 368012 | 4.85 |
| 十四、6000kW及以上电厂发电标准煤耗 | g/（kW·h） | 294 | 297 | −3 |
| 十五、6000kW及以上电厂供电标准煤耗 | g/（kW·h） | 312 | 315 | −3 |
| 十六、6000kW及以上电厂厂用电率 | % | 4.77 | 5.09 | −0.33 |
| 水电 | % | 0.29 | 0.32 | −0.02 |
| 火电 | % | 6.01 | 6.04 | −0.03 |
| 十七、6000kW及以上电厂发电设备利用小时 | h | 3797 | 3988 | −191h |
| 水电 | h | 3619 | 3590 | 29h |
| 其中：抽水蓄能 | h | 1266 | 702 | 564h |
| 火电 | h | 4186 | 4364 | −179h |
| 核电 | h | 7060 | 7403 | −343h |
| 风电 | h | 1745 | 1724 | 20h |
| 太阳能发电 | h | 1129 | 1225 | −96h |
| 十八、6000kW及以上电厂燃料消耗 | | | | |
| 发电消耗标煤量 | 万t | 112949 | 115015 | −1.80 |
| 发电消耗原煤量 | 万t | 165144 | 167310 | −1.29 |
| 供热消耗标煤量 | 万t | 15019 | 14405 | 4.26 |
| 供热消耗原煤量 | 万t | 22275 | 21104 | 5.55 |
| 十九、供、售电量及线损 | | | | |
| 供电量 | 亿kW·h | 50742 | 48572 | 4.47 |
| 售电量 | 亿kW·h | 47451 | 45347 | 4.64 |
| 线损电量 | 亿kW·h | 3291 | 3226 | 2.03 |
| 线路损失率 | % | 6.49 | 6.64 | −0.15 |
| 二十、发用电设备比 | | | | |
| 发电装机容量：用电设备容量 | | 1∶3.84 | 1∶3.77 | |
| 二十一、电力弹性系数 | | | | |
| 电力生产弹性系数 | | 0.74 | 0.15 | 0.58 |
| 电力消费弹性系数 | | 0.74 | 0.14 | 0.60 |

**注**　电源投资完成额口径为全国主要发电企业。

（中国电力企业联合会）

## 2016年全国水电40MW及以上容量机组运行可靠性综合指标

| 机组分类 | 机组容量（MW） | 台数 | 台年数 | 平均容量（MW/台） | 利用小时 UTH | 可用小时 | | 不可用小时及次数 | | | | | | 降低出力等效停运小时 | 等效可用系数 EAF（%） | 等效强迫停运率 EFOR（%） |
|---|---|---|---|---|---|---|---|---|---|---|---|---|---|---|---|---|
| | | | | | | 运行 SH | 备用 RH | 计划停运 | | 非计划停运 | | 强迫停运 | | | | |
| | | | | | | | | 次数 | 小时 | 次数 | 小时 | 次数 | 小时 | | | |
| 水电轴流机组 | 全部 | 151 | 148.15 | 105.68 | 4555.49 | 5623.4 | 2537.58 | 1.54 | 602.58 | 0.13 | 1.07 | 0.05 | 0.99 | 0 | 93.14 | 0.02 |
| | 40～99 | 68 | 67.18 | 59.37 | 3648.99 | 4476.52 | 3519.71 | 1.95 | 769.92 | 0.25 | 1.51 | 0.09 | 1.23 | 0 | 91.19 | 0.03 |
| | 100～199 | 74 | 71.94 | 136.16 | 4701.06 | 5920.42 | 2324.49 | 1.11 | 518.27 | 0.03 | 1.09 | 0.03 | 1.09 | 0 | 94.12 | 0.02 |
| | 200～299 | 9 | 9.02 | 204.94 | 5742.48 | 6526.16 | 1545.5 | 1.88 | 688.34 | 0 | 0 | 0 | 0 | 0 | 92.14 | 0.00 |
| 水电混流机组 | 全部 | 709 | 707.42 | 232.91 | 3725.79 | 4859.09 | 3273.71 | 1.44 | 624.08 | 0.07 | 3.92 | 0.05 | 3.7 | 6.63 | 92.76 | 0.08 |
| | 40～99 | 301 | 300.21 | 60.2 | 3617.31 | 4939.73 | 3268.41 | 1.5 | 546.65 | 0.05 | 6.28 | 0.04 | 5.24 | 60.35 | 93.01 | 0.11 |
| | 100～199 | 125 | 124.8 | 136.2 | 3056.07 | 4129.81 | 4064.8 | 1.31 | 554.44 | 0.12 | 15.42 | 0.08 | 15.2 | 0 | 93.49 | 0.37 |
| | 200～299 | 84 | 84.13 | 236.36 | 3337.19 | 4437.99 | 3548.7 | 1.3 | 772.32 | 0.06 | 0.99 | 0.04 | 0.24 | 0 | 91.17 | 0.01 |
| | 300MW及以上 | 199 | 198.29 | 553.44 | 3918.26 | 5035.47 | 3101.81 | 1.51 | 620.77 | 0.07 | 2.28 | 0.07 | 2.28 | 0 | 92.89 | 0.05 |
| 抽水蓄能机组 | 全部 | 85 | 85.23 | 250.24 | 3035.11 | 3242.64 | 4603.38 | 9.19 | 916.42 | 2.08 | 11.33 | 1.89 | 9.44 | 0 | 89.45 | 0.29 |
| | 40～99 | 9 | 9.02 | 63.33 | 2740.94 | 3820.47 | 3788.51 | 9.87 | 1134.04 | 2.99 | 16.98 | 2.99 | 16.98 | 0 | 86.86 | 0.44 |
| | 100～199 | 6 | 6.02 | 150 | 2766.56 | 2665.27 | 4775.9 | 9.8 | 1314.66 | 1.5 | 4.17 | 1.5 | 4.17 | 0 | 84.94 | 0.16 |
| | 200～299 | 20 | 20.05 | 240 | 3467.37 | 3567.23 | 4216.37 | 9.13 | 966.84 | 1.65 | 9.56 | 1.65 | 9.56 | 0 | 88.85 | 0.27 |
| | 300及以上 | 50 | 50.14 | 300 | 2924.08 | 3151.46 | 4747.84 | 9.01 | 868.12 | 2.15 | 12.11 | 1.83 | 9.43 | 0 | 90.01 | 0.30 |
| 全部机组 | | 945 | 940.8 | 214.14 | 3717.19 | 4747.43 | 3357.21 | 2.16 | 653.35 | 0.26 | 4.48 | 0.22 | 4.09 | 5.42 | 92.44 | 0.09 |

（中国电力企业联合会）

17

# 大 事 记

# 2016年大事记

## 一　月

**1月5日**　国家主席习近平在重庆召开推动长江经济带发展座谈会上，明确提出长江经济带建设“不搞大开发”，当前和今后相当长一个时期，要把修复长江生态环境摆在压倒性位置。

**1月5日**　中国长江三峡集团公司中标的巴西伊利亚、朱比亚两座水电站特许经营权签约仪式在巴西矿能部举行。随着协议的签署，这宗并购项目正式完成交割，中国长江三峡集团公司在巴西可控和权益装机容量达到600万kW，一跃成为巴西第二大私营发电企业。伊利亚水电站位于圣保罗州与南马托格罗索州交界的巴拉那河流域，伊泰普水电站上游，安装20台混流式机组，装机容量344.4万kW；朱比亚水电站位于伊利亚水电站下游约60km处，安装14台轴流转桨式机组，装机容量155.1万kW。

**1月8日**　中共中央、国务院在北京人民大会堂隆重举行2015年度国家科学技术奖励大会。水电科技共有5个项目获得国家科学技术进步奖，其中：“水库大坝安全保障关键技术研究与应用”获一等奖，“特大型水轮机控制系统关键技术、成套装备与产业化”“青藏电力联网工程”“300m级溪洛渡拱坝智能化建设关键技术”“水工岩体特性评价与工程利用关键技术”4项成果获二等奖。另有：中国电力建设集团有限公司参与的“京沪高速铁路工程”荣获国家科学技术进步奖特等奖；国家电网公司申报和参与的“电网雷击防护关键技术与应用”“预防交直流混联电网大面积停电的快速防控与故障隔离技术及应用”“大功率特种电源的多时间尺度精确控制技术及其系列产品开发”，中国葛洲坝集团有限公司参与的“国防工程精确爆破技术创新及应用”获国家科学技术进步奖二等奖。

**1月10日**　中国长江三峡集团承建的巴基斯坦卡洛特水电站主体工程开工。这是中巴经济走廊首个水电投资项目，也是丝路基金首单项目。该电站位于巴基斯坦吉拉姆河，装机容量72万kW，年发电32.13亿kW·h，总投资金额约16.98亿美元。项目采用“建设—运营—转让”（BOT）模式运作，运营期30年。

**1月11日**　±1100kV准东—皖南特高压直流输电工程开工动员大会在北京召开。该工程是目前世界上电压等级最高、输送容量最大、输送距离最远、技术水平最先进的特高压输电工程。工程起点位于新疆昌吉回族自治州，终点位于安徽宣城市，途经新疆、甘肃、宁夏、陕西、河南、安徽6省（区），线路全长3324km；投资407亿元，计划于2018年建成投运。

**1月14～16日**　中国大唐集团公司2016年工作会议在北京召开。会议总结2015年及“十二五”工作，确定2016年及“十三五”发展总体思路，部署了2016年重点工作。总经理王野平作题为《注重经营效益，加快结构调整，努力实现“十三五”时期的良好开局》的工作报告。2015年，中国大唐集团公司主要经济指标创历史最好水平，结构调整稳步推进，各方面工作取得新的成绩，全面完成了与国务院国资委年初签订的考核目标和稳增长目标，实现了“十二五”的圆满收官。“十二五”以来，中国大唐集团公司累计投产电源项目2629.37kW，清洁能源占56.03%；累计投入370多亿元用于设备节能减排升级改造，供电煤耗累计下降了15.21g/（kW·h），降到309.62g/（kW·h）。

**1月16日**　国家电网公司第三届职工代表大会第一次会议暨2016年工作会议在北京召开。会议总结2015年和“十二五”工作，科学谋划“十三五”发展，安排部署2016年工作。董事长刘振亚作题为《以安全质量效率效益为中心，全面建设“一强三优”现代公司》的工作报告。2015年，国家电网公司特高压跨区跨省输送电量1534亿kW·h，同比增长12.2%；消纳西南水电1236亿kW·h，同比增长10.1%；新能源累计并网装机容量1.66亿kW，其中风电1.17亿kW、太阳能发电3973万kW；全年消纳风电、太阳能发电量2038亿kW·h，同比增长21.3%。

**1月17日**　多布水电站最后一台机组（1号机组）顺利完成72小时试运行，至此，该电站4台机组全部具备投入商业运行条件。多布水电站位于西藏林芝县境内尼洋河上，水库总库容8500万$m^3$，装机容量12万kW，设计年发电量5.06亿kW·h。该电站4、3号机组分别于2015年8月29日、11月26日投运，2号机组于2016年1月9日完成72小时试运行。

**1月18～19日**　中国华电集团公司2016年工作会议在北京召开。会议总结工作，分析形势，部署任务。总经理程念高作了工作报告。2015年，中国华电集团公司主要经营、发展指标创出历史最好水平，利润同比增长24.5%，上缴利税同比增长17.9%，资产负债率同比降低1.22个百分点，全年核准电源项目超过3000万kW，新能源、气电装机容量双双突破1000万kW。“十二五”期间，中国华电集团公司资产总额从4424亿元增加到7694亿元，增长

74%；发电装机容量从8817万kW增加到1.35亿kW，增长53%；年销售收入从1287亿元增长到近2000亿元，增长68%；年发电量从3595亿kW·h增长到4700亿kW·h，增长31%；利润总额增长10倍。

**1月19～21日** 中国华能集团公司一届二次职工代表大会暨2016年工作会议在北京召开。会议回顾总结2015年及“十二五”工作，分析面临的形势，明确编制“十三五”规划总体思路，部署2016年工作。总经理曹培玺作了题为《践行五大发展理念，着力提质增效升级，推进公司创建世界一流企业再上新台阶》的工作报告。2015年，中国华能集团公司完成发电量6146亿kW·h，煤炭产量6515万t；供电煤耗同比下降4.23g/(kW·h)，厂用电率同比下降0.17个百分点；全部煤机实现达标排放，累计2069万kW机组完成超低排放改造。2015年末，可控装机容量达到16063万kW，同比增长6%；其中低碳清洁能源装机占28.8%，同比提高1.7个百分点，比2010年提高11个百分点。

**1月19～21日** 中国南方电网公司召开第二届职工代表大会第四次会议暨2016年工作会议。会议总结回顾工作，分析判断形势，明确“十三五”期间公司总体发展思路和重点任务，部署2016年工作。“十二五”期间，中国南方电网有限责任公司售电量年均增长3.8%；全网客户年平均停电时间缩短25.4h，降幅达72%；解决了11个行政村、12.56万无电户的用电问题，提前3年多实现了电网覆盖范围内的“户户通电”；形成了“八交八直”共16条西电东送大通道，送电规模超过3500万kW，西电东送电量累计7140亿kW·h，综合线损率下降0.69%。

**1月20日** 国务院以国发〔2016〕5号文下发关于取消一批职业资格许可和认定事项的决定。其中，取消的专业技术人员职业资格许可和认定事项43项(准入类5项，水平评价类38项)，取消的技能人员职业资格许可和认定事项18项(均为水平评价类)。

**1月21～22日** 中国长江三峡集团公司2016年工作会议暨二届二次职代会在湖北宜昌三峡坝区召开。会议总结2015年工作，分析面临的形势，部署2016年工作。总经理王琳作题为《乘势而上，奋发作为，全力以赴实现“十三五”开门红》的工作报告。2015年，完成年发电量2009.8亿kW·h，实现利润总额345.9亿元，上缴利税319.2亿元；年末，集团资产总额5620亿元(比上年增长18.3%)，资产负债率45%，可控装机容量5954.5万kW(其中，水电装机容量占国内水电总装机容量的15.8%，国内新能源装机容量突破600万kW，海外可控和权益装机容量突破1100万kW)。“十二五”五年，装机规模增长171%，年发电量增长96%；资产总额增长96%，主营业务收入增长114%，利润总额增长143%。

**1月22日** 由中国水利水电第十一工程局有限公司以EPC方式总承包的赞比亚伊泰兹水电站2号机组并网发电。这是继2015年12月30日首台机组发电之后，该项目在一个月内实现的又一重大节点目标。伊泰兹水电站是利用1978年建成的大坝施工时的南导流洞改建，安装2台单机容量为6万kW的轴流转桨式机组。

**1月25～26日** 中国能源建设集团(股份)有限公司在北京召开2016年工作会议。会议总结2015年工作，部署2016年工作。2015年，中国能源建设集团(股份)有限公司把握发展大势，遵循发展规律，顶住经济下行的巨大压力，坚定信心，保持定力，改革创新，提质增效，全面超额完成了稳增长任务，成功实现了整体上市目标，继续保持了世界500强和中央企业负责人经营业绩考核A级，各项工作取得了新成绩，企业呈现出持续健康发展的良好态势。

**1月26～27日** 中国电力建设集团(股份)有限公司在北京召开2016年工作会议。会议总结2015年工作，分析面临的形势，部署“十三五”和2016年重点工作。总经理孙洪水作《深化改革创新，提升价值创造，开创公司质量效益型发展新局面》工作报告。2015年，中国电力建设集团(股份)有限公司营业收入同比增长7.1%，利润总额同比增长5.01%，新签合同同比增长13.2%，年末资产总额同比增长21.26%，合同存量同比增长21.1%，全员劳动生产率同比增长11.9%，均创集团成立以来最好水平，在实现2015年经营业绩与经营质量的稳步提升的同时，也全面完成了“十二五”发展规划。

**1月27～28日** 中国国电集团公司在北京召开二届三次职工代表大会暨2016年工作会议。会议总结2015年及“十二五”工作，安排2016年和“十三五”工作。2015年，中国国电集团公司全年完成发电量4837亿kW·h，完成投资657亿元，风电投产308万kW，水电投产超过300万kW；2015年底，资产总额达7840亿元，装机规模达1.35亿kW，其中，风电装机容量2303万kW。“十二五”时期，中国国电集团公司电源总装机容量年均增长7.1%，年发电量年均增长4.2%，新能源和可再生能源装机占比由20%提高到29.9%；煤炭产量由4711万t增长到6500万t，年均增长4.2%；营业收入由1624亿元增长到1955亿元，年均增长3.8%；利润总额由62亿元增加到195亿元，年均增长25.7%；累计实现利税总额超过1900亿元。

**1月27～28日** 国家电力投资集团公司2016年工作会议在北京召开。会议总结2015年及“十二五”工作，部署2016年工作。总经理孟振平作题为《适应和把握新常态，积极推进转型发展，全面建设创新型国际化综合能源集团和现代国有企业》的工作报告。2015年，国家电力投资公司完成发电量3807.87亿kW·h，实现利润139.68亿元；新增产能1076.89万kW，装机容量达1.07亿kW；清洁能源比重达到40%，拥有百万千瓦等级机组6台，三代核电技术引进、消化、吸收、再创新和产业链建设方面取得了重要进展；2015年底，资产总额达7751亿元。

**1月28～30日** 中国葛洲坝集团（股份）有限公司三届二次职代会暨2016年工作会在湖北宜昌召开。会议总结2015年的工作，确定了公司2016年发展思路、总体要求和工作重点。集团公司总经理、股份公司董事长聂凯作题为《直面挑战，化危为机，为公司持续健康快速发展而努力奋斗》的工作报告。2015年，中国葛洲坝集团（股份）有限公司发展取得成果丰硕：市场签约逆势飙升、业务结构根本改善、营业收入稳步增长、盈利能力大幅增强、投资能力实现飞跃、资产规模快速扩张、行业地位不断攀升、员工收入持续提高。

**1月29日** 国内首个百万千瓦级大型地下厂房和百米级高坝整体EPC水电项目——杨房沟水电站合同在成都签订。该项目由中国电建所属企业与雅砻江流域水电开发有限公司合作实施，中国水利水电第七工程局有限公司和中国电建集团华东勘测设计院有限公司联合承担设计施工。杨房沟水电站是四川省重点工程，总装机容量150万kW，工程总投资200亿元，计划2021年11月投产发电。

## 二月

**2月1日** 由国家开发投资公司与中国水力发电工程学会联合主办的“2016’中国水电发展论坛暨水力发电科学技术奖颁奖典礼”在北京隆重召开。来自全国水力发电战线80多个单位的300余名新老水电工作者代表欢聚一堂，共谋水电发展。

**2月3日** 滇西北送电广东±800kV特高压直流工程正式开工建设。该直流工程是落实国务院大气污染防治行动计划的12条重点输电通道之一，西起云南大理剑川县，途经云南、贵州、广西、广东4省区，东至广东深圳宝安区，线路全长1959km，是西电东送首条落点深圳的特高压直流线路。工程总投资约222亿元，计划于2017年具备送电能力；建成后，每年可向广东输送电量约200亿kW·h。

**2月5日** 国家发展改革委以发改能源〔2016〕280号文下发关于加强流域水电管理有关问题的通知。通知指出，要加强和创新流域水电管理，探索流域水电综合管理新机制，强化流域水电开发运行协调，建立全流域全过程综合监测体系，促进流域水电持续健康发展。将逐步健全流域梯级联合调度机制，结合流域电价改革，推动建立流域统一电价模式和运营管理机制。没有水电规划的河流不得开展流域水电建设工作。

**2月6日** 财政部、水利部以财建〔2016〕27号文下发关于继续实施农村水电增效扩容改造的通知，明确中央财政支持以河流为单元继续实施农村水电增效扩容改造，2016年启动，2019年年底前全面完成；强调增效扩容改造要在以河流为单元进行生态修复和开展梯级联合调度前提下进行，绩效评估引入第三方。

**2月13日** 国务院办公厅以国办发〔2016〕9号文转发国家发展改革委《关于“十三五”期间实施新一轮农村电网改造升级工程的意见》。《意见》指出，到2020年，全国农村地区基本实现稳定可靠的供电服务全覆盖，供电能力和服务水平明显提升，农村电网供电可靠率达到99.8%，综合电压合格率达到97.9%，户均配变容量不低于2kVA，建成结构合理、技术先进、安全可靠、智能高效的现代农村电网，电能在农村家庭能源消费中的比重大幅提高。

**2月17日** 国家能源局以国能规划〔2016〕46号文印发《省级能源发展规划管理办法》，以加强能源规划管理，规范省级能源规划工作，加强国家和省级能源规划衔接。

**2月19日** 金沙江下游水电移民工作协调领导小组办公室第九次会议在昆明召开。会议听取了有关单位关于枢纽工程建设、移民工作情况以及下一步工作计划的汇报，强调：当务之急是要抓好白鹤滩电站移民规划大纲及规划报告的审查审批工作，扎实做好乌东德电站移民安置实施工作，积极做好溪洛渡、向家坝电站收尾工作。

**2月23日** 孤山水电站正式开工建设。该电站位于湖北十堰市郧西县及郧阳区境内汉江上游干流，下距丹江口水利枢纽坝址179.5km，是《汉江干流综合规划报告》中推荐的第八个梯级，以发电为主，兼顾航运的综合利用。水库正常蓄水位177.23m，相应库容1.09亿$m^3$；电站安装4台贯流式水轮发电机组，总装机容量18万kW，多年平均发电量6.12亿kW·h。工程总投资32.39亿元，计划于2019年4月首台机组发电。

**2月26日** 国家发展改革委以发改运行〔2016〕413号文下发关于做好2016年电力运行调节工作的通知。通知要求落实优先发电、优先购电制度，积极推进直接交易，推进节能低碳电力调度，认真做好可再生能源就近消纳试点相关工作以及抓紧开展交易机构组建试点工作。

## 三月

**3月1日** 北京电力交易中心有限公司（简称北京电力交易中心）成立大会暨揭牌仪式在北京举行。该电力交易机构由国家电网公司组建，在业务上与电网企业其他业务分开，在财务上独立核算、自负盈亏，在运营上按照政府批准的章程和市场规则提供交易服务，将成为我国大范围能源资源优化配置的重要平台。

**3月1日** 广州电力交易中心揭牌。该电力交易中心以股份制形式组建，由中国南方电网公司控股，在政府监管下为市场主体提供规范、公开、透明的电力交易服务，主要负责落实国家西电东送战略，落实国家指令性计划、地方政府间框架协议，开展跨区跨省市场化交易，促进省间余缺调剂和清洁能源消纳。

**3月2～3日** 环境保护部对白鹤滩水电站“三通一平”等工程进行了竣工环境保护验收。验收组一致认为，白鹤滩水电站“三通一平”工程按照国家环境保护法律法规的要求，总体执行了环境保护“三同时”制度，基本落实了“三通一平”工程环评报告书及批复文件的要求，同意通过竣工环境保护验收。

**3月11日** 国家能源局以国能新能〔2016〕74号文下发关于做好2016年度风电消纳工作有关要求的通知。通知要求充分认识做好风电并网消纳工作的重要性和紧迫性，严格控制弃风严重地区各类电源建设节奏，认真落实可再生能源发电全额保障性收购制度，深入挖掘系统消纳风电的潜力，积极开拓风电供暖等风电消纳方式。

**3月11日** 国家能源局综合司以国能综安全〔2016〕155号文下发关于落实水电站大坝安全责任推进大坝安全注册登记工作的通知。要求已投运或已蓄水运行但未安全注册登记的大坝，在2016年7月1日前提出大坝安全注册登记申请；不满足注册登记条件的办理大坝登记备案手续，并且限期完成大坝安全注册登记。

**3月13日** 应越南政府请求，中国国家防汛抗旱总指挥部、水利部商外交部决定，实施澜沧江梯级水电站水量应急调度，要求3月15日～4月10日期间按日均2000$m^3/s$加大景洪水电站出库流量，以助缓解越方旱情。中国南方电网公司积极应对、密切配合，持续向澜沧江下游补水27天，累计水量达34亿$m^3$（较天然来水增加近3倍），极大缓解了湄公河下游旱情，对促进中越两国友谊以及大湄公河次区域和谐发展做出了积极贡献。

**3月14日** 经民政部批复，中国大坝协会更名为中国大坝工程学会。

**3月15日** 国家发展改革委办公厅以发改办能源〔2016〕671号文印发《新一轮农村电网改造升级项目管理办法》。该《办法》对农网改造升级规划编制、项目储备与三年滚动投资计划、年度投资计划申报与下达、项目实施及管理、监督检查和法律责任做出明确规定。原《农村电网改造升级项目管理办法》（发改办能源〔2010〕2520号）废止。

**3月22日** 国家能源局以国能规划〔2016〕89号文印发《2016年能源工作指导意见》。《意见》提出了2016年能源消费总量43.4亿t标准煤左右，非化石能源消费比重提高到13%左右，煤炭消费比重下降到63%以下，单位国内生产总值能耗同比下降3.4%以上的工作主要目标；并提出包括“加快跨省区输电工程特别是水电、风电外送通道建设”“适度加快规划内抽水蓄能电站建设”“推进西南地区流域龙头水电站建设”等指导意见。

**3月22日** 桐子林水电站4号机组完成72小时试运行，投入正式运行。至此，该电站4台机组全部投产。桐子林水电站位于四川省攀枝花市盐边县境内，是雅砻江下游最末一个梯级电站。电站安装4台15万kW轴流转桨式水轮发电机组，总装机容量60万kW。1、2、3号机组分别于2015年10月23日、10月27日和11月28日正式投入商业运行。

**3月22～24日** 水电水利规划设计总院在福州主持召开了福建永泰抽水蓄能电站可行性研究报告审查会议。审查认为，报告达到了可行性研究阶段勘测设计工作内容和深度的要求，基本同意该报告。该抽水蓄能电站位于福州市下辖永泰县白云乡，拟装机容量120万kW。

**3月24日** 国家发展改革委以发改能源〔2016〕625号文印发《可再生能源发电全额保障性收购管理办法》。《办法》适用于风力发电、太阳能发电、生物质能发电、地热能发电、海洋能发电等非水可再生能源，明确：电网企业应按照节能低碳电力调度原则，优先执行可再生能源发电计划和可再生能源电力交易合同，保障风能、太阳能、生物质能等可再生能源发电享有最高优先调度等级。

**3月25日** 国务院以国发〔2016〕21号文转发国家发展改革委《关于2016年深化经济体制改革重点工作的意见》。《意见》提出了10个领域50项年度经济体制改革重点任务，要求各地区、各部门增强推进改革的思想自觉和行动自觉，加强组织领导，明确责任主体，提高方案质量，抓紧抓实改革方案制定、评估、督查、落实等工作，以钉钉子精神抓好改革落实，推动改革举措早落地、见实效，使人民群众有更多获得感。

**3月29日**　黄藏寺水利枢纽工程正式开工，建设动员大会在青海省祁连县举行。该工程位于黑河上游东、西两岔交汇处以下11km的黑河干流上，主要用于合理调配中下游生态和经济生活用水，提高黑河水资源利用效率，兼顾发电等综合利用。水库总库容4.03亿$m^3$，最大坝高122m，电站装机容量4.9万kW。

**3月30日**　国家防汛抗旱总指挥部办公室、国家能源局以办综〔2016〕15号文，下发关于做好水库水电站安全度汛工作的通知，安排部署水库、水电站安全度汛工作。

**3月30日**　罗闸河二级水电站首台机组顺利并网发电。该电站位于澜沧江右岸一级支流罗闸河下游峡谷段，距云南省云县县城36km，安装2台立轴混流式水轮发电机组，装机容量共5万kW，年均发电量2.24亿kW·h。

**3月30日**　第十三届中国土木工程詹天佑奖颁奖大会在北京隆重举行，贵州北盘江董箐水电站工程荣获中国土木工程詹天佑奖，成为本届唯一获此奖项的水利工程项目。该电站是贵州省北盘江干流（茅口以下）梯级规划的第三级，大坝为钢筋混凝土面板堆石坝，最大坝高150m，水库库容9.55亿$m^3$，电站装机容量88万kW。工程于2005年3月开工，2010年6月4台机组全部投产发电，2012年6月通过枢纽工程竣工验收。

**3月30～31日**　2016'全球能源互联网大会在北京隆重举行。本次大会的主题是"全球能源互联网——以清洁和绿色方式满足全球电力需求"，由中国国家电网公司、联合国关注气候变化行动、国际能源署、爱迪生电气协会联合主办。来自联合国等国际组织和亚洲、欧洲、非洲、美洲、大洋洲26个国家的政府部门、行业组织、相关企业、科研院校等300多家单位，共计600多位代表参会。

## 四月

**4月5日**　国家发展改革委、财政部、水利部、国务院扶贫办以发改农经〔2016〕770号文下发关于切实做好水库移民脱贫攻坚工作的指导意见，提出用政策组合拳打赢水库移民脱贫攻坚战，让贫困移民得到优先扶持，实现早日脱贫，确保到2020年与全国人民一道实现全面小康。

**4月5日**　国家发展改革委办公厅以发改办运行〔2016〕863号复函，同意甘肃省、内蒙古自治区、吉林省实行可再生能源就近消纳试点方案。复函指出，可再生能源就近消纳试点的实施不影响跨省区消纳，要求妥善处理好就近消纳试点与电力外送的关系，科学安排，确保"十三五"目标顺利实现。

**4月13日**　国家电网公司下属公司成功中标巴西特里斯皮尔斯水电送出二期输电特许经营权项目。至此，国家电网公司在巴西投资建设的输电线路总长度已达1万km。该项目包括新建500、230kV输电线路1005、275km，计划于2020年投运。

**4月13日**　全国特高压交流输电标准化技术委员会获批筹建，中国电力科学研究院承担秘书处工作。根据批复文件，全国特高压交流输电标准化技术委员会具体负责电压在800kV以上的交流系统（包括规划、设计、技术要求、可靠性、建设等）国家标准制修订工作，是国际电工委员会特高压交流系统技术委员会（IEC/TC122）的国内对口标委会。

**4月14日**　国家能源局综合司以国能综安全〔2016〕244号文下发通知，公布了2016年电力行业536座注册登记和备案的水电站大坝运行单位及主管单位的安全责任人名单，对有关电力企业和国家能源局派出机构、大坝安全监察中心提出相应要求，确保大坝运行安全和社会公共安全。

**4月15日**　由中国葛洲坝集团股份有限公司承建的厄瓜多尔索普拉多拉水电站首台机组并网发电。该电站位于厄瓜多尔南部，是帕特河梯级开发的第三座水电站，装设3台混流式水轮发电机组，总装机容量48.7万kW，工程于2011年4月26日正式开工。

**4月19～22日**　受四川省发展和改革委员会委托，水电水利规划设计总院在成都组织召开了雅砻江锦屏一级水电站枢纽工程专项验收会议。会议同意锦屏一级水电站枢纽工程通过专项验收。锦屏一级水电站装机容量360万kW，水库正常蓄水位1880m，总库容77.6亿$m^3$，调节库容49.1亿$m^3$。枢纽建筑由挡水、泄水及消能、引水发电等永久建筑物组成，其中混凝土双曲拱坝坝高305m，是世界第一高拱坝，也是世界已建第一高坝。

**4月23日**　苏洼龙水电站开工典礼在电站施工现场举行，金沙江上游首座大型水电站工程全面开工建设。该电站位于西藏昌都市芒康县和四川甘孜州巴塘县交界的金沙江干流上，是金沙江上游水电规划中的第十个梯级，沥青混凝土心墙堆石坝最大坝高112m，正常蓄水位2475m，总库容6.74亿$m^3$，安装4台单机容量为30万kW的混流式机组，年均发电量54.26亿kW·h。项目于2015年11月核准，工程总投资178.9亿元，由中国华电集团公司开发建设。

## 五月

**5月2日**　中国电建在海外全流域投资开发的老挝南欧江五级水电站3号机组顺利完成72小时试运行正式投入运行，标志着南欧江梯级项目一期开发的

二、五、六级电站共9台机组（总装机容量54万kW）全面投产发电。

**5月8日** 福建省泰宁县池潭水电站周边发生自然灾害，致使中国水利水电第十二、十六工程局有限公司承担池潭水电站扩建工程的项目部生活营地被掩埋，截至5月9日失踪39人。灾害发生后，习近平、李克强等中央领导同志立即做出重要指示批示，要求全力搜救被困、失踪人员，做好各类灾害隐患排查，加强安全生产责任和措施的落实，切实保障群众安全。5月9日，国家能源局综合司以国能综安全〔2016〕283号文下发关于贯彻落实中央领导同志指示批示精神加强汛期极端自然灾害应对工作的紧急通知。

**5月12日** 由中国电建承建的厄瓜多尔科卡科多辛克雷电站首批4台机组通过72小时试运行，具备商业运行条件。该电站位于厄瓜多尔东北部，距首都基多130km，共安装8台单机容量18.75万kW的高水头冲击式机组，总装机容量150万kW，年发电量88亿kW·h。工程总投资23亿美元。2、1、3、4号机组分别于4月27日、5月5日、5月8日、5月12日相继完成72小时试运行工作。

**5月16日** 中共中央组织部陈希同志到国家电网公司宣布了党中央、国务院关于国家电网公司主要领导变动的决定：舒印彪同志任国家电网公司董事长、党组书记，免去其国家电网公司总经理职务；免去刘振亚同志国家电网公司董事长、党组书记职务，到龄退出领导班子。

**5月16～20日** 国际大坝委员会第84届年会在南非约翰内斯堡召开。中国大坝工程学会及其会员单位共69位代表参加了会议。5月20日，在大会执行会议上，经会员国代表一致表决同意，中国电力建设股份有限公司总工程师周建平当选国际大坝委员会副主席，任期为2016～2019年。

**5月17日** 国家发展改革委办公厅、水利部办公厅以发改办农经〔2016〕1250号文，下发关于申报农村小水电扶贫工程试点项目投资计划的通知，印发《农村小水电扶贫工程试点实施方案》。拟选取部分水能资源丰富的国家级贫困县，开展农村小水电扶贫工程试点，采取将中央预算内资金投入形成的资产折股量化给贫困村和贫困户的方式，探索“国家引导、市场运作、贫困户持续受益”的扶贫模式，建立贫困户直接受益机制。

**5月17日** 国家能源局以国能电力〔2016〕139号文印发《电力规划管理办法》。该《办法》要求电力规划应与能源发展总体规划衔接一致，按照省级电力规划服从全国电力规划和省级能源发展规划的原则，对全国电力规划和省级电力规划进行衔接，对送电省电力规划和受电省电力规划进行衔接，保证上下级规划和相关省级规划之间有效衔接、协调统一。

**5月18日** 瓦村水电站成功实现大江截流，工程进入大坝主体工程施工阶段。该电站位于郁江上游右江河段广西田林县境内，以发电为主，兼顾供水、防洪、航运等综合利用，主要建筑物由碾压混凝土重力坝、两级垂直升船机、发电厂房等组成，最大坝高105m，总库容5.36亿$m^3$，总装机容量23万kW，年平均发电量达7亿kW·h。项目总投资25亿元，预计2018年4月首台机组并网发电。

**5月18日** 水电水利规划设计总院受云南省发展改革委委托，在昆明市组织召开了云南澜沧江糯扎渡水电站枢纽工程专项验收会议。会议形成了《云南澜沧江糯扎渡水电站枢纽工程专项验收鉴定书》，一致同意云南澜沧江糯扎渡水电站工程通过枢纽工程专项验收。

**5月18～19日** 水电水利规划设计总院在吉林省吉林市主持召开了蛟河抽水蓄能电站预可行性研究报告审查会议。会议基本同意该报告，同时也对报告提出了修改完善意见。蛟河抽水蓄能电站位于吉林省吉林市蛟河市境内，初选装机容量120万kW。

**5月19日** 国务院以国发〔2016〕29号文印发《清理规范投资项目报建审批事项实施方案》。65项报建审批事项中，保留34项，整合24项为8项；改为部门间征求意见的2项，涉及安全的强制性评估5项，不列入行政审批事项。清理规范后报建审批事项减少为42项。

**5月20日** 新疆阜康抽水蓄能电站项目获得核准。该电站是新疆首座抽水蓄能电站，也是新疆目前规划装机容量最大的水电项目；站址位于新疆昌吉回族自治州阜康市甘河子镇境内，距乌鲁木齐市134km；电站总投资83.68亿元，安装4台单机容量30万kW的可逆式抽水蓄能机组，总装机容量120万kW。

**5月22日** 波堆水电站3号机组顺利通过72小时试运行，正式投产发电。至此，该电站3台单机容量3200kW机组已全部投产，标志着由中国大唐集团公司援藏的首个项目全面建设完成。波堆水电站主体工程于2012年3月6日开始施工建设，2015年7月6日和12月31日，1号和2号机组投产发电。

**5月22日** 云南省发展改革委以云发改能源〔2016〕806号文，同意建设戈兰滩水电站一期工程增容及二期工程项目。该项目是将该电站一期工程2台单机容量为12万kW的水轮发电机组增容为15万kW，并利用一期工程预留的第三台机组引水系统和机位，续装1台单机容量为15万kW的水轮发电机组，将电站总装机容量增至3×15万kW。

**5月23日** 中共中央政治局常委、国务院副总理张高丽来到国网江西省电力公司丰城110kV程家变电站和曲江供电所，视察江西农网改造升级工作，并亲切慰问现场员工。

**5月27日** 观音岩水电站最后一台机组（5号机组）经过72h试运行，正式投产运行。至此，该电站5台机组全面投产发电。观音岩水电站是金沙江中游规划开发建设的“八级一库”最后一个梯级，位于云南华坪县与四川省攀枝花市的交界处；水库总库容22.5亿$m^3$，电站总装机容量300万kW。2014年12月20日，首台机组投产发电；2015年，2、3、4号机组投产。

**5月27日** 国家发展改革委批复了四川省黄石盘水库工程可行性研究报告。工程任务以防洪为主，兼顾发电和改善下游供水条件。水库总库容1.15亿$m^3$，防洪库容0.79亿$m^3$。电站装机容量0.7万kW。

**5月27日** 江苏句容抽水蓄能电站项目取得核准。该项目是国家电网公司抽水蓄能“十三五”发展规划的重点项目，计划总投资96.06亿元，首台机组预计2022年投产。句容抽水蓄能电站位于江苏省句容市境内，安装6台单机容量22.5万kW的可逆式抽水蓄能机组，总装机容量135万kW。

**5月27日** 国家发展改革委、国家能源局以发改能源〔2016〕1150号文，下发关于做好风电、光伏发电全额保障性收购管理工作的通知。该通知是对2015年3月24日印发的《可再生能源发电全额保障性收购管理办法》的细化与落实，核定并公布了弃风、弃光地区风电、光伏发电保障性收购年利用小时数，提出了相关结算和监管要求，为解决弃风弃光问题提供了现实有效的解决途径。

**5月28日** 云南金沙江中游电站送电广西直流输电工程（简称“金中直流工程”）建成投运。该工程的成功投运，标志着南方电网形成“八交九直”共17条西电东送输电通道，最大送电能力达到3950万kW。金中直流工程是首条落点广西的±500kV直流输电工程。工程西起云南丽江金官换流站，东至广西柳州柳南换流站，线路全长1105km，输送容量320万kW，每年可向广西送电约140亿kW·h，相当于广西全年社会用电量的15%。

**5月31日** 仙居抽水蓄能电站首台机组（1号机组）经过15天考核试运行，正式投产运行。该电站位于浙江省仙居县境内，共安装4台单机容量为37.5万kW的可逆式抽水蓄能机组，设计年平均发电量25.125亿kW·h，年平均抽水电量32.63亿kW·h。其机组是我国已投产发电单机容量最大的抽水蓄能机组，水泵水轮机、发电电动机以及自动控制系统完全由我国自主设计、制造，拥有自主知识产权。工程于2010年12月17日开工建设。

## 六月

**6月2～3日** 全球可持续电力合作组织（G-SEP）2016北京会议在北京举行。会议主题为“未来能源之路——从当前电力系统迈向全球能源互联网”。中国电力企业联合会理事长、全球能源互联网发展合作组织主席刘振亚，俄罗斯电网公司总经理布达尔金，国际电工委员会（IEC）当选主席詹姆斯·香农出席会议；联合国副秘书长兼亚洲及太平洋经济社会委员会执行秘书沙姆沙德·阿赫塔尔出席会议并作主旨演讲。G-SEP是一个非盈利性的国际组织，由中国国家电网公司和美国、法国、巴西等12家国际知名的大型电力公司组成，旨在应对国际框架下的全球电力问题，促进全球能源可持续发展。

**6月8日** 国家能源局综合司以国能综安全〔2016〕355号文下发关于进一步强化主汛期电力防汛工作的通知，针对全国已有120多条河流发生超警洪水，多条江河水位已经超过1998年同期水位，强对流天气多发，山洪泥石流等地质灾害频繁情况，要求各单位落实责任，强化管理，进一步做好电力防汛防灾各项工作。

**6月11日** 塔勒德萨依水电站首台机组（1号机组，容量为1万kW）成功完成72小时试运行。该电站位于新疆伊犁地区尼勒克县境内，为喀什河上游规划的第五级水电站，安装4台水轮发电机组（2×3万kW+2×1万kW），总装机容量为8万kW，由国电新疆吉林台水电公司开发建设。

**6月12日** 国家发展改革委核准青海黄河玛尔挡水电站。该电站位于青海省同德县与玛沁县交界处的黄河干流上，海拔在3200m以上，主要开发任务为发电；混凝土面板堆石坝最大坝高211m，水库正常蓄水位3275m，相应库容14.82亿$m^3$，调节库容7.06亿$m^3$，具有季调节性能；电站安装4台单机容量为52万kW、1台单机容量为12万kW（生态机组）水轮发电机组，总装机容量220万kW，年均发电量73.04亿kW·h；工程总投资227.0489亿元，由青海华鑫水电开发有限公司建设，总工期为8年。

**6月12日** 国家发展改革委批复了四川省李家岩水库工程可行性研究报告。工程任务以城乡供水为主，兼顾灌溉、发电。水库总库容1.71亿$m^3$，兴利库容1.14亿$m^3$。电站装机容量共1.8万kW。

**6月12日** 国家发展改革委、工业和信息化部、国家能源局以发改能源〔2016〕1274号文印发《中国制造2025——能源装备实施方案》。方案围绕确保能源安全供应、推动清洁能源发展和化石能源清洁高效利用3方面确定了15个领域的能源装备发展任务，特高压、智能电网、能源互联网等电网关键技术均在其列。方案还对风电、水电、太阳能发电、储能等装备发展提出要求。

**6月15～16日** 水电水利规划设计总院在银川市主持召开了牛首山抽水蓄能电站预可行性研究报告审查会议。会议通过了审查意见初稿，认为报告的内容和工作深度满足预可行性研究报告编制规程的要求，主要设计成果基本合适，基本同意该报告，同时也对报告提出了修改完善意见。该电站位于青铜峡市黄河青铜峡水库右岸的牛首山西麓，初选装机容量80万kW。

**6月16日** 中共中央组织部有关干部局负责同志到中国南方电网有限责任公司宣布了党中央、国务院关于中国南方电网有限责任公司主要领导变动的决定：李庆奎同志任中国南方电网有限责任公司董事长、党组书记，免去其中国华电集团公司董事长、党组书记职务；免去赵建国同志中国南方电网有限责任公司董事长、党组书记职务，另有任用。

**6月17日** 国家能源局局长努尔·白克力调研中国电建集团成都勘测设计研究院负责设计的西藏扎囊县110kV输变电站工程。西藏自治区党委副书记、政法委书记邓小刚等陪同调研。

**6月17日** 中共中央组织部陈希同志到中国华电集团公司宣布了党中央、国务院关于中国华电集团公司主要领导变动的决定：赵建国同志任中国华电集团公司董事长、党组书记，免去其中国南方电网有限责任公司董事长、党组书记职务；李庆奎同志任中国南方电网有限责任公司董事长、党组书记，免去其中国华电集团公司董事长、党组书记职务。

**6月18号** 为期一天的首届青藏高原水资源开发利用与保护高峰论坛在林芝举行。来自中国科学院、清华大学、河海大学、中国电力建设集团有限公司的专家、学者，西藏自治区、林芝市政府相关部门领导等围绕青藏高原水资源开发和保护进行深入交流和探讨，为青藏高原水资源开发利用与保护建言献策。

**6月19日** 国务院办公厅以国办发〔2016〕46号文下发通知，对国家能源委员会组成部门和人员进行调整。

**6月21～23日** 水电水利规划设计总院在北京主持召开会议，审查并通过了《金沙江白鹤滩水电站可行性研究报告》(枢纽部分)。会议认为，报告达到了可行性研究阶段勘测设计工作内容和深度的要求，基本同意该报告。白鹤滩水电站是金沙江下游四级开发方案的第二级，坝址位于四川省宁南县与云南省巧家县交界的金沙江下游干流河段，工程开发任务以发电为主、兼顾防洪，采用堤坝式开发；混凝土双曲拱坝，最大坝高289m；水库正常蓄水位825m，相应库容190.06亿$m^3$，防洪库容75亿$m^3$，具有年调节性能；左右岸各布置8台单机容量为100万kW的水轮发电机组，总装机容量1600万kW。

**6月27日** 水利部办公厅以办水电〔2016〕130号文下发关于进一步做好农村水电增效扩容改造工作的通知，要求做好河流生态修复，强化质量和安全管理，注重典型培育，开展项目补充工作。

**6月27～29日** 水电水利规划设计总院在成都组织召开金沙江上游叶巴滩水电站可行性研究报告审查会议。会议同意叶巴滩水电站可行性研究报告通过审查。叶巴滩水电站位于四川省白玉县和西藏自治区贡觉县境内，是金沙江上游干流河段梯级开发的第七个梯级电站，工程主要任务为发电。混凝土双曲拱坝最大坝高217m，电站装机容量224万kW，多年平均年发电量102.05亿kW·h。

**6月28日** 四川省土溪口水库工程举行开工动员仪式。该工程位于四川达州市宣汉县渡口土家族乡前河上游，以防洪为主，兼顾发电；大坝最大坝高132m，水库总库容1.6亿$m^3$，防洪库容1.05亿$m^3$，总装机容量5.1万kW。工程可行性研究报告于2016年2月4日获得国家发展改革委批复，总投资40.9亿元，总工期55个月。

**6月29日** 云南±500kV永富直流输变电工程投运。该工程起于云南永仁县，止于云南富宁县，线路长度566km，额定输送功率300万kW，是云南省内主要电源送出通道及南方电网西电东送通道的重要组成部分，将有效满足金沙江中游观音岩水电站电力送出及云南向广西送电需要。永富直流工程累计投资63.65亿元，首次在直流输电系统中应用直流输电全送、分送新技术，300万kW输送电量可实现全送云南、全送广西、云南和广西各150万kW 3种运行方式。

**6月30日** 浯溪口水利枢纽工程大坝主体土建工程竣工，比原计划工期提前了180天。该工程是国家172项重大水利工程，位于江西景德镇市蛟潭镇境内，是昌江干流中游一座以防洪为主，兼顾供水、发电等的综合利用工程；水库总库容4.747亿$m^3$，电站装机容量为3.2万kW。2013年3月29日大坝主体工程开工。

**6月30日** 贵州省黄家湾水利枢纽工程暨2016年贵州省第二批骨干水源工程集中开工大会在贵州紫云县召开。黄家湾水利枢纽工程位于紫云县格凸河中游，是以城乡生活和农业灌溉为主，结合发电等综合利用的二等大（2）型工程，水库总库容1.573亿$m^3$，电站总装机容量2.4万kW，供水干支渠总长

119.94km。工程可行性研究报告于2016年5月27日获得国家发展改革委批复，总投资29.99亿元，总工期48个月。

## 七月

**7月1日** 中共中央组织部有关干部局负责同志到国家电网公司宣布了党中央、国务院关于国家电网公司总经理任职的决定：寇伟同志任国家电网公司总经理。同时，国务院国资委党委决定：寇伟同志任国家电网公司董事、党组副书记。

**7月5日** 云南省人民政府以云政发〔2016〕56号文印发《关于加强中小水电开发利用管理的意见》。鉴于全省中小水电资源开发率已超过80%，意见要求，把生态环境保护放在更加重要的位置，审核存量、严控增量，调整已建中小水电功能定位，突出中小水电服务于改善农村生活生产、保护生态环境和地方经济发展的属性，从严审批新建中小水电项目。其中提出，原则上不再开发建设25万kW以下的中小水电站，已建成的中小水电站不再扩容。

**7月6日** 我国首次风电机组一次调频试验在国家能源大型风电并网系统研发（实验）中心张北风电试验基地顺利完成，标志着我国全面掌握了风电一次调频技术。风电主动参与电网频率调整已经成为保障风电并网安全、提高风电消纳空间的必然选择。这次风电机组一次调频试验从6月15日开始，依据国际风电标准IEC 61400-21（CDV版），对参试风电机组一次调频能力进行了全面试验检测与评估。国外风电发达国家制定的并网导则中已经对风电的调频能力作出明确要求，西班牙要求风电场提供装机容量1.5%的备用容量用于调频，德国要求装机容量10万kW以上的风电场应具备2%的一次调频能力。

**7月9日** 联合国秘书长潘基文一行，访问了坐落在我国杭州的国际小水电中心，并为中心题词："小水电是重要的可再生能源。我希望国际小水电中心为世界小水电发展做出更大贡献！"

**7月12日** 乌东德水电站大坝围堰工程施工全面完成。该围堰按50年一遇洪水设计，土石围堰结构，堰体采用"墙下帷幕灌浆＋塑性混凝土防渗墙＋复合土工膜墙"的防渗形式。上、下游围堰最大堰高分别为67、42m，防渗墙最大深度分别为97.2、93.4m，属国内同类工程之最。

**7月14日** 国家发展改革委、国家能源局以发改运行〔2016〕1558号文印发《可再生能源调峰机组优先发电试行办法》。该《办法》鼓励煤电机组为可再生能源调峰，以提高电力系统调峰能力，有效缓解弃水、弃风、弃光。在全国范围内通过企业自愿、电网和发电企业双方约定的方式确定部分机组为可再生能源调峰。在履行正常调峰义务基础上，可再生能源调峰机组优先调度，按照"谁调峰、谁受益"原则，建立调峰机组激励机制。

**7月15日** 三峡升船机开始实船试航。这意味着三峡升船机试通航进入最后的准备阶段。上午9时55分，2100t级货轮"鹏杰1号"沿下游引航道驶入承船厢，10时52分驶出承船厢进入上游引航道，上行实船试航圆满成功。本次实船试航为期7天。在此期间，将选取中型客轮、集装箱船、货船和商品汽车滚装船4种船型共7艘船舶进行连续上下往返过闸试验，以检验升船机各类设备设施的运行状况和船舶对船厢、航道的适应性。

**7月18日** 国家发展改革委以发改能源〔2016〕1346号文下发关于调整水电建设管理主要河流划分的通知，明确主要河流包括水能资源富集、可开发装机容量超过1000万kW的河流、河段（称为水电基地）和重要跨界河流。其中，水电基地主要包括长江干流、金沙江、雅砻江、大渡河、乌江、黄河干流、南盘江红水河的干流河段（不含跨界河流）；重要跨界河流包括东北地区的额尔古纳河、黑龙江、乌苏里江、鸭绿江、图们江、绥芬河，西南地区的红河、澜沧江、怒江、依洛瓦底江、雅鲁藏布江，以及西北地区的伊犁河、额尔齐斯河和阿克苏河等跨国界河流和边界河流的干流河段。

**7月18日** 由中国长江三峡集团公司与葡萄牙电力公司合作组建的环球水电投资有限公司与秘鲁能矿部和秘鲁国有圣加旺电力公司，在秘鲁总统乌马拉的见证下，共同签订了圣加旺Ⅲ水电站项目开发合作协议。该项目位于秘鲁南部普诺大区，电站装机容量20.58万kW，总投资约4.8亿美元，环球水电公司以BOOT形式参与，特许期限35年（含5年建设期）。项目计划于2017年开工建设，2022年投入商业运行。

**7月19日** 中国长江三峡集团公司与葡萄牙电力公司对等合作的巴西卡什瑞拉第三台机组提前5个月投入商业运营。至此，该项目全部机组已投产发电，由建设期进入发电运营期。卡什瑞拉水电站位于巴西北部阿马帕州的阿拉瓜利河上，总装机容量21.9万kW，年平均发电量约11.36亿kW·h，特许经营期为35年（含建设期）。

**7月19日** 财政部会同水利部预拨中央财政奖励资金20.4亿元，推进"十三五"农村水电增效扩容改造。按照"十三五"增效扩容有关要求和安排，河北等21个省（自治区、直辖市）和新疆生产建设兵团的农村水电增效扩容改造省级实施方案（2016～2019年）已上报水利部、财政部完成备案，共涉及河流1249条，河流生态改造项目1948个，修复减脱水河道 2894km；改造后装机容量达 446 万 kW、年发电量 168 亿 kW·h，分别比改造前增加 25.3%和 42.1%；改造总投资 119.6 亿元，其中申请中央奖励资金 44.7 亿元。

**7 月 20 日** 洪屏抽水蓄能电站首台机组（1 号机组）通过 15 天考核试运行，正式投产。该电站位于江西宜春市靖安县境内，一期工程安装 4 台单机容量为 30 万 kW 可逆式抽水蓄能机组，总装机容量 120 万 kW，是江西省首座大型抽水蓄能电站。工程于 2010 年 6 月 6 日开工建设。本次投入商业运行的 1 号机组于 2016 年 4 月 26 日首次并网成功。

**7 月 22 日** 福建厦门抽水蓄能电站项目通过福建省发展改革委核准。该电站安装 4 台单机容量 35 万 kW 的可逆式抽水蓄能机组，总装机容量 140 万 kW，通过 500kV 线路接入福建电网。

**7 月 25 日** 溪古水电站 2、3 号机组分别完成 72 小时试运行，直接投入商业运行。至此，该电站继 1 号机组于 7 月 21 日投入商业运行之后，5 天实现三投，完美收官。溪古水电站位于四川省甘孜藏族自治州九龙县境内，是九龙河干流水电规划“一库五级”开发方案的“龙头”水库电站，安装 3 台单机容量为 8.3 万 kW 的混流式水轮发电机组。

**7 月 27 日** 以色列岩石力学学会主席、国际岩石力学学会 DDA 专业委员会联合主席、中科院特聘研究员 Yossef Hatzor 教授赴金沙江白鹤滩水电站就地下厂房工程稳定性进行了咨询和考察，并开展了学术交流活动。

**7 月 28 日** 国家发展改革委以发改环资〔2016〕1659 号文下发关于开展用能权有偿使用和交易试点工作的函，印发《用能权有偿使用和交易制度试点方案》，决定在浙江、福建、河南、四川四省开展用能权有偿使用和交易试点工作。方案要求，2016 年做好试点顶层设计和准备工作；2017 年开始试点，并根据情况不断完善实施方案；到 2019 年，试点任务取得阶段性成果，形成可复制可推广的经验、做法和制度；2020 年，开展试点效果评估，总结提炼经验，视情况逐步推广。

## 八月

**8 月 1 日** 青藏联网工程柴拉直流系统双极单日最高输送功率由 30 万 kW 提升至 40 万 kW，单日最高外送电量达 580 万 kW·h，创历史新高。青藏联网工程自投运以来共经历了 6 次输送功率提升，柴拉直流系统双极单日最高输送功率由投运初期的 10 万 kW 提升至现在的 40 万 kW。这次是第六次输送功率提升，自 2016 年 7 月 27 日起，每日两个高峰时段双极输送功率升为 40 万 kW。

**8 月 4 日** 冗各水电站举行投产发电仪式，正式投产使用。该电站位于贵州罗甸县，为蒙江流域梯级开发的第八级，总装机容量 9 万 kW，年均发电量 3.357 亿 kW·h。2016 年 6 月 23 日，电站 3 号机组首先并网发电，7 月 22 日，1、2 号机组成功并网运转，至此，该电站 3 台机组全部实现并网发电。

**8 月 5 日** 镇安抽水蓄能电站工程开工动员会在陕西省镇安县召开，工程正式开工。该电站位于陕西省商洛市镇安县，装机容量 140 万 kW，安装 4 台 35 万 kW 可逆式抽水蓄能机组，以 330kV 电压接入陕西电网，工程投资 88.5 亿元，计划于 2023 年竣工投产。

**8 月 5 日** 石头峡水电站首台机组正式并网发电。该电站位于青海省东北部的门源县苏吉滩乡，是大通河流域规划的第五梯级，也是“引大济湟”工程的龙头水库，总库容 9.85 亿 $m^3$，总装机容量 9 万 kW。

**8 月 10 日** 十二届全国人大常委会副委员长、民建中央主席陈昌智一行到河北丰宁抽水蓄能电站工程现场考察。陈昌智希望各参建单位团结协作、克服困难，切实抓好电站建设各项工作，优质、高效建设世界装机最大的抽水蓄能电站，早日发挥效益，为推动当地经济发展，造福当地百姓做出贡献。

**8 月 11 日** 黄金坪水电站 5 号机组顺利通过 72 小时试运行，标志着总装机容量 85 万 kW 的黄金坪水电站 6 台机组全部投产营运。该电站位于大渡河上游河段，一站两厂。2011 年 2 月，项目获国家发展改革委核准；2015 年，左岸 4 台单机容量 20 万 kW 的机组顺利实现“一年四投”；2016 年 6 月 29 日，右岸环保电站首台机组投产，8 月 11 日，电站最后一台机组投产运营。

**8 月 11 日** 金沙水电站项目获得国家发展改革委核准。该电站位于金沙江干流中游末端的攀枝花河段上，以发电为主，同时兼有供水、改善城市水域景观和取水条件、对观音岩水电站进行反调节等综合利用；最大坝高 66m，安装 4 台单机容量 14 万 kW 混流式水轮发电机组，总装机容量 56 万 kW。工程总投资 74.23 亿元，由四川省能投攀枝花水电开发有限公司投资建设，总工期 7 年，计划 2020 年 11 月首台机组发电。

**8 月 16～18 日** 水电水利规划设计总院在沈阳主持召开了清原抽水蓄能电站可行性研究报告审查会议。审查认为，报告满足可行性研究阶段勘测设计工作内容和深度的要求，基本同意该报告。清原抽水蓄能电站位于辽宁省抚顺市清原满族自治县境内，安装 6 台单机容量 30 万 kW 的可逆式抽水蓄能机组，总装机容量 180 万 kW。

**8月17～19日** 中国国际工程咨询公司在成都组织召开金沙江白鹤滩水电站关键技术问题（枢纽部分）咨询会议，对白鹤滩水电站项目申请报告（枢纽部分）开展咨询工作。有关专家和代表共计125人参加。会议认为，白鹤滩水电站具有发电、防洪、促进地方经济社会发展和移民群众脱贫致富、拦沙、改善航运等综合效益，建设条件优越，不存在制约工程建设的重大不利环境影响，其建设对改善我国能源结构、实现节能减排目标、促进西部开发、拉动地方经济发展具有重要作用，工程建设是十分必要的。

**8月18日** 国内首家海洋输电工程技术实验室在浙江舟山揭牌。该实验室将结合全球能源互联网发展的现实需要和未来方向，开展前瞻性的新技术、新课题、新应用研究和开发。重点是加快完成“500kV交联聚乙烯绝缘交流海底电缆”的型式试验，形成国内特色鲜明的直流海缆试验开发能力。同时，实验室还将开发水下机器人技术，实现海底电缆敷设、打捞、巡查、监控的智能化，并利用风能、潮汐能、太阳能等新能源打造微电网等。

**8月18～19日** 水电水利规划设计总院在北京主持召开了西藏玉曲河轰东水电站可行性研究阶段施工总布置规划专题报告审查会议。会议认为，报告设计内容和工作深度基本满足《水电工程可行性研究阶段施工总布置规划专题报告编制暂行规定》的要求；同时，提出了修改完善意见。轰东水电站为玉曲河干流下游河段七级开发方案中的最后一级，位于西藏察隅县察瓦龙乡，采用跨流域混合式开发，装机容量32万kW，初拟施工总工期60个月。

**8月23日** 习近平总书记来到国家电投西安太阳能电力公司西宁分公司，考察青海省依托自然资源优势发展清洁能源、推进光伏产业链发展情况。习近平总书记强调，青海省有充足的太阳能光照资源和丰富的荒漠化土地资源，国家电投拥有产业优势、技术优势、人才优势和资金优势，一定要将光伏产业做好，让清洁能源更好地造福人民。

**8月25日** 由中国葛洲坝集团股份有限公司承建的厄瓜多尔索普拉多拉水电站举行竣工发电仪式。厄瓜多尔总统科雷亚亲临发电仪式现场启动机组，并祝贺索普拉多拉电站完美竣工。该电站位于厄瓜多尔南部，是帕特河梯级开发的第三座水电站，装设3台混流式水轮发电机组，总装机容量48.7万kW，年平均发电量27.7亿kW·h，工程于2011年4月正式开工。首台机组于2016年4月15日正式并网发电。

**8月26日** 浙江舟山联合动能新能源开发有限公司潮流发电站成功试并网。该电站在舟山海域，安装由该公司自主研发的世界首台0.34万kW模块化大型海洋潮流能发电机组，为目前世界最大潮流发电站。此机组经7年研制，于2016年8月15日安装后正式加载发电，8月26日试并入国家电网。

**8月29日** 国务院办公厅以国办发〔2016〕67号文下发通知，对国务院三峡工程建设委员会组成人员作了调整。

**8月29日** 立洲电站最后一台机组（1号机组）顺利通过72小时试运行投产发电。至此，该电站3台大机组全部投产运营，实现了一月三投的建设佳绩。该电站位于四川省木里县境内，是木里河“一库六级”的第六梯级；总装机容量为35.5万kW，其中主厂房装有3台单机容量为11.5万kW的大机组，另还有2台0.5万kW的生态机组。8月3日，电站首台机组投产发电；8月11日，3号机组完成72小时试运行投产。

**8月29日** 云南电网与南方电网主网鲁西背靠背直流异步联网工程柔性直流单元建成投运。此前，6月30日常规直流单元建成投运。至此，这个位于云南罗平县的目前世界上首次采用柔性直流与常规直流组合模式的背靠背工程两个单元都建成投运。这有效提高南方电网主网架的安全稳定运行能力，促进清洁能源消纳，每年至少可减少云南汛期弃水20亿kW·h以上。其中，柔直单元额定容量100万kW、直流电压±350kV，电压和容量都是目前世界最高水平。

**8月30日** 清远抽水蓄能电站4号机组正式投入商业运行。至此，该电站全面投产。该电站位于广东省清远市清新区太平镇，共安装4台单机容量为32万kW的可逆式抽水蓄能机组。项目动态总投资49.98亿元，2009年12月开工建设，1、2、3号机组已分别于2015年11月30日、2016年3月10日、2016年6月2日投产运行。

**8月30日** 景洪水电站水力式升船机通过由云南省航务局组织的试通航验收。与会专家一致认为景洪水力式升船机具备试通航条件。景洪水电站升船机是目前世界上第一台水力驱动式垂直升船机，也是中国第一座拥有自主知识产权的新型升船机，具有节能环保，通航速度较快，安全性好等特点。

**8月30日** 国家发展改革委批复了福建省罗源霍口水库工程可行性研究报告。霍口水库位于福州市罗源县，工程以供水为主，结合防洪，兼顾发电，总库容2.97亿$m^3$，多年平均供水量为1.79亿$m^3$，电站装机容量6万kW。

## 九月

**9月2日** 国家能源局综合司以国能综安全〔2016〕542号文下发关于深入开展电力企业应急能

力建设评估工作的通知，提出力争2018年底前完成全部电网企业、发电企业和电力建设企业的应急能力建设评估，为形成统一指挥、结构合理、反应灵敏、运转高效、保障有力，能够高效应对各类突发事件的电力应急体系奠定基础。

**9月2日** 国家电网公司和巴西卡玛古集团在上海签署股权购买协议，国家电网公司正式收购巴西卡玛古集团持有的巴西CPFL公司23.6%的股权。巴西总统特梅尔出席了签字仪式。CPFL公司是巴西最大私营电力企业。其全资拥有8个配电特许权公司，业务覆盖经济发达的圣保罗州和南大河州，服务用户780万，线路长度24.7万km，年配电量600亿kW·h，占巴西配电市场份额的13%，是巴西最大的配电企业。

**9月6日** 国务院国资委姜维亮同志到中国电力建设集团有限公司宣布了国资委党委关于中国电力建设集团有限公司主要领导调整的决定：任命孙洪水为中国电力建设集团有限公司董事，提名为中国电力建设集团有限公司总经理人选；晏志勇不再担任中国电力建设集团有限公司总经理职务。

**9月8日** 由中国电建参与设计施工的埃塞俄比亚吉布3水电站第10号机组完成试运行，顺利移交。至此，该电站全部10台机组投产发电。吉布3水电站是目前中国公司在非洲承担的最大水电项目，位于埃塞俄比亚西南部，为奥姆欧河梯级开发中的第3级电站，装设10台单机容量为18.7万kW的混流式水轮发电机组。

**9月18日** 三峡升船机正式进入试通航阶段。试通航分为4个阶段，第一阶段从2016年9月18日至三峡水库2016年试验性蓄水结束，升船机运行时间为每天8时至17时。三峡升船机是三峡工程的永久通航设施之一，1995年4月决定缓建，2007年10月恢复施工；2016年4月完成施工安装及联合调试，5月通过国务院长江三峡工程整体竣工验收委员会枢纽工程验收组组织的试通航前验收，7月完成第一阶段的实船试航。三峡升船机承船厢可载3000t级船舶，最大爬升吨位达1.55万t，最大爬升高度113m，提升重量和高度均为世界之最；投入运行后，将为客货轮和特种船舶提供快速过坝通道，过坝时间将由现在通过永久船闸的3.5h缩短为约40min。

**9月19日** 国家发展改革委以发改价格〔2016〕2018号文下发关于全面推进输配电价改革试点有关事项的通知。要求在目前已开展的省级电网输配电价改革试点基础上，进一步提速输配电价改革试点工作。

**9月21日** 湘江土谷塘航电枢纽工程最后一台机组（4号机组）正式并网发电。至此，该航电枢纽4台机组全面投产。湘江土谷塘航电枢纽位于湖南省衡阳市，为湘江干流航道八个梯级枢纽之一、湘江千吨级航道向上延伸的控制性工程，电站共安装4台单机容量为2.25万kW的水轮发电机组，年均发电量3.68亿kW·h。

**9月26日** 国家能源局以国能安全〔2016〕261号文印发《水电站大坝运行安全信息报送办法》，以贯彻落实《水电站大坝运行安全监督管理规定》（国家发展改革委令第23号），加强水电站大坝非现场安全监督管理，规范大坝运行安全信息报送行为。

**9月26日** 由中国电建投资建设的尼泊尔上马相迪A水电站首台机组投产发电。该电站位于尼泊尔西部的马相迪河，总装机容量2×2.5万kW，投产后每年将提供约3.17亿kW·h的合同电量。中国电建采用BOOT模式投资开发，总投资额约1.66亿美元，包括建设期在内的特许期共35年。

**9月26日** 国网湖南省电力公司电网输变电设备防灾减灾国家电网重点实验室与加拿大卡姆索特公司在湖南长沙签订融冰装置销售合同，这意味着中国发明制造的电网防冻融冰技术首次打入国际市场。该实验室研发制造的电网防冻覆冰融冰技术和设备主要用于高寒山区的覆冰融冰，现有交流和直流、固定式和移动式融冰装备20多种。其中交流固定式融冰装置能在1.5h内融化150km 25mm厚的线路覆冰，其技术曾获国家科技进步一等奖。

**9月26～27日** 在摩洛哥马拉喀什召开的国际咨询工程师联合会（FIDIC，菲迪克）2016年年会上，揭晓了代表全球工程咨询领域最高荣誉的"菲迪克2016年工程项目奖"，金沙江溪洛渡水电站成为全球21个获奖项目中唯一的水电项目，并为杰出项目奖。溪洛渡水电站为世界第三大水电站，以其卓越的工程技术、丰富的创新成果、透明和廉洁的工程建设、贯彻可持续发展的理念等，受到评委的青睐和国际同行的高度认可。南水北调中线一期工程荣获2016年菲迪克工程项目优秀奖。

**9月30日** 国务院办公厅以国办发〔2016〕73号文印发《贫困地区水电矿产资源开发资产收益扶贫改革试点方案》。方案提出，从2016年底至2019年底，在集中连片特困地区县和国家扶贫开发工作重点县选择一批水电、矿产资源开发项目，开展资产收益扶贫改革试点。方案明确，将水电、矿产资源开发项目占用集体土地的土地补偿费作为资产入股试点项目，形成集体股权。农村集体经济组织为股权持有者，其成员为集体股权受益主体，建档立卡贫困户为优先受益对象。

**9月30日** 国家172项重大水利工程、西藏水利发展史上投资最大的工程——拉洛水利枢纽及配套灌区工程成功截流，标志着工程建设提前进入关键的大坝主体施工阶段。该工程位于日喀则市萨迦县和桑珠孜区境内，是雅鲁藏布江右岸一级支流夏布曲干流上的控制性水利工程，水库总容量 2.97 亿 $m^3$，设计灌溉面积 45.39 万亩，两座电站总装机容量 4.2 万 kW。工程概算总投资逾 49.5 亿元，2014 年 6 月开工建设，总工期 58 个月。

**9 月 30 日**　国家 172 项重大水利工程云南阿岗水库工程举行开工仪式。该工程位于云南曲靖市罗平县西北部九龙河上游的篆长河上，建设任务以供水、灌溉为主，兼顾改善九龙瀑布景观用水条件、发电等综合利用。水库总库容 1.29 亿 $m^3$，电站装机容量 1.05 万 kW。工程可行性研究报告于 2016 年 7 月 31 日获得国家发展改革委批复，总投资 22.55 亿元，总工期 48 个月。

## 十月

**10 月 1 日**　由中国电建承建的马里古伊那水电站项目承包商营地工程正式破土动工，标志着该项目正式进入施工阶段。古伊那水电站坐落在马里境内的塞内加尔河上，总装机容量 3×4.9 万 kW，是“一带一路”沿线西非区域的大型基础设施建设项目，也是中国企业在西部非洲承建的标志性工程。项目由塞内加尔河流域开发组织（OMVS）投资开发，中国电建 EPC 总承包，合同金额 4.37 亿美元，总工期 42 个月。

**10 月 8 日**　国家发展改革委和国家能源局印发关于《售电公司准入与退出管理办法》和《有序放开配电网业务管理办法》的通知，对目前电力改革过程中的售电主体与市场监管、配电网业务范围与基本原则做出规定，进一步明确了售电公司与配电业务的准入与退出条件、权利与义务范围等。

**10 月 10 日**　新疆萨尔托海水利枢纽工程正式开工。该枢纽是国务院批复的《新疆额尔齐斯河流域综合规划》中确定建设的乌伦古河控制性大型工程，任务为工业供水和防洪，兼顾灌溉和发电，为国务院部署的 172 项重大水利工程之一，总投资 19 亿元；坝址距新疆青河县城 120km，距阿勒泰市 384km；水库总库容 2.94 亿 $m^3$，电站装机容量 2.68 万 kW。

**10 月 14 日**　甘肃昌马抽水蓄能电站预可行性研究报告通过了水电水利规划设计总院组织的技术审查。该电站位于甘肃玉门市昌马乡，靠近酒泉千万千瓦级风电基地，初选装机容量 120 万 kW，建成后可提高风电开发、消纳能力，保障送出系统安全稳定运行。

**10 月 16 日**　博鳌亚洲论坛理事长、日本前首相福田康夫，原中共中央政治局委员、国务院原副总理、博鳌亚洲论坛副理事长曾培炎率博鳌亚洲论坛理事和咨询委员代表团赴三峡工地，对三峡工程进行考察。巴基斯坦前总理阿齐兹、马来西亚前总理巴达维、新加坡荣誉国务资政吴作栋、新西兰前总理希普利等论坛理事参加考察。

**10 月 16～22 日**　国际电工委员会水轮机技术委员会（IEC/TC4）2016 年全体大会在成都召开。本次会议是该组织继 2002 年北京会议后第二次在中国举办的全体大会，来自美国、奥地利、英国、中国等 13 个国家的 53 名水电专家和观察员参加会议。会上就 12 项 IEC 标准的修制订中的技术问题等相关重要议题进行深入探讨和表决。我国提出了《水电站引水发电系统调节保证计算和设计导则》一项新的国际标准项目提案，得到各国专家认同。与会专家参观了东方电机厂，并前往溪洛渡水电站和向家坝水电站进行技术考察。

**10 月 20～21 日**　中国大坝工程学会 2016 学术年会暨国际水库大坝研讨会在西安召开。中国的小湾工程、伊朗的卡伦三级工程、意大利的里德拉科利工程、美国的德沃夏克工程荣获第二届高混凝土坝国际里程碑工程奖。

**10 月 23 日**　水利部副部长刘宁到云南昭通鲁甸牛栏江红石岩堰塞湖整治工程一线调研指导。该堰塞湖是 2014 年 8 月 3 日云南省昭通市鲁甸县地震时形成的，整治工程分为应急抢险、后续整治、除害兴利 3 个阶段。整治完成后该堰塞湖将成为具有综合效益的水利工程，发挥灌溉、发电、防洪、旅游等功能。

**10 月 25 日**　水电水利规划设计总院主持召开浙江宁海抽水蓄能电站可行性研究报告审查会议。会议认为，宁海抽水蓄能电站地理位置优越，装机规模适中，电站接入系统和受、送电条件良好，工程自然条件好，经济指标可行。该电站位于浙江宁海县城东北面的茶山林场，总装机容量为 140 万 kW。

**10 月 27 日**　2016 年全国对口支援三峡库区生态产业合作开发座谈会暨合作项目签约活动在湖北宜昌举行，54 个项目集中签约，总投资额达 995 亿元，其中重庆市 252 亿元，湖北省 743 亿元。本次对口支援工作座谈会和合作项目签约活动由国务院三峡办和湖北省、重庆市联合主办，全国 31 个对口支援省市和受援县区、对口支援企业相关负责人参加。

**10 月 27 日**　驮英水库及灌区工程开工建设。该工程是国家 172 项重大水利项目，为广西左江流域控制性枢纽工程，以灌溉、供水为主，兼顾发电等综合利用，水库总库容 2.28 亿 $m^3$，电站总装机容量 2.06 万 kW，工程总投资 66 亿元，总工期为 48 个月。2016 年 9 月 14 日，国家发展改革委批复了工程可行性研究报告。

**10月28日**　广西落久水利枢纽工程成功实现截流，进入主体建设阶段。该工程位于广西柳州市融水苗族自治县境内的柳江流域融江支流贝江下游，以防洪为主，兼顾灌溉、供水、发电、航运等综合利用；水库总库容3.46亿$m^3$，电站装机容量4.2万kW，规划灌溉面积8.84万亩，设计日均城镇及农村供水7.5万$m^3$。工程于2015年9月29日开工。

**10月29日**　由中国三峡集团公司和清华大学联合举办的中国高坝长期稳定性国际研讨会在北京举行。160多名专家参加，共同探讨在极端复杂地质力学条件下，岩土力学与工程在高拱坝以及地下结构的设计和建造中面临的新趋势和新挑战。

## 十一月

**11月1日**　第七届“今日水电论坛”在浙江省杭州市举行。来自36个国家的100多位代表出席论坛。水利部部长陈雷出席论坛并作题为《绿色能源与可持续发展》的主旨讲话。论坛还举行了《世界小水电发展报告2016》发布仪式，并为五大洲代表赠书。

**11月6日**　由中国中铁、中国电建和刚果金企业集团合资的布桑加水电站项目正式开工。该电站位于刚果（金）卢阿拉巴省境内，为刚果河支流卢阿拉巴河规划梯级电站的第四级，总装机容量24万kW，年平均发电量13.20亿kW·h。

**11月7日**　国家发展改革委、国家能源局召开新闻发布会，正式发布《电力发展“十三五”规划（2016～2020年）》。预计2020年全社会用电量6.8万亿～7.2万亿kW·h，年均增长3.6%～4.8%；全国发电装机容量20亿kW，年均增长5.5%；人均装机容量突破1.4kW，人均用电量5000kW·h左右，接近中等发达国家水平。规划到2020年，非化石能源发电装机容量将达到7.7亿kW左右，比2015年增加2.5亿kW左右，占比约39%，提高4个百分点，发电量占比提高到31%；气电装机容量增加5000万kW，达到1.1亿kW以上，占比超过5%；煤电装机容量力争控制在11亿kW左右以内，占比降至约55%。

**11月8日**　中共中央政治局常委、国务院副总理张高丽在云南调研期间，到位于西双版纳的华能澜沧江景洪水电站考察，调研江河水资源保护利用等情况。

**11月10日**　国家发展改革委以发改能源〔2016〕2368号文正式核准叶巴滩水电站项目。叶巴滩水电站位于西藏自治区昌都市与四川甘孜州交界的金沙江干流上，是金沙江上游规划“一库十三级”开发的第七级，也是金沙江上游规划装机最大的电站，装机容量224万kW，年发电量102亿kW·h。

**11月11日**　杨房沟水电站截流成功。该电站是四川省重点工程，位于四川省凉山州木里县境内的雅砻江流域中游河段上，是该河段梯级发电骨干电站，装机容量150万kW，平均年发电量68.74亿kW·h，总投资200亿元，计划2021年11月投产发电。

**11月14日**　我国著名水利水电专家、中国工程院院士谭靖夷同志遗体告别仪式在湖南长沙举行。习近平、张德江、刘云山、胡锦涛、李鹏、朱镕基、温家宝、刘延东、赵乐际、杨晶、王勇等同志对谭靖夷院士的逝世表示深切哀悼，对家属表示亲切慰问，或送花圈。谭靖夷同志因病医治无效，于2016年11月12日15时45分不幸逝世，享年95岁。

**11月14日**　国家发展改革委批复了湖南省毛俊水库工程可行性研究报告。该工程任务以灌溉为主，结合供水，兼顾发电等综合利用。水库总库容1.165亿$m^3$，电站装机容量1.6万kW，多年平均供水量为1.3亿$m^3$，多年平均发电量3507万kW·h。

**11月16日**　国家能源局以国能新能〔2016〕314号文印发《风电发展“十三五”规划》。规划明确，将持续增加风电在能源消费中的比重，实现风电从补充能源向替代能源的转变。到2020年底，风电累计并网装机容量将达到2.1亿kW以上，其中海上风电并网装机容量达到500万kW以上；风电年发电量将达到4200亿kW·h，约占全国总发电量的6%。

**11月17日**　李克强主持召开国家能源委员会会议，审议通过《能源发展“十三五”规划》。《规划》明确，“十三五”前三年原则上不上新的煤炭、炼油项目，而煤电、煤化工的核准“冰冻期”则是前两年，全国煤电装机规模力争控制在11亿kW以内。同时优化风电、光伏的布局，力争用两年时间将弃风、弃光率控制在5%左右的合理水平。在此之下，水电、核电成为补齐结构短板的新发力点，将超前规划、适度加大开工规模。

**11月17～18日**　水电水利规划设计总院在北京主持召开白鹤滩水电站可行性研究报告审查收口会议，对报告进行了复审。审查认为，报告达到了可行性研究阶段勘测设计工作内容和深度的要求，同意该报告。白鹤滩水电站是金沙江下游河段四个水电梯级的第二个梯级，坝址位于四川省宁南县和云南省巧家县境内，装机容量1600万kW，多年平均年发电量624.43亿kW·h，属一等大（1）型工程。2016年6月21～23日，召开了该电站可行性研究报告（枢纽部分）审查会议；10月20～25日，又召开了该电站移民安置规划报告审查会议。设计单位经补充和完善，于2016年11月汇总提出了《金沙江白鹤滩水电站可行性研究报告》。

**11月18日**　中国国家主席习近平和厄瓜多尔总统科雷亚共同出席了中国电建集团承建的科卡科多辛克雷水电站的竣工发电仪式。随着两国元首共同按动按钮，这座中国目前在海外已建的最大水电站正式竣工发电，全面建成投产。厄瓜多尔科卡科多辛克雷水电站安装8台水轮发电机组，总装机容量150万kW，年发电量88亿kW·h。

**11月18日**　三峡升船机转入第二阶段试通航。9月18日，升船机三峡升船机正式进入试通航第一阶段；从11月18日175m水位期开始至三峡水库水位消落至145m水位期结束，三峡升船机进入第二阶段试通航期，实行24小时试运行。

**11月22日**　中国水力发电工程学会第八次全国会员代表大会在北京召开。大会听取并审议通过了张基尧理事长代表第七届理事会所做的工作报告，选举产生了第八届理事会理事。国务院南水北调办副主任张野担任新一届理事长，中国电力建设集团公司原副总经理袁柏松担任常务副理事长兼秘书长。此外，大会聘请汪恕诚、陆佑楣、张基尧、周大兵为第八届理事会名誉理事长。中国水力发电工程学会成立于1980年，目前有会员4万余人，团体会员201个，专业委员会32个，地方水力发电工程学会22个。

**11月22～24日**　水电水利规划设计总院在杭州召开浙江缙云抽水蓄能电站可行性研究报告审查会议。审查认为，报告满足可行性研究阶段勘测设计工作内容和深度的要求，基本同意该报告。缙云抽水蓄能电站位于浙江省丽水市缙云县，装机容量180万kW。

**11月25日**　2016年中国建设工程鲁班奖（境外工程）入选工程名单揭晓。老挝南俄5水利水电工程、马里费鲁水利水电工程、马来西亚沐若水电站工程、赞比亚卡里巴北岸水电站扩机工程荣获2016年中国建设工程鲁班奖（境外工程）。

**11月28～30日**　水电水利规划设计总院在河南洛阳主持召开了河南洛宁抽水蓄能电站可行性研究报告审查会议。审查认为，报告达到了可行性研究阶段勘测设计工作内容和深度的要求，基本同意该报告。洛宁抽水蓄能电站位于河南省洛阳市洛宁县涧口乡境内，装机容量140万kW。

**11月29日**　国家能源局正式对外公布《水电发展“十三五”规划》。《规划》提出，要在保护好生态环境、妥善安置移民的前提下，积极稳妥发展水电，科学有序开发大型水电，严格控制中小水电，加快建设抽水蓄能电站。“十三五”期间，全国新开工常规水电和抽水蓄能电站各6000万kW左右，新增投产水电6000万kW，2020年水电总装机容量达到3.8亿kW，其中常规水电3.4亿kW，抽水蓄能4000万kW，年发电量1.25万亿kW·h，在非化石能源消费中的比重保持在50%以上。

**11月29～30日**　乌江沙沱、思林水电站升船机500t标船试航成功。沙沱升船机位于乌江干流贵州沿河县境内，通航最大单船吨位500t，最大提升高度为74.88m。思林升船机位于乌江干流贵州思南县境内，通航最大单船吨位500t，最大提升高度为76.6m。

**11月30日**　西藏阿里地区札达县底雅水电站工程顺利完工投产，提前7个月完工，并实现互联网云计算智能远程控制运行。该电站是“十二五”无电地区电力规划建设项目，总投资2678.81万元，装机容量2×160kW。

## 十二月

**12月2日**　财政部、水利部以财农〔2016〕181号文印发《中央财政水利发展资金使用管理办法》。按照《国务院关于改革和完善中央对地方转移支付制度的意见》（国发〔2014〕71号）、《国务院关于印发推进财政资金统筹使用方案的通知》（国发〔2015〕35号）以及《中央对地方专项转移支付管理办法》（财预〔2015〕230号）等相关要求，规范中央财政水利发展资金使用管理。

**12月2～4日**　受国家发展改革委的委托，中国国际工程咨询公司在北京组织召开金沙江白鹤滩水电站项目申请报告评估会议。评估认为，白鹤滩水电站建设符合国家产业政策，满足行业准入条件，符合河流规划，资源利用合理，移民安置方案已基本落实。项目的社会适应性好，各项经济技术指标较优越，资金筹措落实，前期工作充分，工程建设条件优越，技术问题均已落实。

**12月3日**　蓄集峡水利枢纽工程实现截流，标志着工程施工进入新阶段。该工程集供水、发电、防洪多种功能为一体，坝址位于青海巴音河峡谷处，距青海省德令哈市60km左右，水库总库容1.62亿$m^3$，装机容量3.3万kW。工程于2015年8月正式开工。

**12月7日**　洪屏抽水蓄能电站一期工程最后一台机组（4号机组）顺利通过15天考核试运行，正式投产。至此，该电站一期工程实现了“一年四投”的预定目标，4台机组全部投产。洪屏电站是江西省首座大型抽水蓄能电站，位于江西省靖安县境内，周调节电站，一期安装4台30万kW可逆式抽水蓄能机组，总装机容量120万kW。工程于2010年6月6日开工建设，首台机组（1号机组）于2016年7月20日通过15天考核试运行，2、3号机组分别于8月

20 日、10 月 14 日通过 15 天考核试运行投产发电。

**12 月 8 日**　果多水电站 1 号机组通过 72 小时试运行，正式投产发电。至此，该电站 4 台机组已全部投产发电。果多水电站位于西藏昌都市境内扎曲河上，总装机容量 16.5 万 kW，年发电量 8.319 亿 kW·h，为西藏仅次于藏木电站的第二大水电站。工程总投资 38.3 亿元，首台（4 号）机组于 2015 年 12 月 31 日发电。

**12 月 8 日**　国家能源局以国能资质〔2016〕350 号文印发《能源行业信用体系建设实施意见（2016～2020 年）》，文件指出，围绕能源领域“四个革命、一个合作”的战略布局，按照“政府主导、行业共建，统筹推进、分步实施，结合实际、强化应用，公正透明、准确规范”的原则，实施能源行业信用体系建设。

**12 月 8 日**　辽宁清原、江苏句容、福建厦门、新疆阜康抽水蓄能电站工程开工动员大会在北京召开。这四个工程总投资 375 亿元，总装机容量 575 万 kW，计划于 2024 年全部竣工投产。其中，清原抽水蓄能电站位于辽宁省抚顺市清原满族自治县，装机容量 180 万 kW，安装 6 台 30 万 kW 可逆式抽水蓄能机组，以 500kV 电压接入辽宁电网，工程投资 109.03 亿元；句容抽水蓄能电站位于江苏省句容市，装机容量 135 万 kW，安装 6 台 22.5 万 kW 可逆式抽水蓄能机组，以 500kV 电压接入江苏电网，工程投资 96.06 亿元；厦门抽水蓄能电站位于福建省厦门市同安区，装机容量 140 万 kW，安装 4 台 35 万 kW 可逆式抽水蓄能机组，以 500kV 电压接入福建电网，工程投资 86.64 亿元；阜康抽水蓄能电站位于新疆昌吉回族自治州阜康市，装机容量 120 万 kW，安装 4 台 30 万 kW 可逆式抽水蓄能机组，以 220kV 电压接入新疆电网，工程投资 83.68 亿元。

**12 月 10 日**　国家发展改革委以发改能源〔2016〕2619 号文印发《可再生能源发展“十三五”规划》。《规划》提出，到 2020 年，全部可再生能源发电装机容量 6.8 亿 kW，发电量 1.9 万亿 kW·h，占全部发电量的 27%。其中，水电新增装机容量约 6000 万 kW，新增投资约 5000 亿元；新增风电装机容量约 8000 万 kW，新增投资约 7000 亿元；新增各类太阳能发电装机容量约 7000 万 kW，投资约 1 万亿元。加上生物质发电投资、太阳能热水器、沼气、地热能利用等，“十三五”期间可再生能源新增投资约 2.5 万亿元。比“十二五”期间增长近 39%。

**12 月 11 日**　新华社北京电：近日，中共中央办公厅、国务院办公厅印发了《关于全面推行河长制的意见》。《意见》主要内容包括河长制的组织形式、河长的职责、河长制工作的主要任务、河长制的监督考核，体现了鲜明的问题导向，贯穿了绿色发展理念，明确了地方主体责任和河湖管理保护各项任务，具有坚实的实践基础，是水治理体制的重要创新。

**12 月 12 日**　国务院以国发〔2016〕72 号文发布《政府核准的投资项目目录（2016 年本）》。该本《目录》规定：水利工程，涉及跨界河流、跨省（区、市）水资源配置调整的重大水利项目由国务院投资主管部门核准，其中库容 10 亿 $m^3$ 及以上或者涉及移民 1 万人及以上的水库项目由国务院核准；其余项目由地方政府核准。水电站，在跨界河流、跨省（区、市）河流上建设的单站总装机容量 50 万 kW 及以上项目由国务院投资主管部门核准，其中单站总装机容量 300 万 kW 及以上或者涉及移民 1 万人及以上的项目由国务院核准；其余项目由地方政府核准。抽水蓄能电站由省级政府按照国家制定的相关规划核准。风电站由地方政府在国家依据总量控制制定的建设规划及年度开发指导规模内核准。

**12 月 12 日**　2016～2017 年度第一批国家优质工程颁奖大会在福建厦门举行，龙开口水电站工程获国家优质工程金质奖。本届共有 11 项工程获国家优质工程金质奖，含境外工程 2 项。龙开口水电站工程位于云南省大理州鹤庆县境内，是金沙江中游河段规划的第六个梯级电站，装机容量 180 万 kW，施工技术和工程实体质量代表了我国水电建设的领先水平。

**12 月 12 日**　中共中央组织部有关干部局负责同志到中国大唐集团公司宣布了党中央、国务院关于中国大唐集团公司总经理调整的决定：陈飞虎同志任中国大唐集团公司总经理，免去其中国国电集团公司总经理职务；免去王野平同志中国大唐集团公司总经理职务，到龄退出领导班子。同时，国务院国资委党委决定：陈飞虎同志任中国大唐集团公司董事、党组副书记，免去其中国国电集团公司董事、党组副书记职务；免去王野平同志中国大唐集团公司副董事长、党组副书记职务。

**12 月 12 日**　中共中央组织部有关干部局负责同志到中国华电集团公司宣布了党中央、国务院关于中国华电集团公司总经理调整的决定：温枢刚同志任中国华电集团公司总经理；免去程念高同志中国华电集团公司总经理职务，到龄退出领导班子。同时，国务院国资委党委决定：温枢刚同志任中国华电集团公司董事、党组副书记；免去程念高同志中国华电集团公司董事、党组副书记职务。

**12 月 15～17 日**　水电水利规划设计总院在成都主持召开了四川脚木足河巴拉水电站可行性研究报告审查会议。会议形成了审查意见初稿。巴拉水电站位于四川省阿坝州马尔康市境内，是大渡河干流水电规划梯级中的第二级；水库正常蓄水位 2920m，相应库容 1.277 亿 $m^3$；电站初拟装机容量 74.3 万 kW，与上游下尔呷龙头水库联合运行多年平均年发电量约 29.8 亿 kW·h。

**12 月 17 日** 仙居抽水蓄能电站 4 号机组顺利通过 15 天考核试运行，标志着该电站顺利实现“一年四投”目标，全面投产。仙居抽水蓄能电站位于浙江省仙居县湫山乡境内，共安装 4 台 37.5 万 kW 可逆混流式抽水蓄能机组，总装机容量 150 万 kW。其机组是我国已投产发电单机容量最大的抽水蓄能机组，水泵水轮机、发电电动机以及自动控制系统完全由我国自主设计、制造，拥有自主知识产权。工程于 2010 年 12 月开工建设，1～3 号机组已分别于 2016 年 5 月 31 日、9 月 11 日和 10 月 31 日投产运行。

**12 月 18 日** 永泰抽水蓄能电站开工仪式在福建永泰县岭下村隆重举行。该电站位于福建永泰县白云乡，总装机容量为 120 万 kW。项目于 2016 年 8 月 1 日获得福建省发展改革委核准，概算总投资 67 亿元，计划于 2021 年 12 月实现第一台机组投产发电，2022 年 12 月全部投产运行。

**12 月 20 日** 齐热哈塔尔水电站首台机组完成 72 小时试运行，正式并网发电。该电站位于新疆喀什地区塔什库尔干县的塔什库尔干河上，安装 3 台水轮发电机组，总容量 21 万 kW，多年平均年发电量 7.5 亿 kW·h，由新华水力发电有限公司投资兴建。

**12 月 21 日** 由中国水力发电工程学会、中国水利水电出版社、中国石化出版社共同主办的“水与能源可持续发展高峰论坛”在北京召开。本次论坛针对“水与能源可持续发展战略”“生态文明建设与能源开发利用”“水与能源经济价值与金融创新”3 个议题，深入探讨了水与能源可持续发展的机遇，供给侧改革下的产业发展政策，绿色、低碳、生态文明与新能源开发的战略，科技与金融、实业与资本融合的创新模式等等问题。

**12 月 21 日** 水利部下发关于推进绿色小水电发展的指导意见，以贯彻落实党中央、国务院关于推动绿色发展和能源革命的决策部署，更好地发挥小水电在保护生态环境、促进节能减排、改善民生福祉、推动脱贫攻坚等方面的作用。

**12 月 24 日** 恰木萨水电站工程正式开工。该电站位于新疆莎车县境内叶尔羌河干流山区下段，总装机容量 20.3 万 kW，年平均发电量 6.2 亿 kW·h。项目于 2016 年 9 月 30 日获得新疆维吾尔自治区发展改革委核准，工程总投资 19.36 亿元，由新华水力发电有限公司投资兴建，建设总工期 40 个月，预计 2019 年 9 月首台机组并网发电。

**12 月 26 日** 国家发展改革委发布《关于调整光伏发电陆上风电标杆上网电价的通知》，正式明确分资源区降低光伏电站、陆上风电标杆上网电价。

**12 月 27 日** 全国能源工作会议在北京召开。国家发展改革委副主任、国家能源局局长努尔·白克力作工作报告。2016 年，预计全国能源消费总量约 43.6 亿 t 标准煤，同比增长 1.4%左右；非化石能源消费比重达到 13.3%，同比提高 1.3 个百分点；能源生产总量约 34.3 亿 t 标准煤，同比下降 5.1%左右；电力装机结构清洁化趋势显著，非化石能源发电装机比重 36.1%，同比提高 2 个百分点；全社会用电量约 6 万亿 kW·h，增长 5.0%左右。2017 年，一次能源消费总量要控制在 44 亿 t 标准煤左右，非化石能源消费比重提高到 14.3%左右，天然气消费比重提高到 6.8%左右，煤炭消费比重下降到 60%左右。

**12 月 27 日** 周宁抽水蓄能电站主体工程正式开工。该电站位于福建省周宁县境内，距离福州市直线 110km，安装 4 台 30 万 kW 可逆式抽水蓄能机组，总装机容量 120 万 kW。项目于 2016 年 5 月 5 日获得福建省发展改革委核准，概算总投资 67 亿元，由华电福新周宁抽水蓄能有限公司投资建设，计划 2021 年首台机组投产发电，2022 年竣工。

**12 月 28 日** 春厂坝（原名春堂坝）水电站 2 号机组完成 72 小时试运行，正式并网发电。至此，该电站 3 台机组全部建成投产。春厂坝水电站位于四川省阿坝州境内小金县，为小金川流域沃日河梯级开发中的第三级，装机 3 台，总容量 5.4 万 kW，年发电量 2.37 亿 kW·h，由中国电建控股开发。项目于 2010 年 12 月获得四川省发展改革委核准，2012 年 9 月开工建设；首批 3 号、1 号机组分别于 2016 年 8 月 6 日、8 月 7 日完成 72 小时试运行正式并网发电。

**12 月 29 日** 半波长交流线路保护装置样机顺利通过电力工业电力系统自动化设备质量检验测试中心 12 大项共 128 小项的检验测试，为半波长交流输电技术的应用创造了条件。半波长交流输电距离近 3000km，远大于现有交流输电线路，现有保护原理、方法和措施不能满足需要，且国内外尚无相应解决方案。科研团队和相关单位首次提出了自由波能量保护、假同步差动保护、伴随阻抗保护等保护原理及算法，构建了完整的半波长线路保护方案，解决了制约半波长输电继电保护技术难题，形成了一系列原创成果。

**12 月 29 日** 在中巴经济走廊联委会第六次会议上，国家电网公司与巴基斯坦水电部共同签署了巴基斯坦默拉直流输电项目相关协议。该项目是巴基斯坦首条直流工程，采用±660kV直流输电技术，输送容量400万kW，线路长度约878km，预计于2017年上半年开工建设。

**12月30日** 猴子岩水电站首台机组（4号机组）完成72小时试运行，投产发电。该电站位于四川省甘孜州康定市境内，是大渡河干流22级梯级开发的第九级；最大坝高223.5m，为世界第二高混凝土面板堆石坝；总装机容量4×42.5万kW，年发电量70亿kW·h。工程于2011年11月取得核准并开工建设，总投资192亿元，由国电大渡河公司投资建设。